Direitos Fundamentais
dos Contribuintes

Direitos Fundamentais dos Contribuintes

HOMENAGEM AO JURISTA GILMAR FERREIRA MENDES

2021

Coordenador
Oswaldo Othon de Pontes Saraiva Filho

DIREITOS FUNDAMENTAIS DOS CONTRIBUINTES
HOMENAGEM AO JURISTA GILMAR FERREIRA MENDES
© Almedina, 2021

COORDENADOR: Oswaldo Othon de Pontes Saraiva Filho

DIRETOR ALMEDINA BRASIL: Rodrigo Mentz
EDITORA JURÍDICA: Manuella Santos de Castro
EDITOR DE DESENVOLVIMENTO: Aurélio Cesar Nogueira
ASSISTENTES EDITORIAIS: Isabela Leite e Larissa Nogueira

DIAGRAMAÇÃO: Almedina
DESIGN DE CAPA: FBA

ISBN: 9786556271736
Fevereiro, 2021

Dados Internacionais de Catalogação na Publicação (CIP)
(Câmara Brasileira do Livro, SP, Brasil)

Direitos Fundamentais dos Contribuintes: Homenagem ao Jurista
Gilmar Ferreira Mendes / coordenador Oswaldo Othon de Pontes Saraiva Filho.
São Paulo: Almedina, 2021.

Vários autores
Bibliografia.
ISBN 9786556271736

Índice:
1. Contribuintes (Direito Tributário) – Brasil 2. Direito Tributário – Brasil
3. Direitos Fundamentais – Brasil 4. Mendes, Gilmar Ferreira, 1955
I. Saraiva Filho, Oswaldo Othon de Pontes.

20-50450   CDU-34:336.2.024(81)

Índices para catálogo sistemático:

1. Brasil: Contribuintes: Direitos Fundamentais: Direito Tributário 34:336.2.024(81)

Cibele Maria Dias – Bibliotecária – CRB-8/9427

Este livro segue as regras do novo Acordo Ortográfico da Língua Portuguesa (1990).

Todos os direitos reservados. Nenhuma parte deste livro, protegido por copyright, pode ser reproduzida, armazenada ou transmitida de alguma forma ou por algum meio, seja eletrônico ou mecânico, inclusive fotocópia, gravação ou qualquer sistema de armazenagem de informações, sem a permissão expressa e por escrito da editora.

EDITORA: Almedina Brasil
Rua José Maria Lisboa, 860, Conj. 131 e 132, Jardim Paulista | 01423-001 São Paulo | Brasil
editora@almedina.com.br
www.almedina.com.br

SOBRE O COORDENADOR

Oswaldo Othon de Pontes Saraiva Filho
É mestre em Direito, professor de Direito Financeiro e de Direito Tributário da Faculdade de Direito da Universidade de Brasília – UnB –, ex-procurador da Fazenda Nacional de categoria especial (aposentado), ex-consultor da União (1996 a 2015), sócio sênior de serviço do escritório MJ Aves e Burle Advogados e Consultores, advogado e parecerista, autor e coordenador de várias livros jurídicos e autor de cerca de trezentos artigos publicados nos mais relevantes periódicos científicos do Brasil e de Portugal. Responde ainda (desde 2003) como diretor científico e fundador da revista *Fórum de Direito Tributário*.

SOBRE OS AUTORES

Ademar Aparecido da Costa Filho
Formado pela FDUSP – Faculdade de Direito da Universidade de São Paulo em 2006, com especialização em Direito Penal pelo IBCCCRIM – Instituto Brasileiro de Ciências Criminais – 2009 e atualmente mestrando pela UNB – Universidade de Brasília, nas disciplinas de Direito Constitucional.

Alan Flores Viana
Especialista em Direito Tributário pelo IBET – Instituto Brasileiro de Estudos Tributários; Candidato ao MBE em Energia pela PUC/RJ – Pontifícia Universidade Católica do Rio de Janeiro; Membro fundador do Instituto Brasileiro de Arbitragem Tributária – IBAT; Membro efetivo das Comissões de Direito Tributário da OAB/DF e OAB/RJ; Sócio do escritório MJ Alves e Burle Advogados.

Betina Treiger Grupenmacher
Advogada. Pós-Doutora pela Universidade de Lisboa. Doutora pela Universidade Federal do Paraná onde é professora associada de Direito Tributário. *Visiting Scholar* pela Universidade de Miami.

Christiano Mendes Wolney Valente
Procurador da Fazenda Nacional, Assessor de Ministro junto ao STJ, especialista em Direito Tributário pelo ICAT/AEUDF, Mestre em Direito Internacional, Econômico e Tributário pela Universidade Católica de Brasília – UCB e aluno especial do Doutorado em Direito da Universidade de Brasília – UNB.

Fabiana Carsoni Fernandes

Graduada em Ciências Jurídicas e Sociais pela PUC-SP. Especialista em Direito Tributário pela GV/Law. LLM em Direito Societário pelo Insper//IBMEC. Mestre em Direito Tributário pela USP. Professora dos Cursos de Atualização e de Especialização em Direito Tributário do IBDT. Advogada.

Gabriella Alencar Ribeiro

Formada pela UNB – Universidade de Brasília em 2017, com especialização em Direito Processual Civil no IDP – Instituto Brasiliense de Direito Público – 2018, e atualmente se especializando em Direito Tributário no IBET – Instituto Brasileiro de Estudos Tributários.

Gustavo Lanna Murici

Doutorando em Direito Financeiro pela Universidade de São Paulo (USP). Mestre em Direito Público pela Pontifícia Universidade Católica de Minas Gerais (PUC/MG). Especialista em Direito Tributário pelo Instituto dos Advogados de Minas Gerais (IAMG). Bacharel em Direito pela Universidade Federal de Minas Gerais (UFMG), Professor da Pós-Graduação em Direito Público da Escola Superior de Advocacia da OAB/MG. Professor das Pós--Graduações em Direito Público, Direito Tributário e Gestão Tributária do IEC/PUC Minas. Professor da Pós-Graduação em Gestão Tributária do Unicentro Newton Paiva. Foi Professor da Pós-Graduação em Direito Tributário do CAD – Centro de Atualização em Direito. Parecerista ad hoc Revista de Direito Administrativo e de Infraestrutura. Membro da Comissão de Direito Tributário da OAB/MG. Coordenador de Contencioso Tributário da banca do Rolim, Viotti & Leite Campos Advogados.

Heleno Taveira Torres

Professor Titular de Direito Financeiro e Livre-Docente em Direito Tributário da Faculdade de Direito da USP. Advogado.

Hugo de Brito Machado

Professor Titular de Direito Tributário da UFC. Presidente do Instituto Cearense de Estudos Tributários Desembargador. Federal aposentado do TRF da 5ª Região. Membro da Academia Brasileira de Direito Tributário, da Associação Brasileira de Direito Financeiro, da Academia Internacional de Direito Economia, do Instituto Ibero-Americano de Direito Público e da *International Fiscal Association*.

SOBRE OS AUTORES

Hugo de Brito Machado Segundo

Mestre e Doutor em Direito. Advogado. Membro do ICET – Instituto Cearense de Estudos Tributários e do IBDT – Instituto Brasileiro de Direito Tributário. Professor da Faculdade de Direito da Universidade Federal do Ceará, de cujo Programa de Pós-Graduação (Mestrado/Doutorado) foi o Coordenador (2012/2016). Professor do Centro Universitário Christus (Unichristus). *Visiting Scholar* da *Wirtschaftsuniversität*, Viena, Áustria.

Ives Gandra da Silva Martins

Professor Emérito das Universidades Mackenzie, UNIP, UNIFIEO, UNIFMU, do CIEE/O ESTADO DE SÃO PAULO, das Escolas de Comando e Estado--Maior do Exército – ECEME, Superior de Guerra – ESG e da Magistratura do Tribunal Regional Federal – 1ª Região; Professor Honorário das Universidades Austral (Argentina), San Martin de Porres (Peru) e Vasili Goldis (Romênia); Doutor Honoris Causa das Universidades de Craiova (Romênia) e das PUCs-Paraná e Rio Grande do Sul, e Catedrático da Universidade do Minho (Portugal); Presidente do Conselho Superior de Direito da FECOMERCIO/SP.

José Casalta Nabais

Professor catedrático da Faculdade de Direito da Universidade de Coimbra/ /Portugal.

José Luis Ribeiro Brazuna

Advogado em São Paulo e Brasília. Mestre em Direito Econômico e Financeiro pela Faculdade de Direito da Universidade de São Paulo. Ex-julgador do Tribunal de Impostos e Taxas do Estado de São Paulo e do Conselho Municipal de Tributos da Prefeitura de São Paulo.

Júlia Machado Aguiar

Advogada. Bacharela em Direito pela Universidade de Brasília (UnB). Pós-graduanda na Faculdade Brasileira de Tributação (FBT).

Júlio Homem de Siqueira

Mestre em Direitos e Garantias Fundamentais pela Faculdade de Direito de Vitória – FDV; Pesquisador em Direito Público, com ênfase em Direito Constitucional e Direito Previdenciário, nos Programas de Pós-Graduação em Direito da FDV e da Universidade Federal do Rio Grande do Norte

– UFRN; Membro do Centro Local de Inteligência e Prevenção de Demandas Repetitivas da Justiça Federal do Rio de Janeiro – CLIP/JFRJ; Servidor Público Federal no 1º Juizado Especial Federal de Volta Redonda/RJ.

Kiyoshi Harada
Mestre em Processo Civil pela UNIP e Especialista em Direito Tributário e Ciência das Finanças pela USP. Presidente do Instituto Brasileiro de Estudos de Direito Administrativo, Financeiro e Tributário – IBEDAFT. Autor de 33 obras jurídicas. Ex Procurador-Chefe da Consultoria Jurídica do Município de São Paulo.

Marcos Joaquim Gonçalves Alves
Especialista em Direito Tributário pela PUC/SP – Pontifícia Universidade Católica de São Paulo; Membro fundador do IPT – Instituto de Pesquisas Tributárias; Vice-Presidente da Comissão Especial de Direito do Petróleo do Conselho Federal da OAB; Membro consultor da Comissão Especial de Direito Tributário do Conselho Federal da OAB; Diretor de Relações Governamentais do CESA; Sócio Fundador do escritório MJ Alves e Burle Advogados.

Maria das Graças Patrocínio Oliveira
Mestre em direito pela Universidade Católica de Brasília. Auditora-Fiscal da Receita Federal do Brasil aposentada.

Marilene Talarico Martins Rodrigues
Advogada, sócia da Advocacia Gandra Martins, Especialista em Direito Tributário pelo Centro de Extensão Universitária CEU Law School, Membro do Conselho Superior de Direito da FECOMÉRCIO – SP, Membro do IASP, Membro da Diretoria da Academia Brasileira de Direito Tributário – ABDT, Membro do Instituto Brasileiro de Direito Tributário – IBDT, Membro da Academia Paulista de Letras Jurídicas – APLJ, Membro da União de Juristas Católicos de São Paulo – UJUCASP. Membro do Conselho Superior de Orientação do Instituto Brasileiro de Estudos de Direito Administrativo, Financeiro e Tributário – IBEDAFT.

Misabel Abreu Machado Derzi
Professora Titular de Direito Financeiro e Tributário da UFMG e das Faculdades Milton Campos. Presidente Honorária da ABRADT.

Oswaldo Othon de Pontes Saraiva Filho

É mestre em Direito, professor de Direito Financeiro e de Direito Tributário da Faculdade de Direito da Universidade de Brasília – UnB –, ex-procurador da Fazenda Nacional de categoria especial (aposentado), ex-consultor da União (1996 a 2015), sócio sênior de serviço do escritório MJ Aves e Burle Advogados e Consultores, advogado e parecerista, autor e coordenador de várias livros jurídicos e autor de cerca de trezentos artigos publicados nos mais relevantes periódicos científicos do Brasil e de Portugal. Responde ainda (desde 2003) como diretor científico e fundador da revista *Fórum de Direito Tributário*.

Oswaldo Othon de Pontes Saraiva Neto

Advogado associado em M. J. Alves e Burle Advogados e Consultores, onde atua no contencioso estratégico nas áreas tributária e criminal.

Paulo Roberto Coimbra Silva

Professor de Direito Tributário e Financeiro da UFMG. Doutor e mestre em Direito Tributário pela UFMG. Pós-Graduado pela *Harvard Law School* e pela *Universidad de Santiago de Compostela*. Professor convidado pela *Faculté de Droit de l'Université Paris I Panthéon-Sorbonne* (2011) e pela *Facultat de Dret da Universitat de Barcelona* (2009). Membro da IFA, ILADT e ABRADT. Conselheiro da ABDF. Advogado e parecerista.

Ramon Tomazela Santos

Doutorando e Mestre em Direito Tributário pela USP. Master of Laws (LL.M.) em tributação internacional na Universidade Econômica de Viena (Wirtschaftsuniversität Wien). Professor convidado em cursos de pós-graduação. Advogado.

Raphael Silva Rodrigues

Doutorado em Direito pela UFMG, Mestre em Direito pela UFMG e Especialista em Direito Tributário pela PUC/MG. Professor Universitário em diversos Cursos de Graduação e de Pós-Graduação Lato Sensu. Membro Colaborador da Comissão de Direito Tributário da OAB/MG. Membro do Conselho Técnico e Editorial do Instituto Mineiro de Estudos Tributários e Previdenciários (IMETPrev). Membro do Conselho Editorial da Revista Fórum de Direito Tributário (RFDT), Parecerista (Double Blind Peer Review) da RFDT, Parecerista da Revista Misión Jurídica, da Facultad de Derecho de la Universidad Colegio Mayor de Cundinamarca, Bogotá, Colômbia. Membro integrante de Bancas Examinadoras de Concursos Públicos. Autor e coautor de livros, capítulos de livros e artigos de revistas científicas. Advogado e Consultor Jurídico.

Regina Maria Fernandes Barroso

Mestre em Direito Internacional, Econômico e Tributário pela Universidade Católica de Brasília (UCB-2014). Pós-graduada em Direito Tributário (Universidade Católica de Brasília – UCB – 2002). Bacharel em Direito (Centro Universitário de Brasília – UNICEUB – 1999). Graduada em Administração de Empresas (Centro Universitário do Distrito Federal – UDF – 1983). Graduada em Ciências Contábeis (Faculdade de Ciências Contábeis e Administrativas Machado Sobrinho de Juiz de Fora – MG – 1978). Tutora da Escola de Administração Fazendária – ESAF – Programa de Desenvolvimento de Dirigentes Fazendários – PDFAZ, nas disciplinas Fiscalização, Lançamento e Recursos Administrativos; Professora do Curso de Especialização em Planejamento Tributário da Faculdade de Economia, Administração, Contabilidade e Ciência da Informação e Documentação – FACE, Departamento de Ciências Contábeis e Atuariais – CCA da Universidade de Brasília – UNB, na disciplina Contribuição para o PIS-PASEP e COFINS; Professora do IBMEC, Curso: LLM Direito Tributário, na disciplina Contribuição para o PIS-PASEP e COFINS; Professora do IPOG, Curso: Pós-Graduação em Direito Tributário, na disciplina Imposto sobre a Renda das Pessoas Físicas; Auditora-Fiscal da Secretaria da Receita Federal do Brasil aposentada, tendo exercido os cargos de Assessora Especial do Secretário da Receita Federal; Coordenadora-Geral de Tributação; Coordenadora de Tributos sobre o Patrimônio e a Renda; e Chefe da Divisão do Imposto de Renda da Pessoa Física.

Ricardo Lodi Ribeiro

Reitor da UERJ. Professor Associado de Direito Financeiro da UERJ. Presidente da Sociedade Brasileira de Direito Tributário. Advogado.

Roque Antônio Carrazza

Professor Titular da Cadeira de Direito Tributário da Faculdade de Direito da Pontifícia Universidade Católica de São Paulo – Advogado e Consultor Tributário – Mestre, Doutor e Livre-docente em Direito Tributário pela *PUC/SP* – Ex-Presidente da Academia Paulista de Direito.

Sacha Calmon Navarro Coêlho
Advogado, Coordenador do curso de especialização em Direito Tributário das Faculdades Milton Campos, Ex-Professor Titular das Faculdades de Direito da Universidade Federal de Minas Gerais (UFMG) e Universidade Federal do Rio de Janeiro (UFRJ). Ex-Juiz Federal. Ex-Procurador Chefe da Procuradoria Fiscal de Minas Gerais. Ex-Presidente da Associação Brasileira de Direito Financeiro (ABDF) no Rio de Janeiro. Autor do "Curso de Direito Tributário Brasileiro" (Forense).

Schubert de Farias Machado
Advogado. Diretor do Instituto Cearense de Estudos Tributários. Membro do Instituto dos Advogados do Ceará.

Sergio André Rocha
Professor de Direito Financeiro e Tributário da Universidade do Estado do Rio de Janeiro – Uerj.

Tarsila Ribeiro Marques Fernandes
Procuradora Federal. Assessora de Ministro do Supremo Tribunal Federal. Doutora em tributação internacional pela Radboud University em Nijmegen, na Holanda. Mestre em Direito Tributário pela Universidade Católica de Brasília. Graduada em Direito pela Universidade Federal de Pernambuco.

Tercio Sampaio Ferraz Júnior
Doutor em Direito, professor titular da Pontifícia Universidade Católica de São Paulo, professor aposentado da Universidade de São Paulo e professor emérito pela Faculdade de Direito da USP – Ribeirão Preto, advogado.

Valter de Souza Lobato
Professor Adjunto da Faculdade de Direito da UFMG e Presidente da ABRADT. Advogado.

Vasco Branco Guimarães
Professor da Universidade Lusíada em Lisboa, ISCAL, ISCTE.

PREFÁCIO

A RECEITA DE UM BOM JUIZ

Eureka!,(achei!), a expressão supostamente utilizada por Archimedes, na Grécia de mais de dois séculos antes de Cristo, para exclamar a solução de um problema complexo, encontra seu equivalente no conto beduíno muito antigo dos onze camelos[1]. Trata-se de conhecida história, narrada por

---

[1] Diz a lenda beduína que um pai, sentindo a morte se aproximar, formulou seu testamento para regrar a sucessão. Deixou todos os seus bens a 03 filhos. Ao mais velho, em virtude do direito da primogenitura, lei do morgado, atribuiu-lhe a metade dos bens. Ao segundo filho, 1/4 do acervo e, finalmente ao caçula, 1/6 dos bens. Com a morte do pai, os filhos se viram em um impasse para executar o testamento, pois o pai havia deixado uma tropa de 11 camelos. E a divisão não resultava em números inteiros. Feita a divisão, a quota do primeiro filho seria de 5,5; a do segundo de 2,75 e a do terceiro, de 1,833. Haveria necessidade de sacrificar um camelo ou mais para dividi-los, mas com isso todos perderiam porque, no deserto, o camelo tem alto valor estando vivo, como meio de transporte. Como proceder?

Levado o caso a um juiz, o Khadi, depois de muito e bem pensar, e de desenhar alguns sinais na areia, tomou um camelo de sua propriedade, com isso completando 12 camelos e o entregou aos herdeiros, com a promessa, de mais tarde, tão logo pudessem, devolvessem-no. Os herdeiros assim o fizeram e pouco tempo depois devolveram imediatamente ao juiz, o 12º camelo.

O misterioso, o mítico, que eterniza o conto, é que cada um dos filhos recebeu exatamente a sua parte, exatamente o que determinava a vontade do testador. A regra foi fielmente cumprida e, ao final, sobrou um camelo, o que foi devolvido. Vejamos:

Ao primeiro filho, ½ de 12=6; ao segundo, ¼ de 12=3; e ao terceiro, 1/6 de 12=2. A soma de 6+3+2 corresponde a 11, o que demonstra que o 12º camelo deveria voltar ao juiz. Qual era a justiça desse juiz?

muitos, trabalhada por *Niklas Luhmann*[2] e recentemente interpretada, em doze versões diferentes, pelo filósofo belga, *François OST*.[3]

Não nos interessa aqui a solução do problema à luz da matemática. Relativamente aos 11 camelos, verifica-se que o testamento deixa uma parte não distribuída, ou seja, a soma das partes de cada filho, 5,5+2,75+1,83 corresponde a 10,08 camelos. Portanto a astúcia do juiz residia no fato de que, desde o início, ao emprestar o 12º camelo, sabia que um deles sobraria. O empréstimo do camelo apenas reconstitui a unidade, que não lesa a nenhum dos filhos. Cada um deles receberá exatamente o que determinou a regra, sendo que o resultado fica arredondado para cima em relação aos três herdeiros. E, como observa *OST*, os amantes da aritmética pura não apreciam muito essa história, porque não são divididos 10,08 camelos, mas onze. *"Uma história de juiz, em suma, muito mais do que de matemática; uma parábola de justiça muito mais do que um exercício de rigor formal. Sem dúvida não é por acaso que o conto é transmitido nas Escolas de direito em vez de sê-lo nas academias de matemáticos"*.[4]

Coisa de bom juiz, que cria ou constrói o direito, sacando o sentido mais adequado à luz do caso, ou um sentido novo antes não aventado, na cadeia infinita de signos e significações ou selecionando o melhor sentido entre aqueles possíveis.[5] Tudo isso não para derrotar a regra mas para realizá-la.

O notável em tais representações pode ser ainda identificado na teoria dos princípios sistêmicos, implícitos (tão comuns na doutrina tributária clássica nacional de *Aliomar Baleeiro* e *Geraldo Ataliba*) ou na interpretação jurídica segundo a totalidade do sistema em *A.A.Becker*, princípios que não aparecem mas são deduzidos pela racionalidade estruturante que dá sentido às normas e regras diversificadas. Somente depois de construídas pelo bom juiz, tais normas implícitas que sempre estiveram lá, vêm à luz e imantam de significado o conjunto normativo do sistema. Pois, como se diz, muitas vezes nós só vemos o que sabemos.

Coube a *Ronald Dworkin*, entre os contemporâneos, fazer a melhor descrição do fenômeno por meio da integridade, pedagogicamente explicada pelo planeta Netuno. Avançou mais, contrapondo-se à singela concepção de um *"sistema de regras"*, que negligenciasse a totalidade, baseado em normas

---

[2] Cf. "La Restitution du douzième chameau..." in *Zeitschrift fur Rechtssoziologie,* pub. póstuma, 2000.

[3] Cf. OST, François. Dire le Droit, Faire Justice. E. Bruylant, Bruxelles, 2007.

[4] Cf. OST, François. Dire le Droit...p. 181.

[5] Cf. DERZI. Misabel. Modificações da Jurisprudência no Direito Tributário. São Paulo, Noeses, 2009.

PREFÁCIO

jurídicas que correspondessem a um fato social específico, não relacionado com os demais fatos criadores de norma e não dependente de validade de outras normas. Enfim *Dworkin* realiza uma defesa do ideal da integridade, a partir de uma bela metáfora em comparação com o planeta Netuno.

Anos antes de Netuno ser visualizado por meio de telescópios e fotografias espaciais, a ciência já sabia de sua existência e a postulava, apenas por inferências lógicas. Como poderia a ciência postular um fato empírico, se ela não conseguia constatar esse fato por meio da observação? A resposta dada por *Dworkin*, em sua obra seminal "O Império do Direito", é de que Netuno precisa ser postulado porque sem ele as leis da física não seriam válidas. Não seria possível explicar, por exemplo, a movimentação dos demais planetas que integram o sistema solar.

Da mesma maneira, para que possamos reivindicar qualquer pretensão de justiça precisamos postular o valor da integridade, que nada mais é do que uma expressão institucionalizada da ideia de "igual respeito e consideração", é dizer, da ideia de que todos os cidadãos têm o direito de serem tratados como iguais. Não somente em posição moral pessoal e micropolítica, mas de todos em relação inter recíproca totalizante.

A integridade seria, pois, o nosso Netuno.[6] Ela é uma parte constitutiva do direito, pois, é a que nele está implícita, pressuposta ao invés de meramente posta, como ensina, entre nós, *Eros Grau*.[7] Sem uma noção como integridade, consistência, igualdade na lei (ao invés da mera igualdade perante a lei), não faz sentido qualquer pretensão de justiça.[8]

Pois bem, em considerações abstratas não seria tão difícil preconizar uma boa solução judicial que, nos casos difíceis, correspondesse ao melhor encontro do direito, àquele que solucionaria realmente conflitos e pacificaria, respondendo ao programa do sistema, como programa de solução de conflitos. A solução, sem dúvida, está lá, pressuposta, às vezes invisível aos olhos de muitos. Nos casos concretos da vida, e aí está a grande e difícil tarefa, o bom juiz desnuda e traz à superfície a melhor solução, por integridade no dizer de *Dworkin*, explicitando a implicitude do princípio como diria *Geraldo Ataliba,* ou sacando o 12º camelo no modelo beduíno. Tal mister é admirável porque, por meio da racionalidade argumentativa, lembrada na língua franca

---

[6] Ver, em especial, Dworkin, Ronald, *Law's Empire*. Cambridge, MA: Belknap, 1986, cap. 6.
[7] Ver. Eros Roberto Grau, *O Direito posto e o direito pressuposto*. Malheiros, 8ª. Ed, 2011.
[8] Cf. Bustamante, Thomas. A Integridade e os fundamentos da Comunidade Política. *IN* Interpretando o Império do Direito. Organ. André Coelho e outros. Arraes Editores. 2018.

das cortes em *Postema*[9], não se quebra a regra, não se viola o direito, mas se concretiza o direito vivo, na melhor escolha possível.

Esta obra, escrita em homenagem ao Ministro *Gilmar Ferreira Mendes,* da Corte Suprema, é coordenada e editada pelo jurista e consultor da União, *Dr. Oswaldo Othon Saraiva Filho,* juntando-se a muitas outras escritas em louvor ao Ministro. O que denunciam tais homenagens? A admiração é endereçada ao bom juiz, ao magistrado da mais alta Corte do País, ou ao professor, jurista e acadêmico e ainda autor de livros de alta envergadura?[10]

Sim, a todos esses ricos aspectos profissionais. No entanto, porei de lado a admiração por sua notável carreira acadêmica, preferindo centrar o olhar na carreira de magistrado dentro da Corte Suprema brasileira, oportunidade em que o Ministro capitaneia, guia ou participa da construção viva da Constituição da República, ao lado de seus pares. Vida tão produtiva para si, para os seus e para nós, cidadãos e jurisdicionados, é ímpar.

Não obstante, como já registro no artigo que escrevi aqui neste livro[11], em homenagem a *Gilmar Mendes,* destacar-lhe as obras publicadas ou as decisões judiciais mais relevantes, seria opção meritória, porém incompleta. Ela não realçaria os caminhos, a metodologia, o procedimento que, em razão da atuação pioneira do Ministro, abriram-se na Corte Suprema, da mais alta relevância, pois dão lugar a um complexo de decisões mais consistentes, inerentes ao Estado de Direito, que, de outra forma, não teriam vazão. O Ministro interferiu e trabalhou as regras lógicas da física jurídica, na racionalidade do direito, por integridade, e com isso fez aflorar muitos Netunos.

Repito aqui a expressão de *Heidegger,* "Caminhos, não obras", (*Wege nicht Werke),* inteiramente adequada para nomear os caminhos abertos por *Gilmar Mendes* em sua consagrada atuação na Corte Suprema. Tais

---

[9] Cf. *Gerald J. Postema.* Law's Rule. Reflexivity, Mutual Accountability, and the Rule of Law. *In* Bentham's Theory of Law and Public Opinion. Coord. Xrabv Zhai, p 32.

[10] Louvar as obras do Ministro *Gilmar Mendes* no universo acadêmico não é difícil. O árduo é escolher, dentre tantas, as mais relevantes, enfocando-lhe a vida acadêmica e de pesquisas notáveis como Mestre e Doutor pela Universidade de Münster/Alemanha, quando obteve o reconhecimento dessa renomada instituição de ensino com o predicado máximo *magna cum laudae* pela defesa da tese "O Controle Abstrato de Normas perante a Corte Constitucional Alemã e perante o Supremo Tribunal Federal"; perseguindo a sua carreira docente como professor dos cursos de graduação e de pós-graduação da UNB, ou seu percurso de grande conferencista no Brasil e no exterior que nos remete às centenas de publicações relevantes de textos, livros e artigos.

[11] Artigo em coautoria com *Valter Lobato,* "Os Caminhos Abertos pelo Ministro Gilmar Mendes."

PREFÁCIO

procedimentos (mais do que uma decisão concreta ou outra mesmo de excelência excepcional, entre muitas específicas de um caso ou outro, que estou aqui equiparando a obras) são caminhos sempre plenos de decisões que se sucedem, dentro do bom percurso, por ele inaugurado, a ser trilhado. Outras decisões virão, de igual excelência, enquanto o mesmo caminho for percorrido.

Compartilhamos com o notável jurista, a posição que defendeu em livros e junto à Corte Suprema, abrindo-lhe novos caminhos. De longa data, preocupado com a efetividade dos direitos e garantias fundamentais, *Gilmar Ferreira Mendes*[12] destacou a *"conveniência e a oportunidade de as Cortes Constitucionais estipularem os efeitos de suas decisões declaratórias de inconstitucionalidade"*, se *ex tunc*, se *ex nunc*, ou ainda se não acompanhadas de nulidade imediata.

Utilizando e adaptando a nossa Constituição recursos, manuseados pela Corte Constitucional alemã, com especial aplicação no caso de leis concessivas de benefícios discriminatórios, *Gilmar Mendes* ponderou, há quase trinta anos, que *a declaração de nulidade de todo o complexo normativo revelaria, como assentado por Ipsen, uma esquisita compreensão do princípio de justiça, que daria ao postulante pedra ao invés de pão (Stein statt Brot)"*.[13]

Ora, o que a Constituição de 1988 deseja é a efetividade dos direitos e garantias fundamentais do contribuinte, para isso prevendo remédios, ações e instrumentos aptos a sua concreção. Diante de ofensa intolerável à igualdade, em norma concessiva de benefícios excludentes de outros em situação similar, a supressão pura e simples da isenção significa, sem dúvida, a outorga da pedra ao invés do pão pleiteado pelo contribuinte lesado. Não é razoável "fingir" que é constitucional a norma discriminatória para não se ter de enfrentar o problema, ou reconhecer a inconstitucionalidade, mas, declarar-se o Tribunal "impotente", como legislador negativo, ou cassar a isenção ou outro benefício, interferindo em plano de governo.

Ao introduzir tantas novas técnicas de controle de constitucionalidade, o Ministro *Gilmar Mendes* garantiu que o direito cumprisse sua função básica de atender às expectativas normativas criadas, à confiança gerada

[12] Cf. Die Abstrake Nomenkontrolle vor dem Bundesverfassungsgericht und vor dem Brasilianischen Supremo Tribunal Federal, Berlim, 1991, Ed. Duncher & Humblot
[13] Cf. "Necessidade de Desenvolvimento de Novas Técnicas de Decisão: Possibilidade da Declaração de Inconstitucionalidade sem a Pronúncia de Nulidade no Direito Brasileiro", texto de conferência – Congresso Luso-Brasileiro de Direito Constitucional, Belo Horizonte, 04.12.1992, p. 22.

pelo Estado, não apenas pelo Estado-legislativo, mas ainda pelo Estado--executivo e, sobretudo, pelo Estado-juiz nas relações tributárias, abrindo sendas seguras ao desenvolvimento e ao investimento.

Em face das mudanças e reviravoltas jurisprudenciais, que rompem entendimento antes consolidado, quebrando-se a confiança gerada pelo Estado-juiz, os caminhos de *Gilmar Mendes* por meio da flexibilização do controle de constitucionalidade em suas mais variadas formas, fortalecem a segurança, a proteção da confiança e a boa-fé de todos aqueles que pautaram o seu comportamento segundo a obediência às regras judiciais estabilizadas. A responsabilidade pela confiança gerada pelas decisões judiciais é fenômeno de alta relevância, inerente ao Estado de Direito e à própria credibilidade do Poder Judiciário.

O pioneirismo de *Gilmar Mendes* não pode ser esquecido. Hoje, a questão foi pacificada com o advento de dois diplomas legais, a **Lei nº. 9.868/99, art. 27, e o novo CPC, em seu art. 927, §3º.**[14] Sendo assim, somente sustentando a inconstitucionalidade de tais diplomas legais ou de parte deles, poder-se-ia agora recuar na tarefa de atribuir responsabilidade ao Estado--juiz, pela confiança gerada por seus atos. Esse o Netuno, por tanto tempo oculto, que hoje pode ser visualizado em fotos espaciais e telescópios pela grande maioria de juízes, advogados e juristas. Mas ele tinha sido deduzido por *Gilmar Mendes* muito tempo antes por meio do raciocínio lógico do direito, espécie de lei implícita da física jurídica, ou integridade do sistema. Sem isso, como afirmar o Estado de Direito, a segurança, a proteção da confiança e garantir a boa fé do contribuinte que, guiando-se pelas regras judiciais antes consolidadas, se vê agora traído por novo entendimento contraposto, de efeitos retroativos? A regra antes implícita que veio à luz, por meio da racionalidade do direito, configura a **responsabilidade pela confiança gerada pelo ato normativo/judicial.**[15]

---

[14] Não se ignora o papel proeminente do Ministro LUIZ FUX na fundamentação e elaboração para aprovação do novo CPC/2015, forte em segurança e proteção da confiança em especial nas mutações jurisprudenciais.

[15] Também há décadas, nas atualizações que fizemos da clássica obra de ALIOMAR BALEEIRO, já defendíamos a proibição constitucional da retroatividade do Direito – e não somente das leis – sustentando que a irretroatividade, como direito fundamental, obrigaria os três Poderes e não somente o legislador. Posteriormente, fizemos desse tema a tese de titularidade, publicando a obra *Modificações da Jurisprudência no Direito Tributário* (Noeses, 9007). DERZI, Misabel A. Machado. Atualizações à obra de ALIOMAR BALEEIRO. Limitações Constitucionais ao Poder de Tributar. 7ª.ed. Rio de Janeiro, Forense, 1997.

O Poder Judiciário ficou implicado. As consequências que as regras judiciais desencadeiam foram assumidas. Antes irresponsável do ponto de vista institucional, agora o Poder Judiciário tem de olhar para si e proteger aquele que, de boa fé, orientou a sua conduta pela regra anterior, que foi superada. Se o homem não pode modificar o passado, apenas um deus o poderia, a Constituição, que é obra humana, proclama a irretroatividade da regra e assegura que o direito adquirido, a coisa julgada e o ato jurídico perfeito possam invadir o futuro, quer do legislador, quer do juiz, quer do administrador. Tudo isso decorre da natureza humana, é lógica inerente à racionalidade jurídica. No entanto, isso que está pressuposto na ordem jurídica, e que não era visto pela maioria, somente foi exposto pela arte de *Gilmar Mendes*. O bom juiz.

Essas as razões pelas quais não desfilei aqui nenhuma decisão concreta. Pois os caminhos que o Ministro *Gilmar Mendes* abriu na Corte Suprema levam ao fortalecimento dos direitos e garantias fundamentais, decorrem da independência com que conduz o seu labor em face dos outros ramos de governo, à coragem de seus julgados, à defesa do Estado de Direito e ao primado da Constituição.

A receita de um bom juiz. É toda essa mistura que encontramos em *Gilmar Mendes*: racionalidade argumentativa, sensibilidade humana e social, independência e coragem. Integridade. Talvez tudo decorra da sua natureza, das reais inclinações de seu espírito. Mas não só isso, pois isso não é o bastante. Se os leitores deste livro perguntarem a mim, seriamente: qual a receita de um bom juiz? Honestamente, só posso responder: Eu sei lá!? Perguntem a ele.

MISABEL ABREU MACHADO DERZI
Professora Titular de Direito Financeiro e Tributário da UFMG
e das Faculdades Milton Campos
Presidente Honorária da ABRADT

SUMÁRIO

Prefácio – A Receita de um Bom Juiz
  Misabel de Abreu Machado Derzi   15

1. Os Caminhos Abertos pelo Ministro Gilmar Mendes
  Misabel de Abreu Machado Derzi, Valter de Souza Lobato   27

2. Direitos Fundamentais dos Contribuintes
  Ives Gandra da Silva Martins   73

3. Os Direitos dos Contribuintes e os Princípios Constitucionais
  em Matéria Tributária
  Sacha Calmon Navarro Coêlho   93

4. Direitos Fundamentais do Contribuinte
  Hugo de Brito Machado, Schubert de Farias Machado   173

5. "Direitos Fundamentais dos Contribuintes"
  – À Luz da Constituição Federal de 1988
  Marilene Talarico Martins Rodrigues   191

6. Um Direito Fundamental a Não Pagar Impostos?
  José Casalta Nabais   233

7. Da Irretroatividade das Mudanças de Orientação Fazendária
  que Vêm em Detrimento dos Contribuintes. Da Decadência
  e da Prescrição, no Direito Tributário
  Roque Antonio Carrazza   267

8. O acesso a dados sigilosos e o direito à privacidade contra
   o Estado
   Tercio Sampaio Ferraz Júnior   305

9. Princípio de Capacidade Contributiva e Segurança Jurídica
   Heleno Taveira Torres   315

10. Reflexos dos Direitos Fundamentais na Responsabilização
    Tributária e na Imputação Criminal de Representantes
    e Administradores de Empresas
    Oswaldo Othon de Pontes Saraiva Filho   349

11. Planejamento Tributário e Crime
    Oswaldo Othon de Pontes Saraiva Neto   485

12. Transação Tributária e Direitos Fundamentais
    Marcos Joaquim Gonçalves Alves, Alan Flores Viana   501

13. Ilusões e Mutações Constitucionais em Matéria de Sigilo
    Bancário e Fiscal
    Ademar Aparecido da Costa Filho, Gabriella Alencar Ribeiro   521

14. Ativismo *x* Garantismo Judicial em Matéria Tributária
    – Limites e Possibilidades
    Betina Treiger Grupenmacher   553

15. Os Direitos Fundamentais dos Contribuintes
    (Indagação sobre a sua Existência e Conteúdo)
    Vasco Branco Guimarães   581

16. Ceticismo Axiológico e Democracia – Uma Relação Paradoxal
    a partir do Pensamento de Hans Kelsen
    Hugo de Brito Machado Segundo   621

17. Estado Fiscal, Tributação e Proteção dos Direitos
    do Contribuinte
    Sergio André Rocha   631

18. Autonomia Universitária em Tempos de Guerra Cultural
Ricardo Lodi Ribeiro — 663

19. Segurança Jurídica em Matéria Tributária Produzida pelo STF
Kiyoshi Harada — 683

20. O Dever de Colaboração do Contribuinte e os Direitos de Petição e à Autocomposição
Paulo Roberto Coimbra Silva — 717

21. Planejamento Tributário: A Relação entre Legalidade, Solidariedade, Moralidade e Capacidade Contributiva
Fabiana Carsoni Fernandes, Ramon Tomazela Santos — 731

22. Caso Volvo: Haverá uma Interpretação Definitiva do Supremo Tribunal Federal sobre o art. 98 do CTN?
Tarsila Ribeiro Marques Fernandes — 763

23. Limitações Constitucionais ao Poder de Tributar e sua Relação com a Proteção da Confiança Legítima, a Boa-Fé e a Resistência à Tributação
Raphael Silva Rodrigues, Gustavo Lanna Murici — 785

24. Novos Pontos de Equilíbrio nas Relações Fisco-Contribuinte
José Luis Ribeiro Brazuna — 819

25. Os Direitos Fundamentais do Contribuinte no Supremo Tribunal Federal Brasileiro
Julio Homem de Siqueira — 845

26. Duração Razoável do Processo Administrativo Tributário Federal
Maria das Graças Patrocínio Oliveira — 903

27. Os Direitos Fundamentais do Contribuinte e o Contencioso Administrativo Fiscal Brasileiro
Regina Maria Fernandes Barroso — 919

DIREITOS FUNDAMENTAIS DOS CONTRIBUINTES

28. O Rei Charles I, da Inglaterra, e o Caso dos Cinco Cavaleiros
(ou Caso Darnel – 1627)
Christiano Mendes Wolney Valente 943

29. Análise sobre a (In)Constitucionalidade da Inclusão da TUST
e da TUSD na Base de Cálculo do ICMS: Sopesamento entre
o Princípio da Segurança Jurídica e o da Legalidade
e o Princípio da Livre Iniciativa
Júlia Machado Aguiar 963

1. Os Caminhos Abertos pelo Ministro Gilmar Mendes

MISABEL DE ABREU MACHADO DERZI
VALTER DE SOUZA LOBATO

Introdução: Cobrando-lhe o Prosseguimento
"Caminhos não obras". A expressão de HEIDEGGER, *Wege nicht Werke,* aplica-se seguramente aos caminhos abertos por GILMAR MENDES em sua consagrada atuação na Corte Suprema. Neste breve artigo, escrito em louvor ao Ministro GILMAR MENDES, interessa-nos mais realçar aqueles procedimentos, meios e caminhos postos, mais do que uma decisão concreta, específica de um caso ou outro (que estamos aqui equiparando a obras). Pois enquanto houver trilhas ainda oferecidas ao percurso humano, as obras e resultados – sempre provisórios – haverão de prosseguir e haverão de ter bom curso se o rumo posto for o melhor, apto a conduzir à decisão mais justa, à melhor escolha jurídica. O caminho, a metodologia, os procedimentos são da mais alta relevância e assim inerentes ao Estado de Direito.

Se escolhêssemos abordar alguns casos entre tantos, a tarefa seria dificílima, em face da notabilíssima atuação do Ministro na Corte Suprema, pois as soluções dadas a vários deles marcaram indelevelmente a construção do Direito no Brasil, tanto em relação às garantias político-estatais do federalismo, como à reconstrução das liberdades e dos direitos fundamentais individuais e sociais.

Preferimos, então, centrar nossa atenção nas ricas técnicas de controle de constitucionalidade com que o Ministro soube colher a realidade social e econômica, multifacetada e cambiante, para conferir-lhe mais segurança e proteger a confiança gerada nas relações tributárias. Compartilhamos com o notável jurista a posição que defendeu em livros e junto à Corte Suprema, abrindo-lhe novos caminhos. Não víamos nisso (e ainda não vemos) nenhum excesso, nem atividade judicial transbordante das funções judicantes, como preconizaram alguns constitucionalistas ou alguns membros da própria Corte. Ao contrário, também há décadas, nas atualizações que fizemos da clássica obra de ALIOMAR BALEEIRO[1], já defendíamos a proibição constitucional da retroatividade do Direito – e não somente das leis – sustentando que a irretroatividade, como direito fundamental, obrigaria os três Poderes e não somente o legislador. Posteriormente, fizemos desse tema a tese de titularidade, publicando a obra *Modificações da Jurisprudência no Direito Tributário*.[2]

Hoje, não queremos deixar esquecido o pioneirismo de GILMAR MENDES (que sempre invocou as lições inaugurais de antecessores, como LÚCIO BITTENCOURT), já que a questão foi pacificada com o advento de dois diplomas legais, a **Lei nº. 9.868/99, art. 27, e o novo CPC, em seu art. 927, §3º.**[3] Sendo assim, somente sustentando a inconstitucionalidade de tais diplomas legais ou de parte deles, poder-se-ia agora recuar na tarefa de atribuir responsabilidade ao Estado, legislador ou juiz, pela confiança gerada com seus atos.

De longa data, preocupado com a efetividade dos direitos e garantias fundamentais, GILMAR FERREIRA MENDES[4] destacou a *"conveniência e a oportunidade de as Cortes Constitucionais estipularem os efeitos de suas decisões declaratórias de inconstitucionalidade"*, se *ex tunc*, se *ex nunc*, ou ainda se não acompanhadas de nulidade imediata. Essa flexibilidade que as Cortes Constitucionais se atribuem, em certos casos, evita dilemas de difícil solução em que os juízes são obrigados a escolher entre a aplicação justa e estrita da Constituição, de um lado, e os problemas orçamentários, de caixa, ou jurídico-legislativos graves, acarretados por suas decisões, de outro; entre a necessidade de corrigirem atos do Poder Legislativo ou do Poder Executivo e o caos ou vazio legislativo decorrente da declaração de inconstitucionalidade; entre o cumprimento do princípio da igualdade, ferido por norma que

---

[1] Cf. DERZI, Misabel de Abreu Machado. Atualizações à obra de ALIOMAR BALEEIRO. Limitações Constitucionais ao Poder de Tributar. 7ª.ed. Rio da Janeiro, Forense, 1997.

[2] Cf. DERZI, Misabel de Abreu Machado. Modificações da Jurisprudência no Direito Tributário. São Paulo, Noeses, 2009.

[3] Não se ignora o papel proeminente do Ministro LUIZ FUX na fundamentação e elaboração para aprovação do novo CPC/2015, forte em segurança e proteção da confiança, em especial no que diz respeito às mutações jurisprudenciais.

[4] Cf. MENDES, Gilmar Ferreira. Die Abstrakte Nomenkontrolle vor dem Bundesverfassungsgericht und vor dem Brasilianischen Supremo Tribunal Federal. Berlim, Ed. Duncher & Humblot, 1991.

concede benefícios discriminatórios a grupos privilegiados, e a extensão de tais princípios a outros grupos injustificadamente excluídos, extensão essa que, em certas circunstâncias, se apresenta como intolerável intervenção na esfera de atuação do Poder Legislativo.

Ora, admitir outras soluções, como as declarações de inconstitucionalidade sem a pronúncia de nulidade, tem sido um dos recursos utilizados pela Corte Constitucional alemã, citado por GILMAR FERREIRA MENDES, de especial aplicação no caso de leis concessivas de benefícios discriminatórios:

> O Tribunal não está autorizado, salvo em situações excepcionais, a proferir a declaração de inconstitucionalidade de eventual cláusula de exclusão, em virtude das repercussões orçamentárias que resultariam, inevitavelmente, da concessão de benefícios. Por outro lado, a declaração de nulidade de todo o complexo normativo revelaria, como assentado por Ipsen, uma esquisita compreensão do princípio de justiça, que daria ao postulante pedra ao invés de pão (Stein statt Brot).[5]

A declaração de inconstitucionalidade sem a pronúncia de nulidade, usada pela Corte Constitucional alemã, traz como consequência não só a suspensão da eficácia da lei inconstitucional, como também o dever de o legislador corrigir o desvio, seja suprimindo "eventual lacuna, seja através da supressão da disposição que teve a sua inconstitucionalidade declarada".[6]

Não temos dúvidas de que a Constituição de 1988 justifica a adoção de uma nova posição pelo Supremo Tribunal Federal, que não pode se manter como simples legislador negativo. O que a Constituição deseja é a efetividade dos direitos e garantias fundamentais do contribuinte, para isso prevendo remédios, ações e instrumentos que demonstram a índole nova daqueles direitos e garantias. Diante de ofensa intolerável à igualdade, em norma concessiva de benefícios arbitrários, a supressão pura e simples da isenção significa, sem dúvida, a outorga da pedra ao invés do pão pleiteado pelo contribuinte lesado. A solução do Tribunal Constitucional alemão é bastante razoável, porque concilia a Constituição com a margem de discricionariedade do legislador, que tem, a partir da declaração da inconstitucionalidade, o dever

---

[5] Cf. MENDES, Gilmar Ferreira. "Necessidade de Desenvolvimento de Novas Técnicas de Decisão: Possibilidade da Declaração de Inconstitucionalidade sem a Pronúncia de Nulidade no Direito Brasileiro", texto de conferência – Congresso Luso-Brasileiro de Direito Constitucional, Belo Horizonte, 04.12.1992, p. 22.

[6] Cf. MENDES, Gilmar Ferreira., op. cit., p. 25.

de corrigir a norma. O que não é razoável é "fingir" que é constitucional a norma discriminatória para não se ter de enfrentar o problema, ou reconhecer a inconstitucionalidade, mas, declarar-se o Tribunal "impotente", ou cassar a isenção ou outro benefício, interferindo em plano de governo.

Neste texto, estamos a manifestar a esperança de que o Direito Tributário cumpra sua função básica de atender às expectativas normativas criadas, à confiança gerada pelo Estado, não apenas pelo Estado-legislativo, mas ainda pelo Estado-executivo e, sobretudo pelo Estado-juiz nas relações tributárias, abrindo sendas seguras ao desenvolvimento e ao investimento. Em tal aspecto, a flexibilização do controle de constitucionalidade vem tocada pelo sentimento de fortalecimento da segurança, da proteção da confiança e da boa-fé, por tantos anos trabalhados na Corte Suprema, por meio da modulação de efeitos de que GILMAR MENDES é ímpar protagonista.

1. Estado de Direito, Segurança e Proteção da Confiança

> *"Não julgueis, para que não sejais julgados, porque com o juízo com que julgardes sereis julgados, e com a medida com que tiverdes medido vos hão de medir a vós...*
>
> *...**Entrai pela porta estreita**, porque larga é a porta, e espaçoso, o caminho que conduz à perdição, e muitos são os que entram por ela; e porque estreita é a porta, e apertado o caminho que leva à vida, poucos há que a encontrem"(Evangelho de Mateus, 7-1a6; 8-13a14).*

Não raramente, a metáfora da "porta estreita" é invocada por juristas e filósofos do Direito, em alusão ao Estado de Direito.[7] Em crítica a um ditado búlgaro, assim se manifesta MARTIN KRYGIER:

> (...) diz o ditado búlgaro que o direito é como uma porta no meio de um campo aberto. É claro, você poderia passar pela porta, mas somente um tolo se incomodaria com isso. Onde esse ditado tem ressonância, o Estado de Direito provavelmente não existe.[8]

---

[7] POSTEMA, Gerald J. Law's Rule. Reflexivity, Mutual Accountability, and the Rule of Law. *In* Bentham's Theory of Law and Public Opinion. Coord. Xrabv Zhai, p 33; KRYGIER, Martin. The State of the Rule of Law State, Cap. 3, p.60; BUSTAMANTE, Thomas. Precedent. IVR Encyclopedia. Heidelberg, Springer, no prelo para 2020, ou em discursos e aulas da pós-graduação da UFMG.
[8] Cf. KRYGIER, Martin. The Rule of Law: Legality, Teleology and Sociology, in. G Palombela and N Walker, Re-Locating the Rule of Law. Oxford: Hart Publhising, 2008, p. 60.

Há homens notáveis que escolhem passar pela **porta estreita do Direito**. Embora geniais, iluminados e iluministas, racionais e amantes da ciência e da reflexão, escolhem passar pela porta do Direito. Já tivemos oportunidade de referir o jurista e professor EROS ROBERTO GRAU como exatamente um desses homens, erudito e independente, que relatou o HC 84078, em 2008, naquela ocasião declarando inconstitucional a execução antecipada da pena, à luz da Constituição de 1988, na mesma linha de seus pares, Ministros PERTENCE, CELSO DE MELLO, PELUSO e MARCO AURÉLIO.

Ao analisar o *ethos* da fidelidade ao Direito, e móvel do Estado de Direito, POSTEMA pontua que os juízes chamam tal fidelidade de imparcialidade, de equidade das partes em juízo, de abertura do processo à evidência e à argumentação de todos os lados, ao dever de tomar decisões racionais segundo princípios baseados nas provas e na argumentação apresentada na Corte: *"os juízes precisam ver para isso, em lugar de relações pessoais, a língua franca das cortes. Isso reclama uma **convicção profunda, ciumentamente guardada, de sua independência em relação a outros ramos de governo"*.[9]

E POSTEMA, voltando ao ditado búlgaro, concorda com M. KRYGIER em suas duras críticas, para dizer que, se fosse verdade que somente um tolo se incomodaria em passar pela porta estreita do Direito, tal atitude evisceraria as entranhas do Estado de Direito.[10]

Pontificando entre tais homens notáveis, geniais, leais à Constituição e ao Direito, o Ministro GILMAR MENDES reluz, porque alia ao seu preparo técnico, os valores democráticos, a fidelidade ao Direito, a coragem de conduzir – mesmo enfrentando mídia mal informada ou manipulações políticas incômodas – as melhores decisões em favor da segurança jurídica, da confiança e da lealdade constitucional.

Isso não é tão fácil. Em cíclica *performance*, ora deprimido, ora murchando em inexplicável cultura de deferência não qualificada à autoridade governamental, ora florescendo na democracia, o Estado de Direito, no Brasil, oscila. Explicam os juristas e filósofos que o Estado de Direito não é redutível apenas ao atuar dos juízes, não é uma regra a ser aplicada apenas pelos julgadores. Ele depende de um certo grau de **lealdade ao Direito reinante na sociedade.** Então, diz POSTEMA:

---

[9] Cf. POSTEMA, Gerald J., op. cit. p. 32.
[10] Cf. POSTEMA, Gerald J., op. cit. p. 33.

DIREITOS FUNDAMENTAIS DOS CONTRIBUINTES

(...) um componente indispensável da infraestrutura da fidelidade está em uma rica, diversificada e civilmente educada sociedade, incluindo organizações religiosas, organizações não lucrativas, universidades, uniões sindicais, grupos de vigilância comunitária e similares. Repartições governamentais de controle, formal ou informal, comissões de direitos humanos, e organizações similares podem também inspecionar e monitorar atividades governamentais e informar, habilitar e facilitar os esforços de responsabilização.

E prosseguindo em suas considerações relacionadas ao Estado de Direito, que depende de virtudes cívicas, pondera: *"(...) Bentham argumentou que um governo livre deveria cuidar, encorajar e habilitar a disposição popular para a resistência"*.[11]

Ricos estudos sobre o ideal do Estado de Direito, em filosofia, ciência política e teoria da Constituição acumulam-se ao longo da história. Influentes estudos relativos ao Estado de Direito, que se apoiam na separação de poderes, nos advêm desde LOCKE ou MONTESQUIEU,[12] passam pelas lições de DICEY, mas no rol devem ser incluídos aqueles que, como FULLER, insistem na legalidade e nas oito condições necessárias para sua configuração: (1) generalidade das regras; (2) publicidade; (3) não retroatividade; (4) inteligibilidade; (5) não contradição; (6) exequibilidade; (7) estabilidade; (8) e administração de modo consistente com seu teor. Como contraponto, demonstrando a insuficiência da legalidade (pois não chamaríamos de Estado de Direito ao Estado nazista, que partia de leis aplicadas por juízes que se curvavam aos abusos da autoridade), um universo rico de outros teóricos da ciência política ou da filosofia se levanta com J. RAZ,[13] WALDRON,[14] POSTEMA,[15] KRYGIER[16], alhures e no Brasil.[17] E leciona BUSTAMANTE:

---

[11] Cf. POSTEMA, Gerald J., op. cit. p. 33-34.
[12] Cf. LOCKE, John. Two Treatises of Government, ed. p. Laslett. Cambridge Press, 1988, p. 265-428 *in* Second Treatise; Cf. DICEY, Av. Introduction to the Study of the Law of the Constitution, 10th edn. (first edn. 1885). London: Macmillan, 1959; Cf. FULLER, Lon. The Morality of Law. New Haven, CT. Yale University Press, 1969.
[13] Cf. RAZ, Joseph. The Authority of Law. Oxford, Clarendon Press, 1979.
[14] Cf. WALDRON, Jeremy. The Concept and the Rule of Law. Georgia Law Review, 43, 2008.
[15] Cf. POSTEMA, Gerald J., op. cit.
[16] Cf. KRYGIER, Martin., op. cit.
[17] Cf. Por todos, citemos BUSTAMANTE, Thomas, op.cit.

(...) nunca foi tão necessário proteger o Supremo Tribunal Federal como **espaço de argumentação**, como a instância, a esfera adequada para discutir os argumentos jurídicos sobre os direitos e liberdades fundamentais que todos nós temos. O que se busca proteger é o valor da autonomia judicial. Uma autonomia que se constrói ante à imprensa, ante o governo, ante o Poder Legislativo e, sim, ante os próprios desejos, valores, convicções morais, interesses, estratégias, etc., dos próprios membros da Corte. Há um valor jurídico incrustado na Constituição, no Direito Positivo, na Lei.[18]

O Estado de Direito, pois, não é apenas o Estado das leis, como lembra MATTERN, pois administrar conforme a lei é antes administrar conforme o Direito, razão pela qual a proteção da confiança e a boa-fé são componentes indivisíveis da legalidade, do Estado de Direito e da Justiça. Em obra profunda sobre o tema, explica ROLAND KREIBICH que alguns juristas alemães utilizam a expressão boa-fé como sinônima de proteção da confiança; outros, como KRIEGER, THIEL, etc., consideram a proteção da confiança um resultado ou consequência legal da boa-fé; há aqueles ainda, como MATTERN, que sobrepõem o princípio da proteção da confiança, para eles mais abrangente, como um "Tatbestand-mãe", ao princípio da boa-fé. Em geral, a expressão boa-fé é utilizada frequentemente para designar as situações individuais, os casos concretos que envolvem a proteção da confiança.[19] Não obstante, convém deixar claramente assentado que a **confiança** não é característica essencial na qual repousa apenas o sistema jurídico. Todo sistema social, quer seja o político, o econômico, o de comunicação ou o jurídico pressupõe a confiança – (e contém medidas de controle da desconfiança), como ensinou NIKLAS LUHMANN em obra notável[20]. Recentemente SHAPIRO trabalhou a economia da confiança no Direito.[21]

Pondera KREIBICH que, no plano abstrato e geral, existem aplicações inerentes ao princípio da proteção da confiança, que não têm relação direta com a boa-fé, a saber: (a) a irretroatividade das leis; (b) a obrigatoriedade do

---

[18] Cf. BUSTAMANTE, Thomas, op. cit.
[19] Cf. KREIBICH, Roland. Der Grundsatz von Treu und Glauben im Steuerrecht. Band 12. C.F. Muller Verlag, Heildelberg, 1992, p.188.
[20] LUHMANN, Niklas. Confianza. Trad. Amada Flores. Anthropos. Universidad IberoAmericano. Santiago. 1996.
[21] Cf. SHAPIRO, Scott. Legality. 1ª. Harvard University Press, Cambridge, London, 2011.

DIREITOS FUNDAMENTAIS DOS CONTRIBUINTES

cumprimento de promessas e de prestação de informações; (c) a proteção contra a quebra ou modificação de regras administrativas; (d) a proteção contra a modificação retroativa da jurisprudência; (e) a garantia da execução de planos governamentais. E acrescenta que, em geral, prevalece a concepção, aliás dominante nos tribunais superiores daquele País, de que o princípio da proteção da confiança deve ser considerado um princípio mãe[22], deduzido do Estado de Direito, através da segurança.[23]

Assim, em toda hipótese de boa-fé existe confiança a ser protegida. Isso significa que uma das partes, por meio de seu comportamento objetivo criou confiança em outra, que, em decorrência da firme crença na duração dessa situação desencadeada pela confiança criada, foi levada a agir ou manifestar-se externamente, fundada em suas legítimas expectativas, que não podem ser frustradas. Mas KREIBICH aponta como divergência existente entre o princípio da proteção da confiança e o da boa-fé, o fato de o primeiro, por ser mais abrangente, aplicar-se às situações gerais, abstratas e àquelas concretas; já o segundo, o princípio da boa-fé somente alcança uma situação jurídica individual e concreta, ou seja, alcança não as leis e os regulamentos normativos, mas apenas os atos administrativos individuais e as decisões judiciais. E traça o seguinte quadro explicativo, como resultado da comparação entre o princípio da proteção da confiança e o da boa-fé:[24]

---

[22] A discussão sobre qual dos princípios seria o *Tatbestand-mãe*, se a boa-fé ou a proteção da confiança, não nos interessa tratar aqui. Tal discussão pode ser vista com MENEZES CORDEIRO, Antonio Manoel. Da boa fé no direito civil. Coimbra, Almedina, t.I e II, 1989 e também FRADA, Manuel Antonio de Castro Portugal Carneiro da. Teoria da Confiança e responsabilidade civil. Coleção Teses, Lisboa, Almedina, 2001.

[23] Cf. KREIBICH, Roland. Der Grundsatz von Treu und Glauben im Steuerrecht, op. cit., ps. 24-25.

[24] Cf. KREIBICH, Roland. op. cit. p.59.

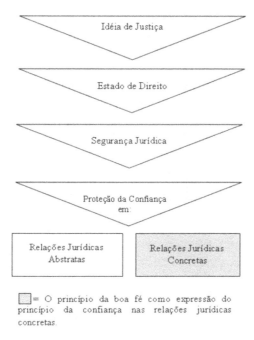

Em conclusão, KREIBICH define o princípio da boa-fé como um princípio jurídico em geral (universal), válido para todas as áreas jurídicas, e sem restrições no Direito Tributário, sendo direito não escrito, que exige um comportamento leal e confiável de todos os envolvidos em uma relação jurídica concreta, e que, sendo ainda expressão da ideia da proteção da confiança no Direito Constitucional, através da segurança jurídica, decorre do Estado de Direito e da ideia de justiça (que lhe determina o sentido).[25]

2. A Proteção da Confiança como Princípio Constitucional e suas Relações com a Irretroatividade e outros Direitos Fundamentais

Antes de tratar do tema segundo a Dogmática nacional, enfoquemos brevemente o tratamento em geral conferido na Alemanha, na Suíça e nos EUA.

---

[25] Cf. KREIBICH, Roland. op. cit. p. 198.

2.1. Segundo a Dogmática Alemã, Suíça ou Norte-americana[26]

Na jurisprudência antiga da Suíça, datada de 1923, deu-se a primeira revelação do problema. Posteriormente, em 1930, o Tribunal de segunda instância da Basiléia, embora tivesse declarado, expressamente, que alteraria o seu entendimento para o futuro, deixou de aplicar a nova prática no caso concreto *sub judice*, dando preferência à segurança jurídica. Como leciona WEBER-DÜRLER, visto hoje o caso é um belo exemplo de *"prospective overruling"*. E menciona que a jurisprudência protetora da confiança, desde 1850, é praticada nos EUA.[27]

Na Suíça, embora as sementes tivessem sido lançadas, já em 1923, os precedentes permaneceram isolados, talvez porque se referissem a questões processuais, sem ter havido, durante um longo período, pronunciamento da Corte em questões de direito material, com aplicação do princípio da proteção da confiança. No entanto, o chamado *"prospective overruling"*, nos EUA, desenvolveu-se em casos de Direito Administrativo, Penal e de Direito Privado. Além disso, explica WEBER-DÜRLER, nas específicas áreas do Direito, existem outras técnicas para remediar a modificação, assim o erro de Direito, no Direito Penal; a anistia ou liberação tributária no Direito Tributário; e ainda as determinações próprias do Direito obrigacional, que garantem a compensação ao parceiro contratual, quando se perdeu a base da confiança em um negócio. Apenas depois de 1970, na Alemanha ao se autonomizar o princípio da proteção da confiança, sua observância se impôs em todas as áreas do Direito e se estendeu aos poucos às decisões judiciais.[28]

Nos EUA, onde o Brasil se inspirou para adotar o controle de constitucionalidade difuso e subjetivo, a declaração de inconstitucionalidade esteve sempre atrelada à nulidade (pelo menos foi dessa forma interpretada em nosso País). As lições de LÚCIO BITTENCOURT, recentemente retomadas por GILMAR MENDES, já esclareciam a possibilidade de nuances importantes, sem a automática vinculação da inconstitucionalidade da norma à nulidade, o que acarreta a consequente invalidade de todos os atos praticados com base em sua vigência.[29]

---

[26] Os trechos que se seguem encontram-se mais pormenorizados em DERZI, op.cit..

[27] Cf. WEBER-DÜRLER, Beatrice. Vertrauensschutz im öffentlichen Recht.. Helbing & Lichtenhahn,1983, p. 235.

[28] A autora elencou uma lista de precedentes. WEBER-DÜRLER, Beatrice. Vertrauensschutz im öffentlichen Recht., op. cit. p. 237.

[29] Cf. LÚCIO BITTENCOURT, C.A. O Controle Jurisdicional da Constitucionalidade das Leis. 2ª ed. Rio de Janeiro, Forense, 1968, p. 147.

Então, podemos apontar quatro fases na jurisprudência dos EUA, a saber:

(A) aquela primeira, em que prevalecia a regra antiga, clássica, a da plena retroatividade das decisões que declaram a inconstitucionalidade da norma (ou mesmo modifiquem precedentes);
(B) mas já em 1932, iniciou-se nos Estados Unidos uma nova fase, chamada *"prospective overruling"*, exatamente criada para atenuar os efeitos da superação de um precedente, firmado anteriormente pela Corte Suprema.[30]

Além disso, por meio do emprego da analogia, a Corte Suprema aplicou o princípio da irretroatividade das leis penais, impedindo o uso retroativo das decisões judiciais, *lex post facto*, e declarando a inconstitucionalidade da aplicação de uma nova interpretação judicial expansiva de lei criminal a condutas que a antecedem. Essa a hipótese do caso *Bowie v. City of Columbia* (1964).[31]

E mais, no famoso caso *Linkletter v. Walker* (1965), a Suprema Corte norte-americana resolveu estas questões de retroatividade/irretroatividade, como é de sua tradição, criando um "teste judicial" centrado em três grandes critérios, a saber: (I) aplicação retroativa, apenas se ela fosse essencial ao propósito da nova decisão; (II) extensão da confiança depositada nos atos das autoridades administrativas, policiais e judiciais, e indutora das decisões e compreensões anteriores dos cidadãos envolvidos; (III) efeito provável da aplicação retroativa sobre a atividade judicial e jurisdicional.[32]

Em geral, o pleno desdobramento desse tema, no período, pode ser analisado, segundo BRADLEY SCOTT SHANNON, por meio das decisões da Corte Suprema nos seguintes casos paradigmáticos: *Linkletter v. Walker*; *Chevron Oil Co. v. Huson*; *United States v. Johnson*; *Griffith v. Kentucky*; *Teague v. Lane*; *American Trucking Associations Inc. v. Smith*; *James B. Beam Distilling Co. v. Georgia*; *Harper v. Virginia Department of Taxation*; *Reynoldsville Casket Co. v. Hyde*.[33]

---

[30] Cf. BENDER, Paul. Copyright © 2000 by Macmillan Reference USA, apud HANS A. LINDE. The United States Experience. The American Journal of Comparative Law, Vol. 20, No. 3 (Summer, 1972), pp. 415-430.

[31] Cf. BENDER, Paul., op.cit.

[32] Cf. SCOTT SHANNON, Bradley. The Retroative and Prospective Application of Judicial Decision. Harvard Journal of Law & Public Policy, Trad. Fernando Gomes, vol. 26, 2003, ps. 812-890.

[33] Cf. SCOTT SHANNON, Bradley., op. cit., loc. cit.

Na verdade, a experimentação da prospectividade atingiu seu auge nas décadas de 60 e 70. Os últimos casos registrados, a partir do final dos anos oitenta e já nos anos 90, representam uma transição para o retorno à fase **A), da retroatividade clássica.**

No fim das contas, a Corte voltou a assentar uma firme regra de aplicação retroativa em casos criminais, em sede de apelação (afinal o direito à revisão se impunha, sobretudo se a nova interpretação era mais benéfica ao réu) e agora parece ter feito o mesmo na área civil, conforme relato de SCOTT SHANNON[34].

No caso ***CHEVRON OIL CO. V. HUSON*, e o padrão para casos civis** – Em matéria de Direito Civil, a moderna doutrina da prospectividade somente teve aplicação concreta a partir da decisão da Suprema Corte em *Chevron Oil Co. v. Huson*. Nesse processo, a Corte estabeleceu o seu teste, para decidir as questões civis, considerando três fatores, na verdade, variantes daqueles três estabelecidos em *Linkletter v. Walker*, a saber: (a) primeiro, a decisão a ser aplicada de forma não retroativa deve estabelecer um novo preceito jurídico, realmente novo; (b) segundo, foi enfatizado que *"é preciso sopesar os méritos e deméritos em cada caso, observando a história da regra em questão, seu propósito e efeitos, bem como se a aplicação retrospectiva avançaria ou retardaria sua operação"*; (c) finalmente, deve-se considerar a quebra da equidade imposta pela aplicação retroativa.

O retorno à tradição da retroatividade teve força entre juízes mais conservadores como SCALIA, que impulsionaram a Corte nessa direção. Na decisão do *American Trucking Associations, Inc. v. Smith*, o Juiz SCALIA concordou com a opinião dissidente, no sentido da retroatividade plena, afirmando que *"julgamentos prospectivos são incompatíveis com o papel do judiciário, que é dizer o que é o direito, e não o de prescrever o que ele deve ser."*[35]

Esse o nosso interesse em retratar aqui o modelo norte-americano, pois ele introduz o tema em sua profundidade, questionando: haveria na modulação de efeitos, mesmo se bem balizada e criteriosa, ativismo judicial indevido? Várias vozes mais recentes, nos EUA, se levantam, acreditando que haverá uma nova tendência. *"O futuro deverá ser, como regra, a retroatividade limitada ou a prospectividade"*.[36] Finalmente, ainda sobre o mesmo assunto, a longa e

---

[34] Cf. O resumo, com vários cortes, é uma transposição quase literal do texto de SCOTT SHANNON, Bradley., op. cit., p. 812-890.

[35] Cf. SCOTT SHANNON, Bradley., op. cit. p. 812-890.

[36] Cf. FEDERMAN, Howard Yale. Judicial Overruling. Time for a new general rule. Michigan Bar Journal. Sep. 2004, p. 24.

profunda crítica de LAURENCE TRIBE e MICHAEL DORF[37] dão ao tema um enfoque diferente, mas isso não pode esconder o fato de que, de uma forma ou de outra, também em relação ao objeto específico de nossa questão, retroatividade/prospectividade nas modificações jurisprudenciais, as Cortes superiores de alguns Estados norte-americanos introduzem e mantêm a nova tendência, da prospectividade, valendo-se ainda da proteção da confiança, enquanto a Suprema Corte volta à retroatividade. Por quanto tempo?

O princípio da proteção da confiança, em textos isolados, já era invocada na Alemanha, na época da Constituição de Weimar, mas foi, após as grandes guerras, que demonstrou a sua força, desenvolvendo-se, a partir de então, trabalhos dogmáticos muito profundos. As teorias germânicas tiveram reflexos em outros países, em especial na Suíça, onde o princípio da boa-fé obscurecia o entendimento relativo à proteção da confiança. Após os trabalhos sistemáticos de GÜNTER, KISKER e PÜTNER, na década de 1970 e, posteriormente, os de VOLKMAR GÖTZ, o tema entrou definitivamente no Direito Público e nas fundamentações da Corte Constitucional alemã.[38]

Invocando R.M. RILKE, em seu trabalho, com a expressiva consideração de que *"quem confia é forte"*, HERRMANN-JOSEF BLANKE faz um interessante relato das posições jurisprudenciais e dogmáticas do princípio da proteção da confiança e, em especial, da renovação de sua importância, a partir da reunificação do País.[39] Se foi relegado a segundo plano no ensino jurídico em certo período, desfruta hoje de status incontestável, depois de ter sido "inserido", pela Dogmática e pela jurisprudência, por mais de cinquenta anos, na Lei Fundamental. Ganhou projeção e importância renovada na reunificação, pois obrigou a República Federal alemã a considerar as posições jurídicas das pessoas, já consolidadas anteriormente, para respeitá-las por força do Estado de Direito. Esse fato explica assim a proliferação de teses e de dissertações nas academias, que vêm à luz com tal fartura, que o fenômeno já foi chamado de *"incontrolável"*, como lembra WEBER-DÜRLER.

Na Suíça, por volta de 1950, o Tribunal Federal já dá início à proteção do cidadão, àquele que confia em informações falsas, fornecidas por órgãos públicos, baseando-se na boa-fé (*Treue und Glauben*). Em 1968, o mesmo Tribunal fundamentará o princípio da boa-fé diretamente na Constituição.

---

[37] Cf. TRIBE, Laurence; DORF, Michael. Hermenêutica Constitucional. Trad. Lenio Luiz Streck. Belo Horizonte, Del Rey, 2007, 158 ps.

[38] Cf. WEBER-DÜRLER, Beatrice, op.cit., p. 6.

[39] Cf. BLANKE, Herrmann-Josef. Vertrauensschutz im deutschen und europäischen Verwaltungsrecht. Jus Publicum, vol. 57, Tübingen, Editora Mohr Siebeck, 2000.

Pouco depois, na década de setenta, o mesmo Tribunal baseará a sua decisão, para proteger o cidadão, que acreditou em informação oficial equivocada, na proteção da confiança, sem invocar a boa-fé. Segundo WEBER-DÜRLER, a proteção da confiança ganhará, também na Suíça, depois de 1970, autonomia, pois passará a contribuir para a solução de casos, que haviam sido excluídos do âmbito de aplicação da boa-fé objetiva. Isso não significa que a proteção da confiança tenha surgido apenas após 1970, ela já se manifestara muito antes. O que se dá é que a Dogmática e a jurisprudência não tinham feito a ligação entre os vários casos isolados, sistematizando os problemas e solucionando-os por meio do princípio da proteção da confiança, para uma resposta uniforme. Com o *"aparecimento do verbete proteção da confiança ocorreu não só uma superação terminológica, mas ficou patenteado o caminho para reconhecer e superar toda a problemática"*.[40]

Aplica-se a todos os ramos do Direito e tem manifestado a sua eficiência no Direito Administrativo (notavelmente no setor de construções e edificações); no Direito Ambiental e de Energia Nuclear (dosando e atenuando o papel cada vez mais restritivo desse ramo jurídico); no Direito Social e no Direito Tributário. Confiança passou a ser a palavra "conceito-chave" para a fundamentação de um pedido de compensação estatal.[41]

2.2. Pressupostos e Delimitação Geral do Objeto da Proteção da Confiança Aplicável ao Direito Público

Indicamos, neste tópico, uma delimitação diferencial do tema no Direito público. A proteção da confiança coincide, em vários pontos, com aquela proveniente do Direito privado, mas tem características especiais. O fato indutor da confiança é criado pelo Estado ou por órgãos públicos estatais. Essa a peculiaridade mais relevante, da qual resultarão outras, como da obrigatoriedade dos atos administrativos e da vinculatividade resultante dos atos estatais em geral. À vista da violação da confiança ou da ameaça de fazê-lo, o cidadão volta-se contra o próprio Estado, para exigir a proteção da confiança nele depositada. Teremos aqui a presença dos seguintes pressupostos:

(a) fato comissivo ou omissivo do Estado, realizado no passado, que desencadeará a confiança do cidadão, ou estará apto a fazê-lo;

---

[40] Cf. WEBER-DÜRLER, Beatrice., op. cit., p. 7.
[41] Cf. MAURER, HStR III, § 60, nr. lateral 5, apud BLANKE, Herrmann-Josef., op.cit.,, p. 2-3.

(b) configuração da confiança percebida e justificada. Alguns juristas preferem se referir à relevância da base da confiança, pois o princípio deve ter uma materialidade consistente – não se limitando a um conteúdo vazio – conteúdo que preenchem com o rol dos direitos e garantias individuais da Constituição (sem prejuízo de a própria proteção da confiança configurar um direito em si).

Dentro da perspectiva, de graduações da intensidade do princípio, se encontra KYRILL-A. SCHWARZ. O autor defende um diferente peso na avaliação da proteção da confiança dentro de um mesmo ramo jurídico, por exemplo, dentro do Direito Tributário. Baseando-se na velha distinção entre tributos fiscais (que se prestariam a distribuir os encargos públicos, cobrindo a demanda financeira da coletividade) e extrafiscais (que servem às normas de direção e de intervenção econômica), ressalta que as últimas são mais apropriadas para suscitar os fatos jurídicos da confiança. As primeiras, meramente fiscais, conquanto formem uma *"moldura para o comportamento individual, entretanto não motivam uma expectativa de persistência elevada junto ao destinatário da norma."* Já as normas de direção e intervenção mostram-se de outra forma:

> (...) elas perdem seu sentido, se seus destinatários agirem confiantes na aparência de direito do benefício prometido, sem ainda tê-lo recebido. Exatamente a oferta de uma vantagem tributária, que repouse no interesse geral, estabelece, junto aos cidadãos que aceitam a oferta e se deixam instrumentalizar para fomento do interesse geral, uma relação de confiança, que recai sob a proteção da ordem jurídica. Para essa relação vale o axioma 'pacta sunt servanda'.[42]

Nesse ponto, tem razão o jurista, mesmo à luz do Direito brasileiro, pois as normas tributárias, não incentivatórias, não criam expectativas especiais de continuidade da legislação, não mais do que em outros ramos especializados do Direito, até no Direito Penal. A qualquer momento, o legislador poderá incluir fatos até então considerados não jurígenos no campo de incidência das normas, ou aumentar as

---

[42] Cf. KYRILL-A. SCHWARZ. Vertrausenschutz als Verfassugsprinzip. Eine Analyse des nationalen Rechts, des Gemeinschaftsrechts und der Beziehungen zwischen beiden Rechtskreisen. Baden-Baden. Nomos Verlagsgesellschaft, 2002, p. 298-299.

alíquotas e bases de cálculo dos tributos já existentes. Inexiste, para o futuro, um direito à persistência das leis tributárias, no ponto em que se encontram. Sabe-se que, sem discutirmos o mérito da criação de um imposto sobre o patrimônio líquido, por não ser esse um tema relevante neste trabalho, nenhum contribuinte poderá pretender a continuidade da omissão do legislador infraconstitucional, relativamente à instituição do imposto sobre as grandes fortunas. O que ele poderá exigir, como direito individual, e fundamental, será a observância da não retroação da lei, que criar o novo tributo, além da anterioridade. Somente nesse ponto começam as diferenças relevantes entre o modelo da ordem positiva suíça ou germânica e a ordem constitucional brasileira. Entendemos que a Constituição da República, ao consagrar, de forma tão clara, o princípio da irretroatividade em relação a fatos jurídicos, acontecidos antes da vigência da lei, cristaliza em garantias "imóveis", a não retroação da lei tributária. Esse fenômeno, da busca do princípio da proteção da confiança, para suprir um déficit da ordem positiva, não é necessário entre nós, no que tange à irretroatividade, modelada de forma tradicional. Ou seja, a garantia da irretroatividade é direito fundamental relativo à preservação do passado, apenas isso. Deixe-se o passado, como fato passado, um "agora" que não mais se dá.

Enfim, em relação aos fatos pretéritos, inteiramente ocorridos no passado, aplica-se a irretroatividade sem necessidade de se recorrer à proteção da confiança ou da boa-fé, no Brasil. Perguntas como: houve fato indutor da confiança? Houve confirmação da confiança e investimento na confiança? são desnecessárias. A morte do *de cujus* é fato jurídico objetivo, que independe da vontade da pessoa beneficiada pela herança, ou de sua boa-fé, mas o princípio da irretroatividade garante que o imposto poderá ser pago de acordo com a lei vigente, no momento da abertura da sucessão. Portanto, também o princípio da irretroatividade não coincide inteiramente com o da proteção da confiança. Na Alemanha, aplica-se a irretroatividade, mas para isso há necessidade de se buscar, do fundo ético do sistema, na expressão de CANARIS, a proteção da confiança[43].

---

[43] Cf. do ponto de vista do direito privado alemão, a obra de CANARIS, Claus Wilhelm, é insuperável. Ver Die Vertrauenshaftung im Deutschenk Privatrecht. CH Beck Verlags. Munchen, tradução não autorizada de Juliana da Costa, Júlio César e Cláudio Molz. 1971.

O princípio da proteção da confiança envolve o passado (ato gerador estatal da confiança), mas se projeta para o futuro. Nele, estão envolvidos passado, presente e futuro. Quando as promessas públicas são traídas, a questão que se põe, de forma consistente, é: o que deverá atenuar as frustrações relativas àquilo que se teria alcançado, se não tivesse havido a intervenção do Estado, abortando a promessa, o incentivo, o benefício. Isso não significa que, em vários pontos, mesmo em relação à irretroatividade, não aflore, como veremos, mesmo no Brasil, a proteção da confiança, como princípio ético-jurídico, como direito e garantia fundamental, impondo-se a responsabilidade do Estado pela confiança gerada. É o que ocorre, intensamente, nos casos de justiça prospectiva, em que a irretroatividade, compreendida em sua forma clássica – por não se apresentar o direito adquirido ou o ato jurídico perfeito – falha como garantia expressa. É o que ocorre em relação às expectativas de direito, não ainda direitos adquiridos, fortalecidas pelo decurso do tempo, os chamados "direitos expectados", a que nos referiremos no momento oportuno, que são voltados, tanto para o passado como para o futuro, falando-se, muitas vezes entre nós, de direitos da transição;

(c) confirmação da confiança, que incorpore o futuro, por meio de decisões, ações e comportamentos decorrentes, ou seja, disposições e investimento da confiança por parte do cidadão, embora esse aspecto seja muito relativizado, sendo dispensado em certas circunstâncias;

(d) avaliação do interesse público predominante, em relação à mudança do comportamento do Estado, que o cidadão caracteriza como violação da confiança;

(e) consequências positivas para manutenção da confiança (assegurando-se ao prejudicado o ato indutor da confiança) ou negativas (autorização imediata da modificação, com compensação dos prejuízos sofridos pelo cidadão), tudo a depender da avaliação do interesse público predominante.

As considerações de KYRILL-A. SCHWARZ, acima apontadas, são adequadas nesse momento. Existe um reforço especial da confiança nas leis tributárias incentivatórias, de direção e intervenção econômicas, que direcionam as ações do contribuinte para certos empreendimentos e investimentos, sob a promessa de benefícios tributários. Em especial quando tais benefícios se concretizarem em certo prazo no futuro.

DIREITOS FUNDAMENTAIS DOS CONTRIBUINTES

O cancelamento de tais leis, de forma surpreendente, faz aflorar o princípio da confiança em toda sua pujança, já que se pode oscilar entre as consequências positivas e negativas da responsabilidade. Ou o Estado respeita o prazo concedido, originariamente, ao benefício, ou revoga-o, mediante proteção negativa, resolvendo-se a matéria em indenização por perdas e danos. Entre nós, é verdade, a lei proíbe mesmo a revogação de isenções, tal a segurança jurídica atendida, se foi concedida sob condição onerosa e a prazo certo (conforme art. 178 do Código Tributário Nacional). Mas a mesma questão se coloca, diferentemente, em face de isenções condicionadas onerosamente, mas não sujeitas a termo, em que o legislador, embora cancelando o benefício e podendo fazê-lo, o faz em prazo tão curto que não é possível ao investidor, crente e confiado, recuperar o investimento feito. Ou ainda, volta a discussão, com ênfase, na hipótese de isenções e benefícios concedidos irregularmente (campo fértil da guerra fiscal entre Estados e Municípios), em que os decretos implementadores do benefício, internos, estaduais, por sua generalidade, guardam aparência de legitimidade. Veremos que, atento a tal fenômeno e na mesma linha de KYRILL-A. SCHWARZ, o STF, ao declarar a inconstitucionalidade de leis concessivas de incentivos irregulares, concedeu modulações de efeitos em várias oportunidades em favor dos contribuintes. É o que discutiremos ainda neste texto.

Muitos juristas alertam ainda para o fato de que o princípio, que veda *venire contra factum proprium,* não pode ser equiparado ao princípio da proteção da confiança, pois, na argumentação, ele nem sequer se refere à situação do cidadão. Já o princípio da proteção da confiança envolve situações – o comportamento do Estado e o do cidadão, que confiou – contrapostas. Na proibição dos atos contraditórios, a *"visão estaria exclusivamente voltada para o Estado"*, o que não dá notícia da abrangência e das complexidades do princípio da proteção da confiança.[44]

Mas, tanto na Alemanha como na Suíça, o princípio da proteção da confiança rompe com uma característica, considerada natural no Direito privado, ramo em que ele se aplica, indiferentemente, a qualquer das partes. No seio do Direito público, não obstante, o princípio da proteção da confiança configura um direito individual fundamental, extraído da Constituição, que somente defende a confiança das pessoas privadas, em face das ações

---

[44] As considerações foram extraídas e adaptadas da obra de WEBER-DÜRLER, Beatrice., op.cit., p. 8-9.

ou omissões dos órgãos estatais. É o que veremos a seguir, como introdução ao tema, facilitando, dessa forma, o desenvolvimento do raciocínio.

2.3. De Plano: o Princípio da Proteção da Confiança Somente Protege o Cidadão/Contribuinte ou o Privado, Contra o Estado

O princípio da proteção da confiança, no Direito Público, não importa a ordem jurídica em referência, deve ser unilateralmente compreendido, sempre em favor do cidadão, do contribuinte, do jurisdicionado e contra o Estado – e isso decorre simplesmente do fato de que o ato indutor da confiança é sempre estatal (ato normativo legal; administrativo ou judicial) que, em posição de imperatividade dominante, cria a base da confiança. Todo aquele que tem o domínio da situação e praticou o ato não tem confiança a proteger.

A Dogmática e a jurisprudência alemãs e suíças utilizam o princípio da proteção da confiança como princípio e como direito fundamental individual, que somente o privado reivindica em contraposição à Administração pública, ao Poder Legislativo e Poder Judiciário, quando os Poderes do Estado criam o fato gerador da confiança. Nas palavras de WEBER-DÜRLER:

> A Administração irá gerar confiança em virtude da multiplicidade da atividade administrativa de modos muito distintos, por exemplo, através de informações ou promessas, através de atos administrativos, através de contratos jurídico-administrativos e através do ato de tolerar uma situação; além disso, regulamentações, a praxe administrativa até então, o trabalho de publicidade da Administração, bem como a existência de determinadas instituições públicas poderão ter como consequência confiança e disposições condicionadas à confiança do cidadão. Na Justiça, a proteção da confiança se torna atual, sobretudo, frente a alterações jurisprudenciais, apesar de também ocorrerem outros fatos constitutivos de uma realidade que fundamentam confiança, como despachos dos tribunais, informações sobre recursos jurídicos ou informações de pessoas do tribunal. Por fim, inclusive o legislador vai ser fundamento para a confiança do cidadão, pois a tarefa da legislação é justamente garantir previsibilidade e possibilidade de avaliação.[45]

Assim sendo, somente se tem admitido a plena aplicação do princípio da proteção da confiança para favorecer uma pessoa jurídica de Direito público contra uma outra pessoa igual ou contra o Estado, em se tratando de reduções

---

[45] Cf. WEBER-DÜRLER, Beatrice, op.cit., p. 10.

de subvenções, de transferências, desde que se caracterize a ruptura da confiança, em relações convencionais. A questão de saber se a proteção da confiança das pessoas de Direito público, umas contra as outras, se desdobra nas mesmas soluções ou dilemas e com igual intensidade como se dá no privado, ainda está por se explicar. Segundo WEBER-DÜRLER, isso ainda não ficou claro.[46] Enfim, sempre se exclui das teses e dissertações, ou das considerações dogmáticas (também a jurisprudência não se pronunciou sobre o assunto, a não ser em duas decisões isoladas, na Suíça, em caráter de *obiter dictum* aleatório) a proteção da confiança em favor do Estado, nas situações em que está envolvido com o administrado ou o cidadão/contribuinte. Isso parece tão evidente que seria proteger o Estado, em relação a seus próprios atos, mesmo se ilícitos.

Arrolamos a seguir os argumentos em favor da consideração do princípio da proteção da confiança de modo unilateral, exclusivamente a favor do cidadão/contribuinte e contra o Estado, resumidamente:

(I) é notável a relação de dependência do cidadão em relação ao Estado, em seus atos de intervenção e de regulação, de modo que o Ente estatal tem mais recursos, e muito mais abrangentes, para se prevenir de uma decepção. Basta considerar que ele pode inventar tributos novos ou majorar os já existentes. Recentemente, para enfrentar a perda da contribuição social sobre a movimentação financeira, a CPMF, a União elevou a alíquota de vários impostos, inclusive do imposto sobre operações financeiras, IOF. Em período curto de tempo já tinha reposto todas as "perdas" sentidas. No passado recente fez o mesmo para enfrentar condenações judiciais de elevado valor. Na verdade, como ensinou NIKLAS LUHMANN, todo aquele que tem posição soberana em relação aos acontecimentos/eventos, não tem confiança a proteger;

(II) se a proteção fosse considerada em favor do Estado, poderia ficar vulnerado o Estado de Direito, já que, apoiado na sua confiança, o Estado não poderia alcançar uma posição jurídica melhor em face do cidadão do que, de qualquer modo, já resulta da lei;

(III) os atos, ações e omissões do cidadão em face do Estado, abusivos ou fraudulentos, delituosos e de má-fé, todos já são previstos e sancionados nos termos da lei, mas é significativo, como explica

---

[46] Cf. WEBER-DÜRLER, Beatrice., ob. cit., loc.cit.

WEBER-DÜRLER, *"que, nesse contexto, sempre se fala do abuso de direito do cidadão, e não da proteção da confiança do Estado."*[47]

3. O que é Digno de Proteção?

Em relação às especificidades que o Direito público contém – unilateralidade da aplicação do princípio da proteção da confiança ao cidadão (e não ao Estado) e sopesamento do interesse público – questiona-se a aplicabilidade dos requisitos gerais do princípio da proteção da confiança, prevalecendo o entendimento de que os institutos jurídicos do Direito Civil são adequados "no que couber", ou seja, se inexistir incompatibilidade, passando então a segundo plano. Além disso, a hierarquia das normas, vigorante no Direito Administrativo, é outro marco diferencial importante. Mas uma coisa é certa: as bases constitucionais do princípio da proteção da confiança (e, igualmente na Suíça, da boa-fé) estão definitivamente plantadas. No Direito público a proteção da confiança ganha alta relevância em duas situações diferentes:

(I) nas situações juridicamente falhas, errôneas e, por isso, ilícitas ou ilegais, praticadas pelo Estado, indutoras de confiança que, para o futuro, não podem ser mantidas, ou o são precariamente, mas que, em todo caso, suscitam a proteção da confiança do cidadão e da sua boa-fé;

(II) nas situações legalmente corretas, que já delimitaram a esfera jurídica do cidadão, no momento em que a intervenção da Administração pública altera o quadro, revogando benefícios antes concedidos ou criando encargos de toda natureza, retroativos, o que fere as expectativas anteriormente geradas, nas quais o cidadão tinha investido.

Com isso, devemos especificar o que é digno de proteção em seu conteúdo, a saber:

(a) **a continuidade da ordem jurídica**, especialmente em face do legislador, é descrita na jurisprudência e na literatura às vezes com sinônimos imprecisos, sendo destacados termos que têm parentesco quanto ao sentido, como "inviolabilidade" (*Unverbrüchlichkeit*) do ordenamento legal, "confiabilidade", previsibilidade" (*Berechenbarkeit*),

---

[47] Cf. WEBER-DÜRLER, Beatrice., op. cit. p.12.

"diagnóstico precoce" (*Vorhersehbarkeit*) e "segurança de orientação" (*Orientierungssicherheit*);[48]

(b) a proteção da continuidade, do ponto de vista material, vincula-se em sequência, especificamente, à proteção da propriedade e do patrimônio pelo Direito Constitucional, conforme o art. 14 da Lei Fundamental alemã. Também a Corte Administrativa Federal definiu a garantia, oferecida pelo Direito Constitucional, no que concerne ao exercício da propriedade, como *"ponto mais importante da proteção da continuidade"*;[49]

(c) a fidelidade ao sistema e à justiça, ideia que tem parentesco com o princípio da proteção da confiança, também pode ser desenvolvida para fundamentá-lo, por seu efeito garantidor da igualdade, em especial no direito ao planejamento. Nessa área ele já foi condensado como princípio de justiça objetiva e de fidelidade aos princípios. O raciocínio da justiça do sistema (*Systemgerechtigkeit*) no direito de planejamento, onde ele foi aplicado, formando o princípio da justiça objetiva e da fidelidade aos princípios;[50]

(d) a proteção da disposição concreta ou do investimento é considerada "circunstância decisiva" para a atuação da proteção da confiança. Desta forma, a proteção da confiança foi definida como "**instituto jurídico com o objetivo da proteção à disposição**" ou investimento. Este tópico foi, confessadamente, deduzido do TATBESTAND da confiança, trabalhado pelo Direito Civil, sendo frequentemente invocada a autoridade de CANARIS na matéria.[51] O investimento da confiança pode ser definido como o componente subjetivo do *"valor*

---

[48] Cf. JELLINEK, Allgemeine Staatslehre, p. 369 f.; KLEIN/BARBEY, Bundesverfassungsgericht, p. 65 ff., DEGENHART, Systemgerechtigkeit, p. 72; PIEROTH, Rückwirkung, p. 120; Cf. BVerfGE 24, 75 (98); Pfaff/Hoffmann, Excurse, p. 140, 142; PIEROTH, Rückwirkung, p. 121 apud BLANKE, Herrmann-Josef., op. cit. p. 36).

[49] Cf. BVerwGE 50, 49 (57), com outras comprovações, apud HERRMANN JOSEF-BLANKE, Herrmann-Josef., op. cit. p. 37.

[50] Cf. STERN, Staatsrecht I, § 20 IV 4 g e (p. 837). Com relação ao conceito, JELLINEK, Gesetz, p. 138, 321, 349, que no entanto não se refere ao princípio da fidelidade ao sistema; FORSTHOFF, in: Planejamento III, p. 35. GRABITZ, Freiheit, p. 255 f., fundamenta esse conceito no "princípio da liberdade" aceito por ele.

[51] Ver CANARIS, Claus Wilheim, relativamente às partes imóveis do Direito. *In:* Pensamento Sistemático e conceito de sistema na ciência do Direito. Trad. Menezes Cordeiro. 3ª. Ed. Lisboa, Calouste Gulbenkian, 2002.

da segurança jurídica".[52] Nesse sentido abrangente, tanto a Dogmática alemã como a suíça realçam que, no Direito público, a proteção da disposição e do investimento, em sentido amplo, querem dizer então, a liberdade de poder tomar decisões, se autodeterminar e dar forma ao futuro tendo, como base, leis, normas administrativas e decisões judiciais estáveis.[53] Utilizam-se assim, da **prática da confiança como indicador,** havendo necessidade de se identificar uma relação causal entre a confiança e a decisão tomada pelo cidadão, em face dos atos e omissões do Estado. Assim, a **proteção da confiança exige alguma prática da confiança.**[54] [55]

Enfim, se existe uma diferença de tempo entre a ação objetiva (daquele que confia) e a realização do objetivo das ações, alguns juristas germânicos e suíços exigem a necessidade de proteção da disposição, que já foi executada (não ainda por executar).

4. O Tempo e a Irretroatividade dos Atos do Poder Executivo e do Poder Judiciário, da Proteção da Confiança e ad Boa-Fé Objetiva[56]

Não conhecemos Constituição que consagre o princípio da irretroatividade em relação aos atos de todos os Poderes: às leis, aos decretos regulamentares e demais atos do Poder Executivo e às modificações de decisões judiciais. Isso tem um sentido e está na raiz do princípio da separação dos Poderes. Para refletirmos sobre a posição dos poderes dentro do sistema jurídico, é necessário partirmos da premissa de que estamos em um Estado de Direito e que, em decorrência, todos os Poderes, por mais criativa que seja a função do legislador, ponto de fusão entre o político e o jurídico, encontram-se sob a regência do Direito e que, a diferenciação da localização de cada um deles – se no centro ou na periferia do sistema – não esconde o fato de que ainda estamos falando de sistema. O tempo das leis, já o dissemos, é diferente do tempo da sentença. O princípio da irretroatividade das leis é considerado

---

[52] Cf. BVerfGE 3, 4 (12); 43, 291 (391); 51, 356 (362 f.); 62, 117 (163 f.); 75, 246 (280): Vertrauensinvestition; BVerwGE 68, 159 (164).

[53] Cf. WEBER-DÜRLER, Beatrice., op. cit., p. 20.

[54] Cf. H. JOSEF-BLANKE, op. cit. p. 39-40.

[55] Cf. OSSENBÜHL, DÖV 1972, 28; de forma semelhante SCHÜLER, VerwArch 39 (1934), p. 27; MAURER, HStR, III, § 60 Rn. 87; apud JOSEF-BLANKE, Herrmann., op. cit. p. 39-40.

[56] As considerações, que se seguem, enfocam, preferencialmente, a Administração tributária, apenas parte do Direito Administrativo, em razão das afinidades próximas com o Direito Tributário.

"natural", ínsito, algo que lhes é próprio. Como aprendemos com NIKLAS LUHMANN, em especial na teoria da constituição, *como aquisição evolutiva*,[57] o legislador trabalha na periferia do sistema, onde está mais perto dos demais sistemas, de modo poroso em relação ao ambiente, no presente, voltado prevalentemente para o futuro. Ele pesa, sim, o passado relativamente (a tradição, a moral vigente e os costumes, sobretudo a Constituição que limita o seu domínio) mas as normas, que põe, pesam, especialmente, o futuro, porque querem transformar a realidade e, assim, o legislador considera as consequências de toda natureza (políticas, econômicas, éticas e sociais) até o fim. Ele é o primeiro filtro do sistema, por meio do qual as melhores soluções, na formação das expectativas normativas para a solução de conflitos, são introjetadas para dentro do sistema. Essa uma das razões, pelo menos a mais evidente e importante, pela qual a paisagem externa ao sistema, vista de seu interior, muda sempre. Porque o interior também muda. Esse o furo, o "buraco" principal do real, por meio do qual o sistema pode ser consistente, porque não é completo, porque não é autorreferencial, de modo não renovável, porque ele contém mecanismos de ultrapassagem, que garantem a comunicação. O legislador está comprometido com o futuro, daí que enuncia, linguisticamente, para ser geral, universal e evolutivo, normas de conduta, como expectativas normativas, valendo-se de conceitos abstratos, mais ou menos determinados, mais ou menos tipificados e de princípios mais ou menos abertos e cláusulas gerais sempre abertas. Pouca compreensão, para abrangência e generalidade máximas. Tais questões são o suporte do princípio da separação de poderes. As expectativas normativas, criadas pelo legislador, são o futuro (embora o futuro seja também passado, mas não apenas), razão pela qual o princípio da irretroatividade é "natural" às leis. Tão lógico e necessário, que a juristas do porte de SAVIGNY ou AFFOLTER, pareceu desnecessário positivá-lo, expressamente, em texto constitucional ou legal.

Fenômeno diferente se passa com os demais Poderes, chamados conjuntamente por HANS KELSEN, de executivos, ou seja, o Poder Executivo propriamente dito e o Poder Judiciário. No Estado de Direito, ao primeiro, ensinou SEABRA FAGUNDES[58], cabe executar a lei de ofício, ao segundo,

---

[57] LUHMANN, Niklas. La Costituzione come acquisizione evolutiva. *In* Il Futuro dela Costituzione. Org. Zagrebelsky, Gustavo. Torino: Einaudi, 1996.

[58] Cf. SEABRA FAGUNDES, Miguel. O Controle dos Atos Administrativos do Poder Judiciário, 6ª ed., São Paulo, Saraiva, 1984, p. 10-13.

mediante provocação. Não podem se localizar na linha fronteiriça do sistema jurídico, não podem ambos trabalhar porosamente, em relação ao ambiente, não podem filtrar primária e primeiramente os fatos puros, econômicos, políticos e sociais, como se dão no ambiente. Leem o ambiente externo pelos olhos do legislador, e, pois, de modo impermeável. Se assim não for, serão dispensáveis as tarefas do legislador. Essa a primeira diferenciação fundamental, que nos dita o princípio da separação de poderes. Do ponto de vista do tempo, tanto o Poder Executivo, quanto o Poder Judiciário estão voltados para o passado, para o *input* do sistema, para o que pôs o legislador, atuando em estrita vinculação à lei, à Constituição, ao Direito. E o futuro? O futuro é olhado, sem dúvida, na forma de passado-futuro, ou seja, dentro daquilo que já filtrou o legislador. Do ponto de vista dos conceitos, em que se expressam as normas gerais (regulamentos) ou individuais (atos administrativos individuais ou sentenças), a determinação, a concreção serão necessariamente maiores, do que aquelas constantes das leis. Os regulamentos serão dotados de maior compreensão, mas ainda conservarão a generalidade e a abstração normativas, próprias da generalidade, Os atos individuais terão, no entanto, compreensão máxima, porém nenhuma generalidade, mínima extensão. O princípio da irretroatividade, a rigor, não lhes diz respeito. Essa a razão mais profunda, que explica a ausência de consagração expressa do princípio em relação ao Poder Executivo e ao Poder Judiciário. Espera-se que tais Poderes Executivos, ambos, cumpram sua função constitucional, a de respeitar as leis, a de cumpri-las estritamente. E como as leis não retroagem, porque isso não é de sua natureza, das leis, não podem os Poderes Executivos, inclusive o Judiciário, retroagir.

Nesse tema, estão envolvidos os seguintes princípios constitucionais, inerentes às Repúblicas Democráticas: o da separação de poderes, indelegabilidade de funções (art. 1º; art. 2º; art.. 84, IV, da Constituição) e da legalidade (art. 5º. II; art. 37; art. 150, I, também da Constituição da República de 1988), como esteio fundamental da democracia brasileira. O decreto regulamentar, no sistema jurídico pátrio, tanto à luz das Constituições anteriores, como sob o pálio da Constituição de 1988, restringe-se a possibilitar a execução da lei, sua *fiel* execução.

A doutrina estrangeira não dissente, nem tampouco a jurisprudência das mais importantes cortes constitucionais, como noticiam, nos EUA, MURPHY, FLEMING e HARRIS[59] e, na Alemanha, RICHTER e

---

[59] Cf. American Constitutional Interpretation. New York, E. Press, Inc., 1986

SCHUPPERT[60]. O mesmo fenômeno se repete entre nós, quer na Dogmática, quer na jurisprudência. Afirmamos que, em nosso País, não se encontra autor em dissonância com esses princípios, a saber: **(a)** o de que o decreto regulamentar não cria direitos, obrigações, deveres, restrições de direitos que a própria lei não previu; **(b)** nem compete ao regulamento indicar as condições às aquisições ou restrições de direitos; **(c)** e, finalmente, como o regulamento, em nosso sistema jurídico, deve guardar uma relação de absoluta compatibilidade com a lei, é-lhe defeso prever tributos ou impor novos encargos ao contribuinte, não determinados na própria lei, que possam vir a repercutir na liberdade ou patrimônio das pessoas[61].

O tempo que o Poder Executivo contempla é, portanto, mesmo quando produz normas regulamentares, viabilizando a execução das leis, é o tempo passado, o *input* do sistema, no sentido tão somente de buscar as leis que fundam seus atos normativos. Não poderá pretender atingir o passado, anulando direitos, restringindo-os ou criando deveres, que a lei não instituiu. O que a lei não pode fazer, muito menos poderão os regulamentos de execução. O olhar do passado é posto no sentido de que a lei é prévia, necessariamente prévia aos regulamentos. O tempo da lei está num "agora" que já Se deu em relação ao "agora" em que Se dá o regulamento. Até mesmo o futuro, será aquele já filtrado pela lei. Trata-se de passado-futuro. Não mais do que isso.

5. A Prática Constitucional Brasileira. Avanços e Conquistas

Nas várias hipóteses de reviravoltas jurisprudenciais, em que, depois de consolidar certo entendimento, a Corte Suprema faz alterações, provocando prejuízos àqueles contribuintes que tinham pautado o seu comportamento de acordo com o entendimento superado, nem sempre tem existido a modulação de efeitos, protetora da segurança e da confiança. Em contrapartida, ao argumento da segurança, não é rara a modulação de efeitos se a decisão da Corte configura um entendimento com consequência financeira relevante

---

[60] Cf. Casebook Verfassungsrecht. München, V.C.H. Beck, 1987

[61] Cf. PONTES DE MIRANDA, Comentários à Constituição de 1967, com a Emenda nº 1 de 1969, 2ª ed., RT, p.316-317; GERALDO ATALIBA. Instituições de Direito Público e República, São Paulo, Gráfica Ed., 1984; CELSO ANTONIO BANDEIRA DE MELLO. Curso de Direito Administrativo, 7ª ed., São Paulo, Malheiros Ed., 1995, p. 182-202; HELY LOPES MEIRELLES. Direito Administrativo Brasileiro, 17ª.ed, São Paulo, Malheiros Ed., 1992; ROQUE ANTONIO CARRAZZA. O Regulamento no Direito Tributário Brasileiro, São Paulo, Revista dos Tribunais, 1981, p. 103; GOMES CANOTILHO. Direito Constitucional, 6ª ed., Coimbra, Ed. Almedina; PAULO DE BARROS CARVALHO. Curso de Direito Tributário, 4ª ed., São Paulo, Ed. Saraiva, 1991, p. 98 e todos os demais.

no caixa do tesouro nacional ou estadual, ainda que antes dela não tivesse ocorrido pronunciamento anterior consolidado.

Como exemplo da última hipótese, em que não houve mudança de entendimento prévio, mas ocorreu o que os norte-americanos denominam de *first impression,* podemos registrar modulação de efeitos em favor da União, ao argumento da segurança jurídica. São, entretanto, decisões mais antigas, fase em que a modulação encontrava opositores, ainda presos à inconstitucionalidade casada com a nulidade. A saber:

(a) no julgamento dos Res n.559.882-9 e 560.626/1-RS pelo pleno do STF, em 11/-6/2008, foi declarada a inconstitucionalidade dos arts. 45 e 46 da Lei 8212/91 e do art. 5º do Dec.Lei 1569/77, que alargavam para dez anos o prazo decadencial e prescricional para a cobrança das contribuições sociais em violação ao art. 146 da Constituição que exige para isso lei complementar, em *first impression,* ou seja, decisão em que não havia precedente anterior em sentido contrário. Não obstante, ao argumento da segurança jurídica, a Corte atribuiu à decisão efeitos *ad futuram,* impedindo que os contribuintes que já tivessem recolhido os valores inconstitucionalmente cobrados, pudessem pleitear-lhes a repetição;

(b) no RE 566.621 RS em que o STF, em sua composição plena, em 2011, reconheceu o caráter retroativo da Lei Complementar 118/2005 (autoproclamada meramente interpretativa), que implicou inovação normativa, atribuiu-lhe efeitos *ad futuram,* coibindo-lhe a retroação, como seria de se esperar, mas determinou que o novo prazo de 05 anos valeria para as ações ajuizadas após o decurso da *vacatio legis* de 120 dias.

5.1. A Influência Decisiva da Lei nº. 9.868/99 e do §3º do Art. 927 do CPC/2015

Não obstante, tem havido um percurso evolutivo. Nas decisões mais antigas, a modulação de efeitos no controle de constitucionalidade encontrava reações adversas em certa parte da doutrina e na própria Corte Suprema.

O advento do art. 27 da Lei nº 9.868/99 autorizando expressamente a atribuição de efeitos *ex nunc* ou *ad futuram,* em razão da segurança jurídica ou de interesse social, contribuiu para a aceitação da modulação de efeitos e a fixação de marcos temporais de vigência da regra judicial. Inicialmente aplicável apenas nas hipóteses de controle abstrato de constitucionalidade, aos poucos a modulação estendeu-se ao controle subjetivo de constitucionalidade, mormente com a novidade da repercussão geral e do regime dos repetitivos, em que, embora editada a regra judicial por impulso de único caso concreto--modelo, a decisão nele proferida se aplica à solução de milhares de outros similares.

Finalmente, a posição rígida do Ministro MARCO AURÉLIO, que inadmitia a inconstitucionalidade sem a consequente nulidade, (muito menos consentia na visão consequencialista de mero amparo aos cofres públicos, aspecto em que está coberto de razão), ficou atenuada com a superveniência do CPC/2015. Em suas palavras, no voto proferido RE – ED – 643247/SP:

> Com a superveniência do Código de Processo Civil de 2015, o óbice formal está superado. O § 3º do artigo 927 admite, no caso de alteração de jurisprudência dominante do Supremo, a modulação dos efeitos do pronunciamento, desde que fundada no interesse social e no da segurança jurídica. Considerada a advertência de parcimônia na observância do instituto, quando atendidos os requisitos do dispositivo, há de ser admitida a modulação dos efeitos da decisão, de modo a consagrar a boa-fé e a confiança no Estado-juiz.

A tese antiga sempre sustentada pelo Ministro GILMAR MENDES, da possibilidade da modulação de efeitos no controle de constitucionalidade, uma vez presentes os requisitos adequados da segurança jurídica e da proteção da confiança, finalmente encontrou a adesão de seus pares, com o advento das leis infraconstitucionais acima citadas, embora divirjam entre si sobre o grau, a intensidade e a natureza de tais requisitos. Compartilhamos, entretanto, a posição original do Ministro GILMAR MENDES no sentido de que a modulação de efeitos no controle de constitucionalidade das leis e demais atos normativos decorre de interpretação sistemática da própria Constituição, não podendo ser, a rigor, limitada ou balizada pelo legislador infraconstitucional (que também está sob o controle da Corte Suprema). O raciocínio de STERN, que referimos supra, da justiça do sistema (*Systemgerechtigkeit*) no direito de planejamento (aí alguns incluindo o planejamento público) forma o princípio da justiça objetiva e da fidelidade aos princípios do Ministro GILMAR MENDES.

5.2. A Modulação de Efeitos em Julgados de Fundo Tributário. E Apenas Nesses

Com vistas a certa disciplina no tratamento da matéria e, considerando os pressupostos colocados nos tópicos anteriores, examinemos uma série de julgados, restritos à questão tributária, sem preocupação de esgotamento mesmo nesse campo de aplicação.

A teoria da modulação de efeitos, em razão da quebra da segurança, ou da confiança, na Corte Suprema, diz tanto sobre a natureza do ato estatal indutor da confiança; como ainda sobre o investimento feito por quem confia; e finalmente na graduação dos efeitos, com manutenção provisória do ato indutor da confiança, mesmo inconstitucional; ou com nulidade futura, a partir do decurso de certo período de tempo. Vejamos:

A – A natureza do ato estatal, indutor da confiança, sendo de outro Poder: ato legislativo de qualquer ente estatal: ato indutor da confiança é ato estatal, e configura lei, ilegítima por ter encontrado jurisprudência consolidada pela inconstitucionalidade desde a origem e sem alteração no tempo. A proteção da confiança se dá em favor do contribuinte, miscigena tempo, investimento da confiança e boa-fé do contribuinte.

Nesse passo, a Corte Suprema faz coincidir vários julgados com a tese de KYRILL-A. SCHWARZ, citada em tópico anterior, segundo a qual os tributos em parafiscalidade – benefícios, incentivos, isenções – suscitam maior proteção da confiança gerada do que o mero exercício da fiscalidade usual, pois o legislador, mesmo editando lei inconstitucional, induziu, seduziu e atraiu certo comportamento do contribuinte e por ele se torna responsável.

Tais decisões de modulação trazem ainda considerações sobre o investimento na confiança feito pelo contribuinte, o decurso do tempo; a boa-fé do contribuinte; os investimentos econômicos realizados pelo contribuinte. São exemplos:

1. ADI – ED 4481/PR. No julgamento da ADI 4481/PR, o STF entendeu pela inconstitucionalidade de uma gama de dispositivos da Lei nº 14.985, de 06.01.2006, do Estado do Paraná, sendo relator o Ministro BARROSO. Naquela oportunidade, a Suprema Corte asseverou que o referido diploma legal instituiu benefícios fiscais relativos ao ICMS, ofendendo diretamente o art. 155, §2º, XII, g, da CRFB/88, que exige a prévia deliberação da matéria por meio de convênios, disciplinados pela Lei Complementar nº 24/1975. No que se refere à modulação de efeitos, a decisão determinou que o acórdão passasse a ter eficácia a partir do dia da sessão de julgamento (11/03/2015), com o fito de se resguardar os princípios da segurança jurídica e da boa-fé, uma vez que a lei estadual vigeu por mais de oito anos[62]. A segurança jurídica a que aduziu o Min. BARROSO para a atribuição de efeitos *ex nunc* à decisão consistiria em um impacto injusto aos contribuintes que puderam gozar do benefício fiscal durante o período de oito anos. Critérios da modulação: *o ato indutor da confiança, apesar de violador da Constituição, era resultante de lei estadual, e se somou ao decurso do tempo, mais de oito anos, período durante o qual os contribuintes de boa-fé investiram na confiança e criaram suas expectativas legítimas.*

2. ADI 5467/MA.[63] No julgamento da ADI 5.467/MA, sendo relator o Ministro LUIZ FUX, o STF entendeu pela inconstitucionalidade do benefício tributário, na expressão *"crédito presumido sobre o valor do ICMS mensal apurado nos casos de implantação, ampliação, modernização, relocalização e reativação"* do *caput* do art. 2º e a integralidade de seu § 1º, todos da Lei 10.259/2015, do Estado do Maranhão, por ofensa ao art. 155, § 2º, XII, "g", da CRFB/88. O relator, Min. LUIZ FUX, acompanhado por seus pares, fundamentou a modulação dos efeitos com base na segurança jurídica e na proteção da confiança dos contribuintes sujeitos ao tratamento beneficiado, lastreando-se no art. 27 da Lei nº 9.868/99. Vencido quanto a este ponto o Min. MARCO AURÉLIO.

---

[62] "Direito constitucional e processual civil. Ação direta de inconstitucionalidade. Embargos de declaração. Pedido de modificação do marco temporal da modulação dos efeitos da decisão. Declaração de inconstitucionalidade de lei que conferiu benefícios em matéria de ICMS. Rejeição. 1. Embargos de declaração contra acórdão que julgou parcialmente procedente a ação direta de inconstitucionalidade, modulando os efeitos temporais da decisão, para que estes se produzam a contar da data da sessão de julgamento. 2. Não há erro, obscuridade, contradição ou omissão no acórdão questionado, o que afasta a presença dos pressupostos de embargabilidade. Com efeito, o acórdão embargado deliberou expressamente acerca do marco temporal para a produção de efeitos da declaração de inconstitucionalidade, fixando-o na data da sessão de julgamento. Nesse sentido, os embargos de declaração buscam rediscutir matéria já decidida. 3. Embargos de declaração rejeitados." (STF, Pleno, ADI – ED 4481/PR, rel. Min. Roberto Barroso, jul.24/06/2019, DJe 07/08/2019)

[63] "AÇÃO DIRETA DE INCONSTITUCIONALIDADE. DIREITO TRIBUTÁRIO. LEI ESTADUAL. CONCESSÃO DE BENEFÍCIOS DE CRÉDITO PRESUMIDO. INSTITUIÇÃO UNILATERAL DE BENEFÍCIOS FISCAIS RELATIVOS AO ICMS. EXIGÊNCIA CONSTITUCIONAL DE CONVÊNIO INTERESTADUAL (ARTIGO 155, § 2º, XII, g, da CRFB/88). DESCUMPRIMENTO. RISCO DE DESEQUILÍBRIO DO PACTO FEDERATIVO. GUERRA FISCAL. PROCEDÊNCIA DO PEDIDO. 1. O pacto federativo reclama, para a preservação do equilíbrio horizontal na tributação, a prévia deliberação dos Estados-membros para a concessão de benefícios fiscais relativamente ao ICMS, na forma prevista no artigo 155, § 2º, XII, g, da Constituição e como disciplinado pela Lei Complementar 24/75, recepcionada pela atual ordem constitucional.... 3. Pedido de declaração de inconstitucionalidade julgado procedente, conferindo à decisão efeitos ex nunc, a partir da data do deferimento da medida cautelar ora confirmada (artigo 27 da Lei 9.868/99)." (STF, Pleno, ADI 5467/MA, rel. Min. Luiz Fux, jul.30/08/2019, DJe 13/09/2019).

3. ADI 3984/SC[64]. Situação semelhante se deu no julgamento da ADI 3.984/SC. Trata-se de ADI ajuizada pelo Governador do Estado do Paraná contra a Lei nº 13.790/06, do Estado de Santa Catarina, que instituiu o *"Programa de Revigoramento do Setor de Transporte Rodoviário de Cargas de Santa Catarina – PRÓ-CARGAS/SC"*, sem prévia autorização do CONFAZ. Some-se a isso a violação ao art. 152 da Carta Magna, que veicula o princípio da não discriminação segundo a procedência ou o destino de bens e serviços, relacionando-se ao próprio modelo federativo, bem como à isonomia tributária. Foi concedida a modulação, a decisão gerando efeitos *ex nunc*, em respeito *à segurança jurídica e à proteção da confiança dos contribuintes que se beneficiaram da legislação catarinense*. Restou vencido o Min. MARCO AURÉLIO.

4. RE – ED 870947/SE. No julgamento do RE nº 870.947/SE, em sede de Repercussão Geral (Tema nº 810), o STF entendeu pela inconstitucionalidade da utilização do índice de remuneração da caderneta de poupança como critério de atualização monetária e dos juros impostos à Fazenda Pública

---

[64] "AÇÃO DIRETA DE INCONSTITUCIONALIDADE. DIREITO TRIBUTÁRIO. LEI ESTADUAL. CONCESSÃO DE BENEFÍCIOS AO SERVIÇO DE TRANSPORTE RODOVIÁRIO INTERESTADUAL OU INTERMUNICIPAL DE CARGAS. INSTITUIÇÃO UNILATERAL DE BENEFÍCIOS FISCAIS RELATIVOS AO ICMS. EXIGÊNCIA CONSTITUCIONAL DE CONVÊNIO INTERESTADUAL (ART. 155, § 2º, XII, 'g', da CRFB/88). DESCUMPRIMENTO. RISCO DE DESEQUILÍBRIO DO PACTO FEDERATIVO. GUERRA FISCAL. VIOLAÇÃO AOS PRINCÍPIOS DA ISONOMIA TRIBUTÁRIA E DA NÃO DISCRIMINAÇÃO SEGUNDO A PROCEDÊNCIA OU DESTINO DE BENS E SERVIÇOS (ARTS. 150, II, E 152 DA CRFB/88). DIFERENCIAÇÃO DE TRATAMENTO EM RAZÃO DO LOCAL EM QUE SE SITUA O ESTABELECIMENTO DO CONTRIBUINTE OU EM QUE PRODUZIDA A MERCADORIA. AUSÊNCIA DE QUALQUER BASE RAZOÁVEL A JUSTIFICAR O ELEMENTO DE DISCRÍMEN. PROCEDÊNCIA DO PEDIDO, COM EFEITOS EX NUNC. 1. O pacto federativo reclama, para a preservação do equilíbrio horizontal na tributação, a prévia deliberação dos Estados-membros para a concessão de benefícios fiscais relativamente ao ICMS, na forma prevista no artigo 155, § 2º, XII, g, da Constituição e como disciplinado pela Lei Complementar 24/75, recepcionada pela atual ordem constitucional. 2. In casu, padece de inconstitucionalidade a Lei 13.790/06 do Estado de Santa Catarina, porquanto concessiva de benefícios fiscais de ICMS ao serviço de transporte rodoviário interestadual ou intermunicipal de cargas, caracterizando hipótese típica de guerra fiscal em desarmonia com a Constituição Federal de 1988. 3. A isonomia tributária e a vedação constitucional à discriminação segundo a procedência ou o destino de bens e serviços (artigos 150, II, e 152 da CRFB/88) tornam inválidas as distinções em razão do local em que se situa o estabelecimento do contribuinte ou em que produzida a mercadoria, máxime nas hipóteses nas quais, sem qualquer base axiológica no postulado da razoabilidade, se engendra tratamento diferenciado. 4. Pedido de declaração de inconstitucionalidade julgado procedente, conferindo à decisão efeitos ex nunc, a partir da publicação da ata deste julgamento (artigo 27 da Lei 9.868/99)." (STF, Pleno, ADI 3984/SC, rel. Min. Luiz Fux, jul.30/08/2019, DJe 20/09/2019)

quando oriundas de relações jurídico-tributárias (art. 1º-F da Lei nº 9.494/ 1997, com a redação dada pela Lei nº 11.960/2009), por violação ao princípio da isonomia e do direito de propriedade.

Em relação à modulação de efeitos da decisão, pleiteada pela Fazenda Pública, duas correntes se desenvolveram na Corte: uma primeira, liderada pelo relator da causa, o Min. LUIZ FUX, acompanhado pelos eminentes Ministros DIAS TOFFOLI, GILMAR MENDES e LUIS ROBERTO BARROSO, que propugnaram pela atribuição de efeitos *ex nunc*; a segunda, que veio a prevalecer, liderada pelo Min. ALEXANDRE DE MORAES, acompanhado pelos Ministros CELSO DE MELLO, MARCO AURÉLIO, RICARDO LEWANDOWSKI, ROSA WEBER e EDSON FACHIN, que entenderam pela manutenção de efeitos retroativos à decisão.

Inaugurando a divergência, o Min. ALEXANDRE DE MORAES fez questão de salientar a excepcionalidade da modulação de efeitos em matéria de controle de constitucionalidade, seja no modelo concentrado, seja no difuso. Sua conclusão se deu ao argumento de que a modulação de efeitos quanto à matéria equivaleria a esvaziar seu próprio efeito prático, uma vez que atenderia os interesses da Fazenda Pública, vencida quanto ao mérito. No mesmo sentido manifestou-se o Min. RICARDO LEWANDOWSKI. Para Sua Excelência, o art. 27 da Lei nº 9.868/99 não erige como hipótese de modulação dos efeitos das ações de controle de constitucionalidade, o interesse econômico e financeiro das Fazendas Públicas, mas sim o interesse social. Por fim, merece destaque a crítica proferida pelo Min. MARCO AURÉLIO quanto à postura consequencialista consistente na atribuição de efeitos prospectivos à decisão.

5. ADI 4705/DF. Inexistência de investimento na confiança. No julgamento da ADI 4.705/DF[65], o STF fixou a seguinte tese: *"É inconstitucional*

---

[65] "DIREITO CONSTITUCIONAL E TRIBUTÁRIO. AÇÃO DIRETA DE INCONSTITUCIONALIDADE. ICMS. CONSUMIDOR FINAL NÃO CONTRIBUINTE. AQUISIÇÃO NÃO PRESENCIAL. COBRANÇA PELO ESTADO DE DESTINO. 1. Ação direta de inconstitucionalidade em que se discute a possibilidade de o Estado de destino cobrar ICMS nos casos em que a mercadoria é adquirida de forma não presencial em outra unidade federativa por consumidor final não contribuinte do imposto.... ...3. Nas recentes ADIs 4596 e 4712, Rel. Min. Dias Toffoli, o Plenário do Supremo Tribunal Federal reafirmou sua jurisprudência, ressaltando que a "pretexto de corrigir desequilíbrio econômico, os entes federados não podem utilizar sua competência legislativa concorrente ou privativa para retaliar outros entes federados". 4. Considerando a concessão de medida cautelar ex tunc nesta ação dias após a entrada em vigor da lei, a norma impugnada não teve a oportunidade de produzir

lei estadual anterior à EC nº 87/2015 que estabeleça a cobrança de ICMS pelo Estado de destino nas operações interestaduais de venda de mercadoria ou bem realizadas de forma não presencial a consumidor final não contribuinte do imposto". Em verdade, trata-se de uma reafirmação da jurisprudência do STF quanto à matéria, que havia sido analisada, à guisa exemplificativa, pelo RE 680.089, em sede de repercussão geral, e pela ADI's 4.628, 4.596 e 4.712.

Cuidaram os autos da Lei nº 9.582/2011, do Estado da Paraíba, que exigia parcela do ICMS nas operações interestaduais que destinassem mercadorias ou bens a consumidor final, cuja aquisição ocorresse de forma não presencial (por meio de *internet, telemarketing* ou *showroom, v.g.*). Na oportunidade, prevaleceu a *falta de interesse das partes,* já que a lei anulada não produzira efeitos. O relator, Min. LUIS ROBERTO BARROSO, foi seguido à unanimidade por seus pares, no sentido de atribuir efeitos *ex tunc* à decisão, uma vez que a lei paraibana não chegou a produzir efeitos, em virtude da concessão de medida cautelar pouco tempo após a sua vigência, *"razão pela qual não se mostra necessária a modulação de efeitos desta decisão".*

B – Havendo modificação da jurisprudência quando o Estado-juiz é o indutor da confiança
Se o ato jurisprudencial consolidado na Corte Suprema encontra **reviravoltas de jurisprudência** pode ocorrer a modulação de efeitos da decisão em favor dos contribuintes, mas ainda em favor de entes estatais.

1. RE 593.849-MG, modulação em favor das fazendas estaduais.
O STF, em decisão plenária de 10/10/2016, no RE nº 593.849-MG, sendo relator o Min. EDSON FACHIN, declarou a inconstitucionalidade dos arts. 22, § 10 da Lei 5.753/75, e 21 do Dec. 43.080, ambos do Estado de Minas Gerais, para fixar a tese jurídica ao tema da repercussão geral nº 201 de que *"é devida a restituição da diferença do ICMS pago a mais no regime de substituição tributária para a frente se a base de cálculo efetiva da operação for inferior à presumida".* Ao modificar a jurisprudência anterior, que se consolidara em favor das fazendas estaduais, na ADIN 1851-4 Alagoas em 2001, no entanto, a Corte

efeitos, razão pela qual não se mostra necessária a modulação de efeitos desta decisão. 5. Ação direta de inconstitucionalidade conhecida e julgada procedente. Fixação da seguinte tese: "É inconstitucional lei estadual anterior à EC nº 87/2015 que estabeleça a cobrança de ICMS pelo Estado de destino nas operações interestaduais de venda de mercadoria ou bem realizadas de forma não presencial a consumidor final não contribuinte do imposto"". (STF, Pleno, ADI 4705/ DF, rel. Min. Roberto Barroso, jul.03/10/2019, DJe 24/10/2019) também atribuiu efeitos *ad futuram* à nova decisão, bloqueando as pretensões dos contribuintes à repetição do indébito em períodos anteriores à decisão, exceção feita àqueles que já tivessem ajuizado seus pedidos.

A modulação decorreu de reviravolta jurisprudencial, considerando-se a existência prévia de Ação Declaratória de Inconstitucionalidade da substituição tributária progressiva, julgada improcedente, que vigorou por 15 anos. *Overruling* que somente diz respeito à segurança jurídica se dentro da visão da justiça objetiva e sistemática dos alemães ou talvez da integridade dworkiana relativa ao Estado planejador, que tinha certeza da legitimidade de seu comportamento em razão do forte precedente em controle abstrato concentrado.

2. RE – ED – 643247/SP – Modificação da jurisprudência. O STF, em 01/08/2017, declarou, por maioria, a inconstitucionalidade da cobrança de taxas municipais de combate ao incêndio. Trata-se do RE 643.247/ SP, julgado sob a sistemática da Repercussão Geral (Tema nº 16) que fixou a seguinte tese: *"A segurança pública, presentes a prevenção e o combate a incêndios, faz-se, no campo da atividade precípua, pela unidade da Federação, e, porque serviço essencial, tem como viabilizá-la a arrecadação de impostos, não cabendo ao Município a criação de taxa para tal fim".* Quanto à modulação de efeitos, o RE nº 643.247/SP é de grande valia para análise, uma vez que representou uma mudança de jurisprudência da Corte quanto à matéria. Prevalecia, até então, o entendimento esposado no RE nº 206.777/SP, que autorizava a instituição da referida taxa pelos Municípios[66-67]. O Plenário do STF, acompanhando

---

[66] TRIBUTÁRIO. MUNICÍPIO DE SANTO ANDRÉ. IPTU PROGRESSIVO. TAXAS DE LIMPEZA PÚBLICA E DE SEGURANÇA. LEIS MUNICIPAIS Nº 6.747/90 (ARTS. 2º E 3º); 6.580/89 (ARTS. 1º E 2º. INC. I, ALÍNEA A, E INC. II, ALÍNEAS A E B), e 6.185/85. ACÓRDÃO QUE OS DECLAROU INEXIGIVÉIS. ALEGADA OFENSA INCS. I E II E §§ 1º E 2º DO ART. 145; INC. I E § 1º DO ART. 156; §§ 1º, 2º, 4º, INC. II, DO ART. 182 DA CONSTITUIÇÃO. Decisão que se acha em conformidade com a orientação jurisprudencial do STF no que tange ao IPTU progressivo, declarado inconstitucional no julgamento do RE 194.036, Min. Ilmar Galvão; e á taxa de limpeza urbana (arts. 1º e 2º, inc. I, a, e II, a e b, da Lei nº 6.580/89), exigida com ofensa ao art. 145, inc. II e § 2º, da CF, porquanto a título de remuneração de serviço prestado uti universi e tendo por base de cálculo fatores que concorrem para formação da base de cálculo do IPTU. .....(STF, Pleno, RE 206777/SP, Rel. Min. Ilmar Galvão, jul. 25/02/1999, DJ 30/04/1999).
[67] "INCONSTITUCIONALIDADE – QUÓRUM – MAIORIA ABSOLUTA – Para aferição da maioria absoluta prevista no artigo 97 da Constituição Federal, é despicienda a igualdade de fundamentos, sendo suficientes seis ou mais votos no sentido da inconstitucionalidade. EMBARGOS DECLARATÓRIOS – TRIBUTÁRIO – EFICÁCIA PROSPECTIVA – ADEQUAÇÃO. Conquanto se imponha parcimônia no manejo do instituto da modulação de efeitos de decisões,

à unanimidade o voto do relator, Min. MARCO AURÉLIO, entendeu por bem modular os efeitos da decisão, atribuindo a ela efeitos *ex nunc*, "*a partir da data da publicação da ata de julgamento – 1º de agosto de 2017 —, ressalvadas as ações anteriormente ajuizadas*". O fundamento para a modulação consistiu justamente na mudança de jurisprudência, consolidada há 20 anos. Nessa hipótese, interessante observar que o Min. MARCO AURÉLIO valeu-se do art. 927, §3º do CPC/15, e não do art. 27 da Lei nº 9.868/99, a despeito da jurisprudência da Suprema Corte ser firme no sentido de ser sua aplicação também estendida ao controle difuso de constitucionalidade, e não apenas no controle concentrado.

3. RE 651703/PR[68]**. Inexistência de modificação de jurisprudência.** No julgamento do RE nº 651.703/PR, sendo relator o Ministro LUIS FUX, o STF, sob a sistemática da Repercussão Geral, entendeu pela constitucionalidade da incidência do ISSQN sobre as atividades desenvolvidas pelas operadoras de planos de saúde, enquadráveis nos subitens 4.22 e 4.23 da lista anexa à Lei Complementar nº 116/03. Naquela assentada, a Suprema Corte valeu-se das premissas adotadas pelo Plenário no julgamento dos RE´s 547.245 e 592.905, para reafirmar que o conceito constitucional de serviço não deve ser

---

a alteração de jurisprudência consolidada há quase duas décadas justifica a eficácia prospectiva do novo pronunciamento, em atenção à segurança jurídica e ao interesse social, nos termos do artigo 927, § 3º, do Código de Processo Civil." (STF, Pleno, RE 643247/SP ED, rel. Min. Marco Aurélio, jul.12/06/2019, DJe 27/06/2019)

[68] "TRIBUTÁRIO E CONSTITUCIONAL. EMBARGOS DE DECLARAÇÃO NO RECURSO EXTRAORDINÁRIO. ISSQN. ART. 156, III, CRFB/88. CONCEITO CONSTITUCIONAL DE SERVIÇOS DE QUALQUER NATUREZA. OPERADORAS DE PLANOS DE SAÚDE. CONSTITUCIONALIDADE DA INCIDÊNCIA DECLARADA PELO ACÓRDÃO EMBARGADO, EM PROCESSO SUBMETIDO AO REGIME DA REPERCUSSÃO GERAL. MODULAÇÃO TEMPORAL DOS EFEITOS DA DECISÃO. AUSÊNCIA DE ALTERAÇÃO JURISPRUDENCIAL. INOCORRÊNCIA DE VIOLAÇÃO À SEGURANÇA JURÍDICA. CONCLUSÃO QUE NÃO AFASTA POSSÍVEL MUDANÇA FUTURA DE ENTENDIMENTO. EMBARGOS DE DECLARAÇÃO DESPROVIDOS. 1. A incidência do ISSQN sobre as atividades desenvolvidas pelas operadoras de planos de saúde, cuja constitucionalidade foi afirmada pela Corte, de acordo com o previsto pelos itens 4.22 e 4.23 da lista anexa à Lei Complementar nº 116/03, em sede de repercussão geral, e com base nas premissas assentadas por esta Corte no julgamento dos RE´s 547.245 e 592.905 (Tribunal Pleno, Rel. Min. Eros Grau, julgados em 02/12/09, DJ de 05/03/10), não acarretou alteração de entendimento apta a ensejar modulação de efeitos da decisão. .....3. In casu, a embargante pleiteia a modulação de efeitos do acórdão por razões de segurança jurídica, dada suposta mudança de posição pelo Plenário do STF, cuja ocorrência ora não se reconhece. 4. Embargos de declaração desprovidos.." (STF, Pleno, RE – ED 651703/PR, rel. Min. Luiz Fux, jul.28/02/2019, DJe 06/05/2019)

interpretado nos moldes civilistas, de modo que *"os tributos sobre o consumo, ou tributos sobre o valor agregado, de que são exemplos o ISSQN e o ICMS, assimilam considerações econômicas, porquanto baseados em conceitos elaborados pelo próprio Direito Tributário ou em conceitos tecnológicos, caracterizados por grande fluidez e mutação quanto à sua natureza jurídica"*. Entretanto, rejeitou-se a pretensão da modulação de efeitos. Nos termos do voto do relator, Min. LUIZ FUX, acompanhado pela unanimidade de seus pares, o STF valeu-se da estabilidade jurisprudencial, em razão da inexistência de modificação. Argumentou-se que *"o STF não possui precedentes no sentido de negar a possibilidade de incidência do ISSQN sobre as atividades das operadoras de planos de saúde"*. Com base nisso, decorre o argumento de que, ante à ausência de modificação jurisprudencial, permanece incólume a Súmula Vinculante nº 31, que dispõe que ser *"inconstitucional a incidência do imposto sobre serviços de qualquer natureza – ISS sobre operações de locação de bens móveis"*. Por tal razão, não haveria segurança jurídica ou interesse social que exigisse, no caso, a modulação temporal dos efeitos da decisão. Aqui, a modulação não se deu por entender o STF que não houve mudança jurisprudencial do caso concreto, em que pese ser temerária a mudança de posição da Corte sobre o modo de pensar as normas de competência por tipos (e não por conceitos como tradicionalmente se entendia). Esperamos mesmo que não se trate de uma mudança, mas de singelo *obiter dictum*, sob pena de alteração jurisprudencial consolidada no Supremo Tribunal Federal, relevante, que sempre trouxe segurança jurídica. Mas essa é outra questão, não diretamente relacionada. A reflexão sobre o modo de pensar a regra de competência, conceitos ou tipos, fica para reflexão em outro artigo.

4. RE – ED 594435/SP[69]. Modificação de jurisprudência. No julgamento do RE nº 594.435/SP, sendo relator o Ministro MARCO AURÉLIO, o Plenário

---

[69] "CONSTITUCIONAL E PROCESSO CIVIL. MODULAÇÃO DE EFEITOS EM EMBARGOS DE DECLARAÇÃO. VIABILIDADE. DEMONSTRAÇÃO DE SITUAÇÃO DE EXCEPCIONALIDADE. MODULAÇÃO DOS EFEITOS DO ACÓRDÃO PARA MANTER, NA JUSTIÇA DO TRABALHO, ATÉ FINAL EXECUÇÃO, TODOS OS PROCESSOS DESTA MATÉRIA EM QUE JÁ TENHA SIDO PROFERIDA SENTENÇA DE MÉRITO, ATÉ O DIA DA CONCLUSÃO DO JULGAMENTO DO RECURSO EXTRAORDINÁRIO (24/5/2018). 1. O § 3º do art. 927 do Código de Processo Civil de 2015 preconiza que, "na hipótese de alteração de jurisprudência dominante do Supremo Tribunal Federal e dos tribunais superiores ou daquela oriunda de julgamento de casos repetitivos, pode haver modulação dos efeitos da alteração no interesse social e no da segurança jurídica". 2. Tendo em vista a duradoura jurisprudência do Tribunal Superior do Trabalho em sentido oposto ao decidido pelo SUPREMO TRIBUNAL

do STF entendeu pela competência da Justiça do Trabalho para o julgamento de conflitos relacionados à incidência de contribuição previdenciária sobre complementação de proventos de aposentadoria. Por maioria, sendo dissidente o voto do Ministro Relator, no Plenário da Suprema Corte, acatou-se o pedido de modulação de efeitos *"para manter, na justiça do trabalho, até final execução, todos os processos desta matéria em que já tenha sido proferida sentença de mérito, até o dia da conclusão do julgamento do recurso extraordinário (24/5/2018)"*. Tal medida se fez necessária para proteger a segurança jurídica e a proteção da confiança em face da modificação jurisprudencial.

5. RE – ED – segundos – 635688/RS – Inexistência de modificação da jurisprudência. No julgamento do RE 635.688/RS, sendo relator o Ministro GILMAR MENDES, o STF entendeu, por maioria, pela possibilidade de equiparação da redução de base de cálculo de ICMS à isenção parcial. Nesse sentido, afirmou-se a impossibilidade de aproveitamento integral dos créditos relativos ao ICMS pago na operação antecedente, nas hipóteses em que a operação subsequente é beneficiada pela redução da base de cálculo, como ocorre com as operações com produtos da "Cesta Básica", em razão do princípio da não-cumulatividade.[70] A Suprema Corte, à unanimidade, acompanhou a posição adotada pelo Relator, no sentido de rejeitar a modulação de efeitos pretendida pelo contribuinte, fundada em dois argumentos: *inexistência de expectativa legítima, já que não ocorreu modificação da jurisprudência ou reviravolta de entendimento judicial,* pois a orientação adotada no julgado em nada se diferenciava daquela adotada em caso similar, o RE 174.478 ("Caso Monsanto", na qual firmou-se tese no sentido da equiparação

---

FEDERAL neste precedente, surge, inevitavelmente, o interesse em resguardar os atos praticados ao longo de vários anos, enquanto perdurou a indefinição acerca do Juízo competente para dirimir a controvérsia. 3. Precedente: RE 586.453, Rel. Min. ELLEN GRACIE, Rel. p/ Acórdão: Min. DIAS TOFFOLI, Tribunal Pleno, DJe de 6/6/2013, Tema 190 da Repercussão Geral. 4. Embargos de Declaração acolhidos para efeitos de modulação." (STF, Pleno, RE – ED 594435/SP, rel. Min. Marco Aurélio, rel. p/ acórdão Min. Alexandre de Moraes, jul.21/08/2019, DJe 20/09/2019)

[70] "Embargos de declaração em agravo regimental em recurso extraordinário com agravo. 2. Direito Tributário. ICMS. Redução de base de cálculo. Repercussão geral. 3. Embargos de declaração opostos pelo recorrente. Omissão, contradição ou obscuridade. Não ocorrência. 4. Pedido de concessão de efeitos infringentes. Impossibilidade de rediscussão do mérito da repercussão geral. 5. Sobrestamento dos feitos. Desnecessidade. Eficácia imediata da decisão. 6. Modulação de efeitos. Ausência dos pressupostos necessários à modulação de efeitos. Reafirmação de jurisprudência. 7. Embargos de declaração rejeitados." (STF, Pleno, RE – ED – segundos – 635688/RS, rel. Min. Gilmar Mendes, jul.09/05/2019, DJe 29/05/2019)

da redução da base de cálculo à isenção); em segundo lugar, *tendo sido criado o risco pelo próprio contribuinte, pois inexistia orientação jurisprudencial diferente,* entendeu-se que a modulação pretendida pelo contribuinte equivaleria a *"inverter o resultado do julgamento de mérito"* se, com a interposição do Recurso Extraordinário, fosse mantida a integralidade dos créditos.

C – Modulações *first impressions* em favor dos entes estatais, ao argumento da segurança jurídica, embora a jurisprudência dos tribunais inferiores do País estivesse consolidada em sentido idêntico àquele da Corte Suprema.

    1. RE n. 559.882-9 e 560.626/1-RS. Como já realçamos, no tópico retro, o pleno do STF, em 11/06/2008, declarou a inconstitucionalidade dos arts. 45 e 46 da Lei 8.212/91 e do art. 5º do Dec.Lei 1.569/77, que alargavam para dez anos o prazo decadencial e prescricional para a cobrança das contribuições sociais. Em face do art. 146 da Constituição que exige para isso lei complementar, em *first impression,* ou seja, decisão em que não havia precedente anterior em sentido contrário, ao argumento da segurança jurídica, a Corte atribuiu à decisão efeitos *ad futuram,* impedindo que os contribuintes que já tivessem recolhido os valores inconstitucionalmente cobrados, pudessem pleitear-lhes a repetição.

    Em decisões de tal natureza, parece-nos que a Corte Suprema não atribuiu valia, para fins de modulação à jurisprudência dos tribunais inferiores, consolidada **no mesmo sentido àquele vitorioso na Corte Suprema, de forma densa e consistente, havendo modulação de efeitos em favor do Fisco, autor das leis inconstitucionais, como se ele tivesse sido surpreendido.**

    Foi isso que aconteceu nos REs **n.559.882-9 e 560.626/1-RS,** supra citados, em que a surpresa e o planejamento orçamentário frustrado eram inexistentes pois a previsão dos impactos orçamentários deveriam estar previstos, segundo a Lei de Diretrizes Orçamentárias. Era de se esperar que a União perdesse, pois no País inteiro, a tese da inconstitucionalidade era vitoriosa e a decisão da Corte Suprema apenas coroou aquilo que ela deveria ter previsto.

6. Em Resumo

Nos exemplos colhidos, vê-se que a modulação de efeitos das decisões da Corte Suprema, no controle de constitucionalidade em matéria tributária, visa a garantir a responsabilidade do Estado, seja ele legislador, executivo ou judiciário, pela confiança gerada.

Se o ato indutor da confiança tiver sido editado por outro Poder, ainda que inconstitucional, criando incentivos fiscais e levando o contribuinte de boa-fé a investir, a Corte Suprema, na mesma linha suíça de KYRILL-A. SCHWARZ, atribui à decisão efeitos prospectivos. O tempo e a prática da confiança indicada no investimento feito pelo contribuinte incentivado – desde que de boa-fé – compõem o quadro dos requisitos à decisão não retroativa de inconstitucionalidade.

Mas se o ato indutor da confiança for precedente judicial superado, a adoção da *prospective overruling* repousa igualmente na proteção da confiança gerada pela própria Corte Suprema. A apuração da modificação da jurisprudência restringe-se aos julgados da própria Corte, sendo indiferente para o Tribunal Supremo, no topo hierárquico do Poder Judiciário, a posição, ainda que consolidada, dos tribunais inferiores.[71] Nesse caso, a modulação de efeitos pode beneficiar tanto o contribuinte que pautou o seu comportamento de acordo com a orientação jurisprudencial superada, como poderá beneficiar a Fazenda Pública, a título de segurança jurídica. Mas o conceito de segurança jurídica permanece obscuro neste contexto, confundindo-se algumas vezes com o consequencialismo de mero socorro às burras do Estado.

Graças a doutrina do Ministro GILMAR MENDES, o Supremo Tribunal Federal parece ter consolidado o uso da modulação para proteção da confiança dos jurisdicionados, seja pelos atos emanados pelo Estado-Juiz, seja pelos atos emanados pelo Legislador.

Parece-nos ser o caso dos **EDcl no RE nº 912.888/RS (Tema 827)**, ainda não julgado quanto à modulação de efeitos. Do ponto de vista dos contribuintes, não se trata de *first impression,* mas de alteração de jurisprudência firmemente consolidada, já que, a partir do julgamento do **RE 572.020/DF**, em 13.10.2014 (Redator p/ Acórdão Min. LUIZ FUX**), o Pleno do STF reafirmou, em julgamento de mérito, entendimento há muito estabilizado pelo STJ**[72], no sentido da intributabilidade da *assinatura*

---

[71] Exceção rara adveio com a alteração jurisprudencial, que levou em conta

[72] O STJ historicamente afasta a tributação de serviços conexos à efetiva prestação do serviço de comunicação. Nesse sentido: (i) quanto à habilitação de telefones celulares, é ver a Súmula STJ nº 350, de 11.06.2008; (ii) quanto à própria assinatura mensal: REsp nº 754.393/DF, de 02.12.2008, EDcl no REsp nº 1.022.257/RS, de 09.12.2008, e AgRg no AREsp nº 261.258/AP, de 17.06.2013. Vide, ainda, (iii) REsp repetitivo nº 1.176.753/RJ, de 19.12.2012; e (iv) julgados pela ilegalidade do Convênio 69/98 como um todo: REsp nº 402.047/MG, de 09.02.2003.

DIREITOS FUNDAMENTAIS DOS CONTRIBUINTES

mensal pelo ICMS-Comunicação, criando nos jurisdicionados **fundamentada expectativa. E mais,** a partir do citado acórdão plenário, o **Tribunal Pleno**[73] e **as duas Turmas** do STF passaram a decidir em sintonia com o precedente[74], bem como os Ministros integrantes da Suprema Corte passaram a julgar **monocraticamente**[75], existindo, portanto, verdadeira **estabilização da jurisprudência sobre a questão em prol dos contribuintes do STF.**

Especificamente acerca da assinatura mensal sem franquia de minutos, encontram-se decisões monocráticas, como a proferida no ARE nº 908.156, de lavra do Min. DIAS TOFFOLI, que concluiu pela não incidência de ICMS-Comunicação sobre assinatura mensal sem franquia de minutos, ao fundamento de que *"não diverge da orientação fixada por esta Corte no julgamento do RE nº 572.020/DF".*[76] Antes disso, o Min. DIAS TOFFOLI já havia afirmado que *"a configuração do fato gerador do ICMS sobre o serviço de telecomunicações pressupõe a efetiva 'relação comunicativa entre emissor e receptor da mensagem', **a qual não estaria presente na assinatura mensal, sem franquia de minutos".***[77]

---

[73] **Acórdão do TRIBUNAL PLENO:** ARE nº 790.511 AgR-ED, Relator Min. RICARDO LEWANDOWSKI, Tribunal Pleno, *julgado em 17.06.2015,* DJe-15,7 12.08.2015.

[74] **Acórdãos da PRIMEIRA TURMA:** AI nº 839.119 AgR, Relator Min. ROBERTO BARROSO, PRIMEIRA TURMA, *julgado em 11.03.2014,* DJe-068, 07.04.2014; AI nº 622.948 AgR, Relator Min. ROBERTO BARROSO, PRIMEIRA TURMA, *julgado em 09.04.2014,* DJe-094, de 19.05.2014; ARE nº 770.102 AgR, Relator Min. DIAS TOFFOLI, PRIMEIRA TURMA, *julgado em 04.11.2014,* DJe-021, 02.02.2015; RE nº 851.103 AgR, Relator Min. MARCO AURÉLIO, PRIMEIRA TURMA, *julgado em 05.05.2015,* DJe-097, 25.05.2015; ARE nº 904.294 AgR, Relator Min. LUIZ FUX, PRIMEIRA TURMA, julgado em 27.10.2015, DJe-229, 16.11.2015. **Acórdãos da SEGUNDA TURMA:** ARE nº 734.689 AgR, Relator Min. TEORI ZAVASCKI, SEGUNDA TURMA, *julgado em 10.03.2015,* DJe-056, 23.03.2015.

[75] **Decisões Monocráticas: Ministro DIAS TOFOLLI:** (1) RE nº 583.684, *julgado em 24.04.2014,* DJe-082, 02.05.2014; (2) ARE nº 854.695, *julgado em 18.02.2015,* DJe-047, 12.03.2015; (3) ARE nº 914.118, *julgado em 08.06.2016,* DJe-122, 14.06.2016. Ministro ROBERTO BARROSO: (1) ARE nº 797.326, *julgado em 04.08.2014,* DJe-155, 13.08.2014; (2) ARE nº 971.680, *julgado em 01.08.2016,* DJe-165, 08.08.2016. Ministro TEORI ZAVASKCI: ARE nº 782.749, *julgado em 04.03.2015,* DJe-045, 10.03.2015. Ministro LUIZ FUX: ARE nº 904.294, *julgado em 30/09/2015,* DJe-201, 07.10.2015. Ministro GILMAR MENDES: (1) ARE nº 881.038, *julgado em 27.06.2016,* DJe-137, 01.07.2016; (2) ARE nº 980.897, *julgado em 23.08.2016,* DJe-183, 30.08.2016. Ministra ROSA WEBER: ARE nº 916.241, *julgado em 09.08.2016,* DJe-171, 16.08.2016. Ministro EDSON FACHIN: ARE nº 994.202, *julgado em 28.09.2016,* DJe-210, 03.10.2016.

[76] STF, ARE 908156, Decisão monocrática do Min. Dias Toffoli, DJe 10/11/2015. Anote-se que, após a atribuição de repercussão geral ao RE nº 912.888, que tratava da mesma matéria, a referida decisão foi objeto de reconsideração.

[77] STF. Rcl 16375, Rel. Min. Dias Toffoli, j. em 31/10/2014. Cf., no mesmo sentido, ARE 881038, Rel. Min. Gilmar Mendes, j. em 27/06/2016.

Igualmente, o Min. GILMAR MENDES, ao apreciar o ARE 881038[78], no qual se discutia *"a cobrança do ICMS sobre serviços que não possuem natureza de comunicação, **como assinatura mensal**, serviços suplementares, entre outros"*, negou provimento ao recurso do Estado da Bahia, também com fundamento no RE 572.020.

A proteção da confiança é inaplicável ao Ente estatal, e adequada tão somente aos jurisdicionados, como vimos ao longo deste artigo. Parece-nos ser essa a hipótese supra.

Conclusões: O Inegável Pioneirismo de Gilmar Mendes, Que Deve Prosseguir

O trabalho pioneiro de GILMAR MENDES no Brasil advém de suas concepções de liberdade no tempo e de segurança, pois as técnicas históricas e primitivas do totalitarismo coincidiram com a violência e o arbítrio incontrolado da regra, que pode nascer mesmo para trás, como alerta FRANÇOIS OST.[79] Ou ainda, nas belíssimas palavras de PORTALIS:

> o homem, que ocupa apenas um ponto no tempo como no espaço, seria um ser bem infeliz se ele não pudesse se acreditar em segurança mesmo em relação à sua vida passada; para essa porção de sua existência, já não carregou ele todo o peso de seu destino?[80]

As grandes posições doutrinária e mesmo jurisprudencial, que se levantaram contra a visão integrativa e sistêmica do Ministro GILMAR MENDES, podem ser resumidas nos argumentos do Juiz SCALIA, da Corte norte-americana, seguidos pelos Juízes MARSHALL e BLACKMUN, a saber:

> para que a divisão de poderes federais, crucial para o esquema constitucional, seja bem-sucedida em seu objetivo, parece-me que a natureza fundamental daqueles poderes deve ser preservada do modo que tal natureza foi compreendida quando a Constituição foi posta em vigor." Para o Poder Judiciário, "isso significa que se deve compreendê-lo de acordo com a tradição do common law. E tal é o poder

---

[78] ARE 881038, Relator(a): Min. GILMAR MENDES, julgado em 27/06/2016, publicado em PROCESSO ELETRÔNICO DJe-137 DIVULG 30/06/2016 PUBLIC 01/07/2016.

[79] OST, François. O Tempo do Direito. Trad. Élcio Fernandes. São Paulo. Educs, 2005.

[80] Retratado por PONTES DE MIRANDA. Comentários à Constituição de 1967, com a Emenda n.1, de 1969. 2ª. São Paulo, Rev. dos Tribunais, 1974, tomo V, p. 26.

'de dizer o que a lei é,' e não o poder de mudá-la". Assim, "por essa razão, e não por razões de equidade, eu considero que tanto a 'prospectividade seletiva' quanto a 'prospectividade pura' exorbitam dos nossos poderes.[81]

Tais fundamentos basearam-se então em razões de legitimidade, separação de poderes e autocontenção da Corte Suprema. Coincide também com a visão conservadora, segundo a qual a concretização dos direitos e garantias fundamentais, inclusive sociais é estranha ao papel do Poder Judiciário, embora seja derivada de Constituição muito diferente da nossa. E a última circunstância é decisiva.

A posição do Ministro GILMAR MENDES não decorreu do desenho feito pelo legislador infraconstitucional, mas é de natureza sistêmica, ou seja, *Systemgerechtigkeit.*

Não obstante é inegável que o advento das leis infraconstitucionais, incorporando a necessidade de modulação de efeitos no controle de constitucionalidade por razões de segurança jurídica e de interesse social (art. 27 da Lei 9.868/99) ou como necessária proteção da confiança gerada nas mutações jurisprudenciais do §3º do art. 927 do CPC/2015, alterou o quadro posto, "autorizando" ou "legitimando" o que sempre esteve permitido pela Constituição. O trabalho até então quase solitário do Ministro GILMAR MENDES e de alguns defensores dos fundamentos de tais leis (como foi o caso para um dos autores desse texto) restou consolidado e firme.

O que se poderia exigir a mais de um Ministro da Corte Suprema, como GILMAR MENDES, que abriu os melhores caminhos para o exercício da função mais relevante de uma Corte Constitucional: o controle de constitucionalidade?

Talvez, ousamos dizer, a elaboração de critérios mais nítidos para a tomada de decisão, retroatividade/prospectividade, junto a seus pares, como se fez nos casos norte-americanos *LINKLETTER V. WALKER (1965)* ou *CHEVRON OIL CO. V. HUSON*[82].

Em especial em relação ao consequencialismo, nas hipóteses de prospectividade em favor da Fazenda Pública, em que não se pode argumentar com a proteção da confiança gerada, princípio inerente à posição do contribuinte como ensina a doutrina germânica, a justiça derivada do sistema – *Systemgerechtigkeit* – não poderia acolher o Estado-planejador,

---

[81] Decisão do caso *American Trucking Associations, Inc. v. Smith*, anotado no tópico 3.1., retro.
[82] Cf. Tópico 3.1., retro.

que tivesse confiado na jurisprudência até então consolidada que lhe garantisse a legitimidade dos seus atos? Isso de fato ocorreu na reviravolta jurisprudencial do RE nº 593.849/MG, em 2016, relativa à substituição tributária "para a frente".

Enfim, os caminhos prosseguem, são longos, e a direção segura do Ministro GILMAR MENDES haverá de trabalhar, mais ainda, os desdobramentos da segurança jurídica, da proteção da confiança e da boa-fé objetiva, com que organizar a atuação eticamente aceitável do Ente estatal, seja ele juiz, legislador ou administrador.

Referências

ATALIBA, Geraldo. Instituições de Direito Público e República, São Paulo, Gráfica Ed., 1984.

BANDEIRA DE MELLO, Celso Antônio. Curso de Direito Administrativo, 7ª ed., São Paulo, Malheiros Ed., 1995.

BLANKE, Herrmann-Josef. Vertrauensschutz im deutschen und europäischen Verwaltungsrecht. Jus Publicum, vol. 57, Tübingen, Editora Mohr Siebeck, 2000.

BUSTAMANTE, Thomas. Precedent. IVR Encyclopedia. Heidelberg, Springer, no prelo para 2020.

CANARIS, Claus Wilhelm. Ver Die Vertrauenshaftung im Deutschenk Privatrecht. CH Beck Verlags. Munchen, tradução não autorizada de Juliana da Costa, Júlio César e Cláudio Molz. 1971.

CANARIS, Claus Wilheim, relativamente às partes imóveis do Direito. In: Pensamento Sistemático e conceito de sistema na ciência do Direito. Trad. Menezes Cordeiro. 3ª. Ed. Lisboa, Calouste Gulbenkian, 2002.

CANOTILHO, José Joaquim Gomes. Direito Constitucional, 6ª ed., Coimbra, Ed. Almedina.

CARRAZZA, Roque Antônio. O Regulamento no Direito Tributário Brasileiro, São Paulo, Revista dos Tribunais, 1981.

CARVALHO, Paulo de Barros. Curso de Direito Tributário, 4ª ed., São Paulo, Ed. Saraiva, 1991.

DERZI, Misabel de Abreu Machado. Atualizações à obra de Aliomar Baleeiro. Limitações Constitucionais ao Poder de Tributar. 7ª.ed. Rio de Janeiro, Forense, 1997.

DERZI, Misabel de Abreu Machado. Modificações da Jurisprudência no Direito Tributário. São Paulo, Noeses, 2009.

DICEY, Av. Introduction to the Study of the Law of the Constitution, 10th edn. (first edn. 1885). London: Macmillan, 1959.

FEDERMAN, Howard Yale. Judicial Overruling. Time for a new general rule. Michigan Bar Journal. Sep. 2004.

FULLER, Lon. The Morality of Law. New Haven, CT. Yale University Press, 1969.

FRADA, Manuel Antonio de Castro Portugal Carneiro da. Teoria da Confiança e responsabilidade civil. Coleção Teses, Lisboa, Almedina, 2001.

KREIBICH, Roland. Der Grundsatz von Treu und Glauben im Steuerrecht. Band 12. Muller Verlag, Heildelberg, 1992, p.188.

KRYGIER, Martin. The State of the Rule of Law State, Cap. 3.

KRYGIER, Martin. The Rule of Law: Legality, Teleology and Sociology, in. G Palombela and N Walker, Re-Locating the Rule of Law. Oxford: Hart Publhising, 2008.

KYRILL-A. SCHWARZ. Vertrausenschutz als Verfassugsprinzip. Eine Analyse des nationalen Rechts, des Gemeinschaftsrechts und der Beziehungen zwischen beiden Rechtskreisen. Baden-Baden. Nomos Verlagsgesellschaft, 2002.

LINDE, Hans A. The United States Experience. The American Journal of Comparative Law, Vol. 20, No. 3 (Summer, 1972), pp. 415-430.

LÚCIO BITTENCOURT, C.A. O Controle Jurisdicional da Constitucionalidade das Leis. 2ª ed. Rio de Janeiro, Forense, 1968.

LUHMANN, Niklas. Confianza. Trad. Amada Flores. Anthropos. Universidad IberoAmericano. Santiago. 1996.

LUHMANN, Niklas. La Costituzione come acquisizione evolutiva. In: Il Futuro dela Costituzione. Org. Zagrebelsky, Gustavo. Torino: Einaudi, 1996.

LOCKE, John. Two Treatises of Government, ed. p. Laslett. Cambridge Press, 1988, p. 265-428.

MEIRELLES, Hely Lopes. Direito Administrativo Brasileiro, 17ª.ed, São Paulo, Malheiros Ed., 1992.

MENDES, Gilmar Ferreira. Die Abstrakte Nomenkontrolle vor dem Bundesver-fassungsgericht und vor dem Brasilianischen Supremo Tribunal Federal. Berlim, Ed. Duncher & Humblot, 1991.

MENDES, Gilmar Ferreira. "Necessidade de Desenvolvimento de Novas Técnicas de Decisão: Possibilidade da Declaração de Inconstitucionalidade sem a Pronúncia de Nulidade no Direito Brasileiro", texto de conferência – Congresso Luso-Brasileiro de Direito Constitucional, Belo Horizonte, 04.12.1992.

MENEZES CORDEIRO, Antonio Manoel. Da boa fé no direito civil. Coimbra, Almedina, t.I e II, 1989.

OST, François. O Tempo do Direito. Trad. Élcio Fernandes. São Paulo. Educs, 2005.

PONTES DE MIRANDA, Francisco Cavalcanti. Comentários à Constituição de 1967, com a Emenda n.1, de 1969. 2ª. São Paulo, Rev. dos Tribunais, 1974, tomo V, p. 26.

POSTEMA, Gerald J. Law's Rule. Reflexivity, Mutual Accountability, and the Rule of Law. In: Bentham's Theory of Law and Public Opinion. Coord. Xrabv Zhai.

RAZ, Joseph. The Authority of Law. Oxford, Clarendon Press, 1979.

SEABRA FAGUNDES, Miguel. O Controle dos Atos Administrativos do Poder Judiciário, 6ª ed., São Paulo, Saraiva, 1984.

SCOTT SHANNON, Bradley. The Retroative and Prospective Application of Judicial Decision. Harvard Journal of Law & Public Policy, Trad. Fernando Gomes, vol. 26, 2003.

SHAPIRO, Scott. Legality. 1ª. Harvard University Press, Cambridge, London, 2011.

TRIBE, Laurence; DORF, Michael. Hermenêutica Constitucional. Trad. Lenio Luiz Streck. Belo Horizonte, Del Rey, 2007.

WALDRON, Jeremy. The Concept and the Rule of Law. Georgia Law Review, 43, 2008.

WEBER-DÜRLER, Beatrice. Vertrauensschutz im öffentlichen Recht. Helbing & Lichtenhahn, Basel – Zürich, 1983.

2. Direitos Fundamentais dos Contribuintes

IVES GANDRA DA SILVA MARTINS

Considerações Iniciais

O eminente Professor Doutor Ministro Gilmar Ferreira Mendes é, indiscutivelmente, uma das maiores expressões do direito atual brasileiro, reconhecido internacionalmente.

Trabalhamos juntos repetidas vezes em artigos, livros, pareceres, inclusive na elaboração do anteprojeto da Lei nº 9.982/99, que instituiu a ADPF (Ação de Descumprimento de Preceito Fundamental). Assim, no curso de mais de 30 anos de contatos pessoais, profissionais e acadêmicos com o Ministro Gilmar Mendes, aprendi a admirá-lo até mesmo em nossas divergências, pois sei como cultiva o debate e procura sempre encontrar soluções criativas, não só como autor, no passado, de inúmeros anteprojetos de lei, mas principalmente pela visão arguta da conjuntura, que reflete em sua produção hermenêutica.

É, portanto, com particular alegria que aceitei o honroso convite para escrever um breve estudo para o livro que será publicado em sua homenagem, a respeito dos direitos fundamentais do contribuinte.

Introdução

O conflito entre os direitos do contribuinte de estar sujeito a uma tributação justa e o do Estado de exigir do cidadão aquilo que, na maioria das vezes, não auxiliou ganhar, aplicando mal uma parcela de arrecadação, é permanente.

Raramente, na humana história, a tributação foi justa, na medida em que o cidadão paga tributo ao Estado para que este lhe preste serviços públicos. Parte, porém, do que paga é destinada a custear os privilégios e a manutenção dos detentores do poder, razão pela qual, como demonstrei, em meu "Teoria

DIREITOS FUNDAMENTAIS DOS CONTRIBUINTES

da Imposição Tributária"[1], a norma de incidência é necessariamente uma norma de rejeição social, em face de ser a carga tributária sempre maior do que a necessária para a sustentação dos privilégios de políticos e burocratas[2].

É de se lembrar que todos aqueles que se aprofundam no conhecimento da história percebem que o povo sempre serviu mais aos detentores do poder que estes ao povo, sendo a corrupção e a má administração pública o corolário necessário da história, em todos os períodos históricos e em todos os espaços geográficos.

O poder é necessariamente corrupto e Lord Acton razão tinha quando dizia que "o poder corrompe e o poder absoluto corrompe absolutamente". Basta comparar o custo das obras públicas com aquele das obras privadas para se perceber que a corrupção e a concussão são as armas mais constantes da gestão da coisa pública, sendo este o motivo que torna o diferencial tão grande, entre um e outro.

Nesta linha de raciocínio, a formulação doutrinária de juristas, economistas, sociólogos, filósofos e historiadores, na busca de uma política tributária ideal, esbarra na certeza de que, na prática, a teoria é sempre outra, e quem tem o poder de tributar sempre tributa mal, o mais das vezes sem qualquer respeito aos direitos individuais, o que exacerba a litigiosidade entre Fisco e Contribuinte.

E, no Brasil, não é diverso o quadro, pois num país em que o serviço público é de péssima qualidade (saúde, educação, segurança, previdência, transportes etc.), a carga tributária, destinada à manutenção dos privilégios do poder (aposentadoria oficial em torno de 10 vezes superior ao do segmento

---

[1] Ed. LTR, 1998, 2ª. ed.

[2] *Escrevi: "Não sendo a natureza humana confiável, Montesquieu, a partir dessa realidade, formulou a teoria do poder autocontrolável, posto que se o poder não controlar o poder, este se corromperá e se deteriorará. À evidência, o homem no exercício do poder termina por governar, sempre que possível, em benefício do povo, mas necessariamente em seu próprio benefício, valendo o gráfico verso de Rotrou a justificar tal exercício e os crimes para lá chegar: "Tous les crimes sont beaux, dont un trône est le prix".*
Ora, a imposição tributária oferta a melhor forma de atendimento às necessidades públicas, visto que, das diversas receitas públicas conhecidas na doutrina e na prática, é aquela que mais recursos propicia ao Estado.
Ora, se o homem não é confiável no exercício do poder e se tende, neste exercício, a exigir sempre mais da comunidade do que para a comunidade seria desejável, à evidência, a carga tributária é necessariamente maior do que a precisa para atender à dupla finalidade de sua arrecadação, ou seja, bem do povo e bem dos detentores do poder.
Em outras palavras, a carga tributária é obrigatoriamente desmedida, em qualquer espaço geográfico e período histórico, pela instabilidade do poder e pelo exercício dicotômico deste em duas direções distintas" (Sistema Tributário na Constituição de 1988, 5ª edição, Ed. Saraiva, 1998, p. 6/7).

privado), atinge o elevado percentual de aproximadamente 40% do PIB (se incluirmos penalidades tributárias e outros acréscimos), que representa das mais altas cargas tributárias do mundo, se relacionados o nível da imposição, o PIB e qualidade de serviço público prestado, sobre ser quase o dobro daquela suportada pelos países emergentes. Suíça, Japão, Estados Unidos, china, coreia do sul e outros países mais desenvolvidos tem carga inferior a do Brasil.

Por esta razão, houve por bem, o constituinte, colocar os direitos dos contribuintes entre as cláusulas pétreas da lei suprema, os quais, embora violentados, o mais das vezes, pelas autoridades, que buscam arrecadação a qualquer custo para enfrentar os crônicos "déficits" das más administrações públicas, representam direitos de 2ª geração, de particular relevo, alguns dos quais passo a examinar neste trabalho, quais sejam: proibição do efeito confisco, sigilo bancário e a impossibilidade de uma norma geral antielisiva.

Neste sentido, gostaria de realçar, desde logo, as palavras do nosso caríssimo homenageado[3]:

> A Constituição brasileira de 1988 atribuiu significado ímpar aos direitos individuais. Já a colocação do catálogo dos direitos fundamentais no início do texto constitucional denota a intenção do constituinte de lhes emprestar significado especial. A amplitude conferida ao texto, que se desdobra em setenta e sete incisos e dois parágrafos (art. 5o), reforça a impressão sobre a posição de destaque que o constituinte quis outorgar a esses direitos. A ideia de que os direitos individuais devem ter eficácia imediata ressalta a vinculação direta dos órgãos estatais a esses direitos e o seu dever de guardar-lhes estrita observância.

1. Efeito Confisco

Colorário do direito de propriedade (art. 5º, inc. XXII) e previsto no art. 150, inc. IV da CF/88, trata-se de um princípio a limitar o poder de tributar que tem ligação direta com o princípio da capacidade contributiva. Eis a dicção do artigo:

---

[3] MENDES, Gilmar. Os direitos fundamentais e seus múltiplos significados na ordem constitucional. Revista Diálogo Jurídico, Salvador, CAJ – Centro de Atualização Jurídica, nº. 10, janeiro, 2002. Disponível na Internet: <http://www.direitopublico.com.br>. Acesso em: 12 de fevereiro de 2020.

Art. 150. Sem prejuízo de outras garantias asseguradas ao contribuinte, é vedado à União, aos Estados, ao Distrito Federal e aos Municípios: (...) IV – utilizar tributo com efeito de confisco;

Não é fácil definir o que seja confisco, entendendo eu que, sempre que a tributação agregada retire a capacidade de o contribuinte se sustentar e se desenvolver (ganhos para suas necessidades essenciais e ganhos superiores ao atendimento destas necessidades para reinvestimento ou desenvolvimento), estar-se-á perante o confisco.

Na minha especial maneira de ver o confisco, não posso examiná-lo a partir de cada tributo, mas da universalidade de toda carga tributária incidente sobre um único contribuinte. Se a soma dos diversos tributos incidentes representa carga que impeça o pagador de tributos de viver e se desenvolver, estar-se-á perante carga geral confiscatória, razão pela qual todo o sistema terá que ser revisto, mas principalmente aquele tributo que, quando criado, ultrapasse o limite da capacidade contributiva do cidadão.

Há, pois, um tributo confiscatório e um sistema confiscatório decorrencial. A meu ver, a Constituição proibiu a ocorrência dos dois, como proteção ao cidadão.

Uma consideração adicional mister se faz apresentar.

A Constituição Federal garante a propriedade em diversos dispositivos, mas principalmente em dois deles, a saber: no art. 5º, XXII, e no art. 170, II, ambos com a seguinte redação:

"XXII – é garantido o direito de propriedade".

"Art. 170 – A ordem econômica, fundada na valorização do trabalho humano e na livre iniciativa, tem por fim assegurar a todos existência digna, conforme os ditames da justiça social, observados os seguintes princípios: (...) II – *propriedade privada*". (Grifos meus)

Assegura também a Lei Suprema que a propriedade não poderá ser retirada sem justa e prévia indenização, qualquer que seja, mesmo aquela que não cumpra sua função social. O não-cumprimento dessa função, portanto, torna a propriedade urbana ou rural sujeita a penalidades, mas não de confisco.

Significa dizer que o confisco ultrapassa os limites tributários. Tributação que atinge a propriedade inviabilizando a justa indenização é inadmissível.

Desta forma, por confisco deve-se entender toda a violação ao direito de propriedade dos bens materiais e imateriais, retirado do indivíduo sem justa e prévia indenização, não podendo a imposição tributária servir de disfarce para não o configurar.

O princípio, portanto, embora colocado no Capítulo do Sistema Tributário – e objetivando atalhar veleidades impositivas descabidas do erário –, transcende o campo específico do direito fiscal. E nesta transcendência compreende-se a expressão "efeito" de confisco mais abrangente que a singela vedação do "confisco tributário".

Creio que o confisco pode ocorrer em qualquer tributo, embora haja uma vinculação evidente entre o princípio da capacidade contributiva e o do confisco, assim como entre este e o princípio da igualdade, que implica tratar abrangentemente os desiguais para compor a igualdade. Sempre que a capacidade contributiva seja afetada e a tributação ultrapasse o limite de tolerância desta, o confisco se dá.

Em outras palavras, sempre que o aumento de um tributo atingir, no conjunto da carga tributária, a capacidade contributiva, ultrapassando-a, aquele tributo, embora isoladamente possa não ser confiscatório, passa a sê-lo. É que destinando-se os tributos ao Estado, que é um só – embora sua Federação divisível em esferas de governo – a exigência sobre o cidadão deve ser medida pelo conjunto e não apenas por cada tributo em particular.

Há, como já disse, tributos confiscatórios e incidências confiscatórias representadas pelo conjunto de tributos não confiscatórios. É que o direito individual a ser preservado não é a média da carga tributária geral, mas o acréscimo desta sobre cada incidência que define, em cada caso particular, a existência ou não do confisco.

Nesta esteira, a obrigação tributária é composta de tributo e penalidade, conforme determina o artigo 113 do CTN, lei com eficácia de complementar, que explicita o texto constitucional, estando assim redigido:

Art. 113 A obrigação tributária é principal ou acessória.

§ 1º A obrigação principal surge com a ocorrência do fato gerador, tem por objeto o pagamento de tributo ou penalidade pecuniária e extingue-se juntamente com o crédito dela decorrente.

§ 2º A obrigação acessória decorre da legislação tributária e tem por objeto as prestações, positivas ou negativas, nela previstas no interesse da arrecadação ou da fiscalização dos tributos.

§ 3º A obrigação acessória, pelo simples fato da sua inobservância, converte-se em obrigação principal relativamente à penalidade pecuniária".

Há de se convir que a soma de tributo e penalidade, que conforma a "obrigação tributária", se ferir a capacidade contributiva, é expressamente confiscatória[4].

Não se diga que a penalidade objetiva a punição do contribuinte e que, em razão disso, ela poderia ser confiscatória, à luz do que dispõe a Constituição ao vedar apenas o "efeito confisco do tributo". Não poucas vezes, as penalidades por meras infrações regulamentares ou culposas são elevadíssimas, como ocorre quanto ao imposto sobre a renda (75% em caso de culpa ou no ICMS de diversos Estados).

Neste sentido, destaco trecho de decisão dos autos do RE nº 582.461 SP (repercussão geral), de relatoria do eminente homenageado:

1. Recurso extraordinário. Repercussão geral. 2. (...) 4. Multa moratória. Patamar de 20%. Razoabilidade. Inexistência de efeito confiscatório. Precedentes. A aplicação da multa moratória tem o objetivo de sancionar o contribuinte

---

[4] *Escrevi: "13. afora os princípios referidos, a imposição tributária se exterioriza por duas formas: o tributo e a penalidade pecuniária, tendo o legislador-pátrio considerado ambos parte do gênero obrigação tributária; 14. definiu, por outro lado, explicitando o tributo e implicitando a penalidade pecuniária, esclarecendo o art. 3º do CTN a descrição do art. 113, ambos normas gerais de direito tributário; 15. para efeitos de compreensão da realidade impositiva, se apenas examinando o direito sob o aspecto formal, considerou a penalidade conseqüência do descumprimento do pagamento do tributo ou de obrigações pertinentes, podendo por essa via atribuir-se, a nível de teoria geral, à realidade positiva brasileira conformação encontrável nas teorias kelsenianas ou cossianas; 16. para esses efeitos, são as sanções as normas primárias de Kelsen, com função assecuratória, e os tributos as normas secundárias, ou são as sanções as perinormas e a exigência tributária, as endonormas, na linguagem de Cossio; 17. no aspecto estrutural, entretanto, a sanção tributária é a causa real do cumprimento da exigência, por ser a norma tributária típica norma de rejeição social e, sem sanção, de difícil cumprimento; 18. no direito estrutural, as penalidades aplicáveis às normas de aceitação social são meras normas consequenciais e de aplicação a situações patológicas, pois, mesmo se a sanção, o hábito de cumpri-las seria predominante; 19. o estudo do direito tributário, portanto, implica o exame de seus princípios fundamentais, assim como do seu elemento impositivo único, que é a obrigação tributária, decomposta em tributo e penalidade assecuratória; 20. impossível, portanto, o estudo de uma teoria geral da imposição tributária abrangente sem essa visão universal da Ciência Jurídica, lembrando-se, apenas a título de encerramento desta parte introdutória, que a penalidade privativa da liberdade não é obrigação tributária, mas pertence ao direito tributário, por ser norma complementar à penalidade pecuniária e com características nitidamente assecuratórias do cumprimento de mera obrigação de rejeição social" (Teoria da Imposição Tributária, 2ª ed., Ed. LTr, 1998, p. 158).*

que não cumpre suas obrigações tributárias, prestigiando a conduta daqueles que pagam em dia seus tributos aos cofres públicos. Assim, para que a multa moratória cumpra sua função de desencorajar a elisão fiscal, de um lado não pode ser pífia, **mas, de outro, não pode ter um importe que lhe confira característica confiscatória, inviabilizando inclusive o recolhimento de futuros tributos.** O acórdão recorrido encontra amparo na jurisprudência desta Suprema Corte, segundo a qual não é confiscatória a multa moratória no importe de 20% (vinte por cento). 5. Recurso extraordinário a que se nega provimento. (STF – RE: 582461 SP, Relator: Min. GILMAR MENDES, Data de Julgamento: 18/05/2011, Tribunal Pleno, Data de Publicação: REPERCUSSÃO GERAL – MÉRITO) **(Grifos meus).**

Ora, as penalidades tributárias são de diversas modalidades: multa por falta de recolhimento, por atraso de pagamento, por descumprimento de obrigação acessória, por sonegação tributária, acréscimos, correção monetária e por tributação penal. Nas primeiras hipóteses, as penalidades onerosas compõem um quadro em que, se forem excessivas, o efeito confisco é evidente.

Apenas quando o que se objetiva é eliminar contrabandistas, poder-se-ia declarar que a penalidade não tem efeito confiscatório, pois a punição é de outra natureza. O perdimento de bens é o exemplo, pois, neste caso, o crime tributário –falta de pagamento do imposto de importação – é menos relevante que a violência contra o controle da soberania nacional em suas fronteiras[5].

Resumindo, pois, este primeiro ponto, entendo que o confisco abrange a obrigação tributária. Vale dizer, tributo e penalidade, sempre que a relação entre Fisco e Contribuinte ou Estado e Cidadão seja de natureza exclusivamente tributária, como ocorre na esmagadora maioria das hipóteses.

---

[5] *Escrevi: "Já o direito imperial considerava no Brasil o contrabando e o descaminho crimes puníveis pela legislação pertinente, tendo os Códigos posteriores ao de 1830 (1890 e 1940) mantido o princípio, com alterações não essenciais na sua delimitação. A matéria, entretanto, não oferecia, na época, maiores problemas configurativos estando assentada a doutrina a seu respeito. Sendo a segurança nacional bem de maior valia a ser preservado, no contrabando e descaminho, as implicações tributárias e lesões ao crédito público sempre foram consideradas, num segundo plano, na ocorrência do delito" (Direito Tributário 2, Ed. José Bushatsky, 1972, p. 135).*

2. Sigilo Bancário

Um segundo aspecto a ser examinado, dentre os direitos fundamentais do contribuinte, é o do sigilo bancário que entendo ser cláusula pétrea[6], haja vista o disposto no inciso X do artigo 5º da Constituição Federal:

"X. São invioláveis a intimidade, a vida privada, a honra e a imagem das pessoas, assegurado o direito a indenização pelo dano material ou moral decorrente de sua violação".

O artigo 5º, inciso XII, por sua vez, determina que:

"XII. É inviolável o sigilo da correspondência e das comunicações telegráficas, de dados e das comunicações telefônicas, salvo, no último caso, por ordem judicial, nas hipóteses e na forma que a lei estabelecer para fins de investigação criminal ou instrução processual penal"

Sobre o sigilo já escrevi:

"Desde a promulgação da Constituição Federal de 88 que a Fazenda vem sustentando que a expressão "sigilo de dados" não hospeda aquela de "sigilo bancário". Tércio Ferraz de Sampaio e outros juristas integrantes do Poder Público escreveram elaborados artigos procurando rebater as teses daqueles que entendem que o sigilo bancário é espécie do gênero sigilo de dados.

Ora, no momento em que o governo federal envia proposta de alteração do art. 145 da Constituição Federal ao Congresso Nacional, em que reconhece que sigilo bancário é sigilo de dados, reconhece, outrossim, que se trata de cláusula pétrea e que toda sua argumentação passada carece de validade, isto é, que o sigilo de dados está preservado, não podendo o fiscal ter acesso a esses dados sem autorização judicial.

Em outras palavras, ao tentar alterar "cláusula pétrea", não só confessou reconhecer a identidade entre os dados bancários e quaisquer outros, como, mais do que isto, afastou

---

[6] Canotilho ensina: "A Constituição garante a sua estabilidade e conservação contra alterações subversivas do seu núcleo essencial através de cláusulas de irrevisibilidade e de um processo "agravado" das leis de revisão. Através destes mecanismos não se trata de defender o sentido e características fundamentais da constituição contra adaptações e mudanças necessárias, mas contra a aniquilação, ruptura e eliminação do próprio ordenamento constitucional, substancialmente caracterizado. A idéia de garantia da Constituição contra os próprios órgãos do Estado justifica a constitucionalização quer do procedimento e limites de revisão (cfr. Infra) quer das situações de necessidade constitucional (cfr. Infra)" (Direito Constitucional, Ed. Almedina, Coimbra, 1991, p. 971).

toda a defesa que, meticulosamente arquitetara, embora sem sucesso, em todos estes últimos anos, a Fazenda Nacional.

Pelos dois erros elementares, não poderia a proposta ser aceita, como aceita não foi pela CCJ da Câmara dos Deputados, tendo sido rejeitada por esmagadora maioria naquela Comissão, arquivando-se de vez a tentativa de quebra do sigilo bancário por mera manifestação ou requisição de qualquer agente fiscal e até mesmo do Ministério Público.

Neste quadro, em face da ampla discussão sobre a matéria que o tema tem suscitado, pouco há a acrescentar.

Sempre estive convencido de que a expressão "sigilo de dados" hospeda aquela de "sigilo bancário". Esta é espécie daquele gênero.

Por outro lado, nos direitos e garantias individuais, claramente, o constituinte assegurou a preservação da intimidade e privacidade das pessoas e a preservação do sigilo de dados.

Trata-se de cláusula imodificável, de acordo com expressa manifestação da Câmara dos Deputados, ao rejeitar o projeto governamental, e do S.T.F. ao inadmitir que o Ministério Público pudesse ter acesso aos dados bancários sem autorização judicial"[7].

Sendo assim, continuo com a mesma exegese, no sentido de que nem por emenda constitucional é possível alterar o dispositivo. Tem o Supremo Tribunal Federal, todavia, entendimento contrário, de que é possível a quebra do sigilo bancário por determinação judicial. Neste sentido destaco ementa de Recurso Extraordinário julgado em sede de repercussão geral:

RECURSO EXTRAORDINÁRIO. REPERCUSSÃO GERAL. DIREITO TRIBUTÁRIO. DIREITO AO SIGILO BANCÁRIO. DEVER DE PAGAR IMPOSTOS. REQUISIÇÃO DE INFORMAÇÃO DA RECEITA FEDERAL ÀS INSTITUIÇÕES FINANCEIRAS. ART. 6º DA LEI COMPLEMENTAR 105/01. MECANISMOS FISCALIZATÓRIOS. APURAÇÃO DE CRÉDITOS RELATIVOS A TRIBUTOS DISTINTOS DA CPMF. PRINCÍPIO DA IRRETROATIVIDADE DA NORMA TRIBUTÁRIA. LEI 10.174/01.

1. O litígio constitucional posto se traduz em um confronto entre o direito ao sigilo bancário e o dever de pagar tributos, ambos referidos a um mesmo cidadão e de caráter constituinte no que se refere à comunidade política, à luz da finalidade precípua da tributação de realizar a igualdade em seu duplo compromisso, a autonomia individual e o autogoverno coletivo.

2. Do ponto de vista da autonomia individual, o sigilo bancário é uma das expressões do direito de personalidade que se traduz em ter suas atividades

---

[7] *Revista Dialética de Direito Tributário nº 1, publicação de Valdir de Oliveira Rocha, 1995, p. 20/21.*

e informações bancárias livres de ingerências ou ofensas, qualificadas como arbitrárias ou ilegais, de quem quer que seja, inclusive do Estado ou da própria instituição financeira.

3. Entende-se que a igualdade é satisfeita no plano do autogoverno coletivo por meio do pagamento de tributos, na medida da capacidade contributiva do contribuinte, por sua vez vinculado a um Estado soberano comprometido com a satisfação das necessidades coletivas de seu Povo.

4. Verifica-se que o Poder Legislativo não desbordou dos parâmetros constitucionais, ao exercer sua relativa liberdade de conformação da ordem jurídica, na medida em que estabeleceu requisitos objetivos para a requisição de informação pela Administração Tributária às instituições financeiras, assim como manteve o sigilo dos dados a respeito das transações financeiras do contribuinte, observando-se um translado do dever de sigilo da esfera bancária para a fiscal.

5. A alteração na ordem jurídica promovida pela Lei 10.174/01 não atrai a aplicação do princípio da irretroatividade das leis tributárias, uma vez que aquela se encerra na atribuição de competência administrativa à Secretaria da Receita Federal, o que evidencia o caráter instrumental da norma em questão. Aplica-se, portanto, o artigo 144, §1º, do Código Tributário Nacional.

6. Fixação de tese em relação ao item "a" do Tema 225 da sistemática da repercussão geral: "O art. 6º da Lei Complementar 105/01 não ofende o direito ao sigilo bancário, pois realiza a igualdade em relação aos cidadãos, por meio do princípio da capacidade contributiva, bem como estabelece requisitos objetivos e o translado do dever de sigilo da esfera bancária para a fiscal".

7. Fixação de tese em relação ao item "b" do Tema 225 da sistemática da repercussão geral: "A Lei 10.174/01 não atrai a aplicação do princípio da irretroatividade das leis tributárias, tendo em vista o caráter instrumental da norma, nos termos do artigo 144, §1º, do CTN".

8. Recurso extraordinário a que se nega provimento. (RE 601314, Relator(a): EDSON FACHIN, Tribunal Pleno, julgado em 24/02/2016, ACÓRDÃO ELETRÔNICO REPERCUSSÃO GERAL – MÉRITO DJe-198 DIVULG 15-09-2016 PUBLIC 16-09-2016).

Pessoalmente, entendo que nem mesmo a autoridade judiciária poderia determinar a quebra do sigilo de dados, visto que a referência a autorização judicial do artigo 5º inciso X e XII diz respeito à comunicação telefônica e não ao sigilo de dados, muito embora Tércio Ferraz Sampaio tenha defendido, quando Procurador-Geral da Fazenda Nacional, exegese diversa do dispositivo, no sentido de que o acesso das autoridades a dados implicaria a obrigação de preservá-los perante terceiros.

Seria o que, de resto, o artigo 197 do CTN teria explicitado, com o direito dos profissionais mencionados no § único do referido dispositivo, de manter o sigilo vinculado à sua profissão em relação a terceiros[8]:

> "Art. 197. Mediante intimação escrita, são obrigados a prestar à autoridade administrativa todas as informações de que disponham com relação aos bens, negócios ou atividades de terceiros:
>
> I – os tabeliães, escrivães e demais serventuários de ofício;
>
> II – os bancos, casas bancárias, Caixas Econômicas e demais instituições financeiras;
>
> III – as empresas de administração de bens;
>
> IV – os corretores, leiloeiros e despachantes oficiais;
>
> V – os inventariantes;
>
> VI – os síndicos, comissários e liquidatários;
>
> VII – quaisquer outras entidades ou pessoas que a lei designe, em razão de seu cargo, ofício, função, ministério, atividade ou profissão.
>
> Parágrafo único. A obrigação prevista neste artigo não abrange a prestação de informações quanto a fatos sobre os quais o informante esteja legalmente

---

[8] *Celso Bastos lembra que: "Assim com o passar do tempo, o banqueiro veio a despertar uma confiança fruto da discrição com que manipulava as confidências, sua semelhança com o médico, com o advogado, com o sacerdote, todos merecedores de uma confiança especial, à qual se ligava a garantia de discrição. Carlos Alberto Hagstrom vislumbra aí o surgimento do segredo profissional. Averba ele: "Nasceu, assim, o segredo profissional, como* "une application – mais particulierement exigeante- de celui de la confidence". *A garantia de discrição, traduzida na obrigação de segredo, surgiu, pois, para proteção de interesses privados, marcado, no entanto, pelo interesse social, coletivo, público. O interesse individual é assim protegido, porque coincidente com o interesse social" (in RDM 79/34-35, 1990).*

O fato é que o segredo bancário assentou-se firmemente, como proteção a interesses privados, mas com aprovação social, uma vez que os banqueiros, já nos primórdios de sua atividade, eram levados a conhecer negócios, elementos patrimoniais e até mesmo segredos familiares. Muito forte era no passado, e continua sendo, hoje, o sentimento de confiança na discrição do banqueiro, sobretudo nos países mais desenvolvidos, social e economicamente, e mais estáveis politicamente.

Tal concepção é ressaltada por todos quantos se dedicam ao tema. Em sua conhecida monografia, Herion observa: "... il n'est guere douteux que, dans l'etat de nos habitudes sociales, le public s'attend à le voir conserver par le banquier et que, dans la plupart des cas, commerçants ou particuliers préféreraint renoncer au concours des banques... s'ils n'avaient la certitude que la discrétion coutumiére sera observée en ce qui concerne les comptes" *(Tobert Henrion, Le Secret Professionnel, p. 31).*

Parece certo que o sigilo bancário contempla a tutela de questões fundamentais da cidadania, como a proteção das áreas recônditas da personalidade, pressuposto para fruição de outros direitos humanos, como a liberdade, propriedade e a segurança etc" (Estudos e Pareceres – Direito Público, ed. Revista dos Tribunais, 1993, p. 59).

obrigado a observar segredo em razão de cargo, ofício, função, ministério, atividade ou profissão.".

Sobre o artigo 197, manifestei-me em parecer acatado pelo Conselho Estadual da OAB, por diversos Conselhos Seccionais e pelo Conselho Federal, nos seguintes termos:

> *"O Estatuto de classe exige que o sigilo seja mantido, sob pena de grave violação à ética profissional. Ora, o § único do art. 197 do CTN em consonância com a Lei 4215/63, art. 87 inciso V, hospeda o direito e o dever do profissional em não ser obrigado a revelar a identidade de seus constituintes –ou das operações que lhe são pertinentes—a não ser no momento em que julgue adequado e necessário e de comum acordo com o mesmo. Assim também o artigo 154 do C.P.*
>
> *Ora, não pode a Receita Federal exigir, contra a clareza dos arts. 197 § único do CTN e art. 87-V da Lei 4215/63, sejam desvendadas as contas bancárias, nem pode o advogado ofertar seus extratos, se requisitado, sob risco de infringir o Estatuto da classe e submeter-se a processo disciplinar.*
>
> *Em verdade, não poucas vezes, o profissional deposita em sua conta bancária recursos de seus clientes, razão pela qual indicar ao Fisco Federal quem fez o depósito e justificar as circunstâncias, poderá representar formas de quebra do sigilo profissional.*
>
> *Em face do exposto, sugiro à Seccional de São Paulo que se manifeste, pelo Jornal do Advogado, orientando os advogados paulistas a que escrevam aos bancos, em que mantêm suas contas bancárias, de que não devem atender qualquer solicitação da Receita Federal nesse sentido, por força do § único do art. 197 do CTN, assim como de que não podem prestar quaisquer esclarecimentos sobre sua movimentação bancária sempre que tais esclarecimentos envolvam a possibilidade de quebra do sigilo profissional, risco de submeter-se ao competente processo disciplinar.*
>
> *Sugiro, por outro lado, sejam oficiados a Secretaria da Receita Federal em Brasília, Federação dos Bancos de São Paulo, Procuradoria Geral da Fazenda Nacional em Brasília e Procuradoria da República em São Paulo".*

Parece-me que tal entendimento esposado pela OAB no passado, ficou fortalecido pela clareza do inciso XII do art. 5º.

Curvo-me, todavia, à manifestação da Suprema Corte, pois seria um preconceito aristocrático intolerável, próprio de acadêmicos que se consideram senhores da verdade absoluta, não acatar a jurisprudência pacífica da mais alta Corte do país que, por força do artigo 102 da Constituição Federal, é a guardiã da Constituição Federal.

Tal postura conformada pelo Pretório Excelso, a meu ver, entretanto, deveria afastar a possibilidade de entender-se que teria o Fisco o direito de quebrar o sigilo bancário sem autorização judicial. Lamentavelmente, não é este o entendimento firmado pela Suprema Corte:

> EMENTA: Ação direta de inconstitucionalidade. Julgamento conjunto das ADI nº 2.390, 2.386, 2.397 e 2.859. Normas federais relativas ao sigilo das operações de instituições financeiras. Decreto nº 4.545/2002. Exaurimento da eficácia. Perda parcial do objeto da ação direta nº 2.859. Expressão "do inquérito ou", constante no § 4º do art. 1º, da Lei Complementar nº 105/2001. Acesso ao sigilo bancário nos autos do inquérito policial. Possibilidade. Precedentes. Art. 5º e 6º da Lei Complementar nº 105/2001 e seus decretos regulamentadores. Ausência de quebra de sigilo e de ofensa a direito fundamental. Confluência entre os deveres do contribuinte (o dever fundamental de pagar tributos) e os deveres do Fisco (o dever de bem tributar e fiscalizar). Compromissos internacionais assumidos pelo Brasil em matéria de compartilhamento de informações bancárias. Art. 1º da Lei Complementar nº 104/2001. Ausência de quebra de sigilo. Art. 3º, § 3º, da LC 105/2001. Informações necessárias à defesa judicial da atuação do Fisco. Constitucionalidade dos preceitos impugnados. ADI nº 2.859. Ação que se conhece em parte e, na parte conhecida, é julgada improcedente. ADI nº 2.390, 2.386, 2.397. Ações conhecidas e julgadas improcedentes.
>
> 1. Julgamento conjunto das ADI nº 2.390, 2.386, 2.397 e 2.859, que têm como núcleo comum de impugnação normas relativas ao fornecimento, pelas instituições financeiras, de informações bancárias de contribuintes à administração tributária.
>
> 2.(...) 3. (...)
>
> **4. Os artigos 5º e 6º da Lei Complementar nº 105/2001 e seus decretos regulamentares (Decretos nº 3.724, de 10 de janeiro de 2001, e nº 4.489, de 28 de novembro de 2009) consagram, de modo expresso, a permanência do sigilo das informações bancárias obtidas com espeque em seus comandos, não havendo neles autorização para a exposição ou circulação daqueles dados. Trata-se de uma transferência de dados sigilosos de um determinado portador, que tem o dever de sigilo, para outro, que mantém a obrigação de sigilo, permanecendo resguardadas a intimidade e a vida privada do correntista, exatamente como determina o art. 145, § 1º, da Constituição Federal.**
>
> 5. A ordem constitucional instaurada em 1988 estabeleceu, dentre os objetivos da República Federativa do Brasil, a construção de uma sociedade livre,

justa e solidária, a erradicação da pobreza e a marginalização e a redução das desigualdades sociais e regionais. Para tanto, a Carta foi generosa na previsão de direitos individuais, sociais, econômicos e culturais para o cidadão. Ocorre que, correlatos a esses direitos, existem também deveres, cujo atendimento é, também, condição sine qua non para a realização do projeto de sociedade esculpido na Carta Federal. Dentre esses deveres, consta o dever fundamental de pagar tributos, visto que são eles que, majoritariamente, financiam as ações estatais voltadas à concretização dos direitos do cidadão. **Nesse quadro, é preciso que se adotem mecanismos efetivos de combate à sonegação fiscal, sendo o instrumento fiscalizatório instituído nos arts. 5º e 6º da Lei Complementar nº 105/ 2001 de extrema significância nessa tarefa.**

6. O Brasil se comprometeu, perante o G20 e o Fórum Global sobre Transparência e Intercâmbio de Informações para Fins Tributários (Global Forum on Transparency and Exchange of Information for Tax Purposes), a cumprir os padrões internacionais de transparência e de troca de informações bancárias, estabelecidos com o fito de evitar o descumprimento de normas tributárias, assim como combater práticas criminosas. Não deve o Estado brasileiro prescindir do acesso automático aos dados bancários dos contribuintes por sua administração tributária, sob pena de descumprimento de seus compromissos internacionais.

7. O art. 1º da Lei Complementar 104/2001, no ponto em que insere o § 1º, inciso II, e o § 2º ao art. 198 do CTN, não determina quebra de sigilo, mas transferência de informações sigilosas no âmbito da Administração Pública. Outrossim, a previsão vai ao encontro de outros comandos legais já amplamente consolidados em nosso ordenamento jurídico que permitem o acesso da Administração Pública à relação de bens, renda e patrimônio de determinados indivíduos.

8. À Procuradoria-Geral da Fazenda Nacional, órgão da Advocacia-Geral da União, caberá a defesa da atuação do Fisco em âmbito judicial, sendo, para tanto, necessário o conhecimento dos dados e informações embasadores do ato por ela defendido. Resulta, portanto, legítima a previsão constante do art. 3º, § 3º, da LC 105/2001.

9. Ação direta de inconstitucionalidade nº 2.859/DF conhecida parcialmente e, na parte conhecida, julgada improcedente. Ações diretas de inconstitucionalidade nº 2390, 2397, e 2386 conhecidas e julgadas improcedentes. Ressalva em relação aos Estados e Municípios, que somente poderão obter as informações de que trata o art. 6º da Lei Complementar nº 105/2001 quando a matéria estiver devidamente regulamentada, de maneira análoga ao Decreto federal nº 3.724/2001, de modo

a resguardar as garantias processuais do contribuinte, na forma preconizada pela Lei nº 9.784/99, e o sigilo dos seus dados bancários.

(ADI 2859, Relator(a): DIAS TOFFOLI, Tribunal Pleno, julgado em 24/02/2016, ACÓRDÃO ELETRÔNICO DJe-225 DIVULG 20-10-2016 PUBLIC 21-10-2016) (**Grifos meus**).

Em recente homenagem ao Ministro Celso de Mello, decano do Pretório Excelso, o caríssimo amigo e mestre Gilmar Mendes[9] resumiu essa decisão, da seguinte forma:

A proeminência do resguardo ao sigilo bancário no contexto da ordem constitucional de 1988 também foi destacada pelo eminente decano, em seu paradigmático voto, no julgamento da ADI 2.859/DF. Na oportunidade, o Ministro defendeu que o compartilhamento de dados obtidos pela Administração Tributária com entidades do sistema financeiro não poderia passar ao largo da reserva de jurisdição, uma vez que somente ao Poder Judiciário competiria arbitrar a situação de polaridade conflitante entre as prerrogativas institucionais do Estado e os direitos e as garantias básicas dos contribuintes. Na ocasião, ressaltou que "a circunstância de a administração estatal achar-se investida de poderes excepcionais que lhe permitem exercer a fiscalização em sede tributária não a exonera do dever de observar, para efeito do correto desempenho de tais prerrogativas, os limites impostos pela Constituição e pelas leis da República".

Pessoalmente, não obstante a transcrita decisão, entendo que os arts. 5 e 6 da Lei Complementar nº. 105/2001[10], são inconstitucionais, posto

---

[9] Disponível em: https://www.conjur.com.br/2019-ago-19/gilmar-mendes-legado-garantista-nao-nega-inovar#_ftn11.

[10] Dispõem nos seguintes termos:
"*Art. 5º O Poder Executivo disciplinará, inclusive quanto à periodicidade e aos limites de valor, os critérios segundo os quais as instituições financeiras informarão à administração tributária da União, as operações financeiras efetuadas pelos usuários de seus serviços (...)*".
Art. 6º As autoridades e os agentes fiscais tributários da União, dos Estados, do Distrito Federal e dos Municípios somente poderão examinar documentos, livros e registros de instituições financeiras, inclusive os referentes a contas de depósitos e aplicações financeiras, quando houver processo administrativo instaurado ou procedimento fiscal em curso e tais exames sejam considerados indispensáveis pela autoridade administrativa competente. (Regulamento)
Parágrafo único. O resultado dos exames, as informações e os documentos a que se refere este artigo serão conservados em sigilo, observada a legislação tributária.

que a inviolabilidade do sigilo está consagrada no mais relevante artigo da Constituição Federal, inteiramente dedicado aos direitos individuais e coletivos, que é o art. 5º. A doutrina costuma considerá-lo o "artigo da cidadania".

Parece-me, pois, que o direito do contribuinte de ter seu sigilo bancário preservado, não pode ser retirado – enquanto não houver uma ruptura institucional, o que ninguém deseja – podendo ser quebrado, apenas, por autorização judicial.

Por fim, não me parece razoável outorgar ao agente fiscal de rua o direito de fazê-lo. Nas três esferas de poder, em contato com as autoridades fazendárias (União, Estado de São Paulo e Município de São Paulo) tenho sempre encontrado agentes fiscais dedicados à elaboração de propostas para a edição de leis, de atos administrativos e de formulação de política tributária, além de ofertarem a exegese oficial dos textos da legislação, – pessoas de grande cultura e de reconhecida idoneidade –, não tendo jamais, em 62 anos de profissão, deparado com alguém menos íntegro.

Ocorre que, se estes servidores públicos têm indícios fortes de ilícitos tributários, podem obter a quebra mediante autorização judicial, e se não têm, não há porque permitir vasculhem a intimidade de pessoas, cuja privacidade é assegurada pela Constituição em verdadeiras "fishing explorations". Sobre ser inconstitucional qualquer medida desta natureza, não beneficia as justas relações entre fisco e contribuinte.

Ainda assim, uma vez mais, curvo-me à jurisprudência firmada pela Suprema Corte, desejando que um dia ela mude.

3. Impossibilidade de Norma Geral Antielisiva

Como última consideração examino a norma antielisão, destacando, desde logo, que o sistema tributário do país é norteado pelo princípio da estrita legalidade.

No artigo 5º, § 2º da CF/88 está o princípio da legalidade genérica, segundo o qual toda obrigação de fazer ou não fazer decorre de lei, e o art. 150, inciso I, hospeda o princípio da estrita legalidade para o direito tributário, ambos os dispositivos estando assim redigidos:

> *"Art. 5º – (...)*
>
> *§ 2º Os direitos e garantias expressos nesta Constituição não excluem outros decorrentes do regime e dos princípios por ela adotados, ou dos tratados internacionais em que a República Federativa do Brasil seja parte".*

"Art. 150 – (...)
I. exigir ou aumentar tributo sem lei que o estabeleça".

Sobre a matéria, há farta doutrina, a esmagadora maioria dos autores entendendo que os princípios da estrita legalidade, tipicidade fechada e reserva absoluta da lei formal não permitem interpretações extensivas contra o contribuinte ou mesmo a integração analógica para fim de exigir tributo[11].

O artigo 108 e seu § 1º do CTN mostra a clara opção exegética a favor do contribuinte, no caso de dúvidas hermenêuticas, e o artigo 112, da mesma forma, esclarece o princípio da tipicidade fechada e estrita legalidade do artigo 150, inciso I, da Constituição Federal, ambos com a seguinte dicção:

"Art. 108. Na ausência de disposição expressa, a autoridade competente para aplicar a legislação tributária utilizará sucessivamente, na ordem indicada:
a) a analogia;
b) os princípios gerais de direito tributário;
c) os princípios gerais de direito público;
d) a eqüidade.
§ 1º O emprego da analogia não poderá resultar na exigência de tributo não previsto em lei.
§ 2º O emprego da eqüidade não poderá resultar na dispensa do pagamento de tributo devido".
"Art. 112 A lei tributária que define infração, ou lhe comina penalidades, interpreta-se da maneira mais favorável ao acusado, em caso de dúvida quanto:
a) à capitulação legal do fato;

---

[11] *Yonne Dolácio ensina: "Na criação e alteração dos tributos, o Legislativo dos entes de governo, por força da norma constitucional que lhes outorga a competência impositiva (e que é norma de organização da atribuição de poderes), recebe o poder para traçar na lei de incidência, o fato-tipo legal, a que vai ligar, como conseqüência ou estatuição, o tributo. Tal atribuição assegura ao legislador ordinário, com exclusividade, a opção para a escolha dos fatos tributáveis, o poder de proceder à qualificação tipológica, isto é, a seleção de tais fatos de acordo com os fins por ele objetivados para defini-los na hipótese de incidência. Também, com exclusividade, toca-lhe o poder de determinar o "quantum" do tributo (base de cálculo e alíquota) e o sujeito passivo.*
Essa competência atribuída pela Constituição, por exigência desta, quando exercida deve observar a norma geral do art. 97 do C.T.N., isto é, o legislador ordinário deve proceder à definição exaustiva dos elementos do fato-tipo legal ou hipótese de incidência, do sujeito passivo, e dos elementos da quantificação do tributo – a base de cálculo e a alíquota" (Caderno de Pesquisas Tributárias nº 6, co-edição CEEU/ed. Resenha.. Tributária, 1991, p. 503/504).

b) à natureza ou às circunstâncias materiais do fato, ou à natureza ou extensão dos seus efeitos;

c) à autoria, imputabilidade, ou punibilidade;

d) à natureza da penalidade aplicável, ou à sua graduação"[12].

No direito brasileiro não há, pois, lugar para norma antielisão, como ocorre em outros países, de sistemas tributários mais confiáveis. Parece-me, pois, claramente inexistir espaço para uma norma anti-elisão à luz do direito pátrio, visto que as figuras desonerativas no direito tributário brasileiro já estão plasmadas em lei, como hipóteses fechadas, a exemplo da distribuição disfarçada de lucros.

Seguindo essa mesma lógica, parece-me, também, correta a jurisdização do princípio "pro contribuinte", plasmado na lei suprema.

Ora, a crise brasileira não é uma crise da sociedade, de empresários ou trabalhadores, de capacidade de produzir de nosso povo, mas, fundamentalmente, uma crise do Estado. As estruturas oficiais das 5.500 entidades federativas brasileiras estão esclerosadas, defasadas e são extremamente pesadas para a sociedade, sendo insuficiente a elevada carga fiscal paga pelos brasileiros para reduzir o "déficit" público de tais organismos sorvedores de recursos do povo e não prestadores de serviços públicos para a sociedade[13].

Neste quadro, há de se convir que o contribuinte merece uma garantia adicional contra a tendência pantagruélica da maior parte dos governos federativos de equacionar permanentemente seus crônicos "déficits", através da técnica fácil, corrosiva e deletéria para o desenvolvimento nacional, que é o aumento da tributação.

---

[12] *A.J. Franco Campos comenta o artigo: "Desde a tradição romana, o princípio de interpretação mais favorável, mais benigno, é em favor do sujeito passivo. Também a jurisprudência não desacolhe a aplicação de lei tributária que melhor favorece. O art. 112 situa-se no campo do ilícito tributário, pois trata de infrações e imposições de penalidades definidas pela lei tributária. A interpretação de "maneira mais favorável ao acusado" (contribuinte – sobre quem pesa uma imputação) somente é possível quando há dúvidas preestabelecidas nas quatro hipóteses enumeradas. Acreditamos não se tratar de especificações taxativas, mas exemplificativas. Desta forma, sempre que ocorrer dúvida, mesmo fora daqueles casos, poderá empregar-se a interpretação benévola, na esfera da ilicitude tributária: **benigna amplianda**. Admite-se que o art. 112 reflete o velho brocardo **in dúbio pro reo** ou **in dúbio contra fiscum**, inspirado em medida liberal" (Comentários ao Código Tributário Nacional, vol. 2, Ed. Saraiva, 1998, p. 134).*

[13] *Em livro editado pela Editora Siciliano intitulado "A era das contradições" realço os aspectos negativos do paquidérmico Estado brasileiro.*

Se o Brasil tivesse o mesmo nível de desenvolvimento, de respeito aos direitos do cidadão, de seriedade na gestão da coisa pública e de qualidade de serviços públicos que outros países possuem, parece-me que se poderia, em tese, admitir uma norma antielisão. Se não fosse cláusula pétrea, o princípio da estrita legalidade, a hipótese poderia ser apresentada, em tese. Como está, nem em tese pode ser admitida.

Portanto, as normas tributárias ou são legais ou ilegais. Se legais, todo o processo elisivo é também legal, mesmo com o exclusivo intuito de reduzir tributos. Se não, a ilegalidade decorre de desconformidade do comportamento do pagador de tributos em relação à lei, neste caso sendo tal conduta punível. Este é o perfil constitucional que não comporta normas ante elisivas no direito tributário.

Conclusões

Reafirmando minha tese de doutoramento de que a norma tributária é uma norma de rejeição social, sustentei caber ao Fisco o direito de tributar tudo aquilo que estivesse na lei e fosse permitido pela Constituição, sendo-lhe dada a "espada" da imposição, e, ao contribuinte, o direito de defender-se, permanentemente, com o "escudo" da lei. Ao Fisco tudo deve ser permitido dentro da lei; ao contribuinte nada deve ser exigido fora da lei.

É que, em todos os espaços geográficos e períodos históricos, o tributo serve, simultaneamente, tanto para atender os serviços públicos destinados à sociedade, como todas as benesses que se auto outorgam os detentores do poder. Como afirmou Montesquieu, ao formular a teoria de tripartição dos poderes, o poder deve controlar o poder, pois o homem não é confiável no poder.

Ora, uma Constituição que beneficiou e transformou em brasileiros de 1ª classe os enquistados no poder, fez dos demais, cidadãos de 2ª classe, servindo-se da sociedade, para instituir tratamentos tão diferenciados, que não encontram paralelo em países civilizados. Toda a luta contra os "déficits" é permanentemente voltada para a coluna de "aumento de receitas" e jamais para a de "redução de despesas". Não há, pois, a curto prazo, horizonte para um desenvolvimento sustentado, pois o peso do Estado inviabiliza o Brasil.

Neste quadro, há de se convir que, em um dos momentos em que o Constituinte demonstrou lucidez foi, como exemplificadamente demonstrado, no referente às garantias ofertadas ao contribuinte, pois outorgou-lhe reais mecanismos de defesa contra as permanentes investidas do Erário, que sempre resta ávido em gerar receitas, a qualquer custo, para atender os desmandos de todas as entidades federativas.

Sempre entendi que a limitação ao poder de tributar não deveria ficar em normas espalhadas pelo texto supremo, e sim constituir um corpo à parte e principal do sistema. Logo, a aceitação por parte dos constituintes do princípio da norma de rejeição social e a necessidade de colocar barreiras constitucionais mais específicas ao poder de tributar, tornando tais limitações (Seção II do Capítulo I do Título VI) uma das cinco partes do sistema constitucional, é, pois, uma vitória, a qual deveria ser seguida de explicitação por parte da legislação complementar e ordinária.

Reitero, ao final deste artigo, a grande admiração que tenho pelo jurista, magistrado e pensador brasileiro que é o Ministro Gilmar Mendes. As poucas divergências e as muitas convergências que tivemos durante a vida podem ser atribuídas, talvez, à clássica visão do direito de um advogado de 85 anos de idade, que ainda não aceitou a teoria consequencialista do direito, que alarga consideravelmente a atuação do Poder Judiciário.

É bem possível que a moderna visão que se tem de um poder judiciário interventivo seja o caminho do futuro e não a visão que tenho de uma rígida divisão dos Poderes harmônicos e independentes, algo que, em face da minha idade, não terei como saber.

3. Os Direitos dos Contribuintes e os Princípios Constitucionais em Matéria Tributária

SACHA CALMON NAVARRO COÊLHO

Princípios Expressos e Conexos

São princípios expressos na Constituição da República, em matéria tributária, conexos aos direitos fundamentais, os seguintes:

A) legalidade formal e material da tributação (arts. 5º, II, e 150, I);

B) irretroatividade da lei tributária e dos critérios ligados à sua aplicação administrativa e judicial (arts. 5º, XXXVI, e 150, III, "a");

C) anterioridade da lei tributária em relação ao fato jurígeno tributário, seja a anual, seja a nonagesimal (arts. 150, III, "b" e "c", e 195, § 6º), também chamado de princípio da não surpresa;

D) princípio do livre trânsito de pessoas e bens em território nacional, vedada a criação de barreiras estaduais ou municipais (art. 150, V);

E) princípio da isonomia tributária (arts. 5º, I, e 150, II);

F) princípios da capacidade econômica e da pessoalidade dos impostos (art. 145, § 1º);

G) princípio do não confisco (negativa de tributo com efeito confiscatório), a teor dos artigos 5º e 150, IV;

H) princípios da generalidade, universalidade e progressividade do Imposto de Renda (art. 153, § 2º);

I) princípio da progressividade dos impostos sobre a propriedade urbana e rural (arts. 153, § 4º, I, e 156, § 1º);

J) princípio da não cumulatividade do ICMS e do IPI (arts. 153, § 3º, II, e 155, II).

São princípios, entre outros, derivados do *sistema jurídico da Constituição*:

A) o princípio federativo da uniformidade da tributação federal;
B) o princípio do tratamento fiscal privilegiado para as regiões economicamente subdesenvolvidas e para as microempresas;
C) o princípio da unidade nacional e do mercado comum nacional;
D) o princípio da isonomia entre as pessoas políticas;
E) o princípio da anualidade orçamentária, influindo nos impostos periódicos;
F) o princípio do devido processo legal nas esferas administrativa e judicial, em matéria fiscal;
G) o princípio da inafastabilidade do controle jurisdicional da lei e do ato administrativo normativo de caráter fiscal;
H) o princípio do sigilo fiscal, bancário e profissional.

Doravante nos ateremos ao estudo dos referidos princípios. Os que forem genéricos, daqui a pouco. Os que forem específicos, ao tratarmos dos impostos federais, estaduais e municipais. Depois dos princípios veremos as imunidades, genéricas e específicas, com a mesma metodologia.

Contudo, antes de estudar princípio por princípio, cabe dizer algumas coisas sobre os *princípios constitucionais tributários*. Ao ponto, portanto.

As Funções dos Princípios Constitucionais

Para começar, ditos princípios traduzem no imo e em suas expansões projeções de *direitos fundamentais*, ou melhor, no miolo, são garantias de direitos fundamentais, notadamente *capacidade, liberdade, dignidade humana, propriedade e igualdade*, além de valores *republicanos, federalistas e solidaristas*.

As modernas Cartas Constitucionais expressam que os direitos fundamentais são autoaplicáveis (Alemanha, Itália, Portugal, Espanha).

A nossa Constituição, no art. 5º, § 1º, prescreve tarjante que "as normas definidoras dos direitos e garantias individuais têm aplicação imediata. " O § 2º arremata: "Os direitos e garantias expressos nesta Constituição não excluem outros *decorrentes do regime e dos princípios por ela adotados, ou dos tratados internacionais em que a República Federativa do Brasil seja parte*" (grifamos).

Os princípios constitucionais tributários e as imunidades (vedações ao poder de tributar) traduzem reafirmações, expansões e garantias dos direitos fundamentais e do regime federal. São, portanto, cláusulas constitucionais perenes, pétreas, insuprimíveis (art. 60, § 4º, da CF).[1]

Os juízes, os tribunais, a Corte Suprema e a doutrina no Brasil não são insensíveis à valoração dos princípios. Pelo contrário. A aplicação dessa espécie normativa tem ocorrido com tanta frequência e de tal modo que muitos casos postos sob a análise do Poder Judiciário são resolvidos exclusivamente com base em princípios. Em alguns casos, foram corretamente compreendidos e aplicados. Noutros, são perceptíveis titubeios, vacilações, incompreensões. É natural que assim seja. De qualquer maneira, alguns juristas já apontam estar ocorrendo, em verdade, uma aplicação exacerbada dos princípios, que ensejariam um ativismo judicial desmedido e muitas vezes pernicioso.

O Controle de Constitucionalidade das Leis a Partir da Zeladoria dos Princípios Constitucionais

Vale dizer que todo o Direito Tributário brasileiro é controlável pelo Supremo Tribunal Federal a partir dos princípios constitucionais tributários. Nenhuma corte constitucional tem, em todo o orbe, tamanho rol de princípios para moldar o poder de tributar e proteger os direitos e garantias do contribuinte.

Dispõe o art. 150 da CF/88 que os princípios explícitos devem ser observados "sem prejuízo de outras garantias asseguradas ao contribuinte". Com isso dispõe que as garantias do contribuinte estão entre os direitos e garantias fundamentais. Estes, a seu turno, repercutem no capítulo tributário

---

[1] A Constituição portuguesa de 1977 inspirou em muitos pontos a Constituição brasileira de 1988, notadamente no respeitante aos *direitos fundamentais*. Vem a calhar, portanto, mediante lição preciosa da Profª Misabel Derzi, trazer à colação extensa cita de Gomes Canotilho, Professor Doutor de Coimbra e, sem dúvida, um dos maiores publicistas da atualidade. Vejamos o texto: "Existem, é certo, normas-fim, normas-tarefa, normas-programa que 'impõem uma atividade' e dirigem materialmente a concretização constitucional. O sentido destas normas não é, porém, o que lhes assinalava tradicionalmente a doutrina: 'simples programas', 'exortações morais', 'declarações', 'sentenças políticas', 'aforismos políticos', 'promessas', 'apelos ao legislador', 'programas futuros', juridicamente desprovidos de qualquer vinculatividade. Às 'normas programáticas' é reconhecido hoje um valor jurídico constitucionalmente idêntico ao dos restantes preceitos da Constituição. Não pode, pois, falar-se de eficácia programática (ou diretiva), porque qualquer norma constitucional deve considerar-se obrigatória em confronto com qualquer poder estatal discricionário (Crisafulli). Mais do que isso: a eventual mediação, pela instância legiferante, da concretização das normas programáticas, não significa a dependência desse tipo de normas da *interpositio* do legislador; é a positividade das normas-fim e normas-tarefa (normas programáticas) que justifica a necessidade da intervenção dos órgãos legiferantes." (CANOTILHO, J. J. Gomes [José Joaquim Gomes] *apud* DERZI, Misabel Abreu Machado. Notas de atualização. *In*: BALEEIRO, Aliomar. **Limitações constitucionais ao poder de tributar**. 8. ed. Rio de Janeiro: Forense, 2010, p. 66).

da Constituição, assegurando ao contribuinte, por exemplo, a inafastabilidade do controle jurisdicional, o direito adquirido, o ato jurídico perfeito, a coisa julgada e remédios como o mandado de segurança e o mandado de injunção.

O Estatuto do Contribuinte é o outro nome da cidadania.

Finalmente, o Brasil possui – e, quiçá, é o único país do mundo – duas metodologias de acesso ao Poder Judiciário para o controle de constitucionalidade das leis e atos normativos: o controle difuso com efeitos *inter partes* (mas que podem ser estendidos nos casos declarados de repercussão geral) e o controle concentrado com efeitos *erga omnes*. A sindicância da constitucionalidade do Direito legislado e dos atos administrativos é, portanto, escancarada. No campo procedimental multiplicam-se os instrumentos: ações diretas de inconstitucionalidade por ação ou omissão, com ampla legitimação de sujeitos, recursos extraordinários e ordinários, reclamação constitucional, mandados de segurança e de injunção, sem falar no Ministério Público como órgão de vigilância das leis em face da Constituição, com poderes extraordinários de provocação perante a Corte Suprema.

O Supremo Tribunal do Brasil é órgão todo-poderoso. Dispõe o art. 102 da Constituição Federal de 1988 sobre sua competência.

Por outro lado, o art. 103, com a nova roupagem que lhe deu a Emenda Constitucional nº 45, de 2004, reportando-se ao art. 102, I, "a", em que estão previstas a ação direta de inconstitucionalidade da lei em tese ou de ato normativo federal ou estadual e a ação direta de constitucionalidade também de lei em tese e de ato normativo federal, declina as pessoas legitimadas à propositura de tais ações.

Relevante, ainda, lembrar que a Emenda Constitucional nº 45/2004 introduziu os arts. 103-A e 103-B no Texto Constitucional. O primeiro trouxe ao nosso ordenamento jurídico a Súmula Vinculante, instrumento que pode servir na maior efetividade do Direito e reduzir o grau de insegurança jurídica a que estamos expostos. O art. 103-B, por sua vez, criou o Conselho Nacional de Justiça, cuja composição ficou a cargo da Magistratura, do Ministério Público, da OAB e, ainda, dois cargos por indicação do Congresso Nacional.

Por oportuno, o Procurador-Geral da República é o chefe do Ministério Público da União, órgão autônomo e regido pelos princípios da unidade, indivisibilidade e independência funcional (art. 127, § 1º). É indemissível pelo Presidente da República, a não ser que o Senado consinta. Ficou corrigido o defeito das Constituições anteriores, porquanto o Procurador-Geral pode voltar-se contra os atos normativos do Presidente, notadamente medidas provisórias, e opinar independentemente como *custos legis* em defesa da ordem jurídica. Ademais, é escolhido entre os membros de carreira do órgão. Possui legitimação para ações em defesa de interesses difusos e coletivos, contra as pessoas políticas.

O Princípio da Legalidade Formal e sua Evolução em Portugal e no Brasil

No Direito português,[2] avoengo do nosso, a primeira manifestação do princípio da legalidade dá-se com as Cortes de Coimbra de 1261, que firmaram a regra da criação dos impostos somente com o consentimento das mesmas.[3] Em 1372, as Cortes de Leiria negaram à D. Fernando a generalização das sisas, condicionando a permissão à correção de abusos havidos recentemente. O fato de Portugal não ter passado verdadeiramente pelo regime feudal permitiu aos burgos e vilas uma iniciação ao consentimento orçamentário.[4] Domingos Pereira de Sousa realça que D. João I convocara já as Cortes por vinte vezes, mas, para obter consentimento a um imposto destinado ao custeio da conquista de Ceuta, absteve-se de convocá-las para não tornar pública a empreitada. Ao tempo de D. Afonso V, este menor, as Cortes de Torres Novas, em 1438, estabeleceram que o lançamento de tributos era atribuição privativa das Cortes e não dos reis, o que não impediu,[5] nas Ordenações Afonsinas, o ditado de que tal atribuição consistia em prerrogativa real, dependente, no entanto, da acordância do Conselho Real.

Nas Cortes de 1641, são votados novos impostos, entre os quais a Décima Militar. Alvará de 09 de maio de 1654 reafirmava que à Assembleia dos Representantes da Nação caberia a distribuição dessa contribuição direta.

---

[2] A *Magna Charta* não estabeleceu o princípio da legalidade na Inglaterra. Nos quinhentos anos que se lhe seguiram, reis, juízes e parlamentos continuaram em sangrentas disputas para fazer prevalecer a vontade do mais forte. Isto se comprova pelos documentos surgidos depois, a saber: o *"Act of Apropriation"* de 1626, a *"Petition of Rights"* de 1628 e o *"Bill of Rights"* de 1968. Na França, os "Estados Gerais", em 1735, reclamaram o poder de criar os impostos, que a Declaração de Direitos de 1789 consagrou.

[3] *Cf.* MONTEIRO, Armindo. **Introdução ao estudo do direito fiscal**. Lisboa: FDL, 1951, p. 231; MONTEIRO, Armindo. **Do orçamento português**, Lisboa: [s. n.], 1921, p. 208; e MERÊA, Paulo. **O poder real e as cortes**. Coimbra: Coimbra Editora, 1923, p. 36-37.

[4] MARTINEZ, Pedro Soares. **Introdução ao estudo das finanças**. Lisboa: Centro de Estudos Fiscais da Direcção-Geral das Contribuições e Impostos, 1967, *passim*.

[5] SOUSA, Domingos Pereira de. **As garantias dos contribuintes**. Lisboa: Editora Universidade Lusíada, 1991, p. 44.

Soares Martinez[6] situa em 1698 a última votação de tributos em Portugal antes do constitucionalismo.

Quanto à evolução do princípio da legalidade como consentimento legislativo em terras lusitanas, dá-nos uma boa resenha Domingos Pereira de Sousa.[7]

Em 1822 foi promulgada a primeira Constituição portuguesa, porém ainda monarquista. Retirou do Rei o poder de "impor tributos, contribuições ou fintas", atribuindo às Cortes, independentemente de sanção real, a função de "fixar anualmente os impostos, e as despesas públicas".

O preceito foi inserido de maneira semelhante nas Cartas de 1826 e 1838. Já a Constituição de 1911, primeira republicana, trouxe uma grande inovação, consagrando expressamente o princípio da legalidade entre as garantias dos cidadãos portugueses e dos estrangeiros residentes no país.

A Constituição de 1933, salazarista, assegurava como direito dos nacionais não pagar impostos que não tivessem sido estabelecidos em harmonia com a Carta. Mas, curiosamente, o diploma também dispunha caber à lei a fixação dos princípios gerais relativos aos tributos.

Enfim, a atual Constituição Portuguesa, que data de 1976. Em seu art. 103, estabelece o princípio da legalidade nos seguintes termos: "2. Os impostos são criados por lei, que determina a incidência, a taxa, os benefícios fiscais e as garantias dos contribuintes".

Como se pode verificar, também entre os portugueses a luta entre a Coroa e os parlamentos recheia a história do princípio da legalidade.

Distinga-se, portanto, as épicas lutas em todos os quadrantes pelo princípio da legalidade e a sua instauração efetiva, obra do constitucionalismo. O que se passou em Portugal reflete o que ocorreu na França, na Inglaterra e alhures.

Observemos, doravante, a evolução entre nós do princípio da legalidade em sentido formal, como relatado por Aliomar Baleeiro[8] até a Constituição de 1967, emendada em 1969 e que vigorou até 1988. Registra o professor que, "no período colonial, as tributações geralmente eram aprovadas, por períodos definidos, pelos Senados das Câmaras, isto é, pelos representantes dos contribuintes eleitos para a vereança municipal".

---

[6] MARTINEZ, Pedro Soares. **Manual de economia política**. 2. ed. Lisboa: Faculdade de Direito de Lisboa, 1973, p. 87.

[7] SOUSA, Domingos Pereira de. **As garantias dos contribuintes**. Lisboa: Editora Universidade Lusíada, 1991, p. 46 *et seq.*

[8] BALEEIRO, Aliomar. **Limitações constitucionais ao poder de tributar**. 8. ed. Rio de Janeiro: Forense, 2010, p. 81.

Pouco tempo após a independência do Brasil, sobreveio a Constituição Imperial de 1824, cujo art. 171 estipulava que todas as contribuições diretas, salvo aquelas previstas no próprio texto constitucional, seriam anualmente estabelecidas pela Assembleia Geral, embora continuassem em vigor até que fosse publicada a sua derrogação ou substituição. O diploma não se referia à lei, ao menos não de maneira expressa.

Em 1889 findou-se a monarquia pela espada do Marechal Deodoro da Fonseca. Um biênio mais tarde, foi elaborada a primeira Carta republicana brasileira, que firmou em seu art. 70, § 30º: "nenhum imposto de qualquer natureza poderá ser cobrado senão em virtude de uma lei que o autorize". Informa-nos Baleeiro que, não obstante o texto se referisse a apenas uma das espécies tributárias, parcela da doutrina, com espeque no constitucionalismo norte-americano, aplicava a regra às outras exações, como a taxa.

Com a Revolução de 1930 e sob o influxo da Guerra Paulista ocorrida em seguida, uma nova Constituição foi promulgada em 1934. Tratando do princípio da legalidade, dispunha seu art. 17, VII, ser vedado à União, aos Estados, ao Distrito Federal e aos Municípios "cobrar quaisquer tributos sem lei especial que os autorize, ou fazê-lo incidir sobre efeitos já produzidos por atos jurídicos perfeitos". Vale o destaque de que tal dispositivo se encontrava no Título I da Lei Maior, destinado à organização federal, e não no Título III, concernente aos direitos dos indivíduos.

Pouco tempo durou essa Constituição, porquanto, em 1937, Getúlio Vargas perpetrou o Golpe do Estado Novo e a substituiu por outra, outorgada. E, enquanto durou a ditadura varguista, "a matéria fiscal permaneceu sob o regime de uma disposição transitória [da Carta] – o art. 180, que autorizava o Presidente da República a expedir decretos-lei enquanto não se reunisse o Parlamento".

Pressionado, Getúlio Vargas renunciou em 1945, elegendo-se no mesmo ano uma Assembleia Constituinte. Dos seus trabalhos resultou a Constituição de 1946, que deslocou novamente o princípio da legalidade para o título que versava sobre os direitos dos cidadãos brasileiros e dos estrangeiros aqui residentes. Nesse sentido, dispunha o art. 141, § 34º, da Lei Maior: "nenhum tributo será exigido ou aumentado sem que a lei o estabeleça [...]."

Diante da suposta ameaça comunista, mais um golpe foi perpetrado, dessa vez pelos militares, em março de 1964. Pois bem. No ocaso do governo do Marechal Castelo Branco, outorgou-se a Constituição de 1967, cujo art. 150 reproduziu, praticamente na integralidade, a redação original do art. 141, § 34º, da Carta de 1946. Nada obstante, com as alterações promovidas pela

Emenda Constitucional nº 1, de 1969, o princípio da legalidade passou a ser previsto no art. 19 noutros termos, ressalvando a possibilidade de os entes federados instituírem ou aumentarem tributos sem lei nos casos previstos pela própria Lei Fundamental.

Enfim, com a redemocratização definitiva de nosso país, necessário se fez repelir o diploma de 1967. Destarte, no ano de 1988, foi promulgada a Carta atualmente em vigor, apelidada por alguns de "Constituição Cidadã", eis que consagradora de diversos direitos e garantias fundamentais. Uma delas é, a rigor, o princípio da legalidade na esfera tributária, que passou a constar do art. 150, I, com a seguinte redação: "Art. 150. Sem prejuízo de outras garantias asseguradas ao contribuinte, é vedado à União, aos Estados, ao Distrito Federal e aos Municípios: I – exigir ou aumentar tributo sem lei que o estabeleça. " Não há aqui, perceba-se, qualquer exceção.

Legalidade, Lei Delegada e Medida Provisória

A legalidade formal, vimos de ver, depõe nos parlamentos, ou seja, no Poder Legislativo, a competência para instituir os tributos.

Até o presente vimos o princípio, quer quanto aos motivos como quanto às circunstâncias e as matérias, em que pese o desconfortável fenômeno da *omissão legislativa*, muitas vezes apontada como responsável pela distribuição ao Executivo de poderes legiferantes.

Presentemente, entre nós, dois instrumentos permitem ao Executivo legislar: a lei delegada e a medida provisória.

É tese nossa, de longa data, vencida, mas sem que nos convençamos de nossa desrazão, que, em *matéria penal e tributária*, descabe lei delegada ou medida provisória, como veremos mais à frente. Para logo advertimos que a Suprema Corte brasileira admite medida provisória em matéria fiscal. Admite, pois, exceção ao princípio da legalidade formal.

Os Princípios da Legalidade, Anualidade, Tipicidade, Irretroatividade e Anterioridade, Todos Juntos

Tanto quanto o Direito Penal, o Direito Tributário registra, ao longo de sua evolução histórica, a luta indormida dos povos para submeter o poder dos governantes ao primado da legalidade. O *jus puniendi* e o *jus tributandi* foram, antanho, absolutos. Hoje, todavia, repete-se por toda parte: *nullum tributum, nulla poena sine lege*. Assim o quer a consciência jurídica hodierna. Estado de Direito e legalidade na tributação são termos equivalentes. Onde houver Estado de Direito haverá respeito ao princípio da reserva de lei em matéria tributária. Onde prevalecer o arbítrio tributário certamente inexistirá Estado de Direito. E, pois, liberdade e segurança tampouco existirão.

É preciso, como nunca, fixar o real alcance dos princípios basilares que respaldam o exercício do poder de tributar e garantem os direitos dos contribuintes:

a) o princípio da legalidade;
b) o princípio da anterioridade da lei em relação ao exercício de sua aplicação;
c) o princípio da irretroatividade da lei tributária, a não ser para beneficiar.

Os princípios jurídicos da legalidade, seja formal, seja material (tipicidade), anterioridade e irretroatividade da lei tributária encontram justificação singela e promanam diretamente da experiência dos povos:

a) o princípio da legalidade significa que a tributação deve ser decidida não pelo chefe do governo, mas pelos representantes do povo, livremente eleitos para fazer leis claras;
b) o princípio da anterioridade expressa a ideia de que a lei tributária seja conhecida com antecedência, de modo que os contribuintes, pessoas naturais ou jurídicas, saibam com certeza e segurança a que tipo de gravame estarão sujeitos no futuro imediato, podendo, dessa forma, organizar e planejar seus negócios e atividades;
c) o princípio da irretroatividade da lei tributária deflui da necessidade de se assegurar às pessoas segurança e certeza quanto a seus atos pretéritos em face da lei.

Indiretamente, a existência desses princípios obriga os governantes a planejarem com um mínimo de seriedade e antecedência a política tributária.

Sabedor o Executivo de que a sua política tributária para o próximo ano será necessariamente discutida nos parlamentos, certamente procurará fundamentar sua proposta sopesando os reflexos econômicos, sociais e políticos que hão de resultar para a comunidade. Cessa a improvisação, a irresponsabilidade e o imediatismo com que muitas vezes os governos autoritários praticam a tributação, ao arrepio dos mais comezinhos princípios jurídicos, desorganizando a economia e desorientando a comunidade. O respeito aos princípios jurídicos, acima delineados, por parte dos governantes, em contrapartida, acarreta três efeitos de suma importância:

a) assegura aos governados tranquilidade, confiança e certeza quanto à tributação;
b) assegura ao governo o respeito dos governados;
c) compartilha o governo com o parlamento a responsabilidade pelos rumos da política tributária, como sói acontecer nas verdadeiras democracias.

Ficam, assim, assentadas, desde o preâmbulo, as implicações políticas que tais princípios jurídico-constitucionais trazem no seu bojo, assim como a amplitude dos seus desdobramentos sobre os interesses das comunidades organizadas em nação. Advirta-se, ademais, que os referidos princípios são conexos e entrecruzados. O princípio da legalidade exige lei para a regulação dos tributos, enquanto o da anualidade se reporta à eficácia ânua que a lei tributária obtém da sua inserção no orçamento. O princípio da anterioridade se fixa na necessidade da existência prévia da lei em relação ao exercício da cobrança ou exigência do tributo.

Noutro giro, pode-se afirmar que o princípio da legalidade tem supedâneo na requisição do *nullum tributum sine lege*, enquanto os demais trabalham a ideia da *lege proevia* (prévia lei). O que os diferencia é exatamente a lei a que se referem conectada com tempo do contribuinte. No caso do princípio da anualidade, é a lei material inserida no "tempo" do orçamento.

Nos casos da irretroatividade e da anterioridade, é a lei material em relação ao futuro e ao passado. Quanto ao fato passado, não pode a lei retroagir para dizê-lo jurígeno, gerador de obrigação. Quanto ao fato futuro, deverá a lei, previamente, defini-lo como demiúrgico (criador de dever jurídico--tributário). Não se discute a importância dos princípios da legalidade, anterioridade, irretroatividade e anualidade. Por irrecusável, veja-se a conexão com as necessidades cada vez mais presentes do princípio da segurança jurídica.

Entre os publicistas da vanguarda, a *essentialia* do conceito de segurança jurídica residiria na possibilidade de previsão objetiva, por parte dos particulares, de suas situações jurídicas. A meta da segurança jurídica seria, então, assegurar aos cidadãos uma expectativa precisa de seus direitos e deveres em face da lei.

Tal como posta, a segurança jurídica abomina a casuística dos regulamentos e a incerteza proteiforme das portarias e demais atos da Administração. Dado que ninguém está obrigado a fazer ou deixar de fazer alguma coisa a não ser em virtude de lei, a segurança jurídica a que faz jus o contribuinte entronca diretamente com a tese ou princípio da proteção da confiança.

Relata Alberto Pinheiro Xavier,[9] na sua preciosa monografia sobre os princípios da legalidade e da tipicidade, que na Alemanha o Tribunal Constitucional proclamou ser imperativo de qualquer Estado de Direito a defesa do princípio da confiança na lei fiscal, segundo o qual as leis tributárias devem ser elaboradas de tal modo que garantam ao cidadão a confiança no quadro jurídico delas decorrentes (quadro este onde estaria escrita a relação completa dos deveres e encargos tributários do contribuinte).

E arremata o grande tributarista luso-brasileiro,[10] realçando o lado material do princípio: "como bem observa Bachmayr, o princípio da confiança na lei fiscal, como imposição do princípio constitucional da segurança jurídica, traduz-se praticamente na possibilidade dada ao contribuinte de conhecer e computar os seus encargos tributários com base exclusivamente na lei."

A cita vem a calhar porque exprime a razão pela qual o princípio da legalidade em matéria tributária requer, definitivamente, como pressuposto normativo, a reserva absoluta de lei formal. As novas e sempre crescentes atribuições do Estado intervencionista têm distorcido a visão de certos princípios jurídicos, cuja pureza é dever do jurista distinguir e defender. As concepções do Estado-Providência ou do Estado de Direito Social procuram privilegiar a atuação estatal, visualizada mais como realização de fins do que como execução *ex officio* do Direito. Com isto, procura-se esmaecer a força do princípio da legalidade para que possa a Administração interferir no *munus* da tributação. Esta é uma orientação cuja perversidade cumpre combater.

Admite-se, até, que ao juiz se conceda algum poder decisório, decorrente da interpretação que, indiscutivelmente, é obrigado a proceder para aplicar a lei contenciosamente. Muitas vezes, sua função resulta até mesmo em defesa dos direitos do cidadãocontribuinte, esmagado pela aplicação *ex officio* da

---

[9] XAVIER, Alberto [Pinheiro]. **Os princípios da legalidade e da tipicidade da tributação.** São Paulo: Editora Revista dos Tribunais, 1978, p. 45.
[10] XAVIER, Alberto [Pinheiro]. **Os princípios da legalidade e da tipicidade da tributação.** São Paulo: Editora Revista dos Tribunais, 1978, p. 46.

lei tributária com abuso de poder pela Administração. A esta é que se não concede nenhum poder na feitura da lei, devendo aplicá-la tal qual é (ou deve ser). Daí o princípio da reserva absoluta de lei formal. Protege-se a pessoa humana dos abusos e inconstâncias da Administração, garantindo-lhe um "estatuto" onde emerge sobranceira a segurança jurídica, o outro lado do princípio da confiança na lei fiscal, a que alude a doutrina tedesca.

O Princípio da Legalidade como Princípio Fundante dos Demais – o Princípio da Tipicidade ou da Legalidade Material

Ao iniciar o estudo dos grandes princípios reitores da tributação, anunciamos que eles eram conexos e entrecruzados. O asserto, posto que verdadeiro, não encerra toda a verdade. É que *anterioridade,* ou *anualidade,* ou lapso temporal (princípio da não surpresa do contribuinte), tipicidade (especificação do conteúdo da lei tributária) e *irretroatividade* (negativa de efeito retro-operante à lei) são subprincípios que florescem do tronco robusto do princípio da legalidade ao longo da história.

A seguir mostraremos a evolução do princípio da legalidade e como dele surgiram os outros que lhe são conexos.

O princípio da legalidade, aspiração genérica dos povos, no campo específico da tributação, despontou em vários lugares como já vimos. Convencionou-se, porém, tomar como marco histórico a *Magna Charta* imposta a João Sem Terra pelos barões normandos, consignando numa de suas prescrições a frase *no taxation without representation.* Ao lume dessa insurgência contra o poder unipessoal de tributar, o princípio incorporou a conotação de autotributação, por isso que a ideia da imposição passou a depender da audiência de um conselho indicado pelos governados. É claro que os barões daquele tempo não foram eleitos pelo povo, nem a representação por eles pleiteada aparentava o feitio dos atuais parlamentos. Não obstante, desde então, ao poder de tributar associou-se o ideal da representação popular, ainda que o consentimento pudesse ser dado diretamente ao príncipe, por conselhos nem sempre representativos.

Antes de 1215, feros conquistadores normandos oriundos do continente franconio haviam dominado os gentios da ilha inglesa. Os seus descendentes tornaram-se senhores de terras e de servos. Os novos cavaleiros andantes saíram dos seus castelos, sobre a Inglaterra dominada, para impor ao Rei do mesmo sangue e de igual estirpe o contrapeso dos seus poderes feudais. Como já observado por Celso de Albuquerque Mello no ensaio "Direito do Homem na América Latina", encartado na obra coletiva *Crítica do Direito e do Estado,*[11] a *Magna Charta* não passou de um pacto de elites entre os barões normandos e o Rei João Sem Terra. Averba textualmente:

> "Se no futuro ela veio a ser um dos documentos invocados pelo liberalismo, na sua origem nada mais era do que instrumento a beneficiar ínfima parcela da população e o seu texto ficou em latim por mais de duzentos anos, a fim de que o grosso da população não pudesse invocá-la em sua defesa. "

Inobjetável. Os ingleses, na época, eram analfabetos, e os barões não escreviam em latim. Mandaram, por isso mesmo, que os bispos a redigissem na língua culta. Pérfida Albion.

A preeminência de um Poder sobre o outro nas configurações concretas da tripartição varia entre as nações do Ocidente em razão de suas respectivas experiências históricas.

Na Inglaterra, marcada pela multissecular luta entre a opressão da Coroa e o Parlamento, o prestígio é deste último. Para ele convergem as aspirações da Nação. É o estuário das liberdades e o guardião dos grandes documentos históricos institucionais. Após o sufrágio universal, no Parlamento concentram-se *poder e vontade*. Lá o Legislativo *tudo pode*, embora pouco ouse e muito conserve.

Nas colônias da América do Norte, marcadas pela perseguição da casa de Westminster, que fazia leis de intromissão, embaraçando a vida dos colonos, emigrados da Inglaterra em busca da paz, segurança e prosperidade no novo mundo, a desconfiança era justamente ante o Poder Legislativo, gestor da agressão. Os pais da pátria, por isso, logo cuidaram de coibir o Legislativo da nascente federação. Inventaram o veto presidencial e permitiram o controle jurisdicional das leis e dos atos administrativos através da expansão do avelhantado instrumento do *due process of law*, espécie de salvo-conduto para a construção pretoriana, em nome do princípio da *razoabilidade*. Na América impera o *judicial review*, privilegiando o Judiciário.

Na França o rei era tudo (*L'État c'est moi*). O rei fazia a lei e seus prepostos a aplicavam e, segundo seus desígnios pessoais, julgavam as demandas do povo. A revolução aboliu o *ancien régime*, o rei, a Monarquia, o Estado e tudo o mais. A república burguesa reinventou o Estado e suas funções, pondo a

---

[11] MELLO, Celso D. de Albuquerque [Celso Duvivier de Albuquerque]. Direito do Homem na América Latina. *In:* PLASTINO, Carlos Alberto (org.). **Crítica do Direito e do Estado**. Rio de Janeiro: Graal, 1984, p. 154.

lei, expressão de uma abstrata e soberana vontade geral, em lugar da vontade unipessoal do rei. Enquanto na Inglaterra confiou-se no Parlamento, na França passou-se a idolatrar a lei, a ponto de o Judiciário tornar-se um departamento do Executivo, este, servo da Convenção Nacional. Bastou isso e mais a crença na racionalidade da lei para que se chegasse à equivocada visão do juiz como um mero autômato aplicador de normas prontas e acabadas.

No plano histórico, a Alemanha e a Itália com suas cidades-estado não contribuíram com experiências marcantes para o tesouro jurídico da tripartição dos Poderes, tampouco a Rússia com os seus czares e o Japão sob o xogunato. Maquiavel não passou de um áulico conselheiro de tiranos, e a Alemanha só conheceu verdadeiramente a democracia, tirante o suspiro romântico de Weimar, após a Segunda Guerra Mundial, sob o tacão de seus vencedores, que a impuseram.[12]

Nós, os brasileiros, somos herdeiros culturais, no plano jurídico, das influências francesas e norte-americanas. Talvez por isso estejamos a meio-termo entre o *judicial control* dos americanos e o dogma da *légalité* provindo de França. Além disso, o nosso juiz, enquanto instituição, é um pouco o funcionário submisso do poder real português, de cujo aparato descendemos. É chegada a hora de fortificar o Poder Judiciário no Brasil, até porque a Constituição de 1988 consagra profusamente a supremacia do Judiciário em prol da cidadania. Que avultem os princípios, sob a guarda dos juízes, a orientar a aplicação das leis aos casos concretos.

Com o evolver dos séculos, o princípio da legalidade da tributação vai incorporar outra conotação. Isto ocorre precisamente com o surgimento da teoria e da prática da tripartição de Poderes, na esteira de uma concepção na qual o Estado, antes, uno, aparece, necessariamente, dividido, com três Poderes, exercentes de três funções: a de criar a lei, deferida ao Legislativo, a de aplicar a lei de ofício, entregue ao Executivo, e a de dirimir os conflitos em razão da aplicação da lei, cometida ao Judiciário.

---

[12] Não é de estranhar tenha surgido precisamente em terras germânicas a teoria da interpretação econômica da lei fiscal, terras do autoritarismo e de seus contrapontos, a disciplina e a submissão. Difícil imaginar, em pleno século XX, um Hitler na Inglaterra ou nos EUA. Fácil compreendê-lo na Alemanha. Esteve na ponta de um *continuum* sociocultural que teve em Hegel a sua culminância mais fantástica e obscura. O hegelianismo é a ideologia da submissão do indivíduo ao Estado. Um só povo, um só chefe, um só império: Volk, Führer, Reich. Em verdade, depois da unificação dos teutões, operada prussianamente por Bismarck, a grande engenharia política dos alemães foi o nacional-socialismo de Hitler (regresso ético e político à barbárie germânica com incrível poderio técnico).

Nesse contexto, o princípio da legalidade da tributação assume a conotação de norma feita pelo Poder Legislativo (forma) com o caráter de prescrição impessoal, abstrata e obrigatória. Noutras palavras, a tributação passa a exigir lei escrita (*lex escripta*) em sentido formal (ato do Congresso) e material (norma impessoal, abstrata e obrigatória). A fascinação exercida pela tripartição dos Poderes em tema de tributação foi tamanha que, mesmo nos países de Direito Consuetudinário, o precedente é descartado como veículo de norma tributária. Prevalece em toda parte a *lex escripta* e *stricta* decidida pelos representantes do povo especialmente eleitos para fazer leis, afastando-se o príncipe, isto é, o chefe do Executivo, e o juiz, do poder de fazer a lei tributária. O *jus tributandi*, antes, apanágio dos reis, é, agora, indeclinável função dos parlamentos. Como corolário, a delegabilidade seria trair o parlamento, o povo. Ao Executivo restou a função de aplicar a lei tributária *secundum legem*, através de decretos, regulamentos, portarias e instruções.

Uma terceira conotação irá adquirir o princípio da legalidade. Com a complexificação das sociedades modernas e o acendramento dos negócios, as sociedades passam a exigir que a lei tributária seja prévia (*lex proevia*), de modo que as pessoas, os contribuintes, possam conhecer, com antecedência, os seus encargos fiscais. Dessa exigência nasce o princípio da não surpresa do contribuinte que irá se realizar, sempre, pela postergação dos efeitos da lei fiscal após a sua publicação (anualidade, anterioridade, lapsos temporais de 60, 90 e 120 dias). O importante é que a lei tributária não tenha eficácia imediata, que haja um intertempo entre a *existência* e a *eficácia*, entendida esta última como a aptidão da lei para produzir os efeitos que lhe são próprios.

O princípio da não surpresa da lei fiscal, seja pela anterioridade, seja pela anualidade, seja por fórmulas de tempo determinado, recoloca a irretroatividade da lei de forma peculiar. Sendo a lei fiscal uma lei que prevê *fatos jurígenos*, não basta que esta cobre eficácia bem após a publicação (intertempo entre a existência e a eficácia da lei); é necessário que os fatos geradores, previstos em abstrato e genericamente na lei, só possam se realizar após o regime eficacial, nunca antes. Vale dizer, a lei fiscal vigente não produz efeitos a não ser depois de adquirir eficácia.

A quarta conotação que se integra no princípio da legalidade da tributação é a de que a lei fiscal deve conter norma clara (*especificação*). A lei fiscal deve conter todos os elementos estruturais do tributo: o fato jurígeno sob o ponto de vista material, espacial, temporal e pessoal (*hipótese de incidência*) e a *consequência jurídica* imputada à realização do fato jurígeno (*dever jurídico*).

Equivale dizer que a norma jurídico-tributária não pode ser tirada do *ordo juris* nem sacada por analogia; deve estar pronta na lei, de forma inequívoca, obrigando o *legislador a tipificar os fatos geradores e deveres fiscais*. De pouca serventia seria fixar no Legislativo a função de fazer as leis fiscais (legalidade) se ela não permitisse ao contribuinte conhecer claramente o seu dever (tipicidade) e previamente (não surpresa). A obscuridade da lei fiscal abriria espaço para a *interpretação aplicativa do Executivo*. Isto posto, revela-se porque os princípios da *legalidade, anterioridade, anualidade, tipicidade e irretroatividade* são princípios conexos e entrecruzados, como averbado *ab initio*.

Faz-se necessário, todavia, encetar quatro observações quanto ao princípio da *tipicidade*, o qual *nunca é expresso* nas Constituições e nas leis *nominalmente*. *Tipicidade* ou *precisão* conceitual é o outro nome do princípio da legalidade material.

Por primeiro, é preciso dizer que, enquanto a legalidade formal diz respeito ao veículo (*lei*), a tipicidade entronca com o conteúdo da lei (*norma*). O princípio da tipicidade é tema normativo, pois diz respeito ao conteúdo da lei. O princípio da legalidade originariamente cingia-se a requerer lei em sentido formal, continente de prescrição jurídica abstrata. Exigências ligadas aos princípios éticos da certeza e segurança do Direito, como vimos de ver, passaram a requerer que o fato gerador e o dever tributário fossem rigorosamente previstos e descritos pelo legislador, daí a necessidade de *tipificar* a relação jurídico-tributária.

Por isso, em segundo lugar, é preciso observar que a tipicidade não é só do fato jurígeno-tributário, como também do dever jurídico decorrente (sujeitos ativos e passivos, bases de cálculo, alíquotas, fatores outros de quantificação, *quantum debeatur* – como, onde, quando pagar o tributo). *Tipificada*, isto é, rigorosamente legislada, deve ser a norma jurídico-tributária, por inteiro, envolvendo o *descritor e o prescritor*, para usar a terminologia de Lorival Vilanova. Assim, se a lei institui imposto sem alíquota, não pode a Administração integrar a lei. Esta restará inaplicada e inaplicável...

Em terceiro lugar, a tipicidade tributária é *cerrada* para evitar que o administrador ou o juiz, mais aquele do que este, interfiram na sua modelação, pela via interpretativa ou integrativa. Comparada com a norma de Direito Penal, verifica-se que a norma tributária é mais rígida. No Direito Penal, o *nullum crimen, nulla poena sine lege* exige que o delito seja típico, decorra de uma previsão legal precisa, mas se permite ao juiz, ao sentenciar, a dosimetria da pena, com relativa liberdade, assim como diminuir e afrouxar a pena *a posteriori*. No Direito Tributário, além de se exigir seja o fato gerador tipificado, o dever de pagar o tributo também deve sê-lo em todos os seus elementos, pois aqui importantes são tanto a previsão do tributo quanto o seu pagamento, baseado nas *fórmulas de quantificação da prestação devida, e que a sociedade exige devam ser rígidas e intratáveis*.

Cumpre observar, portanto, que a ideia tipificante abomina o concurso da Administração e do Judiciário na *estruturação da lei fiscal*. Todavia, importa notar que a tarefa *tipificante*, quando acentua o papel da lei, não significa que *uma só lei* tipifica o tributo. A tipicidade do tributo, de suas espécies, dos impostos em particular, em face do nosso sistema constitucional, congrega o concurso da Constituição, das leis complementares e das leis ordinárias. O perfil típico de um tributo é normativo, para atingi-lo é necessário o amálgama de várias leis, inclusive das isencionais.

Certo, para saber a delimitação precisa do fato jurígeno, somos obrigados a excluir do seu contexto todos os fatos particulares que as previsões de imunidade e de isenção, constantes do diploma constitucional e das leis, respectivamente, determinam. E, para quantificar o dever, devemos conhecer todas as minorações determinadas nas leis. Em suma, pela exaustão da matéria tributária nas leis, fica estabelecido que a interferência do Estado na esfera da propriedade e da liberdade dos cidadãos, através do exercício da tributação, é matéria reservada exclusivamente às leis prévias em sentido formal e material. Eis aí a importância e o conteúdo do denominado princípio da tipicidade, extensão lógica do princípio da legalidade material.

A demonstrar a íntima relação entre legalidade e tipicidade, há que fazer referência ao art. 97 do CTN:

> "Art. 97. Somente a lei pode estabelecer:
>
> I – a instituição de tributos, ou a sua extinção;
>
> II – a majoração de tributos, ou sua redução, ressalvado o disposto nos arts. 21, 26, 39, 57 e 65;
>
> III – a definição do fato gerador da obrigação tributária principal, ressalvado o disposto no inciso I do § 3º do art. 52, e do seu sujeito passivo;
>
> IV – a fixação da alíquota do tributo e da sua base de cálculo, ressalvado o disposto nos arts. 21, 26, 39, 57 e 65;
>
> V – a cominação de penalidades para as ações ou omissões contrárias a seus dispositivos, ou para outras infrações nela definidas;
>
> VI – as hipóteses de exclusão, suspensão e extinção de créditos tributários, ou de dispensa ou redução de penalidades.

§ 1º Equipara-se à majoração do tributo a modificação de sua base de cálculo, que importe em torná-lo mais oneroso.

§ 2º Não constitui majoração de tributo, para os fins do disposto no inciso II deste artigo, a atualização do valor monetário da respectiva base de cálculo."

Aqui é o conteúdo que interessa. O conteúdo da lei, daquilo que está reservado à lei (legalidade material).

O Código Tributário brasileiro dispõe enfaticamente que *somente a lei pode estabelecer* as matérias relacionadas acima. Estas, em conjunto, formam a própria estrutura da norma tributária: definição do *fato gerador,* fixação das *bases de cálculo e alíquotas,* a majoração do tributo e mais a estatuição das infrações à lei fiscal e de suas penalidades. Por esta via consagra-se o princípio da tipicidade, que é exauriente (legalidade material).

Conceituar até a exaustão, tipificar tudo o que diz respeito às matérias acima exalta o *princípio da tipicidade.*

Equipole ao seguinte: se a lei for omissa, ou obscura, ou antitética em quaisquer desses pontos, descabe ao administrador (que aplica a lei de ofício) e ao juiz (que aplica a lei contenciosamente) integrarem a lei, suprindo a lacuna por analogia. É dizer, em Direito Tributário, a tipicidade é cerrada, oferecendo resistência ao princípio de que o juiz não se furta a dizer o direito ao argumento de obscuridade na lei ou de dificuldades na sua intelecção. Na área tributária, o juiz deve sentenciar, é certo, mas para decretar a *inaplicabilidade da lei por insuficiência normativa* somente suprível através de ato formal e materialmente legislativo.

Por último, mas não menos importante, tenha-se em mente que o princípio da tipicidade não torna o juiz mero autômato. Como vimos, a tipicidade da tributação decorreu da necessidade de tornar a lei fiscal clara contra o subjetivismo que antes penetrava em seu conteúdo, à vontade do rei, por seus "ministros". Ora, quando o legislador não faz norma clara, cabe ao juiz reduzir ao possível a sua abrangência: *in dubio pro* contribuinte. Quando não há modo de aplicar a lei, por faltar-lhe elemento essencial, o juiz decreta a sua inaplicabilidade: *nullum tributum sine lege.* Quando a lei fere princípio constitucional, como o da igualdade ou da capacidade contributiva (que está no fundamento do princípio da isonomia tributária), ou o do não confisco, o juiz anula a lei em arguição direta ou *incidenter tantum.* Quando a lei, apesar de tudo, é válida do ponto de vista formal e material, mas é injusta em relação a um contribuinte em particular, por faltar-lhe capacidade contributiva, o juiz pode decretar a prevalência do princípio constitucional sobre a lei e retirar a tributação sobre aquele contribuinte em particular (isenção judicial). Estamos aqui indo ao extremo do afazer jurisdicional. Quando a Administração aplica a lei *à la diable* ou *dilarga* a sua compreensão, o juiz anula o ato administrativo ou o reduz à sua real dimensão *secundum legem* (a rigor, é o próprio art. 99 do digesto tributário quem afirma: "o conteúdo e o alcance dos decretos restringem-se aos das leis em função das quais sejam expedidos [...]").

Noutras palavras: o princípio da tipicidade contemporâneo da tripartição dos Poderes não controla mais o juiz; é instrumento de controle em mãos do juiz. Controlados, em verdade, são o Legislativo e o Executivo. Os beneficiários são o cidadão e a cidadania.

Entre nós, como está na Constituição de 1988, o princípio da legalidade da tributação exige lei em sentido formal (instrumento normativo proveniente do Poder Legislativo) e material (norma jurídica geral e impessoal, abstrata e obrigatória, clara, precisa, suficiente).

A legalidade da tributação, dizia Pontes de Miranda, significa o povo tributando a si próprio. Traduz-se como o povo autorizando a tributação através dos seus representantes eleitos para fazer leis, ficando o príncipe, o chefe do Poder Executivo – que cobra os tributos –, a depender do Parlamento.

O princípio vige e vale em todo o território nacional, subordinando os legisladores das três ordens de governo da Federação. Nenhum tributo (gênero), tirantes as exceções expressas, pode ser instituído (criado) ou alterado (majorado ou minorado) *sem lei*. Há o princípio da legalidade na instituição e na majoração dos tributos, como especialmente dita a Constituição.

Como é sabido, a Constituição não cria tributos, senão que dá competência às pessoas políticas para instituí-los e alterá-los. Destarte, o princípio da legalidade tem como destinatários os poderes legislativos da União, dos Estados-Membros, incluído o Distrito Federal, e dos Municípios. Só se tributa e altera tributo por lei. *Nullum tributum, nulla poena sine lege*.

Exceções ao Princípio da Legalidade na Instituição e na Majoração de Tributos

Isto posto, pela Constituição vigente, todo e qualquer tributo, em princípio e por princípio, deve ser criado por lei: federal, estadual ou municipal, dependendo do tributo. De não olvidar, contudo, que certos impostos federais só podem ser instituídos por lei complementar. Tais os casos dos restituíveis (empréstimos compulsórios), do incidente sobre grandes fortunas e dos que decorrem da competência residual da União, inclusive os afetados (contribuições especiais), a teor dos arts. 148, 153, VII, 154 e 195, § 4º.

Todavia, anote-se, há exceções ao princípio quanto à majoração (ou minoração) de tributos. Os impostos de importação, exportação, IPI e IOF podem ter suas alíquotas alteradas e, pois, aumentadas, sem prévia lei, por simples ato administrativo (art. 153, § 1º); não bastasse, tal veículo normativo também é hábil para reduzir ou restabelecer as alíquotas da CIDE-Combustíveis (art. 177, § 4º, I, "b"). Em todos esses casos, porém, devem ser atendidas as condições e os limites a serem fixados em lei autorizativa, que, se não existir, obstará a franquia concedida ao Executivo federal.

De resto, estando as pessoas políticas sujeitadas ao princípio da legalidade, a exceção a ele não pode ser regulada pela própria pessoa que sofre a constrição, no caso, a União Federal, beneficiária da licença para operar as alíquotas desses quatro impostos e da referida CIDE com a possibilidade de majorá-las. É necessário, portanto, que uma lei nacional[13] ou um dispositivo dela forneça as condições e os limites necessários a que possam as alíquotas do II, IE, IPI e IOF sofrer alterações. O dispositivo constitucional, está à vista, é de eficácia limitada (*not self-executing*), em que pesem doutas opiniões discrepantes, ao argumento de que, em relação aos impostos alfandegários e ao IPI, existem leis autorizativas aproveitáveis, o mesmo ocorrendo com o IOF.

Discordamos, visto que tais autorizações são velhas, em dessintonia com a Constituição, e estão em desacordo com o sistema ora implantado. Regras claras devem ser emitidas pelo Congresso Nacional para disciplinar a espécie.

Enfim, impende ressaltar que vigora o entendimento segundo o qual a majoração do tributo não se confunde com a atualização de sua base de cálculo, na medida em que este último agir se destinaria apenas a compensar, em favor dos Fiscos, os efeitos do processo inflacionário. Destarte, ao contrário da elevação do tributo, a correção monetária de sua base de cálculo pode ser feita mediante decreto do Poder Executivo, desde que respeitado o índice oficial como limite máximo da operação.[14]

---

[13] Nos termos da jurisprudência consolidada do STF, a referida lei poderá ser do tipo ordinária, eis que a Constituição não exige expressamente o instrumento da lei complementar.

[14] Tal é o disposto na Súmula nº 160 do STJ: "É defeso, ao Município, atualizar o IPTU, mediante decreto, em percentual superior ao índice oficial de correção monetária".

Os Convênios de Estados-Membros Relativos ao ICMS e o Princípio da Legalidade

O art. 155, XII, diz caber à lei complementar, na letra "g", *"regular a forma como, mediante deliberação dos Estados e do Distrito Federal, isenções, incentivos e benefícios fiscais serão concedidos e revogados"* (grifamos).

É ver bem. O que cabe à lei complementar é regular o modo como (*modus faciendi*) se processarão os convênios. Evidentemente, a lei complementar não poderá deferir a um colegiado interestadual de funcionários públicos poderes para dar e tirar tributação (isenção e reduções e suas revogações) *sem lei*, contra o princípio da legalidade. Estes convênios não são invenção do constituinte de 1988. A Carta de 1967 os previa, numa outra redação menos precisa, e a Lei Complementar nº 24/75 cumpria a função de regular os convênios. O caso é que extrapolou e excedeu os limites processuais que lhe tinham sido balizados e acabou por transformar estas assembleias de Estados em verdadeiras Assembleias Legislativas de Estados-Membros, sem legisladores eleitos, contra o espírito da Constituição. Inexplicavelmente, o Judiciário tolerou o agravo.

Convênio é acordo, ajuste, combinação e promana de reunião de Estados--Membros. A esta comparecem *representantes* de cada Estado indicados pelo chefe do Executivo das unidades federadas. Não é, assim, o representante do povo do Estado que se faz presente na assembleia, mas o preposto do Executivo, via de regra um Secretário de Estado, usualmente o da *fazenda* ou das *finanças*. Nestas assembleias, são gestados os convênios, ou melhor, as propostas de convênios. Em verdade, o conteúdo dos convênios só passa a valer depois que as Assembleias Legislativas – casas onde se faz representar o povo dos Estados – ratificam os convênios pré-firmados nas assembleias.

Com efeito, não poderia um mero preposto do chefe do Executivo estadual exercer competência tributária impositiva ou exonerativa. Esta é do ente político, não é do Executivo nem do seu chefe, muito menos do preposto, destituível *ad nutum*.

O princípio da legalidade da tributação e da exoneração abarca por inteiro a disciplina do tributo e dos seus elementos estruturais. Sendo a isenção, a fixação das bases de cálculo e das alíquotas, a não cumulatividade, a remissão, a concessão de créditos fiscais e sua manutenção *matérias sob reserva de lei*, como admitir que um mero Secretário de Governo, agente do Poder Executivo, capaz só de *praticar atos administrativos, possa pôr e tirar, restabelecer, graduar, reduzir ou aumentar a tributação?*

Caso isto fosse possível, derrogado estaria o princípio da legalidade da tributação, e vulnerado o arquiprincípio da separação dos Poderes, pressupostos da República e do Estado de Direito.

Não, o Secretário de Estado e seus assessores, tecnocratas, são meros funcionários subalternos, posto que especializados. A primeira rodada dos convênios – em assembleia de Estados – é com eles que se realiza. Juridicamente, o principal vem depois, com a ratificação do que eles combinaram. A juridicidade sobrevém quando a decisão tomada em convênio é aprovada pelas Assembleias Legislativas estaduais, pressuposto indeclinável de eficácia.

No concernente ao tema – o mecanismo dos convênios –, a Lei Complementar nº 24 contém uma descrição legal de norma técnica absolutamente inválida. É a seguinte: "Dentro do prazo de quinze (15) dias contados da publicação dos convênios no *Diário Oficial da União*, e independentemente de qualquer outra comunicação, o Poder Executivo de cada unidade da Federação publicará decreto ratificando ou não os convênios celebrados, considerando-se ratificação tácita dos convênios a falta de manifestação no prazo assinalado neste artigo." *Esta fórmula desconforme com a Constituição é inválida. O convênio só pode valer se ratificado pelo Legislativo estadual.*

Ora, é rematada sandice admitir possa um mesmo Poder praticar um ato e, depois, ele próprio, homologá-lo...

Ratificar ato na entrosagem da Teoria da Tripartição dos Poderes significa técnica de harmonização. A homologação, na espécie, só faria senso se declinada ao Legislativo.

É que os convênios, de início, são atos formalmente administrativos e materialmente legislativos. Sob o ponto de vista formal, são atos administrativos porque dimanam de órgão administrativo colegiado (assembleia de funcionários representantes do Poder Executivo dos Estados). Sob o ponto de vista material, são atos legislativos porque têm conteúdo de preceituação genérica e normativa (não há aplicação de norma a caso concreto). Como o princípio da legalidade, para pôr e tirar o tributo, *exige lei em sentido formal* – proveniente de órgão legislativo –, a previsão de ratificação pelo Poder Legislativo dos Estados teria precisamente esta finalidade: conferir aos convênios força de *lei*.

A reserva de convênios para a concessão e revogação de isenção e demais fórmulas exonerativas não significa que as exonerações, em tema de ICMS, pertençam com exclusividade ao Poder Executivo dos Estados. A reserva de lei ou, se se prefere, o princípio da legalidade, permanece no que tange às exonerações tributárias. O convênio, seu processo, começa nas assembleias de Estados federados, mas termina nas Casas legislativas, onde recebem ratificação e conteúdo de lei.

O mestre Geraldo Ataliba procede a uma interessante comparação entre os convênios assinados pelos Estados-Membros e os tratados internacionais subscritos pela República brasileira, aduzindo que tanto um quanto outro "só podem preencher as exigências do princípio da legalidade" se ratificados pelos respectivos Poderes Legislativos – Assembleia Legislativa e Congresso Nacional.[15]

Ante o exposto, na medida em que a Lei Complementar nº 24 atribui ao próprio Poder Executivo a incumbência de ratificar as decisões tomadas por seus agentes nas assembleias de Estados, com isto está fraudando a Carta, traindo o seu espírito e negando – o que é pior – os princípios da legalidade e da separação dos Poderes, pilares da *ordem jurídica vigente*.

Convém rememorar, a esta altura, o que foi exposto neste trabalho sobre a complementação das regras da Constituição e sobre a natureza e função da lei complementar na técnica brasileira.

Na oportunidade, ficou assente que a lei complementar não poderia alterar o *ditado constitucional*, porque isso equivaleria a reconhecer ao legislador pós-constitucional poder de emenda permanente e contínuo (o poder de reformar a Carta, inovando-a).

Atribuir ao Executivo o poder de ratificar os convênios celebrados nas assembleias de Estados, indubitavelmente, fere a Constituição, pois *muda* o sentido do preceito complementado (emenda não permitida à Carta). O constituinte jamais pensou em conferir aos Executivos estaduais o poder de ratificar (que, de resto, implica o poder de rejeitar). E jamais pensou por duas razões: a) por força do princípio da separação dos Poderes; e b) em razão do princípio da legalidade.

O primeiro consagra, para a República e a Federação, a tripartição do Estado em três Poderes, e o segundo submete à lei, em sentido formal e material, o poder de pôr e tirar a tributação. Estes princípios são supraordenados. São arquiprincípios, tanto que sequer podem ser objeto de emenda. Por isso, estes princípios definem e imantam toda a organização constitucional do Estado brasileiro. Nesses termos, a oração "... e ratificados pelos Estados" há de ser entendida à luz de tais princípios reitores. Há que ser entendida

---

[15] ATALIBA, Geraldo. Convênios interestaduais e ICM. **O Estado de S. Paulo**, São Paulo, 25 jun. 1972, p. 44.

como necessidade de o Poder Legislativo do Estado ratificar o convênio celebrado pelo Executivo. O constituinte não pode ser incoerente. O Direito não admite comandos antitéticos. Nenhum dispositivo constitucional pode ser interpretado isoladamente (a lição é tão avelhantada que sequer deveria ser repisada).

A norma técnica que condiciona o mecanismo dos convênios, dessarte, há que ser descrita em atenção ao arcabouço constitucional como um todo, e não apenas em função da estrita literalidade da fórmula legislativa.

Neste ponto, a Lei Complementar nº 24 é manifestamente inconstitucional. A ratificação mencionada deve ser entendida como sendo do Legislativo. Em consequência, os demais artigos da lei complementar que seguem o artigo recém-comentado são inválidos *ex radice* e conflitam com a Constituição de 1988.

Autores há que pensam ser o convênio um ente legislativo que se sobrepõe às legislações estaduais e federais relativas ao ICMS. Ora, isto não se dá. A norma tirada em convênio e ratificada pelo Legislativo estadual não se contrapõe nem se superpõe à legislação do Estado-Membro. É legislação do Estado-Membro. Tampouco são os convênios normas complementares das leis e dos decretos estaduais, como pretendeu Fábio Fanucchi (art. 100, IV, do CTN).

Os convênios de Estados para conceder e revogar isenções são diversos daqueles outros de que trata o CTN no art. 100 e que lá foram postos no interesse de programas conjuntos de fiscalização e arrecadação. Estes se circunscrevem a complementar miudamente as leis e decretos em função dos quais são celebrados, não podendo se contrapor aos mesmos. Seu alcance, deles, restringe-se ao das leis a que servem.

Diferente é o convênio de que estamos a cuidar. Este tem um "processo legislativo" que começa nas reuniões dos Estados-Membros e termina nas Assembleias Legislativas de cada um deles, ganhando, aí, o conteúdo e o *status* jurídico de lei em sentido formal e material.

Isto exposto, a técnica dos convênios reflete o dever-ser do processo legislativo de que se utiliza o Estado-Membro para exercer sua competência exonerativa em relação ao ICMS. Os convênios de Estados expressam uma solução de compromisso entre a necessidade de preservar a autonomia tributária dos entes locais, sem risco para a unidade econômica da Federação, e a realidade de um imposto nacional. Titulado à competência do Estado--Membro, teve de ser intensamente preordenado pela União, que, depois, não contente, através de normas gerais, continuou a policiar o gravame de modo a resguardar o que se convencionou chamar de interesse nacional. A fórmula dos convênios como meio hábil para pôr e tirar isenções, assim como para partejar técnicas exonerativas outras, ao mesmo tempo em que afastou a União da difícil e até mesmo ingrata tarefa de interferir na administração jurídica do imposto, cometeu aos Estados-Membros – que, em conjunto, formam a Federação – o mister de se autopoliciarem no tocante ao exercício da competência tributária exonerativa.

Os convênios de Estados são uma invenção do Direito brasileiro e cumprem missão de assinalada importância.

Para muitos, é símbolo da castração da competência do Estado-Membro em matéria exonerativa.

Bem, efetivamente, na medida em que a competência exonerativa em tema de ICMS – principal imposto das unidades federadas – vê-se obstada de exercício unilateral, a consideração é verdadeira. É preciso cogitar, todavia, que o ICMS é um imposto nacional a difundir seus efeitos pelo território inteiro da Nação. O seu feitio não cumulativo, expresso na cadeia débito-crédito, independentemente da situação dos contribuintes, torna-o: a) incompatível, em princípio, com a técnica da isenção, em razão do fenômeno da cumulação; b) inadequado para países organizados federativamente. Admitir pudesse ele ser regrado de modo díspar pelos Estados-Membros seria admitir sua desintegração como ente jurídico. Por isso mesmo, sobre ele, mais que sobre qualquer outro, incidiram as normas gerais uniformizantes, emitidas pela União, preocupada com o interesse maior da Nação.

O ICMS, de fato, é um imposto cujo perfil jurídico apresenta-se profundamente desenhado pelo ente central. Admitir, por outro lado, sua utilização desregrada pelo Estado-Membro para fins desenvolvimentistas – ideia/força a um só tempo dinâmica e perversa a confundir toda uma Nação – é decretar a guerra fiscal entre Estados, em verdadeiro leilão de favores, com repercussões na própria tessitura técnica do gravame. Foi para coibir a generalização de conjuntura desse tipo que a União avultou sua intervenção na competência dos Estados, em desfavor da Federação, fincada na ideia da autonomia das unidades federadas (autonomia financeira, antes de quaisquer outras, porquanto as fundamenta e garante).

A emissão de normas gerais de Direito Tributário no Brasil, em tema de ICMS, seguiu, na prática, os pressupostos da teoria alemã. Estas, aqui e lá, sempre se justificaram ao argumento do interesse maior da Nação, cabendo à União o dever de zelar pelo mesmo para evitar riscos à Federação. Aí surgem os convênios. Uma assembleia de Estados. Um congresso de iguais. Sua missão maior: obter o consenso dos Estados em políticas lastreadas no imposto. Não mais a União a tutelar os Estados. Agora, a atuação colegiada. De repente, vê-se a União desfalcada dos motivos jusfilosóficos que justificavam a sua intervenção normativa.

Após a Emenda nº 3, de 17.03.1993, o § 6º do art. 150 projetou, por sobre o conteúdo do art.155, XII, "g", da Constituição, cuja interpretação é sempre sistêmica, sérias restrições. É que isenções, anistias, remissões, reduções de base de cálculo, concessões de créditos presumidos etc., só podem ser permitidas por *lei específica* (federal, estadual ou municipal). Então, os convênios de Estados-Membros são meramente preparatórios, como sempre defendemos. Não podem, de *per se*, exonerar do ICMS fatos, pessoas ou situações.[16] Aliás, o que se vê na Constituição é como (*modus faciendi*) os convênios de Estados devem se dar, ocorrer, juridicamente falando (*regular as formas*).

As restrições mais se acendram quando se sabe que a isenção mediante convênios, assim como de outros favores fiscais e financeiros, é especificidade do ICMS, que jamais esteve liberto do princípio da legalidade desde 67 até a presente hora.

Conclusão sobre a Submissão dos Convênios à Lei

Conclua-se que, sem a aprovação das Assembleias Legislativas, os convênios de Estados não têm legitimidade para operar quaisquer elementos estruturais do ICMS, eis que este imposto está inteiramente sujeitado ao princípio da legalidade. E nem se tome o art. 34, § 8º, do "Ato das Disposições Constitucionais Transitórias" como pedra fundante de delegação legislativa permanente a tais convênios. A permissão foi a um convênio em particular. Diz o referido parágrafo:

> "Se, no prazo de sessenta dias contados da promulgação da Constituição, não for editada a lei complementar necessária à instituição do imposto de que trata o

---

[16] Muito menos ainda quando, não bastante a ausência de lei específica a ratificar o ato do Poder Executivo, o convênio cria hipótese de incidência tributária sobre operação que a legislação de regência não prevê. É este o caso que o STF irá julgar por ocasião do RE nº 1.025.986, afetado à sistemática da repercussão geral, em que litigam a Localiza e a o Estado de Pernambuco sobre a validade do Convênio nº 64/2006, que determina a incidência do ICMS na venda de veículos antes de 12 meses da sua aquisição. Pouco precisa ser dito sobre o assunto: se é certo que o ICMS não incide sobre a venda de bens do ativo imobilizado, o convênio não pode ampliar o espectro de incidência do imposto para alcançar tal operação.

art. 155, I, 'b', os Estados e o Distrito Federal, mediante convênio celebrado nos termos da Lei Complementar nº 24, de 07 de janeiro de 1975, fixarão normas para regular provisoriamente a matéria."

Ali se disse: "fixar normas para regular provisoriamente a matéria". Noutro giro, para regular o ICMS mediante convênio celebrado nos termos (forma) da Lei Complementar nº 24, de 07 de janeiro de 1975, em caráter – repetimos – provisório. Com a edição da Lei Complementar nº 87/96, os convênios morreram, os que estruturavam o ICMS eram provisórios.

Finalmente, encerramos com a importante observação de que a jurisprudência do STF caminha no mesmo sentido do entendimento ora esposado. Isto é, na perspectiva da Corte Suprema, os convênios celebrados no âmbito do CONFAZ possuem natureza meramente autorizativa, e não impositiva; consubstanciam um simples pressuposto para o exercício da competência legislativa dos Estados-Membros, porém não a substituem de maneira alguma. Diante do permissivo, faz-se necessário que os próprios entes editem lei, e lei em sentido formal, com vistas a possibilitar a aplicação do benefício fiscal.[17]

As Delegações Legislativas e o Princípio da Legalidade da Tributação
A permissão constitucional para a União alterar as alíquotas do Imposto de Importação, do de Exportação, do IPI e do IOF insere-se na temática das *delegações de poderes,* expressa na CF.

Nos regimes parlamentares, em que o parlamento governa através do gabinete, resta a salvo o arquiprincípio da legalidade da tributação.

No presidencialismo se nos afigura demasiada a licença concedida ao Executivo pela Constituição de 1988. Vá lá que os Impostos de Importação e Exportação figurassem livres de constrição. São impostos de barreira. O Executivo precisa de mão ágil para evitar *dumpings* ou desabastecimentos causados pela intercadência ou disparidade de preços nos mercados interno e externo. A licença à legalidade e à anterioridade na espécie é tradicional, e quase todos os países atuam livremente neste campo. Quanto ao IPI e ao IOF que são inseridos na *produção industrial* e no *mercado financeiro,* o Congresso

---

[17] "A jurisprudência do Supremo Tribunal Federal consolidou-se no sentido de que a concessão de benefícios fiscais relativos ao Imposto sobre Circulação de Mercadorias e Serviços pressupõe não somente a autorização por meio de convênio celebrado entre os Estados e o Distrito Federal, nos termos da Lei Complementar nº 24/1975, mas também da edição de lei em sentido formal de cada um daqueles entes" (STF, AgR-RE nº 579.630/RN, Rel. Min. Roberto Barroso, *DJe* 28.09.2016).

Nacional abdicou de tarefas que lhe são caras, deixando os contribuintes entregues às improvisações do Executivo. Sem controle congressual e sem anterioridade (que submete apenas o IPI e, mesmo assim, tão só à noventena), as alíquotas são, a um só tempo, instrumentos de política fiscal e fator de inquietação para os contribuintes pela ligeireza das alterações permitidas, que podem prejudicar o planejamento empresarial. As regras deveriam ser fixas ao menos por um ano. Cuide o Executivo de ter juízo, e o Legislativo, de emitir os limites e as condições da *delegação*. O dispositivo que a autoriza é não auto executável por ter eficácia limitada. Sem condição e limites, não pode o Executivo operar a delegação.

A Crônica do Princípio da Legalidade Material no Brasil

A doutrina brasileira sobre o tema, talvez por atravessar, desde 1964 até 1988, um longo período de predomínio do Executivo federal, é das mais vastas em qualidade e quantidade. Os juristas do Brasil, como em nenhum outro lugar, escreveram páginas fulgurantes sobre o princípio da legalidade da tributação, aprofundando-o e dele extraindo todas as consequências possíveis. A produção dos mestres é inumerável. Nomes ilustres construíram, pode-se assim dizer, uma escola que, se não fosse a língua portuguesa, teria hoje renome internacional. Somos uma ilha de fala culta num arquipélago cujos idiomas são o inglês, o alemão, o espanhol, o francês e o italiano.

Na pena desta plêiade de lidadores do Direito Tributário, o princípio da legalidade de tributação mereceu lugar de destaque. Por todos, de mencionar os ensinamentos de Alberto Pinheiro Xavier, pelo tratamento rigoroso que imprimiu à matéria, levando-a para o campo da *tipificação*, uma das consequências vitais do princípio da legalidade da tributação (em que pese o tipo ser coisa diversa do *conceito fechado*, como demonstra Misabel Derzi). Com efeito, no sentir do autor, a especificação do conceito de imposto é expressa pelos tipos tributários, que, destarte, para além de só poderem ser criados mediante lei, devem encartar obrigatoriamente todos os elementos essenciais da exação – assim definidos aqueles necessários e suficientes para o surgimento do fato jurígeno.[18]

---

[18] XAVIER, Alberto [Pinheiro]. **Os princípios da legalidade e da tipicidade da tributação.** São Paulo: Editora Revista dos Tribunais, 1978, p. 71-72, 89.

Interpretação e Princípio da Legalidade – Interpretação Econômica – Evasão Fiscal e Elisão – Distinções

O princípio da legalidade da tributação, como estatuído no Brasil, obsta a utilização da chamada *interpretação econômica* pelo aplicador, mormente por parte do EstadoAdministração, cuja função é a de aplicar a lei aos casos concretos, de ofício.

Para logo não existe nenhuma interpretação econômica, toda interpretação é jurídica. O Direito, alfim, opera pela *jurisdicização do fático*, como diria Pontes de Miranda. Ora, uma vez jurisdicizado o real, isto é, uma vez que um fato é posto no programa da lei, a interpretação que dele se possa fazer só pode ser uma interpretação jurídica. Equipole dizer que, em Direito Tributário, inexiste técnica interpretativa diversa das usualmente conhecidas. Entre outros, Ives Gandra, Sampaio Dória, Pinheiro Xavier, Geraldo Ataliba e Ruy Barbosa Nogueira, este último bem afeiçoado ao Direito alemão, onde o assunto foi intensamente discutido, esforçam-se na demonstração da inocuidade da chamada interpretação econômica, muito defendida pelos Fiscos para dilargar indevidamente a tributação através de uma compreensão econômica dos fatos jurígenos.

Todavia, a resenha mais didática que conhecemos é de Gilberto de Ulhôa Canto[19], que carrega em seu prol o fato de ter sido ele um dos coautores intelectuais do Código Tributário Nacional, onde, nos artigos 109 e 110, muita gente desavisada enxerga a entronização, entre nós, da interpretação econômica.[20] Por oportuno, vejamos tais dispositivos:

> "Art. 109. Os princípios gerais de direito privado utilizam-se para pesquisa da definição, do conteúdo e do alcance de seus institutos, conceitos e formas, mas não para definição dos respectivos efeitos tributários".

> "Art. 110. A lei tributária não pode alterar a definição, o conteúdo e o alcance de institutos, conceitos e formas de direito privado, utilizados, expressa ou

---

[19] CANTO, Gilberto de Ulhôa. Elisão e evasão. *In*: MARTINS, Ives Gandra da Silva (coord.). **Elisão e evasão fiscal**. São Paulo: Editora Resenha Tributária, 1988. p. 1-111, p. 13-17 *et seq.* (Cadernos de Pesquisas Tributárias, n. 13).

[20] No ponto, ressaltamos o ensaio de NOGUEIRA, Johnson Barbosa. **A interpretação econômica do direito tributário**. São Paulo: Editora Resenha Tributária, 1982. De mencionar, ainda, editada pela Saraiva, a coletânea organizada por Geraldo Ataliba sob o título *Interpretação no Direito Tributário*, com a participação do professor italiano Dino Jarach, depois radicado na Argentina, e também a editada pela Resenha Tributária, coordenada por Ives Gandra, sobre elisão e evasão fiscais.

implicitamente, pela Constituição Federal, pelas Constituições dos Estados, ou pelas Leis Orgânicas do Distrito Federal ou dos Municípios, para definir ou limitar competências tributárias."

Pois bem, referindo-se aos artigos supracitados, Ulhôa Canto assevera:

"Dos textos acima transcritos infere-se que: os princípios gerais de Direito Privado prevalecem para a pesquisa da definição, do conteúdo e do alcance dos institutos de Direito Privado, de tal sorte que ao aludir a tais institutos sem lhes dar definições próprias para efeitos fiscais (sujeito à limitação do art. 118), o legislador tributário ou o aplicador ou intérprete da lei tributária deverá ater-se ao significado desses princípios como formulados no Direito Privado, mas não para definir os efeitos tributários de tais princípios; exemplo: se a lei tributária é silente na matéria, e apenas alude, como elemento de conexão ou de gênese de obrigação ou efeito tributário a 'titularidade dominial' prevalece, para caracterizar a situação que ele definiu, o conceito privatístico de titularidade dominial. Mas, sob a ressalva da observância das regras definidoras de competência impositiva referida no art. 110 do CTN, pode o legislador tributário tirar efeitos fiscais de um princípio de Direito Tributário que equipare determinadas situações à titularidade dominial.

Absurdo é, ao que penso, dizer que para efeitos tributários pode ser abusivo o recurso a formas de Direito Privado que neste são legítimas, pois a abusividade não decorre de prescrição de lei alguma, senão, e apenas, da convicção de algum agente da Administração Pública ou de magistrado de que o legislador teria querido dizer, ao expedir a lei, muito mais do que ele efetivamente disse. É claro que a realidade econômica se apresenta como pressuposto lógico relevante dos tributos, mas só é presente na obrigação tributária se tiver sido 'jurisdicizado' pela lei, dado o princípio da legalidade."

Outrossim, Bilac Pinto, em *Estudos de Direito Público*,[21] já asseverara, ele, que foi Ministro do Supremo Tribunal brasileiro: "a substituição do critério jurídico, que é objetivo e seguro pelo do conteúdo econômico do fato gerador implica trocar o princípio da legalidade por cânones de insegurança e de arbítrio, incompatíveis com o sistema constitucional brasileiro".

---

[21] PINTO, Bilac. Estudos de direito público. Rio de Janeiro: Forense, 1953, p. 56 *et seq. apud* CANTO, Gilberto de Ulhôa. Elisão e evasão. *In*: MARTINS, Ives Gandra da Silva (coord.). **Elisão e evasão fiscal**. São Paulo: Editora Resenha Tributária, 1988. p. 1-111, p. 24. (Cadernos de Pesquisas Tributárias, n. 13).

Em suma, o princípio da legalidade da tributação, porque na lei estão todos os elementos estruturais do tributo, oferece resistência até à interpretação extensiva, sem falar em analogia, esta expressamente vedada pelo CTN quando resultar na exigência de tributo não tipificado. O legislador *pode*, é verdade, equiparar institutos e sacar efeitos tributários específicos ao *fazer a lei*. Mas é o próprio programa da lei que está em foco, sem nenhuma interpretação econômica. Não será, pois, caso de interpretação, mas de legislação (princípio da legalidade).

A propósito, em espécie em que o Fisco queria equiparar um contrato de *leasing* (arrendamento mercantil, como é denominado em nosso Direito) a uma compra e venda a prestações, para o fim de majorar a tributação pelo imposto de renda, tivemos a oportunidade de lavrar julgado sobre o tema quando fomos juiz.

Nesta sentença, que pedimos licença para transcrever parcialmente, fizemos algumas considerações sobre: (a) os artigos 109 e 110 do CTN; (b) a periculosidade da interpretação econômica; (c) uma sistematização das várias formas de se evitar a tributação, com esforço em critérios já estudados por Sampaio Dória e Pinheiro Xavier, profundos conhecedores, como Ulhôa Canto, da teoria da evasão e da elisão.

> "À guisa de introito, para bem vincar a posição do juízo, não tenho a menor dúvida quanto ao fato de estarem as empresas de *leasing* e suas contratantes tirando as vantagens econômicas e fiscais possíveis da insuficiente regração da espécie. Todavia, penso que as lacunas da lei, os *loopholes*, como dizem os americanos, só devem ser suprimidos pela lei para o bem de todos. Ainda que alguns estejam levando vantagem, é preferível manter o princípio da legalidade do que estender ao Administrador poderes que amanhã se tornariam muito difíceis de controlar, além de impor ao Judiciário, como poder revisor do ato administrativo, a obrigação de estar a verificar, caso a caso, a razoabilidade fiscal dos contratos. Haveria neste caso, grandes divérbios, pois cada juiz julgaria com o seu próprio subjetivismo as situações e os interesses dos justiçáveis.
>
> De qualquer modo, sou de opinião que o agir da Ré, esforçada na 'interpretação econômica' dos fatos tributáveis não encontra respaldo em lei. O art. 109 do CTN, que muitos imaginam justificar a chamada interpretação econômica, em verdade, não chega a tanto, se conjugado com o art. 110, que se lhe segue, e o § 1º do art. 108, proibitivo do uso da analogia para deduzir tributo não previsto em lei, a seguir transcritos:
>
> [...]

De notar que o art. 109 dá ao legislador o poder de atribuir efeitos tributários próprios pelas vias do raciocínio tipológico, analógico e presuntivo, aos princípios, conceitos e formas de Direito Privado, inclusive os contratos. É *lex legum* ou lei sobre como fazer leis, no dizer de Pontes de Miranda, e não autorização dada ao administrador ou ao juiz para livremente interpretarem situações jurídicas e contratos, visando sempre o interesse do Fisco.

[...]

Diante desses dispositivos, parece inegável que o legislador brasileiro teve como pressuposto, em sua formulação, duas considerações fundamentais:

(a) a lei tributária visa, precipuamente, ao conteúdo ou efeitos econômicos do fato tributável, e não à sua exteriorização formal; e

(b) sendo autônomo, o direito tributário pode, em princípio, alterar as categorias de direito privado, de que se serve, para atuação mais eficaz de suas normas.

Vale dizer, o legislador brasileiro aceitou as premissas da teoria da prevalência econômica consagrada no Código Alemão (cuja exatidão, aliás, não se pode realmente negar), mas opôs sérias restrições à admissibilidade de todas as consequências dela extraídas. Especialmente opôs a reserva de que a assemelhação das situações econômicas idênticas para fins de tributação idêntica deve partir sempre do legislador, ao expressamente desprezar a diversidade de formas jurídicas sob que se apresentam, e nunca do aplicador da lei.

É como dissemos, o Direito Tributário admite a atribuição de efeitos fiscais aos institutos de Direito Privado, porém por lei, nunca por interpretação livre da Administração.

[...]

A origem da chamada 'interpretação econômica' dá-se na Alemanha e na Itália, neste último país impulsionada pela Escola de Pavia, tendo à testa Griziotti. No país tedesco o seu corifeu parece ter sido Enno Becker, inspirador, em 1919, do *Reischsabgabenordnung* (Ordenação Tributária do Império).[22] Procurava-se com a sua utilização evitar que os contribuintes burlassem o pagamento dos

---

[22] Com efeito, previa a *Reichsabgabenordnung* (RAO), em seu § 4º, que "Na interpretação das leis fiscais deve-se ter em conta a sua finalidade, o seu significado econômico e a evolução das circunstâncias". Nada obstante, no ano de 1934 – já, portanto, sob o governo nacional-socialista – foi editada a Lei de Adaptação Tributária, que inaugurou o princípio da prevalência da ideologia política sobre o Direito. Afinal, o § 1º do diploma previa, de maneira inequívoca, nestes termos: "1) As leis fiscais devem ser interpretadas segundo as concepções gerais do nacional-socialismo; 2) Para isto deve-se ter em conta a opinião geral, a finalidade e significado econômico das leis tributárias e a evolução das circunstâncias; 3) O mesmo vale para os fatos".

tributos a partir das formas e fórmulas de Direito Privado. Dino Jarach noticia ecos, inclusive no *Commom Law*. Segundo relata, a Suprema Corte dos Estados Unidos no caso *Higgins vs Smith* (1940) teria dito que aos planos dos contribuintes não se pode permitir que prevaleçam sobre a legislação na determinação do tempo e do modo da tributação. Em inglês: – *'to hold otherwise would permit the schemes of tax payers to supersede legislation in the determination of time and manner of taxation'* (Dino Jarach, *El Hecho Imponible*, p. 68, nota 86).

[...]

Para os epígonos da escola da 'interpretação econômica' ou da 'interpretação funcional' ou ainda da 'consideração econômica dos fatos geradores' a razão de ser do método está em evitar que os particulares façam um negócio jurídico – não tributado ou menos oneroso do ponto de vista fiscal – por outro, tributado ou mais oneroso em termos fiscais. Noutro giro, o objetivo da interpretação econômica seria o de impedir o uso das fórmulas de Direito Privado para elidir no todo ou em parte a tributação, como no caso citado da locação com opção de compra pelo valor residual em lugar de uma venda a prestações ou a prazo. Nesse caso a *intentio facti* seria vender; a *intentio juris* (formal), alugar.

No caso vertente, o Autor celebrou, de fato e de direito, um contrato de *leasing*, pondo-se de acordo com a legislação fiscal regente da espécie, a qual não obriga a uniformidade das prestações, deixando as partes pactuarem livremente neste aspecto.

O Fisco pensando aplicar a interpretação econômica intenta descaracterizar o negócio, supondo que há, na intenção das partes, compra e venda e não arrendamento mercantil (aspecto jurídico-formal). Para o Fisco, o negócio real é a compra e venda mercantil a prazo (*intentio facti*). O *leasing* é negócio jurídico indireto (*intentio juris*). A sua escolha teria sido feita para obter vantagens fiscais. Ao meu sentir, utiliza equivocadamente a interpretação econômica. Não estou me referindo ao método, em si, o qual, entre nós, colide com o cânon constitucional da legalidade. É a própria situação de fato que não foi bem enquadrada pelo Fisco.

Para bem situar o equívoco impõe-se sistematizar a temática da evasão fiscal, matéria pouco debatida no Brasil. Pois bem, mesclando os critérios de Sampaio Dória (*Elisão e Evasão Fiscal*, São Paulo) e de Alberto Pinheiro Xavier (*O Negócio Indireto em Direito Fiscal*, Lisboa).

Segundo estes autores a evasão por omissão é imprópria quando, por exemplo, não se pratica o fato gerador para não se ter que pagar o tributo (deixar de alienar bens para fugir do imposto sobre lucro imobiliário, *v.g.*, ou, ainda, inércia para obter rendas suplementares que aumentariam o patamar do IR – progressivo).

Enquadram-se ainda no conceito de evasão omissiva imprópria os casos de 'transferência econômica do encargo fiscal' (deslocamento do peso fiscal do contribuinte *de jure* para o contribuinte de fato) mediante determinações contratuais ou legais através dos fenômenos da repercussão, absorção ou difusão. A evasão omissiva própria ocorre quando:

(a) intencionalmente o contribuinte omite dados, informações e procedimentos que causam a oclusão, a diminuição ou o retardamento do cumprimento do dever tributário (sonegação) e (b) não intencionalmente o contribuinte obtém os mesmos resultados por ignorar a lei ou o dever fiscal. As duas espécies se diferenciam pela presença do dolo específico na primeira e pela sua inexistência na segunda. A evasão comissiva ilícita dá-se nas hipóteses de fraude, simulação e conluio, que são ações unilaterais ou bilaterais voltadas ao escopo de alterar a realidade com o fito de não pagar o tributo ou retardar o seu pagamento (falsificação de documentos, notas fiscais, valores, negócios etc.). A evasão comissiva lícita, finalmente, também chamada de economia fiscal ou, ainda, elisão fiscal, ocorreria quando o agente, visando certo resultado econômico, buscasse por instrumentos sempre lícitos, fórmula negocial alternativa e menos onerosa do ponto de vista fiscal, aproveitando-se de legislação não proibitiva ou não equiparadora de formas ou fórmulas de Direito Privado (redução legal das formas ao resultado econômico). A disciplina da elisão fiscal comporta, ainda, uma última diferenciação. Temos (a) elisão induzida, quando a própria lei deseja o comportamento do contribuinte, por razões extrafiscais. São exemplos a isenção por 10 anos do IR para os lucros das indústrias que se instalem no Norte-Nordeste do Brasil e a celebração de negócios em zonas francas ou com compradores do exterior (imunidades ou isenções do *export-drive*) e

(b) elisão por lacuna, quando a lei, sendo lacunosa, deixa buracos nas malhas da imposição, devidamente aproveitadas pelos contribuintes. A verdadeira elisão fiscal é esta, por apresentar questionamentos jurídicos e éticos na sua avaliação. Baseia-se na premissa de que se o legislador não a quis, como na elisão fiscal induzida pela lei, pelo menos não a vedou expressamente, quando podia tê-lo feito (princípio da legalidade). Este princípio, no particular, abriga duas conotações relevantes. A primeira é a de que o contribuinte, observada a lei, não está obrigado a adotar a solução fiscal e jurídica mais onerosa para o seu negócio, pelo contrário, está eticamente liberado para buscar a menos onerosa, até porque sendo o regime econômico considerado de livre iniciativa e de assunção de responsabilidades, prevalece a tese de minimização dos custos e da maximização dos resultados. A segunda conotação do princípio da legalidade no particular reside no aforismo de que ninguém está obrigado a fazer ou deixar de fazer alguma coisa senão em virtude de lei, de resto preceito constitucional e, pois, dominante.

Feitas estas observações, necessárias ao quadramento da espécie *in examen*, resta saber se o comportamento do autor caracteriza um caso de evasão comissiva ilícita (fraude à lei mediante simulação de negócio jurídico por conluio) ou prefigura uma hipótese de evasão lícita ou elisão fiscal por lacuna da lei, tirando-se desse exame as consequências jurídicas pertinentes ao desate da *quaestio juris*, em reforço das razões de decidir até aqui explanadas, com espeque no princípio da legalidade, obstaculizador da interpretação econômica no Direito Tributário brasileiro contemporâneo.

Tanto na evasão comissiva ilícita como na elisão fiscal existe uma ação do contribuinte, intencional, com o objetivo de não pagar ou pagar tributo a menor. As diferencia: (a) a natureza dos meios empregados. Na evasão ilícita os meios são sempre ilícitos (haverá fraude ou simulação de fato, documento ou ato jurídico. Quando mais de um agente participar dar-se-á o conluio). Na elisão os meios são sempre lícitos porque não vedados pelo legislador; (b) também, o momento da utilização desses meios. Na evasão ilícita a distorção da realidade ocorre no momento em que ocorre o fato jurígeno-tributário (fato gerador) ou após a sua ocorrência. Na elisão, a utilização dos meios ocorre antes da realização do fato jurígeno-tributário ou como aventa Sampaio Dória, antes que se exteriorize a hipótese de incidência tributária, pois, opcionalmente, o negócio revestirá a forma jurídica alternativa não descrita na lei como pressuposto de incidência ou pelo menos revestirá a forma menos onerosa (ob. cit., p. 33). Neste ponto, a doutrina nacional e peregrina coincidem.

[...]

Dito isto, verifica-se que *sub specie juris* o Autor escolheu deliberadamente fazer um contrato de *leasing* em lugar de um contrato de compra a prazo, em prestações, sabendo que o primeiro, do ponto de vista fiscal, lhe seria mais vantajoso. Por suposto, do ponto de vista econômico se equivaleriam ou o arrendamento mercantil lhe seria, também, mais vantajoso. Por outro lado, o legislador fiscal, no caso o Conselho Monetário Nacional e o BACEN, não equiparou o arrendamento mercantil à compra e venda, na hipótese de concentração de valor nas primeiras prestações do *leasing*, demonstrando com isso, até por ter se manifestado expressamente a este respeito, que quer a lei desta maneira, ou seja, não vedando e pois permitindo dita concentração.

O comportamento da Autora, portanto, reveste-se das características da elisão reconhecidas pela doutrina pátria e peregrina e, nenhuma censura jurisdicional cabe fazer-lhe."

Dita sentença, Gilberto de Ulhôa Canto enriqueceu-a com comentários oportunos e ensinamentos que merecem ser transcritos:

"Sei que há um bem relevante a preservar através da aplicação da regra de isonomia, e em seu nome o que a justiça indica é que pessoas em situações econômicas iguais paguem impostos iguais; daí, com propriedades e acertos muitos afirmaram que na aplicação das leis tributárias deve-se ter em vista o conteúdo econômico das situações, fatos ou negócios, pois é sempre a ele que a vontade da lei ou do legislador visa.

Esquecem os que assim pensam que há outro princípio também importante e de incidência muito mais ampla, que é o da certeza das relações jurídicas, máxime daquelas que se estabelecem com prescindência da manifestação da vontade das partes, porque resultam da própria lei.

Um erro grave que no trato das questões tributárias se comete com lastimável frequência é buscar na lei uma amplitude de aplicação que do seu teor não se infere. A título de lhes dar interpretação 'funcional', compatível com a 'realidade econômica', e outras expressões vazias de conteúdo, certas autoridades lançam-se com enorme açodamento na interpretação dos textos, como se eles tivessem, sempre, de ser interpretados. Na verdade, a lei deve ser lida, e entendida como se depreende do seu contexto.

[...]

Mas, não há por que procurar num texto já suficientemente claro o que ele não diz, só porque na opinião do intérprete ele deveria ter dito. Os princípios da isonomia e da certeza das relações jurídicas, com ênfase na estrita legalidade do tributo, todos eles muito bem expressos na Constituição vigente, devem ser respeitados de modo que se harmonize, e não como se um tivesse de sobrepor-se ao outro e afastar-lhe a incidência.

[...]

Nenhum contribuinte tem obrigação de pagar imposto que a lei não prevê, ou maior do que por ela previsto; isso, porque em o fazendo, além de sofrer lesão patrimonial sem justa causa, estaria coadjuvando na infração à ordem constitucional. Uma primeira verificação a fazer consiste, pois, em apurar se a conduta do contribuinte que o leva a não pagar imposto, pagar menor imposto ou pagar imposto mais tarde, importa em violação de direito da Fazenda Pública, ou seja, contrapõe-se a um comando legal que o torne obrigado ao tributo evitado, reduzido ou cuja satisfação é retardada.

É por isso que o contribuinte tem o direito de alterar os passos da sua vida, dos seus negócios, atos e patrimônio, visando apenas a evitar ou economizar tributos, e não mais do que isso, desde que o faça sem violar o direito da Fazenda Pública, o que quer dizer que a liberdade de conduta existe antes que se materialize, em relação a ele, o fato gerador previsto pela hipótese legal de incidência. É que antes do fato gerador ele não é contribuinte, a Fazenda não tem direito algum a opor à sua conduta. É claro que, para estar nessa posição de livre escolha o contribuinte não poderá, por outro lado, violar qualquer norma legal.

[...]

Na busca desordenada de fundamento para definir a conduta do contribuinte como evasão, é comum ver-se a Fazenda Pública pretender que certos atos tenham sido por ele praticados com simulação, porque o seu objetivo único ou principal foi evitar ou reduzir ônus tributários. Trata-se de um erro palmar, pois no direito positivo brasileiro os casos de simulação acham-se definidos no art. 102 do Código Civil num *numerus clausus*, sem que dentre eles figure o ânimo de evitar imposto. O que, de resto, nem seria admissível num sistema jurídico não causalista, que somente se refere à causa nos dois únicos casos mencionados no art. 90, em que ela é expressa como razão determinante ou como condição do ato.[23]

[...]

Se não prosperar a orientação seguida na sentença em exame, pode-se facilmente chegar, em prazo não muito longo, a uma verdadeira tirania tributária. A sede de receita em todos os níveis políticos de poder, numa conjuntura como a atual em que se combinam, tragicamente, a falta de desprendimento e espírito público em todas as faixas de atividades com uma desorganização econômica total do país, está desde logo mostrando que todos eles se preparam para organizar uma verdadeira depredação fiscal dos contribuintes, aos quais os recursos financeiros estarão sendo tomados opressiva e irracionalmente, num fluxo cada vez mais alarmante de intervenção do Estado".

Pensamos ser esta a mais meditada análise sobre o tema.

Ainda sobre a Elisão Fiscal – o Art. 116 do CTN

O art. 116 jamais versou regra de interpretação/aplicação específica (norma de reconhecimento, segundo Hart), senão que cuidava do aspecto temporal dos fatos jurígenos tributários, distinguindo-os em duas espécies: os

---

[23] No Código Civil, o art. 102 acima citado corresponde ao art. 167 e o art. 90, ao art. 140. É preciso dizer, ainda, que permanecemos num sistema jurídico não causalista; contudo, o atual CCB somente se refere à causa em um único caso mencionado pelo art. 140 do mesmo Código Civil, em que ela é expressa como razão determinante.

constituídos de situações de fato, que ocorreriam desde o momento em que se verificassem as circunstâncias materiais que lhes eram próprias, e os constituídos de situações jurídicas, normalmente atos jurídicos bilaterais ou negócios jurídicos (contratos) que ocorriam segundo os *termos do direito aplicável*. É que os negócios jurídicos comportam condições, ora suspensivas, ora resolutivas.

De ver agora a redação do art. 116 e seus incisos.

> "Art. 116. Salvo disposição de lei em contrário, considera-se ocorrido o fato gerador e existentes os seus efeitos:
>
> I – tratando-se de situação de fato, desde o momento em que se verifiquem as circunstâncias materiais necessárias a que produza os efeitos que normalmente lhe são próprios;
>
> II – tratando-se de situação jurídica, desde o momento em que esteja definitivamente constituída, nos termos de direito aplicável."

Os fatos jurígenos ou geradores de obrigações tributárias podem ser fatos jurídicos já regulados noutro ramo do Direito e podem ser fatos da vida valorados pela lei tributária. No primeiro caso, podemos citar o fato gerador do imposto sobre heranças e doações, com a abertura da sucessão pela morte do *de cujus*, e o instituto da doação, já regulados pelo Direito das Sucessões e dos contratos, ou, ainda, o fato gerador do imposto sobre a transmissão de bens imóveis por natureza ou acessão física e de direitos a eles relativos, tais como o usufruto e a enfiteuse, matérias fartamente reguladas pelo Direito das Coisas. No segundo caso, podemos citar o fato gerador do imposto sobre ganhos de capital, simples fato econômico a que a lei atribui relevância jurídica.

O CTN, ao regular o momento em que se considera ocorrido o fato gerador e, pois, nascida a obrigação tributária e seu correlativo crédito, distingue esses dois tipos de fatos jurígenos com o fito de resguardar a prática das condições dos atos jurídicos aderidas a negócios eleitos como geradores de impostos (as condições suspensivas e resolutivas previstas no Código Civil). Diga-se, para logo, que a sede desse assunto reporta-se ao aspecto temporal dos fatos geradores, cuja arquitetura vimos de ver ao tratarmos da norma tributária. O inciso I diz que se considera ocorrido o fato gerador, tratando-se de situação de fato, desde o momento em que se verifiquem as circunstâncias materiais necessárias a que produza os efeitos que normalmente lhe são próprios.

A problemática ora tangida aplica-se tão somente aos fatos geradores dos impostos gerais e dos empréstimos compulsórios. As taxas, as contribuições sinalagmáticas e as contribuições de melhoria, por isso que seus fatos geradores implicam, necessariamente, atuações do Estado, não se prestam a ser exigidas a partir de negócios jurídicos condicionais, só possíveis entre contratantes. O fato gerador das taxas é a prestação aos contribuintes de serviços de utilidades e de polícia, que sejam específicos e divisíveis, isto é, que possam ser medidos e atribuídos a uma pessoa em particular. O fato gerador das contribuições de melhoria é a realização, pelo Poder Público, de obras de interesse coletivo que causem benefícios ou valorizações em imóveis de proprietários particulares. Em ambos os casos, temos *fatos do Estado*, atuações deste, incompatíveis com as condições que aderem aos negócios jurídicos (atos jurídicos bilaterais ou contratos).

Ocorreu que a Lei Complementar nº 104, de 10 de janeiro de 2001, adicionou um parágrafo ao art. 116, visando a racionalizar os procedimentos administrativos que viessem a ser instaurados em razão de abuso de formas do Direito Privado mediante simulações relativas (dissimulações). Atente-se para o dispositivo:

> "Art. 116. [...]
> [...]
> Parágrafo único. A autoridade administrativa poderá desconsiderar atos ou negócios jurídicos praticados com a finalidade de dissimular a ocorrência do fato gerador do tributo ou a natureza dos elementos constitutivos da obrigação tributária, observados os procedimentos a serem estabelecidos em lei ordinária".

Este parágrafo não cuida de uma regra específica de interpretação, mas de procedimentos a serem observados pelos agentes fiscais competentes (norma técnica segundo a nossa tipologia). Por essa precisa razão, agregou-se dito parágrafo ao art. 116, eis que os fatos jurígenos-tributários montados sobre *negócios jurídicos* são obviamente os que se prestam a sofrer as solércias das dissimulações contratuais evasivas (simulações relativas).

No particular, sob o ponto de vista material, o novel parágrafo não inovou a ordem jurídica, apenas explicitou o que já se sabia;[24] ou seja, o étimo

---

[24] Nada obstante, deve-se destacar que a norma em comento é objeto da ADI nº 2.446/DF, Rel. Min. Cármen Lúcia, proposta em 2001 pela Confederação Nacional do Comércio, mas ainda não apreciada pelo STF.

simulação comporta duas modalidades, a absoluta e a relativa. Esta última, contudo, é mais frequente. Quis, então, o legislador, realçá-la ao tempo em que delegou à lei a função de organizar os procedimentos de desconsideração dos atos e negócios dissimulados.

Até este ponto, repetimos, nenhuma censura merece o legislador da Lei Complementar nº 104/2001, mesmo porque, antes do parágrafo por ele adicionado à disciplina do art. 116, tanto o CTN quanto a doutrina admitiam, com a maior tranquilidade, que as condutas dos sujeitos passivos das obrigações tributárias eivadas de dolo sonegatório, fraudes materiais e simulações (absolutas ou relativas) constituam atos ilícitos, passíveis de repressão administrativa *ex officio*.

Ora, o dolo, a fraude, a simulação, na verdade, já eram objeto de reprimenda administrativa; basta ver a redação dos arts. 149, VI, VII; 150, § 4º; e 154, parágrafo único, do CTN. Ou seja, em três pontos cruciais: lançamento e revisão do lançamento, decadência em caso de tributo recolhido sem prévio exame da autoridade administrativa e na hipótese de pagamento parcelado ou moratória após declaração de dívida do contribuinte, o CTN reafirma o desvalor do dolo (sonegação), da fraude e da simulação e autoriza a ação de ofício da autoridade administrativa.

A esta altura pergunta-se, então, o porquê do art. 116, parágrafo único, do CTN, já que o étimo *simulação*, juridicamente falando, abrange a simulação absoluta e a simulação relativa, também conhecida por dissimulação. A resposta é simples. É que a simulação relativa ou dissimulação, diferentemente da absoluta, diz respeito à adoção abusiva das formas negociais de Direito Privado, utilizadas, muitas vezes, para ocultar um negócio real tributado ou menos tributado que o negócio aparente.

A dissimulação, portanto, diz respeito ao abuso das formas de Direito Privado, de envolta com os fatos geradores conceituais. Damos já um exemplo. A adoção de um negócio jurídico de sociedade (aparente) para ocultar uma compra e venda de uma fazenda somente para aproveitar a imunidade da colação de bens imóveis ao capital de sociedade. Desfeito (distrato) o contrato de sociedade, o sócio que entra com dinheiro sai com terras, e o outro, com o dinheiro. Precisamente porque os sócios podem desfazer a sociedade um mês depois (dissimulação) ou 10 anos depois (não dissimulação), será sempre preciso discutir, através de um processo especialíssimo, se há ou não dissimulação quando os particulares utilizam as formas alternativas de Direito Privado. É um processo para coibir a evasão e não a elisão lícita, que esta só pode ser vetada por lei (equiparação do negócio elisivo ao fato gerador tipificado). O fato gerador supletivo ou *special rule*, no dizer do *Common Law*, já fora examinado por Amílcar de Araújo Falcão em meados do século XX.

A expressão *dissimulação* tem conceito preciso no Direito Privado e, como tal, deve ser recebida juridicamente pelo Direito Tributário, como prescreve, de resto, a Lei Complementar nº 95, a respeito das normas de interpretação do Direito Positivo. Até aí andou bem o CTN (art. 116, parágrafo único).

O desastre se deu quando o Executivo Federal, por duas vezes, editou Medidas Provisórias para que fizessem as vezes da lei ordinária requerida pelo parágrafo único do art. 116. Trata-se da MP nº 66, de 29 de agosto de 2002, e da MP nº 685, de 21 de julho de 2015, convertida na Lei nº 13.202/ /2015.

A primeira delas, ao regular *os procedimentos pedidos* pelo parágrafo único do art. 116 do CTN para a aferição, caso por caso, da existência ou não de negócios jurídicos dissimulados (simulação relativa), a tanto não se limitou e lançou o dardo além da meta em dois pontos cruciais. No primeiro ponto, temos uma inconstitucionalidade material. No segundo, uma inconstitucionalidade formal.

A inconstitucionalidade material se dá, *a uma*, porque ao legislador ordinário falece competência para tratar de tema expressamente reservado à lei complementar tributária, como veremos ao tratar do peculiar relacionamento entre leis complementares e leis ordinárias, em razão das matérias. Regras sobre interpretação e conceito de defeito de ato ou negócio jurídico (dissimulação) para fins de tributação são matérias sob reserva de lei complementar. *A duas*, porque agride os princípios constitucionais da separação dos Poderes, da legalidade formal e material, da tipicidade ou exaustão conceitual, da livre iniciativa e da negativa de analogia, corolário da aplicação da lei tributária, segundo o princípio da estrita legalidade e da atuação da administração vinculada à lei, nunca *praeter legem*.

A inconstitucionalidade formal, por sua vez, decorre do fato de, a despeito de o art. 62, § 1º, III, da Constituição Federal proibir que matéria objeto de lei complementar possa ser regulada por medida provisória, o Poder Executivo ter se valido de tal instrumento normativo.

Quanto ao propósito negocial (*business purpose*), é ele uma contradição nos termos, porquanto diminuir a carga fiscal é dever do empresário. Se a carga fiscal é sufocante sobre a mão de obra, bem posso terceirizar partes da minha atividade. Será isso falta de propósito negocial ou fraude à lei?

De mais a mais, as palavras da MP, no ponto, são vazias, ambíguas e polissêmicas. A Medida Provisória nº 66, logo em seguida, fala em negócio dissimulado (art. 14, § 2º). Como poderá haver dissimulação sem que haja simulação? Por outro lado, haverá propósito negocial sempre que a forma adotada seja menos complexa e menos onerosa? Ademais, o conceito utilizado de abuso de direito é teratológico e predica a interpretação econômica, pura e simples, contra o princípio da legalidade.

Noutro giro, também a MP nº 685/2015, editada com o intuito de regulamentar o parágrafo único do art. 116 do CTN, incorreu em graves inconstitucionalidades. Cumpre observar, *ab initio*, o art. 7º do diploma, que estabeleceu para os contribuintes o dever de informar à Secretaria da Receita Federal "o conjunto de operações realizadas no ano-calendário anterior que envolva atos ou negócios jurídicos que acarretem supressão, redução ou diferimento de tributo [...]" praticados sem "razões extratributárias relevantes" – termos da lei – ou sem adoção da forma usual. Resta evidente, aqui, a adoção da teoria do propósito negocial, de todo inapropriada, como já dissemos, ao sistema jurídico tributário em vigor, pautado pelo princípio da legalidade estrita.

Entretanto, antes fosse apenas esse o absurdo contido na MP. Seu art. 12 estatuiu que se deve presumir o intuito de sonegação ou fraude por parte do contribuinte caso este não apresente a declaração acima referida ou caso o documento seja declarado ineficaz pelo Fisco Federal; em tais hipóteses, deverá o tributo ser pago com acréscimo de juros de mora e multa. É de ver, aqui, ofensa flagrante ao princípio da presunção de inocência, plasmado no art. 5º, LVII, da Lei Maior, porquanto parte-se do pressuposto de que os contribuintes são fraudadores contumazes da legislação tributária e que agem sempre impelidos por um intuito sonegatório, cabendo a quem assim não for prová-lo. Um verdadeiro desatino no âmbito de qualquer Estado Democrático de Direito.

Afora isso, de se ressaltar os termos extremamente vagos e imprecisos utilizados pela Medida Provisória para determinar quais operações do contribuinte devem ser informadas ao Fisco – *v.g.* "razões extratributárias relevantes" – e para indicar em quais casos a declaração apresentada poderá ser tida por ineficaz – *v.g.* "omissa em relação a dados essenciais para a compreensão do ato ou negócio jurídico". Todas essas expressões abrem imenso espaço para interpretações subjetivistas da autoridade fiscal e, por via de consequência, para o cometimento de graves arbitrariedades em desfavor dos indivíduos, ainda que estes estejam de boa-fé.

A atividade lícita do contribuinte visando economizar impostos não pode ser considerada ilícita através de artifícios legais. Klaus Tipke,[25] a quem se irroga o malfeito de preconizar a interpretação analógica, diz nos com toda clareza:

> *"No es contraria a la ley la actuación de quien no realiza el hecho imponible y evita así el nacimiento de la obligación tributaria. Toda persona puede organizar su actividad con vistas al menor pago de impuestos posible. La elusión fiscal consciente y planificada es una modalidad legal de resistencia fiscal. No es inmoral. Esto se reconoce probablemente en todos los Estados de Derecho que respetan la libertad.*
>
> *A estos efectos es irrelevante si el contribuyente no realiza el hecho imponible mediante su conducta fáctica (por ejemplo, no trabaja para no obtener renta, o no fuma) o si encuentra con ayuda de su asesor una configuración jurídica que permite eludir o reducir el impuesto."*

Tipke está certíssimo, viu longe. O legislador, e só ele, é responsável pela lei e pela qualidade da lei. As lacunas e imperfeições da lei, os negócios jurídicos indiretos, a elisão ou elusão lícita, somente podem ser, quando possível, colmatados ou equiparados pelo legislador, o que implica aplicar a vários negócios jurídicos o regime de um outro adrede tipificado. O legislador isso pode, com temperamentos, não o agente fiscal, como dispõe o art. 109 do CTN, em harmonia com o art. 108.

Para concluir, resta algo a dizer, qual seja, a diferença entre norma geral antielisiva (*general rule*) e norma específica antielisiva (*special rule*). Ambas visam a coibir o uso, jamais o abuso, das formas jurídicas alternativas oferecidas pelo Direito Privado. A evasão está no campo da ilicitude (dolo, fraude, dissimulação ou abuso de formas). A elisão está no campo da licitude.

Pois bem, a norma específica antielisiva tem de ser, para ter legitimidade: (a) razoável; (b) proporcional; (c) prévia; (d) não punitiva; (e) legislada; (f) dizer expressamente que regime jurídico-tributário deve se aplicar ao negócio elidido, caso por caso. E, mais, se usar presunções, estas serão sempre relativas para suportar a prova em contrário. Nestes termos será legitima, preservando-se a legalidade, a segurança e a certeza do direito.

A regra geral antielisiva não é regra, a rigor, de interpretação, nem antielisiva, mas *regra de competência*, segundo a nossa terminologia, para que o aplicador *ex officio* da lei dela se afaste, podendo, *a posteriori*, escolher

---

[25] TIPKE, Klaus. **Moral tributaria del estado y de los contribuyentes**. Madrid: Marcial Pons, 2000, p. 110-111.

segundo os vagos critérios do *business purpose* e do abuso de forma jurídica, da "fraude à lei fiscal", que regime tributário deve ser utilizado para o ato ou negócio jurídico já praticado, ferindo profundamente a legalidade, a liberdade, a segurança e a certeza do direito. É incompatível com o nosso sistema jurídico em todos os aspectos. De nossa parte, devotamos a ela desprezo, por significar um regresso ao arbítrio que vigorava há trezentos anos atrás. É como se voltássemos ao tempo das monarquias absolutas ou, mais recentemente, aos regimes fascistas, nazistas, integristas e fundamentalistas.

Em boa hora, ao apreciar a MP nº 66/2002 e a Lei nº 13.202/2015 (conversão da MP nº 685/2015), o Congresso Nacional exerceu o controle jurídico interno e rejeitou *in totum* a parte das medidas provisórias que cuidavam da regulamentação da impropriamente chamada norma geral antielisiva. Esta regulamentação, portanto, inexiste. O art. 116, seu parágrafo único, continua não autoaplicável, eis que as normas procedimentais nele previstas foram rejeitadas juntamente com os conceitos de falta de propósito negocial e de abuso de forma jurídica. Por cautela, ficam os nossos comentários a título de ilustração da matéria.

O Princípio Formal da Legalidade da Tributação e as Medidas Provisórias

Na Carta de 1967 era permitido ao chefe do Executivo editar decretos com força de lei sobre finanças públicas, inclusive normas tributárias, segurança nacional, criação e extinção de cargos públicos. A Constituição de 1988 eliminou o decreto-lei; criou, a seu turno, o instituto da medida provisória, vazada em seu art. 62.

Os pressupostos da medida provisória não são banais, exige-se *urgência e relevância*, a que for irrelevante e carecer de urgência não passa. O juízo de admissibilidade é do Congresso Nacional, constituindo-se em um *a priori* à consideração do mérito. Não sendo caso de medida provisória, o assunto transforma-se em projeto de lei.

Exatamente os pressupostos de *urgência e relevância* excluem do âmbito das medidas provisórias um rol de matérias – como as relativas à nacionalidade, cidadania, direitos políticos, partidos políticos, direito eleitoral, penal, processual penal e processual civil – e somente a prática do regime sedimentará o instituto, que julgamos necessário em um Estado Democrático de Direito. É que certas situações o requisitam, sob pena de paralisação do Executivo em face de condições difíceis.

Pois bem, com espeque na relevância e na urgência é que deduzimos o cabimento de medidas provisórias em sede de tributação em apenas um caso, *estando em recesso o Congresso Nacional*. Friso: estando em recesso o Congresso Nacional, poderia se cogitar o uso de medidas provisórias para criação de impostos extraordinários de guerra. Afinal, após a edição da EC nº 32/2001, nem mesmo para a instituição dos empréstimos compulsórios de emergência (guerra externa ou sua iminência e calamidade pública) poderia se cogitar o uso das medidas provisórias, pois se trata de matéria reservada a lei complementar (art. 62, § 1º, III).

Destarte, nosso entendimento é que os casos de urgência, em matéria tributária, já possuem os mecanismos arrolados no Texto Constitucional:

A) Os empréstimos compulsórios de emergência em caso de calamidade pública ou de guerra externa ou de sua iminência e, por suposto, os impostos extraordinários sob o mesmo fundamento, *estão liberados do princípio da anterioridade* e, pois, pela urgência de que se revestem, *vigoram de imediato.*

B) As contribuições sociais destinadas ao custeio da Seguridade Social (art. 195, CF) cobram eficácia em 90 dias, desnecessário esperar o ano vindouro para serem cobradas (urgência de recursos para o sistema previdenciário).

C) Naqueles impostos ligados ao mercado externo, importação e exportação, e às políticas industrial e financeira, IPI e IOF, a Constituição permitiu ao Executivo alterar-lhes as alíquotas para cima e para baixo, *sem lei*, vigorando a alteração de imediato (exceção à legalidade e à anterioridade e, salvo quanto ao IPI, exceção também ao prazo nonagesimal).

Quantos mais casos de urgência ou relevância em sede de tributação existem? Nenhum, menos ainda a justificar medida provisória. Certo, porque o que a tributação exige é *planejamento prévio, não surpresa, duração das regras*. Eis aí um campo infenso às situações de urgência. Os casos que exigiam a suspensão das *grandes garantias do contribuinte* foram devidamente sistematizados pelo constituinte.

A Constituição nos dá com uma mão o que com outra tira. O Direito inadmite regras antitéticas, o que prevê são regras de atenuação. O Direito Tributário é regido por princípios de contenção. Neste campo, os grandes princípios pleiteiam:

A) legalidade (lei formal e material). Medida provisória não é lei;
B) não surpresa. A medida provisória surpreende os contribuintes.

Ex positis, às luzes de uma interpretação sistêmica da Constituição, defendemos que não cabe medida provisória em matéria tributária, salvo nas exceções delineadas pela própria Lei Maior, que ora a afastam, ora a toleram, excepcionalmente, como visto. De forma semelhante, aliás, averbou a Prof.ª Misabel de Abreu Machado Derzi:[26]

> "É evidente que o adiamento da eficácia provocado pelo princípio da anterioridade, como regra geral no Direito Tributário, é o resultado da primazia da segurança jurídica. Do ponto de vista axiológico, prevaleceu, nos desígnios constitucionais, a necessidade de previsão, de conhecimento antecipado e antecipatório, de planejamento dos encargos fiscais, sobre o imediatismo das medidas provisórias.
>
> Instituir tributo ou aumentar tributo já existente não é urgente, nem tampouco relevante para a Constituição, que, em tais casos, determina seja observado o princípio da anterioridade.
>
> Dessa forma, temos uma primeira delimitação, posta na Constituição, às expressões, aparentemente abertas, relevância e urgência. *Trata-se de uma delimitação negativa que permite afirmar não ser, de modo algum urgente ou relevante, criar tributo novo ou majorar aqueles já existentes*" (destacamos).

Por último, o argumento político. Faria senso uma Constituição democrática, que promoveu o controle congressual em níveis jamais vistos, em substituição a uma Carta outorgada, de cunho ditatorial, que consagrava a hipertrofia do Executivo, extinguir o decreto-lei para criar instrumento ainda mais abrangente, em matéria tão sensível como a tributária? De certo que não, a toda evidência.

É por isso que a Constituição obriga o legislador a consentir a tributação, impedindo, de maneira absoluta, salvo os casos previstos por essa mesma Carta, a delegabilidade da função legislativa. Afinal, de nada adiantaria, já descontadas as exceções, a Constituição reservar à lei o trato de determinada matéria se, depois, o *legislador*, fazendo dela *tábula rasa, delegasse* o seu manejo ao administrador. Seria o dito pelo não dito. Repetimos: a Constituição obriga o legislador a consentir a tributação. A competência legislativa em sede de

---

[26] Conferência em São Paulo, 1991.

tributação é *indelegável*. Esta é a razão pela qual, ocorrendo a delegação, surge a eiva de inconstitucionalidade.

Prescrições legais atribuindo ao ministro da Fazenda fixar alíquotas de impostos ou outros elementos estruturais de quaisquer tributos, bem como delegações de igual jaez em prol de órgãos administrativos ou colegiados – tais os casos das assembleias de Estados para erguer convênios do ICMS e do Conselho Monetário Nacional (CMN) – são radicalmente inconstitucionais. Não se dispõe o indisponível. Claro que aqueles tributos excepcionados expressamente pela Superlei poderão ser manejados pelo Executivo. Mas, nesses casos, a exceção é constitucional.

Nessa mesma toada, sendo indelegável a competência legislativa para manejar tributos, conforme a Lei Maior, o uso de medida provisória na espécie caracteriza *invasão de competência*, intolerada pela Constituição. O Judiciário, todavia, contemporiza, concilia.

A rigor, o STF, com arrimo no *caput* do art. 62 da CF, quando este afirma que as medidas provisórias possuem "força de lei", sedimentou que o instrumento normativo em questão é hábil para instituir e majorar tributos, ressalvados aqueles submetidos à disciplina de lei complementar[27]. Com a devida vênia, não assentimos. Nada obstante, sabemos que o entendimento, de certo modo, foi ratificado pela Emenda Constitucional nº 32/2001, que trouxe uma disciplina inteiramente renovada para a medida provisória; no que interessa ao ponto, impende destacar a introdução do § 2º ao art. 62, redigido nos seguintes termos:

> "Art. 62. [...]
> [...]
> § 2º Medida provisória que implique instituição ou majoração de impostos, exceto os previstos nos arts. 153, I, II, IV, V, e 154, II, só produzirá efeitos no exercício financeiro seguinte se houver sido convertida em lei até o último dia daquele em que foi editada".

É importante observar também que o dispositivo exige que a medida provisória seja convertida em lei antes de findo o exercício para somente valer no exercício seguinte (exceção novamente ao II, IE, IPI, IOF e IEG). Destarte, embora a medida provisória possua eficácia imediata, em matéria tributária, via de regra, ela perde essa virtude, tornando-se um simples

---

[27] STF, MC-ADI nº 1.417/DF, Rel. Min. Octavio Gallotti, *DJ* 24.05.1996.

mecanismo de *iniciativa de lei* pelo Poder Executivo em razão de seu peculiar processo legislativo.[28]

Lamenta-se que o dispositivo tenha citado apenas os impostos e não tributos. No entanto, haja vista nossa filiação à Teoria Tripartite das espécies tributárias (pelos motivos já expostos alhures), classificamos exações como PIS, COFINS e CSLL dentre os impostos, na medida em que expressam um ato do contribuinte, e não do Estado. Encontram-se sujeitas, portanto, à restrição do § 2º do art. 62 do Texto Constitucional. Apenas deixamos a ressalva de que poderá o Supremo interpretar o dispositivo de forma restritiva e literal, deixando mais um espaço aberto para a progressão da carga tributária concentrada nas chamadas *contribuições*, tendo em vista o número menor de restrições a que se submetem quando comparadas com os impostos.

O Princípio da não Surpresa do Contribuinte (Anualidade, Anterioridade, Lapsos Temporais Predefinidos)

O princípio da não surpresa do contribuinte é de fundo axiológico. É valor nascido da aspiração dos povos de conhecerem com razoável antecedência o teor e o *quantum* dos tributos a que estariam sujeitos no futuro imediato, de modo a poderem planejar as suas atividades levando em conta os *referenciais da lei.*

De quatro maneiras o Direito recepciona e realiza o princípio da não surpresa, materializando-o juridicamente:

A) pelo princípio da anualidade, que predica a inclusão da *lei tributária material na lei do orçamento ou ânua* (daí a denominação anualidade);

B) pelo princípio de postergação genérica da eficácia das leis fiscais, do tipo: "A lei fiscal só produzirá efeitos após 120 (cento e vinte) dias da sua publicação";

C) pelo princípio de se fixar especificamente por tipo de tributo ou por espécie de imposto um lapso de tempo para que a lei produza efeitos,

---

[28] Estivemos a prever para as medidas provisórias o mesmo destino do decreto-lei no regime anterior (Constituição de 1967). O STF acabou por referendar o entendimento de que o decreto-lei podia instituir tributo, mas devia obedecer ao princípio da anterioridade. Equiparou o decreto-lei à lei e submeteu-o ao princípio da anterioridade, que é um princípio sobre a eficácia das leis fiscais, retirando ao decreto-lei a eficácia imediata que lhe era ínsita quando veiculava outras matérias que não a tributária.

tenha eficácia. É o caso, entre nós, das contribuições sociais que guardam um espaço de tempo de 90 (noventa) dias para cobrarem eficácia (art. 195, § 6º, da CF). Mais recentemente os impostos (art. 150, III, "c") passaram a se submeter a tal prazo;

D) finalmente, através do princípio da anterioridade da lei fiscal em relação ao exercício de sua cobrança. Assim, a lei que institui ou majora tributo num ano, digamos, 2019, só pode desencadear o dever do contribuinte de pagar o tributo ou a sua majoração no exercício seguinte, ou seja, no ano de 2020.

O Brasil, nos termos da Constituição de 1988, desconhece as fórmulas descritas em (a) e (b). Adota as previstas em (c) e (d).

Eduardo Maneira enceta penetrante crítica à retórica dos princípios no Direito Tributário brasileiro e oferta ideias ao fortalecimento do princípio da não surpresa. Aduz que por detrás dos importantíssimos princípios da legalidade e da anterioridade está o princípio da não surpresa, do qual decorre para o contribuinte o direito à segurança jurídica. Ou, em suas palavras: "o princípio da não surpresa da lei tributária é instrumento constitucional que visa a garantir o direito do contribuinte à segurança jurídica, essência do Estado de Direito, qualquer que seja a sua concepção".

Nessa senda, aplaudiu o professor a inclusão da alínea "c" ao art. 150, III, da Lei Maior pela Emenda Constitucional nº 42/2003, que tornou o princípio da noventena, antes restrito às contribuições de seguridade social, aplicável a todas as espécies tributárias, ressalvadas as exceções previstas na própria Carta. A inovação evitou, é bem de ver, a continuidade da prática muito comum dos entes tributantes em outros tempos consistente em publicar uma lei em dezembro de um ano para que produzisse seus efeitos logo em janeiro do ano seguinte. "De fato, lei publicada em dezembro para viger em janeiro do ano seguinte é lei que carrega um mínimo, quase nada dos valores que a anterioridade pretende assegurar".

Não obstante, arremata com astúcia: "de lamentar que o Imposto de Renda, que sempre foi objeto de *pacotes* surpreendentes de final de ano, tenha sido colocado como exceção à nova regra".[29]

---

[29] MANEIRA, Eduardo. **O princípio da não surpresa do contribuinte.** Belo Horizonte: Del Rey, 1994, p. 161.

Exceções ao Princípio da Anterioridade e Prazo Nonagesimal

De forma esquemática, podemos resumir as exceções ao princípio da não surpresa da seguinte forma:

ANTERIORIDADE TRIBUTÁRIA
REGRA GERAL: art. 150, III, "b", da CF
EXCEÇÕES:
a) Previstas no art. 150, § 1º, da CF:
– Imposto de Importação
– Imposto de Exportação
– IPI
– IOF
– Imposto Extraordinário de Guerra
– Empréstimo Compulsório de Calamidade Pública ou Guerra
b) Previstas no art. 177, § 4º, I, "b", da CF:
– Redução e restabelecimento da alíquota da CIDE-Combustíveis
c) Previstas no art. 155, § 2º, XII, "h", da CF:
– ICMS-Monofásico
d) Previstas no art. 195, § 6º, da CF:
– Contribuições Sociais destinadas ao Custeio da Seguridade Social[30]
e) Previstas na Súmula Vinculante nº 50:
– Alteração do prazo de recolhimento da obrigação tributária

ESPERA NONAGESIMAL
REGRA GERAL: art. 150, III, "c", e art. 195, § 6º, da CF
EXCEÇÕES:
a) Previstas no art. 150, § 1º, da CF:
– Imposto de Importação
– Imposto de Exportação
– Imposto de Renda
– IOF
– Imposto Extraordinário de Guerra
– Empréstimo Compulsório de Calamidade Pública ou Guerra
– Alterações na base – IPTU e IPVA

---

[30] As contribuições destinadas ao custeio da Seguridade Social devem guardar obediência à espera nonagesimal, estando dispensadas da anterioridade. As demais contribuições (exceto CIDE-combustíveis, que está dispensada da anterioridade, mas não da espera nonagesimal) devem guardar obediência à anterioridade e espera nonagesimal.

LEGALIDADE FORMAL
REGRA GERAL: art. 150, I, da CF
EXCEÇÕES:
a) Previstas no art. 153, § 1º, da CF:
– Alterar as alíquotas do II, IE, IPI e IOF
b) Previstas no art. 155, § 4º, IV, da CF:
– Definição da alíquota do ICMS-Monofásico
c) Previstas no art. 177, § 4º, I, "b", da CF:
– Redução e restabelecimento da alíquota da CIDE-Combustíveis

O Princípio da Anualidade – Seus Reflexos na Área Tributária

Flávio Bauer Novelli insiste heroicamente em deduzir o princípio da anualidade do conjunto orçamentário da Constituição. Está certo.

Houve tempo nesta República – bons tempos – em que o princípio da anualidade teve guarida na Constituição Federal. Ele, o velho princípio, erradicado pelo regime autoritário, vem-nos desde o Império, passando pela Primeira República. Foi ignorado pelo Estado Novo, logo voltando à tona com a Constituição democrática de 1946, para novamente submergir na redação obscurantista que a outorgada Emenda nº 1 deu à Constituição de 1967.

Terá cabimento, portanto, tracejar a sua reportagem nos supedâneos dos juristas e juízes pátrios e, quiçá, nos aportes peregrinos dos povos cultos.

Por sem dúvida, o seu talhe será o mesmo com que se vestia e persistia na Constituição, neste ponto sábia e democrática, do povo das Gerais. Em verdade, a Constituição mineira de 1967 previa a anualidade nestes termos: "Art. 16. É vedado ao Estado e aos Municípios: I – instituir ou aumentar tributo sem que a lei o estabeleça *ou cobrá-lo sem prévia autorização orçamentária*" (destacamos).

Sobre o princípio da anualidade, inserto no art. 141, § 34, da Constituição democrática de 1946, de ver a dissecação que dele fez o constituinte Aliomar Baleeiro, depois Ministro do STF:

"Parece-nos que a boa interpretação do art. 141, § 34, leva às seguintes conclusões lógicas:

a) a lei material, que decreta ou majora tributo, ressalvados a tarifa aduaneira e o imposto de guerra, há de ser anterior ao Orçamento, pois não se autoriza nem se condiciona o que ainda não existe;

b) a lei do tributo não pode ser alterada ou retificada, depois do Orçamento, para vigência no exercício a que este se refere;

c) o Orçamento, na parte relativa à autorização para cobrança de tributos, não pode ser modificado ou alterado depois do prazo constitucional fixado para sua sanção (Constituição, art. 74 combinado com o art. 70 e parágrafo); [...]".[31]

Não menos incisivo era João Mangabeira, outro constitucionalista de escol, conterrâneo e contemporâneo de Baleeiro, para quem "a situação jurídica, uma vez firmada pela sanção ou pela prorrogação do Orçamento, é imodificável dentro do ano financeiro."[32]

Finalmente, a índole orçamentária do princípio levou Misabel Derzi[33] a extratar as seguintes conclusões:

> "Persiste atuante, na Constituição de 1988, o princípio da anualidade tributária, como expressão de:
>
> 1) marco temporal imposto, expressamente, ao legislador financeiro na fixação do exercício;
>
> 2) marco temporal imposto ao legislador tributário para eficácia e aplicação das leis tributárias que instituem ou majoram tributo, graças ao princípio da anterioridade;
>
> 3) marco temporal imposto, implicitamente, ao legislador tributário, na periodização dos impostos incidentes sobre a renda e o patrimônio;
>
> 4) previsão das alterações na legislação tributária pela notícia, contida na lei de diretrizes orçamentárias.
>
> A lei orçamentária é anual (arts. 165, I, II, III, e 165, §§ 8º, 9º e 10, da Constituição), vigorando por um exercício financeiro o qual, até a presente data, coincide com o ano civil, indo de 1º de janeiro a 31 de dezembro. Mas lei complementar pode alterá-lo, desde que mantenha a anualidade do período.
>
> É vedado ao legislador complementar escolher período mais reduzido do que o de um ano, porém ser-lhe-á facultado alterar-lhe o termo inicial e final.
>
> [...]

---

[31] COÊLHO, Sacha Calmon Navarro. O princípio da anualidade da lei fiscal na jurisprudência da Suprema Corte: a contribuição de Aliomar Baleeiro. *In:* ROSAS, Roberto *et al.* **Aliomar Baleeiro no Supremo Tribunal Federal** (1965-1975). Rio de Janeiro: Forense, 1987. p. 47-105, p. 53.

[32] COÊLHO, Sacha Calmon Navarro. O princípio da anualidade da lei fiscal na jurisprudência da Suprema Corte: a contribuição de Aliomar Baleeiro. *In:* ROSAS, Roberto *et al.* **Aliomar Baleeiro no Supremo Tribunal Federal** (1965-1975). Rio de Janeiro: Forense, 1987. p. 47-105, p. 55.

[33] DERZI, Misabel Abreu Machado. Notas de atualização. *In:* BALEEIRO, Aliomar. **Limitações constitucionais ao poder de tributar**. 8. ed. Rio de Janeiro: Forense, 2010, p. 219.

Dessa forma, a arrecadação dos tributos é anual, feita para custear as despesas anualmente programadas. Por isso, os impostos que repousam em resultado de atividades econômicas (renda) ou em situações jurídicas (propriedade patrimonial) terão seus fatos geradores ou hipóteses renovadas ano a ano, daí decorrendo importantes consequências como a independência dos exercícios e, a irretroatividade da lei em relação ao exercício ou marco anual, imposto pela Constituição.

A periodização anual obrigatória dos impostos incidentes sobre a renda e o patrimônio são decorrências necessárias e lógicas do ciclo orçamentário anual, que renova a arrecadação, possibilitando o enfrentamento dos gastos a serem efetuados pelo Estado, ano a ano.

[...]

O princípio da anualidade do exercício financeiro que acabamos de examinar também tem seus reflexos diretamente no seio do sistema tributário, pois o art. 150, III, 'b', assim proclama o princípio da anterioridade: '... é vedado à União, aos Estados, ao Distrito Federal e aos Municípios: ... cobrar tributos... no mesmo exercício financeiro em que haja sido publicada a lei que os instituiu ou aumentou'.

Portanto, a anterioridade é um princípio que tem como referência exatamente o exercício financeiro anual, razão pela qual a anualidade se converte em marco fundamental à vigência e eficácia das leis tributárias e, consequentemente, à periodização nos impostos incidentes sobre a renda e o patrimônio, como veremos a seguir."

Concordamos com a professora citada. O princípio orçamentário da anualidade reflete luz sobre o Direito Tributário e produz consequências relevantes.

O Princípio da Irretroatividade da Lei Fiscal – Ênfase no Imposto de Renda em Primeiro Lugar

A irretroatividade das leis, salvo quando interpretativa ou para beneficiar, é princípio geral do Direito, e não seria necessário sequer o constituinte mencioná-lo na parte das vedações ao poder de tributar. Ocorre que, em face de peculiaridades de nossa recente experiência jurídica, fez-se necessária a sua menção expressa no capítulo do Sistema Tributário.

Paradoxalmente, a jurisprudência brasileira vinha consagrando, em tema de imposto de renda, a retroatividade da lei fiscal. A Súmula nº 584 do STF, de 1977, dispunha:

"Ao Imposto de Renda calculado sobre os rendimentos do ano-base, aplica-se a lei vigente no exercício financeiro em que deva ser apresentada a declaração."

Como se sabe, o imposto de renda, no Brasil, das pessoas físicas e jurídicas, salvo determinadas exceções, como mudança para o estrangeiro, encerramento de atividades e outras, está estruturado pelo dualismo: ano-base/ano da declaração. No ano-base, 1º de janeiro a 31 de dezembro, ocorrem os fatos jurígenos. No ano da declaração, o contribuinte recata os fatos tributáveis, aproveita as deduções, compensa os créditos fiscais, dimensiona a base imponível, aplica as alíquotas, obtém o *quantum* devido e recolhe o imposto sob a condição suspensiva de, *a posteriori*, o Fisco concordar com o imposto declarado. Em caso de recolhimento a menor, ocorrerão lançamentos suplementares.

É intuitivo, na espécie, que o aspecto temporal da hipótese de incidência fecha em 31 de dezembro do ano-base, porque o fato jurígeno do imposto de renda é continuado. Em 31 de dezembro cessa o movimento, e tudo cristaliza-se. O filme em exibição desde 1º de janeiro chega ao fim (no último átimo de tempo do dia 31 de dezembro de cada ano-base). Nesta data, temos o irreversível. No ano do exercício da declaração, o que se tem é o relato *descritivo* e *quantitativo* dos fatos jurígenos (suporte da tributação).

Para satisfazer o princípio da anterioridade, é necessário que a lei de regência do imposto de renda seja a vigente em 31 de dezembro do ano anterior ao ano-base, pois teriam os contribuintes a prévia informação do quadro legal que regularia as suas atividades tributárias, antes de ocorrerem.

A Súmula do STF, no entanto, entendia o contrário, impressionada por uma polêmica acadêmica (mas não só por isso) que discutia sobre o *dies ad quem* do período aquisitivo da renda, se em 31 de dezembro do ano-base ou em 1º de janeiro do exercício seguinte (exercício da declaração).

Academicismo irritante, pois o importante é e sempre será o contribuinte saber, antes de realizar as suas atividades, o quadro jurídico de regência dessas mesmas atividades, o que leva à tese de que só o dia 31 de dezembro seria, *ética e juridicamente, o dia apropriado.* Caso contrário, falar em princípio da anterioridade traduziria enorme toleima, a crer-se na seriedade e nas funções do princípio.

Interessa aos jogadores de um time qualquer, de um esporte qualquer, jogar sem saber das regras? É só tomar conhecimento delas após o jogo no vestiário? Privilegiado é o árbitro. Pode *valorar a posteriori* o vencedor e os vencidos.

Ora, tal era a situação do IR no Brasil antes da Constituição de 1988. Vale dizer, o IR não só não respeitava o princípio da anterioridade como tornava o imposto *retroativo*, contra um princípio geral do Direito universalmente aceito e praticado.[34]

Agora o quadro é outro. O art. 150, III, "a", "b" e "c" rechaça a prevalência da Súmula nº 584, sem qualquer sombra de dúvidas. Esse é, ao menos, o nosso sentir, no que somos acompanhados por grande parte da doutrina e até mesmo por precedentes do STJ.

O STF, contudo, persiste na aplicação de seu enunciado, a despeito da ordem constitucional ora em vigor. Tanto é assim que, recentemente, no julgamento do RE nº 183.130/PR,[35] a Suprema Corte afastou a aplicação retroativa do art. 1º, I, da Lei nº 7.988/89 – que majorara a alíquota do IR incidente sobre o lucro oriundo de operações de exportação incentivadas ocorridas no passado – não por afronta à irretroatividade da lei fiscal, mas por conduzir a uma quebra da confiança do contribuinte. Entendeu-se, a rigor, que "a evidente *função extrafiscal* da tributação das referidas operações *afasta a aplicação*, em relação a elas, da Súmula 584/STF" (destacamos).

O Princípio da Anterioridade – Mecânica de Funcionamento em Face dos Diversos Tipos de Fatos Geradores – Forma, Lugar e Tempo do Pagamento da Obrigação Tributária – Reserva de Lei

Os fundamentos históricos e axiológicos do princípio tributário da anterioridade radicam: (a) na possibilidade de os contribuintes poderem prever a lei de regência a que estarão, no exercício seguinte, sujeitados os

---

[34] A pena de Luciano da Silva Amaro, a propósito dessa situação, tracejou linhas candentes de inconformismo. Em *liber amicorum* em louvor a Baleeiro, expusemos suas ideias com indisfarçável simpatia: "é realmente inacreditável que se continue insistindo em que a renda que não foi ganha até 31 de dezembro (ou 1º de janeiro) considera-se ganha nessa época, e que, portanto, a lei que seria retroativa considera-se não retroativa e, em decorrência, o que a Constituição exigia considera-se não mais exigido – tudo por força das virtualidades mágicas da lei ordinária. Isso revela profunda desconsideração pela Lei Fundamental, desprezo que culmina – quando se traz à colação o princípio da anterioridade – com a assertiva de que só se exige lei anterior ao lançamento do tributo, como, se, transpondo a questão para o Direito Penal, bastasse lei anterior ao 'lançamento da pena' pelo Estado, no lugar de lei anterior ao delito." (COÊLHO, Sacha Calmon Navarro. O princípio da anualidade da lei fiscal na jurisprudência da Suprema Corte: a contribuição de Aliomar Baleeiro. *In*: ROSAS, Roberto *et al*. **Aliomar Baleeiro no Supremo Tribunal Federal (1965-1975)**. Rio de Janeiro: Forense, 1987. p. 47-105, p. 90-91).

[35] STF, RE nº 183.130/PR, Rel. Min. Carlos Velloso, Rel. p/ acórdão Min. Teori Zavascki, *DJe* 17.11.2014.

seus negócios, bens, renda e patrimônio (*antes de realizarem* os fatos geradores); e (b) na certeza de que, durante o transcurso do *exercício*, lei alguma terá eficácia para alterar a *lex proevia* em que se basearam para a realização dos fatos jurígenos-tributários. Saber antes: certeza e segurança. Eis o significado da *anterioridade*.

É dizer, o princípio da anterioridade nada tem a ver com a época em que os contribuintes pagam os tributos decorrentes da realização dos fatos geradores. A regulação jurídica de um fato jurígeno não pode ser posterior à ocorrência deste.

O princípio atua *antes* do fato jurígeno e não depois (irretroatividade substancial).

A regulação do lugar, da forma e do tempo do pagamento do tributo (fórmula normal de extinção das obrigações de dar, pecuniárias) também deve estar prevista *ex lege*, antes do início do exercício financeiro em que ocorrem os fatos geradores da obrigação. Dissentimos, portanto, da jurisprudência já antiga do STF que permite a fixação do prazo de pagamento do tributo mediante atos infralegais, eis que a exigência não consta do rol do art. 97 do CTN – considerado taxativo pela Corte. Com efeito, é errôneo supor que tais matérias são administrativas, podendo ser alteradas ao alvedrio do credor, no caso, ao alvedrio das pessoas jurídicas de Direito Público, territoriais e não territoriais. Ao revés, são temas interditados ao Estado-Administração (sujeito ativo da obrigação tributária). Uma parte não pode unilateralmente alterar a obrigação.

Solvens e *accipiens*, por força de contratos ou leis (obrigações *ex lege*), devem saber antes, com anterioridade, todos os elementos estruturais das obrigações a que se vinculam, aí incluídos o lugar, a forma e o tempo do pagamento.

Inobstante, os fatos jurígenos são diversos. Noutras palavras, os fatos geradores dos tributos podem ser fatos ou conjunto de fatos. Estes podem ocorrer num ponto na linha do tempo ou entre dois pontos na linha do tempo, na medida em que se possa figurar o vir a ser do tempo como série ou linha pontilhada (duração).

Assim sendo, faz-se necessário não apenas precisar o dia em que ocorre o fato gerador, mas precisar igualmente o *dies a quo* e o *dies ad quem* quando se tratar de fato gerador composto de conjunto de fatos na duração do tempo. Caso contrário, não se teria como operacionalizar, em relação a estes, o princípio da anterioridade. O imposto sobre a renda anual caracteriza bem a hipótese. Neste, importa mais saber quando começa o fato gerador... A lei deve ser prévia ao seu início.

A função dos princípios da anterioridade e da irretroatividade, referido o último aos fatos geradores, recoloca a questão de maneira correta e suplanta a Súmula nº 584 do STF, de forma inquestionável, ao nosso sentir, com vantagem para os contribuintes, armados, agora, de mais certeza e segurança perante o poder de tributar. O constituinte de 1988, neste ponto, merece encômios.

A Irretroatividade da Lei e a Retrospectividade

Alguns autores estão procurando introduzir em nosso Direito, sub-repticiamente, a retroatividade da lei fiscal, com elegantes citações de doutrinadores estrangeiros, em cujos países o princípio da irretroatividade da lei tributária não tem consagração constitucional como no Brasil. Alhures o princípio é deduzido da legalidade e da capacidade contributiva, e admite-se, em certos casos, a chamada retrospectividade da lei. Vejamos o que vem a ser tal coisa.

A Prof.ª Misabel Derzi,[36] com fulcro nas lições de Klaus Tipke, explica-nos que a retroatividade pode ser própria ou imprópria: a primeira delas se dá na hipótese de a lei nova atingir atos pretéritos, já pertencentes às páginas da história; a segunda, por sua vez, é a retrospectividade de que ora tratamos e verifica-se quando o novel diploma atinge não o passado ou o futuro, mas sim o presente – e presente no qual determinado fato ou relação jurídica está prestes a se perfazer. Podemos citar como exemplo de retrospectividade a alteração legislativa que, elevando a alíquota do imposto de renda em dezembro de 2017, vija para determinar a apuração majorada do tributo nesse mesmo ano; ora, em tal caso, como a exação possui um fato gerador continuado, cujo aspecto temporal se inicia em 1º de janeiro e finda em 31 de dezembro, a mudança atingiria um quadro que, não obstante ainda em aberto, está em vias de se consumar.

Outrossim, a ilustre jurista pontua que a Lei Fundamental alemã, diversamente da Constituição brasileira, não consagra os princípios da irretroatividade, da anterioridade e da capacidade econômica do contribuinte, o que enseja a aceitação da tese da retroatividade imprópria – não sem críticas de grande parte da doutrina – pelo Tribunal Constitucional daquele país. Lado outro, entre nós, em vista da positivação dos anunciados princípios, inexiste a possibilidade de adoção da teoria; vejamos Derzi: "ora, a anterioridade, que leva ao adiamento da eficácia da norma tributária modificadora do imposto

---

[36] DERZI, Misabel Abreu Machado. Notas de atualização. *In*: BALEEIRO, Aliomar. **Limitações constitucionais ao poder de tributar**. 7. ed. Rio de Janeiro: Forense, 2006, p. 191-193.

sobre a renda, para o exercício financeiro subsequente, por si só, impede em qualquer circunstância a adoção da tese que permite a retrospectiva ou retroatividade imprópria ao legislador".

A observação procede inteiramente. Os alemães, à falta de preceitos constitucionais expressos, extraem a irretroatividade do *Estado de Direito e da segurança jurídica*. Os italianos dizem que a lei tributária não pode ser retroativa porque a *capacidade contributiva* há de ser contemporânea à ocorrência de um fato que a revele previamente posto numa lei impositiva. A capacidade contributiva é sempre concebida de forma concreta. Só pode ser aferida com o fato concreto que ocorre conforme a previsão legal. Como alcançar, então, fatos já ocorridos, anteriores à lei fiscal? A propósito, ver o jovem professor, posto que já renomado, Augusto Fantozzi.[37]

Não é o caso do Brasil, onde o princípio, além de mencionado no capítulo dos Direitos Fundamentais, é enfaticamente repetido no capítulo tributário da Constituição. Se uma situação começou sob a regência da lei "alfa", mas está em transcurso, a superveniência da lei "beta" não a alcança.[38] Somente a lei anterior à situação tem vez. Não se admite a retroatividade em Direito Tributário.

A Irretroatividade da Lei, da Jurisprudência e da Decisão Administrativa Definitiva

Em Direito Tributário, como já se sabe, a obrigação é *ex lege* ou heterônoma, para usar a terminologia de Kelsen.

A lei tributária não pode alcançar o ato jurídico perfeito, a coisa julgada e o direito adquirido (CF/88, art. 5º, XXXVI). E o art. 150, III, prescreve que não se podem cobrar, ou seja, exigir tributos em relação a fatos geradores ocorridos *antes do início da vigência da lei que os houver instituído ou aumentado.*

Contudo, o nosso Direito Tributário prescreve não apenas a irretroatividade da lei, mas também das *decisões administrativas e judiciais,* aplicativas da lei.

---

[37] FANTOZZI, Augusto. **Diritto Tributario.** Torino: Unione Tipografico-Editrice Torinese – Utet, 1991, p. 151.

[38] Certeira, mais uma vez, a Prof.ª Misabel Derzi: "é, assim, equivocado supor que o Código Tributário Nacional, ao se referir a fatos geradores 'pendentes', estaria autorizando a aplicação de lei nova que entrasse em vigor antes do encerramento do período. Como observa, com sabedoria, Sacha Calmon (*in CTN Comentado*, no prelo), fato gerador 'pendente' é apenas fato sujeito a condição suspensiva que ainda não se deu; é fato futuro. O art. 105 do Código Tributário Nacional, conjugado aos arts. 116 e 117, não se aplica aos tributos de período." (DERZI, Misabel Abreu Machado. Notas de atualização. *In:* BALEEIRO, Aliomar. **Limitações constitucionais ao poder de tributar.** 7. ed. Rio de Janeiro: Forense, 2006, p. 193).

Entre nós, não apenas a lei, mas todo o Direito Tributário está marcado pela irretroatividade (legislação, administração e jurisdição) em prol dos justiçáveis, ao suposto de que o Direito muda continuamente, seja pela inovação legislativa, seja pela inovação de sua interpretação pelo Judiciário, seja pela alteração dos critérios de aplicação da lei pela Administração.

Com efeito, para nos lembrarmos de Kelsen, a lei é *geral* e *abstrata*. Projeta normas gerais em abstrato. Mais precisos são a sentença judicial e o ato administrativo. Ambos são *atos de aplicação da lei* com um teor de concreção muito maior. Por isso Kelsen dizia que eram normas individuais as que recaíam concretamente sobre certas e determinadas pessoas ou classes de pessoas, normatizando condutas humanas. Pois não se diz que o ato administrativo define ou ajuda a definir situações jurídicas individuais? Por outro lado, é comum ouvirmos que "a sentença é lei entre as partes".

Pleno de sabedoria, o nosso Direito Tributário impede a retroatividade da sentença e do ato tributário. É esse o escopo, por exemplo, do art. 146 do CTN, que veda a alteração do critério jurídico empregado pelo Fisco para o lançamento do crédito tributário; a rigor, de acordo com a norma, tal mudança "somente pode ser efetivada, em relação a um mesmo sujeito passivo, *quanto a fato gerador ocorrido posteriormente à sua introdução*" (destacamos).

O mesmo desiderato inspira, ainda, o art. 156, IX e X, do diploma, cujo mote é a extinção do crédito tributário. Nos termos do referido dispositivo, toda alteração judicial ou administrativa em sentido contrário ao entendimento anterior que determinou a extinção do crédito não o ressuscita. Aplica-se somente "para o futuro".

Não é outro, desta vez restrito à esfera administrativa, o sentido do art. 100 do CTN e seu importantíssimo parágrafo único. Quando o *ato administrativo normativo* (com alto grau de abstração) *traduzir a lei* de modo posteriormente declarado *inidôneo*, o contribuinte que agiu conforme aquele primeiro comando fica resguardado do erro de interpretação da Fazenda que o induzira a errar ou, quando nada, a agir de certo modo posteriormente declarado incorreto, injurídico ou ilegal.

Irretroatividade e Ação Rescisória

Vexata quaestio paira sobre o cabimento da ação rescisória em matéria tributária, haja vista a ampla deferência que neste campo se faz à irretroatividade. Ora, estaria tal garantia restrita à lei em sentido estrito e aos atos administrativos ou abarcaria também as decisões judiciais? Por tudo quanto já dissemos, fácil concluir que, para nós, a irretroatividade deve ser entendida da maneira mais ampla possível, no que somos acompanhados por nomes de escol. Em parecer conjunto com a Prof.ª Misabel Derzi e o Prof. Humberto Theodoro Júnior, restou pensada e escrita a doutrina que ora se dá a estampa:

> "O que dissemos a respeito da extinção da obrigação tributária por decisão administrativa, irreformável, da autoridade administrativa, não mais passível de ação anulatória, pela própria Administração, há de ser repisado, com maior ênfase, no que se refere à extinção da obrigação tributária em razão de decisão judicial transitada em julgado (coisa julgada formal e material), favorável ao sujeito passivo.
>
> Nessa hipótese, nem mesmo a ação rescisória – quando se tratar de interpretação da norma tributária, ou seja, de pura *quaestio juris* – tem o condão de fazer renascer um crédito tributário já extinto, pois a obrigação tributária (a relação jurídica) legalmente inexiste. Inexiste não porque a sentença rescindenda assim determinara, mas senão porque uma lei complementar da Constituição – lei material – determinou este efeito para a sentença definitiva: *o fim da obrigação e do crédito tributário correspondente*. Há, portanto, *limite material* em Direito Tributário oponível ao cabimento da ação rescisória. Pode-se dizer, sem medo de errar, que, em matéria tributária, pelas mesmas razões que impedem o refazimento do lançamento por erro de direito e decretam a extinção da obrigação por autorrevisão administrativa (certa ou errada), inexiste pressuposto (carência de ação) para a ação rescisória de sentença transitada em julgado, em razão de interpretação diversa do direito aplicada à espécie. Aqui, mais do que em qualquer outro ramo do direito pátrio, têm cabimento as Súmulas nº 343 e 134 do Supremo Tribunal Federal e do Superior Tribunal de Justiça (ex-Tribunal Federal de Recursos)."

Nada obstante, em página de grande sensibilidade, a Profª Misabel Derzi leciona:

> "Ora, ao assegurar a Constituição brasileira que a lei não retroagirá, respeitando-se a coisa julgada, a expressão lei, utilizada no art. 5º, XXXVI, tem alcance muito mais amplo para significar a inteligência da lei em determinado momento, ou seja, certa leitura da lei, abrangendo assim, os atos que a ela se conformam, emanados do Poder Judiciário e do Executivo. A lei posta pelo Poder Legislativo pode comportar mais de uma interpretação, de modo que a lei que vige, em determinado momento, é a lei segundo uma de suas interpretações possíveis. À certa altura, sem nenhuma mudança literal da

fórmula legislativa, que conserva os mesmos dizeres, altera-se a interpretação que da mesma lei fazem os tribunais, os quais passam a decidir conforme outra interpretação. Surge, assim, sem lei nova como ato emanado do Poder Legislativo, espécie de lei nova proclamada pelo Poder Judiciário. A irretroatividade da lei alcança, portanto, a irretroatividade da inteligência da lei aplicada a certo caso concreto, que se cristalizou por meio da coisa julgada. A limitação imposta às leis novas quanto à irretroatividade abrange também os atos judiciais, uma vez que uma decisão judicial é sempre tomada segundo certa leitura ou interpretação da lei. Interpretação nova, ainda que mais razoável, não pode atingir uma sentença já transitada em julgado. Não podem retroagir as decisões judiciais, ainda que a título de uniformização jurisprudencial. O instituto da coisa julgada é necessária garantia de segurança e estabilidade das relações jurídicas como ainda de praticidade, pois tornar-se-ia inviável a aplicação do direito se, a cada evolução e mutação jurisprudencial, devessem ser rescindidas as decisões anteriores, para que se proferissem novas decisões, com base na nova lei, simples nova inteligência da lei. Assim, no direito nacional, como em todos os países que se enquadram dentro do princípio do Estado de Direito, a decisão judicial nova que interpreta de maneira diferente uma norma jurídica não retroage, nem enseja rescisão de sentença transitada em julgado."

É de ver que as transcrições supra referem-se a dois enunciados jurisprudenciais, a Súmula nº 343 do STF e a Súmula nº 134 do extinto Tribunal Federal de Recursos, de grande importância na medida em que estabelecem um significativo pressuposto para o cabimento da ação rescisória. A rigor, os verbetes consagram que a ação não será admitida caso invoque a violação de literal dispositivo de lei cuja interpretação era controvertida nos Tribunais à época da decisão, senão observe-se:

Súmula nº 343 do Supremo Tribunal Federal:
"Não cabe ação rescisória por ofensa a literal disposição de lei, quando a decisão rescindenda se tiver baseado em texto legal de interpretação controvertida nos tribunais."
Súmula nº 134 do extinto Tribunal Federal de Recursos – TFR:
"Não cabe ação rescisória por violação de literal disposição de lei se, ao tempo em que foi prolatada a sentença rescindenda, a interpretação era controvertida nos tribunais, embora posteriormente se tenha fixado favoravelmente à pretensão do autor."

É verdade que, por muito tempo, o STF decidiu pela inaplicabilidade da Súmula nº 343 quando a matéria discutida possuísse índole constitucional, ainda que a decisão objeto da rescisória tivesse sido fundamentada em interpretação controvertida ou anterior à orientação fixada pelo STF. O objetivo era claro: evitar um esvaziamento da competência da Alta Corte.

Entretanto, no julgamento do RE nº 590.809/RS, com repercussão geral reconhecida (Tema nº 136),[39] o Supremo firmou o posicionamento de que, *independentemente da natureza da matéria em debate*, se legal ou constitucional, "não cabe ação rescisória quando o julgado estiver em harmonia com o entendimento firmado pelo Plenário do Supremo à época da formalização do acórdão rescindendo, ainda que ocorra posterior superação do precedente".

Faz-se necessário examinar o julgado com cautela. Não representa ele uma superação do anterior entendimento do STF no sentido de afastar a incidência da Súmula nº 343 diante de controvérsias constitucionais. Cuida o precedente, antes, de afirmar que a ação rescisória não pode ser manejada pelo simples fato de ter sido superada a jurisprudência da Excelsa Corte com base na qual determinado caso foi decidido. Exemplificativamente: outrora o STF reconhecia o direito a creditamento de IPI em operações com mercadorias isentas ou com alíquota zero; depois, passou a negá-lo. Ora, nos termos do que foi consignado no RE nº 590.809/RS, inobstante a questão radique na CF, não pode a União, com fulcro tão somente nessa mudança jurisprudencial, propor ação rescisória visando a elidir o direito do contribuinte ao creditamento que fora deferido por decisão já transitada em julgado.

Em outras palavras, o que restou consignado no RE em comento foi apenas a impossibilidade de a ação rescisória servir como instrumento para a uniformização da jurisprudência.[40]

Não bastasse, devemos vincar ainda outro recurso que tramita perante a Suprema Corte, também com repercussão geral reconhecida, relativamente ao tema coisa julgada, conquanto desta vez restrita à esfera tributária. Trata-se do RE nº 949.297/CE, de relatoria do Ministro Edson Fachin, em cujos autos se discutem os limites do instituto na seguinte hipótese: o contribuinte obtém

---

[39] STF, RE nº 590.809/RS, Rel. Min. Marco Aurélio, *DJe* 24.11.2014.

[40] Nesse sentido, de grande valia ressaltar as palavras proferidas pelo Relator do RE nº 590.809/ RS, Min. Marco Aurélio, quando de sua apreciação: "Não posso admitir, sob pena de desprezo à garantia constitucional da coisa julgada, a recusa apriorística do mencionado verbete, *como se a rescisória pudesse 'conformar' os pronunciamentos dos tribunais brasileiros com a jurisprudência de último momento do Supremo, mesmo considerada a interpretação da norma constitucional*" (destacamos).

decisão judicial com trânsito em julgado que, declarando de modo incidental a inconstitucionalidade do tributo, atesta a inexistência de relação jurídico-tributária, mas, posteriormente, o STF pontifica a constitucionalidade da exação pela via do controle concentrado e abstrato.

Finalmente, a título de ilustração, vejamos neste momento a celeuma envolvendo a contribuição social sobre os lucros das pessoas jurídicas, que sempre causou grande inquietação entre nós. Diversos tribunais regionais federais consideraram inconstitucional a Lei nº 7.689, de 15 de dezembro de 1988, que a instituíra, e inúmeros acórdãos transitaram formal e materialmente em julgado. Mais tarde, o Supremo Tribunal Federal considerou inconstitucionais partes da lei apenas, validando-a quase que inteiramente e mantendo, a partir de dada época, a tributação (fez valer o princípio da anterioridade, dizendo-a válida de dada data em diante).

Ocorre que vários contribuintes, pessoas jurídicas, deixaram, por anos a fio, de recolher o tributo, por isso que cobertos pela coisa julgada. De repente, a Procuradoria da Fazenda Nacional se pôs a aforar *ações rescisórias* para anular ditos julgados e cobrar os tributos não pagos.[41]

Na hipótese da Lei nº 7.689/88, algumas premissas devem ser destacadas. Primeiramente, a constitucionalidade do diploma foi reconhecida pelo Supremo Tribunal Federal de maneira difusa ou *incidenter tantum*, abrangendo, portanto, *apenas as partes do processo*. Em segundo lugar, no período anterior à decisão da Suprema Corte, vigorava intenso dissídio jurisprudencial sobre a consonância do diploma em questão com a Lei Maior; isso, somado à circunstância de que os acórdãos rescindendos não haviam negado aplicação a dispositivos constitucionais, mas sim a uma lei ordinária, conduz à conclusão de ser plenamente aplicável a Súmula nº 343 do STF. Por fim, indubitável que os créditos tributários discutidos nas ações transitadas em julgado já se encontram extintos, por força do disposto no art. 156, X, do CTN, diploma materialmente complementar à Constituição, não podendo ser simplesmente "ressuscitados" pela via da ação rescisória.[42]

---

[41] Insistimos, no ponto, sobre a importância das declarações de inconstitucionalidade sem a pronúncia de nulidade no respeitante a determinadas questões que exigem certeza e segurança.

[42] COÊLHO, Sacha Calmon Navarro; DERZI, Misabel Abreu Machado; THEODORO JR., Humberto. Da impossibilidade jurídica de ação rescisória de sentença anterior à declaração de constitucionalidade, pelo STF, no direito tributário. *In*: **Direito tributário contemporâneo**. São Paulo: Editora Revista dos Tribunais, 1997. cap. 1, p. 9-58, p. 28.

O Princípio da Igualdade ou do Tratamento Isonômico

De saída, igualdade na tributação, capacidade contributiva e extrafiscalidade formam uma intrincada teia. Veremos a razão da assertiva para logo. Por ora, leia-se o ditado do art. 150, II, da CF, que diz ser vedado à União, aos Estados, ao Distrito Federal e aos Municípios: "instituir tratamento desigual entre contribuintes que se encontrem em situação equivalente, proibida qualquer distinção em razão de ocupação profissional ou função por eles exercida, independentemente da denominação jurídica dos rendimentos, títulos ou direitos".

Para Emilio Betti,[43] os "princípios gerais" da igualdade e da capacidade contributiva orientam a legislação, mas são de dificílima concreção prática. E Becker[44] indaga: "O que é justo, o que é igual, o que é desigual?" Misabel de Abreu Derzi,[45] com rigor, intenta a resposta.

> "É altamente controvertido separar o que seja igual do desigual, pois sujeitos os conceitos a variações histórico-culturais. Não obstante, o preceito da igualdade, disposto na Constituição, já é dotado de substância e conteúdo jurídico: é vedado distinguir os homens segundo o sexo, a raça etc. [...] que sob tal aspecto são juridicamente iguais. E os iguais devem ser igualmente tratados, pois diz a norma que os homens, mesmo diferindo em sexo, ou credo religioso, são iguais.
>
> Esse é o enfoque do princípio da igualdade mais corrente: uma proibição de distinguir. As características de generalidade e abstração da norma estão a seu serviço.
>
> [...]
>
> Interessa, pois, muitas vezes, saber em que casos o princípio da igualdade prescreve uma atuação positiva do legislador, sendo-lhe vedado deixar de considerar as disparidades advindas dos fatos (a que se ligam necessariamente as pessoas) para conferir-lhes diferenciação de tratamento. É necessário saber quais as desigualdades existenciais que são também desigualdades jurídicas, na medida em que não se sujeitam a uma ignorância legislativa.
>
> [...]

---

[43] BETTI, Emilio. **Interpretazione della legge e degli atti giuridici.** Milano: A. Giuffrè, 1949, p. 208.

[44] BECKER, Alfredo Augusto. **Teoria geral do direito tributário.** 2. ed. São Paulo: Saraiva, 1972, p. 452-457.

[45] DERZI, Misabel de Abreu Machado; COÊLHO, Sacha Calmon Navarro. **Do imposto sobre a propriedade predial e territorial urbana.** São Paulo: Saraiva, 1982, p. 56, 61.

Vimos, com Uckmar, que, universalmente, a isonomia é aceita como a igualdade de direitos e deveres dos cidadãos.

Ora, o tributo é um dever. Um dever de que natureza? Um dever obrigacional, cuja característica é ser econômico, patrimonial. O levar dinheiro aos cofres públicos. O que se postula é puramente que esse dever seja idêntico para todos, importe em sacrifício igual a todos os cidadãos.

Profundamente infratora do princípio em estudo seria a norma tributária que criasse um imposto fixo, incidente sobre os rendimentos auferidos no ano anterior, cuja prestação fosse quantitativamente idêntica para todos os contribuintes, independentemente do valor desses rendimentos. E tanto mais odiosa seria a norma quanto mais gravoso fosse o tributo, representativo de leve encargo para os ricos e de insuportável dever para os pobres, pois ela excluiria do peso fiscal apenas as pessoas que não obtivessem qualquer rendimento.

[...]

Temos, por conseguinte, dois marcos limitadores obrigatórios, que constrangem o legislador a considerar as disparidades advindas dos fatos.

O primeiro deles delimita o ponto a partir do qual se inicia o poder tributário e que deve estar sempre acima da renda mínima, indispensável à subsistência. Delimita, pois, onde se inicia a capacidade contributiva.

O segundo circunscreve a esfera da capacidade contributiva do sujeito passivo. Extrema o texto máximo o ponto além do qual, por excesso, o tributo torna-se confiscatório. O direito de propriedade encontra-se no limite da área de capacidade contributiva.

A norma tributária que exceder os marcos referidos é inconstitucional, exatamente por ignorar desigualdades. Desigualdades que não são colocadas artificialmente nas normas, mas são disparidades econômicas advindas dos fatos que devem ser pesados pelo legislador ordinário.

[...]

Sendo assim, o lado positivo da igualdade (dever de distinguir desigualdade) impõe-se seja o tributo quantificado segundo a capacidade contributiva de cada um, que é diversificada, e o lado negativo do princípio (dever de não discriminar) constrange o legislador a tributar, de forma idêntica, cidadãos de idêntica capacidade contributiva.

Os aspectos negativo e positivo do princípio da igualdade miscigenam-se continuamente, constrangendo o legislador ordinário a criar os mesmos deveres tributários para aqueles que manifestarem idêntica capacidade contributiva. Configuram, pois, os requisitos de generalidade e proporcionalidade da norma tributária."

A análise da Doutora Professora da UFMG bem demonstra as profundezas do princípio da igualdade ou do tratamento isonômico no Direito, em geral, e no Direito Tributário. Demonstra, mais, apesar da reflexão de Becker e do ceticismo de Betti, que o princípio não é só farol, tem de *projetar luz*, clarear o papel do legislador, obrigando-o a realizá-lo. E desautorizá-lo se ofender o princípio, em recurso possível ao Judiciário.[46]

Pois bem, o princípio da igualdade da tributação impõe ao legislador:

A) discriminar adequadamente os desiguais, na medida de suas desigualdades;
B) não discriminar entre os iguais, que devem ser tratados igualmente.

Deve fazer isto atento à *capacidade contributiva* das pessoas naturais e jurídicas.

Há mais considerações, no entanto.

Em certas situações, o legislador está autorizado a tratar desigualmente os iguais, sem ofensa ao princípio; tais são os casos derivados da *extrafiscalidade* e do *poder de polícia*.

A extrafiscalidade é a utilização dos tributos para fins outros que não os da simples arrecadação de meios para o Estado. Nesta hipótese, o *tributo* é instrumento de políticas econômicas, sociais, culturais, etc.[47]

O poder de polícia, a seu turno, investe legisladores e administradores de meios, inclusive fiscais, para limitar direito, interesse ou liberdade em

---

[46] É o que disse um Aliomar Baleeiro quase poeta: "a Constituição escrita não passa de semente que se desenvolve das seivas da terra, ao sol e ao ar do amplo debate, em abundante vegetação e florescência das leis, regulamentos, jurisprudência e práticas políticas. A Constituição, dizia Woodrow Wilson, não se reduz a documentos de juristas, mas representa o veículo de vida e o seu espírito é sempre o da época. Sem dúvida, mas se o jardineiro da Constituição, em suas podas, enxertias, adubações e hibridações, pode dar novos matizes e perfumes às rosas, engendrando as mais belas variedades, é-lhe proibido, entretanto, transformá-las em cravos ou parasitárias orquídeas por virtuosismos de genética. Por mais caprichosa que seja a policromia e a variação esquisita dos aromas no Direito Constitucional, as rosas deverão ser sempre facilmente reconhecíveis como rosas." (BALEEIRO, Aliomar. **Limitações constitucionais ao poder de tributar**. 2. ed. rev. e atual. Rio de Janeiro: Forense, 1960, p. 280).

[47] Alberto Deodato, saudoso financista, vinca o papel da extrafiscalidade: "certos artigos nocivos à saúde, à moral, ao desenvolvimento social, poderão ser sobretaxados, tornando-os mais difíceis de aquisição. O imposto de licença de certos estabelecimentos pode tornar proibitiva a abertura dos nocivos à ordem pública e à moral." (DEODATO, Alberto. **As funções extrafiscais do imposto**. Belo Horizonte: Editora UFMG, 1949, p. 96).

benefício da moral, do bem-estar, da saúde, da higiene, do bem comum enfim (prevalência do todo sobre as partes).

Passemos aos exemplos. Não repugna ao princípio da isonomia:

A) a tributação exacerbada de certos consumos nocivos, tais como bebidas, fumo e cartas de baralho;
B) o imposto territorial progressivo para penalizar o ausentismo ou o latifúndio improdutivo;
C) o IPTU progressivo no tempo sobre o solo urbano não edificado, subutilizado ou não utilizado, para evitar a especulação imobiliária, à revelia do interesse comum e contra a função social da propriedade;[48]
D) imunidades, isenções, reduções, compensações para partejar o desenvolvimento de regiões mais atrasadas;
E) *idem* para incentivar as artes, a educação, a cultura, o esforço previdenciário particular (seguridade).

Imunidades, isenções, reduções, exonerações em geral descendem da incapacidade contributiva, do poder de polícia e da extrafiscalidade. Todavia, não escapam do controle jurisdicional as leis exonerativas. Cabe ao legislador exonerar motivadamente, sob pena de o Judiciário, se provocado, retirar eficácia à exoneração desmotivada, contra a Constituição.

Tal como posto na Constituição de 1988, o princípio do tratamento isonômico é abrangente, mas convive com o princípio da incapacidade contributiva, a progressividade extrafiscal e as alíquotas diferenciadas de vários impostos: IPI, ITR, IPTU, IPVA (menor para os veículos a álcool, *v.g.*) e ISS. Convive com as isenções e imunidades e alcança todos os tributos, por uma exigência da própria ciência do Direito, quando não por expressa determinação constitucional.

Quer nos parecer, no entanto, que o dispositivo refulge com maior brilho para o *imposto de renda*. A própria redação do artigo trai a direção desse clarão. Ao falar em proibição de tratamento desigual entre contribuintes que se encontrem em *situação equivalente*, vedada qualquer distinção em razão de *ocupação profissional ou função por eles exercidas*, independentemente

---

[48] A Súmula nº 668 do STF estabelece nos seguintes termos: "é inconstitucional a lei municipal que tenha estabelecido, antes da Emenda Constitucional 29/2000, alíquotas progressivas para o IPTU, *salvo se destinada a assegurar o cumprimento da função social da propriedade urbana*" (destacamos).

da *denominação jurídica dos rendimentos, títulos ou direitos* – a conjectura é do comentarista – esteve o constituinte a pensar nos lucros bursáteis, nos militares, nos legisladores, nos juízes, nos fazendeiros, nas sociedades de profissionais liberais e outros, desenganadamente beneficiados pela não incidência do IR ou incidência mitigada deste sobre os seus ganhos. A Carta de 1967 excluía do imposto de renda e proventos as ajudas de custo e as diárias pagas pelos cofres públicos, por obra do Dr. Delfim Neto, o "todo--poderoso" de então.

Durante o regime militar, para evitar *aumentos nominais* de vencimentos, os governos instituíram e toleraram pagas a militares, administradores, parlamentares e juízes que se caracterizavam como *ajudas de custo* (jetons, verbas de representação, ajudas para moradia, transporte *et caterva*). Por outro lado, as espertas lamúrias do setor primário da economia (agropecuária, em especial) induziram o governo a uma tributação privilegiante do setor, e o *lobby* dos grandes investidores continuamente mostrou o mercado financeiro como louça chinesa, infensa aos trancos da tributação, especialmente as bolsas de valores. Desejosos de submeter tais segmentos a uma tributação geral pelo imposto de renda, os constituintes pesaram a mão ao redigir o princípio da igualdade da tributação, atingindo o próprio Poder Legislativo (depois se deram aumentos compensatórios...).

De qualquer modo, o princípio é salutar, evita privilégios, contém o legislador, ativa a crítica e a vigilância sociais e entrega ao Poder Judiciário a missão de sedimentá-lo ao longo da *práxis* que se seguirá ao texto constitucional. A sua *materialização genérica* é impossível. Topicamente assistiremos a polêmicas doutrinárias e questões judiciais a propósito da aplicação do princípio.

O Princípio do Não Confisco
Em sua formulação mais vetusta, o princípio do não confisco originou-se do pavor da burguesia nascente em face do poder de tributar dos reis. Ainda hoje, porém, seu espírito informador permanece o mesmo: ser uma garantia dos indivíduos contra a potestade do Estado.

O princípio em comento, é possível encontrá-lo consagrado no art. 150, IV, de nossa atual Carta, que proíbe aos entes federados "utilizar tributo com efeito de confisco". Cuida-se de vedação genérica; fala-se em tributo (gênero). Quando o tributo, digamos, o IPTU, é fixado em valor idêntico ao do imóvel tributado, ocorre o confisco através do tributo. Quando o IR consome a renda inteira que tributa, dá-se o confisco.

Entretanto, além de verificarmos o peso singular de cada tributo para aferir a ocorrência ou não do efeito confiscatório, é necessário que adotemos ainda uma visão globalizante, isto é, devemos considerar, também, a totalidade da carga tributária suportada pelo contribuinte. Afinal, uma exação cuja alíquota seja elevada, se sozinha, pode eventualmente transpor a barreira ao confisco; mas, se tomada em conjunto com outra cobrança também de alíquota superior, ou com várias de pequeno e médio impacto financeiro, decerto que não conseguirá, por estar aí comprometida grande parcela da renda/patrimônio do indivíduo.

Outrossim, foi justamente reverenciando a função global do princípio do não confisco que o STF deferiu medida cautelar na ADI nº 2.010/DF[49] para suspender o aumento promovido pela Lei nº 9.783/99 das alíquotas das contribuições previdenciárias devidas pelos servidores públicos federais, as quais, em alguns casos, chegaram a 25%. A rigor, além do tributo securitário, tais contribuintes deveriam arcar ainda com o imposto de renda, muitos no percentual de 27,5%, entregando, destarte, 52,5% de sua renda bruta para a União. Confisco manifesto.

Por outro lado, o IPI poderá ter alíquotas gravosas para os artigos supérfluos, e o imposto de renda deve ser *progressivo* de modo a alcançar mais pesadamente aqueles que auferem maiores ganhos e rendas. E pode chegar aos altos picos de renda, como já ocorreu entre os países nórdicos, sem a coima de confiscatório. Nada obstante, não pode supor renda onde esta é aparente ou inexistente, caso do "lucro inflacionário" ou das parcelas indenizatórias.

A teoria do confisco e especialmente do confisco tributário ou, noutro giro, do confisco através do tributo, deve ser posta em face do direito de propriedade individual, garantido pela Constituição. Se não se admite a expropriação sem justa indenização, também se faz inadmissível a apropriação através da tributação abusiva. Mas não se percam de vista três pontos essenciais:

---

[49] STF, MC-ADI nº 2.010/DF, Rel. Min. Celso de Mello, *DJ* 12.04.2002 – "*A identificação do efeito confiscatório deve ser feita em função da totalidade da carga tributária*, mediante verificação da capacidade de que dispõe o contribuinte – considerado o montante de sua riqueza (renda e capital) – para suportar e sofrer a incidência de todos os tributos que ele deverá pagar, dentro de determinado período, à mesma pessoa política que os houver instituído (a União Federal, no caso), condicionando-se, ainda, a aferição do grau de insuportabilidade econômico-financeira, à observância, pelo legislador, de *padrões de razoabilidade* destinados a neutralizar excessos de ordem fiscal eventualmente praticados pelo Poder Público" (destacamos).

A) admite-se a tributação exacerbada, por *razões extrafiscais* e em decorrência do exercício do poder de polícia (gravosidade que atinge o próprio direito de propriedade);

B) o direito de propriedade, outrora intocável, não o é mais. A Constituição o garante, mas subordina a garantia "à função social da propriedade" (ao direito de propriedade causador de disfunção social, retira-lhe a garantia);

C) a ordem constitucional brasileira admite apenas duas hipóteses de confisco, uma como efeito da condenação penal (art. 5º, XLV) e outra – recentemente ampliada pela Emenda nº 81 de 2014 – quando forem localizadas culturas ilegais de plantas psicotrópicas ou exploração de trabalho escravo em propriedade rural ou urbana (art. 243).

O conceito clássico de confisco operado pelo Poder do Estado empata com a apropriação da alheia propriedade sem contraprestação, pela expropriação indireta ou pela *tributação*. O confisco pela tributação é indireto. Quando o montante do tributo é tal que consome a *renda ou a propriedade*, os proprietários perdem ou tendem a desfazer-se de seus bens. Aqui dá-se um aparente paradoxo.

É exatamente no escopo de tornar insuportável a propriedade utilizada contra a função social que são arrumadas as *tributações extrafiscais*. O imposto territorial rural exacerbado leva o proprietário egoísta a desfazer-se dela ou dar-lhe função compatível com a CF. O IPTU progressivo no tempo leva o proprietário de lotes urbanos inaproveitados ao desespero. O imposto de importação altíssimo desestimula o consumo de bens supérfluos, o mesmo ocorrendo com os demais impostos que gravam a renda utilizada no consumo de bens e serviços. Admitem-se até alíquotas progressivas sobre o consumo de energia elétrica e combustíveis por faixas de consumo (quanto mais alto o consumo, maior a tributação).[50] A meta é evitar o desperdício, excluídos os consumos obrigatórios, como é o caso da indústria de alumínio (energia elétrica) e dos frotistas (combustíveis), só para exemplificar.

Em suma, a vedação do confisco há de se entender *cum modus in rebus*, isto é, com a cautela de que existe um limite para todas as coisas. O princípio tem validade e serve de garantia, inclusive, para evitar exageros no caso de taxas, como já lecionamos. O princípio, vê-se, cede o passo às políticas

---

[50] Súmula nº 391 do STJ: "O ICMS incide sobre o valor da tarifa de energia elétrica correspondente à demanda de potência efetivamente utilizada".

tributárias extrafiscais, *mormente as expressamente previstas na Constituição*. Quer dizer, onde o constituinte previu a exacerbação da tributação para induzir comportamentos desejados ou para inibir comportamentos indesejados, é vedada a arguição do princípio do não confisco tributário, a não ser no caso-limite (*absorção do bem ou da renda*).

Destarte, se há fiscalidade e extrafiscalidade, e se a extrafiscalidade adota a *progressividade exacerbada* para atingir seus fins, deduz-se que o princípio do não confisco atua no *campo da fiscalidade* tão somente e daí não sai, sob pena de *antagonismo normativo*, um absurdo lógico-jurídico.

À guisa de conclusão, resta saber se o princípio do não confisco aplica-se às multas tributárias, em que pese a literalidade do art. 150, IV, da Carta de 1988. De pronto, dizemos que a jurisprudência do STF tem se sedimentado em sentido afirmativo. Observe-se que, em já antigo julgado, estatuiu-se: "a desproporção entre o desrespeito à norma tributária e sua consequência jurídica, a multa, evidencia o caráter confiscatório desta, atentando contra o patrimônio do contribuinte, em contrariedade ao mencionado dispositivo do texto constitucional federal."[51] De certa forma, contudo, a questão sobre o que deveria ser considerado confiscatório permanecia em aberto.

A rigor, uma resposta objetiva vem sendo construída há não muito tempo. É possível encontrar precedentes da Primeira Turma do STF que assim determinam: "[...] o valor da obrigação principal deve funcionar como limitador da norma sancionatória, de modo que *a abusividade revela-se nas multas arbitradas acima do montante de 100%*. Entendimento que não se aplica às *multas moratórias, que devem ficar circunscritas ao valor de 20%*"[52] (destacamos). Nada obstante, de mesmo modo se tem verificado na Segunda Turma da Corte,[53] sendo crível inferir, por conseguinte, que, uma vez reunido o Pleno, seja esta a solução finalmente pacificada por nosso Tribunal constitucional.

O Princípio do Não Confisco e as Presunções Legais

Não podemos esconder, todavia, duas questões relevantíssimas ligadas ao princípio da igualdade: (a) a proliferação de isenções e outros tipos exonerativos; e (b) a *vexata quaestio* do mínimo legal a uma existência digna de qualquer ser humano e de sua família (agregado familial).

---

[51] STF, ADI nº 551/RJ, Rel. Min. Ilmar Galvão, *DJ* 14.02.2003.
[52] STF, AgR-ARE nº 938.538/ES, Rel. Min. Roberto Barroso, *DJe* 21.10.2016.
[53] Entre outros, AgR-RE nº 657.372/RS, Rel. Min. Ricardo Lewandowski, *DJe* 10.06.2013 e AgR-RE nº 748.257/SE, Rel. Min. Ricardo Lewandowski, *DJe* 20.08.2013.

Quanto à primeira questão, cabe registrar que a Constituição mexicana (art. 28) *proíbe a isenção de impostos*. Não se diga que foi só reação revolucionária aos absurdos favores em prol do clero e das classes dominantes espanholadas anteriores à Revolução Mexicana. A Bélgica, na *soi-disant* culta Europa (art. 112), renega privilégios tributários, o mesmo ocorrendo com a Constituição dos Países Baixos, em cujo artigo 182 se lê: "Nenhum privilégio pode ser concedido em matéria de impostos." Ecos, ainda, da Revolução Francesa e de sua ojeriza pelos nobres, os áulicos e o clero? Não se podem negar exageros em matéria exonerativa a desmerecer o princípio da igualdade. Na doutrina há quem considere a isenção um *desvio* dos princípios da generalidade e da igualdade, mesmo reconhecendo a necessidade de incentivos fiscais para corrigir desigualdades sociais e regionais.

A doutrina italiana, especialmente, em face do confronto norte (rico) e sul (pobre), conhece com intensidade as implicações políticas e sociais do tema. Nesse sentido, Salvatore La Rosa.[54] Sainz de Bujanda[55] qualifica de *terrível* a questão da isenção em face do princípio da justiça fiscal, ou seja, da igualdade. Daí por que se requer, nesta área, o controle jurisdicional. Itália, Espanha e Brasil são países com sérias desigualdades sociais.

A. Berliri[56] entende que a proliferação de isenções e outros favores fiscais como que são sintomas de demência (precoce ou não) dos sistemas tributários, e F. Moschetti[57] não vê como coadunar as exigências da Tesouraria e da capacidade contributiva com as pressões por incentivos e aliciantes fiscais. Em suma, a isenção não é *panaceia* e deve ter motivo e efeito.

Pessoalmente, somos por uma fiscalidade neutra e por uma despesa seletiva, corretora das desigualdades. No Brasil, *v.g.*, o Estado tem o dever indeclinável de ofertar *educação, saúde e segurança a todos os pobres*, e não a todos os brasileiros (os ricos têm acesso fácil a todos os bens da vida sem necessidade do Estado, apesar dele). Por aí começa a igualdade, tratando diferentemente os desiguais – esta frase, aliás, é lapidar ao nosso sentir. Indica precisamente a extrema operosidade do princípio da capacidade contributiva, motor da isonomia fiscal.

---

[54] LA ROSA, Salvatore. **Eguaglianza tributaria ed esenzione fiscale**. Milano: A. Giuffrè, 1968.

[55] SAINZ DE BUJANDA, Fernando. **Hacienda y derecho**. Madrid: Instituto de Estudios Políticos, 1963. v. 3, p. 418-421.

[56] BERLIRI, Antonio. Caractteristiche del'Iva Italiano. **Diritto e pratica tributaria**, Milano, v. 1, p. 410, 1972.

[57] MOSCHETTI, Francesco. **El principio de capacidad contributiva**. Madrid: Instituto de Estudios Fiscales, 1980, p. 268.

O contribuinte tem o direito de demonstrar a sua incapacidade contributiva, e o Legislativo, o dever de investigar a realidade para atendê-lo nestas ingratas circunstâncias, cabendo ao Judiciário, à sombra larga do princípio contributivo, sindicar as leis e os fatos para fazer prevalecer a *justiça* e a *igualdade*.

Quanto à segunda questão, não apenas Alfredo Augusto Becker com sua estranha prosódia leciona que o princípio do "mínimo vital" – nos países que jurisdicizam o princípio da capacidade contributiva – tem que se impor a todos os tributos, sob pena de iniquidade.

Deixando de lado o extremado positivismo do nosso Becker, que o princípio não precisa ser positivado na Constituição para atuar, outros autores adotam a mesma posição. Assim, Domingos Pereira de Sousa,[58] que escreve desde Portugal pela Universidade Lusíada (*Sol Lucet Omnibus*), diz, com extremo rigor, ao trabalhar o princípio da igualdade, que: "O requisito da capacidade contributiva exige que em cada imposto se respeite a isenção do mínimo legal, enquanto elemento essencial da personalização da tributação."

Nas modernas sociedades de massas, a tentação dos Fiscos, escudados nos "grandes números" e em nome da "racionalização", é para simplificar a tributação. Fala-se muito, inclusive, no *princípio da praticabilidade*. Ao nosso sentir, este tal não foi e jamais será princípio jurídico. Em verdade, na medida em que autoriza presunções, tetos e somatórios no campo tributário – muitas vezes arbitrários e alheios à realidade do contribuinte – *é simples tendência para igualar e simplificar sem considerar os princípios da justiça, da igualdade e da capacidade contributiva*. E, a não ser que os respeite ou seja benéfico ou opcional para o contribuinte, não poderá prevalecer. Em adversas circunstâncias, o princípio do não confisco, na medida em que confronta os desvarios fiscalistas, é de grande importância para combater as ficções e presunções fiscais abusivas.

A esse propósito, Misabel Derzi relembra-nos que, embora doutrina e jurisprudência admitam o princípio da praticabilidade, por óbvio a lei que o adotar estará sujeita ao arcabouço de proteção ao contribuinte constante da Lei Maior. Dessa maneira, no campo, por exemplo, das presunções fiscais, é inteiramente vedado ao legislador estabelecê-las com caráter absoluto (*iuris et de iure*), ou seja, sem admitir prova em contrário, bem como impor aquelas

---

[58] SOUSA, Domingos Pereira de. **As garantias dos contribuintes**. Lisboa: Editora Universidade Lusíada, 1991.

desprovidas de razoabilidade, em obediência a princípios constitucionais da estirpe da capacidade contributiva e do não confisco.

No Direito brasileiro é inaceitável a limitação dos gastos com a educação do contribuinte e de sua família, *v.g.*, em tema de imposto de renda. Tampouco se podem admitir pautas fiscais nos impostos cujas bases de cálculo são determinadas pelo mercado. Não pode a Administração, por mais que argumente com "preços médios" e "pesquisas de mercado", prefixar em 100 mil reais o preço de um automóvel que, de fato, foi vendido por 80 mil reais. Se há subfaturamento, cumpre-lhe provar o dolo do contribuinte e apená-lo. O que se não pode admitir é igualar todos os comerciantes de automóveis e dizer que o carro "Alfa" novo custa, por *presunção legal*, 100 mil reais, interferindo no mercado, por si só concorrencial.[59]

Ainda, sempre tivemos por inadmissível o sistema de substituição tributária para a frente no ICMS, preconizado pela Emenda Constitucional nº 3 à Constituição de 1988, caso não houvesse a "imediata e integral" devolução do imposto cobrado a maior em razão da *margem de lucro pautada* pelo Fisco para a operação subsequente, evidentemente por "presunção", em nome da praticabilidade. Em casos que tais, uma fábrica de cerveja, *v.g.*, ao vender a milhares de varejistas, paga o seu imposto e o que será devido pelos varejistas compradores. Nada contra o sistema, que é prático e racional. O que não pode ocorrer sem correção é estimar, *v.g.*, uma margem de lucro de 60% sobre o preço de fábrica quando, em verdade, as margens não ultrapassam 20% ou 30%, dependendo do mercado.

Por isso mesmo, a Emenda nº 3 impôs a "imediata e integral" devolução ao contribuinte substituído do imposto cobrado a maior, caso o fato gerador não venha a ocorrer ou a base de cálculo presumida seja menor do que a imaginada pelo Fisco. Na hipótese de as legislações do ICMS desobedecerem aos ditames da Constituição, estarão ofendendo-a e institucionalizando *tributação com efeito de confisco*.

O STF, contudo, nem sempre entendeu dessa maneira. Em verdade, no ano de 2002, apreciando a ADI nº 1.851/AL,[60] que serviu de paradigma para o julgamento de inúmeros outros casos posteriores, o Tribunal adotara posição diametralmente oposta, estatuindo: "o fato gerador presumido [do ICMS], por isso mesmo, não é provisório, mas definitivo, *não dando ensejo*

---

[59] Nesse sentido, a Súmula nº 431 do STJ: "É ilegal a cobrança de ICMS com base no valor da mercadoria submetido ao regime de pauta fiscal".

[60] STF, ADI nº 1.851/AL, Rel. Min. Ilmar Galvão, *DJ* 22.11.2002.

a restituição ou complementação do imposto pago, senão, no primeiro caso, na hipótese de sua não-realização final" (destacamos).

Felizmente, no ano de 2016, o STF reviu seu posicionamento. Ao julgar o RE nº 593.849/MG,[61] cuja repercussão geral fora reconhecida (Tema nº 201[62]), o Tribunal assegurou aos contribuintes do ICMS o direito à restituição do tributo pago a maior nos casos em que a base de cálculo presumida utilizada pelo Fisco para arrecadar o imposto seja superior à base de cálculo da operação efetivamente ocorrida. Uma vitória dos contribuintes, sem dúvida.

É de se perguntar, porém: sob qual fundamento a Suprema Corte tomou tão emblemática decisão, modificando de tal maneira a sua jurisprudência? Ora, o acórdão pautou-se no mesmo argumento que há pouco expusemos, qual seja, o de que a praticabilidade não pode suplantar os direitos e garantias dos contribuintes, mormente os de cariz constitucional; inaceitável que preponedere sobre princípios tão caros como a igualdade, capacidade contributiva e vedação ao confisco.

São admissíveis, por outro lado, a tributação do ICMS por estimativa para os pequenos contribuintes, se lhes for dado o *direito de opção*,[63] bem como a tributação pelo lucro presumido, no imposto de renda, mas apenas se o contribuinte *quiser*. Praticabilidade e presunção fiscal só encontram guarida se se assegura a correção dos efeitos confiscatórios e se se permite o exercício da liberdade (opção pela fórmula menos onerosa).

Na hipótese da substituição tributária do ICMS, há pouco versada, como se faria a imediata e integral devolução do imposto pago a maior, por antecipação?

Como se sabe, o ICMS é controlável por uma conta gráfica em que as operações de venda geram débitos do ICMS, e as operações de compra geram créditos do ICMS. O imposto a pagar decorre do valor que se apresentar depois de se deduzir o montante dos créditos do montante dos débitos.

Quando a substituição tributária se fixa no adquirente, inexistem problemas de valor e de escrituração. Exemplificamos com o fazendeiro que vende seus bois ao frigorífico, seu substituto tributário, que registra as

---

[61] STF, RE nº 593.849/MG, Rel. Min. Edson Fachin, *DJe* 31.03.2017.

[62] Tema nº 201: "É devida a restituição da diferença do Imposto sobre Circulação de Mercadorias e Serviços (ICMS) pago a mais no regime de substituição tributária para a frente se a base de cálculo efetiva da operação for inferior à presumida".

[63] Por oportuno, observe-se que, no julgamento do RE nº 632.265/RJ, Rel. Min. Marco Aurélio, *DJe* 05.10.2015, o STF assentou com repercussão geral: "Somente lei em sentido formal pode instituir o regime de recolhimento do ICMS por estimativa" (Tema nº 830).

operações, emite documentos de entrada e destaca no preço que paga ao fazendeiro o valor do imposto pelo mesmo devido.

Todavia, no caso da substituição tributária para a frente, o fato gerador ainda vai ocorrer. Na verdade, ao registrar suas vendas, o contribuinte substituído vai anotar um valor menor do ICMS – se a presunção do Fisco for exagerada – e, nesse caso, ele deve emitir um documento retificador ao substituto registrando um crédito de ICMS a ser abatido nas próximas operações com substituição. Em síntese, estabelece-se entre substituto e substituído uma "conta gráfica retificadora". É o modo de assegurar a preferencial e imediata devolução do imposto pago a maior do que o devido em razão do exercício da presunção pelo Fisco. A verdade reentra na relação jurídico-tributária por força do princípio da não cumulatividade com respaldo no princípio do não confisco.

Por derradeiro, anote-se que o Fisco, com a praticabilidade, seja na substituição para a frente ou para trás, não pode substituir a verdade pela presunção. O seu dever de fiscalizar é indeclinável. "Onde o conforto, o desconforto", já diziam os antigos (*Ubi commodo, ibi incommodo*).

O Não Confisco como Limite ao Poder de Graduar a Tributação

Nas sociedades modernas, penetradas pelo *social* mais que pelo *individual*, o princípio do não confisco tem horas que assoma como velharia. É que o constitucionalismo moderno, nos países democráticos, prestigia e garante a propriedade referindo-a, porém, a sua função social. Os tributos visam a obter meios, mas sempre preservando as fontes onde se cevam e, até, induzem o crescimento das mesmas. Quanto maior a economia de uma nação, melhor para as finanças públicas. Esta a índole do regime. Falar-se em confisco neste panorama é *nonsense*. A tributação exacerbada tem finalidade exclusivamente extrafiscal, que arreda o princípio.

No entanto, é bom frisar, o princípio do não confisco tem sido utilizado também para fixar padrões ou patamares de tributação tidos por suportáveis, de acordo com a cultura e as condições de cada povo em particular, ao sabor das conjunturas mais ou menos adversas que estejam se passando. Neste sentido, o princípio do não confisco se nos parece mais com um *princípio de razoabilidade na tributação...*

Tributação razoável. Eis a questão. O que é razoável hoje não o será amanhã. Não é a mesma coisa aqui, ali, alhures. Tema intrincado este, cuja solução terá que vir, e variando com o tempo e o modo, pelos Poderes Legislativo e Judiciário da República. O nosso pensamento, no particular, empata com o de Baleeiro. No seu *Limitações Constitucionais ao Poder de Tributar*,[64] livro clássico, averbou o grande mestre que a fixação de limites a partir dos quais uma determinada cobrança pode ser considerada confiscatória é um problema fundamentalmente econômico, vale dizer, é a própria economia quem revela ser possível impor uma tributação mais severa ao contribuinte sem que se incorra em confisco.

Nada obstante, o autor também aponta que os tributos pautados pela extrafiscalidade, mesmo quando representem um elevado ônus para o contribuinte, não violam o princípio da vedação ao confisco. Afinal, nesse caso, os tributos são utilizados para estimular ou inibir determinada conduta do indivíduo, estando a sua funcionalidade condicionada, respectivamente, a que o impacto da exação seja nulo (ou, quando muito, bastante reduzido) ou demasiado.

Ainda gizando o problema da extrafiscalidade, exemplifica o jurista narrando que, embora a Carta argentina de 1853 (conhecida como Constituição de Alberdi) vedasse o confisco apenas no Código Penal, a Suprema Corte daquele país, com fulcro no direito à propriedade privada, estendia dita proibição aos "tributos esmagadores", nos dizeres de Baleeiro. Ora, foram assim classificados, dentre outros, "aquele que alcança parte substancial da propriedade, ou renda de vários anos, e até o que absorve mais de 33% do produto anual de imóvel eficientemente explorado. A Corte adotou um *standard* jurídico semelhante à *reasonableness* dos tribunais norte-americanos [...]".[65]

O Princípio da Unidade Federativa – Limitações ao Tráfego de Pessoas e Bens no Território Nacional – Pedágio

O art. 150, V, diz ser vedado às pessoas políticas estabelecer limitações ao tráfego de pessoas ou bens por meio de tributos interestaduais ou intermunicipais, exceto pedágios.

São letras do passado. O dispositivo é quase vazio. No sistema brasileiro é impossível embaraçar o tráfego de pessoas ou coisas com tributos intermunicipais ou interestaduais, já ressalvado o pedágio, que *tem que ser igual* para todos os passantes, por classes, jamais pela origem, destino ou

---

[64] BALEEIRO, Aliomar. **Limitações constitucionais ao poder de tributar.** 2. ed. rev. e atual. Rio de Janeiro: Forense, 1960, p. 240.
[65] BALEEIRO, Aliomar. **Limitações constitucionais ao poder de tributar.** 2. ed. rev. e atual. Rio de Janeiro: Forense, 1960, p. 244.

naturalidade. Ademais, para nós, pedágio é preço – público, semipúblico ou privado. Não é tributo, daí a ressalva da Constituição (ver este tema na parte em que tratamos das espécies tributárias).

Sim, porque os impostos são os previstos na Constituição e os residuais, não podendo incidir nenhum sobre *tráfego* (art. 152 da CF). As contribuições parafiscais e de melhoria e, muito menos, as taxas, não se prestariam a tal desserviço, pela natureza de seus fatos geradores.[66] Então só restam barreiras fitossanitárias e pedágio.

Oportuno destacar que o STF, no julgamento da ADI nº 800/RS, adotou o mesmo entendimento ora exposto, qual seja, o de que os pedágios não possuem natureza tributária, e sim de preço. A rigor, naquela assentada, discutia-se a constitucionalidade do Decreto nº 34.417, editado no ano de 1992 pelo Estado do Rio Grande do Sul autorizando a cobrança de pedágio em certa rodovia estadual – mantida pelo Poder Público – após ter aduzido o requerente que a exação instituída era, na verdade, um tributo, e, portanto, somente poderia ser criada por lei. Ao cabo, todavia, pontificou a Excelsa Corte que "o pedágio "[...] não tem natureza jurídica de taxa, mas sim de preço público, não estando a sua instituição, consequentemente, sujeita ao princípio da legalidade estrita".[67]

Enfim, onde a origem do dispositivo? Na Velha República. Isto mesmo, a anterior à Revolução de 1930. Hoje, a questão só seria posta contra certas tarifas portuárias, assim mesmo impropriamente. O relato dessa questão está feito por Baleeiro, ainda no tempo da Constituição de 1946. O constituinte de 1988 andou atormentado pelos fantasmas das "velhas repúblicas". Diz Aliomar:[68]

> "Um dos mais ásperos problemas fiscais e políticos da primeira República foi o dos tributos interestaduais, no duplo aspecto de imposto sobre as mercadorias exportadas para outros estados ou deles importadas.
>
> [...]
>
> Uma das primeiras e, talvez, a mais fecunda discussão acerca desse problema foi a polêmica entre Rui Barbosa e Amaro Cavalcanti, no meado do ano de 1896,

---

[66] Atente-se para o disposto na Súmula nº 545 do STF: "preços de serviços públicos e taxas não se confundem, porque estas, diferentemente daqueles, são compulsórias e têm sua cobrança condicionada à prévia autorização orçamentária, em relação à lei que as instituiu".

[67] STF, ADI nº 800/RS, Rel. Min. Teori Zavascki, *DJe* 01.07.2014.

[68] BALEEIRO, Aliomar. **Limitações constitucionais ao poder de tributar.** 2. ed. rev. e atual. Rio de Janeiro: Forense, 1960, p. 207 *et seq.*

em torno da constitucionalidade do imposto de exportação sobre mercadorias vendidas para outro Estado. Rui, aliás inimigo de todo e qualquer imposto desse tipo, sustentou a inconstitucionalidade, pois exportação se subentendia sempre para fora do País. Esse fora o propósito do constituinte. Amaro, senador por Estado onde se produzia e exportava sal e algodão para o resto do País, sustentou a tese oposta.

Essas e outras etapas do problema, que levou muito tempo, tinta e papel do Congresso e dos tribunais, têm hoje apenas interesse histórico, pois a Constituição em vigor, raiando pelo pleonasmo justificado por amarga experiência, diz: 'Exportação de mercadorias de sua produção para o estrangeiro...' (art. 19, V). Logo, sem sombra de dúvida, nunca a mercadoria produzida em outro Estado, ou para outro Estado. Todavia, ainda hoje, há queixas dos Estados centrais obrigados ao serviço dos portos dos Estados marítimos, problema esse de técnica fiscal ou Direito Administrativo Fiscal, através das respectivas soluções e expedientes, inclusive convênios entre as unidades interessadas, para mútuo auxílio.

[...]

Das regras contra a tributação interestadual, a do art. 34, reprodução do art. 19, IV, da Constituição de 1934, não tem sido invocada em litígios, nem despertado maior interesse dos comentadores, que lhe dedicam escassas palavras.

A disposição poderia ser dispensada, talvez, se não fosse a recordação daquelas opiniões, que, na República Velha, chegaram ao extremo de sustentar a constitucionalidade do disfarce do imposto de importação sobre mercadoria recebida de outro Estado."

Não obstante a impossibilidade de barreiras fiscais dentro da Federação, é mais uma limitação ao poder de tributar garantindo o contribuinte.

O pedágio é preço. Tampouco é cobrado nas barreiras fiscais fronteiriças entre os Estados-Membros; daí por que a Constituição o expele da proibição.

4. Direitos Fundamentais do Contribuinte

HUGO DE BRITO MACHADO
SCHUBERT DE FARIAS MACHADO

Introdução

Muitos doutrinadores estudam os direitos fundamentais sem fazer qualquer referência aos direitos do contribuinte. Existem, porém, notáveis manifestações doutrinárias que justificam a colocação do contribuinte como titular de direitos fundamentais. Lobo Torres ensina que o relacionamento entre o tributo e a liberdade é dramático, porque, não obstante o tributo seja a garantia da liberdade, "possui a extraordinária aptidão para destruí-la."[1] Já Helenilson Cunha Pontes, invocando a citada lição de Lobo Torres, escreve:

> Justamente pelo caráter 'dramático' da relação entre indivíduo e Estado, enquanto ente tributante, é que a aplicação dos direitos fundamentais na relação jurídico-tributária assume indiscutível relevo. Com efeito, a crescente invasão do Estado sobre a esfera das liberdades individuais em busca de recursos tributários torna indispensável a construção de uma doutrina que reconheça nos direitos fundamentais a proteção necessária contra as agressões às liberdades individuais.[2]

É interessante ter em mente a noção de que as grandes conquistas na luta pelo controle do arbítrio estatal deram-se precisamente em questões tributárias. A história do imposto está intimamente ligada à história política da humanidade.

---

[1] Ricardo Lobo Torres, *Tratado de Direito Constitucional, Financeiro e Tributário*. Volume III, Renovar: Rio de Janeiro, 1999, p. 35.
[2] Helenilson Cunha Pontes, O Direito ao Silêncio no Direito Tributário, em Octávio Campos Fischer (Coordenador), *Tributos e Direitos Fundamentais*, Dialética, São Paulo, 2004, pág. 82

Natural, portanto, que se situe o contribuinte como titular de direitos fundamentais, quando se cogita na relação entre o Estado e o cidadão. Os direitos fundamentais, como direitos subjetivos, têm como sujeitos todos os cidadãos. E pode parecer que nem todos os cidadãos são contribuintes, de sorte que convém explicar por que nos referimos aos direitos fundamentais *do contribuinte*. É que todos os cidadãos devem ser considerados de algum modo contribuintes. Embora nem todos os cidadãos sejam sujeitos passivos de relações tributárias, certo é que todos os cidadãos terminam sendo contribuintes, no sentido de que suportam o ônus do tributo, e, neste sentido, portanto, são contribuintes, embora geralmente não se sintam como tais.

Para que todos os cidadãos se sintam contribuintes, o que falta é a denominada consciência fiscal, a consciência de que a carga tributária não pesa apenas nos ombros de quem tem o dever legal de efetuar o pagamento dos tributos, mas também sobre os ombros de quem, como comprador de mercadorias ou tomador de serviços, paga um preço no qual estão embutidos os tributos.

Embora muito lentamente, parece que se forma o que se denomina de *consciência fiscal*, ou sentimento das pessoas quanto ao ônus que o tributo representa em suas vidas.

Já nos anos 1950, Aliomar Baleeiro escreveu:

> Os escritores de língua inglesa chamam de "tax consciousness", que se pode traduzir pela expressão consciência fiscal, o estado de espírito de quem sabe em quanto montam aproximadamente os seus sacrifícios de dinheiro para a manutenção dos serviços públicos.
>
> Numa democracia, essa consciência nítida da parte que incumbe a cada cidadão na distribuição das despesas indispensáveis ao funcionamento do Estado é reputada essencial a um elevado padrão cívico. Em verdade, pequena parte da população, atingida por impostos diretos e pessoais, compreende bem quanto lhe coube no rateio do custo da máquina governamental.
>
> O grosso da população, sob o pêso regressivo de imposto de venda, consumo, selo, etc., supõe que os tributos recaem sobre os ombros dos grandes contribuintes ou não pensa de modo algum nesses assuntos. Acredita que seus interesses não estão comprometidos pelas medidas financeiras.[3]

---

[3] Aliomar Baleeiro, *Uma Introdução à Ciência das Finanças*, Forense, Rio de Janeiro, 1955, vol. I, pág. 238/239.

Logo adiante, Baleeiro se reporta à resignação do homem do século XX diante dos apetites do Erário, que considera explicável pela disseminação da democracia, que, afinal, submete ao debate e à conciliação de interesses, através de representantes do povo, não só os tributos, mas também os fins de interesse comum nos quais os recursos arrecadados vão ser aplicados. E em seguida esclarece:

> Mas, ainda assim, é manifesta a insensibilidade fiscal: muita gente pensa que não paga impostos e muita gente nada pensa a respeito deles. Daí resulta a indiferença da maior parte em relação aos mais importantes problemas públicos, malogrando-se o regime democrático pela fala de adesão ativa e efetiva de todos os cidadãos.
>
> Ora, na realidade, nem os mendigos escapam ao Fisco. Quando aplicam em compras as esmolas recebidas, suportam, pelo menos, o imposto de consumo e o de vendas, dissimulados no preço das mercadorias.[4]

Realmente, até os mendigos são contribuintes, no sentido de que também eles suportam o peso dos tributos. E neste sentido é que nos referimos ao contribuinte como titular de direitos fundamentais, direitos que a Constituição assegura como limitação ao poder de tributar. E como até os mendigos são contribuintes, é da maior importância criar em todos a consciência fiscal.

No Brasil, a não-aprovação, pelo Senado Federal, da proposta de prorrogação da CMPF, pode ter sido uma demonstração de que a consciência fiscal já está se formando em nosso povo. O mesmo se diga do que ocorreu em 2008 na Argentina, com a não-aprovação, pelo Senado, do aumento de imposto de exportação de produtos agrícolas. É a formação da consciência fiscal, aliada aos excessos fiscalistas.

Como registra Baleeiro, "na Inglaterra e nos Estados Unidos, p. ex., a democracia resultou da reação popular contra os excessos fiscalistas geradores das revoluções dos séculos XVII e VIII."[5] É razoável, portanto, acreditar que os excessos fiscalistas, aliados à formação da consciência fiscal, farão com que os cidadãos passem a defender e considerar como fundamentais os seus

---

[4] Aliomar Baleeiro, *Uma Introdução à Ciência das Finanças*, Forense, Rio de Janeiro, 1955, vol. I, pág. 239/240.

[5] Aliomar Baleeiro, *Uma Introdução à Ciência das Finanças*, Forense, Rio de Janeiro, 1955, vol. I, pág. 239

direitos, albergados na relação de tributação. E assim estará definitivamente justificado o trato doutrinário dos direitos fundamentais do cidadão como contribuinte.

Nos tópicos a seguir apresentamos a nossa classificação dos direitos fundamentais dos contribuintes, que identificamos e dividimos da seguinte forma: i) direitos relativos ao valor segurança – legalidade e irretroatividade; ii) direitos inerentes ao valor justiça – isonomia e capacidade contributiva; e iii) direito de livre e amplo acesso à jurisdição.

1. Legalidade Tributária

A legalidade tributária no Brasil é, sem nenhuma dúvida, um direito fundamental do contribuinte. Consideramos a norma da Constituição Federal que o estabelece como um princípio, por força de sua fundamentalidade. Esse princípio pode ser entendido em pelo menos dois distintos significados. Pode significar que a cobrança do tributo depende do consentimento dos cidadãos que o pagam. E pode significar que o tributo deve ser cobrado segundo regras objetivamente postas, de sorte a preservar a segurança nas relações entre o fisco e os contribuintes.

Em suas origens mais remotas, surgiu o princípio da legalidade com o primeiro dos referidos significados, vale dizer, o do *consentimento*. Neste sentido, o princípio é bastante antigo. Como demonstra Uckmar, manifestou-se inicialmente sob a forma de consentimento individual, na Inglaterra, em 1096, para transformar-se pouco a pouco em consentimento coletivo. Sua origem, todavia, é geralmente situada na Magna Carta de 1215, outorgada por João Sem Terra, por imposição dos barões.[6]

Em face dessa compreensão do princípio da legalidade, o tributo deve ser consentido, na medida em que sua instituição é aprovada pelo povo, por seus representantes nos parlamentos. No dizer de Cláudio Pacheco, para quem a base do princípio da legalidade reside no art. 14 da "revolucionária declaração francesa dos direitos do homem e do cidadão, "a obrigação tributária está ligada ao princípio da representação política." As imposições tributárias deverão estar autorizadas em lei, mas a lei é obra do Poder Legislativo, cujo órgão é mais freqüentemente e mais desejavelmente um corpo coletivo de base eletiva e de caráter representativo, autorizando a presunção de que são os contribuintes que, indiretamente, consentem

---

[6] Cf. Victor Uckmar, *Os Princípios Comuns de Direito Constitucional Tributário*, Revista dos Tribunais, São Paulo, 1976, págs. 9/20.

DIREITOS FUNDAMENTAIS DO CONTRIBUINTE

essas imposições." Sustentando este seu ponto de vista, Cláudio Pacheco assevera que

> ... essa base consensual do tributo foi uma das aspirações coletivas sustentadas em árduas lutas contra o absolutismo monárquico, que se exercia desregradamente no campo das imposições fiscais, quando ainda não era bem patente sua finalidade de interesse público e saíam a cobrá-las a ordem e agentes de soberanos que precisavam de recursos para seus confortos, seus luxos, suas ostentações, para a realização de seus interesses dinásticos e para as suas guerras de pendor pessoal ou de conquista.[7]

Alberto Xavier, fugindo à abordagem do tema das origens históricas do princípio da legalidade, assevera que este "surgiu ligado à idéia de que os impostos só podem ser criados através das assembléias representativas e, portanto, à idéia de sacrifício coletivamente consentido, ou seja, à autotributação."[8]

Com o segundo dos mencionados significados, o princípio da legalidade é uma forma de preservação da segurança. Ainda quando a lei não represente a vontade do povo, e por isto não se possa afirmar que o tributo é *consentido* por ter sido instituído em lei, ainda assim, tem-se que o *ser instituído em lei* garante maior grau de segurança nas relações jurídicas.

Adotado o princípio da legalidade, pode-se asseverar, pelo menos, que a relação de tributação não é uma relação *simplesmente de poder*, mas uma relação *jurídica*. Isto evidentemente não basta, mas é alguma coisa. Evita surpresas na relação de tributação. Não garante que o tributo seja *consentido*, mas preserva de algum modo a segurança, que é própria da relação jurídica. Enquanto uma relação simplesmente de poder nasce, desenvolve-se e se extingue sem qualquer previsão normativa, a relação jurídica nasce, desenvolve-se e se extingue nos termos de previsões normativas.

É certo que as limitações normativas constituem limites do *dever-ser*. Por isto mesmo às vezes não são respeitadas, mas isto não retira o caráter jurídico da relação. Pelo contrário, a não-observância da norma que disciplina a relação ressalta o caráter jurídico desta na medida em que faz presente a

---

[7] Cláudio Pacheco, *Tratado das Constituições Brasileiras*, Freitas Bastos, Rio de Janeiro, 1965, vol. III, pág. 393.

[8] Alberto Xavier, *Os Princípios da Legalidade e da Tipicidade da Tributação*, Revista dos Tribunais, São Paulo, 1978, p. 7.

possibilidade de sanção. A relação é *jurídica* precisamente porque os atos nela envolvidos *devem ser* praticados com observância das normas que a regulam.

O princípio da legalidade, todavia, tem sido entendido de forma bem mais ampla. Não quer dizer apenas que a relação de tributação é *jurídica*. Quer dizer que essa relação, no que tem de essencial, há de ser regulada em *lei*. Não em qualquer *norma* jurídica, mas em lei, no seu sentido específico, o que confere à relação de tributação a garantia de que não será alterada por qualquer norma inferior à lei na escala hierárquica do sistema jurídico.

2. Irretroatividade da Lei Tributária

A irretroatividade das normas jurídicas em geral é da essência do Direito. É um instrumento absolutamente indispensável para a preservação da segurança, que é, sem dúvida alguma, um dos valores essenciais à ideia de Direito.

Em outras palavras, a *segurança* é um dos valores fundamentais da humanidade, que ao Direito cabe preservar. Ao lado do valor *justiça*, é referida como os elementos que, no Direito, escapam à relatividade no tempo e no espaço. "Podemos resumir o nosso pensamento" – assevera Radbruch – "dizendo que os elementos universalmente válidos da idéia de direito são só a *justiça* e a *segurança*."[9] Daí se pode concluir que o prestar-se como instrumento para preservar a justiça, e a segurança, é algo essencial para o Direito. Assim, um sistema normativo que não tende a preservar a justiça, nem a segurança, efetivamente não é Direito.[10]

Também no sentido de que *segurança* e *justiça* são os dois valores essenciais à ideia de Direito, e que são inseparáveis, um condicionando o outro, doutrina Karl Larenz, com inteira razão:

> La paz jurídica y la justicia, los dos componentes principales de idea del Derecho, están entre si en una relación dialéctica, lo cual significa, por una parte, que se condicionan recíprocamente. A la larga la paz jurídica no está asegurada, se el ordenamiento que subyace a ella es injusto y se siente como tal cada vez más. Donde la paz jurídica falta, donde cada uno trata de realizar su (supuesto) derecho con sus puños o domina la guerra civil, desaparece la justicia. Triunfa el llamado 'derecho del más fuerte', que es lo contrario de un

---

[9] Gustav Radbruch, *Filosofia do Direito*, trad. do Prof. L. Cabral de Moncada, 5ª edição, Arménio Amado, Coimbra, 1974, p. 162

[10] Hugo de Brito Machado, *Os Princípios Jurídicos da Tributação na Constituição de 1988*, 5ª edição, Dialética, São Paulo, 2004, pág. 123.

orden justo. Por otra parte, los dos componentes pueden parcialmente entrar en contradicción. Ocurre así, en especial, cuando el Derecho positivo considera tan insegura la probabilidad de alcanzar un juicio 'justo', que en aras a la seguridad jurídica permite la posibilidad de un juicio que no sea justo, como ocurre con la prescripción y con la cosa juzgada.[11]

Podemos dizer com toda certeza que a irretroatividade das normas jurídicas, como princípio, é o mínimo que se pode pretender em matéria de segurança. Se as normas jurídicas em geral pudessem retroagir, a insegurança seria absoluta. Insuportável. Por isto mesmo insistimos em afirmar que a irretroatividade das normas jurídicas como princípio faz parte da própria essência do Direito. Aliás, há quem assevere ser a *segurança* o valor fundamental do jurídico, superando o próprio valor *justiça*. Oscar Tenório, por exemplo, invoca a doutrina de Recasens Siches para ressaltar que

> O direito não surgiu na vida humana com a finalidade de prestar-se culto à idéia de justiça. Surgiu para fornecer *segurança e certeza* à vida social. Esta função do direito existe no regime tradicionalista e no regime revolucionário. Sendo a segurança o valor fundamental do jurídico, sem ela não pode haver direito.[12]

O Direito corporifica e realiza os valores da humanidade, entre os quais se destaca o da segurança, indispensável mesmo para a realização de todos os demais; indispensável à própria ideia de Estado de Direito, sendo certo que "a retroatividade da lei poderia ser encarada como contradição do Estado consigo próprio, pois que, se de um lado ele faz repousar a estabilidade das relações e direitos sobre a garantia e proteção das leis que ele próprio emana, de outro lado ele mesmo não pode retirar essa estabilidade com a edição de leis retroativas."[13]

Na primorosa lição de Recasens Siches acolhida por José Luís Shaw, transcrita e traduzida por Maria Luiza Pessoa de Mendonça em sua excelente monografia sobre o tema:

---

[11] Karl Larenz, *Derecho Justo – fundamentos de etica jurídica*, trad. de Luís Diez Picazo, Civitas, Madrid, 1993, p. 51/52.

[12] Oscar Tenório, *Lei de Introdução ao Código Civil Brasileiro*, 2ª edição, Borsoi, Rio de Janeiro, 1955, pág. 193.

[13] Maria Luiza Vianna Pessoa de Mendonça, *O Princípio Constitucional da Irretroatividade da Lei – A irretroatividade da lei tributária*, Del Rey, Belo Horizonte, 1996, p. 62.

Se nos perguntamos por que e para que os homens estabelecem o Direito e tratamos de descobrir o sentido germinal do Direito a fim de apreendermos a sua essência, dar-nos-emos conta de que a motivação radical que determinou a existência do Direito não deriva das altas regiões dos valores éticos superiores, senão de um valor de categoria inferior, a saber: da segurança na vida social. O Direito surge, precisamente, como instância determinadora daquilo que o homem tem que se ater em suas relações com os demais: certeza, mas não só certeza teórica (saber o que deve fazer) senão também certeza prática, quer dizer, segurança, saber que isto tenderá forçosamente a ocorrer porque será imposto pela força, se preciso for, inexoravelmente.[14]

Cuida-se, aliás, de um princípio da mais fácil compreensão. Se o legislador pudesse editar leis retroativas, ninguém saberia mais como se comportar porque deixaria de confiar na lei, que a qualquer momento poderia ser alterada com reflexos nos fatos ocorridos, tornando-se desta forma praticamente inexistente o padrão do certo e do errado. Pode-se por isto mesmo, com Vicente Ráo, sustentar que o princípio da irretroatividade atende a necessidade essencial do próprio ser humano:

> A inviolabilidade do passado é princípio que encontra fundamento na própria natureza do ser humano, pois, segundo as sábias palavras de Portalis, o homem, que não ocupa senão um ponto no tempo e no espaço, seria o mais infeliz dos seres, se não se pudesse julgar seguro nem sequer quanto a sua vida passada. Por essa parte de sua existência, já não carregou todo o peso de seu destino? O passado pode deixar dissabores, mas põe termo a todas as incertezas. Na ordem do universo e da natureza, só o futuro é incerto e esta própria incerteza é suavizada pela esperança, a fiel companheira da nossa fraqueza. Seria agravar a triste condição da humanidade querer mudar, através do sistema da legislação, o sistema da natureza, procurando, para o tempo que já se foi, fazer reviver as nossas dores, sem nos restituir as nossas esperanças."[15]

É por esta razão que os sistemas jurídicos dos países civilizados consagram o princípio da irretroatividade das leis. "As leis, como regra fundamental,

---

[14] José Luís Shaw, citado e traduzido por Maria Luiza Vianna Pessoa de Mendonça, *O Princípio Constitucional da Irretroatividade da Lei – A irretroatividade da lei tributária*, Del Rey, Belo Horizonte, 1996, p. 63.

[15] Vicente Ráo, O Direito e a Vida dos Direitos, cit. por Celso Ribeiro Bastos, *Curso de Direito Constitucional*, 18a edição, Saraiva, São Paulo, 1997, p. 216.

não retroagem, porque só assim os direitos e situações gerados na vigência delas gozam de estabilidade e segurança."[16]

Como forma de garantir a estabilidade das relações jurídicas, o princípio da irretroatividade há de ser universal. Editada uma lei, sem referência expressa a sua aplicação ao passado, certamente só ao futuro será aplicável. E se o legislador pretender disciplinar fatos ocorridos, o que excepcionalmente pode fazer, terá de respeitar o ato jurídico perfeito, o direito adquirido e a coisa julgada, porque no Brasil isto constitui expressa determinação constitucional.

Seja como for, ninguém pode negar a importância da *segurança* na ideia de Direito, nem negar a importância da *irretroatividade* das normas jurídicas em geral como instrumento indispensável à segurança.

3. Isonomia Tributária

Qualquer estudo sério a respeito do princípio da isonomia chega sempre à conclusão inevitável: em última análise, a lei é contrária à isonomia quando o critério de discriminação utilizado seja injusto. Em outras palavras, isto quer dizer que a lei não isonômica é sempre uma lei *injusta*; lei que não se pode admitir porque a ideia de justiça, que em certo sentido se confunde com a ideia de igualdade, está na essência do Direito.[17]

A justiça, como valor essencial na ideia de Direito, há de estar sempre presente na relação tributária enquanto seja esta uma relação jurídica e não uma relação simplesmente de poder. Assim, podemos dizer que existe um direito fundamental do contribuinte ao tratamento isonômico, que é uma forma de realização do valor *justiça*.

Esse direito ao tratamento isonômico é um típico direito fundamental do contribuinte oponível ao Estado, que deve atendê-lo no exercício de suas três funções, a saber, no exercício da *legislação*, da *administração* e da *jurisdição*.

No exercício da legislação, deve o Estado produzir regras de tributação obedientes ao princípio da isonomia e da capacidade contributiva, como adiante vamos explicar. No exercício da administração, deve o Estado obedecer aos mesmos princípios, em todas as suas atividades como sujeito ativo da relação tributária, especialmente no que diz respeito ao lançamento e à cobrança do tributo. E no exercício da *jurisdição* deve o Estado desenvolver sua

---

[16] Hermes Lima, *Introdução à Ciência do Direito*, 28a edição, Freitas Bastos, São Paulo, 1986, p.143
[17] Gustav Radbruch, Filosofia do Direito, trad. do Prof. Cabral de Moncada, 5ª edição, Arménio Amado, Coimbra, 1974, p. 88. Nas palavras do eminente jusfilósofo: "Não se trata duna Justiça que se mede pela medida do direito positivo, mas duma Justiça que é, ela, a medida do próprio direito positivo e pela qual este tem de ser aferido."

atividade obedecendo, também, aos mencionados princípios, especialmente evitando decisões diferentes em face de situações idênticas às quais são aplicáveis as mesmas regras, sejam de direito material atinentes à tributação, sejam de direito processual atinentes aos atos do processo no qual há de ser solucionada a lide.

Há quem sustente ser a isonomia incompatível com a utilização do tributo em sua função extrafiscal. Na verdade, porém, não é assim. O que pode eventualmente lesionar o princípio da isonomia é o uso *indevido* da função extrafiscal.

O tributo, em sua função fiscal ou arrecadatória, deve onerar o contribuinte na proporção de sua capacidade contributiva. A questão que se estabelece, então, consiste em saber se a dimensão da capacidade contributiva deve ser dada pela capacidade econômica, ou patrimonial, ou se é razoável a introdução de outros critérios para a determinação da capacidade contributiva. Ao admitir o uso do tributo com função extrafiscal, estamos admitindo que a determinação da capacidade contributiva deve ser feita por critérios que vão além da simples capacidade econômica, ou patrimonial. Esses critérios devem ser escolhidos de sorte a não haver violação ao princípio da isonomia.

Para quem entende que em matéria tributária a justiça consiste em tratar a todos com absoluta igualdade, tendo-se em vista exclusivamente a riqueza de cada um, o imposto de renda, por exemplo, deve ser pago por todos na exata proporção de seus ganhos. O imposto sobre produtos industrializados deve ter a mesma alíquota para todos os produtos, e assim por diante. A capacidade contributiva deve ser determinada pela capacidade econômica, ou patrimonial, exclusivamente. Por isto mesmo deveria ser abandonada inteiramente a denominada função extrafiscal do tributo. Não pensamos assim.

A nosso ver, o tributo com função extrafiscal é o instrumento que o Direito oferece para o tratamento desigual de contribuintes que estão em condições desiguais, embora possam ter a mesma capacidade econômica; tratamento desigual que deve ter uma determinada finalidade. Será justo, ou isonômico, se a finalidade for a realização de algo compatível com a ideia de justiça, como é o caso do combate às desigualdades regionais de nosso País.

4. Capacidade Contributiva

É indiscutível que a ideia de justiça de certa forma se confunde com a ideia de igualdade assim como é certo também que essas ideias estão encartadas no princípio da capacidade contributiva. Por isto mesmo, Amílcar Falcão afirmou que o princípio da capacidade contributiva "representa a versão, em matéria tributária, do princípio geral da isonomia."[18] Definitivamente, não se pode descartar a ideia segundo a qual a capacidade contributiva é um critério de valoração do princípio da isonomia, e um critério capaz de realizar também o princípio da Justiça.

Por isto mesmo, Moschetti formula uma distinção entre capacidade contributiva e capacidade econômica. Para ele, a capacidade econômica é apenas uma condição necessária para a existência de capacidade contributiva, pois esta é a capacidade econômica qualificada por um dever de solidariedade, quer dizer, por um dever orientado e caracterizado por um prevalecente interesse coletivo, não se podendo considerar a riqueza do indivíduo separadamente das exigências coletivas. Assim, se, por exemplo, em face de uma exigência do desenvolvimento econômico conforme as normas e princípios da Constituição, uma determinada fonte patrimonial não deve ser gravada em certa região durante um dado período, falta a ela o elemento qualificador da capacidade contributiva: a aptidão para realizar o interesse público. Mais ainda, precisamente para realizar tal interesse, essa fonte não pode ser considerada manifestação de capacidade contributiva.[19]

Maffezzoni, por seu turno, sustenta que a capacidade contributiva não pode ser identificada na pura e simples capacidade econômica do sujeito passivo da tributação. Para ele é problemática a determinação da capacidade econômica, tanto porque é impreciso o conceito de renda, como porque a capacidade econômica não pode ser dimensionada apenas pela renda, seja qual for a noção desta que se tenha adotado. A capacidade contributiva, no seu entender, há de envolver fato indicativo do gozo de vantagens decorrentes dos serviços públicos.[20]

Com toda razão, como se vê, já em livro publicado em 1955, escreveu Baleeiro:

> Na consciência contemporânea de todos os povos civilizados, a justiça do imposto confunde-se com a adequação dêste ao princípio da capacidade contributiva.[21]

---

[18] Amilcar de Araújo Falcão, *Fato Gerador da Obrigação Tributária*, 2ª edição, Editora Revista dos Tribunais, São Paulo, 1971, p. 68.

[19] Francesco Moschetti, *El Principio de Capacidade Contributiva*, Instituto de Estudios Fiscales, Madrid, 1980, p. 279.

[20] Federico Maffezzoni, *Il Principio di Capacità Contributiva nel Diritto Finanziario*, UTET, Torino, Itália, 1970, p. 28/34.

[21] Aliomar Baleeiro, *Uma Introdução à Ciência das Finanças*, Forense, Rio de Janeiro, 1955, vol. I, p. 383.

Chega-se, assim, como demonstrado está, à inexorável conclusão de que a isonomia, também no Direito Tributário, confunde-se com a idéia de justiça. Assim, chega-se também à conclusão de que o juiz pode, e mais do que isto, o juiz deve deixar de aplicar a lei tributária injusta, como lei inconstitucional que é.

5. Desrespeito aos Direitos Fundamentais do Contribuinte

Ainda que expressamente assegurados pela Constituição, os direitos fundamentais do contribuintesofrem constantemente agressões praticadas pela Fazenda Pública, em seus diversos setores. Existe enorme distância entre o que está na Constituição e o que na vida diária podemos observar nas relações de tributação. Talvez por isto mesmo Klaus Tipke tenha afirmado que *"Brasil se cuenta entre aquellos países cuyarealidaddifiere claramente de suConstitución."*[22]

O Estado, de um modo geral, por ser titular de poder, talvez o maior do planeta, foge das limitações que o Direito estabelece, desrespeitando as pessoas com as quais se relaciona. Dando seu testemunho quanto a essa inadmissível postura do Estado, Celso Antônio Bandeira de Mello, um dos maiores administrativistas que conhecemos, acentua:

> O Estado brasileiro é um bandido. O Estado brasileiro não tem o menor respeito pela outra parte, pelo cidadão. O Estado brasileiro atua com deslealdade e com má-fé, violando um dos primeiros e mais elementares princípios do Direito, que é o princípio da lealdade e da boa fé. O Direito abomina a má-fé.[23]

Em relação a outros atos administrativos, atos não relacionados à tributação, também acontecem práticasarbitrárias, muita vez apoiadas em conceitos, princípios, ou regras que existem em outros sistemas, mas não são adequados ao nosso. Neste sentido, temos o testemunho de Gasparini:

---

[22] Klaus Tipke, *Moral Tributaria del Estado y de los Contribuyentes*, tradução de Pedro Herrera Molina, Marcial Pons, Madrid/Barcelona, 2002, pág. 59.

[23] Palestra proferida no IX Congresso Brasileiro de Direito Tributário, in Revista de Direito Tributário nº 67, São Paulo, Malheiros, pág. 55, apud Aroldo Gomes de Matos, *Repetição do Indébito, Compensação e Ação Declaratória*, em Repetição do Indébito e Compensação no Direito Tributário, coordenação de Hugo de Brito Machado, Dialética/ICET (Instituto Cearense de Estudos Tributários), São Paulo/Fortaleza, 1999, pág. 48

Ademais, o acolhimento e a aplicação de institutos, regras, princípios e conceitos existentes em outros sistemas, em quase tudo dessemelhantes dos vigentes entre nós, repercutem nas decisões de nossos Tribunais, e a absorção de certos entendimentos alienígenas, desgarrados de nosso Direito, tem ensejado à Administração Pública a prática de arbitrariedades ao revogar atos de outorga sem considerar os direitos do permissionário e, o que é pior, em muitos casos com o *placet* do Judiciário.[24]

Essa posição do Estado perante o Direito parece existir em todo o mundo. Embora o Estado não tenha necessidade de violar o sistema normativo, porque ele mesmo o faz como lhe é conveniente, certo é que não o respeita, como deveria. Assim é que, nas palavras de Diogo Leite de Campos,

> O Estado credor dos impostos define as receitas que pretende cobrar; cria as leis que considera adequadas àquele fim; modela a relação tributária do modo que lhe parece mais conveniente para obter o seu crédito; e hoje procede ao arrepio das normas legais para obter a cobrança das garantias que pretendeu – e que possivelmente, técnicas legislativas pouco cuidadas tornariam de realização incerta.
>
> Os contribuintes sabem que o Estado é o principal devedor do país; que é um dos que mais demora a cumprir as suas dívidas – sendo, portanto, o que tem um comportamento mais censurável sob o ponto de vista ético-jurídico.[25]

Esse comportamento arbitrário do Estado é uma das causas mais significativas da degradação da relação tributária como relação jurídica. Os contribuintes geralmente têm a sensação de que a lei só vale contra eles, porque o Estado em geral age ilegalmente. E tanto é assim que o Ministro Gomes de Barros, do Superior Tribunal de Justiça, certa vez o disse, sem rodeios:

> Se o Governo, que deveria proporcionar-me dignidade e segurança, é o campeão da violência e da indignidade, nada me resta senão imitá-lo. ... Resultado: apenas os tolos e assalariados pagam impostos;[26]

---

[24] Diógenes Gasparini, *Direito Administrativo*, 8ª edição, pág. 298.

[25] Diogo Leite de Campos, O Combate à Fraude Fiscal e o Estado de Direito em Portugal, *NOMOS – Revista do Curso de Mestrado em Direito da UFC*, volume 28.2, Fortaleza, jul/dez – 2008, p. 109.

[26] Palestra proferida no II Congresso Internacional da Justiça, em Fortaleza, dia 08/12/98, e publicada em THEMIS Revista da Esmec, v. 2, nº 2, de 1999, págs. 79-99.

No dizer de Aliomar Baleeiro,

> O sucesso de qualquer Política Financeira depende muito da atitude psicológica dos contribuintes, segundo sua consciência política, na mais pura acepção desta palavra.
>
> Os abusos dos legisladores e autoridades fiscais amortecem aquela consciência e levam o espírito do povo a tolerância com os sonegadores e a hostilidades contra o Fisco, que só tem a ganhar com a adesão leal dos cidadãos.[27]

No âmbito da tributação, tanto no que diz respeito aos princípios tendentes à realização dos valores da segurança, como o princípio da legalidade e da anterioridade da lei, e daqueles que apontam para uma tributação justa, como o princípio da capacidade contributiva, muitas são as práticas do Estado que consubstanciam flagrante violação de preceitos da Constituição Federal.

Não vamos examinar aqui as formas de agressões praticadas pela Fazenda Pública aos direitos do contribuinte, que são vividas a todo momento por quem atua na área da tributação, como é o caso das sanções políticas. Colocamos o assunto em face de a repercussão dessas agressões indicarem a não-efetividade dos direitos fundamentais do contribuinte em nosso País, o que confere especial relevo ao direito à jurisdição que abordaremos a seguir.

6. Direito do Contribuinte à Jurisdição

A Constituição Federal de 1988, ao cuidar dos direitos e garantias fundamentais, estabelece que "a lei não excluirá da apreciação do Poder Judiciário lesão ou ameaça a direito."[28]

Esse dispositivo, como se vê, garante não apenas o direito à jurisdição, mas o direito à jurisdição como atividade do Poder Judiciário. Este esclarecimento, que pode parecer desnecessário, se faz importante porque se sabe que o Poder Executivo, e o Poder Legislativo, também exercem, ainda que excepcionalmente, atividade jurisdicional. Assim, não basta que esteja garantido o direito à atividade jurisdicional do Estado para a afirmação de nossos direitos. É importante que esteja garantido que essa atividade de afirmação dos nossos direitos nos seja prestada pelo Poder Judiciário, que tem no desempenho dessa atividade a sua função essencial, seguramente a sua única razão de existir.

---

[27] Aliomar Baleeiro, *Direito Tributário Brasileiro*, 11ª edição, Forense, Rio de Janeiro, 1999, pág. 876.
[28] Constituição Federal de 1988, art. 5º, inciso XXXV.

DIREITOS FUNDAMENTAIS DO CONTRIBUINTE

Pelo fato de estar constitucionalmente assegurado, o direito à jurisdição pode ser qualificado como um direito fundamental, mas não é somente por isto que o qualificamos como tal. O direito à jurisdição é o mais fundamental de todos os direitos, porque consubstancia o direito de ter direitos. Sem ele os demais direitos não passariam de expressões da retórica jurídica. Não seriam efetivos.

Celso Ribeiro Bastos, comentando o dispositivo constitucional que assegura o direito à jurisdição, ensina:

> Ao lado da função de legislar e administrar, o Estado exerce a função jurisdicional. Coincidindo com o próprio evolver da organização estatal, ela foi absorvendo o papel de dirimir as controvérsias que surgiam quando da aplicação das leis. Esta, com efeito, não se dá de forma espontânea e automática. Cumpre que os seus destinatários a elas se submetam, para o que se faz mister que tenham uma correta inteligência do ordenamento jurídico, assim como estejam dispostos a obedecer a sua vontade. Por ausência de quaisquer destas circunstâncias, vale dizer, da exata compreensão legal ou da disposição de se curvar aos seus ditames, surge uma situação de afronta e desafio ao sistema jurídico que este tem de debelar para que sua eficácia não resulte comprometida. À função jurisdicional cabe este importante papel de fazer valer o ordenamento jurídico, de forma coativa, toda vez que seu cumprimento não se dê sem resistência. Ao próprio particular (ou até mesmo às pessoas jurídicas de direito público) o Estado subtrai a faculdade do exercício de seus direitos pelas próprias mãos. O lesado tem de comparecer diante do Poder Judiciário, o qual, tomando conhecimento da controvérsia, se substitui à própria vontade das partes que foram impotentes para se auto comporem. O Estado, através de um dos seus Poderes, dita, assim, de forma substitutiva à vontade das próprias partes, qual o direito que estas têm de cumprir. Vale notar, ademais, que a esta declaração do direito aplicável a um caso concreto há que se agregar ainda a definitividade da sua manifestação e a suscetibilidade de esta vir a ser executada coativamente.[29]

Quando falamos do direito à jurisdição é da maior importância deixarmos claro que a função jurisdicional, em tese, pode ser exercida por qualquer dos poderes do Estado, mas, em nosso ordenamento jurídico, a garantia de

---

[29] Celso Ribeiro Bastos, *Comentários à Constituição do Brasil*, Saraiva, São Paulo, 1989, 2º volume, págs.169/170

jurisdição, como já acentuamos, quer dizer garantia de prestação jurisdicional pelo Poder Judiciário.

Celso Antônio Bandeira de Mello assevera que,

> "Entre nós, que adotamos, nesse particular – e felizmente –, o sistema anglo-americano, há unidade de jurisdição, isto é, cabe exclusivamente ao Poder Judiciário o exercício pleno da atividade jurisdicional. Ato algum escapa ao controle do Judiciário, pois nenhuma ameaça ou lesão de direito pode ser subtraída à sua apreciação (art. 5º, XXXV, da Constituição). Assim, todo e qualquer comportamento da Administração Pública, que se faça gravoso a direito pode ser fulminado pelo Poder Judiciário, sem prejuízo das reparações patrimoniais cabíveis."[30]

Esse monopólio da jurisdição pelo Poder Judiciário é particularmente importante no que concerne aos direitos fundamentais do contribuinte que, por natureza, constituem limitações ao poder de tributar e assim devem ser exercidos sempre contra o Estado.

Sobre o alcance do dispositivo constitucional que prescreve o direito à jurisdição já escrevemos:[31]

> Ao dizer que a lei não pode excluir da apreciação judicial lesão ou ameaça a direito, a Constituição Federal está proibindo a edição de lei que exclua, quer direta quer indiretamente, a apreciação judicial de pretensões à proteção contra lesões e contra ameaças a direitos. A adequada interpretação do preceito constitucional, que impede se faça dele letra morta, não pode ser outra. O dispositivo constitucional há de ser interpretado de modo a que não reste amesquinhado o seu conteúdo. A não ser assim não estará sendo assegurada a máxima efetividade à norma da Constituição.
>
> Segundo a moderna doutrina do Direito Constitucional as normas de uma Constituição devem ser interpretadas com observância de alguns princípios, entre os quais se destaca o da máxima efetividade. Como assevera Canotilho, "a uma norma constitucional deve ser atribuído o sentido que maior eficácia lhe dê."[32]

---

[30] Celso Antônio Bandeira de Mello, *Curso de Direito Administrativo*, 18ª ed., Malheiros, São Paulo, 2005, p. 77

[31] Hugo de Brito Machado, *Comentários ao Código Tributário Nacional*, Atlas, São Paulo, 2005, vol. III, pág. 468.

[32] José Joaquim Gomes Canotilho, *Direito Constitucional*, Almedina, Coimbra, 1996, pág. 227

Assim, a atividade jurisdicional não deve ser entendida apenas como a atividade pertinente ao processo de conhecimento, porque na verdade inclui as atividades correspondentes ao processo cautelar e ao processo de execução. Sendo assim, são inconstitucionais os dispositivos legais que tentam limitar o uso de provimentos cautelares contra o Estado.

A amplitude que deve ter o direito à jurisdição nos leva a sustentar a equiparação dos direitos individuais homogêneos, com parcelas individualizada ou individualizável de pequena significação econômica, aos direitos difusos ou coletivos, com o que se legitima a atuação do Ministério Público na defesa desses direitos.

Por fim, alimentamos a certeza de que a efetividade dos direitos e garantias fundamentais depende, sobretudo, do direito à jurisdição; que não basta estar previsto na Constituição, mas deve ser efetivo. Podemos dizer que o direito à jurisdição pode ser considerado o direito de ter direito; ou se preferirmos dizer que a jurisdição é uma garantia, diremos que ela é garantia das garantias. Se o Estado não estiver adequadamente aparelhado para prestar uma jurisdição efetiva, tudo ficará reduzido a peça de retórica.

O tema desse artigo é tratado com mais vagar e profundidade no livro "Direitos fundamentais do contribuinte e a efetividade da jurisdição"[33] ao qual remetemos o leitor que tiver interesse em mergulhar na pesquisa.

Conclusões

a) O contribuinte é titular de direitos fundamentais, cuja atenção é indispensável ao regramento da relação entre o Estado e o cidadão;

b) Os direitos fundamentais dos contribuintes podem ser identificados e divididos da seguinte forma: i) direitos relativos ao valor segurança – legalidade e irretroatividade; ii) direitos inerentes ao valor justiça – isonomia e capacidade contributiva; e iii) direito de livre e amplo acesso à jurisdição;

c) Mesmo expressamente assegurados pela Constituição, os direitos fundamentais do contribuintesofrem constantemente agressões praticadas pela Fazenda Pública; e

---

[33] Hugo de Brito Machado, Direitos fundamentais do contribuinte e a efetividade da jurisdição, Atlas :SP, 2009.

d) O acesso à jurisdição, portanto, não é apenas mais uma garantia, é garantia das garantias. Se o Estado não estiver adequadamente aparelhado para prestar uma jurisdição efetiva, inclusive e principalmente para afastar as ilegalidades e abusos praticados por seus agentes, todos os demais direitos e garantias fundamentais restarão vazios.

5. "Direitos Fundamentais dos Contribuintes" – À Luz da Constituição Federal de 1988

MARILENE TALARICO MARTINS RODRIGUES

Em homenagem ao Ministro **GILMAR MENDES**, do Supremo Tribunal Federal, dedico este estudo e agradeço a seu organizador, Prof. Oswaldo Othon de Pontes Saraiva Filho, o convite para participar desta obra.

Falar do homenageado é falar do dedicado Ministro, integrante da Suprema Corte, professor, jurista, incansável estudioso do direito, principalmente, junto ao IDP – Instituto Brasiliense de Direito Público, proferindo aulas, palestras e eventos de estudos jurídicos como o Fórum Jurídico de Lisboa, realizado em Portugal. Sua preocupação é constante com a interpretação das normas à luz da Constituição Federal e **com os direitos e garantias fundamentais** expressos na nossa Lei Maior. Tem contribuído de forma marcante para o debate de temas de **grande relevância** e **repercussão social**, tanto no direito constitucional, como no direito tributário. O seu pensamento jurídico bem reflete os ensinamentos de interpretação do direito em seus votos proferidos no STF, em suas obras publicadas e nos diversos estudos por ele elaborados.

A iniciativa do coordenador, pela merecida homenagem deve ser aplaudida por todos, pela comunidade jurídica e em especial pelos alunos e estudiosos do direito, que desejam se aperfeiçoar e aprofundar seus conhecimentos no direito constitucional e no direito tributário.

> *"...no processo de interpretação constitucional estão potencialmente vinculados todos os órgãos estatais, todas as potências públicas, todos os cidadãos e grupos, não sendo possível estabelecer-se um elenco cerrado ou fixado com numerus clausus de intérpretes da Constituição"*
>
> PETER HÄBERLE[1]

Considerações Iniciais

A Constituição Federal de 1988, adotou o Estado Democrático de Direito como regime de organização do Estado brasileiro, garantindo os direitos fundamentais dos cidadãos que não podem ser ignorados nem violados pela lei que instituir o tributo, nem pela Administração Pública quanto a sua aplicação, exatamente para disciplinar as relações jurídicas entre o poder de tributar e as garantias constitucionais.

Os artigos 1º e 3º da Constituição Federal, estão assim redigidos:

> *"Art. 1º – A República Federativa do Brasil, formada pela união indissolúvel dos Estados e Municípios e do Distrito Federal, constitui-se em Estado Democrático de Direito e tem como fundamentos:*
>
> *I   a soberania;*
>
> *II   a cidadania;*
>
> *III a dignidade da pessoa humana;*
>
> *IV   os valores sociais do trabalho e da livre iniciativa;*
>
> *V   o pluralismo político.*
>
> *Parágrafo único – Todo o poder emana do povo, que o exerce por meio de representantes eleitos ou diretamente, nos termos desta Constituição."*
>
> *(...)*
>
> *"Art. 3º – Constituem objetivos fundamentais da República Federativa do Brasil:*
>
> *I   construir uma sociedade livre, justa e solidária;*
>
> *II   garantir o desenvolvimento nacional;*
>
> *III erradicar a pobreza e a marginalização e reduzir as desigualdades sociais e regionais;*
>
> *IV   promover o bem de todos, sem preconceitos de origem, raça, sexo, cor, idade e quaisquer outras formas de discriminação."*

---

[1] "Hermenêutica Constitucional". Trad. Gilmar Mendes. Porto Alegre: Sérgio Antonio Fabris Editor, 1997. Pág. 13.

O regime constitucional da democracia e de liberdades se afirma, em especial, na eficácia que os Juízos e os Tribunais conferem às cláusulas das declarações de direitos individuais e coletivos perante o Estado.

O Estado de Direito, concebido e estruturado em bases democráticas, mais do que simples figura conceitual ou mera proposição doutrinária, **reflete**, em nosso sistema jurídico, uma **realidade constitucional densa de significação** e **plena de potencialidade concretizadora dos direitos e das liberdades públicas**.

A construção de uma sociedade **livre, justa e solidária**, conforme preceitua a Constituição (art. 3º), se assenta na **preservação dos direitos individuais e coletivos e nos princípios da autonomia, da harmonia e da independência dos Poderes** (art. 2º).

A opção do legislador constituinte pela concepção Democrática do Estado de Direito não pode esgotar-se numa simples proclamação retórica, mas em sua efetividade, razão pela qual **"há de ter consequências efetivas no plano de nossa organização política, na esfera das relações institucionais entre os Poderes da República e no âmbito da formulação de uma teoria das liberdades públicas e do próprio regime democrático"**. Em outras palavras, **"ninguém sobrepõe, nem mesmo os grupos majoritários, aos princípios superiores consagrados pela Constituição da República, cujo texto confere aos direitos fundamentais um nítido caráter contra majoritário"**. (STF – ADPF 187/DF)

Compreender a **Constituição como ordem de valores é aceitar uma concepção de garantia da segurança jurídica quanto à efetividade dos direitos e liberdades** que são por ela contemplados.

É o direito à segurança jurídica que define a sustentação, firmeza e eficácia do ordenamento jurídico.

Isto significa que o Estado brasileiro é constituído pela **legalidade**, por meio de **princípios constitucionais**, aberto a valores que asseguram **direitos fundamentais**, fortalecimento da **jurisdição** e **limitação ao poder de tributar**.

A compreensão da Constituição e do direito como **sistema de regras e princípios** possibilita a aplicação do direito constitucional em todos os ramos do direito e concretiza a segurança jurídica

De outra parte, a atuação da Administração deverá obedecer, rigorosamente, aos princípios constitucionais que asseguram os direitos fundamentais do contribuinte e ao art. 37 da Constituição Federal, que estabelece os

DIREITOS FUNDAMENTAIS DOS CONTRIBUINTES

princípios específicos a serem cumpridos em toda atuação da Administração, nos seguintes termos:

> *"Art. 37 – A administração pública direta e indireta de qualquer dos Poderes da União, dos Estados, do Distrito Federal e dos Municípios obedecerá aos princípios de* legalidade, impessoalidade, moralidade, publicidade e eficiência *(...)".*

Tais princípios são de natureza obrigatória pela Administração em **todos** os seus atos, a qual deve respeitar com **eficiência** e **moralidade** a prestação de serviços públicos e a **imposição tributária** em obediência aos limites estabelecidos pela Constituição, **assegurados os direitos fundamentais do contribuinte**, que se traduzem na **segurança jurídica das relações tributárias**.

Ives Gandra da Silva Martins sobre o tema pontua que:

> *"Nenhuma nação é estável democraticamente se seus cidadãos não ficarem assegurados em seus direitos fundamentais e não tiverem do Estado a garantia de que sua vida, em suas variadas facetas, possui na ordem legal a plataforma de seu crescimento. A tranquilidade originada pela certeza de que as instituições funcionam e de que a lei assegura a estabilidade de todas as espécies de relações conformadas no ordenamento vigente faz do Estado que garante a segurança jurídica um Estado de Direito."*[2]

O Direito Tributário e o Poder Impositivo dos Entes Tributantes

A tributação é imprescindível para a manutenção do Estado e é um dos mais relevantes meios de promoção do bem comum, porém, deve ser feita exatamente dentro dos **limites** estabelecidos pela Constituição, que por diversas vezes não têm sido observados pelos legisladores e pelos poderes tributantes, tendo em vista os objetivos de maior arrecadação para suprir os cofres públicos, em face de suas despesas sempre crescentes, em relação a administração dos governantes.

Em relação ao **direito tributário**, o poder impositivo dos entes tributantes deve obedecer **aos limites previamente estabelecidos pela Constituição**, que assegura garantias ao contribuinte e se traduz na **segurança jurídica** das relações tributárias.

---

[2] A Constituição Aplicada – Belém CEJUP, 1998, p. 97.

A **Segurança jurídica** encontra-se positivada como um direito fundamental na Constituição de 1988 ao lado dos direitos à **vida**, à **liberdade**, à **igualdade** e à **propriedade**, na forma do art. 5º, *caput*, que estabelece:

> *Art. 5º Todos são iguais perante a lei, sem distinção de qualquer natureza, garantindo-se aos brasileiros e aos estrangeiros residentes no País a inviolabilidade do direito à vida, à liberdade, à igualdade, à segurança e à propriedade, nos termos seguintes:*
>
> *(...)*
>
> *II – ninguém será obrigado a fazer ou deixar de fazer alguma coisa senão em virtude de lei;*
>
> *(...)*
>
> *XXII – é garantido o direito de propriedade;*
>
> *(...)*
>
> *XXXV – a lei não excluirá da apreciação do Poder Judiciário lesão ou ameaça a direito;*
>
> *XXXVI – a lei não prejudicará o direito adquirido, o ato jurídico perfeito e a coisa julgada;*
>
> *(...)*
>
> *LIV – ninguém será privado da liberdade ou de seus bens sem o devido processo legal;*
>
> *LV – aos litigantes, em processo judicial ou administrativo, e aos acusados em geral são assegurados o contraditório e ampla defesa, com os meios e recursos a ela inerentes;*
>
> *(...)*
>
> *LXXVIII – a todos, no âmbito judicial e administrativo, são assegurados a razoável duração do processo e os meios que garantam a celeridade de sua tramitação. (Incluído pela Emenda Constitucional nº 45, de 2004)*

Tais direitos e garantias fundamentais, assegurados pela Constituição, são de caráter obrigatório, aplicáveis a todos os integrantes da sociedade.

A segurança a que faz menção o *caput* da norma acima transcrita é a **segurança jurídica**, que exige a **igualdade** de tratamento a todos os cidadãos e aos contribuintes em especial, na aplicação da lei e atuação da Administração, principalmente o respeito às decisões judiciais e administrativas de mérito e demais garantias constitucionais, que resultam na confiança dos cidadãos e na eficiência na prestação de serviços, arrolados na referida norma constitucional, como acima destacado.

Além dessas garantias, estabelece a Constituição **outras garantias que são específicas em matéria tributária** para exigência de tributos, que limitam o poder de tributar dos entes integrantes da Federação (União, Estados, Distrito Federal e Municípios), ao exigir reserva absoluta de lei, para imposição tributária ou aumento de tributo, nos termos do art. 150, incisos I, II, III e IV, da CF, que preceituam:

> *"Art. 150 – Sem prejuízo de outras garantias asseguradas ao contribuinte, é vedado à União, aos Estados, ao Distrito Federal e aos Municípios:*
> *I – exigir ou aumentar tributo sem lei que o estabeleça;*
> *II – instituir tratamento desigual entre contribuintes que se encontrem em situação equivalente, proibida qualquer distinção em razão de ocupação profissional ou função por eles exercida, independentemente da denominação jurídica dos rendimentos, títulos ou direitos;*
> *III – cobrar tributos:*
> *a) em relação a fatos geradores ocorridos antes do início da vigência da lei que os houver instituído ou aumentado;*[3]
> *b) no mesmo exercício financeiro em que haja sido publicada a lei que os instituiu ou aumentou;*
> *IV – utilizar tributo com efeito de confisco",*

entre outras garantias, espalhadas pelo texto constitucional.

Por sua importância em matéria tributária, os princípios acima mencionados são de exigência obrigatória, pelo legislador ao elaborar a lei, e pela administração, para imposição tributária.

Reserva Legal Absoluta ao Poder de Tributar

Tendo em vista valores democráticos estabelecidos pela Constituição, a nossa Lei Maior, reconheceu que **toda matéria tributária, por sua relevância**, está sujeita a **reserva de lei formal**, com a participação direta do **Poder Legislativo**.

Assim, o ordenamento jurídico constitucional, define as matérias que devem ser estabelecidas por lei. Esse grupo de matérias tem sido denominado

---

[3] O art. 150, § 1º determina que "a vedação do inciso III, "b", **não** se aplica aos tributos previstos nos arts. 148, I; 153, IV e V; e 154, II, e a vedação do inciso III, "c" não se aplica aos tributos previstos nos arts. 148, I; 153, I, II, III e V; e 154, II, nem à fixação da base de cálculo dos impostos previstos nos arts. 155, III, e 156, I".

pela doutrina, como **sujeito à reserva legal, reserva absoluta de lei** ou **estrita legalidade** e pode ser identificado no ordenamento mediante expressões como: "**lei estabelecerá**", "**conforme a lei**", "**nos termos da lei**", etc.

O **princípio da legalidade** é essencial ao Estado Democrático de Direito em termos de imposição tributária, e na elaboração legislativa, que deve guardar absoluta **coerência** com os **preceitos válidos e eficazes**, em obediência aos princípios constitucionais, hierarquicamente superiores, numa **compatibilização** entre a lei e a Constituição.

A Constituição Federal, dá ênfase: (I) ao **princípio da legalidade**; (II) a vedação de "**tratamento desigual entre contribuintes** que se encontrem em situação equivalente", que reflete o **princípio da isonomia**; (III) a **proibição de "cobrança de tributos**: (a) em relação a fatos geradores ocorridos **antes do início da vigência da lei** que os houver instituído ou aumentado; (b) **no mesmo exercício financeiro** em que haja sido publicada a lei que os instituiu ou aumentou"; (c) **antes de decorridos noventa dias da data em que haja sido publicada a lei** que os instituiu ou aumentou, observado o disposto na alínea b, que refletem o **princípio da anterioridade**, também chamado da "**não surpresa**", pois o contribuinte tem o direito de saber, previamente, a lei que resultar na exigência tributária de pagamento do tributo, para previsão e planejamento de seus negócios; (IV) **utilizar tributo com efeito de confisco**, respeitada a **capacidade contributiva**.

Esses princípios jurídicos da tributação: **legalidade**; **isonomia**; **anterioridade**; **efeito de confisco** e **capacidade contributiva**, são expressão dos direitos individuais e atuam como limites ao poder de tributar.

O princípio da **legalidade**, assim estabelecido pela Constituição em **matéria tributária**, tem por finalidade orientar todos os atos da Administração Pública e vem reforçado em determinadas áreas do Direito, como o Administrativo e o Penal.

Maria Sylvia Zanella Di Pietro, ensina que o **princípio da legalidade**:

> *"... juntamente com o controle da Administração pelo Poder Judiciário, nasceu com o Estado de Direito e constitui uma das principais garantias de respeito aos direitos Individuais. Isto porque a lei, ao mesmo tempo em que os define, estabelece também os limites da atuação administrativa que tenha por objeto a restrição ao exercício de tais direitos e benefício da coletividade. É aqui que melhor se enquadra aquela ideia de que, na relação administrativa, a vontade da Administração Pública é a que decorre da lei.*

> *Segundo o princípio da legalidade a Administração Pública só pode fazer o que a lei permite; no âmbito das relações entre o princípio aplicável e o da autonomia da vontade que lhes permite fazer tudo que a lei não proíbe. Essa é a ideia expressa de forma lapidar por Hely Lopes Meirelles (1966:82) e corresponde ao que já vinha explícito no art. 4º da Declaração dos Direitos do Homem e do Cidadão, e de exercício dos direitos materiais de cada homem não tem outros limites que os que asseguram aos membros Ada sociedade o gozo desses mesmos direitos. Esses limites somente podem ser estabelecidos em lei. No direito positivo brasileiro, esse postulado além de referido no art. 37, está contido no art. 5º inciso II, da Constituição Federal, que repetindo preceito de Constituições anteriores estabeleceu que "ninguém será obrigado a fazer ou deixar de fazer alguma coisa senão em virtude de lei.*
>
> *Em decorrência disso, a Administração não pode, por simples ato administrativo, conceder direitos de qualquer espécie, criar obrigações ou impor vedações aos administrados; para tanto ela depende de lei."*[4]

O **princípio da legalidade** em matéria tributária acaba por gerar um direito público subjetivo ao cidadão de exigir que a criação ou aumento de qualquer tributo só possa ocorrer por intermédio de lei aprovada pelos representantes do povo, perante o Legislativo. Por esta razão, no Direito Tributário, vigora o **princípio da reserva da lei formal**, que **consiste em uma das garantias do contribuinte**, em face das intervenções do Estado.

Heleno Torres, sobre a **legalidade** no direito tributário e a **segurança jurídica**, escreve:

> *"Viver sobre o império da lei é ter direito à segurança jurídica e especialmente a certeza do direito e eficiência administrativa. Atenta, pois, contra a legalidade, a moralidade e a eficiência, princípios fundamentais para a Administração Pública (art. 37 da CF), o uso de atos normativos administrativos para inovações à legalidade e, tanto pior, para retroceder, a pretexto de serem interpretativos, eficácia que somente as "leis" vê-se atribuída, pelo art. 106, I, do CTN.*
>
> *(...)*
>
> *Em **matéria tributária**, esse assunto é de tal relevância que a Constituição reserva à **Lei Complementar** o papel de veicular as chamadas "**normas gerais de legislação tributária**" (art. 146, III, da CF)."*[5]

---

[4] *"Direito Administrativo"* – 12ª ed. – Atlas – 1997 – pg. 67.
[5] *"Direito Constitucional Tributário e Segurança Jurídica"* – 2ª ed. – Ed. Revista dos Tribunais – 2012 – pp. 266 e 268.

O **princípio da legalidade** como reserva formal, refere-se, expressamente, a exigência de lei para instituir ou aumentar tributo. E o **princípio da tipicidade** como reserva absoluta consiste na necessidade de a lei conter todos os elementos do tipo tributário, conforme estabelece o art. 97 do CTN, que contém a seguinte dicção:

> *"Art. 97 – Somente a lei pode estabelecer:*
> *I – a instituição de tributos, ou a sua extinção;*
> *II – a majoração de tributos, ou a sua redução, ressalvado o disposto nos arts. 21, 26, 39, 57 e 65;*
> *III – a definição do fato gerador da obrigação tributária principal, ressalvado o disposto no inciso I do § 3º do art. 52, e do seu sujeito passivo;*
> *IV – a fixação do tributo e a sua base de cálculo, ressalvado o disposto nos arts. 21, 26, 39, 57 e 65."*

E os §§ 1º e 2º do art. 97 em comento, estabelecem que: "§ 1º – Equipara-se à majoração do tributo a modificação de sua base de cálculo, que importe em torná-lo mais oneroso e o § 2º – Não constitui majoração de tributo, para fins do disposto no inciso II deste artigo, a atualização do valor monetário da respectiva base de cálculo".[6]

Souto Maior Borges, ao examinar os princípios da Constituição, com propriedade escreve: "a violação de um princípio importa em ruptura da própria Constituição, representando por isso mesmo uma inconstitucionalidade de consequências muito mais graves do que a violação de uma simples norma, mesmo constitucional".[7]

Legalidade e Tipicidade

A lei tributária deve conter todos os elementos da norma jurídica tributária: **hipótese de incidência** do tributo; seus **sujeitos ativo e passivo**, a **base de cálculo** e a **alíquota**, é o chamado **princípio da tipicidade**, que deve ser **estrito**, cujo objeto da tipificação são os fatos que produzirão os efeitos da lei tributária, não podendo ser alargada a sua aplicação para alcançar situações não previstas, em lei.

---

[6] **Hugo de Brito Machado**, ensina: "... o princípio jurídico tem grande importância como diretriz para o hermeneuta. Na valorização e na aplicação dos princípios jurídicos é que o jurista se distingue do leigo que tenta interpretar a norma jurídica com conhecimento simplesmente empírico" (Comentários ao Código Tributário Nacional – Vol. II – 2ª ed. – Editora Atlas – 2008 – pg. 09).

[7] **José Souto Maior Borges** – *"Lei Complementar Tributária"* – Ed. Revista dos Tribunais – São Paulo – 1975 – pg. 13.

Segundo **Alberto Xavier**, "tributo, imposto, é, pois, o conceito que se encontra na base do processo de **tipificação no Direito Tributário** de tal modo que o tipo, como é de regra, representa necessariamente algo de mais concreto, embora necessariamente mais abstrato do que o fato da vida". Vale dizer que cada tipo de exigência tributária deve apresentar **todos os elementos** que caracterizam sua abrangência. "No Direito Tributário a técnica da **tipicidade** atua não só sobre **a hipótese da norma tributária material**, como também sobre **o seu mandamento**. Objeto da **tipificação** são, portanto, **os fatos e os efeitos, as situações jurídicas iniciais e as situações jurídicas finais**".[8]

O princípio da tipicidade consagrado pelo art. 97 do CTN e decorrente da Constituição Federal, ao estabelecer que os tributos **somente podem ser instituídos, majorados e cobrados por meio de lei**, aponta com clareza os limites da atuação da Administração para exigência de tributos, sendo vedada qualquer margem de discricionariedade nesse campo.

O atendimento ao **princípio da tipicidade** exige que **a lei que institua o tributo**, indique com clareza, todas as hipóteses de incidência e demais elementos que descrevam **quem deve pagá-lo, de que forma deva ser calculado e as alíquotas aplicáveis.**[9]

Outros princípios constitucionais, igualmente, devem ser observados – pois o reflexo da exigência tributária atinge diretamente o patrimônio do contribuinte –, que são aqui mencionados: **Princípio da proibição de utilização do tributo com efeito de confisco** (art. 150, IV, CF); **Princípio que garante a propriedade** (art. 5º, XXII, CF) subordinada à função social, como consta do art. 5º, XXIII, CF. A importância do direito de propriedade, mereceu especial atenção do constituinte nos incisos XXIV e XXV, do art. 5º, **em caso de desapropriação, assegurado ao proprietário a justa e prévia indenização.** Igualmente a importância do **direito adquirido** do **ato jurídico perfeito** e da **coisa julgada** (art. 5º, inciso XXXVII).

Assim, **o princípio que proíbe a atividade tributária com efeito de confisco** "tem por **objetivo a harmonia entre o direito de propriedade e o poder de tributar**".[10]

---

[8] *"Os princípios da Legalidade e da Tipicidade da Tributação"* – São Paulo – RT – 1978 – pp. 72/73.

[9] **O § 1º do art. 153 da CF**, estabelece que: "É facultado ao Poder Executivo, atendidas as condições e os limites, estabelecidos em lei, alterar as alíquotas dos impostos enumerados nos incisos I, II, IV e V" (Imp. Importação; Exportação; IPI e IOF).

[10] **Cleide Previtalli Cais** – *"O Processo Tributário"* – 6ª ed. – Ed. Revista dos Tribunais – 2009.

O § 1º do art. 145 da CF, assegura o **princípio da capacidade contributiva**, determinando que os impostos a serem instituídos devem ter caráter pessoal e serão graduados segundo a capacidade econômica do contribuinte, dando à Administração Tributária o poder de identificar o **patrimônio**, os **rendimentos** e as **atividades econômicas** do contribuinte, respeitados os direitos individuais, nos termos da lei.

A importância do *direito adquirido* do *ato jurídico perfeito* e da *coisa julgada para a segurança jurídica*

Um dos aspectos relevantes da **Segurança Jurídica** protegida pela Constituição (segurança como proteção dos direitos subjetivos), importa, além do **direito adquirido** e do **ato jurídico perfeito**, no respeito a **coisa julgada**.

Direito adquirido: O conceito de direito adquirido configura-se na concepção que lhe dá o próprio legislador ordinário, a quem compete a prerrogativa de definir, normativamente, o conteúdo que evidencia a ideia de **situação jurídica definitivamente** consolidada.

O direito adquirido surge quando na vigência de determinada lei, ocorre **sua integração ao patrimônio do respectivo titular, foi consolidado**, ainda que seus efeitos somente devam produzir em momento futuro, deverão ser respeitados na hipótese de surgir lei nova. Preserva-se com isso a **segurança jurídica**.

Ato jurídico perfeito: embora a definição da Lei de Introdução às Normas ao Direito Brasileiro – LINDB, no § 1º do seu art. 6º preceitua:

"§ 1º – Reputa-se ato jurídico perfeito o já consumado segundo a lei vigente no tempo em que se efetiva",

a sua compreensão, aproxima-se da concepção de **direito adquirido**, o **ato jurídico perfeito busca proteger o direito já consumado**, quando o fato aquisitivo do direito já se completou e o efeito previsto na norma já foi integralmente produzido no passado. E, portanto, **inalterável**.

Para **José Afonso da Silva**, a "diferença entre **direito adquirido** e **ato jurídico perfeito**, está em que **aquele emana diretamente da lei em favor de um titular** (o fato aquisitivo já se completou, mas o efeito previsto na norma ainda não se produziu), enquanto **o segundo é negócio fundado na lei** (tanto o fato aquisitivo quanto os efeitos já se produziram normalmente).

E prossegue o autor: "**se o simples direito adquirido (isto é, direito que já integrou o patrimônio, mas não foi ainda exercido) é protegido contra interferência da lei nova, mais ainda não é o direito adquirido já consumado (ou seja, o ato jurídico perfeito)**".[11]

Coisa julgada: A garantia da estabilidade da **coisa julgada protege a prestação jurisdicional definitivamente outorgada**, de modo que o titular do direito reconhecido tenha **certeza e segurança** que esse direito ingressou definitivamente no seu patrimônio. A **coisa julgada** ao por fim aos litígios, reveste-se de característica de indiscutibilidade precisamente para concretizar a segurança presente no ordenamento jurídico. Em outras palavras, "**a coisa julgada material que é a imutabilidade do dispositivo da sentença e seus efeitos, torna impossível a rediscussão da lide**, reputando-se repelidas todas as alegações e defesas que a parte poderia opor ao acolhimento ou rejeição do pedido. **Isto quer dizer que não importam as razões que levaram à decisão, não podendo ser aduzidas novas razões para se tentar repetir a demanda**".[12]

A conclusão que se extrai sobre os **princípios constitucionais tributários** e os **princípios processuais** demonstram que tais princípios asseguram as garantias do direito ao **devido processo legal** e da **segurança jurídica**.

A Garantia de Pleno Acesso ao Poder Judiciário

As garantias constitucionais são asseguradas ao contribuinte, pelo **princípio da legalidade** e de **acesso ao Judiciário**, mediante o processo que é instaurado, por meio de ação específica, sempre que houver conflito de interesses entre **Fisco e Contribuinte**, que devem ser solucionados pelo Poder Judiciário.

Todo direito processual tem suas linhas fundamentais estabelecidas pelo direito constitucional que fixa a estrutura dos órgãos jurisdicionais e a declaração de direito objetivo, com a prestação jurisdicional de forma ampla.

Este foi o entendimento da **Suprema Corte**, ao interpretar o inciso XXXV do art. 5º da Constituição Federal, proferido no **RE nº 172.084/MG**, tendo como Relator o **Min. Marco Aurélio de Mello**, com a seguinte ementa:

---

[11] "*Constituição e Segurança Jurídica: ato jurídico perfeito e coisa julgada*" – Coord. Cármen Lúcia Antunes Rocha – obra coletiva – Belo Horizonte – Fórum – 2004 – pp. 15/30.
[12] **Vicente Greco Filho** – "*Direito Processual Civil Brasileiro*" – Vol. 2 – São Paulo – Ed. Saraiva – 1996 – pg. 267.

"A garantia constitucional alusiva ao acesso ao Judiciário engloba a entrega da prestação jurisdicional de forma completa, emitindo o Estado-Juiz entendimento explícito sobre as matérias de defesa veiculadas pelas partes. Nisto está a essência da norma inserta no inciso XXXV do art. 5º da Carta da República."

O direito de ação – de levar a questão ou ameaça de lesão ao Poder Judiciário –, é público (o Estado coloca à disposição das partes a prestação jurisdicional).

O acesso ao Poder Judiciário é necessário para que se dê absoluta garantia de que as normas constitucionais não serão violadas pela administração tributária. E a **segurança jurídica** somente se concretizará com o **rigoroso respeito à Constituição**.

O Princípio do Devido Processo Legal

O devido processo legal é o meio pelo qual a todos é garantido o direito de serem julgados conforme procedimentos estabelecidos em lei e que deverá estar em conformidade com o inciso LV do art. 5º da CF, que determina que **"aos litigantes em processo judicial ou administrativo, e aos acusados em geral são assegurados o contraditório e a ampla defesa, com os recursos a ele inerentes"**, completado pelo inciso LIV do art. 5º, mediante o qual **"ninguém será privado da liberdade de seus bens sem o devido processo legal"**. E protegido pelo inciso LXXVIII do art. 5º da CF, introduzido pela EC nº 45/2004: **"a todos, no âmbito judicial e administrativo, são assegurados a razoável duração do processo e os meios que garantam a celeridade de sua tramitação"**.

Constata-se que entre as garantias da lei maior há expressa menção à **ampla defesa**, tanto no processo judicial como no processo administrativo, assegurando o contraditório e compreende também a produção de provas e os recursos necessários a obtenção de uma decisão justa.

A garantia do **devido processo legal** traz em si o **princípio do pleno acesso ao Judiciário**, contido no inciso XXXV, do art. 5º da CF, que constitui o próprio **fundamento do direito de ação**.

Para a proteção total dos cidadãos, bastaria a Constituição Federal ter garantido o **devido processo legal**, mas ela foi além, trazendo expressos todos os demais princípios que deste decorrem, até como explicitação da própria garantia, razão pela qual foram arrolados pelo art. 5º da CF, outros princípios: **a)** da **inafastabilidade do controle jurisdicional** (inciso XXXV); **b)** da **igualdade** (inciso I); **c)** do **contraditório** e da **ampla defesa** (inciso LV);

d) do Juiz natural (incisos XXXVII e LIII); **e) da publicidade e do dever de motivar as decisões judiciais** (inciso LX e art. 93, inciso IX) e **f)** da **proibição da prova ilícita** (inciso LVI).

Nelson Nery Junior, pontuou: **"bastaria a norma constitucional haver adotado o princípio do *due process of law*** para que daí **decorressem todas as consequências processuais que garantiriam aos litigantes o direito a um processo e uma sentença justa.** É, por assim dizer, **o gênero do qual todos os demais princípios constitucionais do processo são espécies"**.[13]

Modernamente, **o devido processo legal** é concebido como uma garantia que estabelece **uma legítima limitação ao poder estatal,** de modo a **censurar a própria legislação e declarar a ilegitimidade de leis que violem a Constituição e os pilares do regime democrático.**

A observação dos preceitos previamente estabelecidos na Constituição Federal e na lei significa respeitar **o devido processo legal.**

Ada Pellegrini Grinover, afirma que "o enfoque completo e harmônico do conteúdo da cláusula do **devido processo legal** é o de **garantias das partes** e do **próprio processo, não se limitando ao perfil subjetivo da ação e da defesa, como direito"**, mas acentuando, também e especialmente, **seu perfil subjetivo.** "Desse modo, **as garantias constitucionais do devido processo legal convertem-se, em garantias exclusivas das partes, em garantias da jurisdição e transformam o procedimento em um processo jurisdicional de estrutura cooperativa, em que a garantia de imparcialidade da jurisdição brota da colaboração entre partes e Juiz.** A participação dos sujeitos no processo não possibilita apenas a cada qual aumentar as possibilidades de obter uma decisão favorável, mas significa cooperação no exercício da jurisdição. Para cima e para além das intenções egoísticas das partes, a estrutura dialética do processo existe para reverter o benefício da boa qualidade da prestação jurisdicional e da perfeita aderência da sentença à situação de direito material subjacente".[14]

Assim, o processo **revela-se um instrumento de defesa dos direitos constitucionais materiais fundamentais.**

O conceito do **devido processo legal** adotado pela Suprema Corte é bastante abrangente, conforme trecho do voto do **Min. Celso de Mello** proferido na **ADIN nº 1158-8,** em que se lê:

---

[13] *"Princípios do Processo Civil na Constituição Federal"* – 5ª ed. – revisada e ampliada – 2ª tiragem – São Paulo – RT – 1999 e 2003 – pg. 30.

[14] *"Novas Tendências do Direito Processual"* – Rio de Janeiro – Forense Universitária – 1990 – pg. 02.

*"Todos sabemos que a **cláusula do devido processo legal** – objeto de expressa proclamação pelo art. 5º, LIV, da Constituição – deve ser entendida, a abrangência de sua noção conceitual, não só no aspecto meramente formal, que impõe restrições de caráter ritual à atuação do Poder Público, mas, sobretudo em sua dimensão material, que atua como **decisivo obstáculo à edição de atos legislativos de conteúdo arbitrário ou irrazoável. A essência do substantive due process of law reside na necessidade de proteger os direitos e as liberdades das pessoas contra qualquer modalidade de legislação que se revele opressiva, ou, como no caso, destituídas do necessário coeficiente de razoabilidade.** Isso significa, dentro da perspectiva da extensão da teoria do **desvio de poder ao plano das atividades legislativas do Estado, que este não dispõe de competência para legislar ilimitadamente, de forma imoderada e irresponsável, gerando, com o seu comportamento institucional, situações normativas de absoluta distorção e, até mesmo, de subversão dos fins que regem o desempenho da função estatal."***

Assim, a **essência do devido processo legal** reside na necessidade de **proteger os direitos e as liberdades** das pessoas contra **qualquer modalidade de legislação que se revele violadora da Constituição e dos direitos e garantias individuais.** Não podendo tais garantias serem reduzidas nem ignoradas pela administração, por constituírem cláusulas pétreas de garantias fundamentais, não podendo ser alteradas nem mesmo por Emenda Constitucional, a teor do § 4º do art. 60 da Constituição Federal, que preceitua:

"§ 4º – Não será objeto de deliberação a proposta de emenda tendente a abolir:
IV – os direitos e garantias individuais."

Por essa razão, os §§ 1º e 2º do art. 5º da CF asseguram aplicação imediata das normas definidoras de tais direitos e não excluem outras decorrentes do regime e dos princípios por ela adotados ou dos tratados internacionais em que a República Federativa do Brasil seja parte.

Em **matéria tributária**, o **princípio do devido processo legal** adquire contornos específicos, de grande importância diante da relação fisco/contribuinte, considerando-se que a Administração, no exercício da atividade tributária, cria limitações patrimoniais, razão pela qual impõem-se a observância dos seus limites, a fim de garantir ao contribuinte o respeito aos direitos e garantias constitucionais que lhe foram assegurados.

Compete ao Poder Judiciário, como aplicador da Constituição e da legislação infraconstitucional, **dizer o direito** e **fazer imperar a Justiça**, reparando os atos ilegítimos e ilegais da Administração.

A Razoável Duração do Processo como Garantia Constitucional
O acesso à Justiça, decorrente do princípio constitucional da inafastabilidade do controle jurisdicional (**art. 5º, XXXV, da CF**), é garantido por meios materiais e processuais.

O processo, portanto, é um meio para alcançar o direito material que se busca e precisa ser célere e eficiente para que possa atingir a sua finalidade.

Essa garantia, de acessibilidade ampla ao Poder Judiciário, contudo, não foi suficiente para **proteger o acesso à Justiça**, já que, apesar de todos poderem exercer os seus direitos de litígios ao Poder Judiciário, não havia nenhuma garantia de que o processo seria apreciado **em um tempo razoável**.

A partir da EC nº 45/2004, que introduziu a **Reforma do Poder Judiciário**, foram incluídos alguns dispositivos na Constituição, com objetivo de promover **maior celeridade dos processos e segurança jurídica**, entre os quais o inciso LXXVIII, ao art. 5º da CF, que dispõe:

"A todos no âmbito judicial e administrativo, são assegurados a razoável duração do processo e os meios que garantem a celeridade de sua tramitação."

O inciso fala em "**razoável duração**" e em "**celeridade de sua tramitação**", ou seja, a duração necessária a conclusão do processo, sem prejuízo do direito das partes de deduzirem suas pretensões, mas sem demoras que possam retardar a prestação **jurisdicional** ou administrativa postulada.

Essa garantia constitucional sinaliza que tanto o **processo judicial** como o **processo administrativo** não podem ter duração infinita, devendo a Administração e o Judiciário, tomarem todas as providências necessárias para o término do processo em tempo razoável. Esse prazo deve ser examinado caso a caso, dependendo da complexidade da matéria a ser examinada no processo.

A questão deve, também, ser examinada à luz dos princípios constitucionais da **eficiência** que a Administração Pública deve observar (art. 37 da CF), cabendo ao Poder Público as providências para **impulsionar o processo**, em razão do princípio da **oficialidade**.

Pelo princípio da **oficialidade**, portanto, a Administração deve impulsionar o processo, quer como **desdobramento do princípio da legalidade objetiva**, quer como imperativo de que a atividade, além de envolver o particular envolve também um interesse público, para a correta aplicação da lei, evitando que o processo fique paralisado, sem cumprir seus objetivos, em prejuízo das partes.

Quanto à duração do processo, não é suficiente mencionar o inciso LXXVIII ao art. 5º da Constituição Federal, para garantir o direito da razoável duração do processo ao sistema constitucional brasileiro. **É preciso implementar medidas necessárias para eficiência do Poder Judiciário, dando-lhes condições de efetividade da garantia constitucional.**

Há um aspecto instrumental de garantia de que os direitos em geral sejam assegurados por meio de processos administrativos ou judiciais rápidos; nesse sentido, o **direito à celeridade processual relaciona-se ao direito ao devido processo legal** (art. 5º, LIV) e, quanto ao âmbito judicial, à universalidade e inafastabilidade da jurisdição (art. 5º, XXXV). Há também um aspecto autônomo: **o direito a um processo adequado**. O inciso LXXVIII do art. 5º da CF, fala em "**razoável duração**", pois a rapidez excessiva pode comprometer a qualidade da prestação jurisdicional, retirando direitos do contribuinte, na realização e efetividade de seus direitos fundamentais de ampla defesa, com os meios e recursos a ela inerentes, como quis o constituinte.

É, pois, imprescindível que o processo tenha uma certa duração, já que o Estado deve assegurar aos litigantes o **devido processo legal**, amplo direito de defesa e contraditório, com os meios e recursos a ele inerentes.

Nada justifica, porém, a interminável espera causada pela tormentosa duração do processo a que os contribuintes vêm sofrendo, que resulta uma sensação de injustiça e descrença no Poder Judiciário.

A **efetividade** do processo implica **equilíbrio entre segurança jurídica e celeridade processual**, sem, contudo, retirar direitos assegurados pela Constituição.

O sistema jurídico pátrio, a partir da EC nº 45/2004, passou a contar com a **repercussão geral** (art. 102, § 3º, CF) das questões constitucionais discutidas e a **Súmula Vinculante** (art. 103-A, CF), que foram regulamentadas, respectivamente, pelas Leis nºs 11.418/2006 e 11.417/2006.

O fundamento do ingresso da **Súmula Vinculante** em nosso sistema jurídico é o de alcançar a **segurança jurídica**, pois a existência de decisões divergentes no âmbito constitucional gera instabilidade social.

Enquanto que a **repercussão geral** ressaltou a importância do **Supremo Tribunal Federal** como **Corte Constitucional**. Nesse caso, o controle de constitucionalidade é apreciado pelo Supremo Tribunal Federal, por intermédio do **Recurso Extraordinário**, que também é um instituto de direito processual constitucional, por ser um meio adequado para provocação da jurisdição constitucional, deixando de ser apenas de interesse das partes.

A exigência de **repercussão geral** da questão constitucional suscitada, em sede de recurso extraordinário deixa claro que o Supremo Tribunal Federal não analisará **todos** os recursos interpostos, julgando aqueles que ultrapassem o interesse das partes litigantes, ou seja, que apresentem a denominada **repercussão geral**. Trata-se de mais um instrumento a confirmar a tendência de maior objetividade do recurso extraordinário, de modo a privilegiar a defesa de interesses que efetivamente tenham significativa importância.

O conceito de "**repercussão geral**" foi estabelecido pelo § 1º do art. 543-A do CPC, repetido pelo § 1º do art. 1.035 do Novo Código de Processo Civil, que menciona:

> *"Para efeito de repercussão geral, será considerada a existência ou não, de questões relevantes do ponto de vista econômico, político, social ou jurídico, que ultrapassem os interesses subjetivos do processo."*

É necessário, portanto, que a questão constitucional ultrapasse o interesse das partes litigantes, para se caracterizar como de interesse público, em seus aspectos **econômico**, **político**, **social** ou **jurídico**.

Como regra geral, a **Súmula Vinculante** tem eficácia imediata, mas o STF, **por decisão de 2/3 de seus membros, poderá restringir os efeitos vinculantes, a partir de outro momento, por razões de Segurança Jurídica ou interesse público.**

Tais medidas visam dar **maior celeridade aos processos**, porém ainda não são suficientes para alcançar a **razoável duração do processo**.

Para garantir a **Segurança Jurídica**, a jurisdição deve servir para **pacificar conflitos, garantir direitos** e **manter a tranquilidade e a paz social**, para que as pessoas possam se sentir protegidas, com a efetividade das garantias constitucionais do devido processo legal, a celeridade e a razoável duração do processo, garantidos pela Constituição Federal, no rol dos direitos fundamentais. Com a implantação do processo eletrônico, espera-se maior celeridade nos trâmites processuais.

A Segurança Jurídica e a Confiança Legítima

O conteúdo do princípio da **Segurança Jurídica**, ainda, apresenta-se sob o aspecto da **proteção da confiança**, que se concretiza na expectativa de **legitimidade da lei, garantindo aos contribuintes a previsibilidade dos comportamentos, valorizando a boa-fé**, com fundamento nas práticas reiteradas de decisões administrativas ou judiciais, em relação aos critérios jurídicos adotados.

Humberto Ávila, sobre o tema escreve:

> *"O âmbito de aplicação do **princípio da proteção da confiança**, portanto, não abrange apenas os atos praticados com base em atos normativos válidos que tenham sido modificados sem que o particular possa ser protegido por meio das garantias dos direitos adquiridos, do ato jurídico perfeito e da coisa julgada. Sua extensão engloba também os atos, concluídos ou iniciados, praticados com base em atos normativos que se revestiam de legalidade meramente aparente, ou nem isso, e cuja anulação desde o início causaria frustração da expectativa individual sobre eles lançada. Desse modo, sempre que se aplica o **princípio da proteção da confiança**, ou se estabelece um conflito com o princípio democrático ou da Separação de Poderes, que habilitam o Estado a mudar a sua orientação, ou se provoca uma tensão com regras constitucionais de competência, que condicionam a validade das leis e dos atos administrativos à obediência de requisitos de forma e conteúdo."*[15]

Em caso de modificação do entendimento sobre a exigência tributária, o art. 146 do CTN, estabelece os critérios de validade para situações ocorridas posteriormente, nos seguintes termos:

> *"Art. 146 – A modificação introduzida de ofício ou em consequência de decisão administrativa ou judicial nos critérios jurídicos adotados pela autoridade administrativa no exercício do lançamento, somente pode ser efetivada, em relação a um mesmo sujeito passivo, quanto a fato gerador ocorrido posteriormente a sua introdução."*

Referido dispositivo tem como fundamento os **princípios da segurança jurídica, da boa-fé e da irretroatividade, previstos no art. 5º, caput e XXXVI da CF**, aplicando-se o novo entendimento, somente para situações futuras.

---

[15] *"Segurança Jurídica – Entre permanência, mudança e realização do Direito Tributário"* – Malheiros Editores – 2011 – pp. 361/362.

Com efeito, em face dessa norma, desde que o regime legal abstrato tenha sido concretamente aplicado a um contribuinte pela autoridade fiscal, **este ato administrativo terá criado, em relação a ele, uma situação jurídica individual imutável: a de o contribuinte só pagar o crédito tributário estabelecido, seguindo esse critério, salvo erro de fato.**

A doutrina e a jurisprudência são firmes em apontar a distinção entre **erro de fato** e **erro de direito** no ato de lançamento.

Referida norma, consagra, portanto, a **inalterabilidade dos critérios jurídicos que presidiram o lançamento**, reconhecendo, em consonância com os objetivos primordiais do direito – a saber, a **estabilidade das relações jurídicas**, a **certeza** e a **segurança** – que o **princípio da irretroatividade não se limita apenas às leis, mas se estende também às normas e atos administrativos e judiciais.**

Assim, **em face do art. 146 do CTN, desde que o regime legal abstrato tenha sido concretamente aplicado a um contribuinte pela autoridade fiscal, este ato administrativo terá criado, em relação a ele, uma situação jurídica individual imutável**: a de o contribuinte só pagar o tributo estabelecido segundo esse critério, salvo erro de fato.

A jurisprudência é firme na aplicação do art. 146 do CTN quanto a lançamentos realizados. O antigo Tribunal Federal de Recursos já consagrava, na **Súmula 227**, que:

> *"A mudança de critério jurídico adotado pelo Fisco não autoriza a revisão do lançamento."*

No mesmo sentido, a **Suprema Corte**, no **Agravo de Instrumento nº 29.603-RS (RTJ 34/542)**, decidiu que **a mudança de critério ou orientação da autoridade fiscal não pode prejudicar o contribuinte, que agiu de acordo com o critério anterior, predominante ao tempo da tributação.**

O **RE nº 74.358-MG** (RDF 27/108) foi assim ementado:

> *"A autoridade fiscal exorbita, ao proceder referido lançamento de imposto observando critério diferente do referido no primitivo para o cálculo do tributo. Ficaria, assim, violado o princípio da imutabilidade do lançamento, consagrado na doutrina e na jurisprudência."*

E, no **RE nº 68.253-PR**, o STF decidiu que havia coisa julgada administrativa na decisão do Conselho de Contribuintes, que, em **resposta a consulta**, declarara não caber o tributo.

Finalmente, o STF apreciou, no **RE nº 131.741-8-RJ** (IOB 1/9944), **os efeitos produzidos por consulta específica, atribuindo ao Fisco a responsabilidade por ter mudado de orientação, como se vê da ementa**:

> *"Tributário – Consulta – Indenização por danos causados.*
> *Ocorrendo resposta à consulta feita pelo contribuinte e vindo a administração pública, via Fisco, a evoluir, impõe-se-lhe a responsabilidade por danos provocados pela observância do primitivo enfoque."*

Assim, **novo entendimento não poderá retroagir para alcançar os lançamentos anteriormente efetuados**, sob pena de violação aos princípios constitucionais e de proteção a confiança legítima do contribuinte e o art. 146 do CTN.

A elaboração de **normas jurídicas estáveis, previsíveis e compatíveis com Constituição Federal**, resulta na **segurança jurídica** que todos esperam do Poder Legislativo.

A Lei é expressão máxima da Democracia, como vontade qualificada do órgão legislativo. E a lei complementar ao estabelecer normas gerais de direito tributário, como determina o art. 146, II e III, "a", "b" e "c", da Constituição Federal, preceitua:

> *"Art. 146 – Cabe à lei complementar:*
> *II – regular as limitações ao poder de tributar;*
> *III – estabelecer normas gerais de direito tributário, especialmente sobre:*
> *a) definição de tributos e de suas espécies, bem como, em relação aos impostos descriminados nesta Constituição, a dos respectivos fatos geradores, bases de cálculo e contribuintes;*
> *b) obrigação, lançamento, crédito, prescrição e decadência tributários;*
> *c) adequado tratamento tributários ao ato cooperativo praticado pelas sociedades cooperativas.*
> *(...)"*

A Constituição Federal reservou à lei complementar as matérias básicas de integração do Sistema Tributário Nacional.

Em especial, o inciso II, do art. 146, estabelece competir à lei complementar **"regular as limitações ao poder de tributar"**. Essa previsão constitucional tem duas grandes características: a **possibilidade de ampliação das**

restrições já previstas no texto constitucional e a **impossibilidade de suprimir ou restringir as competências tributárias.**[16]

A lei complementar é o grande escudo de proteção do contribuinte, na relação jurídica obrigacional tributária, a par dos princípios da **legalidade, tipicidade, anterioridade, irretroatividade, não confisco**, etc. – à medida em que impõe parâmetros a serem respeitados pelo Estado (inciso III) –, ao estabelecer em relação aos tributos e suas espécies, os **fatos geradores, bases de cálculo** e **contribuinte**, para surgimento da **obrigação tributária**, para que o contribuinte possa, previamente, conhecer a lei e planejar seus negócios, em relação a obrigação de recolher o tributo.[17]

Por esta razão, a lei tributária deve ser clara e precisa, em obediência ao **princípio da legalidade** e **da tipicidade**, para ter condições de aplicação efetiva, o que nem sempre é observado pelo legislativo, deixando margem a interpretações controvertidas por sua imprecisão.

Compete, portanto, ao **Poder Legislativo**, observar o disposto no § único do art. 59 da CF e o art. 11 da LC 95/1998, quando da elaboração de toda legislação, principalmente nas leis tributárias, pela sua importância na arrecadação de tributos para suprir despesas do Estado, devendo a **elaboração da lei e sua aplicação, serem feitas com equilíbrio em total respeito ao princípio da legalidade.**

Em caso de **obscuridade** ou **indeterminação** da lei tributária pode o Contribuinte fazer uso do **Instituto da Consulta**, previsto pelo **Decreto nº 70.235/1972**, que dispõe sobre o processo administrativo e no Capítulo II trata especificamente sobre o **Processo de Consulta** ou ajuizar Ação Declaratória para obter no Judiciário interpretação de certeza quanto à existência ou inexistência de relação jurídica que obrigue o contribuinte a cumprir a obrigação tributária, originária de lei controvertida, que possa dar margem a diversas interpretações.

---

[16] Ver **Alexandre de Moraes** – *"Constituição do Brasil Interpretada"* – Ed. Atlas – 2002 – pg. 1.674.

[17] STF: "No embate diário Estado/contribuinte, a Carta Política da Republica exsurge com insuplantável valia, no que, em prol do segundo, impõe parâmetros a serem respeitados pelo primeiro. **Dentre as garantias constitucionais explícitas e a constatação, não excluiu o reconhecimento de outras decorrentes do próprio sistema adotado, exsurge a de que somente a lei complementar cabe a definição de tributos e de suas espécies, bem como, em relação aos impostos discriminados nesta Constituição, a dos respectivos fatos geradores, bases de cálculo e contribuintes, alínea "a" do inciso III do art. 146 do Diploma Maior de 1988"** (STF – 2ª T. – RE nº 172.058-1 – Rel. Min. Marco Aurélio – DJ Seção 1 – 13.09.1995).

O art. 3º da LINDB – Lei de Introdução às Normas ao Direito Brasileiro, dispõe:

"Art. 3º – Ninguém se escusa de cumprir a lei, alegando que não a conhece."

A norma nasce com a promulgação, que consiste no ato com o qual se atesta a sua existência, ordenando seu cumprimento, mas só começa a vigorar com sua publicação no Diário Oficial.

Maria Helena Diniz, a propósito do tema, escreve: "De forma que, em regra, a promulgação constituirá o marco do seu existir e a publicação fixará o momento em que se reputará conhecida, por ser impossível notificar individualmente cada destinatário, surgindo, então, sua obrigatoriedade, visto que ninguém poderá furtar-se a sua observância, alegando que não a conhece. É obrigatória para todos, mesmo para os que a ignoram, porque assim o exige o interesse público".[18]

A lei, depois de publicada, decorrido o prazo da *"vacatio legis"*, torna-se obrigatória para todos, sendo aplicável tanto aos que a conhecem como aos que não a conhecem, por ser necessário à administração da justiça. O princípio *ignorantia juris neminem excusat* repousa numa razão de interesse social.

A norma mencionada no art. 3º da LINDB, não tem relação com as hipóteses de clareza e determinação da lei tributária ou com leis obscuras ou indeterminadas. Declara a proibição do descumprimento da lei por desconhecimento de sua existência, não diz respeito ao conteúdo da norma, e a sua clareza como exigem os princípios da **legalidade** e da **tipicidade** para o surgimento da **obrigação tributária**.

As consequências da obscuridade ou indeterminação da legislação tributária para o contribuinte, da ensejo a **insegurança jurídica** no cumprimento da lei, podendo ser utilizado o Instituto da Consulta, perante a Repartição Fiscal ou procurar o Poder Judiciário, exercitando o seu direito a jurisdição, na forma assegurada pelo art. 5º, inciso XXXV, da CF, congestionando o Poder Judiciário, de forma desnecessária, situações que poderiam ser evitadas, se as leis fossem elaboradas com clareza e determinação, em conformidade com a Constituição, resultando na **Segurança Jurídica** do contribuinte, além de evitar interpretações convenientes pela Repartição Fiscal, que sempre que houver dúvida, a interpretação seja a favor da fiscalização, e não a favor do direito, quando resultar em favor do contribuinte

---

[18] *"Lei de Introdução ao Código Civil Brasileiro (LINDB) Interpretada"* – Ed. Saraiva – 1994 – pg. 82.

José Afonso da Silva, observa que:

"É preciso estruturar meios adequados e eficazes de precaver-se contra a ameaça do legislador, que servindo-se desse instrumento (lei), pode instaurar um regime de força, transformando a força da lei numa lei de força."[19]

O Poder Legislativo, na elaboração da lei, deve observar a Constituição, as garantias e direitos fundamentais do contribuinte e **quanto a forma**, deve observar rigorosamente **o art. 11 da LC 95/1998** e os preceitos nele arrolados, **para clareza e determinação da lei** a ser cumprida.

Pelo princípio da legalidade, a **obrigação tributária** nasce sempre da lei. A lei é que vai definir o **fato gerador do tributo**, a **base de cálculo**, os **sujeitos** (passivo e ativo); o **pagamento do tributo** ou **penalidade pecuniária** e extingue-se, juntamente com o crédito dela decorrente.

A lei tributária, em geral, encerra preceitos de fazer, não fazer (ou abster-se). Isto se reflete na **obrigação tributária** que consiste em dar o quantum do tributo, fazer (declaração de informar), etc.

O art. 113 do CTN, estabelece que a obrigação tributária pode ser **principal**: consiste no pagamento do tributo ou penalidade pecuniária – ou **acessória**: consiste em prestações positivas ou negativas no interesse da arrecadação ou fiscalização das receitas, controle estatístico, etc.

A obrigação acessória não sendo cumprida, converte-se em principal **quanto a penalidade pecuniária** que a sanciona (art. 113, § 3º).

Assim, a obrigação tributária – **principal** ou **acessória** – é sempre uma obrigação *"ex-lege"*, nasce sempre da lei. O conceito de obrigação tributária deve ser entendido à luz do nosso direito positivo.

Hugo de Brito Machado, sobre o tema, observa:

"Na obrigação tributária existe o dever do sujeito passivo de pagar o tributo ou a penalidade pecuniária (obrigação principal) ou, ainda, de fazer, de não fazer ou de tolerar tudo aquilo que a legislação tributária estabelece no interesse da arrecadação ou da fiscalização dos tributos. Essas prestações, todavia, não são desde logo exigíveis pelo sujeito ativo. Tem este apenas o direito de fazer contra o sujeito passivo um lançamento, criando, assim, um crédito. O crédito, este sim, é exigível.

---

[19] *"Processo Constitucional e Formação das Leis"* – 2ª ed. – São Paulo – Ed. Malheiros – 2006 – pp. 32/33.

Com estes esclarecimentos, podemos tentar definir a obrigação tributária. Diríamos que ela é a relação jurídica em virtude da qual o particular (sujeito passivo) tem o dever de prestar dinheiro ao Estado (sujeito ativo), ou de fazer, não fazer ou tolerar algo do interesse da arrecadação ou da fiscalização dos tributos, e o Estado tem o direito de constituir contra o particular um crédito."[20]

O Código Tributário Nacional (art. 113) preferiu classificar sob a rúbrica de obrigação tributária tanto o **dever principal** de recolher o tributo devido como os **deveres instrumentais** ou **acessórios** ligados àquele dever principal – notadamente o preenchimento de formulários, livros e declarações fiscais – e também a prestação de informações necessárias à aplicação da lei tributária.

Alcides Jorge Costa pontua que a linguagem do Código Tributário Nacional, "no que tange à terminologia **"obrigação principal"** e **"obrigação acessória"**, deve-se a influência que o pensamento de Ezio Vanoni exerceu sobre Rubens Gomes de Souza, autor do anteprojeto que veio a originar o Código Tributário Nacional. **Segundo Alcides Jorge Costa**, Rubens Gomes de Souza teria, na redação que resultou o CTN, adotado a posição de Vanoni, segundo o qual as obrigações tributárias podem classificar-se em **obrigações de dar, de fazer, de não fazer** e de **suportar**. Esta afirmação resta corroborada quando se considera a circunstância de que Rubens Gomes de Souza foi o responsável pela tradução para o português da clássica obra de Vanoni "Natureza e Interpretação das Leis Tributárias".[21]

Assim, embora a moderna teoria do Direito Tributário visualize a obrigação tributária como uma relação jurídica complexa na qual encontram-se uma série de situações jurídicas de distinto caráter, nem sempre assimiláveis ao conceito clássico de obrigação, o direito positivo brasileiro preferiu designar sob a expressão **"obrigação tributária"** todo este complexo de fenômenos jurídicos, qualificando de acessórias todas as prestações que não se enquadrem no simples dever de recolher tributos aos cofres públicos (obrigação de dar).

Helenilson Cunha Pontes, com propriedade, observa que:

"Modernamente, com a evolução dos sistemas constitucionais pautados pela crescente defesa dos direitos fundamentais perante o Estado, a relação jurídica tributária tem sido concebida segundo parâmetros e limites constitucionais.

---

[20] *"Comentários ao Código Tributário Nacional"* – 2ª ed. – Vol. II – Editora Atlas – 2008 – pg. 277.
[21] Algumas notas sobre a relação jurídica tributária. Estudos em Homenagem a Brandão Machado – Coord. Luís Eduardo Schoueri e Fernando Zilveti – Dialética – São Paulo – 1998 – pg. 35.

A lei já não é soberana na definição dos deveres tributários: deve obediência estrita aos comandos constitucionais, notadamente àqueles representativos de defesa de direitos e garantias individuais."[22]

À evidência que a lei ainda exerce a sua função de fonte normativa do dever tributário, todavia, **o seu conteúdo deve ser pautado pelo conjunto de disposições constitucionais que limitam a atuação do legislador quanto ao direito tributário**. O mesmo se diga da atividade administrativa de imposição tributária, a qual também deve ser desenvolvida seguindo os preceitos constitucionais.

A relação jurídica tributária, segundo esta concepção constitucional, acompanha e sofre a influência do avanço **das teorias constitucionais que afirmam a eficácia dos direitos fundamentais e da defesa da dignidade da pessoa humana,** como fundamentos últimos do Estado de Direito.

Assim, temos o surgimento da "**constitucionalização da relação jurídica tributária**", na medida em que também no campo do Direito Tributário não se pode negar as inúmeras possibilidades de o Estado invadir **direitos e garantias individuais protegidos constitucionalmente.**

Após a constitucionalização da relação jurídica tributária, o tema passa a assumir uma dimensão maior **decorrente dos postulados da igualdade, justiça e respeito pelos direitos fundamentais assegurados constitucionalmente.**

Em outras palavras, **as normas tributárias** devem ser compreendidas a partir dos **postulados constitucionais do Estado de Direito formal e material**.

De tal forma que tanto a **obrigação principal** como a **obrigação acessória**, devem ser **disciplinadas por lei**, em respeito ao **princípio da legalidade**.

Pode, entretanto, ocorrer situações em que a própria lei estabelece a **necessidade de regulamentos**, mediante decretos, para aclarar e melhor interpretar a lei, mas estão restritos e devem observar **os limites estabelecidos na lei**, na forma do art. 84, IV da CF e do art. 99 do CTN, *que preceituam:*

"Art. 84 – Compete privativamente ao Presidente da República:

(...)

---

[22] *"Revisitando o Tema da Obrigação Tributária"* in Direito Tributário – Vol. I – Coord. Luís Eduardo Schoueri em Homenagem a Alcides Jorge Costa – Quartier Latin – 2003 – pg. 113.

IV – sancionar, promulgar e fazer publicar as leis, bem como expedir decretos e regulamentos para sua fiel execução."

"Art. 99 – O conteúdo e o alcance dos decretos restringem-se aos das leis em função das quais sejam expedidos, determinados com observância das regras de interpretação estabelecidas nesta lei."

Os decretos a que fazem menção os dispositivos em comento, são espécie de atos normativos, referidos no art. 96 do CTN, assim disposto:

*"Art. 96 – A expressão **"legislação tributária"** compreende as leis, os tratados e as convenções internacionais, os decretos e as normas complementares que versem, no todo ou em parte, sobre tributos e relações jurídicas a eles pertinentes."*

Essas normas não têm natureza autônoma. Ao contrário, elas se integram a outras normas em que o objeto definido encontra-se mencionados. O conteúdo do dispositivo contido no art. 96, quanto a expressão **"legislação tributária"**, tem alcance prático e útil na interpretação das leis. Porém, é limitada a matéria estabelecida, previamente, em lei, não podendo, à título de interpretação ou regulamentação, extravasar os limites da lei.

À luz da Constituição, pelo **princípio da legalidade**, somente a lei pode disciplinar a instituição ou a modificação do tributo, na configuração de seus elementos essenciais da obrigação tributária, nos termos do art. 146, III, da CF, que exige lei complementar, ao dispor:

"Art. 146 – Cabe à lei complementar:
III – estabelecer normas gerais em matéria de legislação tributária, especialmente sobre:
a) definição de tributos e de suas espécies, bem como, em relação aos impostos discriminados nesta Constituição, a dos respectivos fatos geradores, bases de cálculo e contribuintes;
b) obrigação, lançamento, crédito, prescrição e decadência tributários."

E o art. 150, I, da CF, como garantia do contribuinte, preceitua "ser vedado à União, aos Estados, ao Distrito Federal e aos Municípios: I – **exigir ou aumentar tributo sem lei que o estabeleça."**

A lei tributária, portanto, não pode transferir por **lei delegada** a sua atribuição à luz da Constituição Federal.

Proibição de Leis Delegadas

Leis Delegadas são editadas pelo Chefe do Poder Executivo, na forma do art. 68 da CF, não sendo **possível o uso desse instrumento normativo**, pois, a indelegabilidade da **competência tributária** impede a delegação do poder para instituir tributo de um ente público a outro e também a impossibilidade de delegação da instituição de um tributo de um Poder (Legislativo) a outro (Executivo).

O art. 68 da Constituição Federal, **veda que lei delegada tenha atribuição em relação a matéria tributária**, afeta a direitos e garantias individuais, eis que interfere, em outros direitos previstos no art. 5º, CF, no livre exercício de atividades econômicas, na livre iniciativa, no direito de propriedade, no patrimônio do contribuinte.

Assim, a competência tributária atribuída aos entes tributantes (União, Estados, Distrito Federal e Municípios) é **inalterável** e **indelegável. O titular de uma competência tributária não pode transferir ou alterar poderes ou faculdades que se integram dentro da competência.**

Com efeito, as leis delegadas foram reguladas especificamente pela Constituição; o procedimento e as matérias proibidas foram expressamente definidas. A delegação ao Presidente da República só pode ser feita mediante resolução do Congresso Nacional, que especificará seu conteúdo e os termos do seu exercício (art. 68).

A resolução do Congresso Nacional não pode ser substituída por uma lei ordinária. O **Poder Legislativo** não pode abrir mão de sua responsabilidade, **para delegação de suas atribuições**, em obediência ao postulado da separação de poderes.

De acordo com o entendimento da **Suprema Corte**, do **princípio da separação de poderes** e das **normas constitucionais** que delimitam a edição de leis delegadas **decorre a proibição de o Poder Legislativo delegar a regulação de algumas matérias ao Poder Executivo**: a) outorga de isenção fiscal; b) redução da base de cálculo; c) concessão de crédito presumido; d) prorrogação dos prazos de recolhimento de tributos, etc.

Nesse sentido é a decisão do STF por seu **Tribunal Pleno**, proferida em Medida Cautelar na **ADI nº 1296-7-PE**, tendo como **Relator** o **Ministro CELSO DE MELLO**, em que se lê da ementa:

"EMENTA: AÇÃO DIRETA DE INCONSTITUCIONALIDADE – LEI ESTADUAL QUE OUTORGA AO PODER EXECUTIVO A PRERROGATIVA DE DISPOR, NORMATIVAMENTE, SOBRE MATÉRIA TRIBUTÁRIA

– DELEGAÇÃO LEGISLATIVA EXTERNA – MATÉRIA DE DIREITO ESTRITO – POSTULADO DA SEPARAÇÃO DE PODERES – PRINCÍPIO DA RESERVA ABSOLUTA DE LEI EM SENTIDO FORMAL – PLAUSIBILIDADE JURÍDICA – CONVENIÊNCIA DA SUSPENSÃO DE EFICÁCIA DAS NORMAS LEGAIS IMPUGNADAS – MEDIDA CAUTELAR DEFERIDA.

*– A essência do direito tributário – **respeitados os postulados fixados pela própria Constituição** – reside na integral submissão do poder estatal à **rule of law**.*

*A lei, enquanto manifestação estatal estritamente ajustada aos postulados **subordinantes** do texto consubstanciado na Carta da República, qualifica-se como decisivo instrumento de garantia constitucional dos contribuintes contra eventuais excessos do Poder Executivo em matéria tributária. **Considerações** em torno das dimensões em que se projeta o princípio da reserva constitucional de lei.*

*– **A nova Constituição da República revelou-se extremamente fiel ao postulado da separação de poderes, disciplinando, mediante regime de direito estrito, a possibilidade, sempre excepcional, de o Parlamento proceder à delegação legislativa externa em favor do Poder Executivo.***

*A delegação legislativa externa, nos casos em que se apresente possível, **só pode ser veiculada mediante resolução, que constitui o meio formalmente idôneo para consubstanciar, em nosso sistema constitucional, o ato de outorga parlamentar de funções normativas ao Poder Executivo.** A resolução **não pode** ser validamente substituída, **em tema de delegação legislativa, por lei comum, cujo processo de formação não se ajusta à disciplina ritual fixada pelo art. 68 da Constituição**.*

*A vontade do legislador, que substitui arbitrariamente a lei delegada pela figura da lei ordinária, objetivando, **com esse procedimento**, transferir ao Poder Executivo o exercício de competência normativa primária, **revela-se írrita e desvestida de qualquer eficácia jurídica no plano constitucional**. O Executivo **não pode**, fundando-se em mera permissão legislativa **constante de lei comum**, valer-se do **regulamento delegado ou autorizado como sucedâneo da lei delegada para o efeito de disciplinar, normativamente, temas sujeitos à reserva constitucional de lei**.*

*– Não basta, para que se legitime a atividade estatal, que o Poder Público tenha promulgado um ato legislativo. Impõe-se, **antes de mais nada**, que o legislador, abstendo-se de agir **ultra vires, não haja excedido os limites que condicionam, no plano constitucional, o exercício de sua indisponível prerrogativa de fazer instaurar, em caráter inaugural, a ordem jurídico-normativa. Isso significa dizer que o legislador não pode abdicar de sua competência institucional para permitir que outros órgãos do Estado** – como o Poder Executivo – produzam a norma que, **por efeito de expressa reserva constitucional, só pode derivar de fonte parlamentar**.*

O legislador, em consequência, não pode deslocar para a esfera institucional de atuação do Poder Executivo – que constitui instância juridicamente inadequada – o exercício do poder de regulação estatal incidente sobre determinadas categorias temáticas – (a) a outorga de isenção fiscal, (b) a redução da base de cálculo tributária, (c) a concessão de crédito presumido e (d) a prorrogação dos prazos de recolhimento dos tributos –, as quais se acham necessariamente submetidas, em razão de sua própria natureza, ao postulado constitucional da reserva absoluta de lei em sentido formal.

– Traduz situação configuradora de ilícito constitucional a outorga parlamentar ao Poder Executivo de prerrogativa jurídica cuja sedes materiae – tendo em vista o sistema constitucional de poderes limitados vigente no Brasil – só pode residir em atos estatais primários editados pelo Poder Legislativo."

Em nosso ordenamento jurídico, o princípio da separação dos poderes inclui a **proibição de delegação ao Poder Executivo**: uma lei que estabeleça uma **delegação ao Poder Executivo da competência normativa para regular matéria tributária é inconstitucional**, porque **a reserva legal o proíbe e porque a delegação ao Poder Executivo somente poderá ser feita mediante resolução do Congresso Nacional**, que especificará o seu conteúdo e os termos do exercício (art. 68, CF).

Um **regulamento delegado** somente poderá ser válido se possuir comandos *"intra legem"*, que devem ficar **circunscritos nos limites da lei**.

A Constituição Federal de 1988, mencionou o caráter **executivo dos regulamentos**, em razão do **Sistema Tributário expressamente consignar a regra da legalidade e porque os regulamentos servem, segundo o art. 84, IV, da CF, para dar fiel execução às leis**.

Assim, o **conteúdo da obrigação tributária deve ser determinado de acordo com a lei**.

Conforme antes mencionado, o regulamento deve ser editado quando houver uma lei a ser executada. Nesse caso **o regulamento não poderá afastar-se da lei**. Ele pode tão-somente instituir normas que sejam necessárias para dar fiel cumprimento a execução da lei. Torna-se ilegal, **regulamento que em seu conteúdo ultrapassa aquilo que está previsto na lei ou quando se afasta dos limites estabelecidos na previsão legal** (RE nº 154.027-3-SP – STF, 2ª Turma, Rel. Min. Carlos Velloso, j. 25/11/97).

Incentivos Fiscais para o ICMS e "Guerra Fiscal" entre os Estados

O legislador constituinte, com o propósito de impedir a **"guerra tributária"** entre Estados-membros, enunciou postulados e prescreveu diretrizes gerais de caráter subordinante destinados a compor a estrutura constitucional do ICMS, que devem ser **observados pelos Estados quando da concessão do benefício fiscal.**[23]

Por se tratar nosso País de uma **Federação formada pela união indissolúvel dos Estados e Municípios e do Distrito Federal**, nos termos constitucionais (art. 1º), o próprio texto constitucional estabelece, quanto a matéria, **limites a essa "disputa".**

Com efeito, a Constituição atribui competência aos Estados para instituir o ICMS e estabelece os **limites** que devem ser observados, na forma do **art. 155, II e § 2º, I, II e XII, "g" da CF**, em que se lê:

> *"Art. 155 – Compete aos Estados e ao Distrito Federal instituir impostos sobre:*
>
> *(...)*
>
> *II – operações relativas à circulação de mercadorias e sobre prestações de serviços de transporte interestadual e intermunicipal e de comunicação, ainda que as operações e as prestações se iniciem no exterior."*
>
> *(...)*
>
> *"§ 2º – O imposto previsto no inciso II atenderá ao seguinte:*
>
> *I – será não-cumulativo, compensando-se o que for devido em cada operação relativa à circulação de mercadorias ou prestação de serviços com montante cobrado nas anteriores pelo mesmo ou outro Estado ou pelo Distrito Federal;*
>
> *II – a isenção ou não-incidência, salvo determinação em contrário da legislação:*
>
> *a) não implicará crédito para compensação com o montante devido nas operações ou prestações seguintes;*
>
> *b) acarretará a anulação do crédito relativo às operações anteriores;*
>
> *(...)*
>
> *XII – cabe à lei complementar:*
>
> *(...)*
>
> *g) regular a forma como, mediante deliberação dos Estados e do Distrito Federal, isenções, incentivos e benefícios fiscais serão concedidos e revogados."*

Desta forma, **se de um lado a Constituição atribui competência aos Estados para instituir o ICMS** (art. 155, II), **de outro lado determinou que**

---

[23] Ver nosso trabalho *"Incentivos Fiscais – Desenvolvimento Econômico e a Jurisprudência do STF para o ICMS – "Guerra Fiscal" entre Estados"* – obra coletiva – Coord. Ives Gandra da Silva Martins; André Elali e Marcelo Magalhães Peixoto, com o título **"Incentivos Fiscais"** – MP Editora – 2007 – pp. 299/325.

cabe a *lei complementar* "regular a forma como, mediante deliberação dos Estados e do Distrito Federal, isenções, incentivos e benefícios fiscais serão concedidos e revogados" (art. 155, § 2º, XII, "g").

A **necessidade de lei complementar** a que faz menção a norma constitucional ocorre por ser o ICMS imposto de estrutura nacional, ou seja, há operações relativas ao imposto, realizadas em determinado Estado, que repercutem em outros Estados da Federação. Por isso, a Constituição proíbe expressamente a **concessão unilateral de isenções, incentivos e benefícios que tomem por base de cálculo o ICMS**.

A **Lei Complementar nº 24/75**, embora publicada sob a égide da Constituição pretérita, disciplinou a matéria e foi recepcionada pela Constituição de 1988 – **conforme reconheceu o STF** –, e em seus artigos 1º, 2º, § 2º, 3º e 8º estabelece:

> *"Art. 1º – As isenções do imposto sobre operações relativas à circulação de mercadorias serão concedidas ou revogadas nos termos de **convênios celebrados e ratificados pelos Estados e pelo Distrito Federal**, segundo esta Lei.*
>
> *Parágrafo único – O disposto neste artigo também se aplica:*
>
> *I – à redução da base de cálculo;*
>
> *II – à devolução total ou parcial, direta ou indireta, condicionada ou não, do tributo, ao contribuinte, a responsável ou a terceiros;*
>
> *III – à concessão de créditos presumidos;*
>
> *IV – **à quaisquer outros incentivos ou favores fiscais ou financeiro-fiscais, concedidos com base no Imposto de Circulação de Mercadorias, dos quais resulte redução ou eliminação, direta ou indireta, do respectivo ônus**;*
>
> *V – às prorrogações e às extensões das isenções vigentes nesta data.*
>
> *Art. 2º – **Os convênios a que alude o art. 1º, serão celebrados em reuniões para as quais tenham sido convocados representantes de todos os Estados e do Distrito Federal**, sob a presidência de representantes do Governo Federal.*
>
> *(...)*
>
> *§ 2º – **A concessão de benefícios dependerá sempre de decisão unânime dos Estados representados; a sua revogação total ou parcial dependerá de aprovação de quatro quintos, pelo menos, dos representantes presentes**.*
>
> *(...)*
>
> *Art. 3º – **Os convênios podem dispor que a aplicação de qualquer de suas cláusulas seja limitada a uma ou a algumas Unidades da Federação**.*
>
> *(...)*

Art. 8º – A inobservância dos dispositivos desta Lei acarretará, cumulativamente:

I – a nulidade do ato e a ineficácia do crédito fiscal atribuído ao estabelecimento recebedor da mercadoria;

II – a exigibilidade do imposto não pago ou devolvido e a ineficácia da lei ou ato que conceda remissão do débito correspondente.

Parágrafo único – As sanções previstas neste artigo poder-se-ão acrescer a presunção de irregularidade das contas correspondentes ao exercício, a juízo do Tribunal de Contas da União, e a suspensão do pagamento de quotas referentes ao Fundo de Participação, ao Fundo Especial e aos impostos referidos nos itens VIII e IX do art. 21 da Constituição Federal."

A Constituição Federal a teor do **art. 155, § 2º, XII, "g"**, ao exigir lei complementar para **"regular a forma como, mediante deliberação dos Estados e do Distrito Federal, isenções, incentivos e benefícios fiscais serão concedidos e revogados"**, à evidência, não permitiu que tais deliberações fossem tomadas **diretamente pelos Estados**. Tanto que a LC nº 24/1975, ao disciplinar a matéria, determina a realização de **Convênios celebrados e ratificados pelos Estados e pelo Distrito Federal.**

A competência para **celebração de Convênios** é do **Conselho Nacional de Política Fazendária – CONFAZ**, na forma do seu regimento, aprovado pelo Convênio/ICMS 133, que no art. 1º estabelece:

> *"O CONFAZ tem por finalidade promover ações necessárias à elaboração de políticas e harmonização de procedimentos e normas inerentes ao exercício da competência tributária dos Estados e do Distrito Federal, bem como colaborar com o Conselho Monetário Nacional – CMN na fixação da política de Dívida Pública Interna e Externa dos Estados e do Distrito Federal e na orientação às instituições financeiras públicas estaduais."*

Assim, **a lei complementar a que faz menção o art. 155, § 2º, XII, "g", da CF, tem por finalidades disciplinar o procedimento e as condições em que serão realizadas as deliberações entre os Estados e o Distrito Federal**, dando **operatividade técnica** aos convênios.

Tanto que o **§ 6º do art. 150 da CF**, com a redação dada pela EC nº 3/1993, estabelece:

> *"§ 6º – Qualquer subsídio ou isenção, redução de base de cálculo, concessão de crédito presumido, **anistia** ou **remissão, relativos a impostos**, taxas e contribuições, **só poderá ser concedido mediante lei específica, federal, estadual ou municipal**, que regule*

exclusivamente as matérias acima enunciadas ou o correspondente tributo ou contribuição, **sem prejuízo do disposto no art. 155, § 2º, XII, g."**

O dispositivo constitucional acima transcrito, ao fazer menção a lei específica, **federal, estadual** ou **municipal**, para concessão de qualquer subsídio ou isenção, redução da base de cálculo, concessão de crédito presumido, **anistia** ou **remissão relativos a impostos,** taxas e contribuições, com ressalva da hipótese que foi excepcionada, estabeleceu: **SEM PREJUÍZO DO DISPOSTO NO ART. 155, § 2º, XII, "g".**

Da leitura dos preceitos constitucionais aplicáveis, constata-se que **somente lei específica poderá estabelecer a instituição de qualquer benefício** ou **isenção** (art. 150, § 6º, CF), **salvo no caso excepcionado, do art. 155, § 2º, XII, "g"**, pelo qual as isenções e benefícios fiscais, em matéria de ICMS, ficam subordinadas à **Lei Complementar nº 24/1975** para decidir sobre a forma como, mediante **deliberação dos Estados e do Distrito Federal, isenções; incentivos e benefícios fiscais serão concedidos e revogados.** É o mesmo que dizer de uma proibição expressa aos legislativos estaduais para, unilateralmente, criarem isenções. Somente mediante **Convênios firmados e ratificados**, isenções poderão ser concedidas em matéria de ICMS.

Em outras palavras: a **instituição de isenções para o ICMS,** nos termos do **art. 155, § 2º, XII, "g", da CF**, somente poderá ser **efetivada** por meio de **Convênio**, a partir do qual as leis estaduais poderão dispor sobre a matéria.

Esta é a regra constitucional. A **legalidade, foi integralmente excepcionada no âmbito do ICMS**, tanto para **conceder**, quanto para **revogar** quaisquer **isenções em vigor, fundadas em Convênios.**

Considerando o perfil constitucional do que é um **imposto que repercute seus efeitos por todo território nacional, embora a competência para sua instituição seja de cada Estado-membro da Federação**, tendo em vista a "**não-cumulatividade**" do imposto, admitir que pudessem os **Estados unilateralmente** conceder ou **revogar benefícios, de acordo com seus interesses**, seria aceitar a possibilidade de **desintegração da federação.**

Evidencia-se, assim, que a imposição constitucional da existência de **convênio** para a **concessão de benesses fiscais** guarda estrita consonância com a manutenção da própria federação – o Pacto Federativo.

O **desrespeito às normas constitucionais** pelos Estados mencionadas (art. 150, § 6º e art. 155, § 2º, XII, "g") resulta no **desequilíbrio do pacto federativo, terminando por afrontar o próprio art. 1º da CF.**

Não podem, pois, os Estados, **unilateralmente**, promover a concessão de benesses tributárias (redução de alíquotas, concessão de créditos presumidos, etc.), **em oposição à Constituição Federal**, as quais se configuram em verdadeiras "armas" no contexto da Guerra Fiscal.

O problema que se coloca é em relação aos crônicos déficits do setor público com seus escassos recursos financeiros, resultando em uma tensão maior entre os Estados federados, para efeitos de arrecadação, em face de autonomia tributária e interesses próprios locais, sendo necessário que cada Estado busque alternativas para atender às suas prioridades e necessidades.

A preocupação dos Estados em obter receita para cobrir deficiências de caixa, de forma reiterada, **tem levado a decisões que implicam em violação de preceitos constitucionais**, em função de maior arrecadação, o que não é admissível, no Estado Democrático de Direito, onde a preocupação primeira há de ser com o cumprimento da Constituição, como tantas vezes decidiu o STF, no sentido de que a Constituição está acima de **programas de governo**, como acentuou o **Min. Sepúlveda Pertence** (ADIn nº 447-DF – RTJ 145/15), citado pelo Min. Néri da Silveira, em seu voto:

> *"Nossa preocupação primeira há de ser com a guarda da Constituição. Nenhum fato da vida econômica ou da vida social, no instante em que somos chamados a dizer se um determinado ato normativo ou uma certa lei está de acordo com a Constituição, pode colocar-se com prioridade em relação ao cumprimento da Constituição."*

O **Ministro Celso de Mello**, em **voto divergente**, ao examinar a questão do **sigilo e acesso a dados bancários** de contribuintes pela Receita Federal, sem **autorização judicial** (Processos RE 601.314 e ADINS 2390; 2386; 2397 e 2859), em seção plenária, realizada em 24/02/2016, ressaltou que, no Brasil, a inviolabilidade dos dados individuais, **"qualquer que seja a sua origem, a forma e a sua finalidade, merecem proteção constitucional, em virtude da referência expressa que a ela passou a fazer o inciso XII, do art. 5º da CF/88"**. Nos intensos debates que foram realizados, afirmou:

> *"A majestade da Constituição não pode ser transgredida nem degradada pela potestade do Estado"*,

para ele, **"cabe ao Poder Judiciário determinar ou não em face da legitimidade ou não da pretensão jurídica deduzida pela administração** tributária ordenar a ruptura da esfera de privacidade financeira". Embora não tenha prevalecido o seu entendimento – **posição minoritária** –, os argumentos constitucionais que fundamentaram o seu voto são incensuráveis.

No caso do ICMS, embora seja de competência atribuída aos Estados, conforme antes mencionado, é de imposto de repercussão nacional. A Constituição estabelece a **sistemática de deliberação conjunta dos Estados, por meio de Convênio, via CONFAZ, em termos de incentivos fiscais** (arts. 150, § 6º, 155, § 2º, VI e XII, "g" e LC 24/1975) **buscando, exatamente, impedir a guerra fiscal motivada por diferenciação de tratamento tributário, que gera condições desiguais de concorrência entre contribuintes.**

As diretrizes constitucionais destinam-se, exatamente, a evitar **políticas regionais autônomas** e **objetivos extrafiscais** de interesse de Estados-membros em detrimento de outros, o que poderia levar ao rompimento da Federação.

Não sendo os **incentivos fiscais concedidos mediante convênio celebrado por todos os Estados**, não teria havido a deliberação exigida pela Constituição, sendo, assim, inconstitucional a concessão. A exigência de convênio, é meio institucional que garante a união indissolúvel dos Estados e do Distrito Federal, e a renova toda vez que é celebrado, em face de conflitos gerados.

Assim, nenhum Estado-membro deve romper, **unilateralmente**, àquelas condições tributárias, estabelecidas pela Constituição Federal, para concessão de incentivos fiscais para o ICMS (**art. 155, § 2º, XII, "g"**).

A Jurisprudência do STF tem sido **reiterada no sentido de declarar a inconstitucionalidade de lei estadual** que **concede incentivos fiscais para o ICMS sem observar as condições estabelecidas pela Constituição**, como se pode constatar, entre outras, das **ADINs nºs 1.247-9/PA; 2.439-6/SP; 2.157-5/SP; 1.308/RS; 2.377/MG.**

O que se verifica dessas Ações Diretas de Inconstitucionalidade é que a Suprema Corte – Órgão encarregado de ser o guardião da Constituição e de dizer o direito –, decidiu que a Constituição deve ser aplicada em relação aos incentivos fiscais e que a LC nº 24/1975, que disciplinou a matéria, foi **recepcionada** pela Constituição Federal de 1988.

O **Ministro Gilmar Mendes**, considerando a reiterada Jurisprudência do STF, sobre o tema, e a necessidade de pôr fim a essa prática inconstitucional, **chegou a elaborar proposta de Súmula Vinculante nº 69-STF**, assim redigida:

"Súmula Vinculante nº 69:

Qualquer isenção, incentivo, redução de alíquota ou de base de cálculo, crédito presumido, dispensa de pagamento ou outro benefício fiscal relativo ao ICMS, concedido sem prévia aprovação em convênio celebrado no âmbito do CONFAZ, é inconstitucional."

Referida proposta permanece pendente de exame pela Suprema Corte, tendo sido suspensa para aguardar solução do legislativo. O Ministro autor da proposta, manifestou-se, na condição de **Presidente da Comissão de Jurisprudência**, "pela admissibilidade e conveniência da edição do referido verbete vinculante, em razão de **espelhar a jurisprudência pacífica** e atual da Suprema Corte (art. 103-A, CF e art. 354-C RISTF).

A matéria em discussão é bastante controvertida, nada obstante a **reiterada jurisprudência sobre o tema**, perante a Suprema Corte, ainda, não se chegou a um consenso, por parte dos Estados.

O exame da questão deve ser feita, a partir da proteção da **confiança legítima** e **da boa-fé do contribuinte**, que confiou e acreditou no Estado e em troca de benefícios fiscais aplicou recursos, com a consequente geração de empregos, não podendo ser surpreendido com exigência de impostos e multas, com efeitos retroativos. Em matéria tributária é preciso considerar que a lei deve **proteger o contribuinte** e atender plenamente os valores da *segurança jurídica e da justiça.*

Leandro Paulsen, sobre o tema escreve:[24]

> *"Em verdade, tanto a justiça como a segurança constituem valores basilares do Direito, mantendo implicações mútuas, por vezes, até se confundindo, noutras, aparentemente, contrapondo-se, o que há muito já se tem afirmado, conforme a lição de **Almiro do Couto e Silva**:*
>
> *Se é antiga a observação de que justiça e segurança jurídica frequentemente se completam, de maneira que pela justiça chega-se à segurança e vice-versa, é certo que também frequentemente colocam-se em oposição.*
>
> *(...)*
>
> *Na verdade, quando se diz que em **determinadas circunstâncias a segurança jurídica deve preponderar sobre a justiça**, o que se está afirmando, a rigor, é que o **princípio da segurança jurídica passou a exprimir, naquele caso**, diante das*

---

[24] *"Segurança Jurídica, Certeza do Direito e Tributação"* – Porto Alegre – Livraria do Advogado Editora – 2006 – pg. 24.

*peculiaridades da situação concreta, **a justiça material**. **Segurança jurídica não é, aí, algo que se contraponha à justiça, é ela a própria justiça**. Parece-me, pois, que as antinomias e **conflitos entre justiça e segurança jurídica**, fora do mundo platônico das ideias puras, alheias e indiferentes ao tempo e à história, são falsas antinomias e conflitos.*"[25]

Ricardo Lobo Torres, também destaca a tensão entre a **segurança** e a **justiça**:

> *"A tensão entre a **segurança** e a **justiça** é muitas vezes "dramática", constituindo uma das contradições básicas do sistema jurídico, em **permanente necessidade de superação**. Procura-se incessantemente o equilíbrio entre os dois valores, não raro comprometido pela radicalização em torno de uma só daquelas ideias. A harmonia é buscada principalmente pela **razoabilidade** na aplicação das normas e pela **ponderação de princípios**.*"[26]

Poderia o STF modular os efeitos da decisão de inconstitucionalidade proferida, para atender plenamente a **segurança jurídica**, o que não se concretizou.

Assim, a remissão legal do ICMS, no caso, é o meio menos gravoso encontrado na aplicação da legislação, em proteção do contribuinte, pois não pode ele **ser incentivado a praticar atividade econômica, em troca de benefícios fiscais, para, posteriormente, serem afastados, com aplicação retroativa da exigência do imposto e multas.**

A compreensão da Constituição e do Direito, como sistema de regras e princípios, possibilita a aplicação do Direito Constitucional com **ponderação**, **harmonia** e **equilíbrio**, aberto a valores que asseguram direitos e aplicação de normas justas, com razoabilidade, para que possa concretizar a Segurança Jurídica.

No caso em comento, houve consenso alcançado no CONFAZ, o que legitima a lei estadual a conceder remissão de dívidas tributárias surgidas em decorrência de benefícios fiscais considerados inconstitucionais pelo STF.

---

[25] **Almiro do Couto e Silva** – *"Princípios da Legalidade da Administração Pública e da Segurança Jurídica no Estado de Direito Contemporâneo"* – Revista de Direito Público nº 84 – São Paulo – RT – 1987 – pp. 46/47.

[26] *"A Segurança Jurídica e as Limitações ao Poder de Tributar"* – obra coletiva – Coord. Roberto Ferraz – Princípios e Limites da Tributação – São Paulo – Quartier Latin – 2005 – pg. 433.

A questão, entretanto, quanto ao mérito, está pendente de decisão **definitiva perante o STF**, com **Repercussão Geral**, reconhecida no **RE nº 851.421-DF**, tendo como Relator o **Ministro Marco Aurélio:**

> *"IMPOSTO SOBRE A CIRCULAÇÃO DE MERCADORIAS E SERVIÇOS – GUERRA FISCAL – BENEFÍCIOS FISCAIS DECLARADOS INCONSTITUCIONAIS – CONVALIDAÇÃO SUPERVENIENTE MEDIANTE NOVA DESONERAÇÃO – RECURSO EXTRAORDINÁRIO – REPERCUSSÃO GERAL CONFIGURADA.*
> *Possui repercussão geral a controvérsia relativa à constitucionalidade da prática mediante a qual os Estados e o Distrito Federal, **respaldados em consenso alcançado no âmbito do Conselho Nacional de Política Fazendária – CONFAZ, perdoam dívidas tributárias surgidas em decorrência do gozo de benefícios fiscais assentados inconstitucionais pelo Supremo, porque implementados em meio à chamada guerra fiscal do ICMS**.*
> ***Decisão:*** *O Tribunal, por unanimidade, reputou constitucional a questão. O Tribunal, por unanimidade, reconheceu a existência de **repercussão geral da questão constitucional suscitada**."*

A Colisão dos Direitos Fundamentais e o Princípio da Proporcionalidade

A colisão dos direitos fundamentais, podem ocorrer em diversos ramos do direito, podendo ser comprovado na jurisprudência do Supremo Tribunal Federal.

À título exemplificativo podemos mencionar, conforme acima mencionada a questão do ICMS e os incentivos fiscais concedidos pelos Estados, para empresas que se instalam no território dos Estados, em **matéria tributária**, em relação ao imposto estadual. No caso, em comento, houve consenso alcançado no CONFAZ, o que legitima a lei estadual a conceder remissão de dívidas tributárias surgidas em decorrência de benefícios fiscais, considerados inconstitucionais pelo STF.

A colisão dos direitos fundamentais, ocorre, no caso, por configurar de um lado a concessão de benefícios pelos Estados, que necessitam de maior desenvolvimento regional, com a instalação de empresas em seu território e a consequente geração de empregos com arrecadação de tributos. E de outro lado, as empresas aceitaram os benefícios de boa-fé, investindo em suas instalações esperando e confiando na concessão de benefícios por determinado Estado, e **reclamam a suspensão dos mesmos**, por serem considerados inconstitucionais pelo STF, por **concessão direta dos Estados,** sem passar pelo CONFAZ. A questão ficou suspensa no STF com **repercussão geral reconhecida**, aguardando exame do mérito.

Posteriormente, por consenso, os Estados fizeram acordo junto ao CONFAZ para **remissão de dívidas tributárias** surgidas em decorrência daqueles **benefícios fiscais** já concedidos.

Do ponto de vista econômico, os incentivos fiscais concedidos sem convênio do CONFAZ, além de inconstitucionais formalmente, **como reconhecido pela Suprema Corte**, por desobediência à Lei Complementar nº 24/75, afetam a questão da incidência de outros princípios que regem o **livre mercado**, como, por exemplo, o art. 219 da CF, que dispõe: **"O mercado interno integra o patrimônio nacional e será incentivado de modo a viabilizar o desenvolvimento cultural e sócio-econômico, o bem-estar da população e a autonomia tecnológica do País, nos termos de lei federal."** Outros princípios que poderiam ser aqui mencionados são os relativos à regulação das atividades econômicas no País, previstos no art. 170 da CF. Entre eles, estão o princípio da livre concorrência (inciso IV) e o da livre-iniciativa (caput), considerados como fundamentos da Ordem Econômica.

No caso dos incentivos fiscais, demonstrado que a sua concessão poderá distorcer as relações de concorrência nos mercados, e dado que o princípio da redução das desigualdades regionais não teria sido implementado na forma como prevê a Constituição Federal, não se justificaria a realização ou o afastamento do princípio da livre concorrência.

Nesse sentido concluiu o CADE – Conselho Administrativo de Defesa Econômica, órgão do Ministério da Justiça, ao responder à Consulta sobre a nocividade, ou não, à livre concorrência da prática reiterada da denominada "guerra fiscal", concluindo que os incentivos fiscais concedidos sem observância da Lei Complementar nº 24/75, favorecem indevidamente certos empreendimentos, realizados através de mecanismos fiscais e financeiros, relativos ao ICMS, influem na formação de preços de mercado, matéria que é também ligada à concorrência. (Consulta nº 38/99, Rel. Cons. Marcelo Calliari, 22.3.2000, DOU, I, de 28.4.2000, p.1).

É bastante nítida a necessidade de maior ordenamento para concessão de benefícios fiscais por meio do ICMS. O benefício fiscal generalizado deixa de ser benefício e passa a ser apenas renúncia fiscal.

É de interesse social que ocorra ampla reforma tributária, regulando inteiramente a matéria, estabelecendo limites precisos para atuação dos Estados na área de concessão de incentivos fiscais.

Conclusões

- O objetivo **dos direitos fundamentais em matéria tributária** é assegurar direitos do contribuinte, perante os entes tributantes, que possuem o poder de tributar, concedido pela Constituição, **nos limites por ela estabelecidos**.
- O **controle judicial e a aplicação da proporcionalidade**, podemos afirmar que é o método que melhor cumpre os propósitos de:

  a) garantir a máxima eficácia possível a esses direitos:
  b) permitir o maior controle intersubjetivo de decisões judiciais em relação as restrições a eles impostas.

- E como **parâmetro**, dos direitos fundamentais, assegurados aos contribuintes, direitos de igualdade, especialmente o direito à graduação de impostos conforme a **capacidade contributiva**, em busca da definição dos pressupostos e **limites à aplicação do controle da proporcionalidade** em matéria tributária, representam garantias constitucionais que devem ser respeitadas;
- Os pressupostos para aplicação do controle de **proporcionalidade** em **matéria tributária**, portanto, são em relação a **cada direito fundamental**: de um lado, sua construção interpretativa sob forma de princípio, com um amplo âmbito de proteção: de outro, identificarem-se, em medidas estatais, de efeitos restritivos sobre tal direito.
- A interpretação constitucional é, em realidade, "mais um elemento da sociedade aberta. Todas as potências públicas, participantes materiais do processo social, estão nela envolvidas, sendo ela, a um só tempo, elemento resultante da sociedade aberta e um elemento formador ou constituinte dessa sociedade (...*weil Verfassungsinterpretation diese offene Gesellschaft immer von neuem mitkonstituiert und von ihr konstituiert wird*). Os critérios de interpretação constitucional hão de ser tanto mais abertos quanto mais pluralista for a sociedade, conforme observou expressamente",

PETER HÄBERLE.[27]

---

[27] "Hermenêutica Constitucional". Trad. Gilmar Mendes. Porto Alegre: Sérgio Antonio Fabris Editor, 1997. Pág. 13.

6. Um Direito Fundamental a Não Pagar Impostos?

José Casalta Nabais

1. Introdução: Pretexto para a Pergunta

Tendo nós versado sempre o problema do financiamento do Estado, que seja um Estado fiscal, como assente num dever e num dever fundamental – o dever fundamental de pagar impostos –, eis o momento para uma interrogação que, de algum modo, sempre nos tem assaltado: será que poderá falar-se de um direito a não pagar impostos?

Uma pergunta cuja resposta positiva parece até ter algumas bases. Em primeiro lugar, uma tal resposta afigura-se, a seu modo, estar contida no n.º 3 do art. 103.º da actual Constituição Portuguesa, em que se prescreve: "[n]inguém pode ser obrigado a pagar impostos que não hajam sido criados nos termos da Constituição, que tenham natureza retroactiva ou cuja liquidação e cobrança se não façam nos termos da lei".

Depois, em entrevista que demos em finais de 2017, para um livro elaborado no quadro do programa de mestrado da UERJ, que teve por objecto a nossa tese de doutoramento[1], mais especificamente a sua influência na doutrina e jurisprudência brasileiras, no contexto das perguntas que nos foram feitas, respondemos que o título do livro, que contém a referida tese, podia ser, sem alterar uma linha do seu conteúdo, "O Direito Fundamental a não Pagar Impostos. Contributo para a Compreensão Constitucional do Estado Fiscal Contemporâneo". Resposta a favor da qual referimos o preceito constitucional

---

[1] Que foi apresentada em janeiro de 1997 e discutida em maio de 1998 com o título *O Dever Fundamental de Pagar Impostos. Contributo para a Compreensão Constitucional do Estado Fiscal Contemporâneo*, que, **tendo sido** publicado pela Almedina, em 1998, foi, entretanto, objecto de quatro reimpressões.

reproduzido, tendo acrescentando que, de facto, na Constituição Portuguesa, encontramos o dever fundamental de pagar impostos formulado pela via negativa, ou seja, a partir do direito de não pagar impostos a não ser aqueles que hajam sido criados nos termos da Constituição, que não tenham natureza retroactiva ou cuja liquidação e cobrança se façam nos termos da lei[2].

Enfim, como temos vindo a escrever, o dever fundamental de pagar imposto está cercado de direitos igualmente fundamentais, em que temos: 1) o *direito de não pagar impostos* a não ser aqueles que hajam sido criados nos termos da Constituição, não tenham natureza retroactiva e cuja liquidação e cobrança se façam nos termos da lei; 2) o *direito de exigir* que todos os outros membros da comunidade também contribuam para o seu suporte financeiro, o que implica para o Estado que todos os membros da mesma sejam constituídos em destinatários desse dever (tarefa do legislador) e, bem assim, que todos eles sejam efectivamente obrigados ao cumprimento do mesmo (tarefa da Administração Tributária e dos tribunais); 3) o *direito à eficiência da despesa pública*, o que significa que o dever fundamental de pagar impostos apenas se conterá dentro dos seus limites constitucionais se a despesa pública assegurar um adequado retorno à sociedade do montante dos impostos pagos pelos contribuintes através da prestação, em quantidade e qualidade, dos correspondentes serviços e políticas públicas[3].

Estamos, assim, perante três indicações que parecem, cada uma delas à sua maneira, indiciar que, ao menos aparentemente, não será inteiramente descabido falar de um direito fundamental a não pagar impostos. Todavia, olhando mais atentamente para a realidade de que estamos a falar, afigura-se óbvio que não há um direito fundamental a não pagar impostos, e apenas num sentido desprovido de qualquer rigor, movido pela preocupação em acabar com a ostracização a que os deveres fundamentais foram votados

---

[2] Marciano Seabra de Godoi / Sérgio André Rocha, *O Dever Fundamental de Pagar Impostos. O que realmente significa e como vem influenciando nossa jurisprudência?* Editora D'Placido, Belo Horizonte, 2017, p. e ss. Refira-se que a entrevista em causa veio a ser publicada também com o título «Algumas questões a respeito da repercussão no Brasil do livro *O Dever fundamental de pagar impostos*», no *Boletim da Faculdade de Direito de Coimbra*, vol. XCIV, Tomo I, 2018, p. 651 e ss. e, numa versão alargada, pois a entrevista abarca também um outro tema, na revista do SINPROFAZ *Justiça Fiscal*, maio a agosto de 2018, p. 11 e ss.

[3] Uma exigência que, tanto quanto nos é dado saber, apenas figura especificamente na atual Constituição Espanhola, em que se prescreve *"El gasto público realizará una asignación equitativa de los recursos públicos, y su programación y ejecución responderán a los criterios de eficiencia y economía"*.

pela doutrina e jurisprudência constitucionais da segunda metade do século passado, pode ter alguma justificação.

O que, obviamente, não constitui razão para converter um dever fundamental no seu oposto. Uma tentativa de compreender as coisas que apenas pode ser fruto de uma dialética de extremos, em que à tese da "era dos direitos", na conhecida expressão de Nroberto Bobio, se contrapõe a antítese radical de uma tentativa de conversão dos deveres fundamentais em direitos fundamentais. Ora, numa dialética moderada, nem a antítese à era dos direitos pode ser a da conversão de deveres fundamentais em direitos, nem a necessária síntese, ainda que por hipótese fosse realmente aquela a antítese, pode chegar a um resultado tão radical.

É que o resgate do tema dos deveres fundamentais, em tempos de jusfundamentalismo militante tanto em quantidade como na variedade de direitos fundamentais, passa por um outro entendimento das coisas. Mais exactamente, por um entendimento ancorado em perguntar pelo lugar dos deveres fundamentais na constituição, que o mesmo é dizer pelo sentido e alcance que estes comportam, enquanto elementos que não podem deixar de integrar qualquer texto constitucional de um Estado de Direito Democrático e Social. Um lugar que, sobretudo, seja indiscutível expressão da indissociável ligação dos deveres fundamentais aos direitos fundamentais, enquanto suporte do respeito pela dignidade da pessoa humana, sejam estes direitos vistos no seu conjunto ou analiticamente em cada uma das suas diversas espécies.

Por conseguinte, dada a resposta que acabamos de apresentar logo no início destas reflexões, que era suposto resultar apenas no fim das reflexões contidas neste escrito, relativamente à possibilidade de se falar num direito fundamental a não pagar impostos, vamos cuidar do lugar constitucional dos deveres fundamentais em geral e, naturalmente depois, do dever fundamental de pagar impostos, para, afinal de contas, confirmar o que acabamos de antecipar.

Assim, vamos cuidar, num primeiro momento, do lugar dos deveres fundamentais na Constituição e, num segundo momento, do sentido e alcance do dever fundamental de pagar impostos que não se coaduna com qualquer tentativa de considerar este um direito fundamental de não pagar impostos, mas sim um direito de não pagar impostos ilegais ou inconstitucionais, ou seja, um direito fundamental a uma tributação justa. O que nos remete para uma plêiade de direitos fundamentais ligados à actuação dos órgãos públicos, se e na medida em que conformam e concretizam esse dever fundamental, através do exercício dos correspondentes poderes tributários, ou seja, para os direitos fundamentais dos contribuintes dirigidos à actuação do legislador, da administração e dos juízes, *maxime* tributários.

2. O Lugar dos Deveres Fundamentais na Constituição

Para situar constitucionalmente os deveres fundamentais, importa começar por ter em conta as "constituições" em que a constituição de um Estado de Direito Democrático e Social se desdobra, para, depois, desenvolvermos a ideia de que os deveres fundamentais não podem situar-se noutra constituição que não seja a constituição do individuo, ou melhor, da pessoa humana, que não é senão o indivíduo como ser simultânea e necessariamente livre e responsável. Vejamos, pois, as constituições que a constituição comporta, tendo por base a Constituição Portuguesa, para justificar a localização dos deveres fundamentais na constituição jusfundamental.

2.1. As Constituições em que a Constituição se Desdobra

Podemos dizer sem grande risco de engano que as constituições actuais, independentemente da narrativa que seguem e da ordenação interna que estabelecem para as diversas matérias que integram o texto constitucional, comportam ou se apresentam divididas em quatro constituições ou subconstituições – constituição da pessoa[4], a constituição da sociedade ou constituição económica[5], a constituição do Estado ou constituição política[6] e a constituição da constituição[7].

---

[4] Matérias relativamente às quais, integrando tradicionalmente as "declarações de direitos e liberdades", se discutia se integravam a constituição, ou se, pelo contrário, estavam fora da constituição, fosse acima, ao lado ou abaixo desta. O que continua a acontecer na Constituição Francesa (da V República – 1957) que, quantos aos direitos fundamentais, remete para a Declaração dos Direitos do Homem e do Cidadão de 1789, integrando esta, todavia, de acordo com a jurisprudência firme e consolidada do Conselho Constitucional francês a constituição em sentido amplo ou o "bloco da constitucionalidade".

[5] Que passou a integrar formalmente as constituições quando passou de uma constituição económica negativa, como era a do Estado liberal do século XIX, para uma constituição económica positiva, em que se recorta o poder de regulação e de intervenção do Estado na economia, e que tem como constituição pioneira a Constituição de Weimar, de 1919.

[6] Que é a constituição por antonomásia, que esteve na origem da exigência de uma constituição escrita e aquela em que se pensava sempre que se utilizava a expressão constituição. Pois falar em constituição era falar da constituição política ou da organização do poder político do Estado.

[7] Que é a constituição que, por via de regra, abrange dois tipos de preocupações ou de matérias. Pois a garantia da constituição comporta dois segmentos: o da garantia de cumprimento da constituição por parte dos órgãos operacionais do Estado, constituída basicamente pelo controlo

UM DIREITO FUNDAMENTAL A NÃO PAGAR IMPOSTOS?

O que acabamos de referir, é visível de uma maneira muito especial na actual Constituição Portuguesa, a Constituição de 1976. De facto, podemos dizer sem sobranceria que esta constituição é, do ponto de vista técnico--jurídico[8], uma excelente constituição, uma verdadeira catedral, onde é reconhecível o pórtico (Princípios fundamentais – art.s 1º a 11º), as três naves ordenadas em torno da nave central, a constituição da pessoa (Parte I – Direitos e deveres fundamentais – art.s 12º a 79º), acompanhada pelas naves laterais da "constituição económica" ou "constituição da sociedade" (Parte II- Organização económica – art.s 80º a 107º) e da "constituição política" ou "constituição do Estado" (Parte III – Organização do poder político – art.s 108º a 276º), naves estas encimadas pela capela-mor – a "constituição da constituição" (Parte IV – Garantia da constituição – art.s 277º a 299º)[9].

Três notas a respeito das constituições referidas integrantes da Constituição Portuguesa. Uma para dizer que a ordem pela qual as constituições se encontram ordenadas no texto constitucional não é neutra nem indiferente. A este respeito é de assinalar que as forças antidemocráticas representada na Assembleia Constituinte, com destaque para o Partido Comunista Português, lutaram para que a primeira parte da constituição fosse a constituição da organização económica e não a da constituição da pessoa, pugnando por subordinar a pessoa humana e a sua eminente dignidade à organização económica e à organização do poder do Estado, remetendo para o fim da constituição, e naturalmente para o fim das preocupações jurídico--constitucionais, os direitos e liberdades fundamentais. Ordenar as matérias no texto da constituição subordinando-as à primazia ou primado da pessoa humana sobre a organização económica da sociedade e do poder político do

---

ou fiscalização da constitucionalidade das leis, que é hoje um controlo jurisdicional, e a garantia de manutenção da identidade da constituição, adaptando-a à evolução da realidade constitucional de modo a que, de um lado, não se converta em uma constituição puramente nominal ou se exponha a roturas constitucionais, e, de outro, se evite que seja totalmente desfigurada.

[8] Uma ideia perfilhada pelo próprio Prof. Marcello Caetano, que na última edição das Constituições Portuguesas, em que já teve em conta a Constituição de 1976, considera dever-se essa qualidade técnico-jurídica ao facto de nela terem tido intervenção "juristas treinados na elaboração das leis do regime anterior e doutrinados pelo ensino do Direito Constitucional professado nas Universidades, particularmente na Faculdade de Direito de Lisboa". V. Marcello Caetano, *Constituições Portuguesas*, 4.ª ed., Editorial Verbo, 1978, p. 141.

[9] V. o nosso estudo «Uma futura revisão constitucional?», *Revista de Legislação e de Jurisprudência*, ano 145, 2015/16, p. 306 e ss. = *Por um Estado Fiscal Suportável – Estudos de Direito Fiscal*, Vol. V, Almedina, Coimbra, 2018, p. 201 e ss.

Estado foi a primeira e decisiva batalha que as forças democráticas travaram e, felizmente, ganharam, na Assembleia Constituinte de 1975.

Uma segunda nota para dizer que a constituição económica que figura presentemente na Constituição Portuguesa, como a que consta das constituições dos restantes Estados Membros da União Europeia, com destaque para os integrantes da Eurozona, é absolutamente nominal. De facto, a constituição económica transferiu-se para montante dos Estados – para o nível do direito europeu, em que se encontra moldada e funcionalizada à criação e funcionamento do mercado único ou mercado interno[10].

Daí que as disposições, que a Constituição Portuguesa formalmente ainda contém como constituição económica, não façam mais qualquer sentido. Pois essa constituição emigrou para a União Europeia. Uma emigração que se fez, de resto, em duas etapas, com a adesão às então Comunidades Europeias, em 1986, e, sobretudo, com a integração na União Económica e Monetária. De facto, a nossa constituição económica que tinha uma feição dirigente na sua primeira versão, a qual foi sendo atenuada nas revisões constitucionais, viu-se praticamente esvaziada com a revisão constitucional de 1992 exigida pelo Tratado de Maastricht ou Tratado da União Europeia de 1993, a base do processo de harmonização das políticas económicas e monetárias com vista à instituição da moeda única.

A este propósito podemos dizer que a constituição económica portuguesa cessou com a revisão constitucional de 1992 e com a extinção do Banco de Portugal enquanto banco central e detentor do exclusivo da emissão de moeda e colaborador qualificado das políticas monetária e financeira, uma vez que o restou com o mesmo nome, atentas as funções que deixou de ter, é algo bem diferente. O que resulta claro se se comparar a redacção anterior com a posterior à referida revisão do artigo 102º da Constituição[11]. De resto, as mudanças não se ficaram por esta deslocação do plano nacional para o plano supranacional, uma vez que elas se reportam também ao sentido que

---

[10] É de referir que seguimos aqui, em geral, o que dissemos no nosso estudo «Reflexões sobre a constituição económica, financeira e fiscal portuguesa», *Revista de Legislação e de Jurisprudência*, ano 144, 2014/15, p. 103 e ss. (104 e ss.) = *Por um Estado Fiscal Suportável – Estudos de Direito Fiscal*, Vol. IV, Almedina, Coimbra, 2015, p. 157 e ss. (160 e ss.).

[11] Que até à revisão constitucional de 1997 era o art. 105.º. Pois bem, dispunha esse preceito antes: "O banco de Portugal, como banco central, tem o exclusivo de emissão de moeda e colabora na execução das políticas monetária e financeira, de acordo com a lei do Orçamento, os objectivos definidos nos planos e directivas do Governo"; e passou a dispor depois: "O Banco de Portugal é o banco central nacional e exerce as suas funções nos termos da lei e das normas internacionais a que o Estado Português se vincule".

UM DIREITO FUNDAMENTAL A NÃO PAGAR IMPOSTOS?

a própria constituição económica tinha. Pois de uma *constituição dirigente* ao serviço da construção de uma economia dita socialista, na versão originária da Constituição de 1976, passou-se a uma constituição, igualmente dirigente, mas ao serviço da instituição e funcionamento do mercado interno, o que continua a dominar a União Europeia[12], já que esta não deu o salto na integração política correspondente que a União Económica e Monetária para funcionar adequadamente implica.

Uma alteração em relação à qual, não obstante a profundidade e o relevante significado que teve e tem, pois concretizou-se no abandono de um poder intrínseco ao Estado que remonta basicamente à fundação da nossa nacionalidade, não foi nem vem sendo dado o devido relevo, já que, aquando da sua aprovação, as forças políticas que suportam o nosso regime democrático estranhamente dispensaram o povo de se pronunciar sobre a mesma. E, depois de adoptada, em geral continua a olhar-se para a Constituição fazendo de conta que essa alteração não teve lugar, já que, quanto ao que nos é dado saber, nem a doutrina nem a jurisprudência constitucional a convocou fosse para o que fosse[13].

Uma terceira nota para assinalar que a qualidade técnica da ordenação e estruturação das matérias na Constituição é replicada em cada uma das subconstituições que a integram. O que é especialmente visível na constituição da pessoa, que é a que mais estruturada se apresenta e a que *ratione matariae* tem maior interesse para estas reflexões. De fato, esta constituição que, como referimos mais acima integra a Parte I – Direitos e deveres fundamentais (art.s 12º a 79º), encontra-se dividida em três títulos: Título I – Princípios gerais, Título II – Direitos, liberdades e garantias, Título III – Direitos e deveres económicos, sociais e culturais.

De realçar aqui, atenta a matéria de que cuidamos nestas reflexões, é o Título II – Direitos, liberdades e garantias, que está dividido em três capítulos, a saber: Capítulo – Direitos, liberdades e garantias pessoais;

---

[12] Daí a "morte da constituição dirigente" reconhecida por um dos autores que mais a estudou e analisou – J. J. Gomes Canotilho, morte cujo sentido, como ele explica, não anda longe do que, a tal respeito, dizemos no texto – v. J. J, Joaquim Gomes Canotilho, «Estado adjectivado e teoria da constituição», *Revista da Academia Brasileira de Direito Constitucional*, nº 3, 2003, p. 453 e ss.

[13] V. as anotações mais ou menos anódinas, como se nada de importante se tivesse passado, a esse artigo em J. J Gomes Canotilho / Vital Moreira, *Constituição da República Portuguesa Anotada*, 4ª ed., Volume I, Coimbra Editora, 2007, p. 1083 e ss., e Jorge Miranda / Rui Medeiros, *Constituição da República Portuguesa*, Tomo II, Coimbra Editora, 2006, p. 290 e ss.

Capítulo II – Direitos, liberdades e garantias de participação política; Capítulo III – Direitos, liberdades e garantias dos trabalhadores. Pois bem, a distribuição dos direitos, liberdades e garantias por estes três capítulos revela bem as três qualidades que a pessoa tem enquanto membro de uma comunidade organizada em Estado (moderno) que tem por base uma economia livre ou de mercado.

Assim cá temos os direitos, liberdades e garantias da pessoa, do cidadão e de membro da comunidade de mercado. Se bem que, em relação a esta última qualidade, a constituição se tenha preocupado nesta sede apenas com os direitos, liberdades e garantias dos trabalhadores, certamente em virtude da fragilidade destes membros da comunidade de mercado enquanto fornecedores do factor ou meio de produção menos livre e condicionado como é o trabalho, deixando assim de fora os outros membros da comunidade de mercado, como os empresários, os investidores e os consumidores[14]. Os direitos, liberdades e garantias destes foram deixados para o Título III relativo aos direitos e deveres económicos, sociais e culturais. Muito embora, porque se trata, estrutural e funcionalmente, de direitos, liberdades e garantias, tais "direitos económicos" tenham sido considerados análogos aos direitos, liberdades e garantias a fim de lhes poder ser aplicado o regime constitucional mais robusto do art. 18.º da Constituição.

2.2. A Constituição da Pessoa: os Direitos Fundamentais

Deixando as constituições que a constituição acaba por integrar, cuja compreensão ilustrámos com a Constituição Portuguesa, façamos agora uma alusão, em termos amplos e abstractos, ao sentido da progressiva consagração dos direitos e deveres fundamentais, tendo em conta a sua diversidade estrutural e geracional. A este respeito, podemos dizer que a evolução dos direitos fundamentais no Estado constitucional se foi consolidando por camadas ou em gerações de direitos que podemos reportar cada uma delas a uma ideia principal ou aglutinadora. Ideias que andam à volta da compreensão do lugar do indivíduo na sociedade e da posição deste e da sociedade face ao Estado e que correspondem, em larga medida, à gradual

---

[14] Relativamente aos direitos dos consumidores é de referir que a União Europeia, como guardiã superlativa do mercado único ou mercado interno, os tem desenvolvido muitíssimo, ao ponto de muitos deles transformarem os consumidores em crianças ou inválidos, como denunciámos no nosso texto «O estatuto constitucional dos consumidores», agora em *Por um Estado Fiscal Suportável – Estudos de Direito Fiscal*, Vol. III, Almedina, Coimbra, 2010, p. 7 e ss. (p. 27 e ss.).

concretização da tríade que foi o lema da revolução francesa: *liberté, egalité et fraternité*[15].

De facto, a evolução das referidas relações do indivíduo, sociedade e Estado, traduzida na afirmação e concretização progressiva dos direitos, liberdades e garantias fundamentais, revela-se em três momentos que podem ser considerados como fruto ou resultado de verdadeiras revoluções umas mais violentas do que outras. E, num primeiro momento, temos a ideia de *liberdade* política e económica, que se foi consolidando no século XIX e foi fruto imediato da "revolução liberal"[16]. Foi a ideia de liberdade o suporte fundamental da primeira camada ou geração de direitos fundamentais – os *direitos de liberdade* a cuja afirmação e sustentação não foram alheios o liberalismo económico e o Estado liberal a que esse liberalismo deu suporte.

Depois, num segundo momento, temos a ideia de *igualdade* que, em termos amplos, engloba não só a igualdade política como a própria ideia de *fraternidade* ou *igualdade social* que vai ser objecto de realização no momento seguinte. Mas a igualdade em sentido estrito reporta-se à *igualdade política*, que é o resultado da "revolução democrática" consubstanciada na exigência e na progressiva consagração do sufrágio universal, o qual foi reivindicado e adoptado em diversos países logo no início do século XX, como ocorreu nos países escandinavos, enquanto noutros países teve que esperar mais tempo, como ocorreu em Portugal que, com a excepção da eleição populista do Presidente da República Sidónio Pais, em 28 de Abril de 1918[17], apenas foi plenamente consagrado com a Revolução de 25 de Abril de 1974. Trata-se da segunda camada ou geração de direitos – os *direitos de igualdade*

Por fim, no terceiro momento, deparamo-nos com a ideia de *igualdade social*. Ideia que, decorrente do que podemos designar pela "revolução

---

[15] Ao contrário do que possa ser-se levado a pensar, sobretudo a partir da sua gradual realização ao longo do desenvolvimento histórico do Estado constitucional, a conhecida divisa "*liberté, egalité et fraternité*" não provém do (então) *juste melieu*, mas sim dos *exagérés*, pois que foi aprovada por pressão dos ultra-revolucionários (jacobinos). Mais concretamente foi Modoro, presidente do clube dos *cordeliers*, que fez votar a sua inscrição, em todas as *mairies* de França, nestes termos: "*liberté, egalité et fraternité ou la mort*". Cf. *Enciclopédia Einaudi*, vol. 22, Lisboa, 1996, p. 301, e Michel Borgetto, *La Divise "Liberté, Égalité et Fraternité"*, Puf, Que sais-je?, Paris, 1997, p. 32 e s.

[16] Que é uma fórmula para referirmos o "adquirido liberal" resultante das revoluções liberais: inglesa (1688), americana (1776) e francesa (1789).

[17] Depois de, em Março desse ano, ter alterado a lei eleitoral, sem sequer ter consultado o Congresso da República, tendo introduzido o sufrágio universal.

socialista"[18] e da consequente instauração do Estado social, concretiza a ideia de *fraternidade* ou de *solidariedade*, formando a terceira camada ou geração de direitos – os *direitos de igualdade social*.

Como é sabido, a estas camadas ou gerações de direitos fundamentais outras têm sido acrescentadas no quadro de um verdadeiro jusfundamentalismo que criticámos com veemência[19]. De qualquer modo, a nosso ver, trata-se de direitos que ainda se reconduzem à ideia de igualdade ou solidariedade – a igualdade ou solidariedade intergeracional e a igualdade ou solidariedade tendencialmente global. Mas deixemos essas outras camadas ou gerações de direitos fundamentais.

Aqui importa perguntar se a evolução, que podemos considerar mais ou menos ininterrupta do século XIX, o *século da liberdade*, para o século XX, o *século da igualdade*, primeiro da igualdade política e, depois, da igualde social, é para continuar, ou se corre o risco de ser interrompida. Ou, por outras palavras, se a igualdade social que suportou o Estado de Direito Social, que é uma verdadeira história de sucesso da segunda metade do século XX, depois da sua manifestação larvar no socialismo de Estado de Bismark dos finais do século XIX e da sua consagração na Constituição de Weimar (de 1919), que viria a morrer às mãos do extremismo nazi[20], é para continuar.

É que aquela evolução enfrenta presentemente as maiores dificuldades não apenas quanto à sua continuidade mas até no respeitante à sua manutenção, na medida em que a ideia que parece começar a dominar o século XXI, que vai em contramão de referida evolução, é a *ideia de identidade*[21]. Uma identidade que, arrancando de um individualismo possessivo e de um

---

[18] Revolução socialista entendida aqui em sentido muito amplo, coincidindo, portanto, com o triunfo das ideias socialistas partilhadas por um conjunto bastante diversificado de partidos de esquerda com predominância dos partidos sociais-democratas e socialistas democráticos que foram os que proporcionaram a instauração do Estado social.

[19] V. o nosso estudo «Algumas reflexões críticas sobre os direitos fundamentais», in *Ab Uno Ad Omnes – 75 Anos da Coimbra Editora*, Coimbra Editora, 1998, p. 965 e ss. (980 e ss.), agora em *Por uma Liberdade com Responsabilidade – Estudos sobre Direitos e Deveres Fundamentais*, Coimbra Editora, 2007, p. 87 ss. (103 e ss.).

[20] De facto, a Constituição de Weimar, a primeira constituição expressão do centro, político e económico, acabou por sucumbir em virtude do recuo da classe média alemã e, sobretudo, da perda de força das formações políticas do centro do espectro político, que haviam aprovado a constituição, mas que, depois, sofreram forte erosão de que beneficiaram os extremos.

[21] Uma visão e análise que tem por base o quadro da análise sociológica e politológica de Jaime Nogueira Pinto, *Bárbaros e Iluminados. Populismo e Utopia no Século XXI*, Dom Quixote, 2017. V. também a entrevista que o autor deu sobre esse livro ao SAPO24, em 8 de Maio de 2018.

egoísmo narcisista, radicado num consumismo de cariz instantâneo e sem limites, estimula o que, individual e grupalmente, nos diferencia, separa e contrapõe em termos radicais, em vez de valorizar o que une a todos como membros da humanidade ou de uma comunidade (nacional ou estadual), num quadro de partilha de valores e bens baseado no respeito absoluto pela iminente dignidade de todas as pessoas humanas[22].

E as manifestações nesse sentido não faltam enquadradas e suportadas na narrativa do politicamente correcto e especificamente concretizadas nas lutas pelas causas ditas fracturantes a favor de minorias cada vez mais minoritárias, mas que, na crescente confederação que engendram, se comportam como maioria tendencialmente absoluta e inevitavelmente autoritária ou mesmo totalitária. De facto, ao convocarem uma dialéctica de extremos, em que crescentemente são visíveis as fracturas ideológicas reflectidas na veiculação de ideias radicais, sobretudo da extrema-direita, e na criação de novos partidos populistas e nacionalistas ou no acolhimento dessas ideias por parte de alguns partidos tradicionais, põem em causa as condições que permitiram o Estado de direito, tanto liberal como social. Estado este que, como é sabido, se constituiu suportado no centro ideológico e político enquadrado por uma dialéctica de posições moderadas de centro direita e centro esquerda ou de direita e esquerda, ancorada na partilha de valores fundamentais, em que a dignidade da pessoa humana se apresenta como inquestionável, porquanto é a base do Estado de Direito Democrático e Social.

Pois, enquanto naquela "dialéctica de extremos" prevalece uma ideia de nós ou vós ou de eu ou tu, nesta "dialéctica de posições moderadas" releva uma ideia de nós e vós ou de eu e tu, assente numa "casa comum" de valores e bens. Naturalmente que uma agenda social e política construída em torno da luta pelas causas fracturantes, em que tudo se fragmenta em radicalismos sem sentido, não augura nada de bom, porquanto não constituem qualquer base adequada para um futuro comum, uma vez que o que faz as comunidades nacionais ou estaduais equilibradas e prósperas é justamente o contrário, as ideias de tolerância e da permanente construção de um consenso baseado na

---

[22] Quanto ao sentido da multifacetada dignidade da pessoa humana, v., por todos Ingo Wolfgang Sarlet, *Dignidade (da Pessoa) Humana e Direitos Fundamentais na Constituição Brasileira Federal de 1988*, 10ª ed., Porto Alegre, 2019; e Aharon Barak, *Human Dignity: The Constitutional Value and the Constitution*, Cambridge University Press, 2015.E, tendo em conta o sistema constitucional tributário, v. Humberto Ávila, *Sistema Constitucional Tributário*, Saraiva, São Paulo, 2004, p. 480 e ss.

partilha de um denominador comum de valores fundamentais que encontram o seu respaldo no pacto constitucional correspondente[23].

3. Os deveres fundamentais

Mas digamos alguma coisa, em termos mais específicos, relativamente aos deveres fundamentais, fazendo algumas considerações que, como bem se compreende, não podem deixar de ter natureza bastante genérica. Dediquemos, então, algumas linhas aos deveres fundamentais em geral, de um lado, e aos deveres fundamentais autónomos, de outro.

3.1. Dos Deveres Fundamentais em Geral

Como a outra face dos direitos fundamentais, os deveres fundamentais integram a constituição da pessoa, sendo, por conseguinte, matéria dos direitos fundamentais. O que significa, *a contrario*, que não integram a constituição da sociedade ou constituição económica nem a constituição do Estado ou constituição política. O que é muito importante, mesmo decisivo, para a compreensão dos deveres fundamentais, sobretudo dos deveres fundamentais autónomos, que são os que por via de regra são os tidos em conta quando em narrativa defensiva se fala de deveres fundamentais, evitando sobretudo que estes sejam juridicamente concebidos e analisados como sendo um problema do poder político e não, como efectivamente são, um problema de realização dos direitos fundamentais, intimamente ligado ao respeito da eminente dignidade da pessoa humana.

Nesta sede importa distinguir, ainda que de forma muito sumária, entre os deveres fundamentais correlativos de direitos fundamentais, os deveres fundamentais associados ou coligados a direitos fundamentais e os deveres fundamentais autónomos. Se bem que é a teoria constitucional destes últimos a que mais problemas suscita, em virtude fundamentalmente de serem objecto de um discurso jurídico prevalecente estruturado em total oposição com a teoria dos direitos fundamentais.

Pois bem, os deveres correlativos de direitos fundamentais, que designamos por "deveres de direitos", mais não são do que o aspecto ou lado passivo dos direitos fundamentais, integrando, justamente por isso, a própria figura dos

---

[23] Fracturas essas que não se limitam às fracturas sociais e políticas, a que aludimos, porquanto elas têm também e cada vez mais expressão nas fracturas de natureza territorial, como o demonstram os radicalismos das reivindicações e movimentos independentistas e separatistas que vêm emergindo um pouco por toda a parte. Que sendo causas identitárias de relativamente poucos são apresentadas e reivindicadas como sendo de muitos ou de quase todos.

direitos e assumindo as modalidades correspondentes aos traços estruturais em que estes se analisam[24]. Assim os deveres correlativos típicos dos direitos, liberdades e garantias são, relativamente ao Estado (e demais poderes públicos), o dever de abstenção ou de não ingerência (*Nichtsstörunsgspflicht*) e o dever de protecção (penal ou sancionatória, policial, diplomática, etc.) dos direitos face à agressão ou ingerência de terceiros, o dever de protecção (objectiva) contra afectações indirectas dos direitos fundamentais decorrentes sobretudo da acção estadual e, bem assim, os deveres organizacionais, procedimentais e processuais para a sua exequibilidade, e, relativamente aos particulares, o dever de não ingerência nos direitos de outrem (a que se dirigem aqueles deveres protectivos do Estado acabados de referir) e o dever de respeito dos direitos fundamentais nas relações fundadas na autonomia privada, ou seja, os feitos horizontais ou em relação a terceiros (*Dittwirkung*).

Por seu turno, no que concerne aos direitos sociais, temos deveres fundamentalmente do Estado, cujo titular é o legislador e que são: os deveres (negativos) de não pôr em causa a consagração e o conteúdo constitucional dos direitos (ou seja, o *an*, o *quid* e o *quantum* constitucional), o dever (positivo) de concretização jurídico-política do respectivo conteúdo, e ainda o dever (negativo) de, uma vez concretizado o direito social, não revogar pura e simplesmente a respectiva lei concretizadora e de não afectar aquele nível de concretização legal que haja obtido uma clara "sedimentação" na consciência jurídica comunitária, que possa assim considerar-se ao abrigo de uma proibição constitucional do retrocesso[25].

Já no que respeita aos deveres fundamentais associados ou coligados a direitos fundamentais, é de assinalar que, como deveres não autónomos (do ponto de vista do seu conteúdo ou estrutura interna) coincidem, total ou parcialmente, com parte do conteúdo dos direitos a que se encontram associados, pois tais direitos jamais se esgotam nos correspondentes deveres, não havendo assim lugar a qualquer simetria entre direito e dever. Tais deveres serão, pois, direitos-deveres ou deveres-direitos consoante sejam deveres acessórios ou principais dos correspondentes direitos fundamentais.

---

[24] Refira-se, a este respeito, que foi por terem presente os deveres correlativos de direitos que a Assembleia Nacional Francesa, em Agosto de 1789, recusou a adopção de uma declaração autónoma de deveres com o argumento de que, numa comunidade liberal, os deveres se identificam com os direitos. V. o nosso *O Dever Fundamental de Pagar Impostos. Contributo para a Compreensão Constitucional do Estado Fiscal Contemporâneo*, Almedina, Coimbra, 1998, p. 42 e s.

[25] V. o nosso *O Dever Fundamental de Pagar Impostos*, cit., p. 78 e ss.

Considerando, de algum modo, que todos os deveres fundamentais, nas suas relações com os direitos fundamentais, acabam por limitar estes, os deveres associados ou coligados a direitos limitam os direitos fundamentais na medida em que constituem específicas amputações ao conteúdo destes. Os primeiros, os deveres associados a direitos, porque, por um lado, excluem do conteúdo destes a liberdade negativa ou a faculdade de não exercício e, por outro, impõem em geral no todo ou em parte o conteúdo positivo dos mesmos. Já os segundos, os deveres coligados a direitos, porque restringindo os direitos a que estão coligados, excluem do conteúdo dos mesmos diversas faculdades ou segmentos positivos que de outro modo integrariam o conteúdo dos correspondentes direitos[26].

Podemos dizer que, neste tipo de deveres, as limitações dos correspondentes direitos, que em princípio são direitos sociais, podem conduzir a que parte das prestações estaduais, que os mesmos implicam, possam ser imputadas aos titulares desses direitos-deveres, designadamente em termos de pagamento dos serviços públicos, em que se concretizam essas prestações, como a educação e a saúde na parte em que não tenham de ser constitucionalmente gratuitas. Pelo que a análise da estrutura e do conteúdo de tais direitos fundamentais não dispensa a análise e o conteúdo dos deveres a eles associados ou com eles coligados.

Coisa bem diferente dos deveres correlativos de direitos fundamentais e de deveres associados ou coligados a direitos fundamentais são os deveres autónomos, os que aqui nos interessam. Mas a estes impõe-se dedicar um ponto próprio.

3.2. Os Deveres Fundamentais Autónomos

Estes, embora constituam uma categoria jurídico-constitucional autónoma, integram, como já referimos, a matéria dos direitos fundamentais, ou seja, a constituição da pessoa. Daí que não admire que o conceito de deveres

---

[26] V. o nosso *O Dever Fundamental de Pagar Impostos*, cit., p. 113 e s e 123 e s. V. também Júlio Pinheiro Faro, «Políticas públicas, deveres fundamentais e concretização de direitos», *Revista Brasileira de Políticas Públicas*, vol. 10, n.º 1, 2013, p. 250 e ss.; Marcos Bueno Brandão da Penha, «Solidariedade social e o dever fundamental de pagar tributos: a função dos tributos no Estado democrático e social de direito», em Adilson Rodrigues Pires / Carlos Renato Vieira / Rafael Dalibe Bacha, (Coord.), *Políticas Públicas e Tributação*, GZ Editora, Rio de Janeiro, 2018; bem como os estudos constantes do livro de Marciano Seabra de Godoi / Sérgio André Rocha, *O Dever Fundamental de Pagar Impostos. O que realmente significa e como vem influenciando nossa jurisprudência?* Editora D'Placido, Belo Horizonte, 2017.

fundamentais seja decalcado do de direitos fundamentais. Por isso mesmo, em um conceito aproximativo, definimos os deveres fundamentais como posições jurídicas passivas, autónomas, subjectivas, individuais, universais e permanentes e essenciais. Uma noção em que, como é visível, temos as mesmas notas típicas do conceito de direitos fundamentais, à excepção, naturalmente, da nota que os considera posições jurídicas passivas[27].

Assim como não admira que o seu fundamento seja o dos direitos fundamentais – a dignidade da pessoa humana. Muito embora os deveres fundamentais, enquanto expressão da soberania do Estado imprescindível à organização e funcionamento da comunidade nacional baseada na dignidade da pessoa humana, sejam, em larga medida, criação do legislador constituinte, gozando este neste domínio de uma maior liberdade do que a de que disfruta face aos direitos fundamentais que, em rigor, se limita a reconhecer.

Onde, porém, a separação dos deveres fundamentais face aos direitos fundamentais se revela particularmente visível é no regime dos deveres. O que não é posto em causa pelo facto de os deveres fundamentais partilharem do regime *geral* dos direitos fundamentais, já que este constitui um regime relativo ao conjunto do *estatuto constitucional* da pessoa. Pelo que valem também para os deveres fundamentais o princípio da universalidade, o princípio da igualdade enquanto proibição do arbítrio e de discriminações assentes em critérios subjectivos e exigência de tratamento igual relativamente aos domínios em que a constituição consagra direitos subjectivos de igualdade, o princípio da proporcionalidade *lato sensu* no respeitante à sanção do seu incumprimento e *stricto sensu* no concernente à sua concretização pelo legislador, os princípios da sua validade face às pessoas e organizações colectivas, da sua aplicabilidade aos portugueses residentes no estrangeiro e aos estrangeiros e apátridas que residam ou se encontrem em Portugal e da sua tutela através do Provedor de Justiça e dos tribunais.

Em contrapartida, não participam do *regime específico*, nomeadamente do regime das restrições, dos chamados direitos, liberdades e garantias. Desde logo, os deveres fundamentais obedecem ao *princípio da tipicidade* ou *lista fechada*, sendo de considerar como tais apenas os que constam, de forma expressa ou implícita, da constituição. Esta ideia é válida mesmo face a constituições que, atento o seu texto, parecem conter, ao menos *prima facie*, verdadeiras cláusulas gerais de deverosidade social. O que significa que

---

[27] Seguimos aqui, em síntese, o que escrevemos no nosso *O Dever Fundamental de Pagar Impostos*, cit., p. 139 e ss. e 676 e ss.

os deveres extraconstitucionais, substancialmente idênticos aos deveres constitucionais, hão-de ser tidos como meros deveres legais.

Uma característica dos deveres fundamentais que leva que estes, na medida em que exprimem o comprometimento e a responsabilidade dos cidadãos relativamente à existência e funcionamento da respectiva comunidade estadual, sejam muito poucos. Pois os deveres fundamentais autónomos mais não são do que os custos ou *incommoda* que formam a parte passiva do pacto ou contrato social necessária para assegurar a existência, funcionamento e financiamento da comunidade estadual, cuja razão de ser é a garantia da eminente dignidade da pessoa humana. Não admira, assim, que tais deveres fundamentais sejam os exigidos: pela existência e subsistência da comunidade estadual (custos existenciais) – o dever de defesa da pátria, integre-se no âmbito deste ou não um específico dever de serviço militar; pelo funcionamento democrático do Estado (custos de funcionamento democrático) – o dever de voto ou de sufrágio traduza-se este em votar na eleição de representantes ou em votar directamente questões submetidas a referendo ou plebiscito; e pelo financiamento da administração comunitária (custos financeiros) – o dever de pagar tributos, que são sobretudo impostos[28].

Depois, os preceitos constitucionais relativos aos deveres fundamentais não são directamente aplicáveis, no que, de algum modo, se assemelham com os preceitos relativos aos direitos sociais. Embora tal semelhança esteja longe de ser completa, seja porque certos deveres são objecto de uma disciplina constitucional que vai para além da sua consagração constitucional, seja, sobretudo, porque a sua consagração constitucional se apresenta como uma autorização ou habilitação constitucional ao legislador no sentido da minimização da concretização do seu conteúdo legal. O que é bem diverso do que acontece com os preceitos constitucionais relativos aos direitos sociais, que constituem imposições legiferantes que o legislador deve conformar ou concretizar segundo uma directiva constitucional de maximização do seu conteúdo legal em função, designadamente, dos recursos financeiros disponíveis.

Todavia não pode concluir-se que tais normas constituam simples normas proclamatórias ou programáticas ou meras normas de carácter organizatório. Enquanto contendo autorizações ao legislador, mormente para a sanção do

---

[28] V. o nosso estudo «Da sustentabilidade do Estado fiscal», em José Casalta Nabais / Suzana Tavares da Silva (Coord.), *Sustentabilidade Fiscal em Tempos de Crise*, Almedina, Coimbra, 2011, p. 11 e ss. (p. 24 e ss.).

seu incumprimento, os preceitos constitucionais relativos aos deveres jamais podem ser vistos como tendo essa natureza. Face aos operadores jurídicos concretos, e descontando a posição dos juízes enquanto órgãos da jurisdição constitucional, tais preceitos estão desprovidos de força jurídica, da qual apenas passarão a dispor depois de concretizados pelo legislador, se e na medida dessa concretização, ou seja, enquanto deveres legais.

Assim, os deveres fundamentais dirigem-se essencialmente ao legislador, estando este vinculado quanto ao *se* e quando ao *conteúdo* definido ou concretizado na constituição. Esta deixa-lhe, por via de regra, uma ampla margem de liberdade relativamente tanto à sua conformação como à sanção do seu incumprimento. Dado o seu relevante significado constitucional e a sua clara analogia, em termos de importância e essencialidade, com as matérias reservadas ao Parlamento, a concretização conteudística dos deveres fundamentais, sempre que expressamente não seja incluída na reserva absoluta ou reserva relativa parlamentar, como acontece com diversos deveres contemplados nos art.s 164º e 165º, nº 1, da Constituição, há-de considerar-se integrando a reserva relativa da Assembleia da República. No respeitante à sanção do não cumprimento dos deveres fundamentais, o legislador, fora do domínio dos chamados deveres "cívicos" que não comportam sanções penais, pode escolher o tipo da sanção – penal, contra-ordenacional, etc.-, valendo a correspondente reserva de lei parlamentar.

Importa nesta sede referir ainda que as leis que concretizam os deveres fundamentais autónomos não se configuram, em nossa opinião e por via de regra, como leis restritivas aos direitos, liberdades e garantias fundamentais a que seja aplicável o regime, formal e material, das restrições constante dos n.ºs 2 e 3 do art. 18.º da Constituição. Pois, como concluímos noutro local, tendo em conta especificamente o dever fundamental de pagar impostos, porque os deveres fundamentais autónomos se apresentam como limites imanentes ou limites máximos de conteúdo ou do âmbito dos direitos, liberdades e garantias fundamentais, as leis que os concretizam e conformam não podem ser consideradas restrições e, por conseguinte, a sua contestação beneficiar da aplicabilidade do regime jurídico-constitucional das restrições jusfundamentais, mormente dos exigentes testes em que se desdobra o princípio da proibição do excesso[29].

Em suma os deveres fundamentais autónomos, justamente porque integram a matéria dos direitos fundamentais, ou seja, a constituição da

---

[29] V. o nosso *O Dever Fundamental de Pagar Impostos*, cit., p. 76 e ss.

pessoa, exprimindo a responsabilidade comunitária desta, comungam de um regime jurídico-constitucional que, ao contrário do que inadvertida e não raro preconceituosamente se afirma, não pode deixar de ser considerado como um instrumento de defesa e garantia das pessoas face ao Estado. É que, procurar esquecê-los em termos jurídico-constitucionais, a pretexto do seu pretenso carácter odioso, mais não é, ao fim e ao resto, do que deixá--los à total discricionariedade e arbitrariedade do legislador que, por certo, agradecerá tão manifestos formalismo e positivismo.

4. Do Dever Fundamental de Pagar Impostos

Impõe agora fazer uma alusão ao dever fundamental de pagar impostos, de longe o dever fundamental mais contestado e contestável. Aquele que, de resto, constituiu para nós a causa ou o pretexto para dedicarmos algumas dezenas de páginas à teoria dos deveres fundamentais[30].

Ora bem, em primeiro lugar, como referimos, em Portugal o dever fundamental de pagar impostos se encontra enunciado na Constituição de uma forma negativa, ou seja, a partir de um direito a não pagar impostos, pois no nº 3 do art. 103º está prescrito: "[n]inguém pode ser obrigado a pagar impostos que não hajam sido criados nos termos da Constituição, que tenham natureza retroactiva ou cuja liquidação e cobrança se não façam nos termos da lei". Pelo que temos o dever fundamental de pagar impostos formulado pela via negativa, ou seja, a partir do direito de não pagar impostos.

O que não pode deixar de ter um alto significado jurídico-constitucional, não obstante este preceito se situar na "constituição económica," mais especificamente na "constituição fiscal", e não na constituição da pessoa, e de um tal "direito a não pagar impostos" não poder ter-se como um direito análogo aos direitos, liberdades e garantias fundamentais ao qual possa aplicar-se o regime específico destes direitos fundamentais. De facto, o que temos efectivamente nesse preceito constitucional é a formulação do dever fundamental de pagar impostos e, consequentemente, do correspondente poder tributário do Estado, a moldar pelo legislador nos termos dos demais preceitos da constituição fiscal, por via negativa, isto é, a partir da pessoa humana e não a partir do poder do Estado. Significado que não é posto em causa pela circunstância de o direito à resistência passiva, que aí está consagrado, já constar das anteriores constituições republicanas: do nº 3

---

[30] V. o nosso *O Dever Fundamental de Pagar Impostos*, cit., p. 15 a 187.

do art. 27º da Constituição de 1911 (I República) e do nº 16 do art. 8º da Constituição de 1933 (II República)[31].

Pois bem, o dever fundamental de pagar impostos tem uma ampla e densa conformação constitucional que impõe ao legislador fiscal importantes limitações, concretizadas numa rede de princípios constitucionais a que vamos fazer alusão, sobretudo com o intuito de chamar a atenção para os desafios que presentemente se colocam à sua operacionalidade. Mais concretamente, vamos referir os desafios com que se defrontam os princípios da legalidade fiscal e da igualdade fiscal aferida pela capacidade contributiva, as figuras tributárias, os actores tributários e os actuais sistemas fiscais. Concluiremos este ponto com algumas reflexões sobre o sentido e alcance que este dever fundamental tem no Estado contemporâneo.

4.1. Os Princípios Constitucionais Fiscais
Como referimos, vamos aludir aos princípios da legalidade fiscal e da igualdade fiscal. No respeitante ao *princípio da legalidade fiscal*, tendo em conta a dogmática desenvolvida no século XX, podemos dizer que este princípio se desdobra em dois aspectos: no princípio da reserva de lei e no princípio da reserva material. O *princípio da reserva de lei* implica que haja uma intervenção de lei parlamentar, seja esta material a fixar a própria disciplina dos impostos, ou de carácter formal, a autorizar o Governo-legislador a estabelecer essa disciplina.

Já o *princípio da reserva material*, em geral referido com base na dogmática alemã por princípio da tipicidade (*Tatbestandsmässigkeit*), exige que a lei contenha a disciplina tão completa quanto possível da matéria reservada, matéria que, nos termos do nº 2 do art. 103º da Constituição Portuguesa é, relativamente a cada imposto, a incidência, a taxa, os benefícios fiscais e as garantias dos contribuintes. Aqui temos a *intensidade* da reserva de lei fiscal a implicar que a lei contenha os *elementos essenciais* de cada imposto.

Pois bem este princípio enfrenta hoje importantes limitações, decorrentes sobretudo da acção do princípio da praticabilidade, podendo centrar-nos em dois entorses mais visíveis: um, que respeita à reserva de lei parlamentar e que tem a ver com o crescente protagonismo do Governo; outro, relativo à reserva material ou tipicidade que vai implicado no crescente papel da administração tributária.

---

[31] Cf. o nosso *Direito Fiscal*, 11.ª ed., Almedina, Coimbra, 2019, p. 133.

No referente à *governamentalização*, é visível que os governos vêm tendo um papel cada vez maior em relação aos impostos. Pode falar-se de dois tipos de governamentalização. A governamentalização fiscal material, traduzida no facto de, muito embora formalmente ser o Parlamento que decide, autorizando o Governo a legislar ou aprovando sem alterações de maior as propostas de lei que o Governo lhe apresenta, o certo é que é o Governo o verdadeiro protagonista da legislação fiscal. E a governamentalização fiscal formal, concretizada na transferência para o Governo do próprio poder fiscal formal que cabia ao Parlamento, como ocorre no seio da União Europeia.

Por seu turno, quanto ao crescente papel da administração tributária na disciplina jurídica dos impostos, é de aludir à imensa teia de *orientações administrativas* editadas sob diversas formas, embora por via de regra através de circulares[32]. Trata-se de regulamentos internos que, em virtude de a exigência de densidade do princípio da legalidade fiscal, concretizada no princípio da tipicidade, acabariam por ser os únicos admissíveis, limitando-se a contribuir para a interpretação uniforme das leis fiscais por parte da administração tributária.

Todavia, o que se vem observando é que a abertura que hoje se impõe à tipicidade, a implicar deixar para a administração tributária aspectos da disciplina legal dos impostos, incluindo alguns da reserva de lei, que deviam ser regulados por verdadeiros regulamentos, continuam a ser tratados nas referidas orientações administrativas. O que tem por consequência deixar estas fora da tutela judicial própria dos regulamentos num Estado de direito.

Por seu turno, quanto ao *princípio da igualdade fiscal* cuja aplicação é aferida pelo *princípio da capacidade contributiva*, é de assinalar que a capacidade contributiva constitui o pressuposto e o critério de medida da tributação ou de cada um dos impostos. O que não vale para os tributos de estrutura bilateral, seja esta individual (taxas) ou grupal (contribuições financeiras), nem para a extrafiscalidade, concretize-se esta em impostos estritamente extrafiscais ou em verdadeiros incentivos ou estímulos fiscais.

Também estes princípios se deparam com problemas. A este respeito, impõe-se assinalar que começa a discutir-se se o princípio da capacidade contributiva opera apenas relativamente às suas manifestações clássicas ou tradicionais (concretizadas no rendimento, no património e no consumo)

---

[32] Tradicionalmente apresentadas sob a forma de instruções, circulares, ofícios-circulares, ofícios-circulados, despachos normativos, regulamentos, pareceres, etc. V. o nosso *Direito Fiscal*, cit., p. 196 e ss.

ou se há que procurar outras. Pois com base nas ideias de "capacitações" e "disponibilidades" desenvolvidas designadamente por *Amartya Sen* e *Martha Nussbaum*, autores como *Franco Gallo* e *José Andrés Rozas Valdés* opinam pelo alargamento da capacidade contributiva a manifestações diversas das clássicas. Seriam essas novas manifestações as capacitações ou disponibilidades de que as pessoas beneficiam traduzidas no grau de educação, no acesso aos serviços de saúde, na longevidade, na integridade física, na qualidade ambiental, no nível de vida, etc.[33].

Nesta sede é de referir também a relação do princípio da capacidade contributiva com a preocupação da tutela do meio ambiente. Na mobilização do direito tributário para a protecção ambiental, temos a proposta de recorte da incidência e da matéria tributável em termos de, nas manifestações da capacidade contributiva, se integrar o que podemos designar por "capacidade de poluir" ou "capacidade de afectar o meio ambiente", como defende alguma doutrina[34].

4.2. As Figuras Tributárias

Também em sede das figuras tributárias o presente coloca desafios visíveis, pois, se tradicionalmente tínhamos uma distinção muito consolidada entre tributos de estrutura unilateral ou impostos e tributos de estrutura bilateral ou taxas, hoje é evidente uma certa erosão tanto da figura dos impostos como da figura das taxas. O que tem contribuído para o surgimento de figuras tributárias intermédias, que em Portugal são as contribuições financeiras a favor das entidades públicas e, sobretudo, para o recurso a falsas taxas e a falsas contribuições financeiras, no que tem constituído a forma de o legislador fiscal fintar as exigências dos princípios da constituição fiscal. Uma divisão tripartida dos tributos que, devemos assinalar, não deixa de estar presente em sistemas que conhecem, mesmo a nível constitucional, uma maior diversidade de tributos, como no Brasil, em que habitualmente são referidos cinco tipos de tributos: impostos, taxas (taxas de polícia e taxas

---

[33] Para as potencialidades ou capacitações, como novas manifestações da capacidade contributiva, ao lado das clássicas, v. Franco Gallo, «Nuove espressioni di capacità contributiva», *Rassegna Tributaria*, 4/2015, p. 771 e ss., em continuação de textos anteriores, como *L'Ugualianza Tributaria*, Editoriale Scientifica, 2012, esp. p. 7 e ss.; e José Andrés Rozas Valdés, «De la justicia tributaria a la justicia financiera», *Revista Empresa y Humanismo*, vol. XV, 2/2012, p. 111 e ss.

[34] V. nesse sentido, Carlos Palao Taboada, «El Principio "quien contamina paga" y el principio de capacidad económica», em Heleno Torres (Org.), *Direito Tributário Ambiental*, Malheiros, São Paulo, 2005, p. 79 e ss. (p. 85 e ss.).

de serviços), contribuições de melhoria, contribuições sociais (contribuições de intervenção no domínio económico, contribuições profissionais e contribuições para a seguridade social) e empréstimos compulsórios[35].

Pois bem, não descartando que a ordem jurídica portuguesa, a começar pelo seu nível mais elevado (alínea *i*) do n.º 1 do art. 165.º da Constituição), conhece presentemente uma divisão tripartida de tributos – impostos, taxas e contribuições financeiras a favor de entidades públicas – e que um tal reconhecimento há-de implicar alguma diferença de regimes, designadamente em sede dos regimes legais[36], insistimos, todavia, na necessidade da distinção radical entre os tributos com estrutura unilateral (impostos) e os tributos com estrutura bilateral (individual nas taxas e grupal nas contribuições financeiras). Uma distinção que assenta em múltiplos factores, entre os quais temos para os impostos: uma *legitimidade política* expressa no voto popular e na específica legalidade fiscal, serem tributos sem causa específica, terem as suas receitas um destino geral, serem medidos por critérios do Estado e não do mercado e constituírem a base para medir a carga e o esforço ficais dos países; e para as taxas e contribuições financeiras uma *legitimidade económica* assente em serem tributos sujeitos a uma legalidade tributária menos exigente, em serem tributos com uma causa específica constituída pela prestação pública a que a taxa ou contribuição corresponde como contraprestação, terem as suas receitas consignadas ao serviço ou departamento responsável pela prestação como seu destino geral, serem medidas por critérios relativos à relação de troca de utilidades ou de mercado correspondente e não contarem para o apuramento da carga e esforço fiscais.

4.3. Os Actores Tributários

Igualmente, no que aos actores tributários diz respeito, assiste-se presentemente a alterações muito significativas que revelam bem como o papel de cada um dos actores tributários – que são pela ordem cronológica e lógica o legislador, o contribuinte, a administração tributária e (eventualmente) os tribunais – se modificou significativamente. Pois às modificações traduzidas nas transferências da função do Parlamento para o Governo e para a

---

[35] V., a este respeito e por todos, Sacha Calmon Navarro Coelho, «Conceito de tributo», *Direito Tributário em Questão*, FESDT, nº 5, Jan./Jun. 2010, p. 157 e ss. V. o nosso estudo «Algumas considerações sobre a figura dos tributos», nos *Estudos em Homenagem ao Professor Doutor Aníbal de Almeida*, Boletim da Faculdade de Direito, Coimbra Editora, 2012.

[36] Regimes que têm expressão na legislação geral – v. os art.s 3.º e 4.º da Lei Geral Tributária portuguesa.

administração tributária, que vimos ocorrerem em virtude do relaxamento do princípio da legalidade fiscal, acrescem as traduzidas no fenómeno que vimos designando por "privatização da administração ou gestão dos impostos" traduzida no facto de a generalidade dos impostos serem hoje liquidados e cobrados pelos particulares, sobretudo pelas empresas, seja na qualidade de contribuintes, seja na de terceiros, ficando para a administração tributária basicamente uma função de supervisão, vigilância e controlo[37].

Por conseguinte, ao mesmo tempo que o Governo, de um lado, e a administração tributária, de outro, assumem parte relevante da função do legislador, os contribuintes, com destaque para as empresas, acabam arcando com a parte decisiva da administração dos impostos. O que não pode deixar de questionar-nos sobre o sentido e o alcance da aplicação dos princípios que integram a "constituição fiscal" neste novo quadro da realidade. Realidade que a doutrina, em que nós naturalmente nos incluímos, parece não se ter dado conta, continuando a insistir numa narrativa dogmática correspondente à situação existente aquando da integração daqueles princípios nos textos constitucionais.

Designadamente é de perguntar se e em que medida os custos de cumprimento e de administração com que, nesse sistema, arcam os contribuintes estão em conformidade com os princípios constitucionais. De resto, há quem, em nítido paralelismo com a ideia de capacidade contributiva, se socorra da ideia de *capacidade colaborativa* que constituiria o parâmetro jurídico-constitucional das múltiplas onerações em que se concretizam actualmente as obrigações tributárias acessórias[38].

O que, a nosso ver, não parece ser o mais adequado. É que, para além de o princípio da capacidade contributiva enfrentar os problemas difíceis a que aludimos, no respeitante às onerações traduzidas nas múltiplas e variadas obrigações tributárias acessórias, é preciso ter em conta que não estão em causa os limites ao *an* e ao *quantum* das imposições fiscais, que têm como parâmetro da sua validade jurídica a chamada "constituição fiscal", antes estamos perante limitações ou restrições às liberdades e direitos fundamentais dos contribuintes e de mais sujeitos tributários que convocam naturalmente a "constituição jusfundamental", mais especificamente o regime dos limites

---

[37] V. sobre o fenómeno, o nosso *Direito Fiscal*, cit., p. 343 e ss.
[38] Para o recurso à capacidade colaborativa para testar a legitimidade das obrigações tributárias acessórias, v. Leandro Paulsen, *Capacidade Colaborativa. Princípio de Direito Tributário para as Obrigações Acessórias*, Livraria do Advogado, Porto Alegre, 2014.

ou restrições aos direitos, liberdades e garantias fundamentais[39]. Problema este que, a nosso ver, não diminui significativamente com a introdução do sistema electrónico de gestão dos impostos (*e-tax-system*), que em Portugal teve uma adopção fulgurante[40]. Direitos em relação aos quais não admira que o seu respeito possa ser obtido também junto do Tribunal Europeu dos Direitos do Homem e do Tribunal de Justiça da União Europeia com base, respectivamente, na Convenção Europeia dos Direitos do Homem, e na Carta dos Direitos Fundamentais da União Europeia[41].

4.4. Os Sistemas Fiscais

Finalmente importa referir os desafios que enfrentam os sistemas fiscais. Uma palavra muito rápida a respeito dos impostos aduaneiros, impostos sobre o consumo, impostos sobre o património e impostos sobre o rendimento.

Os *impostos aduaneiros*, ao contrário do que sucedeu no passado, em que chegaram a ter uma importância decisiva como meio de arrecadação de receitas[42], não têm, hoje em dia, qualquer significado fiscal relevante. O que é particularmente patente na União Europeia, em que passaram a ser impostos próprios da União, integrados na conhecida Pauta Aduaneira Comum.

---

[39] V. neste sentido, v. Maria Esther Sánchez López, *Los Deberes de Información Tributaria desde la Perspectiva Constitucional*, Madrid 2001. V. também o nosso estudo «Considerações sobre a reorganização empresarial», *Estudos em Memória de Ana Maria Rodrigues*, Almedina, Coimbra, 2018, p. 179 e ss. (p. 184 e s.).

[40] Pois em 2000 abriu-se a possibilidade das declarações electrónicas de rendimento entregues *on line*, em 2013 foi criado o portal da *e-factura*, em 2015 foi aberta a possibilidade de o contribuinte no portal da e-factura saber qual o valor das deduções à colecta constituídas por despesas facturadas com o seu NIF e comunicadas à Autoridade Tributária e Aduaneira, e em 2017 criou-se o Imposto sobre o Rendimento das Pessoas Singulares automático. Cf. Cidália Maria da Mota Lopes, «Os custos de cumprimento fiscal e as novas tecnologias – desenvolvimentos mais recentes», *Estudos em Memória de Ana Maria Rodrigues*, cit., p. 73 e ss.

[41] V. a este respeito, Miguel Poiares Maduro/Pasquale Pistone (Eds.), *Human Rights and Taxation in Europe and the World*, IBFD, 2011; José M. Martín Delgado, *Derecho Financiero y Derechos Fundamentales*, Lección Inaugural Curso 2009 – 2010, Universdad de Málaga; Philippe Marchessou / Bruno Trescher, *Droit Fiscal International et Européen*, Bruylant, Bruxellles, 2017, p. 329-462; e os estudos da obra de Florián García Berro (Dir.), *Derechos Fundamentales y Hacienda Pública. Perspectiva Europea*, Civitas – Thompson Reuthers, 2015. Quanto aos direitos dos contribuintes, v., também, Paulo Caliendo, *Curso de Direito Tributário*, Saraiva, São Paulo, 2017, p. 105 e ss.

[42] Poe exemplo em Portugal, as receitas dos impostos aduaneiros tiveram grande importância praticamente até aos anos sessenta do século passado, sendo que em 1960 e 1961 ainda mantinham o primeiro lugar nas receitas fiscais, tendo esse papel diminuído muito com a nossa integração na *European Free Trade Association* em 1962.

UM DIREITO FUNDAMENTAL A NÃO PAGAR IMPOSTOS?

Por isso, embora cobrados por cada uma das administrações aduaneiras dos Estados membros, constituem uma receita da União Europeia. Uma receita que tem, de resto, diminuta importância no conjunto das receitas da União Europeia. O que bem se compreende no quadro de economia aberta em que actualmente vivemos, em que tais impostos não são mais instrumentos de política fiscal, que continua a pertencer aos Estados membros, mas instrumentos de política comercial externa europeia que cabe à União, sendo cobrados juntamente com outros instrumentos não pautais da mesma natureza como são os direitos niveladores e os direitos compensadores[43].

Ideia esta que, estamos em crer, não se alterará com as investidas proteccionistas decorrentes das medidas anunciadas e, em parte, adoptadas pela Administração *Trump* dos EUA. De facto, a imposição de novas tarifas aduaneiras e o agravamento das em vigor não constituem mais do que medidas de política comercial externa norte-americana, que vão no sentido de obter um novo equilíbrio com os seus mais importantes parceiros comerciais, revertendo assim os tendencialmente crónicos défices que a balança comercial dos EUA vinha registando com esses países.

Depois, no respeitante aos *impostos sobre o consumo,* é de assinalar que a linha de evolução, na senda do progresso, ia no sentido da diminuição do seu peso no sistema fiscal, à medida que fosse adquirindo maior peso a tributação do rendimento. O ideal seria, pois, que o peso dos impostos sobre o consumo fosse inferior ao peso da tributação do rendimento ou, no mínimo, que houvesse um equilíbrio nas receitas fiscais entre as proporcionadas por uns e por outros. O que resulta do carácter regressivo imputado à tributação do consumo derivado do facto de esta pesar bastante mais sobre os pobres, que gastam grande parte do seu rendimento em consumo, do que sobre os ricos que despendem em consumo uma pequena parte do seu rendimento[44].

Algo que apenas foi atingido por alguns países mais desenvolvidos. Pois na generalidade dos países nunca se chegou aí. Assim, para dar apenas um exemplo, em Portugal esse equilíbrio entre as receitas dos impostos sobre o consumo e as receitas dos impostos sobre o rendimento nunca ocorreu, tendo aquelas sido sempre muito superiores. O que podemos ilustrar com as receitas orçamentadas para o ano de 2019, que são de 25.946 milhões de

---

[43] V. neste sentido, o nosso *Direito Fiscal,* cit., p. 93 e ss, e a literatura aí referida.
[44] Uma ideia que remonta a Ferdinand Lassalle, *Die indirekte Steuer und die Lage der arbeitenden Klassen,* 1863, edição de Hansebooks, 2016.

euros para os impostos sobre o consumo e de 19.240 milhões de euros para os impostos sobre o rendimento.

Um desequilíbrio que, dados os obstáculos que a tributação do rendimento tanto das pessoas físicas como das pessoas jurídicas enfrenta, tem tudo para se agravar no futuro. Uma deslocação para a tributação do consumo que inclusive se encontra no seio da própria tributação do rendimento das empresas, ou seja, no Imposto sobre o Rendimento das Pessoas Singulares (IRS) empresarial e no Imposto sobre o Rendimento das Pessoas Colectivas (IRC), em que, encontramos cada vez mais tributações autónomas sobre certos consumos ou sobre certas despesas. Assim, atendendo aos constrangimentos que a tributação do rendimento enfrenta no actual contexto de globalização económica e de internacionalização intensiva das relações tribuárias, parece claro que os avanços e o reforço da tributação do consumo, a que se tem assistido, vieram para ficar.

No que se refere aos *impostos sobre o património*, sempre se questionou se esta tributação não era, de algum modo, incompatível com o direito de propriedade privada, pois que, embora esta problemática seja comum a toda a tributação, ela é particularmente visível no que concerne aos impostos sobre o património, uma vez que, constituindo este um efectivo rendimento de ontem (que pode ser de séculos...), por certo já terá sido tributado. Por isso, a tributação incidente sobre o património sempre foi relativamente limitada, concretizada sobretudo através de impostos sobre a titularidade da propriedade ou de outros direitos análogos ou de impostos sobre a sua transmissão com taxas ou alíquotas moderadas, de modo a poderem ser pagos com rendimentos patrimoniais, obstando a que os contribuintes tenham de se desfaz do património para os pagar. Caso em que a tributação, em vez de ter por objectivo a obtenção de receitas fiscais, acaba por ter como resultado também a transferência forçada de propriedade. O que, a ser feito em larga escala, poderia conduzir à "socialização a frio" para que nos alertava, já no longínquo ano de 1930, Albert Hensel[45].

Obviamente que a alternativa à mencionada tributação do património não é nem a exclusão da tributação dos bens patrimoniais nem sequer a de obstar em absoluto à adopção de quaisquer objectivos redistributivos para essa tributação. Significa isto que o património pode ser objecto de

---

[45] V. Albert Hensel, «*Verfassugsrechtliche Bindung der Steuergesetzgebers. Besteuerung nach der Leistungsfähigkeit – Gleichheit vor dem Gesetz*», in *Vierteljahresschrift für Steuer- und Finanzrecht*, 4 (1930), p. 482.

UM DIREITO FUNDAMENTAL A NÃO PAGAR IMPOSTOS?

impostos e que estes podem ancorar-se em objectivos de redistribuição dos rendimentos e da riqueza. O que tem expressão, de resto, na Constituição Portuguesa, dispondo o nº 1 do art. 103º que "[o] sistema fiscal visa a satisfação das necessidades financeiras do Estado e outras entidades públicas e uma repartição justa dos rendimentos e da riqueza", e o nº 3 do art. 104º que "[a] tributação do património deve contribuir para a igualdade entre os cidadãos".

Um objectivo claramente redistributivo tem o Adicional ao Imposto Municipal sobre Imóveis, uma espécie de "imposto geral sobre a fortuna imobiliária urbana" calculada em função do valor patrimonial tributário dos prédios urbanos e com taxa ou alíquota progressiva[46]. Há, todavia, que ter cautelas para evitar que a tributação dos imóveis seja confiscatória da propriedade privada, porquanto, muito embora a nossa Constituição não estabeleça uma específica proibição de impostos com alcance confiscatório, como acontece com a Constituição Espanhola (art. 31º, nº 1) e a Constituição Brasileira (art. 145º, inciso IV), uma tal proibição resulta do próprio princípio da capacidade contributiva[47].

Finalmente quanto aos *impostos sobre o rendimento*. Podemos afirmar que o desenvolvimento da tributação do rendimento constitui um dos mais importantes índices de aferição do progresso dos países na sua evolução de meados do século XIX e do século XX. Tributação que no século XXI se depara com não poucos obstáculos. Isto porque, quanto à tributação do rendimento das pessoas físicas ou rendimento pessoal, na qual assentou no passado e repousava a esperança no futuro de uma importante redistribuição dos rendimentos, ela não é mais possível, acantonada que está fundamentalmente aos rendimentos do trabalho e do trabalho que não seja muito qualificado[48]. O que tem conduzido a que o imposto sobre o

---

[46] Adicional que tem uma dupla fisionomia: para as pessoas singulares com uma taxa ou alíquota progressiva de 0% até € 600.000, de 0,7% de + de € 600.000 a € 1.000.000, e de 1% para + de € 1.000.000; e para as pessoas colectivas com uma taxa alíquota proporcional de 0,4%. Cf. o nosso estudo «A respeito do adicional ao IMI», *Cadernos de Justiça Tributária*, n.º 19, Janeiro – Março de 2018, p. 32 e ss. = *Por um Estado Fiscal Suportável – Estudos de Direito Fiscal*, vol. V, Almedina, Coimbra, 2018, p. 333 e ss.

[47] V. sobre o problema, o nosso livro *O Dever Fundamental de Pagar Impostos*, cit., p. 220, 237 e s., 454, 555, 565.

[48] V. o nosso estudo recentemente publicado que, não obstante ter quarenta anos, conserva actualidade: «As finanças públicas e a redistribuição do rendimento», *Boletim de Ciências Económicas*, vol. LX, 2017, p. 59 – 94 = *Por um Estado Fiscal Suportável – Estudos de Direito Fiscal*, vol. V, Almedina, Coimbra, 2018, p. 7 – 30.

DIREITOS FUNDAMENTAIS DOS CONTRIBUINTES

rendimento pessoal, como o IRS em Portugal, seja basicamente um imposto sobre os salários de hoje (salários) e salários de ontem (pensões).

E, no respeitante à tributação das empresas, ou mais especificamente das sociedades, sobre as quais incide o IRC, em virtude de o lucro destas ser cada vez mais difícil de encontrar ou de detectar e de, consequentemente, o seu apuramento em sede fiscal enfrentar obstáculos cada vez maiores. Fenómeno que é especialmente visível no respeitante às empresas multinacionais e às empresas da economia digital cujo lucro se encontra sobretudo em paraísos fiscais. Daí que uma tributação séria de tais empresas não possa focar-se mais no lucro, mas em outras realidades estritamente objectivas que sejam expressão da capacidade contributiva tradicionalmente reportada ao lucro[49].

Porque a realidade é esta, compreende-se que, em Portugal, possamos dizer que temos dois IRS e dois IRC. Pois embora a narrativa constitucional estabeleça o recorte do imposto pessoal sobre o rendimento e a tributação das empresas, o certo é que a realidade normativa legal da tributação do rendimento nunca chegou a ser a dessa narrativa, não se se tendo assim cumprido integralmente o disposto nos n.ºs 1 e 2 do art. 104.º da Constituição, em que se prescreve: "1. O imposto sobre o rendimento pessoal visa a diminuição das desigualdades e será único e progressivo, tendo em conta as necessidades e os rendimentos do agregado familiar. 2. A tributação das empresas incide fundamentalmente sobre o seu rendimento real"[50].

Pois, à unicidade do imposto sobre o rendimento pessoal, contrapõem-se dois IRS: um imposto pessoal, que respeita o parâmetro constitucional, incidente sobre os rendimentos do trabalho (categorias A, B e H[51]) sujeitos a englobamento; e um imposto real sobre os rendimentos do capital e do património (categorias E, F e G[52]) sujeitos a taxas liberatórias ou especiais. E, no respeitante ao IRC, temos também dois IRC: um, o IRC oficial, que respeita a exigência constitucional de a tributação empresarial incidir sobre

---

[49] V. quanto a este aspecto, a nossa *Introdução ao Direito Fiscal das Empresas*, 3.ª ed., Almedina, Coimbra, 2018, p. 194 e ss.

[50] Justamente porque este preceito constitucional se revela basicamente narrativa jurídico-constitucional, vimos propondo a sua eliminação – v. o nosso estudo «Ainda fará sentido o artigo 104 da Constituição?», agora em *Por um Estado Fiscal Suportável – Estudos de Direito Fiscal*, vol. IV, Almedina, Coimbra, 2015, p. 135 e ss. No mesmo sentido, v. Xavier de Basto, «A Constituição e o sistema fiscal», *Revista de Legislação e de Jurisprudência*, ano 138, 2008/09, p. 271 e ss.

[51] Que são: categoria A – rendimentos do trabalho dependente; categoria B – rendimentos empresariais e profissionais; categoria H – pensões.

[52] Que são: categoria E – rendimentos de capitais; categoria F – rendimentos prediais; categoria G – (outros) incrementos patrimoniais.

o rendimento real, sobre o lucro apurado com base na contabilidade, que consta do Código do IRC; e um verdadeiro "IRC paralelo" incidente sobre certas despesas ou activos empresariais, que encontramos em parte no Código do IRC e em parte em legislação avulsa[53].

4.5. Sentido e Alcance do Dever Fundamental de Pagar Impostos

Para terminar estas considerações sobre o dever fundamental de pagar impostos, na compreensão referida que o considera como um quadro constitucional de barreiras ao poder tributário, de modo a que este se contenha nos estritos limites exigidos por uma constituição polarizada na pessoa humana, ou seja, nos direitos fundamentais ao serviço da primazia da dignidade humana, impõe-se dizer alguma coisa, a título de conclusão, relativamente ao sentido e ao alcance deste dever fundamental.

Pois o dever fundamental de pagar impostos é outra maneira de dizer que estamos perante um *Estado fiscal*, um Estado que se sustenta financeiramente de uma forma heterónoma e não mediante uma forma autónoma, como aconteceu com o Estado patrimonial medieval e o Estado empresarial do século XX[54]. É que, diversamente, no Estado fiscal são os impostos que constituem o seu suporte financeiro. O que se tem expressão eloquente na célebre afirmação de *Olivier Wendell Holmes*: "os impostos são o que pagamos por uma sociedade civilizada"[55].

Pelo que os impostos são um preço – o preço que todos, enquanto integrantes de uma dada comunidade organizada em Estado, pagamos por termos a sociedade que temos. Ou seja, por dispormos de uma sociedade assente na ideia de liberdade, a qual, ao implicar o reconhecimento, respeito e garantia de um conjunto amplo de direitos (em que se incluem também os direitos sociais), acaba por assegurar um mínimo de igual liberdade a

---

[53] V. para maiores desenvolvimentos, o nosso estudo «Justiça fiscal, estabilidade financeira e as recentes alterações do sistema fiscal português», em *Por um Estado Fiscal Suportável – Estudos de Direito Fiscal*, vol. IV, Almedina, Coimbra, 2015, p. 236 e ss.

[54] V. o nosso livro *O Dever Fundamental de Pagar Impostos*, cit., p. 191 e ss., e os nossos estudos «Da sustentabilidade do Estado fiscal», *ob. cit.*, p. 11 e ss., «A crise do Estado fiscal», em Suzana Tavares da Silva / Maria de Fátima Ribeiro (Coord.), *Trajectórias de Sustentabilidade: Tributação e Investimento*, Instituto Jurídico da FDUC, Coimbra, 2013, p. 19 e ss., e «Que futuro para a sustentabilidade do Estado fiscal», em João Carlos Loureiro / Suzana Tavares da Silva (Coord.), *A Economia Social e Civil*, Instituto Jurídico da FDUC, Coimbra, 2015, p. 105 e ss.

[55] Para uma visão do que têm sido os impostos ao longo da história, v. a obra de Charles Adams, *For Good and Evil. The Impact of Taxes on the Course of Civilization*, 2ª ed., Madison Books, Lanham, New York, Oxford, 1999.

DIREITOS FUNDAMENTAIS DOS CONTRIBUINTES

todos, ou, por outras palavras, um mínimo de solidariedade[56]. Daí que não possa ser um preço qualquer, mormente um preço muito elevado, pois, a ser assim, não vemos como possa ser preservada a liberdade que um tal preço visa servir. Nem pode ser um preço que se pretenda equivalente ao preço dos serviços públicos de que cada contribuinte usufrui. Pois, numa tal hipótese, ficaria arredada a ideia de solidariedade que está na base da instituição e funcionamento de um tal Estado, já que, embora todos beneficiem dos serviços e políticas públicas, apenas contribuem para o seu suporte financeiro os que revelem capacidade contributiva ou capacidade de pagar.

Mas a exclusão de um Estado patrimonial ou de um Estado empresarial, não impõe como única solução a instituição de um Estado fiscal, um Estado financiado exclusiva ou predominantemente por impostos. Pois, podemos perguntar se não é possível conceber um Estado que seja financiado predominantemente através de tributos bilaterais, isto é, através de taxas. Um Estado no qual, em vez de serem todos os cidadãos a pagar e suportar o conjunto dos serviços e políticas públicas, ser cada um a pagar a sua parte, a pagar a parte dos serviços e políticas públicas de que beneficia ou cujos custos causa. O que levaria a um Estado predominantemente assente na figura tributária das taxas, a uma *Estado taxador*[57].

Uma ideia que vem entusiasmando alguns autores, não para a aplicar ao conjunto dos tributos e ao conjunto das despesas do Estado, mas no respeitante a certos sectores ou segmentos da mais recente actuação do Estado, como é o relativo à protecção do ambiente e, a seu modo, o domínio da regulação económica e social implementada no quadro da actual mudança de uma "prestação pública" para uma "provisão pública" através da prestação privada dos serviços de natureza económica. De facto, no domínio da protecção ambiental, há quem defenda que as despesas ambientais podem e devem ser financiadas através de tributos bilaterais, através de eco-taxas, em

---

[56] Um preço que, estou certo, muitas das sociedades, que nos antecederam, gostariam de ter pago e algumas das actuais não enjeitariam suportar. Sobre este aspecto, v., por todos, Gabriel Ardant, *Théorie Sociologique de l'Impôt*, vols. I e II, Paris, 1965, e *Histoire de l'Impôt*, vols. I e II, Fayard, Paris, 1972. V. também J. L. Saldanha Sanches, *Justiça Fiscal*, Fundação Francisco Manuel dos Santos, Lisboa, 2010, p. 19 e ss.

[57] V. nesse sentido, Sérgio Vasques, *O Princípio da Equivalência como Critério de Igualdade Tributária*, Almedina, Coimbra, 2008, p. 15 e ss. Uma expressão que assim corresponderá à de *Gebührenstaat* utilizada na Alemanha. Um tipo de Estado que nós designámos por *Estado tributário* – v. o nosso livro *O Dever Fundamental de Pagar Impostos*, cit., p. 199 e ss.

vez de eco-impostos. Por seu lado, em sede do financiamento das múltiplas agências de regulação, que vêm sendo instituídas pelo *Estado regulador*, procura-se apelar a tributos ou contribuições que, ao menos aparentemente, não se configurem como impostos.

Mas, analisando um pouco mais especificamente essa problemática, devemos adiantar que, em rigor, nem em sede do financiamento geral do Estado, nem em sede do específico financiamento da protecção do ambiente ou da regulação económica e social, a figura das taxas está em condições de se apresentar como suporte financeiro principal do Estado. Em sede geral, uma tal opção encontra-se arredada porque há todo um conjunto de bens, os *bens públicos*, cujos custos não podem ser repartidos pelos utentes, antes têm de ser suportados pelo conjunto dos cidadãos, por todos os contribuintes. Entre esses bens temos, de um lado, um conjunto de bens, correspondentes às funções clássicas do Estado, às funções do Estado *tout court*, como os bens públicos constituídos pela defesa nacional, pela política externa, pela política económica, pela política financeira, pela segurança e protecção policiais, etc., os quais, porque se trata de bens públicos por natureza, não comportam a divisão dos seus custos pelos que deles beneficiam[58], não podendo assim ser financiados por tributos bilaterais ou taxas, tendo antes que ser suportados por tributos unilaterais ou impostos. Portanto esses bens públicos, porque são *bens públicos por natureza*, não podem ser financiados senão por impostos.

Porém, ao lado desses bens, temos no Estado social ancorado nas constituições actuais, um conjunto de bens públicos, que embora os seus custos possam ser repartidos pelos correspondentes utentes, como os relativos à saúde, à educação, à habitação, à segurança social, ou seja, os relativos aos direitos sociais, o certo é que, por exigência das próprias constituições, esses direitos devem ser estendidos a todos os cidadãos, mesmo àqueles que não tenham condições de os realizar através do funcionamento do mercado. Portanto àqueles aos quais o mercado não oferece condições de saúde, educação, habitação, previdência social, etc. Todo um conjunto de bens que não constituem bens públicos por natureza, antes se apresentam como *bens públicos por imposição constitucional*. Assim é, por força de uma

---

[58] Porque se trata de bens que correspondem a necessidades de satisfação passiva, estamos perante bens com as características a indivisibilidade, inexcluibilidade e irrivalidade no consumo – v., por todos, J. J. Teixeira Ribeiro, *Lições de Finanças Públicas*, 5.ª ed., Coimbra Editora, 1995, p. 21 e ss.

estrita exigência constitucional, que os custos com esses bens também têm que ser suportados por todos os contribuintes[59].

Mas o que vimos de dizer vale, em larga medida, também no respeitante aos domínios da protecção do ambiente e da regulação económica. É certo que, relativamente ao direito ambiental, o princípio estruturante nele vigente, o *princípio do poluidor-pagador*, parece ir claramente no sentido de um "Estado taxador", uma vez que concretizaria a ideia de cada um suportar pagando a poluição que produz, financiando-se as correspondentes despesas públicas através de taxas ecológicas em vez de impostos. Mas essa é uma maneira um pouco superficial de ver a realidade, já que a realização desse princípio encontra importantes obstáculos relativos à determinação do poluidor ou a exacta imputação dos custos da poluição a cada poluidor.

E o mesmo, de algum modo, se verifica em sede dos tributos que suportam o financiamento da actividade de regulação económica e social, que tem vindo a substituir a intervenção económica, tributos que terão estado na base da alteração da Constituição Portuguesa, levada a cabo em 1997, mediante a qual esta passou a conhecer em sede das figuras tributárias, ao lado dos impostos e das taxas, também as "demais contribuições financeiras a favor de entidades públicas". O que veio a pôr em causa a tradicional divisão dicotómica dos tributos, aceite tanto pela doutrina como pela jurisprudência, que levava a integrar as contribuições especiais, que podemos designar clássicas, na figura dos impostos ou na figura das taxas. Contribuições financeiras a favor de entidades públicas que assim tendem a ganhar autonomia entre a figura dos impostos e a figura das taxas, uma vez que tais contribuições, cuja disciplina é remetida para lei especial, segundo o nº 3 do art. 3º da Lei Geral Tributária (LGT), não poderão ser reconduzíveis aos impostos[60].

Uma autonomização que, devemos sublinhá-lo, para os cidadãos, ou melhor para os contribuintes, não se revela um grande progresso, uma vez que a conta que temos de pagar, ou seja, a carga e o esforço fiscais a suportar, não dá quaisquer sinais de abrandar e, menos ainda, de diminuir, tendo vindo

---

[59] Cf. O nosso livro *O Dever Fundamental de Pagar Impostos, ob. cit.*, p. 210 e ss., e «A face oculta dos direitos fundamentais: os deveres e os custos dos direitos», *Por uma Liberdade com Responsabilidade – Estudos sobre Direitos e Deveres Fundamentais*, cit., p. 163 e ss. (186 e ss.).

[60] Como continuam a sê-lo as contribuições especiais clássicas, nos termos do nº 3 do art. 4º da LGT, que prescreve: "As contribuições especiais que assentam na obtenção pelo sujeito passivo de benefícios ou aumentos de valor dos seus bens em resultado de obras públicas ou da criação ou ampliação de serviços públicos ou no especial desgaste de bens públicos ocasionados pelo exercício de uma actividade são consideradas impostos".

a aumentar constantemente nos últimos anos. Com efeito, as múltiplas e diversificadas agências de regulação que este vem engendrando, muitas delas de discutível justificação (que não seja a de manter o Estado economicamente intervencionista), tendem a ser financiadas fundamentalmente por tributos que, substancialmente, não passam de verdadeiros impostos de repartição cuja particularidade reside no facto de se apresentarem como impostos com receita consignada à respectiva agência reguladora.

Pois, na sua criação, tem-se seguido invariavelmente o mesmo processo, ou seja, o processo de calcular antecipadamente os custos financeiros que a criação e estruturação de determinada agência reguladora origina para, depois, repartirem integralmente esses custos pelos conjuntos dos regulados, independentemente de um qualquer teste de proporcionalidade entre o serviço prestado pela agência e o benefício proporcionado ao respectivo regulado. Todo um quadro que se inscreve no fenómeno do crescente esgotamento da figura dos impostos tradicionais como meio de financiamento destas novas formas de actuação económica e social do Estado e, bem assim, na dificuldade visível em obter esse financiamento através da figura das taxas, uma vez que há uma verdadeira impossibilidade prática relativamente à realização do correspondente teste da proporcionalidade[61].

Por conseguinte, importa reabilitar e dar a devida importância à divisão dicotómica dos tributos em tributos unilaterais e tributos bilaterais de que cuidámos, olhando para o suporte financeiro do Estado contemporâneo, ou seja, para um Estado que tem na figura dos impostos a sua base financeira. O que, atenta a razão de ser do Estado, que é a realização da pessoa humana, a realização da pessoa no respeito pela sua eminente dignidade, não pode deixar de se configurar como um Estado fiscal enquanto instrumento imprescindível dessa realização, como historicamente tem sido sobejamente comprovado.

---

[61] V. neste sentido e por todos, Carlos Baptista Lobo, «Reflexões sobre a (necessária) equivalência económica das taxas», *Estudos Jurídicos e Económicos em Homenagem ao Prof. Doutor António de Sousa Franco*, Coimbra Editora, 2006, p. 409 e ss. O que nos revela um dos mais visíveis segmentos do que vimos referindo por "duplicação do Estado fiscal" – v., por todos, os nossos estudos «Da sustentabilidade do Estado fiscal», *ob. cit.*, p. 40 e ss. e «A crise do Estado fiscal», *ob. cit.*, p. 58 e ss.

7. Da Irretroatividade das Mudanças de Orientação Fazendária que Vêm em Detrimento dos Contribuintes. Da Decadência e da Prescrição, no Direito Tributário

Roque Antonio Carrazza

Introdução

1. Confesso que me senti extremamente honrado, quando o ilustre Professor Doutor Oswaldo Othon de Pontes Saraiva Filho convidou-me para participar destes estudos em homenagem ao eminente Professor Doutor Gilmar Ferreira Mendes, que se destaca entre os mais respeitados e competentes ministros do Supremo Tribunal Federal. Trata-se, sem favor algum, de um dos maiores constitucionalistas que o mundo jurídico nacional já conheceu.

Recordo-me, a propósito, que, na década de 1980, meu saudoso mestre e amigo Geraldo Ataliba me disse para prestar atenção num jovem cientista do Direito, que ele, sempre econômico nos elogios, logo qualificou como genial. Esse jovem, outro não era senão o então recém-formado Gilmar Ferreira Mendes, que se preparava para alçar vôo rumo às mais altas cordilheiras do Direito.

E isso de fato aconteceu. Hoje, o consagrado Ministro Gilmar Ferreira Mendes, em seus livros, artigos, conferências e votos, nos dá permanentes lições e nos convoca a *pensar com ele*, o que significa eventualmente também *pensar contra ele*, como outrora Heidegger fez com Nietzsche, que tanto o inspirara.

Permito-me, ainda, neste breve preâmbulo, destacar, entre as inúmeras qualidades intelectuais e morais do homenageado, a virtude da *coragem*, que, não raro, o leva a navegar contra a corrente do uso e, até mesmo, a pregar *in partibus infidelium*, mas sempre por amor à verdade e à justiça.

2. Pois bem. Baseado nas lições do Professor e Ministro Gilmar Ferreira Mendes, procurarei demonstrar, ao longo desse artigo, que mudanças de orientação fazendária, que acabam por desfavorecer aos contribuintes, não podem irradiar efeitos sobre o passado, de modo a desconstituir situações jurídico-tributárias consolidadas. Tampouco permitem a eternização dos créditos tributários.

Para tanto, num primeiro momento, tecerei algumas considerações acerca dos princípios *da segurança jurídica* e *da boa-fé*. Em seguida, com apoio nas premissas assentadas, cuidarei de demonstrar as minhas teses.

1. O *Princípio da Segurança Jurídica*

1.1. O princípio da segurança jurídica é uma das manifestações do nosso *Estado Democrático de Direito*, consagrado já no art. 1º, da Constituição Federal, e visa a proteger e preservar as justas expectativas das pessoas. Para tanto, veda a adoção de medidas legislativas, administrativas ou judiciais, capazes de lhes frustrar a confiança que depositam no Poder Público.

Daí porque, ajuda a promover os valores supremos da sociedade, influindo não só na edição das leis e dos atos administrativos, como no próprio alcance das decisões judiciais.

De fato, como o Direito visa à obtenção da *res justa*, de que nos falavam os antigos romanos, todas as normas jurídicas, especialmente as que dão efetividade às garantias constitucionais, devem procurar *tornar segura* a vida das pessoas e das instituições. Incumbe ao Estado zelar para que todos tenham não só uma proteção eficaz dos seus direitos, como possam prever, em alto grau, as consequências jurídicas dos comportamentos que adotarem.

1.2. Uma das funções mais relevantes do Direito é *"conferir certeza à incerteza das relações sociais"* (Alfredo Augusto Becker), subtraindo do campo de atuação do Estado e dos particulares, qualquer resquício de arbítrio. Como o Direito é a *"imputação de efeitos a determinados fatos"* (Kelsen), o *princípio da segurança jurídica* exige que cada pessoa tenha elementos para conhecer previamente as consequências de seus atos e, de modo especial, das decisões, administrativas e judiciais, que lhes dizem respeito. De fato, conhecendo o *modus* pelo qual estas serão aplicadas, acabam tendo a tranquilidade necessária para planejar o porvir.

Além disso, a certeza de que terão respeitados o direito adquirido, a coisa julgada e o ato jurídico perfeito, dá às pessoas a chamada *"garantia do passado*". Na feliz frase de Ricardo Lobo Torres, *"segurança jurídica é certeza e garantia dos direitos. É paz"*.[1]

Permito-me acrescentar que o *princípio da segurança jurídica* reclama, ainda, que as pessoas tenham condições de antecipar objetivamente seus *direitos* e *deveres*.

1.3. Como se vê, a segurança jurídica acaba por desembocar na *confiança* que as pessoas devem ter no Direito. Esta circunstância não escapou à percepção de Gomes Canotilho; *verbis*:

> *"O homem necessita de segurança para conduzir, planificar e conformar autônoma e responsavelmente a sua vida. Por isso, desde cedo se consideravam os princípios da segurança jurídica e da proteção à confiança como elementos constitutivos do Estado de Direito. Estes dois princípios – segurança jurídica e proteção da confiança – andam estreitamente associados, a ponto de alguns autores considerarem o princípio da confiança como um subprincípio ou como uma dimensão específica da segurança jurídica. Em geral, considera-se que a segurança jurídica está conexionada com elementos objetivos da ordem jurídica – garantia de estabilidade jurídica, segurança de orientação e realização do direito – enquanto a proteção da confiança se prende mais com os componentes subjetivos da segurança, designadamente a calculabilidade e previsibilidade dos indivíduos em relação aos efeitos dos actos".*[2]

Vai daí, que o *princípio da segurança jurídica*, com seu corolário de proteção da confiança, submete o exercício do poder ao Direito.

1.4. É certo que este princípio é implícito.[3] Mas é igualmente certo, que isso em nada diminui sua efetividade, até porque todo o ordenamento jurídico milita no sentido de fazê-lo valer.[4]

---

[1] *Tratado de Direito Constitucional Financeiro e Tributário*, vol. 2, Renovar, Rio de Janeiro, 2005, p. 168.

[2] *Direito Constitucional e Teoria da Constituição*, Almedina, Coimbra, 2004, p. 256.

[3] Por *"implícito"* quero apenas dizer que o princípio da segurança jurídica não se assenta em um único enunciado linguístico, mas em vários, que, tomados em conjunto, formam a norma jurídica que o contém. Ele é implícito, mas todas as magnas diretrizes do ordenamento operam no sentido de realizá-lo.

Demais disso, para o operador do Direito, todos os princípios são explícitos, porque ele não se limita a ler, mas, pelo contrário, interpreta os textos jurídicos. Assim, por meio do labor exegético e valendo-se do instrumental teórico que lhe é fornecido pela Ciência do Direito, acaba por discernir a existência de princípios que escapam à leitura dos leigos.

[4] A propósito do assunto, Francisco Pinto Rabello Filho, em erudita monografia, averbou: *"(...) a etimologia do sentido fundamental da palavra segurança é assaz sugestiva (se, prefixo privativo, síncope*

Impende assinalar, em reforço, que os preceitos constitucionais respeitantes à segurança jurídica das pessoas são diretamente aplicáveis e vinculam as entidades públicas e privadas.

São, pois, *de eficácia plena e aplicabilidade imediata*, independendo, para produzirem seus regulares efeitos, da edição de leis, decretos, portarias etc., que lhes aumentem o grau de concreção.[5] Seus comandos endereçam-se tanto ao legislador (que editará normas de alcance geral e, nesse sentido, dará consecução aos mandamentos constitucionais), como ao juiz e ao administrador (que os aplicarão, aos casos concretos).[6]

1.5. Como se vê, o *princípio da segurança jurídica* é associado aos ideais de determinação, de estabilidade e de previsibilidade do Direito, em todas as suas dimensões. Nesse sentido, está voltado para os três Poderes da República, pelo que sua aplicação é obrigatória, inclusive quando se está diante de mudanças de orientação administrativo-tributária.

Concordo com José Souto Maior Borges, quando apregoa que *"segurança é direito e garantia fundamentais, não sendo possível desconsiderá-la em qualquer nível de aplicação infraconstitucional, isto é, nas leis e regulamentos fiscais e até nos atos de execução".*[7]

Do contrário, isto é, *"sem segurança de aplicação, a segurança jurídica da norma seria anulada pela insegurança da sua aplicação"*, na feliz observação de Humberto Ávila.[8]

---

de sine + **cura = cuidado, resguardo, cautela, precaução, preocupação**), *à proporção que aponta para* **tranquilidade de ânimo**, *indica* **isenção de preocupações, cuidados**. *É vocábulo que expressa* **tranquilidade, quietação.**

"É nesse sentido que o sobreprincípio da segurança jurídica emerge como sendo certamente um esteio do Estado Democrático de Direito, com uma básica formulação de exigência: **previsibilidade** *da ação estatal. O Estado deve atuar sempre com* **lealdade** *em face das pessoas (físicas e jurídicas), pautar-se invariavelmente de modo a* **não surpreendê-las (não-surpresa)** *com as medidas tomadas"* (O Princípio da Anterioridade da Lei Tributária, RT, São Paulo, 2002, pp. 100/101 – os grifos estão no original).

[5] José Carlos Vieira de Andrade assinala que, em relação a tais normas, o *"seu conteúdo é ou deve ser concretizado ao nível da Constituição, em última análise por intermédio de uma interpretação criadora"* (Os direitos fundamentais na Constituição Portuguesa de 1976, Livraria Almedina, Coimbra, 1998, p. 140).

[6] Vem ao encontro desse entendimento o § 1º, do art. 5º, da Constituição Federal, que estipula terem aplicação imediata *"as normas definidoras dos direitos e garantias fundamentais".*

[7] *"Segurança jurídica: sobre a distinção entre competências fiscais para orientar e autuar o contribuinte"*, in *Revista de Direito Tributário* n.º 100, p. 20.

[8] *Segurança Jurídica (entre permanência, mudança e realização no Direito Tributário)*, Malheiros Editores, São Paulo, 2011, p. 142.

1.6. Também as alterações dos entendimentos administrativo-tributários, embora juridicamente possíveis, devem sujeitar-se aos postulados constitucionais que consagram e garantem a segurança jurídica das pessoas.

Obviamente, não se está aqui a negar a possibilidade de a Fazenda Pública vir a alterar suas interpretações dos textos jurídicos. Pelo contrário, é até louvável que o faça, inclusive em decorrência de novas demandas e visões que surgem com o passar do tempo. Contudo, as relações jurídicas pré-existentes não podem ser ignoradas. Pelo contrário, elas seguem existindo, pois mudanças de interpretação não podem colocar sob o guante da incerteza, situações anteriores, que se encontravam consolidadas.

Assim, as novas orientações administrativo-tributárias devem ser aplicadas de tal modo, que os contribuintes não se sintam frustrados em suas justas expectativas de verem preservadas e protegidas as situações pretéritas. E isso vale, quer para as já constituídas, quer para as que se encontram em curso de constituição.

Em suma, o *princípio da segurança jurídica* impõe que se proteja a confiança dos contribuintes no Direito, fazendo com que possam prever, com relativa certeza, as consequências que advirão das orientações fiscais que lhes dizem respeito.

Sempre a respeito, não se pode deixar de mencionar o *princípio da boa-fé*, que irradia efeitos sobre todo o ordenamento jurídico, exigindo que, tanto o cidadão quanto o Poder Público, respeitem as conveniências e interesses do outro e não incorram em contradição com sua própria conduta, na qual a outra parte confiava.

2. O *Princípio Da Boa-Fé*

2.1. A boa-fé é a base de todas as relações intersubjetivas. Exige que cada um guarde fidelidade à palavra dada e não frustre, nem abuse, da confiança do outro.

Com efeito, é justamente este *fator de confiança* que permite que as pessoas formem, entre si, vínculos consistentes, marcados pela preocupação de lisura e honestidade.

Portanto, a confiança é o fundamento da vida social. Tanto que, para Niklas Luhmann, *"mostrar confiança é antecipar o futuro, comportar-se como se o futuro fosse certo"*.[9]

---

[9] *Confianza (Vertrauen)*, trad. Amanda Flores, Anthopos, Barcelona, 1996, p. 15.

DIREITOS FUNDAMENTAIS DOS CONTRIBUINTES

2.2. Note-se, que as sociedades contemporâneas são consideradas *sociedades de risco*. Assim, uma vida em sociedade só é possível se a pessoa puder confiar que o outro, com quem interage, se comportará do modo pelo qual se comprometeu.

Sendo mais específico, quando *A* e *B* convencionam agir cada um de um determinado modo, e efetivamente o fazem, é porque confiam que a outra parte cumprirá o que se obrigou. Sem essa *quase-certeza* seria inviável o convívio social.

Mutatis mutandis, o que acaba de ser escrito vale para o Estado, entendido no sentido kelseniano de *ordenamento jurídico*.

2.3. Deveras, também o Estado está submetido ao *princípio da boa-fé* e, por isso, deve comportar-se de acordo com padrões éticos de confiança e lealdade. Este princípio está presente, pois, em todos os quadrantes do Direito, ou seja, tanto no Direito Público, quanto no Direito Privado.[10]

Segue nessa linha Manuel António Portugal de Castro Carneiro da Frada; *verbis*:

> *"Cabe a qualquer ordem jurídica a missão indeclinável de garantir a confiança dos sujeitos, porque ela constitui pressuposto fundamental de qualquer coexistência ou cooperação pacífica, isto é, da paz jurídica"*.[11]

Aí está: o Estado deve agir com boa-fé, a fim de incutir confiança nas pessoas, físicas ou jurídicas, com as quais se relaciona.[12] De conseguinte, é obrigado a honrar as razoáveis expectativas que nelas criou.

Detalhando o assunto, as pessoas não podem ser surpreendidas por um comportamento estatal inesperado.

---

[10] O Direito é cientificamente uno e, portanto, que sua subdivisão em *ramos* é feita apenas para simplificar o processo de aprendizado. A divisão da Ciência (inclusive da Ciência Jurídica) em "*ramos*" não significa que estes sejam compartimentos estanques, divorciados entre si. Pelo contrário, a perspectiva universal deve governar o conhecimento do particular, alcançando verdades universais e permanentes.

Isto vale também para a Ciência Jurídica, uma vez que, sendo cada setor do Direito (Civil, Administrativo, Tributário, Penal etc.) mera decomposição artificial de um todo, nada distingue, em sua estrutura lógica, por exemplo, as normas jurídicas do Direito Público, das do Direito Privado.

[11] *Da Boa Fé no Direito Civil*, Almedina, Coimbra, 2007, p. 1242.

[12] Note-se que o *princípio da boa-fé*, embora tenha nascido nas hostes do Direito Privado, com a regra do *pacta sunt servanda*, hoje – como não se questiona – produz efeitos mais marcantes no âmbito do Direito Público.

A expressão *boa-fé*, no entanto, tem várias acepções, das quais apenas uma nos interessa, para os fins deste parecer jurídico.

2.4. De fato, ela é plurívoca, podendo significar *(i)* o dever genérico de agir de forma correta *(acepção coloquial)*, *(ii)* o estado de consciência caracterizado pela ignorância de se estar lesando direitos ou interesses alheios *(boa-fé subjetiva)* e, *(iii)* um critério de interpretação dos negócios jurídicos ou de regras de conduta, que impõe às pessoas o dever de agir, umas com as outras, com lealdade, consideração e lisura *(boa-fé objetiva)*.

Como já se pode notar, a *boa-fé subjetiva* envolve um estado psicológico de pureza de intenção, de convicção íntima, de que se está a agir de conformidade com o bom direito. Ainda que o sujeito pratique uma ilicitude, ele confia que sua situação é regular. Daí ser também chamada de *boa-fé crença*.

Já a *boa-fé objetiva* materializa-se na conduta que se espera de uma pessoa, aí incluído o Estado, independentemente de sua manifestação de vontade. Trata-se de um Princípio Geral de Direito, que ilumina a interpretação das situações jurídicas, mormente as que envolvem o Poder Público.

As pessoas têm a garantia fundamental de exigir dos órgãos estatais tratamento sem arbitrariedade e em sintonia com a *boa-fé objetiva*.[13]

2.5. Assinale-se, ainda, que a conduta estatal deve pautar-se pela lealdade e lisura, o que a compele a sempre se pautar pela *boa-fé objetiva*. É o que, de resto leciona Jesús González Perez; *verbis*:

> *"O princípio da boa-fé aparece como um dos princípios gerais que servem de fundamento ao ordenamento jurídico, informam o labor interpretativo e constituem decisivo instrumento de integração".*[14]

---

[13] A ideia encontra-se bem positivada no art. 9º, da Constituição Federal da Suíça: *"Cada pessoa tem o direito de exigir dos órgãos estatais tratamento sem arbitrariedade e segundo a boa-fé"*.
No Brasil, o preceito está presente nos dispositivos constitucionais que tratam do Estado Democrático de Direito (art. 1º, *caput*), da segurança jurídica (art. 1º, *caput*), da irretroatividade (art. 5º, XXXVI), da legalidade e da moralidade administrativa (art. 37, *caput*). São eles que, sistematicamente interpretados, levam à conclusão de que é direito fundamental de todas as pessoas exigirem que os Poderes Públicos ajam de conformidade com a *boa-fé objetiva*.
[14] *El Principio General de la Buena Fe en el Derecho Administrativo*, Madri, Real Academia de Ciencias Morales y Políticas, 1983, p. 15 (traduzi).

E, mais adiante, arremata:

"Independentemente de seu reconhecimento legislativo, o princípio da boa-fé, enquanto princípio geral de Direito, cumpre uma função informadora do ordenamento jurídico e, como tal, as distintas normas devem ser interpretadas em harmonia com ele. (...) Ele indicará, em cada momento, a interpretação que se deve eleger".[15]

Deste modo, quando a reiteração de comportamentos do Estado, por qualquer dos seus Poderes, cria uma expectativa de confiança legítima de que, diante de uma dada situação, ele se conduzirá de certo modo, não lhe é dado alterar, com efeitos retroativos, sua orientação, para obter vantagens sobre as pessoas, burlando-lhes a boa-fé.

Em outras palavras, a abrupta alteração de entendimento administrativo-tributário não pode prejudicar a quem já estava a desfrutar de uma situação jurídica consolidada. A guinada somente poderá alcançar situações futuras.

Realmente, o princípio do *nemo potest venire contra factum proprium* consagra a ideia pela qual ninguém, muito menos a Administração Fazendária, pode tomar uma posição jurídica, com conseqüências desfavoráveis para o contribuinte, em contradição com comportamentos anteriores, já constituídos.[16]

Enfim, não é dado ao Fisco, incorrer em contradição com a própria conduta, sancionando os contribuintes que agiram de acordo com o que, até então, vinha sendo por ele pacificamente aceito.

Ora, é justamente aqui que entra o assunto da *irretroatividade do entendimento fazendário*, que modifica, *in peius*, padrões tributários consolidados.

3. A Irretroatividade dos Entendimentos Fazendários que Prejudicam os Contribuintes

3.1. A segurança jurídica, que, como se viu, é um dos pilares de nosso Direito, exige que as normas jurídicas (*lato sensu*) tenham o timbre da irretroatividade.[17] Não apenas as leis, mas também alguns atos administrativos

---

[15] *Idem, ibidem*, p. 48.

[16] Cfr. Antônio Manuel da Rocha Menezes Cordeiro, *Da boa-fé no Direito Civil*, Almedina, Coimbra, 2001, p. 754.

[17] A propósito, ensina Humberto Ávila: *"A proibição de retroatividade deve ser interpretada de acordo com o 'sobreprincípio da segurança jurídica' que lhe é axiologicamente sobrejacente. Nesse sentido, revela-se importante a interpretação da irretroatividade tendo em vista a conexão substancial que deve ser coerentemente intensificada entre o comportamento a ser adotado pelo Poder Público... e os fins de determinabilidade e*

(aí compreendidos os de cunho tributário), e, até, as decisões judiciais que alteram jurisprudência consolidada, devem ser irretroativos, vale dizer, não lhes é dado abarcar o passado.

Com efeito, o *princípio da segurança jurídica* exige que as normas jurídicas tenham, em regra[18], o timbre da irretroatividade. Daí falar-se em *irretroatividade do Direito* e, não, simplesmente, em irretroatividade das leis. É o que vem bem acentuado por Misabel Derzi; *verbis*:

> *"O princípio* [da irretroatividade] *não deve ser limitado às leis, mas estendido às normas e atos administrativos ou judiciais. O que vale para o legislador precisa valer para a Administração e os tribunais. O que significa que a Administração e o Poder Judiciário não podem tratar os casos que estão no passado de modo que se desviem da prática até então utilizada..."*.[19]

3.1.1. Anote-se que, quando se fala em *irretroatividade das normas jurídicas* está-se proclamando, não só que devem respeitar atos ou fatos anteriores à sua vigência, como os efeitos que geraram ou continuam a gerar.[20]

Admitir o contrário é o mesmo que sustentar, para além de qualquer dose de razoabilidade, que o Direito só serve para ordenar o presente, ainda que, ao fazê-lo, desconstrua por completo as relações que se teceram no passado. Fosse assim, e a segurança jurídica estaria irremediavelmente reduzida a tassalhos.

3.1.2. Muito bem. O postulado da irretroatividade do Direito encontra-se implícito no art. 5º, da Constituição Federal, que, em seu inciso XXXVI, garante a inviolabilidade do direito adquirido, da coisa julgada e do ato jurídico perfeito.

Atente-se para o *ato jurídico perfeito*, pois é ele que norteará o desenvolvimento do presente raciocínio.

---

confiabilidade inerentes ao sobreprincípio da segurança jurídica numa concepção moderna de Estado de Direito" (*Sistema Constitucional Tributário*, Saraiva, São Paulo, 1ª ed., 2004, p. 143).

[18] Escrevi *"em regra"*, porque as normas benéficas podem (e, no caso das penais, devem, *ex vi* do disposto no art. 5º, XL, da *CF*) retroagir.

[19] *Notas* às *Limitações Constitucionais ao Poder de Tributar*, de Aliomar Baleeiro (Forense, Rio, 1997, 7ª ed., p. 193 – esclareci nos colchetes).

[20] Não estou aqui a tratar da retroação benéfica, obrigatória em matéria penal *lato sensu*, possível em outras matérias (é o caso, por exemplo, das leis tributárias benéficas, que retroagem desde que contenham cláusula expressa nesse sentido).

3.2. *Ato jurídico perfeito* é aquele que está concluído e acabado, segundo a norma jurídica que vigorava ao tempo em que se consumou, e que, portanto, está apto a produzir seus regulares efeitos.[21]

O ato jurídico perfeito, mais do que imune à incidência retroativa das normas jurídicas, impede que estas, de algum modo, o anulem. Quando presente, inibe a projeção, contra ele, dos efeitos imediatos da norma jurídica nova.

Destarte, o *princípio da irretroatividade* não apenas obstaculiza a aplicação pretérita das decisões administrativas novas, como garante a *ultratividade* das antigas.[22] Melhor dizendo, impede que as decisões administrativas novas desconstituam situações consolidadas sob a égide das antigas, tudo conforme, de resto, vem estatuído no art. 6º, § 1º, da Lei de Introdução às Normas do Direito Brasileiro (*LINDB*).[23]

O que acaba de ser escrito aplica-se em gênero, número e grau, aos entendimentos fazendários já consolidados.

3.3. De fato, sofrem as limitações do tempo, os entendimentos fazendários novos, que modificam os efeitos, principalmente pecuniários, que já se incorporaram ao patrimônio[24] dos contribuintes.

Essa diretriz também vale quando os entendimentos administrativo-tributários velhos, já consolidados, estão a produzir efeitos sucessivos. É o que se dá, por exemplo, quando os contribuintes recolhem, em prestações periódicas, tributos, com base em entendimentos fazendários antigos, vale dizer, que já se cristalizaram com o passar do tempo. Mesmo nessa hipótese, o *ato jurídico perfeito* assegura a *ultratividade* das decisões administrativo-tributárias velhas, que, assim, continuarão a disciplinar as situações que sob sua égide se consolidaram.

---

[21] É interessante notar, com Maria Helena Diniz, que o ato jurídico perfeito garante o direito adquirido; *verbis*: *"A segurança do ato jurídico perfeito é um modo de garantir o direito adquirido pela proteção que se concede ao seu elemento gerador, pois se a nova norma considerasse como inexistente, ou inadequado, ato já consumado sob o amparo da norma precedente, o direito adquirido dele decorrente desapareceria por falta de fundamento"* (*Lei de Introdução ao Código Civil Brasileiro Interpretada*, Saraiva, São Paulo, 1994, p. 180).

[22] Por força do dispositivo constitucional que manda respeitar o *direito adquirido*, a decisão administrativa velha, embora superada, **sobrevive,** continuando a projetar seus efeitos sobre as situações jurídicas que se encontravam presentes, enquanto ela vigorava.

[23] Lei de Introdução às Normas do Direito Brasileiro: *"Art. 6. ('omissis') (...) § 1º Reputa-se ato jurídico perfeito o já consumado segundo a lei vigente ao tempo em que se efetuou"*.

[24] O termo *patrimônio* está sendo tomado no sentido de *conjunto de direitos de conteúdo econômico*, abrangendo, pois, os direitos a prestações pecuniárias.

3.3.1. Além disso, o próprio *princípio da segurança jurídica* exige uma harmonia entre o tempo da ocorrência dos fatos e o tempo da decisão administrativo-tributária a eles relativa.

Os efeitos que o *ato jurídico perfeito* gerou não podem ser desconstituídos pela decisão administrativo-tributária nova. Isso porque – não custa insistir – ofende ao disposto no art. 5º, XXXVI, da Constituição Federal, a aplicação imediata da decisão administrativo-tributária nova, quando esta desrespeita, com efeitos imediatos ou futuros, a exigida ultratividade da decisão administrativo-tributária velha.[25]

3.3.2. Evidentemente, não se está, neste passo, a censurar as alterações das decisões administrativo-tributárias. Pelo contrário, merece encômios a evolução do pensamento da Administração Fazendária, sempre que resolve melhor os problemas fiscais que afligem nosso País. O que se questiona, sim, são os efeitos pretéritos de tais mudanças, quando prejudicam pessoas que, acreditando na Administração Fazendária, realizaram negócios, fizeram planos e tomaram decisões, com respaldo nas decisões administrativo--tributárias antigas.

Aceita-se, por igual modo, que as normas jurídicas preexistentes venham a sofrer interpretações, mais consentâneas com as novas realidades sociais.

Todavia, é vedado à Administração Fazendária desalentar os que confiaram nas decisões administrativo-tributárias que os beneficiaram e, com base nelas, pautaram seu agir.

3.4. Com as observações *supra*, quer-se deixar claro que, conquanto possíveis, e, em alguns casos, até necessárias e obrigatórias, as novas orientações fiscais devem preservar ao máximo as situações jurídicas que se construíram sob o abrigo das antigas.

Noutros falares, o novo entendimento do Fisco, ainda que possa ser mais adequado, deverá ter *efeito prospectivo*, incidindo, apenas e tão-somente, sobre fatos que vierem a ocorrer **após** a publicação da decisão administrativa que o encampou.

3.4.1. Pudesse ser de outra forma, e os contribuintes nunca saberiam ao certo o que os aguarda.

---

[25] O problema se agudiza quando a mutação colhe de surpresa um grande universo de pessoas, prejudicando-as. Permitir que, neste caso, elas venham prejudicadas, é o mesmo que aceitar – inconstitucionalmente, é claro – que uma lei possa retroagir *in malam partem*.

DIREITOS FUNDAMENTAIS DOS CONTRIBUINTES

Para que tal não aconteça, a Fazenda Pública, pela imensa responsabilidade que tem, como aplicadora de ofício que é, das normas tributárias, deve ter o cuidado de evitar que seu novo entendimento traga insegurança nas relações jurídicas entre o Fisco e os contribuintes. E seu cuidado deve ser ainda maior, quando a *"inovação"* se dá sem que tenha havido mudança seja na legislação, em que se fundava a decisão administrativa anterior, seja na ordem dos fatos, que permanecem idênticos. Mais uma razão, neste caso, a impedir que o entendimento fazendário novo retroaja. De revés, os efeitos do entendimento fazendário velho é que devem ser preservados.

Em suma, conquanto a evolução do entendimento da Administração Fazendária seja normal e corriqueira, a decisão que o muda, prejudicando aos contribuintes, não pode retroagir.

3.4.2. Nesse sentido, diga-se de passagem, já decidiu o Superior Tribunal de Justiça, merecendo destaque, o voto do saudoso Ministro Ruy Rosado de Aguiar, prolatado no REsp nº 141879-SP; *verbis*:

> *"Sabe-se que o princípio da boa-fé deve ser atendido também pela Administração Pública, e até com mais razão por ela, e seu comportamento nas relações com os cidadãos poder ser controlado pela teoria dos atos próprios, que não lhe permite voltar sobre os próprios passos depois de estabelecer relações em cuja seriedade os cidadãos confiaram".*

Em suma, os princípios constitucionais da segurança jurídica e da boa-fé exigem que os entendimentos fazendários que modificam, *in peius*, o tratamento que, com base em entendimentos fazendários antigos, vinha sendo dispensado aos contribuintes, somente possam irradiar efeitos sobre situações futuras, vale dizer, produzir efeitos *ex nunc*.

3.5. Abro aqui um ligeiro parêntese para lembrar que tal diretiva não é estranha ao nosso Direito. Tanto não, que se encontra presente, por exemplo, no art. 24, e seu parágrafo único, da *LINDB*, que mandam respeitar os efeitos das deliberações administrativas já consolidadas, que seguiram as *orientações gerais* da época de sua edição. Confira-se:

> *"Art. 24. A revisão, nas esferas administrativa, controladora ou judicial, quanto à validade de ato, contrato, ajuste, processo ou norma administrativa cuja produção já se houver completado levará em conta as orientações gerais da época, sendo vedado que, com*

base em mudança posterior de orientação geral, se declarem inválidas situações plenamente constituídas.

"Parágrafo único. Consideram-se orientações gerais as interpretações e especificações contidas em atos públicos de caráter geral ou em jurisprudência judicial ou administrativa majoritária, e ainda as adotadas por prática administrativa reiterada e de amplo conhecimento público".

Estes dispositivos, incluídos na *LINDB* pela Lei nº 13.855/2018, protegem situações administrativas constituídas e, em consequência, a segurança jurídica e a boa-fé dos cidadãos. Para tanto, determinam que sejam levadas em conta as orientações gerais da época em que os alcançaram.

E nem se diga que a *LINDB* não se aplica aos atos administrativos de efeitos sucessivos. Isso porque, ao definir o critério de validade dos atos administrativos, nada ressalvou, a respeito; antes, limitou-se a fixar, como parâmetro, *"as orientações gerais da época"* em que foram editados, vedando sua anulação *"com base em mudança posterior de orientação geral"* (art. 24, *caput*). Mais: explicitou que devem ser entendidas como orientações gerais, entre outras, *"as interpretações e especificações (...) adotadas por prática administrativa reiterada e de amplo conhecimento público"* (art. 24, parágrafo único).

Portanto, a Administração Fazendária, quando revisar atos anteriores, por haver mudado a interpretação das normas jurídicas então vigentes, deve proteger a confiança dos administrados, preservando, em relação a eles, o entendimento adotado na época em que foram expedidos.

Alterações repentinas, que colhem de surpresa os contribuintes, arremetem contra o princípio *"non potest venire contra factum proprium"*, que teve sua origem na boa-fé objetiva e se apoia na estabilidade das relações intersubjetivas. Embora previsto no Código Civil, aplica-se também aos atos praticados pela Administração Pública, pois o Direito não admite comportamentos contraditórios, quer dos particulares, quer dos agentes do Estado.

Enfim, também em matéria administrativo-tributária, devem sobreviver as situações jurídicas anteriormente constituídas pela Administração Fazendária.

3.6. Retomando o fio do raciocínio, nenhum contribuinte pode ser tributado, muito menos sancionado, por comportamentos que, com o aval do Fisco, vinha adotando.

DIREITOS FUNDAMENTAIS DOS CONTRIBUINTES

De fato, a reiteração do modo de cumprir seus deveres tributários, sem sofrer qualquer objeção das autoridades fazendárias, tem o condão de infundir, no contribuinte, a confiança e a certeza – corolários que são dos princípios *da segurança jurídica* e *da boa-fé* – de que sua conduta é lídima, vale dizer, conforme o Direito.

Ora, estas mesmas confiança e certeza, que a Fazenda Pública lhe incute, fazem com que planeje e leve avante suas atividades, sem sequer cogitar que possam surgir alterações *in peius*, com efeitos retroativos, no entendimento fiscal. Mais uma razão para que não saia prejudicado com a guinada que inesperadamente lhe cria novos gravames.

3.6.1. Andou bem, pois, o art. 146, do *CTN*, ao dispor; *verbis*:

> *"Art. 146. A modificação introduzida, de ofício ou em consequência de decisão administrativa ou judicial nos critérios jurídicos adotados pela autoridade administrativa no exercício do lançamento **somente pode ser efetivada, em relação a um mesmo sujeito passivo, quanto ao fato gerador ocorrido posteriormente à sua introdução**".*[26]

De fato, o dispositivo *supra* outra coisa não fez senão formalizar, no plano das *normas gerais em matéria de legislação tributária* (cfr. art. 146, III, da *CF*), os magnos princípios *da segurança jurídica* e *da boa-fé*.

3.6.2. Este, aliás, é o pensamento de Luciano da Silva Amaro, para quem, o art. 146, do Código Tributário Nacional, veda:

> *"...a aplicação de novos critérios jurídicos a 'fatos geradores ocorridos' antes da introdução desses critérios (que não necessariamente terão sido já objeto de 'lançamento'). Se, quanto ao fato gerador de 'ontem', a autoridade não pode, 'hoje', aplicar novo critério jurídico (diferente do que, no passado, possa ter aplicado em relação a outros fatos geradores atinentes ao mesmo sujeito passivo), a questão não se atém (ou não se 'resume') à revisão de lançamento (velho), mas abarca também a 'consecução' de lançamento (novo). É claro que, não podendo o novo critério ser aplicado para lançamento 'novo' com base em fato gerador ocorrido antes da introdução do critério, com maior razão este também não poderá ser aplicado para 'rever' lançamento 'velho'. Todavia, mais do que 'lançamentos' anteriores, o que o preceito estaria resguardando contra a mudança de critério são 'fatos geradores' passados. (...)*

---

[26] Grifei.

"Na prática, isso significa que o Fisco teria de primeiro divulgar o novo critério para depois poder aplicá-lo nos 'lançamentos futuros' pertinentes a 'fatos geradores também futuros' (em relação a sujeito passivo que, no passado, tenha tido obrigação lançada por outro critério)".[27]

3.6.3. Também a propósito do art. 146, do *CTN*, Aliomar Baleeiro, em seu clássico *Direito Tributário Brasileiro*, anota; *verbis*:

"MODIFICAÇÃO DE CRITÉRIOS. Já vimos que entre as normas complementares das leis, tratados e decretos integrantes da 'legislação tributária', tal como está conceituada nos arts. 96 a 100 do CTN, incluem-se também os atos normativos das autoridades administrativas, as decisões dos órgãos singulares ou coletivos, desde que tenham eficácia normativa, e as práticas reiteradamente observadas por aquelas autoridades.

"Mas essas 'normas complementares' também podem ser substituídas por outras ou modificadas em seu alcance ou nos seus efeitos.

"Nesses casos, em se tratando de normas relativas ao lançamento, a inovação só se aplicará ao mesmo contribuinte se ocorrer fato gerador posteriormente à modificação. Sobrevivem as situações constituídas anteriormente e que são definitivas.

"No Agravo Instr. Nº 29.603-RGS, 18-6-65, RTJ, 34/542, o STF, 2ª T., decidira já que a mudança de critério ou orientação da autoridade fiscal não pode prejudicar o contribuinte, que agiu de acordo com o critério anterior, predominante ao tempo da tributação. O mesmo no RE 69.426 – RS, de 31-3-70, rel. B. Monteiro.

"E no RE nº 68.253-Prn., 1ª T., 1969, rel. R. B. Monteiro, o STF decidiu que havia coisa julgada administrativa, na decisão do Conselho de Contribuintes, que em resposta a consulta, declara não caber o tributo (Caso da Distribuidora da Loteria do Paraná versus União)".[28]

3.6.4 Desta opinião não discrepa Rubens Gomes de Sousa, citado por Souto Maior Borges, em artigo contido nos seus *Comentários ao CTN*;[29] *verbis*:

"Antecipando-se à vigência do CTN, Rubens Gomes de Souza ensinou que se o fisco, mesmo sem erro, tiver adotado uma conceituação jurídica e depois pretender substituí-la por outra, não mais poderá fazê-lo. E não o poderá porque, se fosse admissível que o fisco

---

[27] *Direito Tributário Brasileiro*, São Paulo, Saraiva, 1ª ed., 1997, pp. 330 e 333.
[28] *Direito Tributário Brasileiro*, Forense, Rio de Janeiro, 11ª ed., 1999, p. 811.
[29] Forense, Rio de Janeiro, 1997, coordenação de Carlos Valder do Nascimento.

DIREITOS FUNDAMENTAIS DOS CONTRIBUINTES

pudesse variar de critério em seu favor, para cobrar diferença de tributo, ou seja, se à Fazenda Pública fosse lícito variar de critério jurídico na valorização do 'fato gerador', por simples oportunidade, estar-se-ia convertendo a atividade do lançamento em discricionária, e não vinculada".

3.7. Tudo se conjuga, pois, no sentido de que, num Estado Democrático de Direito como o nosso, não se admite que atos já praticados pelos contribuintes, sob a certeza de que a eles se ligariam os efeitos duradouros, previstos e calculados, com base nas normas jurídicas vigentes, sejam simplesmente aniquilados, com desfavoráveis consequências patrimoniais, apenas porque mudaram os critérios da Fazenda Pública.

Destarte, o contribuinte absolutamente não pode suportar efeitos retroativos de mudanças de entendimento fazendário, que venham a lhe vulnerar o patrimônio. Não bastasse isso, qualquer medida que o Fisco tome, nesse sentido, além de ilegal e inconstitucional, será, para o contribuinte, economicamente desastrosa, porque atingirá negócios que não foram estruturados para suportá-la.

E isso – frise-se –, não por negligência ou falta de planejamento do contribuinte, mas por força de novo entendimento fazendário, que quer fixar, com efeito retroativo, *critério jurídico* diverso do que, até então, cotidiana e repetidamente aceitava.

Portanto, as autoridades fiscais precisam levar em conta o disposto no art. 146, do *CTN*, que é peremptório: qualquer modificação nos *critérios jurídicos* adotados, na prática do lançamento, somente pode ser efetivada, em relação a um mesmo sujeito passivo, quanto a fato gerador ocorrido posteriormente à sua introdução.

Mutatis mutandis, a mesma linha de raciocínio informa a decadência do direito de lançar o crédito tributário e prescrição de cobrá-lo.

É o que se verá, a seguir.

4. O Tempo e o Direito Tributário
4.1. Considerações gerais
4.1.1. A pessoa política, dentro de seu campo competencial, constitucionalmente fixado, cria, por meio de lei, o tributo, descrevendo a respectiva norma jurídica geral e abstrata. Este nasce quando se verifica, no mundo fenomênico, o *fato imponível*, isto é, o conjunto de circunstâncias previstas na lei e por ela consideradas aptas a provocar o surgimento, *in concreto*, de obrigações tributárias principais.

O tributo, ao nascer, possui – como, aliás, toda e qualquer relação jurídica – um *sujeito ativo*, um *sujeito passivo* e um *objeto*.

O *sujeito ativo* é o *credor* do tributo, isto é, a pessoa que tem o direito subjetivo de arrecadá-lo.

O *sujeito passivo*, de seu turno, é o devedor do tributo, ou seja, a pessoa que tem o dever jurídico de efetuar seu pagamento.

Por fim, o *objeto* do tributo é o crédito tributário, vale dizer, a quantia que o contribuinte deve recolher, em favor do Fisco ou de quem lhe faça legalmente as vezes.

De acordo com nossa óptica, inexiste obrigação – aí compreendida a obrigação tributária – sem o correspondente crédito. O crédito tributário, pois, é ínsito à obrigação tributária, e surge no exato instante em que esta última nasce, calha referir, quando ocorre o *fato imponível*.

4.1.2. Entretanto, para que o nascimento da obrigação tributária produza, no mundo jurídico, os efeitos que lhe são próprios, é preciso que ocorra o chamado *processo de positivação*, isto é, que venha produzida, pelo agente competente, uma norma individual e concreta, que declare, nos estritos termos da lei, **de um lado**, *(i)* a existência do tributo, *(ii)* seu sujeito ativo e *(iv)* seu sujeito passivo e, **de outro**, a importância que este deverá pagar àquele.

Assim, o agente competente deve *(i)* declarar, observados os procedimentos adequados, que ocorreu o *fato imponível* e, ato contínuo, *(ii)* baixar uma norma individual e concreta, imputando a relação jurídica tributária, de acordo com os critérios identificativos contidos no consequente da norma geral e abstrata.

Dito de outro modo, a partir do momento em que ocorre o *fato imponível*, já se pode falar na existência do direito subjetivo do Fisco (ou de quem lhe faça as vezes) à prestação tributária. Todavia, enquanto não vem praticado o ato administrativo de lançamento, o crédito tributário fica suspenso, não podendo, ainda, ser validamente exigido.

4.1.3. É certo que a obrigação tributária, ao nascer, já tem um crédito: o *crédito tributário*.[30] Este crédito, porém, nasce com características de iliquidez e incerteza, que precisam ser afastadas.

---

[30] De fato, o crédito tributário integra a obrigação tributária, até porque não há obrigação sem crédito (tanto quanto não há obrigação sem débito).

Em termos mais científicos, o crédito tributário demanda *liquidação*, isto é, ser tornado certo quanto à existência e determinado quanto ao objeto. Isso é feito por intermédio de um ato administrativo que há nome *lançamento*.[31]

O *lançamento*[32] nada mais é do que o ato administrativo de aplicação da norma tributária material ao caso concreto.[33] Não faz nascer o tributo, mas dá resposta, em caráter oficial, às seguintes indagações: 1ª) **quem** é o contribuinte?; 2ª) **quanto** ele deve ao Fisco?; 3ª) **onde** ele deve efetuar o pagamento do tributo?; 4ª) **como** ele deve efetuar o pagamento do tributo?; e, 5ª) **quando** ele deve efetuar o pagamento do tributo?

Tais respostas, é bem de ver, não são dadas arbitrariamente, mas, pelo contrário, sempre a partir da lei tributária. Nela, todavia, apresentam-se, no mais das vezes, de modo *embrionário* ou, se preferirmos, *implícito*, sendo difíceis de encontrar pelo contribuinte, máxime se ele não for assistido por conhecimentos técnico-jurídicos especializados. Daí a imperiosa necessidade do lançamento, que vai acrescentar ao crédito tributário os preditos requisitos de liquidez e certeza, garantidores de sua exigibilidade.

Portanto, o tributo tem por fonte a lei, dela derivando imediatamente. Já, o lançamento não passa de um ato administrativo do tipo *vinculado*.

a) Apenas para registro, *ato administrativo vinculado* é aquele que a Administração Pública – aí compreendida a Administração Fazendária – é obrigada a expedir, exatamente do modo preestabelecido pela lei, sempre que se verifica a situação nela descrita. Nenhum critério de conveniência e oportunidade norteia, no caso, o agir da autoridade competente (ao contrário

---

Assim, não faz sentido lógico afirmar que o crédito *decorre* da obrigação. O crédito tributário (tanto quanto o débito tributário) faz parte da obrigação tributária.

[31] Entendo que o lançamento é um ato administrativo e, não, um procedimento administrativo. Pode ser, é certo, o **resultado** de um procedimento administrativo (assim como a sentença é o resultado de um processo), mas com ele não se confunde. Neste caso, o ato administrativo de lançamento aplica a lei tributária, ao caso concreto, com base nos elementos coligidos no procedimento administrativo. É, pois, ato conclusivo de um procedimento administrativo.

[32] O vocábulo *lançamento* vem do verbo latino *lancere*, que significa *jogar a lança*. Tem, pois, uma **conotação dinâmica**, de algo que vai *aperfeiçoar* o crédito tributário, em ordem a possibilitar o recolhimento do tributo, que nasceu com a ocorrência, no mundo real, da situação prevista na *hipótese de incidência tributária*.

[33] Para Alberto Xavier, o lançamento é *o ato administrativo de aplicação da norma tributária material ou o acto de aplicação de uma norma tributária material praticado por um órgão da Administração*. (*In: Do Lançamento no Direito Tributário Brasileiro*, Resenha Tributária, São Paulo, 1977, p. 58).

do que se dá com o ato administrativo discricionário[34]). Nele, portanto, não há autonomia de escolhas; simplesmente *(i)* se averigua se estão presentes os pressupostos legais; e, em caso afirmativo, *(ii)* se cumpre e se faz cumprir, sem subjetivismos, a *voluntas legis*.

Em matéria tributária, a questão ganha tomo, uma vez que, como preceitua o parágrafo único, do art. 142, do Código Tributário Nacional, *"a atividade administrativa de lançamento é vinculada e obrigatória, sob pena de responsabilidade funcional"*.

4.1.4. Retomando o fio do raciocínio, quando a Administração Fazendária leva a efeito o lançamento, ela, com base na lei, declara, formal e solenemente, quem é o sujeito passivo do tributo e qual o *quantum debeatur* a seu cargo.[35]

Como se vê, o lançamento é fundamental para que o Poder Público possa satisfazer sua pretensão tributária. De fato, uma vez produzido pelo agente público competente e dele tendo sido regularmente notificado o contribuinte, confere ao crédito tributário as precitadas liquidez e certeza, tornando o tributo *atendível* (como quer Alberto Xavier[36]) ou *pagável* (como prefiro), vale dizer, em condições jurídicas de ser satisfeito.

4.1.5. O assunto encontra-se disciplinado no art. 142, *caput*, do Código Tributário Nacional (que, neste passo, faz as vezes da lei complementar a que alude o art. 146, III, *b*, da *CF*[37]); *verbis*:

---

[34] *Ato administrativo discricionário* é aquele que a Administração Pública expede de acordo com critérios de conveniência e oportunidade, mas sempre dentro dos parâmetros da lei. Enfatizamos, no entanto, que, embora tenha autonomia de escolhas, vale dizer, disponha de certa margem de liberdade para decidir de acordo com as circunstâncias de cada caso concreto, a autoridade que o pratica deve – como o faz quando edita *atos administrativos vinculados* – cumprir a *voluntas legis*, tendo em vista o superior interesse público. Positivamente, discricionariedade não é sinônimo de arbitrariedade.

[35] Conforme preleciona Renato Alessi (*Istituzioni di Diritto Tributario*, 1ª ed., Torino, UTET, s/d., p. 15), a eficácia do tributo fica suspensa até a autoridade administrativa formalmente reconhecer e qualificar o *fato imponível*, declarando sua subsunção à hipótese de incidência tributária e quantificando-o.

[36] *Do Lançamento – Teoria Geral do Ato, do Procedimento e do Processo Tributário*, Forense, Rio de Janeiro, 2ª ed., 1997, p. 588.

[37] Constituição Federal: *"Art. 146. Cabe à lei complementar: (...) III- estabelecer normas gerais em matéria de legislação tributária, especialmente sobre: (...) b) obrigação, **lançamento**, prescrição e decadência tributários"* (grifamos).

"Art. 142. Compete privativamente à autoridade administrativa constituir o crédito tributário pelo lançamento, assim entendido o procedimento administrativo[38] tendente a verificar a ocorrência do fato gerador da obrigação correspondente, determinar a matéria tributável, calcular o montante do tributo devido, identificar o sujeito passivo e, sendo o caso, propor a aplicação da penalidade cabível".

Esta definição legal põe em destaque que o lançamento apenas declara o montante de tributo a pagar. Neste sentido, é um ato administrativo de eficácia declaratória.

Daí porque demanda fundamentação, exatamente para que o contribuinte tenha a efetiva possibilidade de, querendo, impugnar a pretensão fiscal, como, diga-se de passagem, lhe faculta o art. 145, I, do *CTN*.[39]

a) Compete, pois, ao lançamento, determinar o exato montante de tributo a pagar. Para tanto, deverá revestir-se de um mínimo de densidade descritiva, que permita ao contribuinte *(i)* saber, com segurança, porque a exação lhe está sendo exigida e, em caso de *vício material* ou *formal, (ii)* afastar, na própria sede administrativa, a pretensão do Erário.

Oportuno lembrar que, em meio aos conceitos de liquidez e certeza, apresenta-se a ideia de ausência de vícios, ilícitos, ilegitimidades, ilegalidades etc., quer formais, quer materiais.

4.1.6. Diante do exposto, percebe-se que, segundo o Código Tributário Nacional, não há falar em crédito tributário, sem prévio lançamento, pois é ele que identifica todos os elementos da obrigação tributária, precisando, assim, o *an* e o *quantum debeatur.*

É importante assinalar, porém, que, quando o lançamento foi desenhado normativamente, pelo legislador do *CTN*, no longínquo ano de 1966, vivia-se num mundo muito diferente do atual, marcado pela massificação das relações jurídicas e pelos avanços tecnológicos. Daí ser perfeitamente compreensível

---

[38] A expressão *procedimento administrativo* foi tomada, como observa Zuudi Sakakehara (*Código Tributário Nacional Comentado*, São Paulo, Ed. Revista dos Tribunais, 1999, p. 561), não no sentido técnico de *uma série de atos, que se conjugam objetivamente, formando um todo unitário*, mas no sentido vulgar de *atuação administrativa.*
Por outro lado, a referência à *aplicação da penalidade cabível* é inadequada, eis que pertinente ao *auto de infração.*
[39] Código Tributário Nacional: *"Art. 145. O lançamento regularmente notificado ao sujeito passivo só pode ser alterado em virtude de: I- impugnação do sujeito passivo".*

o esforço do legislador da época, em *"enclausurar"* o lançamento tributário, considerando-o um *"ato administrativo privativo"* do Fisco (cfr. art. 142, *caput*, do *CTN*).

Mesmo assim, já se vislumbrava, naqueles idos, a incapacidade de a Administração Pública monopolizar a constituição do crédito tributário. Tanto isso é certo que o art. 150, *caput*, do mesmo *CTN*,[40] tratou do chamado *lançamento por homologação* (ou *autolançamento*), como medida de praticabilidade tributária.[41]

4.1.7. No *lançamento por homologação*[42] é o próprio contribuinte que aplica a lei tributária ao caso concreto. A Administração Fazendária limita-se, na hipótese, a averiguar a *regularidade formal* dos cálculos efetuados. Se estiver de acordo com eles, homologa-os (aprova-os); se neles percebe equívocos, glosa-os, lançando de ofício eventuais diferenças e aplicando, quando for o caso, as penalidades cabíveis.

Por trás do *lançamento por homologação* está o fenômeno que, com muita propriedade, Estevão Horvath, baseado nas lições de Ferreiro Lapatza, denomina de *privatização da gestão tributária*, em que o contribuinte acaba por assumir a responsabilidade pela prática de todos os atos necessários à constituição e extinção do crédito tributário.[43]

a) Por outro lado, também há a possibilidade de o crédito tributário ser constituído em um processo judicial. É o que ocorre, por exemplo, nas reclamações trabalhistas, sempre que o juiz, reconhecendo o caráter salarial das verbas concedidas ao obreiro, apura, na própria sentença, o *quantum* das contribuições previdenciárias, ou seja, lhes constitui o crédito tributário.

---

[40] Código Tributário Nacional: *"Art. 150. O lançamento por homologação, que ocorre quanto aos tributos cuja legislação atribua ao sujeito passivo o dever de antecipar o pagamento sem prévio exame da autoridade administrativa, opera-se pelo ato em que a referida autoridade, tomando conhecimento da atividade assim exercida pelo obrigado, expressamente a homologa".*

[41] Por todos, v., de Regina Helena Costa, *Praticabilidade e justiça tributária – exequibilidade de lei tributária e direitos dos contribuintes*, Malheiros Editores, São Paulo, 1ª ed., 2007.

[42] *Homologação*, como quer De Plácido e Silva, *é ato pelo qual a autoridade, judicial ou administrativa, ratifica, confirma ou aprova um outro ato, a fim de que possa investir-se de força executória ou apresentar-se com validade jurídica, para ter eficácia legal.* (In: *Vocabulário Jurídico*, Forense, Rio de Janeiro, 10ª ed., 1987, p. 389). É, em suma, o ato de controle, que dá eficácia ao ato controlado.

[43] *Lançamento Tributário e "Autolançamento"*, Dialética, São Paulo.

Tal episódio é bem destacado por Rodrigo Dalla Pria; *verbis*:

"A competência atribuída a Justiça do Trabalho pelo art. 114, inciso VIII, da Constituição Federal (CF), quando analisada sob a ótica das categorias próprias à tradicional Dogmática de Direito Tributário, tem imenso potencial para gerar perplexidades, motivo pelo qual o enfrentamento do tema exige boas doses de humildade e desapego intelectuais.

"Trata-se, em verdade, de regra constitucional que, a pretexto de instituir a competência – eminentemente jurisdicional – para a execução, de ofício, das contribuições previdenciárias incidentes sobre os direitos reconhecidos em sentenças trabalhistas (condenatórias e homologatórias), acaba por estabelecer, como pressuposto, a competência – atipicamente administrativa – para a constituição do próprio crédito tributário previdenciário a ser executado".[44]

4.1.8. De seu turno, o Superior Tribunal de Justiça firmou o entendimento de que, nas hipóteses de tributos sujeitos ao lançamento por homologação, quando o contribuinte promove demanda judicial de *caráter preventivo* e *efetua o correlato depósito judicial*, o crédito tributário em debate está tacitamente *constituído*[45]-[46].

Isso se dá porque – sempre de acordo com o pensamento dominante naquela Corte Superior – o contribuinte, ao ajuizar a demanda, atribui

---

[44] *"A constituição e a cobrança das contribuições previdenciárias pela Justiça do Trabalho: aspectos processuais relevantes"*, in *Processo Tributário Analítico*, vol. II (coordenador: Paulo César Conrado), Noeses, São Paulo, 2013, p. 159.

[45] Segundo o *STJ*, isso ocorreria até mesmo na hipótese de ação judicial acompanhada de fiança bancária. Confira-se: *"PROCESSO CIVIL E TRIBUTÁRIO. DEPÓSITO DO MONTANTE INTEGRAL. ART. 151, II, DO CTN. SUSPENSÃO DA EXIGIBILIDADE DO CRÉDITO TRIBUTÁRIO. CONVERSÃO EM RENDA. DECADÊNCIA.*

*"1. Com o depósito do montante integral **ou equivalente fiança bancária** tem-se verdadeiro lançamento por homologação. O contribuinte calcula o valor do tributo e substitui o pagamento antecipado pelo depósito, por entender indevida a cobrança. Se a Fazenda aceita como integral o depósito, para fins de suspensão da exigibilidade do crédito, aquiesceu expressa ou tacitamente com o valor indicado pelo contribuinte, o que equivale à homologação fiscal prevista no art. 150, § 4º, do CTN.*

*"2. **Uma vez ocorrido o lançamento tácito, encontra-se constituído o crédito tributário, razão pela qual não há mais falar no transcurso do prazo decadencial nem na necessidade de lançamento de ofício das importâncias depositadas.(...)***

"5. Agravo regimental não provido (STJ; AgRg no REsp 969.579/SP, Rel. Ministro CASTRO MEIRA, SEGUNDA TURMA, julgado em 16/10/2007, DJ 31/10/2007, p. 314 – grifei).

[46] No mesmo sentido, Rodrigo Dalla Pria, *Direito processual tributário*, Noeses, São Paulo, 2020, p. 265.

certeza[47] e liquidez[48] ao crédito tributário. É o que, de resto, está consignado na ementa do julgamento dos Embargos de Divergência no Recurso Especial nº 767.328/RS; *verbis*:

> *"PROCESSUAL CIVIL. EMBARGOS DE DIVERGÊNCIA. DEPÓSITO JUDI-CIAL. LANÇAMENTO TÁCITO. DECADÊNCIA. INEXISTÊNCIA. SÚMULA 168/STJ.*
>
> *"1. Hipótese em que, à época, configurou-se divergência entre o acórdão embargado (no sentido de inexistir decadência no caso de depósito judicial de tributo sujeito ao lançamento por homologação) e os acórdãos-paradigmas (segundo os quais os depósitos judiciais suspendem a exigibilidade do crédito mas não impedem ou substituem o lançamento).*
>
> *"2. **A Segunda Turma, ao julgar o REsp 804.415/RS (15/02/2007) adotou o entendimento da Primeira Turma de que, com relação aos tributos lançados por homologação, o depósito judicial em dinheiro, efetuado pelo contribuinte com o intuito de suspender a exigibilidade do crédito tributário, equivale ao recolhimento da exação, cuja conversão em renda fica condicionada à improcedência da demanda. Na hipótese, não transcorre o prazo decadencial, já que houve constituição do crédito tributário por lançamento tácito.***
>
> *"3. 'Não cabem embargos de divergência quando a jurisprudência do Tribunal se firmou no mesmo sentido do acórdão embargado' (Súmula 168/STJ).*
>
> *"4. Embargos de Divergência não conhecidos".*[49]

Em seu voto, assim se manifestou o Ministro Herman Benjamin, relator do feito; *verbis*:

> *"De fato, as duas Turmas componentes da Primeira Seção passaram a comungar a tese de que, com relação aos tributos lançados por homologação, **o depósito judicial em dinheiro, efetuado pelo contribuinte com o intuito de suspender a exigibilidade do crédito tributário, equivale ao recolhimento da exação, cuja conversão em renda fica condicionada à improcedência da demanda. Na hipótese, não transcorre o prazo decadencial, já que houve constituição do crédito tributário por lançamento tácito".***[50]

---

[47] A certeza decorreria da fundamentação (causa de pedir) externada na inicial, que faria as vezes da **motivação** do ato de lançamento.

[48] A liquidez adviria do reconhecimento dos valores devidos, que o autor da demanda implicitamente faz, quando realiza o depósito judicial.

[49] EREsp 767.328/RS, Rel. Ministro HERMAN BENJAMIN, PRIMEIRA SEÇÃO, julgado em 11/04/2007, DJe 01/09/2008 (grifei).

[50] Grifei.

Ressalte-se que tal decisão pretoriana deve ser interpretada em conjunto com outro precedente, também da 1ª Seção do *STJ*, que estipula que, uma vez efetuado o depósito judicial, ***seu levantamento está condicionado ao bom êxito da demanda proposta e, portanto, mesmo no caso de extinção do processo sem análise de mérito, o valor depositado deve, em regra,***[51] ***ser convertido em favor da Fazenda Pública***. Veja-se:

> *"TRIBUTÁRIO. PROCESSUAL CIVIL. DEPÓSITO JUDICIAL DO VALOR DO TRIBUTO. NATUREZA. EFEITOS. LEVANTAMENTO, PELO CONTRIBUINTE, CONDICIONADO AO TRÂNSITO EM JULGADO DE SENTENÇA DE MÉRITO EM SEU FAVOR. PRECEDENTE DA 1ª SEÇÃO. (...)*
>
> *"2. O direito – ou faculdade – atribuído ao contribuinte, de efetuar o depósito judicial do valor do tributo questionado, não importa o direito e nem a faculdade de, a seu critério, retirar a garantia dada, notadamente porque, suspendendo a exigibilidade do crédito tributário, ela operou, contra o réu, os efeitos próprios de impedi-lo de tomar qualquer providência no sentido de cobrar o tributo ou mesmo de, por outra forma, garanti-lo.*
>
> *"3. As causas de extinção do processo sem julgamento do mérito são invariavelmente imputáveis ao autor da ação, nunca ao réu. Admitir que, em tais casos, o autor é que deve levantar o depósito judicial, significaria dar-lhe o comando sobre o destino da garantia que ofereceu, o que importaria retirar do depósito a substância fiduciária que lhe é própria.*
>
> *"4. **Assim, ressalvadas as óbvias situações em que a extinção do processo decorre da circunstância de não ser a pessoa de direito público parte na relação de direito material questionada, o depósito judicial somente poderá ser levantado pelo contribuinte que, no mérito, se consagrar vencedor. Nos demais casos, extinto o processo sem julgamento de mérito, o depósito de converte em renda**. Precedente da 1ª Seção: EREsp 479725/ BA, Min. José Delgado, DJ 26.09.2005. (...)*
>
> *"6. Embargos de divergência providos".*[52]

4.1.9. Do exposto, percebe-se, com hialina clareza, que, para o STJ,[53] a constituição do crédito tributário pode dar-se em processo trabalhista e,

---

[51] A regra só não se aplica na hipótese de extinção do processo sem análise de mérito, em razão da ilegitimidade passiva do réu. Isso, porque, sendo o Réu parte ilegítima na demanda, ele, por óbvio, não é o sujeito ativo da obrigação tributária discutida judicialmente. Logo, eventual conversão do depósito em renda, em favor deste ilegítimo Réu, lhe traria um enriquecimento sem causa, que a ordem jurídica repele.

[52] EREsp 227.835/SP, Rel. Ministro TEORI ALBINO ZAVASCKI, PRIMEIRA SEÇÃO, julgado em 09/11/2005, DJ 05/12/2005, p. 206 (grifei).

[53] Isso porque tais precedentes são da 1ª Seção do STJ Tribunal (Corte que tem por finalidade constitucional uniformizar a interpretação das leis federais), em sede de embargos de divergência

em relação aos tributos sujeitos ao lançamento por homologação, quando o contribuinte promove demanda judicial de caráter preventivo e efetua o correlato depósito judicial. Embora as supracitadas decisões não estejam no rol de precedentes vinculantes, a que alude o art. 927, do *CPC*, elas, materialmente, apresentam tal natureza.

4.1.10. Não é de hoje que se defende a ideia de que um modelo mais próximo do regime de *stare decisis*, tende ao fortalecimento da segurança jurídica de índole material, ou seja, de conteúdo.[54] Assim, a *"roupagem"* formalmente atribuída a determinada decisão é só um elemento a mais para facilitar a identificação de um precedente de caráter vinculante; não, porém, o exclusivo critério definidor deste *status*.[55]

Logo, se a 1ª Seção do *STJ* – que detém a atribuição regimental[56] para unificar a jurisprudência daquela Corte, em matéria tributária – já decidiu no mesmo sentido do acima exposto, podemos afirmar que a propositura de demanda judicial, que enseja tutela preventiva e vem acompanhada de depósito judicial, tem o condão de constituir o crédito tributário, mesmo que, ulteriormente, o processo venha a ser extinto, sem análise de mérito.

4.1.11. Registre-se, ademais, que, a circunstância de o eventual depósito ser posteriormente levantado pelo contribuinte, mediante autorização judicial, não desfaz tal realidade, qual seja, a de que o crédito tributário foi constituído judicialmente e permanece como tal.

Do contrário, admitir-se-ia – de modo indevido – um permanente ir e vir, na constituição do crédito tributário, à revelia das causas legais de sua extinção, com todos os consectários daí decorrentes, máxime no que tange

---

(recurso que visa a dar unicidade à jurisprudência do Tribunal). Acerca da função dos embargos de divergência, *v.*, de Cássio Scarpinella Bueno, *Curso sistematizado de direito processual civil*, vol. 5, Saraiva, São Paulo, 2ª ed., 2010, p. 348.

[54] Observe-se que um verdadeiro e substancial modelo de precedentes *"(...) envolve a responsabilidade especial que acompanha o poder de comprometer o futuro antes de chegarmos lá"* (Frederick Shauer, *"Precedente"*, in *Precedentes*, Juspodivm, Salvador (BA), 2015, p. 51).

[55] Como anota Diego Diniz Ribeiro, *"ser a decisão emanada de um Tribunal, em especial de um Tribunal Superior e, ainda, sob um daqueles ritos estabelecidos em lei deve ser considerado como um primeiro sinal – e não o definitivo – para a acomodação de um precedente enquanto importante critério de resolução de casos"* (*"Precedentes em matéria tributária e o novo CPC"*, in *Processo tributário analítico* (coordenação de Paulo César Conrado), Vol. III, Noeses, São Paulo, 2016. pp. 130/131).

[56] Art. 9º, § 1º, IX c/c o art. 12, III, do Regimento Interno do *STJ*.

à contagem de prazos decadencial e prescricional (o que conflitaria com princípios basilares do Direito, como o da segurança jurídica).

Por esse motivo, o Código Tributário Nacional regula, de forma específica, a possibilidade e os efeitos das revisões de lançamentos tributários, estabelecendo inclusive diferenças (e consequências), por exemplo, nas hipóteses de *erro de fato* e de *erro de direito*.

De posse dessas premissas, sinto-me autorizado a voltar minhas atenções para os institutos da decadência e da prescrição, no Direito Tributário.

4.2. A Decadência e a Prescrição, no Direito Tributário
4.2.1. Introito

a. Nada obstante o pagamento seja a causa extintiva por excelência das obrigações tributárias ou, quando pouco, a mais estimada pela Fazenda Pública, outros fenômenos jurídicos têm a mesma propriedade, vale dizer, liberam o contribuinte da submissão fiscal.

Dentre eles, permitimo-nos mencionar a decadência (também chamada *caducidade*) e a prescrição. Quando ocorrem, também fazem desaparecer o nexo jurídico que prendia o contribuinte ao Fisco, em razão da ocorrência do *fato imponível*. Trata-se de institutos fundamentais, inclusive no campo tributário, porque visam a garantir, em razão da fluência do tempo, a indispensável segurança jurídica dos contribuintes.

Anote-se, numa primeira aproximação, que *(i)* a decadência tributária é o fim do limite de tempo para constituir o crédito tributário, ao passo que *(ii)* a prescrição é o fim do limite de tempo para exigir o crédito tributário.[57]

b. Realmente, o art. 146, I, *b*, da Constituição Federal, confere à lei complementar competência para veicular *normas gerais*, inclusive sobre decadência e prescrição tributárias.

Faz as vezes desta lei complementar o art. 156, do Código Tributário Nacional,[58] que, em seu inciso V, arrola entre as causas extintivas do crédito tributário, justamente a *decadência* e a *prescrição*.[59]

---

[57] No mesmo sentido, Renata Elaine Silva Ricetti Marques, *Curso de Decadência e de Prescrição no Direito Tributário – Regras do direito e segurança jurídica*, Noeses, São Paulo, 2ª ed., 2016, pp. 70 e 71.
[58] Hoje é pacífico e assente que o Código Tributário Nacional faz as vezes da lei complementar a que alude o art. 146, da Constituição Federal. Embora seja formalmente uma lei ordinária (Lei nº 5.172/1966), materialmente é uma lei complementar nacional.
[59] Código Tributário Nacional: "*Art. 156. Extinguem o crédito tributário: (...) V– a prescrição e a decadência*".

Portanto, a Constituição consagrou a decadência e a prescrição como causas extintas de obrigações tributárias. Mais do que isso: determinou que lei complementar as discipline, por meio de *normas gerais*, que lhes fixarão os lineamentos básicos, entre os quais se inscrevem os termos *a quo* e *ad quem* de contagem de seus prazos.

c. Desnecessário dizer que tais *normas gerais* vinculam as pessoas políticas, que nem podem ignorar a decadência e a prescrição como causas extintivas de tributos, nem fazer *tabula rasa* das diretrizes que, a propósito, a lei complementar vier a apontar.

O que estou procurando deixar ressaltado é que os entes tributantes têm o dever de, ao cuidarem da dinâmica da tributação, preverem, entre as formas de extinção dos tributos, a decadência e a prescrição tributárias, acatando os termos *a quo* e *ad quem* de contagem de seus prazos, fixados na lei complementar.

Com isto, fica assegurado que: *a)* a exigência do crédito tributário jamais se eternizará, mas, pelo contrário, terá *momento certo* para extinguir-se, inclusive pela decadência e pela prescrição; e, *b)* uma vez consumado um destes fenômenos jurídicos, o tributo não poderá renascer, em homenagem à segurança e à certeza da tributação, ainda que haja a anuência do próprio contribuinte; menos ainda, por decisão unilateral da Fazenda Pública.

d. É justamente nestes pontos que o *fator tempo* entra no mundo do Direito.

Deveras, o tempo integra o suporte fático de diversas normas inseridas no bojo do ordenamento jurídico pátrio.

Aliás, às vezes, chega mesmo a constituir o próprio pressuposto de incidência de determinadas normas, ensejando, por exemplo, a aquisição de direitos (como é o caso da usucapião, prevista no art. 1.238, do Código Civil), ou o seu perecimento.

Bem se vê que o tempo, com seus efeitos deletérios, integra o suporte fático das normas jurídicas que cuidam dos institutos da prescrição e da decadência, ambos dotados de eficácia tributária preclusiva (*CTN*, art. 156).

e. De fato, se o titular de um direito ou de uma pretensão, juridicamente assegurados *a priori*, deixa de exercê-los por longo período, acaba por constituir situação contrária, em favor daquele que figura no polo adverso da relação jurídica. É que preservar, ainda que por mecanismos artificiais, a confiança deste último, em detrimento da satisfação individual do primeiro,

DIREITOS FUNDAMENTAIS DOS CONTRIBUINTES

vem ao encontro do interesse de toda a coletividade, que não convive bem com incertezas, no que diz respeito à existência e eficácia das normas jurídicas.

Mas, afinal, em que consistem a decadência e a prescrição tributárias? É o que a seguir veremos.

4.2.2. A decadência tributária

a. Para a doutrina tradicional, que nesse momento não discutirei, *decadência* é a perda do direito, por sua não constituição, durante certo lapso de tempo.

Dito de outro modo, a decadência tem a função de extinguir direitos, sempre que seu titular, podendo exercitá-los, permanece, por largo prazo, inerte. Daí a milenar parêmia *dormientibus non sucurrit jus* ("*o direito não socorre a quem dorme*"). Realmente, quem dá tempo ao tempo, manifestando descaso pela salvaguarda de seu direito, acaba por vê-lo desaparecer.

a.a. Acresça-se que somente se decai de *direitos potestativos*[60] vale dizer, daqueles que a lei confere a determinadas pessoas, para que, mediante declaração unilateral de vontade, alterem situações jurídicas que envolvem terceiros.[61]

Os *direitos potestativos* tendem a modificar situações jurídicas existentes, criando, para terceiros, sem que estes contribuam com a própria vontade, *estados de sujeição*.[62]

Por aí já se percebe que a decadência não se aplica a direitos constituídos, mas, apenas, a direitos por constituir ou, se preferirmos, em vias de formação.[63]

a.b. Tais direitos, também chamados de *facultativos* (San Tiago Dantas) ou *de configuração* (Von Tühr), habilitam seus titulares a, sem a participação dos futuros obrigados, criar situações jurídicas.

---

[60] A expressão é de Giuseppe Chiovenda, in *Instituições de Direito Processual Civil*, vol. 1º, Ed. Saraiva, São Paulo, 2ª ed., 1942, pp. 40 e ss.

[61] Agnelo Amorim Filho ensina que *os direitos potestativos se exercitam e atuam, em princípio, mediante simples declaração de vontade do seu titular, independentemente de apelo às vias judiciais, e, em qualquer hipótese, sem o concurso da vontade daquele que sofre a sujeição* ("*Critério científico para distinguir a prescrição da decadência e para identificar as ações imprescritíveis*", in *Revista Forense*, nº 193, p. 34).

[62] Cf. Giuseppe Chiovenda, *Instituições de Direito Processual Civil*, tradução da 2ª edição italiana por J. Guimarães Menegale, Saraiva, São Paulo, 1965, p. 11.

[63] Apenas as pretensões constitutivas (ou desconstitutivas) se submetem ao regime jurídico da decadência.

Em resumo, nos *direitos potestativos,* os poderes que a lei confere a um indivíduo, ou ao Estado, influem, quando exercitados, sobre a situação jurídica de terceiros, sem que estes últimos precisem exprimir qualquer vontade.

b. Em matéria tributária, a decadência gira em torno do direito que o Fisco tem de, unilateralmente, constituir o crédito tributário, pelo lançamento. É o caso, porém, de desde já destacar que esta faculdade – que, verdade seja, intranquiliza os contribuintes – não dura *ad eternum.*

De fato, nosso direito positivo assegura aos contribuintes que, na dinâmica das suas relações jurídicas com os entes tributantes, o *fator tempo,* presidido pelo deus Chronos,[64] terá relevância para fazê-las desaparecer. O próprio princípio constitu-cional da segurança jurídica não se compadece com a perduração indeterminada de situações que envolvam controvérsias entre os entes tributantes.

Assim, se a Fazenda Pública deixa fluir certo intervalo de tempo, sem realizar, como lhe cabia, o lançamento, ela perde, pela decadência, o direito de constituir o crédito tributário. Daí dizer-se que a decadência tributária é o fim do limite de tempo para a constituição do crédito tributário. Agora é o deus Kairós,[65] mais implacável do que Chronos, que fulmina o próprio tributo, impedindo que ele se torne exigível.

Portanto, quando se afirma que houve decadência tributária está-se a proclamar que se operou a extinção do crédito tributário, por não ter sido regularmente constituído, dentro do prazo assinalado na lei.

Mas, qual é este intervalo de tempo e onde está apontado?

c. Este intervalo de tempo é de cinco anos e está apontado nos arts. 173 e 150, do Código Tributário Nacional; *verbis*:

> *"Art. 173. O direito de a Fazenda Pública constituir o crédito tributário extingue-se após 5 (cinco) anos, contados:*
>
> *"I – do primeiro dia do exercício seguinte àquele em que o lançamento poderia ter sido efetuado;*
>
> *"II – da data em que se tornar definitiva a decisão que houver anulado, por vício formal, o lançamento anteriormente efetuado.*

---

[64] Na mitologia grega, Crhonos (Saturno, para os romanos), personificava o tempo eterno e imortal.

[65] Kairós, sempre na mitologia grega, é o deus do tempo oportuno, vale dizer, atua quando algo especial acontece, como, por exemplo, a morte do ser.

"Parágrafo único. O direito a que se refere este artigo extingue-se definitivamente com o decurso do prazo nele previsto, contado da data em que tenha sido iniciada a constituição do crédito tributário pela notificação, ao sujeito passivo, de qualquer medida preparatória indispensável ao lançamento".

....

"Art. 150. O lançamento por homologação, que ocorre quanto aos tributos cuja legislação atribua ao sujeito passivo o dever de antecipar o pagamento sem prévio exame da autoridade administrativa, opera-se pelo ato em que a referida autoridade, tomando conhecimento da atividade assim exercida pelo obrigado, expressamente a homologa.

"§ 1º. O pagamento antecipado pelo obrigado nos termos deste artigo extingue o crédito, sob condição resolutória da ulterior homologação ao lançamento.

"§ 2º. Não influem sobre a obrigação tributária quaisquer atos anteriores à homologação, praticados pelo sujeito passivo ou por terceiro, visando à extinção total ou parcial do crédito.

"§ 3º. Os atos a que se refere o parágrafo anterior serão, porém, considerados na apuração do saldo porventura devido e, sendo o caso, na imposição de penalidade, ou sua graduação.

"§ 4º. Se a lei não fixar prazo à homologação, será ele de 5 (cinco) anos, a contar da ocorrência do fato gerador; expirado esse prazo sem que a Fazenda Pública se tenha pronunciado, considera-se homologado o lançamento e definitivamente extinto o crédito, salvo se comprovada a ocorrência de dolo, fraude ou simulação".

Observe-se que o art. 173, do *CTN*, cuida da decadência do direito de lançar tributos que aceitam *lançamento direto* ou *lançamento misto*, ao passo que o art. 150, § 4º, do mesmo diploma normativo, disciplina a decadência do direito de lançar tributos que se submetem ao *lançamento por homologação*, dito também *autolançamento*.

Acerca deste último dispositivo, é importante ter presente que ele desloca a competência para a realização do lançamento ao próprio contribuinte, que, assim, deve declarar a ocorrência do *fato imponível*, quantificar a obrigação tributária e promover seu pagamento (pagamento antecipado). A autoridade fazendária, no caso, limita-se a fiscalizar a conduta do contribuinte, tendo em vista quer a homologação do procedimento, quer a realização de eventual cobrança suplementar.

Impende referir que o *dies a quo* da contagem do prazo decadencial, nos tributos que aceitam lançamento por homologação, é a data da ocorrência do *fato imponível*.

d. Quando, porém, o contribuinte não apresenta declaração e pagamento, não há ato a ser homologado, pelo que o prazo aplicável é o do art. 173, do *CTN*.

Nesse sentido, a jurisprudência do Superior Tribunal Justiça, inclusive em recurso representativo de controvérsia. Confira-se:

"*PROCESSUAL CIVIL. RECURSO ESPECIAL REPRESENTA-TIVO DE CONTROVÉRSIA. ARTIGO 543-C, DO CPC. TRIBUTÁRIO. TRIBUTO SUJEITO A LANÇAMENTO POR HOMOLOGAÇÃO. CONTRIBUIÇÃO PREVIDENCIÁRIA. INEXISTÊNCIA DE PAGAMEN-TO ANTECIPADO. DECADÊNCIA DO DIREITO DE O FISCO CONSTITUIR O CRÉDITO TRIBUTÁRIO. TERMO INICIAL. ARTIGO 173, I, DO CTN. APLICAÇÃO CUMULATIVA DOS PRAZOS PREVISTOS NOS ARTIGOS 150, § 4º, e 173, do CTN. IMPOSSIBILIDADE.*

"1. O prazo decadencial quinquenal para o Fisco constituir o crédito tributário (lançamento de ofício) conta-se do primeiro dia do exercício seguinte àquele em que o lançamento poderia ter sido efetuado, nos casos em que a lei não prevê o pagamento antecipado da exação ou quando, a despeito da previsão legal, o mesmo inocorre, sem a constatação de dolo, fraude ou simulação do contribuinte, inexistindo declaração prévia do débito (Precedentes da Primeira Seção: REsp 766.050/PR, Rel. Ministro Luiz Fux, julgado em 28.11.2007, DJ 25.02.2008; AgRg nos EREsp 216.758/SP, Rel. Ministro Teori Albino Zavascki, julgado em 22.03.2006, DJ 10.04.2006; e EREsp 276.142/SP, Rel. Ministro Luiz Fux, julgado em 13.12.2004, DJ 28.02.2005)".[66]

"*TRIBUTÁRIO. AGRAVO REGIMENTAL NO RECURSO ESPECIAL. ICMS. LANÇAMENTO SUPLE-MENTAR. CREDITAMENTO INDEVIDO. PAGAMENTO PARCIAL. DECADÊNCIA. TERMO INICIAL. FATO GERADOR. ART. 150, § 4º, DO CTN.*

"1. O prazo decadencial para o lançamento suplementar de tributo sujeito a homologação recolhido a menor em face de creditamento indevido é de cinco anos contados do fato gerador, conforme a regra prevista no art. 150, § 4º, do CTN. Precedentes: AgRg nos EREsp 1.199.262/MG, Rel. Ministro Benedito Gonçalves, Primeira Seção, DJe 07/11/2011; AgRg no REsp 1.238.000/MG, Rel. Ministro Mauro Campbell Marques, Segunda Turma, DJe 29/06/2012. 2. Agravo regimental não provido".[67]

"*TRIBUTÁRIO. TRIBUTO SUJEITO A LANÇAMENTO POR HOMOLOGAÇÃO. IRPJ. INEXISTÊNCIA DE PAGAMENTO ANTECIPADO. DECADÊNCIA DO DIREITO DE O FISCO CONSTITUIR O CRÉDITO TRIBUTÁRIO. TERMO INICIAL. ART. 173, I, DO CTN. APLICAÇÃO*

---

[66] REsp 973.733/SC, 1ª Seção, publ. 18.09.2009.
[67] STJ, AgRg no REsp 1318020/RS, 1ª Turma, p. 27.08.2013.

CUMULATIVA DOS PRAZOS PREVISTOS NOS ARTS. 150, § 4º, e 173 do CTN. IMPOSSIBILIDADE.

"1. A Primeira Seção, conforme entendimento exarado por ocasião do julgamento do Recurso Especial repetitivo 973.733/SC, Rel. Min; Luiz Fux, considera, para a contagem do prazo decadencial de tributo sujeito a lançamento por homologação, a existência, ou não, de pagamento antecipado, pois é esse o ato que está sujeito à homologação pela Fazenda Pública, nos termos do art. 150 e parágrafos do CTN.

"2. Havendo pagamento, ainda que não seja integral, estará ele sujeito à homologação, daí porque deve ser aplicado para o lançamento suplementar o prazo previsto no § 4º desse artigo (de cinco anos a contar do fato gerador). Todavia, não havendo pagamento algum, não há o que homologar, motivo porque deverá ser adotado o prazo previsto no art. 173, I, do CTN.

"3. 'In casu', o Tribunal de origem consignou que inexistiu pagamento de tributos pela empresa, mas apenas apresentação de DCTF contendo informações sobre supostos créditos tributários a serem compensados. Agravo regimental improvido".[68]

e. Uma vez consolidado o entendimento do *STJ*, a mesma posição foi assumida pelo Conselho Administrativo de Recursos Fiscais – *CARF*; *verbis*:

"TRIBUTO SUJEITO A LANÇAMENTO POR HOMOLO-GAÇÃO. PRAZO DECADENCIAL DE CONSTITUIÇÃO DO CRÉDITO.

"Inexistindo a comprovação de ocorrência de dolo, fraude ou simulação por parte do contribuinte, o termo inicial será: (a) o primeiro dia do exercício seguinte àquele em que o lançamento àquele em que o lançamento poderia ter sido efetuado, se não houve antecipação do pagamento (CTN, ART. 173, I); (b) **o Fato Gerador, caso tenha ocorrido recolhimento, ainda que parcial (CTN, ART. 150, § 4º)**. Na Declaração de Ajuste Anual (fls. 14) consta valor de imposto retido na fonte pago para o exercício de 2000, ano calendário de 1999. Em havendo pagamento antecipado, a regra de contagem do prazo decadencial aplicável deve ser a regra do art. 150, § 4º do CTN. Isto é, o termo inicial para a contagem do prazo decadencial do ano calendário de 1999 dá-se no dia 01/01/2000 e o termo final no dia 31/12/2004. Considerando que o contribuinte foi cientificado do auto de infração, em 16/02/2005, portanto, após de transcorrido o prazo de cinco contados do fato gerador, nesta data já se encontrava decaído o direito da Fazenda Pública em constituir o crédito tributário relativo ao ano calendário de 1999. Recurso Extraordinário Negado".[69]

[68] AgRg no REsp 1277854/PR, 2ª Turma, publ. 18.06.2012.
[69] Conselho Superior de Recursos Fiscais – CSRF – Acórdão 9900-000.842 – Data de publicação: 05/03/2013.

f. Como derradeiro ponto – mas não menos relevante –, é fundamental ter presente que o lançamento não é mero ato interno da Administração Fazendária, mas, pelo contrário, por estar voltado ao contribuinte, demanda, para aperfeiçoar-se (e, portanto, para irradiar efeitos jurídicos), que este dele seja **regularmente notificado.**

Vale, a propósito, a lição de Ruy Barbosa Nogueira, para quem a notificação do contribuinte *"é o último ato do procedimento de constituição formal do crédito tributário que o torna oponível ao contribuinte"*.[70]

Deveras, como é de compreensão intuitiva, o contribuinte, não tendo regular ciência de que este ato administrativo foi formalizado, fica sem condições reais de a ele responder, seja com o pagamento do tributo (com o que o crédito tributário restará extinto), seja com a impugnação, administrativa ou judicial (com o que estará instaurado o *contencioso tributário*).

Portanto, enquanto o contribuinte não for adequadamente notificado do lançamento,[71] o prazo decadencial tributário continuará a fluir, até que se complete o aludido quinquênio.

4.2.3. A Prescrição Tributária

a. O Brasil, sendo um Estado Democrático de Direito, não se compadece, de regra,[72] com pretensões *condenatórias* ou *executivas* perpétuas, vale dizer, que não se submetem a prazos prescricionais.[73]

Assim é, em função do *princípio da segurança jurídica* que exige que as pessoas tenham não só uma proteção eficaz de seus direitos, como que possam prever, em alto grau, as consequências jurídicas dos comportamentos que adotaram. Tudo para que tenham estabilidade nas relações sociais, ou, em se preferindo, a *garantia do passado*.

Nesse sentido, as escorreitas lições de Celso Antônio Bandeira de Mello; *verbis*:

---

[70] *Curso de Direito Tributário*, Saraiva, São Paulo, 15ª edição, 1999, p. 219.

[71] Evidentemente, no autolançamento, prescinde-se da notificação do contribuinte, pois é ele próprio que constitui o crédito tributário, *ad referendum* do Fisco.

[72] Escrevo *"de regra"*, porque realmente há algumas pretensões condenatórias ou executivas sem prazo para serem exercitadas, como, por exemplo, a ação de proteção ao meio ambiente. Tais exceções – de resto bastante raras – apenas confirmam a regra geral da prescritibilidade.

[73] Perpétuas, isto é, sem prazo para serem deduzidas, são apenas as pretensões *declaratórias*, nas quais, como se sabe, se objetiva obter, do Poder Judiciário, o reconhecimento da existência ou inexistência de direito subjetivo ou de relação jurídica subjetiva (cf. arts. 19 e 20, do *CPC*).

DIREITOS FUNDAMENTAIS DOS CONTRIBUINTES

"Ora bem, é sabido e ressabido que a ordem jurídica correspondente a um quadro normativo proposto precisamente para que as pessoas possam se orientar, sabendo, pois, de antemão, o que devem ou o que podem fazer, tendo em vista as ulteriores consequências imputáveis a seus atos. O Direito propõe-se a ensejar uma certa estabilidade, um mínimo de certeza na regência da vida social. Daí o chamado 'princípio da segurança jurídica', o qual, bem por isso, se não é o mais importante dentre todos os princípios gerais de Direito, é, indisputavelmente, um dos mais importantes entre eles. Os institutos da <u>prescrição</u>, da decadência, da preclusão (na esfera processual), do usucapião, da irretroatividade da lei, do direito adquirido, são expressões concretas que bem revelam esta profunda aspiração à estabilidade, à segurança, conatural ao Direito. Tanto mais porque inúmeras dentre as relações compostas pelos sujeitos de direito constituem-se em vista do porvir e não apenas da imediatividade das situações, cumpre, como inafastável requisito de um ordenado convívio social, livre de abalos repentinos ou surpresas desconcertantes, que haja uma certa estabilidade nas situações destarte constituídas".[74]

b. Como se vê, o Direito não convive com a incerteza. Pelo contrário, existe exatamente como fonte de ordem e, portanto, de paz pública e de segurança.[75]

Daí porque as pessoas devem haurir, do ordenamento jurídico como um todo considerado, a certeza dos efeitos que advirão dos comportamentos que adotaram ou vierem a adotar. Fosse de outro modo, e não saberiam quais objetivos perseguir, já que tudo navegaria ao sabor da álea, do capricho dos governantes, da boa ou da má fortuna. E, pior: não haveria espaço para o planejamento, já que, qualquer conduta que adotassem poderia acarretar-lhes, indiferentemente, consequências positivas ou negativas, dependendo das circunstâncias de momento.

Em suma, reitero que uma das funções precípuas do Direito é dar segurança jurídica às pessoas.

E é exatamente neste ponto que entra o fenômeno da prescrição.

c. A prescrição é a perda da ação inerente ao direito e de toda sua capacidade defensiva, por seu não exercício, durante certo lapso de tempo (cfr. Clóvis Beviláqua, Carpenter, Washington de Barros Monteiro, Caio Mário

---

[74] *Curso de Direito Administrativo*, Malheiros Editores, São Paulo, 21ª ed., 2006, p. 119 (grifamos).
[75] No mesmo sentido, Pontes de Miranda, *Tratado de Direito Privado*, tomo 6, § 662, Borsoi, Rio de Janeiro, 2ª ed. 1955, p. 100.

da Silva Pereira, Câmara Leal etc.). Portanto, é o decurso do *tempus*, fixado no direito positivo, que determina a ocorrência deste fenômeno jurídico.

Insisto que a prescrição faz desaparecer a ação que viabiliza o direito, sempre que por largo tempo, seu titular permanece inerte. Com ela, no entanto, como se verá logo adiante, o próprio direito deixa de existir.

Como bem o percebeu Antônio Luís da Câmara Leal, em monografia de bela feitura,[76] a prescrição só ocorre quando se implementam quatro requisitos; a saber: *a)* a existência de uma ação exercitável; *b)* a inércia do titular desta ação; *c)* o prolongamento desta inércia, durante certo lapso de tempo; e, *d)* a ausência de qualquer ato ou fato a que a lei atribua o efeito de impedir, suspender ou interromper a fluência do lapso prescricional.

A prescrição pressupõe a desídia do titular do direito, que, por largo tempo, não diligencia para fazê-lo valer. Mais dia, menos dia, sua conduta negligente leva ao desaparecimento da ação que tornava possível fazer valer este mesmo direito. É novamente o deus Chronos que, chamando Kairós, castiga o titular do direito que o esquece e não lhe rende homenagens.

Mas, deixando a mitologia grega de lado, a prescrição fixa limites temporais à eficácia das ações, que, uma vez superados, acarretam – inclusive no campo tributário – o perecimento do próprio direito a elas subjacente.

d. Lamentavelmente, alguns ainda sustentam o mito de que as pretensões que giram em torno do Direito Público, aí compreendido o Direito Tributário, são imprescritíveis.[77] Nada menos exato, até porque, para que se cumpra o primado constitucional da segurança jurídica, é justamente nesta área que mais se faz necessária a estabilização das relações intersubjetivas.

Em suma, as pretensões estatais, salvo algumas pouquíssimas exceções,[78] também se extinguem por meio do instituto da prescrição.

---

[76] *Da Prescrição e da Decadência*, Forense, Rio de Janeiro, 2ª ed., 1969, p. 25.

[77] Escrevo *mito*, porque nosso ordenamento jurídico, em várias passagens, declara a prescritibilidade de pretensões que favorecem o Poder Público. É o caso do art. 21, da Lei nº 4.717/1965, que declara que a ação popular prescreve em 5 anos. É o caso, ainda, do art. 174, do *CTN*, que estabelece que *a ação de cobrança do crédito tributário prescreve em 5 anos*. Também os danos ao Erário são prescritíveis. Enfim, os exemplos são múltiplos e põem por terra a tese da imprescritibilidade das pretensões estatais.

[78] É o caso da imprescritibilidade do crime de racismo (art. 5º, XLII, da *CF*) e de grupo armado contra a ordem constitucional e o Estado Democrático (art. 5º, XLIV, da *CF*). Essas exceções, seja porque postas no próprio Texto Constitucional, seja porque vão contra a tendência do nosso direito positivo, devem receber interpretação restritiva; jamais, ampliativa.

e. Quando a pretensão do Estado é patrimonial, exercitável mediante ação condenatória, é sempre prescritível. É o que se dá com a pretensão ao crédito tributário.

Como qualquer direito de crédito, o crédito tributário extingue-se quando não realizado dentro de certo período.

Note-se que a ocorrência da prescrição pressupõe um crédito tributário constituído, ao contrário da decadência, que se consuma antes da sua (do crédito tributário) formação.

f. Portanto, se a faculdade administrativa de exigir o crédito tributário não for exercitada dentro do tempo estipulado na lei, o crédito tributário desaparece.

Com tal frase pretendo reafirmar que a prescrição também é modalidade extintiva da obrigação tributária, fenômeno que decorre da perda da ação de cobrança do tributo, em razão do prolongado descaso da Fazenda Pública em intentá-la. Em outras palavras, se a Fazenda Pública não ajuíza, no tempo devido, a execução fiscal, perde, pela prescrição, não só a ação que lhe possibilitava fazer valer seu direito creditório contra o contribuinte, como o próprio direito creditório. Em suma, com a perda da ação, perece o direito à percepção do tributo.

Tanto é assim, que, uma vez ocorrida a prescrição tributária, o direito ao crédito desaparece, até mesmo para uma cobrança amigável. O contribuinte que, por qualquer razão, paga débito tributário prescrito, pode repetir o que pagou, pois – permito-me reiterar –, mais do que a ação de cobrança do tributo, o Fisco, com a ocorrência deste fenômeno jurídico, também perde o direito de receber a exação.

Enfim, entendo que a prescrição tributária controla o tempo da exigência do crédito tributário e não só a possibilidade de propor a ação de sua cobrança.

g. Este tempo é de cinco anos, conforme reza o art. 174, *caput*, do Código Tributário Nacional;[79] *verbis*:

> "*Art. 174. A ação para a cobrança do crédito tributário prescreve em 5 (cinco) anos, contados da data da sua constituição definitiva*".

---

[79] Também nesta passagem, o *CTN* vale como lei complementar, veiculando *normas gerais* em matéria de prescrição tributária, que as pessoas políticas são obrigadas a obedecer.

Relembro que, em termos rigorosamente técnicos, a *constituição definitiva* do crédito tributário somente se dá quando é efetuada a notificação do contribuinte (ou quando este apresenta o *autolançamento*).

Apenas a partir desse momento, o crédito tributário passa a ser exigível, pelo que este é o *dies a quo* da fluência do lapso prescricional.

O mais importante, porém, é não perder de vista que a cobrança judicial do tributo tem *prazo certo* para ocorrer (5 anos), além do qual se extingue o crédito tributário, pela prescrição.

h. Tal prazo – a menos que comprovadamente ocorra uma causa suspensiva ou interruptiva da fluência do lapso prescricional tributário – é o máximo, não podendo ser dilargado, como já decidiu o Supremo Tribunal Federal.[80]

Mas, como acima acenei, a fluência do prazo prescricional tributário pode ser interrompida ou suspensa. Estes fenômenos jurídicos estão positivados, respectivamente, nos arts. 151 e 174, parágrafo único, do *CTN*; *verbis*:

> *"Art. 151. Suspendem a exigibilidade do crédito tributário:*
>
> *"I – moratória;*
>
> *"II – o depósito do seu montante integral;*
>
> *"III – as reclamações e os recursos, nos termos das leis reguladoras do processo tributário administrativo;*
>
> *"IV – a concessão de medida liminar em mandado de segurança;*
>
> *"V – a concessão de medida liminar ou de tutela antecipada, em outras espécies de ação judicial;*
>
> *"VI – o parcelamento.*

> *"Art. 174 ('omissis') (...)*
>
> *"Parágrafo único. A prescrição se interrompe:*
>
> *"I – pelo despacho do juiz que ordenar a citação em execução fiscal;*
>
> *"II – pelo protesto judicial;*
>
> *"III – por qualquer ato judicial que constitua em mora o devedor;*

---

[80] A Súmula Vinculante 8, aprovada por unanimidade na sessão plenária do STF de 12.6.2008, com o enunciado *"são inconstitucionais o parágrafo único do art. 5º do Decreto-lei n. 1.569/1977 e os arts. 45 e 46 da Lei n. 8.212/1991, que tratam de prescrição e decadência do crédito tributário"* consagrou a tese de que cabe ao legislador complementar fixar os prazos máximos para que ocorram estes fenômenos jurídicos. Não proibiu, porém, que, para determinadas situações, a lei de cada pessoa política estipule, tendo em vista o peculiar interesse local, prazos menores.

DIREITOS FUNDAMENTAIS DOS CONTRIBUINTES

"IV – por qualquer ato inequívoco ainda que extrajudicial, que importe em reconhecimento do débito pelo devedor".

i. Em apertada síntese, a suspensão e a interrupção acarretam o efeito jurídico de cessar a contagem do prazo prescricional tributário. Diferem, na medida em que, na suspensão, desaparecida a causa que a ensejou, o prazo prescricional continua a correr, ou seja, leva em conta o tempo anteriormente (antes de suspensão) transcorrido. Já, na interrupção, o prazo imediatamente volta a ser computado, descartando-se o tempo transcorrido.

Conclusões

Tudo posto e considerado, força é convir que os princípios da segurança jurídica e da boa-fé subjazem aos fenômenos jurídicos *(i)* seja da irretroatividade das mudanças, *in peius*, de orientações fazendárias, *(ii)* seja da decadência e da prescrição tributárias. Conjugados, fazem com que o **fator tempo** leve, parafraseando Goffredo da Silva Telles Júnior, *"a uma mais justa solução"*[81] dos problemas dos contribuintes.

---

[81] *"O Chamado Direito Alternativo – Interpretação Razoável"*, in *Revista da Faculdade de Direito da Universidade de São Paulo*, n.º 94/79, São Paulo, 1999.

8. O acesso a dados sigilosos e o direito à privacidade contra o Estado

Tercio Sampaio Ferraz Júnior

A decisão do Supremo Tribunal Federal, do tema 990, paradigma RE nº 1.055.941/SP[1], a qual permitiu o envio direto pela RFB, sem intermediação do Poder Judiciário, não só da notícia crime ao MP, mas do conjunto de todos os documentos, inclusive, os intimamente relacionados com a situação econômica e financeira da empresa e as relações de seus clientes e a declaração do IRPJ, sem deixar que esses dados mais ligados ao sigilo fiscal dependesse de prévia autorização judicial, traz à tona o importante tema do direito à vida privada (CF/88, art. 5º, X), pois um amplo compartilhamento passa a poder existir entre órgãos públicos sem a intermediação do Poder Judiciário.

Em nome do princípio da eficiência, com esse amplo compartilhamento de dados sigilosos de pessoas privadas, físicas ou jurídicas, entre órgãos de controle como TCU ou órgão de persecução criminal como o MP, põe-se a questão do direito constitucional à vida privada, no sentido de que esse direito, pela decisão, pareceria só proteger o indivíduo contra outra pessoa privada, mas não em relação ao Estado.

O tema tem alcance significativo, remontando a debates e decisões que marcam sua presença recorrente na interpretação constitucional.

Sem entrar propriamente na discussão do acórdão, lembre-se que, em 2016, o STF já garantira ao próprio Fisco acesso a dados – bancários

---

[1] O tema (Tema nº 990), no RE nº 1.055.941/SP, foi definido nos seguintes termos: "Possibilidade de compartilhamento com o Ministério Público, para fins penais, dos dados bancários e fiscais do contribuinte, obtidos pela Receita Federal no legítimo exercício de seu dever de fiscalizar, sem autorização prévia do Poder Judiciário".

– dos contribuintes sem necessidade de autorização judicial. O Plenário do Supremo, por maioria de votos – 9 a 2 –, em face de processos que questionavam dispositivos da Lei Complementar nº 105/2001, os quais permitem à Receita Federal, sem prévia autorização judicial, receber dados bancários de contribuintes fornecidos diretamente pelos bancos, concluíra que a norma legal não resulta em quebra de sigilo bancário, mas sim em *transferência* de sigilo da órbita bancária para a fiscal, pois ambas estavam protegidas contra o acesso de terceiros. Ou seja, a transferência de informações, sendo feita dos bancos ao Fisco, que tem o dever de preservar o sigilo dos dados, não caracterizaria ofensa à Constituição Federal.

Na ocasião, no entanto, o decano do STF, ministro Celso de Mello, acompanhou a divergência aberta anteriormente pelo ministro Marco Aurélio, votando pela indispensabilidade de ordem judicial para que mesmo a Receita Federal tivesse acesso aos dados bancários dos contribuintes. Para ele, embora o direito fundamental à intimidade e à privacidade não tenha caráter absoluto, isso não significaria que pudesse ser desrespeitado por qualquer órgão do Estado. Nesse contexto, afirmou o ministro Celso de Mello que a quebra de sigilo deveria se submeter ao postulado da reserva de jurisdição, só podendo ser decretada pelo Poder Judiciário, que é terceiro desinteressado, devendo sempre ser concedida em caráter de absoluta excepcionalidade. "Não faz sentido que uma das partes diretamente envolvida na relação litigiosa seja o órgão competente para solucionar essa litigiosidade", afirmou.

O problema, conhecido como a possibilidade de quebra de sigilo, tem duas facetas: uma refere-se ao *fundamento objetivo*[2], isto é, em nome de que interesse a privacidade pode ser excepcionada; outra, ao *fundamento subjetivo*, isto é, quem pode excepcionar.

No início da década de 90, o Ministro Carlos Mário Velloso, relator de decisão que tinha por objeto o sigilo bancário, não teve dúvidas em afirmar, que não se tratava de "um *direito absoluto*, devendo ceder, é certo, diante do *interesse público, do interesse da justiça, do interesse social*, conforme aliás tem decidido esta Corte" (grifei)[3].

---

[2] Assinale-se que, em sentido objetivo ficou determinado que "o acesso às operações bancárias se limita à identificação dos titulares das operações e dos montantes globais mensalmente movimentados, ou seja, dados genéricos e cadastrais dos correntistas, vedada a inclusão de qualquer elemento que permita identificar sua origem ou [a] natureza dos gastos a partir deles efetuados, como prevê a própria LC nº 105/2001".

[3] Seguia uma copiosa citação da jurisprudência do STF e da doutrina – cf. STF, Sessão Plenária, ac. de 25.03.92.

Do mesmo modo, no mundo financeiro internacional (e na legislação brasileira igualmente), já eram importantes as mudanças no conceito de sigilo bancário quando estavam envolvidas atividades criminosas[4].

Punha-se, nesse sentido, o tema do acesso, pelo Estado, ao *dado* privado sob sigilo.

Em questão está a autorização judicial para a chamada interceptação *on line*.

Esse tipo de autorização consiste numa exceção, que a CF disciplina com rigor (CF, art. 5º, XII, em que se ressalva a interceptação da comunicação telefônica para fins da investigação criminal ou instrução processual; ver também o Título V: Da Defesa do Estado e das Instituições Democráticas, em especial, art. 136, par. 1º, I, *b* e *c*, art. 139, III e VI).

Dispõe o art. 5º, incisos X e XII:

> *"Art. 5º Todos são iguais perante a lei, sem distinção de qualquer natureza, garantindo-se aos brasileiros e aos estrangeiros residentes no País a inviolabilidade do direito à vida, à liberdade, à igualdade, à segurança e à propriedade, nos termos seguintes:*
>
> *(...)*
>
> *X – são invioláveis a intimidade, a vida privada, a honra e a imagem das pessoas, assegurado o direito a indenização pelo dano material ou moral decorrente de sua violação;*
>
> *(...)*
>
> *XII – é inviolável o sigilo da correspondência e das comunicações telegráficas, de dados e das comunicações telefônicas, salvo, no último caso, por ordem judicial, nas hipóteses e na forma que a lei estabelecer para fins de investigação criminal ou instrução processual penal;".*

Como visto, o Constituinte autorizou uma única exceção à inviolabilidade do sigilo de comunicação: **no último caso,** *por ordem judicial, nas hipóteses e na forma que a lei estabelecer para fins de investigação criminal ou instrução processual penal.* Esse *último caso* refere-se às comunicações telefônicas.

Mas, com essa única ressalva, não permitiu absolutamente a entrada de terceiros na comunicação alheia, ainda que, em nome do interesse público, um juiz viesse autorizá-los (CF, art. 5º, XII).

Nesses termos, dispõe a Lei nº 9.296/96 (Regulamenta o inciso XII, parte final, do art. 5º da Constituição Federal):

---

[4] A discussão é antiga. Cf. David E. Spencer, Capital Flight and Bank Secrecy: the End of an Era? *International Financial Law Review, London, May,*1992.

*"Art. 1º A interceptação de comunicações telefônicas, **de qualquer natureza**, para prova em investigação criminal e em instrução processual penal, observará o disposto nesta Lei e dependerá de ordem do juiz competente da ação principal, sob segredo de justiça.*

*Parágrafo único. O disposto nesta Lei aplica-se à **interceptação do fluxo de comunicações em sistemas de informática e telemática.**"* (grifei).

O dispositivo do parágrafo único entende, **incorretamente**, o comando constitucional, ao referir-se ao *fluxo de comunicações em sistemas de informática e telemática*.

Como visto anteriormente, toma seu correto sentido o disposto no inciso XII do art. 5º da C.F. quando ali se admite a **interceptação** *apenas* para a comunicação telefônica e, assim mesmo, só para fins de investigação criminal ou instrução processual penal, por ordem judicial. Dos quatro meios de comunicação ali mencionados – correspondência, telegrafia, dados, telefonia – só o último se caracteriza por sua instantaneidade no sentido de que a comunicação telefônica só subsiste *enquanto ocorre*. Encerrada, não deixa vestígios no que se refere ao conteúdo das mensagens. E, como o conteúdo comunicado telefonicamente desaparece, a interceptação de conversas telefônicas por meio de "grampeamento" é medida necessária para a eficácia de uma investigação criminal, necessária para que o conteúdo possa ser conhecido. Daí a razão para essa única hipótese de entrada direta no próprio processo comunicativo enquanto flui: interceptação.

Mas, como essa forma de interceptação, tecnicamente possível, só faz sentido para a comunicação telefônica, o constituinte autorizou esta única exceção à inviolabilidade do sigilo **da comunicação**. Porém, com essa única ressalva, não permitiu absolutamente a entrada de terceiros na comunicação alheia, ainda que em nome do interesse público, proibição que alcança as demais: correspondência, telegrafia e **comunicação de dados** (não devendo ser olvidado que as técnicas atuais permitem o rastreamento de mensagens armazenadas mesmo quando apagadas).

A distinção é, pois, bem clara: a quebra do sigilo telefônico admite a interceptação, não, porém, a quebra de registros informáticos, que só se quebra (quando autorizada judicialmente) pela determinação do seu fornecimento (busca e apreensão).

Em síntese, a expressa proibição constitucional de violação do sigilo das comunicações exclui expressamente a interceptação, aí incluída a violação da comunicação de dados, e afasta qualquer exceção, ressalvada a interceptação da comunicação telefônica para fins de investigação criminal e por ordem judicial *e somente nas hipóteses e na forma que a lei estabelecer*. Essa menção à *lei* não se refere apenas à Lei n. 9.296/96 ou à LC n. 75/93, mas a toda e qualquer lei que venha a prever qualquer forma de interceptação, fora da ressalva constitucional (José Afonso da Silva, Comentário contextual à Constituição, São Paulo, 2007, p. 105).

O próprio requisito de *ordem judicial* está, porém, sujeito a condicionamentos. Terá que se traduzir – observa José Afonso da Silva (id. ib.) – numa decisão fundamentada, indicando a forma de execução da *diligência* (que não poderá exceder o prazo de 15 dias, renovável por igual tempo, se necessário: Lei n. 9296/96, artigos 3º e 5º). Ou seja, exigência do devido processo legal.

Em face desses condicionamentos, deve-se entender que, não estando presentes os devidos requisitos legais, a própria autorização judicial poderá ser inquinada de ostensiva ilegalidade.

Há, nesse sentido, importantes pressupostos legitimadores da autorização judicial para a quebra de sigilo, que devem ser observados pelo próprio juiz.

Atente-se, nesse sentido, ao que dispõe a Lei nº 9.472/97 (dispõe sobre a organização dos serviços de telecomunicações, a criação e funcionamento de um órgão regulador e outros aspectos institucionais, nos termos da Emenda Constitucional nº 8, de 1995.):

> *"Art. 3º O usuário de serviços de telecomunicações tem direito:*
>
> *(...)*
>
> *V – à inviolabilidade e ao segredo de sua comunicação, salvo nas hipóteses e condições constitucional e legalmente previstas;*
>
> *(...)*
>
> *VI – à não divulgação, caso o requeira, de seu código de acesso;*
>
> *(...)*
>
> *IX – ao respeito de sua privacidade nos documentos de cobrança e na utilização de seus dados pessoais pela prestadora do serviço;*
>
> *(...)*
>
> *XII – à reparação dos danos causados pela violação de seus direitos."*

Nesses termos, dispõe a Lei nº 9.296/96:

> *"Art. 10. Constitui crime realizar **interceptação** de comunicações telefônicas, de informática ou telemática, ou quebrar segredo da Justiça, sem autorização judicial ou com objetivos não autorizados em lei."* (grifei).

Nesse sentido, a própria autorização judicial para a quebra de sigilo está sujeita a regras que devem ser observadas mesmo quando concedida para efeitos de investigação criminal. É imprescindível, assim, que, com o fim de não eliminar os direitos individuais, seja levado em conta que a medida autorizada respeite o requisito:

1. da necessidade, em consonância com a qual medida de polícia só deve ser adotada para evitar ameaças reais ou prováveis de perturbações ao interesse público;
2. da proporcionalidade, já referida, que significa a exigência de uma relação necessária entre a limitação ao direito individual e o prejuízo a ser evitado;
3. da eficácia, no sentido de que a medida deve ser adequada para impedir o dano ao interesse público.

O princípio da proporcionalidade, nascido da doutrina e jurisprudência alemãs, corresponde à necessidade de adequar o juízo de direito a uma certa circunstancialidade, impedindo juízos subsuntivos excessivamente rigorosos. Na jurisprudência do STF, relaciona-se a uma regra da razoabilidade, tal como desenvolvido na jurisprudência anglo-saxônica (*rule of reasonableness*).

Através da regra da razoabilidade, o juiz tenta avaliar caso a caso as dimensões do comportamento razoável tendo em conta a situação de fato e a regra do precedente.

Nesses termos é que, em matéria de sigilo, dada sua dimensão constitucional, passa a ser necessário determinar as hipóteses em que existe uma proporcionalidade nessa determinação, ainda que necessária a intervenção coativa para decidir a sua quebra para efeitos de investigação criminal.

Por isso mesmo, os meios diretos de coação só devem ser utilizados quando não haja outro meio eficaz para alcançar-se o mesmo objetivo, não sendo válidos quando desproporcionais ou excessivos em relação ao interesse tutelado pela lei.

Excluem-se, obviamente, do rol de requisições legítimas, as informações dos usuários – sem a autorização expressa destes –, cobertas pelas cláusulas constitucionais de sigilo e privacidade, obtidas mediante interceptação, como os dados cadastrais e financeiros, e os dados relativos ao atendimento de clientes, especialmente gravações de conversas telefônicas do atendimento.

Os registros não estão apenas protegidos em termos de sigilo *de dados*. Na verdade, o sigilo das comunicações telefônicas é abrangido pelo sigilo de dados quando aquelas comunicações são registradas com anuência do cliente.

Nesses termos, pela Lei n. 9.472/97, art. 3º, o *usuário de serviços de telecomunicações tem direito*: (XII) *à reparação dos danos causados pela violação de seus direitos.*

Em suma, a expressa proibição constitucional de violação do sigilo das comunicações de dados mediante interceptação afasta qualquer exceção, ressalvada a interceptação da comunicação telefônica para fins de investigação criminal e por ordem judicial. Para fins dessa investigação, a quebra do sigilo de dados só pode ocorrer *a posteriori e somente nas hipóteses e na forma que a lei estabelecer.*

Todavia, ainda que se admitisse, *ad argumentandum*, a constitucionalidade do acesso *on line* à comunicação de dados (acesso mediante quebra autorizada de senhas), importantes requisitos deveriam ser obedecidos.

Nesse sentido, não resta dúvida que tanto a privacidade quanto a inviolabilidade de sigilo de dados, inseridas no art. 5º da Constituição Federal, são uma peça fundante da própria cidadania, ao lado de outros direitos fundamentais ali expressos. O sigilo, nesse sentido, tem a ver com a segurança do cidadão, princípio cujo conteúdo valorativo diz respeito à exclusão do arbítrio, não só de parte da sociedade como, sobretudo, do Estado que só pode agir submisso à ordem normativa que o constitui. Nestes termos, a cidadania, exigência do princípio republicano, que a reclama como uma espécie de fundamento primeiro da vida política e, por consequência, do Estado, *antecede* o Estado, não sendo por ele instituída. É ela que constitui a distinção entre o público e o privado, sob pena de perversão da soberania popular (C.F., art. 1º, parágrafo único). As competências estabelecidas e atribuídas ao Estado devem, pois, estar submetidas ao reconhecimento do indivíduo como cidadão, cuja dignidade se corporifica em direitos fundamentais.

Ou seja, uma *interpretação conforme* do dispositivo do referido parágrafo único deveria atender ao direito à privacidade.

Segue que extensão do disposto na referida Lei *à interceptação do fluxo de comunicações em sistemas de informática e telemática* deveria ser entendida como uma forma de "interceptação" peculiar, diferente da interceptação da comunicação telefônica. Enquanto nesta do acesso não tem notícia o investigado ("grampeamento"), naquela o acesso deveria atender a um princípio de transparência, o que o aproximaria da apreensão de dados.

Discute-se, assim, a hipótese de dois princípios reguladores da liberdade/privacidade informática e telemática: o da razoabilidade da exigência de quebra (de senhas), de um lado, e o do limite da proteção de extensão de dados sobre terceiros, de outro. Assim, a quebra de senhas por força de coação judicial ("interceptação" da comunicação de dados), do mesmo modo que a possibilidade de acesso ao armazenamento (privado) de dados (*busca e apreensão*), deve estar restrita a objetivos claros e expressos, em função dos quais são instaurados os procedimentos. A eventual quebra de sigilo de senhas fica, pois, submetida à regra da "transparência do acesso", isto é, ninguém, nem mesmo a autoridade pública, pode ter acesso a informações sem registro informatizado do agente público que as acessa, com igual transparência da liberdade de decisão de alguém (agente público ou privado), sobre as circunstâncias (como, com quem, quando, em que extensão) da ocorrência da comunicação de terceiros. Essas duas transparências evitam o devassamento de dados privados, devendo-se prever, simultaneamente, os direitos do agente privado protegido, jungida, então, a autoridade a encarar a *comunicação* não como um bem apropriável, mas como manifestação de liberdade: privacidade.

É preciso, porém, no mundo hodierno, ter uma perspectiva adequada: se lidamos hoje com o *virtual*, é preciso discutir a função das **plataformas tecnológicas** enquanto viabilizam e condicionam as próprias interações humanas.

No mundo *on line*, dada a inexistência de limitação física, tratamos de bens (informação e conhecimento), cujo uso por alguém não exclui, por princípio, o uso por outro.

Nessa esfera, o espaço de ação para o sujeito é relevante na medida em que lhe permite **se** *comunicar com* os **outros.** O *ciberespaço* somente se constrói na medida em cada espaço de ação de cada sujeito é voltado para a comunicação com os outros, sem a qual o próprio ambiente perde sentido.

Isso significa a imposição de um *acesso excepcional* que cria, necessariamente, uma vulnerabilidade ao sistema, que, se pudesse ser imposto, poderia tornar o sistema vulnerável a qualquer ataque externo, além de anular a inviolabilidade ao acesso a conteúdo privado.

Por isso sua proteção não pode se dar apenas pelo inciso XII do artigo 5º da CF, que diz respeito apenas ao sigilo de comunicações, mas fundamenta-se **amplamente** no inciso X do mesmo artigo 5º. Que se refere à privacidade dos indivíduos.

Fundamentar-se amplamente significa passar da liberdade como direito à privacidade e ao sigilo à existência de um **direito fundamental à**

confidencialidade e integridade dos sistemas de tecnologia da informação, como reconheceu, recentemente, o Tribunal Constitucional Alemão, ao derivar, do direito à privacidade e ao livre desenvolvimento da personalidade, o *direito fundamental à confidencialidade e integridade dos sistemas de tecnologia da informação*,para barrar a implantação de sistema de acesso estatal privilegiado a plataformas de trocas de e-mail (*Online-Durchsuchung*).

Esse entendimento é esclarecedor do que se discute hoje quando se fala em sanção de suspensão ou proibição de atividades a plataformas de tecnologia que não disponibilizem acesso ao conteúdo de comunicações entre seus usuários após ordem judicial de interceptação para fins de investigação criminal.

Sublinhe-se a constatação de que a proteção dos direitos fundamentais exercidos em comunicação, pressupõem a proteção da própria infraestrutura tecnológica, exigindo a proteção de instrumentos como a criptografia em sistemas de dispositivos conectados à internet.

O que se deve entender é que a Constituição, quando garante a privacidade dos indivíduos e a inviolabilidade do sigilo de dados, impõe, ao legislador, o dever de assegurar organizadamente o processo de comunicação, por meio de dispositivos que tanto garantam aos comunicadores uma formulação aberta de informações, passível de ser por eles reconhecida e concretizada, quanto impeçam estratégias comunicacionais de manipulação, a violação do circuito informático.

E aí entra o acesso às trocas de mensagens protegido por criptografia de ponta-a-ponta, de tal modo que o conteúdo desencriptado seja inacessível às próprias ofertantes do serviço. Afinal, nisso reside a garantia de segurança e confidencialidade do sistema.

Para interceptar o fluxo, seria preciso quebrar o sistema de encriptação (ponta-a-ponta), devendo-se lembrar que não há dever legal de armazenar o conteúdo de comunicações já realizadas.

Na verdade, uma quebra do sistema de encriptação introduziria uma vulnerabilidade que comprometeria a segurança de todo o sistema, colocando em risco todos os milhões de usuários, e que seria detectável por qualquer pessoa e, portanto, o tornaria ineficaz.

O que está em questão, portanto, é a própria condição tecnológica de exercer direitos **por toda a sociedade**. O valor constitucional a assegurar-se é a *confiança coletiva* no sistema informático, sem a qual, a comunicação social não é possível.

A chamada criptografia ponta-a-ponta cumpre essa função, devendo ser garantida, não violada ou suprimida. As ordens judiciais de bloqueio, ao impedir que os usuários se comuniquem através do serviço, violam não só múltiplos direitos fundamentais, incluindo as liberdades de expressão e comunicação, bem como a livre iniciativa e o exercício da livre concorrência.

Em suma, o poder sancionador do Estado existe para situações que ameacem a confidencialidade e a liberdade comunicacional coletiva, mas é um desvirtuamento da lei e da Constituição usar esse poder sancionador para impor uma vulnerabilidade a plataformas íntegras e confiáveis.

Na verdade, entra em jogo um sentido mais amplo da liberdade de comunicação. É conhecida a frase de Herbert Spencer: a liberdade de um **termina** onde **começa** a liberdade do outro

Hoje, altera-se esse entendimento: a liberdade de um **começa** onde **começa** a liberdade do outro.

9. Princípio de Capacidade Contributiva e Segurança Jurídica

Heleno Taveira Torres

1. A Função Justiça do Sistema Constitucional Tributário e a Pós-Compreensão

Como assinala Peter Häberle, o jurista não se deve limitar pela *pré-compreensão* à interpretação da Constituição, mas deve fazer uso de uma meditada *pós-compreensão* dos textos constitucionais, para uma hermenêutica do seu progredir de aplicação e aprendizagem reflexiva intra e intersistêmica.[1] Essa noção coincide com o que se pretende dizer sobre o significado da construção de um *princípio do sistema constitucional tributário*,[2] para garantir os direitos fundamentais ante o exercício de competências tributárias. De fato, ao tempo que a Constituição contempla um modelo predefinido de "Sistema Tributário", a *pós-compreensão* deve levar o intérprete ao reconhecimento de um dever de concretização de tudo quanto sirva a instituir um sistema de valores no interior e ao longo de toda a Constituição, dada a necessidade de se construir uma rede de garantias a direitos fundamentais dos contribuintes. E será essa unidade sistêmica entre competências, direitos e garantias que definirá o conteúdo da segurança jurídica do *princípio do sistema constitucional*

---

[1] Häberle, Peter. *Libertad, igualdad, fraternidad*: 1789 como historia, actualidad y futuro del Estado constitucional. Madrid: Trotta, 1998. p. 35.

[2] Vale recordar as palavras de Sainz de Bujanda: "Dar carácter sistemático al Derecho tributario es de los empeños más difíciles de los juristas en el momento presente". E este momento parece não ter cessado, pois o sistema encontra-se em permanente construção (Sainz de Bujanda, Fernando. Un arquetipo de Derecho tributario. *Hacienda y derecho*. Madrid: Instituto de Estudios Políticos, 1975. vol. 2, p. 217).

tributário e sua concretização, do qual fazem parte a certeza do direito e a justiça tributária.

A noção de justiça tributária variou segundo as épocas e as formas de tributação. No passado o patrimônio individual e a produção agrícola foram os índices principais de aferição de capacidade econômica e, como justo, na Idade Média, predominava o destino das receitas justificado pelo "bem comum"; mais tarde, passou-se para os fatos signos presuntivos de riqueza e para os fatos com demonstração de capacidade contributiva, tendo-se a destinação da arrecadação dos tributos dirigida para atender à despesa pública e aos custos dos direitos fundamentais. Como se percebe, a justiça tributária é substantiva, por ser materialmente qualificada segundo certos critérios.

Essa *segurança jurídica substantiva* do Sistema Constitucional Tributário, como não poderia deixar de ser, abrange a concretização dos critérios e valores de *justiça*,[3] como é o caso daqueles de determinação da capacidade contributiva, da generalidade, da não discriminação e da vedação de privilégios. Como observa Michel Bouvier: *"La légitimité du pouvoir fiscal est aujourd'hui principalement liée à la* sécurité fiscale *qu'il peut assurer aux contribuables"*.[4] Em matéria tributária, deveras, não basta a legalidade e a isonomia, é preciso adicionar requisitos de aferição da justiça individual e sistêmica, não importa quão perfeito seja o sistema tributário.

Dentre outros requisitos, os tributos devem ser distribuídos uniformemente entre os indivíduos (princípios da *pessoalidade, generalidade* e *universalidade*), e, *"pour être juste, l'impôt doit être uniforme"*,[5] nas palavras de Gaston Jèze, a existência de *privilégios* parece ser algo injustificável (princípio da *não discriminação* tributária), e a tributação mais gravosa conforme a demonstração de riqueza um lugar-comum (princípios de *proporcionalidade, capacidade contributiva, progressividade* e *vedação ao efeito de confisco*). Como afirma Tipke: "Um tributo injusto não se justifica em um Estado de Direito, mesmo se quanto ao mais preenche otimizadamente todas as máximas tributárias".[6]

---

[3] Como bem observou Hegel, o sistema dos impostos vive o paradoxo de que ele deve ser absolutamente justo, ao mesmo tempo em que cada qual deve contribuir na proporção da grandeza da sua posse, o que nem sempre pode ser calculado com justeza e precisão. HEGEL, George Wilhelm Friedrich. *O sistema da vida ética*. Trad. Arthur Morão. Lisboa: Edições 70, 1991. p. 81.

[4] BOUVIER, Michel. La question de l'impôt ideal. *Archives de philosophie du droit*. Paris: Dalloz, 2002, p. 20; cf. ainda: BERLIRI, Luigi Vittorio. *El impuesto justo*. Trad. Fernando Vicente-Arche Domingo. Madrid: Instituto de Estudios Fiscales, 1986.

[5] JÈZE, Gaston. *Cours de finances publiques*. Paris: LGDJ, 1935. p. 80.

[6] E prosseguem: "A máxima da justiça tributária está vinculada ao postulado de Estado de Direito da *igualdade fiscal* e inclui imposição uniforme segundo a capacidade contributiva econômica.

Daí falar-se em uma *Ciência da Justiça Tributária*, como modelo de análise sistêmica com fins de justiça.

2. Segurança Jurídica da Justiça Tributária a partir das Teorias do Benefício e do Sacrifício dos Tributos: a Colaboração das Escolas Econômicas e das Ciências das Finanças

Ao jurista não cabem especulações sobre quais modelos de tributação poderiam ser, economicamente, mais *eficientes*, por ser este critério objeto de análises estranhas ao método da dogmática jurídica. Ao jurista compete a hermenêutica e aplicação do direito tributário. Contudo, o estudo do princípio de capacidade contributiva não pode ser feito sem uma prévia aproximação das doutrinas que o fundamentaram desde a origem, bem assim a forma de divisão dos tributos e os modelos de definição dos critérios de apuração da justiça tributária em cada caso. E este é precisamente o caso da justiça tributária, incialmente elaborada pelos autores de economia política e que passou aos compêndios de direito financeiro até assumir sua autonomia jurídica, como conteúdo específico do direito tributário.

No Estado de Direito, do então denominado "Estado de Liberdade", a justiça tributária via-se justificada pelo *consentimento ao tributo*, quando o "povo" decidiria sobre quem deveria pagar o tributo (i) e de que forma este caberia ser apurado e pago (ii). Afirmava-se, assim, a prevalência da igualdade e da vedação de privilégios na cobrança dos tributos, ao se assegurar uma tributação baseada na repartição do custo das despesas públicas e na proporção das riquezas disponíveis. Esta foi a grande conquista do século XIX em matéria de tributos, a *uniformidade dos critérios* de justiça tributária, segundo a *igualdade*, a *generalidade* e a *capacidade contributiva*.

A *concepção do imposto como* "preço", ou melhor, como "preço da segurança" e, igualmente, como "preço" dos serviços prestados pelo Estado, vê-se reforçada na segunda metade do século XVIII (pela noção de "necessidade", do Estado de Polícia), conservando-se no século XIX, e até mesmo no século XX. Adam Smith e Proudhon, com variações, não destoaram desse entendimento. Partiam do pressuposto de um embrionário "consentimento"

Justiça fiscal em sentido jurídico é a *execução sistematicamente consequente* da igualdade tributária e dos princípios, que concretizam o princípio da igualdade" (TIPKE, Klaus; LANG, Joachim. *Direito tributário*. Trad. Luiz Dória Furquim. Porto Alegre: Fabris, 2008. vol. 1. p. 394). Para Luigi Einaudi, porém, "la igualdad es axiomática. En una sociedad de hombres iguales, quién se atreveria a mantener la desigualdad del impuesto?" (EINAUDI, Luigi. *Mitos y paradojas de la justicia tributaria*. Trad. Gabriel Solé Villalonga. Barcelona: Ariel, 1959. p. 234).

popular do imposto ou, ao menos, da aprovação pelos representantes da nação, e alinhavam-se com a finalidade do tributo na cobertura dos gastos públicos, em favor do *bem comum*. A ideia do "imposto" como "preço" dos serviços estatais foi também compartilhada pelos fisiocratas e por todos os liberais, o que é compreensível e coerente com a redução da intervenção do Estado sobre a economia (*laissez faire, laissez passer*).

Por todo o século XIX e até meados do século XX o estudo dos tributos continuou a ser versado por economistas (ramo da Economia Política) e estudiosos das ciências das finanças. Até mesmo o valor fundamental da *igualdade* foi longamente debatido por economistas, especialmente com o advento do liberalismo econômico e, mais tarde, com a política do *welfare state*.[7] Nessa fase o direito tributário não era muito mais do que um capítulo relevante do direito financeiro, que só tardiamente adquiriu autonomia científica.

Deve-se a Adam Smith, ainda que outros já manifestassem semelhantes entendimentos,[8] a elaboração dos critérios técnicos para uma justa tributação, com prevalência da apuração segundo a *capacidade contributiva*, e não mais o *bem comum* ou a *razão de Estado*. Para ele, o pagamento dos tributos *proporcionalmente às respectivas capacidades dos contribuintes* justificava-se pela vinculação ao "fim" do tributo, que seria "a conservação do governo e seus gastos com os indivíduos", porquanto o rendimento que cada um usufrui só seria possível "sob a proteção do Estado".[9] Com isso, Adam Smith, ao mesmo

---

[7] Com uma visão atual dessas polêmicas, vide: BENTLEY, Duncan. *Taxpayers' Rights*: theory, origin and implementation. Netherlands: Kluwer Law, 2007. p. 33 e ss.; para o debate sobre a crise do Estado "liberal", veja-se: SCHUMPETER, Joseph A. *The crisis of the tax state*. In: *International Economic Papers*. New York: MacMillan, 1954. n. 4, p. 25. Cf. MUSGRAVE, R. A. Schumpeter's crisis of the tax state: an essay in fiscal sociology. *Journal of Evolutionary Economics*, p. 89-113, Berlin: Springer-Verlag, 1992. Cf. NEUMARK, Fritz. *Principios de la imposición*. 2. ed. Madrid: Instituto de Estudios Fiscales, 1994; GIARDINA, Emilio. The crisis of the fiscal state. In: *Scritti scelti*. Milano: Franco Angeli, 2008. p. 162-171.

[8] Este é o caso de Montesquieu, para quem "a sabedoria e a prudência devem regulamentar tão bem como a porção que se retira e a porção que se deixa aos súditos. (...) Não é pelo que o povo pode dar que se deve medir as rendas públicas, mas sim pelo que ele deve dar; e, se as medimos pelo que ele pode dar, é mister que isto seja, pelo menos, segundo o que o povo pode sempre dar" (MONTESQUIEU. *Do espírito das leis*. São Paulo: Nova Cultural, 2000. vol. 2; cf. AYALA, José Luis Pérez de. *Montesquieu y el derecho tributario moderno*. Madrid: Dykinson, 2001; cf. ANTIGÜEDAD, José Maria Merino. *Maestro es lícito pagar tributos al César?* Madrid: Dykinson, 2002).

[9] Versão contemporânea desse entendimento pode ser visto em: KIRCHHOF, Paul. La influencia de la constitución Alemana en su legislación tributaria. In: ____ et al. *Garantías constitucionales del contribuyente*. 2. ed. Valencia: Tirant lo Blanch, 1998. p. 25-49.

tempo em que consagra a *capacidade contributiva* como fundamento de justiça individual, mantém a destinação para o "bem comum" e financiamento do Estado como critérios de justiça geral ou coletiva.

Foi assim que Adam Smith,[10] em 1776, no seu fundamental *A riqueza das nações*, estabeleceu as quatro máximas relativas à justiça (igualdade e proporcionalidade), certeza, comodidade e economia dos *tributos*, que passariam a ser seguidas por numerosos estudiosos, com ou sem adaptações, a saber:

"I) *Igualdade* – É necessário que os súditos de todos os Estados contribuam o mais possível para a conservação do governo, *proporcionalmente às suas respectivas capacidades*, isto é, em proporção ao rendimento que cada um usufrui sob a proteção do Estado. Os gastos do governo para com os indivíduos de uma grande nação são semelhantes a despesas relativas à administração de uma associação de rendeiros de uma grande propriedade fundiária, os quais são obrigados a contribuir proporcionalmente a seus respectivos interesses que têm na propriedade. É na observação ou negligência dessa máxima que consiste a chamada igualdade ou desigualdade de impostos. (...)

II) *Certeza* – É preciso que o tributo que todo indivíduo está obrigado a pagar seja fixo, e não arbitrário. A data de pagamento, o modo de pagamento, a quantidade a ser recolhida devem ser claros e evidentes para o contribuinte, bem como para qualquer outra pessoa. Caso contrário, toda pessoa sujeita ao imposto fica, em maior ou menor grau, à mercê do coletor, que pode ou aumentar o imposto de um contribuinte que odeie, ou extorquir, mediante a ameaça de aumentar o imposto, algum presente ou alguma gratificação para si mesmo. (...) Na tributação, a certeza sobre aquilo que todo indivíduo precisa pagar é uma questão de tal relevância, que, segundo mostra a experiência

---

[10] Smith, Adam. *A riqueza das nações*. São Paulo: Martins Fontes, 2003. vol. 2, p. 1046-1049; e como ressalta Ricardo Lobo Torres: "O princípio da capacidade contributiva se consolida no pensamento ocidental através da obra de Adam Smith, eis que até o advento do Estado Fiscal os tributos eram cobrados com fundamento na necessidade do Príncipe e na Razão de Estado. Aquele princípio, apoiado na ideia de *benefício*, indicava que os impostos deveriam corresponder, no plano ideal, ao benefício que cada qual receberia do Estado com a sua contribuição, o que dava relevo ao subprincípio da *proporcionalidade*" (Torres, Ricardo Lobo. *Tratado de direito constitucional financeiro e tributário*. Os tributos na Constituição. Rio de Janeiro: Renovar, 2007. vol. 4. p. 46); para um exame historiográfico da doutrina do tributo, veja-se: Morselli, Emanuele. *La dottrina del tributo*: presupposti scientifici della finanza pubblica. Padova: Cedam, 1965.

de todas as nações, creio não haver mal tão grande como a existência de um grau mínimo de incerteza.

III) *Comodidade* – É necessário que todos os impostos sejam arrecadados na data e do modo em que provavelmente forem mais convenientes para o contribuinte. (...)

IV) *Economia* – É necessário que todo imposto seja planejado de tal modo que as pessoas paguem ou desembolsem o mínimo possível além do que se recolhe ao tesouro público do Estado. (...)"

Distribuir equitativamente o ônus da despesa pública entre os particulares foi sempre uma grande preocupação de juristas e economistas. Daí formaram-se as teorias sobre como distribuir, equitativamente, o custo com a despesa pública, ao lado da isonomia perante a lei e aquela da igualdade na lei, de cunho material. Afastadas estas, ao menos por enquanto, interessa-nos a distinção entre a "teoria do benefício" e a "teoria do sacrifício".

O surgimento das chamadas "teoria do benefício" (ou da equivalência) e "teoria do sacrifício", que passariam a disputar preeminência na definição da "igualdade tributária", sobre a proporção que seria devida por cada indivíduo ao Estado, foi fundamental para que o princípio de capacidade contributiva adquirisse autonomia como critério de justiça tributária. Em qualquer uma destas, porém, na origem, a capacidade contributiva via-se avaliada em combinação com a "causa final", as vantagens dos serviços do Estado (Adam Smith). É que dada a dificuldade do critério do benefício, para a repartição justa do total dos tributos entre os indivíduos, viu-se o Estado obrigado a buscar apoio em outro princípio, o da capacidade econômica do sujeito passivo.[11] As disputas entre a teoria do benefício e a teoria do sacrifício

---

[11] Como acentua Musgrave, a teoria da tributação conhece de longa data o conceito de "boa estrutura fiscal", desenvolvido segundo duas linhas fundamentais: 1) princípio do sacrifício ou da capacidade contributiva; e 2) princípio do benefício. No primeiro, só interessa a tributação e não entra em discussão a oferta de bens e serviços pelo Estado. É nesse modelo que a igualdade tributária incorpora o princípio de tributação optimal (MUSGRAVE, Richard A. *Finanza pubblica, equità, democrazia*. Bologna: Il Mulino, 1995, p. 193; cf. SIMONS, H. C. *Personal income taxation*: the definition of income as a problem of fiscal policy. Chicago: University of Chicago Press. 1938, p. 30. Para um resumo mais atual: MURPHY, Liam; NAGEL, Thomas. *O mito da propriedade*. São Paulo: Martins Fontes, 2005. p. 16-48; para diversos estudos fundamentais: MUSGRAVE, Richard A.; SHOUP, Carl S. (org.). *Ensayos sobre economía impositiva*. México: Fondo de Cultura Económica, 1964; vejam-se ainda os estudos sobre limites constitucionais ao poder fiscal do Estado e limites éticos da tributação em: BUCHANAN, James M. *Economía y política*. Escritos seleccionados. Valencia: Universidad de Valencia, 1988).

(opção de Adam Smith) ainda prosperam, e sobre a capacidade contributiva justificar os tributos pela proporcionalidade ou progressividade, além das preocupações finalísticas com a despesa pública.[12]

Stuart Mill, influenciado pelas teorias de Locke, mas aberto para os ideais de justiça distributiva, aprimora o modelo de tributação fundado na *igualdade de sacrifício*, ao considerar que somente haveria igualdade na partilha dos gastos públicos entre os indivíduos caso esta se realizasse proporcionalmente às rendas superiores ao nível de subsistência. Seu grande mérito foi aquele de colocar a *igualdade* como valor central da tributação, medido a partir da igualdade de sacrifício, e de introduzir a igualdade vertical, como garantia de maior justiça tributária.[13]

A *teoria do benefício* consistia em uma *equivalência* entre os impostos pagos pelo contribuinte e as prestações recebidas do Estado. Nesta, os tributos

---

[12] De certo modo, a Déclaration des Droits de l'Homme et du Citoyen, de 1789, proclama este princípio, no seu art. XIII: "Pour l'entretien de la force publique, et pour les dépenses d'administration, une contribution commune est indispensable. Elle doit être également répartie entre tous les Citoyens, en raison de leurs facultés". E no art. XIV: "Tous les Citoyens ont le droit de constater, par eux-mêmes ou par leurs Représentants, la nécessité de la contribution publique, de la consentir librement, d'en suivre l'emploi et d'en déterminer la quotité, l'assiette, le recouvrement et la durée". Cf. "La thèse de l'impôt solidarieté se présente d'abord comme un procédé équitable d'imposition dans un système politique fondé sur l'État. Bien évidemment, la hauter di sacrifice fiscal y dépend étroitement des politiques menées et notamment des politiques sociales". Mais adiante, outras constituições proclamaram princípios semelhantes, a saber: Constituição do Brasil, de 1824: "XV. Ninguem será exempto de contribuir para as despezas do Estado em proporção dos seus haveres". Constituição de Weimar, art. 134 – "todos os cidadãos sem distinção contribuirão na proporção dos seus meios à totalidade dos gastos públicos estabelecidos nas leis". E mesmo nas constituições mais recentes a redação não destoa dessas experiências anteriores, sempre baseadas na repartição dos "gastos públicos", por exemplo: Constituição Italiana de 1947, art. 53 – "*Tutti sono tenuti a concorrere alle spese pubbliche in ragione della loro capacità contributiva*". Constituição de Portugal: art. 103, 1 – "O sistema fiscal será estruturado por lei, com vista à repartição igualitária da riqueza e dos rendimentos e à satisfação das necessidades financeiras do Estado". Constituição da Espanha, art. 31, 1 – "Todos contribuirán al sostenimiento de los gastos públicos de acuerdo con su capacidad económica mediante un sistema tributario justo inspirado en los principios de igualdad y progresividad que, en ningún caso, tendrá alcance confiscatorio" (BOUVIER, Michel; ESCLASSAN, Marie-Christine; LASSALE, Jean-Pierre. *Finances publiques*. 6. ed. Paris: LGDJ, 2002. p. 601; BALEEIRO, Aliomar. *Uma introdução à ciência das finanças*. 14. ed. Rio de Janeiro: Forense, 1992; BIRK, Dieter. *Diritto tributario tedesco*. Trad. Enrico de Mita. Milano: Giuffrè, 2006, p. 12 e ss.).

[13] MILL, John Stuart. *Princípios de economía política*: con algunas de sus aplicaciones a la filosofía social (1848). Trad. Teodoro Ortiz. México: Fondo de Cultura Económica, 2001; para uma ampla abordagem das distintas escolas, ver: BLUM, Walter J.; KALVEN JUNIOR, Harry. *El impuesto progresivo*: un tema dificil. Madrid: Instituto de Estudios Fiscales, 1972.

deveriam ser cobrados de acordo com os benefícios recebidos do produto da arrecadação. Taxas,[14] pedágios, contribuições previdenciárias são exemplos. Seria o preço pago para cobrir os custos que a economia estatal suporta para adimplir a prestação dos serviços públicos.

O STF reconheceu em diversos julgados que nada impede o exame do princípio de capacidade contributiva aplicado às taxas. A ADI 453/DF, de relatoria do Ministro Gilmar Mendes, admitiu esta hipótese. Portanto, mesmo que predomine o benefício, nada impede que o sacrifício, como capacidade contributiva, possa orientar a hermenêutica das taxas.[15]

Outra teoria que logrou êxito foi a do tributo como seguro, como espécie de prêmio de um "seguro social" para proteção da vida e propriedade, pela proteção que o Estado deve destinar aos cidadãos,[16] como variante da teoria da *equivalência*, a exemplo daquela do tributo como "troca".

A "teoria do benefício" baseava-se na contraprestação ou benefício, ou no princípio "econômico-privado", nas palavras de Wagner,[17] e fundava a igualdade dos contribuintes na repartição dos tributos segundo a proporção de valores relativos aos serviços públicos prestados pelo Estado. Este viria a ser o princípio que informaria as taxas, por excelência. O segundo princípio seria aquele do "sacrifício", segundo o qual "*il contribuente in ragione della sua capacità di produzione economica è atto a suportare una data imposta, ossia, secondo la sua capacità contributiva*".[18] Neste caso, o contribuinte suportaria um *ônus*,

[14] A correspondência entre o custo do serviço e o valor da taxa não deve ser efetiva. Para Wagner são taxas: "Quei tributi che i cittadini o gruppi di citadini pagano, in una certa forma determinata esclusivamente dallo Stato e in un ammontare determinato, come corrispettivo speciale per un servizio che essi ricevono dallo Stato o per la spesa che essi hanno cagionato allo Stato in conseguenza dell'esercizio di un'attività dello Stato" (WAGNER, Adolfo. *La scienza delle finanze*. Trad. Maggiorino Ferraris e Giovanni Bistolfi. Torino: Unione Tipografico, 1891. p. 628-30).

[15] "A Tabela A, fixada pelas Leis 7.940 e 11.076/04, divide os contribuintes em seis faixas, com base no patrimônio líquido. Cada uma das seis faixas é subivida em vários grupos. O valor da taxa é fixado com base no montante do patrimônio. Trata-se de percepção referencial, insista-se, apenas referencial, e que respeita a capacidade contributiva do interessado. A desigualdade dos valores reflete a desigualdade dos patrimônios. Não há desrespeito ao princípio da isonomia". BRASIL. Supremo Tribunal Federal. ADI n. 453. Relator Ministro Gilmar Mendes.

[16] Montesquieu, em 1748, evidencia sua preferência por essa opção, ao dizer: "As *rendas do Estado são uma parcela que cada cidadão dá de seu bem para ter a segurança da outra ou para fruí-la agradavelmente. Para fixar corretamente essas rendas, cumpre considerar as necessidades do Estado e as necessidades dos cidadãos.* Não se deve tirar das necessidades reais do povo para suprir as necessidades imaginárias do Estado" (MONTESQUIEU. *Do espírito das leis*. São Paulo: Nova Cultural, 2000. vol. 2; cf.: AYALA, José Luis Pérez de. *Montesquieu y el derecho tributario moderno*. Madrid: Dykinson, 2001).

[17] WAGNER, Adolfo. *La scienza delle finanze* cit., p. 927.

[18] Idem, p. 929.

uma *privação*, sentida como um *peso*, pela divisão do sacrifício para o custeio dos gastos públicos, o que se deveria limitar segundo os haveres individuais, e cuja cobrança somente poderia ocorrer em presença de algum fato com demonstração efetiva de capacidade econômica. De se ver, a primeira, é mais uma teoria da motivação do tributo, pela repartição dos custos de viver em uma coletividade; enquanto que a segunda preocupa-se fortemente com a justiça individual, individualmente. E como a *igualdade horizontal*[19] seria insuficiente, pois as demonstrações de capacidade contributiva não são semelhantes, Adolf Wagner, na linha de Stuart Mill, propõe, então, ao final do século XIX, uma tributação com *progressividade*,[20] para respeitar os casos de *igualdade vertical*, para assegurar a justiça fiscal "no" imposto, como dirá mais tarde Paul Hugon.[21]

No exame da tributação baseada na capacidade individual de pagamento, surgiram três interpretações do *sacrifício*, atendidos os seguintes pressupostos: a) a utilidade marginal da renda diminui à medida que a renda aumenta; b) a renda carece de utilidade significativa abaixo do nível de subsistência; c) o Estado tem necessidade de entradas financeiras; d) as rendas são oferecidas antes do imposto; e e) os critérios fundamentais de um sistema tributário são os princípios de capacidade contributiva, generalidade e progressividade.[22] São as seguintes: (i) *Sacrifício absoluto igual* (*equal sacrifices*, de Stuart Mill), pelo qual se requer que todos percam a mesma quantidade de ganhos; (ii) *Sacrifício proporcional igual*[23] (*minimum sacrifices*), cujo mote consiste em pagar mais quem tem uma perda maior em quantidade absoluta de utilidade; e (iii) *Sacrifício marginal igual ou sacrifício global mínimo* (*marginal*

---

[19] Para maiores aprofundamentos a respeito dessa noção nos dias atuais, em relação com o princípio de eficiência e sua relação com os princípios da ordem econômica, cf. ELKINS, David. Horizontal equity as a principle of tax theory. *Yale Law & Policy Review*, vol. 24, p. 43-90, Connecticut: Yale Law School, 2006.

[20] Veja-se o estudo de Cohen Stuart sobre a teoria pura da progressividade, com análise das teses de Stuart Mill, Wagner, Pierson e Van Den Linde, além de inovações sobre os princípios de igualdade, capacidade contributiva e as teorias do benefício e do sacrifício: COHEN STUART, Arnold Jacob. Contributo alla teoria della imposta progressiva sul reddito (1889). Torino: Utet, 1920, p. 413-580. Cf ainda: STAMP, Josiah. *I principi fondamentali dell'imposizione in rapporto ai moderni sviluppi*. Torino: Utet, 1934. p 390-514.

[21] HUGON, Paul. *O imposto*. Teoria moderna e principais sistemas. São Paulo: Renascença, 1945. p. 74.

[22] Sobre a progressividade e teoria do sacrifício: UCKMAR, Victor. *Principi comuni di diritto costituzionale tributario*. 2. ed. Padova: Cedam, 1999. p. 78 e ss. Cf. CARRAZZA, Roque. *Curso de direito constitucional tributário*. 25. ed. São Paulo: Malheiros, 2009.

[23] EDGEWORTH, Francis Y. The pure theory of taxation. *Economic Journal*, n. 7, p. 550-571, 1897.

sacrifices, de Cohen Stuart), por entender que quem tem mais pagará mais impostos, quando tenha reduzida sua quantidade absoluta de lucros.[24]

Contudo, como percebe Musgrave, nenhum desses critérios de determinação da capacidade contributiva (benefício ou sacrifício) é operacionalmente fácil de interpretar e concretizar. O *princípio do benefício* só se aplica quando os beneficiários podem ser identificados claramente. Para Otto Eckstein, porém, isso não ocorre com a maioria dos serviços públicos. Por isso, este princípio proporciona uma solução parcial ao problema da justiça tributária.[25] Exemplos são os serviços com pedágios, contribuições de melhoria,[26] contribuições sindicais e outros.

Estes modelos, ao longo dos anos, foram mitigados na sua importância, em grande parte, pela dificuldade de determinar critérios adequados de igualdade na proporção dos gastos públicos e pela própria eliminação de vinculação do produto da arrecadação da maioria dos tributos a órgão, fundo ou despesa.[27] Isso não quer dizer, porém, que foram abandonados.[28] Sabe-se perfeitamente que tributos podem ser cobrados pela efetiva prestação de serviços públicos, como é o caso das taxas e contribuição de melhoria. Ocorre, porém, que sequer para as taxas ou contribuições, tributos típicos da *teoria do benefício*,[29] pode-se falar em sinalagma das prestações de serviços públicos

---

[24] ALLAN, Charles M. *La teoría de la tributación*. Madrid: Alianza, 1974. p.149-151. Cf. MUSGRAVE, Richard A. *Teoria das finanças públicas*: Um estudo de economia governamental. Brasília: Atlas, 1910. vol. 2. MUSGRAVE, Richard A. *Finanza pubblica, equità, democrazia*. Bologna: Il Mulino, 1995; BARONE, Enrico (1859-1924). *Principi di economia finanziaria*. Bologna: Zanichelli, 1937.

[25] ECKSTEIN, Otto. *Economia financeira*: introdução à política fiscal. Trad. Luciano Miral. Rio de Janeiro: Zahar, 1964. p. 92.

[26] "L'imposición que tiene en cuenta el beneficio particular que deriva al contribuyente de una obra o de una actividad pública, da lugar a las contribuciones, que evidencian una correlación directa entre el interés del Estado en el gasto público, alimentado por la contribución, y el interés privado favorecido por el mismo gasto" (GRIZIOTTI, Benvenuto. *Principios de ciencia de las finanzas*. Trad. Dino Jarach. Buenos Aires: Depalma, 1949. p. 218).

[27] HICKS, Ursula Kathieen. *Finanças públicas*. Trad. Leopoldo C. Fontenele. Rio de Janeiro: Zahar, 1961. p. 161.

[28] A melhor expressão disso é a excelente obra: VASQUES, Sérgio. *O princípio da equivalência como critério de igualdade tributária*. Coimbra: Almedina, 2008. p. 251 e ss.

[29] A norma tributária é *bilateral* porque a onerosidade da obrigação decorre de um direito de crédito seguido do dever de cumprimento pelo sujeito passivo. Dessa bilateralidade não decorre qualquer vinculação com a teoria do benefício. Mesmo assim, perdurou por largo tempo a doutrina segundo a qual o *tributo justo* seria aquele fundado no *benefício* a partir de prestações de serviços públicos, em virtude da necessária *bilateralidade* do conteúdo da norma tributária.

ou vinculação obrigatória entre receitas e despesas efetivas.[30] As taxas são devidas com base em uma espécie de *interesse de continuidade do serviço*, sem que haja obrigatoriedade de coincidência entre o serviço público e o valor pago. Até porque, como bem observa Lello Gangemi, "si può affermare che, generalmente, la *tassa è un prezzo inferiore alle spese* di *produzione*."[31] Quanto aos impostos e contribuições, aparentemente, seria aplicável a chamada *teoria do sacrifício*. Contudo, isso também já foi superado. O tributo não é um "sacrifício", pois a Constituição assume o tributo como o modelo essencial de repartição das despesas públicas entre os indivíduos, segundo sua capacidade econômica. A tributação deve ser legitimada a partir da capacidade econômica, tutelada a reserva do mínimo vital, e, quando cabível, a progressividade, como medida de pessoalidade (ou individualização) da tributação.[32]

Para um sistema tributário como o brasileiro, de múltiplas competências tributárias e diversas garantias de direitos fundamentais, a relação causal entre receitas tributárias e despesas públicas já está pressuposta em todas as regras de discriminação de rendas; e a capacidade de prestação dos tributos (ou capacidade de suportar economicamente a exigência tributária), individualmente considerada. De qualquer modo, as distinções teóricas entre equidade vertical e horizontal e entre a *teoria do sacrifício* e a *teoria do benefício* são ainda úteis para exame dos critérios de concretização da justiça tributária e, especialmente, para a delimitação do conteúdo e efetividade do princípio de capacidade contributiva, ainda que desprovidas do caráter determinante havido no passado.

A teoria que marcou a passagem entre o domínio dos financistas e a nova ordem do Estado Constitucional de Direito dos idos da década de

---

[30] "Non è invece concepibile, nemmeno sul piano economico, un sistema tributario statale fondato su criteri sinallagmatici e, quindi, su tributi poco utilizzabili quali strumenti di redistribuzione. Si è visto infatti che, almeno nella realtà dello stato sociale, i tributi generali hanno la funzione minima – incompatibile con la logica del beneficio – di finanziare, nel rispetto del principio di giustizia distributiva, la produzione dei beni pubblici indivisibili e, in genere, i livelli essenziali dei diritti civili e sociali da garantire con carattere di universalità a ogni cittadino" (GALLO, Franco. *Le ragioni del fisco*: etica e giustizia nella tassazione. Bologna: Il Mulino, 2007. p. 117).

[31] GANGEMI, Lello. *Finanza pubblica*. Napoli: Liguori, 1965. vol. 1, p. 296.

[32] Huhg Dalton, ao considerar que a capacidade tributária individual requer modelos para medir a distribuição da carga da tributação, então discute as teorias do sacrifício igual, proporcional e a do menor sacrifício. Ao final lança dúvidas sobre todas e sugere não avançar nesse estudo (DALTON, Hugh. *Princípios de finanças públicas*. Trad. Maria de Lourdes Modiano. Rev. Aliomar Baleeiro. 3. ed. Rio de Janeiro: FGV, 1977. p. 95-99).

DIREITOS FUNDAMENTAIS DOS CONTRIBUINTES

20 do século passado, e se ocupou do teste de legitimação do tributo por critérios jurídicos, foi aquela da "causa jurídica", da Escola de Pavia (Pugliese, Jarach, Vanoni), liderada por Benvenuto Griziotti, fundada no princípio de capacidade contributiva. Cabe, pois, entender os seus pressupostos, para daí avançar aos fundamentos atuais.

3. O Princípio de Capacidade Contributiva: da Teoria da Causa do Tributo à sua Consagração como Princípio Constitucional Autônomo

A doutrina da capacidade contributiva como "causa" do tributo foi largamente difundida por Benvenuto Griziotti e seus discípulos da chamada "Escola de Pavia", tanto para determinação do que poderia servir como fato tributável (hipótese de incidência) como para a graduação da prestação tributária.[33]

Segundo a orientação adotada pela teoria da "causa", para que fatos jurídicos pudessem ser colhidos como fundamento da incidência tributária estes deveriam ser reveladores de capacidade contributiva (objetiva), como ocorre na propriedade de bens imóveis, na transferência *causa mortis*, na prestação de serviços e outros. Somente os fatos econômicos reveladores de capacidade contributiva poderiam ensejar a cobrança de tributos. Diante disso, o *destino* ou *finalidade* do tributo (atender o bem comum, suprir as necessidades do príncipe ou a razão de Estado *et caterva*) deixaria de ser o móvel principal para justificar a criação e cobrança de tributos e, no seu lugar, a capacidade contributiva assumiria a função de princípio fundamental.[34]

Segundo Griziotti, haveria um vínculo indireto entre capacidade contributiva e serviços públicos, pelo qual a manifestação da capacidade econômica deveria ser considerada como índice das vantagens gerais ou particulares proporcionadas aos contribuintes pelos gastos e os serviços públicos,[35] na medida em que "*la contribución con arreglo a la capacidad económica*

---

[33] Contrário à teoria causalista: FLORES ZAVALA, Ernesto. *Elementos de finanzas públicas mexicanas*: los impuestos. 20. ed. México: Porrúa, 1978. p. 129.

[34] "*L'imposizione fiscale deve essere generale e deve tener conto della capacità economica di ogni singolo contribuente*" (BLUMENSTEIN, Ernst. *Sistema di diritto delle imposte*. Trad. Irene Blumenstein; Francesco Forte. Milano: Giuffrè, 1954. p. 117; HENSEL, Albert. *Diritto tributario*. Trad. Dino Jarach. Milano: Giuffrè, 1956. p. 50).

[35] "*El círculo lógico es completo y se cierra exactamente: el gasto público; éste aumenta inmediata o paulatinamente la capacidad contributiva; la capacidad contributiva da lugar a la recaudación de los impuestos; los impuestos alimentan el gasto público*" (GRIZIOTTI, Benvenuto. *Principios de ciencia... cit.*, p. 215-216).

es una manifestación del principio de solidariedad".[36] Essa vinculação entre solidariedade e capacidade contributiva seria o *leitmotiv* da legitimação do tributo na ordem jurídica.[37]

Para o nascimento da obrigação tributária, além dos seus elementos constitutivos, esta deveria atender a outros critérios (não sem as críticas de Cocivera[38] e de Giannini a respeito), adicionalmente, deveria estar presente a *causa jurídica*, que consistiria na integração do contribuinte às atividades estatais, do que derivaria a capacidade contributiva como indício indireto daquilo que ele aufere como riqueza, renda ou patrimônio, em virtude das condições que o Estado lhe oferece como sociedade juridicamente organizada (estabilidade, segurança e outros).

Para Grizziotti[39] o princípio político da capacidade contributiva seria o critério diretivo do imposto. Por pertencerem a um dado Estado, os indivíduos gozam de uma potencialidade de contribuir aos gastos públicos, pelas condições para lograr o êxito econômico pretendido. Como se vê, o oposto de uma teoria do "bem comum" ou da "razão do Estado". O fundamento jurídico é a capacidade contributiva; mas o tributo vê-se justificado porque se não fosse a atuação do Estado, o contribuinte não colheria a vantagem econômica manifestada pela capacidade contributiva. Cabível, pois, a exigência de tributos (a) a partir de fatos econômicos reveladores de riqueza e (b) graduados segundo critérios coerentes com a capacidade contributiva.

Dino Jarach, por outro lado, preferiu examinar a teoria da causa como elemento característico do *pressuposto de fato da obrigação* (hipótese de incidência do tributo),[40] por entender que esta seria uma decorrência de manifestação de riqueza verificada no momento do fato jurídico tributário.

---

[36] HERRERA MOLINA, Pedro M. *Metodología del derecho financiero y tributario*. México: Porrúa, 2004. p. 154.

[37] *"La capacidad contributiva, cuya determinación costituye la obligación al pago del impuesto, es el indicio o la manifestación de esta correspondencia indirecta entre el interés público en el cumplimiento de los servicios públicos mediante la recaudación del impuesto, y el interés privado, para que los servicios sean prestados por las ventajas generales o particulares, presentes o futuras, que derivan a favor del contribuyente"* (GRIZIOTTI, Benvenuto. *Principios de ciencia...* cit., p. 217).

[38] *"La tesi, che secondo una felice espressione de A. D. Giannini, è dettata dall'aspirazione altretanto generosa quanto fertile di pericolose illusioni, è destituita di qualsiasi fondamento e meraviglia perfino che giuristi della forza di Pugliese, Vanoni e Jarach l'abbiano potuta sostenere"* (COCIVERA, Benedetto. *Corso di diritto tributario*. Bari: Dott. Francesco Cacucci, 1965. p. 394).

[39] GRIZIOTTI, Benvenuto. *Principios de ciencia...* cit., p. 215.

[40] GRIZIOTTI, Benvenuto. *Saggi sul rinnovamento dello studio della scienza delle finanze e del diritto finanziario*. Milano: Giuffrè, 1953. p. 364.

DIREITOS FUNDAMENTAIS DOS CONTRIBUINTES

Esta orientação rendeu-lhe críticas de Griziotti, pela importância que o critério de legitimação do tributo exerceria sobre a capacidade contributiva.

Como se pode ver, a teoria da *"causa impositionis"*, da Escola de Pavia, é uma teoria ética do tributo, ao procurar adicionar um elemento de avaliação legitimadora para distinguir arrecadação de tributos de extorsões arbitrárias do poder público. Contudo, merece reservas inequívocas. Como examina Cocivera: *"Ora, se atraverso la causa giuridica si vogliono realizzare i postulati della giustizia tributaria al di là dei limiti della norma, si ha un atto viziato per eccesso di potere"*.[41] Cabe ao legislador realizar o postulado dos tributos ótimos com adequação destes à capacidade contributiva; não ao jurista. Para este, a causa jurídica do tributo não é a capacidade contributiva, mas a "fonte" da obrigação, entendida esta como a ocorrência da situação abstratamente prevista na lei. Levada às suas últimas circunstâncias, a teoria da causa nem se poderia aplicar àqueles tributos fundados no princípio da "contraprestação", como a taxa ou as contribuições, já que não dependem de algum esforço em favor de causas econômicas.[42] Por todos esses motivos, a teoria da causa perdeu forças e viu-se superada por construções mais robustas e lastreadas em critérios eminentemente jurídicos.

3.1 Segurança Jurídica e a Justificação do Tributo: a Afirmação do Princípio de Capacidade Contributiva

O *princípio de capacidade contributiva* é uma expressiva forma de realização de segurança jurídica, pois colabora com a certeza do direito, tanto pela seleção das hipóteses de incidência quanto pela exata determinação do montante do tributo devido, com prévio conhecimento das repercussões impositivas. É certo que as definições de tributos, geralmente, não oferecem clareza sobre o que querem dizer com "finalidade de destinação *de receita para as necessidades públicas*", "cobertura de gastos públicos" ou "concorrer na repartição da despesa pública". Não deixam clara a opção entre teoria do benefício ou do sacrifício no exame das espécies tributárias e tampouco na avaliação do conteúdo do princípio da igualdade tributária.[43] Por esses

---

[41] COCIVERA, Benedetto. *Corso di diritto tributario*. Bari: Francesco Cacucci, 1965. p. 398.

[42] Com uma crítica à teoria da causa de Griziotti fundada na verificação do fato jurídico tributário, veja-se: JARACH, Dino. *El hecho imponible*: teoría general del derecho tributario sustantivo. 3. ed. Buenos Aires: Abeledo-Perrot, 2004. p. 103 e ss.

[43] Sacha Calmon é de mesmo pensar: "Sendo assim, o lado positivo da igualdade (dever de distinguir desigualdades) impõe seja o tributo quantificado segundo a capacidade contributiva de cada um, que é diversificada, e o lado negativo do princípio (dever de não discriminar)

motivos, a exata determinação dos critérios de aferição da capacidade contributiva (certeza) e, igualmente, a melhor forma de preservar a justiça tributária são medidas relevantes de segurança jurídica,[44] o cerne da justiça distributiva dos tributos.[45] As dificuldades de opção das diversas correntes disponíveis são as mais variadas.

Economicamente, parece simples e natural explicar que o pagamento dos tributos destina-se a cobrir as despesas coletivas. Como diz André Barilari: "Lorsque le contribuable voit concrètement l'affectation des contribution, il l'accepte mieux. (...) Cette notion de juste retour est importante pour légitimer l'impôt".[46] Psicologicamente, sugere surtir maior adesão e há uma tendência de crença, ainda que falsa, de que esta é a melhor forma de financiamento público, com loas à teoria da *equivalência*, da *contraprestação* ou *benefício* (*benefit theory*). Mesmo entre juristas, é comum justificar o tributo pelo custo total de gastos públicos ou pelas vantagens individuais, para segregar impostos de taxas e contribuições.[47] Contudo, preferimos seguir a orientação de Luigi Einaudi, para quem *"il concetto del vantaggio attira per la sua semplicità, sicché si dura fatica ad abbandonarlo"*; ao que conclui: "La ricerca dell'equivalenza fra imposta pagata dai *singoli* contribuiente e benefici da essi ricevuti *singolarmente* in virtú dei pubblici servizi è assurda".[48] De fato, não encontra guarida na melhor técnica do direito tributário uma formulação de igualdade fundada na percepção empírica de um gasto público indefinido

---

constrange o legislador a tributar, de forma idêntica, cidadãos de idêntica capacidade contributiva" (Coêlho, Sacha Calmon Navarro. *Comentários à Constituição de 1988: sistema tributário*. Rio de Janeiro: Forense, 1996. p. 327).

[44] A capacidade contributiva concorre em favor da segurança jurídica, a saber: garantia de generalidade e igualdade; algum vínculo demonstrado com a jurisdição do sujeito ativo tributário; ocorrência de fato com suficiente aptidão de demonstração de capacidade contributiva; praticabilidade ou comodidade no cumprimento da obrigação e não excesso de pressão tributária.

[45] Steichen, Alain. La justice fiscale entre la justice commutative et la justice distributive. *Archives de philosophie du droit*. Paris: Dalloz, 2002. p. 243-280.

[46] Barilari, André. *Le consentement à l'impôt*. Paris: Presses de Science Po., 2000. p. 115.

[47] Neumark não aceita a ideia segundo a qual a entrega do tributo ter-se-ia por qualificar como "sacrifício". Não é exato. "El impuesto es una exacción (no voluntaria) sin contraprestación, no puede hablarse propriamente de sacrifio" (Neumark, Fritz. *Problemas económicos y financieros del Estado intervencionista*. Trad. José María Martín Oviedo. Madrid: Editorial de Derecho Financiero, 1964. p. 435). Para ele todo imposto tem como fim intervir direta ou indiretamente na capacidade contributiva pessoal ou real. Para um amplo exame das teorias aplicáveis: Morselli, Emanuele. *La dottrina del tributo...* cit.; Morselli, Emanuele. *Corso di scienza della finanza pubblica*. 2. ed. Padova: Cedam, 1937.

[48] Einaudi, Luigi. *Principî di scienza della finanza*. Torino: Edizioni Scientifiche Einaudi, 1952. p. 99; Einaudi, Luigi. *Principios de hacienda pública*. Trad. Jaime Algarra. Madrid: Aguilar, 1968. p. 102.

como medida individual de aplicação de tributos. Se isso fosse possível, não caberia falar em "impostos" ou "contribuições", mas sim em permanente financiamento mediante a cobrança de preços públicos, na justa medida do consumo, a valor de mercado. De igual modo, o sistema tributário não poderia ser reduzido a contribuições ou a taxas, pois o caráter de justiça social ficaria prejudicado.[49]

Para agravar a dificuldade, no século XX, prevaleceram as *concepções comunitárias do imposto*, segundo a qual o tributo constitui a parte devida por cada indivíduo em virtude do princípio da *solidariedade* nacional. Dizer que o tributo é o preço dos serviços prestados não é atualmente exato, como fez Proudhon ao seu tempo.[50] O tributo não seria mais visto como um "contrato", adimplido mediante um "preço", ou como um benefício ou sacrifício, mas como um dever inerente à vida inserida em uma dada ordem social.[51] E deste princípio de solidariedade[52] decorreria uma consequência objetiva, a de que o sacrifício imposto ao contribuinte poderia até mesmo superar os signos de capacidade contributiva.[53]

Esta teoria comunitarista do "imposto-solidariedade", como sugerem alguns, serviu para privilegiar a *teoria do sacrifício do imposto*, a considerar como um dever necessário o estabelecimento de uma ligação social fundada

---

[49] Em sentido diverso, ao admitir maior expressão de justiça tributária pela equivalência: VASQUES, Sérgio. *O princípio da equivalência como critério de igualdade tributária*. Coimbra: Almedina, 2008. p. 441 e ss.

[50] PROUDHON, Pierre Joseph. *Théorie de l'impôt* (1865). Paris: L'Harmattan, 1995; PROUDHON, Pierre Joseph. Ce nom depuis tant de siècles odieux et maudit: l'impôt (*Théorie de l'impôt*). In: REICHMAN, Claude. *Théories contre l'impôt*. Paris: Les Belles Lettres, 2000. p. 67-97.

[51] PIGOU, Arthur Cecil. *Economia del benessere*. Trad. Mario Einaudi. Torino: Utet, 1948.

[52] Cf. BLAIS, Marie-Claude. *La solidarité*: historie d'une idée. Paris: Gallimard, 2007; BEZERRA, Paulo. Solidariedade: um direito ou uma obrigação. In: CLÈVE, Clèmerson Merlin; SARLET, Ingo Wolfgang; PAGLIARINI, Alexandre Coutinho (coord.). *Direitos humanos e democracia*. Rio de Janeiro: Forense, 2007. p. 515-532; FERRAZ JUNIOR, Tercio Sampaio. Notas sobre contribuições sociais e solidariedade no contexto do Estado Democrático de Direito. In: GRECO, Marco Aurélio; GODOI, Marciano Seabra de (coord.). *Solidariedade social e tributação*. São Paulo: Dialética, 2005. p. 208-221; FARIAS, José Fernando de Castro. *A origem do direito de solidariedade*. Rio de Janeiro: Renovar, 1998; SACCHETTO, Claudio; PEZZINI, Barbara (coord.). *Il dovere di solidarietà*. 5. ed. Milano: Giuffrè, 2005; SACCHETTO, Claudio. O dever de solidariedade no direito tributário: o ordenamento italiano. In: GRECO, Marco Aurélio; GODOI, Marciano Seabra de (coord.). *Solidariedade social e tributação*. São Paulo: Dialética, 2005. p. 9-52.

[53] Como observa Charles Allan: "Un sistema justo de tributación basado en el principio de capacidad de pago se define como aquel en el cual los sacrificios de utilidad para todos y cada uno de los contribuyentes son iguales" (ALLAN, Charles M. *La teoría de la tributación*. Madrid: Alianza, 1974. p. 147).

na noção de solidariedade. De nenhum modo pode-se fazer fila com esse entendimento, de apelo fácil e altruísta, mas que só disfarça uma tentativa de recurso à teoria do benefício, ainda que a pretexto de privilegiar a teoria do sacrifício. Não se pode olvidar o reconhecimento da solidariedade, mas desde que esta se concretize com observância da imunidade do mínimo existencial e dos princípios de pessoalidade, capacidade contributiva e progressividade.

Stuart Mill vale-se da teoria da isonomia dos sacrifícios para introduzir a regra da *progressividade* da tributação,[54] na busca de critério mais efetivo de justiça tributária. Em seguida, e de modo mais incisivo, com Adolf Wagner, a capacidade contributiva passa a ser avaliada não apenas pela equidade *horizontal*, ou *generalidade*, como tratamento igual para aqueles que se encontram em situação equivalente (igualdade formal perante a lei), mas também pela equidade *vertical*, segundo a qual contribuintes desiguais devem ser tratados na proporção dessa desigualdade, com a aplicação de critérios que reflitam essa diferenciação como a *progressividade (igualdade material)*.[55] Ambas, a igualdade horizontal e a vertical, concorrem para uma proteção contra injustificadas discriminações, cabendo, adicionalmente, à *igualdade vertical* preservar os sujeitos de capacidade econômica inferior, mediante a *progressividade* dos tributos. Apesar de todos esses esforços, a noção de tratamento igual para sujeitos iguais (isonomia horizontal) e de tratamento diferenciado para sujeitos diferentes (isonomia vertical), na prática, até hoje, queda-se muito difícil de realizar.

Como bem observa Sérgio Vasques, o problema da escolha e justificação do critério distintivo de comparação a ser empregado vive uma tensão permanente entre *abertura* e *vinculação*,[56] quanto à existência ou não de liberdade do legislador para a eleição de critérios que permitam determinar

---

[54] Para determinar, em termos econômicos, esse índice de progressividade, os economistas utilizam-se do postulado de utilidade marginal decrescente da renda.

[55] MUSGRAVE, Richard A. *Finanza pubblica, equità, democrazia*. Bologna: Il Mulino, 1995. p. 195; ALLAN, Charles M. *La teoría de la tributación*. Madrid: Alianza, 1974. p. 42.

[56] "Na interpretação do princípio da igualdade podemos, assim, guiar-nos a partir de duas posições-limite: uma posição de abertura integral, segundo a qual o princípio da igualdade permite ao legislador a escolha de *qualquer* critério distintivo, sendo indiferente a sua injustiça ou inadequação face à situação em jogo; e uma posição de vinculação absoluta, o entendimento de que o princípio da igualdade impõe sempre ao legislador a escolha do critério distintivo *mais justo ou adequado* em face da situação em jogo, qualquer que ele seja em concreto" (VASQUES, Sérgio. *O princípio da equivalência como critério de igualdade tributária*. Coimbra: Almedina, 2008. p. 43).

a equivalência, a diferenciação ou a igualdade entre contribuintes ou situações.

Assiste-se à recuperação desse diálogo sobre a justiça tributária e seus critérios de aproximação. Veja-se, por exemplo, as propostas de Thomas Nagel e Liam Murphy, baseados em uma relativização da justiça tributária, para evidenciar a prevalência de uma suposta justiça social, segundo critérios tipicamente de natureza política, já que caberia ao Estado simplesmente "determinar" os direitos de propriedade e o que poderia ser feito mediante tributos.[57] Para um Sistema Constitucional Tributário analítico, em competências e em direitos fundamentais, como o brasileiro, propostas desse jaez em pouco ou nada auxiliam. Diga-se o mesmo para outras tantas formulações *de lege ferenda*, como as de John Rawls e outros.[58] Isso não equivale a qualquer resistência a critérios de justiça, comutativa, distributiva ou redistributiva do Sistema Tributário, os quais devem ser efetivados na medida do possível, como forma de garantir a própria legitimidade do ordenamento, como observa Michel Bouvier.[59] Apenas não se acomodam à estrutura constitucional brasileira que se vivencia. Contudo, o debate sobre a justiça fiscal será sempre de grande importância, dada a necessidade de fundamentação de todas as decisões do ordenamento, desde a criação e reforma dos tributos aos atos de aplicação concreta.[60]

Como ficou demonstrado, o empirismo dos métodos econômicos e suas múltiplas correntes de pensamento não ofereciam qualquer segurança jurídica, tampouco favoreciam a construção de um "sistema" efetivo de tributos. A justaposição dos tributos existentes, segundo classificações que o tempo já cuidou de eliminar do direito tributário, uma a uma, até

---

[57] MURPHY, Liam; NAGEL, Thomas. *O mito da propriedade*. São Paulo: Martins Fontes, 2005. p. 242 e ss.

[58] RAWLS, John. *Liberalismo político*. Trad. Sergio René Madero Báez. México: Fondo de Cultura Económica, 1993; RAWLS, John. *Justiça como equidade*: uma reformulação. Trad. Claudia Berliner. São Paulo: Martins Fontes, 2003; RAWLS, John. *Justiça e democracia*. Trad. Irene A. Paternot. São Paulo: Martins Fontes, 2002; RAWLS, John. *História da filosofia moral*. São Paulo: Martins Fontes, 2005; RAWLS, John. *O direito dos povos*. Trad. Luís Carlos Borges. São Paulo: Martins Fontes, 2001; BARRY, Brian. *La teoria liberale della giustizia*: analisi critica delle principali dottrine di Jonh Rawls, una teoria della giustizia. Milano: Giuffrè, 1994.

[59] BOUVIER, Michel. *Introduction au droit fiscal général et à la théorie de l'impôt*. Paris: LGDJ, 2005. p. 228.

[60] Como bem ressaltadas por Paulo Caliendo, de *princípio estruturante do sistema jurídico-tributário* e de *princípio hermenêutico fundamental de aplicação das normas jurídicas tributárias*. Cf. CALIENDO, Paulo. *Direito tributário*. Três modos de pensar a tributação: elementos para uma teoria sistêmica do direito tributário. Porto Alegre: Livraria do Advogado, 2009. p. 58.

mesmo as mais resistentes, como tributos "fiscais" e "extrafiscais", "diretos" e "indiretos", entre outras, hoje enfraquecidas e mantidas unicamente pela tradição ou pela repetição, foi certamente a causa das mais sensíveis dificuldades de evolução. A ontologia dessas classificações herméticas tinha a pretensão de dominar todos os critérios de segurança jurídica, da certeza à justiça, mas o que mais se viu foi insegurança e injustiças.

Com o Estado Constitucional, abandonada a noção de "sistema tributário" como conjunto aleatório de tributos, o "Sistema Tributário" passa a representar uma organização coerente de princípios e regras em torno do conceito de tributo, a surpreender o fenômeno tributário por uma metodologia puramente jurídica, sem interferências econômicas e a constituir uma legitimidade do tributo baseada em critérios de justiça e segundo fundamentos constitucionais. Esta foi, sem dúvida, o mais significativo avanço em favor do princípio de *segurança jurídica* material no direito tributário.[61] Ao mesmo tempo, todas aquelas classificações acima referidas perderiam força explicativa ou vinculantes, para dar lugar às teorias constitucionais do tributo.

Autores há, como Tipke, que concentram a legitimidade da tributação com base em uma justiça tributária que tem origem no princípio da igualdade. Uma isonomia que não pode ser aquela *igualdade formal*, mas deve perseguir a *igualdade funcional*, em vista dos procedimentos de criação e aplicação do direito, e precipuamente a *igualdade material*, para efetividade da justiça orientada pelo "sistema de valores da lei fundamental".[62] Logicamente,

---

[61] Como afirma Sainz de Bujanda: "La metodología jurídica ha surgido como reacción frente a los peligros de los métodos puramente económicos. Estos métodos, en efecto, pueden destruir la seguridad y dejar sin aplicación al mandato de la ley cuando el intérprete se limita a considerar los rasgos económicos de los hechos sometidos a imposición, dando la espalda a su caracterización dentro del ámbito legal" (Sainz de Bujanda, Fernando. *Hacienda y derecho*. Madrid: Instituto de Estudios Políticos, 1975. vol. 1, p. 445).

[62] Tipke, Klaus; LANG, Joachim. *Direito tributário* cit., p. 191. Estamos, porém, com Casalta Nabais, quando afirma: "Com efeito, parece-nos óbvio que o princípio geral da igualdade, só por si, não é suficiente para fundamento constitucional do princípio da capacidade contributiva: é que ele apenas nos diz que é exigido um critério e um critério uniforme para termo de comparação, com base no qual se há de aferir o tratamento igual e o tratamento desigual, não nos fornecendo, porém, qual seja esse critério, o qual naturalmente tem de deduzir-se de outros princípios constitucionais. É certo que o princípio da igualdade, porque não pode deixar de ser uma expressão da justiça, nos dá indicações importantes quanto ao critério da igualdade fiscal, exigindo que a mesma tenha por base critérios materiais de justiça, dos quais estão evidentemente excluídos os que historicamente têm vindo a ser considerados arbitrários e que tendem a constar de listas constitucionais. Mas é óbvio que isto não basta para identificar o critério dos impostos" (Nabais,

DIREITOS FUNDAMENTAIS DOS CONTRIBUINTES

Klaus Tipke constrói uma teoria da tributação segundo o seu ordenamento, e como a Lei fundamental de Bonn não traz outros princípios aplicáveis, a alternativa seria extrair da "igualdade" (genérica) todos os princípios para justiça tributária. No Estado Constitucional de Direito o tributo legitima-se e considera-se como "justo" a partir da aplicação do inteiro sistema de princípios e regras constitucionais, sem qualquer necessidade de se limitar pela igualdade. É pedir muito do princípio da igualdade que este responda por todo o conteúdo da justiça tributária.

No Estado Democrático de Direito a igualdade tem uma posição privilegiada e responde pela estrutura e fundamentação de outros grandes princípios, como os da legalidade e da própria segurança jurídica. O originário ideal do "estado da Liberdade" não poderia concretizar-se sem que a igualdade estivesse garantida integralmente pelo direito. Neste, a igualdade entre homens não corresponde a uma questão lógica de mera simetria, mormente aquela tributária, em face das multifacetadas situações relativas à renda, ao patrimônio, ao consumo, à produção e outros momentos da incidência tributária. Trata-se de matéria por demais complexa e cujo significado somente é assimilado quando se examina – por comparabilidade – a situação jurídica de sujeitos em determinados âmbitos de referência (*igualdade relativa*, portanto, o que não a reduz a qualquer espécie de igualdade formal).[63] O "texto" constitucional do direito de isonomia tributária não satisfaz a uma garantia de igualdade. Faz-se mister que o *princípio* possa concretizar-se em cada situação jurídica, na sua feição de *igualdade material*.

A igualdade perante a lei é uma exigência de *generalidade*, mediante tipificação das hipóteses de incidência e de suas consequências jurídicas. Aqui, o entrelaçamento com a segurança jurídica é inequívoco; de *equiparação*, para permitir tratamento igual entre situações e circunstâncias não coincidentes,

---

José Casalta. *O dever fundamental de pagar impostos*: contributo para a compreensão constitucional do Estado fiscal contemporâneo. Coimbra: Almedina, 1998. p. 446).

[63] Cf. LA ROSA, Salvatore. *Eguaglianza tributaria ed esenzioni fiscali*. Milano: Giuffrè, 1968; FONBAUSTIER, Laurent. Réflexions critiques sur un principe à texture ouverte: l'égalité devant l'impôt. *Archives de philosophie du droit*. Paris: Dalloz, 2002, p. 79-102; FANTOZZI, Augusto. A force of the European Constitution beyond its formal adoption: from non-discrimination towards a tax equality principle. FERRAGAMO, Patrizia. *Le formule dell'eguaglianza*: da Kelsen a Nagel. Torino: Giappichelli, 2004; HINNEKENS, Luc; HINNEKENS, Philippe (org.). *A vision of taxes within and outside European borders*: festschrift in honor of Prof. Dr. Frans Vanistendael. The Netherlands: Kluwer Law International, 2008. p. 387-396; TIPKE, Klaus. Princípio da igualdade e ideia de sistema no direito tributário. In: MACHADO, Brandão (coord.). *Direito tributário*: estudos em homenagem ao prof. Ruy Barbosa Nogueira. São Paulo: Saraiva, 1984. p. 449-514.

mas que possam ser alcançadas pelo âmbito da norma; como *exigência de diferenciação*, pois a injustiça pode estar precisamente na "igualdade" que se pretenda aplicar sem levar em conta elementos relevantes de discriminação positiva, ou seja, com garantia de preservação das diferenças; e, por fim, como *exigência de regularidade de procedimento*, que seria a *igualdade funcional*, nas palavras de Antonio-Enrique Pérez Luño,[64] presente nos casos de regularidade de procedimentos de aplicação das normas, de tal modo que todos devem ser tratados igualmente nos procedimentos adotados pelos órgãos do Estado (a *legitimação pelo procedimento* de que fala Luhmann).

3.2. Pessoalidade e não Discriminação em Face do Princípio de Capacidade Contributiva

A *pessoalidade* da tributação é uma das principais justificativas para a diferenciação de regimes tributários, como prescrito no art. 145, § 1.º, da CF; mas a Constituição prescreve igualmente a *proibição* expressa de discriminações entre sujeitos que se encontram em situações equivalentes (proibição da discriminação entre iguais), autorizada, porém, a *discriminação* entre os contribuintes que "não" se encontram em situação equivalente, desde que seja esta uma diferenciação coerente com a *pessoalidade*. Portanto, a pessoalidade é fundamental para definir tanto a apuração da capacidade contributiva (individual) quanto os limites da discriminação tributária segundo regimes tributários, as demonstrações de capacidade contributiva e outros.

O *princípio de igualdade tributária* é um típico direito fundamental e de há muito conhecido.[65] Contudo, o que aparece no art. 150, II, da CF, sem precedente nas Constituições anteriores,[66] é uma *garantia expressa* para

---

[64] PÉREZ LUÑO, Antonio-Enrique. *Dimensiones de la igualdad.* 2. ed. Madrid: Dykinson, 2007. p. 19-36.

[65] Cf. PÉREZ LUÑO, Antonio-Enrique. *Dimensiones de la igualdad.* 2. ed. Madrid: Dykinson, 2007; FERRAGAMO, Patrizia. *Le formule dell'eguaglianza*: da Kelsen a Nagel. Torino: Giappichelli, 2004; LA ROSA, Salvatore. *Eguaglianza tributaria ed esenzioni fiscali.* Milano: Giuffrè, 1968; FONBAUSTIER, Laurent. Réflexions critiques sur un principe à texture ouverte: l'égalité devant l'impôt. *Archives de philosophie du droit.* Paris: Dalloz, 2002, p. 79-102; FANTOZZI, Augusto. A force... cit., p. 387-396; TIPKE, Klaus. Princípio da igualdade... cit., p. 449-514.

[66] "Art. 150. Sem prejuízo de outras garantias asseguradas ao contribuinte, é vedado à União, aos Estados, ao Distrito Federal e aos Municípios: (...) II – *instituir tratamento desigual entre contribuintes que se encontrem em situação equivalente*, proibida qualquer distinção em razão de ocupação profissional ou função por eles exercida, independentemente da denominação jurídica dos rendimentos, títulos ou direitos." Grifamos.

assegurar[67] os sujeitos passivos contra qualquer tipo de *discriminação* (i) ou *de privilégios em matéria tributária* (ii). Apesar de contemplados no mesmo texto, são normas-princípios de conteúdos bem demarcados. O *princípio de não discriminação* veda tratamento desigual entre contribuintes que se encontrem em situação equivalente (i); e o *princípio da vedação de privilégios* impede qualquer distinção em razão de ocupação profissional ou função por eles exercida, independentemente da denominação jurídica dos rendimentos, títulos ou direitos (ii).[68] É logicamente coerente que um sistema garantista

---

[67] Como bem distingue Pontes de Miranda: "Os direitos constitucionais dizem-se *assegurados*, quando há a inserção na Constituição e alguma sanção; *garantidos*, quando se lhes dão meios técnicos que protejam o seu exercício. Daí falar-se em assegurarem-se e garantirem-se direitos constitucionais. Não são, evidentemente, a mesma coisa" (grifos nossos). PONTES DE MIRANDA, Francisco C. *Democracia, liberdade, igualdade (os três caminhos)*. 2. ed. São Paulo: Saraiva, 1979, p. 376. Quanto às modalidades de "garantias", assinala Maurice Hauriou: "*Las garantías generales son, a su vez, de dos clases:* garantías constitucionales, *que proceden de la organización misma del gobierno y especialmente de la separación de poderes, y* garantías mutuas de las diferentes libertades. (...) *Las garantías constitucionales. No se trata aquí de las cláusulas contenidas en las Constituciones escritas y que se denominan* garantías de derechos; *tales cláusulas, que declaran que la Constitución garantiza estos o los otros derechos individuales, tienen una significación especial: tratan de garantizar los derechos contra el poder legislativo*" (HAURIOU, Maurice. *Principios de derecho público y constitucional*. Trad. Carlos Ruiz del Castillo. Granada: Comares, 2003. p. 113).

[68] Este princípio, antes proclamado para diversas situações, não se via estendido à tributação, e até se encontrava excepcionado, como nos casos de parlamentares e juízes, no que concerne a diárias e "ajudas de custos". Cf.: *Constituições brasileiras anteriores: Constituição Política do Império do Brazil de 1824:* "Art. 179. (...) XVI. Ficam abolidos todos os Privilegios, que não forem essencial, e inteiramente ligados aos Cargos, por utilidade publica". Constituição da República dos Estados Unidos do Brasil de 1891: "Art. 72. A Constituição assegura a brasileiros e a estrangeiros residentes no País a inviolabilidade dos direitos concernentes à liberdade, à segurança individual e à propriedade, nos termos seguintes: (...) § 2.º Todos são iguais perante a lei. A República não admite privilégios de nascimento, desconhece foros de nobreza e extingue as ordens honoríficas existentes e todas as suas prerrogativas e regalias, bem como os títulos nobiliárquicos e de conselho". Constituição da República dos Estados Unidos do Brasil de 1934: "Art. 113. A Constituição assegura a brasileiros e a estrangeiros residentes no País a inviolabilidade dos direitos concernentes à liberdade, à subsistência, à segurança individual e à propriedade, nos termos seguintes: 1) Todos são iguais perante a lei. Não haverá privilégios, nem distinções, por motivo de nascimento, sexo, raça, profissões próprias ou dos pais, classe social, riqueza, crenças religiosas ou ideias políticas". Constituição dos Estados Unidos do Brasil de 1946: Art. 95. Salvo as restrições expressas nesta Constituição, os Juízes gozarão das garantias seguintes: (...) III – irredutibilidade dos vencimentos, que, todavia, ficarão sujeitos aos impostos gerais. Art. 203. Nenhum imposto gravará diretamente os direitos de autor, nem a remuneração de professores e jornalistas. Constituição da República Federativa do Brasil de 1967: Art. 22. Compete à União decretar impostos sobre: (...) IV – rendas e proventos de qualquer natureza, salvo ajuda de custo e diárias pagas pelos cofres públicos; Emenda Constitucional n. 1 de 1969: Art. 21. Compete à

de uma tributação baseada na pessoalidade, sob o manto da isonomia, contemple regras e princípios contra discriminações e privilégios.

Da combinação entre o *princípio da não discriminação* e o *princípio de vedação de privilégios* decorrem, como princípios derivados, tanto o da *generalidade* quanto aquele da *universalidade*, dado que todos os sujeitos que possam realizar os fatos jurídicos previstos em lei serão sujeitos passivos de obrigação tributária (*generalidade*), sem qualquer distinção quanto à materialidade dos tributos (*universalidade*), exceto aquelas previstas na Constituição ou nas leis dos distintos tributos. Todos corolários do princípio da igualdade e aplicáveis a qualquer espécie de tributo, sem exceção. E ainda que a Constituição relacione os princípios de generalidade e universalidade ao imposto sobre a renda (art. 153, § 3.º), estes têm alcance sobre todo os tipos de tributos, sejam impostos, taxas ou contribuições.

Como garantia de segurança jurídica, o que se deve demonstrar é o *critério de comparação*[69] (no caso dos tributos, sempre algo que tenha relação com demonstração efetiva de capacidade contributiva, dada a vedação genérica de discriminações do art. 3.º, IV, da CF), em conformidade com o regime jurídico de cada espécie impositiva, isenção, procedimento administrativo ou qualquer outro aspecto pertinente à instituição, fiscalização ou arrecadação de tributos.[70]

Toda "igualdade" é relativa, ou seja, demanda uma comparação para bem determinar o que quer significar "situação equivalente" em cada caso. Não se

---

União instituir impôsto sôbre: (...) IV – renda e proventos de qualquer natureza, salvo ajuda de custo e diárias pagas pelos cofres públicos na forma da lei.

[69] O mesmo sentido, acentua Klaus Tipke: "Se generalidades ou diferenças entre grupos a serem comparados são relevantes, depende de imediato do *critério de comparação (tertium* comparationis), que é introduzido no confronto de grupos. A regra de igualdade é uma carta branca na medida em que não oferece o próprio critério de comparação. O critério de comparação deve ser *exato*, isto é, uma *valoração de justiça* reconhecida pela comunidade jurídica" (Tipke, Klaus; Lang, Joachim. *Direito tributário* cit., p. 195).

[70] Para uma visão crítica do princípio de capacidade contributiva, Carlos Palao Taboada alude a uma concepção sistêmica semelhante a que se vê aqui proposta, nas suas palavras: "La búsqueda de la ordenación más justa, en nuestro caso, del sistema tributario más justo – o, más modesta y realistamente, de un mejor sistema tributario – es misión de la política, con ayuda de la Ciencia de la *Hacienda y, en su ámbito, del Derecho tributario como disciplina científica. Exigir otra cosa del principio constitucional de capacidad contributiva es pedirle demasiado y puede ser también una coartada para que los políticos eludan la responsabilidad que primariamente les incumbe"* (Taboada, Carlos Palao. *El principio de capacidad contributiva como criterio de justicia tributaria: aplicación a los impuestos directos e indirectos.* In: Tôrres, Heleno Taveira (coord.). *Tratado de direito constitucional tributário*: estudos em homenagem a Paulo de Barros Carvalho. São Paulo: Saraiva, 2005. p. 303).

trata de "identidade". A igualdade tributária não se basta apenas com uma simetria absoluta, mas reclama relatividade, pois está sempre a depender do critério de comparação e do regime de cada tributo. "Relatividade" não significa "relativizar" o princípio de isonomia tributária, mas que se efetive em cada situação segundo graus de comparabilidade, precipuamente fundados na capacidade contributiva, ainda que não se limitem integralmente a este.

Há um caso que ilustra muito bem a aplicação do princípio da *pessoalidade* sem que isso represente discriminação ou privilégios, que é o regime especial denominado "acompanhamento de grandes contribuintes". Nos mais variados ordenamentos persiste a necessária separação entre regimes de "pequenos contribuintes" daqueles dos contribuintes ordinários, mas há também regimes diferenciados entre estes e os "grandes contribuintes", assim entendidos os contribuintes de estrutura complexa e de grandes volumes de arrecadação de tributos. Para esse efeito são criados sistemas de informações compatíveis, mecanismos específicos de controle e de obrigações acessórias diferenciadas que só a estes caberia exigir, e que, se exigidos de médios contribuintes, os custos talvez fossem inviáveis ou excessivos. É o que se vê no Brasil, ainda que precariamente, entre o "Simples", o regime de "lucro presumido", e aquele de "lucro real", no caso do IRPJ.

Conferir um tratamento coerente com a pessoalidade dos contribuintes é um dever constitucional que se impõe à Administração Tributária. É um modo de favorecer a transparência, de garantir aumento de arrecadação e de estimular o *compliance* nas empresas. Este é o modo correto de agir de um Fisco comprometido com os valores de um Estado Democrático de Direito, com a preservação da segurança jurídica e sob a égide de um Estado de confiança. Fala-se, aqui, na possibilidade de uma discriminação positiva para uma "minoria", que são os grandes contribuintes, para os quais esses controles coerentes com suas estruturas poderiam gerar maior rapidez no cumprimento de garantias, aprimoramento do sistema de compensações, reconhecimento e devoluções de créditos, atendimento mais ágil e especializado em conformidade com o setor específico (telecomunicações, petróleo etc.), declarações unificadas e fiscalização concentrada e unitária, com melhoria de assistência e dos serviços (praticabilidade da tributação). Isso evidenciaria sensibilidade para a pessoalidade dos grandes contribuintes, mas que, ao mesmo tempo, atenderia elevados interesses da Administração, pela redução da sonegação, da inadimplência e dos custos com litígios complexos. O tratamento empregado pela União, nestes casos, porém, confunde grandes devedores com grandes contribuintes, mantém o acompanhamento diferenciado para contribuintes tipicamente de "médio porte" e assemelha-se mais a um sistema de vigilância e punição, baseado no aumento de rigor dos sistemas de fiscalização, do que um regime orientado a fins de eficiência e melhoria das relações entre Fisco e contribuintes.[71]

Todo o regime de isonomia configura o conteúdo do princípio da *pessoalidade* da tributação, de modo a garantir uma tributação conforme a situação individual e sem qualquer vinculação externa, a pretexto de custeio de gastos públicos ou quejandos. Mesmo que a *pessoalidade* venha referida no § 1.º do art. 145, é no art. 150, II, da CF que ela encontra seu fundamento, ao lado da *generalidade*,[72] da *vedação de privilégios* e da *não discriminação*.[73] Afora estes, tem-se ainda princípios como o da *vedação do efeito confiscatório*, o de *não cumulatividade*, e tantos outros, os quais, consolidados no âmbito do sistema tributário, irradiam-se por todas as normas e, conjuntamente com a capacidade contributiva, configuram a "justiça" funcional e sistêmica que o Estado Constitucional de Direito postula preservar.

---

[71] Apenas a título de exemplo, veja-se: Portaria RFB 2.521, de 29.12.2008, que estabelece os parâmetros para seleção das pessoas jurídicas a serem submetidas ao acompanhamento econômico-tributário diferenciado.

[72] "El principio de generalidad de la imposición exige que, por una parte, se someta a gravamen fiscal a todas las personas (físicas y jurídicas) – en tanto tengan capacidad de pago y queden tipificadas por una de las razones legales que dan nacimiento a la obligación tributaria, sin que se tengan en cuenta para ello criterios extraeconómicos, tales como nacionalidad jurídica), estado civil, clase social, religión etc. – y que, por otra parte, en el marco de un impuesto particular, no se admitan otras excepciones a la obligación tributaria subjetiva y objetiva que las que parezcan inexcusables por razones de política económica, social, cultural y sanitaria o por imperativos técnico-tributarias" (NEUMARK, Fritz. *Principios de la imposición*. 2. ed. Madrid: Instituto de Estudios Fiscales, 1994, p. 89; ÁVILA, Humberto. *Sistema constitucional tributário*. São Paulo: Saraiva, 2006; BALEEIRO, Aliomar. *Limitações constitucionais ao poder de tributar* (Anotado por Misabel de Abreu Machado Derzi). Rio de Janeiro: Forense, 1997; CARRAZZA, Roque A. *Curso de direito constitucional tributário*. 25. ed. São Paulo: Malheiros, 2009; CARVALHO, Paulo de Barros. *Curso de direito tributário*. 21. ed. São Paulo: Saraiva, 2009, p. 206; COÊLHO, Sacha Calmon Navarro. *Comentários à Constituição de 1988*. Sistema Tributário. Rio de Janeiro: Forense, 2005; MARTINS, Ives Gandra da Silva. *Sistema tributário na Constituição de 1988*. São Paulo: Saraiva, 1991; MIRANDA, Pontes de. *Comentários à Constituição Federal de 1967 com a Emenda 1 de 1969*. 2. ed. São Paulo: Ed. RT, 1970, t. II; TÔRRES, Heleno Taveira. Funções das leis complementares no sistema tributário nacional – hierarquia de normas – papel do CTN no ordenamento. *Revista de Direito Tributário*, São Paulo: Malheiros, 2002, n. 84, p. 50-69; TORRES, Ricardo Lobo. *O direito ao mínimo existencial*. Rio de Janeiro: Renovar, 2009).

[73] WOLF, Michel De. *Souveraineté fiscale et principe de non discrimination*: dans la jurisprudence de la Cour de Justice, des Communautés européennes, et de la Cour suprême, des États-Unis. Paris: Bruylant, 2005.

A Alemanha, que não possui garantias semelhantes expressas (pessoalidade, capacidade contributiva, não discriminação e vedação de privilégios), substancializa a *discriminação* com adjetivos do tipo "arbitrária", "odiosa".[74] No Brasil esse exame é completamente desnecessário. A "arbitrariedade" é um típico conceito indeterminado, no que cabe tudo, por razoabilidade ou indiscutível subjetividade. A anatemática concepção alemã de *igualdade* como "interdição de arbitrariedade" não só é intransponível, ao direito brasileiro, como é de injustificada limitação do próprio princípio de igualdade, passível das mais duras críticas da doutrina, até porque a Corte Constitucional alemã, salvo aplicações tópicas, nunca disse o que entende precisamente por essa figura jurídica de discutível restrição aos valores da igualdade.

4. O Princípio de Capacidade Contributiva e seus Pressupostos de Segurança Jurídica

Capacidade contributiva e capacidade econômica não se confundem. Ao seu tempo, disse Sainz de Bujanda, "*la capacidad contributiva se identifica, en nuestro sistema, con la capacidad económica*".[75] Contudo, isso merece ponderações. A *capacidade contributiva* diz respeito unicamente à parcela da *capacidade econômica* integral do contribuinte, aquela que é alcançada pelos tributos ou que pode ser objeto de tributação, afastado o mínimo existencial e aquelas formas de manifestações econômicas que se possam gravar com tributos.[76]

---

[74] Para uma crítica da interpretação do princípio de igualdade na Alemanha: TIPKE, Klaus. Princípio da igualdade... cit., p. 449-514. No mesmo sentido, Pedro Herrera propõe-se à separação do princípio de capacidade contributiva de "aderências perturbadoras" (Cf. HERRERA MOLINA, Pedro M. *Capacidad económica y sistema fiscal*: análisis del ordenamiento español a la luz del derecho alemán. Madrid: Marcial Pons, 1998. p. 25 e ss.; cf. WILLEMART, Elisabeth. *Les limites constitutionnelles du pouvoir fiscal*. Bruxelles: Bruylant, 1999. p. 186 e ss.).

[75] E prossegue: "*Interessa mucho destacar la terminologia empleada. La capacidad contributiva se identifica, en nuestro sistema, con la capacidad económica. Esto es importante porque, con tal expresión, se elimina muchos de los problemas que en otros países se han suscitado en torno a la sustancia, al contenido de la capacidad contributiva*" (SAINZ DE BUJANDA, Fernando. Reflexiones sobre un sistema de Derecho tributario español. *Hacienda y derecho*. Madrid: Instituto de Estudios Políticos, 1975. vol. 3, p. 189).

[76] "*El concepto de capacidad contributiva presupone necesariamente una referencia a la potencia económica global del sujeto, pero no coincide totalmente con ella*" (GARCÍA ETCHEGOYEN, Marcos F. *El principio de capacidad contributiva*: evolución dogmática y proyección en el derecho argentino. Buenos Aires: Depalma, 2004. p. 55; CASADO OLLERO, Gabriel. El principio de capacidad y el control constitucional de la imposición indirecta (I). *Civitas: Revista española de derecho financiero*, n. 32, p. 541-574, Madrid, 1981; HERRERA MOLINA, Pedro M. *Capacidad económica y sistema fiscal*: análisis del ordenamiento español a la luz del derecho alemán. Madrid: Marcial Pons, 1998).

Dito de outro modo, a revelação de capacidade contributiva faz-se a partir da esfera de capacidade econômica do contribuinte, limitadamente ao âmbito das manifestações materiais suscetíveis de serem oferecidas à tributação[77] e preservada a *reserva do mínimo vital em matéria tributária*. Em vista disso, recorda-se aqui Francesco Moschetti quando afirma: "Capacità contributiva non è pertanto qualsiasi manifestazione di richeza, ma *solo quella forza economica che debba giudicarsi idonea a concorrere alle spese pubbliche, alla luce delle fondamentali esigenze economiche e sociali accolte nella nostra costituzione*".[78] O exame de pessoalidade e de generalidade da tributação, para determinar a capacidade econômica de cada indivíduo, requer uma comparabilidade constitucionalmente controlada, segundo o respectivo âmbito material de aplicação do tributo, o que somente poderá prosperar em uma aplicação do tributo *conforme a Constituição*.

Capacidade econômica é um dado empírico alheado de contornos jurídicos. O que se deva admitir como conceito de *capacidade econômica*, essa é uma questão posta à margem do conteúdo estritamente jurídico, e que deve ser definido pelos economistas e incorporado ao direito segundo os valores da política fiscal, a cada espécie de tributo. Somente quando juridicizado, este conceito torna-se relevante para a verificação da reserva do *mínimo vital* (i) e para a determinação objetiva da *capacidade contributiva* (ii), a cada espécie de tributo e a partir dos critérios entabulados em lei.[79]

Em linhas gerais, *capacidade contributiva* não significa apenas a possibilidade de suportar o ônus tributário (ou *ability to pay* dos americanos), mas consiste na garantia de suportar a exigibilidade de prestações tributárias decorrentes do dever fundamental de pagar tributos, dentro de critérios certos e uniformes, segundo a pessoalidade, preservada a *reserva do mínimo vital*. A capacidade econômica de cada pessoa é um "universal" do qual faz parte a capacidade de pagar tributos. Em si mesma, a capacidade contributiva

---

[77] Do universo de fatos reveladores de "capacidade econômica", muitos precisam ser excluídos, objetivamente, para compor o âmbito da capacidade contributiva. É o caso, por exemplo, dos fatos econômicos manifestamente ilícitos, válidos para um exame prático de aplicação do princípio, mas completamente inadequados com a destinação do produto arrecadado. Diga-se o mesmo para situações econômicas que favoreçam o desequilíbrio econômico da concorrência.

[78] MOSCHETTI, Francesco. *Il principio della capacità contributiva*. Padova: Cedam, 1973. p. 238; cf. NATOLI, Luigi Ferlazzo. *Fattispecie tributaria e capacità contributiva*. Milano: Giuffrè, 1979.

[79] As dificuldades dessa distinção renderam críticas de Alfredo Becker ao que ele chamava de "constitucionalização do equívoco", porquanto converter a capacidade contributiva em regra constitucional, esta não seria mais do que uma declaração constitucional programática e despida de determinação (BECKER, Alfredo Augusto. *Teoria geral do direito tributário* cit., p. 481, 484 e 489).

só é "direito" no que corresponde à proteção da propriedade, da isonomia[80] e da previsibilidade (certeza) de limitação da carga tributária segundo critérios coerentes. A capacidade contributiva, *per se*, é uma típica garantia constitucional e, por conseguinte, responde pela efetividade da *segurança jurídica*. Por conseguinte, certeza e justiça são as funções que assegura na ordem tributária, ao mesmo tempo em que não deixa de ser uma delimitação expressa de direitos fundamentais (enquanto autorização para tributação, dentro das suas condicionantes).

Como segurança jurídica, na *função certeza jurídica*,[81] impõe-se identificar todos os critérios de parametrização do princípio de capacidade contributiva, demarcada a partir da *capacidade econômica* do contribuinte (na sua inteira composição), como medida substancial da sujeição ao tributo, segundo os fatos jurídicos tributários, para os fins de uma tributação justa (*capacidade contributiva subjetiva*).

A segurança jurídica da capacidade contributiva, na *função justiça*, efetiva-se pela preservação da isonomia, ante os critérios formulados, ao lado de uma adequada verificação da *capacidade econômica* na própria definição dos critérios indicativos da capacidade contributiva, segundo índices de proporcionalidade, de razoabilidade e de proibição de excesso. Uma tributação sob a égide dos valores de um Estado Democrático de Direito reclama uma segurança jurídica que garanta exclusão de qualquer discricionariedade (legislativa ou administrativa) na escolha do critério de justiça individual para criação ou aplicação de tributos.[82]

---

[80] Como se vê no caso de Tipke: "Os princípios constitucionais são logo em seguida *especificamente concretizados em matéria tributária* através do *princípio da imposição segundo a capacidade contributiva*. O princípio da capacidade contributiva é em primeira linha desdobrado como critério comparativo do princípio da igualdade e é por isso tratado em conexão com o princípio da igualdade. Coopera, entretanto, também com outros princípios constitucionais, por exemplo com a proibição de excesso (...)" (TIPKE, Klaus; LANG, Joachim. *Direito tributário* cit., p. 172).

[81] A certeza jurídica é imprescindível à definição material do tributo, como observa Francesco Forte: "La certezza dell'imposta, per altro, è un requisito esenziale, perchè essa sia un intervento conforme al sistema di mercato e perchè essa non contraddica al 'bisogno di sicurezza', che è la prima ragione per cui i cittadini acettano di sottoporsi al potere dello stato" (FORTE, Francesco. *Scienza delle finanze*. Milano: Giuffrè, 2002. p. 219).

[82] Nesse sentido, afirma Moschetti, quanto ao efeito da inclusão deste princípio no direito italiano: "La capacità contributiva veniva riconosciuta come *limite della discrezionalità del legislatore tributario*: unici *presupposti* legittimi per la nascita dell'obbligazione venivano considerati 'quei fatti della vita sociale che fossero indizio di capacità economica'" (MOSCHETTI, Francesco. *Il principio della capacità contributiva*. Padova: Cedam, 1973. p. 23).

Por tudo isso, já se percebe o *paradoxo da capacidade contributiva*, pois, ao mesmo tempo em que se presta como fundamento para autorizar o exercício da competência tributária (i), contempla em si mesmo o gérmen da sua proibição, vedado seu exercício em prejuízo da pessoalidade ou da quantificação segundo a capacidade econômica do sujeito passivo (ii). E isso vale tanto para a criação do tributo quanto para sua cobrança, quando verificada a ocorrência do fato tributário previsto em lei, ou seja, manifestações de capacidade contributiva *in abstracto* (competência tributária) e *in concreto* (capacidade tributária ativa).

Sobre a efetividade do princípio de capacidade contributiva em relação ao exercício das *competências tributárias*, esta deverá ser avaliada tanto no que concerne à possibilidade de definição objetiva da hipótese de incidência das leis tributárias, que devem ser suficientemente capazes de evidenciar fatos reveladores de capacidade contributiva, quanto naquilo que permita quantificar individualmente o débito tributário, a capacidade (subjetiva) de suportar o débito do tributo. Em vista disso, com muita clareza, Emilio Giardina distingue *capacidade econômica absoluta* de *capacidade econômica relativa*.[83] A primeira refere-se à existência de capacidade pela aptidão (*in abstracto*) para contribuir com as receitas públicas necessárias. Presta-se à definição dos fatos jurídicos tributários habilitados em virtude da demonstração de capacidade contributiva e, ao mesmo tempo, daqueles que podem ser sujeitos passivos do tributo. A capacidade econômica "relativa" pressupõe a "absoluta" e realiza-se pela determinação individual do *quantum* da prestação tributária.

5. Considerações Finais

Como se verifica, o princípio da capacidade depende da tipificação de fatos jurídicos que possam evidenciá-la e de critérios objetivos de qualificação da

---

[83] GUARDINA, Emilio. *Le basi teoriche del principio della capacità contributiva*. Milano: Giuffrè, 1961; LA ROSA, Salvatore. *Principi di diritto tributario*. 2. ed. Torino: Giappichelli, 2006. p. 12 e ss.; TABOADA, Carlo Palao. Los principios de capacidad económica e igualdad en la jurisprudencia del Tribunal Constitucional español. *Civitas*: Revista española de derecho financiero, Madrid, 1995. n. 88. p. 629-642; TABOADA, Carlos Palao. El principio de capacidad contributiva como criterio de justicia tributaria: aplicación a los impuestos directos e indirectos. In: TÔRRES, Heleno Taveira (coord.). *Tratado de direito constitucional tributário*: estudos em homenagem a Paulo de Barros Carvalho. São Paulo: Saraiva, 2005. p. 285-303; GARCÍA ETCHEGOYEN, Marcos F. *El principio de capacidad contributiva*: evolución dogmática y proyección en el derecho argentino. Buenos Aires: Depalma, 2004; ZILVETI, Fernando Aurelio. *Princípios de direito tributário e a capacidade contributiva*. São Paulo: Quartier Latin, 2004.

base de cálculo e da alíquota dos tributos,[84] já que toda a tributação afere-se no espaço do materialmente imponível. E mais, sua observância deve ser rigorosa ao longo de toda a legislação, mas também nos atos de aplicação da legalidade pelo Judiciário e por toda a cadeia de atos administrativos, de regulamentação ou de exigibilidade do tributo. É que o princípio da capacidade contributiva implica-se mutuamente com o princípio de certeza do direito, necessário para estabilizar as expectativas sobre a igualdade e a determinação do *quantum debeatur* das obrigações tributárias.

Quanto à *capacidade tributária ativa*, a exigência tributária só pode alcançar aqueles sujeitos que demonstram suficiência de recursos para suportar a tributação, o que somente pode ser avaliado a partir da ocorrência do fato jurídico tributário. Como bem observa Griziotti: *"Dicendo che capacità contributiva significa possibilità di pagare tributo, non si fa che una tautologia"*.[85] E isso porque sempre que um fato jurídico tributário se verifica, de plano, surge a obrigação tributária e, com ela, a medida de capacidade contributiva específica. Em certos casos, porém, ainda que isso ocorra, o ordenamento pode excluir, por antecipação, determinados sujeitos ou situações do campo material de incidência do tributo, pelo dever de preservação da dignidade da pessoa humana (*primum vivere, deinde tributum solvere*).

O certo é que capacidade contributiva não tem limite mínimo de possibilidade, examinada individualmente. O mínimo existencial é o que está fora de tributação, como típico caso de imunidade, dado o seu legítimo caráter de garantia material do direito à dignidade da pessoa humana. Isso, porém, não é uma regra universal para todos os tributos e a cada um deles, segundo a materialidade típica, deve-se determinar o âmbito desse espaço de não incidência tributária, *garantido* pela Constituição como "mínimo existencial".[86]

A capacidade contributiva pode necessitar do concurso da *progressividade* para se efetivar. A seleção dos *fatos imponíveis*, para usar a linguagem tão ao gosto de Geraldo Ataliba, e o critério da *proporcionalidade* das alíquotas compõem as bases deste princípio. A *progressividade*, por sua vez, restringe-se àqueles casos expressamente autorizados pela Constituição, como um mecanismo excepcional de proporcionalidade, que visa a garantir a chamada

---

[84] CALVO, Rafael. *La determinazione dell'aliquota tributaria*. Milano: Giuffrè, 1969.

[85] GRIZIOTTI, Benvenuto. *Saggi sul rinnovamento dello studio della scienza delle finanze e del diritto finanziario*. Milano: Giuffrè, 1953. p.348; GNEIST, Rudolf; JELLINEK, Georg. *Legge e Bilancio*. Trad. Carmelo Geraci. Milano: Giuffrè, 1997. vol. 60.

[86] TORRES, Ricardo Lobo. *O direito ao mínimo existencial*. Rio de Janeiro: Renovar, 2009.

isonomia vertical entre contribuintes. A progressividade dos tributos no sistema tributário brasileiro somente pode ser empregada quando autorizada expressamente pela Constituição.

E, assim, nos casos permitidos, a progressividade poderá servir para a concretização de justiça sistêmica. É que, na exigência dos tributos, a progressividade concorre para a concretização dos princípios de justiça entre sujeitos que demonstram diferentes capacidades econômicas, como uma forma de discriminação positiva e autorizada constitucionalmente, em louvor ao princípio de solidariedade; contudo, ao mesmo tempo, entre aqueles que demonstram capacidade econômica equivalente, deve ser a garantia de tratamento idêntico, segundo a alíquota progressiva específica.

Nisso reside uma das grandes dificuldades da segurança jurídica na aplicação da capacidade contributiva. Como observa Lello Gangemi: "Il prìncipio della capacitá si aggira in un circolo vizioso, in quanto afferma che si deve pagare quello che si è capaci di pagare *senza definire il poter pagare*".[87] Em uma visão superficial, a capacidade contributiva parece significar que cada um pague em proporção às suas rendas e riquezas. Contudo, em uma maior aproximação, vê-se que rendas iguais nem sempre representam equivalentes manifestações de capacidade contributiva.[88]

De se ver que a progressividade (ou *regressividade*, segundo o tributo e a técnica que se adote), como instrumento técnico de coordenação dos elementos que integram o critério quantitativo dos tributos, poderá ser empregada pela variação da alíquota ou da base de cálculo, conforme o caso. Por conseguinte, não obstante seja, a progressividade, um meio de concretização da capacidade contributiva, ela é parte da competência tributária e, portanto, há de ser aplicada sempre por lei expressa e naqueles casos autorizados pela Constituição, no caso do Sistema Constitucional Tributário do Brasil.

---

[87] GANGEMI, Lello. *Finanza pubblica*. Napoli: Liguori, 1965. vol. 1, p. 338; também FASOLIS, Giovanni. *Scienza delle finanze e diritto finanziario*. 2. ed. Padova: Cedam, 1933. p. 387.

[88] Como lembra Morselli: "Capacita contributiva e redditi non sono due concetti di eguale contenuto. Quella non è sempre nella stessa misura del reddito" (MORSELLI, Emanuele. *Corso di scienza della finanza pubblica*. 2. ed. Padova: Cedam, 1937. p. 235; BOCCARDO, Gerolamo. *I principi della scienza e dell'arte delle finanze*; GANGEMI, Lello. *Finanza pubblica*. Napoli: Liguori, 1965. vol. 1. Tradução espanhola disponível: GANGEMI, Lello. *Tratado de hacienda pública*. Trad. Francisco Fernández Flores. Madrid: Editorial de Derecho Financiero, 1964. vol. 1. p. 312).

O princípio da capacidade contributiva deve aplicar-se a todos os *tributos*, sem exceção. Inclusive no caso dos tributos sobre o consumo. A segurança jurídica da não cumulatividade exige a apuração de capacidade contributiva.

O inglês Nicholas Kaldor, da Universidade de Cambridge, pôs em discussão o postulado segundo o qual a tributação deveria basear-se na capacidade de contribuir, como medida de justiça, limitadamente aos meios disponíveis (renda e patrimônio). Defendia que justo seria um imposto sobre o *consumo*, e não sobre a *renda*, pois aquele é que teria capacidade para medir os recursos que uma pessoa retira da economia para seu uso. A renda não consumida ou poupada contribuiria para o estoque de capital do País e serviria para elevar a capacidade produtiva total.[89] Para este economista as teorias do sacrifício agregado mínimo ou aquela do sacrifício equiproporcional supunham que as necessidades das pessoas poderiam ser ordenadas em uma escala decrescente de urgência. E assim quanto menos urgentes as necessidades de uma pessoa, maior sua capacidade de pagamento. Kaldron, por conseguinte, alega que seria um erro imaginar que a progressividade dependeria de qualquer teoria de capacidade contributiva, pois aquele princípio encontra-se amparado precipuamente na igualdade, e não na justiça. É uma busca de redução de desigualdades, não de justiça, especificamente. E dispara: *"A busca da 'verdadeira' medida da capacidade econômica é como a caça de um meteoro".*[90] É possível que sejam válidas suas conclusões para o Reino Unido, mas certamente, à luz da Constituição brasileira, tributos sobre consumo sujeitam-se ao princípio da capacidade contributiva e a progressividade pode e deve ser empregada nos tributos para os quais a Constituição manifestou-se em seu favor, dado o seu potencial de discriminação.

Destarte, a segurança jurídica da capacidade contributiva requer sua inserção no Sistema Constitucional Tributário em conformidade com o *relativismo axiológico*. Por isso, o princípio de *capacidade econômica* (art. 145, § 1.º, da CF), ao tempo que permite a diferenciação de tratamento tributário, encontra-se, na Constituição, com princípios como o da *dignidade da pessoa humana*, insculpido no art. 1.º da CF, ao que não se pode menos do que aceitar o necessário convívio entre ambos.

---

[89] KALDOR, Nicholas. *An expenditure tax*. London: George Allen & Unwin, 1955; tradução disponível para o espanhol: *Impuesto al gasto*. Trad. Rubén Pimentel. México: Fondo de Cultura Económica, 1963.
[90] KALDOR, Nicholas. *An expenditure tax* cit., p. 45;

Por isso, ao princípio de capacidade contributiva não se lhe escapa o dever de limitar-se pela proteção ao princípio da dignidade da pessoa humana, pela proteção da reserva do mínimo vital. Não quer dizer que esta reserva do *mínimo existencial* também não seja "graduável". Ele poderá perfeitamente justificar mecanismos de diferenciação, como resultado do encontro entre os princípios da capacidade contributiva e dignidade da pessoa humana, entre diferentes tributos, à luz do princípio de proporcionalidade.

10. Reflexos dos Direitos Fundamentais na Responsabilização Tributária e na Imputação Criminal de Representantes e Administradores de Empresas

Oswaldo Othon de Pontes Saraiva Filho

Introdução

1. Lamentavelmente, as Administrações tributárias, logo que constituído definitivamente os créditos tributários contra os contribuintes, com o recebimento de declarações referentes aos tributos sujeitos a lançamento por homologação ou através dos demais lançamentos, ou com a expedição de auto de infração no âmbito dos procedimentos ou dos processos administrativos fiscais, sem que tenha ocorrido, concomitante ou posteriormente, os correspondentes processos administrativos fiscais de imputação da responsabilidade dos representantes, diretores dessas empresas, têm tido o vezo, ao arrepio da Constituição da República, de incluir os nomes dessas pessoas nas respectivas Certidões de Dívida Ativa (CDA), título executivo extrajudicial, para efeito de execução fiscal e de encaminhamento para o Ministério Público de representações fiscais para fins penais.

2. Em muitas vezes, tem sucedido a *banalização* do Direito Penal, pois, além da indevida supressão do processo administrativo fiscal, onde os diretores e gerentes ou representantes das empresas poderiam exercitar, na seara administrativa, o seu direito ao contraditório e à ampla defesa com os recursos a ela inerentes (CF, art. 5º, LIV e LV), não têm as Administrações fiscais e os Ministérios Públicos colimados as ocorrências do dolo específico referentes os crimes contra a ordem tributária (Lei nº 8.137/1990), de modo que têm ocorrido representações fiscais para fins penais e oferecimentos de

DIREITOS FUNDAMENTAIS DOS CONTRIBUINTES

denúncia até mesmo nos casos de interpretações controversas da lei, pelo só fato de a interpretação da norma legal adotada pela sociedade empresarial não coincidir com a interpretação mais favorável ao determinado Fisco, configurando essas atitudes dos agentes públicos, sem a observância de Súmulas do STF (n°s70, 323 e 547), verdadeiras sanções políticas, com a utilização das representações fiscais e os oferecimentos de denúncias contra os administradores com o único objetivo de coagir essas administradores a pagar créditos tributários da empresa sem discussão, ainda que a matéria ainda esteja sendo discutida na via judicial, já que o pagamento do tributo extingue a punibilidade e o parcelamento do crédito fiscal impede ou suspende pretensão punitiva do Estado (Lei 9.349, de 26/12/1995[1], art. 34; Lei 9.430, de 27/12/1996, art. 83, com redações dadas pelas Leis 12.350, de 20/12/2010 e Lei 12.382, de 25/6/2011[2]; Lei nº 10.684, de 30 de maio de 2003, art. 9º)[3-4].

---

[1] Lei 9.249, de 26/12/1995. Art. 34. Extingue-se a punibilidade dos crimes definidos na Lei nº 8.137, de 27 de dezembro de 1990, e na Lei nº 4.729, de 14 de julho de 1965, quando o agente promover o pagamento do tributo ou contribuição social, inclusive acessórios, antes do recebimento da denúncia.

[2] Lei 9 430, de 27/12/1996. Art. 83. A representação fiscal para fins penais relativa aos crimes contra a ordem tributária previstos nos arts. 1º e 2º da Lei nº 8.137, de 27 de dezembro de 1990, e aos crimes contra a Previdência Social, previstos nos arts. 168-A e 337-A do Decreto-Lei nº 2.848, de 7 de dezembro de 1940 (Código Penal), será encaminhada ao Ministério Público depois de proferida a decisão final, na esfera administrativa, sobre a exigência fiscal do crédito tributário correspondente. §1º Na hipótese de concessão de parcelamento do crédito tributário, a representação fiscal para fins penais somente será encaminhada ao Ministério Público após a exclusão da pessoa física ou jurídica do parcelamento. § 2º É suspensa a pretensão punitiva do Estado referente aos crimes previstos no "caput", durante o período em que a pessoa física ou a pessoa jurídica relacionada com o agente dos aludidos crimes estiver incluída no parcelamento, desde que o pedido de parcelamento tenha sido formalizado antes do recebimento da denúncia criminal. §3º A prescrição criminal não corre durante o período de suspensão da pretensão punitiva. §4º Extingue-se a punibilidade dos crimes referidos no caput quando a pessoa física ou a pessoa jurídica relacionada com o agente efetuar o pagamento integral dos débitos oriundos de tributos, inclusive acessórios, que tiverem sido objeto de concessão de parcelamento. §5º O disposto nos §§ 1º a 4º não se aplica nas hipóteses de vedação legal de parcelamento. §6º As disposições contidas no **caput** do art. 34 da Lei nº 9.249, de 26 de dezembro de 1995, aplicam-se aos processos administrativos e aos inquéritos e processos em curso, desde que não recebida a denúncia pela juiz.

[3] Lei 10.684, de 30/5/2003. Art. 9º É suspensa a pretensão punitiva do Estado, referente aos crimes previstos nos arts. 1º e 2º da Lei nº 8.137, de 27 de dezembro de 1990, e nos arts. 168A e 337A do Decreto-Lei nº 2.848, de 7 de dezembro de 1940 – Código Penal, durante o período em que a pessoa jurídica relacionada com o agente dos aludidos crimes estiver incluída no regime de parcelamento. § 1º A prescrição criminal não corre durante o período de suspensão da pretensão punitiva. § 2º Extingue-se a punibilidade dos crimes referidos neste artigo quando a pessoa jurídica relacionada com o agente efetuar o pagamento integral dos débitos oriundos de tributos e contribuições sociais, inclusive acessórios.

[4] Da análise dos textos legais retro transcritos, tendo em vista o princípio do Direito Constitucional-Penal de que a lei penal mais benéfica ao agente deve ter aplicação retroativa

3. Justamente na época em que o Brasil precisa retomar o seu crescimento econômico-social, enfrentando a atual recessão, tais comportamentos das autoridades públicas têm contribuído para embaraçar o livre exercício de atividade econômica por meio de pessoas jurídicas de Direito privado (CF, art. 1º, *caput*, inciso IV; art. 5º, *caput*, inciso XIII; art. 170, *caput*) causando preocupante desestímulo à iniciativa privada, levando como consequência fechamentos de empresas e perdas de postos de trabalho.[5]

4. O objetivo deste artigo, elaborado em homenagem ao jurista Professor Doutor Gilmar Ferreira Mendes, é apresentar um apanhado e tentar contribuir para uma maior compreensão sobre o estado da arte deste tema.

1. Noções Propedêuticas

5. Como palavras introdutórias, cumpre avivar que a Constituição brasileira, de 1988, tendo acolhido a definição de tributo do artigo 3º do Código Tributário Nacional (CTN)[6], discrimina as espécies tributárias – impostos, taxas, contribuição de melhoria, empréstimos compulsórios, contribuições especiais ou parafiscais e contribuição *sui generis* para custeio da iluminação pública –, divide o poder de tributar entre os entes da Federação (CF, arts. 145, *caput*, I a III; 148; 149, § 1º; 149-A; 153; 154; 155; 156; 177, § 4º; 195, *caput*, I a IV, §4º; e 239) e delimita a competência tributária através de regras

(CF, art. 5º, XL; CP, art. 2º, parágrafo único; Súmula Vinculante 26 do STF), princípio que não vale para o para o processo penal, infere-se que, até o início do ano de 2011, qualquer forma ou modalidade de parcelamento suspendia a pretensão punitiva do Estado, ainda que já tenha sido recebido a denúncia; da mesma forma, todo e qualquer pagamento integral, mesmo após o recebimento da denúncia, tinha este o condão de extinguir a punibilidade. No entanto, a partir de 28 de fevereiro de 2011, data da publicação, no *DOU*, da Lei 12.382, de 25/6/2011, somente a celebração do parcelamento efetuada antes do recebimento da denúncia, é que terá o condão de suspender a pretensão punitiva do Estado. Já a quitação do débito permanece como outrora, isto é, desde que o pagamento do débito fiscal tenha sido integralmente realizado a qualquer tempo, mesmo após o recebimento da denúncia, inclusive com os acréscimos legais, fará operar a extinção da punibilidade do agente.

[5] De fato, MACHADO SEGUNDO, Hugo de Brito & MACHADO, Raquel Cavalcanti Ramos. In *responsabilidade de sócios e administradores e devido processo legal*, in ROCHA, Valdir de Oliveira. "Grandes questões atuais do direito tributário", 15º volume, São Paulo, Editora Dialética, 2011, p. 134, é preciso buscar o equilíbrio entre duas necessidades fáticas: de um lado, coibir a blindagem de patrimônio de pessoas físicas que se aproveitam da estrutura da pessoa jurídica; e, de outro lado, assegurar o respeito a estruturas societárias que estimulem os indivíduos a empreenderem riscos indispensáveis ao progresso econômico e social e, em última análise, à própria livre iniciativa.

[6] CTN, Art. 3º: "Tributo é toda prestação pecuniária compulsória, em moeda ou cujo valor nela se possa exprimir, que não constitua sanção de ato ilícito, instituída em lei e cobrada mediante atividade administrativa plenamente vinculada."

constitucionais mais específicas (p. e., arts. 153, § 3º, I e II; 155, § 2º, I e III) e por meio dos princípios constitucionais-tributários (CF, arts. 145, § 1º; 150, I a V, § 1º; 151; 153, § 1º; 155, § 4º, IV, *c*; 177, § 4º, I, *b*; 195, § 6º) e das imunidades tributárias (CF, arts. 5º, LXXVI e LXXVII; 149, § 2º, I; 150, VI; 153, § 3º, III; 155, § 2º, X, § 3º; 195, § 7º).

6. Atribui, ainda, a Constituição Federal (CF) competência à lei complementar nacional para estabelecer normas gerais em matéria de legislação tributária, especialmente sobre a definição dos fatos geradores, bases de cálculo e contribuintes de impostos; obrigação, lançamento e crédito tributários (CF, art. 146, *caput*, III, *a* e *b*).

7. Insta ressaltar que as matérias acerca do fato gerador, bases de cálculo e sujeitos passivos – contribuintes e responsáveis tributários – dos tributos estão submetidas e interrelacionadas aos princípios da competência tributária, da legalidade (CF, art. 150, "caput", inciso I e art. 97 do CTN) e da capacidade contributiva (CF, art. 145, § 1º).

8. Cumpre, pois, observar que somente a lei, em sentido técnico estrito, deve dispor sobre sujeição passiva tributária, devendo prever que os contribuintes tenham vinculação pessoal e direta com as respectivas hipóteses de incidências tributárias, com os fatos geradores, e refletir a capacidade contributiva, vislumbrada pela Constituição e pelas leis tributárias; já os responsáveis tributários devem ter uma relação indireta com os fatos geradores dos tributos, tendo estes a possibilidade de ir buscar ou reaver dos contribuintes os valores pagos em face de substituição ou transferência legal dos encargos tributários.

9. Cabe ressaltar que a Constituição da República assegura, como um dos mais relevantes direitos fundamentais, o *due process of law*, tanto material ou substantivo, quanto o formal ou adjetivo, ou seja, a garantia de que ***ninguém será privado da liberdade ou de seus bens sem o devido processo legal***, vale dizer, a lei deve ser razoável e proporcional, **sendo garantidos aos litigantes, tanto no processo judicial, quanto *no administrativo*,** e aos **acusados em geral** o **contraditório** e a **ampla defesa**, com os **meios** e **recursos** a ela inerentes (CF, art. 5º, LIV e LV).[7]

---

[7] MACHADO, Hugo de Brito. *Defesa do contribuinte no processo de lançamento tributário*, in "Grandes questões atuais do direito tributário", 14º volume, ROCHA, Valdir de Oliveira (coordenador), São Paulo: Ed. Dialética, 2010, p. 138 a 142: "A expressão *devido processo legal*, no dispositivo constitucional em referência, designa um conjunto de atos logicamente ordenados, mediante os quais o Estado realiza a atividade da qual pode resultar a privação da liberdade, ou do patrimônio do cidadão. Em respeito aos direitos fundamentais à liberdade e à propriedade, os atos estatais

10. Fazem parte desse pacote de garantias constitucionais no âmbito, também, do processo administrativo de lançamento ou decorrente de auto de infração ou de imputação de responsabilidade a terceiros: o **direito de ser notificado a apresentar defesa e de ser informado sobre o que deve defender-se**; o **direito à apreciação da impugnação feita pelo suposto responsável**; o **direito à produção de prova**; o **direito à exclusão de prova ilícita produzida contra o cidadão ou administrado**; o **direito à alegação de ilegalidade da norma complementar ou de inconstitucionalidade da lei**, neste caso, apenas quando já existir decisão judicial com efeito vinculante, reconhecendo essa inconstitucionalidade ou quando já tenha havido a extensão administrativa de precedentes do Poder Judiciário reconhecendo de forma assente essa inconstitucionalidade[8][9].

11. A propósito, a **Lei Maior assegura**, ainda, a todos, no âmbito judicial e administrativo, a **razoável duração do processo** e os meios que garantam a celeridade de sua tramitação (CF, art. 5º, LXXVIII).

12. Ainda como palavras vestibulares, cabe realçar que a Lei 5.172, de 25 de outubro de 1966 – Código Tributário Nacional (CTN) –, recebida pela Constituição Federal com *status* de lei complementar nacional, por tratar de matérias que a Constituição, de 1988, reserva competência à lei complementar, estabelece, a título de normas gerais em matéria tributária, que a obrigação é principal e acessória (CTN, art. 113, *caput*); surgindo a obrigação principal, tendo como objeto de pagamento do tributo ou da

---

que impõem restrições a tais direitos devem ser praticados na forma preestabelecida e de modo a assegurar ao destinatário dessas restrições a oportunidade para demonstrar que as mesmas não são cabíveis. [...] No contexto do art. 5º, inciso LIV, da vigente Constituição, a palavra *contraditório* designa a garantia constitucional dos acusados e dos litigantes em geral de que terão oportunidade para contraditar tudo o que contra os mesmos for afirmado e toda prova contra eles produzida, **em qualquer processo, seja judicial ou administrativo**. [...] A *ampla defesa* consiste na possibilidade de utilização, pelos acusados, de quaisquer meios ou instrumentos – lícitos obviamente – para convencer aquele que vai decidir da improcedência da acusação."

[8] Cf. SARAIVA FILHO, Oswaldo Othon de Pontes. *Processo administrativo tributário*, in "Direito tributário: artigos selecionados em homenagem aos 40 anos do Centro de Extensão Universitária", MARTINS, Ives Gandra da Silva (organizador), São Paulo: Ed. Revista dos Tribunais e Instituto Internacional de Ciências Sociais, 2012, p. 311 a 332.

[9] Diante da norma constitucional do inciso I do art. 103, que atribui competência ao Presidente da República para propor ação direta de inconstitucionalidade, forte é a interpretação no sentido de que Chefe do Poder Executivo não tem mais competência para deixar de aplicar ato normativo oriundo de outro Poder mesmo no caso concreto, podendo, no entanto, promover a extensão administrativa de decisões reiteradas do Poder Judiciário reconhecendo essa inconstitucionalidade ou nos casos de decisões do STF com efeitos vinculante e *erga omnes* com tal reconhecimento.

penalidade pecuniária, com a ocorrência do correspondente fato gerador ou da infração (CTN, § 1º do art. 113).

13. A seu turno, a obrigação acessória decorre da legislação tributária, tendo por objeto as prestações, positivas ou negativas, previstas nessa legislação, no interesse da arrecadação ou da fiscalização dos tributos (CTN, § 2º do art. 113).

14. Repare que o supramencionado § 2º do artigo 113 dispõe que a obrigação tributária acessória decorre da *legislação tributária*, expressão que contempla não só a lei em sentido técnico estrito – ato normativo expedido pelo Poder Legislativo –, mas abrange, nos termos dos artigos 2º, 96 e 100, todos do CTN, a norma constitucional, a lei complementar, a resolução do Senado Federal, a lei ordinária, o tratado internacional, o decreto do Chefe Poder Executivo, as normas administrativas complementares (portaria, instrução normativa, etc.).

15. Assim, se a lei estabelecer uma obrigação acessória, não pode o ato normativo administrativo dispor em contrariedade com ela.

16. Todavia, se a lei não trata de obrigação instrumental alguma ou a define e dispõe que cabe o ato administrativo normativo regulamentá-la, pode, perfeitamente, o decreto, a portaria ou a instrução normativa, na primeira hipótese, instituir essa obrigação, ou, no segundo caso, complementá-la ou regulamentá-la.

17. Isto sem afronta à norma constitucional do inciso II do artigo 5º, a qual dispõe *que ninguém será obrigado a fazer ou deixar de fazer alguma coisas senão em virtude de lei*, pois, obviamente, o termo lei é utilizado aqui, pelo Estatuto Político, como qualquer uma das espécies normativa exigida, pelo ordenamento jurídico, para o caso.

18. Nesse campo de obrigação tributária, a reserva legal existe, além da obrigação tributária principal, apenas para a cominação de penalidades (CTN, art. 97, "caput", inciso V)[10].

19. Aliás, esta questão já se encontra pacificada por nossa Corte Constitucional, cabendo avivar, a título exemplificativo, as decisões sobre a constitucionalidade do artigo 5º, *caput*, da Lei Complementar nº 105, de 10 de janeiro de 2001, que, tendo em mira as mutáveis condições operacionais de fiscalização da Receita Federal do Brasil (RFB), dispõe que *o Poder Executivo disciplinará, inclusive quanto à periodicidade e aos limites de valor, os critérios segundo*

---

[10] CTN. *Art. 97. Somente lei pode estabelecer: [...] V – a cominação de penalidades para ações ou omissões contrárias a seus dispositivos, ou para outras infrações nela definidas;*

os quais as instituições financeiras informarão à administração tributária da União, as operações financeiras efetuadas pelos usuários de seus serviços, e do próprio Decreto nº 4.489, de 28 de novembro de 2002, que, em obediência ao disposto na aludida lei complementar, estabelece que as instituições financeiras deverão encaminhar à RFB informações sobre o montante global de movimentações financeiras número de CPG ou CGC dos seus clientes na periodicidade de seis meses, desde que essas movimentações ultrapassem a R$ 5.000,00 (cinco mil reais) se pessoas físicas, e R$ 10.000,00 (dez mil reais) se pessoas jurídicas, tendo o Secretário da Receita Federal sido autorizado a alterar essa periodicidade e esses limites.[11]

20. O simples descumprimento de uma obrigação tributária acessória convola tal obrigação em obrigação principal relativa à penalidade pecuniária (CTN, § 3º do art. 113).

21. No cumprimento do mesmo *munus*, o CTN define o fato gerador da obrigação principal como a *situação **definida em lei** como necessária e suficiente à sua ocorrência* (art. 114); já o fato gerador da obrigação acessória é definido pelo mesmo *Code* como *qualquer situação que, **na forma da legislação aplicável**, impõe a prática ou a abstenção de ato que não configure obrigação principal* (art. 115).

22. O crédito tributário, que decorre da obrigação tributária e que por sua vez surge com a ocorrência do fato gerador, pode ser autoliquidado ou constituído e declarado pelo próprio contribuinte, nos tributos sujeitos legalmente ao lançamento por homologação (CTN, art. 150), ou lançado pela Administração tributária através dos lançamentos de ofício ou por declaração (CTN, arts. 142 ao 149).

23. Constatando-se ilegalidade cometida pelo sujeito passivo, o Fisco constitui o corresponde crédito com o auto de infração, consubstanciadora do tributo devido ou da penalidade pecuniária.

24. Impende ser destacado, nessa abordagem preambular, que compete, privativamente, à autoridade administrativa fiscal constituir o crédito tributário pelo lançamento, assim entendido como procedimento administrativo, capaz de se convolar em processo administrativo fiscal, – na hipótese de suceder reclamação ou recurso do lançamento ou do auto de infração originário por parte do sujeito passivo –, tendente a verificar a ocorrência do fato gerador da obrigação correspondente, identificar o contribuinte e, se for o caso, o responsável tributário, determinar a matéria tributável e calcular ou por

---

[11] STF-Pleno. ADI 2.859, 2.390, 2.386, 2.397, rel. Min. Dias Tóffoli, *DJe*-225, 21/10/2016.

outra forma fixar o montante do crédito tributário, aplicando-se, se for o caso, a penalidade cabível (CTN, art. 142).

25. Estatui o *caput* do artigo 144 do CTN que o *lançamento reporta-se à data da ocorrência do fato gerador da obrigação e rege-se pela lei então vigente, ainda que posteriormente modificada ou revogada.*

26. Em relação aos impostos lançados por períodos certos de tempo, como o imposto sobre propriedade predial e territorial urbana – IPTU e o imposto sobre propriedade de veículos automotores – IPVA, aplica-se a lei vigente na data em que a lei de fixação do fato gerador temporal considerar ocorrido o fato gerador – em relação aos impostos supracitados no dia $1^{\underline{o}}$ de janeiro de cada ano. (CTN, § $2^{\underline{o}}$ do art. 144).

27. Agora, *aplica-se ao lançamento a legislação que, posteriormente à ocorrência do fato gerador da obrigação, tenha instituído novos critérios de apuração ou processos de fiscalização, ampliado os poderes de investigação das autoridades administrativas, ou outorgado ao crédito maiores garantias ou privilégios, exceto, neste último caso, para o efeito de atribuir responsabilidade tributária a terceiros* (CTN, art. 144, § $1^{\underline{o}}$)[12].

28. Em síntese, aplica-se ao lançamento no que diz respeito à parte substancial ou material (verificação da ocorrencia do fato gerador, a identificação da base de cálculo e, se for o caso, da alíquota e do sujeitos passivos, etc.) a lei em vigor na data da ocorrência do fato gerador da obrigação correspondente (CTN, art. 144, *caput*). Quanto aos aspectos formais, procedimentais ou processuais, a lei em vigor na data do lançamento (CTN, art. 144, § $1^{\underline{o}}$). Relativamente às infrações tributárias e as penalidades, pode ser aplicada retroativamente a lei mais favorável ao sujeito passivo, desde que se trate de ato não definitivamente julgado administrativa ou judicialmente (CTN, 106, *caput*, inciso II, alíneas *a*, *b* e *c*). Já, em relação aos impostos lançados por períodos certos de tempo, aplica-se a lei vigente na data em que a lei considerar materializado o correspondente fato gerador.

---

[12] O STF assentou a constitucionalidade da utilização pela RFB, após a publicação da Lei nº 10.174/2001 e depois da edição da Lei Complementar nº 105/2001, de informações fornecidas diretamente por instituições financeiras para apuração e lançamentos de ofício de créditos tributários referentes a exercícios anteriores à vigência dessas leis, tendo em vista o caráter instrumental dessas normas (ADI 2.859, rel. Min. Dias Tóffoli, *DJe*-225, 21/10/2016; RE 495.985 AgR-Agr-AgR, relator Min. Marco Aurélio, *DJe*-263, 12/12/2016; RE 601.314, rel. Min. Edson Fachin, DJe198, 16/9/2016.

29. Antes do lançamento em sentido lato[13], existia a obrigação tributária por força da ocorrência do fato gerador; a partir da auto-liquidação do crédito feita e declarada pelo contribuinte ou do lançamento surge o crédito tributário.

30. Com o recebimento pela Administração tributária da declaração decorrente da auto-liquidação feita pela sujeito passivo, o correspondente crédito encontra-se definitivamente constituído, isto em relação aos tributos sujeitos ao lançamento por homologação.

31. Nesse caso, descobrindo Fisco que a declaração efetuada não está exata ou completa, poderá homologar a parte que concorda ou que já fora paga e, no prazo de 5 (cinco) anos da ocorrencia dofato gerador, ou contados do primeiro dia do exercício seguinte em que o lançamento poderia ter sido efetuado no caso de ocorrencia de dolo, fraude ou simulação (CTN, art. 150, § 4º e art. 173, *caput*, inciso I), fazer o lançamento de ofício.

32. Após não caber mais recurso na esfera administrativa, e tendo sido o contribuinte ou o responsável notificado da constituição do crédito ou da identificação da responsabilidade tributária de terceiros, e, ainda, depois da criação do título executivo extrajudicial com a inscrição desse crédito na Certidão da Dívida Ativa – CDA –, torna-se esse crédito antes existente e exigível em crédito tributário exequível, podendo só a partir daí correr o prazo prescricional[14-15-16-17].

[13] Como o CTN considera o lançamento do crédito tributário atividade privativa da autoridade administrativa fiscal (CTN, art. 142), há três tipos de lançamento: por declaração (CTN, art. 147), por homologação após a autoliquidação por parte do contribuinte (CTN, art. 150) e o lançamento de ofício (CTN, art. 149).

[14] Prescrição é uma das modalidades de extinção do crédito tributário pela inércia do Fisco de cobrá-lo (CTN, art. 156, *caput*, V). Segundo o *caput* do art. 174 do CTN, *a ação para a cobrança do crédito tributário prescreve em 5 (cinco) anos, contados da data de sua constituição definitiva.* O parágrafo único do mesmo artigo (174) elenca o rol de fatos que interrompem essa prescrição: despacho do juiz que ordenar a citação em execução fiscal; protesto judicial; qualquer ato que constitua em mora o devedor; e qualquer ato inequívoco ainda que extrajudicial, que importe em reconhecimento do débito pelo devedor.

[15] As hipóteses de suspensão do crédito tributário estão elencadas no art. 151 do CTN: moratória; depósito em dinheiro do montante integral; as reclamações e os recursos nos termos das leis reguladoras do processo tributário administrativo; a concessão de medida liminar em mandado de segurança; a concessão de medida liminar ou tutela antecipada em outras espécies de ação judicial; e o parcelamento.

[16] Embora haja sólida doutrina em sentido contrário (cf. MACHADO, Hugo de Brito. *Curso de direito tributário*, 40ª edição, São Paulo: Malheiros, 2019, p. 179), para o atual Direito positivo brasileiro, com o lançamento original, com a declaração entregue pelo próprio contribuinte nos casos de tributos sujeitos ao lançamento por homologação (CTN, art. 150), ou com a lavratura

2. Ligeiro Escólio sobre Sujeição Passiva Tributária

33. Cumprindo o seu encargo, recebida da Carta Política, de 1988, de estabelecer normas gerais em matéria tributária, dispõe o Código Tributário Nacional que o sujeito passivo da obrigação tributária principal, vale dizer, do dever de dar dinheiro ao Estado, é a pessoa obrigada por lei ao pagamento de tributo ou penalidade pecuniária (CTN, art. 21, *caput*).

34. Explicita o Código Tributário Nacional que o sujeito passivo da obrigação principal diz-se contribuinte, quando tenha relação pessoal e direta com a situação que constitua o respectivo fato gerador; sendo responsável tributário, em sentido estrito, quando, sem revestir a condição de contribuinte, vale dizer, sem ter uma relação pessoal e direta com o correspondente fato gerador, tenha, pelo menos, alguma vinculação, ainda que indireta com o fato gerador do tributo, tendo a possibilidade de reter ou reaver do contribuinte o crédito tributário pago, e que essa obrigação decorra de disposição expressa de lei (CTN, arts. 121, parágrafo único, I e II; 97).

35. Em apertada síntese, contribuinte é a pessoa que realiza o fato gerador; enquanto que responsável tributário, *stricto sensu*, é outra pessoa, vinculada indiretamente ao fato gerador, que tenha, recebido da lei, o dever de pagar

---

do auto de infração, embora sujeitos ainda às reformas, não há de se cogitar de decadência do direito de constituir o crédito tributário, uma vez que o STF, conduzido pelo voto do Senhor Ministro Moreira Alves, já decidiu que a decadência – morte do crédito tributário antes do seu nascimento (CTN, art. 156, *caput*, V) – só é admissível no período anterior à lavratura do auto de infração, porquanto com o lançamento, autoliquidação e respectiva declaração do próprio contribuinte ou auto de infração considera-se consumado a constituição, ainda que provisória, do crédito tributário, não havendo mais de se cogitar de decadência (REO 91.019; 91.812 e 90.926, publicados na *RTJ* 94).

[17] Nos termos do art. 150, § 1º, do CTN, em relação aos impostos sujeitos ao lançamento por homologação, o pagamento antecipado pelo obrigado extingue o crédito tributário sob condição resolutória de ulterior homologação do lançamento; já o §4º do mesmo artigo (150) dispõe que *se a lei não fixar prazo menor a homologação, será ele de cinco anos, a contar da ocorrência do fato gerador; expirado esse prazo sem que a Fazenda Pública se tenha pronunciado, considera-se homologado o lançamento e definitivamente extinto o crédito, salvo se comprovada a ocorrência de dolo, fraude ou simulação*. A seu turno, reza o *caput* do art. 173, do CTN, que *o direito de a Fazenda Pública constituir o crédito tributário extingue-se após 5 (cinco) anos, contados: do primeiro dia do exercício seguinte àquele em que o lançamento poderia ter sido efetuado; da data em que se tornar definitiva a decisão que houver anulado, por vício formal, o lançamento anteriormente efetuado*. Por sua vez, o parágrafo único do art. 173 reza que o direito potestativo de lançar *extingue-se definitivamente com o decurso do prazo* de 5 (cinco) anos, *contado da data em que tenha sido iniciada*, antes do primeiro dia seguinte do exercício seguinte, em que o lançamento poderia se realizar, *a constituição do crédito tributário pela notificação, ao sujeito passivo, de qualquer medida preparatória indispensável ao lançamento*.

tributo, seja em lugar do contribuinte – caso de substituição, seja junto a ele – hipóteses de transferência, solidária ou subsidiariamente[18].

36. Além da responsabilidade, em sentido amplo, que abrange a obrigação do contribuinte, chamada de direta, ou do responsável tributário em sentido estrito, denominada de indireta, Rubens Gomes de Sousa classifica, didaticamente, a sujeição passiva indireta em: a) por transferência (a responsabilidade de terceiro por fato gerador praticado diretamente pelo contribuinte, ou por débito do contribuinte); b) por substituição (a responsabilidade pelo fato do terceiro ocupar o lugar do próprio contribuinte, em virtude de lei). Em relação à primeira, a responsabilidade indireta por transferência pode ser subdividida em: a) por solidariedade; b) por sucessão; c) responsabilidade propriamente dita (diante da aproximação entre o responsável e o contribuinte). Consta, ainda, do Código Tributário Nacional uma outra responsabilidade ampla: a responsabilidade por infração[19].

37. A seu turno, o sujeito passivo da obrigação acessória é a pessoa obrigada às prestações que constituam o seu objeto (CTN, art. 122).

38. Acrescente-se a responsabilidade atribuída a terceiro de cumprimento de obrigação acessória relacionada com tributo do contribuinte.

39. Veja o seguinte exemplo, que demonstra que a lei ordinária não pode indicar qualquer pessoa para ser tida como contribuinte ou responsável tributário: conforme os artigos 43, *caput* e 45, *caput*, do CTN, a lei pode indicar como contribuinte do imposto de renda e proventos de qualquer natureza o titular da disponibilidade econômica ou jurídica de renda,

---

[18] Heleno Taveira TÔRRES, no artigo *Substituição tributária no regime constitucional, classificação e relações jurídicas (materiais e processuais)*, in "Revista Dialética de Direito Tributário" (*RDDT*) nº 70, São Paulo: Dialética, julho de 2001, p. 87 a 108, apresenta a seguinte classificação de sujeitos passivos com supedâneo na CF e no CTN: "1. Contribuintes: individuais ou solidários (art. 121, parágrafo único, I, e o 124). 2. Responsáveis (com ou sem solidariedade, com ou sem subsidiariedade, nos termos da lei): Vinculados ao fato jurídico tributário, nos termos da legislação das pessoas tributantes (art. 121, parágrafo único, II, e o 128); Responsabilidade de sucessores (arts. 129-133) nos seguintes casos: – Sucessão imobiliária (art. 130); – Sucessão por aquisição ou remissão de bens (art. 131, I); – Sucessão *causa mortis* (art. 131, II e III); – Sucessão empresarial por reorganização (transformação, fusão, incorporação) ou extinção (art. 132); Sucessão empresarial por aquisição (art. 133); Responsabilidade de terceiros (arts. 134 e 135); Responsabilidade por infrações (arts. 136 a 137). Agentes de retenção, como são mais conhecidos, os substitutos tributários *para trás* (porque o fato jurídico tributário já aconteceu). 4. Substituição tributária propriamente dita, ou a chamada substituição *para frente* (porque o evento tributário ainda irá acontecer) – art. 150, §7º, da CF."

[19] SOUSA, Rubens Gomes de. *Compêndio de legislação tributária*, São Paulo: Ed. Resenha dos Tribunais, 1975, p. 92 e 93.

assim entendido o produto do capital, do trabalho ou da combinação de ambos, ou de proventos de qualquer natureza, assim entendidos os outros acréscimos patrimoniais, ou seja a pessoa vinculada diretamente ao fato gerador do tributo e que demostre a almejada capacidade contributiva, por auferir acréscimo patrimonial; já, segundo o parágrafo único do artigo 45 do mesmo Código reza que a lei pode atribuir à fonte pagadora da renda ou dos proventos tributáveis, isto é, a pessoa vinculada indiretamente ao fato gerador, a obrigação de reter o valor do imposto do contribuinte e de recolhê-lo ao Erário Público.

40. Por sua vez, define o mesmo Código que o sujeito passivo da obrigação tributária acessória é a pessoa obrigada, em decorrência da legislação tributária, às prestações positivas ou negativas que constituam o seu objeto, ou seja, é a pessoa obrigada a fazer, não fazer ou tolerar algo no exclusivo interesse da arrecadação ou da fiscalização dos tributos (CTN, arts. 122 e 113; § 2º).

41. Dispõe o artigo 124 da Lei 5.172/1966 (CTN) que são solidariamente obrigadas (*caput*):[20] as pessoas que tenham interesse comum na situação que constitua o fato gerador da obrigação principal (inc. I) – p. e., duas ou mais pessoas que são coproprietárias do mesmo imóvel urbano ou rural ou as pessoas casadas em comunhão de bens, relativamente ao imposto de renda, portanto, todas elas são contribuintes solidárias e obrigadas ao pagamento desses tributos sem benefício de ordem em face do interesse comum –[21], ou, sem esse interesse comum, as pessoas expressamente designadas em lei, que guardem relação com o fato gerador (inc. II).

42. Quanto à exegese da norma do inciso I do artigo 124 do CTN, em relação a tentativa fazendária de redirecionar a execução contra pessoa jurídica diversa da devedora em face da existência de grupo econômico, o STJ tem assentado que **o grupo econômico por si só não basta para caracterizar a solidariedade prevista no artigo 124, exigindo-se, como elemento essencial e indispensável, que haja a induvidosa participação de mais de uma empresa na conformação do fato gerador, sem o qual estaria implantada a solidariedade automática, imediata e geral.** Para

---

[20] Segundo o art. 264 da Lei nº 10.406, de 10/1/2002 – Código Civil (CC): "Há solidariedade, quando na mesma obrigação concorre mais de um credor, ou mais de um devedor, cada um com direito, ou obrigado, à dívida toda."

[21] Cumpre não confundir interesses comuns com interesses contrapostos, bilaterais e comutativos (exemplo destes a relação entre comprador e vendedor no âmbito de *um* contrato de compra e venda).

melhor ilustrar o que fora resumido acima, transcrevam-se as seguintes Ementas de Acórdãos STJ:

STJ-1ª SEÇÃO. EMBARGOS DE DIVERGÊNCIA NO RECURSO ESPECIAL Nº 834.044/

Ementa: ROCESSUAL CIVIL. EMBARGOS DE DIVERGÊNCIA NO RECURSO ESPECIAL. TRIBUTÁRIO. ISS. EXECUÇÃO FISCAL. PESSOAS JURÍDICAS QUE PERTENCEM AO MESMO GRUPO ECONÔMICO. CIRCUNSTÂNCIA QUE, POR SI SÓ, NÃO ENSEJA SOLIDARIEDADE PASSIVA.

1. O entendimento prevalente no âmbito das Turmas que integram a Primeira Seção desta Corte é no sentido de que o fato de haver pessoas jurídicas que pertençam ao mesmo grupo econômico, por si só, não enseja a responsabilidade solidária, na forma prevista no art. 124 do CTN. Ressalte-se que a solidariedade não se presume (art. 265 do CC/2002), sobretudo em sede de direito tributário.

2. Embargos de divergência não providos[22].

TTJ-1ª TURMA. RECURSO ESPECIAL Nº 834.044/RS

Ementa: PROCESSUAL CIVIL. TRIBUTÁRIO. RECURSO ESPECIAL. ISS. EXECUÇÃO FISCAL. LEGITIMIDADE PASSIVA. EMPRESAS PERTENCENTES AO MESMO CONGLOMERADO FINANCEIRO. SOLIDARIEDADE. INEXISTÊNCIA. VIOLAÇÃO DO ART. 124, I, DO CTN. NÃO-OCORRÊNCIA. DESPROVIMENTO.

1. "Na responsabilidade solidária de que cuida o art. 124, I, do CTN, não basta o fato de as empresas pertencerem ao mesmo grupo econômico, o que por si só, não tem o condão de provocar a solidariedade no pagamento de tributo devido por uma das empresas" (HARADA, Kiyoshi. "Responsabilidade tributária solidária por interesse comum na situação que constitua o fato gerador").

2. Para se caracterizar responsabilidade solidária em matéria tributária entre duas empresas pertencentes ao mesmo conglomerado financeiro, é imprescindível que ambas realizem conjuntamente a situação configuradora do fato gerador, sendo irrelevante a mera participação no resultado dos eventuais lucros auferidos pela outra empresa coligada ou do mesmo grupo econômico.

3. Recurso especial desprovido[23].

---

[22] STJ-S1. EREsp 834.044/Rs, rel. Min. Mauro Campbell Marques, *DJe* 29/9/2010.

[23] STJ-T1. REsp 834.044/RS, relatora Ministra Denise Arruda, *DJe* 15/12/2008.

STJ-T1. AGRAVO INTERNO NO AGRAVO EM RECURSO ESPECIAL Nº 1.035.029/SP:

Ementa: TRIBUTÁRIO. AGRAVO INTERNO NO RECURSO ESPECIAL. EXECUÇÃO FISCAL. ALEGAÇÃO DA EXISTÊNCIA DE GRUPO ECONÔMICO, PARA COMPELIR TERCEIROS A RESPONDER POR DÍVIDA FISCAL DA EXECUTADA. IMPOSSIBILIDADE DE REDIRECIONAMENTO DA EXECUÇÃO FISCAL CONTRA PESSOA JURÍDICA DIVERSA DO DEVEDOR, FORA DAS HIPÓTESES LEGAIS. O ACÓRDÃO RECORRIDO ESTÁ RESPALDADO NA JURISPRUDÊNCIA DO STJ DE QUE A EXISTÊNCIA DE GRUPO ECONÔMICO, POR SI SÓ, NÃO ENSEJA A SOLIDARIEDADE PASSIVA NA EXECUÇÃO FISCAL. AGRAVO INTERNO DA FAZENDA NACIONAL A QUE SE NEGA PROVIMENTO.

1. A respeito da definição da responsabilidade entre as empresas que formam o mesmo grupo econômico, de modo a uma delas responder pela dívida de outra, a doutrina tributária orienta que esse fato (o grupo econômico) por si só, não basta para caracterizar a responsabilidade solidária prevista no art. 124 do CTN, exigindo-se, como elemento essencial e indispensável, que haja a induvidosa participação de mais de uma empresa na conformação do fato gerador, sem o que se estaria implantando a solidariedade automática, imediata e geral; contudo, segundo as lições dos doutrinadores, sempre se requer que estejam atendidos ou satisfeitos os requisitos dos arts. 124 e 128 do CTN.

2. Em outras palavras, pode-se dizer que uma coisa é um grupo econômico, composto de várias empresas, e outra é a responsabilidade de umas pelos débitos de outras, e assim é porque, mesmo havendo grupo econômico, cada empresa conserva a sua individualidade patrimonial, operacional e orçamentária; por isso se diz que a participação na formação do fato gerador é o elemento axial da definição da responsabilidade; não se desconhece que seria mais cômodo para o Fisco se lhe fosse possível, em caso de grupo econômico, cobrar o seu crédito da empresa dele integrante que mais lhe aprouvesse; contudo, o sistema tributário e os institutos garantísticos de Direito Tributário não dariam respaldo a esse tipo de pretensão, mesmo que se reconheça que ela (a pretensão) ostenta em seu favor a inegável vantagem da facilitação da cobrança.

3. Fundando-se nessas mesmas premissas, o STJ repele a responsabilização de sociedades do mesmo grupo econômico com base apenas no suposto interesse comum previsto no art. 124, I do CTN, exigindo que a atuação empresarial se efetive na produção do fato gerador que serve de suporte à obrigação. Nesse sentido, cita-se o REsp. 859.616/RS, Rel. Min. LUIZ FUX, *DJ* 15.10.2007.

4. Assim, para fins de responsabilidade solidária, não basta o interesse econômico entre as empresas, mas, sim, que todas realizem conjuntamente a situação configuradora do fato gerador. Precedentes: AgRg no AREsp. 603.177/RS, Rel. Min. BENEDITO GONÇALVES, *DJe* 27.3.2015; AgRg no REsp. 1.433.631/PE, Rel. Min. HUMBERTO MARTINS, *DJe* 13.3.2015.

5. A circunstância de várias empresas possuírem, ao mesmo tempo, sócio, acionista, dirigente ou gestor comum pode até indiciar a presença de grupo econômico, de fato, mas não é suficiente, pelo menos do ponto de vista jurídico tributário, para tornar segura, certa ou desenturvada de dúvidas a legitimação passiva das várias empresas, para responderem pelas dívidas umas das outras, reciprocamente.

6. Agravo Interno da Fazenda Nacional a que se nega provimento[24] [25].

43. Insta ser explicitado o preceito do artigo 128 do CTN, que ostenta a seguinte dicção: "**Sem prejuízo do disposto neste capítulo**, a lei pode atribuir de modo expresso a responsabilidade pelo crédito tributário a terceira pessoa, **vinculada ao fato gerador** da respectiva obrigação, excluindo a responsabilidade do contribuinte ou atribuindo-a a este em caráter supletivo do cumprimento total ou parcial da referida obrigação". (O grito não consta do original).

44. Por esse dispositivo supratranscrito, lei ordinária fica autorizada a dispor sobre responsabilidade tributária de terceira pessoa, que não seja contribuinte, desde que observe ou não contrarie as normas gerais sobre responsabilidade tributária previstas nos artigos 129 a 138 do Código Tributário Nacional[26] e, ainda mais, essa terceira pessoa, que a lei ordinária atribua responsabilidade tributária, deverá ter vinculação, ainda que indireta, com o fato gerador da respectiva obrigação, podendo a lei colocar o responsável tributário como substituto do contribuinte ou atribuindo a

---

[24] STJ-T1. AgInt no AREsp 1.035.029/SP, rel. Min. Napoleão Nunes Maia filho, *DJe* 30/5/2019.
[25] Além dos indicados nas Ementas transcritas, cf., no mesmo sentido: T2. AgRg no AI 1.392.703/RS, *DJe* 14/6/2011.
[26] Ives Gandra da Silva Martins faz o seguinte comentário ao art. 128 do CTN: *O artigo começa* com a expressão "sem prejuízo do disposto neste Capítulo", *que deve ser entendida como exclusão da possibilidade de a lei determinar alguma forma de responsabilidade conflitante com a determinada no Código. Isso vale dizer que a responsabilidade não prevista pelo capítulo pode ser objeto de lei, não podendo, entretanto, a lei determinar nenhuma responsabilidade que entre em choque com os arts. 128 a 138.* ("Comentários ao código tributário nacional", volume 2, MARTINS, Ives Gandra da Silva (coordenador), São Paulo: Saraiva, 1998, p. 215).

responsabilidade a este em caráter supletivo do cumprimento total ou parcial da referida obrigação tributária.

45. Nesse ponto, traga-se à lume o artigo 8º do Decreto-Lei nº 1.736, de 20 de dezembro de 1979, que dispõe sobre débitos para com a Fazenda Nacional, o qual apresenta o seguinte teor, *verbis*:

> Art. 8º – São solidariamente responsáveis com o sujeito passivo os acionistas controladores, os diretores, gerentes ou representantes de pessoas jurídicas de direito privado, pelos créditos decorrentes do não recolhimento do imposto sobre produtos industrializados e do imposto sobre a renda descontado na fonte.
>
> Parágrafo único. A responsabilidade das pessoas referidas neste artigo restringe-se ao período da respectiva administração, gestão ou representação.

46. O Superior Tribunal de Justiça teve ocasião para se debruçar sobre essa pretensão fiscal de alargar a responsabilidade de terceiros, tendo reconhecido a inconstitucionalidade do artigo 8º do Decreto-Lei nº 1.736/1979, como demonstram os seguintes trechos de Emenda de Acórdão:

> **STJ-2ª Turma**
> **REsp nº 1.733.283 – SP**
> RELATOR: Ministro Og Fernandes
> EMENTA: TRIBUTÁRIO E PROCESSUAL CIVIL. RECURSO ESPECIAL. EXECUÇÃO FISCAL. REDIRECIONAMENTO. ÓBICES PROCESSUAIS. NÃO CONHECIMENTO. 1. A Corte Especial, nos autos do REsp 1.419.104/SP, declarou a inconstitucionalidade do art. 8º do Decreto-Lei n. 1.736/1979, de forma que o redirecionamento da execução fiscal não prescinde do preenchimento dos requisitos previstos no art. 135 do CTN.
> [...] (*DJe* 13/06/2018).

47. Na mesma senda, vale lembrar os preceptivos do artigo 13, *caput* e parágrafo único, da Lei nº 8.620, de 5 de janeiro de 1993, revogados pela Lei nº 11.941, de 2009, decorrente da conversão em lei da Medida Provisória nº 449, de 2008, *in verbis*:

> Art. 13. O titular da firma individual e os sócios das empresas por cota de responsabilidade limitada respondem solidariamente, com os seus bens pessoais pelos débitos junto à Seguridade Social.

Parágrafo único. Os acionistas controladores, os administradores, os gerentes e os diretores respondem solidariamente e subsidiariamente, com seus bens pessoais, quanto ao inadimplemento das obrigações para com a Seguridade Social por dolo ou culpa.

48. Impende colimar que tanto o Superior Tribunal de Justiça (STJ) quanto o Supremo Tribunal Federal (STF) tiveram a oportunidade de afastar por inconstitucionalidade a norma do artigo 13 da Lei nº 8.620/1993, que, como visto, estabelecia que os sócios das empresas por quota de responsabilidade limitada e os acionistas controladores de sociedades anônimas, ainda que não gerentes ou administradores de pessoas jurídicas, seriam solidariamente responsáveis para com débitos delas referente às contribuições para a seguridade social, em óbvia contrariedade com as disposições dos artigos 124, *caput*, II; 128; 134, *caput*, VII; e 135, *caput*, III, todos do CTN[27].

49. Observe-se que, por força do artigo. 134, "caput", inciso VII, do CTN, os meros sócios de uma sociedade de pessoas (sociedade de nome coletivo) só respondem solidária e subsidiariamente pelos débitos tributárias das correspondentes pessoas jurídicas, portanto, na hipótese de impossibilidade de exigência do cumprimento da obrigação principal pelo contribuinte. Entretanto, estando este insolvente, não tendo condição econômica para pagar o tributo devido, então pode a Fazenda Pública executar o sócio, desde que, ainda, este tenha praticado atos comissivos ou omissivos relativos ao débito fiscal e no caso restrito de liquidação irregular desse tipo societário.

50. A seu turno, consoante o artigo 135, "caput", incisos I a III, do CTN, não o mero sócio, mas os representantes de contribuintes, os mandatários, prepostos e empregados e os diretores, gerentes, sócios ou não, só são pessoalmente responsáveis pelos créditos correspondentes a obrigações tributárias dessas pessoas jurídicas, na hipótese de a Administração tributária demonstrar, através de ato fundamentado decorrente de processo administrativo de constituição dessa responsabilidade de terceiros, inclusive tendo sido assegurado aos terceiros, no âmbito desse processo administrativo, o contraditório, a ampla defesa com os recursos a ela inerentes, que esses indivíduos deram causa aos fatos geradores e o consequente inadimplemento,

---

[27] Da mesma forma, é de duvidosa constitucionalidade o §5º do art. 9º da LC 123/2006, com a redação dada pela LC 147/2014, que trata de responsabilidade solidária no âmbito do Simples Nacional: *A solicitação de baixa do empresário ou da pessoa jurídica importa responsabilidade solidária dos empresários, dos titulares, dos sócios e dos administradores no período da ocorrência dos respectivos fatos geradores.*

com a comprovação de atos praticados por eles com excesso de poderes ou infração de lei, contrato social ou estatutos dessas pessoas jurídicas de direito privado.

51. Sobre a inconstitucionalidade do artigo 13 da Lei nº 8.620/1993, por estabelecer responsabilidade tributária em contrariedade com o disposto nos artigos 124, II, 128 e 135, III, do CTN, tragam-se à colação trechos da Ementa do Acórdão da 1ª Seção do STJ decorrente do julgamento do REsp nº 757.065/SC, relator o senhor Ministro José Augusto Delgado:

> **Ementa**: TRIBUTÁRIO. RECURSO ESPECIAL. EXECUÇÃO FISCAL. DÉBITOS PARA COM A SEGURIDADE SOCIAL. RESPONSABILIDADE DO ADMINISTRADOR (SOCIEDADE POR QUOTAS DE RESPONSABILIDADE LTDA). SOLIDARIEDADE. PREVISÃO NA LEI 8.620/93, ART. 13. NECESSIDADE DE LEI COMPLEMENTAR (CF, ART. 146, III, *B*). INTERPRETAÇÕES SISTEMÁTICA E TELEOLÓGICA. CTN, ARTS. 124, II, E 135, III. CÓDIGO CIVIL, ARTS. 1.016 E 1.052...
>
> 1. Tratam os autos de embargos à execução fiscal movidos por LUIZ PAULO ELY objetivando a desconstituição de penhora de bem de família e que fosse excluída sua responsabilidade pelo pagamento de créditos tributários, em face da qualidade de sócio gerente da Massa Falida da empresa Jeancarlo Indústria de Calçados Ltda. e Outros. Pleito julgado parcialmente procedente, apenas quanto à desconstituição da penhora incidente sobre o bem de família. Inconformado, o particular interpôs apelação tendo o Tribunal a quo dado provimento ao recurso sob a égide do art. 135, III, do CTN, à luz do entendimento segundo o qual o inadimplemento do tributo não constitui infração à lei capaz de ensejar a responsabilidade solidária dos sócios. Recurso especial interposto pela Autarquia apontando negativa de vigência dos arts. 135 e 202, do CTN, 2º, § 5º, I e IV, e 3º da Lei 6.830/80, além de divergência jurisprudencial.
>
> ...
>
> 4. A solidariedade prevista no art. 124, II, do CTN, é denominada de direito. Ela só tem validade e eficácia quando a lei que a estabelece for interpretada de acordo com os propósitos da Constituição Federal e do próprio Código Tributário Nacional.
>
> 5. Inteiramente desprovidas de validade são as disposições da Lei nº 8.620/93, ou de qualquer outra lei ordinária, que indevidamente pretenderam alargar a responsabilidade dos sócios e dirigentes das pessoas jurídicas. O art. 146, inciso III, *b*, da Constituição Federal, estabelece que as normas sobre responsabilidade tributária deverão se revestir obrigatoriamente de lei complementar.

REFLEXOS DOS DIREITOS FUNDAMENTAIS NA RESPONSABILIZAÇÃO TRIBUTÁRIA...

6. O CTN, art. 135, III, estabelece que os sócios só respondem por dívidas tributárias quando exercerem gerência da sociedade ou qualquer outro ato de gestão vinculado ao fato gerador. O art. 13 da Lei nº 8.620/93, portanto, só pode ser aplicado quando presentes as condições do art. 135, III, do CTN, não podendo ser interpretado, exclusivamente, em combinação com o art. 124, II, do CTN.

7. O teor do art. 1.016 do Código Civil de 2002 é extensivo às Sociedades Limitadas por força do prescrito no art. 1.053, expressando hipótese em que os administradores respondem solidariamente somente por culpa quando no desempenho de suas funções, o que reforça o consignado no art. 135, III, do CTN.

8. A Lei 8.620/93, art. 13, também não se aplica às Sociedades Limitadas por encontrar-se esse tipo societário regulado pelo novo Código Civil, lei posterior, de igual hierarquia, que estabelece direito oposto ao nela estabelecido.

9. Não há como se aplicar à questão de tamanha complexidade e repercussão patrimonial, empresarial, fiscal e econômica, interpretação literal e dissociada do contexto legal no qual se insere o direito em debate. Deve-se, ao revés, buscar amparo em interpretações sistemática e teleológica, adicionando-se os comandos da Constituição Federal, do Código Tributário Nacional e do Código Civil para, por fim, alcançar-se uma resultante legal que, de forma coerente e juridicamente adequada, não desnature as Sociedades Limitadas e, mais ainda, que a bem do consumidor e da própria livre iniciativa privada (princípio constitucional) preserve os fundamentos e a natureza desse tipo societário... (*DJ* 1º/2/2006, p. 424)[28] [29].

52. Esta mesma questão, submetida ao Pleno do STF, resultou no reconhecimento da inconstitucionalidade do artigo 13 da Lei nº 8.620/1993, por extrapolar o disposto nos artigos 134 e 135 do CTN, com a intromissão no campo reservado pelo artigo 146, *caput*, inciso III, alínea *b*, da Constituição, de 1988, à lei complementar e por inibir a iniciativa privada e embaraçar o direito de propriedade, afrontando os artigos 1º, *caput*, inciso IV;[30] 5º, inciso

---

[28] No mesmo diapasão, cf. STJ, 1ª Seção, AgRg nos EREsp 624.842/SC, rel. Min. Teori Zawascki, *DJ* 21/11/2005, p. 117.

[29] No Acórdão da 2ª T. do STJ decorrente do julgamento do AgRg no REsp 1.082.881/PB, rel. Min. Herman Benjamin, negou-se o redirecionamento, com base do art. 13 da Lei 8.620/1993, diante da inocorrência das hipóteses do art. 135 do CTN, e que a execução fiscal originou-se de descumprimento de obrigação acessória, culminando no simples inadimplemento do débito, o que não configura prática de atos com infração à lei ou ao estatuto social (in *DJe* 27/8/2009)

[30] CF. *Art. 1º. A República Federativa do Brasil, formada pela união indissolúvel dos Estados e Municípios e do Distrito Federal, constitui-se em Estado Democrático de Direito e tem como fundamentos: ... IV – os valores sociais do trabalho e da **livre iniciativa**;*

XIII;[31] 170, *caput*, inciso II e parágrafo único[32], todos da Carta Política. Transcreva-se a Ementa do Acórdão do decorrente do julgamento do RE nº 562.276/PR, relatora Ministra Ellen Gracie, *DJe-27*, 10/2/2011:

> **Ementa:** DIREITO TRIBUTÁRIO. RESPONSABILIDADE TRIBUTÁRIA. NORMAS GERAIS DE DIREITO TRIBUTÁRIO. ART 146, III, DA CF. ART. 135, III, DO CTN. SÓCIOS DE SOCIEDADE LIMITADA. ART. 13 DA LEI 8.620/93. INCONSTITUCIONALIDADES FORMAL E MATERIAL. REPERCUSSÃO GERAL. APLICAÇÃO DA DECISÃO PELOS DEMAIS TRIBUNAIS.
>
> 1. Todas as espécies tributárias, entre as quais as contribuições de seguridade social, estão sujeitas às normas gerais de direito tributário.
>
> 2. O Código Tributário Nacional estabelece algumas regras matrizes de responsabilidade tributária, como a do art. 135, III, bem como diretrizes para que o legislador de cada ente político estabeleça outras regras específicas de responsabilidade tributária relativamente aos tributos da sua competência, conforme seu art. 128.
>
> 3. O preceito do art. 124, II, no sentido de que são solidariamente obrigadas "as pessoas expressamente designadas por lei", não autoriza o legislador a criar novos casos de responsabilidade tributária sem a observância dos requisitos exigidos pelo art. 128 do CTN, tampouco a desconsiderar as regras matrizes de responsabilidade de terceiros estabelecidas em caráter geral pelos arts. 134 e 135 do mesmo diploma. A previsão legal de solidariedade entre devedores – de modo que o pagamento efetuado por um aproveite aos demais, que a interrupção da prescrição, em favor ou contra um dos obrigados, também lhes tenha efeitos comuns e que a isenção ou remissão de crédito exonere a todos os obrigados quando não seja pessoal (art. 125 do CTN) – pressupõe que a própria condição de devedor tenha sido estabelecida validamente.
>
> **4. A responsabilidade tributária pressupõe duas normas autônomas: a regra matriz de incidência tributária e a regra matriz de responsabilidade tributária**, cada uma com seu pressuposto de fato e seus sujeitos próprios.

---

[31] CF. *Art. 5º. Todos são iguais perante a lei, sem distinção de qualquer natureza, garantindo-se aos brasileiros e aos estrangeiros residentes no País a inviolabilidade do direito à vida, à liberdade, à igualdade, à segurança e à* **propriedade**, *nos termos seguintes: ... XIII – é livre o exercício de qualquer trabalho, ofício ou profissão, atendidas as qualificações profissionais que a lei estabelecer; ... XXII –* **é garantido o direito de propriedade**.
[32] CF. *Art. 170. A ordem econômica, fundada na valorização do trabalho humano e na livre iniciativa, tem por fim assegurar a todos existência digna, conforme os ditames da justiça social, observados os seguintes princípios: ... II – propriedade privada; ... Parágrafo único: É assegurado a todos o livre exercício de qualquer atividade econômica, independentemente de autorização de órgãos públicos, salvo nos casos previstos em lei.*

A referência ao responsável enquanto terceiro (*dritter Persone, terzo ou tercero*) evidencia que não participa da relação contributiva, mas de uma relação específica de responsabilidade tributária, inconfundível com aquela. O "terceiro" só pode ser chamado responsabilizado na hipótese de descumprimento de deveres próprios de colaboração para com a Administração Tributária, estabelecidos, ainda que a *contrario sensu*, na regra matriz de responsabilidade tributária, e desde que tenha contribuído para a situação de inadimplemento pelo contribuinte.

5. O art. 135, III, do CTN responsabiliza apenas aqueles que estejam na direção, gerência ou representação da pessoa jurídica e tão-somente quando pratiquem atos com excesso de poder ou infração à lei, contrato social ou estatutos. Desse modo, apenas o sócio com poderes de gestão ou representação da sociedade é que pode ser responsabilizado, o que resguarda a pessoalidade entre o ilícito (mal gestão ou representação) e a consequência de ter de responder pelo tributo devido pela sociedade.

6. **O art. 13 da Lei 8.620/93 não se limitou a repetir ou detalhar a regra de responsabilidade constante do art. 135 do CTN**, tampouco cuidou de uma nova hipótese específica e distinta. **Ao vincular à simples condição de sócio a obrigação de responder solidariamente pelos débitos da sociedade limitada perante a Seguridade Social, tratou a mesma situação genérica regulada pelo art. 135, III, do CTN, mas de modo diverso, incorrendo em inconstitucionalidade por violação ao art. 146, III, da CF. 7. O art. 13 da Lei 8.620/93 também se reveste de inconstitucionalidade material, porquanto *não é dado ao legislador estabelecer confusão entre os patrimônios das pessoas física e jurídica*,** o que, além de impor desconsideração *ex lege* e objetiva da personalidade jurídica, descaracterizando as sociedades limitadas, **implica irrazoabilidade e inibe a iniciativa privada, afrontando os arts. 5º, XIII, e 170, parágrafo único, da Constituição.**

8. Reconhecida a inconstitucionalidade do art. 13 da Lei 8.620/93 na parte em que determinou que os sócios das empresas por cotas de responsabilidade limitada responderiam solidariamente, com seus bens pessoais, pelos débitos junto à Seguridade Social.

9. Recurso extraordinário da União desprovido.

10. Aos recursos sobrestados, que aguardavam a análise da matéria por este STF, aplica-se o art. 543-B, § 3º, do CPC[33]. (Os destaques não constam do original).

---

[33] STF-Pleno. RE 562.276/PR, relatora Ministra Ellen Gracie, "Revista dos Tribunais" (*RT*), vol. 907, p. 428.

DIREITOS FUNDAMENTAIS DOS CONTRIBUINTES

53.Vejamos, agora, em rápidas pinceladas, a responsabilidade dos sucessores, previstas nos artigos 129 a 133 do CTN, decorrente de fatos sucedidos após a ocorrência do fato gerador do tributo.

54. O Código Tributário Nacional, dispõe o seu artigo 129, que as suas normas concernentes à responsabilidade por sucessão aplicam-se por igual *aos créditos tributários definitivamente constituídos ou em curso de constituição à data dos atos nela referidos, e aos constituídos posteriormente aos mesmos atos, desde que relativos a obrigações tributárias surgidas até a referida data*, antes, portanto, da sucessão, cabendo ser lembrado que a obrigação tributária principal surge com a ocorrência do fato gerador (CTN, art. 113, § 1º)[34].

55. Por meio de outras palavras, Aliomar Baleeiro deixa ainda mais claro: "a responsabilidade de terceiro, por sucessão do contribuinte, tanto pode ocorrer quanto às dívidas fiscais deste, preexistentes, quanto às que vierem a ser lançadas ou apuradas posteriormente à sucessão, desde que o fato gerador tenha ocorrido até a data dessa sucessão[35]."

56. Estando o crédito tributário definitivamente constituído na esfera administrativa, a transferência da responsabilidade por sucessão dos artigos 130 e 131 do CTN é automática e abrange, segundo jurisprudência sumulada do STJ (Súmula nº 554) todo o crédito tributário (tributo e multas de caráter moratória ou punitiva)[36], estando provada a ocorrência do fato ou ato que produziu essa sucessão[37].

---

[34] A respeito da responsabilidade tributária dos sucessores, tive oportunidade de escrever: *Assim, no que tange à aplicação da responsabilidade aos sucessores, o relevante é a identificação do tempo de ocorrência do fato gerador, que faz surgir a obrigação tributária, bem como da identificação da realização posterior do ato ou fato causador da sucessão, não importando a constituição do crédito tributário, se o crédito tributário decorrente desta obrigação já esteja definitivamente constituído (não cabendo mais recurso na esfera administrativa) à data da sucessão, ou esteja em curso de constituição na referida data (bastando ter ocorrido o fato gerador e, pelo menos, o início do respectivo lançamento, mesmo sujeito, ainda, à impugnação ou recurso administrativo), ou se ainda será constituído, após ao ato ou fato de sucessão, tudo pelo lançamento, que declara a obrigação e constitui o crédito.* (SARAIVA FILHO, Oswaldo Othon de Pontes. *Responsabilidade: sucessores e infrações*, in "Tratado de direito tributário", volume 2, MARTINS, Ives Gandra da Silva. NASCIMENTO, Carlos Valder do. MARTINS, Rogério Gandra da Silva (coordenadores), São Paulo: Saraiva, 2011, p. 222).

[35] BALEEIRO, Aliomar. *Direito tributário brasileiro*, 11. ed. atual. por Misabel Abreu Machado Derzi. Rio de Janeiro: Forense, 2006, p. 744.

[36] Nesse sentido, cf. STJ-T1, REsp 852.972/PR, rel. Min. Teori Zavascki, *DJe* 8/6/2010.

[37] A 1ª T. do STJ tem jurisprudência, como demonstra o acórdão do REsp nº 295.222/SP, relator Ministro José Delgado (*DJ* de 10/9/2001), no sentido de que, e, no caso em análise, o sujeito ativo tributário não está obrigado a substituir a certidão de dívida ativa para continuar a execução contra o espólio, de modo que ocorrendo a morte do devedor, o inventariante é chamado ao processo como sucessor da parte passiva, dando continuidade, com sua presença, pela via da citação, a

57. Recomenda Hugo de Brito Machado que, se o crédito encontra-se em curso de constituição ou será constituído posteriormente em relação à data da sucessão, que deva a Administração tributária dar ciência ao novo sujeito passivo, para que este possa exercer o seu direito de defesa no processo administrativo fiscal, de modo que assim não fazendo, deixará o crédito sem validade jurídica, sem que possa ser exigido daquele que em virtude do ato de sucessão se tenha investido na condição de sub-rogado no ônus, no caso do artigo 130, ou de responsável tributário por sucessão nos casos também dos artigos 131 a 133[38] [39].

58. Sobre a transferência de multas moratória e punitiva ao responsável sucessor, tem prevalecido a interpretação no sentido de que, sendo elas de natureza patrimonial, não se aplica o princípio da individualização ou da pessoalidade da pena (CF, art. 5º, XLVI), mesmo porque o próprio inciso XLV do artigo 5º da Lei Maior, embora assegure que nenhuma pena passará da pessoa do condenado, tolera a extensão aos sucessores, nos termos da lei, da obrigação de reparar o dano e a decretação do perdimento de bens e contra eles executados, pelo menos até o limite do valor do patrimônio transferido[40-41-42].

relação jurídica processual. Nessa ocasião, reiterou o STJ que a multa moratória é imposição decorrente do não pagamento do tributo na época do vencimento, bem como que, na expressão *crédito tributário*, estão incluídas as multas moratórias, de modo que, o espólio, quando chamado como sucessor tributário, é responsável pelo tributo não pago pelo "de cujus" no vencimento. (Precedentes: do STF: RE 74.851, RE 59.883, RE 77.187-SP e RE 83.613-SP. Precedente do STJ: Resp 3097-90/RS, Rel. Min. Garcia Vieira, *DJ* de 1.11.90, p. 13.245; Resp 86.149/RS, Rel. Min. Castro Meira, *DJ* de 27/9/04).

[38] MACHADO, Hugo de Brito. *Comentários ao Código Tributário Nacional*, volume 2, São Paulo: Atlas, 2004, p. 521.

[39] A 1ª Turma do STJ admitiu a substituição da certidão de dívida ativa para incluir nela o adquirente ou novo proprietário do imóvel (REsp 553.612/BA, rel. Min. Luiz Fux, in "Revista Dialética de Direito Tributário" nº 150, São Paulo: Ed. Dialética, março de 2008, p. 169).

[40] Há jurisprudência do STF corroborando a linha de interpretação do STJ no sentido de que "não se aplica à multa fiscal o princípio de que nenhuma pena passará da pessoa do delinquente, máxime se inscrita a dívida antes do falecimento do devedor. (RE 59.883, RE 74.851, RE 77.187, RE 83.613), como também existe jurisprudência do STF em sentido contrário, considerando que a palavra "tributos", que se encontra no art. 133 do CTN, não deve ser interpretada extensivamente para alcançar as multas fiscais punitivas (RE 85.511 EDv, AI 60.180 AgR, RE 76.153, RE 90.834, RE 83.514, AI 64.622 AgR, RE 89.334).

[41] Nesse sentido, também, é a jurisprudência do STJ. Cf. STJ, 2ª Turma, REsp 1.017.186/SC, rel. Min. Castro Meira, in *DJe* 27/3/2008; STJ, 1ª Turma, REsp 544.377/PB, rel. Min. Francisco Falcão, *DJ* 19/12/2005; STJ, 1ª Turma, REsp 592.007/RS, rel. Min. José Delgado, in *DJ* 22/3/2004.

[42] Cf. MACHADO, Schubert de Farias. *As garantias constitucionais conferidas ao acusado e do direito tributário sancionador*, in "Grandes questões atuais do direito tributário", 17º volume, ROCHA, Valdir de Oliveira. Dialética, 2013, p. 314 a 328.

59. Contudo se pode retrucar que multa punitiva, obviamente, serve para punir, não tem, ao contrário da multa moratória, a função de reparar o dano, por isso, aquela não está entre as exceções da pessoalidade da pena do inciso XLV do artigo 5º da Lei Maior.

60. No plano de lei complementar em matéria tributária, o artigo 129 do CTN, ao cuidar de responsabilidade por sucessão, refere-se à expressão *crédito tributário*, que abrange a parte principal, ou seja, o valor do tributo, e os acessórios, dentre eles juros e penalidades pecuniárias.

61. Embora a expressão "crédito tributário" esteja, de fato, presente, no artigo 129 do CTN, o que comportaria uma interpretação extensiva, contudo nos artigo 130, 131, 132, 133, do mesmo Código não utiliza o termo "créditos tributários", mas sim é utilizada a palavra "tributos", que, no conceito do artigo 3º da *Lex Tributarius*, representa as prestações pecuniárias compulsórias, instituídas em lei e que não constituam sanção de ato ilícito, de modo, nessa interpretação mais restritiva, os responsáveis por sucessão não respondem pelas multas aplicadas ao contribuinte referente a fatos ocorridos antes da sucessão, de modo que se pode interpretar que, ao usar a expressão crédito tributário, o aludido artigo 129 não quis alcançar as penalidades pecuniárias.

62. A respeito da não transferência das penalidades pecuniárias, Leandro Paulsen assim entende: "em face do princípio da pessoalidade, não se pode transferir as penalidades aos responsáveis por atos que não tenham sido praticados por estes. As multas permanecem exigíveis, mas perante o contribuinte infrator"[43].

63. A esse respeito, traga-se à colação o entendimento de Ives Gandra sobre a norma do *caput* do art. 130 do CTN:

> De início, deve ser ressaltada a tônica, de resto, de toda a seção, pelo qual os créditos tributários referem-se a tributos apenas, e, não a seus acréscimos, visto que a sub-rogação se dá somente se, no momento da transmissão, não constar do título a prova de sua quitação.
>
> Vale dizer: se houver prova de quitação de tributo, mesmo que haja penalidades jacentes e relacionadas, estas não se transferem ao adquirente"[44].

64. Reza o artigo 130 do CTN que *os créditos tributários relativos a impostos cujo fato gerador seja a propriedade, o domínio útil ou a posse de bens imóveis* (imposto

---

[43] PAULSEN, Leandro. *Constituição e Código Tributário comentados à luz da doutrina e da jurisprudência*, São Paulo: Saraiva, 2017, p. 1.002.

[44] MARTINS, Ives Gandra da Silva. *Comentários...*, Obra citada, p. 228

sobre propriedade predial e territorial urbana – IPTU ou imposto sobre propriedade territorial rural – ITR)[45], – excluídos outros impostos como o imposto sobre serviços de qualquer natureza – ISSQN, que não tem como fato gerador a propriedade, o domínio útil ou a posse com animo de dono –, *e bem assim os relativos a taxas pela prestação de serviços referentes a tais bens* (taxa de coleta de lixo domiciliar)[46], – não sendo inclusas as taxas pelo exercício do poder de polícia –, *ou a contribuições de melhoria,* – excluídas, também, as dívidas relativas, por exemplo, às contribuições especiais ou parafiscais, como as relacionadas com contribuições para a seguridade social das empresas ou com as contribuições previdenciárias dos trabalhadores, ou relativas aos honorários advocatícios –, apenas esses créditos de tributos específicos *subrogam-se na pessoa dos respectivos adquirentes, salvo quando conste do título a prova de sua quitação,* ou seja, não há responsabilidade por sucessão do adquirente no caso de a certidão de dívida negativa constar no registro do título aquisitivo do imóvel perante o Registro de Imóveis.

65. Aqui temos a figura de sucessão por aquisição de imóvel, e os créditos tributários relativos aos fatos geradores ocorridos antes do ato de sucessão, em regra, subrogam-se na pessoa do adquirente, como novo proprietário, assumindo este, como entende parte da doutrina, o lugar do alienante, proprietário anterior,[47] tendo passado a jurisprudência do STJ por certa vacilação sobre se seria o caso de substituição da sujeição passiva tributária ou de transferência tributária sem a exclusão do antigo proprietário alienante[48][49].

---

[45] O STJ-1ª Turma, tem decidido que são responsáveis pelo pagamento do IPTU tanto o promitente comprador, quanto o proprietário promitente vendedor, existindo contrato de promessa de compra e venda registrado em cartório (AgRg no AREsp 305.935/MG, rel. Min. Benedito Gonçalves, in *DJe* 10/9/2013).

[46] Pelo cabimento da cobrança da taxa de coleta de lixo domiciliar do responsável por sucessão adquirente de imóvel, cf. STJ, 2ª Turma, REsp 1.319.319/RS, relatora Ministra Eliana Calmon, in *DJe* 24/10/2013.

[47] Estendendo tratar o artigo 130 de hipótese de substituição tributária, cf. PAULSEN, Leandro, Constituição e código tributário comentados à luz da doutrina e da jurisprudência, 18 edição, São Paulo: Saraiva, 2017, p. 1.000.

[48] No sentido da ocorrência, na espécie, de responsabilidade do adquirente por substituição: Cf. STJ-T1, REsp 840.623-BA, rel. Min. Luiz Fux, in *RDDT* nº 150, p.169. Já pela responsabilidade tanto do promitente comprador como do proprietário vendedor, cf. STJ-1ªT, AgRg no AREsp 305.945/MG, rel. Min. Benedito Gonçalves, *DJe* 5/12/2013.

[49] Veja Decisão do STJ- que nega a possibilidade de substituição de CDA para alterar o sujeito passivo: STJ-1ªT, REsp 880.724/BA, rel. Min. Luiz Fux, in *DJ* de 25/2/2008, p. 275: "EMENTA: PROCESSO CIVIL. RECURSO ESPECIAL. TRIBUTÁRIO. IPTU. INCLUSÃO DO NOVEL PROPRIETÁRIO. SUBSTITUIÇÃO DA CDA. IMPOSSIBILIDADE... 1. A emenda ou substituição

66. Ultimamente, a Corte Superior, ao interpretar o *caput* do artigo 130 do CTN tem entendido tratar-se de responsabilidade solidária, claro entre contribuintes – proprietário e possuidor com ânimo de dano (CTN, art. 121, I, c/c art. 124), bem como entre alienante e compromissário vendedor com o adquirente do imóvel ou compromissário comprador[50].

67. A respeito, ainda, do artigo 130 do CTN, cabe trazer à colação o seguinte comentário de Ives Gandra Martins:

> O art. 130, todavia, não limita o valor dos créditos tributários. Se estes forem superiores ao valor do imóvel ou do tributo sobre o imóvel, nem por isso os sucessores se exoneram na responsabilização tributária do sucedido.
>
> A não limitação representa um princípio salutar, porque na composição do preço muitas vezes podem-se deduzir os tributos pendentes, de tal maneira que aquele seria menor à medida que estes fossem maiores e o Estado — se houvesse limite — fatalmente seria prejudicado sempre que o fator responsabilização determinasse o preço[51].

68. Contudo, a doutrina e a jurisprudência têm admitido o direito ao ressarcimento do adquirente ou sucessor em relação ao alienante ou sucedido, nos termos do artigo 123 do CTN[52], ou seja, segundo o pactuado entre as partes, em contrato, sobre a responsabilidade pelo pagamento de tributos, embora essas convenções, em regra, não possam ser opostas à Fazenda Pública, para modificar a definição legal do sujeito passivo das obrigações tributárias correspondentes.

69. Assim decidiu a 2ª Turma do Superior Tribunal de Justiça, por ocasião do julgamento do REsp nº 192.501/PR, Relator o Ministro Francisco Falcão, cuja Ementa é, a seguir, transcrita:

---

da Certidão da Dívida Ativa são admitidas diante da existência de erro material ou formal, não sendo possível, entretanto, a alteração do sujeito passivo da obrigação tributária." Precedentes: AgRg no Ag 771.386/BA, 1ªT, *DJ* 01.02.2007; AgRg no Ag 884.384/BA, relator Min. João Otávio de Noronha, STJ- 2ªT, *DJ* 22.10.2007.

[50] STJ-T2. REsp 1.824.216/SP, rel. Min. Herman Benjamin, *DJe* 5/9/2019.

[51] MARTINS, Ives Gandra da Silva. *Comentários ao Código Tributário Nacional*, obra citada, p. 229.

[52] CTN. *Art. 123. Salvo disposições de lei em contrário, as convenções particulares, relativas à responsabilidade pelo pagamento de tributos, não podem ser opostas à Fazenda Pública, para modificar a definição legal do sujeito passivo das obrigações tributárias correspondentes.*

Ementa: Processual civil e tributário. Execução fiscal. ITR. Embargos do devedor. Responsabilidade do adquirente do imóvel pelo pagamento do tributo.

1. Consoante estabelece o "caput" do art. 130/CTN, sem qualquer distinção, o adquirente do imóvel sub-roga-se nos créditos fiscais cujo fato gerador é a propriedade, o domínio útil ou a posse do bem, assim como as taxas e contribuição de melhoria, podendo o sucessor ressarcir-se desses ônus, conforme previsto no contrato de compra e venda ou mediante acordo com o sucedido.

2. Recurso especial conhecido e provido. (*RSTJ*, v. 152, p. 220)

70. Em atenção à parte final do *caput* deste artigo 130, Fábio Fanucchi aconselha que, sempre, o adquirente se muna de certidões negativas, por ocasião de compras de imóveis, procurando, com a providência, elidir sua responsabilidade por tributos calcados em imóveis que adquira, devendo providenciar, também, a transcrição dessas provas no título de transmissão[53].

71. Bernardo Ribeiro de Moraes corrobora esse conselho:

> Outra hipótese que o adquirente do bem imóvel não responde pelos eventuais créditos tributários é o caso em que conste do respectivo título de aquisição a prova de quitação dos aludidos créditos. O adquirente, caso não tenha cautela de exigir certidão negativa de débitos fiscais e transcrevê-la no respectivo título de aquisição do bem imóvel, responde pelos créditos tributários que oneram o aludido imóvel[54].

72. Feito isto, o adquirente não responderá indiretamente por créditos tributários referente ao imóvel adquirido, mesmo que, após a expedição da certidão negativa e havendo nela a ressalva de poder a Fazenda Pública vir a cobrar créditos que venham, ainda, a ser apurados referente a fato gerador ocorrido antes da sucessão, venha o Fisco a localizar e a constituir novo crédito, mesmo porque a existência ou não de débitos tributários é um fator importante na composição do preço do negócio de compra e venda, de modo que, por exigência da segurança jurídica, não seria justo que o adquirente viesse a ser surpreendido após a certidão negativa e a realização do negócio

---

[53] FANUCCHI, Fábio. *Curso de direito tributário brasileiro*. Volume I, 4ª ed. São Paulo: Resenha Tributária, 1980. v. 1, p. 253.

[54] MORAES, Bernardo Ribeiro. *Compêndio de direito tributário*, segundo volume, 2ª edição, Rio de Janeiro: Forense, 1994, p. 513 e 514.

DIREITOS FUNDAMENTAIS DOS CONTRIBUINTES

com o dever de pagar aquilo que, antes, a Administração tributária havia garantido a ele que não existia.

73. Nesse caso, a ressalva, contida na certidão negativa de débitos, do direito de exigir créditos, que venham a ser apurados, não retira da certidão negativa, transcrita na escritura de compra e venda, o efeito exonerativo do final do *caput* do artigo 130, do CTN, podendo, nesse caso, o Fisco, se, porventura, vier a apurar novo crédito em relação a fato gerador ocorrido antes da sucessão, exigir o mesmo do contribuinte alienante do imóvel[55].

74. Contudo, pondera Hugo Machado: "E como são exigidas certidões de quitação da Fazenda Pública, tanto federal, como estadual e municipal, para a lavratura de escrituras de vendas de imóveis, na prática dificilmente ocorrerá a aludida responsabilidade do adquirente"[56].

75. A seu turno, o parágrafo único, do artigo 130, do CTN, dispõe que, "No caso de arrematação em hasta pública, a sub-rogação ocorre sobre o respectivo preço."

76. Aqui, no parágrafo único do artigo 130, temos um efeito contrário ao geral do *caput* do mesmo artigo, examinado anteriormente, hipótese essa assim comenta por Ives Gandra Martins: "Abriu o legislador uma exceção com limite, ou seja, a do parágrafo único, em que a arrematação em hasta pública elimina o risco de uma composição de preço, a partir de débitos tributários. Por essa razão, o preço passa a ser o teto da responsabilidade assumida"[57].

77. Hugo de Brito Machado bem explica o motivo da ressalva do parágrafo único do artigo 130 do CTN:

> Se o bem imóvel é arrematado em hasta pública, vinculado ficará o respectivo preço. Não o bem. O arrematante não é responsável tributário (CTN, art. 130, parágrafo único). A não ser assim, ninguém arremataria bens em hasta pública, pois estaria sempre sujeito a perder o bem arrematado, não obstante tivesse pago o preço respectivo. Justifica-se o disposto no art. 130 do Código Tributário Nacional porque entre o arrematante e o anterior proprietário do bem não se estabelece relação jurídica nenhuma. A propriedade é adquirida pelo arrematante em virtude de ato judicial e não de ato negocial privado[58].

---

[55] Nesse sentido, cf.: MACHADO, Hugo de Brito. *Curso de direito tributário.* 40ª ed. São Paulo: Malheiros, 2018. p. 156.

[56] MACHADO, Hugo de Brito. **Curso...** *Opus citatum*, p. 156.

[57] MARTINS, Ives Gandra da Silva. **Comentários...** *Opus citatum*, p, 229.

[58] MACHADO, Hugo de Brito. **Curso...** *Opus citatum*, p. 156.

78. Este entendimento é corroborado por Bernardo Ribeiro de Moraes:

Se o preço alcançado na arrematação em hasta pública não for suficiente para cobrir o débito tributário, nem por isso o arrematante fica responsável por eventual saldo. A arrematação em hasta pública tem, pois, o efeito de extinguir os ônus do bem imóvel arrematado, passando este ao arrematante livre e desembaraçado de qualquer encargo tributário ou responsabilidade tributária[59].

79. A jurisprudência do Superior Tribunal de Justiça é firme no sentido de que, na aquisição de imóvel por hasta pública, forma originária de aquisição, e não derivada, com o pagamento do respectivo preço, o arrematante recebe o bem livre de ônus relativo ao crédito tributário e mesmo aos demais, conforme demonstram as seguintes Ementas de Acórdãos:

Ementa: PROCESSO CIVIL. ARREMATAÇÃO. FALÊNCIA. TRIBUTO PREDIAL INCIDENTE SOBRE O IMÓVEL ARREMATADO. MATÉRIA CONCERNENTE AO PROCESSO FALIMENTAR. NEGATIVA DE VIGÊNCIA AO ART. 130 PARÁGRAFO ÚNICO, CTN. PRECEDENTES DOUTRINA. RECURSO ESPECIAL PROVIDO.

I – Na hipótese de arrematação em hasta pública, dispõe o parágrafo único do art.130 do Código Tributário Nacional que a sub-rogação do crédito tributário, decorrente de impostos cujo fato gerador seja a propriedade do imóvel, ocorre sobre o respectivo preço, que por eles responde. Esses créditos, até então assegurados pelo bem, passam a ser garantidos pelo referido preço da arrematação, recebendo o adquirente o imóvel desonerado dos ônus tributários devidos até a data da realização da hasta.

II – Se o preço alcançado na arrematação em hasta pública não for suficiente para cobrir o débito tributário, não fica o arrematante responsável pelo eventual saldo devedor. A arrematação tem o efeito de extinguir os ônus que incidem sobre o bem imóvel arrematado, passando este ao arrematante livre e desembaraçado dos encargos tributários[60].

Ementa: TRIBUTÁRIO. IMÓVEL ADQUIRIDO EM HASTA PÚBLICA. SUB-ROGAÇÃO QUE OCORRE SOBRE O PREÇO. PARÁGRAFO ÚNICO DO ART. 130, DO CTN. IMPOSSIBILIDADE DE IMPUTAR-SE AO ADQUIRENTE ENCARGO OU RESPONSABILIDADE TRIBUTÁRIA.

---

[59] MORAES, Bernardo Ribeiro. *Opus citatum*, p. 513.
[60] STJ-2ª Turma. REsp 166.975/SP, rel. Min. Sávio de Figueiredo Teixeira, *DJ* de 4/10/1999, p. 60.

1. A sub-rogação do crédito tributário deve ser realizada sobre o preço pago, oportunidade em que adquirido o imóvel em hasta pública.

2. O crédito fiscal perquirido pelo fisco deve ser abatido do pagamento, quando do leilão, por isso que, finda a arrematação, não se pode imputar ao adquirente qualquer encargo ou responsabilidade tributária. Precedentes[61].

Ementa: PROCESSUAL CIVIL. ARREMATAÇÃO DE IMÓVEL. HASTA PÚBLICA. MANDADO DE SEGURANÇA. VIOLAÇÃO AO ART. 130, PARÁGRAFO ÚNICO DO CTN. RESPONSABILIDADE TRIBUTÁRIA. ÔNUS RELATIVOS AO IPTU E À TLP. SUB-ROGAÇÃO DOS DÉBITOS SOBRE O RESPECTIVO PREÇO. PRECEDENTES.

1. Nos termos do parágrafo único do art. 130 do CTN, os créditos relativos a impostos cujo fato gerador seja a propriedade, sub-rogam-se sobre o respetivo preço quando arrematados em hasta pública, não sendo o adquirente responsável pelos tributos que oneraram o bem até a data da realização da hasta. Nesse sentido é a jurisprudência desta Corte.

2. A hipótese dos autos se subsume ao entendimento esposado, sendo direito do adquirente receber o imóvel livre de ônus tributários, razão pela qual é de se determinar a concessão da segurança pleiteada pela recorrente para que seja expedida a certidão negativa de débitos tributários referentes, tão-somente, ao IPTU e à TLP, anteriores à data da arrematação em 14 de novembro de 2003, bem como o registro da carta de arrematação no cartório de registro de imóveis competente.

3. Recurso especial provido[62].

Ementa: PROCESSUAL CIVIL E TRIBUTÁRIO. AGRAVO REGIMENTAL NO AGRAVO DE INSTRUMENTO. ARREMATAÇÃO DE IMÓVEL. HASTA PÚBLICA. RESPONSABILIDADE TRIBUTÁRIA. ART 130 DO CTN. ACÓRDÃO RECORRIDO EM CONSONÂNCIA COM A JURISPRUDÊNCIA DO STJ. INCIDÊNCIA DA SÚMULA N. 83/STJ.

1. O STJ possui jurisprudência pacificada no sentido de que os débitos tributários pendentes sobre o imóvel arrematado subrogam-se sobre o preço depositado pelo adquirente no momento da arrematação deste em hasta pública, não sendo possível atribuir ao arrematante os débitos fiscais pendentes sobre o imóvel arrematado.[63] ...

---

[61] STJ-1ª Turma. REsp nº 819.808/SP, rel. Min. Francisco Falcão, *DJ* 25/9/2006, p. 239.
[62] STJ-2 Turma. REsp nº 909.254/DF, Rel. Min. Mauro Campbell Marques, *DJe* de 21/11/2008.
[63] STJ-1ª Turma. AgRg no Ag. nº 1.137.529/SP, Rel. Min. Benedito Gonçalves, *DJ* de 2/2/2010.

PROCESSUAL CIVIL E TRIBUTÁRIO. EXECUÇÃO FISCAL. IPTU SOBRE IMÓVEL ARREMATADO EM HASTA PÚBLICA. EXCEÇÃO DE PRÉ-EXECUTIVIDADE. ILEGITIMIDADE PASSIVA. DÉBITOS TRIBUTÁRIOS. SUB-ROGAÇÃO QUE OCORRE SOBRE O PREÇO. PARÁGRAFO ÚNICO, DO ART. 130, DO CTN. IMPOSSIBILIDADE DE IMPUTAR-SE AO ARREMATANTE ENCARGO OU RESPONSABILIDADE TRIBUTÁRIA. OBRIGAÇÃO TRIBUTÁRIA PENDENTE, QUE PERSISTE PERANTE O FISCO, DO ANTERIOR PROPRIETÁRIO.

1. O crédito fiscal perquirido pelo fisco deve ser abatido do pagamento, quando do leilão, por isso que, finda a arrematação, não se pode imputar ao adquirente qualquer encargo ou responsabilidade tributária. Precedentes: (REsp 716.438/PR, Rel. Ministro TEORI ALBINO ZAVASCKI, PRIMEIRA TURMA, julgado em 09/12/2008, *DJe* 17/12/2008; REsp 707.605 – SP, Relatora Ministra ELIANA CALMON, Segunda Turma, *DJ* de 22 de março de 2006; REsp 283.251 – AC, Relator Ministro HUMBERTO GOMES DE BARROS, Primeira Turma, *DJ* de 05 de novembro de 2001; REsp 166.975 – SP, Relator Ministro Ministro SÁLVIO DE FIGUEIREDO TEIXEIRA, Quarta Turma, DJ de 04 de outubro der 1.999)...

4. O executado, antigo proprietário, tem relação jurídico-tributária com o Fisco, e o arrematante tem relação jurídica com o Estado-juiz.

5. Assim, é que a arrematação em hasta pública tem o efeito de expurgar qualquer ônus obrigacional sobre o imóvel para o arrematante, transferindo-o livremente de qualquer encargo ou responsabilidade tributária.

6. Recurso especial desprovido[64].

80. Cumpre opinar pela injuridicidade de alguns editais de hasta pública, que, contrariando, frontalmente, os preceptivos do parágrafo único do artigo 130 e do artigo 128, ambos do CTN, estende a responsabilidade do arrematante pelo que faltar do preço da arrematação para completar o total valor do crédito em execução, em afronta não só a Lei nº 5.172/1966, diploma legal de Direito Público, inderrogável pela vontade das partes, como também em ferimento ao disposto no artigo 146, *caput*, inciso III, alínea *b*, da Constituição da República, que atribui competência à lei complementar nacional por estabelecer normas gerais em matéria de

---

[64] STJ-1ª Turma. REsp 1.059.102/MG, rel. Min. Luiz Fux. Decisão unânime, "Revista Dialética de Direito Tributário" vol. 173, p. 197.

legislação tributária, em especial, obrigações, contribuintes e responsáveis tributários[65-66].

81. Por sua vez, o artigo 131 do CTN estabelece que "são pessoalmente responsáveis[67]: I – o adquirente ou remitente, pelos tributos relativos aos bens adquiridos ou remidos[68]; II – o sucessor a qualquer título e o cônjuge meeiro, pelos tributos devidos pelo *de cujus* até a data da partilha ou adjudicação, limitada esta responsabilidade ao montante do quinhão do legado ou da meação; III – o espólio, pelos tributos devidos pelo *de cujus* até a data da abertura da sucessão."

82. Quanto à primeira parte do inciso I do artigo 131 da CTN,[69] os adquirentes de bens móveis e semoventes respondem pelos tributos de qualquer espécie relativos a esses bens. Tratando-se de bens imóveis, a disciplina acerca da responsabilidade tributária sucessória é a do artigo 130 do mesmo *Code*.

83. Já no que tange à segunda parte da mesma norma (CTN, art. 131, I), cumpre dizer que aqueles que praticaram a remição, isto é, que fizeram ato de remir ou resgatar a dívida e o bem penhorado, respondem, outrossim, pelos tributos relativos aos bens remidos.

---

[65] Nesse diapasão, cf. CUNHA, Isabel Marques da. A responsabilidade do arrematante de imóvel em hasta pública por dívidas de IPTU pretéritas, in "RDDT", vol. 180, São Paulo: Dialética, setembro de 2010, p. 88.

[66] Existe, todavia, firme jurisprudência do STJ, considerando válidas normas de editais de leilões públicos no sentido de que, se o preço da arrematação não for suficiente para quitar o total crédito tributário objeto da execução, o restante deve ser suportado pelo arrematante (a título exemplificativa, cf. STJ-2ª T., AgInt no REsp 1.845.861/ rel. Min. Og Fernandes, *DJe* 20/5/2020.

[67] Quanto ao art. 131 do CTN, também, há uma divergência na doutrina, em face da utilização da expressão "são *pessoalmente* responsáveis", alguns autores defendem a manutenção da responsabilidade do contribuinte. Cf., por exemplo, MACHADO, Hugo de Brito. **Curso**, obra citada, p. 159: "... o alienante, devedor do tributo, continua responsável pelo respectivo pagamento, sem prejuízo da responsabilidade assumida pelo adquirente". A outra corrente doutrina, entende o contrário. Cf. PAULSEN, Leandro. Obra citada, p. 1.003: "A responsabilidade é exclusiva. A referência à responsabilidade pessoal do adquirente ou remitente, do sucessor e do cônjuge meeiro e do espólio faz com que seja exclusivamente deles, com a exclusão do alienante e, por óbvio, do falecido".

[68] Sobre os modos de aquisição da propriedade móvel, cf. arts. 1.260 a 1.274 do Código Civil.

[69] Em relação ao inc. I do art. 131 da Lei 5.172/1966, também, há uma divergência doutrina: Por exemplo, PAULSEN, Leandro, obra citada, p. 1.003, entende que *a responsabilidade é limitada ao patrimônio transferido*. Já MORAES, Bernardo Ribeiro de. Obra citada, p. 516 concebe pela ausência de limite dessa responsabilidade do adquirente de bens por ser pessoal, respondendo o responsável pela dívida, inclusive com os seus bens.

84. Deve ser utilizada a analogia nos casos de arrematação, também, de bens móveis ou semoventes com a aplicação na espécie do disposto parágrafo único do artigo 130 do CTN, isto porque, como visto, em tal hipótese a aquisição da propriedade do bem é decorrente de ato judicial, e não em face de alguma relação jurídica entre o antigo proprietário do bem e o arrematante[70][71].

85. A vedação do emprego da analogia, prevista no § 1º, do artigo 108, do Código Tributário Nacional, vincula-se com a exigência de tributo não prevista em lei, não obstando o uso da analogia, para excluir a responsabilidade tributária do sucessor.

86. O Superior Tribunal de Justiça tem considerado possível a aplicação por analogia do parágrafo único do artigo 130 às hipóteses do inciso I do artigo 131, ambos da *Lex Tributarius*, vale dizer, às aquisições de bens móveis ou semoventes por meio de arrematação judicial, como demonstram as seguintes ementas de acórdãos:

Ementa: RECURSO ESPECIAL. TRIBUTÁRIO. IPVA. ARREMATAÇÃO. VEÍCULO AUTOMOTOR. SUBROGAÇÃO. PREÇO.

1. Na arrematação de bem móvel em hasta pública, os débitos de IPVA anteriores à venda subrogam-se no preço da hasta, quando há ruptura da relação jurídica entre o bem alienado e o antigo proprietário. Aplicação analógica do artigo 130, parágrafo único, do CTN. Precedentes.

2. Recurso especial não provido[72].

Ementa: ADMINISTRATIVO – TRIBUTÁRIO – VEÍCULO – ALIENAÇÃO EM HASTA PÚBLICA – NEGATIVA DE TRANSFERÊNCIA DO BEM – PENDÊNCIA DE MULTA E IPVA – AUSÊNCIA DE RESPONSABILIDADE PESSOAL DO ADQUIRENTE – REMESSA NECESSÁRIA – AUSÊNCIA DE PREJUÍZO – APROVEITAMENTO DOS ATOS PROCESSUAIS.

---

[70] Esse entendimento é reforçado por MACHADO, Hugo de Brito, **Curso**, *opus citatum*, p. 157: "Aplica-se, também, por analogia, a norma do parágrafo único do art. 130 aos casos de arrematação de bens móveis ou semoventes. É inadmissível atribuir-se alguém que arrematou bens em leilão público a responsabilidade pelos tributos devidos pelo proprietário anterior, ainda que relativos aos próprios bens adquiridos".

[71] No mesmo diapasão: MACHADO SEGUNDO, Hugo de Brito. *Código tributário nacional: anotações à constituição, ao código tributário nacional e às leis complementares 87/1996 e 16/2003*, São Paulo: Editora Atlas, 2015, p. 277.

[72] STJ-T2, REsp 1.128.903/RS, relator Ministro Castro Meira, *DJe* 18/2/2011.

1. Inexiste nulidade sem prejuízo. Embora o art. 12 da Lei 1.533/51 prevaleça frente ao art. 475 do CPC (*lex specialis derrogat generalis*), na hipótese houve a devolução de todas as questões jurídicas à Corte de Apelação, que motivadamente as refutou.

2. Na alienação em hasta pública o produto adquirido com a venda do bem subroga-se na dívida, que se sobejar deve ser imputada ao devedor executado e infrator de trânsito e não ao adquirente, nos termos do art. 130, parágrafo único, do CTN.

3. Recurso especial não provido[73].

Ementa: TRIBUTÁRIO – ARREMATAÇÃO JUDICIAL DE VEÍCULO – DÉBITO DE IPVA –RESPONSABILIDADE TRIBUTÁRIA – CTN, ART. 130, PARÁGRAFO ÚNICO.

1. A arrematação de bem em hasta pública é considerada como aquisição originária, inexistindo relação jurídica entre o arrematante e o anterior proprietário do bem.

2. Os débitos anteriores à arrematação subrogam-se no preço da hasta. Aplicação do artigo 130, § único do CTN, em interpretação que se estende aos bens móveis e semoventes.

...

4. Recurso especial conhecido em parte e, nessa parte, não provido[74].

87. Os incisos II e III, do artigo 131, do CTN, cuidam de sucessão por *causa mortis* e, aqui, há a substituição do devedor, o falecido, proprietário anterior, pelo espólio – vale dizer, o patrimônio de uma pessoa após seu perecimento –, em relação aos fatos geradores ocorridos e aos respectivos tributos devidos pelo *de cujus* até a data da abertura da sucessão, ou seja, até a morte do contribuinte; e pelos sucessores, herdeiro, inclusive, cônjuge meeiro (Lei nº 10.406/2002, art. 1.845), e o legatário, pelos fatos geradores ocorridos e pelos consequentes tributos devidos de após a morte até a data da partilha ou adjudicação, limitada esta responsabilidade ao montante do quinhão, do legado ou da meação. Daí em diante, obviamente, como novos proprietários dos bens, os sucessores assumem, desta vez, na condição de contribuinte.

---

[73] STJ-T2, REsp 954.176/SC, relatora Ministra Eliana Calmon, *DJe* 23/6/2009.
[74] STJ-T2, REsp 807.455/RS, relatora Ministra Eliana Calmon, "RDDT" nº 161, São Paulo: Dialética, fevereiro de 2009, p. 152 a 155.

88. Insta ressaltar que a responsabilidade dos sucessores herdeiros, cônjuge meeiro e legatários é limitada, não indo além do valor do quinhão ou da meação.

89. Impende trazer à colação Ementa de Acórdão do STJ relativas às trocas de sujeitos passivos:

STJ-T1. RECURSO ESPECIAL Nº 1.124.685/RJ
Ementa: PROCESSUAL CIVIL. TRIBUTÁRIO. RECURSO ESPECIAL. EXECUÇÃO FISCAL. IPTU. IMÓVEL TRIBUTADO. VIÚVA MEEIRA. CO-PROPRIETÁRIA. RESPONSABILIDADE SOLIDÁRIA. INCLUSÃO NO POLO PASSIVO DA EXECUÇÃO FISCAL POR DECISÃO JUDICIAL. SUBSTITUIÇÃO DA CDA.

1. O cônjuge meeiro deve ser incluído no lançamento do crédito tributário e, *a fortiori*, na CDA, para viabilizar sua *legitimatio ad causam* passiva para a execução fiscal.

2. O falecimento do cônjuge virago, por si só, no curso da execução fiscal, com fulcro em lançamento efetivado apenas em nome do *de cujus*, não autoriza a execução direta contra o cônjuge supérstite.

3. É que, resulta cediço na Corte que:

a. Iniciada a execução, é vedada a substituição da CDA para a inclusão do cônjuge sobrevivente na condição de contribuinte do IPTU (CTN, art. 34) e não como sucessor (CTN, art. 131, II).

b. É que a presunção de legitimidade da CDA alcança as pessoas nela referidas. Por isso que este e. STJ firmou entendimento no sentido de que "**A Fazenda Pública pode substituir a certidão de dívida ativa (CDA) até a prolação da sentença de embargos, quando se tratar de correção de erro material ou formal,** *vedada a modificação do sujeito passivo da execução*" *(Súmula 392/STJ)*. Precedente: REsp 1045472/BA, Rel. Ministro LUIZ FUX, *DJe* 18/12/2009.

c. *In casu*, o cônjuge supérstite não é sucessor do cônjuge falecido, senão titular da metade do imóvel.

4. O falecimento do contribuinte não impede o Fisco de prosseguir na execução dos seus créditos, sendo certo que, na abertura da sucessão, **o espólio é o responsável pelos tributos devidos pelo** "de cujus", nos termos do art. 131, III, do CTN.

5. A **doutrina nos revela que** *"se a dívida é inscrita em nome de uma pessoa, não pode a Fazenda ir cobrá-la de outra nem tampouco pode a cobrança abranger outras pessoas não constantes do termo e da certidão*, salvo, é claro, os sucessores, para quem a transmissão do débito é automática e objetiva, sem reclamar qualquer

acertamento judicial ou administrativo. Em suma, **co-responsabilidade tributária não pode, em regra, decorrer de simples afirmação unilateral da Fazenda no curso da execução fiscal**". (Humberto Theodoro Júnior. Lei de Execução Fiscal. 11ª ed., p. 40).

6. No mesmo sentido:

"Quando haja equívocos no próprio lançamento ou na inscrição em dívida, fazendo-se necessária alteração de fundamento legal ou do sujeito passivo, nova apuração do tributo com aferição de base de cálculo por outros critérios, imputação de pagamento anterior à

inscrição etc.., será indispensável que o próprio lançamento seja revisado, se ainda viável em face do prazo decadencial, oportunizando-se ao contribuinte o direito à impugnação, e que seja revisada a inscrição, de modo que não se viabilizará a correção do vício apenas na certidão de dívida. *A certidão é um espelho da inscrição* que, por sua vez, *reproduz os termos do lançamento*. **Não é possível corrigir, na certidão, vícios do lançamento e/ou da inscrição**. Nestes casos, será inviável simplesmente substituir-se a CDA." (Leandro Paulsen, René Bergmann Ávila e Ingrid Schroder Sliwka, in "Direito Processual Tributário: Processo Administrativo Fiscal e Execução Fiscal à luz da Doutrina e da Jurisprudência", Livraria do Advogado, 5ª ed., Porto Alegre, 2009, pág. 205).

7. *In casu*, incontroverso que a ora recorrente é co-proprietária do imóvel tributado, do mesmo modo, irrefragável que os lançamentos de ofício do IPTU e da TLCVLP foram realizados exclusivamente em nome do "de cujus", por opção do fisco municipal, que poderia tê-los realizado em nome dos co-proprietários.

[...]

10. Recurso especial provido[75]. (Os destaques não constam no original)

90. O *caput* do artigo 132, do CTN, preceitua que "A pessoa jurídica de direito privado que resultar de fusão, transformação ou incorporação de outra ou em outra é responsável pelos tributos devidos até à data do ato pelas pessoas jurídicas de direito privado fusionadas, transformadas ou incorporadas".

91. Trata a norma legal, em tela, de sucessão empresarial de direito, cabendo à Lei das Sociedades por Ações – Lei nº 6.404, de 15/12/1976 e ao novo Código Civil – CC – Lei nº 10.406, de 10/1/2002, as definições de fusão, transformação, incorporação e cisão de empresas.

---

[75] STJ-T1. REsp 1.124.685, rel. Min. Luiz Fux, *DJ* 3/11/2010.

92. Insta explicitar que a *fusão* é a operação pela qual uma ou mais pessoa jurídica, por exemplo, a empresa **t** (*t* minúsculo) se a une a outra ou outras, exemplo, empresa **t'** (*t* linha), para que elas, extinguindo-se, venham a formar uma nova empresa, – a empresa **T** (*T* maiúsculo), que lhes sucederá em todos os direitos e obrigações, inclusive, no que respeita às dívidas tributárias decorrentes de fatos geradores ocorridos antes dessa fusão (Lei 6.404/1976, art. 228; CC, art. 1.119).

93. A *transformação* independe de dissolução ou liquidação da sociedade, não havendo nem de se falar, a rigor, em sucessão, uma vez que o que sucede é a mera mudança da forma societária: uma empresa, que continua sendo a mesma, não se extingue, mas muda sua forma jurídica, deixa de ser limitada e passa a ser anônima, e assim por diante (Lei 6.404/1976, arts. 222, 232, 233 e 234; CC, art. 1.113). Exemplificando, uma empresa de forma quadrada e se transforma em uma empresa de forma triangular, sendo que esta responderá pelas dívidas tributárias decorrentes de fatos geradores ocorridos antes do ato de transformação.

94. A *incorporação* é a operação pela qual uma ou várias sociedades são absorvidas por outra, que lhes sucede em todos direitos e obrigações (Lei 6.404/1976, art. 227; CC, art. 1.116). Ilustrando, uma empresa "x" é absorvida pela empresa "y", de modo que esta empresa "y" responderá pelas dívidas tributárias da empresa "x", decorrentes de fatos geradores ocorridos antes do ato de incorporação.

95. Quanto à *cisão*, embora esta sucessão não esteja, expressamente, prevista no artigo 132 do CTN, merece a mesma disciplina do disposto no artigo em comento, tendo em vista que quando do início da vigência da Lei nº 5.172, de 25 de outubro de 1966, não existia ainda a previsão legal dessa figura (cisão). De fato, a cisão é disciplinada nos artigos 223 e 229 da Lei nº 6.404/1997 e no nos artigos 1.122 e 2033, do novel Código Civil.

96. Consoante o magistério de Hugo de Brito Machado, *cisão* é a operação pela qual "a sociedade transfere parcelas de seu patrimônio para uma ou mais sociedades, constituídas para esse fim ou já existentes. Extingue-se a sociedade cindida se houver versão de todo o patrimônio. Havendo versão apenas de parte do patrimônio, divide-se o seu capital (Lei 6.404, art. 229). A sociedade *cindida* que subsistir, naturalmente, por ter havido versão apenas parcial do seu patrimônio, e as que absorverem parcelas de seu patrimônio responderão solidariamente pelas obrigações da primeira anteriores à cisão. Havendo extinção da sociedade cindida, isto é, no caso de versão total, as sociedades que absorverem as parcelas do seu patrimônio responderão

solidariamente pelas obrigações da cindida (Lei 6.404, art. 223). Respondem, assim, obviamente, pelas dívidas tributárias[76].

97. Assim, na maioria dos casos, com exceção de algumas hipóteses de cisão nas quais a empresa cindida não se extingue, e nos casos de transformação, nos demais, ocorrem casos de sujeição passiva indireta por substituição.

98. Edison Carlos Fernandes sobre a responsabilidade por sucessão, tratada no artigo 132, "caput", do CTN, tece o seguinte comentário:

> Em todos esses casos, a empresa que sobrevier será responsável por sucessão pelos tributos devidos pela empresa anterior: a empresa oriunda de fusão responderá pelos tributos devidos pelas empresas fusionadas; a empresa cindida responderá, ainda que parcialmente, na proporção do seu patrimônio, pelos tributos devidos pela empresa original; e a empresa incorporadora responderá pelos tributos devidos pela empresa incorporada"[77].

99. Obviamente, que os créditos tributários, decorrentes de fatos geradores ocorridos posteriormente à sucessão, isto é, aos atos de fusão, transformação, incorporação e cisão, serão arcados pelas pessoas jurídicas resultantes dessa fusão, transformação, incorporação e cisão, não mais na condição de responsáveis sucessores, mas na condição de contribuintes.

100. Traga-se à colação o teor da Súmula nº 554 do Superior Tribunal de Justiça, que ostenta o seguinte teor: "Na hipótese de sucessão empresarial, a responsabilidade da sucessora abrange não apenas os tributos devidos pela sucedida, mas também as multas moratórias e punitivas referentes a fatos geradores ocorridos até a data da sucessão"[78].

101. Todavia, cabe mencionar que a 1ª Turma do Supremo Tribunal Federal teve oportunidade de declarar, no julgamento do Recurso Extraordinário nº 76.153/SP, cujo julgamento foi conduzido pelo voto do relator o senhor Ministro Aliomar Baleeiro, a irresponsabilidade solidária do sucessor no que concerne à multa fiscal punitiva. Transcreva-se trecho da respectiva ementa de acórdão: "O art. 133 do CTN responsabiliza solidariamente o sucessor do sujeito passivo pelos tributos que este não pagou, mas não autoriza a

---

[76] MACHADO, Hugo de Brito. **Curso**, *opus citatum*, p. 159 a 160.

[77] FERNANDES, Edison Carlos. "Responsabilidade tributária", in *Curso de direito tributário*, 14ª edição, coordenador Ives Gandra da Silva MARTINS, 2013, p. 297.

[78] STJ-1ª Turma, REsp nº 745.007/SP, rel. Min. José Delgado, *DJ* de 27/6/2005, p. 299. STJ-2ª Turma, REsp 32.967/RS, rel. Min. *DJ* de 20/3/2000. STJ-T2, AgRg no REsp 1.321.958/RS, rel. Min. Humberto Martins, *DJe* 16/10/2012.

exigência de multas punitivas, que são de responsabilidade pessoal do antecessor (CTN, art. 137)".

102. O parágrafo único do artigo 132, do CTN, estabelece que "O disposto neste artigo aplica-se aos casos de extinção de pessoas jurídicas de direito privado, quando a exploração da respectiva atividade seja continuada por qualquer sócio remanescente, ou seu espólio, sob a mesma ou outra razão social, ou sob firma individual."

103. Cuida-se, aqui, de responsabilidade por sucessão empresarial de fato, isto é, a pessoa jurídica foi extinta, mas a atividade empresarial, diante da ligação entre o sucessor e o sucedido, tem prosseguimento, através de outra pessoa jurídica, que é criada, com sócio em comum ou espólio de sócio, que substitui a empresa extinta, sob a mesma ou outra razão social, ou sob firma individual, de modo que a empresa surgida posteriormente é, de fato, sucessora da anterior.

104. Hugo de Brito Machado assim se pronuncia acerca da responsabilidade do sucessor da pessoa jurídica extinta com a continuação de sua atividade:

> Nos termos do parágrafo único do art. 132 do Código Tributário Nacional, a continuação da atividade de uma pessoa jurídica extinta pode implicar responsabilidade daquele que continuar explorando a respectiva atividade.
>
> Não importa o nome da entidade sucessora. Pode adotar, ou não, a razão social da pessoa jurídica extinta, e pode até assumir a forma de firma individual. Importa, isto sim, a unidade econômica ou profissional. Aplica-se aqui a norma do art. 126, inciso II, do Código Tributário Nacional, de sorte que nem mesmo a irregularidade da pessoa jurídica que continuar na exploração da atividade da pessoa jurídica extinta, pode ser alegada para excluir sua responsabilidade tributária decorrente da sucessão. Importante é que a atividade continue sendo explorada, configurando-se uma atividade econômica ou profissional.
>
> Com essa norma, o legislador alcança as situações em que a extinção da pessoa jurídica pode ser apenas uma formalidade, porque a atividade de fato continua sendo explorada. Se tal acontece, configura-se uma sucessão e o sucessor assume a responsabilidade pelas dívidas tributárias da pessoa jurídica extinta[79].

105. Opina Edison Carlos Fernandes que *em não havendo prosseguimento da atividade por quaisquer dos sócios, entendemos que a responsabilidade será de todos eles, na proporção dos bens recebidos como reversão do capital social*[80].

---

[79] MACHADO, Hugo de Brito. **Comentários**, obra citada, p.555.
[80] FERNANDES, Edison Carlos. Artigo e obra citados, p. 297.

106. Os preceptivos do artigo 133, *caput*, incisos I e II, do CTN, preveem:

Art. 133. A pessoa natural ou jurídica de direito privado que adquirir de outra, por qualquer título, fundo de comércio ou estabelecimento comercial, industrial ou profissional, e continuar a respectiva exploração, sob a mesma ou outra razão social ou sob firma ou nome individual, responde pelos tributos, relativos ao fundo ou estabelecimento adquirido, devidos até à data do ato:

I – integralmente, se o alienante cessar a exploração do comércio, indústria ou atividade;

II – subsidiariamente com o alienante, se este prosseguir na exploração ou iniciar dentro de seis meses a contar da data da alienação, nova atividade no mesmo ou em outro ramo de comércio, indústria ou profissão.

107. Trata-se, também, o preceito legal, em exame, de transferência de responsabilidade tributária, sendo que, aqui, o objeto de aquisição ou da sucessão não é uma empresa em si – hipótese tratada no artigos 132 do CTN, mas seu fundo de comércio ou estabelecimento industrial, comercial ou profissional, continuando o adquirente – a pessoa física ou jurídica de direito privado –, não a desenvolver o próprio negócio, mas de explorar esses bens tangíveis e intangíveis, que antes faziam parte do negócio do alienante.

108. E, em assim fazendo, o adquirente responderá integralmente, isto é, solidariamente – não exclusivamente, nem pessoalmente –, com o alienante, pelos tributos decorrentes de fatos geradores ocorridos antes da sucessão, se este cessar a exploração do comércio, indústria ou atividade[81][82].

109. A 1ª Turma do Superior Tribunal de Justiça, por ocasião do julgamento do Recurso Especial nº 706.016-RS, relator o Ministro Francisco Falcão, entendeu o termo "integralmente", com o significado de "pessoalmente", mas não "exclusivamente", por entender que, na hipótese do artigo 133, I, do CTN, primeiro a cobrança do crédito tributário deverá ser dirigida contra o adquirente do fundo de comércio ou do estabelecimento. Vejamos a transcrição da Ementa:

---

[81] Esta é a interpretação de MACHADO, Hugo de Brito. Curso..., *opus citatum*, p. 161, que considera que ela aperfeiçoa o ordenamento jurídico por não dar oportunidade para fraudes.

[82] Existem várias manifestações em sentido contrário, ou seja, entendendo o termo *integralmente* como que significasse *pessoalmente* ou *exclusivamente*: cf. XAVIER, Alberto. *Responsabilidade tributária dos sucessores na alienação de estabelecimento*, "RDDT" volume 167, São Paulo: Dialética, agosto de 2009, p. 7 a 17.

Ementa: TRIBUTÁRIO. RECURSO ESPECIAL. EMBARGOS À EXECUÇÃO FISCAL. ALIENAÇÃO DE FUNDO DE COMÉRCIO. RESPONSABILIDADE TRIBUTÁRIA DA EMPRESA SUCESSORA. ART. 133, I, DO CTN.

I – O art. 133, I, do CTN responsabiliza integralmente o adquirente do fundo de comércio, pelos débitos tributários contraídos pela empresa até a data da sucessão, quando o alienante cessar a exploração do comércio, indústria ou atividade.

II – Comprovada a alienação do fundo de comércio, a execução deverá ser dirigida primeiramente ao sucessor deste.

III – Recurso especial improvido. (*DJ* 06/06/2005 p. 214)[83].

110. No entanto, só responderá subsidiariamente com o alienante do fundo de comércio ou estabelecimento, devendo primeiro ser exigido deste o pagamento do crédito tributário, para, só depois, no caso do alienante não ter condições de pagar, a cobrança ser dirigida contra o adquirente, se o alienante prosseguir na exploração ou iniciar dentro de seis meses, a contar da data da alienação, nova atividade no mesmo ou em outro ramo do comércio, indústria ou profissão.

111. A respeito da norma do artigo 133 do CTN relativa à responsabilidade do adquirente de fundo do comércio ou estabelecimento comercial, industrial ou profissional, traga-se à lume o seguinte escólio de Marcos de Aguiar Villas-Bôas e Rodrigo César de Oliveira Marinho, *in verbis*:

> A hipótese da norma de responsabilidade deve ser fielmente preenchida, de modo que o conteúdo semântico conferido aos termos que compõem o texto não estenda as possibilidades de responsabilização com o fito de alcançar aquele que tenha adquirido apenas um dos elementos do estabelecimento empresarial (e.g., imóvel ou ponto comercial) e/ou que não tenha dado continuidade à exploração das mesmas atividades empresariais, tal qual era feito com o antigo estabelecimento.
>
> O estabelecimento é caracterizado pelo respectivo modus operandi. Nesse ponto, a norma construída a partir do art. 133 do CTN somente será aplicada se os elementos necessários para exercício da atividade empresarial forem adquiridos e se essa atividade empresarial estiver sendo desenvolvida da mesma forma que era conduzida antes da aquisição.

---

[83] STJ-T1. REsp 706.016/RS, rel. Min. Francisco Falcão, *DJ* 6/6/2005, p. 214.

A aquisição de meros elementos do estabelecimento e/ou a continuação da exploração do estabelecimento, embora no mesmo ramo da atividade econômica, promovendo atividades negociais diversas daquelas praticadas pelo "antigo estabelecimento", são exemplos de casos que não podem ser colocados no âmbito de incidência da norma jurídica em questão (art. 133 do CTN)[84].

112. Insta ressaltar que fundo de comércio ou estabelecimento não se confunde com o ponto comercial. Esta questão foi muito bem esclarecida por Ives Gandra nos seguintes termos:

> No caso da consulente, é de se lembrar que, nos instrumentos contratuais, se verifica que a compra foi exclusivamente das instalações e daquilo que é referido, na legislação que rege as locações, de "ponto comercial" – que não se confunde com "fundo de comércio".
>
> ...
>
> Por outro lado, "fundo de comércio" não se confunde com "ponto comercial". Fundo é a "integralidade dos bens patrimoniais, inclusive os de natureza pessoal e de valor imaterial", e não apenas um "local", para exploração de idênticas atividades, mas não da respectiva atividade.
>
> A expressão ... implica sempre um sentido de "universalidade".
>
> A aquisição, portanto, apenas pode ser caracterizada como geradora de obrigações tributárias, quando a assunção do estabelecimento comercial, industrial ou profissional implicar a aquisição da "universalidade de bens", do fundo do comércio, das marcas, da clientela específica do "good will" ... e somente nestes casos. Aquisição de instalação e exploração de atividade semelhante, mas à luz de atividade de densidade própria e de maior expressão daquele que adquire alguns dos bens da empresa vendedora e que, simultaneamente, desenvolverá no local, além de atividades semelhantes, outras atividades nunca exploradas pelo alienante, sobre utilizar-se de marca própria, nacionalmente conhecida, configura hipótese não prevista pelo legislador complementar. ... a exploração deve ser "do negócio" de quem venda o fundo de comércio e não "de negócio do adquirente", mesmo que semelhante. ...
>
> A dicção do dispositivo não oferta dúvida de que a aquisição se refere à assunção da própria empresa, do seu fundo de comércio, vale dizer, da cumulação

---

[84] VILLAS-BÔAS, Marcos de Aguiar; MARINHO, Rodrigo César de Oliveira. *A responsabilidade tributária prevista no art. 133 do CTN*, "RDDT" vol. 182, São Paulo: Dialética, novembro de 2010, p. 84 a 85.

de sua propriedade imaterial (marcas, patentes e quaisquer outras dimensões que representem o valor do empreendimento) e material (bens, mercadorias, contratos em andamento, incluídos nestes contratos os clientes etc.).

...

O simples fato de ter o legislador complementar colocado "sob a mesma razão social" exclui, de início, qualquer outra aquisição de parte ou de todos os bens materiais, que não implique aquisição do próprio "fundo de comércio".

...

Desta maneira, alienar *estabelecimento* ou *fundo de comércio* é preservar a própria empresa, por inteiro ou parte dela, para que continue sendo operada pelo adquirente, sob a mesma ou outra razão social. Não se confunde com a venda de alguns bens, para que a empresa adquirente, como ela mesma e exclusivamente em seu nome pessoal, continue a explorar seu próprio negócio, apenas se utilizando do mesmo imóvel. Mas – repito – como forma de expansão do seu próprio negócio e não de dar continuidade ao negócio da empresa alienante[85].

113. No sentido de que a locação ou mera ocupação do imóvel não significa a aquisição de fundo de comércio ou estabelecimento, não acarretando responsabilidade por sucessão é a jurisprudência do Superior Tribunal de Justiça, como demonstra, a título ilustrativo, a transcrição da seguinte Ementa de Acórdão, *in verbis*:

STJ-2ª TURMA NO RECURSO ESPECIAL Nº 108.873/SP
Ementa: TRIBUTÁRIO. RESPONSABILIDADE POR SUCESSÃO. NÃO OCORRÊNCIA. A responsabilidade prevista na art. 133 do Código Tributário Nacional só se manifesta quando uma pessoa natural ou jurídica adquire de outra o fundo de comércio ou o estabelecimento comercial, industrial ou profissional; a circunstância em que tenha se instalado em prédio antes alugado à devedora, não transforma quem veio a ocupá-lo posteriormente, também por força de locação, em sucessor para efeitos tributários. Recurso especial não conhecido[86-87].

---

[85] MARTINS, Ives Gandra da Silva. Parecer: *Inteligência do art. 133 do Código Tributário Nacional – origem do dispositivo – evolução jurisprudencial e doutrinária – inaplicabilidade à hipótese consultada*, in "RDDT" volume 145, São Paulo: Dialética, outubro – 2007, p. 137, 140 e 141.

[86] STJ-T2, REsp nº 108.873/SP, rel. Min. Ari Pargendler, in *DJ* 12/04/1999 p. 111.

[87] No mesmo sentido, cf. STJ-T2, AgRg no AI 1.321.679/RJ, rel. Min. Mauro Campbell Marques, in "RDDT" nº 186, São Paulo: Dialética, março de 2011 p. 199 e 200.

114. Outrossim no caso de sucessão na aquisição de fundo de comércio ou estabelecimento, o Superior Tribunal de Justiça tem admitido a abrangência da multa, como comprova a Ementa do Acórdão de sua 1ª Turma, expedido do julgamento do REsp nº 544.265/CE, Relator Ministro Teori Albino Zavascki:

> **Ementa**: TRIBUTÁRIO. RESPONSABILIDADE TRIBUTÁRIA. SUCESSÃO. AQUISAÇÃO DE FUNDO DE COMÉCIO OU DE ESTABELECIMENTO COMERCIAL. ART. 133 CTN. TRANSFERÊNCIA DE MULTA.
>
> 1. A responsabilidade tributária dos sucessores de pessoa natural ou jurídica (CTN, art. 133) estende-se às multas devidas pelo sucedido, sejam elas de caráter moratório ou punitivo. Precedentes.
>
> 2. Recurso especial provido. (*DJ* de 21/2/2005)[88].

115. A Lei Complementar nº 118, de 9 de fevereiro de 2005, acrescentou três parágrafos ao artigo 133 do CTN, com os seguintes teores:

> § 1º O disposto no **caput** deste artigo não se aplica na hipótese de alienação judicial:
>
> I – em processo de falência;
>
> II – de filial ou unidade produtiva isolada, em processo de recuperação judicial.
>
> § 2º Não se aplica o disposto no § 1º deste artigo quando o adquirente for:
>
> I – sócio da sociedade falida ou em recuperação judicial, ou sociedade controlada pelo devedor falido ou em recuperação judicial;
>
> II – parente, em linha reta ou colateral até o 4º (quarto) grau, consangüíneo ou afim, do devedor falido ou em recuperação judicial ou de qualquer de seus sócios; ou
>
> III – identificado como agente do falido ou do devedor em recuperação judicial com o objetivo de fraudar a sucessão tributária.
>
> § 3º Em processo da falência, o produto da alienação judicial de empresa, filial ou unidade produtiva isolada permanecerá em conta de depósito à disposição do juízo de falência pelo prazo de 1 (um) ano, contado da data de alienação, somente podendo ser utilizado para o pagamento de créditos extraconcursais ou de créditos que preferem ao tributário[89].

---

[88] STJ-T1. REsp 544.265/CE, rel. Min. Teori Albino Zavascki, *DJ* 21/2/2005, p. 110.

[89] Cf. comentário: MACHADO, Hugo de Brito. Curso, obra citada, p. 161 a 162.

116. O § 1º do artigo 133, do CTN, exclui da responsabilidade fiscal por sucessão a alienação judicial em processo de falência; e de filial ou unidade produtiva isolada, em processo de recuperação judicial, aspirando, assim, a viabilizar a manutenção da empresa. O § 2º, do mesmo preceptivo legal, busca prevenir que a aludida exceção possa ser utilizada fraudulentamente, ou seja, visa a obstar fraudes na sucessão, tendentes a exonerar o sucessor das dívidas tributárias do sucedido.[90] Já o § 3º, do artigo 133, cuida da administração do produto da alienação judicial.

117. Já no que concerne à disciplina da responsabilidade, em sentido *lato* – abrangendo tanto a responsabilidade direta quanto a indireta –, por infrações, o artigo 136 do CTN estipula que *"Salvo disposição de lei em contrário*, a responsabilidade por infrações da legislação tributária *independe da intenção* do agente ou do responsável e da efetividade, natureza e extensão dos efeitos do ato".

118. Cuida a norma supra (art. 136 do CTN) de uma responsabilidade, em sentido amplo por culpa presumida, não dando relevância a intenção ou a vontade, salvo quando a lei perquira por ela, presunção relativa que pode ser removida pelo contribuinte ou responsável tributário, demonstrando que agiu diligentemente.

119. Há casos em que não se verifica sequer a suficiência da culpa, por exemplo, na hipótese de o sujeito passivo ter acreditado na Administração tributária e se comportado de conformidade com as normas administrativas complementares e, depois, a Administração perceber que agiu em contrarie- dade com o ordenamento jurídico ou contra a lei, e passe a exigir obrigação mais gravosa, esta poderá ser cobrada do sujeito passivo, por força da preva- lência da lei, mas por ter observado as normas do próprio Fisco, ficará livre da imposição de penalidades, de cobrança de juros de mora e da atualização do valor da base de cálculo do tributo (CTN, parágrafo único do art. 100).

---

[90] Opina Hugo de Brito MACHADO: "Realmente, sem essa exceção, seria muito difícil que alguém adquirisse de um falido um fundo de comércio, pois seguramente estaria a adquirir também a responsabilidade por um grande passivo tributário. A exceção, portanto, presta-se a prestigiar a finalidade do moderno direito falimentar, que não é o de punir o empresário, mas sim o de reabilitar a empresa, em face da importância social desta. Os incisos do § 2º do art. 133 do CTN têm a evidente finalidade de evitar que as exceções à regra da responsabilidade do sucessor, na exploração do fundo de comércio, sejam utilizadas como forma de o próprio devedor recuperar – livre de débitos – o seu negócio. Daí serem excluídos do rol dos possíveis adquirentes não responsabilizáveis os sócios do devedor, as sociedades controladas por ele, seus parentes, a até mesmo qualquer pessoa que seja identificada como sendo seu *agente*". (**Comentários**, obra citada, p. 568).

DIREITOS FUNDAMENTAIS DOS CONTRIBUINTES

120. A jurisprudência do STJ é no sentido de que, tendo o contribuinte sido induzido a erro, ante o não lançamento correto da fonte pagadora do tributo devido, afastada está a multa em relação ao contribuinte[91].

121. Mencione-se, outrossim, a Súmula nº 73 do Conselho Administrativo de Recursos Fiscais – CARF, aprovada em dezembro de 2012: *Erro no preenchimento da declaração de ajuste do imposto de renda, causado por informações erradas, prestadas pela fonte pagadora, não autoriza o lançamento de multa de ofício.*

122. Schubert de Farias Machado assim explicita o teor do artigo 136 do CTN:

> A prescrição contida nesse artigo não pode ser interpretada de forma isolada, mas em conjunto com os arts. 108, IV, e 112 do Código, que, ..., preveem o uso da equidade na aplicação das normas tributárias sancionadoras e conferem importância aos efeitos do ato praticado na estipulação e na graduação da pena.
>
> Além disso, aplicar penalidade a um cidadão por conduta praticada sem dolo ou culpa é incompatível com os princípios basilares do Estado Democrático de Direito, que asseguram, dentre outras, a garantia ao devido processo legal e a presunção de inocência...
>
> Longe estipular responsabilidade objetiva, o art. 136 apenas dispensa a exigência de conduta dolosa como elemento essencial da infração, salvo disposição de lei em contrário...[92]

123. Diferentemente da infração tributária em que a lei exige dolo ou culpa, ou de fato tipificado como crime, onde deve ser levado em consideração a existência ou não do dolo ou da culpa, na infração administrativa, esta culpa, às vezes, pode ser presumida, configurando-se a infração administrativa pelo simples descumprimento de obrigações e deveres, previstos na legislação tributária.

124. Assim é que, por exemplo, não interessa a intenção ou o motivo de o contribuinte não ter apresentado a sua declaração, para fins do imposto de renda, no prazo previsto pela legislação tributária. Não tendo sido cumprida a obrigação fiscal acessória ou formal de fazer, no prazo, já faz surgir a

---

[91] Nesse diapasão, Cf.: STJ-T2, AgRg no REsp 1.384.020/SP, rel. Min. Herman Benjamin, *DJe* 26/9/2013. STJ-T1, 1.183.124/BA, rel. Min. Luiz Fux, *Revista dos Tribunais* volume 903, p. 202. STJ-T2, REsp 1.218.222/RS, rel. Min. Mauro Campbell Marques, *DJe* 10/9/2014.

[92] MACHADO, Schubert de Farias. In ROCHA, Valdir de Oliveira (coordenador). *As garantias constitucionais conferidas ao acusado e o direito tributário sancionador*, in "Grandes questões atuais de direito tributário", volume 17, São Paulo: Dialética, 2013, p. 320.

convolação desta obrigação em obrigação principal, com a aplicação de penalidade pecuniária (CTN, art. 113, § 1º)

125. Neste diapasão, a seguinte Ementa de Acórdão da 2ª Turma do STJ:

RECURSO ESPECIAL Nº 576.637/PR
Ementa: RECURSO ESPECIAL – TRIBUTÁRIO – MULTA POR ATRASO NA ENTREGA DA DECLARAÇÃO DE RENDIMENTOS – IMPOSTO DE RENDA – POSSIBILIDADE – ITERATIVOS PRECEDENTES.

É firme a orientação deste Sodalício no sentido da possibilidade de aplicação de multa pelo atraso na entrega da Declaração de Rendimentos.

Precedentes: AGREsp 272.658/RS, da relatoria deste Magistrado; REsp 557.018/RS, Rel. Min. Eliana Calmon, *DJU* 07.11.2003; REsp 197.718/MG, Rel. Min. Francisco Falcão, *DJU* 11.12.2003; AGREsp507.467/PR, Rel. Min. Luiz Fux, *DJU* 01.09.2003, entre outros.

Recurso especial improvido. (*DJ* 14/03/2005 p. 267)[93].

126. Insta transcrever a ementa do acórdão da 1ª Turma do STJ decorrente do julgamento do Agravo Regimental no Recurso Especial nº 1.156.417/SC, *in verbis*:

Ementa: TRIBUTÁRIO E PROCESSUAL CIVIL. AGRAVO REGIMENTAL NO RECURSO ESPECIAL. PENA DE PERDIMENTO. VEÍCULO ALIENADO FIDUCIARIAMENTE. IMPOSSIBILIDADE. AUSÊNCIA DE COMPROVAÇÃO DE MÁ-FÉ OU RESPONSABILIDADE DO PROPRIETÁRIO. ENTENDIMENTO PACÍFICO NO STJ.

1. O STJ entende que a aplicação da pena de perdimento de veículo somente é cabível quando devidamente comprovadas, por meio de regular processo administrativo, a responsabilidade e a má-fé do proprietário de veículo na prática do ilícito. Precedentes: AgRg no REsp 1.313.331/PR, Rel. Ministro CASTRO MEIRA, SEGUNDA TURMA, julgado em 11/06/2013, *DJe* 18/06/2013; REsp 1.024.175/PR, Rel. Ministro TEORI ALBINO ZAVASCKI, PRIMEIRA TURMA, julgado em 03/03/2009, *DJe* 16/03/2009, AgRg no REsp 952.222/RS, Rel. Ministro MAURO CAMPBELL MARQUES, SEGUNDA TURMA, julgado em 01/09/2009, *DJe* 16/09/2009.

2. No caso concreto, não houve comprovação da responsabilidade e da má-fé do proprietário do veículo (*in casu*, o Banco agravado) pela prática da infração

---

[93] STJ-T2, REsp 576.637, rel. Min. Franciulli Netto, *DJ* 14/3/2005, p. 267.

aduaneira, uma vez que não se noticiou a instauração de procedimento com o objetivo de apurar a sua eventual responsabilidade, ou mesmo se demonstrou qual teria sido sua contribuição para a prática da ilícito. A propósito: AgRg no REsp 1.331.644/PA, Rel. Ministro HUMBERTO MARTINS, SEGUNDA TURMA, julgado em 18/10/2012, *DJe* 25/10/2012.

4. Agravo regimental a que se nega provimento[94].

127. No entanto, esta responsabilidade objetiva não é de fácil materialização, comportando muitos temperamentos, primeiro, porque o próprio artigo 136 prevê a possibilidade de lei federal, estadual, distrital e municipal, autorizar que se leve em conta a intenção do agente ou do responsável e da efetividade, natureza e extensão dos seus efeitos. Depois, a previsão do artigo 108, inciso IV, do CTN, de utilização da equidade, ou da suavização ou humanização na aplicação da lei tributária e, em especial, diante da norma do artigo 112, do mesmo Código, o qual reza que a *lei tributária que define infrações, ou lhe comina penalidades, interpreta-se da maneira mais favorável ao acusado, em caso de dúvida quanto* à capitulação legal do fato, à natureza ou às circunstâncias materiais do fato, ou à natureza ou extensão dos seus efeitos; à autoria, imputabilidade, ou punibilidade e à natureza da penalidade aplicável, ou à sua graduação.

128. Em relação à atual jurisprudência do STJ a respeito dessa pretensa responsabilidade "objetiva", cabe trazer à colação a Ementa de alguns Acórdãos do intérprete maior da lei infraconstitucional:

Ementa: TRIBUTÁRIO. RECURSO ESPECIAL. INFRAÇÃO À LEI TRIBUTÁRIA. RESPONSABILIDADE ART. 136 DO CTN.

1. O artigo 136 do Código Tributário Nacional, no que toca à infração da lei tributária, deve ser examinado em harmonia com o art. 137, também do CTN, que consagra a responsabilidade subjetiva.

2. Recurso especial improvido[95].

Ementa: TRIBUTÁRIO. EXECUÇÃO FISCAL. ICMS. INFRAÇÃO TRIBUTÁRIA. QUEBRA DO DIFERIMENTO. COMPRADOR IRREGULAR.VENDEDOR DE BOA-FÉ. RESPONSABILIDADE OBJETIVA. NÃO-OCORRÊNCIA.

1. A responsabilidade pela prática de infração tributária, malgrado o disposto no art. 136 do CTN, deve ser analisada com temperamentos, sobretudo quando

---

[94] STJ-T1, AgRg no REsp 1.156.417/SC, rel. Min. Sérgio Kukina, *DJe* 26/9/2013.

[95] STJ-T2, REsp 68.087/SP, relator Ministro Castro Meira, *DJ* de 16/8/2004, p. 156.

não resta comprovado que a conduta do vendedor encontrava-se inquinada de má-fé. Em hipótese como tais, tem emprego o disposto no art. 137 do CTN, que consagra a responsabilidade subjetiva. Precedentes.

2. Recurso especial não provido[96].

Ementa: TRIBUTÁRIO. RESPONSABILIDADE POR INFRAÇÃO. MULTA. ART. 136 DO CTN. RESPONSABILIDADE OBJETIVA, INTERPRETADA À LUZ DAS REGRAS DOS ARTS. 137 E 112 DO MESMO CÓDIGO. IMPOSTO DE IMPORTAÇÃO. ISENÇÃO. BAGAGEM DE RESIDENTE NO EXTERIOR HÁ MAIS DE UM ANO. CONSULTA AO CONSULADO BRASILEIRO. RECONHECIMENTO DE BOA-FÉ PELO TRIBUNAL DE ORIGEM. EXCLUSÃO DA MULTA. RECURSO ESPECIAL A QUE SE NEGA PROVIMENTO[97].

Ementa: ... ICMS. MULTA APLICADA POR CANCELAMENTO DE NOTAS FISCAIS. AFASTAMENTO PELO TRIBUNAL DE ORIGEM. DISCUSSÃO ACERCA DA INCIDÊNCIA DO ART. 136 DO CTN.

1. ...

2. Tratando-se de infração tributária, a sujeição à sanção correspondente impõe, em muitos casos, o questionamento acerca do elemento subjetivo, em virtude das normas contidas no art. 137 do CTN, e da própria ressalva prevista no art. 136. Assim, ao contrário do que sustenta a Fazenda Estadual, "não se tem consagrada de nenhum modo em nosso Direito positivo a responsabilidade objetiva enquanto sujeição à sanção-penalidade" (MACHADO, Hugo de Brito. "Comentários ao Código Tributário Nacional", Volume II, São Paulo: Atlas, 2004, p. 620). No mesmo sentido: REsp 494.080/RJ, 1ª Turma, Rel. Min. Teori Albino Zavascki, *DJ* de 16.11.2004; REsp 699.700/RS, 1ª Turma, Rel. Min. Francisco Falcão, *DJ* de 3.10.2005; REsp 278.324/SC, 2ª Turma, Rel. Min. João Otávio de Noronha, *DJ* de 13.3.2006.

3. Recurso especial desprovido[98].

129. Pois bem, o próprio artigo seguinte (137), do Código Tributário Nacional, vai de encontro à regra da objetividade da responsabilidade tributária por infração, ao dispor sobre a *responsabilidade pessoal* do agente nos casos em que se exige dolo ou mesmo culpa:

---

[96] SJ-T2, REsp 423.083/SP, relator Ministro João Otávio de Noronha, *DJ* de 2/8/2006, p. 334.
[97] STJ-T1, REsp 494.080/RJ, relator Ministro Teori Albino Zavascki, *DJ* 16/11/2004, p. 188.
[98] STJ-T1, REsp 777.732/MG, relatora Ministra Denise Arruda, *DJe* 20/8/2008.

DIREITOS FUNDAMENTAIS DOS CONTRIBUINTES

Art. 137. A responsabilidade é pessoal ao agente:

I – quanto às infrações conceituadas por lei como crimes ou contravenções, salvo quando praticadas no exercício regular de administração, mandato, função, cargo ou emprego, ou no cumprimento de ordem expressa emitida por quem de direito;

II – quanto às infrações em cuja definição o dolo específico do agente seja elementar;

III – quanto às infrações que decorram direta e exclusivamente de dolo específico:

a) das pessoas referidas no artigo 134, contra aquelas por quem respondem;

b) dos mandatários, prepostos ou empregados, contra seus mandantes, preponentes ou empregadores;

c) dos diretores, gerentes ou representantes de pessoas jurídicas de direito privado, contra estas.

130. O artigo 137 do CTN trata de uma situação especial: a prática de pelo agente responsável de atos dolosos específicos em proveito próprio contra os representados, causadores de infrações tributárias, que também configuram crimes ou contravenções, situação em que o preceptivo do Código exclui a responsabilidade quanto à infração e a consequente penalidade do representado, deslocando o polo dessa responsabilidade para o executor material[99].

131. Comentando este artigo 137, Hugo de Brito Machado explicita que a palavra "regular", contida no inciso I, do aludido preceito legal, deve se entendida como "de acordo com a vontade da empresa", ou seja, aquele que age de conformidade com a vontade da empresa, não está sujeito à responsabilidade pessoal, pois as infrações, na espécie, são da empresa, da mesma forma, também não assume responsabilidade alguma por infrações tributárias aquele que *age no cumprimento de ordem expressa de quem de direito*, senda a responsabilidade, no caso, de quem deu a ordem. Já o inciso II do mesmo artigo 137 diz respeito às infrações em que nas quais o dolo específico do agente é elementar, vale dizer, o dolo específico – a vontade de alcançar determinado resultado – faz parte do tipo; por fim, a norma do inciso III, do art. 137, do CTN, cuida de infrações que decorram direta e exclusivamente de dolo específico, ou seja, foram praticadas dolosamente,

---

[99] Opinam nesse sentido: VALÉRIO, Walter Paldes. *Programa de direito tributário*, parte geral 10 edição, Porto Alegre: Ed. Sulina, 1991, p. 88.

mas, aqui, presume-se o cometimento da infração ato de vontade daquele que é beneficiário do proveito econômico dela decorrente[100].

132. Aliomar Baleeiro contribui para a elucidação desse preceptivo com o seguinte escólio:

> Em princípio, a responsabilidade tributária por infrações da lei fiscal cabe ao contribuinte ou ao corresponsável, como tais definidos no CTN. Mas este, como vimos, em certos casos taxativos, também a estende a terceiros (arts. 134 e 135).
>
> Em certos casos especiais, a responsabilidade será de quem cometeu a infração – o agente – sem que nela se envolva o contribuinte ou sujeito passivo da obrigação tributária. Isso acontece, em princípio, quando o ato do agente também se dirige contra o representado ou quando se reveste de dolo específico.
>
> O CTN distingue três hipóteses. A primeira é a de a falta constituir ao mesmo tempo um crime ou contravenção penal. Mas, nesse caso, também responde o contribuinte fiscalmente, se o agente estava no exercício regular de administração, mandato, função, emprego ou no cumprimento de ordem expressa de quem podia expedi-la.
>
> Nesses casos, poder-se-á dizer que concorre culpa *in eligendo* ou in *vigilando* do contribuinte, por ter eleito mal seu representante ou não o ter fiscalizado. No segundo caso, o CTN responsabiliza somente o agente, porque agiu com dolo específico, que caracteriza a infração.
>
> No terceiro caso, há diferentes hipóteses de o agente ter praticado atos contra os seus representados, mandantes, preponentes, patrões, etc. Seria demais puni-los quando já são vítimas, e culpa não revelaram nas faltas dos prepostos[101].

133. O artigo 138 do CTN traz a denúncia espontânea, como forma de exclusão da responsabilidade, nos seguintes termos:

> Art. 138. A responsabilidade é excluída pela denúncia espontânea da infração, acompanhada, se for o caso, do pagamento do tributo devido e dos juros de mora, ou do depósito da importância arbitrada pela autoridade administrativa, quando o montante do tributo dependa de apuração.

---

[100] MACHADO, Hugo de Brito. **Curso** ..., *opus citatum*, p. 167 e 168.
[101] BALEEIRO, Aliomar. Opus citatum, p. 762.

Parágrafo único. Não se considera espontânea a denúncia apresentada após o início de qualquer procedimento administrativo ou medida de fiscalização, relacionados com a infração.

134. Assim, se, antes de algum procedimento administrativo ou do início de alguma medida de fiscalização, relacionados com a infração, o sujeito passivo – contribuinte ou responsável – procure, espontaneamente, o Fisco e confesse o cometimento de infração, terá sua responsabilidade excluída, ou seja, ficará livre de qualquer penalidade, desde que promova, ainda, se for o caso, o pagamento do tributo devido e dos juros de mora, ou, pelo menos, deposite a quantia arbitrada pela autoridade administrativa, quando o montante do tributo dependa de apuração[102].

135. Embora contrariando a parte da doutrina, a jurisprudência reiterada do Egrégio Superior Tribunal de Justiça, que é, no Direito positivo brasileiro, o órgão judicial encarregado de dizer a última palavra em matéria de interpretação de norma infraconstitucional, é no sentido de incidir a multa, mesmo com a confissão do próprio sujeito passivo, pelo cometimento de infração formal, não diretamente relacionada com o pagamento do tributo, e mesmo tendo sido a multa aplicada antes da sucessão, bem como que a confissão acompanhada do mero parcelamento não traz o efeito exonerativo da denúncia espontânea. Exatamente, nesses sentidos, as Ementas dos Acórdãos do STJ, a seguir, transcritas:

Ementa: TRIBUTÁRIO. DENÚNCIA ESPONTÂNEA. ART. 138 DO CTN. PARCELAMENTO DE DÉBITO TRIBUTÁRIO. MULTA MORATÓRIA. INCIDÊNCIA. ... JUROS DE MORA. TAXA SELIC. MULTA MORATÓRIA. CUMULAÇÃO. JUROS DE MORA. POSSIBILIDADE.

1. ...

2. É iterativo o entendimento do Superior Tribunal de Justiça no sentido de que a multa aplicada antes da sucessão incorpora-se ao patrimônio do contribuinte, podendo ser exigida do sucessor nas hipóteses que restar configurada a responsabilidade por sucessão. 3: A jurisprudência do Superior Tribunal de Justiça vem, reiteradamente, reconhecendo a aplicação da taxa Selic em favor do contribuinte nas hipóteses de restituição e compensação de tributos, não sendo razoável deixar de fazê-la incidir nas situações inversas, em que é credora a Fazenda Pública.

---

[102] STJ-T2, REsp 204.555/PE, rel. Min. Carlos Meira, *DJ* 21/6/2004, p. 182.

4. É cabível a cumulação dos juros e multa moratória, tendo em vista que os dois institutos possuem natureza diversa (art. 161, CTN).

5. A simples confissão de dívida acompanhada do pedido de parcelamento do débito não configura denúncia espontânea a dar ensejo à aplicação da regra ínsita no art. 138 do CTN, de modo a eximir o contribuinte do pagamento de multa moratória.

6. Recurso especial do contribuinte improvido. Recurso especial da Fazenda Nacional provido[103].

Ementa: TRIBUTÁRIO – PARCELAMENTO – DENÚNCIA ESPONTÂNEA – INOCORRÊNCIA – MULTA MORATÓRIA DEVIDA – OBRIGAÇÃO TRIBUTÁRIA ...

1. **A Primeira Seção do STJ, ao julgar o REsp 284.189/SP** em 17/06/2002, reviu seu posicionamento, concluindo pela aplicação da Súmula 208 do extinto TFR, por considerar que o parcelamento do débito não equivale a pagamento, o que afasta o benefício da denúncia espontânea.

2. Entendimento consentâneo com o teor do art. 155-A do CTN, com a redação dada pela LC 104/2001.

...

5. Recurso especial não provido[104].

Ementa: PROCESSO CIVIL E TRIBUTÁRIO – ENTREGA SERÔDIA DA DECLARAÇÃO DE RENDIMENTOS – ALEGADA DENÚNCIA ESPONTÂNEA – ARTIGO 138 DO CTN – IMPOSSIBILIDADE – CONDUTA FORMAL QUE NÃO SE CONFUNDE COM PAGAMENTO DE TRIBUTO – MULTA PREVISTA NO ARTIGO 88 DA LEI N. 8.981/95 – APLICAÇÃO – PRECEDENTES.

A entrega serôdia da declaração de imposto de renda, depois da data limite fixada pela Receita Federal, amplamente divulgada pelos meios de comunicação, constitui-se em infração formal, que não se confunde com a infração substancial ou material de que trata o art. 138 do Código Tributário Nacional.

Sobre a presente *quaestio iuris*, assim entende este Sodalício: "o atraso na declaração de rendas constitui infração de natureza formal e não está alcançada como consequência da denúncia espontânea inserta no art. 138, do Código

---

[103] STJ – T2, REsp 530.811/PR, rel. Min. João Otávio de Noronha, *DJ* 26/3/2007, p. 219. Precedente: STJ-T2, REsp 147.927/RS, rel. Min. Hélio Mosimann, *DJ* 11/5/1998, p. 77 e 78.

[104] STJ-T2, REsp 897.088/SP, relatora Ministra. Eliana Calmon, *DJe* de 8/10/2008. No mesmo sentido: STJ-T2, AgRg no Ag 974.504/RS, rel. Min. Mauro Campbell Marques, 24/11/2008.

Tributário Nacional" (REsp363.451/PR, Rel. Min. Castro Meira, DJ 15.12. 2003).

Agravo regimental improvido[105-106].

Ementa: PROCESSUAL CIVIL. TRIBUTÁRIO. ATRASO NA ENTREGA DA DECLARAÇÃO DE OPERAÇÕES IMOBILIÁRIAS. MULTA MORATÓRIA. CABIMENTO. DENÚNCIA ESPONTÂNEA NÃO CONFIGURADA.

1 – A entrega das declarações de operações imobiliárias fora do prazo previsto em lei constitui infração formal, não podendo ser considerada como infração de natureza tributária, apta a atrair o instituto da denúncia espontânea previsto no art. 138 do Código Tributário Nacional. Do contrário, estar-se-ia admitindo e incentivando o não-pagamento de tributos no prazo determinado, já que ausente qualquer punição pecuniária para o contribuinte faltoso.

2 – A entrega extemporânea das referidas declarações é ato puramente formal, sem qualquer vínculo com o fato gerador do tributo e, como obrigação acessória autônoma, não é alcançada pelo art. 138 do CTN, estando o contribuinte sujeito ao pagamento da multa moratória devida.

3 – Precedentes: AgRg no REsp 669.851/RJ, Rel. Ministro FRANCISCO FALCÃO, PRIMEIRA TURMA, julgado em 22.02.2005, DJ 21.03.2005; REsp 331.849/MG, Rel. Ministro JOÃO OTÁVIO DE NORONHA, SEGUNDA TURMA, julgado em 09.11.2004, DJ 21.03.2005; REsp 504967/PR, Rel. Ministro FRANCISCO PEÇANHA MARTINS, SEGUNDA TURMA, julgado em 24.08.2004, DJ 08.11.2004; REsp 504967/PR, Rel. Ministro FRANCISCO PEÇANHA MARTINS, SEGUNDA TURMA, julgado em 24.08.2004, DJ 08.11.2004; EREsp 246.295-RS, Relator Ministro JOSÉ DELGADO, DJ de 20.08.2001; EREsp 246.295-RS, Relator Ministro JOSÉ DELGADO, DJ de 20.08.2001; RESP 250.637, Relator Ministro Milton Luiz Pereira, DJ 13/02/02.

4 – Agravo regimental desprovido[107].

136. Cumpre mencionar, entretanto, que a doutrina não anui com o entendimento prevalecente no sentido do não cabimento da dispensa de

---

[105] STJ-T2, AgRg no REsp 545.665/GO, rel. Min. Franciulli Netto, DJ 14/3/2005, p. 257. No mesmo sentido: STJ-T1, AgRg no Ag 462.655/PR, rel. Min. Luiz Fux, DJ 24/02/2003 p. 206. STJ-T1, REsp 363.451/PR, rel. Min. Castro Meira, DJ 15/12/2003, p. 253; STJ-T2, AgRg no Ag 452.478/RS, rel. Min. Castro Meira, DJ de 18/8/2003, p. 196.

[106] CARF, Súmula nº 49: "A denúncia espontânea (art. 138 do CTN) não alcança a penalidade decorrente do atraso na entrega da declaração."

[107] STJ-T1, AgRg no REsp 884.939/MG, rel. Min. Luiz Fux, DJe de 19/02/2009.

multa na hipótese de denúncia espontânea relativa ao descumprimento de obrigações formais ou acessórias, ainda que esta tenha se dado antes do início de qualquer procedimento administrativo ou medida de fiscalização, relacionados com a infração.

137. Traga-se à colação o magistério de Aurélio Pitanga Seixas Filho, *verbo ad verbum*:

> Sendo a obrigação tributária acessória a nomenclatura adotada pelo Código Tributário Nacional para deveres administrativos ou instrumentais de natureza não patrimonial, e de que não resultem falta ou insuficiência de tributo, a correção dos atos comissivos ou omissivos errados, ou até mesmo viciados com falsidade, desde que anteriormente ao início de uma inspeção fiscal, também produzirá o efeito de ilidir a penalidade[108].

138. Hugo de Brito Machado apresenta, também, sua convincente interpretação a esse respeito, *ipsis litteris*:

> Como a lei diz que a denúncia há de ser acompanhada, *se for o caso*, do pagamento do tributo devido, resta induvidoso que a exclusão da responsabilidade tanto se refere a infrações das quais decorra o não pagamento do tributo como a infrações meramente formais, vale dizer, infrações das quais não decorra o não pagamento do tributo. Inadimplemento de obrigações tributárias meramente acessórias[109].

139. Com supedâneo no parágrafo único do artigo 138 do CTN, a jurisprudência assente do STJ é no sentido de não comportar o benefício do artigo 138 do CTN, quando, em relação aos tributos sujeitos ao lançamento por homologação, o contribuinte faz a autoliquidação do tributo e informa ao Fisco esse seu procedimento, mas não paga o tributo em dia, isto porque a apresentação da declaração constitui o crédito tributário, conforme demonstram as seguintes Ementas de Acórdãos, abaixo transcritas:

Ementa: PROCESSUAL CIVIL. EMBARGOS DE DECLARAÇÃO. EXISTÊNCIA DE CONTRADIÇÃO E ERRO MATERIAL NO ACÓRDÃO.

---

[108] SEIXAS FILHO, Aurélio Pitanga. *Sanções administrativas tributárias*, "Revista Fórum de Direito Tributário" (*RFDT*) nº 21, Belo Horizonte: Ed. Fórum, maio e junho de 2006, p. 84.
[109] MACHADO, Hugo de Brito. Curso ..., *opus citatum*, p. 169.

CORREÇÃO. PAGAMENTO INTEGRAL DO DÉBITO. MULTA. DENÚNCIA ESPONTÂNEA. INAPLICABILIDADE.

1. A embargante confessa que efetivou o pagamento do tributo após o vencimento, embora sem pressão do Fisco. Tal circunstância é suficiente para que não seja aplicada a denúncia espontânea.

2. A configuração da "denúncia espontânea", como consagrada no art. 138 do CTN, não tem a elasticidade pretendida, deixando sem punição as infrações administrativas pelo atraso no cumprimento das obrigações fiscais. A extemporaneidade no pagamento do tributo é considerada como sendo o descumprimento, no prazo fixado pela norma, de uma atividade fiscal exigida do contribuinte. É regra de conduta formal que não se confunde com o não pagamento do tributo, nem com as multas decorrentes por tal procedimento.

3. As responsabilidades acessórias autônomas, sem qualquer vínculo direto com a existência do fato gerador do tributo, não estão alcançadas pelo art. 138 do CTN. Precedentes.

4. Não há denúncia espontânea quando o crédito tributário em favor da Fazenda Pública encontra-se devidamente constituído por autolançamento e é pago após o vencimento.

5. Inexistência de parcelamento, na hipótese, que se reconhece, com a sua correção.

6. Embargos acolhidos, porém, sem efeitos modificativos. Acórdão mantido[110].

Ementa: PROCESSUAL CIVIL. EMBARGOS DE DECLARAÇÃO. INEXISTÊNCIA DE IRREGULARIDADES NO ACÓRDÃO. DENÚNCIA ESPONTÂNEA. PARCELAMENTO DO DÉBITO. MULTA MORATÓRIA. CABIMENTO. APLICABILIDADE DA LC Nº104/2001. ART. 155-A DO CTN. ENTENDIMENTO DA 1ª SEÇÃO. PRECEDENTES. PRETENSÃO DE REDISCUSSÃO DA MATÉRIA. IMPOSSIBILIDADE. DESOBEDIÊNCIA AOS DITAMES DO ART. 535 DO CPC.

...

3. O instituto da denúncia espontânea exige que nenhum lançamento tenha sido feito, isto é, que a infração não tenha sido identificada pelo fisco nem se encontre registrada nos livros fiscais e/ou contábeis do contribuinte.

4. A denúncia espontânea não foi prevista para que favoreça o atraso do pagamento do tributo. Ela existe como incentivo ao contribuinte para denunciar

[110] STJ-T1, EDcl no REsp 573.355/RS, rel. Min. José Delgado *DJ* 31/05/2004 p. 213.

situações de ocorrência de fatos geradores que foram omitidas, como é o caso de aquisição de mercadorias sem nota fiscal, de venda com preço registrado aquém do real, etc.

5. A jurisprudência da egrégia Primeira Seção, por meio de inúmeras decisões proferidas, dentre as quais o REsp nº 284.189/SP, uniformizou entendimento no sentido de que, nos casos em que há parcelamento do débito tributário, não deve ser aplicado o benefício da denúncia espontânea da infração, visto que o cumprimento da obrigação foi desmembrado, e esta só será quitada quando satisfeito integralmente o crédito. O parcelamento, pois, não é pagamento, e a este não substitui, mesmo porque não há a presunção de que, pagas algumas parcelas, as demais igualmente serão adimplidas, nos termos do art. 158, I, do CTN (REsp nº 284189/SP, 1ª Seção, Rel. Min. Franciulli Netto, *DJ* de 26/05/2003).

6. Sem repercussão para a apreciação dessa tese o fato de o parcelamento ter sido concedido em data anterior à vigência da LC nº104/2001, que introduziu, no CTN, o art. 155-A. Prevalência da jurisprudência assumida pela 1ª Seção. Não-influência da LC nº104/2001.

7. O pagamento da multa, conforme decidiu a 1ª Seção desta Corte, é independente da ocorrência do parcelamento. O que se vem entendendo é que incide a multa pelo simples pagamento atrasado, quer à vista ou que tenha ocorrido o parcelamento.

8. Enfrentamento de todos os pontos necessários ao julgamento da causa. Pretensão de rejulgamento da causa, o que não é permitido na via estreita dos declaratórios.

9. Embargos rejeitados[111].

140. Assim, a declaração da autoliquidação do débito pelo contribuinte impede a configuração da denúncia espontânea, estando neste sentido a Súmula nº 360 do STJ: "O benefício da denúncia espontânea não se aplica aos tributos sujeitos a lançamento por homologação regularmente declarados, mas pagos a destempo.

141. Entretanto, o STJ manteve a decisão de outro Tribunal no sentido de que é cabível o benefício da denúncia espontânea o pagamento concomitante à apresentação da declaração[112].

142. A jurisprudência do STJ tem assegurado o direto à dispensa da multa em face da denúncia espontânea nos casos de pagamento anterior à

---

[111] STJ-T1, EDcl no REsp 573.355/RS, rel. Min. José Delgado, *DJ* 20/09/2004 p. 194.
[112] STJ-T1, AgRg no Ag 858.887/SP, rel. Min. José Delgado, *DJ* 1º/10/2007, p. 227.

DIREITOS FUNDAMENTAIS DOS CONTRIBUINTES

apresentação da declaração ou da retificadora reconhecendo saldo e quitação imediata, conforme demonstram as seguintes ementas de acórdãos:

Ementa: DENÚNCIA ESPONTÂNEA. TRIBUTO NÃO DECLARADO. MULTA MORATÓRIA. EXCLUSÃO. COMPENSAÇÃO.

I – Nos tributos sujeitos a lançamento por homologação, quando não há denominado autolançamento, por meio de prévia declaração de débitos pelo contribuinte, não se encontra constituído o crédito tributário, razão pela qual, nesta situação, a confissão da dívida acompanhada do seu pagamento integral, anteriormente a qualquer ação fiscalizatória ou processo administrativo, configura denúncia espontânea, capaz de afastar a multa moratória. Precedentes: AgRg no REsp nº 868.680/SP, Rel. Min. CASTRO MEIRA, *DJ* de 27.11.2006; AgRg no Ag nº 600.847/PR, Rel. Min. LUIZ FUX, *DJ* de 05.09.2005 e REsp nº 836.564/PR, Rel. Min. TEORI ALBINO ZAVASCKI, *DJ* de 03.08.2006.

II – A multa recolhida indevidamente pelo contribuinte está incluída no conceito de crédito para os fins de compensação tributária, tendo em vista que o artigo 74 da Lei nº 9.430/96 autoriza o aproveitamento de quaisquer créditos relativos a tributos ou contribuições que sejam passíveis de restituição, restando evidente a vinculação da penalidade com a exação tributária. Precedente: REsp nº 831.278/PR, Rel. Min. TEORI ALBINO ZAVASCKI, *DJ* de 30.06.2006.

III – Recurso especial da FAZENDA NACIONAL improvido. Recurso especial do contribuinte provido[113].

Ementa: PROCESSUAL CIVIL. RECURSO ESPECIAL REPRESENTATIVO DE CONTROVÉRSIA. ARTIGO 543-C, DO CPC. TRIBUTÁRIO. IRPJ E CSLL. TRIBUTOS SUJEITOS A LANÇAMENTO POR HOMOLOGAÇÃO. DECLARAÇÃO PARCIAL DE DÉBITO TRIBUTÁRIO ACOMPANHADO DO PAGAMENTO INTEGRAL. POSTERIOR RETIFICAÇÃO DA DIFERENÇA A MAIOR COM A RESPECTIVA QUITAÇÃO. DENÚNCIA ESPONTÂNEA. EXCLUSÃO DA MULTA MORATÓRIA. CABIMENTO.

1. A denúncia espontânea resta configurada na hipótese em que o contribuinte, após efetuar a declaração parcial do débito tributário (sujeito a lançamento por homologação) acompanhado do respectivo pagamento integral, retifica-a (antes de qualquer procedimento da Administração Tributária), noticiando a existência de diferença a maior, cuja quitação se dá concomitantemente.

---

[113] STJ-T1, REsp 903.345/RS, rel. Min. Francisco Falcão, *DJ* 12/4/2007, p. 255.

2. Deveras, a denúncia espontânea não resta caracterizada, com a consequente exclusão da multa moratória, nos casos de tributos sujeitos a lançamento por homologação declarados pelo contribuinte e recolhidos fora do prazo de vencimento, à vista ou parceladamente, ainda que anteriormente a qualquer procedimento do Fisco (Súmula 360/STJ) (Precedentes da Primeira Seção submetidos ao rito do artigo 543-C, do CPC: REsp 886.462/RS, Rel. Ministro Teori Albino Zavascki, julgado em 22.10.2008, *DJe* 28.10.2008; e REsp 962.379/RS, Rel. Ministro Teori Albino Zavascki, julgado em 22.10.2008, *DJe* 28.10.2008).

3. É que "a declaração do contribuinte elide a necessidade da constituição formal do crédito, podendo este ser imediatamente inscrito em dívida ativa, tornando-se exigível, independentemente de qualquer procedimento administrativo ou de notificação ao contribuinte" (REsp 850.423/SP, Rel. Ministro Castro Meira, Primeira Seção, julgado em 28.11.2007, DJ 07.02.2008).

4. Destarte, quando o contribuinte procede à retificação do valor declarado a menor (integralmente recolhido), elide a necessidade de o Fisco constituir o crédito tributário atinente à parte não declarada (e quitada à época da retificação), razão pela qual aplicável o benefício previsto no artigo 138, do CTN.

5. *In casu*, consoante consta da decisão que admitiu o recurso especial na origem (fls. 127/138): "No caso dos autos, a impetrante em 1996 apurou diferenças de recolhimento do Imposto de Renda Pessoa Jurídica e Contribuição Social sobre o Lucro, ano-base 1995 e prontamente recolheu esse montante devido, sendo que agora, pretende ver reconhecida a denúncia espontânea em razão do recolhimento do tributo em atraso, antes da ocorrência de qualquer procedimento fiscalizatório. Assim, não houve a declaração prévia e pagamento em atraso, mas uma verdadeira confissão de dívida e pagamento integral, de forma que resta configurada a denúncia espontânea, nos termos do disposto no artigo 138, do Código Tributário Nacional."

6. Consequentemente, merece reforma o acórdão regional, tendo em vista a configuração da denúncia espontânea na hipótese sub examine.

7. Outrossim, forçoso consignar que a sanção premial contida no instituto da denúncia espontânea exclui as penalidades pecuniárias, ou seja, as multas de caráter eminentemente punitivo, nas quais se incluem as multas moratórias, decorrentes da impontualidade do contribuinte.

8. Recurso especial provido. Acórdão submetido ao regime do artigo 543-C, do CPC, e da Resolução STJ 08/2008[114].

---

[114] STJ-S1, REsp 1.149.022/SP, rel. Min. Luiz Fux, *DJe* 24/6/2010.

143. Diante do *decisum* do STJ 1ª Seção do REsp nº 1.149.022/SP, Procuradoria-Geral da Fazenda Nacional editou o Ato Declaratório nº 8/2011 autorizando a dispensa de apresentação de contestação , de interposição de recursos e a desistência dos já interpostos nas ações judiciais que discutam a caracterização de denúncia espontânea na hipótese em que o contribuinte, após efetuar a declaração parcial do débito tributário (sujeito a lançamento por homologação) acompanhado do respectivo pagamento integral, retifica-a (antes de qualquer procedimento da Administração Tributária), notificando a existência de diferença a maior, cuja quitação se dá concomitantemente".

144. Por sua vez, a Coordenadoria-Geral do Sistema de Tributação da Receita Federal do Brasil editou a Nota Técnica COSIT nº 12/2012, da qual espinça-se as seguintes conclusões:

> b) que se considera ocorrida a denúncia espontânea, para fins de aplicação do artigo 19 da Lei nº 10.522, de 19 de julho de 2002: b1) quando o sujeito passivo confessa a infração, inclusive mediante a sua declaração em DCTF, e até este momento extingue a sua exigibilidade com o pagamento, nos termos do Ato Declaratório PGFN nº 4, de 20 de dezembro de 2011; b2) quando o contribuinte declara a menor o valor que seria devido e paga integralmente o débito declarado, e depois retifica a declaração para maior, quitando-o, nos termos do Ato Declaratório PGFN nº 8, de 20 de dezembro de 2011; c) não se considera ocorrida denúncia espontânea, para fins de aplicação do artigo 19 da Lei nº 10.522, de 19 de julho de 2002: c1) quando o sujeito passivo paga o débito, mas não apresenta declaração ou outro ato que dê conhecimento da infração confessada; c2) quando o sujeito passivo declara o débito a menor, mas não paga o valor declarado e posteriormente retifica a declaração, pagando concomitantemente todo o débito confessado; c3) quando o sujeito passivo compensa o débito confessado, mediante apresentação de Dcomp; c4) quando o sujeito passivo declara o débito, mas o paga a destempo;

145. Cumpre, ligeiramente, mencionar que a Lei Complementar nº 104, de 2001, acrescentou o artigo 155-A ao Código Tributário Nacional, prevendo, no seu "caput", a regulamentação mais ampla do parcelamento – matéria antes já cogitada na própria disciplina da moratória (CTN, art. 155). No § 1º deste artigo 155-A, está posto que, salvo disposição legal em contrário, o parcelamento de crédito tributário não exclui a incidência de juros e multa.

146. O parágrafo único do artigo 138 do CTN deixa claro que a denúncia deixa de ser considerada espontânea, se apresentada pelo contribuinte antes

de sofrer o início do de qualquer procedimento administrativo ou medida de fiscalização relacionados com a infração.

147. Nos termos do artigo 196 do CTN, exige-se que a autoridade fiscal lavre termo de início de procedimento, que, segundo o § 2º do artigo 7º do Decreto nº 70.235, de 6 de março de 1972 –Lei da Processo Administrativo Fiscal, deve ser no prazo de 60 (sessenta) dias, de modo que a partir dele não há mais de se falar de espontaneidade da denúncia do próprio contribuinte.

148. De modo que, instaurado o procedimento fiscal ou a medida de fiscalização sem que seja tomada, pela autoridade fiscal, a providência supra nesse prazo de sessenta dias, havendo, pois, inércia dessa autoridade, é retomada a espontaneidade.

149. Nesse diapasão, é a Súmula nº 75 do CARF: "A recuperação da espontaneidade do sujeito passivo em razão da inoperância da autoridade fiscal por prazo superior a sessenta dias aplica-se retroativamente, alcançando os atos por ele praticado no decurso desse prazo." (Aprovada em 12/2012).

3. A Responsabilidade Tributária de Terceiros

150. Passaremos a analisar a responsabilidade tributária de terceiros, prevista nos artigos 134 e 135 do Código Tributário Nacional, que, consoante obervação de Paulo de Barrros Carvalho, tal responsabilidade indireta sob o manto jurídico da *solidariedade*, esconde-se providência sancionatória[115].

151. Confira-se o teor do artigo 134 do CTN:

> Art. 134. Nos casos de *impossibilidade de exigência do cumprimento da obrigação principal pelo contribuinte, respondem solidariamente* com este nos atos em que intervierem ou pelas omissões de que forem responsáveis:
>
> I – os pais, pelos tributos devidos por seus filhos menores;
>
> II – os tutores e curadores, pelos tributos devidos por seus tutelados ou curatelados;
>
> III – os administradores de bens de terceiros, pelos tributos devidos por estes;
>
> IV – o inventariante, pelos tributos devidos pelo espólio;
>
> V – o síndico e o comissário, pelos tributos devidos pela massa falida ou pelo concordatário;
>
> VI – os tabeliães, escrivães e demais serventuários de ofício, pelos tributos devidos sobre os atos praticados por eles, ou perante eles, em razão do seu ofício;

---

[115] CARVALHO, Paulo de Barros. *Curso de direito tributário*, 28 edição, São Paulo: Saraiva, 2017, p. 336.

VII – os sócios, no caso de liquidação de sociedade de pessoas.

Parágrafo único. O disposto neste artigo só se aplica, em matéria de penalidades, às de caráter moratório.

152. Aviva-se que, consoante o parágrafo único do artigo 124 do CTN, *a solidariedade*, em relação a responsabilidade tributária estrito senso ou direta, não comporta benefício de ordem.

153. Embora o meio do *caput* desse artigo 134 expressar que os terceiros *respondem solidariamente*, o que dá a impressão de inexistência do benefício de ordem em relação aos contribuintes, responsável direto, e terceiros, responsáveis indiretos, em verdade, a **responsabilidade aqui não é direta nem solidária, mas sim é indireta e subsidiária**, isto porque há na espécie o benefício de ordem, uma vez que, como se observa no início do mesmo preceptivo legal, os terceiros ou representantes só responderão na *impossibilidade de exigência do cumprimento da obrigação principal pelo contribuinte*[116].

154. Em verdade, a responsabilidade esculpida no artigo 134 do CTN é subsidiária em relação ao terceiro e solidária em relação ao contribuinte.

155. Se, após imputada a responsabilidade ao terceiro pelo ato comissivo ou omissivo praticado que ultrapassou a possibilidade de adimplemento pelo contribuinte, voltando o contribuinte a ter condições financeiras de solver o débito, estando o débito ainda não quitado, a responsabilidade também, voltará a ser solidária podendo o Fisco cobrar do contribuinte ou do responsável ou de ambos.

156. Nesse diapasão, é o entendimento da 1ª Seção do Superior Tribunal de Justiça, exposto no trecho, a seguir transcrito, da ementa do acórdão decorrente do julgamento dos embargos de divergência no recurso especial nº 446.955/SC, *ipsis litteris*:

> 10. Flagrante ausência de tecnicidade legislativa se verifica no artigo 134, do CTN, em que se indica hipótese de responsabilidade solidária "nos casos de impossibilidade de exigência do cumprimento da obrigação principal pelo contribuinte", uma vez cediço que o instituto da solidariedade não se coaduna com o benefício de ordem ou de excussão. Em verdade, o aludido preceito normativo cuida de responsabilidade subsidiária[117].

---

[116] Nesse sentido: PAULSEN, Leandro. *Constituição...*, obra citada, p. 1.009.
[117] STJ-1ª Seção. EREsp 446.955/SC, rel. Min. Luiz Fux, *DJe* 19/05/2008.

157. Ressalte-se que os responsáveis indiretos, elencados no mesmo preceptivo legal, não responderão sempre que os contribuintes não tiverem condições de adimplir os créditos tributários, visto que o final do *caput* do mesmo artigo 134 explicita que **os terceiros ou representantes só assumirão o encargo de pagar o débito fiscal diante da impossibilidade de o contribuinte adimplir e diante da atuação culposa do responsável para que esta insolvência ocorra**, isto é, como expressa o texto do preceito, em comento, pelos *atos em que intervierem e pelas omissões de que forem responsáveis*, sendo, pois, indispensável que aconteça uma relação entre a obrigação tributária e o comportamento culposo do terceiro ou representante[118].

158. Regina Helena Costa explica: "O dispositivo considera a *culpa* dos terceiros apontados para atribuir-lhes a responsabilidade tributária em razão do descumprimento de deveres de fiscalização e de boa administração[119]."

159. Também nesse diapasão, é o magistério de Marçal Justen Filho, *ipsis litteris*:

> Todas as situações previstas nos primeiros cinco incisos do artigo 134 aludem a hipóteses de "representação" (utilizada a expressão em sentido não estritamente técnico). Ou seja, todos os casos envolvem atuação de alguém em nome e por conta de outrem.
>
> Portanto, o legislador deve ter suposto que, se o terceiro atuava em nome e conta de outrem, haveria de ter praticado os atos necessários ao adimplemento dos devedores tributários correlativos.
>
> A ausência de adimplemento da prestação tributária seria, por isso, necessária e automaticamente imputada ao terceiro.
>
> Basta, para desmistificar essa eventual suposição, pensar em um exemplo dos mais singelos. O não pagamento da prestação tributária decorreu, v.g., de que inexistiam recursos suficientes para tanto, no patrimônio do menor. Portanto, não dependeu minimamente da vontade ou da conduta do terceiro o inadimplemento da prestação tributária.
>
> Porém, tal seria irrelevante para a lei, que considera bastante o inadimplemento para voltar-se contra o terceiro.
>
> Ou seja, a insolvência do contribuinte seria arcada pelo "representante", quando se tratasse de relação jurídica tributária. Ao contrário do que dispõem todas as regras e princípios jurídicos, estaria criado um privilégio inadmissível

---

[118] Nessa mesma senda: MACHADO, Hugo de Brito. *Curso...*, obra citada, p. 162 e 163.

[119] COSTA, Regina Helena. *Curso de direito tributário*, 8ª edição, São Paulo: Ed. Saraiva, 2018, p. 236.

para o fisco. Consistiria em que a insuficiência do patrimônio do devedor seria fundamento único e bastante para atribuir ao credor o direito de voltar-se contra outrem.

O resultado é que a lei tributária teria transformado os representantes legais não apenas em "representantes", mas também em garantidores legais das dívidas dos representados. E isso não por decorrência de qualquer atuação indevida que lhes seja imputável, mas em atenção ao exclusivo e puro evento da existência da representação[120] [121].

160. Consoante comentário de Luís Eduardo Schoueri:

A sucessão empresarial implica responsabilidade por um ato jurídico imputado ao responsável. Outros atos e omissões também implicam responsabilidade. Estão eles arrolados nos artigos 134 e 135 do Código Tributário Nacional. A leitura sistemática dos dois dispositivos revela serem eles alternativos: o artigo 135 abrange todas as pessoas arroladas no artigo 134, configurando regra especial, para os casos de infração à lei, inclusive excesso de poderes.

Assim, enquanto o artigo 134 versa sobre responsabilidade tributária de terceiros em situações lícitas, o artigo 135 versa sobre o ilícito (infração à lei ou excesso de poderes).

[...] merece nota o caso do artigo 134 do Código Tributário Nacional, que será visto adiante: embora ele se refira a uma responsabilidade solidária, ela somente surge "nos casos de impossibilidade de exigência do cumprimento da obrigação principal pelo contribuinte", o que denuncia seu caráter subsidiário. Por outro lado, uma vez surgida a responsabilidade, então será ela solidária, no sentido de que o sujeito ativo poderá exigir o crédito tanto do sujeito passivo [repise-se: no caso de depois da transferência da responsabilidade para terceiro, o contribuinte voltar a ter condições financeiras para arcar com o pagamento do tributo], como do responsável.

[...] Assim, o "ilícito" praticado pelo responsável seria a impossibilidade de cobrança em face do devedor originário. Se, por exemplo, os pais, atuando irresponsavelmente em nome de seus filhos menores, comprometem o patrimônio dos últimos em transação imobiliária, dando surgimento à obrigação de recolher o ITBI, em montante que o patrimônio em questão não é capaz de

---

[120] JUSTEN FILHO, Marçal. Sujeição passiva tributária, Belém: CEJUP, 1986, p. 309 e 310.
[121] Cf. SEIXAS FILHO, Aurélio Pitanga. *Condicionantes das isenções em direito tributário*, "Revista Fórum de Direito Tributário" (*RFDT*) nº 38, Belo Horizonte: Ed. Fórum, 2003, p. 27 a 35.

arcar, então os pais respondem pelo tributo. Haverá, por certo, ato os pais que o torna responsáveis; de punição, não há que se cogitar. Do mesmo modo, se um administrador, no curso normal de suas atividades, acaba por comprometer a empresa para além de sua capacidade financeira responderá por tal situação. Deve-se, entretanto, desse plano afastar a ideia de que seja ilícito incorrer em fato jurídico tributário, mesmo que não se tenham recursos para satisfazer o tributo.

[...] a responsabilidade a que se refere o art. 134 exige a prática de um ato por parte do responsável, ou uma omissão a este imputada, quando lhe incumbia alguma ação. Por meio de tal ação ou omissão, tornar-se responsável quem antes não era.

Ou seja: não se há de entender o dispositivo acima no sentido de tornar as pessoas arroladas responsáveis por tributo devido; é necessário que uma ação ou omissão dessas pessoas tenha o efeito de gerar a impossibilidade de exigência do cumprimento da obrigação principal pelo sujeito passivo originário[122].

161. Paulo de Barros Carvalho corrobora, *verbo ad verbum*:

O art. 134 tem aplicabilidade em relação a *atos em que as pessoas indicadas intervierem ou pelas omissões de que forem responsáveis*, evidenciando a presença de um dever descumprido como requisito à exigência do débito, em caráter supletivo, dos sujeitos relacionados nos itens I a VII. É Inutilidade crer que, a despeito de se dizer expressamente solidária a responsabilidade, a frase "nos casos de impossibilidade de exigência do cumprimento da obrigação principal pelo contribuinte", que introduz o próprio texto do art. 134 do CTN, retorna o benefício de ordem, qualificando, desse modo, a responsabilidade por subsidiária. Nesta medida, cobra-se em primeiro do contribuinte; cessadas as formas de exigência do dever legal daquele, executa-se o responsável[123].

162. Ressalte-se que a Constituição Federal, de 1988, nos incisos LIV e LV do artigo 5º, garante que ninguém será privado da liberdade ou de seus bens sem o devido processo legal substantivo e adjetivo, e assegura aos litigantes em processo judicial ou administrativo e aos acusados em geral o contraditório e ampla defesa, com os meios e recursos a ela inerentes.

---

[122] SCHOUERI, Luís Eduardo. *Direito tributário*, 7ª edição, São Paulo: Saraiva, 2017, p. 614, 583, 598, 599.
[123] CARVALHO, Paulo de Barros. *Direito tributário: linguagem e método*, 7ª edição, São Paulo: Noeses, 2018, p. 912.

163. Regra geral, a **constituição do crédito tributário se faz pelo procedimento do lançamento**, atividade privativa da Administração tributária, e na correspondente Certidão de Dívida Ativa já deverá estar **identificado, o contribuinte** e, se for o caso e já possível a identificação, o **responsável tributário, sendo indispensável que se conceda aos sujeitos passivos a oportunidade de exercer o contraditório, a ampla defesa com os meios e recursos a ela inerentes no próprio processo administrativo fiscal do lançamento** ou da **constituição definitiva do crédito tributário** ou, se a **constatação da responsabilidade de terceiro só sucedeu depois**, não tendo a imputação da responsabilidade de terceiro sido feita simultaneamente com a constituição do crédito tributário, essa **imputação da responsabilidade tributária de terceiros deverá suceder em outro processo administrativo fiscal, assegurando-se ao terceiro as mesmas garantias constitucionais.**

164. **Não tendo isso sido feito, poderá a defesa arguir isso ou na exceção de pré-executividade ou nos embargos à execução, conforme a robusteza das provas de que disponha o sujeito passivo.**

165. Insta realçar o posicionamento de Renato Lopes Becho, ao interpretar a norma do artigo 134 do CTN, realça:

> [...] a responsabilidade de terceiros, notadamente a do artigo 134 do CTN, poderá ser um tema propriamente de execução fiscal. Como o primeiro pressuposto para a sua incidência é a impossibilidade econômica, esta será verificada justamente no processo referido. A responsabilidade tributária poderá ser discutida como um incidente processual, tanto em exceção de pré-executividade quanto em embargos à execução fiscal, dependendo das provas que o responsável possua, esclarecendo o magistrado que a **responsabilização deverá ser auferida em procedimento administrativo próprio**. [...] o responsável, é dizer, a classe finita das pessoas relacionadas no artigo 134 do CTN, pais, tutores, etc. **O responsável responderá no procedimento administrativo de responsabilização**, enquanto na execução fiscal, **após a caracterização da responsabilização**, restarão como sujeitos passivos o contribuinte e o responsável[124]. (Os destaques em negrito não constam no original)

---

[124] BECHO, Renato Lopes. *Desdobramento das decisões sobre responsabilidade tributária de terceiros no STF: regras-matrizes de responsabilização, devido processo legal e prazos de decadência e prescrição*, "RDDT" nº 204, São Paulo: Ed. Dialética, setembro de 2012, p. 50 e 51.

166. Becho complementa:

Assim, no caso do artigo 134 do CTN, deve ser aberto um procedimento administrativo para apurar a atuação (ação ou omissão) culposa (culpa leve) do responsável (terceiro), que tenha levado o contribuinte à insolvência em relação a um específico crédito tributário. Conforme indicamos acima, a insolvência será verificada no processo de execução fiscal. Como a execução fiscal não é o local apropriado para a busca do direito – e sim para a satisfação do credor – acreditamos que a **única maneira de se dar cumprimento à Constituição Federal seja a abertura de um procedimento administrativo**. Esse será iniciado com a informação na procuradoria fazendária da impossibilidade de cumprimento da obrigação tributária por parte do contribuinte, identificada no processo de execução fiscal. Em seguida, a autoridade processante (na esfera, o delegado de julgamento) dará início ao **procedimento administrativo de responsabilização, notificando o apontado como responsável para se defender**. O procedimento administrativo, a partir daí, deve ser processado nos termos da legislação. À execução fiscal, de seu turno, deve ser aplicado o artigo 40 da Lei nº 6.830/1980: o **feito deve ser sobrestado, até o término do procedimento administrativo ou da ocorrência da prescrição intercorrente**, o que acontecer primeiro[125]. (Os destaques em negrito não constam no original)

167. Em adição ao que foi exposto acima, traga-se à colação o seguinte comentário de Schoueri: "A exigência de um procedimento administrativo, conforme se verá a seguir, merece aplauso, já que tem sido sua ausência uma das maiores faltas no tema da responsabilidade tributária[126].

168. Já entre as pessoas indicadas como representantes ou terceiros pelo artigo 134, em análise, cumpre mencionar que a situação dos administradores de bens de terceiros (CTN, art. 134, III), não se confunde com a dos sócios administradores de empresas (CTN, art. 134, VII)[127].

---

[125] BECHO, Renato Lopes, artigo e obra já citados, p. 54.

[126] SCHOUERI, Luís Eduardo. *Opus citatum*, p. 615.

[127] BECHO, Renato Lopes, *A responsabilidade tributária dos sócios tem fundamento legal?* In "RDDT" nº 182, São Paulo: Ed. Dialética, novembro de 2010, p. 107: "... tais administradores de bens de terceiros não se confundem com administradores de empresas. Aqueles atuam com condutas reguladas pelo Código civil, sendo os gestores de negócios (arts. 861 a 875) e mandatários em geral (artigos 653 a 692)".

DIREITOS FUNDAMENTAIS DOS CONTRIBUINTES

169. Impende ser explicitada, outrossim, a responsabilidade tributária dos sócios, no caso de liquidação da sociedade de pessoas, como a sociedade em nome coletivo, a sociedade em comandita simples (inciso VII do art. 134 do CTN), não de sociedades de capital, como as sociedades anônimas, as de quotas de responsabilidade ltda.

170. Não se inclui como hipótese de aplicação da desconsideração da personalidade jurídica ou de redirecionamento da execução fiscal contra o sócio gerente da empresa o simples inadimplemento de obrigações tributárias ou não tributárias.

171. Nesse sentido, é a **Súmula nº 430 do STJ**: *O inadimplemento da obrigação tributária pela sociedade não gera, por si só, a responsabilidade solidária do sócio-gerente.*

172. Realça-se que **nem todos os sócios são responsáveis tributários,** mas **apenas os sócios de sociedade de pessoas que tenham exercido a gerência da sociedade no momento do fato gerador ou da dissolução irregular e que tenham intervindo ou que se lhes possa atribuir omissões relativas tão somente no caso,** repita-se, **de liquidação irregular de sociedade de pessoas,** vale dizer, quando sucedido distribuição do patrimônio da sociedade de pessoas sem o pagamento ou a reserva de recursos financeiros da empresa para a quitação dos créditos[128].

173. O STJ com a sua **Súmula nº 435** presume-se *dissolvida irregularmente a empresa que deixar de funcionar no seu domicílio fiscal, sem comunicação aos órgãos competentes, legitimando o redirecionamento da execução fiscal para o sócio-gerente,* a quem cabe demonstrar no processo administrativo fiscal, para o qual deve ser notificado a responder e, se for o caso, na exceção de pré-executividade ou nos embargos à execução, que não agira com dolo, culpa, fraude, ou excesso de poder, ou que ocorreu a dissolução irregular, ou que, à época desta, não mais gerenciava ou integrava a sociedade.

174. Colime-se que o parágrafo único do artigo 134 do CTN só permite, em matéria de penalidade, a aplicação de multa de caráter moratório, não tendo autorizado a aplicação de multa de caráter punitivo: havendo infração, não há, portanto, de se aplicar o artigo 134, mas o artigo 135 do CTN.

175. De modo que se os indivíduos, elencados no comentado artigo 134 do CTN, atuarem com excesso de mandato, infração da lei ou do contrato

---

[128] Nesse sentido: STJ-1ª T., REsp 722.998/MT, rel. Min. Luiz Fux, *RSTJ* vol. 209, p. 95. STJ-2ª T., AgINT no AREsp 1.513.226/RJ, rel. Mon. Herman Benjamin, in *DJe* 19/12/2019,

social ou estatuto, assumem a responsabilidade subsidiária com base no preceptivo do artigo 135 do CTN.

176. Assim dispõe o artigo 135 da Lei nº 5.172/1966, que trata, também, sobre a responsabilidade tributária de terceiros:

> Art. 135. São **pessoalmente responsáveis** pelos créditos correspondentes a obrigações tributárias resultantes de **atos praticados com excesso de poderes ou infração de lei, contrato social ou estatutos**:
>
> I – as pessoas referidas no artigo anterior;
>
> II – os mandatários, prepostos e empregados;
>
> III – **os diretores, gerentes ou representantes de pessoas jurídicas de direito privado.**

177. Trata o artigo 135 do CTN de responsabilidades pessoais daqueles que representam pessoas físicas e jurídicas, quando atuam com excesso de poderes ou infração de lei, contrato social ou estatutos, e não de desconsideração da personalidade jurídica[129].

178. As normas dos artigos 134, 135 e 137 da Lei nº 5.172, de 15 de outubro de 1966, são complementadas pelos dispositivos do artigo 50 da Lei nº 10.406, de 10 de janeiro de 2002 – Código Civil (CC) –, que trata de solidariedade, em verdade de responsabilidade subsidiária, de terceiros, autorizando a desconsideração da personalidade jurídica.

179. Este artigo 50 do Código Civil, com a redação dada pela Lei nº 13.874, de 20 de setembro de 2019, regula a responsabilidade dolosa do gerente ou administrador ou mesmo do sócio, que na prática exerça a função de gestor, permitindo a desconsideração da pessoa jurídica, sempre que aqueles agirem com abuso, caracterizado por desvio de finalidade, ou praticarem atos reiterados que levem à confusão patrimonial[130-131-132].

---

[129] SILVA, Alexandre Alberto. *A desconsideração da personalidade jurídica no direito tributário*, São Paulo: Quartier Latin, 2007, p. 230 e 232.

[130] CC. "Art. 50. Em caso de abuso da personalidade jurídica, caracterizado pelo desvio de finalidade ou pela confusão patrimonial, pode o juiz, a requerimento da parte, ou do Ministério Público quando lhe couber intervir no processo, desconsiderá-la para que os efeitos de certas e determinadas relações de obrigações sejam estendidos aos bens particulares de administradores ou de sócios da pessoa jurídica beneficiados direta ou indiretamente pelo abuso. § 1º Para os fins do disposto neste artigo, desvio de finalidade é a utilização da pessoa jurídica com o propósito de lesar credores e para a prática de atos ilícitos de qualquer natureza. § 2º Entende-se por confusão patrimonial a ausência de separação de fato entre os patrimônios, caracterizada por: I – cumprimento repetitivo pela sociedade de obrigações do sócio ou do administrador ou

DIREITOS FUNDAMENTAIS DOS CONTRIBUINTES

180. A seu turno, o artigo 47 do CC ratifica que a pessoa jurídica está obrigada a arcar com as consequências dos atos praticados por seus administradores, os quais só responderão pessoalmente, ou seja, ilimitadamente com seus bens particulares, quando excederem os limites dos poderes que lhes forem outorgados.

181. Há divergência entre tributaristas de escol a respeito da utilização, no início do *caput* do artigo 135, da expressão "são pessoalmente responsáveis", de modo que, existe uma corrente de interpretação na doutrina no sentido de que a responsabilidade, na espécie, constata a realização, pelo representante ou administrador, de atos com excesso de mandato ou infração da lei, do contrato social ou do estatuto, é exclusiva dessas pessoas e por substituição com a exclusão da sujeição passiva do contribuinte[133] [134].

182. Destaque-se, entre essa corrente hermenêutica, o magistério de Aliomar Baleeiro:

---

vice-versa; II – transferência de ativos ou de passivos sem efetivas contraprestações, exceto os de valor proporcionalmente insignificante; e III – outros atos de descumprimento da autonomia patrimonial. § 3º O disposto no *caput* e nos § § 1º e 2º deste artigo também se aplica à extensão das obrigações de sócios ou de administradores à pessoa jurídica. § 4º A mera existência de grupo econômico sem a presença dos requisitos de que trata o *caput* deste artigo não autoriza a desconsideração da personalidade da pessoa jurídica. § 5º Não constitui desvio de finalidade a mera expansão ou a alteração da finalidade original da atividade econômica específica da pessoa jurídica."

[131] O art. 1.016 do CC prevê a prática culposa do administrador que causa prejuízo à sociedade ou terceiros: "Os administradores respondem solidariamente perante a sociedade e os terceiros prejudicados, por culpa no desempenho de suas funções."

[132] Em relação à responsabilidade do administrador nomeado – sócio ou pessoa estranha à sociedade simples –, assim dispõe o discutível – em face do artigo 128 do CTN – art. 1.012 do CC: "O administrador, nomeado por instrumento em separado, deve averbá-lo à margem da inscrição da sociedade, e, pelos atos que praticar, antes de requerer a averbação, responde pessoal e solidariamente com a sociedade."

[133] Concebendo que a responsabilidade do art. 135 do CTN é pessoal e exclusiva com a exclusão do contribuinte, assemelhando tal regra com as normas do art. 133, I (que usa a palavra "integralmente"), e 137 (que também utiliza a palavra "pessoal"), ambas do mesmo Código, cf.: MARTINS, Ives Gandra da Silva. *Comentários ao código tributário nacional*, volume 2, Ives Gandra da Silva Martins (coordenador), São Paulo: Saraiva, 1998, p. 261 e 262. BECHO, Renato Lopes. *A responsabilidade tributária dos sócios...*, in "RDDT" nº 182, p. 107. CANAZARO, Fábio. *A responsabilidade tributária dos sócios e dos dirigentes em relação ao passivo tributário das sociedades corporativas*, in "RDDT" nº 145, São Paulo: Dialética, outubro de 2007, p. 23.

[134] Com base na Constituição anterior, o STF decidiu no sentido de que as pessoas referidas no inciso III do art. 135 do CTN são sujeitas passivas da obrigação tributária na qualidade de responsabilidade por substituição (RE 93.491), rel. Min. Moreira Alves, *DJ* 3/4/1981.

No art. 135, há outra hipótese de veiculação do terceiro, que representa o contribuinte ou lhe serve de instrumento jurídico: a atuação com excesso de poderes ou a infração de lei, cláusulas de contratos ou estatutos.

Nesses casos, além das categorias de pessoas arroladas no art. 134, que passam a ser plenamente os responsáveis pelos créditos tributários – e não apenas solidários estritamente em caso de impossibilidade de cumprimento por parte do contribuinte – ficam na mesma situação os mandatários, prepostos e empregados, assim como os diretores, gerentes ou representantes de pessoas jurídicas de Direito Privado, em geral.

O caso, diferentemente do anterior, não é apenas de solidariedade, mas de responsabilidade por substituição. As pessoas indicadas no art. 135 passam a ser os responsáveis ao invés de contribuinte[135].

183. Na concepção de Bernardo Ribeiro de Moraes, *havendo apenas responsabilidade pessoal e inexistindo a solidariedade, a responsabilidade das pessoas mencionadas, quando agindo em nome de pessoas jurídicas, exclui a responsabilidade destas*[136].

184. Por essa senda, Carvalho trafega, *ipsis litteris*:

O art. 135 [...] elege hipótese diversa, mais grave, cominando sanção igualmente mais severa: exige que tenham sido praticados *atos com excesso de poderes ou infração de lei, contrato social ou estatutos*, implicando responsabilidade exclusiva e pessoal daquele que agiu desse modo. Semelhante é a prescrição veiculada pelo art. 137 do Código Tributário Nacional, que, ao dispor sobre a figura da responsabilidade por infração, atribui ao agente, de modo pessoal, a carga tributária decorrente das infrações que praticou de forma dolosa.

Havendo infração tributária subjetiva, praticada com dolo, quer dizer, intenção de fraudar, de agir de má-fé e de prejudicar terceiros, aplicam-se as figuras da responsabilidade de terceiros e responsabilidade por infrações, prescritas nos arts. 135 e 137 do Código Tributário Nacional respectivamente. As condutas que geram a responsabilidade exclusiva e pessoal são: excesso de poderes, infração de lei, infração do contrato social ou do estatuto.

[...]

As situações acima relacionadas desencadeiam as implicações jurídicas estipuladas pelo art. 135 do Código Tributário Nacional, respondendo o

---

[135] BALEEIRO, Aliomar. *Direito...*, obra já citada, p. 755.
[136] MORAES, Bernardo Ribeiro. *Compêndio, opus citatum*, p. 522.

administrador pessoalmente pelos débitos tributários cujo surgimento deu causa. Ainda que, eventualmente, a sociedade beneficie-se de tais atos, competirá ao administrador responder pessoalmente pela obrigação. A relação jurídica de responsabilidade tributária não se altera em função de a sociedade ter-se beneficiado do ato ilícito, pois inexiste previsão legal nesse sentido. Para os fins da relação existente entre o Fisco e o responsável, o benefício usufruído pela sociedade é irrelevante, não havendo solidariedade nem subsidiariedade, mas somente obrigação pessoal do administrador pelo pagamento do valor correspondente ao tributo e penalidades pecuniárias[137].

185. Com semelhante linha de interpretação, é, ainda, a opinião de Sacha Calmon Navarro Coêlho, *ipsis litteris*:

> [...] o art. 135 retira a "solidariedade" e a "subsidiariedade" do art. 134. Aqui a responsabilidade se transfere inteiramente para terceiros, liberando os seus dependentes e representados. A responsabilidade passa a ser pessoal, plena e exclusiva desses terceiros...
>
> Na hipótese do artigo, tributo e multa são transferidos aos terceiros responsáveis[138].

186. Regina Helena Costa robustece esta corrente de exegese, nos seguintes termos:

> "[...] tem-se responsabilidade pessoal desses terceiros. Em verdade, o art. 135, CTN, contempla normas de exceção, pois, a regra é a responsabilidade da pessoa jurídica, e não das pessoas físicas dela gestoras. Trata-se de responsabilidade exclusiva de terceiros que agem dolosamente, e que, por isso, substituem o contribuinte na obrigação, nos casos em que tiverem praticado atos com excesso de poderes, infração de lei, contrato social ou estatutos[139].

187. No 5º Simpósio Nacional de Direito Tributário do Centro de Extensão Universitária (CEU), coordenado por Ives Gandra da Silva Martins, prevaleceu, em número de votos dos participantes, a tese de que o artigo 135

---

[137] CARVALHO, Paulo de Barros. *Direito tributário: linguagem e método* Direito tributário: linguagem..., obra citada, p. 912 a 914.

[138] COÊLHO, Sacha Calmon Navarro. *Curso de direito tributário brasileiro*, 14ª edição, Rio de Janeiro: Forense, 2015, p. 638.

[139] COSTA, Regina Helena. Curso..., *opus citatum*, p. 237.

do CTN cuida de hipótese de substituição, e por isto a responsabilidade de quaisquer das pessoas no mesmo referidas implica a exoneração da pessoa jurídica.

188. Como mencionado anteriormente, há outras correntes de interpretação em direção, diametralmente, oposta, vale dizer, como a que entende que a responsabilidade do administrador por ato ilícito praticado é subsidiária, entendimento sufragado pelo órgão encarregado de dizer a última palavra em matéria de interpretação de norma legal infraconstitucional, ou a que concebe que o artigo 135 não exclui a responsabilidade do contribuinte, podendo existir, no caso, a solidariedade imprópria, em que não existe uma única obrigação solidária, senão duas ou mais obrigações solidárias, ou seja, essas obrigações solidárias não se dão entre contribuintes, mas sim entre contribuinte e responsável na hipótese de o sócio-gerente ou diretor ter agido, comprovadamente, com excesso de poderes ou infração de lei, contrato social ou estatutos e no caso de inadimplemento pontual do crédito tributário por parte da pessoa jurídica, tendo como principais dos seus corifeus os mestres Hugo de Brito Machado e Luís Eduardo Schoueri, e Anselmo Henrique Cordeiro Lopes.

189. Para Machado, a lei diz que são pessoalmente responsáveis, mas não diz que sejam os únicos. A exclusão da responsabilidade, ao ver do tributarista alencarino, teria de ser expressa"[140].

190. Por sua vez, Schoueri corrobora: "o art. 135 silencia acerca da responsabilidade do contribuinte. Não exclui nem a atribui em caráter supletivo. Ora, se o referido artigo 128 dispõe dever a lei regular o assunto de modo expresso, não há como concluir pela exclusão ou subsidiariedade da responsabilidade do contribuinte"[141].

191. Anselmo Henrique Cordeiro Lopes acerca da exegese do inciso III do artigo 135 do CTN, nomeadamente sobre a expressão "são pessoalmente responsáveis", concebe que a responsabilidade, na espécie, é solidária imprópria, conforme se pode ver nas destacadas conclusões do texto de sua autoria:

> a) A responsabilidade do dito "sócio-gerente", de acordo com a jurisprudência do Superior Tribunal de Justiça, decorre de sua condição de "gerente" (administrador), e não da sua condição de sócio;

---

[140] MACHADO, Hugo de Brito. *Comentários...*, obra citada, p. 594.
[141] SCHOUERI, Luís Eduardo. *Opus citatum*, p. 620.

DIREITOS FUNDAMENTAIS DOS CONTRIBUINTES

b) A responsabilidade do administrador, por força do art. 135 do CTN, na linha da jurisprudência do STJ, é subjetiva e decorre de prática de ato ilícito;

c) Para efeito de aplicação do art. 135, III, do CTN, responde também a pessoa que, de fato, administra a pessoa jurídica, ainda que não constem seus poderes expressamente do estatuto ou contrato social;

d) A responsabilidade dos administradores, de acordo com a jurisprudência do STJ, não pode ser entendida como exclusiva (responsabilidade substitutiva), porquanto se admite na Corte Superior que a ação de execução fiscal seja ajuizada, ao mesmo tempo, contra a pessoa jurídica e o administrador;

e) A tese da responsabilidade substitutiva também deve ser excluída pela inexistência de norma legal de desoneração da pessoa jurídica em razão da prática de ato ilícito por parte do administrador;

f) A tese da responsabilidade subsidiária, em sentido próprio, dos administradores é incompatível com a adoção da tese da responsabilidade subjetiva, acolhida pelo STJ, visto que não se pode conceber que o terceiro, sendo penalizado pela prática de ato ilícito, condicione sua responsabilidade à inexistência de bens da pessoa jurídica, suficiente para a satisfação do crédito;

g) A tese da responsabilidade subsidiária (em sentido próprio) dos administradores também deve ser afastada em razão da jurisprudência do STJ que admite que a execução fiscal seja ajuizada, desde logo, contra sociedade e administrador; não se trata de mera questão de legitimidade, como seria no processo de conhecimento, pois que, no processo de execução, não se admite o processamento da ação sem que se tenha presente, desde o início, a exigibilidade da pretensão em face do executado;

h) Os acórdãos do STJ que fazem referência à "responsabilidade subsidiária" somente podem ser entendidos no sentido impróprio da expressão, que exige, além da existência de poderes de gerência e da prática de ilicitude pelo administrador, a ausência de pagamento pontual da obrigação tributária, e não a insolvabilidade da pessoa jurídica, o que se aproxima, na prática, da responsabilidade solidária decorrente de ato ilícito;

i) Os acórdãos do STJ que fazem referência à "responsabilidade por substituição" somente podem ser entendidos no sentido de que respondem os terceiros "em lugar" do contribuinte (pessoa jurídica), o que é válido para qualquer tipo de responsabilidade;

j) A jurisprudência do STJ aponta para a responsabilidade solidária, inclusive em precedentes desfavoráveis à Fazenda Nacional, em que se afirma que o "sócio" só pode ser responsabilizado solidariamente se detiver poderes de gerência e se tiver praticado ato ilícito no exercício dessa gerência, na forma do art. 135, III, do CTN;

k) A análise sistemática da ordem jurídica aponta para a responsabilidade solidária dos administradores, visto que estes, no regramento do Código Civil (art. 1.016), respondem solidariamente perante terceiros (inclusive o Estado) pela prática de atos ilícitos; não haveria sentido em ser o crédito tributário menos garantido que o crédito comum;

l) A obrigação do responsável é autônoma à da pessoa jurídica no que tange à natureza (licitude ou ilicitude do fato jurídico), ao nascimento (momento do surgimento) e à cobrança (exigência simultânea ou não), mas é subordinada no que tange à existência, validade e eficácia; a obrigação da pessoa jurídica contribuinte, por sua vez, independe da obrigação do responsável no que tange a esses elementos;

[...]

n) A responsabilidade do administrador-infrator insere-se em relação jurídica de garantia; em razão disso, a prescrição da pretensão para com o responsável prescreve no mesmo momento em que prescreve a obrigação principal, nem antes, nem depois;

o) Por nascer a responsabilidade do terceiro em momento distinto do crédito tributário do contribuinte, e por ter natureza distinta desta (ato ilícito vs. fato lícito), não precisa sua obrigação ser declarada no mesmo momento ou no mesmo ato em que for constituído este crédito tributário;

p) A responsabilidade do administrador pode ser declarada no mesmo auto de infração que lançar o crédito tributário em face da pessoa jurídica contribuinte, como também poderá ser declarado em auto de infração e em momento distintos, independentemente de ter o ato ilícito sido praticado no mesmo átimo da ocorrência do fato jurídico tributário que deu origem à obrigação tributária principal; a responsabilidade de cada administrador pode ser declarada ao mesmo tempo e ato ou em tempos e atos distintos.

q) Quando incide o art. 135, III, do CTN, não se tem uma obrigação solidária, senão duas ou mais obrigações solidárias; trata-se de solidariedade imprópria, em que obrigações distintas são atadas pelo nexo de adimplemento;

r) Por se tratar de solidariedade imprópria, que não se dá entre contribuintes, mas sim entre contribuinte e responsável, não precisa este último estar mencionado no lançamento do crédito tributário como sujeito passivo; sua responsabilidade, como já se disse, pode ser atestada em ato apartado;

s) Não há qualquer nulidade em não se declarar a responsabilidade do administrador-infrator no mesmo auto de infração em que é lançado o crédito tributário devido pela pessoa jurídica, uma vez que não há qualquer imposição legal em que esses dois atos jurídicos distintos sejam realizados no mesmo corpo documental e na mesma oportunidade;

t) O administrador-infrator responsável é terceiro interessado no processo administrativo fiscal que discute somente a constituição do crédito tributário, possuindo, assim, legitimidade para impugnar e produzir provas; sua participação nesse processo, porém, não é indispensável;

u) Sendo solidária a responsabilidade decorrente de ato ilícito praticado pelo administrador, este, uma vez atestada administrativamente sua responsabilidade, está sujeito a todos instrumentos de proteção do crédito tributário, como o arrolamento de bens e direitos, a inscrição no CADIN e a medida cautelar fiscal, estando sujeito, outrossim, à negativa de expedição de Certidão Negativa de Débito[142].

192. Quanto a **responsabilidade subjetiva** do inciso III do artigo 135 do CTN, pois não basta para configurá-la a condição de sócio em uma sociedade de capital, aliás jamais a jurisprudência do STJ declarou a responsabilidade do sócio pelo simples fato de ser sócio de sociedade de capital, já que esta responsabilidade indireta e subsidiária é dos dirigentes, gerentes ou representantes de pessoas jurídicas de direito privado que, ainda assim, **tenham praticados atos ilícitos previstos no *caput* do mesmo artigo e não dos sócios sem poder de gestão.**

193. Responde também o sócio ou empregado em sua sociedade de capital, ainda que sem respaldo no contrato social ou nos estatutos da empresa, na prática, comprovadamente, atue como gerente ou administrador dessa pessoa jurídica de direito privado, ou seja, pratique atos com excesso de poderes e infração do contrato social ou estatutos.

194. Diante da retrocitada Súmula nº 430 do STJ, que se encontra em consonância com o Direito Tributário e com o Direito Comercial, o simples inadimplemento de tributos *ex vi* do risco da atividade econômica não gera a responsabilidade dos representantes das pessoas físicas ou jurídicas, vale explicar, o não pagamento de tributos por força, por exemplo, da situação de insolvência econômica da sociedade, que forçou o seu dirigente a priorizar o pagamento de salários de seus empregados, não acarreta a responsabilidade desse administrador.

---

[142] LOPES, Anselmo. Henrique Cordeiro. *A responsabilidade tributária dos administradores – a incidência do art. 135, III, do CTN,* in "RFDT" nº 36, Belo Horizonte: Ed. Fórum, nov. e dez. de 2008, p. 187 a 189.

195. Para que se configure essa responsabilidade indireta pelos créditos correspondentes a obrigações tributárias ou para que configure algum tipo penal, como está explícito na regra do artigo 135 do CTN, é indispensável que suceda algum dos requisitos previstos nessa norma, ou seja, que ocorra a prática de atos dolosos, pelos representantes ou por quem esteja na gestão da empresa, com excesso de poderes ou infração de lei, contrato social ou estatutos e que tenham implicado senão o surgimento ao menos o adimplemento indesculpável de obrigações tributárias ou tornado o representado ou a sociedade sem condições econômicas de solver o débito tributário[143].

196. Ressalte-se que não se pode admitir que o não pagamento do tributo sempre configure infração de lei capaz de ensejar a responsabilidade de terceiros, porque *isto levaria a suprimir-se a regra, fazendo prevalecer, em todos os casos, a exceção*; só respondem os representantes, diretores ou administradores das pessoas indicadas neste artigo por atos dolosos irregularmente praticados por eles antes ou no momento do nascimento da obrigação tributária ou posteriormente da ocorrência do fato gerador[144] [145].

197. Este é o entendimento decorrente da evolução da jurisprudência do STJ, que assentou que a **responsabilidade** dos dirigentes de pessoas jurídicas de direito privado decorrente de ato ilícito deles **é subjetiva**, conforme comprovam as seguintes Ementas de Acórdãos:

STJ-1ª TURMA. RECURSO ESPECIAL Nº 86.439/ES
Ementa: TRIBUTÁRIO – SOCIEDADE LIMITADA – RESPONSABILIDADE DO SÓCIO PELAS OBRIGAÇÕES TRIBUTARIAS DA PESSOA JURIDICA (CTN, ART. 173, III).

I – O sócio e a pessoa jurídica formada por ele são pessoas distintas (Código Civil, art. 20). Um não responde pelas obrigações da outra.

II – Em se tratando de sociedade limitada, a responsabilidade do cotista, por dívidas da pessoa jurídica, restringe-se ao valor do capital ainda não realizado. (Dec. 3.708/1919 – art. 9.). Ela desaparece, tão logo se integralize o capital.

---

[143] Cf. MACHADO, Hugo de Brito. *Curso...* obra citada, p. 166.

[144] MACHADO, Hugo de Brito. *Curso...*, obra citada, p. 165.

[145] Nesse diapasão: STJ-T2, AgRg no AI 1.093.097/MS, rel. Min. Mauro Campbell Marques, in *DJe* 23/6/2009; STJ-T2. AgRg no REsp 952.762/SP, rel. Min. Humberto Martins, in *DJ* 5/10/2007, p. 225; STJ-T1 . REsp 804.441/MG, rela. Mina. Denise Arruda, in **DJ** 24/9/2007, p. 254; STJ-T1. REsp 887.411/RJ, rel. Min. Teori Albino Zavascki, in *DJ* 23/4/2007, p. 239; STJ-T2, REsp 513.912/MG, rel. Min. Francisco Peçanha Martins, in *DJ* 1º/8/2005, p. 380.

III – O CTN, no inciso III do art. 135, impõe responsabilidade, não ao sócio, mas ao gerente, diretor ou equivalente. assim, sócio-gerente e responsável, não por ser sócio, mas por haver exercido a gerência.

IV – Quando o gerente abandona a sociedade, sem honrar-lhe o débito fiscal, é responsável, não pelo simples atraso de pagamento. A ilicitude que o torna solidário e a dissolução irregular da pessoa jurídica.

V – A circunstância de a sociedade estar em débito com obrigações fiscais não autoriza o estado a recusar certidão negativa aos sócios da pessoa jurídica[146].

STJ-2ª TURMA. RECURSO ESPECIAL Nº 100.739/SP

Ementa: TRIBUTÁRIO. SOCIEDADE ANÔNIMA E/OU SOCIEDADE POR QUOTAS DE RESPONSABILIDADE LIMITADA. LIMITES DA RESPONSABILIDADE DO DIRETOR E/OU DO SÓCIO-GERENTE.

Quem está obrigada a recolher os tributos devidos pela empresa é a pessoa jurídica, e, não obstante ela atue por intermédio de seu órgão, o diretor ou o sócio-gerente, a obrigação tributária é daquela, e não destes. Sempre, portanto, que a empresa deixa de recolher o tributo na data do respectivo vencimento, a impontualidade ou a inadimplência é da pessoa jurídica, não do diretor ou do sócio-gerente, que só respondem, e excepcionalmente, pelo débito , se resultar de atos praticados com excesso de mandato ou infração à lei, contrato social ou estatutos, exatamente nos termos do que dispõe o artigo 135, inciso III, do Código Tributário Nacional. Recurso especial conhecido, mas improvido[147]. (O destaque em negrito não consta no original)

STJ-2ª TURMA. RECURSO ESPECIAL Nº 573.849/PR

Ementa: TRIBUTÁRIO. EXECUÇÃO FISCAL. REDIRECIONAMENTO. AUSÊNCIA DE REQUERIMENTO DE AUTOFALÊNCIA. RESPONSABILIDADE DO SÓCIO-GERENTE. ART. 135, III, DO CTN. INVIABILIDADE.

1. A imputação da responsabilidade prevista no art. 135, III, do CTN não está vinculada apenas ao inadimplemento da obrigação tributária, mas à configuração das demais condutas nele descritas: práticas de atos com excesso de poderes ou infração de lei, contrato social ou estatutos. Jurisprudência consolidada na Primeira Seção do STJ.

---

[146] STJ-T1, REsp 86.439/ES, rel. Min. Humberto Gomes de Barros, *DJ* 1º/7/1996, p. 24.004.

[147] STJ-T2, REsp 100.739/SP, rel. Min. Ari Pargendler, *RSTJ* vol. 117, p. 287.

2. A mera ausência de requerimento de autofalência não é suficiente para ensejar o redirecionamento da execução fiscal ao sócio-gerente.

3. Recurso especial improvido[148].

STJ-1ª SEÇÃO. EMBARGOS DE DIVERGÊNCIA EM RECURSO ESPECIAL Nº 100.739/SP

Ementa: TRIBUTÁRIO. EXECUÇÃO FISCAL. SOCIEDADE ANÔNIMA. RESPONSABILIDADE TRIBUTÁRIA. ART. 135, III, CTN. DIRETOR. AUSÊNCIA DE PROVA DE INFRAÇÃO À LEI OU ESTATUTO.

1. Os bens do sócio de uma pessoa jurídica comercial não respondem, em caráter solidário, por dívidas fiscais assumidas pela sociedade.

2. A responsabilidade tributária imposta por sócio-gerente, administrador, diretor ou equivalente só se caracteriza quando há dissolução irregular da sociedade ou se comprova infração à lei praticada pelo dirigente.

3. Não é responsável por dívida tributária, no contexto do art. 135, III, CTN, o sócio que se afasta regularmente da sociedade comercial, sem ocorrer extinção ilegal da empresa, nem ter sido provado que praticou atos com excesso de mandato ou infração à lei, contrato social ou estatutos.

4. Empresa que continuou em atividade após a retirada do sócio. Dívida fiscal, embora contraída no período em que o mesmo participava, de modo comum com os demais sócios, da administração da empresa, porém, só apurada e cobrada posteriormente.

5. Não ficou demonstrado que o embargado, embora sócio-administrador em conjunto com os demais sócios, tenha sido o responsável pelo não pagamento do tributo no vencimento. Não há como, hoje, após não integrar o quadro social da empresa, ser responsabilizado.

6. Embargos de divergência rejeitados[149].

STJ-1ª SEÇÃO. EMBARGOS DE DIVERGÊNCIA EM AGRAVO Nº 494.887 – RS

Ementa: TRIBUTÁRIO – EXECUÇÃO FISCAL – REDIRECIONAMENTO – RESPONSABILIDADE SUBJETIVA DO SÓCIO-GERENTE – ART. 135 DO CTN.

1. É pacífico nesta Corte o entendimento acerca da **responsabilidade subjetiva do sócio-gerente** em relação aos débitos da sociedade. De acordo

---

[148] STJ-T2. Resp 573.849/PR, rel. Min. João Otávio de Noronha, *DJ* 20/10/2006, p. 329.

[149] STJ-S1. EREsp 100.739/SP, rel. Min. José Delgado, in "Revista dos Tribunais" (*RT*) vol. 778, p. 211.

com o artigo 135 do CTN, a responsabilidade fiscal dos sócios restringe-se à prática de atos que configurem abuso de poder ou infração de lei, contrato social ou estatutos da sociedade.

2. O sócio deve responder pelos débitos fiscais do período em que exerceu a administração da sociedade apenas se ficar provado que agiu com dolo ou fraude e exista prova de que a sociedade, em razão de dificuldade econômica decorrente desse ato, não pôde cumprir o débito fiscal. O mero inadimplemento tributário não enseja o redirecionamento da execução fiscal.

Embargos de divergência providos[150] [151].

198. De modo que resta assentado que **ofende o direito fundamental de propriedade privada** (CF, art. 5º, *caput*, incisos XXII e LIV; art. 170, inciso II) **a inclusão, no polo passivo tributário, de diretores, gerentes ou representantes de pessoa jurídica, na condição de responsável tributário, sem a prévia comprovação, no âmbito do processo administrativo, que estes agiram dolosamente com o propósito de causar prejuízo ao Fisco ou de vencer a concorrência com a política do não pagamento contumaz de tributo.**

199. Já quanto à natureza da responsabilidade dos representantes, mandatários, prepostos empregados e administradores, ciente que cabe ao STJ dizer a última palavra em matéria de interpretação de lei infraconstitucional, cumpre trazer à colação Ementas de Acórdãos do Superior Tribunal de Justiça com o fito de demonstrar a evolução jurisprudencial do Egrégio Sodalício, que passou a entender que a **responsabilidade de terceiros tanto no casos do artigo 134 quanto nas hipóteses do artigo 135 do CTN é *subsidiária própria*, só respondendo estes quando for impossível a cobrança do crédito ao contribuinte, devedor principal.** Transcrevam-se algumas Ementas de Acórdãos do STJ nesse sentido:

STJ-1ª SEÇÃO. RECURSO REPETITIVO – TEMAS REPETITIVOS 96, 97. RECURSO ESPECIAL Nº 1.101.728/SP.
Ementa: TRIBUTÁRIO. RECURSO ESPECIAL. EXECUÇÃO FISCAL. TRIBUTO DECLARADO PELO CONTRIBUINTE. CONSTITUIÇÃO DO CRÉDITO TRIBUTÁRIO. PROCEDIMENTO ADMINISTRATIVO. DISPENSA. RESPONSABILIDADE DO SÓCIO. TRIBUTO NÃO PAGO PELA SOCIEDADE.

---

[150] STJ-S1. EAg 494.887/RS, rel. Min. Humberto Martins, *DJe* 5/5/2008.
[151] Nesse diapasão, cf. STJ-T1. EDcl nos EDcl no AgRg nos EDcl no REsp 1.096.314/SP, rel. Min. Napoleão Nunes Maia Filho, *DJ* 1º/12/2016.

1. A jurisprudência desta Corte, reafirmada pela Seção inclusive em julgamento pelo regime do art. 543-C do CPC, é no sentido de que "a apresentação de Declaração de Débitos e Créditos Tributários Federais – DCTF, de Guia de Informação e Apuração do ICMS – GIA, ou de outra declaração dessa natureza, prevista em lei, é modo de constituição do crédito tributário, dispensando, para isso, qualquer outra providência por parte do Fisco" (REsp 962.379, 1ª Seção, *DJ* de 28.10.08).

2. É igualmente pacífica a jurisprudência do STJ no sentido de que a **simples falta de pagamento do tributo não configura**, por si só, nem em tese, **circunstância que acarreta a *responsabilidade subsidiária* do sócio, prevista no art. 135 do CTN. É indispensável, para tanto, que tenha agido com excesso de poderes ou infração à lei, ao contrato social ou ao estatuto da empresa** (EREsp 374.139/RS, 1ª Seção, *DJ* de 28.02.2005).

3. Recurso especial parcialmente conhecido e, nessa parte, parcialmente provido. Acórdão sujeito ao regime do art. 543-C do CPC e da Resolução STJ 08/08.[152] (Os destaques não constam no original)

STJ-T2. RECURSO ESPECIAL Nº1.604.320/RS

Ementa: [...] EXECUÇÃO FISCAL. REDIRECIONAMENTO EM FACE DE MANDATÁRIOS, PREPOSTOS E EMPREGADOS (ART. 135, II, DO CTN). INVIABILIDADE, NO CASO CONCRETO.

1. [...]

2. Cumpre destacar a existência das seguintes peculiaridades no caso concreto: (a) não pretende a Fazenda Nacional a responsabilização de "diretores, gerentes ou representantes de pessoas jurídicas de direito privado" (art. 135, III, do CTN) – casos que são frequentemente enfrentados no âmbito deste Tribunal –, e sim a responsabilização de mandatários, prepostos e empregados, em razão da suposta prática de atos com excesso de poderes ou infração de lei, contrato social ou estatutos, que originaram créditos tributários (art. 135, II, do CTN); (b) **o nome do responsável não consta da CDA e não houve a dissolução irregular da pessoa jurídica** – hipóteses nas quais a jurisprudência desta Corte autoriza o redirecionamento da execução fiscal.

3. **A Fazenda Pública, por meio de Relatório Fiscal elaborado unilateralmente (sem a observância do contraditório), constatou o inadimplemento de tributo, bem como a prática de condutas supostamente**

---

[152] STJ-S1. REsp 1.101.728/SP- Recurso Repetitivo, temas 96, 97, rel. Min. Teori Albino Zavascki, *DJ* 23/3/2009.

irregulares. Não obstante a divergência de entendimento no âmbito das instâncias ordinárias, verifica-se que não há conclusão inequívoca acerca de liame entre as condutas tidas por ilícitas – sobretudo no que se refere ao envio de "declarações retificadoras" – e o tributo devido. Além disso, conforme constou do voto vencedor, o Relatório Fiscal "não aponta, especificamente, a participação ou a responsabilidade do agravante [profissional contábil] em relação a esses fatos, apenas afirmando que foi a própria CELSP a responsável pelo envio das declarações retificadoras". Assim, é imperioso concluir que, no caso, o Relatório Fiscal não constitui documento apto a viabilizar, por si só, o redirecionamento da execução fiscal.

4. É certo que a existência de indícios da prática de atos com excesso de poderes ou infração de lei, contrato social ou estatutos autoriza, em tese, o redirecionamento da execução fiscal em face dos sujeitos previstos nos incisos do art. 135 do CTN, inclusive dos mandatários, prepostos e empregados (inciso II). Também é certo que fica viabilizado o redirecionamento se a conduta ilícita constitui infração penal.

5. Contudo, a viabilidade do redirecionamento da execução fiscal deve observar o disposto na Súmula 430/STJ, *in verbis*: "O inadimplemento da obrigação tributária pela sociedade não gera, por si só, a responsabilidade solidária do sócio-gerente". Essa orientação aplica-se, *mutatis mutandis*, aos mandatários, prepostos e empregados (caso dos autos). Nesse contexto, independentemente de a conduta tida por ilícita seja dolosa ou culposa (como argumenta a Fazenda Nacional em seu recurso especial), **é necessário que haja a imputação, ao responsável, de um resultado que não seja o mero inadimplemento do tributo**. Na linha dos precedentes desta Corte: (a) na hipótese de ocorrência de dissolução irregular da pessoa jurídica, o resultado transcende o mero inadimplemento e autoriza o redirecionamento da execução fiscal; (b) *quando a Fazenda Pública apura a responsabilidade em sede de procedimento administrativo fiscal – sujeito ao contraditório – e verifica a existência inequívoca de liame entre condutas supostamente ilícitas e inadimplemento tributário, com a consequente inclusão do nome do responsável na Certidão de Dívida Ativa, fica viabilizada a execução direta em face do sócio.*

6. Desse modo, **não verificada, no caso concreto, hipótese autorizativa, fica inviabilizado o redirecionamento da execução fiscal**. Registro que a adoção de tal entendimento não implica impunidade em relação a eventuais ilícitos praticados, pois as condutas ilícitas tipificadas como crime ensejam a responsabilização penal e os danos causados à pessoa jurídica ensejam a responsabilidade civil, no âmbito empresarial.

7. Cumpre ressaltar que, em sede de execução fiscal de dívida tributária, a atuação da Fazenda Pública deve-se limitar à busca pela satisfação do crédito. Ainda que a Fazenda Pública tenha atribuição para apresentar "representação fiscal para fins penais relativa aos crimes contra a ordem tributária" (art. 83 da Lei 9.430/96), **não se pode admitir a utilização do redirecionamento da execução fiscal como meio acautelatório ou satisfativo para sancionar supostos ilícitos penais ou empresariais, sem a demonstração de que tais ilícitos ocasionaram um resultado apto a ensejar responsabilização tributária**. *No caso, os tributos são devidos pela pessoa jurídica.* Não há notícia acerca da ocorrência de dissolução irregular. Assim, **mostra-se descabido**, ao menos neste momento processual, o **redirecionamento da execução fiscal**.

8. Ademais, **a orientação desta Corte firmou-se no sentido de que os arts. 134 e 135 do CTN estabelecem a responsabilidade de terceiros quando impossível a exigência do cumprimento da obrigação tributária em face do devedor principal**. Ressalte-se que há **inúmeros precedentes** deste Tribunal **que tratam a responsabilidade prevista no art. 135 do CTN como "subsidiária"**, especialmente o acórdão proferido no REsp 1.101.728/SP (1ª Seção, Rel. Min. Teori Albino Zavascki, *DJe* de 23.3.2009) – submetido ao regime dos recursos repetitivos.

9. Recurso especial da Fazenda Nacional não provido[153-154]. [...]

200. Dessarte, a orientação jurisprudencial da Corte Superior evoluiu no sentido de que o artigo 135 do CTN, da mesma forma que o artigo 134 do mesmo Código, estabelece a responsabilidade pessoal ou integral de terceiros, respondendo este com a totalidade de seus bens, quando demonstrada a impossibilidade da exigência do cumprimento cabal da obrigação tributária em face do contribuinte – devedor principal.

201. Assim, pela jurisprudência mais recente do STJ, **as responsabilidades de terceiros dos artigos 134 e 135 do CTN são subsidiárias, inserindo-se em relação jurídica de garantia**. Por essa razão, por exemplo, a prescrição da pretensão em relação ao responsável tributário ocorre simultaneamente com a prescrição relativa ao obrigado principal, ou seja, ao contribuinte.

---

[153] STJ-T2. REsp 1.604.320/RS, rel. Min. Mauro Campbell Marques, in *DJe* 10/11/2017.

[154] Exatamente no mesmo sentido. Cf. STJ-T2, AgRg no AgRg nos EDcl no REsp 1.485.532/RS, rel. Min. Mauro Campbell Marques, *DJe* 27/3/2018. STJ-T2, AgRg no REsp 1.452.666/RS, rel. Min. Mauro Campbell Marques, *DJe* 26/9/2018.

202. Assim, para que o **responsável tributária possa ser chamado para solver o débito decorrente de ato seu praticado com excesso de poderes, infração de lei, de contrato social ou estatutos da pessoa jurídica de direito privado, deve ser demostrado que a sociedade, em razão de dificuldade econômica decorrente desse ato, não pôde ou não tem condições econômicas para cumprir o débito fiscal.**

203. Na doutrina, esse entendimento é compartilhado pelo procurador do Estado de São Paulo Adriano Vidigal Martins, *in verbis*:

> A responsabilidade do sócio-gerente pelo cumprimento da prestação tributária nas hipóteses descritas no art. 135, *caput*, do Código Tributário Nacional é subsidiária da responsabilidade da pessoa jurídica de direito privado.
>
> Os sócios administradores, na condição de responsáveis tributários subsidiários, são responsáveis pelo pagamento total do crédito tributário devido pela pessoa jurídica de direito privado.
>
> Dessa forma, a Fazenda Pública precisa esgotar os meios de persecução para receber seu crédito em relação à pessoa jurídica de direito privado, para que somente depois de comprovada a impossibilidade possa cobrar o seu crédito em face dos administradores[155].[156].

204. Aliás, a norma do artigo 1.024 do Código Civil que dispõe que "os bens particulares dos sócios não poderão ser executados por dívidas da sociedade, senão de depois de executados os bens sociais."

205. Para que o **nome do responsável tributário possa constar na respectiva CDA,** ou para que possa suceder a **representação fiscal para fins penais,** deve ele **ter sido notificado para se defender** contra a acusação de prática de infração de lei, como, por exemplo, a dissolução irregular da sociedade ou o cometimento de apropriação indébita tributária, ou de contrato social ou estatuto da empresa **na seara do processo administrativo fiscal de lançamento ou de imputação de responsabilidade** e que daí emane

---

[155] MARTINS, Adriano Vidigal. A contagem do prazo prescricional do crédito tributário em relação aos sócios administradores, in "RDDT" volume 216, São Paulo: Dialética, 2013, p. 11.

[156] MACHADO, Hugo de Brito. *Redirecionamento de execução fiscal e prescrição*, in "RDDT" nº 181, São Paulo: Dialética, 2010, p. 77: "Em se tratando de cobrança de crédito em relação ao qual exista responsabilidade subsidiária do sócio, o redirecionamento contra este somente é possível a partir de quando for certificada nos autos a inexistência de bens da pessoa jurídica que possam ser penhorados para a satisfação do crédito.

REFLEXOS DOS DIREITOS FUNDAMENTAIS NA RESPONSABILIZAÇÃO TRIBUTÁRIA...

ato decisória administrativo devidamente fundamentado, fazendo coisa julgada administrativa.

206. Tendo, assim, a Administração tributária atuado com respeito à legalidade, conforme exposto retro, pode perfeitamente, após a inscrição do crédito em Dívida Ativa do ente tributante, o nome do responsável tributário constar na correspondente CDA, podendo o Fisco ajuizar contra ele a execução fiscal, na hipótese de constatação da insolvência do contribuinte para pagar o débito.

207. Tendo tudo isso sido observado, ou seja, tendo sido concedido ao responsável o direito ao contraditório e à ampla defesa no processo administrativo fiscal (PAF) e surgido decisão administrativa fundamentada e perempta, mas, por escolha da Fazenda Pública, não tenha o nome do responsável tributário, constado na CDA, aí sim, pode a procuradoria da Fazenda pública, em outra execução, juntar a nova CDA, para que o débito fiscal ser cobrado do responsável tributário.

208. Nesse caso, diante dessa legítima presunção de liquidez e certeza do título executivo extrajudicial (CDA), caberá ao responsável tributário, por meio do seu advogado, e tendo garantido à instância no processo judicial de execução fiscal, apresentar embargos à execução, uma vez que deverá produzir provas de não ter cometido ato algum com infração de lei ou do contrato social.

209. Em relação à liquidação irregular da empresa, encerrando esta a sua atividade e fechando as portas sem o pagamento de todos os tributos devidos e sem dar baixa na Junta Comercial com comunicação aos órgãos das Administrações tributárias, aplica-se a já citada Súmula nº 435 do STJ, com a presunção da responsabilidade dos sócios gerentes, diretores e administradores pelas dívidas tributárias daquela, havendo o indício *juris tantum* de que tais pessoas se apropriaram dos bens pertencentes à sociedade, sucedendo uma espécie de quebra da distinção patrimonial entre a pessoa jurídica e os seus gestores.[157]

210. Traga-se à colação a Ementa do Acórdão da 2ª Turma do STJ decorrente do julgamento do AgRg no Agravo de Instrumento nº 1.281.042/PR, *in verbis*:

---

[157] Cf. BECHO, Renato Lopes. *A responsabilidade tributária de terceiros na jurisprudência como indicativo para a necessidade de revisão da Súmula 435 do STJ*, in "RDDT" nº 213, São Paulo: Dialética, 2013, p. 127 a 139.

Ementa: PROCESSUAL CIVIL. EXECUÇÃO FISCAL. DISSOLUÇÃO DA PESSOA JURÍDICA. INFORMAÇÃO CONSTANTE NOS ASSENTAMENTOS DA JUNTA COMERCIAL. PRESUNÇÃO DE IRREGULARIDADE AFASTADA. REDIRECIONAMENTO. DESCABIMENTO. PRECEDENTE EM RECURSO REPRESENTATIVO DE CONTROVÉRSIA. SÚMULA N. 435 DO STJ. 1. "O redirecionamento da execução fiscal, e seus consectários legais, para o sócio-gerente da empresa, somente é cabível quando reste demonstrado que este agiu com excesso de poderes, infração à lei ou contra o estatuto, ou na hipótese de dissolução irregular da empresa." (AgRg no Ag 1265124/SP, Rel. Min. Luiz Fux, Primeira Turma, *DJe* 25.5.2010, julgado sob o rito do art. 543-C do CPC e da Res. STJ n. 8/08). 2. A jurisprudência desta Corte está pacificada no sentido de que "presume-se dissolvida irregularmente a empresa que deixar de funcionar no seu domicílio fiscal, sem comunicação aos órgãos competentes, legitimando o redirecionamento da execução fiscal para o sócio-gerente" (Súmula n. 435 do STJ). 3. A simples extinção da pessoa jurídica não pode ser equiparada à dissolução irregular, mormente quando se evidencia nos autos que esta situação foi devidamente informada à Junta Comercial, de modo a afastar a presunção prevista no referido enunciado sumular. 4. Ademais, a Corte de origem foi categórica ao afirmar que não se verifica que tenha o representante legal praticado atos com excessos de poderes ou infração de lei, contrato social ou estatutos. 5. Nestes casos, à luz da jurisprudência do STJ, não há causa a justificar o redirecionamento da execução fiscal. 6. Agravo regimental não provido[158 159].

211. Portanto, a responsabilidade dos sócios de sociedade de pessoa e dos administradores de sociedade de capital só existe, segundo os artigos 134 e 135 do CTN, quando a liquidação da sociedade for irregular.

4. Os Princípios do Devido Processo Legal e do Contraditório e da Ampla Defesa São Obrigatoriamente Aplicáveis no Âmbito do Processo Administrativo Fiscal de Constituição ou Lançamento do Crédito Tributário, ou Mesmo de Imputação de Responsabilidade à Terceiros nos Termos do Art. 135 do CTN

212. Os pressupostos da responsabilidade do artigo 135 do CTN, como também do artigo 137 do mesmo Código, são as práticas de atos dolosos,

---

[158] STJ-T2, AgRg no AI 1.281.042/PR, rel. Min. Mauro Campbell Marques, in "Revista Dialética de Direito Tributário", nº 186, São Paulo: Dialética, março de 2011 p. 164.
[159] Cf. STJ-T1, AgRg no AI nº AgRg no AI 1.247.879/PR, rel. Min. Benedito Gonçalves, in *RSSTJ* vol. 41 p. 403. STJ- AgInt no AREsp 1.513.226/RJ, rel. Min. Herman Benjamin, in *DJe* 19/12/2019.

por parte dos representantes de contribuintes, mandatários, prepostos, empregados e gestores de empresas, com excesso de poderes ou com ilicitude, configuradora até mesmo crimes contra a ordem tributária ou de sonegação, devendo essa responsabilidade ser previamente apurada no **correspondente processo administrativo de constituição do crédito tributário** ou **num processo à parte de imputação da responsabilidade a terceiros**, onde o Fisco possa através de **ato administrativo fundamentado incluir**, havendo provas nesse sentido, **o nome desses indivíduos como sujeitos passivos na Certidão de Dívida Ativa** (CDA), criando assim um título executivo extrajudicial contra eles, tendo em vista que, havendo a previsão legal de processo administrativo fiscal, local adequado para a identificação dos sujeitos passivos da relação jurídico-tributária, **não se pode pretender suprimir as garantias constitucionais do devido processo legal, do contraditório e da ampla defesa com os meios e recursos a ela inerentes também no processo administrativo fiscal, ainda que de imputação da responsabilidade de terceiros e mesmo que em processo apartado do de constituição do crédito tributário** (art. 5º, LIV e LIV).

213. Enfatize-se que, para a imputação de responsabilidade a terceiros elencados no artigo 135, em comento, é preciso que seja demonstrada prática por estes de alguma infração de lei ou ao contrato social, ou seja, **é necessário comprovação de um resultado que não seja o mero inadimplemento do crédito tributário.**

214. **Ainda que o crédito tributário já esteja definitivamente constituído**, hipótese, por exemplo, dos **tributos sujeitos a lançamento por homologação**, quando a entrega da declaração do débito fiscal já traz o aludido efeito, assim mesmo o **Fisco não está dispensado, para inserir o nome do terceiro, na CDA, de instaurar, ainda que após o recebimento das declarações dos contribuintes** – Declaração de Débitos e Créditos Tributários Federais (DCTF), e Guia de Informação e Apuração do ICMS (GIA) – **outro processo administrativo fiscal**, não, necessariamente, para lançar ou constituir de ofício a parte do crédito não declarada, mas, pelo menos, para a **apuração dessa responsabilidade dos representantes de contribuintes, mandatários, prepostos, empregados ou administradores**, como dito acima, **com a observância do devido processo legal e seus corolários: contraditório e ampla defesa, com meios e recursos inerentes a ela.**

215. A respeito de declarações de débitos nos casos dos tributos sujeitos ao lançamento por homologação, traga-se à colação o entendimento de

Leonardo Nunes Marques, que explicita que, nesses casos, é necessária a confecção de ato administrativo próprio e imposição de responsabilidade de terceiros, tendo que ser dado a eles o direito ao contraditório e à ampla defesa na esfera administrativa, *verbo ad verbum*:

> Sobressai em importância tratar da hipótese em que o contribuinte está sujeito à obrigação de informar a existência da relação jurídica afeta aos tributos lançados por homologação, por meio de declarações concebidas pelas Fazendas Públicas (DCTF, GIA, DIA etc.).
>
> Consolidou-se no Superior Tribunal de Justiça o entendimento de que as declarações de débitos apresentadas pelo contribuintes por imposição da legislação relativa aos tributos sujeitos ao lançamento por homologação possuem o condão de constituir o crédito tributário e, por conseguinte, é dispensável a confecção do ato administrativo de lançamento para fins de inscrição em dívida ativa[160].
>
> Nestes casos, diante do reconhecimento da existência da dívida pelo próprio sujeito passivo, a autoridade administrativa estaria desobrigada de promover o lançamento. A inscrição em dívida ativa, então, poderia ser promovida de maneira automática.
>
> Embora discordemos desta tese, esta não é a sede para o seu questionamento.
>
> [...]
>
> Deve-se registrar, assim, que até mesmo nos casos em que o tributo está sujeito ao lançamento de homologação e o contribuinte apresenta declaração da existência da relação jurídica tributária, é necessária a confecção de ato administrativo próprio e impositor da responsabilidade ao membro da sociedade empresária, com os efeitos que lhe são inerentes, inclusive abertura da oportunidade de questionamento da restrição via processo administrativo fiscal.
>
> Isto porque, ainda que se entenda que o contribuinte possui competência para constituir o crédito tributário, nos termos da jurisprudência dominante do Superior Tribunal de Justiça, o ato emitido pelo sujeito passivo não contém a indicação da corresponsabilidade tributária a fundamentar a inclusão as pessoa física na certidão de dívida ativa independentemente de investigação administrativa nesse caso.
>
> [...]
>
> A inclusão, desse modo, de pessoa física como responsável pela quitação do débito, na certidão de dívida ativa, consiste em ampliação subjetiva da relação

---

[160] STJ-T1. REsp 671.219/RS, rel. Min. Teori Zavascki, *DJe*-30/6/2008.

jurídica formalizada pelo contribuinte. Trata-se, com efeito, de delimitação de nova relação jurídica tributária, não constituída anteriormente pela declaração do sujeito passivo.

A pretensão fazendária de inserção do membro da sociedade empresária na certidão de dívida ativa, portanto, demanda a devida formalização pelo ato administrativo de lançamento, sob pena de se aceitar a inscrição em dívida ativa de relação jurídica não constituída previamente (seja por declaração do contribuinte ou pelo lançamento).

[...]

Assim, apenas é válida a inclusão do membro da sociedade na certidão de dívida ativa como responsável pelo pagamento do tributo se esta situação estiver refletida no lançamento e no processo administrativo fiscal que precedem a aludida inscrição, mesmo nos casos em que o contribuinte apresenta declaração de existência de dívida[161].

216. Embora a imputação da responsabilidade de terceiros elencados no artigo 135 do CTN decorra da prática de infração de lei ou do contrato social, não há como afastar a **natureza de obrigação tributária em sentido estrito de que decorre essa imputação**, mesmo poque, segundo o artigo 3º do CTN, **a prática de ilegalidade é indiferente do ponto de vista da ocorrência do fato gerador e da sujeição passiva tributária, não desobrigando o responsável tributário a pagar prestação pecuniária compulsória da espécie tributária**, consoante, ainda, a jurisprudência do STF no sentido de que tributo *non olet*, casos em que mesmo tendo sido os rendimentos obtidos de práticas de ilícitos, permitiu-se a incidência do imposto sobre a renda incidente sobre as pessoas físicas cometedoras de delitos[162].

217. É verdade que o artigo 3º do mesmo Código, ao definir tributo, dispõe que este não constitui sanção de ato ilícito, mas **a imputação de responsabilidade tributária a terceiros**, nos termos do artigo 135 do CTN, não representa a aplicação a estes de sanção negativa alguma, – esta, aliás, pode até ocorrer, podendo até suceder a exclusão da responsabilidade em sentido lato do contribuinte, mas com base no artigo 137 do CTN –; mas sim **significa a colocação do terceiro como sujeito passivo de obrigação tributária**.

---

[161] MARQUES, Leonardo Nunes. A responsabilidade tributária do sócio e a inscrição em dívida: requisitos e procedimento, in "RDDT" nº 179, São Paulo: Dialética, 2010, p. 109 a 110.

[162] STF-T1. HC 77.530/RS, rel. Min. Sepúlveda Pertence, *DJ* 18/9/1998, p. 7.

218. Assim, obviamente, **não é o fato de o indivíduo ter agido com excesso de poderes ou cometido uma ilegalidade, uma infração que ele não possa ser tido como sujeito passivo da obrigação tributária principal**, na condição de responsável tributário.

219. E quando da constituição do crédito tributário ou quando da realização do lançamento tributário ou da imputação da responsabilidade de terceiro, em tudo isso **é necessária a identificação dos sujeitos passivos da relação jurídico-tributária, sendo também indispensável, existindo previsão legal de processo administrativo fiscal, que sejam assegurados ao contribuinte e ao responsável tributário o devido processo legal e o contraditório e a ampla defesa com os meios e recursos a ela inerentes.**

220. No momento da constituição do crédito tributário ou no momento do lançamento tributário, ou ainda que em outro momento e por outro processo administrativo, o **terceiro é indicado como responsável tributário diante da acusação de ter agido com excesso de poderes, ou com infração de lei ou do contrato social**, o fato incontestável é que **ele se torna pessoalmente,** ou seja, integralmente **responsável pelo crédito tributário,** já que, tornando a corresponde decisão perempta na esfera administrativa, o **terceiro se torna sujeito passivo da condição de responsável subsidiário, devendo constar o sem nome na Certidão de Dívida Ativa – CDA –, não havendo como acatar o equivocado raciocínio de que bastaria, para a responsabilização de terceiro, declaração feita por autoridade administrativa fiscal ou pelo procurador da Fazenda, com a simples colocação na CDA do nome do terceiro, sem que tenha sido oferecido a ele o devido processo legal nem dado a ele a oportunidade do contraditório e da ampla defesa com os meios e recursos a ela inerentes.**

221. Ora, **não é razoável que a consequência gravíssima que passa a arcar o terceiro com a sua imputação como responsável tributário, com risco ao seu direito fundamental de propriedade (CF, art. 5º, *caput*, inciso XXII), seja feita por mera declaração da autoridade fazendária, sem que seja dado a ele a oportunidade do processo administrativo fiscal nem a ocasião para o contraditório e a sua ampla defesa na esfera administrativa,** como exige a Constituição Federal (CF, art. 5º, LIV e LV).

222. De fato, essa imputação de responsabilidade à terceiros gera todas as consequências relativas à obrigação tributária principal e ao consequente crédito tributário, passando, por exemplo, o representante ou administrador, tido como realizador de atos com excesso de poderes, infração de lei ou do contrato social, a estar sujeito a todos os instrumentos de proteção de

créditos, inscrição no CADIN, protesto em cartório ou medida cautelar fiscal, à declaração de indisponibilidade de bens, passando a estar sujeito, ainda, ao indeferimento de Certidão Negativa de Débito – CND.

223. No meu sentir, **sequer a autoridade judicial poderia, tanto em processo de conhecimento quanto em de execução fiscal, admitir essa mera declaração, ainda que colocado o nome de terceiro indevidamente na CDA – uma vez que não espelharia o que, na realidade, havia sido discutido e provado no âmbito do processo administrativo fiscal –, com a exclusão do direito ao contraditório e à ampla defesa no âmbito administrativo, pois, se assim agisse, estaria o magistrado suprimindo que a colocação do nome de terceiro como responsável esteja decidido com todas as garantias fundamentais no âmbito do PAF, quando a Constituição da República impõe que *ninguém será privado da liberdade ou de seus bens sem o devido processo legal* substantivo e adjetivo, bem como assegura que *aos litigantes e aos acusados em geral, não só em processo judicial, mas também em processo administrativo, o contraditório e ampla defesa, com os meios e recursos a ela inerentes*** (CF, art. 5º, LIV e LV).

224. O Superior Tribunal de Justiça admite a substituição da Certidão de Dívida Ativa – CDA, para introduzir o terceiro e responsável tributário – representante ou administrador – no processo judicial, quando o nome deste já tiver constado da correspondente inscrição do crédito em dívida ativa da Fazenda pública, o que dá a respectiva CDA a presunção *juris tantum* de liquidez e certeza, e existindo a constatação de que o contribuinte não tem condições para pagar a dívida fiscal, cabendo, nesse caso, o terceiro demonstrar nos embargos da execução que não praticou nenhum ato descrito no artigo 135 do CTN.

225. Tolerava, também, o STJ até mesmo a substituição da CDA para incluir o nome do responsável tributário, ainda que o nome do responsável tributário não constasse nela, mas, nesse caso cabia ao Fisco provar a presença de um dos requisitos do artigo 135 do CTN.

226. Transcrevam-se alguma Ementas de Acórdão do STJ nessa linha:

STJ-1ª SEÇÃO. EMBARGOS DE DIVERGÊNCIA EM RECURSO ESPECIAL Nº 702.232/RS
Ementa: TRIBUTÁRIO. EMBARGOS DE DIVERGÊNCIA. ART. 135 DO CTN. RESPONSABILIDADE DO SÓCIO-GERENTE. EXECUÇÃO FUNDADA EM CDA QUE INDICA O NOME DO SÓCIO. REDIRECIONAMENTO. DISTINÇÃO.

1. Iniciada a execução contra a pessoa jurídica e, posteriormente, redirecionada contra o sócio-gerente, que não constava da CDA, cabe ao Fisco demonstrar a presença de um dos requisitos do art. 135 do CTN. Se a Fazenda Pública, ao propor a ação, não visualizava qualquer fato capaz de estender a responsabilidade ao sócio-gerente e, posteriormente, pretende voltar-se também contra o seu patrimônio, deverá demonstrar infração à lei, ao contrato social ou aos estatutos ou, ainda, dissolução irregular da sociedade.

2. Se a execução foi proposta contra a pessoa jurídica e contra o sócio-gerente, a este compete o ônus da prova, já que a CDA goza de presunção relativa de liquidez e certeza, nos termos do art. 204 do CTN c/c o art. 3º da Lei n.º 6.830/80.

3. Caso a execução tenha sido proposta somente contra a pessoa jurídica e havendo indicação do nome do sócio-gerente na CDA como co-responsável tributário, não se trata de típico redirecionamento. Neste caso, o ônus da prova compete igualmente ao sócio, tendo em vista a presunção relativa de liquidez e certeza que milita em favor

da Certidão de Dívida Ativa.

4. Na hipótese, a execução foi proposta com base em CDA da qual constava o nome do sócio-gerente como co-responsável tributário, do que se conclui caber a ele o ônus de provar a ausência dos requisitos do art. 135 do CTN.

5. Embargos de divergência providos[163].

STJ-T1. AGRAVO REGIMENTAL DO RECURSO ESPECIAL Nº 1.295.391/PA

Ementa: AGRAVOS REGIMENTAIS NO RECURSO ESPECIAL. TRIBUTÁRIO. EXECUÇÃO FISCAL. NÃO PAGAMENTO DO TRIBUTO PELA SOCIEDADE EMPRESÁRIA. REDIRECIONAMENTO DA EXECUÇÃO CONTRA O SÓCIO. AUSÊNCIA DE COMPROVAÇÃO DA PRÁTICA DOS ATOS DEFINIDOS NO ART. 135 DO CTN OU DA DISSOLUÇÃO IRREGULAR DA SOCIEDADE. REDIRECIONAMENTO DEFERIDO UNICAMENTE EM RAZÃO DO NÃO PAGAMENTO DO TRIBUTO E DA FRUSTRAÇÃO DA VENDA DO BEM PENHORADO. SÓCIO CUJO NOME NÃO CONSTA NA CDA. ÔNUS DA PROVA DO FISCO DA COMPROVAÇÃO DOS REQUISITOS DO ART. 135 DO CTN. RECURSO REPRESENTATIVO DE CONTROVÉRSIA: RESP. 1.101.728/SP, REL. MIN. TEORI ALBINO ZAVASCKI (*DJe* 23.03.2009) E ERESP. 702.232/RS, Rel. MIN.

---

[163] STJ-S1. EREsp 702.232/RS, rel. Min. Castro Meira, *DJ* 26/9/2005, p. 169.

CASTRO MEIRA (*DJe* 26.09.2005). RECURSO ESPECIAL DE AMILTON DA CUNHA BARATA PROVIDO PARA EXCLUIR O AGRAVANTE DO POLO PASSIVO DA EXECUÇÃO FISCAL. PRETENSÃO DE AUMENTO DA VERBA HONORÁRIA FIXADA EM 1% SOBRE O VALOR DA CAUSA (APROXIMADAMENTE R$ 7.500,00). AUSÊNCIA DE IRRISORIEDADE. AGRAVOS REGIMENTAIS DESPROVIDOS.

1. Esta Corte firmou entendimento de que a simples falta de pagamento do tributo não configura, por si só, nem em tese, circunstância que acarreta a responsabilidade subsidiária do sócio, prevista no art. 135 do CTN. É indispensável, para tanto, que tenha

agido com excesso de poderes ou infração à lei, ao contrato social ou ao estatuto da empresa.

2. No caso concreto, ressai dos autos, sem a necessidade de dilação probatória, que o redirecionamento foi provocado unicamente em razão da frustração da venda de bem anteriormente penhorado. Não se cogitou, em nenhum momento, da apresentação de qualquer indício da prática dos atos listados no art. 135 do CPC; por isso, o pedido de

redirecionamento deve ser indeferido.

3. Conforme orientação da Primeira Seção desta Corte iniciada a execução contra a pessoa jurídica e, posteriormente, redirecionada contra o sócio-gerente, que não constava da CDA, cabe ao Fisco demonstrar a presença de um dos requisitos do art. 135 do CTN.

4. [...]

6. Agravos Regimentais desprovidos, mantida a verba honorária fixada[164].

227. Essa substituição da Certidão de Dívida Ativa, para incluir o nome do responsável tributário, embora o nome deste não contasse da CDA anterior, só pode ser juridicamente admitida na hipótese de o Fisco, no processo de constituição do crédito tributário ou de lançamento ou no processo, que pode ser até apartado, de imputação de responsabilidade, em outra oportunidade, ter passado a assegurar ao terceiro acusado o devido processo legal com o reconhecimento do direto deste ao contraditório e à ampla defesa também no processo administrativo fiscal com a emissão de nova CDA.

228. Ora, a Certidão de Dívida Ativa – título executivo extrajudicial –, exarada após a inscrição do crédito em Dívida Ativa, só tem a merecida presunção de liquidez e certeza, quando espelha a realidade da constituição

---

[164] STJ- AgRg no REsp 1.295.391/PA, rel. Min. Napoleão Nunes Maia Filho, *DJe* 26/9/2013.

do crédito ou do lançamento ou da imputação de responsabilidade a terceiro, não sendo juridicamente viável que alguém possa ser declarado unilateralmente responsável tributário pela autoridade fiscal ou fazendária, no momento da inscrição do crédito em Dívida Ativa ou da expedição da Certidão de Dívida Ativa, sem que esse sujeito passivo indireto tenha tido direito ao devido processo legal administrativo e ao contraditório e à ampla defesa no processo administrativo fiscal.

229. Portanto, **é, juridicamente, inaceitável a inclusão do nome do responsável tributário em sentido estrito nem a substituição de CDA em qualquer processo judicial, sem que, previamente, a este tenha sido, na esfera do processo administrativo fiscal**, reconhecidos todos esses direitos acima mencionados, enfatizando-se que a **Lei Maior garante que ninguém será privado da liberdade e de seus bens sem o devido processo legal** (CF, art. 5º, LIV) e que **aos acusados ou litigantes, em processos judicial ou também administrativo, o contraditório e a ampla defesa com os meios e recursos a ela inerentes** (CF, art. 5º, LV).

230. Traga-se à colação, para fortalecer ainda mais a tese apresentada, a seguinte decisão do Superior Tribunal de Justiça por meio de sua 1ª Seção, ao ensejo do julgamento dos Embargos de Divergência em Recurso Especial nº 1.115.649/SP, cuja Ementa do respectivo Acórdão é abaixo transcrita:

Ementa: TRIBUTÁRIO. EMBARGOS DE DIVERGÊNCIA. ISS. EXECUÇÃO FISCAL. SUBSTITUIÇÃO DA CDA PARA MODIFICAÇÃO DO POLO PASSIVO. IMPOSSIBILIDADE. SÚMULA 392/STJ.

1. Embargos de divergência pelos quais se busca dirimir dissenso pretoriano acerca da possibilidade de alteração do sujeito passivo da execução fiscal, mediante emenda da CDA, para cobrar daquele a quem a lei imputa a condição de co-responsável da exação.

2. Caso em que a Fazenda municipal constituiu o crédito tributário de ISS apenas contra a empresa construtora (PLANEL) e tão somente contra ela ingressou com a execução fiscal. Somente depois de frustradas as tentativas de citação dessa empresa, no curso da execução, permitiu-se, com base em legislação municipal que prevê hipótese de co-responsabilidade, a inclusão da empresa tomadora do serviço (SCANIA) no polo passivo da execução mediante simples emenda da Certidão de Dívida Ativa.

3. Independentemente de a lei contemplar mais de um responsável pelo adimplemento de uma mesma obrigação tributária, *cabe ao fisco, no ato de lançamento, identificar contra qual(is) sujeito(s) passivo(s) ele promoverá a*

cobrança do tributo, nos termos do art. 121 combinado com o art. 142, ambos do CTN, **garantindo-se, assim, ao(s) devedor(es) imputado(s) o direito à apresentação de defesa administrativa contra a constituição do crédito.** Por essa razão, **não é permitido substituir a CDA para alterar o polo passivo da execução contra quem não foi dada oportunidade de impugnar o lançamento, sob pena de violação aos princípios do devido processo legal, do contraditório e da ampla defesa, também assegurados constitucionalmente perante a instância administrativa.**

4. A esse respeito: "'**Quando haja equívocos no próprio lançamento ou na inscrição em dívida, fazendo-se necessária alteração de fundamento legal ou do *sujeito passivo, nova apuração do tributo com aferição de base de cálculo por outros critérios, imputação* de pagamento anterior à inscrição etc., *será indispensável que o próprio lançamento seja revisado*,** se ainda viável em face do prazo decadencial, oportunizando-se ao contribuinte o direito à impugnação, e que seja revisada a inscrição, de modo que não se viabilizará a correção do vício apenas na certidão de dívida. **A certidão é um espelho da inscrição que, por sua vez, reproduz os termos do lançamento. Não é possível corrigir, na certidão, vícios do lançamento e/ou da inscrição.** Nestes casos, será inviável simplesmente substituir-se a CDA.' (Leandro Paulsen, René Bergmann Ávila e Ingrid Schroder Sliwka, in "Direito Processual Tributário: Processo Administrativo Fiscal e Execução Fiscal à luz da Doutrina e da Jurisprudência", Livraria do Advogado, 5ª ed., Porto Alegre, 2009, pág. 205)" (Recurso Especial Representativo de Controvérsia1.045.472/BA, Rel. Ministro Luiz Fux, Primeira Seção, *DJe* 18/12/2009).

5. **Incide**, na espécie, **a Súmula 392/STJ**: "A Fazenda Pública pode substituir a certidão de dívida ativa (CDA) até a prolação da sentença de embargos, quando se tratar de correção de erro material ou formal, **vedada a modificação do sujeito passivo da execução**".

6. Embargos de divergência providos[165].

231. A jurisprudência da Corte Constitucional brasileira evoluiu no sentido de considerar inconstitucional ato normativo que tenda suprimir ou embaraçar o direito de todo e qualquer sujeito passivo tributário ao processo administrativo de determinação, imputação e exigência de crédito tributário federal, diante do próprio princípio da legalidade (CF, art. 5º, II e art. 150, I) e do inafastável direito de petição (CF, art. 5º, XXXIV), do princípio

---

[165] STJ-1ª Seção. EREsp 1.115.649/SP, rel. Min. Benedito Gonçalves, *DJe* 8/11/2010.

DIREITOS FUNDAMENTAIS DOS CONTRIBUINTES

constitucional do devido processo legal em sentido material e adjetivo (art. 5º, LIV, da Constituição), compreendido como os princípios da razoabilidade e da proporcionalidade, bem como por diante do direito ao contraditório e a ampla defesa com os meios e recursos a ela inerentes (CF, art. 5º, LV).

232. Medida provisória tentou alterar a redação do § 2º do artigo 33 do Decreto nº 70.235/1972, tendo passado a estabelecer que, em qualquer caso, o recurso voluntário do sujeito passivo tributário somente teria seguimento se o recorrente o instruísse com prova de depósito de valor correspondente a, no mínimo, trinta por cento de exigência fiscal definida na decisão administrativa.

233. Tal disposição legal, que criava embaraço ao devido processo legal substantivo, aos direitos de petição ao Poder Público e do contraditório e da ampla defesa com os meios e recursos a ela inerentes, suprimindo direitos constitucionais fundamentais, que imperativamente devem ser observados também no âmbito da Administração pública, foi repelida, exemplarmente, pela jurisprudência do Excelso Pretório, conforme comprovam as seguintes Ementas de Acórdãos:

STF-1ª TURMA. MEDIDA CAUTELAR EM AÇÃO CAUTELAR Nº 1.887/SP
Ementa: EFEITO SUSPENSIVO A RECURSO EXTRAORDINÁRIO. ADMISSIBILIDADE DE **RECURSO ADMINISTRATIVO**. EXIGÊNCIA DO **DEPÓSITO** PRÉVIO DE 30% DO VALOR DO DÉBITO. LIMINAR DEFERIDA. REFERENDO. 1. A **exigência de *depósito* prévio de 30% do valor do débito, como condição de admissibilidade de recurso administrativo, caracteriza desrespeito aos princípios do contraditório e da ampla defesa e obsta o exercício do direito de petição**. Precedentes. 2. Liminar referendada[166]. (O destaque em negrito não consta no original)

STF-1ª TURMA. RECURSO EXTRAORDINÁRIO Nº 107.698/RJ
Ementa: Recurso extraordinário. Débito fiscal. Ação declaratória de ilegalidade do crédito fiscal, sem **depósito** do valor exigido, existindo **recurso administrativo**, com efeito suspensivo, em tramitação. Lei n. 6.830/1980, art. 38 e parágrafo único. Ação declaratória que não corresponde a qualquer das medidas judiciais previstas no art. 38, da Lei n. 6.830/1980. Se é exato que não cabe assegurar a autora, nessas condições, o não ajuizamento da execução fiscal,

---

[166] STF-T1. AC 1.887 MC/SP, relatora Ministra Cármen Lúcia, *DJe*-142, publicação: 1º/8/2008.

antes da decisão judicial respectiva, não é, também, de atribuir a consequência do parágrafo único do mesmo art. 38. **Não podia**, no caso concreto, **o aforamento da ação declaratória, sem depósito prévio, ter a consequência de impedir a tramitação do recurso administrativo, antes interposto,** de efeito suspensivo, com a imediata inscrição da dívida e sua execução judicial, **sem, ao menos, o prévio julgamento, na instância superior administrativa, do recurso interposto.** Não nega vigência ao art. 38 e seu parágrafo único, da Lei n. 6.830, de 1980, inaplicável ao caso[167], [...] (O destaque em negrito não consta no original)

STF-PLENO. RECURSO EXTRAORDINÁRIO Nº 388.359/PE
Ementa: RECURSO ADMINISTRATIVO – DEPÓSITO – § 2º DO ARTIGO 33 DO DECRETO Nº 70.235/72 – INCONSTITUCIONALIDADE. A garantia constitucional da ampla defesa afasta a exigência do **depósito** como pressuposto de admissibilidade de **recurso administrativo**[168]. (O destaque em negrito não consta no original)

STF-PLENO. RECURSO EXTRAORDINÁRIO Nº 389.383/
Ementa: RECURSO ADMINISTRATIVO – DEPÓSITO – §§ 1º E 2º DO ARTIGO 126 DA LEI Nº 8.213/1991 – INCONSTITUCIONALIDADE. A garantia constitucional da ampla defesa afasta a exigência do depósito como pressuposto de admissibilidade de recurso administrativo[169].

234. Portanto, se a **jurisprudência, que se assentou no STF**, é no sentido de **ser inconstitucional dispositivo que dificulte a interposição, por parte dos sujeitos passivos tributários – contribuintes e responsáveis tributários – de recurso administrativo contra a decisão de primeira instância administrativa já tomada pela Administração tributária**, *quanto mais são contrárias à Constituição Federal as pretensões de o responsável tributário ser executado com troca de CDA, mesmo não lhe tendo sido dada a instância do processo administrativo fiscal de imputação dessa sujeição passiva indireta*, bem como a **representação fiscal para fins penais em desfavor do responsável tributário que não lhe fora dada a oportunidade de uma decisão fundamentada no âmbito do PAF, com o exercício por parte dele do seu direito de petição e do seu direito ao contraditório e à ampla defesa.**

---

[167] STF-T1. RE 107.698/RJ, rel. Min. Néri da Silveira, *DJ* 1º/11/1991, p. 15.570.
[168] STF-Pleno. RE 388.359/PE, rel. Min. Marco Aurélio, *RDDT* nº 144, 2007, p. 154-169.
[169] STF-Pleno. RE 389.383/SP, rel. Min. Marco Aurélio, *RDDT* nº 144, 2007, p. 235-236.

235. Colime-se que **não basta que o responsável tributário**, de que trata o artigo 135 do CTN, **tenha, no âmbito judicial, oportunidade do contraditório, de defesa e de recursos, pois a Constituição da República garante o completo exercício desses direitos tanto no processo judicial, quanto no processo administrativo**, de modo que **não se harmoniza com a Lei Maior a supressão**, por parte de lei ou ato decisório, **da oportunidade de o representante ou administrador demonstrar, na esfera administrativa, que não cometeu nenhum dos atos referidos no artigo 135 do CTN ou que o contribuinte tem** condições econômicas de solver o débito e que, portanto, não se encontra insolvente.

236. Repise-se: **o que a Lei das Leis exige, expressamente, é que sejam assegurados o direito de petição no âmbito administrativo e o prévio contraditório e o prévio direito de defesa na esfera do processo administrativo** (CF, art. 5º, LIV, LV e XXXIV, "a"[170]).

237. Para reforçar a verdade da tese aqui proclamada, traga-se à colação outra decisão tomada pelo Pleno do STF, embora relativa ao processo administrativo disciplinar, mas que *mutatis mutandi* se aplica inteiramente aos casos em exame da esfera tributária, *in verbis*:

AÇÃO DIRETA DE INCONSTITUCIONALIDADE Nº 2.120/AM
Ementa: AÇÃO DIRETA DE INCONSTITUCIONALIDADE [...] – ALEGADA INCONSTITUCIONALIDADE DE NORMAS QUE PREVÊEM PUNIÇÃO DISCIPLINAR ANTECIPADA DE SERVIDOR POLICIAL CIVIL – **CRITÉRIO DA VERDADE SABIDA** – ILEGITIMIDADE – *NECESSIDADE DE RESPEITO À GARANTIA* DO "DUE PROCESS OF LAW" NOS PROCEDIMENTOS ADMINISTRATIVOS DE CARÁTER DISCIPLINAR – **DIREITO DE DEFESA** – *RECONHECIMENTO DA INCONSTITUCIONALIDADE MATERIAL DA LEI AMAZONENSE* Nº 2.271/94 (ART. 43, §§ 2º a 6º) – **AÇÃO DIRETA JULGADA PROCEDENTE**.

– *Nenhuma* penalidade *poderá* ser imposta, *mesmo* no campo do direito administrativo, *sem que se ofereça ao imputado a possibilidade* de se *defender previamente*. A preterição do direito de defesa torna írrito e nulo o ato punitivo. "Nemo inauditus damnari debet". *O direito constitucional* à ampla (e prévia) defesa, sob o domínio da Constituição de 1988 (art. 5º, LV), tem

---

[170] CF. art. 5º. [...] XXXIV – *são a todos assegurados, independentemente do pagamento de taxas: a) o direito de petição aos Poderes Públicos em defesa de direitos ou contra ilegalidade ou abuso de poder;*

como precípuo destinatário o acusado, qualquer acusado, ainda que em sede meramente administrativa. O Supremo Tribunal Federal, ao proclamar a *imprescindibilidade* da observância desse postulado, *essencial e inerente* ao "due process of law", *tem advertido* que o exercício do direito de defesa há de ser assegurado, *previamente*, em todos aqueles procedimentos – notadamente os de caráter administrativo-disciplinar – em que seja possível a imposição de medida de índole punitiva.

Mesmo a imposição de sanções disciplinares pelo denominado critério da verdade sabida, **ainda** que concernentes a ilícitos funcionais desvestidos de maior gravidade, **não dispensa a prévia audiência** do servidor público interessado, **sob pena** de vulneração da cláusula constitucional **garantidora** do direito de defesa.

A ordem normativa consubstanciada na Constituição brasileira é **hostil** a punições administrativas, imponíveis em caráter sumário ou não, **que não tenham sido precedidas** da possibilidade de o servidor público exercer, em plenitude, o **direito de defesa**.

A *exigência* de observância do devido processo legal *destina-se* a garantir a pessoa *contra* a ação arbitrária do Estado, *colocando-a* sob a imediata proteção da Constituição e das leis da República. *Doutrina. Precedentes.*

Revela-se incompatível com o sistema de garantias processuais instituído pela Constituição da República (CF, art. 5º, LV) o diploma normativo que, *mediante* inversão da fórmula ritual *e com apoio* no critério da verdade sabida, *culmina por autorizar,* fora do contexto das medidas meramente cautelares, a própria punição antecipada do servidor público, *ainda* que a este venha a ser assegurado, *em momento ulterior,* o exercício do direito de defesa. *Doutrina. Precedentes*[171].

238. Insta trazer à colação *decisum* do STF, em que ficou enfatizado que os princípios do contraditório e da ampla devem ser plenamente aplicados no campo do processo administrativo fiscal de constituição ou lançamento do crédito tributário, bem como de imputação de responsabilidade à terceiros a desfavor de qualquer espécie de sujeito passivo, quer seja contribuinte, quer sejam responsável tributário, substituto, devedores solidários ou subsidiários, *verbo ad verbum*:

---

[171] STF-PLENO. ADI 2.120/AM. Rel. Min. Celso de Mello, *DJe*-213, publicação: 30/10/2004.

STF-2ª TURMA. AGRAVO REGIMENTAL NO RECURSO EXTRAORDINÁRIO Nº 608.426/PR

AGRAVO REGIMENTAL. TRIBUTÁRIO. RESPONSABILIDADE TRIBUTÁRIA. AUSÊNCIA DE CORRETA CARACTERIZAÇÃO JURÍDICA POR ERRO DA AUTORIDADE FISCAL. VIOLAÇÃO DO CONTRADITÓRIO, DA AMPLA DEFESA E DO DEVIDO PROCESSO LEGAL. INEXISTÊNCIA NO CASO CONCRETO.

Os princípios do contraditório e da ampla defesa aplicam-se plenamente à constituição do crédito tributário em desfavor de qualquer espécie de sujeito passivo, irrelevante sua nomenclatura legal (contribuintes, responsáveis, substitutos, devedores solidários etc).

Porém, **no caso em exame,** houve oportunidade de impugnação integral da constituição do crédito tributário, não obstante os lapsos de linguagem da autoridade fiscal. Assim, *embora o acórdão recorrido tenha errado ao afirmar ser o responsável tributário estranho ao processo administrativo* (motivação e **fundamentação são requisitos de validade de qualquer ato administrativo plenamente vinculado),** *bem como ao concluir ser possível redirecionar ao responsável tributário a ação de execução fiscal, independentemente de ele ter figurado no processo administrativo ou da inserção de seu nome na certidão de dívida ativa* (Fls. 853), **o lapso resume-se à declaração lateral** (*obiter dictum*) completamente irrelevante ao desate do litígio. Agravo regimental ao qual se nega provimento[172]. (A maioria dos destaques em negrito e sublinhados não consta no original)

239. Dessarte, **caso não tenha sido oferecido ao terceiro o prévio processo administrativo de imputação fiscal**, onde este poderia apresentar o **contraditório e a ampla defesa** no sentido de que não cometera nenhum ato de que fora acusado, de que trato o artigo 135 do CTN, ou que o contribuinte teria condições financeiras de arcar com o débito tributário exigido, gerando o consequente **ato de decisão administrativa perempta devidamente fundamentado, não pode o nome desse terceiro constar na Certidão de Dívida Ativa, nem pode o Fisco pretender colocar ou substituir, em processo judicial, o nome desse terceiro como sujeito passivo na condição de responsável tributário nem pode promover em desfavor deste a representação fiscal para fins penais**, pois interpretação em sentido contrário ao que aqui está sendo demonstrado implicaria em

---

[172] STF-T1. Ag. Reg. no RE 608.426/PR, rel. Min. Joaquim Barbosa, *RT* nº 917, 2012, p. 629.

rasgar a Carta Magna em total desrespeito ao expressamente exigido pelo artigo 5º, "caput", incisos XXII, XXXIV, alínea *a*, LIV e LV.

240. De fato, a **Constituição da República não se contenta que sejam observados o devido processo legal material e adjetivo nos processos judiciais**, posto que **impõe que esses princípios sejam obedecidos também no seio dos processos administrativos de qualquer espécie**.

241. Assim, **não pode a Fazenda Pública pretender trocar, em processo judicial, a CDA que não continha o nome do responsável tributário, por uma nova CDA, que *não* reflita aquilo que realmente fora discutido e decidido com fundamentação no correspondente processo administrativo de lançamento ou de imputação de responsabilidade**.

242. Ressalte-se **o nome do terceiro não pode ser, simplesmente, colocado ou adicionado depois unilateralmente pelo Fisco, diante de uma posterior e aleatória declaração da autoridade fiscal,** no lançamento ou auto de infração, **ou do procurador da Fazenda Pública**, por ocasião da inscrição do crédito em Dívida Ativa da Fazenda Pública, *sem que* essa identificação do sujeito passivo **tenha decorrido de ato administrativo fundamentado, tendo como supedâneo** a acusação e, quando for apresentada, após a respectiva notificação, **a prévia defesa do terceiro no indispensável processo administrativo**.

243. No caso de ocorrência dessa injuridicidade por parte das autoridades fazendárias, requerendo o procurador da Fazenda Pública, nos autos do processo de execução fiscal – PEF, a simples substituição de Certidões de Dívida Ativa, sem que a nova CDA represente um fidedigno espelho do que ocorrera no processo administrativo fiscal de lançamento ou, se apartado, no processo administrativo fiscal de imputação de responsabilidade, esta nova CDA não tem a presunção de liquidez e certeza, podendo o paráclito do terceiro e apontado responsável tributário providenciar, no PEF, a **arguição de pré-executividade**, diante da evidente invalidade da nova CDA, já que não seria o caso na espécie de dilação probatória alguma.

244. Na hipótese de não ter existido prévio ato do Fisco fundamentado, no âmbito do processo administrativo fiscal, indicando terceiro como um dos sujeitos passivos na condição de responsável tributário, deverá, obrigatoriamente, o Fisco promover um novo processo de imputação de responsabilidade de terceiro, dando, desta vez, oportunidade de contraditório e de ampla defesa ao acusado, para, só depois, ajuizar, com a inclusão na nova Certidão de Dívida Ativa, nova execução fiscal, na qual deverá demonstrar a incapacidade econômica do contribuinte para solver o débito fiscal.

245. O entendimento, acima explicado, é reforçado pelo teor da Súmula nº 392 do STJ: "**A Fazenda Pública pode substituir a certidão de dívida ativa (CDA) até a prolação da sentença de embargos, quando se tratar de correção de erro material ou formal,** *vedada a modificação do sujeito passivo da execução.*"

246. Assim, não basta o lançamento ou auto de infração acusar, por exemplo, que o sócio gerente ou administrador decidiu criar uma filial em outro Estado, como o único escopo de sonegar o ICMS devido ao Estado onde tem sede a pessoa jurídica do contribuinte no caso de ICMS-importação, sem que, no correspondente processo fiscal ou em outro de imputação dessa responsabilidade, tenha sido o terceiro notificado a apresentar a sua defesa em relação à acusação que lhe fora dirigida.

247. A esse respeito, traga-se à colação o magistério de Betina Grumpenmacher:

> O recente entendimento do Superior Tribunal de Justiça tem como principal fundamento a presunção de liquidez e certeza de que se reveste a CDA. Ocorre, no entanto, que, no que tange à inclusão de nomes de sócios e administradores na CDA **não se pode falar de liquidez e certeza**, sobretudo, quando **não foram** *cientificados* **para a produção de** *defesa no processo administrativo*, como ocorre usualmente. Se a CDA foi lavrada sem a contundente demonstração da responsabilidade do sócio e do administrador, não se reveste de liquidez e certeza.
>
> O artigo 3º da Lei nº 6.830/1980[173] e bem assim o artigo 201, *caput* do Código Tributário Nacional[174], estabelecem que a dívida ativa regularmente inscrita goza da presunção de certeza e liquidez. A hermenêutica de tal dispositivo nos conduz, naturalmente, à investigação quanto à extensão da expressão "regularmente inscrita". Surge então a indagação: O que é dívida regularmente inscrita? Quando se pode afirmar que a dívida ativa foi regularmente inscrita? A resposta a tais questões deflui da interpretação sistemática dos dispositivos que disciplinam a constituição do crédito tributário estabelecidos nos artigos 142 e 145 do Código Tributário Nacional.

---

[173] Lei 6.830/1980. "Art. 3º. A Dívida Ativa regularmente inscrita goza da presunção de certeza e liquidez."

[174] CTN. "Art. 201. Constitui dívida ativa tributária a proveniente de crédito dessa natureza, regularmente inscrita na repartição administrativa competente, depois de esgotado o prazo fixado, para pagamento, pela lei ou por decisão final proferida em processo regular."

A dívida ativa regularmente inscrita é aquela a que se chegou após regular processo administrativo fiscal e "regular processo administrativo fiscal" *é aquele que observou o devido processo legal administrativo e o direito ao contraditório.*

Não se pode admitir a presunção de liquidez e certeza da CDA se, *no âmbito do processo administrativo, não se atribuiu ao contribuinte ou responsável, oportunidade ampla de defesa* e, consequentemente, de produção de provas no sentido de elidir sua responsabilidade.

A teor do disposto no artigo 204 do Código Tributário Nacional[175] e parágrafo único do artigo 3º da Lei 6.830/1980[176], a presunção de liquidez e certeza de que se reveste a CDA não é absoluta, mas relativa, podendo ser elidida por prova inequívoca do sujeito passivo. **Tal prova, no entanto, em homenagem à** *segurança jurídica, própria dos Estados de Direito,* **há de ser feita antes da extração da CDA, ou seja, no curso do processo administrativo que a antecede e em decorrência do qual é emitida, e não após referido processo.** Neste sentido, **não podemos admitir que, pelo só fato de o nome de sócios e administradores constar da referida certidão, davam os mesmos responder pessoalmente por débitos da pessoa jurídica ou então produzir prova negativa no sentido de que não agiram dolosamente com o propósito de lesar os cofres públicos.**

[...]

A inclusão dos nomes de sócios e administradores na CDA ocorre por expressa imposição do artigo 202, I, do Código Tributário Nacional[177], o que não significa que sua responsabilidade foi devidamente comprovada pelo sujeito ativo da obrigação tributária antes da respectiva certidão. Especialmente, quando os referidos *sujeitos não foram cientificados para produção de defesa, no âmbito do processo administrativo,* **não se pode admitir que a CDA revista-se de presunção de certeza e liquidez e nessa medida não se pode exonerar a autoridade fazendária de comprovar previamente ao pedido**

---

[175] CTN. "Art. 204. A dívida regularmente inscrita goza da presunção de certeza e liquidez e tem o efeito de prova pré-constituída. Parágrafo único. A presunção a que se refere este artigo é relativa e pode ser ilidida por prova inequívoca, a cargo do sujeito passivo ou do terceiro a que aproveite."

[176] Lei 6.830/1980. "Art. 3º [...] Parágrafo único. A presunção a que se refere este artigo é relativa e pode ser ilidida por prova inequívoca, a cargo do executado ou de terceiros, a quem aproveite."

[177] CTN. "Art. 202. O termo de inscrição da dívida ativa, autenticado pela autoridade competente, indicará obrigatoriamente: I – o nome do devedor e, sendo caso, o dos co-responsáveis, bem como, sempre que possível, o domicílio ou a residência de um e de outros;"

de redirecionamento **que referidos indivíduos agiram com infração à lei, contrato social ou estatutos**[178]. (Os destaquem em negrito não constam no original)

248. Hugo de Brito Machado Segundo e Raquel Cavalcanti Ramos Machado, também, chegam às seguintes deduções com supedâneo nos artigos 134 e 135 do CTN:

> [...] Há um motivo para que a CDA goze de presunção de liquidez e certeza: o fato de ela ser antecedida por um ato administrativo devidamente motivado, em face do qual ao cidadão interessado se assegura a oportunidade de instaurar processo administrativo de controle interno de sua legalidade, em respeito ao devido processo legal, o qual, para que a CDA seja confeccionada, precisa culminar com a confirmação do ato impugnado. É isso o que justifica a inserção, na CDA, do nome do contribuinte, mencionado, *v.g.*, em um auto de infração. Não há motivo para que se proceda de forma diferente no caso de eventuais responsáveis tributários.
>
> [...]
>
> a) Para que um sócio ou administrador seja inserido no corpo de uma certidão de dívida ativa (CDA), é preciso que tenha havido a prévia apuração de sua responsabilidade tributária, no âmbito de um processo administrativo;
>
> [...]
>
> c) caso tenha seu nome inserido em uma CDA sem qualquer apuração prévia [...] o sócio ou administrador não precisarão provar a inocorrência de fatos que justifiquem sua responsabilidade. Poderão provar apenas e simplesmente que essa apuração não ocorreu, não havendo título executivo validamente constituído contra eles [podendo, se for o caso, fazer uso da exceção de pré-executividade, diante da desnecessidade de dilação probatória][179].

249. Por sua vez, Clélio Chiesa corrobora, ainda mais, com o seguinte magistério:

---

[178] GRUPENMACHER, Betina Treiger. *Responsabilidade tributária do sócio e do administrador – nova sistemática*, in "Grandes questões atuais do direito tributário", 14º volume, ROCHA, Valdir de Oliveira (coordenador), São Paulo: Dialética, 2010, p. 40 a 42.

[179] MACHADO SEGUNDO, Hugo de Brito. MACHADO, Raquel Cavalcanti Ramos. *Responsabilidade de sócios e administradores e devido processo legal*, in "Grandes questões atuais do direito tributário", 15º volume, ROCHA, Valdir de Oliveira (coordenador), São Paulo: Dialética, 2011, p. 141, 142 e 148.

I) A imputação de responsabilidade com supedâneo no artigo 135 do CTN depende da expedição de ato administrativo específico com o propósito de constituí-la.

II) É irregular a inscrição em dívida ativa da empresa em nome do administrador com base exclusivamente em documento que indica o administrador como responsável sem a exposição circunstanciada da conduta que deu ensejo à aplicação do art. 135 do CTN.

III) De igual forma, **é irregular a inclusão do nome do administrador como devedor se a ele não foi assegurado o direito de se defender no âmbito administrativo sobre a imputação de má gestão que teria levado à aplicação do art. 135 do CTN.**

IV) **A inscrição irregular em Dívida Ativa, nos termos do art. 204 do CTN, não confere certeza e liquidez ao crédito inscrito.**

V) A **exceção de pré-executividade** é, a nosso ver, instrumento adequado para o administrador de empresa executado por débito a ele atribuído com fundamento no art. 135 do CTN se insurgir contra a cobrança, desde que sua arguição fique adstrita à **alegação de falta de ato constitutivo da sua responsabilidade** ou **ausência de notificação para a apresentação de defesa no âmbito administrativo.** Neste caso, pelo fato de a matéria não demandar dilação probatória, tal orientação não conflita com a firmada pela Primeira Seção do Superior Tribunal de Justiça de que se o nome consta da CDA não pode se valer da exceção de pré-executividade para eximir-se da responsabilidade imputada[180][181].

250. Acerca da indispensabilidade de a responsabilidade tributária ser, previamente, apurada e certificada em processo administrativo, em vez de em processo jurisdicional, devendo ser assegurado ao suposto responsável a ampla defesa, transcrevam-se as seguintes reflexões de Paulo Roberto Lyrio Pimenta, que, inclusive, critica e recomenda revisão de equivocada, e acredito já superada, jurisprudência do STJ no sentido de que o início da discussão sobre a responsabilidade tributária poderia ocorrer no processo de

---

[180] CHIESA, Clélio. *Responsabilidade tributária do sócio e administrador – caracterização e procedimento para a sua constituição – nome constante da CDA – Cabimento ou não de exceção de pré-executividade – uma reflexão sobre entendimento do STJ*, in "Grandes questões atuais do direito tributário" 14º volume, ROCHA, Valdir de Oliveira (coordenador), São Paulo: Dialética, 2010, p. 62 e 63.

[181] Outras ponderações sobre o direito de defesa nos processos administrativos encontram-se em MARTINS, Ives Gandra da Silva. *Breves reflexões sobre o direito de defesa nos processos administrativos*, in "RDDT" nº 211, São Paulo: Dialética, 2013, p. 88 a 90.

execução, modificando-se apenas o ônus da prova, caso o nome do devedor esteja ou não inscrito na CDA, *ipsis litteris*:

> A exigência de apuração do pressuposto de fato da responsabilidade no processo administrativo tributário também se faz presente no ordenamento brasileiro, por força da aplicação de algumas regras e princípios. [...]
>
> Em primeiro lugar, a inserção do princípio da ampla defesa no âmbito do processo administrativo, trazida pela Constituição Federal de 1988 (CF, art. 5º, LV), atinge em cheio a situação jurídica titularizada pelo responsável tributário. Isso porque a imputação da responsabilidade tributária consiste em um ato restritivo do direito do administrado, que não pode ser praticado sem que antes lhe seja facultada a oportunidade de se manifestar sobre a pretensão da Administração Pública.
>
> O princípio da ampla defesa assegura aos administrados: (a) direito de ser intimado sobre pretensões que lhe são desfavoráveis; (b) direto de se manifestar sobre tais pretensões; e (c) direito de produzir provas. Ora, a qualificação de determinado sujeito de direito como responsável tributário lhe acarretará sérias consequências jurídicas, à medida que o seu patrimônio ficará sujeito à execução fiscal, podendo ser objeto de constrição judicial. Por esse motivo, considerando o efeito jurídico do ato de imputação de responsabilidade tributária, este não pode ser praticado pelo Fisco, em hipótese alguma, sem que antes o suposto responsável possa sobre ele se manifestar. E tal manifestação deverá ocorrer, inicialmente, no processo administrativo, posto que resulta na formação do título executivo extrajudicial, que importa na certificação de um direito contra o administrado.
>
> O princípio da ampla defesa não admite a prática de atos restritivos de direito sem a oitiva do interessado. Assim, por força da aplicação desse princípio constitucional, deve ser assegurado ao administrado a faculdade de se manifestar sobre a atribuição de responsabilidade no processo administrativo fiscal. [...]
>
> Em nível infraconstitucional, o art. 142 do CTN, ao estabelecer que o lançamento é um procedimento destinado a "identificar o sujeito passivo", alcança tanto a sujeição passiva tributária direta quanto a indireta.
>
> De igual modo, os arts. 201 e 202, I, do CTN também impõem a certificação da responsabilidade tributária no âmbito do processo administrativo fiscal[182-183].

---

[182] PIMENTA, Paulo Roberto Lyrio. Da necessidade de apuração da responsabilidade tributária no âmbito do processo administrativo fiscal, in "RDDT" nº 211, São Paulo: Dialética, 2013, p. 151, 152 e 154.

[183] Cf. TAVARES, Alexandre Macedo. *A inexistência de correlação lógica entre a inclusão do nome do sócio na CDA (= causa) e a inversão do ônus da prova da ausência dos requisitos do art. 135 do CTN (= efeito)*, in "RDDT" nº 152, São Paulo: Dialética, 2008, p. 7 a 20.

251. Traga-se, também, à lume, com alguns poucos acréscimos, as pertinentes considerações de Fábio Pallaretti Calcini, *verbis*:

> [...] não basta a simples notificação do responsável tributário do lançamento realizado em face do contribuinte. É preciso que se permita a apresentação de defesa, produção de provas e recursos, inclusive, não se furtando ao dever de apreciar as suas alegações. Do contrário, a simples realização do lançamento tributário não tem o condão de concretizar o efetivo respeito ao devido processo legal preconizado no art. 5º, incisos LIV e LV, da Constituição Federal.
>
> Portanto, como se verificou, inclusive em precedente do Superior Tribunal de Justiça, para se impor responsabilidade tributária é preciso: (i) – respeitar o devido processo legal administrativo; (ii) – realizar o lançamento tributário [ou, se em outro momento, a constituição da imputação da responsabilidade tributária em relação a terceiros] nos moldes do art. 142 do Código Tributário Nacional; (iii) – realizar a regular notificação ao sujeito passivo [direto – o contribuinte – ou indireto – o responsável tributário –], tornando possível a apresentação de defesa, produção de provas e interposição de recursos; (iv) que suas manifestações sejam devidamente apreciadas.
>
> Possível concluir, destarte, que a inclusão da responsabilidade tributária é de evidente inconstitucionalidade e ilegalidade, quando não se observa o devido processo legal administrativo, mediante o necessário e imprescindível lançamento tributário (art. 142 do CTN) para a constituição do crédito tributário [ou, se em outro momento, para a imputação de responsabilidade tributária a terceiros], juntamente com a abertura de oportunidade para o contraditório e a ampla defesa, mediante a apresentação de impugnação administrativa , produção de provas, interposição de recursos, além da devida apreciação dos órgãos administrativos de julgamento de todas as razões arguidas.
>
> [...] na hipótese de responsabilidade tributária, é necessário que exista explícita, clara e congruente motivação, justificando, por elementos fáticos e jurídicos, o preenchimento dos requisitos legais que possibilitem a imposição de responsabilidade[184].

252. De modo que é incontestável que, existindo legalmente o processo administrativo fiscal, o representante de contribuintes, mandatário, prepostos, empregados ou administradores de empresa têm direito a ser notificados para

---

[184] CALCINI, Fábio Pallaretti. *Responsabilidade tributária. O dever de observância ao devido processo legal e motivação*, in "RDDT" nº 164, São Paulo: Dialética, 2009, p. 39 e 42.

DIREITOS FUNDAMENTAIS DOS CONTRIBUINTES

prévia apresentação de defesa na esfera administrativa sobre a imputação que lhes foram dirigidas e têm, outrossim, direito do contraditório e da ampla defesa com os meios e recursos a ela inerentes no âmbito administrativo, bem como têm direito que a decisão administrativa decorrente seja motivada, isto tudo como ordena o artigo 2º, *caput*, da Lei 9.784, de 29 de janeiro de 1999[185].

253. Ainda a respeito da inscrição em dívida ativa e a inserção de membros da sociedade como responsáveis tributários indiretos e sobre a necessidade de se conferir a essas pessoas o direito de defesa no âmbito administrativo sobre a imputação de sua responsabilidade, transcrevam-se trechos da manifestação de Leonardo Marques, *in verbis*:

> Note-se, a propósito, que há clara vinculação da certidão de dívida ativa à inscrição em dívida ativa, da inscrição de dívida ativa ao resultado do processo administrativo fiscal e do processo administrativo ao lançamento tributário. Significa dizer que todos esses atos administrativos compõem uma sequência procedimental concatenada e ordenada, em que o ato subsequente deve se ater ao conteúdo do antecedente, sob pena de desvirtuamento do procedimento de exigência do crédito tributário.
>
> [...]
>
> O conteúdo da certidão de dívida ativa, com efeito, deve refletir a investigação promovida no âmbito do processo administrativo fiscal. Aplicando-se essa noção ao contexto que se pretende analisar, tem-se que a introdução da pessoa física em tal documento como responsável pela quitação do débito apenas é permitida na hipótese em que essa responsabilização é debatida previamente na via administrativa.
>
> Em outros termos, tão somente na hipótese em que o lançamento original, ou um lançamento complementar (em alguns casos denominado termo de sujeição passiva solidária, termo de responsabilidade tributária, termo de corresponsabilidade etc.) imputa a corresponsabilidade ao membro da sociedade, a autoridade administrativa lhe confere o direito de se defender desta imposição e ao final do processo administrativo a sua inclusão no polo passivo da relação jurídica tributária resta reconhecida, pode-se cogitar na inscrição da pessoa física em dívida ativa.

---

[185] Lei 9.784, de 29/1/1999, que regula o processo administrativo no âmbito da administração Pública Federal. "Art. 2º. A Administração Pública obedecerá, dentre outros, aos princípios da **legalidade**, finalidade, **motivação**, razoabilidade, proporcionalidade, moralidade, **ampla defesa**, **contraditório**, segurança jurídica, interesse público e eficiência."

Promover a inserção do sócio na certidão de dívida ativa sem prévio ato de imputação da responsabilidade e debate desta matéria na via administrativa representa não franquear ao contribuinte o direito de apresentar administrativamente suas razoes de inconformismo com restrição de direito que lhe é imposta, o que viola flagrantemente o princípio da ampla defesa e do devido processo legal.

Assim como ocorre com a responsabilidade da pessoa jurídica pela extinção do crédito tributário, também a pretensão de submissão do membro da sociedade ao cumprimento da obrigação tributária, comporta o necessário e obrigatório debate administrativo.

Nenhuma restrição a direito individual, como, no caso, o direito fundamental à propriedade, pode ser implementada sem se conceder ao administrado a oportunidade de se opor a tal medida no âmbito da própria Administração Pública, o que se faz pela utilização dos meios e recursos previstos legalmente.

[...]

A atribuição de responsabilidade tributária ao membro da sociedade não se presume. Por essa razão, o apontamento da obrigação de quitar a obrigação deve ser claro e inequívoco.

É necessário, então, que a corresponsabilidade esteja expressa e inquestionavelmente indicada na certidão de dívida ativa.

[...]

Por se tratar de restrição de direito do administrado, a atribuição de responsabilidade ao sócio da pessoa jurídica deve estar inequivocamente caracterizada. Nesse tema, inexiste margem para deduções em prol da responsabilização.

[...]

A leitura da certidão de dívida ativa, portanto, deve permitir a inquestionável conclusão de que o membro da sociedade está inserido no polo passivo da relação jurídica tributária, sob pena de não se poder extrair do documento a corresponsabilidade da pessoa física.[186]

254. Hugo Machado arremata:

A Constituição Federal ao cuidar de direitos e garantias individuais assegura que ninguém será privado da liberdade ou seus bens sem o devido processo legal, e que aos litigantes, em processo judicial e administrativo, e aos acusados em

---

[186] MARQUES, Leonardo Nunes. Artigo e local já citados, p. 104, 105, 106, 110 e 111.

geral são assegurados o contraditório e a ampla defesa, com os meios e recursos a ela inerentes.

Assim, qualquer pessoa que se veja na iminência de sofrer prejuízo em sua liberdade, ou em seu patrimônio, tem indiscutível direito de defender-se. [...]

Na relação tributária não pode ser diferente. Como a Administração Pública tem o poder-dever de constituir o seu título, com base no qual promove em seguida a execução fiscal, deve apurar todos os elementos essenciais da relação jurídica para esse fim.

Assim, o direito de defesa há de ser assegurado a qualquer pessoa, seja na condição de contribuinte, seja na condição de responsável tributário, sempre que se encontre diante da possibilidade de sofrer a exigência do crédito tributário.

Por isto mesmo, aliás, o Poder Judiciário não admitiu a exigência de execução fiscal, ou do redirecionamento desta, contra pessoa cujo nome não conste da certidão de inscrição do respectivo crédito em dívida ativa.

[...]

Em face das razões expostas, podemos afirmar as seguintes conclusões:

1ª) **Tanto o contribuinte como o *responsável tributário* são sujeitos passivos da obrigação tributária e nessa condição têm direito de defesa assegurado pela Constituição Federal.**

2ª) **Exatamente porque tem direito de defesa, o *responsável tributário deve ser intimado* da lavratura do auto de infração, como condição indispensável a que o seu nome conste da certidão de dívida ativa correspondente.**

3ª) É inteiramente equivocado, data venia, o entendimento segundo o qual a intimação do responsável da lavratura do auto de infração contra o contribuinte tem apenas a finalidade de permitir que o seu nome conste da respectiva certidão de dívida ativa.

4ª) A não intimação do responsável tributário, quando da lavratura do auto de infração, implica impossibilidade de execução, contra ele, do crédito tributário afinal constituído, seja diretamente ou por redirecionamento da execução fiscal.

5ª) Tendo o responsável tributário impugnado o auto de infração, a não apreciação de suas razões de defesa também acarreta impossibilidade de execução, contra ele, do crédito tributário afinal constituído, seja diretamente ou por redirecionamento da execução fiscal.

6ª) Se a Fazenda Pública não toma conhecimento da condição de alguém como responsável tributário, e por isso não lhe assegura o direito de defesa, evidentemente não pode cobrar dessa pessoa o crédito afinal apurado, promovendo ou redirecionando contra ele a execução fiscal[187]. (Os destaques em negrito não constam no original)

255. A Portaria nº 180, de 25 de fevereiro de 2010, da Procuradoria-Geral da Fazenda Nacional, regulamenta a atuação deste órgão jurídico no tocante à responsabilização de codevedor.

256. O artigo 1º do supracitado ato normativo reza que, *para fins de responsabilização com base no inciso III do art. 135 da Lei nº 5.172, de 25 de outubro de 1966 – Código Tributário Nacional, entende-se como responsável solidário o sócio, pessoa física ou jurídica, ou o terceiro não sócio, que possua poderes de gerência sobre a pessoa jurídica, independentemente da denominação conferida, à época da ocorrência do fato gerador da obrigação tributária objeto de cobrança judicial.*

257. Tal disposto vai de encontro da já anteriormente exposta jurisprudência do STJ, que considera que a responsabilidade de terceiros, de que tratam os artigos 134 e 135 do CTN, é subsidiária e não solidária, e que, em relação a grupo econômico, é exigido, como elemento essencial e indispensável, que haja a induvidosa participação de mais de uma empresa na conformação do fato gerador.

258. Dispõe o *caput* e incisos I a IV do artigo 2º da Portaria PGFN nº 180/2010 que *a inclusão do responsável solidário na Certidão de Dívida Ativa da União somente ocorrerá após a declaração fundamentada da autoridade competente da Secretaria da Receita Federal do Brasil (RFB) ou da Procuradoria-Geral da Fazenda Nacional (PGFN) acerca da ocorrência de ao menos uma das quatro situações a seguir: I – excesso de poderes; infração à lei; infração ao contrato social ou estatuto; dissolução irregular da pessoa jurídica.*

259. A seu turno, o artigo 4º da mesma Portaria estatui que *após a inscrição em dívida ativa e antes do ajuizamento da execução fiscal, caso o Procurador da Fazenda Nacional responsável constate a ocorrência de alguma das situações previstas no art. 2º, deverá juntar aos autos documentos comprobatórios e, após, de forma fundamentada, declará-las e inscrever o nome do responsável solidário no anexo II da Certidão de Dívida Ativa da União.*

260. Carece tais dispositivos normativos (Portaria PGFN nº 180/2010, art. 2º, caput e art. 4º) do esclarecimento de que, para a inscrição do nome de terceiro na dívida ativa e para que tal nome conste na respectiva CDA, é indispensável, não por favor algum, mas por mandamento constitucional

---

[187] MACHADO, Hugo de Brito. *O responsável tributário e o direito de defesa no procedimento administrativo*, in "RDDT" nº 160, São Paulo: Dialética, 2009, p. 48 e 50.

inafastável, que tudo isso decorra de um processo administrativo fiscal de lançamento ou, se posterior a ciência dessa hipotética responsabilidade, de processo administrativo fiscal de imputação de responsabilidade a terceiro, sendo indispensável, já que há norma legal nesse sentido, a notificação do suposto corresponsável tributário, para que este, no âmbito do PAF, tenha a faculdade de defender o seu direito fundamental de propriedade e de exercer o seu direito do contraditório e da ampla defesa com os meios e os recursos a ela inerentes, devendo, ainda, o ato administrativo decisório dessa questão seja fundamentado, inclusive, no que tange às alegações e provas apresentadas pelo considerado responsável tributário.

261. Portanto, a invalidade das normas do *caput* do artigo 2º e do artigo 4º da malsinada Portaria está em atribuir à "declaração fundamentada da autoridade administrativa", o múnus de constituição do crédito tributário e de indicação de um sujeito passivo indireto, quando o procurador da Fazenda Nacional, no ato de inscrição do crédito em dívida ativa da União e de expedição da CDA, não tem legalmente competência alguma para inovar, ou por mera declaração sua, inscrever o crédito e expedir a CDA com a inclusão do nome do sujeito passivo indireto, sem que se tenha previamente reconhecido ao terceiro acusado o devido processo legal administrativo com o inarredável direito ao contraditório e à ampla defesa.

262. Além de inconstitucionalidade, há aqui, também, ilegalidade diante de evidente contrariedade ao disposto no **inciso II do artigo 59 do Decreto, com força de lei nº 70.235, de 6/3/1972, que determina que são nulos os despachos e decisões proferidos por autoridade incompetente ou com preterição do direito de defesa e do devido processo legal administrativo.**

263. Como bem deixa consignado Marques: "A declaração fundamentada da autoridade administrativa" não pode ser equiparada ao lançamento tributário e, por isso, não pode ser entendida como validamente utilizável para a ampliação do polo passivo da relação jurídica tributária"[188].

264. Já o parágrafo único do artigo 2º da Portaria da PGFN nº 180, de 25/2/2010, com a redação dada pela Portaria PGFN nº 713, de 14 de outubro de 2011, estabelece que, *na hipótese de dissolução irregular da pessoa jurídica, deverão ser considerados responsáveis solidários: I – os sócios-gerentes e os terceiros não sócios com poderes de gerência à época da dissolução irregular; II – os sócios-gerentes e os terceiros não sócios com poderes de gerência à época da dissolução irregular, bem*

---

[188] MARQUES, Leonardo Nunes. Artigo e local já citados, p. 116.

como os à época do fato gerador, quando comprovado que a saída destes da pessoa jurídica é fraudulenta.

265. Tal inovação é criticada por Caio Augusto Takano por ampliar os poderes dos procuradores da Fazenda Nacional, que considera que a jurisprudência mais recente do STJ é no sentido de que, além da necessidade de demonstração da ilicitude da dissolução da pessoa jurídica, é necessário, também, que o administrador tenha em mãos o poder de gerência tanto à época da dissolução irregular como também à época do fato gerador tributário e, complete-se, em caso de alegada saída fraudulenta, é necessário o devido processo legal administrativo com a concessão ao acusado de oportunidade de prévia defesa na seara administrativa[189].

266. A seu turno, o artigo 5º da portaria, em análise, dispõe que *ajuizada a execução fiscal e não constando da Certidão de Dívida Ativa da União o responsável solidário, o Procurador da Fazenda Nacional responsável, munido da documentação comprobatória, deverá proceder à sua inclusão na referida certidão.* Já o parágrafo único do mesmo dispositivo, recomenda, *no caso de indeferimento judicial da inclusão prevista no caput, o Procurador da Fazenda Nacional interporá recurso, desde que comprovada, nos autos judiciais, a ocorrência de uma das hipóteses previstas no art. 2º desta Portaria.*

267. A despeito das críticas retro, os dispositivos dos artigos 2º e 5º buscam, coerentemente, alcançar o real administrador, ainda que de fato.

268. Todavia, cabe aduzir que o artigo 5º contraria a Súmula nº 392 do STJ, vale avivar, apesar da Corte da Cidadania ter pacificado sua jurisprudência no sentido de vedar a modificação do sujeito passivo da execução fiscal, impossibilitando o redirecionamento da execução com a inclusão do terceiro, pretensamente corresponsável pelo débito na CDA objeto de execução fiscal em curso, a PGFN orienta a seus procuradores a realizarem essa inserção e a recorrerem de eventual decisão judicial desfavorável.

269. As críticas feitas aos artigos 2º, 4º e 5º da Portaria nº 180/2010 da PGFN seriam injustas, se cogitarmos que tais preceptivos não teriam a intenção de afastar o prévio processo administrativo fiscal, inclusive, o de imputação de responsabilidade a terceiros, com a concessão do direito de defesa ao terceiro acusado, contudo, isto não está posta explicitamente, e o Parecer da PGFN nº 55/2009 (itens 96 e seguintes) demonstra, infelizmente,

---

[189] TAKANO, Caio Augusto. *Análise da Portaria PGFN nº 713/2011 em face da jurisprudência do STJ e do art. 135 do Código Tributário Nacional – limites à responsabilização dos sócios e administradores*, in "RDDT" nº 203, São Paulo: Dialética, 2012, p. 77 e 78.

DIREITOS FUNDAMENTAIS DOS CONTRIBUINTES

que a posição da Fazenda Nacional é mesmo pela desnecessidade do PAF em face da pessoa física, uma vez que a PGFN olvida que o terceiro pode até ser o sujeito passivo indireto, portanto, merecedor do prévio direito de defesa no âmbito administrativo em salvaguarda do seu direito fundamental de propriedade, pois entende, equivocamente, que a responsabilidade do administrador é apenas de garantia do crédito tributário devido pela pessoa jurídica.

270. A respeito dessa posição mal concebida da PGFN, traga-se à colação a explicitação de Maria Rita Ferragut, *ipsis litteris*:

> Não concordamos com esse posicionamento. Para nós, caso a fiscalização constate a responsabilidade pessoal do administrador, seu nome deverá constar do auto de infração, conferindo-lhe a ele oportunidade de plena defesa. A inclusão do administrador apenas na CDA é inconstitucional e ilegal, pois (i) foi suprimida a instância administrativa, em desacordo com o artigo 5º, LIV, da Constituição; ii) a indicação do nome na CDA não é ato jurídico que o Direito reconheça como apto a constituir o crédito tributário perante a pessoa física; e iii) para que o administrador defenda-se por meio de embargos, com a execução fiscal suspensa, deverá garantir o juízo em montante equivalente ao da dívida[190].

5. A Certidão de Dívida Ativa (CDA) como Espelho Fidedigno de Todos os Atos Relativos à Constituição do Crédito Tributário por Autoliquidação e Declaração, ao Lançamento, Auto de Infração, à Imputação de Responsabilidade a Terceiros e à Inscrição

271. Inicia-se este capítulo com a transcrição das seguintes normas da Lei nº 5.172/1966 (CTN) sobre a dívida ativa:

> Art. 201. Constitui dívida ativa tributária a proveniente de crédito dessa natureza, **regularmente inscrita na repartição administrativa competente**, depois de esgotado o prazo fixado, para pagamento, pela lei ou por decisão final proferida em **processo regular**.
>
> Parágrafo único. A fluência de juros de mora não exclui, para os efeitos deste artigo, a liquidez do crédito.

---

[190] FERRAGUT, Maria Rita. *Portaria PGFN nº 180/2010 e a responsabilidade do administrador: um avanço*, in "RDDT" nº 178, São Paulo: Dialética, 2010, p. 106.

Art. 202. O **termo de inscrição da dívida ativa**, autenticado pela autoridade competente, **indicará obrigatoriamente**:

I – o **nome do devedor** e, sendo caso, **o dos corresponsáveis**, bem como, sempre que possível, o domicílio ou a residência de um e de outros;

II – a quantia devida e a maneira de calcular os juros de mora acrescidos;

III – a origem e natureza do crédito, mencionada especificamente a disposição da lei em que seja fundado;

IV – a data em que foi inscrita;

V – sendo caso, o número do processo administrativo de que se originar o crédito.

Parágrafo único. A certidão conterá, além dos requisitos deste artigo, a indicação do livro e da folha da inscrição.

Art. 203. A **omissão de quaisquer dos requisitos previstos no artigo anterior, ou o erro a eles relativo, são causas de nulidade da inscrição e do processo de cobrança dela decorrente**, mas a nulidade poderá ser sanada até a decisão de primeira instância, mediante substituição da certidão nula, devolvido ao sujeito passivo, acusado ou interessado o prazo para defesa, que somente poderá versar sobre a parte modificada.

Art. 204. A *dívida regularmente inscrita* **goza da presunção de certeza e liquidez e tem o efeito de prova pré-constituída**.

Parágrafo único. A **presunção a que se refere este artigo é relativa e pode ser ilidida por prova inequívoca, a cargo do sujeito passivo ou do terceiro a que aproveite.**

272. A seu turno, o Decreto com força de lei nº 70.235, de 6 de março de 1972, que disciplina o processo administrativo fiscal, reza, no inciso II do artigo 59, que são nulos os despachos e decisões proferidos por autoridade incompetente ou com preterição do direito de defesa.

273. Assim, só pode ser **entendido como regular** a inscrição do crédito em dívida ativa se essa inscrição tenha sido precedida de processo que **observe o** *due process of law* e **assegure ao contribuinte ou ao responsável tributário o contraditório, a ampla defesa e os recursos a ela inerentes,** sendo que, indubitavelmente, **não pode a Administração tributária**, rasgando os supracitados direitos fundamentais dos sujeitos passivos tributários, colocando-os, em consequência, em riscos os seus **direitos fundamentais de propriedade e da própria liberdade física, suprimir deles o regular processo administrativo fiscal.**

274. De modo que pode até ocorrer a substituição de Certidão de Dívida Ativa (CDA), especificamente, diante de **mero erro formal ou material no seu preenchimento, mas não será possível a troca de CDA, quando, no correspondente processo administrativo que a gerou, não conste elemento de alta relevância para o devido processo legal como a não concessão, ao que passou a ser indicado como responsável tributário, de oportunidade, no âmbito do processo administrativo, como assegura a Lei Suprema, para que este faça uso da oportunidade do contraditório e da apresentação de sua defesa, quanto à imputação de omissão ou prática de atos com excesso de poderes ou infração à lei, contrato social ou estatutos** (CTN, arts. 134 e 135), aplicando-se na espécie, o artigo 5º, XXXIV, LIV e LIV, da CF, os artigos 142, 145 e 149, todos do CTN e a **Súmula 392 do STJ:** *É possível a substituição da CDA, antes da prolação da sentença, exclusivamente em caso de mero erro material ou formal,* não **sendo admissível pedido de alteração do sujeito passivo da obrigação tributária,** *por se tratar de modificação do próprio lançamento.*

275. Insta ressaltar que a **inscrição do crédito em dívida ativa é ato administrativo de controle da legalidade, não se constituindo na constituição do crédito tributário ou no próprio lançamento,** pois, por esse controle, o procurador da Fazenda pública deve se restringir a fazer a aferição de regularidade sobre os aspectos formais relativos ao crédito tributário, como admitir falhas ou ausência da oportunidade do direito de defesa ou no máximo reconhecer de ofício a decadência, negando a inscrição do crédito já morto.

276. **O procurador da Fazenda Nacional não está autorizado, quanto aos aspectos materiais objetivos e subjetivos, a alterar ou inovar em relação ao que realmente sucedeu no seio da constituição definitiva do crédito ou no âmbito do processo administrativo fiscal de lançamento ou concernente ao auto de infração ou de imputação de responsabilidade à terceiros.**

277. Impende enfatizar que não se pode pretender inscrever em dívida ativa o que não existe nem se pode inserir, nessa ocasião, nome de terceiro que previamente não fez parte do correspondente processo administrativo, uma vez que a inscrição é um ato de controle da legalidade relativo ao débito preexistente, nada surgindo de novo com a inscrição, mas, tão somente, registra-se o crédito preexistentes com os nomes, conforme previamente apurados, de seus devedores na repartição fiscal do ente tributante.

278. Com a inscrição regular do crédito em dívida ativa surge o correspondente título executivo extrajudicial com a expedição da correspondente

Certidão de Dívida Ativa, tornando-se esse crédito exequível diante da presunção *juris tantum* de certeza e liquidez.

279. Portanto, evidentemente, não pode o procurador fazendário, no momento de inscrição do crédito tributário, colocar simplesmente o nome de terceiro como sujeito passivo indireto ou codevedor, se nada consta, no respectivo processo administrativo fiscal, acerca de atos de omissão, abuso de poder ou de ilegalidade dolosos, cometidos pelo suposto responsável tributário indireto ou que este não fora notificado para apresentar, no correspondente processo administrativo, sua defesa em relação a essa imputação.

280. Acerca da regularidade exigida pelo artigo 204 do CTN para o efeito de ser reconhecida a presunção de liquidez e certeza da CDA, cabe realçar que esses atributos apenas são reais se a correspondente dívida for regularmente inscrita, ou seja se a Administração cumpriu, nesse seu múnus, toda legalidade, não sendo suficiente haver a inscrição e a expedição de CDA para que se tenha a presunção de legitimidade, sendo indispensável que tudo isso tenha sucedido de forma legal ou regular.

281. Como visto, o artigo 202 do CTN enumera vários requisitos que, necessariamente, devem ser observados para que o termo de inscrição em dívida ativa seja considerado válido.

282. A ausência de qualquer um desses requisitos indispensáveis, dentre eles a não indicação do nome do devedor e, sendo caso, o dos corresponsáveis, torna, nos termos dos artigos 203 e 204 do CTN, e do artigo 59, inciso II, do Decreto nº 70.235, de 6 de março de 1972, a CDA nula, destituída de sua presunção relativa de certeza e liquidez e sem o seu efeito de prova pré-constituída.

283. **Deve-se, pois, examinar se foi observado o *due process of law*, ou seja, deve ser verificado, se for o caso, se houve a notificação do suposto responsável tributário para se defender da imputação a ele dirigida e se existiu ato administrativo fundamentado constitutivo dessa responsabilidade.**

284. Conforme o STJ sumulou (Súmula nº 430), o mero inadimplemento do crédito tributário por parte do contribuinte não caracteriza o tipo "infração à lei"[191].

---

[191] STJ. Súmula 430: *O inadimplemento da obrigação tributária pela sociedade não gera, por si só, a responsabilidade solidária do sócio-gerente.* Tema repetitivo 97, Tese firmada: *A simples falta de pagamento do tributo não configura, por si só, nem em tese, circunstância que acarreta a responsabilidade subsidiária do sócio, prevista no art. 135 do CTN. É indispensável, para tanto, que tenha agido com excesso de poderes ou infração à lei, ao contrato social ou ao estatuto da empresa.*

285. De modo que, **para o nome do administrador possa constar na CDA, deve a Administração tributária editar ato fundamentado, após ter dado oportunidade de defesa a esse terceiro, constituindo essa responsabilidade, ou seja, deve o Fisco, no âmbito do processo administrativo de lançamento ou mesmo apenas de imputação de responsabilidade a terceiro, demonstrar a atuação desse terceiro com abuso de poderes, infração de lei ou do contrato social ou dos estatutos da sociedade.**

286. Dessarte, **se a correspondente CDA não representa, fielmente, um espelho de tudo que sucedeu no âmbito do processo administrativo, perde a sua presunção relativa de certeza e liquidez.**

287. Nessa hipótese, pode o representante ou administrador, se executado nessas circunstâncias, apresentar a exceção de pré-executividade, ainda que o nome dele esteja, por mera obra de ficção, constante na CDA, já que a alegação de que sequer fora notificado a se defender no âmbito do processo administrativo de lançamento ou de imputação dispensa maiores dilações probatórias.

288. Em caso contrário observando a Administração fiscal todas as exigências legais referente a indispensabilidade de processo administrativo, tendo sido dado aos sujeitos passivos a oportunidade do contraditório e da ampla defesa e constando, sendo o caso, o nome do terceiro administrador na CDA, a este caberá apresentar embargos à execução para tentar demonstrar que não praticou nenhum ato ilegal, como os previstos no artigo 135 do CTN, tendo em vista que a CDA, no caso, goza de presunção relativa de certeza e liquidez e tem o efeito de prova pré-constituída.

289. Ora, parece lógico que, **se sequer pode o terceiro**, tido como responsável tributário, **ser alvo de processo de execução fiscal, caso não tenha tido oportunidade de defesa em relação à imputação de ter cometido abuso de poder ou ilegalidade no âmbito do processo administrativo**, onde estaria em jogo o seu patrimônio particular, **quanto mais**, pois, **estaria em risco valor maior,** ou seja, **a própria *liberdade física, não cabe ao agente fiscal encaminhar, nessa situação, notícia de eventual crime ao órgão do* Parquet** sob pena de **supressão abusiva e inconstitucional do devido processo legal administrativo e da negação do seu direito ao contraditório e à ampla defesa na seara administrativa.**

290. Destarte, **para o encaminhamento da representação fiscal para fins penais contra o representante de contribuintes, mandatário, preposto, empregados ou administradores de pessoa jurídica,** além da

indispensabilidade de o **agente fiscal aguardar a constituição definitiva do crédito tributário (Súmula Vinculante nº 24 do STF)**[192], *deve* **também, eventualmente, só encaminhar essa representação após decisão definitiva fundamentada da Administração tributária sobre a imputação de ter o considerado responsável tributário agido com abuso de poderes ou com infração de lei, do contrato ou do estatuto da sociedade.**

6. Os Requisitos Constitucionais e Legais para a Representação Fiscal para Fins Penais

291. O Supremo Tribunal Federal emitiu a **Súmula Vinculante nº 24**, no sentido de que **não se tipifica crime material contra a ordem tributária, previsto no art. 1º, incisos I a IV, da Lei nº 8.137/90, antes do lançamento definitivo do tributo**.

292. Embora a súmula acima aludida cogite apenas dos crimes previstos no artigo 1º da Lei nº 8.137, de 27 de dezembro de 1990, isto não obsta a aplicação de seu teor a alguns tipos penais também materiais do artigo 2º da mesma lei, como, por exemplo, o crime de apropriação indébita tributária, previsto no inciso II do artigo 2 º da Lei 8.127/1990 – evidente tipo penal que exige a demonstração do dano, ou seja, da supressão ou redução do tributo[193].

293. O Pleno do Supremo Tribunal Federal (STF), em 18 de dezembro de 2019, por ocasião do julgamento do Recurso Ordinário em Habeas Corpus (RHC) nº 163.334/SC com repercussão geral, negou a pretensão de trancamento da ação penal, tendo definido a tese de que o sujeito passivo tributário, **desde que de forma contumaz e com dolo ou intenção de se apropriar de recursos de terceiro, para obter vantagem concorrencial**, deixar de recolher aos cofres da Fazenda estadual ou distrital o ICMS cobrado do adquirente de sua mercadoria ou serviço, não obstante declarado ao Fisco o imposto devido, incorre no tipo penal do artigo 2º, *caput*, inciso II, da Lei nº 8.137/1990, configurando-se um dos crimes materiais contra a ordem tributária denominado de apropriação indébita tributária[194].

294. Consta do voto do relator do feito o Ministro Roberto Barroso o raciocínio do sentido de que não basta, para configuração do crime do

---

[192] STF. Súmula Vinculante 24: *Não se tipifica crime material contra a ordem tributária, previsto no art. 1º, incisos I a IV, da Lei nº 8.137/90, antes do lançamento definitivo do tributo.*

[193] Cf. SARAIVA FILHO, Oswaldo Othon de Pontes. *A prevalência da tese da criminalização da cobrança e não recolhimento intencional do ICMS*, in "Revista Fórum de Direito Tributário" nº 103, Belo Horizonte: Fórum, janeiro e fevereiro de 2020, p. 65 a 76.

[194] STF-Pleno. RHC 163.334/SC, *DJe*-19 31/1/2020.

inciso II do artigo 2º da Lei 8.137/1990, o mero não recolhimento ao Fisco do tributo cobrado do consumidor da mercadoria ou serviço, isto porque tal fato não é suficiente para comprovar a falta do ânimo do gerente da sociedade de cometer o delito.

295. Por exemplo, não se enquadra no tipo penal do inciso II do artigo 2º da Lei dos crimes contra a ordem tributária a preferência dada pelo administrador de pagar as obrigações trabalhistas em vez das tributárias, em face de situação momentânea de insolvência da empresa, sendo indispensável, para configurar o tipo do crime de apropriação indébita tributária, que sejam demonstrado, no exame de cada caso concreto, a consciência e a vontade explícita e contumaz do responsável tributário de não cumprir obrigações fiscais, visando à obtenção de vantagem competitiva indevida em relação aos concorrentes que cumprem as suas obrigações fiscais, sendo esse inadimplemento fiscal o *modus operandi* do sujeito passivo.

296. Entendimento contrário do exposto acima representaria a legitimação da prisão por dívida civil, em frontal colisão com o preceito do artigo 5º, inciso LXVII, da Constituição Federal.

297. Entretanto, a Corte Constitucional brasileira, ao interpretar essa norma do inciso LXVII do artigo 5º[195], decidiu que somente pode ser preso, civilmente, o inadimplente de pensão alimentícia, pois não mais subsiste, no ordenamento jurídico brasileiro infraconstitucional, a prisão civil do depositário infiel, haja vista o que dispõe a Convenção Americana sobre Direitos Humanos/Pacto de São José da Costa Rica (art. 7º, § 7º) e o Pacto Internacional sobre Direitos Civis e Políticos (art. 11)[196] [197].

298. A propósito, insta destacar a Súmula Vinculante nº 25 do STF, que apresenta o seguinte verbete: "É ilícita a prisão civil de depositário infiel, qualquer que seja a modalidade de depósito".

299. A respeito da necessidade do cumprimento das exigências dos artigos 135 e 137 do CTN, para a configuração da responsabilidade tributária e penal do administrador de pessoas jurídicas de direito privado, traga-se à colação o magistério de Maria Rita Ferragut, que se harmoniza, perfeitamente, com o que fora decidido pelo Pleno do STF por ocasião do julgamento do RHC nº 163.334/SC RG, *verbis*:

---

[195] CF. *Art. 5º.* [...] *LXVII – não haverá prisão civil por dívida, salvo a do responsável pelo inadimplemento voluntário e inescusável de obrigação alimentícia e a do depositário infiel;*

[196] BULOS, Uadi Lammêgo. *Constituição Federal anotada*, 12ª edição, São Paulo: Saraiva, 2017, p. 344.

[197] STF-Pleno. RE 466.343/SP, rel. Min. Cezar Peluso, *RTJ* Vol. 210-02, p. 745; STF-Pleno. RE 349.703/RS, rel. para o Acórdão o Min. Gilmar Mendes, in *DJe*-104 public. 5/6/2009.

O elemento subjetivo, aqui, significa que a responsabilidade nasce somente se o administrador agir intencionalmente, com o *animus* de praticar o ilícito não tributário, mesmo sabendo que o ordenamento jurídico proíbe tal comportamento. Por ser impossível provar a intenção do agente de praticar o ato lesivo doloso, oferecemos uma possível solução: a prova deverá recair sobre a sucessão de atos que resultaram a fraude, e não nela em si. Como exemplos, a reiteração de conduta, a gravidade do ato e existência de interposta pessoa.

Há de se registrar, também, que não consideramos que a culpa seja elemento suficiente para a caracterização do tipo (artigos 135 e 137 do CTN). [...]

Nada mais equivocado. A separação das personalidades e a necessidade de gerir sociedades economicamente estáveis e instáveis, somadas ao Direito Constitucional à propriedade e ao princípio da não utilização do tributo com efeitos confiscatórios, vedam que um administrador seja responsável por ato não doloso. A intenção de fraudar, de agir de má fé e de prejudicar terceiros é fundamental.

É a partir desse prisma que a responsabilidade prevista nos artigos 135 e 137 do CTN devem ser interpretadas. Caso contrário, a intervenção no patrimônio particular, e na liberdade do administrador, será injurídica e totalmente incompatível com as garantias que a Constituição defere a todos, a título de direitos fundamentais.

Por fim, a prática dolosa impõe o reconhecimento de que o administrador tinha opção entre praticar ou não a infração. Se a opção de evitá-la inexistia, a pessoa não poderá ser considerada responsável, pois lhe faltava o *animus*, em que pese o resultado de seu ato. A única exceção é se o administrador provocou intencionalmente a impossibilidade de opção, a fim de, em última análise, beneficiar-se do ilícito e, ao mesmo tempo, afastar a sua responsabilidade pessoal[198].

300. Portanto, para o **encaminhamento pelo Fisco de notícia crime para o Ministério Público nos crimes contra a ordem tributária materiais ou de resultado,** *além da existência de lançamento definitivo do crédito tributário*, ou seja, que não mais caiba defesa do sujeito passivo no âmbito administrativo, tendo sido este devidamente notificado desse fato, **é necessário, também, prévia decisão administrativa fundamentada definitiva acerca da imputação ao representante, mandatário, preposto, empregado e gerente**

[198] FERRAGUT, Maria Rita. Artigo e local já citados, p. 102 e 103.

ou administrador de pessoa jurídica da prática atos de um deste com infração de lei ou contrato social ou estatuto da sociedade.

301. Ora, se a constituição definitiva do crédito tributário é condição de punibilidade do crime de sonegação fiscal, não se deve imputar o crime àquele que não consta na certidão de dívida ativa – CDA. Do mesmo modo, se o pagamento do crédito tributário extingue a punibilidade, não se pode imputar crime àquele que não deve, sob pena de, por via oblíqua, o Ministério Público realizar o redirecionamento de execuções fiscais contra terceiros, em desrespeito aos direitos das pessoas tidas como responsáveis tributárias.

302. Ademais, o processo administrativo de responsabilização do sócio é solução adequada para a dificuldade, enfrentada pelos membros do Ministério Público, de atendimento à jurisprudência firmada pelo STF no sentido da necessidade da individualização de condutas quando da apresentação de denúncia nos crimes societários[199], posto que o Auditor Fiscal entregaria na representação fiscal para fins penais todos os elementos suficientes, não só da materialidade delitiva, como também da autoria.

303. Segundo o disposto no artigo 41 do Código de Processo Penal, *"a denúncia ou queixa conterá a exposição do fato criminoso, com todas as suas circunstâncias, a qualificação do acusado ou esclarecimentos pelos quais se possa identificá-lo, a classificação do crime e, quando necessário, o rol das testemunhas".*

304. O estado da arte hoje reside na dificuldade dos operadores do direito em realizar a descrição mínima dos supostos atos ilícitos praticados pelos agentes ou estabelecer o *"liame entre o agir do paciente e a suposta prática delituosa"*, condição mínima e indício de autoria para que haja a justa causa da ação penal.

305. Ao que nos parece, todavia, é preciso retornar alguns passos e readequar os pressupostos para a imputação penal, conforme feito nos capítulos anteriores.

306. Algumas imputações já podem ser afastadas no próprio processo administrativo fiscal, sem ter que se recorrer ao processo de acusação penal. Por exemplo, a depender da distribuição de competências administrativas no estatuto, o imputado pode demonstrar que não houve abuso de poderes nem teve conduta contrária à lei ou ao estatuto da empresa; é possível ao imputado

---

[199] STF-T2. HC 85.327/SP, rel. Min. Gilmar Mendes, *DJ* 20/10/2006; STF-T2. HC 89.427/BA, rel. Min. Celso de Mello, *DJe* 28/3/2008; STF-T2, 96.100/SP, rel. Min. Cármen Lúcia, *DJe* 7/8/2009; STF-T2, HC 94.773/SP, rel. Min. Ellen Gracie, *DJe* 24/10/2008; STF-T2, HC 127.415/SP, rel. Min. Gilmar Mendes, *DJe* 27/9/2016.

apresentar a ata da assembleia em que se deliberou o ato ilícito para indicar que não participou ou foi voto vencido; e demais esclarecimentos de como pessoa jurídica é administrada, das suas funções exercidas na empresa e da sua não participação na tomada de decisão que resultou na conduta ilícita.

307.**Caso prevaleça a tese da desnecessidade de prévia decisão administrativa fundamentada da responsabilidade de terceiros, para a posterior representação fiscal para fins penais, continuará sendo violado o direito do responsável tributário de petição** (CF, art. 5º XXXIV, "a"), **o direito ao devido processo legal** (CF, art. 5º. LIV) e **o direito ao contraditório e à ampla defesa, com os meios e recursos a ela inerentes também na seara administrativa** (CF, art. 5º, LV), *com o inconstitucional suprimento da via do processo administrativo ao acusado.*

7. A Questão das Sanções Políticas

308. Entende-se como sanções políticas no Direito Tributário as coações, restrições ou proibições impostas aos sujeitos passivos tributários, como forma vexatória e indireta de obriga-los ao pagamento do tributo, tais como fechamento ou interdição de estabelecimento[200]; suspensão ou até cancelamento da inscrição do contribuinte no respectivo cadastro; apreensão de mercadorias; o envio injustificável ou sem ter sido dado o direito de defesa do administrador de notícia de crime para o Ministério Público, etc.

309. Evidentemente, qualquer coação ou restrição que implique injustificável cerceamento da liberdade do exercício de qualquer trabalho, ofício, profissão ou atividade econômica lícita é inconstitucional (CF, arts. 5º, XIII e 170, II, e parágrafo único).

310. A nossa Corte Constitucional tem repudiado essa prática nefasta dos entes tributantes, como comprovam os teores das seguintes Súmulas:

> Súmula nº 70: É inadmissível a interdição de estabelecimento como meio coercitivo para a cobrança de tributo.

> Súmula nº 323: É inadmissível a apreensão de mercadorias como meio coercitivo para pagamento de tributos.

---

[200] Esta medida só foi tolerada excepcionalmente pelo STF – RE /RJ, rel. Min. Joaquim Barbosa, –, para salvaguardar a livre concorrência no caso específico de industrialização de cigarros, setor econômico de pouca concorrência, quando o não pagamento contumaz do IPI e do ICMS, por política da empresa, implicava em sério abalo à justa concorrência (CF, at. 170, IV; art. 173, § 4º).

Súmula nº 547: Não é lícito à autoridade proibir que o contribuinte em débito adquira estampilhas, despache mercadorias nas alfândegas e exerça suas atividades profissionais.

311. Acerca dessas sanções políticas, traga-se a colação a impressão de Hugo Machado:

> Não obstante inconstitucionais, as sanções políticas, que no Brasil remontam aos tempos da ditadura de Vargas, vêm se tornando a cada dia mais numerosas e arbitrárias, consubstanciando as mais diversas formas de restrições a direitos do contribuinte, como forma oblíqua de obriga-lo ao pagamento dos tributos, ou às vezes como forma de retaliação contra o contribuinte que vai a Juízo pedir proteção contra cobranças ilegais.
>
> [...] são flagrantemente inconstitucionais, entre outras razões, porque: a) implicam indevida restrição ao direito de exercer atividade econômica, independentemente de autorização de órgãos públicos, assegurado pelo art. 170, parágrafo único, da vigente Constituição Federal; b) configuram cobrança sem o devido processo legal, com grave violação ao direito de defesa do contribuinte. [...]
>
> A suspensão e o cancelamento da inscrição no cadastro fazendário implicam verdadeira proibição do exercício da atividade econômica pelo contribuinte. Nada, portanto, justifica tal providência, posto que o art. 5º, inciso XIII, da CF/88, coloca no altiplano dos direitos fundamentais a liberdade profissional, a dizer que *é livre o exercício de qualquer trabalho, ofício ou profissão, atendidas as qualificações profissionais que a lei estabelecer,* conquanto o art. 170, parágrafo único, da Lei Maior, diz que *é assegurado a todos o livre exercício de qualquer atividade econômica independentemente de autorização de órgãos públicos, salvo nos casos previstos em lei.*
>
> No primeiro desses dispositivos consagra-se a liberdade de exercício profissional, e a única exigência possível, como condição para tal exercício, diz respeito à capacidade profissional. Assim, por exemplo, para exercer a atividade de médico, ou de advogado, é válida a exigência do diploma universitário, que atesta a respectiva capacitação profissional.
>
> No segundo consagrada está a liberdade de exercício de atividade econômica. Mais ampla, tanto que não comporta exigência nenhuma, nem mesmo de capacitação, seja de que natureza for. A ressalva contida no final do dispositivo diz respeito a certas atividades que, por questão de segurança, ficam a depender da autorização estatal, como acontece, por exemplo, com o fabrico e comercialização de determinadas armas e munições. Obviamente não seria razoável admitir-se

a produção, ou o comércio, de metralhadoras, por exemplo, sem autorização e controle do Estado.

[...]

A inscrição no cadastro de contribuintes não pode ser transformada em autorização para exercer a atividade econômica. Nem o seu cancelamento em forma de obrigar o contribuinte a cumprir seus deveres para com o Estado. [...]

Aliás, mesmo a lei penal, lei ordinária federal posto que à União compete legislar em matéria penal, não pode cominar a pena de cancelamento da inscrição do contribuinte, posto que estaria instituindo pena de caráter perpétuo, que a Constituição proíbe (CF/88, art. 5º, inciso XLVII, alínea "b")[201].

8. O Direito Constitucional da Duração Razoável do Processo Administrativo e Judicial Tributário e do Processo Penal

312. A Constituição Federal de 1988, no seu artigo 5º, *caput*, inciso LXXVIII, acrescentado pelo Emenda Constitucional nº 45, de 8 de dezembro de 2004, assegura a todos, no âmbito judicial e administrativo, a razoável duração do processo e os meios que garantam a celeridade de sua tramitação.

313. Conforme reiterada jurisprudência do Augusto Pretório, a pendência de investigação ou do processo administrativo ou judicial, especialmente o judicial penal, por prazo irrazoável e sem amparo em suspeitas ou em indícios contundentes ofende à razoável duração do processo ou inquérito policial (CF/1988, art. 5º, *caput*, inciso LXXVIII), o direito à inviolabilidade da honra e da imagem (CF/1988, art. 5º, *caput*, inciso X), enfim, à dignidade da pessoa humana (CF/1988, art. 1º, *caput*, inciso III), sendo *dever do Poder Judiciário exercer sua atividade de supervisão judicial* (STF, Pet 3.825/MT, relator o senhor Ministro Gilmar Mendes), *fazendo cessar toda e qualquer ilegal coação por parte do Estado-acusador*[202].

314. A esse respeito, insta trazer à colação o magistério de Renato Brasileiro de Lima[203] no sentido de que o inquérito policial tem, como uma de suas características, ser procedimento temporário, *in verbis*: [...] *diante da inserção do direito à razoável duração do processo na Constituição Federal (art. 5º, LXXVIII), já não há mais dúvidas de que um inquérito policial não pode ter seu prazo de conclusão prorrogado indefinidamente.*

---

[201] MACHADO, Hugo de Brito. *Sanções políticas no direito tributário*, in *RDDT* volume 30, São Paulo: ed. Dialética, 1998, p. 46 a 49.

[202] Cf. STF, INQ. 4391/DF, rel. min. Dias Toffoli, j. 29/6/2018, *DJe*-117, publicação 1º/8/2018; INQ. 4429/DF, rel. min. Alexandre de Moraes, j. 8/6/2018, *DJe*-117 publicação 14/6/2018.

[203] LIMA, Renato Brasileiro de. *Manual de Processo Penal*. 4ª ed., Salvador: Juspodivm, 2016, p. 140.

Conclusões

315. Diante de todo o exposto, resta destacar as seguintes conclusões:

1ª) A Constituição Federal de 1988, além de garantir o direito de propriedade (art. 5º, XXII; art. 170, II, e parágrafo único), o princípio da legalidade (CF, art. 5º, II; art. 150, I), o direito de petição (CF, art. 5º, XXXIV, *a*), assegura que ninguém será privado da liberdade ou de seus bens sem o devido processo legal (art. 5º LIV) e afirma que aos litigantes, não só em processo judicial, mas também no processo administrativo, são assegurados o contraditório e a ampla defesa com os meios e recursos a ela inerentes (art. 5º LV).

Existindo, pois, lei, de determinado ente da Federação, estabelecendo o processo administrativo fiscal, não pode jamais ser suprimido o direito a esse prévio processo com o reconhecimento nele do direito constitucional a ampla defesa na esfera administrativa, sob pena de supressão inconstitucional da instância administrativa assegurada pela Lei Maior.

Para que o terceiro, especialmente, o administrador de empresa possa ser tido como responsável tributário, além da demonstração pelo Fisco da impossibilidade de o tributo ser quitado pela pessoa jurídica (já que a responsabilidade dos artigos 134 e 135 do CTN é subsidiária própria) e do cometimento doloso, por parte da pessoa que assumiu a gestão da empresa, de atos com excesso de poderes, infração de lei ou do contrato social ou estatuto (requisitos de responsabilidade indireta subjetiva do art. 135 do CTN), esses representantes, mandatários, prepostos, empregados e gerentes devem ser, previamente, notificados pessoalmente a apresentar a sua ampla defesa, no prévio processo administrativo de lançamento ou de imputação de responsabilidade, devendo emergir em consequência decisão administrativa fundamentada sobre a exatidão ou não da imputação feita a terceiros, só assim, poderá o nome do responsável tributário ser inscrito em dívida ativa e constar na respectiva certidão de dívida ativa (CDA).

Assim, enfatize-se, para que o nome do responsável tributário possa constar na respectiva CDA, ou para que possa suceder a representação fiscal para fins penais, deve ele ter sido notificado para se defender contra a acusação de prática de infração de lei, como, por exemplo, a dissolução irregular da sociedade ou o cometimento de apropriação indébita tributária, ou de contrato social ou estatuto da empresa na seara do processo administrativo fiscal de lançamento ou de imputação de responsabilidade e que daí emane ato decisório administrativo devidamente motivado, fazendo coisa julgada administrativa.

Não é o fato de o indivíduo ter agido com excesso de poderes ou cometido uma ilegalidade, uma infração que ele não possa ser tido como sujeito passivo indireto da obrigação tributária principal, na condição de responsável tributário.

De fato, quando da constituição do crédito tributário ou quando da realização do lançamento tributário ou da imputação da responsabilidade de terceiro, em tudo isso é necessária a identificação dos sujeitos passivos da relação jurídico-tributária, sendo também indispensável, existindo previsão legal de processo administrativo fiscal, que sejam assegurados ao contribuinte e ao apontado responsável tributário o devido processo legal, o contraditório e a ampla defesa com os meios e recursos a ela inerentes.

No momento da constituição do crédito tributário ou no momento do lançamento tributário, ou ainda que em outro momento e por outro processo administrativo, o terceiro é indicado como responsável tributário diante da acusação de ter agido com excesso de poderes, ou com infração de lei ou do contrato social, o fato incontestável é que ele se torna pessoalmente, ou seja, integralmente responsável pelo crédito tributário, já que, tornando a corresponde decisão perempta na esfera administrativa, o terceiro se torna sujeito passivo na condição de responsável subsidiário, devendo constar o sem nome na Certidão de Dívida Ativa – CDA –, não havendo como acatar o equivocado raciocínio de que bastaria, para a responsabilização de terceiro, declaração feita por autoridade administrativa fiscal ou pelo procurador da Fazenda, com a simples colocação na CDA do nome do terceiro, sem que tenha sido oferecido a ele o devido processo legal nem dado a ele a oportunidade do contraditório e da ampla defesa com os meios e recursos a ela inerentes.

Não é razoável que a consequência gravíssima que passa a arcar o terceiro com a sua imputação como responsável tributário, com risco ao seu direito fundamental de propriedade, seja feita por mera declaração da autoridade fazendária, sem que seja dado a ele a oportunidade do processo administrativo fiscal nem a ocasião pera o contraditório e a sua ampla defesa na esfera administrativa, como exige a Constituição Federal

De modo que sequer a autoridade judicial poderia, tanto em processo de conhecimento quanto de execução fiscal, admitir essa mera declaração, ainda que colocado o nome de terceiro indevidamente na CDA – uma vez que não espelharia o que, na realidade, havia sido discutido e provado no âmbito do processo administrativo fiscal –, com a exclusão do direito ao contraditório e à ampla defesa no âmbito administrativo, pois, se assim agisse, estaria o magistrado suprimindo que a colocação do nome de terceiro como responsável esteja decidido com todas as garantias fundamentais no âmbito do PAF, quando a Constituição da República impõe que *ninguém será privado da liberdade ou de seus bens sem o devido processo legal* substantivo e adjetivo, bem como assegura que *aos litigantes e aos acusados em geral, não só em processo judicial, mas também em processo administrativo, o contraditório e ampla defesa, com os meios e recursos a ela inerentes.*

Ainda que o crédito tributário já esteja definitivamente constituído, hipótese, por exemplo, dos tributos sujeitos a lançamento por homologação, quando a entrega da declaração do débito fiscal já traz o aludido efeito, assim mesmo o Fisco não está dispensado, para inserir o nome do representante, mandatário, preposto, empregador e administrador na CDA, de instaurar, ainda que após o recebimento das declarações dos contribuintes – Declaração de Débitos e Créditos Tributários Federais (DCTF), e Guia de Informação e Apuração do ICMS (GIA) – outro processo administrativo fiscal, não, necessariamente, para lançar ou constituir de ofício a parte do crédito não declarado, mas, pelo menos, para a apuração dessa responsabilidade do administrador, como dito acima, com a observância do devido processo legal e seus corolários: contraditório e ampla defesa, com meios e recursos inerentes a ela.

A Certidão de Dívida Ativa – título executivo extrajudicial –, exarada após a inscrição do crédito em Dívida Ativa, só tem a merecida presunção de liquidez e certeza, quando espelha a realidade da constituição do crédito ou do lançamento ou da imputação de responsabilidade a terceiro, não sendo juridicamente viável que alguém possa ser declarado unilateralmente responsável tributário pela autoridade fiscal ou fazendária, no momento da inscrição do crédito em Dívida Ativa ou da expedição da Certidão de Dívida Ativa, sem que esse sujeito passivo indireto tenha tido direito ao devido processo legal administrativo e ao contraditório e à ampla defesa no processo administrativo fiscal.

Portanto, é, juridicamente, inaceitável a inclusão do nome do responsável tributário em sentido estrito nem a substituição de CDA em qualquer processo judicial, sem que, previamente, a este tenha sido, na esfera do processo administrativo fiscal, reconhecido todos esses direitos, enfatizando-se que a Lei Maior garante que ninguém será privado da liberdade e de seus bens sem o devido processo legal e assegura aos acusados ou litigantes, em processos judicial ou também administrativo, o contraditório e a ampla defesa com os meios e recursos a ela inerentes.

Incide, no caso, a Súmula nº 392 do STJ: *A Fazenda Pública pode substituir a certidão de dívida ativa (CDA) até a prolação da sentença de embargos, quando se tratar de correção de erro material ou formal, vedada a modificação do sujeito passivo da execução.*

Inclusive, existe sólida jurisprudência do STF (STF-T1. AC 1.887 MC/SP; STF-T1. RE 107.698/RJ; STF-Pleno. RE 388.359/PE; STF-Pleno. RE 389.383/SP), considerando inconstitucional ato normativo que tenda a suprimir ou embaraçar o direito de recurso no âmbito do processo administrativo fiscal

Há, outrossim, jurisprudência consolidada do STF no sentido da indispensabilidade do processo administrativo disciplinar com o pleno exercício do contraditório e da ampla defesa (STF-Pleno. ADI 2.120/AM), o mesmo sucedendo, especificamente, em relação ao processo administrativo fiscal de lançamento de crédito tributário, bem como de imputação de responsabilidade a desfavor de qualquer espécie de sujeito passivo, quer seja contribuinte, quer seja responsável tributário (STF-T1. Ag. Reg. no RE 608.426/PR).

Dessarte, caso não tenha sido oferecido ao terceiro o prévio processo administrativo de imputação fiscal, onde este poderia apresentar o contraditório e a ampla defesa no sentido de que não cometera nenhum ato de que fora acusado, de que trato o artigo 135 do CTN, ou que o contribuinte teria condições financeiras de arcar com o débito tributário exigido, gerando o consequente ato de decisão administrativa perempta devidamente fundamentado, não pode o nome desse terceiro constar na Certidão de Dívida Ativa, nem pode o Fisco pretender colocar ou substituir, em processo judicial, o nome desse terceiro como sujeito passivo na condição de responsável tributário nem pode promover em desfavor deste a representação fiscal para fins penais, pois interpretação em sentido contrário ao que aqui está sendo demonstrado implicaria em rasgar a Carta Magna em total desrespeito ao expressamente exigido pelo artigo 5º, "caput", incisos XXII, XXXIV, alínea "a", LIV e LV.

Por fim, a Constituição da República não se contenta que sejam observados o devido processo legal material e adjetivo nos processos judiciais, posto que impõe que esses princípios sejam obedecidos também no seio dos processos administrativos de qualquer espécie.

Assim, não pode a Fazenda Pública pretender trocar, em processo judicial, a CDA que não continha o nome do responsável tributário, por uma nova CDA, que não reflita aquilo que realmente fora discutido e decidido com fundamentação no correspondente processo administrativo de lançamento ou de imputação de responsabilidade.

De modo que é incontestável que, existindo legalmente o processo administrativo fiscal, o representante, mandatário, preposto, empregado e administrador de empresa têm direito a ser notificados para prévia apresentação de defesa na esfera administrativa sobre as imputações que lhes foram dirigidas e têm, outrossim, direito do contraditório e da ampla defesa com os meios e recursos a ela inerentes no âmbito administrativo, bem como têm direito que a decisão administrativa decorrente seja motivada, isto tudo como corrobora o artigo 2º, *caput*, da Lei 9.784, de 29 de janeiro de 1999.

2ª) A ausência de ato administrativo constitutivo da responsabilidade de terceiro (CTN, art. 135), no âmbito do PAF, implica em perda da presunção de certeza e liquidez e na própria nulidade da Certidão de Dívida Ativa – CDA, especialmente, com supedâneo na Súmula nº 392 do STJ, que veda a substituição de CDA com a modificação do sujeito passivo da execução, no artigo 142 do CTN, que determina que, no lançamento, sejam identificados os sujeitos passivos, nos artigos 201 e 204 do mesmo Código, que exigem a regularidade da inscrição do crédito em dívida ativa, do artigo 202 da mesma lei, que dispõe que o termo de inscrição em dívida ativa indicará, obrigatoriamente, o nome do devedor e, sendo o caso, o dos corresponsáveis, e diante da regra no sentido de que qualquer omissão dos requisitos previstos no artigo 202, ou erro a eles relativo, são causas de nulidade da inscrição e do processo de cobrança dela decorrente (CTN, art. 203).

Ademais, o Decreto com força de lei nº 70.235, de 6 de março de 1972, que disciplina o processo administrativo fiscal, reza, no inciso II do artigo 59, que são nulos os despachos e decisões proferidos por autoridade incompetente ou com preterição do direito de defesa.

Conforme a Súmula nº 430 do STJ, *o mero inadimplemento do crédito tributário por parte do contribuinte não caracteriza o tipo infração à lei.*

Só pode ser entendido como regular a inscrição do crédito em dívida ativa se essa inscrição tenha sido precedida de processo que observe o *due processo of law* e assegure ao contribuinte ou ao responsável tributário o contraditório, a ampla defesa e os recursos a ela inerentes, sendo que, indubitavelmente, não pode a Administração tributária, rasgando os supracitados direitos fundamentais dos sujeitos passivos tributários, colocando-os, em consequência, em riscos os seus direitos fundamentais de propriedade e da própria liberdade física, suprimir deles o regular processo administrativo fiscal.

Repita-se, pois, que a ausência de qualquer um desses requisitos indispensáveis acima mencionados, dentre eles a não indicação do nome do devedor e, sendo caso, o dos corresponsáveis, torna, nos termos dos artigos 203 e 204 do CTN, e do artigo 59, inciso II, do Decreto nº 70.235, de 6 de março de 1972, a CDA nula, destituída de sua presunção relativa de certeza e liquidez e sem o seu efeito de prova pré-constituída.

3ª) É ilegítima a imputação penal dos representantes, mandatários, prepostos, empregados e administradores de empresas, sem ato administrativo fundamentado de responsabilização dos mesmos no âmbito do processo administrativo fiscal, e, portanto, sem que sejam a eles assegurado o devido processo legal e os seus corolários: o contraditório, a ampla defesa com os meios e os recursos inerentes a ela inerentes no correspondente PAF.

Para o encaminhamento da representação fiscal para fins penais contra as pessoas físicas cima mencionadas, em especial, o administrador de pessoa jurídica, além da indispensabilidade de o agente fiscal aguardar a constituição definitiva do crédito tributário (Súmula Vinculante nº 24 do STF), deve também, eventualmente, só encaminhar essa representação após decisão definitiva fundamentada da Administração tributária sobre a imputação de ter o considerado responsável tributário agido com abuso de poderes ou com infração de lei, do contrato ou do estatuto da sociedade

Se a constituição definitiva do crédito tributário é condição de punibilidade do crime de sonegação fiscal, não se deve imputar o crime àquele que não consta na certidão de CDA. Do mesmo modo, se o pagamento do crédito tributário extingue a punibilidade, não se pode imputar crime àquele que não deve, sob pena de, por via oblíqua, o Ministério Público realizar o redirecionamento de execuções fiscais contra terceiros, em desrespeito aos direitos do contribuinte.

Caso prevaleça a tese da desnecessidade de prévia decisão administrativa fundamentada da responsabilidade de terceiros, para a posterior representação fiscal para fins penais, continuará sendo violado o direito do responsável tributário de petição (CF, art. 5º XXXIV, *a*), o direito ao devido processo legal (CF, art. 5º. LIV) e o direito ao contraditório e à ampla defesa, com os meios e recursos a ela inerentes também na seara administrativa (CF, art. 5º, LV), com a inconstitucional supressão da via do processo administrativo ao acusado.

4ª) É possível que ocorra sanção política, como forma transversa de coagir o representante, o mandatário, preposto, empregado ou administrador a pagar o crédito tributário devido pelo representado ou pessoa jurídica, tendo em vista que, pela legislação penal vigente, o parcelamento do crédito tributário impede ou suspende a ação penal e que o pagamento do crédito tributário antes do recebimento da denúncia extingue a punibilidade.

Há relatos dessa prática, ou seja, o envio de representações fiscais para fins penais contra os administradores logo após os lançamentos dos créditos tributários devidos pelos contribuintes, e, no mais das vezes, sem que tenham existido os processos administrativos fiscais de imputação de responsabilidade aos administradores, como forma de coercibilidade para que estes quitem ou parcelem até com recursos próprios os débitos fiscais das sociedades, apesar de o STF repudiar essa prática nefasta, como comprovam as suas Súmulas de nos 70, 323 e 547.

5ª)Esses comportamentos dos agentes fiscais de colocar os nomes dos administradores na CDA para efeito de execução fiscal dirigida ou redirecionada contra eles e o encaminhamento de notícia crime contra esses administradores para o Ministério Público, sem a existência de prévio ato administrativo fundamentado da imputação feita aos administradores decorrente de PAF, afronta e desestimula o livre exercício de atividade econômica, um dos fundamentos maiores da ordem econômica (CF, art. 1º, *caput*, inciso IV; art. 5º, *caput*, inciso XIII; art. 170, *caput*, inciso II, e parágrafo único).

De fato, a desconsideração imotivada de que o débito tributário, salvo prova em contrário formado no âmbito do PAF, é da pessoa jurídica e não indiretamente do seu administrador, causa desestimulo ao livre exercício de atividade econômica.

Como bem ponderaram Hugo Machado Segundo e Raquel Machado, deve ser assegurado *o respeito a estruturas societárias que estimulam os indivíduos a empreenderem riscos indispensáveis ao progresso econômico e, em última análise, à própria livre iniciativa*[204].

6ª)O representante ou administrador de pessoa jurídica têm direito à conclusão do processo criminal em tempo socialmente aceitável sem ficarem

---

[204] MACHADO SEGUNDO, Hugo de Brito. MACHADO, Raquel Cavalcanti Ramos. *Responsabilidade...* artigo e local já citados, p. 134.

coagidos por tempo demasiado em virtude da inércia de cumprimento de diligências e da lentidão na produção de provas por parte do Estado acusador.

A Constituição da República, no seu artigo 5º, *caput*, inciso LXXVIII (acrescentado pela EC nº 45, de 8/12/2004), assegura a todos, no âmbito judicial e administrativo, a razoável duração do processo e os meios que garantam a celeridade de sua tramitação.

Conforme reiterada jurisprudência do Augusto Pretório, a pendência de investigação ou do processo administrativo ou judicial, especialmente o judicial penal, por prazo irrazoável e sem amparo em suspeitas ou em indícios contundentes ofende à razoável duração do processo ou inquérito policial (CF/1988, art. 5º, *caput*, inciso LXXVIII), o direito à inviolabilidade da honra e da imagem (CF/1988, art. 5º, *caput*, inciso X), enfim, à dignidade da pessoa humana (CF/1988, art. 1º, *caput*, inciso III), sendo *dever do Poder Judiciário exercer sua atividade de supervisão judicial* (STF, Pet 3.825/MT, Rel. Min. Gilmar Mendes), *fazendo cessar toda e qualquer ilegal coação por parte do Estado-acusador.*

O remédio processual para enfrentar esses processos penais com decurso além do socialmente aceitável pode ser a impetração de *habeas-corpus* para o trancamento da ação penal.

Referências

BALEEIRO, Aliomar. *Direito tributário brasileiro*, 11. ed. atual. por Misabel Abreu Machado Derzi. Rio de Janeiro: Forense, 2006.

BECHO, Renato Lopes. *Desdobramento das decisões sobre responsabilidade tributária de terceiros no STF: regras-matrizes de responsabilização, devido processo legal e prazos de decadência e prescrição*, in Revista Dialética de Direito Tributário" (*RDDT*)nº 204, São Paulo: Ed. Dialética, setembro de 2012, p. 45 a 57.

BECHO, Renato Lopes, *A responsabilidade tributária dos sócios tem fundamento legal?* In "RDDT" nº 182, São Paulo: Ed. Dialética, novembro de 2010, p. 71 a 85.

BECHO, Renato Lopes. *A responsabilidade tributária de terceiros na jurisprudência como indicativo para a necessidade de revisão da Súmula 435 do STJ*, in "RDDT" nº 213, São Paulo: Dialética, 2013, p. 127 a 139

BULOS, Uadi Lammêgo. *Constituição Federal anotada*, 12ª edição, São Paulo: Saraiva, 2017.

CALCINI, Fábio Pallaretti. *Responsabilidade tributária. O dever de observância ao devido processo legal e motivação*, in "RDDT" nº 164, São Paulo: Dialética, 2009, p. 32 a 42.

CANAZARO, Fábio. *A responsabilidade tributária dos sócios e dos dirigentes em relação ao passivo tributário das sociedades corporativas*, in "RDDT" nº 145, São Paulo: Dialética, outubro de 2007, p. 23 a 35.

CARVALHO, Paulo de Barros. *Curso de direito tributário*, 28 edição, São Paulo: Saraiva, 2017.

CARVALHO, Paulo de Barros. *Direito tributário: linguagem e método*, 7ª edição, São Paulo: Noeses, 2018.

CHIESA, Clélio. *Responsabilidade tributária do sócio e administrador – caracterização e procedimento para a sua constituição – nome constante da CDA – Cabimento ou não de exceção de pré-executividade – uma reflexão sobre entendimento do STJ*, in "Grandes questões atuais do direito tributário" 14º volume, ROCHA, Valdir de Oliveira (coordenador), São Paulo: Dialética, 2010, p. 45 a 63.

COÊLHO, Sacha Calmon Navarro. *Curso de direito tributário brasileiro*, 14ª edição, Rio de Janeiro: Forense, 2015.

COSTA, Regina Helena. *Curso de direito tributário*, 8ª edição, São Paulo: Ed. Saraiva, 2018.

CUNHA, Isabel Marques da. A responsabilidade do arrematante de imóvel em hasta pública por dívidas de IPTU pretéritas, in "RDDT", vol. 180, São Paulo: Dialética, setembro de 2010, p. 85 a 92.

FANUCCHI, Fábio. *Curso de direito tributário brasileiro*. Volume 1, 4ª ed. São Paulo: Resenha Tributária, 1980.

FERNANDES, Edison Carlos. *Responsabilidade tributária*, in "Curso de direito tributário", 14ª edição, coordenador Ives Gandra da Silva MARTINS, 2013, p. 293 a 304.

FERRAGUT, Maria Rita. *Portaria PGFN nº 180/2010 e a responsabilidade do administrador: um avanço*, in "RDDT" nº 178, São Paulo: Dialética, 2010, p. 102 a 106.

GRUPENMACHER, Betina Treiger. *Responsabilidade tributária do sócio e do administrador – nova sistemática*, in "Grandes questões atuais do direito tributário", 14º volume, ROCHA, Valdir de Oliveira (coordenador), São Paulo: Dialética, 2010, p. 29 a 44.

JUSTEN FILHO, Marçal. Sujeição passiva tributária, Belém: CEJUP, 1986.

LIMA, Renato Brasileiro de. *Manual de Processo Penal*. 4ª ed., Salvador: Juspodivm, 2016.

LOPES, Anselmo. Henrique Cordeiro. *A responsabilidade tributária dos administradores – a incidência do art. 135, III, do CTN*, in "Revista Fórum de Direito Tributário" (*RFDT*) nº 36, Belo Horizonte: Ed. Fórum, nov. e dez. de 2008, p. 155 a 191.

MACHADO, Hugo de Brito. *Curso de direito tributário*, 40ª edição, São Paulo: Malheiros, 2019.

MACHADO, Hugo de Brito. *Comentários ao Código Tributário Nacional*, volume 2, São Paulo: Atlas, 2004.

MACHADO, Hugo de Brito. *Defesa do contribuinte no processo de lançamento tributário*, in "Grandes questões atuais do direito tributário", 14º volume, ROCHA, Valdir de Oliveira (coordenador), São Paulo: Ed. Dialética, 2010, p.138 a 153.

MACHADO, Hugo de Brito. *Redirecionamento de execução fiscal e prescrição*, in "RDDT" nº 181, São Paulo: Dialética, 2010, p. 71 a 77.

MACHADO, Hugo de Brito. *O responsável tributário e o direito de defesa no procedimento administrativo*, in "RDDT" nº 160, São Paulo: Dialética, 2009, p. 43 a 50.

MACHADO, Hugo de Brito. *Sanções políticas no direito tributário*, in *RDDT* volume 30, São Paulo: ed. Dialética, 1998, p.46 a 49.

MACHADO SEGUNDO, Hugo de Brito. *Código tributário nacional: anotações à constituição, ao código tributário nacional e às leis complementares 87/1996 e 16/2003*, São Paulo: Editora Atlas, 2015.

MACHADO SEGUNDO, Hugo de Brito & MACHADO, Raquel Cavalcanti Ramos. *Responsabilidade de sócios e administradores e devido processo legal*, in ROCHA, Valdir de Oliveira. "Grandes questões atuais do direito tributário", 15º volume, São Paulo, Editora Dialética, 2011, p. 134 a 149.

MACHADO SEGUNDO, Hugo de Brito. *Notas sobre a responsabilidade tributária de terceiros*, in "Grandes questões atuais do direito tributário", 18 volume, ROCHA, Valdir de Oliveira (coordenador), São Paulo: Dialética, 2014, p. 201 a 217.

MACHADO, Schubert de Farias. *As garantias constitucionais conferidas ao acusado e do direito tributário sancionador*, in "Grandes questões atuais do direito tributário", 17º volume, ROCHA, Valdir de Oliveira. Dialética, 2013, p. 314 a 328.

MARQUES, Leonardo Nunes. A responsabilidade tributária do sócio e a inscrição em dívida: requisitos e procedimento, in "RDDT" nº 179, São Paulo: Dialética, 2010, p. 102 a 118.

MARTINS, Adriano Vidigal. A contagem do prazo prescricional do crédito tributário em relação aos sócios administradores, in "RDDT" volume 216, São Paulo: Dialética, 2013, p. 7 a 21.

MARTINS, Ives Gandra da Silva. *Comentários ao código tributário nacional*, volume 2, (coordenador), São Paulo: Saraiva, 1998.

MARTINS, Ives Gandra da Silva. Parecer: *Inteligência do art. 133 do Código Tributário Nacional – origem do dispositivo – evolução jurisprudencial e doutrinária – inaplicabilidade à hipótese consultada*, in "Revista Dialética de Direito Tributário" (*RDDT*) volume 145, São Paulo: Dialética, outubro – 2007, p. 132 a 147.

MARTINS, Ives Gandra da Silva. *Breves reflexões sobre o direito de defesa nos processos administrativos*, in "RDDT" nº 211, São Paulo: Dialética, 2013, p. 88 a 90.

MORAES, Bernardo Ribeiro. *Compêndio de direito tributário*, segundo volume, 2ª edição, Rio de Janeiro: Forense, 1994.

PAULSEN, Leandro. *Constituição e Código Tributário comentados à luz da doutrina e da jurisprudência*, São Paulo: Saraiva, 2017.

PIMENTA, Paulo Roberto Lyrio. *Da necessidade de apuração da responsabilidade tributária no âmbito do processo administrativo fiscal*, in "RDDT' nº 211, São Paulo: Dialética, 2013, p. 147 a 154.

SARAIVA FILHO, Oswaldo Othon de Pontes. *Processo administrativo tributário*, in "Direito tributário: artigos selecionados em homenagem aos 40 anos do Centro de Extensão Universitária", MARTINS, Ives Gandra da Silva (organizador), São Paulo: Ed. Revista dos Tribunais e Instituto Internacional de Ciências Sociais, 2012, p. 311 a 332.

SARAIVA FILHO, Oswaldo Othon de Pontes. *Responsabilidade: sucessores e infrações*, in "Tratado de direito tributário", volume 2, MARTINS, Ives Gandra da Silva. NASCIMENTO, Carlos Valder do. MARTINS, Rogério Gandra da Silva (coordenadores), São Paulo: Saraiva, 2011, p. 219 a 244.

SARAIVA FILHO, Oswaldo Othon de Pontes. *A prevalência da tese da criminalização da cobrança e não recolhimento intencional do ICMS*, in "RFDT" nº 103, Belo Horizonte: Fórum, janeiro e fevereiro de 2020, p. 65 a 76.

SCHOUERI, Luís Eduardo. *Direito tributário*, 7ª edição, São Paulo: Saraiva, 2017.

SEIXAS FILHO, Aurélio Pitanga. Sanções administrativas tributárias, "Revista Fórum de Direito Tributário" *(RFDT)* nº 21, Belo Horizonte: Ed. Fórum, maio e junho de 2006, p. 79 a 86.

SEIXAS FILHO, Aurélio Pitanga. *Condicionantes das isenções em direito tributário*, "Revista Fórum de Direito Tributário" *(RFDT)* nº 38, Belo Horizonte: Ed. Fórum, 2003, p. 27 a 35.

SILVA, Alexandre Alberto. *A desconsideração da personalidade jurídica no direito tributário*, São Paulo: Quartier Latin, 2007.

SOUSA, Rubens Gomes de. *Compêndio de legislação tributária*, São Paulo: Ed. Resenha dos Tribunais, 1975.

TAKANO, Caio Augusto. *Análise da Portaria PGFN nº 713/2011 em face da jurisprudência do STJ e do art. 135 do Código Tributário Nacional – limites à responsabilização dos sócios e administradores*, in "RDDT" nº 203, São Paulo: Dialética, 2012, p. 65 a 78.

TAVARES, Alexandre Macedo. *A inexistência de correlação lógica entre a inclusão do nome do sócio na CDA (= causa) e a inversão do ônus da prova da ausência dos requisitos do art. 135 do CTN (= efeito)*, in "RDDT" nº 152, São Paulo: Dialética, 2008, p. 7 a 20.

TÔRRES, Heleno Taveira. *Substituição tributária no regime constitucional, classificação e relações jurídicas (materiais e processuais)*, in "RDDT" nº 70, São Paulo: Dialética, julho de 2001, p. 87 a 108.

VALÉRIO, Walter Paldes. *Programa de direito tributário*, parte geral 10 edição, Porto Alegre: Ed. Sulina, 1991.

VILLAS-BÔAS, Marcos de Aguiar; MARINHO, Rodrigo César de Oliveira. *A responsabilidade tributária prevista no art. 133 do CTN*, "Revista Dialética de Direito Tributário" vol. 182, São Paulo: Dialética, novembro de 2010, p. 71 a 85.

XAVIER, Alberto. *Responsabilidade tributária dos sucessores na alienação de estabelecimento*, "RDDT" volume 167, São Paulo: Dialética, agosto de 2009, p. 7 a 17.

11. Planejamento Tributário e Crime

OSWALDO OTHON DE PONTES SARAIVA NETO

1. Contextualização do Problema: Expansão do Direito Penal-Tributário Proposta de Trabalho: Exigência de que o Direito Penal Assuma a Forma de Raciocínio do Direito Tributário

A concepção de direito penal como a *ultima ratio* do Estado para a proteção de bens jurídicos tem sido enfraquecida pelo uso da persecução penal como principal instrumento de gestão de problemas sociais.

Há um descrédito da sociedade nas outras instâncias de proteção: ética comunitária, responsabilidade civil e sanções administrativas[1]. Passa-se a realçar as "virtudes" do Direito Penal como instância repressiva e coercitiva. Exige-se, ainda mais, que se superem as barreiras liberais do direito penal e as exigências processuais garantistas, a fim de obter resultados efetivos.

Em um Estado social democrático, cuja função prestacional é prestigiada, todos os cidadãos são vítimas em potencial (aposentados, pensionistas, desempregados, estudantes), o que gera um "consenso" de que o Direito Penal deve ser mais duro e mais amplo, mormente em relação à macrocriminalidade: delitos ambientais, econômicos e de associação criminosa. Assim compreendido, o Direito Penal, que segundo a concepção liberal deve ser excepcional e fragmentário, converte-se em um direito de gestão (punitiva) de riscos, intenso e onipresente.

Mesmo as condutas que, isoladamente, não causam lesão concreta a bem jurídico ficam de fora da persecução criminal, por serem, globalmente,

---

[1] SILVA SÁNCHEZ, Jesús-Maria. *A expansão do direito penal: aspectos da política criminal nas sociedades pós-industriais*, São Paulo: Revista dos Tribunais, 2002, p.58;

prejudiciais à sociedade. Por meio de um critério de probabilidade[2], presume-se que a não criminalização da infração de um sujeito, independentemente de seu grau de lesividade, irá desinibir a conduta ilícita de outros. Esse fenômeno de expansão do direito penal acaba por diluir os limites entre o direito criminal e o direito administrativo a ponto de a doutrina ter dificuldade de distinguir a natureza da aplicação das sanções.

Nesse contexto se insere o direito penal-tributário, mormente quando se observa a flexibilização das regras de imputação e a relativização dos princípios político-criminais de garantia. Mesmo os delitos de reduzida monta são punidos com base em argumento de lesão aos serviços públicos, em especial à saúde e à educação[3].

A punição de condutas do contribuinte está inserida no plano simbólico (declaração de princípios que tranquiliza a opinião pública), enquanto as atenções deveriam estar voltadas para o nível da instrumentalidade[4], por meio do aperfeiçoamento de medidas que confiram efetividade na execução do crédito tributário e recuperação de dívidas.

Porém, o Direito Penal é sempre visto como a resposta mais rápida a problemas sociais de difícil resolução[5], aproveitando o Estado de um "consenso

---

[2] SILVA SÁNCHEZ, Jesús-Maria. *A expansão do direito penal: aspectos da política criminal nas sociedades pós-industriais*, São Paulo: Revista dos Tribunais, 2002, p. 117

[3] Atualmente, os delitos de grande monta, que para alguns seria a razão de ser do direito penal tributário, têm o tratamento de causa de aumento de pena prevista no art. 12, I, da Lei 8.137/90 (A propósito: "*A majorante do grave dano à coletividade, prevista pelo art. 12, I, da Lei 8.137/90, restringe-se a situações de especialmente relevante dano, valendo, analogamente, adotar-se para tributos federais o critério já administrativamente aceito na definição de créditos prioritários, fixado em R$ 1.000.000,00, do art. 14, caput, da Portaria 320/PGFN*" – REsp 1849120/SC, Relator Ministro Nefi Cordeiro, Órgão Julgador TERCEIRA SEÇÃO, DJe 25/03/2020). Por outro lado, a "*jurisprudência já se consolidou que incide o princípio da insignificância aos crimes tributários federais e de descaminho quando o débito tributário verificado não ultrapassar o limite de R$ 20.000,00, a teor do disposto no art. 20 da Lei n. 10.522/2002, com as atualizações efetivadas pelas Portarias n. 75 e 130, ambas do Ministério da Fazenda.* [...]*" (REsp 1688878/SP, Rel. Ministro SEBASTIÃO REIS JÚNIOR, TERCEIRA SEÇÃO, julgado em 28/02/2018, DJe 04/04/2018). Esses critérios apenas reforçam uma nova função da pena: finalidade arrecadatória. A imensa lacuna entre os delitos de bagatela e a macrocriminalidade cria uma zona em que o direito penal atua como um complemento sancionatório das normas fiscais (vide: SALVADOR NETTO, Alamiro Velludo. Finalidades da pena: conceito material de delito e sistema penal integral. São Paulo: Quartier Latin, 2009, p.285).

[4] SILVA SÁNCHEZ, Jesús-Maria. *A expansão do direito penal: aspectos da política criminal nas sociedades pós-industriais*, São Paulo: Revista dos Tribunais, 2002, p. 23;

[5] A propósito, escreve Maria Carolina de Moraes Ferreira, em "A banalização do Direito Penal como forma de arrecadação tributária": "Contudo, a fiscalização dessa arrecadação tributária por parte do Estado ainda é muito precária e ineficiente. Não é à toa a existência de incontáveis

social" para implementar políticas criminais mais severas, criminalizar meras infrações administrativas, flexibilizar regras de imputação.

Ocorre que, sendo louvável e teoricamente correta a tese de que certas infrações podem ser resolvidas na esfera administrativa, a expansão do direito penal aparenta ser um caminho sem volta (seja pelo "consenso social", seja pela incapacidade das demais instâncias de resolverem o problema), devendo a doutrina, com uma certa resignação[6], interceder pela aplicação de parâmetros de racionalidade nos exercícios da persecução e aplicação da pena.

Eis porque é indispensável a compreensão de que o direito penal deve assumir a forma de raciocínio do direito administrativo e, *in casu*, do direito tributário, sob pena de se perpetrar como um mecanismo desenfreado e inconsequente de punição, ao invés de ser excepcional e fragmentário.

Como ilustração do emprego correto do raciocínio próprio do direito tributário no direito penal, cita-se o conteúdo da **Súmula Vinculante 24:** *"Não se tipifica crime material contra a ordem tributária, previsto no art. 1º, incisos I a IV, da Lei 8.137/1990, antes do lançamento definitivo do tributo".*

Consolidou-se o entendimento de que a propositura antecipada da ação penal não pode subtrair do contribuinte os meios que a lei lhe propicia para questionar perante o Fisco a correção do lançamento provisório, evitando o estigma e as aflições de toda sorte do processo criminal.

A oportunidade de exercício do direito de ampla defesa e contraditório pelo contribuinte é requisito formal para tornar completo ou aperfeiçoar o ato administrativo de lançamento. O crédito tributário somente é exigível após sua constituição definitiva, de forma que antes disso a dívida é incerta e ilíquida.

A ação penal antes do lançamento definitivo pode conduzir a uma situação verdadeiramente absurda, na qual o Estado-juiz pune alguém por supressão ou redução de tributo, e o mesmo Estado, como Administração Tributária, diz que nenhum imposto lhe era devido[7]. No entanto, o diálogo

---

ações de execução fiscal no país (...). Soma-se a isso o fato de que no Direito Tributário as normas são volumosas e confusas. Nesse contexto, ao invés de o Estado reformar o sistema tributário, de forma que fique menos complexo e de melhor interpretação e entendimento, busca novos meios para satisfação dessas dívidas, através da reinterpretação de condutas anteriormente tidas como meras infrações administrativas, com o objetivo de criminalizá-las. E aí está o "problema". (https://politica.estadao.com.br/blogs/fausto-macedo/a-banalizacao-do-direito-penal-como-forma-de-arrecadacao-tributaria/) Acessado em 16.04.2020.

[6] SILVA SÁNCHEZ, Jesús-Maria. A expansão do direito penal: aspectos da política criminal nas sociedades pós-industriais, São Paulo: Revista dos Tribunais, 2002, p. 137

[7] MACHADO, Hugo de Brito. *Curso de Direito Tributário*. 40ª. Ed. São Paulo: Malheiros, 2019. p. 516

entre as fontes do direito não parece alinhar-se, por exemplo, no momento de responsabilizar penalmente o sócio administrador da empresa.

Mostra-se contrário ao devido processo legal o fato de o sócio-gerente sofrer ação penal sem poder ser responsabilizado civilmente pelo crédito tributário da empresa; por não constar na CDA; e por não ter tido, no processo administrativo fiscal, a oportunidade de demonstrar a não realização de qualquer dos atos de que trata o artigo 135, III, do CTN[8]; o que contraria o conteúdo da Súmula 430 do STJ, que dispõe: "O inadimplemento da obrigação tributária pela sociedade não gera, por si só, a responsabilidade solidária do sócio-gerente".

A "Torre de Babel" entre as fontes do direito parece erguer-se diante da dupla imposição sancionatória ao ilícito tributário — multas pecuniárias agravadas e sanções de natureza criminal — de forma cumulativa, de modo a configurar um *bis in idem*[9-10]. Ainda mais grave: arranjos e estruturações da empresa com base em interpretações jurídicas possíveis e controvertidas são imediatamente considerados fraudes tributárias, em violação à liberdade de auto-organização empresarial.

Sobre o último exemplo de casos em que o direito penal ignora a forma de raciocínio do direito tributário, dar-se-á a seguir mais atenção, em razão de observações da forma como a administração fiscal e os órgãos de persecução penal têm restringido o direito fundamental ao planejamento tributário do

---

[8] Art. 135. São pessoalmente responsáveis pelos créditos correspondentes a obrigações tributárias resultantes de atos praticados com excesso de poderes ou infração de lei, contrato social ou estatutos: (...) III – os diretores, gerentes ou representantes de pessoas jurídicas de direito privado.

[9] Vide: Helenilson Cunha Pontes, https://www.conjur.com.br/2019-mar-20/consultor-tributario-inconstitucionalidade-dupla-sancao-ilicito-tributario. Acessado em 16/04/2020;

[10] O argumento de que é possível a cumulação das penas administrativa e penal em razão da independência entre as instâncias é insuficiente, apesar de ser utilizado repetidamente pela jurisprudência. Não existe em nosso ordenamento jurídico uma diferenciação entre a natureza das infrações, de modo que a separação entre instâncias é meramente didática. Em outros países, a cifra sonegada ou a natureza da fraude permitem uma diferenciação entre as esferas administrativa e criminal. A dupla imputação se revela desproporcional, na medida em que as instâncias não dialogam ente si. Como ensina Hugo de Brito Machado Segundo: *"O problema está na duplicidade de julgamentos, da duplicidade de órgãos punitivos, não tendo o órgão controle sobre a aplicação da sanção pela outro"* (MACHADO SEGUNDO, Hugo de Brito. *Sanções Tributárias*, em Sanções Administrativas Tributárias, Dialética/ICET, São Paulo/Fortaleza, 2004, ps. 202-203). A propósito, o art. 22, §3º, da LINDB, incluído pela Lei 13.655/2018, prevê que "As sanções aplicadas ao agente serão levadas em conta na dosimetria das demais sanções de mesma natureza e relativas ao mesmo fato".

contribuinte por meio do abuso de representações fiscais para fins penais (RFFP) e de denúncias criminais.

Ao final, propõem-se teses jurídicas e soluções possíveis para racionalizar essa expansão do direito-penal tributário e conter o avanço desenfreado da persecução penal, diferenciando a fraude da valoração jurídica dos fatos, almejando o aumento da segurança jurídica das estruturações da empresa com vistas à economia de tributos.

2. Direito Fundamental ao Planejamento Tributário

Planejamento Tributário é a organização dos negócios e dos atos do indivíduo ou da empresa visando a evitar, atenuar ou retardar o pagamento de tributos.

Esse direito à economia de tributos pode ser erigido à condição de direito fundamental a partir de uma análise sistêmica das garantias constitucionalmente asseguradas ao empresário/contribuinte, quais sejam: liberdade de fazer ou deixar de fazer aquilo que não seja vedado ou exigido por lei (art. 5º, II, da CF); liberdade de auto-organização empresarial (autonomia privada prevista no art. 170, p. u., da CF); e os princípios da legalidade e tipicidade tributária (art. 150, I, da CF e art. 108, §1º, do CTN).

A garantia ao planejamento tributário tem como premissas: a desobrigação da prática de atos ou negócios jurídicos que acarretem incidência de tributos, ou incidência mais onerosa; a não-intervenção do Estado nas escolhas e estratégias do empresário; e a dependência de fato gerador para que haja obrigação tributária (art. 113, §1º, CTN), que é a situação definida em lei como necessária e suficiente à sua ocorrência (art. 114, CTN)[11].

Não configura ilícito tributário, nem penal, adaptar a atividade econômica aos fatos não abarcados pelo tipo tributário, uma vez que: a obrigação tributária é *ex lege;* o emprego da analogia não poderá resultar na exigência de tributo não previsto em lei; e o ordenamento jurídico não prevê a interpretação econômica do fato gerador[12].

---

[11] Vide: SARAIVA NETO, O. O. P. Planejamento tributário agressivo: aspectos teóricos, posicionamento do Conselho Administrativo de Recursos Fiscais. FÓRUM DE DIREITO TRIBUTÁRIO, v. 97, p. 9-30, 2019;

[12] Na época da confecção do Código Tributário Nacional, o dispositivo que previa a interpretação econômica do fato gerador foi excluído do texto final, não sendo, portanto, acolhido no nosso ordenamento. Dizia o art. 74 do projeto: *"A interpretação da legislação tributária visará sua aplicação não só aos atos, fatos, ou situações jurídicas nela nominalmente referidos como também àqueles que produzam ou sejam suscetíveis de produzir o resultado equivalente";*

Pode-se exigir tributo somente quando a lei previamente preveja os elementos da hipótese de incidência (art. 150, I, da CF e art. 97, I e III, do CTN), assim, a obrigação tributária só nasce com a ocorrência do fato gerador do tributo, tal como definido em lei (art. 113 e 114, CTN).

Conclui-se, portanto, que o planejamento com vistas a evitar a ocorrência do fato gerador ou a atenuar a incidência da norma impositiva tributária consiste em reconhecido direito do contribuinte à economia de tributos.

3. Distinção Importante: Qualificação Jurídica dos Fatos e Fraude

O planejamento tributário envolve a qualificação jurídica de negócios e fatos e não a distorção da realidade das coisas (simulação/fraude). Esta distinção é de suma importância para afastar qualquer tentativa de caracterizar como sonegação fiscal a escolha do contribuinte por um caminho tributariamente menos oneroso.

A noção de que o direito tributário repousa meramente em uma lógica silogística entre a hipótese de incidência e o acontecimento do mundo dos fatos é muito bem desconstruída por Marco Aurélio Greco, para quem não é possível explicar a complexidade dos fatos por meio de uma visão estática de um mundo pronto e um direito posto[13]. Segundo o tributarista:

> "os fatos não são inequívocos, nem quanto à sua ocorrência, nem quanto ao seu significado, por envolverem, no mais das vezes, valorações que extrapolam os dados meramente empíricos. As normas, seja por consagrarem valores, seja porque o intérprete deles também é portador, implicam, igualmente, valorações que interferem na operação de fragmentação e recomposição do discurso normativo".[14]

Evidente é que o planejamento tributário se aproveita de muitas dessas situações ambíguas. Há uma série de situações em que surgirão dúvidas quanto à qualificação jurídica dos negócios elaborados ou dos fatos ocorridos. Nesses casos, em que há diferentes valorações possíveis dos acontecimentos, uma afirmando a ocorrência do fato gerador e outra negando-a ou atenuando-a,

---

[13] ROCHA, Sérgio André. Planejamento Tributário na Obra de Marco Aurélio Greco, Rio de Janeiro: Editora Lumen Juris, 2019, p. 35;

[14] GRECO, Marco Aurélio. Planejamento Tributário. 3 ed. São Paulo: Dialética, 2011. p. 492;

a lei que define a infração deve ser interpretada de modo mais favorável ao sujeito passivo[15].

Tome-se por exemplo a preterição de um negócio jurídico diretamente aplicado à situação concreta para a escolha de um negócio não específico, com efeitos semelhantes, mas sem a previsão de incidência tributária. É importante notar que o contribuinte que realiza o negócio jurídico indireto estará submetido ao regime desse negócio e a suas consequências cíveis. Desse modo, contorna-se o fato gerador, mas não se deixa de atender às exigências e de arcar com os ônus desse arranjo[16].

Nesses casos, o contribuinte pode ser surpreendido com uma autuação fiscal fundada na interpretação de que aquele negócio jurídico indireto deva ser qualificado como o negócio específico, em que há a incidência tributária. O contribuinte, por outro lado, irá defender a correção de seus atos e a possibilidade de arranjos que o ordenamento jurídico lhe concede.

A valoração a ser dada aos negócios e fatos, dentro de seu campo de possibilidades interpretativas, não deve ser inibida pela imposição de multas fiscais agravadas, muito menos por penas criminais. Ninguém está obrigado a seguir uma interpretação fiscalista e a praticar atos ou negócios jurídicos que acarretem a incidência de tributos, ou a incidência mais onerosa.

Observem-se, por exemplo, temas controvertidos no Supremo Tribunal Federal, cujas soluções não são simplesmente dedutíveis. O aproveitamento de créditos de ICMS oriundos da Guerra Fiscal entre Estados (Tema 490); a compensação de precatórios (Temas 111 e 558)[17]; a sujeição passiva do ICMS em importações indiretas (Tema 520); a exclusão do ICMS da base de cálculo do PIS/Cofins (Tema 69), são todos assuntos que não deveriam ser levados ao banco dos réus, posto existir razoável divergência entre as teses a serem acolhidas pela Suprema Corte.

---

[15] GRECO, Marco Aurélio. Planejamento Tributário Revisitado. In: OLIVEIRA, Francisco Marconi de. et. al. (Coords.). Estudos Tributários do II Seminário CARF. Brasília: CNI, 2017. p. 32-33;

[16] Os requisitos para sua identificação são: que as partes valham de um negócio jurídico típico (tipicidade) e devidamente utilizado por elas (realidade); que se vise um fim diverso daquele a qual a lei criou (causalidade), arcando com ônus dessa escolha (onerosidade). Vide: MARIZ DE OLIVEIRA, Ricardo, Curso de Direito Tributário; Coord. Ives Gandra Martins, 9ª edição, ed. Saraiva, São Paulo, 2007, p.436/437;

[17] A propósito: HARADA, Kiyoshi. Compensação de precatórios com tributos tipifica o crime contra ordem tributário? http://www.haradaadvogados.com.br/compensacao-de-precatorio-com-tributos-tipifica-o-crime-contra-ordem-tributaria/ Acessado em 25/05/2020;

DIREITOS FUNDAMENTAIS DOS CONTRIBUINTES

Subjacentes a esses temas existem estruturações da empresa: constituição de estabelecimento filial em ente da federação que concede benefícios fiscais; contratação de empresa *Trading* para realizar importação por conta e ordem ou por encomenda; compra de precatórios;

O julgamento em definitivo com o resultado contrário à tese do contribuinte importará em nova cobrança do crédito tributário, estorno de créditos fiscais, imposição de multa de mora com juros, atualização e encargos legais. Em alguns casos, o contribuinte terá que pagar duas vezes o tributo e depois enfrentar toda sorte de ação de restituição de indébito. Esses são os riscos de um planejamento tributário – e não os riscos adicionais de uma condenação penal.

Por outro lado, quando houver a distorção do fato ou do negócio jurídico, pela simulação ou pela fraude, não se tratará de planejamento tributário legítimo, mas de um abuso de direito de auto-organização empresarial. Uma vez que se tenha incorrido nas situações necessárias e suficientes ao nascimento da obrigação tributária, dela não se pode mais escapar, de forma que o arranjo praticado com a finalidade de esconder a subsunção do fato ao tipo tributário é ilícito e pode ser desconsiderado pelo Fisco[18], que fará o lançamento de ofício nos termos do art. 149, VII, do CTN[19].

Nesses casos, não há que se falar em qualificação jurídica ou interpretação razoável do fato, mas em uma construção artificiosa de um acontecimento que não pode ser oponível ao Fisco. A desconformidade entre a vontade e o negócio praticado pelo contribuinte, por consequência, poderá ter repercussão penal[20].

---

[18] Esse é conceito de sonegação fiscal definido pela Lei 4.502/64: "*Art . 71. Sonegação é tôda ação ou omissão dolosa tendente a impedir ou retardar, total ou parcialmente, o conhecimento por parte da autoridade fazendária: I – da ocorrência do fato gerador da obrigação tributária principal, sua natureza ou circunstâncias materiais*";

[19] A autoridade administrativa pode realizar o lançamento de ofício quando se comprove que o sujeito passivo, ou terceiro em benefício daquele, agiu com dolo, fraude ou simulação (149, VII, do CTN);

[20] Essa distinção entre qualificação jurídica dos fatos e fraude também é feita por Hugo de Brito Machado, que diferencia fato e fato jurídico. Segundo o jurista: "A compreensão adequada da distinção entre fato e fato jurídico nos permite afirmar que o crime previsto no art. 1º, da Lei 8.137/90 não se configura sem a fraude, e essa, na verdade, somente se configura pelas incorreções ou inexatidões atinentes aos fatos, sendo irrelevantes quaisquer incorreções ou inexatidões inerentes ao significado jurídico destes". (MACHADO, Hugo de Brito. *Crimes contra a ordem tributária*, 4ª. Ed. São Paulo: Atlas, 2015, p. 281);

4. Exclusão da Tipicidade da Conduta pelo Reconhecimento do Erro de Tipo. As Funções Argumentativa e de Segurança Jurídica da Dogmática Penal na Construção de Decisões Judiciais

Conforme as lições do professor Demerval Farias Gomes Filho, "só se pode afirmar que alguém é culpado ou inocente em uma decisão penal com prévia exposição dos argumentos dogmáticos"[21]. Trata-se de pressuposto de legitimação da condenação penal. Assumindo o raciocínio do direito tributário para o direito penal, dificilmente a decisão penal conseguirá vencer a tipicidade da conduta de sócio de empresa que realiza um planejamento tributário legítimo, fundado em interpretações possíveis do Direito Tributário.

Ainda que prevaleça nos Tribunais uma interpretação (qualificação jurídica do negócio ou ato jurídico) contrária àquela razoavelmente adotada pela empresa, não há que se falar em dolo na conduta de seus administradores.

O contribuinte convencido da licitude do seu procedimento, por óbvio, não age com o propósito de lesar o fisco. O erro de interpretação do direito tributário (se o tributo é devido, ou quanto é devido) não se confunde com o erro da lei penal, que enseja o afastamento da culpabilidade pelo erro de proibição.

Trata-se de erro de tipo, que se situa nas questões imbricadas do Direito Tributário. O agente, ao escolher determinado arranjo fiscal, não sabe da presença de elementos que integram um tipo penal (fraudar a fiscalização tributária, inserir elementos inexatos, omitir operação, emitir nota fiscal). Nas palavras do jurista Hugo de Brito Machado: "Não se pode dizer que o agente quis suprimir tributo se ele não sabia ser o tributo devido, ou não, na situação por ele vivenciada"[22].

As figuras da dogmática penal "erro de tipo" e "dolo" andam juntas. O dolo se afere a partir da consciência e vontade de cometer ato ilícito. Em situações de erro de tipo falta o elemento cognitivo e, por sua vez, desaparece o elemento volitivo da conduta ilícita. Sendo o dolo elemento integrante da conduta, segundo a teoria finalista da ação, sua ausência implica reconhecimento da atipicidade.

Entendimento diferente geraria a situação absurda de um contribuinte sempre preferir adotar a interpretação fazendária, temendo a pecha que um processo penal traz, em total esvaziamento do direito ao planejamento tributário, como bem ilustra Hugo de Brito Machado:

---

[21] GOMES FILHO, Demerval Farias. Dogmática Penal. Salvador: Editora JusPodivm, 2019, p. 228;

[22] MACHADO, Hugo de Brito. *Crimes contra a ordem tributária*, 4ª. Ed. São Paulo: Atlas, 2015, ps. 72;

"Se o erro na interpretação das leis tributárias não fosse capaz de elidir a configuração do crime, a relação de tributação deixaria de ser uma relação jurídica, para voltar a ser como foi em sua forma primitiva, uma relação simplesmente de poder.

Realmente, o tributo deixaria de ser devido nos termos da lei e passaria a ser devido nos termos da interpretação dada à lei pela Administração Tributária. Toda vez que o contribuinte tivesse dúvida teria que consultar a autoridade administrativa, e adotar o entendimento por esta preconizado. Quando tivesse entendimento diverso teria que pedir a proteção judicial antes de concretizá-lo em conduta, sem o que estaria sempre correndo o risco de afinal ser acusado do cometimento do crime"[23].

Esse cenário de insegurança na aplicação das normas tributárias e eventual reflexo penal é complementado pelo Professor Alamiro Velludo Salvador Netto, que de forma muito lúcida resumiu o problema "por via transversa, alcançou-se uma figura *sui generis* de sonegação culposa, uma espécie de violação de dever de cuidado na devida interpretação"[24].

O planejamento tributário não deixa de ser uma insurreição do particular em relação ao Fisco[25]. São arranjos jurídicos que contornam ou atenuam a exigência tributária. Aquelas empresas que possuem maior equipe técnica (jurídica e contábil) garantem sua maior competitividade no mercado. Em regra, caso o planejamento não seja visto como um direito fundamental do contribuinte, haverá tendência a vê-lo tão somente como uma fuga à obrigação de pagar tributo, o que pode ensejar um voluntarismo em prol da condenação. Eis, pois, a importância da dogmática penal como exigência argumentativa e critério de segurança jurídica das decisões judiciais.

Em matéria penal-tributária é necessária a demonstração do dolo, da inexistência de erro de tipo, da individualização das condutas dos sócios e do afastamento das causas excludentes da punibilidade.

---

[23] MACHADO, Hugo de Brito. *Crimes contra a ordem tributária*, 4ª. Ed. São Paulo: Atlas, 2015, ps. 73-74;

[24] SALVADOR NETTO, Alamiro Velludo. Finalidades da pena: conceito material de delito e sistema penal integral. São Paulo: Quartier Latin, 2009;

[25] Por diversos fatores: a tendência da liberdade de evitar coações fiscais; as regras do livre mercado e da livre concorrência a alta carga tributária, o tratamento tributário desigual, o mau uso pelo Estado brasileiro do dinheiro público, a corrupção, a má qualidade dos serviços públicos;

5. Ausência de Multa Administrativa Qualificada Afasta o Ilícito Penal[26]

Conforme a legislação tributária federal, aplica-se a multa de ofício de 75% sobre a totalidade ou diferença de imposto ou contribuição nos casos de falta de pagamento ou recolhimento, de falta de declaração ou declaração inexata (art. 44, I, da Lei 9.430/96). Essa multa é dobrada nos casos de sonegação, fraude e conluio[27], independentemente de outras penalidades administrativas ou criminais cabíveis, alcançando o patamar de 150% (art. 44, §1º da Lei 9.430/96 c/c arts. 71, 72 e 73 da Lei 4.502/64).

Segundo o art. 136, do CTN, salvo disposição de lei em contrário, a responsabilidade por infrações da legislação tributária independe da intenção do agente. Nesse sentido, os arts. 71 a 73 da Lei 4.502/64 são normas excepcionais, de maneira que a intenção do agente é elemento essencial para distinguir a multa de ofício da multa qualificada. O dolo é elemento subjetivo indispensável na sonegação, fraude e conluio, de maior reprovabilidade e, portanto, maior graduação da multa, daí falar-se em multa qualificada.

Por conseguinte, o art. 112, IV, do CTN, dispõe que a lei tributária que define infrações, ou lhes comina penalidades, interpreta-se da maneira mais favorável ao acusado em caso de dúvida quanto à natureza da penalidade aplicável ou à sua graduação.

Assim, a divergência entre contribuinte e fisco quanto à conformidade do arranjo fiscal com o ordenamento jurídico não é suficiente para se identificar o elemento intencional do sujeito passivo no sentido de encobrir fatos, dificultar sua fiscalização ou fraudar a lei.

A propósito:

---

[26] Tratei deste assunto no artigo: SARAIVA NETO, O. O. P. Planejamento tributário agressivo: aspectos teóricos, posicionamento do Conselho Administrativo de Recursos Fiscais. FÓRUM DE DIREITO TRIBUTÁRIO, v. 97, p. 9-30, 2019;

[27] Art. 71. Sonegação é toda ação ou omissão dolosa tendente a impedir ou retardar, total ou parcialmente, o conhecimento por parte da autoridade fazendária: I – da ocorrência do fato gerador da obrigação tributária principal, sua natureza ou circunstâncias materiais; II – das condições pessoais de contribuinte, suscetíveis de afetar a obrigação tributária principal ou o crédito tributário correspondente.

Art. 72. Fraude é toda ação ou omissão **dolosa** tendente a impedir ou retardar, total ou parcialmente, a ocorrência do fato gerador da obrigação tributária principal, ou a excluir ou modificar as suas características essenciais, de modo a reduzir o montante do imposto devido a evitar ou diferir o seu pagamento.

Art. 73. Conluio é o ajuste **doloso** entre duas ou mais pessoas naturais ou jurídicas, visando qualquer dos efeitos referidos nos arts. 71 e 72;

(...)

FRAUDE. MULTA QUALIFICADA. A aplicação da multa qualificada pressupõe o comprovado intuito de fraude, nos exatos termos dos arts. 71, 72 e 73 da Lei nº 4.502/1964, que é o dolo específico da conduta praticada. A não convalidação de planejamento tributário, por si só, não justifica a qualificação da multa, pois a discussão sobre desqualificação do planejamento tributário é matéria diversa e tem base em premissas jurídicas distintas daquelas que devem equacionar a aplicabilidade da multa qualificada. Logo, mesmo que o planejamento fiscal não possa ser convalidado, a qualificação da multa apenas se impõe, se preenchidos os seus próprios requisitos.

(CARF, Recurso Voluntário, Acórdão n. 3301-004.593, Relator: Semiramis de Oliveira Duro, Data da Sessão 18/04/2018)

Interpretação diferente pode ocasionar maior onerosidade e insegurança jurídica ao planejamento tributário, devido aos riscos que uma estruturação um pouco mais arrojada pode apresentar, o que restringiria o direito de liberdade e de auto-organização empresarial.

Nesse sentido, alguns critérios devem ser apreciados para se aferir o dolo, como: se o contribuinte realizou suas operações às claras; se apresentou declaração e documentos conformes à lei; se , na época do planejamento, existia consciência de sua ilegitimidade; se o abuso de direito é manifesto, etc[28].

Por fim, cumpre lembrar que decisões dos órgãos singulares ou coletivos de jurisdição administrativa, a quem a lei atribui eficácia normativa, e as práticas reiteradamente observadas pelas autoridades administrativas são normas complementares que compõem a legislação tributária (art. 100, II e III, CTN), e sua observância exclui a imposição de penalidades (art. 100, § único). Além do que, a modificação nos critérios jurídicos adotados pela autoridade administrativa no exercício do lançamento somente pode ser efetivada, em relação a um mesmo sujeito passivo, quanto a fato gerador ocorrido posteriormente à sua introdução, conforme art. 146, do CTN.

De todo o exposto, embora um planejamento seja desconsiderado pelo fisco, nem sempre resultará em multa qualificada, uma vez que cabe à

---

[28] No acórdão 2801-003.958, proferido pelo CARF em 2015, prevaleceu o entendimento de que: "a multa qualificada não é aplicada somente quando existem nos autos documentos com fraudes materiais, como contratos e recibos falsos, notas frias e etc., decorre também da análise da conduta ou dos procedimentos adotados pelo contribuinte que emergem do processo".

administração tributária demonstrar o elemento intencional do sujeito passivo no sentido de encobrir fatos, dificultar sua fiscalização e fraudar a lei. Caso seja afastada a multa qualificada pela própria Administração Tributária, não há que se falar em crime tributário, posto que o próprio Estado fiscal já declarou a ausência de dolo da conduta.

6. Representação Fiscal para Fins Penais

A decisão definitiva do processo administrativo fiscal consubstancia uma condição objetiva de punibilidade, sem a qual a denúncia deve ser rejeitada. Somente com a preclusão administrativa é que a autoridade fazendária deve, caso haja indícios de crime, realizar a representação fiscal para fins penais.

A RFFP é mera notícia de fato para a instauração de processo criminal pela prática de delito contra a ordem tributária. Cabe aos órgãos de persecução penal avaliar a viabilidade da ação penal, não sendo possível, de antemão, retirar do Estado o direito e o dever de investigar e processar quando há elementos mínimos necessários para a persecução criminal.

Ocorre que se tem observado comportamento automático e irracional das autoridades fazendárias que apresentam ao Ministério Público qualquer decisão desfavorável ao contribuinte, decorrente de autos de infração e imposição de multa. Verificam-se algumas incongruências:

a) Equiparação do ilícito tributário com o ilícito penal tributário;
b) Criminalização da interpretação razoável e do planejamento tributário;
c) Direcionamento automático da execução aos sócios-administradores sem indicação de sua responsabilidade pela infração (art. 135, III, do CTN);
d) Imputação do crime a sócios-administradores sem concessão do direito personalíssimo de ampla defesa e contraditório;
e) Notícias criminais e denúncias genéricas, sem indicação dos elementos de autoria e materialidade ou sem a devida individualização da pena;
f) Uso do direito penal como instrumento de coação para o pagamento de dívida tributária – indevida sanção política.

A preclusão administrativa em desfavor do contribuinte que realiza um planejamento tributário não gera presunção de cometimento de crime. A representação fiscal para fins penais não é consectário automático da constituição definitiva do crédito tributário.

A RFFP deve vencer todas as incongruências citadas acima, deve ser fundamentada e ser acompanhada de robusta documentação que indique a materialidade (fraude à lei) e autoria delitiva (responsabilidade do sócio-gerente).

Conclusões

A partir das ponderações anteriores, as seguintes teses são propostas:

a) A interpretação dada pelo contribuinte à legislação tributária, divergente da adotada pelo Fisco (quando baseada em interpretação razoável, compreendendo-se como tal aquela que se baseia na lei, na jurisprudência e na doutrina), não permite a imputação penal, devido à ausência de dolo da conduta em virtude da ocorrência do erro de tipo;

b) Não há crime tributário quando a Administração Tributária deixar de aplicar multa qualificada, posto que o próprio Estado fiscal já declarou a ausência de dolo da conduta;

c) A representação fiscal para fins penais, em que pese não ser condição de procedibilidade da ação penal, para que não se torne instrumento de sanção política, deve ser fundamentada e indicar a responsabilidade pela infração dos sócios da empresa devedora, por meio de procedimento que conceda o direito de ampla defesa e contraditório,

Referências

DECOMAIN, Pedro Roberto. *Crimes contra a ordem tributária*, 5ª ed., São Paulo, Fórum: 2010

GOMES FILHO, Demerval Farias. *Dogmática Penal*, Salvador: Editora JusPodivm, 2019

GRECO, Marco Aurélio. *Planejamento Tributário*, 3 ed. São Paulo: Dialética, 2011.

HARADA, Kiyoshi. Compensação de precatórios com tributos tipifica o crime contra ordem tributário? http://www.haradaadvogados.com.br/compensacao-de-precatorio-com-tributos-tipifica-o-crime-contra-ordem-tributaria/ Acessado em 25/05/2020;

MACHADO, Hugo de Brito. *Crimes contra a ordem tributária*. 4ª. Ed. São Paulo: Atlas, 2015

MACHADO, Hugo de Brito. *Curso de Direito Tributário*. 40ª. Ed. São Paulo: Malheiros, 2019

MACHADO SEGUNDO, Hugo de Brito. *Sanções Tributárias*, em Sanções Administrativas Tributárias, Dialética/ICET, São Paulo/Fortaleza, 2004

MARCÃO, Renato. *Crime contra a ordem tributária, econômica e relações de consumo*, 2ª ed., São Paulo: Saraiva, 2018

MARIZ DE OLIVEIRA, Ricardo. *Curso de Direito Tributário*; Coord. Ives Gandra Martins, 9ª edição, ed. Saraiva, São Paulo, 2007

MORAES FERREIRA, Maria Carolina de. *A banalização do Direito Penal como forma de arrecadação tributária.* (https://politica.estadao.com.br/blogs/fausto-macedo/a-banalizacao-do-direito-penal-como-forma-de-arrecadacao-tributaria/) Acessado em 16.04.2020.

PONTES, Helenilson Cunha, https://www.conjur.com.br/2019-mar-20/consultor-tributario-inconstitucionalidade-dupla-sancao-ilicito-tributario. Acessado em 16/04/2020;

SARAIVA NETO, O. O. P. . *Planejamento tributário agressivo: aspectos teóricos, posicionamento do Conselho Administrativo de Recursos Fiscais.* FÓRUM DE DIREITO TRIBUTÁRIO, v. 97, p. 9-30, 2019.

ROCHA, Sérgio André. *Planejamento Tributário na Obra de Marco Aurélio Greco*, Rio de Janeiro: Editora Lumen Juris, 2019

SALVADOR NETTO, Alamiro Velludo. *Finalidades da pena: conceito material de delito e sistema penal integral.* São Paulo: Quartier Latin, 2009

SILVA SÁNCHEZ, Jesús-Maria. *A expansão do direito penal: aspectos da política criminal nas sociedades pós-industriais*, São Paulo: Revista dos Tribunais, 2002

12. Transação Tributária e Direitos Fundamentais

MARCOS JOAQUIM GONÇALVES ALVES
ALAN FLORES VIANA

1. Considerações Preliminares

Com grande alegria aceitamos o convite de participar desta obra coletiva em homenagem ao grande jurista e Ministro da Suprema Corte, Gilmar Ferreira Mendes. O desafio aceito e que muito nos instiga na militância diária da advocacia tributária é a relação íntima existente entre os direitos fundamentais e a tributação, especialmente quando consideramos a formatação de tais institutos no texto constitucional.

Assim, nada mais justo do que nos inspirar nas lições e provocações jurídicas costumeiramente feitas pelo homenageado para tratarmos de um dos temas mais importantes atualmente em debate e com aplicação ainda em fase inicial: a transação tributária, antiga hipótese de extinção do crédito tributário por intermédio da solução de conflito prevista no art. 156, III, do Código Tributário Nacional ("CTN"), recentemente trazida à luz do debate jurídico por meio da Lei n.º 13.988, de 14 de abril de 2020[1].

Como já tivemos oportunidade de escrever[2], este é um instrumento de destaque em um cenário de complexidade da legislação tributária que faz nascer uma quantidade incrível de litígios. Para se ter uma ideia, em novembro

---

[1] Atendeu-se com a edição da nova Lei ao que exige o art. 171, do CTN: *"A lei pode facultar, nas condições que estabeleça, aos sujeitos ativo e passivo da obrigação tributária celebrar transação que, mediante concessões mútuas, importe em determinação de litígio e consequente extinção de crédito tributário".*

[2] ALVES, Marcos Joaquim Gonçalves; VIANA, Alan Flores. *Transação tributária: Compromisso em direção a uma política tributária do futuro.* ITR Tax Reference Library, New York, n. 134. Disponível em: < https://www.internationaltaxreview.com/article/b1ky63knf3242y/transa231227o-tribut225ria-compromisso-em-dire231227o-a-uma-pol237tica-tribut225ria-do-futuro>.

de 2018, os litígios tributários somavam algo em torno de R$ 2,196 trilhões, segundo dados do Relatório da Procuradoria-Geral da Fazenda Nacional ("PGFN")[3]. Neste interim, fora publicado novo relatório que demonstra o somatório atualizado dos valores em litígios com a União: em dezembro de 2019, R$ 2,436 trilhões.

Os dados empíricos levam a uma constatação lógica: o modelo de cobrança não possui a eficiência esperada e, além disso, impõe ineficiência às atividades empresariais, alçando o Brasil como um dos países que mais demandam tempo dos contribuintes para compreender, registrar e recolher tributos. Segundo dados do Banco Mundial referentes a 2020, no Brasil são consumidas no mínimo 1.501 horas por ano para tal fim[4], enquanto a média na América Latina e Caribe é de 317,1 horas/ano e nos países membros da Organização para a Cooperação e Desenvolvimento Econômico ("OCDE"), algo em torno de 158,8 horas/ano.

Conforme estudo empírico e analítico feito em 2014 pelo Professor Renato Lopes Becho[5], *"a Procuradoria da Fazenda Nacional alcança resultados pífios, recuperando em torno de 1% do estoque da dívida ativa com execução fiscal ajuizada"*. Importante ressaltar que a média de recuperação de valores pela PGFN em valores absolutos aumentou muito neste interim, segundo se observa na linha histórica dos relatórios publicados, mas o simultâneo aumento constante do acervo da dívida tributária executada ainda mantém o índice de desempenho nos mesmos 1%.

Este texto se debruça sobre tal cenário para convidar o leitor a uma reflexão conjunta: Pode ser a transação tributária uma forma de efetivar tanto a dimensão objetiva dos direitos-garantias fundamentais dos Contribuintes quanto as competências tributárias da Fazenda Pública, ambos abarcados pelo texto constitucional?

---

[3] BRASIL. Procuradoria-Geral da Fazenda Nacional. Relatório PGFN em números. Disponível em: <http://www.pgfn.fazenda.gov.br/noticias/2020/pgfn-publica-portarias-e-edital-que-reabrem-prazo-para-adesao-a-modalidades-de-transacao-ate-30-de-junho-e-permitem-negociacoes-individuais>. Acesso em: 27 de jun. 2020.

[4] Segundo o estudo, este é *"o tempo gasto para preparar, arquivar e pagar (ou reter) o imposto de renda das empresas, o imposto sobre o valor agregado e as contribuições de previdência social (em horas por ano)"*. Para mais detalhes acerca da metodologia do estudo e o seu inteiro teor, verificar: Banco Interamericano de Desenvolvimento. Doing business in Brazil – 2020. Disponível em: < https://portugues.doingbusiness.org/pt/data/exploreeconomies/brazil#>. Acesso em: 27 de jun. 2020.

[5] BECHO, Renato Lopes. *Problemas estruturais das execuções fiscais e caminhos para solução*. In: ROCHA, Valdir de Oliveira (Org.). Grandes questões atuais do direito tributário. 18. vol. São Paulo: Dialética, 2014. fls. 394-403.

A complexidade e pluralidade das questões que esta reflexão envolve afastam, desde já, a intenção de esgotar o tema ou tratar sobre todos os assuntos transversais, correlacionados ou decorrentes daqueles efetivamente abordados neste texto.

Esta reflexão pauta-se na relação jurídica obrigacional do Contribuinte – dever de pagar tributos – em contraposição ao dever estatal de recolher tais valores, observando-se os limites constitucionais estabelecidos para regular esta relação intersubjetiva.

Ademais, não será objeto deste texto a razão de existir e quais os recortes epistemológicos da dívida pública existente no Poder Judiciário e seus respectivos fundamentos. Apenas será considerada esta realidade como dado empírico existente e que, justamente por existir e se perpetuar no tempo, desperta o interesse do presente estudo.

Este corte é necessário, pois, como ressaltado pelo Professor Heleno Taveira Torres[6] ao tratar do instrumento da transação tributária: *"muitos são os obstáculos teóricos e culturais a superar, tendo em vista conceitos e valores que merecem novos sopesamentos"*.

Não se desconsidera a existência de implicações e ressalvas quando se coloca em pauta o debate da transação como forma de extinguir o crédito tributário. Todavia, concordamos com a colocação do Professor Heleno Taveira Torres de que tais *"ressalvas devem ser motivo para impor rigores e controles, e não para se afastar o dever do adequado exame do emprego das formas jurídicas de solução dos conflitos"*.

Até porque, a rigor, podemos desconfiar que o nível de eficiência no pagamento da dívida pública acima indicado é, ao menos em parte, fruto de todas as ressalvas e restrições a formas alternativas de resolver conflitos tributários.

Feitos estes recortes, o presente texto é um convite à reflexão conjunta sobre a utilização da transação como forma alternativa de lidar com o estoque da dívida tributária. Especificamente, refletiremos sobre o norte que deve guiar o agente público ao aplicar as regras instituídas pela Lei n.º 13.988/2020

---

[6] TORRES, Heleno Taveira. *Conciliação, transação e arbitragem em matéria tributária.* In: BOSSA, Gisele Barra, et. al (Org.). Medidas de redução do contencioso tributário e o CPC/2015: contributos práticos para ressignificar o processo administrativo e judicial tributário. São Paulo: Almedina, 2017. p. 315-327. No mesmo sentido, mas lançando novas perspectivas sobre o tema da consensualidade com a Administração Pública ver: VORONOFF, Alice; LIMA, César Henrique. "Cinco desafios para a consensualidade administrativa". In: JOTA, disponível em <https://bit.ly/2lraPQ5>. Acesso em: 27 de jun. 2020.

com certa margem de discricionariedade, efetivando os direitos-garantias fundamentais dos Contribuintes e as competências tributárias da Fazenda Pública, conforme inseridos no texto constitucional.

Para este texto, serão considerados os direitos fundamentais detidos pelas pessoas jurídicas que buscam a transação como forma de solução para o litígio com a Fazenda Pública. Portanto, será considerada a pessoa jurídica enquanto titular de direitos fundamentais, conforme ensina o eminente constitucionalista homenageado nesta obra coletiva.[7]

Ainda será considerado neste texto o direito da Fazenda Pública em receber créditos tributários por ela detidos enquanto Direito Institucional, alinhado à compreensão doutrinária do homenageado, que também servirá como referencial teórico para a reflexão proposta por este texto.[8]

Ao fim, veremos que nosso arcabouço constitucional de Direitos e Garantias Fundamentais parece demonstrar aptidão natural para orientar o agente público em seu mister sempre desafiador de manter o equilíbrio entre os direitos dos Contribuintes e da Fazenda Pública.

2. O Conflito de Interesses como Pressuposto Lógico para a Transação Tributária

De acordo com as lições de propedêutica processual do Professor Carnelutti[9], o litígio é definido como *"conflito de interesses, qualificado pela resistência do outro"*. No caso em análise neste estudo, consideraremos a existência de conflito entre a pretensão da Fazenda em receber determinado valor de tributo resistida pelo Contribuinte ou, de outro ângulo, a pretensão do Contribuinte resistida pela Fazenda concernente ao interesse em não pagar determinado tributo que entende não ser devido.

No cerne de ambas as pretensões (fazendária e do contribuinte) está a interpretação da legislação tributária de forma dissonante.

---

[7] *"Acha-se superada a doutrina de que os direitos fundamentais se dirigem apenas às pessoas humanas. Os direitos fundamentais suscetíveis, por sua natureza, de serem exercidos por pessoas jurídicas podem tê-las por titular"*. In: MENDES, Gilmar Ferreira; BRANCO, Paulo Gustavo Gonet. *Curso de direito constitucional*. 8. ed. São Paulo: Saraiva, 2013. p. 172.

[8] BRASIL. Procuradoria-Geral da Fazenda Nacional. *PGFN publica portarias e edital que reabrem prazo para adesão a modalidades de transação até 30 de junho e permitem negociações individuais*. Disponível em: <http://www.pgfn.fazenda.gov.br/noticias/2020/pgfn-publica-portarias-e-edital-que-reabrem-prazo-para-adesao-a-modalidades-de-transacao-ate-30-de-junho-e-permitem-negociacoes-individuais>. Acesso em: 27 de jun. 2020.

[9] CARNELUTTI, Francesco. *Sistema del diritto processuale civile*. Padova: Cedam, 1986. In. ALVIM, J. E. Carreira. *Teoria geral do processo*. 14. ed. Rio de Janeiro: Forense, 2011. p. 6.

Neste contexto o Poder Judiciário assume sua função típica ao ser chamado para resolver a lide e dizer *"afinal qual a vontade do ordenamento jurídico para o caso concreto (declaração) e, se for o caso, fazer com que as coisas se disponham, na realidade prática, conforme essa vontade (execução)"*[10].

É possível assumirmos preliminarmente, portanto, que o volume do contencioso descrito nas notas iniciais deste estudo é composto de lides não resolvidas fundadas no conflito intersubjetivo de interesses resistidos. Os processos se avolumam, o tempo passa e, como os dados empíricos indicam, nenhuma das partes atinge aquilo que entende ser a interpretação jurídica correta para o caso concreto[11].

Neste cenário, as partes adotam a posição irredutível de que sua própria interpretação é a válida de acordo com o ordenamento jurídico, sustentando anos a fio o seu interesse legítimo. Caso se coloque em perspectiva os custos e desgaste decorrentes deste embate, ainda que remunerados por juros moratórios, talvez se tenha uma impressão de que o que se atinge, no fim, é uma solução com certo nível de insatisfação.

A transação tributária surge neste contexto como uma forma de acelerar a solução deste embate jurídico entre Fazenda e contribuinte potencializando os níveis de satisfação gerados por uma solução que troca concessões mútuas por uma efetividade indubitavelmente maior.

Legalmente a transação está prevista no art. 156, III, do CTN[12] como forma de extinção do crédito tributário e no art. 840, do Código Civil[13] como forma lícita à disposição dos interessados para *"prevenirem ou terminarem o litígio mediante concessões mútuas"*.

A acepção jurídica do termo segundo o dicionário Michaelis[14] ratifica o conteúdo normativo do Código Civil ao conceituar a transação como *"ato pelo qual as partes, fazendo concessões recíprocas, evitam ou põem fim a um litígio"*.

---

[10] GRINOVER, Ada Pellegrini; DINAMARCO, Cândido Rangel; CINTRA, Antonio Carlos de Araújo. *Teoria geral do processo*. 31. ed. São Paulo: Malheiros Editores, 2015. p. 41.

[11] Retiramos desta reflexão estruturas intencionalmente construídas para evadir o dever de pagar tributos e a autuação indiscriminada e não amparada no mínimo de motivação necessária para constituir o crédito tributário, independentemente de qual seria a justificativa, por tratarem-se, a rigor, de interpretações ilegais ou antijurídicas.

[12] Art. 156. Extinguem o crédito tributário: [...] III – a transação.

[13] Art. 840. É lícito aos interessados prevenirem ou terminarem o litígio mediante concessões mútuas.

[14] Conforme consulta realizada ao endereço eletrônico:<https://michaelis.uol.com.br/moderno-portugues/busca/portugues-brasileiro/transa%C3%A7%C3%A3o>. Acesso em: 20/06/2020.

A lide qualificada pela contraposição de interpretações jurídicas pode, portanto, ser resolvida por meio da transação, desde que haja a concessão mútua pelo Contribuinte e pela Fazenda de parte do interesse que fundamenta suas pretensões.

Nas palavras de Pontes de Miranda[15], constitui-se *"negócio jurídico bilateral, em que duas ou mais pessoas acordam em concessões recíprocas, com o propósito de pôr termo à controvérsia sobre determinada ou determinadas relações jurídicas, seu conteúdo, extensão, validade ou eficácia"*.

Transpondo estes conceitos para a doutrina tributária, o Professor Hugo de Brito Machado[16] ressalta que existem duas peculiaridades importantes: *"A primeira, que se impõe em virtude da natureza da relação tributária, consiste na dependência da previsão expressa. E a segunda, consiste em que ela se presta exclusivamente para terminar litígios"*.

Ou seja, havendo lei autorizativa, pode-se realizar a transação para encerrar controvérsia sobre determinada relação jurídica, seu conteúdo, extensão, validade ou eficácia.

Há, portanto, a necessidade lógica de existência de litígio para que ele seja encerrado por meio da transação autorizada atualmente pela da Lei n.º 13.988, de 14 de abril de 2020.

3. Direitos Fundamentais como Marco Vinculativo Constitucional na Fundamentação do Ato Administrativo Discricionário que Decide sobre a Transação

Estabelecida a premissa acerca da necessária preexistência de litígio para que se adote a solução da transação tributária como meio alternativo de encerrá-lo, é importante entender como tal litígio se relaciona com os direitos-garantia fundamentais dos Contribuintes e as competências tributárias do Estado enquanto garantia de sua autonomia política e econômica.

Como ensina o eminente homenageado[17]:

> *"Há, no Estatuto Político, direitos que têm como objeto imediato um bem específico da pessoa (vida, honra, liberdade física). Há também outras normas que protegem esses direitos*

---

[15] MIRANDA, Pontes de. *Tratado de direito privado*. Atual. Vilson Rodrigues Alves. Campinas: Bookseller, 2003. p. 151.

[16] MACHADO, Hugo de Brito. *A transação no direito tributário*. Revista Dialética de Direito Tributário nº 75. São Paulo: 2001, p. 62.

[17] MENDES, Gilmar Ferreira; BRANCO, Paulo Gustavo Gonet. *Curso de direito constitucional*. 8. ed. São Paulo: Saraiva, 2013. p. 169.

*indiretamente, ao limitar, por vezes procedimentalmente, o exercício do poder. São essas normas que dão origem aos direitos-garantia, às **chamadas garantias fundamentais**".* (grifo nosso).

Neste sentido, podemos compreender que os artigos inseridos no texto constitucional com o objetivo de limitar o poder de tributar do Estado caracterizam-se como verdadeiros direitos-garantia fundamentais dos Contribuintes, aquilo que é chamado por alguns doutrinadores de Estatuto do Contribuinte.[18]

Como ensina o Professor Gilmar Mendes, *"os direitos e garantias constitucionais relativos à tributação cuidam exatamente de introduzir um núcleo essencial e incoercível de liberdades individuais a preservar em face da organização burocrática"*[19]. O ensinamento preciso do eminente homenageado prossegue ao lembrar-nos em sua obra seminal sobre o Direito constitucional que *"as garantias do contribuinte são consideradas cláusulas pétreas, conforme entendimento inaugurado pelo STF no julgamento da ADI 939 (Rel. Min. Sydney Sanches, DJ de 18-3-1994)"*[20] (grifo nosso).

Neste particular, enquanto direitos-garantia fundamentais, a violação a tais liames estabelecidos ao poder estatal de tributar[21] é a fonte natural do litígio inaugurado pelo Contribuinte ao deparar-se com a violação a tais liames voltadas à restrição de sua propriedade ou liberdade.

---

[18] GRUPENMACHER, Betina Treiger. *Tributação e direitos fundamentais*. In: FISCHER, Octavio Campos. Tributos e direitos fundamentais. São Paulo: Dialética, 2004. p. 9-17.

[19] MENDES, Gilmar Ferreira; BRANCO, Paulo Gustavo Gonet. *Curso de direito constitucional*. 8. ed. São Paulo: Saraiva, 2013. p. 1369.

[20] MENDES, Gilmar Ferreira; BRANCO, Paulo Gustavo Gonet. *Curso de direito constitucional*. 8. ed. São Paulo: Saraiva, 2013. p. 1369, nota de rodapé n.º 49.

[21] É importante ressaltar, desde já, nossa concordância com a observação feita por Luciano Fuck no sentido de que não é apenas a Seção II do Capítulo destinado à tributação no texto constitucional que se observam direitos fundamentais dos contribuintes, sendo *"constante a preocupação de todo o Texto Constitucional com a defesa do contribuinte, inclusive ao enumerar as formas de exação fiscal, e com os direitos fundamentais, a exemplo da previsão do princípio da capacidade contributiva no art. 145. § 1º, da CF/88 [...]. Com efeito, a enumeração taxativa das competências tributárias significa, por óbvio, limitar as opções do legislador ordinário, tanto para rejeitar a tributação das hipóteses não previstas constitucionalmente quanto para excluir de outros entes as hipóteses efetivamente previstas. Dessa forma, as normas que delegam competência tributária no âmbito do Sistema Tributário Nacional [...] protegem também o contribuinte e, portanto, são concretos instrumentos de tutela de direitos fundamentais."* Cf. FUCK, Luciano Felicio. *Estado fiscal e o Supremo Tribunal Federal*. São Paulo: Saraiva, 2017. p. 64-65.

O fechamento desta linha de raciocínio pode ser realizado a partir da certeza de que *"as garantias fundamentais asseguram ao indivíduo a possibilidade de exigir dos Poderes Públicos o respeito ao direito que instrumentalizam".*[22]

Não há dúvida que esta pretensão do Contribuinte fundada em seus direitos-garantia Fundamentais será contraposta à competência tributária detida pelo Estado fiscal, especialmente quando considerada sua rigidez e irrenunciabilidade[23].

Conforme destacado pelo Professor Paulo de Barros Carvalho[24], a multiplicidade de acepções do termo competência tributária demonstra a necessidade de se esclarecer qual o sentido deste termo é adotado no presente estudo. Precisamente, no presente texto estamos a falar da competência legislativa direcionada à criação de normas que trarão recursos financeiros aos cofres públicos para compor a sua receita derivada[25].

De fato, como ressaltado pelo Min. Gilmar Mendes[26]:

> *"O Estado brasileiro baseia-se em receitas tributárias. Um texto constitucional como o nosso, pródigo na concessão de direitos sociais na promessa de prestações estatais aos cidadãos, deve oferecer ao Estado instrumentos suficientes para que possa fazer frente às inevitáveis despesas que a efetivação dos direitos sociais requer. **O tributo é esse instrumento.**"* (grifo nosso).

Na realidade, o diálogo existente entre os direitos-garantia fundamentais dos Contribuintes e as competências tributárias do Estado pode ser ilustrada como duas faces de uma mesma moeda, pois, conforme ensina Luciano Fuck[27]:

---

[22] MENDES, Gilmar Ferreira; BRANCO, Paulo Gustavo Gonet. *Curso de direito constitucional.* 8. ed. São Paulo: Saraiva, 2013. p. 169.

[23] Competência esta, *"caracterizada pela tendência à exclusividade; indelegabilidade; incaducabilidade; irrenunciabilidade; rigidez e exaustividade".* Cf. FUCK, Luciano Felicio. *Estado fiscal e o Supremo Tribunal Federal.* São Paulo: Saraiva, 2017. p. 91.

[24] CARVALHO, Paulo de Barros. *Curso de direito tributário.* 27. ed. São Paulo: Saraiva, 2016. p. 270. In: FUCK, Luciano Felicio. *Estado fiscal e o Supremo Tribunal Federal.* São Paulo: Saraiva, 2017. p. 67.

[25] Esta adoção se destina à limitação do objeto do estudo e não afasta as demais, sendo o mesmo conceito adotado por alguns doutrinadores, dentre os quais: BARRETO, Paulo Ayres. *Contribuições: regime jurídico, destinação e controle.* 2. ed. São Paulo: Noeses, 2011. p. 28. CARRAZZA, Roque Antonio. *Curso de direito constitucional tributário.* 30. ed. São Paulo: Malheiros, 2015. p. 99-100. CARVALHO, Paulo de Barros. *Curso de direito tributário.* 27. ed. São Paulo: Saraiva, 2016. p. 270; FUCK, Luciano Felicio. *Estado fiscal e o Supremo Tribunal Federal.* São Paulo: Saraiva, 2017. p. 67.

[26] MENDES, Gilmar Ferreira; BRANCO, Paulo Gustavo Gonet. *Curso de direito constitucional.* 8. ed. São Paulo: Saraiva, 2013. p. 1368.

[27] FUCK, Luciano Felicio. *Estado fiscal e o Supremo Tribunal Federal.* São Paulo: Saraiva, 2017. p. 91 (2).

*"Todos os direitos fundamentais, a despeito de sua classificação, dependem intrinsecamente da ação do Estado e, consequentemente, de recursos públicos. Estes são necessários para tornar efetivos os direitos fundamentais diretamente, bem como para manter estruturas que vigiem a atuação do Estado e de terceiros e garantam os remédios necessários para o exercício do direito. **Se, por definição, todo direito público subjetivo possui remédio jurídico apropriado, é importante considerar que todo remédio providenciado pelo Estado tem seu custo**".* (grifo nosso).

Em uma primeira tentativa de síntese, podemos extrair do que foi lido até o momento, que há na constituição proteções ao contribuinte enquanto sujeito submetido ao poder de tributar do Estado. Paralelamente, o Estado possui a competência também prevista no texto constitucional para exigir tributos e dar concretude aos direitos fundamentais por meio da aplicação dos recursos arrecadados.

Neste aparente paradoxo é que nos parece residir a fonte do litígio entre contribuintes e o Estado em seu mister arrecadatório. Conflito este intensificado pelos extremados comportamentos observados com certa frequência na conduta de ambos os sujeitos em destaque, contribuinte e Estado, e que não são acobertados pelo texto constitucional, a saber: a intenção de se evadir do dever fundamental de pagar tributos e o excesso de exação tributária baseada, notadamente, na cominação de juros e multa ou na interpretação a ela relacionada, restringindo, ou até mesmo, fulminando a iniciativa privada.

Este paradigma conflituoso que leva a uma situação insustentável, de modo destacado pela prevalência das multas e juros aplicados aos contribuintes foi, inclusive, abordado pelo Ministro da Economia, Paulo Guedes[28] em entrevista defendendo o instituto da transação tributária. Nesta oportunidade, Guedes defendeu que *"temos que passar desse jogo de soma zero para um jogo onde todos ganhem. Esse viés de contencioso já nos colocou no buraco, acredito que só podemos melhorar".*

O que parece ser possível verificar a partir desta breve reflexão é que os litígios em que se discute a relação entre contribuinte e o Estado no seu exercício do Poder de Tributar decorrem naturalmente da simbiose

---

[28] Conforme matéria jornalística: Guedes defende lei de transação tributária e diz ser contra novos Refis. IstoÉ Dinheiro. 2020. Disponível em: <https://www.istoedinheiro.com.br/guedes-defende-lei-de-transacao-tributaria-e-diz-ser-contra-novos-refis/>. Acesso em: Acesso em: 27 de jun. 2020.

presente no texto constitucional submetida à exegese do interprete de tais normas[29].

O Supremo Tribunal Federal, neste contexto, possui papel fundamental para a pacificação dos conflitos gerados pela interpretação e aplicação do texto constitucional por meio da jurisdição constitucional, mas esta pacificação pela Suprema Corte pode levar anos, ou mesmo décadas.

Pragmaticamente, a constatação lógica é a perda da efetividade dos direitos-garantia fundamentais dos Contribuintes e das competências tributárias do Estado enquanto garantia de sua autonomia política e econômica em razão do tempo consumido por discussões jurídicas caras e comprovadamente ineficientes.

O tempo possui, neste contexto, um efeito deletério tanto para a promessa constitucional de proteção aos direitos-garantia fundamentais dos contribuintes, quanto para a promessa ao agente público de que sua atividade arrecadatória será efetiva e eficiente.

Entendemos que esta é a fonte da sensação comum de insatisfação dos Contribuintes e da Fazenda Pública, ainda que atinjam o êxito almejado em suas pretensões jurídicas levadas ao Poder Judiciário.

Neste contexto, compreendemos a transação como uma alternativa equânime para mudar um paradigma que já testou todos os limites de sua ineficiência.

A Lei n.º 13.988, de 14 de abril de 2020 possui fundamental importância para dar concretude e efetividade a outro pressuposto fundamental da Constituição contextualmente relegado pela cultura litigiosa ainda em vigor, a saber: o princípio da razoável duração do processo inscrito no art. 5º, LXXVIII, da Constituição[30].

Esta nova forma de encerrar os litígios gerados pelo diálogo entre as garantias dos contribuintes e as competências da Fazenda Pública possui, entretanto, um aspecto que pode ser nodal para potencializar os interesses tanto dos Contribuintes quanto do próprio Estado e, ainda por cima, ajudar no cumprimento das diversas promessas escritas em nosso texto constitucional, conforme abordaremos a seguir.

---

[29] Neste sentido: Paulo de Barros. *Direito tributário: fundamentos jurídicos da incidência*. 9. ed. São Paulo: Saraiva, 2012. p. 301; e SCHOUERI, Luís Eduardo. *Direito tributário*. 8. ed. São Paulo: Saraiva, 2018. p. 731.

[30] Art. 5º [...] LXXVIII – a todos, no âmbito judicial e administrativo, são assegurados a razoável duração do processo e os meios que garantam a celeridade de sua tramitação.

4. A Discricionariedade do Agente Público Responsável pela Transação como Forma de Efetivação do Texto Constitucional

Como observamos até o momento, o litígio pode ser percebido como o ponto de intersecção de interpretações naturalmente decorrentes dos direitos-garantia fundamentais dos contribuintes e das competências tributárias dos entes estatais, ainda mais considerando-se os possíveis desvios semânticos que podem surgir a partir do ato interpretar voltado à criação das normas tributárias[31].

Pelo que destacamos acima, a forma usual de resolvê-los, por meio de um terceiro isento investido na jurisdição atribuída pela Constituição ao Poder Judiciário tem se mostrado ineficiente, constituindo-se a transação esperança para a composição célere e equilibrada dos conflitos de interesses entre contribuinte e Fazenda Pública, à luz do texto constitucional.

Contudo, a solução instituída pela Lei n.º 13.988/2020 ainda possui aspectos não regulamentados que deverão ser interpretados adequadamente pelo agente público para que seja atingida a eficiência e pacificação de conflitos buscadas.

Cabe lembrar, neste particular, que quando foi editada a Medida Provisória n.º 899, em 18 de outubro de 2019, posteriormente convertida na referida Lei n.º 13.988/2020, a mensagem encaminhada pelo Ministério da Economia em conjunto com a Advocacia-Geral da União explicitou que a norma visava estabelecer requisitos e condições para que a transação com a União fosse realizada, considerando-se como premissa:

> *"muito além do viés arrecadatório, extremamente importante em cenário de crise fiscal, [a]* **redução de custos e correto tratamento dos contribuintes,** *sejam aqueles que já não possuem capacidade de pagamento, sejam aqueles que foram autuados, não raro, pela complexidade da legislação que permitia interpretação razoável em sentido contrário àquele reputado como adequado pelo fisco"* (grifo nosso).

---

[31] Notadamente aquilo que é defendido pelo Professor Paulo de Barros Carvalho como "nexo abstrato mediante o qual uma pessoa, chamada de sujeito ativo, tem o direito subjetivo de exigir uma prestação, enquanto outra, designada de sujeito passivo, está encarregada de cumpri-la, nasce, como vimos, da ocorrência do fato típico descrito no antecedente da proposição normativa". CARVALHO, Paulo de Barros. *Direito tributário: linguagem e método.* 6. ed. São Paulo: Noeses, 2016. p. 766 e ss. No mesmo sentido, porém com algumas considerações específicas sobre interpretação, integração e aplicação da norma tributária: SCHOUERI, Luís Eduardo. *Direito tributário.* 8. ed. São Paulo: Saraiva, 2018. p. 739 e ss.

Este é, a nosso sentir, o desafio do instituto da transação tributária, notadamente a espécie transação individual aludida no art. 2º, I, da Lei n.º 13.988/2020[32], nos limites dispostos no art. 4º, I, § 1º, da Portaria PGFN n.º 9.917, de 14 de abril de 2020[33].

Como promover a efetivação do fim buscado pela Lei n.º 13.988/2020 considerando os requisitos e condições estabelecidas em seu texto de modo a estimular o abandono do conflito em troca da consensualidade?

E mais, como esta troca de paradigma pode potencializar os direitos-garantia fundamentais dos Contribuintes e as competências tributárias do Estado enquanto garantia de sua autonomia política e econômica?

Como dito nas considerações preliminares do presente estudo, não se pretende esgotar o assunto. Por isso, será selecionado um dos dispositivos presentes na Lei n.º 13.988/2020 para que seja possível demonstrar o que acreditamos ser uma oportunidade única de mudança de paradigma na relação contribuinte Fisco.

Trata-se da concessão de descontos prevista no art. 11, I limitada ao teto de 50% do § 2º, II, do mesmo artigo, todos da analisada Lei n.º 13.988/2020[34].

Havendo um limite de 50% na aludida *concessão de descontos nas multas, nos juros de mora e nos encargos legais relativos a créditos a serem transacionados*, logicamente caberá ao agente público responsável pelo procedimento de transação a estipulação do percentual à proposta em análise.

Naturalmente, a fixação do percentual deve observar os parâmetros já estabelecidos na Portaria PGFN n.º 9.917, de 14 de abril de 2020, especialmente

---

[32] Art. 2º Para fins desta Lei, são modalidades de transação as realizadas: I – por proposta individual ou por adesão, na cobrança de créditos inscritos na dívida ativa da União, de suas autarquias e fundações públicas, ou na cobrança de créditos que seja competência da Procuradoria-Geral da União;

[33] Art. 4º São modalidades de transação na cobrança da dívida ativa da União: [...] II – transação individual proposta pela Procuradoria-Geral da Fazenda Nacional; [...] § 1º A transação de débitos inscritos em dívida ativa da União cujo valor consolidado seja igual ou inferior a R$ 15.000.000,00 (quinze milhões de reais) será realizada exclusivamente por adesão à proposta da Procuradoria-Geral da Fazenda Nacional, sendo autorizado, nesses casos, o não conhecimento de propostas individuais. [...] § 3º Quando o somatório das inscrições elegíveis ultrapassar o limite de que trata o parágrafo primeiro, somente será permitida a transação individual.

[34] Art. 11. A transação poderá contemplar os seguintes benefícios: I – a concessão de descontos nas multas, nos juros de mora e nos encargos legais relativos a créditos a serem transacionados que sejam classificados como irrecuperáveis ou de difícil recuperação, conforme critérios estabelecidos pela autoridade fazendária, nos termos do inciso V do caput do art. 14 desta Lei; § 2º É vedada a transação que: [...] II – implique redução superior a 50% (cinquenta por cento) do valor total dos créditos a serem transacionados;

no que concerne aos arts. 18 a 25, os quais se referem basicamente a dados e informações cadastrais, patrimoniais ou econômico-fiscais.

Haverá, portanto, um juízo de ponderação do agente público para a prática de um ato, a rigor e conceitualmente, discricionário. Conforme dispõe o art. 1º, § 1º, da na Lei n.º 13.988/2020[35], este juízo deverá considerar a *"oportunidade e conveniência"* e, acima de tudo, o atingimento do interesse público.

A construção da norma que concederá desconto a partir deste texto legal pode levar o intérprete a uma excessiva liberdade, o que, a rigor, pode enfraquecer o intuito final da norma – reduzir custos do litígio e tratar corretamente os contribuintes.

Conforme destacado há muito pelo Professor Hely Lopes Meirelles[36], os atos administrativos discricionários não seriam propriamente discricionários, justamente por se vincularem sempre, ao menos, aos limites legais da norma que prevê o ato dentro de uma finalidade comum a ser atingida, o interesse público.

A lição precisa do Professor Hely Lopes Meirelles[37] esclarece que *"atos discricionários são os que a Administração pode praticar com liberdade de escolha de seu conteúdo, de seu destinatário, de sua conveniência, de sua oportunidade e do modo de sua realização"*. Contudo, o Professor Hely ressalta que a discricionariedade não estaria propriamente manifestada no ato em si, *"mas sim no poder de a Administração praticá-lo pela maneira e nas condições que repute mais convenientes ao interesse público"*.

Neste mesmo sentido, o Professor Renato Alessi[38] ressalta que esta seria a própria função administrativa como *"aquela [encarregada] de emanar comandos*

---

[35] Art. 1º Esta Lei estabelece os requisitos e as condições para que a União, as suas autarquias e fundações, e os devedores ou as partes adversas realizem transação resolutiva de litígio relativo à cobrança de créditos da Fazenda Pública, de natureza tributária ou não tributária. § 1º A União, em juízo de oportunidade e conveniência, poderá celebrar transação em quaisquer das modalidades de que trata esta Lei, sempre que, motivadamente, entender que a medida atende ao interesse público.

[36] MEIRELLES, Hely Lopes. Direito administrativo brasileiro. 38. ed. São Paulo: Malheiros, 2012. p. 177. No mesmo sentido, o Professor Celso Antonio Bandeira de Mello define tais atos como *"discricionariedade por ocasião da prática de certos atos"*. Cf.: MELLO, Celso Antonio Bandeira de. *Curso de direito administrativo*. 33. ed. São Paulo: Malheiros, 2016. p. 442-443.

[37] MEIRELLES, Hely Lopes. *Direito administrativo brasileiro*. 38. ed. São Paulo: Malheiros, 2012. p. 176.

[38] ALESSI, Renato. *Principi di diritto amministrativo*. 3. ed. Milão: Editore Giuffrè, vol. 1., 1974. p. 2 e ss.

em complementação a um preceito normativo abstrato, que não tem concreta e imediata operatividade, a fim de que se faça essa operatividade".

Nesta linha de raciocínio, podemos deduzir que a utilização do termo conveniência e oportunidade no art. 1º, § 1º, da Lei n.º 13.988/2020 demonstra uma vinculação conceitual desta regra com a acepção publicista do direito administrativo e dos atos administrativos discricionários[39].

Neste ponto específico é que defendemos haver uma oportunidade única em que a busca por um equilíbrio entre os direitos-garantia fundamentais dos contribuintes e as competências tributárias dos entes estatais pode induzir uma mudança do paradigma punitivista ineficiente para induzir comportamentos colaborativos e eficientes dos contribuintes, os quais seriam norteados pelos próprio texto constitucional visando a construção de uma sociedade melhor.

Para além dos requisitos formais e financeiros, por que não dar condições maiores de transação (descontos, prazos e formas de pagamento especiais) àqueles contribuintes que além de buscarem a continuidade de sua atividade empresarial, realizem por meio desta atividade condutas buscadas pelo texto constitucional?

Conforme tivemos oportunidade de discorrer em outro momento[40], seria possível reputar como um bom contribuinte aquele que, além de gerar empregos e impulsionar a economia, auxilie o Estado na efetivação dos direitos sociais que normalmente são custeados pelo produto da arrecadação tributária.

O próprio texto constitucional prevê quais seriam estes comportamentos socialmente desejados, por exemplo:

- **Art. 3º, I e III, da Constituição**: construção de uma sociedade livre, justa e solidária. O que poderia ser reconhecido quando a empresa possua políticas

---

[39] Conforme ensina o Professor Hely Lopes Meirelles, a discricionariedade não se manifesta no ato em si, mas sim no poder de a Administração praticá-lo pela maneira e nas condições que entenda mais convenientes ao interesse público. Defende que o termo correto é poder discricionário da Administração e não em ato discricionário, mas que embora seja inadequada, a expressão "ato discricionário" está consagrada na doutrina e na jurisprudência e, por isso, a utiliza. In: MEIRELLES, Hely Lopes. *Direito administrativo brasileiro*. 38. ed. São Paulo: Malheiros, 2012. p. 176.

[40] ALVES, Marcos Joaquim Gonçalves; VIANA, Alan Flores. *Transação tributária: Compromisso em direção a uma política tributária do futuro*. ITR Tax Reference Library, New York, n. 134. Disponível em: < https://www.internationaltaxreview.com/article/b1ky63knf3242y/transa231227o-tribut225ria-compromisso-em-dire231227o-a-uma-pol237tica-tribut225ria-do-futuro>.

de incentivo à ocupação de cargos de governança por mulheres; adoção de processos seletivos e políticas que respeitem a diversidade LGBTQ+, pessoas portadoras de deficiências, assim como o desenvolvimento de políticas internas contra racismo, homofobia, machismo etc.;

- **Art. 5º, *caput*, I e XX, da Constituição**: implementação de políticas de respeito à vida. O que seria observado quando a empresa fomentasse o oferecimento de creche, auxiliasse mães grávidas, de modo especial as mães solteiras;

- **Arts. 3º, II; 170, VI e 225 e seguintes, da Constituição**: fomentar o desenvolvimento nacional. O que poderia ser observado com a adoção de políticas de sustentabilidade, realização de coleta seletiva de resíduos, utilização de energias renováveis, redução na utilização de resíduos para auxiliar o cumprimento de metas ambientais estabelecidas em acordos internacionais;

- **Art. 3º, III e IV, da Constituição**: auxiliar na erradicação da pobreza e da marginalização como meio de redução das desigualdades sociais e regionais. A empresa poderia fomentar, para além da geração e oferta de empregos, políticas de admissão e reinclusão no mercado de trabalho de ex presidiários, promoção de projetos sociais para pessoas carentes, criação de restaurantes populares em comunidades carentes, criação de projetos culturais para crianças após o horário escolar, criação de projetos educacionais como forma de auxílio aos estudos regulares, criação de projetos esportivos para pessoas carentes, criação de projeto para arrecadação de roupas e comidas para distribuição em áreas carentes;

- **Art. 3º, III, da Constituição**: promover o bem de todos, sem preconceitos de origem, raça, sexo, cor, idade e quaisquer outras formas de discriminação, não apenas por meio da contratação e geração de empregos, mas, também, por meio do incentivo a programas de combate à preconceitos (palestras; incentivos à diversidade; programas de integração social), transparência de salários oferecidos sem discriminação por cargos, criação de projetos para imigrantes e refugiados (oferecimento de aulas de português; cursos técnicos; incentivos culturais, promoção de eventos que promovem o trabalho de pessoas carentes como feiras gastronômicas; feira de artesanato; etc.);

- **Capítulo II, do Título I, da Constituição:** promoção de direitos sociais de uma forma geral e além daqueles obrigados por Lei, como: criação de programas de vacinação dentro da empresa e de atendimentos básicos de saúde; extensão do tempo de licença maternidade e paternidade; flexibilidade de horários para mães e pais com filhos na faixa etária da 1ª infância; políticas de distribuição de alimentos e itens de higiene pessoal para pessoas em situação de rua; criação de equipe para auxílio e orientação de pessoas desamparadas; criação de bônus vale férias ou vale lazer para funcionários que atingirem suas metas; promoção de eventos como festas comemorativas beneficentes para pessoas carentes; criação de espaços de convívio para realização de atividades de promoção da saúde, cultura e lazer; resgatar e valorizar o papel social do idoso, seus saberes, experiência e vivências, através de ações que aproximem o idoso a formas mais concretas de participação social e das atividades da empresa.

Conforme ressaltado pelo Professor Jorge Miranda[41], essa relação íntima entre o Direito Administrativo e o Direito Constitucional demonstra a prevalência da unicidade do Direito, sendo que a despeito da separação das duas áreas para fins didáticos, *"a unidade dinâmica do ordenamento jurídico tem acabado, de um jeito ou de outro, por prevalecer"*.

Ainda que existam critérios econômico-financeiros para a estipulação das concessões e reduções da transação tributária, parece ser viável e desejável que o momento em que serão realizadas as concessões mútuas seja, também, utilizado para equalizar os fins sociais almejados pelo texto constitucional.

É dizer, se o contribuinte já se comporta como verdadeiro agente do Estado ao ajudá-lo espontaneamente na efetivação dos princípios mais caros ao texto constitucional, como o são os direitos sociais e fundamentais, por que não tratá-lo de forma condizente com o seu papel socialmente relevante enquanto verdadeiro promotor dos desejos constitucionais.

A mudança do paradigma do litígio para o paradigma da consensualidade seria, neste sentido, instrumento de indução de comportamentos socialmente desejáveis, iniciando-se um novo e paradigmático ciclo virtuoso pautado pela razoabilidade[42] e finalidade social constitucional.

---

[41] MIRANDA, Jorge. *A administração pública nas constituições portuguesas.* In: Revista de Direito Administrativo, Rio de Janeiro. n. 183, 1991. p. 34.

[42] O termo razoável utilizado neste estudo se reporta ao raciocínio defendido pelo Professor Canotilho, para quem o ato administrativo razoável seria aquele que apresenta 3 elementos básicos: 1) a conformidade de meios; 2) a necessidade e 3) a proporcionalidade entre meios e fins

O agente público, neste cenário, teria condições de preencher a margem de discricionariedade que possui no desafio de fixar o percentual da *"concessão de descontos nas multas, nos juros de mora e nos encargos legais relativos a créditos a serem transacionados"* por meio da qualificação do interesse público previsto no texto da Lei n.º º 13.988/2020 como sendo aquele desejado pelo texto constitucional.

Portanto, o texto constitucional seria o critério objetivo para preencher a discricionariedade supostamente subjetiva relegada ao agente público na aplicação da Lei n.º 13.988/2020 e da Portaria PGFN n.º 9.917/2020.

5. Síntese Conclusiva

Conforme demonstramos por meio do presente estudo, há um diálogo íntimo entre direitos-garantia fundamentais dos Contribuintes e as competências tributárias do Estado enquanto garantia de sua autonomia política e econômica. Este diálogo leva, naturalmente, a conflitos entre contribuintes e Fazenda Pública.

No cerne desta relação íntima está a função natural de ambos os intérpretes das regras e princípios constitucionais, contribuintes e fazenda pública, na constante construção da norma tributária aplicável à relação intersubjetiva de interesses.

É esta relação vívida e natural que parece motivar longas discussões judiciais que culminam frequentemente em uma solução insatisfatória, seja pela demora em alcançá-la, ou mesmo pela inerente sucumbência que será absorvida por uma das partes.

Ao fim, a sensação presente é de um descumprimento das promessas constitucionais, tanto aquelas que visam a proteção dos direitos-garantia fundamentais dos contribuintes, quanto aquelas direcionadas ao agente público em busca da devida atividade arrecadatória efetiva e eficiente

A transação tributária surge neste cenário como verdadeira esperança para a composição célere e equilibrada dos conflitos de interesses entre contribuinte e Fazenda Pública, à luz do texto constitucional e com o objetivo claro de assegurar a efetivação dos direitos constitucionalmente instituídos.

Mais que isto, a existência de espaços interpretativos na Lei n.º 13.988/2020 e na Portaria PGFN n.º 9.917/2020 relegados ao juízo de conveniência e oportunidade do agente público responsável por tal procedimento consensual,

---

almejados. Cf.: CANOTILHO, José Joaquim Gomes. *Direito constitucional e teoria da constituição.* 7. ed. Coimbra: Almedina, 2012. p. 257.

como é o caso da fixação do percentual de descontos concedidos até o limite de 50%, pode constituir verdadeira oportunidade para uma mudança de paradigma na relação litigiosa entre fazenda pública e contribuintes.

Um paradigma orientado pelo mesmo norte que orienta o texto constitucional em sua expressa missão preambular de promover a *"harmonia social [...] com a solução pacífica das controvérsias"*. Um paradigma em que o contribuinte seja induzido a adotar comportamentos alinhados e colaborativos com os deveres sociais, humanos e transindividuais destinados a princípio ao Estado pelo texto constitucional. Ao fim, um paradigma em que o agente público seja o indutor de tais comportamentos ao qualificar seu poder discricionário com base neste norte comum obstinado com a realização dos preceitos constitucionais.

Ao final do dia, que possamos efetivar e perseguir, conforme ensina Saul Tourinho Leal[43] o direito à felicidade *"por meio de raciocínios que se guiem pelo telos de maximização da felicidade coletiva, ou seja, a maior felicidade possível"*.

Na feliz reflexão de Hannah Arendt[44], que a relação de poder seja baseada na construção de acordos sem a imposição de uma vontade sobre a outra. O exercício de um poder que não seja a instrumentalização de uma vontade em detrimento da outra, mas sim, o poder destinado a formar uma vontade comum, voltada ao entendimento recíproco.

As interpretações da legislação ainda levarão a conflitos. O tempo para resolvê-los, como sugerimos neste estudo, parece ser a chave para a efetivação das promessas constitucionais ou para a desilusão de apenas um sonho sem chances de concretude. O tempo que no atual paradigma é tão desestimulante, por intermédio da transação, poderá surgir como um outro e mais eficiente tempo.

Afinal, como já dizia o professor Fernando Teixeira de Andrade, *"há um tempo em que é preciso abandonar as roupas usadas, que já tem a forma do nosso corpo, e esquecer os nossos caminhos, que nos levam sempre aos mesmos lugares. É o tempo da travessia: e, se não ousarmos fazê-la, teremos ficado, para sempre, à margem de nós mesmos"*.

A dúvida que permanece, contudo, é: quando ousaremos fazer esta travessia para um novo sentido do tempo?

---

[43] LEAL, Saul Tourinho. *Direito à felicidade*. São Paulo: Almedina, 2017. p. 205.

[44] ARENDT, Hannah. *Origens do totalitarismo: antissemitismo, imperialismo, totalitarismo*. São Paulo: Companhia de bolso, 2013. p. 225 e ss.

Referências

ALESSI, Renato. *Principi di diritto administrativo*. 3. ed. Milão: Editore Giuffrè, 1974. vol. 1.

ALVES, Marcos Joaquim Gonçalves; VIANA, Alan Flores. *Transação tributária: Compromisso em direção a uma política tributária do futuro*. ITR Tax Reference Library, New York, n. 134. Disponível em: < https://www.internationaltaxreview.com/article/b1ky63knf3242y/transa231227o-tribut225ria-compromisso-em-dire231227o-a-uma-pol237tica-tribut225ria-do-futuro>.

ALVIM, J. E. Carreira. *Teoria geral do processo*. 14. ed. Rio de Janeiro: Forense, 2011.

ARENDT, Hannah. *Origens do totalitarismo: antissemitismo, imperialismo, totalitarismo*. São Paulo: Companhia de bolso, 2013.

BARRETO, Paulo Ayres. *Contribuições: regime jurídico, destinação e controle*. 2. ed. São Paulo: Noeses, 2011.

Banco Interamericano de Desenvolvimento. Doing business in Brazil – 2020. Disponível em: < https://portugues.doingbusiness.org/pt/data/exploreeconomies/brazil#>. Acesso em: 27 de jun. 2020.

BECHO, Renato Lopes. *Problemas estruturais das execuções fiscais e caminhos para solução*. In: ROCHA, Valdir de Oliveira (Org.). Grandes questões atuais do direito tributário. 18. vol. São Paulo: Dialética, 2014.

BRASIL. Procuradoria-Geral da Fazenda Nacional. *Relatório PGFN em números*. Disponível em: <http://www.pgfn.fazenda.gov.br/noticias/2020/pgfn-publica-portarias-e-edital-que-reabrem-prazo-para-adesao-a-modalidades-de-transacao-ate-30-de-junho-e-permitem-negociacoes-individuais>. Acesso em: 27 de jun. 2020.

BRASIL. Procuradoria-Geral da Fazenda Nacional. *PGFN publica portarias e edital que reabrem prazo para adesão a modalidades de transação até 30 de junho e permitem negociações individuais*. Disponível em: <http://www.pgfn.fazenda.gov.br/noticias/2020/pgfn-publica-portarias-e-edital-que-reabrem-prazo-para-adesao-a-modalidades-de-transacao-ate-30-de-junho-e-permitem-negociacoes-individuais>. Acesso em: 27 de jun. 2020.

CANOTILHO, José Joaquim Gomes. Direito constitucional e teoria da constituição. 7. ed. Coimbra: Almedina, 2012.

CARRAZZA, Roque Antonio. *Curso de direito constitucional tributário*. 30. ed. São Paulo: Malheiros, 2015.

CARVALHO, Paulo de Barros. *Curso de direito tributário*. 27. ed. São Paulo: Saraiva, 2016.

FUCK, Luciano Felicio. Estado fiscal e o Supremo Tribunal Federal. São Paulo: Saraiva, 2017.

GRINOVER, Ada Pellegrini; DINAMARCO, Cândido Rangel; CINTRA, Antonio Carlos de Araújo. *Teoria geral do processo*. 31. ed. São Paulo: Malheiros Editores, 2015.

GRUPENMACHER, Betina Treiger. *Tributação e direitos fundamentais*. In: FISCHER, Octavio Campos. Tributos e direitos fundamentais. São Paulo: Dialética, 2004.

LEAL, Saul Tourinho. Direito à felicidade. São Paulo: Almedina, 2017.

MACHADO, Hugo de Brito. *A transação no direito tributário*. Revista Dialética de Direito Tributário nº 75. São Paulo: 2001.

MEIRELLES, Hely Lopes. Direito administrativo brasileiro. 38. ed. São Paulo: Malheiros, 2012.

MELLO, Celso Antonio Bandeira de. Curso de direito administrativo. 33. ed. São Paulo: Malheiros, 2016.

MENDES, Gilmar Ferreira; BRANCO, Paulo Gustavo Gonet. *Curso de direito constitucional*. 8. ed. São Paulo: Saraiva, 2013.

MIRANDA, Jorge. *A administração pública nas constituições portuguesas*. In: Revista de Direito Administrativo, Rio de Janeiro. n. 183, 1991.

MIRANDA, Pontes de. *Tratado de direito privado*. Atual. Vilson Rodrigues Alves. Campinas: Bookseller, 2003.

TORRES, Heleno Taveira. *Conciliação, transação e arbitragem em matéria tributária*. In: BOSSA, Gisele Barra, et. al (Org.). Medidas de redução do contencioso tributário e o CPC/2015: contributos práticos para ressignificar o processo administrativo e judicial tributário. São Paulo: Almedina, 2017.

Dicionário Michaelis online. Disponível em:< https://michaelis.uol.com.br/moderno-portugues/busca/portugues-brasileiro/transa%C3%A7%C3%A3o>. Acesso em: 20/06/2020.

13. Ilusões e Mutações Constitucionais em Matéria de Sigilo Bancário e Fiscal

ADEMAR APARECIDO DA COSTA FILHO
GABRIELLA ALENCAR RIBEIRO

> *"Chamamos de ilusões constitucionalistas o erro político pelo qual as pessoas acreditam na existência de um sistema normal, jurídico, ordenado e legal – em suma, 'constitucional' –, embora ele não exista de fato".*

> Vladimir Ilitch Lênin, *"Sobre as Ilusões Constitucionais"*, julho de 1917 (Lênin, 1985: 83)

Introdução

O presente artigo traz dois temas muito abordados na literatura constitucionalista, o primeiro sobre os sigilos (bancário e fiscal), que foram garantidos na Constituição de 1988 como direitos e garantias fundamentais; o segundo a mutação constitucional, um fenômeno que altera o conteúdo de uma constituição (significado) sem modificar, contudo, seu texto (signo).

A tese principal é de que as decisões do Supremo Tribunal Federal, em especial nos Recursos Extraordinários nº 1.055.941 (Tema nº 990) e nº 601.314 (Tema nº 225), decididos pelo regime de Repercussão Geral, são responsáveis por esta mutação. Ou seja, a ideia primeira do constituinte de proteção da privacidade, especialmente contra as investidas estatais (dada a memória recente, dos tempos de ditadura anteriores), cedeu terreno para uma interessante exegese: primeiro de que os dados protegidos pelos sigilos poderiam circular entre os órgãos de controle da Administração sem ordem judicial; segundo que a proteção referida pela constituição seria somente com relação a terceiros e não o Estado.

Como forma de desenvolvimento, o artigo expõe textos e interpretações iniciais, produzidos e exarados logo nos primeiros anos de vigência da Constituição de 1988, após será exposta a mudança trazida pelo Supremo Tribunal Federal através dos precedentes referidos acima, desenvolvendo-se para apresentação do sistema atual de controle e fiscalização (em especial exercido pelo COAF).

A segunda parte do artigo apresenta a teoria da mutação constitucional, com especial atenção àquela desenvolvida por Rudolf Smend, haja vista sua colaboração para compreender às rupturas entre o poder constituinte e a própria constituição, trazidas pelo decurso do tempo. Por último, passa-se para a demonstração de como estas decisões prestaram-se à formação de um Estado de pretensão totalitária, mesmo considerados os 27 anos de constitucionalismo inaugurado em 1988. Ou seja, como houve uma efetiva ilusão por parte do constituinte de 1988 de que o Estado Brasileiro, ao longo do tempo, se distanciaria das pretensões autoritárias.

Precedentes Históricos-Constitucionais Acerca do Sigilo Bancário e Proteção de Dados

O direito à privacidade e da inviolabilidade da comunicação de dados são direitos fundamentais, e conforme definição de direitos fundamentais, a partir da doutrina Schmittiana, devem ser considerados como uma limitação ao poder estatal, que é obrigado a reconhecer a liberdade dos cidadãos, as quais estão insculpidas no texto constitucional (SOUSA e MARÓN, 2017, p. 12).

Conforme lições de Saraiva Filho, o sigilo bancário e sigilo fiscal são tidos *"como corolários da inviolabilidade da vida privada e da interceptação da comunicação de dados"* (SARAIVA FILHO, 2015, p. 20). Portanto, alguns doutrinadores buscaram interpretar o significado do art. 5º, XII, da Constituição Federal, que prevê que *"é inviolável o sigilo da correspondência e das comunicações telegráficas, de dados e das comunicações telefônicas, salvo, no último caso, por ordem judicial, nas hipóteses e na forma que a lei estabelecer para fins de investigação criminal ou instrução processual penal"*.

Para Tércio Sampaio Ferraz Júnior o dispositivo é correlato ao direito fundamental à privacidade, previsto no inciso X, do mesmo artigo, que nada mais é que *"o direito de o indivíduo excluir do conhecimento de terceiros aquilo que a ele só é pertinente e que diz respeito ao seu modo de ser exclusivo no âmbito de sua vida provada"* (FERRAZ JÚNIOR, 1992, p. 439).

Assim, o sigilo de dados está muito ligado à privacidade, que se opõe à vida pública, já que relacionada a vida privada, que *"se desenvolve fora das vistas do público, perante, eventualmente, um pequeno grupo de íntimos. Compreende, portanto, a intimidade, isto é, a vida em ambiente de convívio, no interior de um grupo fechado e reduzido, normalmente, o grupo familiar"* (FERREIRA FILHO, 1990, p. 36).

A privacidade está relacionada à exclusividade, que comporta como atributos principais a solidão (desejo de estar só), segredo (exigência de sigilo) e autonomia (liberdade de decidir sobre si mesmo como centro emanador de informações), que está ligada a intimidade, já que não é necessário publicizar direitos de terceiros, os quais não podem ser objeto de troca do mercado, salvo se houver consentimento (FERRAZ JÚNIOR, 1992, p. 441 e 442).

Contudo, o próprio doutrinador reconhece que *"o direito à inviolabilidade do sigilo (faculdade) exige o sopesamento dos interesses do indivíduo, da sociedade e do Estado (objeto)"* (FERRAZ JÚNIOR, 1992, p. 445), sendo necessário sopesar o devassamento que fere o direito à privacidade com outros direitos protegidos por sigilo.

Isso porque, a proteção não é dos dados em si, mas da comunicação desses dados, já que *"a troca de informações (comunicação) privativa é que não pode ser violada por sujeito estranho à comunicação"* (FERRAZ JÚNIOR, 1992, p. 447), de modo que o dever de fiscalização impõe ao Fisco igual sigilo na coleta e no tratamento dos dados, pois *"o fornecimento de dados submetidos a sigilo obriga a autoridade competente à manutenção do próprio sigilo, que sob esta condição, serão encaminhados"* (FERRAZ JÚNIOR, 1992, p. 458).

Todavia, há uma grande diferença em sopesar os interesses do indivíduo com o Estado, pois é fato que o acesso continuado a informações faz parte da função de fiscalização do Estado, mas o acesso intermitente na verificação de alguma anormalidade faz parte da censura, que equivale a castigo e punição (FERRAZ JÚNIOR, 1992, p. 450), sendo preciso muito cuidado ao analisar dados que são em princípios feitos para permanecer reclusos do conhecimento público, pois esses demandam maior premência ao princípio da exclusividade.

Nesse sentido, conforme ensina Rafael Mafei Queiroz e Paula Ponce, ao interpretar as lições de Tércio Sampaio, *"ainda que indolor, silencioso e discreto, o acesso a dados pessoais pode trazer graves implicações à privacidade, afetando, por consequência, a dignidade dos sujeitos"* (QUEIROZ e PONCE, 2020, p. 76).

Assim, muito além da liberdade negativa defendida por Tércio Sampaio, sendo um poder de resistência de proteção aos dados do indivíduo, o direito ao sigilo é também uma liberdade positiva, sendo um dever exigir o controle e disposição de dados individuais, em poder de terceiros e que podem afetar a autonomia de cada um (QUEIROZ e PONCE, 2020, p. 79).

Contudo, fato é que essa inviolabilidade do sigilo de dados vem sendo há muito tempo debatida pela Suprema Corte, que desde 1995 tem entendimento no sentido que há casos em que a solicitação de informações pelo Ministério Público Federal não viola a quebra de sigilo, que tem poderes amplos de investigação. No MS nº 21.729 foi entendido que não viola a quebra de sigilo bancário solicitar informações sobre concessão de empréstimos a empresas do setor sucroalcooleiro, pois são recursos subsidiados pelo erário federal e são documentos para instruir procedimento administrativo instaurado em defesa do patrimônio público[1].

Ou seja, a Corte Suprema fundamentou na aplicação do princípio da publicidade às operações envolvendo recursos públicos para superar a inviolabilidade do sigilo dos dados bancários. Contudo, apesar de autorizada a solicitação de informações pelo Ministério Público, ainda assim havia precedentes que realçavam que o art. 129, incisos VI e VII, da Carta Magna

---

[1] Neste sentido: Mandado de Segurança. Sigilo bancário. Instituição financeira executora de política creditícia e financeira do Governo Federal. Legitimidade do Ministério Público para requisitar informações e documentos destinados a instruir procedimentos administrativos de sua competência. 2. Solicitação de informações, pelo Ministério Público Federal ao Banco do Brasil S/A, sobre concessão de empréstimos, subsidiados pelo Tesouro Nacional, com base em plano de governo, a empresas do setor sucroalcooleiro. 3. Alegação do Banco impetrante de não poder informar os beneficiários dos aludidos empréstimos, por estarem protegidos pelo sigilo bancário, previsto no art. 38 da Lei nº 4.595/1964, e, ainda, ao entendimento de que dirigente do Banco do Brasil S/A não é autoridade, para efeito do art. 8º, da LC nº 75/1993. 4. O poder de investigação do Estado é dirigido a coibir atividades afrontosas à ordem jurídica e a garantia do sigilo bancário não se estende às atividades ilícitas. A ordem jurídica confere explicitamente poderes amplos de investigação ao Ministério Público – art. 129, incisos VI, VIII, da Constituição Federal, e art. 8º, incisos II e IV, e § 2º, da Lei Complementar nº 75/1993. 5. Não cabe ao Banco do Brasil negar, ao Ministério Público, informações sobre nomes de beneficiários de empréstimos concedidos pela instituição, com recursos subsidiados pelo erário federal, sob invocação do sigilo bancário, em se tratando de requisição de informações e documentos para instruir procedimento administrativo instaurado em defesa do patrimônio público. Princípio da publicidade, ut art. 37 da Constituição. 6. No caso concreto, os empréstimos concedidos eram verdadeiros financiamentos públicos, porquanto o Banco do Brasil os realizou na condição de executor da política creditícia e financeira do Governo Federal, que deliberou sobre sua concessão e ainda se comprometeu a proceder à equalização da taxa de juros, sob a forma de subvenção econômica ao setor produtivo, de acordo com a Lei nº 8.427/1992. 7. Mandado de segurança indeferido. (MS 21729, Relator(a): Min. MARCO AURÉLIO, Relator(a) p/ Acórdão: Min. NÉRI DA SILVEIRA, Tribunal Pleno, julgado em 05/10/1995, DJ 19-10-2001 PP-00033 EMENT VOL-02048-01 PP-00067 RTJ VOL-00179-01 PP-00225)

não autoriza ao Ministério Público quebrar o sigilo bancário de alguém sem a interferência da autoridade judiciária, pois no RE 215.301 a Segunda Turma do STF ressaltou que *"o sigilo bancário é espécie de direito à privacidade, que a C.F. consagra, art. 5º, X, somente autorização expressa da Constituição legitimaria o Ministério Público a promover, diretamente e sem a intervenção da autoridade judiciária, a quebra do sigilo bancário de qualquer pessoa"*[2].

No mesmo sentido, no RE 389.808 foi fixado que a Receita Federal não pode solicitar diretamente a quebra de sigilo bancário das instituições financeiras, relativo a seus investigados, tendo em vista tratar-se de violação ao direito fundamental à privacidade do cidadão, sindicável tão somente pelo Poder Judiciário. O Plenário ressaltou que *"a regra é a privacidade quanto à correspondência, às comunicações telegráficas, aos dados e às comunicações, ficando a exceção – a quebra do sigilo – submetida ao crivo de órgão equidistante – o Judiciário – e, mesmo assim, para efeito de investigação criminal ou instrução processual penal"*[3], uma vez que conflita com a Carta da República norma legal atribuindo à Receita Federal – parte na relação jurídico-tributária – o afastamento do sigilo de dados relativos ao contribuinte.

Contudo, foi permitido no Tema nº 225 da Repercussão Geral, autuado como RE nº 601.314, o fornecimento de informações sobre movimentações financeiras diretamente ao Fisco, ou seja, sem a autorização judicial, quando diante das hipóteses previstas no art. 6º da Lei Complementar nº 105/01, que é quando houver processo administrativo instaurado ou procedimento fiscal em curso e tais exames sejam considerados indispensáveis pela autoridade administrativa competente.

O STF concluiu que *"o art. 6º da Lei Complementar 105/01 não ofende o direito ao sigilo bancário, pois realiza a igualdade em relação aos cidadãos, por meio do princípio da capacidade contributiva, bem como estabelece requisitos objetivos e o translado do dever de sigilo da esfera bancária para a fiscal"*[4].

Em outro caso, já em 2016, a egrégia Suprema Corte definiu nas ADIs 2390, 2386, 2397 e 2859 que é possível que a autoridade administrativa

---

[2] RE 215301, Relator(a): Min. CARLOS VELLOSO, Segunda Turma, julgado em 13/04/1999, DJ 28-05-1999 PP-00024 EMENT VOL-01952-07 PP-01303 RTJ VOL-00169-02 PP-00700

[3] RE 389808, Relator(a): Min. MARCO AURÉLIO, Tribunal Pleno, julgado em 15/12/2010, DJe-086 DIVULG 09-05-2011 PUBLIC 10-05-2011 EMENT VOL-02518-01 PP-00218 RTJ VOL-00220-01 PP-00540

[4] RE 601314, Relator(a): Min. EDSON FACHIN, Tribunal Pleno, julgado em 24/02/2016, ACÓRDÃO ELETRÔNICO REPERCUSSÃO GERAL – MÉRITO DJe-198 DIVULG 15-09-2016 PUBLIC 16-09-2016

tenha acesso ao sigilo bancário do investigado, quando presentes indícios de prática criminosa[5].

[5] Neste sentido: "EMENTA Ação direta de inconstitucionalidade. Julgamento conjunto das ADI nº 2.390, 2.386, 2.397 e 2.859. Normas federais relativas ao sigilo das operações de instituições financeiras. Decreto nº 4.545/2002. Exaurimento da eficácia. Perda parcial do objeto da ação direta nº 2.859. Expressão "do inquérito ou", constante no § 4º do art. 1º, da Lei Complementar nº 105/2001. Acesso ao sigilo bancário nos autos do inquérito policial. Possibilidade. Precedentes. Art. 5º e 6º da Lei Complementar nº 105/2001 e seus decretos regulamentadores. Ausência de quebra de sigilo e de ofensa a direito fundamental. Confluência entre os deveres do contribuinte (o dever fundamental de pagar tributos) e os deveres do Fisco (o dever de bem tributar e fiscalizar). Compromissos internacionais assumidos pelo Brasil em matéria de compartilhamento de informações bancárias. Art. 1º da Lei Complementar nº 104/2001. Ausência de quebra de sigilo. Art. 3º, § 3º, da LC 105/2001. Informações necessárias à defesa judicial da atuação do Fisco. Constitucionalidade dos preceitos impugnados. ADI nº 2.859. Ação que se conhece em parte e, na parte conhecida, é julgada improcedente. ADI nº 2.390, 2.386, 2.397. Ações conhecidas e julgadas improcedentes. 1. Julgamento conjunto das ADI nº 2.390, 2.386, 2.397 e 2.859, que têm como núcleo comum de impugnação normas relativas ao fornecimento, pelas instituições financeiras, de informações bancárias de contribuintes à administração tributária. 2. Encontra-se exaurida a eficácia jurídico-normativa do Decreto nº 4.545/2002, visto que a Lei n º 9.311, de 24 de outubro de 1996, de que trata este decreto e que instituiu a CPMF, não está mais em vigência desde janeiro de 2008, conforme se depreende do art. 90, § 1º, do Ato das Disposições Constitucionais Transitórias –ADCT. Por essa razão, houve parcial perda de objeto da ADI nº 2.859/DF, restando o pedido desta ação parcialmente prejudicado. Precedentes. 3. A expressão "do inquérito ou", constante do § 4º do art. 1º da Lei Complementar nº 105/2001, refere-se à investigação criminal levada a efeito no inquérito policial, em cujo âmbito esta Suprema Corte admite o acesso ao sigilo bancário do investigado, quando presentes indícios de prática criminosa. Precedentes: AC 3.872/DF-AgR, Relator o Ministro Teori Zavascki, Tribunal Pleno, DJe de 13/11/15; HC 125.585/PE-AgR, Relatora a Ministra Cármen Lúcia, Segunda Turma, DJe de 19/12/14; Inq 897-AgR, Relator o Ministro Francisco Rezek, Tribunal Pleno, DJ de 24/3/95. 4. Os artigos 5º e 6º da Lei Complementar nº 105/2001 e seus decretos regulamentares (Decretos nº 3.724, de 10 de janeiro de 2001, e nº 4.489, de 28 de novembro de 2009) consagram, de modo expresso, a permanência do sigilo das informações bancárias obtidas com espeque em seus comandos, não havendo neles autorização para a exposição ou circulação daqueles dados. Trata-se de uma transferência de dados sigilosos de um determinado portador, que tem o dever de sigilo, para outro, que mantém a obrigação de sigilo, permanecendo resguardadas a intimidade e a vida privada do correntista, exatamente como determina o art. 145, § 1º, da Constituição Federal. 5. A ordem constitucional instaurada em 1988 estabeleceu, dentre os objetivos da República Federativa do Brasil, a construção de uma sociedade livre, justa e solidária, a erradicação da pobreza e a marginalização e a redução das desigualdades sociais e regionais. Para tanto, a Carta foi generosa na previsão de direitos individuais, sociais, econômicos e culturais para o cidadão. Ocorre que, correlatos a esses direitos, existem também deveres, cujo atendimento é, também, condição sine qua non para a realização do projeto de sociedade esculpido na Carta Federal. Dentre esses deveres, consta o dever fundamental de pagar tributos, visto que são eles que, majoritariamente, financiam as ações estatais voltadas à concretização dos direitos do cidadão. Nesse quadro, é preciso que se adotem mecanismos efetivos de combate à sonegação

Em outros termos, não seria mais necessário processo administrativo instaurado ou procedimento fiscal em curso, mas que estejam presentes indícios de prática criminosa para o acesso de movimentações bancárias do contribuinte. Além disso, as autoridades e agentes fiscais tributários da União, dos Estados, do Distrito Federal e dos Municípios podem requisitar diretamente das instituições financeiras informações, não sendo necessária autorização judiciária.

Por fim, esse direito foi expandido não só para a autoridade administrativa, mas para o Ministério Público, uma vez que no RE nº 1.055.941, submetido à Repercussão Geral como Tema nº 990, o Supremo Tribunal Federal fixou a tese que é constitucional o compartilhamento de dados da Receita Federal e do COAF com o Ministério Público para fins de persecução penal, sem a necessidade de autorização judicial, devendo a troca de informações ser feita por meio de comunicações formais.

Ou seja, é notória a evolução dos precedentes do Supremo Tribunal Federal que foram continuamente se modificando e trazendo mais exceções ao direito

---

fiscal, sendo o instrumento fiscalizatório instituído nos arts. 5º e 6º da Lei Complementar nº 105/ 2001 de extrema significância nessa tarefa. 6. O Brasil se comprometeu, perante o G20 e o Fórum Global sobre Transparência e Intercâmbio de Informações para Fins Tributários (Global Forum on Transparency and Exchange of Information for Tax Purposes), a cumprir os padrões internacionais de transparência e de troca de informações bancárias, estabelecidos com o fito de evitar o descumprimento de normas tributárias, assim como combater práticas criminosas. Não deve o Estado brasileiro prescindir do acesso automático aos dados bancários dos contribuintes por sua administração tributária, sob pena de descumprimento de seus compromissos internacionais. 7. O art. 1º da Lei Complementar 104/2001, no ponto em que insere o § 1º, inciso II, e o § 2º ao art. 198 do CTN, não determina quebra de sigilo, mas transferência de informações sigilosas no âmbito da Administração Pública. Outrossim, a previsão vai ao encontro de outros comandos legais já amplamente consolidados em nosso ordenamento jurídico que permitem o acesso da Administração Pública à relação de bens, renda e patrimônio de determinados indivíduos. 8. À Procuradoria-Geral da Fazenda Nacional, órgão da Advocacia-Geral da União, caberá a defesa da atuação do Fisco em âmbito judicial, sendo, para tanto, necessário o conhecimento dos dados e informações embasadores do ato por ela defendido. Resulta, portanto, legítima a previsão constante do art. 3º, § 3º, da LC 105/2001. 9. Ação direta de inconstitucionalidade nº 2.859/DF conhecida parcialmente e, na parte conhecida, julgada improcedente. Ações diretas de inconstitucionalidade nº 2390, 2397, e 2386 conhecidas e julgadas improcedentes. Ressalva em relação aos Estados e Municípios, que somente poderão obter as informações de que trata o art. 6º da Lei Complementar nº 105/2001 quando a matéria estiver devidamente regulamentada, de maneira análoga ao Decreto federal nº 3.724/2001, de modo a resguardar as garantias processuais do contribuinte, na forma preconizada pela Lei nº 9.784/99, e o sigilo dos seus dados bancários." (ADI 2859, Relator(a): Min. DIAS TOFFOLI, Tribunal Pleno, julgado em 24/02/2016, ACÓRDÃO ELETRÔNICO DJe-225 DIVULG 20-10-2016 PUBLIC 21-10-2016)

fundamental previsto no art. 5º, XII, da Constituição Federal, até chegar ao Tema nº 990 da Repercussão Geral. Ao fim, observa-se uma sucessão de excepcionalidades ao direito ao sigilo de dados, baseadas no interesse público e no poder de fiscalização, ficando evidente a partir dessa análise que foi consagrado que o direito fundamental previsto na Constituição no art. 5º, inciso XII, não é absoluto.

A Questão dos Sigilos Fiscal e Bancário à Luz da Jurisprudência Firmada sob o Regime da Repercussão Geral do Supremo Tribunal Federal

O Supremo Tribunal Federal afetou o RE nº 1.055.941 ao regime de Repercussão Geral (Tema nº 990) para decidir a constitucionalidade do *"compartilhamento com o Ministério Público, para fins penais, dos dados bancários e fiscais dos contribuintes, obtidos pela Receita Federal no legítimo exercício de seu dever de fiscalizar, sem autorização prévia do Poder Judiciário"*[6].

Na sessão do dia 04/12/2019 o Supremo Tribunal Federal fixou a tese que é constitucional o compartilhamento de dados da Receita Federal e do COAF com o Ministério Público para fins de persecução penal, sem a necessidade de autorização judicial, devendo a troca de informações ser feita por meio de comunicações formais. Em síntese, no RE nº 1.055.941, submetido à Repercussão Geral como Tema nº 990, foi fixada a tese destacada abaixo:

> 1. É constitucional o compartilhamento dos relatórios de inteligência financeira da UIF (atual COAF) e da íntegra do procedimento fiscalizatório da Receita Federal do Brasil, que define o lançamento do tributo, com os órgãos de persecução penal para fins criminais, sem a obrigatoriedade de prévia autorização judicial, devendo ser resguardado o sigilo das informações em procedimentos formalmente instaurados e sujeitos a posterior controle jurisdicional.
>
> 2. O compartilhamento pela UIF e pela RFB, referente ao item anterior, deve ser feito unicamente por meio de comunicações formais, com garantia de sigilo, certificação do destinatário e estabelecimento de instrumentos efetivos de apuração e correção de eventuais desvios.

Nesse sentido, o Ministério Público pode pedir o compartilhamento de dados para o COAF e para a Receita Federal, mas desde que seja por meio de comunicações formais, ou seja, sistemas e vias oficiais de cada órgão,

---

[6] RE 1055941 RG, Relator(a): Min. DIAS TOFFOLI, julgado em 12/04/2018, DJe-083 DIVULG 27-04-2018 PUBLIC 30-04-2018

razão pela qual não é possível apenas a utilização de e-mail e aplicativo de mensagens. Ademais, foi autorizado o compartilhamento de informações bancárias e fiscais sigilosas com o Ministério Público, incluindo extratos bancários e declarações de Imposto de Renda de contribuintes investigados, mas desde que estejam na base de dados do COAF, não podendo quebrar o sigilo de dados bancários.

Além disso, não é necessário que o cidadão cujos dados serão solicitados já tenha investigação em curso ou alerta, pois ainda que a pessoa não seja investigada, mas relacionada a alguém investigado, pode ter seus dados solicitados. Nesse sentido, é possível solicitar dados a partir de uma ligação investigativa, mas isso não significa autorizar o *"fishing expedicion"*, em que são solicitadas provas sem qualquer motivo, apenas para verificar os dados de certa pessoa, sendo necessária uma motivação.

Essa discussão é muito antiga e decorre de diversos entendimentos jurisprudenciais sobre o tema, em que verificamos uma postura da Suprema Corte interpretativa do art. 5º, inciso XII, da Constituição Federal.

Exemplo de outro caso que julgou a matéria e já foi destacado acima foi o Tema nº 225 da Repercussão Geral, autuado como RE 601.314, em que se discutiu, à luz dos artigos 5º, X, XII, XXXVI, LIV, LV; 145, § 1º; e 150, III, a, da Constituição Federal, a constitucionalidade, ou não, do art. 6º da Lei Complementar nº 105/2001, que permitiu o fornecimento de informações sobre movimentações financeiras diretamente ao Fisco, sem autorização judicial.

O STF concluiu que *"o art. 6º da Lei Complementar 105/01 não ofende o direito ao sigilo bancário, pois realiza a igualdade em relação aos cidadãos, por meio do princípio da capacidade contributiva, bem como estabelece requisitos objetivos e o translado do dever de sigilo da esfera bancária para a fiscal"*[7].

Esse entendimento decorre da interpretação do relator, o Ministro Edson Fachin, de que não houve quebra do dever de sigilo no caso em questão, pois foi mantido o translado do dever de sigilo da esfera bancária para a fiscal, bem como foram estabelecidos requisitos objetivos para a requisição de informação pela Administração Pública às instituições financeiras, uma vez que o art. 6º da Lei Complementar nº 105/2001 dispõe que só será facultado o exame de documentos, livros e registros de instituições financeiras, somente

---

[7] RE 601314, Relator(a): Min. EDSON FACHIN, Tribunal Pleno, julgado em 24/02/2016, ACÓRDÃO ELETRÔNICO REPERCUSSÃO GERAL – MÉRITO DJe-198 DIVULG 15-09-2016 PUBLIC 16-09-2016

se houver processo administrativo instaurado ou procedimento fiscal em curso e tais exames sejam considerados indispensáveis pela autoridade administrativa competente.

Vemos que nos dois paradigmas foi ressaltado que há um translado da garantia de sigilo, não podendo ser divulgados esses dados para outras pessoas, mas a diferença é que enquanto o Tema nº 225 da Repercussão Geral (compartilhamento de dados com o Fisco) manteve o entendimento que é necessário processo administrativo instaurado ou procedimento fiscal, no Tema nº 990 (compartilhamento de dados do COAF e da Receita Federal) não é necessária sequer a investigação em curso ou em alerta, mas apenas uma motivação.

No Tema nº 990 da Repercussão Geral também foi expressamente delimitado que para o compartilhamento de dados é necessário que sejam por meio de comunicações formais, que é justamente uma forma de assegurar se tiver qualquer violação ao sigilo, é possível a identificação do responsável.

Contudo, mesmo que garantido o translado do sigilo e a comunicação formal para o compartilhamento de dados, é necessário ir além dos Temas nº 225 e 990 da Repercussão Geral, bem como além dos precedentes históricos-constitucionais acerca do sigilo bancário e proteção de dados, pois é manifesto que o principal foco em questão é até que ponto um direito fundamental pode ser interpretado criando excepcionalidades, sem interferir nas garantias constitucionais e sem criar efeitos que são contraditórios em um Estado Democrático de Direito.

O Poder de Fiscalização Financeira Após as Decisões do Supremo Tribunal Federal

Já foi demonstrada a evolução jurisprudencial que resultou no Tema nº 990 da Repercussão Geral, mas também é necessário analisar a legislação infraconstitucional, a interpretação constitucional, bem como o entendimento doutrinário que dá suporte a esse entendimento.

O compartilhamento de informações financeiras para investigar casos de corrupção, lavagem de dinheiro, tráfico de drogas e movimentações financeiras de organizações criminosas não é prática somente do Brasil, mas tema de diversas Convenções Internacionais que avançaram nesse assunto.De fato, o *"Brasil ratificou todas as convenções sobre combate a crimes transnacionais conexos à lavagem de dinheiro, dentre os quais o tráfico de drogas, o suborno internacional, o crime organizado, o financiamento do terrorismo e a corrupção"* (COAF, 2014, p. 13), conforme dados do livro do COAF.

No caso brasileiro, a Lei nº 9.613/98 criou o Conselho de Controle de Atividade Financeira (COAF) como uma unidade de inteligência financeira responsável por *"disciplinar, aplicar penas administrativas, receber, examinar e identificar as ocorrências suspeitas de atividades ilícitas previstas nesta Lei, sem prejuízo das competências de outros órgãos e entidades"*, nos termos do art. 14, com redação dada pela Medida Provisória nº 886/2019 (posteriormente convertida na Lei nº 13.974/2020).

O Conselho passou por uma reestruturação com a edição da Lei nº 13.974/2020, pois dispõe de autonomia técnica e operacional. Vinculado ao Banco Central do Brasil, tem suas principais funções descritas nos art. 14 da Lei nº 9.613/1998 e 3º da Lei nº 13.974/2020, quais sejam, (a) disciplinar, aplicar penas administrativas, receber, examinar e identificar as ocorrências suspeitas de atividades ilícitas que digam respeito à lavagem de dinheiro; (b) produzir e gerir informações de inteligência financeira para a prevenção e o combate à lavagem de dinheiro; e (c) promover a interlocução institucional com órgãos e entidades nacionais, estrangeiros e internacionais que tenham conexão com suas atividades.

É missão do COAF comunicar às autoridades competentes para a instauração dos procedimentos cabíveis, quando concluir pela existência de crimes previstos nesta Lei, de fundados indícios de sua prática, ou de qualquer outro ilícito, nos termos do art. 15 da Lei nº 9.613/98, ressaltando que os crimes são a lavagem ou a ocultação de bens, direitos e valores, direta ou indiretamente, provenientes de infração penal.

Além disso, conforme previsto no art. 17-B da mencionada Lei de Lavagem de Dinheiro, *"a autoridade policial e o Ministério Público terão acesso, exclusivamente, aos dados cadastrais do investigado que informam qualificação pessoal, filiação e endereço, independentemente de autorização judicial, mantidos pela Justiça Eleitoral, pelas empresas telefônicas, pelas instituições financeiras, pelos provedores de internet e pelas administradoras de cartão de crédito"*.

Essa lei é reflexo do que foi sugerido pelo Grupo de Ação Financeira Internacional – GAFI, que traz recomendações para combater ao crime e a lavagem de dinheiro, o qual reúne as unidades de inteligência dos países membros, entre eles o antigo COAF. A Recomendação nº 26 do GAFI à época aduzia que os países deveriam criar uma Unidade de Informação Financeira para analisar e transmitir declarações de operações suspeitas[8].

---

[8] Nesse sentido: Os países deveriam criar uma Unidade de Informação Financeira (UIF) que sirva como centro nacional para receber (e, se permitido, requerer), analisar e transmitir declarações

DIREITOS FUNDAMENTAIS DOS CONTRIBUINTES

Por sua vez, a Receita Federal é um órgão de fiscalização e controle que também compõe o sistema nacional de prevenção e combate à lavagem de dinheiro e cria mecanismos de prevenção justamente para gerenciar riscos e apresentar dados estatísticos, o que possibilita – além do exercício de suas funções orgânicas de arrecadação e prevenção às fraudes tributárias – aperfeiçoar os instrumentos de comunicação de indícios dos ilícitos.

Na Receita Federal atuam dois departamentos no combate e prevenção a lavagem de dinheiro: a Delegacia Especial de Instituições Financeiras – DEINF e o Escritório de Pesquisa e Investigações (ESPEI), que constituem uma ramificação do COPEI (Coordenação de Pesquisa e Investigação), sediado em Brasília.

Verifica-se que há um dever do COAF e da Receita Federal de atuar na comunicação das operações financeiras suspeitas ou atípicas, o que acarreta interpretações como a do Tema nº 990 da Repercussão Geral.

Inclusive, há diversas Notas Técnicas que autorizam o Ministério Público da União a requisitar diretamente informações protegidas por sigilo fiscal[9]: Nota Técnica nº 179/DENOR/CGU/AGU; Nota Cosit nº 200, de 2003; Nota Técnica nº 1 – Cosit, de 16 de janeiro de 2008; e Solução de Consulta Interna nº 24 – Cosit, de 30 de agosto de 2010.

---

de operações suspeitas (DOS) e outras informações relativas a atos susceptíveis de constituírem branqueamento de capitais ou financiamento do terrorismo. A UIF deveria ter acesso, direto ou indireto e em tempo útil, às informações financeiras, administrativas e provenientes das autoridades de aplicação da lei (law enforcement authorities), para desempenhar cabalmente as suas funções, incluindo a análise das declarações de operações suspeitas.

[9] A RFB deve fornecer aos órgãos do Ministério Público da União (MPU) informações protegidas por sigilo fiscal quando houver requisição.

Consoante entendimento esposado na Nota Técnica nº 179/DENOR/CGU/AGU, de 21 de dezembro de 2007, aprovada pelo Consultor-Geral da União, por meio do Despacho nº 428/2007, e pelo Advogado-Geral da União, os dispositivos da Lei Complementar nº 75, de 20 de maio de 1993, mais precisamente o art. 8º, §§ 1º e 2º, e o art. 24, autorizam o MPU a requisitar diretamente informações protegidas por sigilo fiscal.

No âmbito da RFB, antes mesmo da referida interpretação da AGU, no sentido de que não há que se opor reserva de sigilo fiscal ao MPU, a Cosit já tinha a mesma exegese relativamente ao Ministério Público Federal, conforme preconizava sua Nota nº 200, de 10 de julho de 2003, revista com base em manifestação, com entendimento contrário, da Procuradoria-Geral da Fazenda Nacional (PGFN). No entanto, o entendimento veiculado pela Nota Cosit nº 200, de 2003, foi restabelecido, conforme disposições estatuídas pela Nota Técnica nº 1 – Cosit, de 16 de janeiro de 2008. No mesmo sentido, extrai-se o entendimento exarado pela Solução de Consulta Interna nº 24 – Cosit, de 30 de agosto de 2010 (item 9).

(SECRETARIA DA RECEITA FEDERAL DO BRASIL, 2011, p. 88 e 89)

Portanto, há um entendimento jurisprudencial, baseado na legislação infraconstitucional e em Notas Técnicas, de que é possível o Ministério Público solicitar informações financeiras ao antigo COAF e à Receita Federal para investigar casos de corrupção, lavagem de dinheiro, tráfico de drogas e movimentações financeiras de organizações criminosas, conforme previsto, inclusive, no Manual do Sigilo Fiscal da Receita Federal do Brasil, que prevê que o sigilo fiscal não é absoluto, sendo que "*das exceções à regra do sigilo fiscal, destacam-se:* [...] *d) requisição do Ministério Público da União (MPU)*" (SECRETARIA DA RECEITA FEDERAL DO BRASIL, 2011, p. 15 e 16).

Até porque, está previsto no CTN que a Fazenda Pública pode divulgar informação obtida em razão do ofício sobre a situação econômica ou financeira do sujeito passivo ou de terceiros e sobre a natureza e o estado de seus negócios ou atividades quando solicitado pela autoridade administrativa no interesse da Administração Pública e comprovada a instauração regular de processo administrativo, nos termos do art. 198, § 1º, II[10].

Além disso, há previsão legal que não constitui violação do dever de sigilo das instituições financeiras "*a comunicação, às autoridades competentes, da prática de ilícitos penais ou administrativos, abrangendo o fornecimento de informações sobre operações que envolvam recursos provenientes de qualquer prática criminosa*", nos termos do art. 1º, § 3º, inciso IV, da Lei Complementar nº 105/2001.

Embora não esteja expressamente prevista nesse artigo a competência do Ministério Público ter acesso aos dados bancários das instituições, há uma interpretação no sentido que se pode presumir a legitimidade do Ministério Público para solicitar esses dados, já que nos termos do art. 6º da Lei Complementar nº 105/2001 as autoridades podem examinar esses documentos se devidamente motivados, sendo exigido no caso processo administrativo instaurado e que o exame seja indispensável pela autoridade administrativa competente.

---

[10] Art. 198. Sem prejuízo do disposto na legislação criminal, é vedada a divulgação, por parte da Fazenda Pública ou de seus servidores, de informação obtida em razão do ofício sobre a situação econômica ou financeira do sujeito passivo ou de terceiros e sobre a natureza e o estado de seus negócios ou atividades.
§ 1o Excetuam-se do disposto neste artigo, além dos casos previstos no art. 199, os seguintes: II – solicitações de autoridade administrativa no interesse da Administração Pública, desde que seja comprovada a instauração regular de processo administrativo, no órgão ou na entidade respectiva, com o objetivo de investigar o sujeito passivo a que se refere a informação, por prática de infração administrativa.

São estes os argumentos que levaram, em síntese, o Supremo Tribunal Federal a fixar a tese no Tema nº 225 da Repercussão Geral de que *"o art. 6º da Lei Complementar 105/01 não ofende o direito ao sigilo bancário, pois realiza a igualdade em relação aos cidadãos, por meio do princípio da capacidade contributiva, bem como estabelece requisitos objetivos e o translado do dever de sigilo da esfera bancária para a fiscal"*[11].

Ademais, deve ser considerado que o art. 9º da Lei Complementar nº 105/2001 prevê que o Banco Central e a Comissão de Valores Mobiliários devem informar ao Ministério Público a ocorrência de crime de ação pública.

Nesse sentido, pareceu lógico entender que o Ministério Público poderia quebrar o sigilo bancário e fiscal na defesa do patrimônio público, se motivado, já que é seu dever institucional protegê-lo e esses documentos devem chegar nas suas mãos sem mesmo a necessidade de requerimento da quebra do sigilo. Esse, a título de exemplo, é o entendimento do Amilcar Macedo, ressaltado abaixo:

> A Lei Complementar nº 105/2001, que atualmente disciplina o sigilo bancário, não previu a possibilidade de o Ministério Público ter acesso direto aos dados bancários, ao contrário das Instituições por ela autorizadas. Todavia, o artigo 9º deste dispositivo legal impôs ao Banco Central e à Comissão de Valores Mobiliários o dever de informar ao Ministério Público a ocorrência de crime de ação pública, juntando à comunicação os documentos necessários à apuração ou comprovação dos fatos.
>
> Entretanto, embora a omissão legal, em razão dos dispositivos constitucionais aludidos [CF, art. 129, incisos VI e VIII], regrados pelas normas infraconstitucionais antes referidas [Lei nº 8.625/93 – Lei Orgânica Nacional do Ministério Público; Lei Complementar nº 75/1993, que dispõe sobre a organização, as atribuições e o estatuto do Ministério Público da União], entendemos que o Ministério Público detém prerrogativas para a quebra dos sigilos bancário e fiscal, mormente na defesa do patrimônio público, uma vez que a própria Carta Constitucional aduz ser função institucional do parquet a instauração de inquérito civil para a proteção do patrimônio público, não podendo esta função estar subordinada a uma decisão do Poder Judiciário, pois, como acentuam Emerson Garcia e

---

[11] RE 601314, Relator(a): Min. EDSON FACHIN, Tribunal Pleno, julgado em 24/02/2016, ACÓRDÃO ELETRÔNICO REPERCUSSÃO GERAL – MÉRITO DJe-198 DIVULG 15-09-2016 PUBLIC 16-09-2016

Rogério Alves [in Improbidade administrativa, Rio de Janeiro: Lumen Juris, 2002, p. 471] soa evidente que quem comete os fins (defesa do patrimônio público por intermédio do inquérito e da ação civil pública) deve, também, conferir os meios eficazes que garantam a máxima potencialização dos preceitos constitucionais. (MACEDO, 2009, p. 41)

Isso porque, para parte da doutrina o direito ao sigilo não é absoluto, sendo necessário ressaltar a reflexão do Ministro Gilmar Mendes, Inocêncio Mártires e Paulo Gonet, para quem *"havendo tensão entre o interesse do indivíduo e o interesse da coletividade, em torno do conhecimento de informações relevantes para determinado contexto social, o controle sobre os dados pertinentes não há de ficar submetido ao exclusivo arbítrio do indivíduo"* (MENDES, COELHO e BRANCO, 2007, p. 375).

Assim, apesar do sigilo ser o *"direito de o indivíduo não querer ver devassada sua intimidade, oportunizando o conhecimento apenas àqueles que inspirarem sua confiança, sendo uma manifestação do direito à intimidade, encontrando seu fundamento na própria natureza humana"* (MACEDO, 2009, p. 33), fato é que esse direito não pode preponderar sobre o interesse público.

Em outros termos, parte da doutrina entende que o direito à privacidade de informações bancárias e fiscais não é inviolável, pois conforme lições do Ministro Gilmar Mendes e Ives Gandra, *"o direito de autodeterminação sobre informações comporta limitações determinadas pelo interesse geral"* (MENDES e MARTINS, 1992, p. 436), já que precisam ser compatíveis com o princípio da proporcionalidade e da razoabilidade[12], o que inclui o interesse público e o poder de fiscalização com a finalidade de evitar crimes e fraudes.

Nesse sentido, o direito ao sigilo perde o espaço para outros interesses, que é o interesse público e o poder de fiscalização financeira.

Além disso, com base nesse entendimento, além do direito ao sigilo não ser mais inviolável, também cai por terra a exigência do art. 5º, XII, da Constituição Federal, da necessidade de ordem judicial para os casos em que o direito fundamental é excepcionado, sendo que a autorização judicial

---

[12] Ressalte-se, porém, que também essas limitações hão de ser – sem trocadilho – limitadas. É que as restrições aos direitos fundamentais devem mostrar-se compatíveis com o princípio da proporcionalidade – Verhältnismässigkeitsprinzip – ou da razoabilidade. Do contrário, esvaziar--se-ia por completo o núcleo essencial (Wesengehalt do direito fundamental.)
(MENDES, Gilmar Ferreira e MARTINS, Ives Gandra da Silva. Sigilo bancário, direito de autodeterminação sobre informações e princípio da proporcionalidade, in "Repertório IOB de Jurisprudência" Caderno 1, nº 24, São Paulo: IOB, dez./1992, p. 436)

é essencial para garantir os princípios constitucionais expostos no art. 5º, incisos LIV e LV, que são o devido processo legal e a ampla defesa.

Essas novas mudanças decorrem do entendimento que o descompasso entre a normatividade e facticidade exigem que a Constituição acompanhe o fluxo evolutivo das expectativas sociais, perdendo sua força normativa (SERAFIM, 2019, p. 2).

Nessa linha de que não existem direitos absolutos, há casos em que foi entendido, conforme se verifica no MS nº 21.729 destacado acima, em que sequer seria necessária a autorização do Judiciário, tendo em vista o princípio da publicidade administrativa e da eficiência, previsto no art. 37, caput, da Constituição Federal e as exceções previstas na Carta Magna.

Exemplo de exceção prevista na Lei Suprema é o art. 146, parágrafo único, inciso IV, que prevê que *"a arrecadação, a fiscalização e a cobrança poderão ser compartilhadas pelos entes federados, adotado cadastro nacional único de contribuintes"*, de forma que é possível o compartilhamento de informações entre os entes federados.

Contudo, da leitura desse artigo, em que é possibilitada a troca de informações entre ente federados, também cria-se um paradigma de que não é possível impossibilitar o compartilhamento de informações com o Ministério Público para detectar o crime ou a atividade ilícita, pois seria o mesmo que impossibilitar a investigação criminal e a instrução penal, de modo que havendo indícios acerca da materialidade da infração penal e de sua autoria, os dados devem ser compartilhados, que são justamente as hipóteses em que o Ministério Público solicita as informações. Até porque, é previsto no art. 8º, § 2º, da Lei Complementar nº 75/1993 que *"nenhuma autoridade poderá opor ao Ministério Público, sob qualquer pretexto, a exceção de sigilo, sem prejuízo da subsistência do caráter sigiloso da informação, do registro, do dado ou do documento que lhe seja fornecido"*, sendo necessária a entrega dos documentos.

Nesse sentido, foi consolidado o entendimento que o Ministério Público pode solicitar informações financeiras ao antigo COAF e à Receita Federal para investigar casos de corrupção, lavagem de dinheiro, tráfico de drogas e movimentações financeiras de organizações criminosas.

Há quem sustente que estes dados sequer poderiam ser considerados sigilosos para a Administração Tributária, o que inclui o Ministério Público, pois ambos possuem dever de fiscalização e controle, razão pela qual não podem ser protegidos pelo direito à privacidade, com um sigilo absoluto. Até porque, compete aos contribuintes declarar essas informações ao Fisco, sendo que apenas é vedada e divulgação dessas informações ao público em geral.

É óbvio que independente das excepcionalidades criadas, esse dever de sigilo se mantém para a autoridade administrativa, ou no presente caso para o Ministério Público, que tem acesso a esses dados bancários dos contribuintes, pois deve ser resguardada a intimidade e a vida privada do correntista, uma vez que essas informações só serão divulgadas para a autoridade competente e não podem ser circuladas.

Então, há posicionamento no sentido que sequer há violação da privacidade quando os dados obtidos não serão divulgados para o público, mas mantidos no domínio de quem legitimamente os detenha (O Estado, representado pela Receita Federal ou Ministério Público), sendo que apenas serão utilizados para exercer os comandos constitucionais que são impostos à Administração (Receita Federal e Ministério Público).

Exemplo desse entendimento, são lições de Saraiva Filho, que aduz que não se cuida de quebra de sigilo bancário, mas de transferência do sigilo bancário para o sigilo fiscal, uma vez que *os contribuintes têm a garantia da mantença do sigilo em relação a terceiros, que não possuem justo título para ter ciência dessas informações sigilosas, isto é, esses dados e informes privados não serão divulgados ao público*" (SARAIVA FILHO, 2013, p. 186).

O doutrinador analisa o caso de transferência da instituição financeira para a Administração Tributária[13], mas esse entendimento vem sendo aplicado para casos de transferência de dados da Administração Tributária para o Ministério Público, sob o argumento que também compete o poder de polícia e de fiscalização. Ademais, expandindo a exegese, também entendem que o COAF integra esta complexa malha de devassa, trocando informações que sejam do interesse de todos os órgãos.

Assim, verifica-se que está sendo entendido que é possível o compartilhamento de dados com o Ministério Público, para fins penais, dos dados bancários e fiscais dos contribuintes, obtidos pela Receita Federal no legítimo exercício de seu dever de fiscalizar, sem autorização prévia do Poder Judiciário, tendo em vista o interesse público através desse compartilhamento, que

---

[13] Ou seja, nesses casos, o sigilo não é, propriamente, quebrado, mas transferido da instituição financeiro para a Administração tributária.
Assim, os dados informatizados bancários são sigilosos para terceiros, não para a Administração tributária, que, inclusive, tem autorização constitucional de identificar todos os dados pertinentes ao patrimônio, rendimentos e atividades econômicas dos contribuintes (CF, art. 145, § 1º). (SARAIVA FILHO, 2013, p. 186)

não são transmitidos para qualquer particular, mas sim para *"instituição permanente, essencial à função jurisdicional do Estado, incumbindo-lhe a defesa da ordem jurídica, do regime democrático e dos interesses sociais e individuais indisponíveis"*, nos termos do art. 127 da Constituição. Igualmente, passa a ser possível a circularização – sem autorização judicial – de relatórios e informações obtidas pelo COAF com o Ministério Público e Receita Federal, na linha dos entendimentos ora analisados.

Contudo, conforme será demonstrado adiante, *"sendo o direito à privacidade protegido por norma constitucional, qualquer norma jurídica que o venha regulamentá-lo deve ser interpretada restritivamente"* (SARAIVA FILHO, 2019, p. 42). Isso porque, a lei ordinária não tem competência para estabelecer outras hipóteses de relativização do sigilo fiscal ou do sigilo bancário, não tendo o Ministério Público autorização expressa da Carta Magna para obter diretamente a transferência de sigilo. Sequer pode-se aduzir que é desnecessária a intermediação do Poder Judiciário, pois se há indícios de cometimento de crimes tributários, o Judiciário deve examinar o pedido de transferência de matéria sigilosa, até para assegurar a não produção de prova ilícita (SARAIVA FILHO, 2019, p. 46).

A Teoria de Mutação Constitucional

Conforme demonstrado, essas interpretações sobre direitos fundamentais, decorrem do entendimento que o descompasso entre a normatividade e facticidade exigem que a Constituição acompanhe o fluxo evolutivo das expectativas sociais, perdendo sua força normativa. Portanto, diante do entendimento que nem sempre será possível realizar a atualização constitucional por meios formais, *"importantes juristas alemães do século XIX iniciaram os estudos sobre um fenômeno fundamental para a durabilidade das Constituições: as mutações constitucionais, também chamadas de processos informais de modificação do texto constitucional"* (SERAFIM, 2019, p. 2).

A teoria da mutação constitucional teve sua primeira formulação pela Escola Alemã de Direito Público, no final do século XIX. Após um grande esforço de unificação nacional, foi editada a Constituição do Império Alemão de 1871, com a qual se inaugura uma nova ordem jurídica (im)sobreposta às diversas organizações políticas dos Estados membros sem que houvesse, contudo, uma adaptação dos ordenamentos particulares ao do Império. Na busca pelo fortalecimento do direito público, juristas como PAUL LABAND e GEORG JELLINEK formularam a teoria pela qual a ação do próprio Estado pode desencadear mudanças constitucionais sem que se modifique o texto da Constituição (SANCHES URRUTIA, 2000, p. 107 e ss.).

Contudo, o grande problema da teoria dos juristas é que não se preocuparam com um ponto fundamental, qual seja, *"estabelecer limites para as modificações informais do texto constitucional"* (SERAFIM, 2019, p. 4).

Com o declínio do Império, pela derrota na I Guerra, num contexto em que o Tratado de Versalhes dificultava a recuperação econômica alemã, a República Alemã busca se estruturar lidando com um cenário de descontentamento, revolta da população, divisões políticas, enfraquecimento dos partidos, indiferença política da população, que não tinha um sentimento de Estado e tampouco constitucional (SOUZA e MARON, 2017, p. 15).

Justamente neste período que surge a teoria da mutação constitucional como parte de um conceito de dinâmico de constituição. Formulada por SMEND (1985, 61-61) no contexto da Constituição de Weimar, a ideia que o Estado não pode ser analisado como algo estático, mas que deve ser visto dentro de uma realidade espiritual, formado por uma tensão dialética entre seus componentes, contrapõe-se ao positivismo de KELSEN (2003, p. 250), pois considera que é da própria natureza da interpretação constitucional a flexibilidade, sendo as normas constitucionais expansivas e elásticas, razão porque a mutação constitucional faz parte da própria estrutura da constituição. A Constituição deve ser compreendida, destarte, como uma unidade, um fim em si mesmo, uma estrutura complexa, corresponde à corporificação *"del proceso de integración estatal. Es la ordenación jurídica del Estado a la vez que es la dinámica total en que se desarrolla la vida del Estado. En cuanto norma, la Constitución es una barrera sólida de contención de las fuerzas sociales en perpetua ebullición"* (SANCHES URRUTIA, 2000, p. 122).

É compreensível esta formulação de SMEND naquele momento histórico. A formulação da teoria da integração constitucional se prestaria muito bem a fortalecer um Estado que já dava mostras de seu declínio.

Diante da incapacidade do positivismo de formar um Estado Alemão e dar respostas à crise de expectativas constitucionais – lembre-se que a Constituição de Weimar foi pródiga em dispor direitos fundamentais e regulamentar a atividade do Estado –, nada mais esperado que uma resposta que propusesse uma estabilidade da Constituição que seria fortalecida pelos processos de integração (SMEND, 1985, p.70 e ss.), através do qual possam ocorrer as mutações constitucionais desde que se mantenha o conceito material de constituição. Para SMEND a Constituição é a norma material de integração política dos cidadãos com o Estado. Toda sua teoria sobre a integração considera o período de Weimar, a queda da monarquia e a necessidade de romper com o quadro de dissolução social, daí afirmar que *"a finalidade desse processo [de integração] é a perpétua recolocação da realidade total do Estado: e a Constituição é a modelagem legal ou normativa dos aspectos singulares desse processo"* (SMEND, 1985, p. 132).

Segundo SMEND, a Constituição de Weimar buscava ordenar um conjunto de homens na formação de uma comunidade política, de forma que o ponto de partida para interpretação dos direitos fundamentais dispostos na Constituição era a intenção de dotar os diferentes grupos sociais de liberdades e garantias como condição indeclinável para o exercício real e efetivo dos direitos da cidadania em uma democracia (BERCOVICI, 2004, p. 36). Para SMEND, os direitos fundamentais representam um sistema de valores concretos que resumem o sentido da vida estatal na Constituição, *"a ordem jurídica seria válida enquanto representasse este sistema de valores formados pelos direitos fundamentais, convertendo-se, por isso, em legítima"* (BERCOVICI, 2004, p. 37).

A teoria desenvolvida por SMEND, até pelo seu contexto histórico, é de fortalecimento e união do Estado de Weimar, o que significa dizer que propõe uma nova forma de ver a dinâmica da mutação constitucional: para cobrir os hiatos entre a constituição e o constitucionalismo, o interprete deve se fundamentar na observância dos direitos fundamentais[14]. Realmente, *"muitas alterações constitucionais profundas verificam-se na história do constitucionalismo mediante alterações na gramática das práticas sociais de tal sorte que passamos a lê-los consoante a ressignificação dos próprios direitos fundamentais"* (CARVALHO NETTO e SCOTT, 2011, p. 36).

Trazer a teoria da mutação constitucional para o modelo brasileiro, num exercício contrafactual, pode significar uma nova percepção do direito constitucional. Ou seja, significa uma superação do positivismo, que muitas

---

[14] Este fato demonstra o que ROSENFELD (2003, p. 18) assinalou sobre o hiato entre constituição e constitucionalismo, expresso a incapacidade de um texto escrito se manter viável ao longo do tempo se não incorpora elementos de outras identidades para forjar sua própria identidade: "Um texto constitucional escrito é inexoravelmente incompleto e sujeito a múltiplas interpretações plausíveis. Ele é incompleto não somente porque não cobre todas as matérias que ele deveria idealmente contemplar, mas porque, além do mais, ele não é capaz de contemplar exaustivamente todas as questões concebíveis que podem ser levantadas a partir das matérias que ele acolhe. Mais ainda, precisamente em razão da incompletude do texto constitucional, as constituições devem permanecer abertas à interpretação; e isso, no mais das vezes, significa estarem abertas às interpretações conflitantes que pareçam igualmente defensáveis.

vezes reduz o fenômeno da mutação constitucional a simples interpretação conforme.

Como destacado por BERCOVICI, "a *soberania do Estado deve identificar com a soberania do povo. A localização da soberania no povo não é ficção, mas uma realidade de política cuja importância percebe-se quando se concebe a soberania do povo oposta à soberania do dominador*" (2008, p. 23), de modo que tanto o Estado quanto o direito não têm vontade própria, ambos são resultantes justamente da integração que consolida o Texto Constitucional (SMEND, 1985, p. 228). Para SMEND a luta política é uma dialética e integradora de valores comuns, através da qual o povo expressa-se como um agrupamento de vontades soberanas (BERCOVICI, 2008, p. 296)[15], de forma que a implementação da teoria da mutação constitucional de SMEND no Brasil – especificamente com relação aos direitos fundamentais, como são dos direitos aos sigilos bancários e de dados – demandaria "*ver a própria Constituição formal como um processo permanente e, portanto, mutável de afirmação da cidadania*" (CARVALHO NETO e SCOTTI, 2011, p. 43)[16].

A questão, portanto, não é a teoria de SMEND desenvolver-se com relação aos direitos fundamentais no Brasil. Até desejável que as mutações constitucionais sempre obedeçam e garantam estes direitos, numa lógica de manutenção do Estado. O problema, contudo, pode ser visto no âmbito da aplicação desse sistema de valores, através da interpretação enviesada do Poder Judiciário. "*Todo caso difícil pode ter mais de uma solução razoável construída pelo intérprete, e a solução que ele produzirá será, em última análise, aquela que melhor atenda a suas preferências pessoais, sua ideologia ou outros*

---

[15] Neste ponto, convém lembrar que, na teoria constitucional norte-americana, destaca-se a noção de democracia constitucional idealizada por Ronald Dworkin, que se contrapõe ao conceito de democracia majoritária (DWORKIN, 2000, p. 3 e ss.). Tal ideia salienta diferença entre questões ou argumentos de princípio (*argument of principle*) e questões ou argumentos de política (*argument of policies*), em que as primeiras seriam "[...] matérias insensíveis à escolha ou à preferência da população (*choice-insensitive or preference-insensitive*), sendo, antes, imperativos morais da própria comunidade", ao passo que as segundas "[...] são, por sua natureza, matérias sensíveis à escolha ou à preferência da população (*choice-sensitive or preference-sensitive*), de vez que importam em fins coletivos a serem alcançados pela comunidade" (BINEMBOJM, 2010, p. 90).

[16] Trabalhando com a concepção Paulina de Lei, Alain Badiou alerta que é na tentativa de dessa intersecção entre a ideologia culturalista e a concepção vitimária do homem que sucumbia todo acesso ao universal, o qual não tolera que lhe seja atribuída uma particularidade (BADIOU, 2009, p. 13). Realmente, o sujeito da lei é sempre definido por sua continência, o que inviabiliza um sistema de implementação do Universal. Desta forma, a dinâmica de exclusão/inclusão dos direitos fundamentais comporta uma crítica.

fatores externos" (BARROSO, 2010, p. 27), de modo que não se tem nem um "Estado de Direito" *(Rechsstaat)* e tampouco um "Estado Constitucional" *(Verfassungstat)*, como prometido pelos teóricos que sucederam SMEND na construção de sua teoria.

Ou seja, trata-se o neoconstitucionalismo às avessas, que tira a soberania do povo – a pretexto de protegê-lo contra o poder majoritário expresso no Parlamento ou efetivar os direitos não implementados pelo Executivo – e responde confirmando práticas violentas, como é o caso da flexibilização do trânsito em julgado penal (prisão em segunda instância), a permissão da ampla terceirização de trabalho, a flexibilidade no tratamento do sigilo bancário e – neste momento – a permissão de compartilhamento de dados entre COAF, Receita Federal e Ministério Público[17].

HABERMAS (2003, p.p. 211 e ss) coloca que a soberania popular implica na prática institucionalizada da autodeterminação dos cidadãos, que é interpretada conforme o princípio da ampla garantia legal do indivíduo, proporcionada através de uma justiça independente e princípios da legalidade da administração e controle judicial e parlamentar da administração, além do princípio da separação entre o Estado e sociedade, que busca impedir que o poder social se transforme em poder administrativo sem antes passar pelo filtro da formação comunicativa do poder. Mais que a clássica separação de funções, o que se está propondo é a máxima expressão democrática no exercício da soberania popular.

É este o desafio que se apresenta na atualidade brasileira, devolver o poder e soberania ao povo, através de um projeto de reconstrução do sentido da constituinte de 1988 com tutela das liberdades políticas, busca do bem-estar social, redução do Estado Policial, implementação de melhoras no acesso a equipamentos sociais de inclusão, redução da desigualdade, respeito às minorias, crescimento da igualdade, não autonomização privatizante do público, afastamento o paternalismo judicial que elimina a cidadania (CARVALHO NETTO, 2003, p. 11).

---

[17] A despeito destas sensíveis modificações constitucionais, o Brasil continua fundado como um Estado Democrático de Direito, tendo com princípios a soberania (de quem?), cidadania (exercida por quem?), dignidade da pessoa humana, etc. (CR/88 art. 1º); com poderes harmônicos e independentes entre si (CR/88 art. 2º); cuja finalidade também é expressa e se constitui em constituir uma sociedade livre, justa e solidária, erradicar a pobreza e a marginalização e reduzir a desigualdade regional (CR/88 art. 3º).

O Modelo de Estado Total Criado pelos Precedentes do Supremo Tribunal Federal ou Até Onde o Estado Pode Avançar em Sua Atuação

Ao longo dos últimos anos foram exarados inúmeros pareceres pela Procuradoria-Geral da Fazenda Nacional *"no sentido de se manterem sob o manto do sigilo fiscal as informações pessoais e os dados de contribuintes, pessoas físicas e jurídicas, relativos às suas operações e seus negócios"* (RFDT, 2020, p. 143).

Isso porque, conforme lições de Saraiva Filho, *"como direito constitucional blindado por cláusula pétrea, vale dizer, direito individual perene, proveniente de norma originária da Constituição Federal de 1988, nem emenda constitucional (CF, art. 60, caput, §4o, inciso IV), tampouco regra de lei infraconstitucional poderiam limitar ou relativizar o essencial do sigilo fiscal"* (SARAIVA FILHO, 2019, p. 32), o que implicou que as limitações no direito ao sigilo fiscal e de dados fossem construídas discursivamente Supremo Tribunal Federal, modificando a ideia inicial da Constituição de 1988.

A interpretação sobre o direito fundamental ao sigilo de dados formulada pelo Judiciário se limitou ao alcance da garantia, não sendo mais completamente inviolável esse direito constitucional, que segundo a previsão originária só seria excepcionado para fins de investigação criminal ou instrução processual penal, nos termos do art. 5º, XII, da Constituição de Federal. Isso porque, agora, considerando a evolução jurisprudencial sobre o tema, se demonstrada a motivação, esse sigilo pode ser quebrado pelo Estado e pelo Ministério Público, desde que mantido esse translado de sigilo entre os órgãos do Estado.

As decisões ignoram o princípio básico de que a colaboração necessária entre os diversos órgãos de controles (AGU, Receita, COAF, Ministério Público) deveria ser fiscalizada pelo Poder Judiciário, como medida profilática a abusos ou concentração de poder por estes *fiscais* – o que evolui, inegavelmente, para formação de um Estado controlador e muito presente na vida de seus cidadãos.

Em diversos casos que foram expostos acima, assim como no julgamento do Recurso Extraordinário nº 1.055.941 (tema 990), é excepcionado o direito fundamental ao sigilo de dados, tendo em vista situações específicas ou ao fim, o próprio interesse do Estado ou do Ministério Público em ter acesso a esses dados, tendo em vista o poder de fiscalização. A exigência de decisão judicial determinando a quebra do sigilo caiu por terra, sendo que agora a justificativa é o interesse público e a devida motivação, o que não afasta certa discricionariedade, quando a necessidade de decisão judicial é justamente para garantir respeito ao princípio da legalidade e da razoabilidade.

Isso porque, sempre foi exigido que o pleito fosse levado ao Judiciário para a quebra do direito ao sigilo de dados, *"em ordem a evitar a caracterização de situações que possam malferir direitos fundamentais, sem supervisão do Poder Judiciário, sendo de todo recomendável que os órgãos estatais de controle atuem com cautela"* (RFDT, 2020, p. 156).

Essa nova interpretação foi fundamentada na lei cujo princípio era antinômico à própria Constituição. Ou seja, o Supremo Tribunal Federal delegou para a própria norma infraconstitucional o ônus argumentativo que era esperado da Corte Constitucional. Sem atribuir racionalidade e aceitabilidade social ao comando normativo que tornou vulneráveis os dados e sigilos, operacionalizou-se um modelo de persuasão já denunciado no constitucionalismo Alemão, em especial por CARL SCHMIT, em que a coação imposta pela lei é de mais fácil efetivação que uma garantia[18].

O entendimento da Suprema Corte no RE nº 1.055.941 no sentido de que é constitucional o compartilhamento de dados da Receita Federal e do COAF com o Ministério Público para fins de persecução penal, sem a necessidade de autorização judicial, devendo a troca de informações ser feita por meio de comunicações formais, nada mais é que uma forma de possibilitar a quebra ampla do sigilo de dados, tornando a exceção lei.

Verifica-se que a utilização de excepcionalidades para interpretar a aplicabilidade de um direito fundamental nada mais é que utilização da interpretação da lei como uma forma de coação, já que é imposto um entendimento a partir da interpretação da Constituição, criando relativizações.

Contudo, deve ser reiterado o entendimento de Virgílio Afonso da Silva, uma vez que se o único objetivo de se negar a proteção constitucional ao sigilo bancário é abrir caminho para relativizações a partir da legislação infraconstitucional, que conforme demonstrado acima são diversas leis nesse sentido, *"o meio escolhido, além de desnecessário, padece de todos os déficits de fundamentação que qualquer estratégia de restrição ao âmbito de proteção de direitos fundamentais apresenta"* (SILVA, 2009, p. 121).

Portanto, há que se atentar para o risco de restringir o âmbito de proteção de direitos fundamentais, pois há uma linha tênue de ocorrer a grande

---

[18] Por desgracia, el concepto de ley carga com uma hipoteca especialmente trágica de antiquíssimas antíteses teológia y metafísicas que como consecuencia de uma <lei natural> de la ciência moderna parece volverse más impenetrable porque el derecho (em el sentido de la libertad) se opone a la ley como médio de la coacción. (SCHMITT, 2009, P. 124 e 125)

preocupação de Schmitt, que é a partir de uma democracia liberal emergir um Estado total, tendo a ideia de Estado democrático uma dimensão irônica (SÁ, p. 39). Isso porque, com a publicação de precedentes autorizando a violação de um direito fundamental em atenção ao interesse público, *"o Estado moderno emerge precisamente como um Estado absoluto, no sentido em que concentra sobre si, solitária ou, o que é o mesmo, absolutamente, a responsabilidade por uma decisão incontestada e inapelável"* (SÁ, p. 41), sendo que sob o argumento de decidir incontestavelmente cria a ideia que irá ser instaurada a ordem e paz decorrente da decisão.

Contudo, com a ideia que a decisão traz a ordem e paz, a grande contradição do Estado moderno é permitir que em situações excepcionais a norma constitucional seja excepcionada, desconsiderando que o Estado possui um decisionismo fundamental, podendo subtrair a própria ordem vigente em nome do interesse público.

Qual a diferença então de um Estado total, em que um soberano decide sobre um estado de exceção, podendo ultrapassar as normas para proteger a ordem, e do Estado Moderno (democrático?), em que o Estado delega poderes para guardar a constituição, mediante procedimentos normativamente estabelecidos, mas que os ditames podem ser alterados em razão do interesse público?

Até porque, a definição do Estado total no pensamento Schimittiano, nada mais é que *"o Estado de legislação, tornando-se um Estado de administração pluralista e econômico, burocrático e policrático, se torna incapaz de se diferenciar qualitativamente da própria sociedade, não podendo deixar de se imiscuir em todas as áreas da vida social"* (SÁ, p. 48), já que passa a servir todos os interesses que assolam a sociedade e de coincidir quantitativamente com ela.

Um Estado que interfere em todas as áreas da vida social em nome do interesse público equivale a um Estado total. E o Estado que pode trocar informações dos seus cidadãos entre seus órgãos e o Ministério Público em nome do bem maior também esbarra no mesmo totalitarismo.

Aqui é interessante recordar que há uma diferença clara entre justificação, que vem *a posteriori* de uma ofensa à legalidade, da fundamentação, feita previamente a uma ofensa a direitos fundamentais, em geral por uma instância diferente daquela a quem interessa a ofensa legal[19].

---

[19] Não é possível esquecer as lições de Bendersky no sentido que um dos pontos cruciais para estabelecer o regime nazista foi conceder ao Hitler poderes durante emergências, destruindo a forma constitucional de governo alemã, ao autorizar a restauração da ordem: The most crucial

DIREITOS FUNDAMENTAIS DOS CONTRIBUINTES

Assim, há um enorme risco ao possibilitar a criação de exceções em nome do interesse público ou para garantia da ordem, pois isso pode retirar a própria prevalência da norma constitucional, trazendo um Estado que profere decisões inapeláveis e que devem ser seguidas por toda população, se imiscuindo em todas as áreas da vida social sob o fundamento do bem maior, sob o amparo da competência, que é o fundamento estatal de que supostamente o poder é limitado, já que *"la sustância estatal (el que se rechace o no esta expresión por escolástica no cambia em nada la cosa) <aparece> solamente por médio de uma competência, por lo que siempre se manifesta como um poder limitado em apariencia"* (SCHMITT, 2017, p. 152).

Contudo, é necessário ponderar se esse bem maior é acessível ou não passa de uma utopia, bem como se ao trazer excepcionalidades às normas constitucionais, ainda assim a competência consegue limitar o poder, já que *"la competência es la forma bajo la cual se manifesta el Estado, y este <tiene> el <derecho que sirve de fundamento> a la competência de los órganos"* (SCHMITT, 2017, p. 152).

Isso porque, questiona-se a possibilidade de chegar a esse bem maior, pois conforme destacado por Eduardo Saad-Diniz no boletim nº 242/2013 do IBCCRIM, reveste-se de atualidade o problema trazido por Klaus Tiedemann em 1972 ao indagar *"qual meio jurídico-penal seria o preferencial para um combate eficaz da criminalidade econômica?"* (IBCCRIM, 2013, p. 9). Essa situação fica ainda mais evidente com o julgamento da Ação Penal nº 470, relacionada ao caso do mensalão, que demonstrou que nem sempre é possível chegar a soluções racionais para o problema da criminalidade, sendo que essas, inclusive, desconsideram os limites de legitimação postos no modelo constitucional brasileiro (IBCCRIM, 2013, p. 10).

Portanto, desconsiderados os limites constitucionais brasileiros, devemos perceber que *"não mais é suficiente que se faça a apologia da democracia e que se a oponha ao totalitarismo. É chegado o tempo de analisar os seus princípios, de*

---

step in establishing the Nazi dictatorship came with the Enabling Act of March 24, 1993. This act, which required a constitucional amendment, would grant Hitler greater emergency powers than those provided udner Article 48 and, in essence, would destroy the remaining aspects of a constitucional form of government in Germany. Its passage was nothing less than a political Revolution that finally ended the Weimar Republic. The justification for such exceptional authority was that it was necessary to restore public order, provide a stable political system, initiate programs for economic recovery, and start the general process of national rejuvenation. (BENDERSKY, p. 1956, 104)

examinarmos seu funcionamento, de desvelarmos seus limites e de avaliarmos suas possibilidades" (MOUFFE, p. 1).

Isso porque, o entendimento que para o funcionamento de qualquer democracia é necessário um debate de maneira imparcial, fundado em um consenso racional pode ser considerado utópico quando as instituições são percebidas como uma escolha de governantes sem a efetiva participação popular na vida democrática (MOUFFE, p. 4), que se submetem a força da persuasão ou da violência simbólica.

Mesmo que tenha sido pacificado um entendimento sob o regime da Repercussão Geral, não necessariamente esse pode ser considerado democrático, já que é necessário analisar até onde o tema pacificado deve se impor, pois ainda devem ser sopesados o interesse democrático e a prevalência dos direitos fundamentais.

A única saída para o atual problema entre direitos fundamentais e democracia *"é no reconhecimento da impossibilidade de sua conquista total que a democracia moderna atesta que seu projeto se encontra permanentemente vivo e que o pluralismo a habita"* (MOUFFE, p. 14).

Portanto, em se tratando de um direito fundamental previsto na Constituição, antes de possibilitar exceções ao direito ao sigilo de dados, cumpre ressaltar a necessidade de verificar até onde é limitado o poder do Estado ao proferir decisões inapeláveis em nome do interesse público e do poder de fiscalização, sendo essencial sopesar qual é a melhor forma de combater a criminalidade econômica e se a melhor medida seria com a flexibilização da norma prevista no art. 5º, incisos X e XII, da Constituição Federal.

Possibilitar a quebra de sigilo de dados para combater a criminalidade moderna é um ponto, mas isso não pode significar o direito de fiscalização absoluto, sem qualquer vedação, já que caiu por terra a exigência de autorização judicial, a qual é essencial para garantir os princípios constitucionais expostos no art. 5º, incisos LIV e LV, que são o devido processo legal e a ampla defesa.

Diante dessas dúvidas, verifica-se que é necessário reconhecer a impossibilidade da garantia total do direito ao sigilo de dados e ao sigilo bancário, pois não pode ser permitido o avanço de uma criminalidade moderna que pode ser revelada através de dados. Contudo, também é necessário preservar direitos fundamentais, razão pela qual é necessário a garantia de um mínimo previsto constitucionalmente.

A saída que se impõe para preservar o direito à privacidade e o direito de fiscalização seria com um mínimo de fundamentação judicial, o que demonstra a necessidade do Judiciário. A mudança do entendimento que não é necessária autorização judiciária para a troca de informações não garante esse mínimo, pois ainda que em nome do bem maior deve ser garantido direitos fundamentais previstos constitucionalmente.

Portanto, superada a discussão, defende-se que deve prevalecer o entendimento da necessidade da intermediação do Poder Judiciário, pois se há indícios de cometimento de crimes tributários, o Judiciário deve examinar o pedido de transferência de matéria sigilosa, até para assegurar a não produção de prova ilícita e sem a devida motivação.

Conclusões

A discussão sobre a inviolabilidade do sigilo de dados, previsto no art. 5º, incisos X e XII, da Constituição Federal, é muito antiga, sendo que já foi debatida por doutrinadores, por julgadores e com algumas definições na legislação infraconstitucional, sendo o papel dos doutrinadores e julgadores interpretar as leis e as normas expostas na Constituição.

Ocorre que apesar de previsto como direito fundamental o direito à intimidade, privacidade e ao sigilo de dados, a evolução do entendimento resultou na fixação da tese do Tema nº 990 da Repercussão Geral de que é constitucional o compartilhamento de dados da Receita Federal e do COAF com o Ministério Público para fins de persecução penal, sem a necessidade de autorização judicial, devendo a troca de informações ser feita por meio de comunicações formais.

Contudo, é necessário sopesar o devassamento que fere o direito à privacidade com outros direitos protegidos por sigilo, tendo em vista o interesse público na ordem social e o poder de fiscalização.

Isso porque, o acesso intermitente na verificação de alguma anormalidade, faz parte da censura, que equivale a castigo e punição, sendo preciso muito cuidado ao analisar dados que são em princípios feitos para permanecer reclusos do conhecimento público, pois esses demandam maior premência ao princípio da exclusividade, ainda mais quando foi autorizada a transferência desses dados sem a autorização do Judiciário.

Indaga-se se o translado do sigilo entre os órgãos ainda assim garante o direito fundamental, se é mantida a soberania do povo e se ao criar excepcionalidades não pode se tornar contraditório entender que estamos em um Estado moderno, mas que pode alterar os ditames estabelecidos em razão do interesse público e do poder de fiscalização.

Portanto, em se tratando de um direito fundamental previsto na Constituição, antes de possibilitar exceções ao direito ao sigilo de dados, cumpre ressaltar a necessidade de verificar até onde é limitado o poder do Estado ao proferir decisões inapeláveis, sendo essencial sopesar qual é a melhor forma de combater a criminalidade econômica e se a melhor medida seria com a flexibilização da norma prevista no art. 5º, X e XII, da Constituição Federal.

Como solução, verifica-se que para preservar o direito à privacidade com o direito de fiscalização a fim de vedar o avanço da criminalidade moderna, seria necessário trazer entendimentos anteriores no sentido que a transferência de sigilo exige autorização judicial e fundamentação jurídica, já que essa forma garante um mínimo de respeito à um direito fundamental previsto constitucionalmente.

Referências

BADIOU, Alain. *São Paulo. A Fundação do Universalismo.* São Paulo: Boitempo, 2009

BARROSO, Luís Roberto. *Constituição, democracia e supremacia judicial: direito e política no Brasil contemporâneo.* Revista Jurídica da Presidência 96, 2010

BENDERSKY, Joseph W. A history of Nazi Germany, Burnham Inc. Publishers, Chicago, 1956

BERCOVICI, Gilberto. *Constituição e estado de exceção permanente.* Rio de Janeiro: Azougue Editorial, 2004.

____. *Soberania e Constituição: para uma crítica do Constitucionalismo.* São Paulo: Quartier Latin, 2008

BINENBOJM, Gustavo. *A Nova Jurisdição Constitucional Brasileira – Legitimidade democrática e Instrumentos de realização.* Rio de Janeiro: Renovar, 2010

BRASIL. COAF. *Lavagem de Dinheiro: legislação brasileira.* 3a Ed.rev. Brasília: COAF; São Paulo: FEBRABAN, 2014, p. 13

____. *Revista Fórum de Dir. Tributário – RFDT.* Belo Horizonte, ano 18, n. 103, p. 127--164, jan./fev. 2020

____. Secretaria da Receita Federal do Brasil. *Manual do Sigilo Fiscal da Receita Federal do Brasil.* Coordenação: Aylton Dutra Leal. 1ª ed. Brasília: Secretaria da Receita Federal do Brasil, 2011

____. STF (Pleno). ADI 2859, Relator Min. Dias Toffoli, DJe-225, publicação em 21/10/2016

____. STF (Pleno). MS 21729, Relator Min. Marco Aurélio, publicação em 19/10/2001

____. STF (Pleno). RE 1055941 RG, Relator Min. Dias Toffoli, DJe-083, publicação em 30/04/2018

____. STF (Pleno). RE 389808, Relator Min. Marco Aurélio, Tribunal Pleno, julgado em 15/12/2010

DIREITOS FUNDAMENTAIS DOS CONTRIBUINTES

___. STF (Pleno). RE 601314 RG, Relator Min. Edson Fachin, DJe-198, publicação em 16/09/2016

___. STF (2ª Turma). RE 215301, Relator Min. Carlos Velloso, julgado em 13/04/1999

CARVALHO NETO, Menelick; SCOTTI, Guilherme. *Os direitos fundamentais e a (in) certeza do Direito: a produtividade das tensões principiológicas e a superação do sistema de regras.* Belo Horizonte: Forum, 2011

___. "Apresentação". In: ROSENFELD, Michel. *A identidade do sujeito constitucional.* Trad. Menelick de Carvalho Netto. Belo Horizonte: Mandamentos, 2003

DWORKIN, Ronald. *Uma questão de princípios.* São Paulo: Martins Fontes, 2000

FERRAZ JÚNIOR, Tércio Sampaio. *Sigilo de dados: o direito à privacidade e os limites à função fiscalizadora do Estado.* 1992, p. 1. Disponível em < http://webcache. googleusercontent.com/search?q=cache:M61-pPiPhDEJ:www.revistas.usp. br/rfdusp/article/view/67231+&cd=1&hl=pt-BR&ct=clnk&gl=br> Acesso em 09/03/2020, às 12h

FERREIRA FILHO, Manoel Gonçalves. *Comentários à Constituição brasileira de 1988,* volume 1, São Paulo: Saraiva, 1990

HABBERMAS, Jurgen. *Direito e democracia: entre facticidade e validade,* vol. I. 2. ed. Trad. Flávio Beno Siebeneichlel. Rio de Janeiro: Tempo Brasileiro, 2003

IBCCRIM. *Boletim nº 242.* Publicação do Instituto Brasileiro de Ciências Criminais. Ano 21. Janeiro/2013. ISSN 1676-3661. Disponível em <http://webcache. googleusercontent.com/search?q=cache:17mIsSK_uVYJ:www.ibccrim.org.br/ site/boletim/pdfs/Boletim242.pdf+&cd=1&hl=pt-BR&ct=clnk&gl=br> Acesso em 10/03/2020, às 15h

KELSEN, Hans. *Jurisdição Constitucional.* São Paulo: Martins Fontes, 2003

MACEDO, Amilcar Fagundes Freitas. *Sigilo bancário e fiscal – possibilidade de o Ministério Público determinar a quebra dos sigilos bancário e fiscal independentemente de autorização judicial,* in "Revista do Ministério Público do RS", Porto Alegre, n. 62, nov. 2008 – abr. 2009, p. 27-44

MENDES, Gilmar Ferreira; COÊLHO, Inocêncio Mártires; BRANCO, Paulo Gustavo Gonet. *Curso de direito constitucional,* São Paulo: Saraiva, 2007

MENDES, Gilmar Ferreira; e MARTINS, Ives Gandra da Silva. *Sigilo bancário, direito de autodeterminação sobre informações e princípio da proporcionalidade,* in "Repertório IOB de Jurisprudência" Caderno 1, nº 24, São Paulo: IOB, dez./1992, p. 436-438

MOUFFE, Chantal. *Pensando a democracia com, e contra, Carl Schmitt.* Disponível em <https://cadernosdolegislativo.almg.gov.br/ojs/index.php/cadernos-ele/article/ view/353> Acesso em 30/03/2020, às 19h

QUEIROZ, Rafael Mafei Rabelo; e PONCE, Paula Pedigoni. *Tércio Sampaio Ferraz Júnior e o sigilo de dados: o direito a privacidade e os limites a função fiscalizadora do Estado: o que permanece e o que deve ser reconsiderado.* In Internet & Sociedade, n. 1, v. 1, 2020 – p. 64 a 90

ROSENFELD. Michel. *A identidade do sujeito constitucional*. Belo Horizonte: Mandamentos, 2003

SÁ, Alexandre Franco de. *O Estado Total entre dialética e decisão: uma abordagem a partir do pensamento da Carl Schmitt*. In Filosofia & Política. Tensões entre liberdade, poder e democracia. Organização de Roberto Bueno

SANCHES URRUTIA, Ana Victoria. *Mutación Constitucional Y Fuerza Normativa de la Constitución. Una Aproximación al Origen Del Concepto*. In.: Revista Española de Derecho Constitucional. Numero 58, Enero/Abril 2000

SARAIVA FILHO, Oswaldo Othon de Pontes. *As hipóteses e condições de relativização do sigilo fiscal em face do Parquet*. Revista Fórum de Direito Tributário – RFDT, Belo Horizonte, ano 17, n. 102, p. 31-50, nov./dez. 2019

___. *Sigilo Bancário e a Administração Tributária no Brasil*. RFDT, Brasília, V. 7, nº 2, Jul-Dez, 2013, p. 174-268

___. *Sigilos Bancário e Fiscal em face da Administração Tributária e do Ministério Público*. Sigilos Bancário e Fiscal – Homenagem ao Jurista José Carlos Moreira Alves. 2 edição, 2015.

SCHMITT, Carl. *La Dictadura*. Alianza Editorial S.A., Madrid, 2017

___. *Teologia Política. Epílogo de José Luis Villacañas*. Editorial Trotta, 2009, p. 124 e 125

SERAFIM, Matheus Casimiro Gomes. *A Constituição de Weimar e as Mutações Constitucionais: Contribuições para a compreensão das modificações informais da Constituição*. In Revista Diálogo Jurídico, vol. 18, n. 1, Fortaleza Jan-Jul/2019

SILVA, Virgílio Afonso. *Direitos fundamentais. Conteúdo essencial, restrições e eficácia*. Malheiros Editores, 2009

SMEND, Rudolf. Constitución y Derecho Constitucional" (1928). In: *Constitución y Derecho Constitucional*. Trad. José Maria Beneyto Pérez. Madrid: Centro de Estudios Constitucionales, 1985

SOLON, Ari Marcelo. *Hermenêutica jurídica radica*. São Paulo: Marcial Pons, 2017

SOUZA, Inês Alves de. e MARON, Manuel Fondevila. *Divergências e Convergências entre as teorias de Rudolf Smend e Konrad Hesse na interpretação dos direitos fundamentais*. In Revista de Estudos Constitucionais, Hermenêutica e Teoria do Direito (RECHTD) 9(I): 11-21, Janeiro-Abril, 2017

14. Ativismo *x* Garantismo Judicial em Matéria Tributária – Limites e Possibilidades

BETINA TREIGER GRUPENMACHER

1. Separação dos Poderes

Ao lado do princípio federativo e contribuindo para traçar o modelo de Estado que adotamos, está o princípio da separação dos poderes contemplado no artigo 2º da Constituição Federal, que dispõe serem poderes da União, independentes e harmônicos entre si, o Legislativo, o Executivo e o Judiciário.

A ideia de separação dos poderes remonta ao século XVII, quando John LOCKE, em sua obra "Segundo Tratado sobre o Governo", referiu, no capítulo XII, "os poderes Legislativo, Executivo e Federativo da comunidade".

Ao mencioná-los, LOCKE esclareceu caber ao Poder Legislativo "a tarefa de definir o modo com que se deverá utilizar a força da comunidade para a preservação própria e de seus membros". Ao Executivo, executar as leis e ao Federativo, solucionar as controvérsias entre os membros da comunidade e os externos a esta, além de estabelecer a recomposição de danos na hipótese de prejuízo aos membros da sociedade.

Antes de LOCKE, vale mencionar que ARISTÓTELES,[1] em sua obra "A política", já referiu à existência dos três poderes, aos quais denominou de Deliberativo, Executivo e Judiciário.

---

[1] Karl Lowenstein, ao se manifestar sobre a teoria aristotélica, afirmou que, segundo sua compreensão, Aristóteles não teria, na Antiguidade, pensado na teoria da separação dos poderes nos termos que dela se fala na atualidade: "Nada permite deduzir que Aristóteles observasse empiricamente ou desejasse teoricamente a atribuição destas três funções a órgãos ou pessoas. É justamente nesse ponto que está a importância ideológica da doutrina da separação dos poderes do liberalismo constitucional da primeira época. O constitucionalismo da Antiguidade não se

No entanto, foi apenas em 1748, com a edição da obra "Do Espírito das Leis", de MONTESQUIEU, que a teoria da separação dos poderes foi consagrada como princípio intrínseco aos Estados de Direito, que buscam o respeito à liberdade[2] dos cidadãos integrantes de determinado corpo social.

Afirmou MONTESQUIEU, em sua obra, que o convívio em sociedade gera inevitavelmente conflitos, circunstância esta que impõe o estabelecimento de leis, que, ao tempo em que limitam a liberdade dos cidadãos, contêm o exercício arbitrário do poder.[3]

A teoria da separação dos poderes proposta por MONTESQUIEU foi precursora e incorporada, em 1787, pela Constituição Estadunidense, cujos artigos I, II e III consagram a divisão do poder do Estado em Legislativo, Executivo e Judiciário.[4]

A despeito de ter consagrado a separação de poderes, a Constituição Americana criou o veto presidencial que atribuiu ao chefe do Poder Executivo, a prerrogativa de participar do processo legislativo, como também, a partir da decisão do caso Marbury *vs.* Madison, julgado pela Suprema Corte em 1803, tornou-se pacífico o entendimento naquele país de que o Poder Judiciário deve aferir a constitucionalidade das leis. A Constituição Americana, conhecida a partir de então como *"the supreme law of the land"*, submetia o Judiciário às suas disposições. Foi assim que o sistema americano criou o mecanismo de "freios e contrapesos" (*"check and balances"*), que permite um controle interorgânico entre os poderes do Estado.

Com a Revolução Francesa, o princípio da separação dos poderes passou a ser adotado, nos países da Europa, com sentido diverso daquele adotado pela Constituição Americana. Nos países europeus, não se admitia o controle jurisdicional da constitucionalidade das leis, pois tal representaria uma

---

preocupou com a teoria da separação dos poderes". (LOWENSTEIN. **Teoria de la Constitución**. ANABITARE, Alfredo Gallego (Trad.). 2. ed. Barcelona: Ariel, 1976. p. 57.)

[2] MONTESQUIEU. **O Espírito das Leis**. São Paulo: Martins Fontes, 2000. p. 166.

[3] MONTESQUIEU. *Op. cit.*p.166.

[4] Artigo I. Seção I. "Todos os poderes legislativos conferidos por esta Constituição serão confiados a um Congresso dos Estados Unidos composto de um Senado e de uma Câmara de Representantes". Artigo II. Seção. 1. O Poder Executivo será investido em um Presidente dos Estados Unidos da América. Seu mandato será de quatro anos, e, juntamente com o Vice-Presidente, escolhido para igual período, será eleito pela forma seguinte: Artigo III. Seçãol. O Poder Judiciário dos Estados Unidos será investido em uma Suprema Corte e nos tribunais inferiores que forem oportunamente estabelecidos por determinações do Congresso. Os juízes, tanto da Suprema Corte como dos tribunais inferiores, conservarão seus cargos enquanto bem servirem, e perceberão por seus serviços uma remuneração que não poderá ser diminuída durante a permanência no cargo.

ingerência inadmissível na vontade do Parlamento, cujas leis eram expressão direta da vontade do povo. Segundo a concepção europeia de separação dos poderes, o Poder Judiciário deveria ser um elemento neutro, cujo papel era reproduzir a lei sem, no entanto, interpretá-la.

Também a partir da Revolução Francesa, sedimentou-se o entendimento, nos países europeus, de que o Poder Judiciário não poderia interferir na esfera de competência das autoridades administrativas, fato este que deu ensejo ao surgimento dos tribunais administrativos.

Embora a ideia de separação dos poderes seja inerente à ideia de democracia e liberdade, a doutrina que a consagrou é hoje criticada por vários estudiosos e doutrinadores que a entendem, em certa medida, superada.

Ao enfrentar o tema da separação dos poderes, Karl LOWENSTEIN contesta a proposta de MONTESQUIEU, por entender inexistir uma separação de poderes estatais, mas, sim, uma separação de funções inerentes à atividade dos que exercem os poderes públicos.

Afirma, a propósito, referido autor, que o que erroneamente se usa designar por separação dos poderes estatais "é, na realidade, a distribuição de determinadas funções estatais a diferentes órgãos do Estado". Aduz ainda que o conceito de "poderes", em que pese estar profundamente enraizado nas constituições, deve ser compreendido figurativamente. Na linha de tal raciocínio, afirma preferir a expressão "separação de funções" à expressão "separação de poderes".[5]

Também Hans KELSEN critica o princípio da separação dos poderes ao afirmar que não há três funções estatais, mas duas, quais sejam a criação e a aplicação do Direito. Adverte ainda que inexistem fronteiras perfeitamente definidas entre as duas funções, a de criar e a de aplicar o Direito, estando ambas necessariamente interligadas. Aduz ser "dificilmente possível e, de qualquer modo, indesejável, até mesmo que se reserve à legislação – que é apenas um determinado tipo de criação de Direito – a um 'corpo separado de funcionários públicos' e se excluam todos os outros órgãos dessa função".[6]

A concepção kelseniana acerca da separação dos poderes direciona-se, portanto, no sentido de reconhecer que nos estados democráticos incumbe ao Legislativo o controle do Judiciário e do Executivo, pois é naquele órgão que estão os representantes eleitos pelo povo para, em seu nome, exercer

---

[5] LOWENSTEIN, Karl. *Op. cit.*, p. 56.
[6] KELSEN, Hans. **Teoria Geral do Direito e do Estado**. BORGES, Luís Carlos (Trad.). 4. ed. São Paulo: Martins Fontes, 2005. p. 386, 403-404.)

o poder, embora se reconheça serem apenas duas as funções estatais, a de criar e a de aplicar a lei.

A partir das ideias aqui referidas acerca da teoria da separação dos poderes, é possível afirmar que, desde a sua concepção, como princípio norteador dos Estados Democráticos de Direito, a separação das funções do Estado teve o escopo de converter--se em mecanismo de contenção do arbítrio, haja vista estar compreendida na sua construção, além da desconcentração do poder, a possibilidade de fiscalização mútua.

2. Eficácia dos Princípios Constitucionais Tributários

A Constituição Federal, em matéria tributária, é extremamente analítica e contempla minuciosa disciplina acerca do sistema tributário, no cerne da qual está inserto extenso rol de garantias do contribuinte em face da atividade desempenhada pelos Poderes Legislativo e Executivo.

São 17 artigos do texto constitucional dedicados à tributação, dos quais muitos introduzem princípios constitucionais que versam direitos fundamentais do contribuinte, sendo, nessa medida, cláusulas pétreas.

Além dos princípios explicitamente postos no Texto, há também princípios implícitos. Alguns deles exprimem, de forma clara e precisa, limites ao legislador e ao agente da administração fazendária, outros não o fazem de forma tão clara e precisa, pois revelam conceitos jurídicos indeterminados.

Distintamente das regras, os princípios são carregados de alta carga valorativa e devem orientar a sua aplicação.

Segundo leciona Jesus GONZÁLES PEREZ: "Os princípios jurídicos constituem a base do ordenamento jurídico, a parte permanente e eterna do Direito e, também, o fato constante e imutável que determina a evolução jurídica, que são as ideias fundamentais informadoras da organização jurídica da Nação".[7]

A propósito das normas constitucionais, Paulo de BARROS CARVALHO reconhece a existência de normas que revelam "princípios-valor" e de outras que revelam "princípios limites-objetivos", empreendendo a seguinte classificação:

> Assim, nessa breve reflexão semântica, já divisamos quatro usos distintos:
> a) como norma jurídica de posição privilegiada portadora de valor expressivo;

---

[7] PEREZ, Jesus Gonzáles. **El Principio General de la Buena Fe en el Derecho Administrativo**. Madrid: Real Academia de Ciencias Morales y Politicas, 1983. p. 45-46. (Traduzimos)

b) como norma jurídica de posição privilegiada que estipula limites objetivos; c) como os valores insertos em regras jurídicas de posição privilegiada, mas considerados independentemente de estruturas normativas; d) como o limite objetivo estipulado em regra de forte hierarquia, tomado, porém sem levar em conta a estrutura da norma. Nos dois primeiros, temos "princípio" como "norma"; enquanto nos dois últimos, temos "princípio" como "valor" ou como "critério objetivo".[8]

Assim, o sistema constitucional contempla normas de relevante valor, porém despidas de carga valorativa; e outras que, por igual, assumem posição privilegiada no sistema, mas que são carregadas de valores. As primeiras veiculam regras, as demais, princípios.

Dada a abertura de que são dotados os princípios como valor, o Poder Judiciário tem, cada vez mais, sido chamado a decidir questões que envolvem conflitos que se estabelecem entre os referidos princípios.

Os conflitos entre princípios têm sido alvo da preocupação e intensa investigação no âmbito do Direito Constitucional, especialmente no que concerne à construção de uma solução hermenêutica.

Robert ALEXY contribuiu em muito com a Ciência Jurídica ao tratar do Direito como sistema, assim como dos direitos fundamentais. Para o jurista alemão, regras e princípios são normas (dever-ser), distinguindo-se, no entanto, em duas espécies normativas, segundo diferença de grau e qualitativa, afirmando que: "los principios son mandatos de optimización, que están caracterizados por el hecho de que pueden ser cumplidos en diferentes grados y que la medida debida de su cumplimento no sólo depende de las posibilidades reales sino también de las jurídicas".[9] No âmbito dessas possibilidades jurídicas, surgem, naturalmente, conflitos entre princípios e conflitos entre regras.

Acerca das referidas antinomias, entende Ronald DWORKIN que, ao contrário das regras, em relação às quais vale a lógica do "tudo ou nada" (*applicable in all-or-nothing fashion*), pois expressam mandamentos definitivos, os princípios não implicam consequências automáticas, mas indicam uma direção a ser seguida.[10]

---

[8] FARIAS, Edilson Pereira de. *Op. cit.*, p. 192.
[9] ALEXY, Robert. **Teoria de Los Derechos Fundamentales.** 2. ed. Madri: Centro de Estúdios Políticos Y Constitucionales, 2008. p. 67.
[10] DWORKIN, Ronald. **Taking Rights Seriously.** Cambridge: Harvard University Press, 2001. p. 22 e ss.

DIREITOS FUNDAMENTAIS DOS CONTRIBUINTES

Segundo doutrina de ALEXY, na hipótese de conflitos de regras, a solução se aponta por meio da introdução de uma cláusula de exceção, capaz de eliminar o conflito ou declarar a invalidade de uma das regras. Já diante da colisão de princípios, um deles deve ceder ao outro, não acarretando, contudo, sua invalidade. O que ocorre, em verdade, é a precedência de um princípio em face de outro, diante de um caso concreto.[11] A partir de tal concepção, em outro caso concreto, a precedência poderia se dar de maneira inversa. Não se está aqui diante de uma dimensão de validade, mas de uma dimensão do peso.[12]

É, precisamente, sobre os princípios-valor em matéria tributária que pretendemos realizar nossa investigação no âmbito do presente estudo, especificamente no que concerne à sua condição de eficácia e à possibilidade de uma atuação proativa do Poder Judiciário, no que diz respeito à sua concretização e aplicação.

É certo que, assim como se dá em relação a todos os direitos fundamentais, o catálogo das garantias tributárias é dotado de aplicabilidade imediata, sua eficácia, no entanto, no que concerne aos princípios-valor, é limitada.

Geraldo ATALIBA conceituou a eficácia dos atos jurídicos como "a força ou o poder que têm e que lhe é atribuído pela ordem jurídica para produzir efeitos desejados (pela ordem jurídica) que lhe são próprios: ou como a aptidão para produzirem efeitos jurídicos".[13]

A eficácia é, pois, a força que as normas têm para produzirem efeitos, os quais podem ser produzidos em maior ou menor grau.

Segundo leciona José AFONSO DA SILVA, "A eficácia jurídica da norma designa a qualidade de produzir, em maior ou menor grau, efeitos jurídicos,

---

[11] Também Paulo de Barros Carvalho manifesta-se sobre a condição de prevalência de alguns princípios sobre outros, bem como ressalta a importância dos princípios na interpretação das regras e o faz nos seguintes termos: "Linhas diretivas que iluminam a compreensão dos setores normativos, imprimindo- –lhes caráter de unidade relativa e servindo de fator de agregação num dado feixe de normas. Algumas vezes constam de preceito expresso, logrando o legislador constitucional enunciá-los com clareza e determinação. Noutras, porém, ficam subjacentes à dicção do produto legislado, suscitando um esforço de feitio indutivo para percebê-los e isolá-los. São os princípios implícitos. Entre eles e os expressos não se pode falar em supremacia, a não ser pelo conteúdo intrínseco que representam para a ideologia do intérprete, momento em que surge a oportunidade de cogitar-se de princípios e sobreprincípios". (CARVALHO, Paulo de Barros. **Curso de Direito Tributário**. 24. ed. São Paulo: Saraiva, 2012. p. 220.)

[12] FARIAS, Edilson Pereira de. **Colisão de Direitos**. São Paulo: SAFE, 2008. p. 26.

[13] ATALIBA, Geraldo. **Decreto-Lei na Constituição de 1967**. São Paulo: RT, 1967. p. 21.

ao regular, desde logo, as situações, relações e comportamentos nela indicados".[14]

As normas constitucionais reveladoras de programas a serem implementados pelo legislador e pelo agente do Poder Executivo, José AFONSO DA SILVA chamou de "programáticas", reconhecendo, em relação a estas, baixo grau de eficácia, dada a necessidade de integração legislativa.

Karl LARENZ assinala a existência de princípios abertos que não teriam o caráter de normas, seriam simplesmente ideias jurídicas a serem concretizadas na lei e na jurisprudência.[15]

Segundo leciona CANOTILHO, a Constituição é um sistema aberto de regras e princípios, os quais, por atividade jurisdicional, legislativa e administrativa, deixa de ser uma "*law in the books*" para ser uma "*law in action*", uma "*living constitucion*".[16]

Não se pode dizer, definitivamente, como afirma LARENZ, que os princípios não têm caráter normativo, mas, de fato, em algumas hipóteses, revelam ideias jurídicas a serem concretizadas na lei e na jurisprudência.

Os princípios limites-objetivos, por independerem de concretização legislativa ou judicial, têm grau de eficácia e normatividade intensos, já os princípios- –valor têm, muitas vezes, eficácia reduzida dada a sua "textura aberta".

3. Ativismo Judicial

O tema do *ativismo judicial* passou a ser enfrentado com maior ênfase no âmbito da chamada doutrina *neoconstitucionalista*, em que o magistrado deixa de atuar como mero aplicador da lei ao caso concreto e passa a adotar novos métodos hermenêuticos que lhe permitem, verdadeiramente, criar o direito, legislando positivamente em substituição à atividade desempenhada pelo Poder Legislativo.

O *neoconstitucionalismo*, enquanto doutrina de direito constitucional, substituiu, após a Segunda Guerra Mundial, o *constitucionalismo* tradicional, ao reconhecer normatividade à Constituição, atribuindo maior eficácia aos direitos e garantias fundamentais, e buscando a sua concretização com

---

[14] SILVA, José Afonso. **Aplicabilidade das Normas Constitucionais**. São Paulo: RT, 1968. p. 58.

[15] LARENZ, Karl. **Metodologia da Ciência do Direito**. 2. ed. Lisboa: Fundação Calouste Gulbenkian,1988. p. 214.

[16] CANOTILHO, J. J. Gomes. **Constituição Dirigente e Vinculação do Legislador**. Coimbra: Almedina, 1982. p. 176.

ampliação da atividade jurisdicional, sobretudo em relação às cláusulas abertas, aquelas com elevado conteúdo de indeterminação.

Verifica-se, no referido fenômeno, o surgimento de uma hermenêutica constitucional que adota o método da ponderação na aplicação de princípios para a solução de casos concretos, em detrimento do tradicional método da subsunção, além da ampliação da jurisdição constitucional.

Inocêncio MÁRTIRES COELHO assim expressa o seu entendimento acerca das alterações produzidas pelo *neoconstitucionalismo*: "a) mais Constituição do que leis; b) mais juízes do que legisladores; c) mais princípios do que regras; d) mais ponderação do que subsunção; e) mais concretização do que interpretação".[17]

É no contexto do *neoconstitucionalismo* que surgem as primeiras ideias sobre o *ativismo judicial*, cujo berço é o sistema norte-americano, no qual as decisões judiciais caracterizam fonte de direito. A partir de então, são várias as concepções que surgiram a propósito do *ativismo judicial*, predominando aquela em que os magistrados, com o propósito de concretização e interpretação de princípios e regras constitucionais e legais, passam a exercer a jurisdição resolvendo as questões concretas que lhes são submetidas à apreciação, de forma proativa.

Segundo Lenio Luiz STRECK, "quando o judiciário age – desde que devidamente provocado – no sentido de fazer cumprir a Constituição, não há que se falar em ativismo. *O problema do ativismo surge exatamente no momento em que a Corte extrapola os limites impostos pela Constituição e passa a fazer política judiciária, seja para o 'bem' seja para o 'mal'*".[18]

Merece referência igualmente Renato LOPES BECHO, que conceitua o ativismo judicial como "a construção de soluções jurídicas, por parte de membros do Poder Judiciário, que preencham lacunas identificadas no direito positivo, buscando no ordenamento jurídico elementos que auxiliem na solução de litígios".[19]

O Supremo Tribunal Federal tem protagonizado, cada vez mais, casos de criação do direito sob o argumento da existência de lacunas no ordenamento

---

[17] MENDES, Gilmar Ferreira; COELHO, Inocêncio Mártires; BRANCO, Paulo Gustavo Gonet. **Curso de Direito Constitucional**. 2. ed. São Paulo: Saraiva, 2008. p. 127.

[18] STRECK, Lenio Luiz. **O Que É Isto** – decido conforme minha consciência? Porto Alegre: Livraria do Advogado, 2010. p. 23.

[19] BECHO, Renato Lopes. **Prazo para os Exequentes em Execução Fiscal**: um exemplo de ativismo judicial? IX Congresso Nacional de Direito Tributário – IBET. São Paulo: Noeses, 2012. p. 890.

jurídico, em muitos deles, extrapolando, inclusive, os limites impostos pela Constituição Federal. Assim, a pretexto de aplicar a Constituição, os Ministros daquela excelsa Corte de Justiça, vulneram-na, criando inúmeras vezes, princípios e regras inexistentes no direito positivo.

As questões que se põem na doutrina, assim como a Jurisprudência em relação ao *ativismo* judicial, são: em que medida a atuação do Poder Judiciário pode ser proativa? Em que medida o magistrado pode substituir o legislador, inovando a ordem jurídica e assumindo o papel de legislador positivo? Tal postura do Poder Judiciário é legítima? Encontra amparo constitucional?

As divergências quanto a tais indagações são muitas. Há quem entenda que a Constituição Federal legitima o ativismo judicial na medida em que o juiz sempre cria o Direito ao aplicar a lei ao caso concreto e, em assim sendo, ao fazê-lo, cria uma norma individual e concreta. Há quem, por outro lado, não admita tamanha ingerência do Poder Judiciário no que concerne à atividade que, por imposição da separação dos Poderes, é própria e exclusiva do Poder Legislativo.

Para a assunção de uma ou outra posição, é importante distinguir *ativismo judicial* de *judicialização*, assim como de *garantismo* judicial. Na *judicialização*, o Poder Judiciário decide questões de ampla repercussão, substituindo-se aos Poderes Executivo e Legislativo. A *judicialização* é inevitável, já que, chamado a se manifestar sobre um caso concreto, o Poder Judiciário não pode se eximir de fazê-lo e, ao decidir uma questão, pode, por vezes, emitir julgamentos de índole essencialmente política e social.

Quanto ao *ativismo judicial*, tem sido empregado com diferentes significados por diferentes autores e, também, pela jurisprudência. Em âmbito jurisprudencial, o que se verifica é a adoção da concepção de *ativismo judicial* como a necessária e permitida atuação do Poder Judiciário, em que este se substitui ao legislativo e cria Direito em hipóteses de lacuna normativa, concretizando valores consagrados na Constituição Federal ao interpretá-la.

Tal conotação de *ativismo judicial* certamente leva a uma indesejável e excessiva discricionariedade do juiz em Estados que se pretendem Constitucionais de Direito, como é o caso do Brasil.

Ao se admitir a possiblidade de que o juiz se substitua ao legislador, desempenhando o seu papel, estará definitivamente comprometida a separação de poderes, o que conduzirá ao rompimento com os ideais democráticos.

Preferimos a concepção de Luis Roberto BARROSO acerca do *ativismo judicial*, especialmente para os fins do presente estudo, segundo a qual, "a ideia de ativismo judicial está associada a uma participação mais ampla e intensa do Judiciário na concretização dos valores e fins constitucionais, com maior interferência no espaço de atuação dos outros Poderes".[20]

A partir da adoção de tal entendimento, o Poder Judiciário não pode vulnerar a separação constitucional de poderes, sendo-lhe permitido apenas ampliar a sua esfera de atuação, sem, no entanto, atuar como legislador positivo.

Caracteriza também *ativismo judicial* a declaração de inconstitucionalidade de leis e atos normativos, especialmente no que concerne aos efeitos das respectivas decisões.

Segundo leciona Eduardo MANEIRA, a doutrina classifica o *ativismo judicial* em sentido forte, *hard activism*, e *ativismo judicial* em sentido fraco, *soft activism*. O primeiro seria aquele que, diante da inexistência de parâmetro jurídico- –normativo, adota argumentos filosóficos e pragmáticos para a solução do caso concreto. O segundo lança mão da Constituição para decidir sobre uma política pública ou regulamentar uma norma constitucional, quando houver omissão do legislador ou do agente do Poder Executivo.[21]

Quanto ao *garantismo* ou *constitucionalismo garantista*, trata-se de proposta de Luigi FERRAJOLI, para afastar o *neoconstitucionalismo*. Segundo propõe o citado autor, "o constitucionalismo positivista e *garantista* diferencia-se do constitucionalismo não positivista e principialista pela rejeição de todos aqueles que são os seus três elementos principais: (1) a conexão entre o direito e a moral; (2) a contraposição entre princípios e regras e a centralidade conferida à distinção qualitativa; (3) o papel da ponderação, em oposição à subsunção, na prática jurisdicional".[22]

No âmbito do presente estudo, adotaremos a ideia de *garantismo* judicial não no sentido empregado por FERRAJOLI, mas no sentido de atuação judicial garantidora de direitos fundamentais, especialmente no que concerne ao seu conteúdo *prima facie*, estabelecido pela Constituição Federal.

---

[20] BARROSO, Luís Roberto. Judicialização, ativismo judicial e legitimidade democrática. In: COUTINHO, Jacinto Nelson Miranda Coutinho; FRAGALE FILHO, R.; LOBÃO, R. (Orgs.). **Constituição e Ativismo Judicial**. Rio de Janeiro: Lumen Juris, 2011. p. 279.

[21] MANEIRA, Eduardo. Ativismo judicial e os seus reflexos em matéria tributária. In: MANEIRA, Eduardo (Coord.). **Direito Tributário e a Constituição**: homenagem ao professor Sacha Calmon Navarro Coelho. São Paulo: Quartier Latin, 2012. P. 269-282.

[22] FERRAJOLI, Luigi. Constitucionalismo principialista e constitucionalismo garantista. In: **Garantismo Hermenêutica e Neoconstitucionalismo**: um debate com Luigi Ferrajoli. Porto Alegre: Livraria do Advogado, 2012. p. 27.

3.1. Ativismo Judicial em Matéria Tributária

Partindo das noções expostas em linhas anteriores, acerca do *ativismo* e do *garantismo* judicial, cumpre investigar em que medida são admissíveis em matéria tributária.

Sendo certo que as competências constitucionais são atribuídas e distribuídas[23] pela Constituição Federal e que as pessoas políticas – União, estados-membros, Distrito Federal e Municípios –, investidas da prerrogativa de instituir tributos, editam as respectivas leis, o papel criador do juiz é, nessa matéria, inexistente, já que não podemos admitir a atividade judicial criadora a ponto de inovar a ordem jurídica, no que concerne à faculdade dos entes políticos de instituir tributos. Ou seja, não há possibilidade, no âmbito do Direito Tributário, que o Poder Judiciário edite leis criando tributos.[24]

Por outro lado, uma vez instituído o tributo, com a edição da respectiva lei ordinária ou complementar, operando-se a subsunção do fato ocorrido no mundo fenomênico à hipótese normativa, a incidência é infalível[25] e em nada pode influenciar a decisão judicial no que concerne ao nascimento da relação jurídico-tributária.

O exercício da competência tributária no Brasil, por sua vez, está limitado pelos princípios e pelas imunidades constitucionais e é, precisamente, em relação aos primeiros que reside a nossa curiosidade científica, especialmente no que concerne à possibilidade de o Poder Judiciário atuar positivamente e não negativamente, como sói acontecer, desempenhando papel de legislador positivo.

Como afirmamos anteriormente, o sistema contempla princípios limites-objetivos e princípios-valor; os primeiros impõem objetivamente limites à atuação do legislador, os segundos são impregnados de alta carga valorativa e, em razão de tal condição, permitem concreção por via da atividade hermenêutica.

---

[23] CARRAZZA, Roque. **Curso de Direito Constitucional Tributário**. 23. ed. São Paulo: Malheiros, 2006. p. 480.

[24] Em estudo sobre o tema do ativismo Judicial em matéria tributária assim se manifestou Eduardo Maneira: "Apesar de haver uma grave distorção na visão de setores da Administração tributária e do próprio Judiciário do papel das varas de execução fiscal, que para alguns cumprem a função de agente arrecadador de tributos e não de órgão que julga a legitimidade da exação que está sendo cobrada, seria inimaginável que o Judiciário pudesse instituir tributos por meio de seus julgados. Claro, pois, que o Judiciário não pode, por mais ativo que queira ser, exercer a competência tributária". (MANEIRA, Eduardo. *Op. cit.*, p. 276.)

[25] BECKER, Alfredo Augusto. **Teoria Geral do Direito Tributário**. 5. ed. São Paulo: Noeses, 2010.

Ambos, princípios-valor e princípios limites-objetivos, são garantias do destinatário constitucional tributário[26], são, verdadeiramente, direitos fundamentais e, portanto, cláusulas pétreas.

Sendo certo que os princípios constitucionais são direitos subjetivos dos contribuintes frente à atividade da administração fazendária, assim como a do legislador ao instituir tributos, cumpre-nos investigar, à luz da doutrina *neoconstitucionalista*, em que medida a atividade do Poder Judiciário pode inovar ao interpretá-los, com vistas à solução de um caso concreto.

Verificamos, em passagem anterior, que, a partir da doutrina *neoconstitucionalista* do direito constitucional, a atividade do Poder Judiciário passou a ter mais relevância e amplitude na medida em que, com o propósito de atribuir maior eficácia aos direitos e às garantias fundamentais, franqueou-se a este concretas possibilidades de atuar positivamente, inovando a ordem jurídica.

Desse modo, diante da premissa de que, com o objetivo de dar concreção aos direitos e às garantias individuais, incrementando-lhes a eficácia, o Poder Judiciário pode, pela atividade hermenêutica, lograr tal intento, pensamos que, em especial, em relação aos princípios-valor, é possível admitir a atividade proativa do Poder Judiciário no que concerne, especificamente, à sua concreção, o que caracteriza uma atividade judicial *garantista*, ressalvando-se que a ação do magistrado, neste caso, deve se restringir necessariamente a operar em favor do contribuinte, nunca lhe impondo novos ônus ou exigências de índole tributária.

Quanto à busca da concretização de direitos e garantias individuais, enquanto direitos fundamentais, a atuação do magistrado não revela

---

[26] Marçal Justen Filho, acatando os fundamentos adotados por Villegas, no sentido de estabelecer distinção entre os possíveis sujeitos da relação jurídico-tributária, no sentido de que nem sempre aquele que manifesta riqueza é quem assumirá a condição de devedor do tributo, apresenta a expressão "destinatário constitucional tributário" para indicar o contribuinte, observando, com isso, as peculiaridades do sistema tributário brasileiro, o que faz nos seguintes termos: "De fato, a eleição de uma certa situação para compor a materialidade da hipótese de incidência importa automática seleção de sujeitos. Se foi eleita, como evidenciadora de riqueza que autoriza a tributação, uma certa situação, é inegável que a regra imperiosa será a de que o sujeito obrigado ao dever tributário seja exatamente aquele que é titular dessa riqueza ou está com ela referido. Porque, a não ser assim, o resultado seria o de que haveria uma desnaturação da norma, acarretando a incidência do dever sobre pessoa diversa e a tributação sobre riqueza distinta. (...) Villegas deixou de observar uma peculiaridade do sistema tributário brasileiro, porém, poderia ter elaborado alguns conceitos mais refinados se tivesse em vista o ordenamento pátrio. É que, no Brasil, pode-se falar não apenas em um destinatário legal tributário, mas também no destinatário constitucional tributário". (JUSTEN FILHO, Marçal. **Sujeição Passiva Tributária**. São Paulo: CEJUP, 1986. p. 262.)

precisamente criação do direito e, portanto, não se subsume ao conceito de *ativismo judicial em sentido estrito*, mas, por outro lado, revela comportamento proativo dirigido a incrementar a eficácia dos princípios e, com isso, garantir, tornar efetivos, direitos subjetivos constitucionalmente estabelecidos.

Segundo Roque ANTONIO CARRAZZA, "dado o seu grau de abstração, as normas contidas na Lei Suprema – máxime as que veiculam princípios que protegem direitos fundamentais – passem por um processo de 'construção', justamente para que alcancem situações que, embora *fora do texto escrito*, apresentam-se atreladas a seu espírito".[27]

Entre os princípios constitucionais tributários que são considerados princípios-valor, podemos referir o princípio da capacidade contributiva e o da vedação da cobrança de tributos com efeito de confisco.

É em relação a referidos princípios que pretendemos enfrentar o tema do *ativismo judicial garantista*, posto pensarmos que, embora tenham aplicabilidade imediata, dado o seu alto grau de indefinição e abertura, a sua normatividade é reduzida, ficando, consequentemente, reduzida também a sua eficácia.

Preponderantemente, a doutrina posiciona-se no sentido de que os princípios constitucionais gerais, e assim também os tributários, têm todos eficácia plena e aplicabilidade imediata, pois, por serem vetores para soluções interpretativas, não seria plausível que não fossem dotados de plena eficácia. Por outro lado, também fundamenta tal posição doutrinária, o fato de que os princípios constitucionais tributários veiculam direitos e garantias fundamentais, o que é, inclusive, o marco teórico da doutrina *neoconstitucionalista,* que prega a plena efetivação dos direitos e das garantias fundamentais.

Não pensamos que todos os princípios constitucionais tributários tenham eficácia plena. Quanto aos princípios-valor, como já nos manifestamos anteriormente, "por serem, alguns princípios constitucionais, vagos e indeterminados, devem ser concretizados pelo legislador ou pelo juiz, obedecidos os limites e a vinculação decorrente do próprio Texto Constitucional".[28]

Não se trata de neutralizar a eficácia dos princípios-valor, mas de reconhecer que possuem eficácia reduzida, contrariamente aos princípios limites- –objetivos, dotados de alto grau de eficácia.

---

[27] CARRAZZA, Roque. **Curso de Direito Constitucional Tributário**. 23. ed. São Paulo: Malheiros, 2007. p. 48.

[28] GRUPENMACHER, Betina Treiger. **Eficácia e Aplicabilidade das Limitações Constitucionais ao Poder de Tributar**. São Paulo: Resenha Tributária, 1997. p. 47. (Trata-se de nossa dissertação de mestrado orientada pelo professor Roque Antônio Carrazza).

Roque ANTONIO CARRAZA também reconhece que há na Constituição Federal expressões e termos vagos e imprecisos, ao afirmar que "as fórmulas linguísticas de que se vale o constituinte para vincular princípios constitucionais sempre devem ser interpretadas, até para que venham corrigidas eventuais insuficiências redacionais do texto".[29]

Segundo leciona Tércio SAMPAIO FERRAZ Jr., há uma distinção entre eficácia semântica e eficácia sintática da norma; a eficácia semântica indica que a norma tem condições fáticas de atuar, por ser adequada em relação à realidade; e a eficácia sintática indica, por sua vez, que a norma tem condições técnicas de atuar, por estarem presentes os elementos normativos para adequá-la à produção de efeitos concretos.[30]

A norma socialmente aplicada é aquela que é efetivamente respeitada. Trata-se da condição de efetividade da norma. No plano jurídico, no entanto, a aplicabilidade cinge-se à verificação da vigência, legitimidade e eficácia da norma.

José AFONSO DA SILVA declara, em seu estudo, que buscou realizar uma análise estritamente jurídica de eficácia.[31] Não aceita, portanto, a concepção de efetividade da norma enquanto observância social desta.

Ainda que não se possa criticar a busca de um conceito jurídico de eficácia das normas constitucionais, ou seja, ainda que José AFONSO DA SILVA estivesse correto em relação a tal circunstância, o entendimento pode ser acrescido pelas ideias de Virgílio AFONSO DA SILVA, o qual admite que a "capacidade para a produção de efeitos depende sempre de outras variáveis que não somente o dispositivo constitucional ou legal. Em outras palavras: mesmo a eficácia estritamente jurídica – nos termos de José Afonso da Silva – depende de outras variáveis que não apenas o texto constitucional". Afirma ainda que "não existe norma constitucional que não dependa de algum tipo de regulamentação e que não seja suscetível a algum tipo de restrição".[32]

Nos termos do que ensina o citado autor, "somente nos casos concretos, após sopesamento ou, se for o caso, aplicação da regra da proporcionalidade, é possível definir o que definitivamente vale. A definição do conteúdo definitivo

---

[29] CARRAZZA, Roque. *Op. cit.*, p. 48.

[30] FERRAZ Jr., Tércio Sampaio. **Introdução ao Estudo do Direito**. São Paulo: Atlas, 1988. p. 181.

[31] SILVA, José Afonso da. **Aplicabilidade das Normas Constitucionais**. São Paulo: RT, 1968. p. 43.

[32] SILVA, Virgílio Afonso. **Direitos Fundamentais**. Conteúdo essencial, restrições e eficácia. 2. ed. São Paulo: Malheiros, 2010. p. 231.

do direito é, portanto, definida a partir de fora, a partir de condições fáticas e jurídicas existentes".[33]

Pensamos que a mencionada proposta tem total pertinência e aplicabilidade aos princípios constitucionais, objeto do presente estudo.

Os princípios constitucionais tributários, na condição de direitos e garantias fundamentais, em especial aqueles que revelam valores, podem ser, nas palavras do citado autor, se não regulamentados, restringidos quando da ponderação com outros princípios com os quais estejam em conflito, o que é possível, dado o seu grau de indeterminação.

Segundo entende Virgílio AFONSO DA SILVA, com quem concordamos, as normas que veiculam direitos fundamentais têm amplo suporte fático. Tal condição permite que sua intepretação possa sofrer algum tipo de "restrição externa" de índole legal ou judicial. Assim, contrariamente ao que defende parcela da doutrina, os direitos fundamentais não têm limites imanentes (internos), ou autolimites, mas podem sofrer restrições impostas externamente por lei ou por atividade hermenêutica. Nesse sentido, aquele autor se opõe à doutrina de José AFONSO DA SILVA, por entender que se todas as normas constitucionais podem sofrer restrições externas, não há normas de eficácia plena e que, nessa medida, sejam irrestringíveis. Afirma que, "nesse sentido, normas de eficácia plena, de eficácia contida e de eficácia limitada (modelo de José Afonso da Silva) são suscetíveis, na mesma medida, a restrições. Nada as diferencia nesse aspecto".[34]

As Constituições podem, é certo, ser alteradas formal ou informalmente. Ao processo informal de alteração do texto constitucional designa-se mutação. As mutações constitucionais são processos de mudança tendentes a compatibilizar e adaptar as normas constitucionais com o momento histórico e a realidade em que estejam sendo aplicadas. Segundo Anna Cândida da CUNHA FERRAZ, "as mutações constitucionais alteram o significado da Constituição sem contrariá-la, diferenciando-se assim, das mutações inconstitucionais".[35]

A Constituição é um sistema normativo formado por regras e princípios que, assim como ocorre com toda e qualquer norma, deve ser compreendido, interpretado e permanentemente adequado.

---

[33] SILVA, Virgílio Afonso. *Op. cit.*, p. 140.
[34] SILVA, Virgílio Afonso. *Op. cit.*, p. 244-245.
[35] FERRAZ, Anna Cândida da Cunha. **Processos Informais de Mudança da Constituição**. São Paulo: Max Limonad, 1986. p. 10.

DIREITOS FUNDAMENTAIS DOS CONTRIBUINTES

Sendo certo que algumas das limitações ao exercício da competência tributária estão contidas em normas com elevado conteúdo de indeterminação, como é o caso dos princípios da capacidade contributiva e da vedação da cobrança de tributos com efeito de confisco, o seu conteúdo, alcance e significado podem sofrer mutações, adquirindo, em diferentes momentos, significações distintas.

Há normas constitucionais, por outro turno, cujo sentido é único e, em qualquer situação ou momento em que estejam sendo aplicadas, sua interpretação será a mesma.

Como observou Karl LOWENSTEIN, a Constituição se valoriza na medida em que permite mudanças na estrutura social, sem alteração do processo político. A utilização frequente do processo de emenda constitucional é elemento de desvalorização da Constituição, mais propriamente, daquilo que chamou de sentimento constitucional.[36]

Segundo CANOTILHO, um sistema no qual existissem apenas regras levaria a um sistema jurídico de racionalidade prática em que inexistiria espaço para complementação e desenvolvimento. A presença de princípios impregnados de valores, em relação aos quais há necessidade de concretização e densificação, permite, em suas palavras, "a respiração" do sistema constitucional.[37]

Não podem o aplicador e o intérprete da Constituição, portanto, afastarem-se de dados empíricos da realidade e de valores, cujos significados e alcances são distintos, conforme o momento em que estejam interpretando-a e aplicando-a.

Alguns princípios constitucionais, cujo sentido não se extrai diretamente do Texto, podem, por serem mais "elásticos", revelar diferentes conteúdos.

Segundo LARENZ, princípios abertos que não têm caráter de normas, seriam simplesmente ideias jurídicas a serem concretizadas na lei e na jurisprudência.[38]

Seguramente, ao afirmarmos que alguns dos princípios constitucionais tributários têm eficácia reduzida, não estamos admitindo que tais princípios sejam, apenas e tão-somente, um programa a ser seguido pelo Poder

---

[36] LOWENSTEIN, Karl. **Teoria de la Constitución**. ANABITARE, Alfredo Gallego (Trad.). 2. ed. Barcelona: Ariel, 1976. p. 199-200.

[37] CANOTILHO, J. J. Gomes. **Constituição Dirigente e Vinculação do Legislador**. Coimbra: Almedina, 1982. p. 176.

[38] LARENZ, Karl. **Metodologia da Ciência do Direito**. 2. ed. Lisboa: Fundação Calouste Gulbenkian, 1988. p. 214.

Público. Por veicularem direitos e garantias fundamentais, sempre possuem um mínimo de eficácia, a partir do qual o Poder Judiciário, atendendo às peculiaridades do caso concreto, irá densificá-la e tal decisão assumirá conteúdo integrativo no que tange à sua indeterminação.

A visão contrária que alguns autores têm em relação à possível eficácia limitada ou, como referida em momento anterior, "programática" de alguns princípios constitucionais não merece guarida.

Como bem observou Luis Roberto BARROSO:

> A visão crítica que muitos autores mantêm em relação às normas programáticas é, por certo, influenciada pelo que elas representam antes da ruptura com a doutrina clássica, em que figuravam como enunciados políticos, meras exortações morais destituídas de eficácia jurídica. **Modernamente, a elas é reconhecido um valor jurídico idêntico ao dos restantes preceitos da Constituição, como cláusulas vinculativas, contribuindo para o sistema através dos princípios, dos fins e dos valores que incorporaram. Sua dimensão prospectiva, ressalta Jorge Miranda, é também uma dimensão de ordenamento jurídico, pelo menos no Estado social.**[39]

Efetivamente, embora detenham elevado índice de indeterminação, o que lhes imprime "textura aberta", os princípios-valor vinculam a atividade do legislador, do julgador e do agente da administração fazendária.

Como refere Celso RIBEIRO BASTOS, a norma programática "exerce influência recíproca na medida em que, por exemplo, mesmo sem condições de ser imediatamente aplicada, a norma programática já reúne condições, por si só, para funcionar como critério de interpretação de outras normas preceptivas".[40]

Acreditamos que, na atual conjuntura, ainda diante da sua eficácia limitada, os princípios-valor criam direitos subjetivos e podem ser, de imediato, aplicados como critério de interpretação. Nessa medida, admitimos que haja margem para um *ativismo judicial garantista* em relação aos princípios constitucionais tributários, interpretando-os de acordo com o respectivo momento histórico e sopesando-os com outros valores e princípios

---

[39] BARROSO, Luis Roberto. **O Direito Constitucional e a Efetividade de suas Normas**. 2. ed. Rio de Janeiro: Renovar, 1993. p. 111. (Grifamos)

[40] BASTOS, Celso Ribeiro. **Comentários à Constituição do Brasil**. 1º vol. São Paulo: Saraiva, 1988. p. 344.

constitucionais, quando necessário. Importante ressalvar, destarte, que tal só poderá ocorrer em favor do contribuinte ou do destinatário constitucional tributário, nunca para dar guarida ou resguardar interesses fazendários.

Frequentemente, observa-se em decisões do Supremo Tribunal Federal, guardião da Constituição Federal, a necessidade de adoção da ponderação, enquanto método hermenêutico de interpretação da Constituição Federal, para a solução de questões em que há antinomia entre princípios.

Especialmente no que concerne aos princípios da capacidade contributiva e da vedação da cobrança de tributos com efeito de confisco, o conflito se instala com o princípio do interesse público relevante, o qual também exterioriza valor e que, por essa razão, tem igualmente "textura aberta".

A relevância do incremento na arrecadação tributária, enquanto interesse público, é inquestionável. No entanto, se em determinado caso concretamente analisado, a ponderação entre ambos os princípios conduzir à conclusão de que a atribuição de prevalência ao princípio do interesse público relevante resulta em ofensa ao princípio da capacidade contributiva, enquanto garantia fundamental do contribuinte, a atuação do Poder Judiciário há de ser *garantista*, concretizando o referido princípio de modo que se lhe atribua máxima eficácia.

Merece referência, com relação à eficácia dos direitos fundamentais, a lição de Ingo WOLFGANG SARLET:

> Da mesma forma, em face do dever de respeito e aplicação imediata dos direitos fundamentais em cada caso concreto, o Poder Judiciário encontra-se investido do poder-dever de aplicar imediatamente as normas definidoras de direitos e garantias fundamentais, assegurando--lhes sua plena eficácia. A falta de concretização não poderá, de tal sorte, constituir obstáculo à aplicação imediata pelos juízes e tribunais, na medida em que o Judiciário – por força do disposto no art. 5º, §1º, da CF – não apenas se encontra na obrigação de assegurar a plena eficácia dos direitos fundamentais, mas também autorizado a remover eventual lacuna oriunda da falta de concretização.[41]

A análise da eficácia do princípio da capacidade contributiva foi, precursoramente, realizada por Gian Francesco MOSCHETTI, quando

---

[41] SARLET, Ingo Wolfgang. **A Eficácia dos Direitos Fundamentais**. Uma teoria geral dos direitos fundamentais na perspectiva constitucional. 10. ed. Porto Alegre: Livraria do Advogado, 2009. p. 269.

interpretou o artigo 53 da Constituição Italiana. Naquela oportunidade, reconheceu tratar-se de norma programática, pois entendeu que o princípio indicava simplesmente uma diretriz futura, um princípio geral ou uma orientação política.[42]

GIANNINI, também comentando o artigo 53 da Constituição Italiana, afirmou ser o referido princípio mera "enunciação de um princípio de máxima", que, em virtude da sua intensidade de abstração, não encerra uma norma obrigatória; é a expressão de uma "exigência política que o legislador deve atuar".[43]

Quanto à eficácia do princípio da capacidade contributiva, Alberto TARSITANO admite a sua graduação, afirmando que "se podrá discutir la eficacia de su operatividad según el texto constitucional, o su mayor o menor recepción por le legislador o el intérprete, pelo ello no puede servir de excusa para prescindir de un juicio sobre la adecuación de las leyes tributarias al *standard* fijado por la Constitución".[44]

O fato é que, como afirmamos, a Constituição se altera, adaptando-se ao momento em que está sendo aplicada. A interpretação do texto constitucional, assim como dos direitos nele consagrados, há de ser feita em interação com a realidade. Nesse sentido, a eficácia do princípio, dada a sua abertura e indeterminação, em especial quanto à sua extensão – tema que, embora seja extremamente relevante, não pretendemos enfrentar no âmbito restrito do presente estudo –, é limitada, posto que dependa da concretização a ser realizada pelos membros do Poder Judiciário.

Afirmamos em outra oportunidade, em relação ao princípio da capacidade contributiva, que "a norma constitucional espelhada no art. 145, parágrafo 1º (o princípio da capacidade contributiva), dentro da classificação proposta por José Afonso da Silva, que adotamos, tem eficácia limitada do tipo programático, pois depende de interpretação integrativa, ou de norma que lhe esclareça o conteúdo".[45]

---

[42] MOSCHETTI, Gian Francesco. **El Principio de Capacidad Contributiva**. GALLEGO, Juan M. Calero; VÁSQUEZ, Rafael Navas (Trad.). Madrid: Instituto de Estudos Fiscales, Ministério da Hacienda, 1989. p. 265.

[43] GIANNINI, Achille Donato. **Instituzioni di Diritto Tributario**. 8. ed. Milão: Giuffré, 1960. p. 9.

[44] TARSITANO, Alberto. **El Principio de Capacidad Contributiva**: estudios de derecho constitucional tributario en homenaje al prof. Juan Carlos Luqui. Buenos Aires: Depalma, 1982. p. 326.

[45] GRUPENMACHER, Betina Treiger. **Eficácia e Aplicabilidade das Limitações Constitucionais ao Poder de Tributar**. São Paulo: Resenha Tributária, 1997. p. 75.

Revelamos, naquele momento, que, segundo pensávamos, também o princípio da vedação da cobrança de tributo com efeito de confisco era programático e o fizemos nos seguintes termos: "O princípio da vedação do confisco dentro da classificação proposta por José AFONSO DA SILVA, é um princípio programático, por depender de lei ou de interpretação integrativa, quanto à acepção do termo confisco, que é dotado de forte carga axiológica e valorativa".[46]

Amadurecida a referida ideia, hoje, embora continuemos pensando que o princípio da capacidade contributiva, assim como o da vedação da cobrança de tributo com efeito de confisco, de fato, dependa de interpretação por parte dos Tribunais, no sentido de que lhes "integre" o conteúdo ou que lhes concretize, esclarecendo o seu efetivo alcance e extensão, revemos nosso entendimento quanto à circunstância de se tratarem de normas programáticas, a uma, porque reconhecemos a possibilidade de atuação *garantista* por parte do Poder Judiciário; a duas, porque a adoção do termo "programática" se mostrou superada pela doutrina mais abalizada de direito constitucional, especialmente no que concerne aos direitos e às garantias fundamentais, pois conduz à concepção equivocada de que as normas que os veiculam seriam meros programas a serem implementados pelo Poder Público.

Criticando a doutrina de José AFONSO DA SILVA, modernamente os estudiosos do Direito Constitucional afastaram a ideia de que as normas de eficácia limitada são programáticas e, em substituição, reconheceram a existência na Constituição de normas de eficácia plena, contida e limitada, podendo elas revelarem regras ou princípios.

Desse modo, embora mereça uma atitude proativa do Poder Judiciário, no sentido de lhe esclarecer os efeitos – assim, em casos em que não se faz necessário ponderar, como naqueles em que é necessária a utilização de tal método hermenêutico –, os princípios da capacidade contributiva e da vedação da cobrança de tributo com efeito de confisco são, definitivamente, um vínculo para o legislador, para o administrador e para o juiz.

A doutrina e a jurisprudência, como regra geral, são assentes no sentido de que todo o rol de direitos e garantias fundamentais, entre os quais se inserem os princípios constitucionais tributários, tem aplicabilidade imediata. Tal é a conclusão a que se chega a partir da concepção da força normativa

---

[46] GRUPENMACHER, Betina Treiger. *Op. cit.*, p. 115.

da Constituição, assim como a presença cada vez mais marcante de ideias e posturas que buscam atribuir máxima eficácia aos referidos direitos.

No entanto, a concepção de que os direitos fundamentais têm todos aplicabilidade imediata não é fruto apenas de construções doutrinárias e jurisprudenciais, mas também pode ser extraída do disposto no artigo 5º, § 1º, da Constituição Federal que estabelece que "As normas definidoras dos direitos e garantias fundamentais têm aplicação imediata."

Muito se discute se tal preceito aplica-se apenas ao rol dos direitos fundamentais consagrados no artigo 5º da Constituição Federal ou também às demais garantias espraiadas pelo texto constitucional.

Pensamos não se poder atribuir, ao referido dispositivo, interpretação restritiva e, em assim sendo, há de se reconhecer, em relação a todos os direitos e garantias fundamentais consagrados em nossa Constituição, aplicabilidade imediata, inclusive aos de índole tributária.

No entanto, se é certo que, assim como todos os direitos fundamentais, o catálogo das garantias tributárias é dotado de aplicabilidade imediata, isso não se pode dizer em relação à sua eficácia.

Acreditamos, como dito, ser possível falar em *ativismo judicial* em relação à concretização dos princípios constitucionais tributários de eficácia limitada, apenas no sentido de que o judiciário deve atuar a partir de uma postura *garantista* do conteúdo *prima facie* dos direitos por eles consagrados, jamais atuando para discricionariamente aniquilar garantias constitucionalmente asseguradas.

Merecem referência as palavras de André Karam TRINDADE, para quem o "ativismo judicial brasileiro, em cujas bases se encontram os ideais *neoconstitucionalistas,* reflete uma postura que, aproveitando o aumento dos espaços da jurisdição, investe no reforço da discricionariedade judicial, cujo maior e pior efeito é o enfraquecimento da normatividade da Constituição e, consequentemente, das bases do próprio regime democrático, como alerta Ferrajoli".[47]

A atuação positiva do Poder Judiciário, em matéria de princípios constitucionais tributários, é permitida apenas na ponderação e densificação destes.[48]

---

[47] TRINDADE, André Karam. **Garantismo *versus* Neoconstitucionalismo**: os desafios do protagonismo judicial em Terrae Brasilis. Porto Alegre: Livraria do Advogado, 2012. p. 122.

[48] Em relação à atividade judicial em material de princípios, merece referência a lição de Virgílio Afonso da Silva: "Nesses casos, cabe ao juiz, no caso concreto, decidir qual princípio deverá prevalecer. Quando isso ocorre, há também uma restrição ao direito fundamental que é garantido

Muitas vozes têm se levantado na doutrina contra a técnica da ponderação, chegando, inclusive, a pregar a existência apenas de regras e o fim dos princípios constitucionais.

Aqueles que pensam desse modo fundamentam o seu entendimento na crença de que a excessiva criação de princípios constitucionais, ocorrida no âmbito do *neoconstitucionalismo* – momento em que se buscou inserir um sem número de princípios no ordenamento jurídico, a partir da concepção de que era necessário intensificar a proteção aos direitos fundamentais –, acabou por enfraquecer a força normativa da Constituição. Segundo pregam tais autores, estando permitida a utilização da técnica da ponderação em relação a todos os princípios, estaria consequentemente permitida atividade intensamente ativa por parte do Poder Judiciário, o qual, a pretexto de realizar a admitida ponderação, na hipótese de antinomia entre princípios, acabaria atuando arbitrariamente e, ao invés de fortalecer a Constituição e os direitos por ela consagrados, enfraquecê-los-ia.

Não acreditamos que a Constituição Brasileira seja preponderantemente regulatória (prevalência de regras) ou preponderantemente principiológica (prevalência de princípios), assim como não acreditamos que a ponderação seja uma "carta em branco" ao Poder Judiciário para interpretar os princípios constitucionais.

A Constituição Federal é um sistema de regras e princípios, estes últimos asseguradores de muitos dos direitos e das garantias individuais, contidos no catálogo constitucional, e, nessa medida, as antinomias entre os princípios hão de ser solucionadas pela ponderação, observado o "peso" e a importância de cada um deles.

João Maurício ADEODATO, em estudo acerca da teoria *garantista* de FERRAJOLI, admite a possibilidade do *ativismo judicial* como uma evolução na separação dos poderes, a partir de dados empíricos da realidade brasileira.

Afirma que FERRAJOLI:

> (...) tem razão quando diz que a ponderação enfatiza o ativismo e enfraquece a hierarquia das fontes do direito, logo, diminuindo a importância da constituição. Mas ora, o ativismo judicial, pelo menos aqui, não é objeto de pregação ou

pelo princípio que teve que ceder em favor do princípio considerado mais importante. Essa restrição, no entanto, não encontra fundamento em uma regra de legislação infraconstitucional, mas apenas na competência do juiz em tomar a decisão naquele caso concreto. Essas restrições, portanto, são baseadas em princípios e realizadas por meio de decisões judiciais". (SILVA, Virgílio Afonso. *Op. cit.*, p.143.)

de combate, é um dado empírico que tem raízes sociológicas e hermenêuticas; a retórica analítica não se propõe a fornecer estratégias para interferência no paradigma da separação dos poderes, mas apenas detectar eventuais modificações em sua evolução.[49]

Na esteira de tal entendimento, pensamos que, ao ponderar e densificar os princípios constitucionais, há margem para um *ativismo judicial garantista*, assim concebido na linha defendida por BARROSO, apenas como uma ampliação da jurisdição e não como a permissão para a edição de uma norma individual e concreta limitadora, em qualquer medida, de direitos individuais dos contribuintes.

Merece referência a lição de Roque ANTONIO CARRAZZA: "Deste modo, em face de qualquer tipo de dúvida quanto à interpretação de uma norma jurídica relacionada a direitos fundamentais consagrados no Texto Magno, a ela haverá de ser conferido o sentido que mais os prestigie".[50]

Importante destacar que a admissão de uma atuação do Poder Judiciário em relação aos direitos fundamentais não lhes retira o seu conteúdo mínimo, aquele *prima facie* estabelecido pelo texto constitucional. Nas palavras de Virgílio AFONSO DA SILVA, qualquer que seja a natureza da restrição que lhes seja imposta externamente não terá "influência no *conteúdo* do direito, podendo apenas, no caso concreto, restringir seu exercício – que se pode sustentar que, em uma colisão entre princípios, o princípio que tem de ceder em favor do outro não tem afetadas sua validade e, sobretudo, sua extensão *prima facie*".[51]

Com isso, podemos concluir que há atividade *garantista*, quando o conteúdo *prima facie* do direito fundamental é concretizado pela atividade judicial de densificação ou sopesamento, obtendo-se o respectivo *conteúdo definitivo*, sendo essa a única possiblidade admissível de um *ativismo judicial*.

Ao defender um *constitucionalismo garantista* em relação à atividade judicial, FERRAJOLI não se refere precisamente às decisões judiciais que garantem a observância de direitos fundamentais constitucionalmente consagrados – sentido atribuído ao *garantismo* por nós no presente estudo –, mas à inserção no texto da Constituição de normas garantidoras de uma atividade judicial

---

[49] ADEODATO, João Maurício. **Para um Debate entre a Atitude Retórica e o Positivismo Garantista**. Porto Alegre: Livraria do Advogado, 2012. p. 170.
[50] CARRAZZA, Roque. *Op. cit.*, p. 48.
[51] SILVA, Virgílio Afonso. *Op. cit.*, p.138.

em consonância com as prerrogativas atribuídas ao Poder Judiciário no âmbito da teoria tradicional da separação dos poderes.[52]

Distintamente do que prega FERRAJOLI, pensamos que, efetivamente a vagueza, em relação aos princípios constitucionais tributários que expressam valores, permite, em certa medida, a atividade judicial proativa, ou seja, o *ativismo judicial*. Mas tal condição da atuação do magistrado deve, necessariamente, ter cunho *garantista* no sentido de atribuir o maior grau de eficácia possível aos mesmos. Não fosse assim, estaríamos admitindo a consagração de circunstância em tudo e por tudo ofensiva à segurança jurídica do contribuinte. Segundo Heleno Taveira TÔRRES:

> Lançar-se, pois, ao modismo da ponderação como método de interpretação constitucional desprovido de critérios racionais de objetividade e sem limitação do seu cabimento é submeter à criação de normas jurídicas à insegurança e a juízos de valor subjetivos, pondo em risco a prevalência da Constituição e sua unidade semântica. Deve-se evitar, a todo custo, que a dogmática de solução de colisões de princípios torne-se medida perturbadora da segurança jurídica ao ensejo de hierarquias morais ou axiológicas não autorizadas pela Constituição e, o que é mais grave, por meio de recursos constantes ao seu uso a todo e qualquer hermenêutica dos princípios em nítido cariz arbitrário.[53]

---

[52] Confira-se passagem em que reflete o seu entendimento: "Jurisdição, como sustentei inúmeras vezes, é sempre um poder-saber: quanto maior é o saber, menor é o poder e maior é a sua legitimidade; e vice-versa. O "saber" jurisdicional é assegurado pelo conjunto de garantias substanciais e processuais, que são, igualmente, limites à discricionariedade e, portanto, ao poder dos juízes, a começar pela estrita legalidade, isto é, pela formulação da linguagem legal da maneira mais rigorosa e taxativa possível. Assim, enquanto o garantismo tem como objetivo a redução do poder judiciário ilegítimo através da redução dos espaços excessivos e patológicos da indeterminação da linguagem legal, o principialismo parece favorecer o seu crescimento. Uma prova disso é o fato de a proposta, por mim desenvolvida – no sentido de uma linguagem legal elaborada da maneira mais clara e precisa possível, simplesmente óbvia em material penal –, geralmente ser rejeitada e criticada por muitos principialistas quando aplicada às constituições. Isto serve para justificar a impressão de que não é mais a tese do ativismo judicial que é uma consequência da tese da vagueza e da conflituosidade dos princípios, mas, o contrário, é a tese da vagueza e do conflito entre princípios que vem sendo defendida para sustentar o ativismo judicial, além da maior liberdade do legislador". (FERRAJOLI, Luigi. Constitucionalismo principialista e constitucionalismo garantista. In: **Garantismo Hermenêutica e Neoconstitucionalismo**: um debate com Luigi Ferrajoli. Porto Alegre: Livraria do Advogado. 2012, p. 246.)

[53] TORRES, Heleno Taveira. **Direito Constitucional Tributário e Segurança Jurídica**. São Paulo: RT, 2011. p. 553.

Sem dúvida, não acreditamos que os princípios-valor sejam apenas ideias sem força normativa, mas efetivamente acreditamos que a sua "abertura" impõe a adoção de postura proativa por parte do Poder Judiciário que, ao concretizá-los e densificá-los, revela atitude *garantista*, razão pela qual não admitimos a simples inação do Poder Judiciário, nem tampouco o ativismo incontrolado.[54]

Referências

ADEODATO, João Maurício. **Para um Debate entre a Atitude Retórica e o Positivismo Garantista**. Porto Alegre: Livraria do Advogado, 2012.

ALEXY, Robert. **Teoria de los Derechos Fundamentales**. 2. ed. Madrid: Centro de Estudios Políticos Y Constitucionales, 2008.

ARISTÓTELES. **A Política**. FERREIRA, Roberto (Trad.). 3. ed. São Paulo: Martins Fontes, 2006.

BARCELLOS, Ana Paula. **Ponderação, Racionalidade e Atividade Jurdiscional**. Rio de Janeiro: Renovar, 2005.

BARROSO, Luis Roberto. **O Direito Constitucional e a Efetividade de suas Normas**: limites e possibilidades da Constituição Brasileira. 2. ed. Rio de Janeiro: Renovar, 1993.

——. Judicialização, Ativismo Judicial e Legitimidade Democrática. In: COUTINHO, Jacinto Nelson Miranda Coutinho; FRAGALE FILHO, R.; LOBÃO, R. (Orgs.). **Constituição e Ativismo Judicial**. Rio de Janeiro: Lumen Juris, 2011.

BASTOS, Celso Ribeiro. **Comentários à Constituição do Brasil**. 1º vol. São Paulo: Saraiva, 1988.

BECKER, Alfredo Augusto. **Teoria Geral do Direito Tributário**. 5. ed. São Paulo: Noeses, 2010.

BECHO, Renato Lopes. **Prazo para os Exequentes em Execução Fiscal**: um exemplo de ativismo judicial? IX Congresso Nacional de Estudos Tributários – IBET. São Paulo: Noeses, 2012.

CANOTILHO, J. J. Gomes. **Constituição Dirigente e Vinculação do Legislador**. Coimbra: Almedina, 1982.

---

[54] Segundo pondera Virgílio Afonso da Silva, "Isso passaria a exigir – essa é a hipótese que aqui se defende – um diálogo constitucional entre os três poderes. É claro que isso também exigiria que a separação rígida de poderes, na forma como muitas vezes é defendida no Brasil, fosse repensada. Não é o caso de fazer isso aqui, já que abriria um tema paralelo. Mas a simples ideia de que a não realização de algo exigido é equivalente a uma restrição, e que exige fundamentação, pode ser o primeiro passo para uma proteção mais eficiente ou, pelo menos, para uma maior transparência no trato dos direitos sociais". (SILVA, Virgílio Afonso. *Op. cit.*, p 251.)

CARRAZZA, Roque Antonio. **Curso de Direito Constitucional Tributário.** 23. ed. São Paulo: Malheiros, 2007.

CARVALHO, Paulo de Barros. **Curso de Direito Tributário.** 24. ed. São Paulo: Saraiva, 2012.

DWORKIN, Ronald. **Taking Rights Seriously.** Cambridge: Harvard University Press, 2001.

FARIAS, Edilson Pereira de. **Colisão de Direitos.** São Paulo: SAFE, 2008.

FERRAJOLI, Luigi. Constitucionalismo principialista e constitucionalismo garantista. In: **Garantismo Hermenêutica e Neoconstitucionalismo:** um debate com Luigi Ferrajoli. Porto Alegre: Livraria do Advogado. 2012.

FERRAZ, Anna Cândida da Cunha. **Processos Informais de Mudança da Constituição.** São Paulo: Max Limonad, 1986.

FERRAZ Jr., Tércio Sampaio. **Introdução ao Estudo do Direito.** 4. ed. São Paulo: Atlas, 2003.

GIANNINI, Achille Donato. **Instituzioni di Diritto Tributario.** 8. ed. Milão: Giuffré, 1960.

GRUPENMACHER, Betina Treiger. **Eficácia e Aplicabilidade das Limitações Constitucionais ao Poder de Tributar.** São Paulo: Resenha Tributária, 1997.

JUSTEN FILHO, Marçal. **Sujeição Passiva Tributária.** São Paulo: CEJUP, 1986.

KELSEN, Hans. **Teoria Geral do Direito e do Estado.** BORGES, Luís Carlos (Trad.). 4. ed. São Paulo: Martins Fontes, 2005.

LARENZ, Karl. **Metodologia da Ciência do Direito.** 2. ed. Lisboa: Fundação Calouste Gulbenkian, 1988.

LOCKE, John. **Segundo Tratado sobre o Governo.** MARINS, Alex (Trad.). s./ed. 1ª reimpressão. São Paulo: Martin Claret, 2000.

LOWENSTEIN, Karl. **Teoria de la Constitución.** ANABITARE, Alfredo Gallego (Trad.). 2. ed. Barcelona: Ariel, 1976.

MENDES, Gilmar Ferreira; COELHO, Inocêncio Mártires; BRANCO, Paulo Gustavo Gonet. **Curso de direito constitucional.** 2. ed. São Paulo: Saraiva, 2008.

MANEIRA, Eduardo. Ativismo judicial e os seus reflexos em matéria tributária. MANEIRA Eduardo (Coord.). **Direito Tributário e a Constituição:** homenagem ao professor Sacha Calmon Navarro Coelho. São Paulo: Quartier Latin, 2012. p. 269-282.

MONTESQUIEU. **O Espírito das Leis.** São Paulo: Martins Fontes, 2000.

MOSCHETTI, Gian Francesco. **El Principio de Capacidad Contributiva.** GALLEGO, Juan M. Calero; VÁSQUEZ, Rafael Navas (Trad.). Madrid: Instituto de Estudos Fiscales, Ministério da Hacienda, 1989.

PEREZ, Jesus Gonzáles. **El Principio General de la Buena Fe en el Derecho Administrativo.** Madrid: Real Academia de Ciencias Morales y Politicas, 1983.

SARLET, Ingo Wolfgang. **A Eficácia dos Direitos Fundamentais**. Uma teoria geral dos direitos fundamentais na perspectiva constitucional. 10. ed. Porto Alegre: Livraria do Advogado, 2009.

SILVA, José Afonso da. **Aplicabilidade das Normas Constitucionais**. São Paulo: RT, 1968.

SILVA, Virgílio Afonso. **Direitos Fundamentais**. Conteúdo essencial, restrições e eficácia. 2. ed. São Paulo: Malheiros, 2010.

STRECK, Lenio Luiz. **O Que É Isto** – decido conforme minha consciência? Porto Alegre: Livraria do Advogado, 2010.

TARSITANO, Alberto. **El Principio de Capacidad Contributiva**: estudios de derecho constitucional tributario en homenaje al prof. Juan Carlos Luqui. Buenos Aires: Depalma, 1982.

TORRES, Heleno Taveira. **Direito Constitucional Tributário e Segurança Jurídica**. São Paulo: RT, 2011.

TRINDADE, André Karam. **Garantismo *versus* neoconstitucionalismo**: os desafios do protagonismo judicial em Terrae Brasilis. Porto Alegre: Livraria do Advogado. 2012.

15. Os Direitos Fundamentais dos Contribuintes (Indagação sobre a sua Existência e Conteúdo)

Vasco Branco Guimarães

1. Introdução. Delimitação do Objeto

O tema dos direitos fundamentais está em permanente evolução desde que o legislador entendeu que a consagração dos direitos sociais, ambientais e tecnológicos deviam ser protegidos mediante a inserção no texto constitucional. No pensamento (inocente) do legislador a consagração constitucional determinaria a sua proteção e eficácia. A realidade mostra que a primeira é verdadeira mas a segunda não. Um direito ao ambiente que não permite condicionar as más políticas ou inexistência de políticas de proteção ambiental é a consagração de um direito programático sem conteúdo efetivo do ponto de vista material ou substancial. A afirmação é igualmente válida para todo e qualquer direito fundamental de cariz social, tecnológico ou de nova geração como são chamados os mais recentes.

Não significa isto que os direitos fundamentais que refletem uma conceção atual, cidadã, evoluída, inclusiva e respeitadora dos recursos do Planeta que partilhamos não seja útil. As conceções sociais começam por ser pontuadas e pensadas e só depois materializadas e, nesse processo de concretização existem, frequentemente, progressos e retrocessos.

A questão sobre a qual nos foi solicitada pronunciamento é a de aferir se existem direitos fundamentais dos contribuintes que funcionem como limite material e processual na relação jurídica tributária.

Uma análise de direito comparado revelará que são muitos os países que elaboraram Leis que consagram o conjunto de direitos e deveres da Administração e do Contribuinte criando diplomas que são habitualmente designados por – Lei Geral Tributária – onde se revêm alguns dos princípios constitucionais e se agrupam a expressão jurídica do desenvolvimento de princípios, regras, direitos e deveres das partes que estão juridicamente obrigadas ao imposto incluindo a sua determinação e revelação[1].

Estas Leis são, em regra, leis reforçadas – com dignidade jurídica acima da Lei ordinária – ou seja, implicam maiorias qualificadas para poderem ser alteradas e são competência das Assembleias representativas com poder legislativo.

Mas o objeto específico do presente estudo é determinar se existem «direitos fundamentais» dos contribuintes *qua tale* inerentes à relação jurídica tributária.

A isto nos propomos responder nas linhas que se seguem.

2. O Conceito de Direito Fundamental[2]

A primeira dificuldade com que um jurista se depara quando pretende estudar o conceito de direito fundamental é a ausência de sedimentação e estabilidade na doutrina. A criatividade dispersiva permite lançar novos desafios e linhas de investigação sobre o conceito mas dificulta a sua exposição e sistematização.

Procurando caminhar da incerteza para a certeza e segurança – condição de progressão científica nos estudos jurídicos – avancemos com aquilo que é doutrinalmente comum entre os cultores da matéria para podermos definir objeto que permita respondermos à questão que colocamos na introdução e que corresponde ao objeto específico do presente estudo.

A primeira distinção que importa fazer é entre direitos humanos e direitos fundamentais.

---

[1] O Brasil tem muitos destes princípios no CTN Código Tributário Nacional.

[2] Sobre direitos fundamentais na doutrina portuguesa veja-se: Alexandrino, José Alberto de Melo; Direitos fundamentais. ISBN: 978-989-7160-32-5, Andrade, José Carlos Vieira de-; Os direitos fundamentais na constituição portuguesa de 1976. ISBN: 972-40-1604-8; Miranda, Jorge; Manual de Direito Constitucional, Tomo IV – Direitos Fundamentais, Coimbra Editora, 9ª edição, 2012; Neto, Maria Luísa Alves da Silva, Novos direitos ou novo[s] objecto[s] para o direito?. ISBN: 978-989-8265-28-9; Queiroz, Cristina, Direitos fundamentais sociais. ISBN: 972-32-1428-4; Novais, Jorge Reis, As restrições aos direitos fundamentais não expressamente autorizadas pela constituição. ISBN: 972-32-1177-7; Miranda, Jorge, Constituição Portuguesa anotada (Tomo I); ALEXANDRINO, José de Melo; A estruturação do sistema de direitos, liberdades e garantias na Constituição Portuguesa, 2 vol., Almedina, 2006; Canotilho, José Joaquim Gomes, Direito constitucional e teoria da constituição, ISBN:972-40-2106-8; Canotilho, José Joaquim Gomes, Estudos sobre direitos fundamentais,ISBN:978-972-32-1593-9;Neto, Maria Luísa Alves da Silva, Educação e(m) democracia. ISBN: 978-989-746-073-;

Segundo Gomes Canotilho e Vital Moreira, os direitos humanos "distinguem-se dos direitos fundamentais porque estes são os direitos constitucionalmente positivados e juridicamente garantidos no ordenamento jurídico [interno], enquanto os direitos [humanos] são os direitos de todas as pessoas».[3]

Desta delimitação conceitual resulta que os direitos fundamentais têm consagração constitucional e os direitos humanos podem ter expressão constitucional ou outra qualquer fonte jurídica em regra direito internacional comum ou convencional[4].

Num desenvolvimento lógico que resulta da consagração constitucional emergem duas linhas dogmáticas que interessa assinalar:

a. Os direitos fundamentais e os direitos humanos são muitas vezes definidos pela sua finalidade: proteger poderes e esferas de liberdade das pessoas, aplicáveis primordialmente na relação pessoa – Estado (dimensão negativo-defensiva).

b. Os direitos fundamentais podem também ser definidos com o recurso a uma abordagem positivista que os define através da sua inclusão em um texto constitucional. Isto é, os direitos fundamentais são o resultado de um processo de constitucionalização o que implica a subtração do seu reconhecimento e garantia à disponibilidade do legislador ordinário[5].

Ambas as linhas de compreensão são importantes para a definição da relação entre os direitos fundamentais e a relação jurídica-tributária.

Outra fonte fiável de compreensão e estudo dos direitos fundamentais são as decisões jurisprudenciais.

Na resposta da jurisprudência às questões em concreto que urge redimir, são frequentemente identificados direitos fundamentais que justificam e

---

[3] J.J. Gomes Canotilho e Vital Moreira, Constituição Da República Portuguesa Anotada, 4.ª Edição, vol. I (Artigo 1.º a 107.º) (Coimbra: Coimbra Editora, 2007) p. 240; Jorge Miranda, Direitos Fundamentais: Introdução Geral (Lisboa, 1999) p. 11; José de Melo Alexandrino, Direitos Fundamentais: Introdução Geral (Principia, 2007) p. 30.

[4] Questão interessante mas que não está no âmbito do objeto é saber se nas constituições não escritas existem direitos fundamentais. A resposta é positiva ou seja, mesmo em constituições não escritas a forma de revelação da Constituição – costume, jurisprudência ou acto de órgão de soberania competente – permite acomodar o conceito de direito fundamental.

[5] Neste sentido, J. J. Gomes Canotilho, Direito Constitucional E Teoria Da Constituição, 7.ª edição (Coimbra: Almedina, 2003) p. 378.

permitem impor comportamentos ou definir direitos que, de outra forma, seriam de difícil enquadramento ou compreensão.

É assim que na obra OS DIREITOS FUNDAMENTAIS NA JURISPRUDÊNCIA DO SUPREMO TRIBUNAL DE JUSTIÇA – Acórdãos selecionados – de outubro de 2014, podemos ver elencados todo um conjunto de direitos fundamentais reconhecidos pela jurisprudência portuguesa[6].

Na obra citada pode ler-se: «*O alargamento do que vem sendo chamado de «bloco de constitucionalidade», por abranger, para além das normas constitucionais, as do direito internacional dos direitos do homem e a própria jurisprudência dos tribunais internacionais, do Tribunal Constitucional e dos tribunais superiores exige, hoje em dia, um permanente esforço de compreensão crítica do papel dos tribunais, de cada juiz e de cada decisão na realização do Direito. Tem toda a pertinência a metáfora de Dworkin do direito como um romance em cadeia, em que cada decisão judicial constitui uma nova página aberta às futuras páginas que virão a ser acrescentadas através da criação jurisprudencial do direito. Estas transformações metodológicas foram objeto de debate em colóquio organizado pela Assembleia da República e pelo CEJ. O diálogo entre legisladores e juízes é fundamental para a realização dos Estados de direitos fundamentais, para utilizar uma expressão já consagrada. Estados assentes numa metodologia legislativa aberta à concretização das suas disposições pelos tribunais, pela utilização de técnicas legislativas inovadoras, designadamente a consagração de princípios jurídicos e de cláusulas gerais e standards decisórios. Frequentemente deparamo-nos com princípios de grande indeterminação normativa, desde logo semântica – como é o caso dos princípios de ponderação: proporcionalidade, confiança, harmonização prática, etc. Desta metódica legislativa e judicial faz ainda parte a abertura à ponderação das consequências da decisão judicial, questão que é particularmente sensível nos domínios criminal e de crianças e família. É assim de particular importância que os Auditores do Centro de Estudos Judiciários adquiram conhecimento destas metodologias da decisão judicial, levando para o centro da formação judiciária, não apenas o conhecimento da jurisprudência do Supremo Tribunal de Justiça, como a compreensão dos seus procedimentos decisórios e da retórica argumentativa*».

No seguimento desta retórica afirma-se ainda: «*As técnicas de concretização do direito e dos direitos pelo Supremo Tribunal de Justiça diferem de supremos tribunais de outros países em muitos aspectos, em função da legislação de organização da justiça e das leis processuais. Mas a garantia dos direitos é, em primeiro lugar, uma tarefa dos juízes e dos tribunais. Já se escreveu, com razão, que o mais importante direito acaba por*

---

[6] Caderno Especial do Centro de Estudos Judiciários de outubro de 2014.

ser o direito de acesso a um tribunal – na realidade, o direito a uma tutela jurisdicional que o Estado tem a obrigação de tornar efetiva. Perante os desafios colocados em épocas de proliferação de poderes informais (soft power) e de direitos flexíveis (soft law), os tribunais são os primeiros garantes do império do Estado de direito e dos direitos das pessoas. Mas a jurisprudência deve ser avaliada criticamente, aperfeiçoada e melhorada pelo labor crítico dos seus profissionais e da sociedade. Afinal de contas, emerge hoje em dia cada vez com mais nitidez que os cidadãos têm direito, não apenas a uma tutela jurisdicional efetiva, mas a uma justiça de qualidade».

Embora nos pareça claro que o enunciado possa e deva ser aplicável à relação jurídica tributária uma análise dos acórdãos tratados não incluem qualquer questão fiscal por não ser competência legal do Supremo Tribunal de Justiça português[7].

Nesta linha de pesquisa procuramos no Supremo Tribunal Administrativo português jurisprudência sobre direitos fundamentais com incidência tributária tendo identificado dois com alguma relevância por serem de uniformização de jurisprudência onde na fundamentação são referidos direitos fundamentais: Ac. Do STA 5/2012, publicado no DR 204/2012 Série I de 2012-10-22 que fixa jurisprudência em relação ao exercício do contraditório em processo de execução, Ac. Do STA 5/2017, DR 180/2017, publicado no DR 180/2017, Série I de 2017-09-18 em relação à aplicação de nova legislação sobre tributação de mais-valias em sede de imposto sobre o rendimento pessoal.

Já a jurisprudência brasileira através do acórdão dado à ADI 3540 MC, através do voto do Ministro relator Celso de Mello, traz contributos relevantes e dá notícia da existência de várias gerações de direitos fundamentais: «*Vale referir, (...) até mesmo em face da justa preocupação revelada pelos povos e pela comunidade internacional em tema de direitos humanos, que estes, em seu processo de afirmação e consolidação, comportam diversos níveis de compreensão e abordagem, que permitem distingui-los em ordens, dimensões ou fases sucessivas resultantes de sua evolução histórica. Nesse contexto, (...) impende destacar, na linha desse processo evolutivo, os direitos de primeira geração (direitos civis e políticos), que compreendem as liberdades clássicas, negativas ou formais, e que realçam o princípio da liberdade. Os direitos de segunda geração (direitos econômicos, sociais e culturais), de outro lado, identificam-se com as liberdades positivas, reais ou concretas, pondo em relevo, sob tal perspetival, o princípio da igualdade. Cabe assinalar (...) que os direitos de terceira geração (ou de novíssima dimensão), que materializam poderes de titularidade coletiva*

---

[7] Só tem competência na área criminal fiscal.

atribuídos, genericamente, e de modo difuso, a todos os integrantes dos agrupamentos sociais, consagram o princípio da solidariedade e constituem, por isso mesmo, ao lado dos denominados direitos de quarta geração (como o direito ao desenvolvimento e o direito à paz), um momento importante no processo de expansão e reconhecimento dos direitos humanos, qualificados estes, enquanto valores fundamentais indisponíveis, como prerrogativas impregnadas de uma natureza essencialmente inexaurível (...)[8-9].

Embora a jurisprudência portuguesa publicada pareça não nos ajudar a doutrina tem identificados um conjunto de direitos fundamentais com inegável relevância para a relação jurídica tributária.

Comecemos por recordar a definição de direito fundamental de Jorge Miranda «os direitos ou as posições jurídicas subjectivas das pessoas enquanto tais, individual ou institucionalmente consideradas, assentes na Constituição»[10].

Ora, se os direitos fundamentais consagrados correspondem a «posições jurídicas subjetivas das pessoas enquanto tais» e têm assento na Constituição é em cada uma das constituições que deveremos procurar a consagração dos direitos fundamentais a que corresponderão direitos subjetivos individual ou institucionalmente considerados.

Na esteira da Declaração Universal dos Direitos Humanos (DUDH) e reiterado na Declaração e Programa de Ação de Viena a doutrina fixa um conjunto de características aos direitos fundamentais. São elas:

a) Fundamental: estes direitos representam questões essenciais para o ser humano, no que respeita à sua existência e à sua autonomia. Eles contêm uma natureza de necessidade, não representando somente aspetos desejáveis. São direitos inerentes à própria noção de pessoa humana, como direitos básicos das pessoas.

b) Universal: todas as pessoas podem ser titulares destes direitos. No âmbito internacional, esta característica significa que todas as pessoas, independentemente do local onde residam, da sua nacionalidade ou cultura possuem direitos humanos. A existência de categorias de direitos especificamente relevantes a certos grupos, por exemplo,

---

[8] [ADI 3.540 MC, voto do rel. min. Celso de Mello, j. 1º-9-2005, P, DJ de 3-2-2006.] = ADI 1.856, rel. min. Celso de Mello, j. 26-5-2011, P, DJE de 14-10-2011. Disponível na internet.

[9] Para um resumo bem estruturado e com amplas remissões bibliográficas vide, **Ingo Wolfgang Sarlet,** Conceito de direitos e garantias fundamentais, Enciclopédia Jurídica da PUC São Paulo, **Tomo Direito Administrativo e Constitucional, Edição 1, Abril de 2017.** Disponível na Internet.

[10] Jorge Miranda, Direitos Fundamentais: Introdução Geral (Lisboa, 1999) p. 11.

mulheres, crianças e pessoas portadoras de deficiência, não ferem a característica de universalidade dos direitos humanos e dos direitos fundamentais (trata-se das designadas diferenciações positivas, necessárias ao respeito pelo princípio da igualdade).

c) Inalienável: o caráter de inalienabilidade é um dos mais proeminentes dos direitos fundamentais e dos direitos humanos. Esta característica refere-se à permanência e à indisponibilidade destas garantias, significando que estas garantias não podem ser retiradas, exceto em certas circunstâncias e de acordo com os procedimentos aplicáveis, e o seu titular não pode dispor, abdicar delas. Estes direitos extinguem-se somente com a morte do titular.

d) Interdependentes e Interrelacionados: esta característica relaciona-se principalmente com a implementação destas garantias, provendo que o gozo de um direito tem impacto no gozo de outro direito. Estas relações encontram aplicação tanto nos direitos económicos, sociais, e culturais como nos direitos civis e políticos.

A Declaração e Programa de Ação de Viena solidifica claramente estas características quando prevê que "todos os direitos humanos são universais, indivisíveis, interdependentes e inter-relacionados".

Do texto supra cabe concluir que os direitos fundamentais têm consagração constitucional conferem direitos subjetivos aos cidadãos e são direta e operativamente invocáveis em Juízo.

Os direitos fundamentais com consagração constitucional em Portugal constam dos artigos 12.º a 52.º embora se deva ter presente o disposto nos artigos 16.º e 18.º da CRP que dispõem:

Artigo 16.º: «*1. Os direitos fundamentais consagrados na Constituição não excluem quaisquer outros constantes das leis e das regras aplicáveis de direito internacional.*

2. Os preceitos constitucionais e legais relativos aos direitos fundamentais devem ser interpretados e integrados de harmonia com a Declaração Universal dos Direitos do Homem.

Artigo 18.º: «*1. Os preceitos constitucionais respeitantes aos direitos, liberdades e garantias são directamente aplicáveis e vinculam as entidades públicas e privadas.*

2. A lei só pode restringir os direitos, liberdades e garantias nos casos expressamente previstos na Constituição, devendo as restrições limitar-se ao necessário para salvaguardar outros direitos ou interesses constitucionalmente protegidos.

DIREITOS FUNDAMENTAIS DOS CONTRIBUINTES

3. As leis restritivas de direitos, liberdades e garantias têm de revestir carácter geral e abstracto e não podem ter efeito retroactivo, nem diminuir a extensão e o alcance do conteúdo essencial dos preceitos constitucionais».

De entre os direitos fundamentais importantes para a relação jurídica de imposto (sem preocupação de exaustão) identificamos na Constituição da Republica Portuguesa como substanciais:

Artigo 26.º

1. A todos são reconhecidos os direitos à identidade pessoal, ao desenvolvimento da personalidade, à capacidade civil, à cidadania, ao bom nome e reputação, à imagem, à palavra, à reserva da intimidade da vida privada e familiar e à protecção legal contra quaisquer formas de discriminação.

2. A lei estabelecerá garantias efectivas contra a obtenção e utilização abusivas, ou contrárias à dignidade humana, de informações relativas às pessoas e famílias.

3. A lei garantirá a dignidade pessoal e a identidade genética do ser humano, nomeadamente na criação, desenvolvimento e utilização das tecnologias e na experimentação científica.

4. A privação da cidadania e as restrições à capacidade civil só podem efectuar-se nos casos e termos previstos na lei, não podendo ter como fundamento motivos políticos.

Embora a propriedade privada não seja um direito absoluto por dever ser integrada no processo de criação social de riqueza e de redistribuição tem importância enquanto limite material à tributação nomeadamente no confisco que é proibido pela Constituição Brasileira.

Na Constituição portuguesa o Artigo 62.º dispõe:

1. A todos é garantido o direito à propriedade privada e à sua transmissão em vida ou por morte, nos termos da Constituição.

2. A requisição e a expropriação por utilidade pública só podem ser efectuadas com base na lei e mediante pagamento de justa indemnização.

Entendemos ainda como relevantes os direitos processuais que garantem uma decisão equilibrada com participação dos interessados e uma correta aplicação do processo legal: O contraditório, o direito à participação na decisão, o *non bis in idem* que encontram respaldo no direito à justiça com consagração constitucional constante do citado artigo 26.º já transcrito.

É também relevante a consagração da relação dos cidadãos com a informática consagrada no artigo 35.º da CRP onde pode ler-se:

1. Todos os cidadãos têm o direito de acesso aos dados informatizados que lhes digam respeito, podendo exigir a sua rectificação e actualização, e o direito de conhecer a finalidade a que se destinam, nos termos da lei.

2. A lei define o conceito de dados pessoais, bem como as condições aplicáveis ao seu tratamento automatizado, conexão, transmissão e utilização, e garante a sua protecção, designadamente através de entidade administrativa independente.

3. A informática não pode ser utilizada para tratamento de dados referentes a convicções filosóficas ou políticas, filiação partidária ou sindical, fé religiosa, vida privada e origem étnica, salvo mediante consentimento expresso do titular, autorização prevista por lei com garantias de não discriminação ou para processamento de dados estatísticos não individualmente identificáveis.

4. É proibido o acesso a dados pessoais de terceiros, salvo em casos excepcionais previstos na lei.

5. É proibida a atribuição de um número nacional único aos cidadãos.

6. A todos é garantido livre acesso às redes informáticas de uso público, definindo a lei o regime aplicável aos fluxos de dados transfronteiras e as formas adequadas de protecção de dados pessoais e de outros cuja salvaguarda se justifique por razões de interesse nacional.

7. Os dados pessoais constantes de ficheiros manuais gozam de protecção idêntica à prevista nos números anteriores, nos termos da lei.

Relembrado o conceito de direito fundamental e identificados alguns dos com relevância para o direito dos impostos passemos ao conceito de relação jurídica tributária.

3. A Relação Jurídica-Tributária[11]

A primeira vez que o imposto aparece concebido como uma obrigação parece ter sido na *Abgabenordung* de Dezembro de 1919 que consagrava o imposto como obrigação no seu parágrafo 81. O mesmo conceito, em redação semelhante, passou para o parágrafo 3 da *Steueranpassungsgesetz* de Outubro de 1934[12].

---

[11] Recorremos a textos de nossa autoria já publicados.

[12] Cfr. Pasquale Russo, Diritto e processo nella teoria dell`obbligazione tributaria, Milano, Giuffrè, 1969, pág. 22; Nicola d`Amati, Le basi teoriche del diritto tributario e altri saggi, Cacucci Editore, Bari, 1993, pág. 8; H.W. Kruse, Derecho tributario, Ed. de derecho financiero, Madrid, 1978, pág. 51 e segs, trad. espanhola da obra Steuerrecht, 3ª ed., Munique, 1973.

Até aí, apesar de serem muitas as obras que se debruçavam sobre o direito fiscal[13], a natureza obrigacional do imposto ou a formulação de uma teoria geral da relação jurídica de imposto não tinham sido objeto de análise, preferindo os autores debruçarem-se sobre a natureza ou legitimidade da lei e do poder de tributar e do seu efeito na relação de imposto, ou ainda, da descrição desta sem pretender investigar sobre a sua natureza[14].

É certo que já Von Myrbach-Rheinfeld tinha empregue a expressão *obrigação de imposto* para, numa trilogia de situações jurídicas em que incluía a *situação geral e abstracta criada pela lei* e a *dívida de imposto*, explicar a relação tributária.

A *obrigação de imposto* de Von Myrbach-Rheinfeld correspondia ao direito que tem a entidade impositora de determinar, por acto de autoridade, qual a pessoa obrigada *(lançamento)* e qual o montante *(liquidação)*, da prestação a realizar.

Como resulta do já afirmado a conceção deste autor não se confunde com a noção existente na *Abgabenordung* em que a obrigação de imposto é o *vínculo* que liga o *poder de exigir* da entidade impositora ao *dever de prestar* do contribuinte. Se levarmos em linha de conta, as particulares conceções do principal autor dos trabalhos preparatórios, Enno Becker, tal como nos são transmitidas pelo próprio[15], perceberemos a importância do conceito de soberania e de poder soberano e o papel determinante que a *Abgabeordnung* e as leis nacionais-socialistas que a alteraram desempenharam na unificação alemã[16].

As razões que levaram à consagração do imposto como obrigação não constam do texto legislativo, mas afigura-se-nos ser possível especular sobre as razões e entendimentos que levaram a essa consagração.

---

[13] Para uma enunciação, que não pretende ser exaustiva, desde os glosadores aos meados do nosso século, vide Antonio Berliri, Evoluzione dello studio del diritto tributario, in Riv. dir. fin. sc. d. finanze, anno VIII, 1949, vol. VIII, parte I, Milano, Giuffrè Ed., pág. 66 e segs.

[14] Para uma enunciação das obras anteriores a 1919 vide, Antonio Berliri, Evoluzione dello studio del diritto tributario ...cit., in Riv. dir. fin. e sc. delle fin., 1949, I, pág. 66 e segs., e Principi di diritto tributario, Milano, I, 1952, pág. 16 e segs.; para uma descrição das principais obras após esta data, vide Luigi Rastello, Diritto tributario, Principi generali, terza edizione, Padova, 1987, pág. 6, nota 10.

[15] Cfr. autor citado, Accertamento e svilupo del diritto tributario tedesco, in Riv. dir.fin.sc.delle fin., 1937, I, pág. 155 e segs. Vide também para a compreensão das causas que deram origem a algumas das soluções, Cesare Belluzi, L'evoluzione dell'imposizione indiretta in Germania (1871-1919), Seconda Edizione, Collana Studi e ricerche, nuova serie, nº3, Bologna, 2000.

[16] Para um resumo da evolução do sistema tributário alemão, vide H. W. Kruse, Derecho...cit., pág. 47 e segs.

OS DIREITOS FUNDAMENTAIS DOS CONTRIBUINTES

Antes de mais, Enno Becker utilizou e aplicou ao direito fiscal os conceitos já ensaiados e consolidados nos outros ramos de direito, por julgar inútil ou desnecessário recorrer a conceitos próprios ou recém criados. O conceito de obrigação corresponde a um dos que se apresentava como apto a ser utilizado para explicar a relação de imposto.

Por outro lado, se atentarmos à época a que nos reportamos, verificaremos que a Alemanha desenvolvia o seu processo de integração dos diversos *Lander*[17]. Neste processo de integração desempenhou um papel importante a unificação fiscal que começou por integrar os impostos indiretos numa *Zollverein*.

O passo seguinte na conceção de um Estado uno era a afirmação do poder tributário como manifestação do poder soberano do Estado. Ora, estando os habitantes dos diversos *Lander* habituados a conhecer e reconhecer a autoridade do *Land* sobre si próprios, haveria inevitáveis resistências à introdução de novos fatores que perturbassem a propriedade e os hábitos dos cidadãos[18].

A escolha da figura de obrigação e o reforço do conceito de poder soberano, afastavam esses eventuais conflitos.

Para a *Abgabenordung* o dever de pagar imposto é, tão só, uma obrigação de pagamento de uma dívida que é instituída pelo ente soberano que assim afirma a sua soberania. Sendo uma dívida, não é uma sujeição menor ou degradante.

Como afirmação de soberania o imposto representa uma forma historicamente aceitável e reconhecida pelas populações. Se o imposto se apresenta não como uma relação de força ou manifestação de poder mas como uma relação de crédito/débito a resistência à sua institucionalização diminui.

A generalidade e abstração que a fórmula genérica da norma tributária dá à obrigação de imposto tornaram-na politicamente aceitável para as populações dos *Lander*.

---

[17] Para uma análise da autonomia comunal, incluindo a sua origem e fundamentos, nomeadamente sobre o *Kreis* vide, Franz-Ludwig Knemeyer, *in* Revue Internationale des Sciences administratives, 2/1983, Conseil de Europe (Ed.), pág. 178 e segs.; para uma visão do enquadramento histórico, Cesare Belluzi, L'evoluzione dell'imposizione indiretta in Germania (1871-1919), Seconda Edizione, Collana Studi e ricerche, nuova serie, nº3, Bologna, 2000.

[18] Para uma análise sobre a construção do Estado Federal alemão e a sua importância sobre as relações jurídicas e modos de vida, vide, Roman Herzog, La Constitution de la République fédérale d'Allemagne, *in* Revue Internationale des Sciences administratives, 2/1983, Edição do Conselho da Europa, pág. 144 e segs.; Cesare Belluzi, L'evoluzione dell'imposizione indiretta in Germania (1871-1919), Seconda Edizione, Collana Studi e ricerche, nuova serie, nº3, Bologna, 2000.

DIREITOS FUNDAMENTAIS DOS CONTRIBUINTES

O período nacional-socialista e do pós-guerra demonstram a justeza e equilíbrio das soluções da *Abgabenordnung* que passou por estes períodos históricos praticamente incólume e sobreviveu até aos nossos dias.

Certo é que o imposto, concebido como obrigação, é pacificamente aceite e reproduzido em todos os ordenamentos jurídicos e na doutrina muitas das vezes sem sequer se fazer as necessárias adaptações às particularidades, especificidades e condicionalismos históricos que os sistemas fiscais anteriores tinham engendrado[19].

É importante ter igualmente presente que o conceito de partida na legislação alemã sofre depois enriquecimento e desenvolvimentos dogmáticos importantes noutros sistemas jurídicos, como por exemplo, o italiano.

As potencialidades de conceção que a figura de obrigação aplicada à relação jurídica fiscal permite não têm sido inteiramente exploradas e a questão é, ainda hoje, objeto de reflexão e controvérsia na doutrina[20].

A capacidade do conceito de obrigação explicar com plenitude a figura do imposto levanta não poucos problemas de conceção nomeadamente na sua articulação com o conceito de acto impositivo ou mesmo com a natureza soberana do acto de tributar.

É que, sendo o conceito de obrigação um conceito de origem privada, utilizado para enquadrar e explicar os vínculos emergentes de situações de natureza contratual, negocial ou emergente de responsabilidade civil ou de enriquecimento sem causa, não pareceria apto a explicar uma relação de apropriação sem contrapartida como é a de imposto.

A dúvida sobre a bondade da aplicação do conceito de obrigação à figura do imposto, que acima formulamos como ponto de partida para a indagação

---

[19] Na doutrina portuguesa, a generalidade dos autores adapta a figura obrigacional para explicar o a noção de imposto. Sem pretender ser exaustivo, cfr. além dos já citados anteriormente, Paulo de Pitta e Cunha, Direito Fiscal – primeiras linhas de um curso, CCTF, Lisboa, 1975; Nuno Sá Gomes, Curso de direito fiscal, Lisboa, 1980; Lições de direito fiscal, CCTF (134), Lisboa, 1985; Manual de direito fiscal, 2 vols, CCTF(168) e (174), Lisboa 1993 e 1996; José Casalta Nabais, Contratos Fiscais...cit., pág. 148 e segs.; José Manuel M.Cardoso da Costa, Curso de Direito Fiscal, 2ª edição actualizada, Coimbra, 1972, com notas de actualização à segunda edição, Coimbra, 1977, pág. 4 e segs. No direito estrangeiro a quase generalidade da doutrina adopta o conceito de obrigação; citamos somente algumas obras específicas em língua portuguesa: Amilcar de Araújo Falcão, Fato gerador da obrigação tributária, 1º edição, Ed. financeiras s.a., Rio de Janeiro, 1964; Djalma Bittar, Relação jurídica tributária em nível lógico, S. Paulo, 1993; .

[20] Por todos, vide, Nicola d´Amati, Le basi teoriche del diritto tributario e altri saggi, Cacucci Editore, Bari, 1993.

e demonstração da sua aplicabilidade é, por exemplo, afirmada entre nós por Armindo Monteiro[21].

Um outro elemento importante que justifica a utilização do conceito de obrigação na relação jurídica de imposto é a sua natureza de prestação patrimonial, o carácter *creditício* do *poder de exigir* do sujeito ativo.

Económica e financeiramente o imposto não é mais do que um rédito, uma dívida que o contribuinte tem para com o Estado, por força da lei de imposto. Sendo este direito do sujeito ativo ao imposto um mero direito de crédito é natural que o conceito de obrigação surja como capaz de explicar e enquadrar esta realidade.

Nesta fase do nosso raciocínio afigura-se-nos útil analisarmos a figura de imposto na perspetival do conceito de obrigação jurídica.

Afigura-se como útil uma análise da estrutura da obrigação de imposto. Uma obrigação distingue-se geralmente como sendo constituída por três elementos, a saber: *sujeitos, objeto, vínculo*. Num imposto, detetamos efetivamente a existência de pelo menos dois sujeitos: a) aquele que tem o direito de se apropriar, e b) aquele que fica amputado do seu património. Uma análise mais cuidada levará à conclusão de que muitos outros sujeitos vão estando presentes durante a criação, desenvolvimento e extinção do imposto. Alguns desses sujeitos desempenham o papel de recetores do imposto, outros limitam-se a verificar se o imposto foi pago, outros ainda são os fornecedores dos elementos que permitem a liquidação e cobrança do mesmo. Sendo distintos os sujeitos intervenientes na relação de imposto serão diferentes os objetos das relações desenvolvidas. Dos diversos objetos das diversas subrelações que se desenvolvem, uns terão natureza obrigacional, outros natureza meramente administrativa, outros ainda natureza fiscal. As diferentes naturezas dos deveres e direitos que se manifestam ao longo da existência da figura do imposto obstam à existência de vínculo em todas elas, ou seja, nem todos os deveres são de natureza obrigacional. A figura da obrigação não parece apta a explicar todos estes deveres e direitos que se desenrolam ao longo da criação, vida e extinção dos impostos. No entanto, a noção ampla de relação jurídica permite uma explicação coerente e integrada do fenómeno complexo do imposto porquanto integra, numa lógica relacional, todo um conjunto de deveres de diversa natureza. Mas, se ao longo da nossa pesquisa restringirmos o objeto da mesma para a relação estrita entre a entidade com direito ao imposto e a entidade obrigada ao seu pagamento,

---

[21] Autor citado, Introdução ao estudo do direito fiscal I, Lisboa, 1951, pág. 69 e segs.

verificamos que a figura da obrigação é apta a explicar o fenómeno de imposto. Partindo deste pressuposto, procuremos testar esta afirmação desenvolvendo a análise da figura do imposto tendo como matriz os vários elementos da obrigação jurídica. Sujeitos: O imposto enquanto fenómeno consubstancia-se, para aqueles que têm o dever de o suportar, numa obrigação de pagar uma determinada quantia a alguém em concreto. A definição de quem está obrigado ao pagamento e de quem tem o direito a receber está prefixa na lei. O sujeito ativo detém o poder de exigir o imposto. Concebido este como uma relação obrigacional o direito do sujeito ativo é, antes de mais, um direito de crédito que lhe é atribuído pela lei. Em regra, são sujeitos ativos da relação jurídica tributária o Estado, os Municípios e outros entes públicos como alguns institutos. Historicamente e em determinadas circunstâncias, algumas sociedades privadas podem ser titulares ativos de uma relação tributária nomeadamente por via de contratos de concessão. Os autores consagrados afirmam que o sujeito ativo da relação jurídica tributária é um ente dotado de *poder de autoridade*, e que esta é uma das características da relação jurídica fiscal. Se atentarmos na história dos impostos ao longo dos tempos verificamos que são não poucos os exemplos em que a cobrança dos impostos era dada a concessionários que pagavam adiantadamente ao Estado uma determinada quantia e depois cobravam e faziam suas, as quantias devidas a título de imposto. Os defensores do caracter autoritário do acto de cobrar o imposto argumentam que, nestes casos, estamos perante um poder de autoridade por delegação e que, ainda e sempre, é possível detectar um *jus imperii* no sujeito ativo. Temos dúvidas fundadas de que o poder de autoridade seja uma característica essencial do sujeito ativo da relação jurídica de imposto. É que os termos, modos e formas de cobrança do imposto vêm definidos na lei. O facto da entidade cobradora ser uma pessoa coletiva pública em nada põe ou tira à relação jurídica de imposto; por outras palavras, o carácter público do ente cobrador de impostos em nada acrescenta ou diminui ao poder de cobrar o mesmo que vem definido na lei. É talvez importante introduzir nesta fase do discurso a proposta feita por González Sánchez que distingue entre *poder, potestà* e *direito subjetivo*. No dizer deste autor, «... *Gli Enti pubblici sono titulari di poteri, di potestà e di diritti....Il potere è correlato non alle obbligazioni, cosi come lo è il diritto soggettivo, ma alle situazioni di doverosità e di configurazione astratta. Il potere si differenzia dal diritto soggettivo: a) perché consiste in una posizione generica ed astratta, non particolare e concreta; b) perché manca di oggetto specifico e perciò non dà luogo ad un'obbligazione; c) perchè la situazione che è prodotta da chi lo esercita costituisce un dovere generico o di soggezione».* E prossegue este autor, «*...Diversa dal potere ed anche dal diritto soggettivo è la potestà. Essa si riferisce soprattutto alla manifestazione delle situazioni che genera un potere esercitato. Il potere, secondo la dominante dottrina, consiste nella situazione che esprime la possibilità di emanare norme. La potestà si riferisce alla situazione che rende possibile l`applicazione delle norme. Il primo corrisponde alla funzione primaria di emanazione delle norme e la seconda alla funzione secondaria dell`applicazione di esse».* Que dizer desta construção? Se tivermos em atenção o que foi escrito neste trabalho a propósito do princípio da legalidade em direito tributário vemos que os vários aspectos referidos correspondem às fases de atuação da lei e, em nossa opinião, ao entendimento correto do princípio da legalidade nesta área do direito. A lei regula todos estes aspectos da relação jurídica tributária desde a concessão do poder para a sua criação até à sua aplicação enquanto regra administrativa e reconhecimento da obrigação tributária que resulta da verificação dos factos relevados pela lei. Os diversos níveis de atuação dos entes com competências para a prática dos despectivos actos estão definidos na lei. Interessa-nos em sede de obrigação de imposto ter presente que é a lei que define quem é e quais são os poderes dos sujeitos ativos. Isto explica parcialmente que empresas privadas concessionárias possam ser sujeitos ativos e beneficiários de impostos. Podemos assim concluir que são sujeitos ativos os definidos na lei, sendo que esta mesma lei não exige que os entes atuem dotados de *jus imperii* mas, tão só, que ....cumpram a lei. Pedro Soares Martinez considera a detenção de poderes soberanos como dispensável, mas o carácter público do ente ativo como indispensável atento o fim público dos impostos. Isto era frequente, em Moçambique, no tempo colonial que antecedeu o Estado Novo em que eram as concessionárias que cobravam os impostos nomeadamente o imposto de trabalho constante do Código Administrativo. Acresce que, nos casos de substituição tributária em que a entidade que fica com o montante a título de imposto é muitas vezes privada poderia defender-se que é esta que cobra o imposto e não se deteta a existência de qualquer poder de autoridade sendo que o sujeito passivo, a outra vertente do dever fiscal, também não se pode opor à retenção na fonte. Cfr. no sentido do afirmado no texto o disposto no artigo 17º da LGT que dispõe: «1 – Os actos em matéria tributária que não sejam de natureza puramente pessoal podem ser praticados pelo gestor de negócios, produzindo efeitos em relação ao dono do negócio nos termos da lei civil. 2 – (...) 3 – Em caso de cumprimento de obrigações acessórias ou de pagamento, a gestão de negócios presume-se ratificada após o termo do prazo legal do seu cumprimento; idem, artigo 41º n.º 1 – O pagamento das dívidas tributárias pode ser realizado pelo devedor ou por terceiro». Pode afirmar-se com Manuel Gonzàlez Sánchez que citando Levi afirma que «...il soggetto di diritto è il profilo personale di unàttività sociale....costituisce un elemento empírico del rapportto giuridico»; Cfr. artigo 21º do Anteprojecto de Código dos impostos sobre o rendimento, Livro I – Parte Geral, Lisboa, 1968, pág. 16 onde pode ler-se, «Sobre o Estado e os seus serviços, estabelecimentos e organismos, ainda que personalizados e dotados de autonomia administrativa e financeira, não incidem quaisquer impostos estaduais». Vejamos a caracterização do sujeito passivo. A definição de quem tem a obrigação de pagar está definida na lei de imposto e pressupõe a verificação de um conjunto de circunstâncias aí previstas. O facto de a lei definir um obrigado ao pagamento não implica que outra qualquer entidade – verificadas as condições legais – não possa efetuar o pagamento, considerando-se a dívida saldada para todos os efeitos legais. Verificamos perante esta constatação que sujeitos passivo da obrigação de imposto é o definido na lei como tal sendo que é geralmente alguém que beneficiou de uma vantagem patrimonial ou outra que dá origem ao surgimento da obrigação de imposto. O afirmado não entra em contradição com o facto de qualquer um poder saldar as dívidas de imposto existentes, sem que a isso se oponha o sujeito ativo. Ou seja, sujeitos passivos da obrigação de imposto são os definidos na lei, mas cumpridores dessa obrigação pode ser qualquer um. O facto é explicado pelo carácter finalista do direito fiscal que coloca a obtenção de receitas à frente de qualquer outra forma de construção jurídica. Por sua vez, o sujeito passivo é todo aquele que preencha a previsão normativa, independentemente da sua qualidade ou estatuto. É assim que a LGT no seu artigo 18º nº 3 define sujeito passivo como «...a pessoa singular ou coletiva, o património ou a organização de facto ou de direito que, nos termos da lei, está vinculado ao cumprimento da prestação tributária, seja como contribuinte direto, substituto ou responsável. O nº 4 do mesmo artigo da LGT vem esclarecer que não é sujeito passivo *«quem suporte o encargo do imposto por repercussão legal»* (contribuinte de facto) e aquele que esteja exclusivamente obrigado a *«prestar informações sobre assuntos tributários de terceiros exibir documentos, emitir laudos em processo administrativo ou judicial ou permitir o acesso a imóveis ou local de trabalho»* (ROC, TOC, mandatários sem representação). Podemos concluir que a condição de ser sujeito passivo da obrigação de imposto é uma condição *impessoal* que resulta diretamente da lei, podendo qualquer um, mesmo que não obrigado, proceder ao pagamento da dívida de imposto. Adotando o esquema explicativo de Pérez de Ayala temos as seguintes situações de subjetividade tributária: *A título de contribuição*: O sujeito jurídico passivo do tributo ou *contribuinte*.

- Titular da obrigação tributária principal.
- Eventualmente, titular de obrigações secundárias.
- Para certos tributos, titular de um dever de entrega a título de auto-liquidação (anterior à relação jurídica).

Contribuinte de facto:

- A título não de *contribuição*, mas de *garantia* de cobrança
- De tributos de outrem eventualmente devidos: *titulares de deveres e obrigações por conta.*
- Tributos de outrem *não exigíveis: substitutos.*
- Tributos de outrem *exigíveis* nas relações entre os sujeitos passivos: *responsabilidade solidária.*
- Tributos de outrem *liquidados em situações de inexigibilidade* nas relações entre os sujeitos passivos: *responsabilidade subsidiária.*

O esquema proposto encontra inevitáveis dificuldades nas situações dos impostos indiretos, nomeadamente no IVA onde o obrigado jurídico é o prestador do serviço ou produtor do bem mas quem suporta o desembolso económico é o consumidor final. A noção de *contribuinte de facto* que daí advém e as questões de conceção inerentes são muito interessantes podendo falar-se em *contribuinte legal de facto*. Importa reter que é a lei que, enquanto reflexo da vontade soberana dos governados, determina o número dos deveres, seu conteúdo e alcance dos sujeitos em situação de subjetividade tributária passiva. Questão interessante relativa ao sujeito passivo que está intimamente ligada à questão supraenunciada é a de saber se um ente público, nomeadamente o Estado, pode ser sujeito passivo da obrigação de imposto. A doutrina tem evoluído defendendo numa primeira fase que não se considerava possível que o Estado fosse sujeito passivo da obrigação de imposto e evoluindo para teses mais recentes que aceitam a possibilidade do Estado ser sujeito passivo da obrigação de imposto. O único requisito essencial é que a atividade esteja enquadrada na norma de incidência e não exista norma de isenção que, por razões técnicas ou de política fiscal ou económica, exonere a entidade do pagamento. A questão tem uma íntima relação com a evolução do papel e funções do Estado. As atividades essenciais do Estado como a Polícia e os Negócios Estrangeiros não se nos afiguram como susceptíveis de ser tributadas. Já a atividade económica de carácter empresarial do Estado, que não se inclui no conceito de atividade financeira, pode e deve ser tributada por uma razão de igualdade perante a lei, racionalidade económica e respeito pela concorrência no mercado. Podemos concluir que os entes públicos podem e, em determinadas circunstâncias devem, ser sujeitos passivos do imposto. Os factos aqui apontados são reforçados com a análise do *objeto* da obrigação fiscal. Analisemos de seguida o objeto. Cumpre desde logo estabelecer uma distinção entre o *objeto imediato* da obrigação de imposto, que são o conjunto de direitos e deveres previstos na lei que se consubstanciam na *atividade* do credor e devedor, e o *objeto mediato* que é a *prestação* em si mesma considerada. O objeto imediato que definimos como o conjunto de direitos e deveres das partes na obrigação de imposto vem prevista na lei, que fixa o seu conteúdo e alcance. O sujeito passivo tem, além disso, todo um conjunto de outros deveres como os de revelação dos factos que dão origem à obrigação de imposto que integra o dever de declaração, dever de cumprimento atempado, etc.. Afirma-se vulgarmente que o sujeito ativo não tem deveres mas tão só direitos, sendo o principal, o direito à soma de imposto, sendo por isso a obrigação de imposto uma obrigação *unilateral*. Esta posição pode completar-se pela verificação de que existem outros direitos do sujeito ativo como o direito à fiscalização, o direito à informação, etc. Será possível conceber a existência de deveres do sujeito ativo na relação jurídica de imposto?

Cabe reconhecer que a doutrina sempre foi avessa a conceber deveres por parte do sujeito ativo. Mas não nos parece que seja a posição mais consistente ou sequer a que retrata melhor a realidade do imposto num Estado de direito. Desde logo se verifica que o sujeito passivo tem direito ao cumprimento regular integral e conforme à lei – em particular a Constituição –das normas fiscais. O cumprimento das normas fiscais são consubstanciados num conjunto de comportamentos da Administração que se tornam, por força da lei, exigíveis. A sua não verificação concretiza na esfera do sujeito passivo um direito ao recurso por ilegalidade. O critério é aplicável a todo e qualquer comportamento definido na lei que tenha influência na produção e manifestação da vontade do sujeito ativo. Pode assim defender-se que o sujeito passivo tem direito a um determinado comportamento do sujeito ativo, comportamento esse que consubstancia a definição da sua vontade na concretização da obrigação de imposto. De notar, que este direito a um determinado comportamento do sujeito ativo não é um direito abstrato à legalidade que existe independentemente da configuração da relação como obrigacional. Este é um direito a um determinado comportamento que defina, em concreto, os direitos e deveres do sujeito passivo. Este comportamento consubstancia o conjunto de actos praticados e a praticar pelo sujeito ativo para a correta perceção do imposto, em aplicação da lei. Alberto Xavier qualifica como *direito subjetivo* este direito do particular ao cumprimento dizendo a este propósito, «.... *a lei impõe um dever, isto é, uma conduta para com outro sujeito, integrada na estrutura complexa do vínculo obrigacional, cujo exercício e objeto são rigorosamente vinculados: nestes casos não pode negar-se que o particular passe a dispor relativamente à Administração de um verdadeiro direito subjetivo, contrapartida do referido dever*».

Não pondo e causa a justeza da posição assumida pelo Ilustre autor, afigura-se-nos que este comportamento do sujeito ativo poderia ser considerado como de natureza obrigacional. Vejamos porque razões. Comecemos por assinalar que o *dever de cumprimento* do sujeito ativo que é a contrapartida do *direito ao cumprimento* do sujeito passivo tem natureza de um direito ao comportamento. Efetivamente, o *poder de exigir* do sujeito ativo é simultaneamente um *dever de exigir*. O sujeito ativo da relação jurídica de imposto não pode escolher se cumpre ou não; este direito não é um direito disponível; os comportamentos prefixos na lei e que conduzem à exigência da prestação de imposto têm de ser efetuados, são *poder-dever*. Ora, uma vez reconhecida a inevitabilidade da prática dos actos que consubstanciam o cumprimento de uma obrigação cabe analisar a natureza da mesma. Não é impossível conceber um direito obrigacional que tem como corolário um dever de carácter subjetivo. Mas, no caso em análise, se o *poder de exigir* é de natureza obrigacional porque é que o *dever de exigir* não o será ? São alguns os argumentos que podem ser encontrados para excluir da natureza obrigacional o *dever de exigir* do sujeito ativo na obrigação de imposto. Desde logo se dirá que o comportamento a que o sujeito ativo está obrigado não tem carácter patrimonial, não é susceptível de ser avaliado em dinheiro; por outro lado, dir-se-á, o contribuinte não tem direito a um comportamento concreto mas sim a um resultado, a exigência do imposto, sendo ao ente ativo de se organizar internamente como se lhe aprouver, não podendo o contribuinte exigir comportamentos concretos que possam consubstanciar uma prestação de *facere*.

Face a esta construção o *dever de exigir* do sujeito ativo não teria carácter obrigacional por não consubstanciar uma prestação exigível em concreto. A estes argumentos é possível contrapor o seguinte: O conteúdo do comportamento do sujeito ativo está claramente definido na lei; o seu não cumprimento dá ao contribuinte o direito a solicitar a invalidade dos actos praticados e a exigir juros sobre quantias já entregues. Assim sendo, não é possível afirmar que o comportamento do sujeito ativo não corresponde a uma prestação de *facere* perfeitamente delimitada e definida na lei. A eventual liberdade de estruturação interna não afasta o cumprimento atempado dos actos prefixos na lei. Subsiste por provar o carácter patrimonial da prestação de *facere* do sujeito ativo. Deve notar-se que o carácter patrimonial da prestação não implica que esta não possa ser imaterial ou fornecedora de um bem não patrimonial. O carácter patrimonial da prestação afere-se pela utilidade que o sujeito ativo retira dela, e pela possibilidade de indemnização ou compensação em dinheiro que o não cumprimento da mesma permite. Ora, no caso subjudice, o sujeito ativo está obrigado ao pagamento de juros indemnizatórios no caso de se apropriar indevidamente de montantes não devidos ou de montantes que, ainda que devidos, foram cobrados sem o respeito pelas regras de comportamento a ele exigidas, tal como vêm definidas na lei. Por outro lado, o cumprimento de deveres fiscais é cada vez mais um requisito de acesso a subsídios ou apoios de instituições estatais ou comunitárias. O direito ao cumprimento da obrigação de imposto tem assim um reflexo económico real e efetivo e poderia ser, consequentemente, considerado como obrigacional. Um outro argumento que pode ser invocado é o de que o *poder-dever* do sujeito ativo é concebido como um todo. Não nos parece a posição mais correta pretender que o *poder* tem conteúdo obrigacional, enquanto direito a uma prestação, e o *dever* conteúdo de direito subjetivo público. Este último argumento deveria ser completado com a noção de que na moderna conceção de imposto a lei é entendida como limite e garantia da atuação do sujeito ativo; a igualdade perante a lei, em conjunto com a noção de meio/garantia, deverão conduzir à concessão de natureza idêntica aos comportamentos dos intervenientes na relação de imposto. Se o imposto deixou de ser um *poder puro*, para se tornar num *vínculo obrigacional*, porque é que o direito ao cumprimento do sujeito obrigado ao pagamento não há-de ter conteúdo obrigacional podendo a atividade da Administração ser concebida como uma prestação de *facere*? A questão atrás formulada seria em parte ultrapassada se se adoptasse a formulação do Professor Menezes Cordeiro que define o crédito como um direito subjetivo. O crédito seria assim um *direito a uma prestação* e os respectivos elementos seriam concebidos como a *permissão jurídico-privada de aproveitamento de uma conduta humana.* Estaríamos perante duas expressões de direitos subjetivos. Desapareceria consequentemente, nesta formulação, qualquer aparente contradição entre a natureza do *poder de exigir* ou o *dever de aplicar a* lei por parte do sujeito ativo. Uma resposta mais cabal às dúvidas e questões aqui enunciadas, deverá ser encontrada mais abaixo neste texto mas em consequência de uma reflexão que fizemos quanto à natureza e conteúdo do poder-dever da Administração fiscal entendemos que o dever de aplicar a lei ao caso em concreto tem uma dupla natureza. Desde logo pode ser configurado como um comando de natureza administrativa e funcional dirigido ao funcionário no sentido da obrigatoriedade de aplicação da lei ao caso em concreto. Neste sentido estaria fora do objeto da obrigação de imposto.

Depois apresenta-se com uma natureza de *dever* que existe em função da *obrigação* ou melhor, da prestação obrigacional do sujeito passivo e que visa tornar efetivo em concreto o aspeto de *garantia* que a lei de imposto tem. Funciona assim em função da prestação patrimonial como um *dever de proteção* e *garantia* do contribuinte. Neste contexto apresenta-se como um dever auxiliar e integrador do direito ao cumprimento que o sujeito passivo detém. Aquele cumprimento em concreto e não qualquer outro que possa ser em abstrato concebido. Assim, o dever de aplicar a lei ao caso em concreto no específico conteúdo da obrigação de imposto dentro do núcleo obrigacional apresenta-se como um *dever de proteção* do devedor no correto cumprimento da obrigação fiscal e integra o objeto da obrigação de imposto. Quanto ao *objeto mediato* que definimos como a prestação em si mesmo considerada esta é por parte do sujeito passivo geralmente feita em dinheiro.

A História ensina-nos, no entanto, que as formas de pagamento do imposto em trabalho ou em géneros foram frequentes ainda no século XX e a noção de *tributo* em Itália inclui ainda as prestações de *facere* dos cidadãos ao Estado como, por exemplo, o serviço militar. O Estado sempre revelou uma clara preferência pelo pagamento da prestação de imposto em dinheiro atenta a sua fungibilidade e possibilidade não condicionada de aplicação às múltiplas necessidades de afetação orçamentais. O pagamento do imposto em espécie ou em atividade como o trabalho parece assim resultar mais de uma falta de liquidez dos contribuintes do que de uma vontade política do Estado ou do Município. Parece ser favorável ao nosso raciocínio a eliminação do pagamento em atividade dos impostos municipais a que se assistiu em Portugal com a revogação das disposições do Código Administrativo que o previam. A questão do pagamento de impostos em atividade ou dinheiro ganha outros contornos nos casos de economias não inteiramente monetarizadas como largas franjas das economias africanas. Em Moçambique, por exemplo, foi mantido no sistema tributário um imposto designado como Imposto de Reconstrução Nacional que obriga ao pagamento anual de uma quantia em dinheiro em nome da necessidade económica das populações rurais criarem excedentes monetários (vendendo, se necessário, excedentes de produção para a economia formal ou prestando serviços). Interessa reter a noção de que embora a tendência das economias modernas seja a de tornar a prestação de imposto uma prestação em dinheiro, nem todas as economias estão monetarizadas pelo que a prestação ser em espécie ou em géneros é, ainda, teoricamente admissível.

Vejamos agora o **Vínculo.** O vínculo completa a noção de obrigação. O vínculo é uma noção que se estrutura em três sub-elementos: *poder de exigir; dever de prestar; garantia. O poder de exigir,* é caracterizado pelo direito do credor à prestação, seja esta de *dare, facere* ou *non facere.* No caso do imposto a prestação é geralmente de *dare* e corresponde a uma entrega em dinheiro. A regra, no entanto, admite exceções, quer no direito português, quer em sistemas jurídicos em que ainda existem prestações de *facere* concebidas como tributos ou impostos. A regra de que os impostos devem ser prestações de *dare* é aliás uma regra que só se aplica a economias monetarizadas e desenvolvidas, em que existe a possibilidade das populações gerarem excedentes que permitam o pagamento do imposto. Neste pressuposto, a obrigação de pagamento do imposto, pode ainda ser uma forma de provocar a monetarização da economia, nos casos em que esta é predominantemente uma economia de subsistência. A regra de que o imposto é pago em dinheiro visa assegurar o interesse do credor que pretende a rápida e eficaz utilização dos réditos fiscais, para fazer face às inúmeras despesas a que tem de fazer face. A lei, no entanto, admite casos em que é possível efetuar o pagamento mediante a entrega de bens (e.g. imposto sucessório e em processo de execução fiscal – artigos 201º e 202º do CPPT). O conteúdo do *poder de exigir* está perfeitamente delimitado na lei não cabendo à entidade credora qualquer faculdade de, por sua livre iniciativa, inovar ou modificar o que a lei determinar. O correspondente ao *poder de exigir* do sujeito ativo é o *dever de prestar* do sujeito passivo. O *dever de prestar* corresponde à obrigação do sujeito passivo realizar a prestação. Quando se afirma que o *direito* e o *dever* são correspondentes, significa-se que um e outro são faces de uma mesma moeda que se completam e realizam o interesse dos intervenientes na relação. O conteúdo da prestação de imposto varia consoante o caso em análise e de acordo com as disposições legais aplicáveis. Não pensamos que seja possível defender que só o sujeito ativo tenha um interesse relevante na obrigação de imposto. O interesse do sujeito passivo não é menos relevante. Desde logo, porque é o seu património que é agredido. Depois, porque o instrumento que legitima essa agressão, a lei, foi votada por representantes do eventual pagador do imposto (se for nacional), ou com conhecimento do mesmo (se for estrangeiro). Admitida a noção de *autotributação* a lei de imposto realiza de igual modo os interesses do credor e do devedor. Nesta conceção o devedor formula, através dos seus representantes, a norma fiscal que lhe é subsequentemente aplicada pelo ente que a lei designa para o facto. Existe assim e desde logo uma diferença substancial da obrigação de imposto em relação às obrigações civis. Como resulta do já escrito a diferença não está na estrutura da obrigação mas na forma de construção e proteção dos interesses dos intervenientes e na função da fonte da própria obrigação de imposto. Tendo como fonte a lei a obrigação de imposto assume-se e configura-se como um resultado de uma vontade normativa, onde intervieram os que vão pagar o imposto. Os interesses dos sujeitos ativo e passivo realizados pelo cumprimento da obrigação de imposto são de igual força jurídica. Não existe prevalência do credor na relação jurídica de imposto. A *garantia*, enquanto subelemento do *vínculo*, deve ser entendida como a susceptibilidade de a prestação ser exigida coercivamente. Ferreira de Almeida encontra cinco sentidos diferentes para o termo garantia mas somente duas finalidades enquanto elemento da relação jurídica – *efetividade* e *segurança*. As prestações fiscais em dívida têm um meio particularmente apto para conseguir a sua obtenção que é o processo de execução fiscal. É certo que este meio não é um privilégio exclusivo das dívidas fiscais mas, esta constatação não afasta a verificação que é possível fazer, de que as prestações fiscais são dotadas de coercibilidade através de instrumento próprio. Saber se a *garantia* é ou não um elemento da obrigação ou uma característica de todos os direitos é uma questão que transcende o âmbito deste trabalho. Sempre se dirá no entanto que a obrigação de imposto não é, à partida, uma obrigação natural pelo que a susceptibilidade da sua obtenção por via coerciva parece ser uma das suas características intrínsecas. O património do devedor, integrando o conjunto de direitos de natureza patrimonial do devedor, constitui uma garantia geral dos créditos tributários. Existem igualmente todo um conjunto de privilégios creditórios previstos na lei, que asseguram a rápida e efetiva obtenção da receita fiscal, que podem ser considerados como expressões do subelemento *garantia*. Completada a análise da *garantia* enquanto subelemento do vínculo podemos concluir que a figura da obrigação se apresenta como apta a explicar e enquadrar a realidade conceitual – imposto.

A figura da relação jurídica é empregue por muitos autores como um arquétipo capaz de explicar o fenómeno do imposto na sua conceção atual[22].

Parece ser pacifico poder afirmar-se que a figura do imposto, à medida que se vai generalizando a sua aplicação e melhorando a sua conceção, vai crescendo em complexidade. Assim, uma figura jurídica pode ser apta a explicar um imposto medieval mas já não um imposto moderno, com a sua complexa teia de direitos e deveres e multiplicidade de intervenientes.

O crescente número de envolvidos na definição, perceção e cobrança dos impostos, determina aliás, a necessidade de se recorrer à figura da relação jurídica de imposto como forma de apreender e explicar este fenómeno.

É assim que Berliri[23] estabelece a dicotomia entre relação jurídica de imposto e obrigação tributária com base no aspeto subjetivo e não de conteúdo.

Já A.D. Giannini, na sua obra *Il rapporto giuridico d'imposta*[24], utiliza a figura da relação jurídica para explicar o fenómeno imposto numa perspetival jurídica.

Na noção ampla de relação jurídica de imposto inclui-se essa outra noção de obrigação de imposto.

Entre nós, Soares Martinez[25] e Braz Teixeira[26] empregam igualmente o conceito de relação jurídica para explicar o fenómeno de imposto.

Ficam excluídas por natureza desta conceção as figuras de imposto que se confundiam com as sanções, que são figuras híbridas, com carácter sancionatório, mas em que a receita, era de natureza fiscal[27].

---

[22] Para uma leitura comparada e conceitual: Maria Cecília Fregni, Obbligazine tributaria e codice civile, G. Giappichelli Editore, Torino, 1998.

[23] Antonio Berliri, Appunti...cit., pág. 505.

[24] A.D. Giannini, Il rapporto giuridico d'imposta, Milano, Giuffrè, 1937, pág. 22 e segs.

[25] Cfr. Soares Martinez, Da personalidade...cit; Direito Fiscal, Almedina, Coimbra; Manual...cit.; este autor adopta um conceito restrito de relação jurídica obrigacional, recusando o conceito de relação jurídica complexa. Em sentido diferente considerando a relação jurídica fiscal como (extremamente) complexa, José Casalta Nabais, Direito Fiscal, 2ª edição, Almedina, Coimbra, 2003, pág. 235 e segs.

[26] Antonio Braz Teixeira, A relação jurídica fiscal, CCTF nº 4; Direito Fiscal I, AAFDL, Lisboa, 1985;

[27] São exemplos as *calúnias* ou *coimas* e as *alcaiadarias* do direito medieval português. Cfr. Rui e Martim de Albuquerque, História...cit.,pág. 328. Para uma recolha sistemática dos vários tributos, obrigações e penalidades pecuniárias vide, José Eduardo Pimentel de Godoy e outro, Tributos, obrigações e penalidades pecuniárias de Portugal antigo, ESAF, Brasília, 1983.

OS DIREITOS FUNDAMENTAIS DOS CONTRIBUINTES

O processo de sujeição da atividade da Administração Pública ao direito administrativo determinou igualmente a possibilidade de conceber os deveres fiscais, incluindo o de pagamento, como *deveres administrativos*, correspectivos lógicos do *poder administrativo* de cobrar os impostos.

Esta possibilidade de explicar o imposto como um *dever administrativo* é particularmente marcada no caso dos impostos que eram pagos com prestação de trabalho para os entes locais ou o Estado.

Sendo possível conceber a factualidade do imposto como um *direito potestativo*, um *direito subjetivo* nomeadamente de natureza real, um *poder administrativo*, sem alteração essencial das suas características, porque é que se generalizou a sua teorização e explicação como uma *obrigação*?

A explicação tem de estar presente não na figura de imposto, que não parece ter-se alterado na sua essência, mas na evolução do direito fiscal.

Recordemos liminarmente, que a obrigação pode ser vista como, um direito a uma atividade humana, um direito aos bens do devedor ou um direito misto, aonde detectamos elementos pessoais e reais[28].

É curioso verificar que podemos detectar e enquadrar qualquer uma destas possíveis visões no fenómeno do imposto, desde que o analisemos numa perspetival histórica. Efetivamente, houve alturas em que o imposto era concebido como um poder do soberano sobre as pessoas; de igual forma são detectáveis impostos em que é flagrante o poder sobre os bens e finalmente é possível relevar figuras em que os dois elementos estão presentes.

Dentro das doutrinas mistas avulta a denominada *Schuld und Haftung*, caracterizada pela conceção da obrigação como constituída por um *dever- -débito* e uma *responsabilidade*[29].

Dentro das posições complexas que perspectivam analiticamente a relação de imposto é interessante dar notícia da posição de Manuel González Sánchez[30] que define a relação jurídica de imposto como contendo «*...potestà e doveri, da una parte, e diritti ed obbligazioni, dall`altra. Ciò che in questa sede interessa sono gli ultimi e tra essi quello che si conosce come obbligazione principale, cui inerisce*

---

[28] Cfr. sobre esta matéria e seu desenvolvimento, António Menezes Cordeiro, Direito das Obrigações, 1º vol., AAFDL, Lisboa, 1994, pág. 173 e segs.

[29] Para uma aplicação da doutrina ao direito fiscal vide, Soares Martinez, A obrigação tributária... cit.; Para um enquadramento histórico e análise do conceito vide, António Menezes Cordeiro, Direito das obrigações...cit., pág.190 e segs..

[30] Manuel González Sánchez, Lo Stato, gli enti locali e gli altri soggetti, *in* Trattato di diritto tributario diretto da Andrea Amatucci, vol. II, Cedam, 1994, pág. 347 e segs.

una prestazione patrimoniale ed alla quale corrisponde un diritto di credito tributario che è in favore di un Ente pubblico e consiste in un diritto soggettivo»[31].

Pareceria assim que mesmo nas definições complexas a figura da obrigação tem aptidão para explicar o fenómeno do imposto.

Convém estabelecer uma diferença que reputamos essencial para a análise da figura do imposto: é a distinção entre *relação jurídica de imposto* e *obrigação de imposto*.

Por relação jurídica de imposto em sentido amplo entendemos todo o conjunto de direitos e deveres que se estabelecem entre o sujeito ativo e todos os outros entes que contribuem para a correta definição e cobrança do imposto.

Dentro destes direitos e deveres encontramos a *obrigação de imposto* que corresponde ao *poder de exigir* a prestação de imposto do sujeito ativo e ao correspectivo *dever de prestar* do sujeito passivo.

A obrigação de imposto é, assim, um núcleo próprio dentro da relação jurídica de imposto[32].

Explicada a nossa posição que consideramos como apta a enquadrar e explicar o fenómeno de imposto cabe analisar as críticas a ela formuladas.

Uma primeira crítica é a de que a posição é obsoleta. É argumento que não nos convence porquanto o tempo decorrido sobre a criação das figuras explicativas das realidades não serve como critério de aferição da sua qualidade ou poder de integração e explicação dos fenómenos em análise. Este tipo de crítica não procede.

Outros argumentos, por mais fundamentados, merecem reflexão.

Pasquale Russo afirma que uma conceção do género (relação jurídica complexa) se revela como *«juridicamente errónea»* e *«perigosa»*[33] porque é fonte de inexatidões e confusões.

Este autor, resume assim a sua posição:

---

[31] Cfr. Manuel Gonzàlez Sánchez, Lo Stato, gli enti locali e gli altri soggetti, *in* Trattato di diritto tributario diretto da Andrea Amatucci, vol. II, Cedam, 1994, pág. 349 / 350.

[32] Esta distinção aparece em Achille Donato Giannini, Il rapporto...cit.; Berliri, Appunti...cit., e Braz Teixeira, A relação ....cit. Adoptamos, em princípio, esta sistemática, por nos parecer ser a que melhor enquadra e permite uma explicação exaustiva e coerente do fenómeno imposto. Contra esta posição, Pasquale Russo, L'obbligazione tributaria, *in* Trattato di diritto tributario diretto da Andrea Amatucci, vol. II, Cedam, 1994, pág. 20 e segs. em termos que analisaremos no texto. Entre nós, Soares Martinez, Manual...cit., está também contra esta concepção.

[33] Autor citado no texto, L'obbligazione tributaria, *in* Trattato di diritto tributario diretto da Andrea Amatucci, vol. II, Cedam, 1994, pág. 20 e segs.

> «*Invero, prescindendo dall'anzidetto rapporto di debito-credito che ha ad oggetto l'imposta e che trova la sua causa tipica ed esclusiva nella capacità contributiva, le ulteriori molteplici situazioni soggettive.... sono così analiticamente individuabili:*
>
> *a. Obblighi e doveri formali che sorgono a carico del contribuente in dipendenza del verificarsi della stessa fattispecie cui risulta collegata l'obbligazione impositiva (ad esempio, l'obbligio di presentare la dichiarazione).*
>
> *b. Obblighi e doveri formali imposti a soggetti suscettibili di assumere la veste di contribuente, ma in dipendenza di fattispecie autonome rispetto a quella d'imposta (sempre in via esemplificativa, si pensi, nel settore dell'imposizione sui redditi, agli obblighi contabili gravanti su coloro che svolgono determinate attività dalle quali può scaturire materia imponibile).*
>
> *c. Obbligazioni acessorie (tale è quella avente ad oggetto il pagamento degli interessi moratori o dell'indennità di mora, delle sanzioni pecuniarie)...*
>
> *d. Poteri e facoltà dell'amministrazione finanziaria, che, pur esercitabili in vista del controllo circa l'esatto adempimento della eventuale prestazione impositiva oltre che degli obblighi e doveri formali innanzi menzionati da parte del contribuente, non risultano subordinati al concreto verificarsi della fattispecie tributaria:...*
>
> *e. Obblighi e doveri formali, a contenuto positivo e negativo, che incombono su terzi ...*
>
> *f. Obbligazioni aventi ad oggetto prestazioni oggettivamente identiche a quella tributaria (o a tutto concedere ad essa equipollenti), peraltro legittimate da una loro propria e distinta causa giustificativa (ci riferiamo, in particolare, alle obbligazioni del sostituto e del responsabile d'imposta)...»*

Estamos certos que Achile Donato Giannini e Antonio Berliri não ignoravam a existência de todos estes deveres e obrigações pelo que a eventual divergência não estará na identificação dos vários aspectos, formas e realidades diversas que a lei de imposto suscita e cria em função da obrigação de imposto mas na escolha do elemento integrador explicativo do fenómeno de imposto.

Não existe uma figura jurídica estabilizada na doutrina designada como relação jurídica *complexa*. Quando os autores classificam de *complexa* a relação jurídica de imposto fazem-no com a consciência de que a proposta explicativa do fenómeno imposto que propõem tem aspectos que não se revelam como lineares ou de enquadramento fácil. A utilização do termo *complexa* para designar a relação jurídica de imposto visa precisamente deixar espaço aberto para a análise de especialidades e complexidades que importa perspectivar e enquadrar tecnicamente. Pasquale Russo nega que o carácter instrumental e funcional dos diversos poderes, deveres e obrigações em função da relação de crédito-débito possa justificar a criação de uma única e unitária relação jurídica e subalterniza a natureza, mesmo que vagamente descritiva, da figura da *relação jurídica complexa* por poder obstar à correta análise da fase dinâmica da tributação[34].

O argumento apresentado por Soares Martinez[35], de que ... « *não se vêm vantagens em separar a obrigação fiscal cujo objeto mediato é a prestação de imposto, da relação jurídica fiscal, incluindo além da obrigação fiscal as relações tributárias acessórias, como fazem alguns autores (Berliri)*», é tão só uma recusa – de princípio ou inspirada em razões de ordem metodológica – em analisar o fenómeno tributário numa lógica integrada.

O argumento suplementar de que alguns dos intervenientes nem são sujeitos de qualquer dever tributário é, tão só, uma conclusão lógica dos pressupostos enunciados.

Não se vislumbra porque é que o dever de declarar a existência de uma situação como podendo dar origem a imposto[36] não possa, ou não deva ser, considerada como *tributária*[37].

4. Aplicabilidade do Conceito de Direito Fundamental à Relação Jurídico--Tributária

Entender como aplicável à relação jurídico tributária um direito fundamental encontra escolhos metodológicos e conceituais que interessam analisar. Comecemos por identificar os aspetos históricos que apontam no sentido de o conceito não ser aplicável à relação jurídico-tributária.

Poderemos afirmar, sem risco de sermos muito polémicos, que o imposto sempre foi uma relação jurídica nisto se distinguindo da apropriação criminosa ou do esbulho puro e simples.

Quando na Antiguidade ou no período que antecedeu a Idade Média o vencedor exercia o seu direito e constrangia o vencido ao pagamento do imposto fazia-o ao abrigo de uma conceção jurídica da época, mas sempre e só no exercício de um direito que lhe era reconhecido.

Como é sabido, a noção de relação jurídica pode ter dois sentidos base: num sentido amplo corresponde a «*toda a situação da vida real (social)*,

---

[34] Cfr. Pasquale Russo, L'obbligazione tributaria, *in* Trattato di diritto tributario diretto da Andrea Amatucci, vol. II, Cedam, 1994, pág. 22.

[35] Cfr. autor citado, Manual...cit., pág. 163.

[36] Como é, por exemplo, a do notário, em determinados actos.

[37] Contra esta posição para além de Soares Martinez já citado no texto, José Luis Pérez de Ayala, La soggettività tributaria, *in* Trattato di diritto tributario diretto da Andrea Amatucci, vol. II, Cedam, 1994, pág. 374.

OS DIREITOS FUNDAMENTAIS DOS CONTRIBUINTES

juridicamente relevante (produtiva de consequências jurídicas), isto é, disciplinada pelo Direito»[38].

Em sentido restrito relação jurídica é «*a relação da vida social disciplinada pelo Direito, mediante a atribuição a uma pessoa (em sentido jurídico) de um direito subjetivo e a correspondente imposição a outra pessoa de um dever ou de uma sujeição*».

Podemos definir *direito subjetivo* como «*a faculdade ou o poder atribuído pela ordem jurídica a uma pessoa de exigir ou pretender de outra um determinado comportamento positivo (fazer) ou negativo (não fazer), ou de por um acto da sua vontade – com ou sem formalidades –, só de per si ou integrado depois por um acto de autoridade pública (decisão judicial) produzir determinados efeitos jurídicos que se impõem inevitavelmente a outra pessoa (adversário ou contraparte).»*

A noção de direito subjetivo pode ainda ser elucidada através da formulação de Gomes da Silva como a «*afetação jurídica dum bem à realização dum ou mais fins de pessoas individualmente consideradas»*[39].

A noção que empregamos de relação jurídica na caracterização do poder do vencedor cobrar o imposto ao vencido foi no seu sentido amplo mas caberá analisar, mais adiante, se a noção restrita de relação jurídica se aplica ao fenómeno do imposto[40].

Propomo-nos assim realizar um exercício que consistirá num primeiro momento, na análise das formas históricas de imposto para, em seguida, tentarmos a sua integração em figuras teóricas catuais. Temos presente que a exposição que se segue não corresponde a uma evolução cronológica da figura do imposto que se vai estruturando, ao longo dos tempos e em diversas civilizações com manifestações semelhantes, desaparecendo e ressurgindo conforme o grau de evolução e estruturação do poder, ou, tão só, da sua necessidade financeira.

É sabido como o fenómeno do imposto está intimamente ligado às formas de estruturação do poder e reflete o grau de relacionamento entre

---

[38] Cfr. Manuel A. Domingos de Andrade, Teoria Geral da Relação Jurídica, Vol I, Coimbra, 1974, pág. 2.

[39] Cfr. Manuel Gomes da Silva, O dever de prestar e o dever de indemnizar, Lisboa, 1944, pags. 46 e segs. em especial pág. 52. Menezes Cordeiro, Direito das Obrigações, 1º vol., 1994, pág. 218, assume uma definição semelhante, definindo o direito subjectivo como «uma permissão normativa de aproveitamento de determinado bem».

[40] A opção pela figura pandectística é consciente. Para uma visão sobre as suas eventuais limitações e outras sistemizações possíveis vide, Orlando de Carvalho, Para uma teoria da relação jurídica civil I, A teoria geral da relação jurídica – seu sentido e limites, Centelha, 1981, 2ª edição, pág. 19 e segs.

os governantes e os governados[41] sendo o imposto um dos fatores históricos conhecidos que desencadeou ou foi pretexto imediato para o maior número de fenómenos de alteração do poder instituído[42].

Concretizada a noção de que o imposto, enquanto tal, não se confunde com uma noção de *poder puro* fora de uma tutela jurídica[43] analisemos as formas que historicamente assumiu esta figura, para, em seguida, tentarmos a sua integração na noção estrita de relação jurídica.

Retemos, com a maioria dos autores, que a mais antiga forma de imposto era a imposta ao vencido pelo vencedor. A obrigação de pagar uma determinada quantia advinha desde logo da situação de vencido e representava essa situação por via da amputação patrimonial – a totalidade ou parte do património do vencido, passava para o vencedor[44].

Por outro lado, o vencedor não podia, a maior parte das vezes, assegurar o cultivo das terras que tinham sido pertença do vencido.

Isto determinava que o vencedor confiava ao vencido o cultivo das terras que eram suas por direito de conquista. Como contrapartida o vencedor exigia um *tributo* para que o uso da terra por aquele fosse possível[45].

---

[41] Neste sentido e na perspectiva do direito financeiro, Pedro Soares Martinez, Da personalidade tributária, CCTF, Lisboa 1969, pág. 66; LAUFENBURGER, Henry, Histoire de l'impôt, PUF, Paris, 1959, pág. 18.

[42] Recordaríamos por exemplo o alegado papel do fenómeno fiscal no desencadear da Revolução de 1640 em Portugal, na instituição da Petition of Right no Reino Unido e no desencadear da Revolução Francesa e norte americana. Sobre a Revolução de 1640 vide, Maria Margarida Cordeiro Mesquita, Direito de resistência e ordem fiscal – reflexões sobre o artigo 106º, nº 3 da Constituição da República portuguesa, Coimbra 1996, pág. 84 e segs., com referências bibliográficas extensas e remissões muito úteis.

[43] A História revela-nos muitos fenómenos de formas de cobrança de impostos violentas e desumanas, nomeadamente sempre que a cobrança das receitas fiscais era confiada a adjudicatários. Estes, liquidavam previamente a quantia solicitada pelo Rei ou Poder, ou em alternativa ganhavam à percentagem. Não estava em causa, à partida, a legalidade do imposto, mas tão só a forma da sua cobrança. Alguma doutrina alemã enquadra o fenómeno do imposto na noção de poder puro com fundamentação directa na Constituição. Esta posição justifica-se sobretudo pela particular concepção do fenómeno fiscal face ao seu sistema jurídico e não teve grandes seguidores fora desse país.

[44] Não se deve confundir este direito com o direito ao saque que marcou de forma tão importante a nossa primeira Dinastia. O direito ao saque era indiscriminado e tinha uma duração temporal limitada após a batalha. O *quinto dos despojos de guerra* ou *quinto real* consubstanciava o direito do rei na divisão dos despojos obtidos na guerra.

[45] Henry LAUFENBURGER, Histoire de l'impôt, PUF, Paris, 1959, pág. 19 e segs.

Esta realidade vai atravessar épocas e ressurgir ao longo da História em tempos tão distintos como, por exemplo, no tempo dos romanos, dos francos e ao longo da Reconquista cristã na Península Ibérica.

É curioso verificar como, por exemplo, a civilização romana conheceu várias formas de organização e vivência do fenómeno do imposto desde o imposto pessoal organizado no *censu*, até às formas quase privativas de imposto, passando pela sua atribuição como dever exclusivo dos vencidos.

É possível detectar uma estreita relação entre a organização do poder central e as formas de estruturação dos impostos[46]. Sempre que o poder central é forte e organizado o imposto tende para a generalização e pessoalização. Sempre que o poder central é fraco ou inexistente verificamos a existência de uma confusão entre o erário público e os interesses privados dominantes e uma pulverização das formas de tributação com uma grande simplificação nos métodos de cobrança[47].

A segunda situação em que podemos detectar uma forma de estruturação do imposto típica que se repete ao longo da História é a ligação dos poderes sobre a terra ou de cunhar e emitir moeda, com o lançamento e cobrança dos impostos.

É sabido que a terra dos vencidos revertia para o Rei que as mantinha ou fazia delas doação. Quando a opção real era a de manter as terras concedia geralmente o seu uso mediante o pagamento de quantias que revestiam a natureza de tributos.

Com o evoluir das situações e sempre que se estruturavam situações de suserania o direito a exigir quantias em dinheiro ou prestações de trabalho, ou ainda auxílio em homens, foram concebidos como direitos de cobrar impostos inerentes à propriedade da terra sendo que alguns destes privilégios se transmitiam com a mesma.

Uma análise dos impostos existentes no início da nacionalidade revela claramente a ligação entre estes e a atividade agrícola e pecuária[48].

---

[46] Neste sentido com uma proposta de análise, Victor Uckmar, Principi comuni di diritto costituzionale tributario, 2ª edição, CEDAM, 1999, pág. 114 e segs.

[47] Os impostos passam a ser parcelares e inerentes a situações de passagem, transporte, etc. são exemplos no direito português a *portagem*, a *açougagem* e a *passagem* ou *peagem*. No sentido da existência de uma relação entre a estruturação do poder e as formas de imposto vide, Henry Laufenburger, Histoire ...cit., pág. 10, por remissão que faz para J.J. Clamageran, Histoire de L'impôt.

[48] Cfr. Rui e Martim de Albuquerque, História do Direito Português, Vol. I, Tomo II, Lisboa 1983, pág. 312 e segs.; Pequena síntese histórica dos impostos em Portugal, s.a., in Fiscália, Ano 2, nº 6, 1993, DGCI., pág. 22 e segs.

É assim que estavam sujeitos ao pagamento em espécie da *jugada* ao Rei aqueles que utilizavam as terras reais e ao *montado* os donos do gado bovino e ovino que deviam entregar ao Rei uma vaca ou quatro ovinos da manada que pastasse nos termos da povoação que eram, em geral, terras reais.

O *condado* era um imposto sobre o produto da caça e da pesca fluvial, existindo um imposto sobre o vinho tendo-se estabelecido o *relêgo* que era a obrigatoriedade de em certas datas só vender vinho do Rei.

Como obrigação autónoma manteve-se o dever de auxiliar o Rei na guerra com homens, armas e mantimentos, embora o serviço militar ainda seja concebido em Itália, por exemplo, como um *tributo*[49].

No Portugal medieval o *fossado* era a quantia paga pelos indivíduos que faltassem ao serviço militar.

O pagamento da *taxa militar* extinta há já alguns anos parece ser uma reminiscência da prática de remir em dinheiro a prestação do serviço militar.

O imposto pago com prestações de trabalho esteve sempre presente no Portugal medieval com a an*úduva* que consistia na obrigação dos peões trabalharem na construção e reparação dos castelos, torres muros e fossos, bem como dos paços para residência do Rei ou abades.

Outra realidade que pode ser identificada com um tributo é a contrapartida paga pelos comerciantes para o não exercício pelo Rei do direito a quebrar moeda. Esta quantia que era paga anualmente ao longo de sete anos, configura em toda a sua extensão um tributo embora seja negociada nos seus montantes e prazo entre o Rei e os súbditos mais diretamente interessados na não quebra da moeda pelos inconvenientes que isso causava no comércio e nos preços[50].

Neste fenómeno do pagamento para a não quebra da moeda podemos detectar uma outra característica dos tributos antigos que é a ligação do pagamento do tributo como contrapartida ao exercício ou não exercício de um poder ou vantagem patrimonial que o beneficiário do tributo detém.

O imposto surge assim e nestas manifestações como uma contrapartida excecional ao exercício, ou não, de um direito.

---

[49] Na doutrina italiana a noção de tributo é uma noção ampla que cobre o imposto, a taxa, as contribuições especiais e todas as prestações de serviço público a entes públicos como, por exemplo, o serviço militar. Por todos, vide, Gaspare Falsitta, Manuale di Diritto Tributario, Padova, Cedam, 1997, pags. 20 e 21.

[50] Vide sobre esta matéria, Marcelo Caetano, História das Cortes medievais, in Estudos de História da Administração Pública portuguesa, Coimbra, 1994, pág. 14 e segs.; Rui e Martim de Albuquerque, História do Direito Português, Vol I, Tomo II, Lisboa 1983, pág. 330 e segs.

OS DIREITOS FUNDAMENTAIS DOS CONTRIBUINTES

A grande maioria das realidades fiscais que focamos perduram ao longo dos tempos por vontade real ou costume no ordenamento jurídico português.

Numa primeira fase, a que o Professor Soares Martinez designa de *atrofia financeira*[51] as necessidades financeiras eram muito baixas e os impostos revestiam carácter extraordinário. É possível detectar esta fase em todas as civilizações emergentes ou onde o grau de estruturação do poder político e/ou conceção de sociedade implicam um papel limitado do Estado na regulação da vida dos cidadãos com a consequente desnecessidade de estruturas pesadas e sofisticadas que assegurem essas tarefas ou atividades.

É assim que em Roma é possível encontrar vários períodos financeiros consoante a forma de estruturação do poder e o grau de organização e expansão do império.

O período dominial é caracterizado pela relação que o Rei e os senhores desenvolviam com a sua propriedade atividades de frutificação do seu património que podiam ir da sua cedência remunerada ao aluguer de espaços para comércio ou outras atividades[52].

A atividade de frutificação do património é a forma normal de obtenção de réditos para as despesas da Coroa na primeira fase da nacionalidade.

É nesta época que se afirma, desde logo, o poder das assembleias representativas de autorizar o lançamento e cobrança dos impostos, naquilo a que designamos como o princípio do consentimento.

Este fenómeno financeiro parece ter surgido durante a mesma época em diversos Estados na Europa e é em parte explicado pela utilização do direito comum nas relações entre o soberano e os governados.

À medida que as necessidades financeiras vão aumentando e as despesas do monarca se vão sustentando com os réditos de origem pública assiste-se ao fenómeno da *confusão* do património pessoal do rei com o património público (o que já tinha ocorrido em Roma no passado) e os impostos passam a ser utilizados como forma corrente de obtenção de réditos.

---

[51] Cfr. Pedro Soares Martinez, Da Personalidade tributária, CCTF, 2ª edição, Lisboa, 1969, pág. 67 e segs.

[52] Cfr. Macello Caetano, História da organização administrativa de Lisboa, in Estudos...cit., pág. 212 que escreve...« A fixação da Corte em Lisboa determinaria, neste monarca autoritário e ambicioso, o desejo de mandar na cidade e de extrair dela mais copiosas rendas. Um dos processos de auferir receitas e de ao mesmo tempo dar incremento ao comércio era instaurar feiras e mercados sob jurisdição real e aproveitar terrenos vagos, comunais, dentro das cidades ou nos arrabaldes (os rossios), para aí construir novas tendas que posteriormente fossem arrendadas....»; Em sentido semelhante reportado à realidade francesa, LAUFENBURGER, Henry, Histoire de l`impôt, PUF, Paris, 1959, pág. 15 e segs.

DIREITOS FUNDAMENTAIS DOS CONTRIBUINTES

Numa primeira fase o Rei encarna o poder de tributar limitado pelas assembleias representativas mas a história começa a registar frequentes derrogações do pedido de autorização às Cortes, assumindo o Rei como sua prerrogativa a cobrança dos impostos.

Este processo é feito com oposição esporádica ou organizada dos representados que, quando assumem o poder e o estruturam sob a forma parlamentar, assumem por transferência o poder de tributar anteriormente atribuído ao Rei, fazendo a síntese entre a *representação* e a *tributação*.

A assembleia representativa ao assumir a soberania e o poder de legislar passa a deter em simultâneo os dois poderes fiscais mais relevantes: o de consentir / autorizar os impostos e o de legislar sobre os mesmos.

A elaboração da lei pelos corpos legislativos com representação e o consentimento passam a ser considerados por alguns autores como sinónimos, por concentração no mesmo órgão dos dois poderes.

A concentração no Estado enquanto entidade autónoma das funções que eram cometidas ao monarca determina um acréscimo das necessidades financeiras.

O sistema financeiro em geral e o de impostos em particular começa a ser determinante na construção da autoridade do Estado e no modelo de relação entre o Poder central e os poderes regionais.

O imposto passa a ser uma manifestação de soberania perante os poderes tributários locais instituídos pelo costume. Mais do que manifestação de poder soberano o imposto passa a ser instrumento da afirmação desse mesmo poder perante as regiões e os seus habitantes.

Nesse contexto, e em países como a Alemanha e a Itália, o imposto passa a ser um elemento de unidade nacional e cidadania. Os elementos históricos e políticos vão marcar de forma indelével as conceções de imposto que perduraram até aos nossos dias.

É nesta fase e neste contexto histórico que o imposto passa a ser visualizado como uma obrigação. As causas e consequências desse fenómeno serão objeto do nosso próximo número deste trabalho.

Simultaneamente, com este processo assiste-se à crescente assunção pelo Estado de funções que, até então, não lhe eram cometidas. O Estado liberal assegura a Polícia, a Justiça e os Negócios Estrangeiros; detém para isso o mínimo de despesas e funcionários.

É a assunção pelo Estado de funções sociais e parasociais que determina a necessidade de reestruturar os sistemas fiscais e aumentar o peso relativo dos impostos.

Paralelamente a este fenómeno, a atividade do Estado passa a ser regulada pelo direito administrativo com uma crescente uniformização dos procedimentos e assunção de poderes de autoridade como inerentes à atividade do Estado *qua tale*.

A atividade financeira, sendo assumida pelo Estado, não foge a este fenómeno de *administrativização* sendo o acto de *autoridade* um elemento referenciado pelos autores como determinante na construção da figura do imposto.

O Estado social de direito moderno com as suas conceções de justiça social e bem-estar que passam a cobrir as áreas da Saúde, Educação, Transportes, Segurança social, etc., vem determinar uma importância fundamental aos réditos fiscais por serem receitas que não implicam contrapartida e serem, consequentemente, os mais económicos dos réditos do Estado.

Não se visualiza como seria possível ao Estado assegurar massivamente serviços sociais e de bem-estar sem o acesso a estes recursos praticamente sem custos. Os direitos fundamentais de natureza social passam pela dependência das receitas fiscais.

Mas aquém e além desta evolução do papel do Estado e dos períodos financeiros inerentes o que é que evolui na figura do imposto?

A resposta tem de ser cautelosa. Diríamos, antes do mais, que a preocupação com a explicação teórica da figura do imposto é recente, embora tenha havido ao longo dos tempos obras e pensadores que se debruçaram sobre o fenómeno fiscal sob várias perspetival e vertentes.

Verificaremos, desde logo, que o imposto continuou a significar *apropriação* de riqueza sem *contrapartida* específica. Detectamos igualmente que aquele que recolhe o rédito se coloca aparentemente numa posição jurídica de *poder* de autoridade em relação ao que suporta a amputação patrimonial, sendo aquela situação uma de *privilégio* relativo.

Este poder é, antes de ser um poder material, um *poder jurídico*. Tentando o seu enquadramento na teoria da relação jurídica *strictosensu* diremos que, as figuras do *direito potestativo* e do *direito subjetivo,* incluindo os direitos reais, permitem explicar grande parte das figuras de imposto que existiram ao longo da história e nas diversas civilizações até à generalização da conceção do mesmo como uma *obrigação*.

Entendido o direito potestativo como a faculdade de impor um comportamento ou sujeição inelutável cremos que é lícito conceber impostos como o *quinto real* como explicáveis pela figura do direito potestativo do rei sobre os despojos de guerra.

A figura do direito potestativo é também empregue por Berliri[53] para caracterizar uma determinada fase da relação jurídica de imposto sendo a faculdade que a Administração fica imbuída de, por força da lei, se constituir credor de uma determinada soma; no exercício desse poder surge a obrigação do contribuinte de efetuar o pagamento do imposto.

Outros autores como Ottmar Buhler[54] afirmam a relação de imposto como uma relação de força ou poder a que estariam sujeitos os contribuintes.

Vittorio Emanuele Orlando, administrativista italiano, defende que atenta a natureza de acto administrativo do orçamento o imposto não seria mais do que um acto administrativo aplicado por força da Constituição; com esta construção, o autor nega o carácter de norma jurídica à lei tributária[55].

Outros ainda como Maffezzoni[56], Micheli[57] ou Andrea Fedele[58], realçam a componente *poder* no exercício da definição dos direitos e deveres das partes, considerando que esse poder (*potestà*) está presente na relação processual e administrativa de determinação no *quantum* do imposto.

Outros, como Hensel[59], no entanto, defendem posição contrária, afirmando no essencial que ao admitir-se a obrigação como forma de relacionamento entre o contribuinte e o Estado, designando-os como *credor* e *devedor*, deixa de ser relevante ou sequer visível o papel do conceito de soberania não se podendo designar uma «*relação de fattispecie*» como uma «*relação de poder*»[60].

---

[53] Antonio Berliri, Appunti sul rapporto giuridico d'imposta e sull'obbligazione tributaria, *in* Sritti della facoltà giuridica di Bologna in onore di Umberto Borsi, Padova, Cedam, 1955, pág. 455 e segs., em particular pags. 470 e 509. É curioso notar que este autor é geralmente apontado pela doutrina como um constitutivista, mas nos seus escritos admite que a obrigação de imposto possa nascer da verificação dos factos que estão na previsão normativa sem intervenção da Administração; cfr. pág. 469 da obra citada nesta nota.

[54] Autor citado, Principi giuridici nella legislazione tributaria tedesca del dopoguerra (1945--1951), in JUS Rivista di scienze giuridiche, Marzo, 1951, pág. 390 e segs.

[55] Autor citado, Principi di diritto amministrativo, Nova edizione per Silvio Lessona, Firenze, Barbèra, 1952.

[56] Federico Maffezzoni, Il procedimento d'imposizione nell'imposta sull'entrata. Napoli, 1965, pág. 23 e segs.

[57] Gian Antonio Micheli, Corso di diritto tributario, Torino, UTET, 1974, pág. 49 e 98.

[58] Andrea Fedele, A proposito di una recente raccolta di saggi sul procedimento amministrativo tributario, in Riv. dir. fin. e Sc. delle fin., 1971, I, pág. 433 e segs.. Existe um autor civilista italiano que se chama Alfredo Fedele que não deverá ser confundido com este.

[59] Albert Hensel, Diritto tributario, Giuffrè, Milano, 1956.

[60] Ibidem, pág. 29.

O direito subjetivo, por sua vez, também se configura como apto a explicar a figura do imposto sendo este o *bem* afecto ao sujeito ativo podendo a Administração exigir um comportamento determinado ao sujeito passivo.

No caso dos impostos fundiários e na relação próxima que existia entre o domínio da terra e a obrigação de imposto é possível visualizar igualmente um direito subjetivo de natureza real em que o imposto era uma das componentes do poder sobre a terra e as gentes que a habitavam.

O carácter material do dever do sujeito passivo não obsta por si só à qualificação como direito subjetivo público[61] do poder de cobrar o imposto. O direito a expropriar também tem carácter público e natureza patrimonial, e é vulgarmente apontado como um direito subjetivo.

Paralelamente à evolução do conceito de imposto como obrigação e dever público assistimos à consagração constitucional dos direitos sociais e ambientais como direitos fundamentais. Sendo direitos que concedem posição de tutela direta ao cidadão interessa enunciar a relação necessária entre a crescente importância e primordial função dos réditos de origem tributária e a materialização dos direitos fundamentais de base económico-social com consagração constitucional. Estes não são concretizáveis sem os recursos que os impostos proporcionam ou seja, não é possível efetivar os direitos fundamentais com conteúdo económico sem os recursos financeiros garantidos pelos impostos.

Não significa isto que os direitos dos contribuintes com garantia constitucional possam ser derrogados ou subalternizados. Os direitos fundamentais com conteúdo económico-social são concretizáveis desde que haja condição financeira e disponibilidade orçamental para o fazer. Sem recursos um direito com conteúdo económico fica um direito à espera de poder concretizar a sua efetividade.

Por outro lado os direitos fundamentais que estão intrinsecamente ligados aos direitos da personalidade são imediatamente aplicáveis por serem inerentes ao papel central da Pessoa Humana na construção do Estado Social de Direito.

---

[61] Para um estudo da noção e evolução do conceito de direito subjectivo público vide, Vasco Pereira da Silva, Para um contencioso administrativo dos particulares – esboço de uma teoria subjectivista do recurso directo de anulação, Almedina, Coimbra, 1989, pág. 84 e 85; idem, Em busca...cit., pág. 212 e segs. Vide também, Renato Alessi, La crisi attuale nella nozione di diritto soggettivo ed i suoi posibili riflessi nel campo del diritto pubblico, *in* Scritti minori, Milano, Giuffrè Ed.,1981, pág. 561 e segs.

Na atividade tributária como na atividade administrativa os fins não justificam os meios se implicarem a derrogação de direitos fundamentais da personalidade com proteção constitucional.

Conclusões

Dos elementos trazidos ao presente estudo podemos retirar um conjunto de dados que nos permitem adiantar algumas proposituras na relação entre os direitos fundamentais e os impostos.

A primeira conclusão é a de que os direitos fundamentais dispensam o conceito de obrigação tributária ou dos seus vários deveres acessórios instrumentais para se efetivarem. Tendo legitimidade constitucional expressa são imediata e diretamente invocáveis e acionáveis por concederem um direito subjetivo público aos seus beneficiários.

A segunda conclusão é a de que as normas tributárias – quaisquer que sejam – não podem interferir com os direitos fundamentais diminuindo por qualquer forma o seu exercício pleno. Ora, sabendo nós que as normas tributárias são elaboradas de acordo com as normas em vigor e no respeito pela Constituição é possível configurar situações onde existem potenciais conflitos entre as normas ou as práticas administrativas fiscais. Isto é o que nos ensina a prática e a realidade.

Sempre que existir um conflito entre uma norma ou uma prática administrativa tributária e um direito fundamental este deverá prevalecer.

A forma de conflito ou oposição entre os direitos em confronto pode ter expressão informática, burocrática, formal ou informal. Os direitos constitucionais e outros de natureza análoga implicam a conformação da atividade administrativo-fiscal.

As derrogações aos direitos fundamentais deverão ser sempre limitadas e justificadas (como em caso de crime) por se entender que o valor ético protegido pela norma criminal tem tutela de reparação do tecido jurídico e social e permite a excecionalidade.

A violação de um direito fundamental por norma ou prática administrativa consubstancia o vício de violação de lei podendo ser concebido como uma nulidade ou, em casos de aplicação reflexa uma anulabilidade.

Na definição e resolução dos casos de potencial conflito entre normas constitucionais e as normas intrusivas – como as normas tributárias – os princípios processuais têm um papel fundamental por permitirem decisões corretas, participadas e proporcionais. Dois direitos com legitimidade constitucional podem estar em conflito. Uma resolução adequada pressupõe um processo legal apto a resolver as questões com participação dos interessados, ponderação dos valores em causa e adequada solução.

Em si mesma, a relação jurídica tributária apresenta-se como uma conceção autossuficiente e creditícia. Nesse sentido é limitativa na sua relação com os direitos fundamentais que são de invocação direta. A violação de um direito fundamental como causa de ilegalidade num lançamento ou numa liquidação de imposto aproxima de forma clara e dá conteúdo prático aos direitos com consagração constitucional.

A questão inculca e aconselha estudos subsequentes devendo este contributo ser interpretado como uma reflexão preliminar a necessitar de aprofundamento.

16. Ceticismo Axiológico e Democracia – Uma Relação Paradoxal a partir do Pensamento de Hans Kelsen

HUGO DE BRITO MACHADO SEGUNDO

Introdução

Geralmente associado à Teoria Pura do Direito, Hans Kelsen é pouco lembrado, chegando a ser por muitos ignorado, relativamente às contribuições que deu ao estudo e à defesa da democracia. Suas ideias a esse respeito, contudo, merecem reflexão e divulgação, mostrando-se surpreendentemente atuais e pertinentes em um cenário em que se acentuam conflitos aparentemente insolúveis em torno de valores, princípios e modos de vida. Essa, inclusive, tem sido a preocupação do Instituto Hans Kelsen, que está a publicar versões em inglês das obras seminais do aludido autor a respeito da democracia, na tentativa de ver corrigida, de algum modo, essa omissão nos estudos a seu respeito[1].

Parece pertinente, assim, revisitar essa parte do pensamento de Kelsen, cotejando-a com algumas reflexões adicionais, havidas no âmbito da Epistemologia, a respeito da Ciência e dos valores. É o que se pretende fazer neste pequeno estudo.

1. Positivismo e Ceticismo Axiológico

Apesar das dificuldades em se identificarem características comuns às várias correntes agrupadas sob o genérico e abrangente rótulo do *positivismo*, sabe-se que um dos pontos de convergência entre elas, notadamente no que tange ao positivismo jurídico, é o ceticismo axiológico. Partindo da premissa de

---

[1] Cf., *.v.g*, KELSEN, Hans. **The essence and value of democracy**. Translated by Brian Graf. Maryland: Rowman & Littlefield Publishers, 2013.

que os valores seriam emocionais e subjetivos, afirmações em torno deles não poderiam ter sua correção aferida a partir de critérios objetivos. Daí por que a ciência deveria ocupar-se apenas da realidade como é, e não sobre como essa realidade deveria ser, algo que dependeria das preferências pessoais do pesquisador.

Aplicando-se esse raciocínio ao estudo do Direito, não haveria critério objetivo para se afirmar, por exemplo, que uma determinada concepção de justiça seria melhor, ou mais correta, do que outra. Essa é a base sobre a qual se constrói a Teoria Pura do Direito, voltada para o estudo do elemento comum às várias ordens jurídicas particulares, tal como elas são, independentemente de qualquer questionamento sobre como elas deveriam ser, para quem as estuda[2].

Por isso, à luz da Teoria Pura, Direito e Estado se confundem, representando os dois lados da mesma moeda. Povo, território e soberania, os três elementos formadores do Estado, nada mais seriam que os destinatários da ordem jurídica, seu âmbito espacial de vigência e a coação que lhe garante eficácia[3]. Presente um mínimo de eficácia, requisito tido como condição de sua validade, a ordem jurídica existe como tal, independentemente de seu conteúdo. O pesquisador pode, subjetivamente, não gostar de uma ordem jurídica, que lhe parece injusta ou iníqua, mas terá de admitir que se trata de uma ordem jurídica, diferenciando *as coisas como são* daquelas que ele considera que *deveriam ser*. Kelsen não nega, por certo, que as normas jurídicas sejam elaboradas à luz de valores, mas estes são objetivados na ordem jurídica quando de sua positivação, não se confundindo com aqueles alimentados subjetivamente pelo intérprete[4].

---

[2] KELSEN, Hans. **Teoria Pura do Direito**. Tradução de João Baptista Machado. 6. ed. São Paulo: Martins Fontes, 2000, p. 1.

[3] KELSEN, Hans. **Teoria pura do direito**. Tradução de João Baptista Machado. 6.ed. São Paulo: Martins Fontes, 2000, p. 317 a 321; *Id*. **Teoria geral do direito e do Estado**. Tradução de Luis Carlos Borges. São Paulo: Martins Fontes, 2000, p. 261 e ss.. Em razão disso, Herman Heller acusa-o de haver criado uma "teoria do Estado sem Estado" HELLER, Herman. **Teoria do Estado**. Tradução de Lycurgo Gomes da Motta. São Paulo: Mestre Jou, 1968, p. 78.

[4] E mesmo esse valor objetivo, subjacente à norma posta e que orienta o *dever ser lógico* (porque determinado pela ordem jurídica), em contraste com o *dever ser axiológico*, que Kelsen repele (porque fundado nas preferências subjetivas de cada um), é, na Teoria Pura, algo bem diferente dos "valores" que se reconhecem positivados nas normas contemporaneamente vistas como tendo "estrutura de princípio". A incapacidade da Teoria Pura, mesmo com o reconhecimento de "valores objetivados na ordem jurídica", de lidar com normas com estrutura de princípio pode ser observada de diversas de suas passagens, como aquela na qual se afirma que "a graduação do valor no sentido objetivo não é possível, visto uma conduta somente poder ser conforme ou não

Não é o caso, aqui, de se detalhar o pensamento de Kelsen no âmbito da Teoria Pura[5]. O relevante é notar que, no que tange aos valores, precisamente por partir de tais premissas céticas ou relativistas, Kelsen defendia, no campo da ciência política, a Democracia como o regime mais adequado às sociedades humanas, a pressupor, paradoxalmente, liberdade, igualdade e tolerância.

2. Relativismo e Consequente Adequação da Democracia

Já no início de seu escrito seminal[6] sobre a democracia Kelsen parte de premissas que talvez não se conciliem bem com o princípio de Hume, subjacente ao positivismo em geral, também conhecido como repúdio à falácia naturalista: a maneira como a realidade *é* não pode fundamentar, por si só, um juízo a respeito de como essa mesma realidade *deveria ser*. De fato, ao tratar da democracia, Kelsen parte da ideia de que o ser humano tem uma natural tendência ou instinto à liberdade, opondo-se a toda forma de dominação ou heteronomia, mas por outro lado consideraria insuportável o ônus de tudo ter de decidir e resolver, necessitando assim de padrões para seguir. Esses dois instintos naturais criariam uma situação paradoxal de repulsa e de carência às amarras inerentes à vida em sociedade, que teria na democracia a maneira mais adequada de conciliação. Com efeito, por meio da democracia, obtém-se um alívio à agonia da heteronomia, mas, ao mesmo tempo, preserva-se a liberdade, pois as normas que compõem a ordem jurídica e limitam a liberdade dos indivíduos são, de algum modo, fruto da vontade destes, ou da maior parte destes.

> [a] liberdade possível dentro da sociedade, e especialmente dentro do Estado, não pode ser a liberdade de qualquer compromisso, pode ser apenas a de um tipo particular de compromisso. O problema da liberdade política é: como é possível estar sujeito a uma ordem social e permanecer livre? Assim Rousseau formulou a questão cuja resposta é a democracia. Um sujeito é politicamente

---

ser conforme uma norma objetivamente válida, contrariá-la ou não a contrariar – mas não ser-lhe conforme ou contrariá-la em maior ou menor grau." KELSEN, Hans. **Teoria pura do direito**. Tradução de João Baptista Machado. 6.ed. São Paulo: Martins Fontes, 2000, p. 22.

[5] Para tanto, confira-se VASCONCELOS, Arnaldo. **Teoria Pura do Direito**: repasse crítico de seus principais fundamentos. 2.ed. Rio de Janeiro: GZ, 2010.

[6] A primeira edição do livro "A essência e o valor da democracia", no qual essas ideias se acham expostas, é de 1920. Em português, confira-se: KELSEN, Hans. **A democracia**. Tradução de Ivone Castilho Benedetti, Jefferson Luiz Camargo, Marcelo Brandão Cipolla e Vera Barkow. São Paulo: Martins Fontes, 2000.

livre na medida em que a sua vontade individual esteja em harmonia com a vontade 'coletiva' (ou 'geral') expressa na ordem social. Tal harmonia da vontade 'coletiva' com a individual é garantida apenas se a ordem social for criada pelos indivíduos cuja conduta ela regula.[7]

Mas não só. Kelsen considera que por meio da democracia faz-se com que um maior número possível de pessoas determine o conteúdo das normas a que se submeterão, sendo a forma menos imperfeita ou mais adequada de garantir a liberdade a um maior número de pessoas, no âmbito da vida em sociedade. Tudo, repita-se, por conta do ceticismo axiológico, do qual o relativismo axiológico é apenas uma espécie ou vertente. Se não há critério objetivo para afirmar a correção de uma concepção de justiça ou a incorreção de outra, todas devem ter espaço na deliberação política, e todas as pessoas devem ter oportunidade de participar da elaboração das normas jurídicas[8].

Esse é um Kelsen que, nas palavras de Miguel Reale, "anda esquecido."[9] Um Kelsen que defendeu, é certo, a possibilidade de o Direito ter qualquer conteúdo, sem deixar de ser, por isso, Direito; mas que defendeu, precisamente por conta da impossibilidade de se afirmar a existência de um conteúdo correto, de forma científica, objetiva e neutra, dada a subjetividade e a relatividade dos valores, que estes, os valores, deveriam ser conciliados democraticamente. É o que explica, ainda, Reale:

A democracia não significa, dizia Kelsen, não crer em valores. Mas a democracia significa reconhecer que o valor, no qual eu ponho a minha fé, não exclui o valor admitido por outrem. A tolerância, dizia Kelsen, é o gérmen e o fundamento da democracia. A democracia é a ordem política que tem por base a equivalência dos valores e a tolerância no exercício do conhecimento teórico e da vida prática.

Talvez uma das teses liberais fundamentais esteja nesta formulação kelseniana, de que resultava algo de muito importante, que era a preservação das minorias. A democracia existe para que haja minoria. A democracia não existe para

---

[7] KELSEN, Hans. **Teoria geral do direito e do Estado**. Tradução de Luís Carlos Borges. São Paulo: Martins Fontes, 2000, p. 408.

[8] Isso confere legitimidade à ordem jurídica, a qual, na lúcida dicção de Arnaldo Vasconcelos, "resolve-se sempre pela compatibilização dos valores dos sistemas respectivos com os valores do grupo social que o mantém" VASCONCELOS, Arnaldo. **Direito, humanismo e democracia**. São Paulo: Malheiros, 1998, p. 26.

[9] REALE, Miguel. **Direito natural/direito positivo**. São Paulo: Saraiva, 1984, p. 67.

que haja maioria, porque a maioria existe também nos regimes ditatoriais. A democracia existe para que haja minoria, porque esta significa a presença de tolerância. Onde não há minoria não há tolerância.[10]

A propósito de tolerância, convém notar, como se faz no próximo item deste artigo, o quão longe na defesa de alguns valores, paradoxalmente, o relativismo axiológico de Kelsen o conduziu. Com efeito, a preservação da vontade da maioria, em uma democracia, há de pressupor, como elemento necessário, a proteção das minorias.

3. Democracia e Minorias

Para Kelsen, a democracia não é apenas o regime onde prevalece a vontade da maioria, mas no qual se respeita a minoria. Em suas palavras,

> [o] princípio de maioria não é, de modo algum, idêntico ao domínio absoluto da maioria, à ditadura da maioria sobre a minoria. A maioria pressupõe, pela sua própria definição, a existência de uma minoria; e, desse modo, o direito da maioria implica o direito de existência da minoria. O princípio de maioria em uma democracia é observado apenas se todos os cidadãos tiverem permissão para participar da criação da ordem jurídica, embora o seu conteúdo seja determinado pela vontade da maioria. Não é democrático, por ser contrário ao princípio de maioria, excluir qualquer minoria da criação da ordem jurídica, mesmo se a exclusão for decidida pela maioria.
>
> Se a minoria não for eliminada do procedimento no qual é criada a ordem social, sempre existe uma possibilidade de que a minoria influencie a vontade da maioria. Assim, é possível impedir, até certo ponto, que o conteúdo da ordem social venha a estar em oposição absoluta aos interesses da minoria. Esse é um elemento característico da democracia.[11]

Veja-se que, paradoxalmente, em razão do ceticismo axiológico do qual parte, Kelsen termina por defender, de forma aparentemente universal, a democracia, a liberdade, a igualdade e a tolerância. Termina por afirmar que tais premissas são necessárias ao florescimento da verdade e da ciência[12],

---

[10] *Ibid.*, 1984, p. 67.

[11] KELSEN, Hans. **Teoria geral do direito e do Estado**. Tradução de Luis Carlos Borges. São Paulo: Martins Fontes, 2000, p. 411.

[12] KELSEN, Hans. **Que es la justicia?** Disponível em: <http://www.usma.ac.pa/web/ DI/images/ Eticos/Hans%20Kelsen.% 20La%20Juticia.pdf>. Acesso em: 11 nov. 2008. No mesmo sentido,

e por atribuir ainda à democracia uma forma mais adequada de realizar tendências *naturais* ao ser humano. Com isso, talvez se evidencie que a própria defesa do relativismo axiológico incorre, ela própria, no paradoxo de recorrer a valores[13].

De fato, defender o estudo meramente descritivo da realidade, tal como ela é, sem considerações sobre como ela deveria ser, é, em si mesmo, *prescrever* algo ao pesquisador, o que só se pode fazer tendo como parâmetro uma ideia de como a realidade (a pesquisa) *deve ser*. Isso, por si, já viola a premissa positivista de rejeição à metafísica. Mas, adicionalmente, vê-se que o ceticismo axiológico, conduzindo ao relativismo, impõe a conclusão de que, se todas as concepções de justiça têm igual valor, é superior aquela que dá voz a todas as outras, em um ambiente de liberdade e tolerância.

Referidas passagens mostram, ainda, que a Epistemologia pressupõe a defesa de alguns valores, tendo em vista que por meio dela se examina o conhecimento humano e se sabe que existem cenários mais propícios ao florescimento da ciência. Afinal, a ciência pressupõe a possibilidade de a opinião dominante ser desafiada, e se sabe que a verdade só é alcançada quando existe ampla liberdade, independência e tolerância para que isso ocorra.[14] É inescapável, portanto, mesmo quando se adota a concepção positivista de ciência, defender valores, nem que sejam apenas aqueles capazes de viabilizar o próprio desenvolvimento da ciência.

4. Possível Contraponto às Premissas e Subsistência das Conclusões

Tão interessante quando observar a eloquente contradição no pensamento kelseniano, que defende democracia, liberdade, igualdade e tolerância como consequência de um ceticismo axiológico, é verificar que a crítica às premissas adotadas pelo positivismo, a saber, o caráter meramente descritivo da ciência e o relativismo ou o ceticismo axiológico, pode afastar essas mesmas premissas

---

Norberto Bobbio, outro positivista, reconhece que "governo democrático e ciência livre não podem existir um sem o outro." BOBBIO, Norberto. **Teoria geral da política** – a filosofia política e as lições dos clássicos. Tradução de Daniela Beccaccia Versiani. São Paulo: Campus, 2000, p. 398-399

[13] Confira-se, a esse respeito, DWORKIN, Ronald. **Justice for Hedgehogs**. Cambridge: Harvard University Press, 2011.

[14] "A sociedade de cientistas deve ser uma democracia. Apenas se pode manter viva e crescer por uma tensão constante entre a dissidência e o respeito; entre a independência das opiniões dos outros e a tolerância para com elas." BRONOWSKI, J. **O homem e a ciência**: ciência e valores humanos. Tradução de Alceu Letal. Belo Horizonte: Itatiaia. São Paulo: Editora da Universidade de São Paulo. 1979, p. 68.

CETICISMO AXIOLÓGICO E DEMOCRACIA

mas preservar, talvez até com maior solidez, as mesmas conclusões, o que talvez atribua maior contraste aos equívocos de tais premissas.

Com efeito, pode-se admitir que os valores – como quaisquer outras coisas – são passíveis de discussão *falibilista*[15], até porque "não existem, como até há pouco tempo se acreditou, objetos que por natureza sejam científicos e outros, não-científicos."[16] Não se exige a certeza objetiva de um enunciado para que ele seja considerado científico, a qual de resto inexiste mesmo em ciências como a física[17] ou a biologia, pois não se tem acesso ao mundo objetivo, tal como ele é. Tampouco a existência de divergência entre os que se ocupam de um assunto é motivo, por si, para se concluir pela sua acientificidade. Aliás, é preciso distinguir a inexistência de critérios para aferir a correção de uma afirmação a respeito deles, de um lado, da impossibilidade de se chegar à certeza sobre a correção dessa mesma afirmação. Em termos mais diretos: a inexistência de resposta correta não é a mesma coisa da incerteza sobre a correção de uma resposta[18]. Isso vale para a determinação da verdade em relação a afirmações sobre o mundo empírico, podendo ser aplicado, por igual, àquelas que dizem respeito a questões morais ou valorativas.

Veja-se, a propósito, que, de tudo isso, caso igualmente se conclua pela necessidade de defesa da democracia, da liberdade, da igualdade e da tolerância, tal como feito por Kelsen, a adoção dessas outras premissas conduz a uma defesa mais coerente. Primeiro, porque compatível com a crença de que as afirmações feitas em torno desses valores – defesa da democracia, liberdade, tolerância e igualdade – são corretas. Do contrário, das premissas – o ceticismo ou o relativismo axiológicos – não se chega logicamente à conclusão, a defesa do regime democrático, pois o próprio conceito de democracia é ao mesmo tempo descritivo e ideal, dizendo respeito a um estado

---

[15] Dworkin observa, a esse respeito, que a tese de que uma proposição científica é verdadeira quando corresponde à realidade é tão circular e opaca quanto suas respostas relativas à autonomia do valor e à possibilidade de cogitar de uma verdade em torno de questões morais. DWORKIN, Ronald. **Justice for Hedgehogs**. Cambridge: Harvard University Press, 2011, p. 65 e ss.

[16] VASCONCELOS, Arnaldo. **Direito, humanismo e democracia**. São Paulo: Malheiros, 1998, p. 36.

[17] Como registra Arnaldo Vasconcelos, a decantada invulnerabilidade das chamadas ciências exatas cedeu justamente no terreno onde pareciam inteiramente inatingíveis, o espaço epistemológico das físicas e das matemáticas." VASCONCELOS, Arnaldo. **Direito, humanismo e democracia**. São Paulo: Malheiros, 1998, p. 35.

[18] Como registra Dworkin, "uncertainty is not the same as skepticism." DWORKIN, Ronald. **Justice for Hedgehogs**. Cambridge: Harvard University Press, 2011, p. 60.

DIREITOS FUNDAMENTAIS DOS CONTRIBUINTES

ideal que jamais será integralmente atingido[19] conquanto deva sempre ser incansavelmente buscado. Pode-se dizer, como se faz em relação a todo ideal, que o seu atendimento se dá de modo gradual, e não sob a forma de um tudo ou nada. Um governo pode sempre ser mais democrático do que já é. Uma sociedade na qual "os que têm direito ao voto são os cidadãos masculinos maiores de idade" – exemplifica Norberto Bobbio – "é mais democrática do que aquela na qual votam apenas os proprietários e é menos democrática do que aquela em que têm direito ao voto também as mulheres."[20] Por essa razão, Giovani Sartori afirma que "o que a democracia é não pode ser separado do que a democracia deve ser."[21].

Além disso, se os valores fossem de fato inteiramente subjetivos e emocionais, qual seria a razão apresentada na defesa de um ponto de vista a respeito deles, em oposição a outro? O próprio debate democrático, a ser viabilizado por meio da promoção dos princípios tão bem defendidos por Kelsen, não faria sentido.

Considerações Finais

Em razão do que foi visto ao longo deste trabalho, pode-se concluir, em síntese, que mesmo partindo de premissas positivistas, que o levaram a um relativismo axiológico, Kelsen pôde defender a necessidade de se adotar um regime democrático, no qual todos tenham oportunidade de influir nas decisões políticas e na elaboração das normas jurídicas, com liberdade e tolerância, respeitando-se, sobretudo, as minorias, para que estas possam, eventualmente, angariar mais adeptos para as suas ideias, passando, no futuro, à condição de maioria.

A contradição em que incorre Kelsen demonstra, na verdade, o caráter inafastável dos valores. Para defender uma ciência avessa a eles, é preciso não só fazer uso deles, mas se chega, como resultado, à defesa de um regime

---

[19] Rousseau, a esse respeito, admite que "se tomarmos o termo no sentido estrito, nunca houve uma verdadeira democracia, e jamais haverá." (ROUSSEAU, J. J. Contrato social. In: MORRIS, Clarence (Org.). **Os grandes filósofos do direito**. Tradução de Reinaldo Guarany. São Paulo: Martins Fontes, 2002. p. 211-234, p. 228). Somente a título exemplificativo, Bobbio lembra que mesmo a mais perfeita democracia imaginável teria de prever um limite de idade abaixo do qual os cidadãos não poderiam participar do processo de escolha de representantes ou de tomada de decisões. BOBBIO, Norberto. **O futuro da democracia** – uma defesa das regras do jogo. Tradução de Marco Aurélio Nogueira. São Paulo: Paz e Terra, 1984, p. 19.

[20] *Ibid.*, 1984, p. 19.

[21] SARTORI, Giovani. **A teoria da democracia revisitada**. Tradução de Dinah de Abreu Azevedo. São Paulo: Atica, 1994. v.1, p. 23.

em que deve prevalecer a vontade da maioria, porque assim se atendem a tendências humanas naturais, mas isso deve ser feito com respeito às minorias, com igualdade e tolerância, afirmações permeadas de juízos de valor. A própria ciência, para prosperar, mesmo pretensamente pura e neutra, dependeria deles.

Referências

AFTALIÓN, Enrique R.; VILANOVA, José; RAFFO, Julio. **Introducción al derecho.** Buenos Aires: Abeledo-Perrot, 2004.

ATLAN, Henri. Será que a ciência cria valores? O bom, o verdadeiro e o poeta. In: PESSIS-PASTERNAK, Guitta. **A ciência**: Deus ou Diabo? Tradução de Edgard de Assis Carvalho e Mariza Perassi Bosco. São Paulo: Unesp, 2001.

BOBBIO, Norberto. **Teoria geral da política** – a filosofia política e as lições dos clássicos. Tradução de Daniela Beccaccia Versiani. São Paulo: Campus, 2000.

___. **O futuro da democracia** – uma defesa das regras do jogo. Tradução de Marco Aurélio Nogueira. São Paulo: Paz e Terra, 1984.

BRONOWSKI, J. **O homem e a ciência**: ciência e valores humanos. Tradução de Alceu Letal. Belo Horizonte: Itatiaia. São Paulo: Editora da Universidade de São Paulo. 1979.

DAWKINS, Richard. **O maior espetáculo da terra**: as evidências da evolução. Tradução de Laura Teixeira Motta. São Paulo: Companhia das Letras, 2009.

DWORKIN, Ronald. **Justice for Hedgehogs.** Cambridge: Harvard University Press, 2011

GLEISER, Marcelo. **A ilha do conhecimento.** Os limites da ciência e a busca por sentido. Rio de Janeiro: Record, 2014.

GREENE, Joshua. **Moral tribes.** New York: Penguin Press, 2013.

HELLER, Herman. **Teoria do Estado.** Tradução de Lycurgo Gomes da Motta. São Paulo: Mestre Jou, 1968.

KELSEN, Hans. **Que es la justicia?** Disponível em: <http://www.usma.ac.pa/web/DI/images/Eticos/Hans%20Kelsen.%20La%20Juticia.pdf>. Acesso em: 11 nov. 2008.

___. **Teoria geral do direito e do Estado.** Tradução de Luis Carlos Borges. São Paulo: Martins Fontes, 2000.

___. **A democracia.** Tradução de Ivone Castilho Benedetti, Jefferson Luiz Camargo, Marcelo Brandão Cipolla e Vera Barkow. São Paulo: Martins Fontes, 2000.

___. **The essence and value of democracy.** Translated by Brian Graf. Maryland: Rowman & Littlefield Publishers, 2013.

___. **Teoria pura do direito.** Tradução de João Baptista Machado. 6.ed. São Paulo: Martins Fontes, 2000.

MACHADO SEGUNDO, Hugo de Brito. **Por que dogmática jurídica?** Rio de Janeiro: Forense, 2008.

___. Contributions from Neuroscience and Biology to the Philosophy of Law. **UNIO – EU Law Jounal**, v. 1, p. 40-54, 2015.

MIRANDA, Pontes de. **O Problema Fundamental do Conhecimento**. Porto Alegre: O Globo, 1937.

NICOLELIS, Miguel. **Muito além do nosso eu**. São Paulo: Companhia das Letras, 2011.

POPPER, Karl. **A lógica da pesquisa científica**. 12.ed. Tradução de Leônidas Hengenberg e Octanny Silveira da Mota. São Paulo: Cultrix, 2006.

REALE, Miguel. **Direito natural/direito positivo**. São Paulo: Saraiva, 1984.

ROUSSEAU, J. J. Contrato social. In: MORRIS, Clarence (Org.). **Os grandes filósofos do direito**. Tradução de Reinaldo Guarany. São Paulo: Martins Fontes, 2002.

SARTORI, Giovani. **A teoria da democracia revisitada**. Tradução de Dinah de Abreu Azevedo. São Paulo: Atica, 1994. v.1

SOSA, Ernest. **Epistemologia da virtude**. Crença apta e conhecimento reflexivo. Tradução de Luiz Paulo Rouanet. São Paulo: Loyola, 2013.

TARUFFO, Michele. **La prueba de los hechos**. Tradução de Jordi Ferrer Beltrán. Madrid: Trotta, 2.ed., 2009.

VASCONCELOS, Arnaldo. **Teoria Pura do Direito**: repasse crítico de seus principais fundamentos. 2.ed. Rio de Janeiro: GZ, 2010.

___. **Direito, humanismo e democracia**. São Paulo: Malheiros, 1998.

WAAL, Frans de. **The bonobo and the atheist**: in search of humanism among the primates. New York: W. W. Norton & Company, 2013.

17. Estado Fiscal, Tributação e Proteção dos Direitos do Contribuinte

Sergio André Rocha

1. Estado Fiscal, Tributário, Empresário e Patrimonial

Estudar o Direito Financeiro e o Direito Tributário é o mesmo que estudar o Estado em uma de suas principais atividades, a atividade financeira,[1] a qual envolve os mecanismos para a obtenção de receitas pelo Estado, a sua gestão, o gasto público e o controle de todas essas atividades.

A análise dessas funções deve ser feita de forma contextualizada, considerando as formas de financiamento estatal, as quais repercutirão sobre o papel da tributação como fonte de custeio das despesas públicas.

Segundo o Professor da Universidade de Coimbra, José Casalta Nabais, há quatro modelos de Estado, da perspectiva das formas de financiamento das despesas públicas: Estados Fiscais, Estados Tributários, Estados Empresários e Estados Patrimoniais. De acordo com este autor, **Estados Fiscais** são aqueles financiados "essencialmente com base na figura dos tributos unilaterais ou impostos, e não com base em outros tributos ou outro tipo de receitas, os quais, acabam assim por ter um caráter relativamente marginal".[2] O dito **Estado Tributário** seria "predominantemente assente em termos financeiros, não em tributos unilaterais (impostos), mas em tributos bilaterais (taxas)".[3]

---

[1] Sobre a atividade financeira do Estado, ver: ABRAHAM, Marcus. *Curso de Direito Financeiro Brasileiro*. 3 ed. Rio de Janeiro: Forense, 2015. p. 21-25.

[2] NABAIS, José Casalta. Da Sustentabilidade do Estado Fiscal. In: NABAIS, José Casalta; SILVA, Suzana Tavares da (Coords.). *Sustentabilidade Fiscal em Tempos de Crise*. Coimbra: Almedina, 2011. p. 12.

[3] NABAIS, José Casalta. A Face Oculta dos Direitos Fundamentais: Os Deveres e os Custos dos Direitos. In: _____. *Por uma Liberdade com Responsabilidade: Estudos sobre Direitos e Deveres Fundamentais*. Coimbra: Coimbra Editora, 2007. p. 186.

Os **Estados Empresários**, dos quais seriam exemplos os Estados socialistas, tem sua base financeira assentada "essencialmente nos rendimentos da atividade econômica produtiva por eles monopolizada ou hegemonizada".[4] Por fim, os **Estados Patrimoniais** tem seu suporte financeiro decorrente, de um lado, de "receitas do seu patrimônio ou propriedade" e, de outro, dos "rendimentos da atividade comercial e industrial por ele assumida".[5]

Prevalecem no mundo ocidental os ditos **Estados Fiscais**, cuja receita é principalmente (não exclusivamente) obtida a partir da instituição e cobrança de impostos.[6] Segundo Ricardo Lobo Torres, "o Estado Democrático de Direito é essencialmente um Estado de Impostos. O imposto, como categoria principal dos tributos, surge com o liberalismo e o Estado de Direito e lhe é co-extensivo".[7] Não se pode desconsiderar, ainda, os ditos **Estados "Endividados"**, que obtém significativa parcela dos recursos de que necessitam a partir de operações de crédito.[8]

Aspecto nem sempre observado, e que é decorrência natural da organização de um Estado como Estado Fiscal, é a relação entre a tributação e a liberdade de atuação econômica dos cidadãos. Como aponta Ricardo Lobo Torres, em estudo clássico sobre a liberdade no Estado Patrimonial e no Estado Fiscal,

---

[4] NABAIS, José Casalta. A Face Oculta dos Direitos Fundamentais: Os Deveres e os Custos dos Direitos. In: _____. *Por uma Liberdade com Responsabilidade: Estudos sobre Direitos e Deveres Fundamentais*. Coimbra: Coimbra Editora, 2007. p. 186.

[5] NABAIS, José Casalta. A Face Oculta dos Direitos Fundamentais: Os Deveres e os Custos dos Direitos. In: _____. *Por uma Liberdade com Responsabilidade: Estudos sobre Direitos e Deveres Fundamentais*. Coimbra: Coimbra Editora, 2007. p. 183.

[6] Como pontua Paulo Caliendo, "o Estado Fiscal parte do pressuposto de que existe uma separação entre Estado e Sociedade e mais especificamente entre o indivíduo e a esfera pública. Não se trata de uma oposição entre ambos, mas de uma separação irredutível entre essas duas esferas. Dessa forma, a sustentação financeira do Estado depende da busca de recursos na economia por meio da cobrança de tributos" (CALIENDO, Paulo. *Direito Tributário e Análise Econômica do Direito*. Rio de Janeiro: Elsevier, 2009. p. 145). Na mesma linha, salienta Marcus Abraham que o Estado Fiscal é "caracterizado por um perfil libertarista e capitalista, menos intervencionista e que se baseia nos tributos como fonte de receitas e permite aperfeiçoar a estrutura do orçamento público (receitas e despesas autorizadas e garantidas pelo legislativo), substituindo a tributação dos camponeses e servos pela dos indivíduos com direitos próprios assegurados" (ABRAHAM, Marcus. *Curso de Direito Financeiro Brasileiro*. 3 ed. Rio de Janeiro: Forense, 2015. p. 19).

[7] TORRES, Ricardo Lobo. Aspectos Fundamentais e Finalísticos do Tributo. In: MARTINS, Ives Gandra da Silva (Coord.). *O Tributo: Reflexão Multidisciplinar sobre sua Natureza*. Rio de Janeiro: Forense, 2007. p. 36-37.

[8] Ver: FERRARO, Carolina Cantarelle. Existe o Dever Fundamental de Pagar Impostos no Sistema Tributário Brasileiro? In: GODOI, Marciano Seabra de; ROCHA, Sergio André (Orgs.). *O Dever Fundamental de Pagar Impostos*. Belo Horizonte: Editora D'Plácido, 2017. p. 50.

"o tributo é o preço pago pela liberdade, eis que o indivíduo se distancia do Estado na medida em que a prestação fiscal substitui os deveres pessoais e alivia as proibições jurídicas".[9] Este aspecto foi observado por Casalta Nabais, para quem "a 'estadualidade fiscal' significa assim uma separação fundamental entre o estado e a economia e a consequente sustentação financeira daquele através da sua participação nas receitas da economia produtiva pela via do imposto".[10]

Em outras palavras, a organização do Estado como um Estado Fiscal tem como consequência a **subsidiariedade** do poder público no que se refere à atividade econômica, a qual é reservada prioritariamente para as pessoas, físicas ou jurídicas, de Direito Privado. Conforme salienta Silvia Faber Torres, "como *parâmetro da reforma do Estado*, a subsidiariedade rege a ordem econômica de modo a equilibrar o direito do homem à livre iniciativa e o direito de intervenção do Estado no livre jogo das forças naturais do mercado. Aplica-se, intensamente, na reforma administrativa, engendrando forma jurídicas que moldem a nova figuração da Administração Pública contemporânea. Reivindica a substituição de uma Administração impositiva e burocrática por outra consensual e gerencial e define novos paradigmas para a atuação do poder público, em suas clássicas atividades de *fomento, serviço público e polícia*".[11]

Com esses comentários em mente, é possível afirmar que o Brasil se organiza como um Estado Fiscal. Com efeito, conforme estabelecido no artigo 173 da Constituição Federal, "ressalvados os casos previstos nesta Constituição, a exploração direta de atividade econômica pelo Estado só será permitida quando necessária aos imperativos da segurança nacional ou a relevante interesse coletivo, conforme definidos em lei".

Este artigo determina a **subsidiariedade** da atuação econômica do Estado, garantindo-se a liberdade dos cidadãos para explorarem tais atividades. Contudo, a contrapartida desta liberdade é encontrada no dever tributário, ou seja, no dever de contribuição, nos limites de sua capacidade econômica e dentro dos demais parâmetros constitucionais, para o financiamento das despesas públicas.

---

[9] TORRES, Ricardo Lobo. *A Idéia de Liberdade no Estado Patrimonial e no Estado Fiscal*. Rio de Janeiro: Renovar, 1991. p. 37.
[10] NABAIS, José Casalta. *O Dever Fundamental de Pagar Impostos*. Almedina: Coimbra, 1998. p. 196.
[11] TORRES, Silvia Faber. *O Princípio da Subsidiariedade no Direito Público Contemporâneo*. Rio de Janeiro: Renovar, 2001. p. 272-273.

Como visto, no Estado Fiscal o tributo passa a ser visto como o **preço da liberdade**. De fato, é o pagamento de tributos pelos cidadãos que permite que o Estado satisfaça suas necessidades financeiras mediante a sua arrecadação. Vejam-se, uma vez mais, as palavras do Professor Ricardo Lobo Torres:

> "As relações entre liberdade e tributo no Estado de Direito são de absoluta essencialidade. Não existe tributo sem liberdade, e a liberdade desaparece quando não a garante o tributo. A própria noção de tributo se inicia pela noção de liberdade.

> Cuida-se, no Estado Fiscal de Direito, da *liberdade individual*. Recorde-se que no Estado Patrimonial florescia a liberdade estamental, com a tripartição do poder impositivo e com a reserva das imunidades e privilégios pelo clero e pela nobreza. No Estado de Polícia a liberdade é do príncipe e conduz à centralização do poder tributário e à crítica às imunidades e aos privilégios. No Estado Fiscal, afirma-se a *liberdade individual*: reserva-se pelo contrato social um *mínimo de liberdade* intocável pelo imposto, garantido através das imunidades e dos privilégios, que se transferem do clero e da nobreza para o cidadão; permite-se que o Estado exerça o poder tributário sobre a parcela não excluída pelo pacto constitucional, adquirindo tal imposição a característica de *preço da liberdade*. O imposto, item mais importante da receita do Estado Fiscal, é, por conseguinte, uma invenção burguesa: incide sobre a riqueza obtida pela livre iniciativa do indivíduo, mas nos limites consentidos pelo cidadão."[12]

Essa é uma perspectiva da análise do fenômeno tributário que normalmente passa desapercebida. Como a permissa normalmente é de que existe uma renda pré-tributária, a incidência fiscal não raro é vista como uma invasão do patrimônio privado.[13] Contudo, **tendo como ponto de partida a inexistência de uma renda pré-tributária**,[14] na medida em que a geração de riqueza se dá no âmbito de um Estado financiado pela exigência de tributos, não se pode deixar de reconhecer que o seu pagamento é o preço pago pelos

---

[12] TORRES, Ricardo Lobo. *A Ideia de Liberdade no Estado Patrimonial e no Estado Fiscal*. Rio de Janeiro: Renovar, 1991. p. 109-110.

[13] Ver, por exemplo: MARTINS, Ives Gandra da Silva. *Da Sanção Tributária*. São Paulo: Saraiva, 1998. p. 50-51.

[14] MURPHY, Liam; NAGEL, Thomas. *O Mito da Propriedade*. Tradução Marcelo Brandão Cipolla. São Paulo: Martins Fontes, 2005. p. 13.

cidadãos para que tenham a liberdade de exercer suas potencialidades sem a intervenção estatal.

São precisas, a esse respeito, as palavras de Onofre Alves Batista Júnior, para quem "o Estado Tributário[15] não pode depender de um amplo ou total controle por sobre os meios de produção, nem da imposição de obrigações cívicas a seus cidadãos, nem tão pouco de sua própria atividade econômica. Ao contrário, devido à legitimação constitucional da intervenção tributária, é possível ao Estado garantir a propriedade privada, a liberdade profissional e de indústria, assim como as demais liberdades que integram a atividade econômica privada".[16]

Rejeitam-se, assim, teorias ultraliberais que vão equiparar a tributação a uma espécie de trabalho forçado, na medida em que incidem os tributos sobre os resultados financeiros do trabalho humano. Este tipo de abordagem, defendida por autores como Robert Nozick,[17] tem como ponto de partida a premissa individualista de que os rendimentos auferidos pelos contribuintes independem da sua inserção em uma coletividade.

É importante observarmos que absolutamente nada do que foi dito acima indica que haja um monopólio do Estado na atuação em favor da coletividade. O que se afirmou é que nos Estados Fiscais, independentemente da configuração das atribuições reservadas ao poder público, os custos de tais atividades serão financiados principalmente mediante a arrecadação de tributos.

2. O Custo dos Direitos

Uma das mais debatidas questões no campo do Direito do Estado, da Ciência Política, da Economia, da Sociologia, etc., refere-se a qual o tamanho ideal do Estado, havendo infindáveis controvérsias a respeito do alcance de suas obrigações e prestações de seguridade social.[18] A questão foi bem-posta por Liam Murphy e Thomas Nagel na seguinte passagem:

---

[15] O autor usa a expressão "Estado Tributário" para se referir ao que denominamos neste livro "Estado Fiscal".

[16] BATISTA JÚNIOR, Onofre Alves. *O Outro Leviatã e a Corrida ao Fundo do Poço*. São Paulo: Almedina, 2015. p. 85.

[17] NOZICK, Robert. *Anarchy, State, and Utopia*. [S/L]: Basic Books, 1974. p. 169-172.

[18] Segundo o artigo 194 da Constituição Federal, "a seguridade social compreende um conjunto integrado de ações de iniciativa dos Poderes Públicos e da sociedade, destinadas a assegurar os direitos relativos à saúde, à previdência e à assistência social."

DIREITOS FUNDAMENTAIS DOS CONTRIBUINTES

"O governo democrático limitado impõe certas obrigações ou constrangimentos aos indivíduos, deixa-os livres em outros campos e concede-lhes certos benefícios, tanto positivos quanto negativos. É geralmente por meio das obrigações ou constrangimentos impostos que ele cria esses benefícios – a conservação da paz e da segurança pública, por exemplo, ou a obtenção de receitas para o cuidado das crianças, a educação pública e os benefícios concedidos aos idosos. As discordâncias sobre o âmbito legítimo dos benefícios e constrangimentos governamentais, e sobre a relação entre esse âmbito e os direitos individuais, estão geralmente por trás das divergências sobre a tributação, mesmo quando aquelas questões não se explicitam. Essas questões dizem respeito à extensão e aos limites da autoridade coletiva que, por meio de nossas instituições comuns, temos uns sobre os outros.

Hoje em dia, muitos creem que a função do governo vai muito além do fornecimento de segurança interna e externa através da prevenção da violência entre pessoas, a proteção da propriedade privada e a defesa contra ataques externos. **O problema é: vai além, mas quanto? Poucos negariam que certos bens públicos positivos, como a alfabetização universal e a proteção do meio ambiente, exigem uma intervenção do governo. Existem diferenças políticas acerca de qual é o nível adequado de intervenção pública nesses domínios. Porém, as maiores controvérsias giram em torno do uso do poder governamental não só para fornecer coisas que são boas para todos, mas também para providenciar recursos para os mais pobres, a partir da ideia de que certas espécies de desigualdade social e econômica são injustas ou de algum modo maléficas e de que todos nós temos, para com nossos concidadãos, a obrigação de corrigir ou aliviar esses problemas."[19]** (O destaque é nosso)

Independentemente da abrangência das ações do Estado, é indubitável que há um custo inerente aos direitos que são outorgados aos cidadãos. Afinal, como bem colocado por Flávio Galdino, "o 'gratuito', em termos de prestações públicas, não existe!! Nenhuma prestação pública é gratuita!!!".[20]

De outra parte, não são apenas os direitos positivos que requerem custos estatais. Também direitos negativos dos cidadãos dependem de

---

[19] MURPHY, Liam; NAGEL, Thomas. *O Mito da Propriedade*. Tradução Marcelo Brandão Cipolla. São Paulo: Martins Fontes, 2005. p. 9-10.

[20] GALDINO, Flávio. *Introdução à Teoria dos Custos dos Direitos: Direitos não Nascem em Árvores*. Rio de Janeiro: Lumen Juris, 2005. p. 346.

gastos públicos, a ponto de autores como Stephen Holmes e Cass Sunstein argumentarem ser fútil a separação entre essas duas categorias de direitos.[21] Ao final, nos Estados Fiscais, como vimos, o suporte de todas atividades públicas depende de financiamento a partir da coleta de tributos.

Este aspecto é importantíssimo, na medida que nos leva à já mencionada conclusão, apontada por Liam Murphy e Thomas Nagel, de que não há riqueza privada que seja efetivamente pré-tributária, uma vez que todos os esforços das pessoas, físicas ou jurídicas, ocorrem no contexto de uma coletividade que foi organizada e é mantida com custos suportados com receitas fiscais. Segundo os referidos autores, "é ilegítimo, para fins de avaliação de um sistema tributário, fazer apelo a um nível básico de direitos de propriedade numa suposta 'renda bruta pré-tributária', pois essa renda é o produto de um sistema do qual os impostos são um elemento inalienável. Não se pode nem justificar nem criticar um regime econômico tomando-se como norma independente algo que, na verdade, é uma consequência desse regime".[22]

3. O Dever Fundamental de Pagar Tributos

Uma vez apontado que o Estado Brasileiro é um Estado Fiscal, que depende da arrecadação tributária para financiar suas atividades, e que os direitos fundamentais – e, naturalmente, não só eles – têm custos que não podem ser satisfeitos sem a tributação, chega-se à tese, que veio ao Brasil pela pena do já citado José Casalta Nabais, de que o dever de pagar impostos é um **dever constitucional ou um dever fundamental**. Em suas palavras, "o imposto não pode ser encarado, nem como um *mero poder* para o estado, nem simplesmente como *simples sacrifício* para os cidadãos, mais antes como o contributo indispensável a uma vida em comum e próspera de todos os membros da comunidade organizada em estado".[23]

---

[21] HOLMES, Stephen; SUSTEIN, Cass R. *The Cost of Rights: Why Liberty Depends on Taxes*. New York: W. W. Norton & Company, 2000. p. 37-39. Ver: SCAFFF, Fernando Facury. Como a Sociedade Financia o Estado para a Implementação dos Direitos Humanos no Brasil. In: SCAFF, Fernando Facury (Org.). *Constitucionalismo, Tributação e Direitos Humanos*. Rio de Janeiro: Renovar, 2007. p. 11-12.

[22] MURPHY, Liam; NAGEL, Thomas. *O Mito da Propriedade*. Tradução Marcelo Brandão Cipolla. São Paulo: Martins Fontes, 2005. p. 13.

[23] NABAIS, José Casalta. *O Dever Fundamental de Pagar Impostos*. Almedina: Coimbra, 1998. p. 185. Como pontuam Marciano Buffon e Mateus Bassani de Matos, "afirmar que o contemporâneo formato do Estado não prescinde da arrecadação de tributos, significa reconhecer que um dos principais deveres inerentes à cidadania consiste em pagar tributos, uma vez que, com isso, o Estado assegura os recursos necessários para garantir a realização de programas e políticas

O reconhecimento de que existe um devem fundamental de pagar impostos deve ser posto de forma contextualizada, uma vez que o debate sobre este tema costuma gerar respostas emocionais e ideológicas dos interlocutores.

Com efeito, uma primeira patologia do debate sobre o dever fundamental de pagar impostos reside na percepção de que reconhecer a existência de tal dever tem alguma relação com a defesa de um certo tipo de atuação estatal. É comum a reação de interlocutores no sentido de que reconhecer este dever fundamental equivaleria a se defender um Estado grande e ineficiente, ou um Estado interventor e limitador da liberdade privada, ou um Estado prestador, ou um Estado redistribuidor de renda, etc. No momento em que se faz este tipo de relação causal, a ideologia de cada um entra em cena, automaticamente distorcendo a teoria de Casalta Nabais.

Com esta pauta ideológica, defensores da maior participação do Estado na esfera privada abraçam a teoria por trás do dever fundamental de pagar impostos, como se Nabais tivesse defendido que a necessidade estatal de recursos financeiros legitimasse qualquer tributação, o que, à toda evidência, passa longe das lições do Professor português. De outro lado, aqueles que sustentam uma contenção da atuação do Estado, ao assumirem que a tese de Casalta Nabais tem alguma relação com uma visão política de maximização da ação estatal, negam-lhe qualquer validade, muitas vezes apenas pelo título, sem sequer terem lido o seu livro.

O dever fundamental de pagar impostos é ubíquo tanto no Estado Liberal quanto no Estado Social. **É um dever de cidadania que decorre da inserção do indivíduo em determinada coletividade**. Dessa maneira, não há a relação causal entre o dever fundamental de pagar impostos e um certo tipo de participação do Estado na esfera de seus cidadãos. Evidentemente, quanto mais abrangentes as atribuições conferidas ao poder público, maior será sua necessidade de recursos.

---

direcionadas à obtenção do denominado bem comum – razão da própria existência do Estado" (BUFFON, Marciano; MATOS, Mateus Bassani de. *Tributação no Brasil no Século XXI*. Porto Alegre: Livraria do Advogado, 2015. p. 143). Sobre o dever constitucional de pagar tributos e seus reflexos no Brasil, ver: GODOI, Marciano Seabra de; ROCHA, Sergio André (Orgs.). *O Dever Fundamental de Pagar Impostos*. Belo Horizonte: Editora D'Plácido, 2017; CARDOSO, Alessandro Mendes. *O Dever Fundamental de Recolher Tributos*. Porto Alegre: Livraria do Advogado, 2014; MARQUES, Leonardo Nunes. *Uma Teoria Constitucional do Tributo: Direitos e Deveres Fundamentais*. Belo Horizonte: Fórum, 2011; ABRAHAM, Marcus. *Curso de Direito Financeiro Brasileiro*. 3 ed. Rio de Janeiro: Forense, 2015. p. 145-149.

De outra parte, como bem ressaltado por Nabais, o que efetivamente é necessário para a existência de um dever fundamental de pagar impostos é a presença de um Estado Fiscal, ou seja, um Estado que tenha da arrecadação de impostos a maior fonte de obtenção dos recursos necessários para o custeio de suas atividades. Em um Estado Patrimonial, que se sustente a partir da exploração de bens públicos, como recursos naturais, não há espaço para se cogitar de um dever fundamental de pagar impostos.

Feitos esses comentários, e considerando que, obviamente, que o Brasil é um Estado Fiscal, sendo subsidiária a atuação do Estado na área econômica, **parece haver pouca dúvida de que o dever de pagar impostos é um dever constitucional**. Um dever de cidadania[24] que impõe a transferência de recursos daqueles que manifestam capacidade contributiva para o Estado. Desta forma, rejeita-se a noção de que o tributo seria uma penalidade, ou uma invasão indevida do patrimônio privado. Como observa Regina Helena Costa, "ser cidadão também é ser contribuinte. Em outras palavras, poder contribuir para as despesas do Estado representa um aspecto do exercício da cidadania".[25]

Na pena de autores brasileiros, verifica-se a referência usual a um **dever fundamental de pagar tributos**. Contudo, na obra de Casalta Nabais a referência é feita a um **dever fundamental de pagar impostos**. De fato, o fundamento da teoria do professor português está na premissa de que o Estado Fiscal é financiado por impostos. Assim, se o lastro constitucional do dever de contribuir é a configuração do Estado como Fiscal, somente se cogitaria de um dever fundamental de pagar impostos – ou tributos que,

---

[24] Veja-se a seguinte lição de Ricardo Lobo Torres: "A cidadania em sua expressão moderna tem, entre os seus desdobramentos, o de ser a *cidadania fiscal*. O dever/direito de pagar impostos se coloca no vértice da multiplicidade de enfoques que a ideia de cidadania exibe. Cidadão e contribuinte são conceitos coextensivos desde o início do liberalismo" (TORRES, Ricardo Lobo. A Cidadania Fiscal Múltipla. In: REZENDE, Condorcet. *Estudos Tributários*. Rio de Janeiro: Renovar, 1999. p. 460). No mesmo sentido, Marciano Buffon argumenta que "é possível afirmar que o dever de pagar tributos é o principal dever de cidadania, justamente porque, caso tal dever seja sonegado por parte dos componentes de uma sociedade, restarão inviabilizadas as possibilidades de realização dos próprios direitos, especialmente aqueles de cunho prestacional" (BUFFON, Marciano. *Tributação e Dignidade da Pessoa Humana: Entre os Direitos e Deveres Fundamentais*. Porto Alegre: Livraria do Advogado, 2009. p. 100). Sobre o tema, ver, também: OLIVEIRA, Daniela Olímpio. Apontamentos sobre a (sub) Cidadania Fiscal no Brasil. In: OLIVEIRA, Daniela Olímpio (Org.). *Tributação, Democracia e Desenvolvimento*. Lavras: Editora UFLA, 2017. p. 91-110; ABRAHAM, Marcus. *Curso de Direito Financeiro Brasileiro*. 3 ed. Rio de Janeiro: Forense, 2015. p. 53-57.

[25] COSTA, Regina Helena. *Curso de Direito Tributário*. 4 ed. São Paulo: Saraiva, 2014. p. 29.

embora não sejam formalmente impostos, tenham por fim custear despesas indivisíveis.

Além disso, Nabais fundamenta o dever fundamental de pagar impostos no valor solidariedade, que serve de fundamento para a incidência de impostos. De fato, quando se arrecada impostos com base na capacidade econômica do contribuinte, sem qualquer exigência de benefício atrelada ao dever de contribuinte, muitas vezes o pagamento de impostos se dá para financiar prestações positivas para aqueles que têm reduzida ou nenhuma capacidade contributiva. Contudo, essa lógica só deveria se aplicar aos impostos, tributos que financiam despesas gerais e indivisíveis, não aos demais tributos.

Ao analisar a posição da perspectiva brasileira não se pode deixar de considerar a situação patológica que vivemos com a substituição de impostos por contribuições sociais, à qual se soma Desvinculação de Receitas da União – que na sua versão atual também alcança Estados e Municípios.

Com efeito, verifica-se que, de uma maneira geral, temos diversas contribuições que passaram a ser utilizadas estruturalmente como impostos, como é o caso da Contribuição Social Sobre o Lucro Líquido, da Contribuição para o PIS e da COFINS, por exemplo.[26] Como esses são tributos de receita vinculada e, na verdade, necessita-se dos valores disponíveis, para custear despesas indivisíveis, criou-se a Desvinculação das Receitas da União, ou DRU, que nada mais é do que uma "gambiarra" financeira.[27]

Parece-nos não haver dúvida de que todos esses tributos, por terem uma feição substancial de impostos, deveriam ser considerados no escopo do dever fundamental de pagar tributos, sem maiores dificuldades.

Ademais, cremos ser possível dar um passo adiante na teoria de Casalta Nabais, para considerar que todos os tributos, mesmo aqueles que a doutrina normalmente considera contraprestacionais, como é o caso das taxas, refletem um dever fundamental do contribuinte, especialmente diante da posição que vai se consolidando na doutrina brasileira e das decisões do Supremo

---

[26] Ricardo Lobo Torres se referia a tais tributos como "contribuições exóticas" que seriam, de fato, "impostos com destinação especial" (Cf. TORRES, Ricardo Lobo. Aspectos Fundamentais e Finalísticos do Tributo. In: MARTINS, Ives Gandra da Silva (Coord.). *O Tributo: Reflexão Multidisciplinar sobre sua Natureza*. Rio de Janeiro: Forense, 2007. p. 46.

[27] Sobre o tema, ver: MANSUR, Débora Ottoni Uébe. *A Desvinculação das Receitas da União: Elementos e (in)constitucionalidade*. Rio de Janeiro: Lumen Juris, 2018.

Tribunal Federal no sentido de que todos os tributos são pautados pelo princípio da capacidade contributiva.[28]

Mesmo que os impostos tenham um papel central no financiamento das despesas indivisíveis no Estado Fiscal, o dever de pagar tributos vinculados ao financiamento de despesas divisíveis não parece ser menos fundamental. Trata-se igualmente de um dever de cidadania fiscal – embora não informado pelo valor solidariedade –, de modo que não entendemos equivocada a referência a um **dever fundamental de pagar tributos**.

É importante reafirmarmos que a caracterização do dever de pagar tributos como um dever constitucional *não tem como premissa* um **monopólio do Estado na atuação em defesa dos direitos e garantias fundamentais**. Esta parece ser a crítica de Luís Eduardo Schoueri, que rejeita a existência do dever fundamental de contribuir com base na seguinte argumentação:

> "Em síntese, no Estado do século XXI, é deixada de lado a ideia de que o Estado detém o monopólio na garantia dos direitos fundamentais: esses também são assegurados por atuação da sociedade. Sejam entidades assistenciais (que complementam ou suprem a atuação do Estado), sejam mesmo empresas privadas (que asseguram o emprego, direito social e fundamento da Ordem Econômica constitucional), deve-se assegurar que a sociedade cumpra seu papel na construção da liberdade coletiva, não sendo sufocada por tributação excessiva. A ideia de uma tributação justa passa a questionar o Estado que tribute excessivamente todos os cidadãos sem prover serviços e obras públicas adequadas, caracterizando, sob o manto da igualdade, uma tributação *igualmente injusta*.
>
> Opõe-se, daí, o Estado do século XXI à construção de que o tributo seria um 'dever fundamental', por ser meio para que o Estado assegure direitos fundamentais: se estes também são garantidos pela sociedade, não se justifica a tributação que impede o florescimento de oportunidades para que a justiça social – objetivo da Ordem Econômica, nos termos do artigo 170 da Constituição Federal – seja construída a partir da valorização do trabalho e da livre-iniciativa. Em síntese, se o tributo é o preço da liberdade, esse preço não é ilimitado."[29]

---

[28] Nesse sentido, ver: RIBEIRO, Ricardo Lodi. *Limitações Constitucionais ao Poder de Tributar*. Rio de Janeiro: Lumen Juris, 2010. p. 165-166.

[29] SCHOUERI, Luís Eduardo. *Direito Tributário*. 7 ed. São Paulo: Saraiva, 2017. p. 41.

Por todos os comentários apresentados anteriormente, percebe-se, claramente, a discordância com a posição do Professor Schoueri.

Em primeiro lugar, não acreditamos existir relação entre a inexistência de um monopólio estatal na atuação em favor da realização dos direitos e garantias previstos na Constituição Federal e a caracterização do dever de pagar tributos como um dever fundamental.

Ora, o financiamento de tais atividades somente se torna relevante se responder por 100% dela? No momento que a sociedade civil também atua em prol da coletividade, o custeio da atuação estatal torna-se menos relevante? É possível identificar uma atuação significativa, universal e gratuita de entidades privadas em prestações de seguridade social? Parece-nos evidente que da premissa "o estado não detém o monopólio da garantia dos direitos fundamentais", não se chega à conclusão de que o pagamento de tributos deixa de ser um dever com fundamento na própria Constituição.

Ademais, cremos haver outro vício na argumentação de Schoueri, que é equiparar o reconhecimento do dever fundamental de pagar tributos à tributação escorchante, sem limites. É exatamente o contrário.

Com efeito, vimos que a existência de limites à tributação é inerente à teoria que reconhece o dever fundamental de contribuição. Não temos conhecimento de nenhum autor que subscreva esta teoria e que defenda uma tributação sem limites. Portanto, nada do que advogamos neste livro deve ser compreendido como a defesa de uma tributação que impeça o florescimento de oportunidades.

Por fim, é importante afastar, também, essa correlação específica da arrecadação tributária com o financiamento dos direitos e garantias constitucionais.

De fato, nem todo o gasto público é diretamente relacionado à proteção de direitos fundamentais e garantias constitucionais. A arrecadação tributária faz-se necessária para o custeio das atividades estatais como um todo.

Concordamos, portanto, com Marcus Abraham, quando afirma que "não há como refutar a conclusão de que, para sustentar pragmaticamente o pacto social e o direito fundamental à liberdade e dignidade da pessoa humana, existirá também um ônus. E tal preço estaria baseado no *dever jurídico fundamental de pagar tributos*".[30] E, para tanto, não importa se atores privados também concorrem com algumas atividades em benefício da coletividade.

---

[30] ABRAHAM, Marcus. *Curso de Direito Financeiro Brasileiro*. 3 ed. Rio de Janeiro: Forense, 2015. p. 149.

Uma vez reconhecido que há um dever fundamental de pagar tributos no ordenamento jurídico brasileiro, surge uma questão inevitável: Qual a consequência jurídica de se reconhecer a existência de um dever fundamental de pagar tributos?

Cremos que a primeira consequência é que o reconhecimento do dever fundamental de contribuir deve ser levado em consideração no desenho da legislação tributária. Ora, em um ordenamento jurídico onde o tributo é visto como uma "penalidade", ou como uma "invasão indevida no patrimônio privado",[31] é natural que se editem regras que limitem ao máximo a atuação das autoridades administrativas, que serão vistas como potencialmente agressoras do patrimônio privado. De outro lado, um ordenamento jurídico onde se reconhece que o dever de pagar tributos é um dever constitucional deverá ponderar o direito de proteção do patrimônio privado com o dever de contribuir. Por exemplo, um tal ordenamento, como o brasileiro, conviverá com regras antielusivas e limites ao planejamento tributário, reconhecendo que o direito de se organizar para não pagar tributos deve ser ponderado com o dever de contribuir.

Além de influir sobre o desenho da legislação tributária, o dever constitucional de pagar tributos também atua de modo a ponderar direitos, como vimos no caso do julgamento pelo Supremo Tribunal Federal da possibilidade de as autoridades fiscais terem acesso a dados bancários do contribuinte. É lógico que a Constituição garante o direito à intimidade, à vida privada e ao sigilo de dados CF,[32] contudo, este não pode ser utilizado para obstar a concretização do dever fundamental de pagar tributos.

Agora, o dever fundamental de pagar impostos **não é e não pode ser visto como um instrumento de maximização da tributação**. Não pode levar a uma visão de ampliação da incidência pela via hermenêutica, numa espécie de *in dubio pro fiscum*. Não faz sentido, dessa maneira, ao julgar a procedência ou improcedência de um auto de infração de Imposto de Renda, por exemplo, alegar-se que o fundamento da manutenção da incidência é o dever fundamental de contribuir. A fundamentação deve ser a interpretação

---

[31] Sobre o tema, ver: ROCHA, Sergio André. Reconstruindo a Confiança na Relação Fisco--Contribuinte. *Revista Direito Tributário Atual*, São Paulo, n. 39, 2018, p. 490-493.

[32] Ver: ROCHA, Sergio André. *Troca Internacional de Informações para Fins Fiscais*. São Paulo: Quartier Latin, 2015. p. 149-155; ROCHA, Sergio André. O Sigilo Bancário está "Morto": STF Alinha o Brasil ao Padrão Global de Transparência. In: _____. *Estudos de Direito Tributário Internacional*. Rio de Janeiro: Lumen Juris, 2016. p. 47-55.

da legislação do Imposto de Renda, nos marcos do pluralismo metodológico,[33] sem se buscar ampliar ou reduzir a incidência fiscal.

4. O Fundamento da Tributação é a Cidadania, não uma Suposta Supremacia do Estado sobre o Contribuinte

Tivemos o cuidado de deixar claro nos parágrafos anteriores que o poder tributário não é ilimitado e, portanto, nada do que foi dito acima pode ser compreendido no sentido de que a tributação se justifica como simples exercício de poder do Estado sobre os contribuintes. O reconhecimento de que existe um dever constitucional de pagar tributos não é uma espécie de renascimento da teoria da supremacia do interesse público sobre o privado que, levada a extremos, pode justificar o atropelamento de direitos e garantias constitucionais pelo interesse das maiorias transitoriamente detentoras do poder. Como observa Daniel Sarmento:

> "[...] este dever de tutela do interesse público que pesa sobre a Administração não lhe concede o poder de atropelar independentemente os interesses particulares porventura conflitantes. Aqui entra em cena o dever de proporcionalidade, que impõe ao Estado a obrigação de sempre sopesar os interesses privados legítimos envolvidos em cada caso, ainda que eles não constituam direitos fundamentais. Dessa forma, a ação estatal conforme ao Direito não será aquela que promover de forma mais ampla o interesse público colimado, **mas sim a que corresponder a uma ponderação adequada entre os interesses públicos e privados presentes em cada hipótese, realizada sob a égide do princípio da proporcionalidade.** Com a ressalva, contudo, de que quando os direitos fundamentais estiverem ausentes da balança, o escrutínio judicial da conduta estatal deve ser mais cauteloso, prevalecendo, na dúvida, a decisão já adotada pelo Poder Público."[34]

A justificação da tributação não está no poder do Estado, não está nos benefícios individuais que o contribuinte porventura tenha, não está no fato

---

[33] ROCHA, Sergio André. *Da Lei à Decisão: A Segurança Jurídica Tributária Possível na Pós-Modernidade.* Rio de Janeiro: Lumen Juris, 2017. p. 47-49; ROCHA, Sergio André. *Interpretação dos Tratados Para Evitar a Dupla Tributação da Renda.* 2 ed. São Paulo: Quartier Latin, 2013. p. 192.

[34] SARMENTO, Daniel. Interesses Públicos *vs.* Interesses Privados na Perspectiva da Teoria e da Filosofia Constitucional. In: SARMENTO, Daniel (Org.). *Interesses Públicos versus Interesses Privados: Desconstruindo o Princípio da Supremacia do Interesse Público.* Rio de Janeiro: Lumen Juris, 2007. p. 114-115.

de que ele manifestou capacidade contributiva.[35] A tributação se justifica como um dever de cidadania, absolutamente indivisível com o ser cidadão. De tão relevante, repetiremos passagem da Professora Regina Helena Costa, já transcrita anteriormente: "ser cidadão também é ser contribuinte. Em outras palavras, poder contribuir para as despesas do Estado representa um aspecto do exercício da cidadania".[36]

5. Carga Tributária: Distribuição entre os Contribuintes e Razoabilidade

Um primeiro aspecto a ser considerado quando se debate carga tributária é que o quanto de tributos um Estado tem que arrecadar é uma função das atividades delegadas ao Poder Público por uma determinada sociedade organizada. Portanto, a participação dos tributos no Produto Interno Bruto de um país diz muito pouco sobre se a carga tributária suportada pelos contribuintes é baixa, razoável ou alta. Esses qualificativos somente poderão ser atribuídos em função das atividades que foram atribuídas ao Estado e como ele as desempenha na prática.

Considerando todas as atividades que a Constituição Federal de 1988 outorgou ao Estado não parece que a carga tributária brasileira seja excessiva. Argumenta-se que a tributação da renda corporativa no Brasil seja alta, regra geral com uma alíquota nominal de 34% (25% de Imposto de Renda – 15% mais 10% – e 9% de Contribuição Social sobre o Lucro Líquido), enquanto em muitos países membros da Organização para Cooperação e Desenvolvimento Econômico (OCDE) ela vai se estabilizando em torno de 20%/25%. Contudo, essas comparações de alíquotas nominais são muito superficiais. Não se leva em contra a base de cálculo dos tributos.

Com efeito, um dos maiores problemas do Sistema Tributário Nacional reside na concessão de benefícios fiscais extrafiscais, ou seja, benefícios fiscais que não são ajustes de capacidade contributiva, mas sim são concedidos com forma de induzir algum comportamento. Benefícios fiscais dessa natureza, se não controlados em sua finalidade e no alcance de seus objetivos,[37] corroem o princípio da generalidade da tributação e fazem com que a carga tributária

---

[35] VOGEL, Klaus. The Justification for Taxation: A Forgotten Question. *The American Journal of Jurisprudence*, v. 33 (1), 1988, p. 39-40.

[36] COSTA, Regina Helena. *Curso de Direito Tributário*. 4 ed. São Paulo: Saraiva, 2014. p. 29.

[37] Sobre o tema do controle dos benefícios fiscais extrafiscais, ver: BOMFIM, Gilson. *Incentivos Tributários: Conceituação, Limites e Controle*. Rio de Janeiro: Lumen Juris, 2015.

efetiva suportada pelos contribuintes seja bem menor do que a alíquota nominal, tão criticada por alguns setores da academia do empresariado.

O Sistema Tributário Nacional vive sob um clamor constante por reforma. Usualmente, as reformas debatidas têm como pilar central a simplificação. Não há dúvidas quanto à necessidade de uma reforma simplificadora de nosso sistema. O federalismo fiscal brasileiro coloca os contribuintes no centro de um complexo labirinto de legislações e com a obrigação de lidar com órgãos tributários das três esferas da federação.[38]

Entretanto, há uma reforma tributária que muito pouco se debate no Brasil, aquela que Ricardo Lodi Ribeiro chama de **Reforma Tributária Igualitária**.[39] Com efeito, como aponta Nathalia de Andrade Medeiros Tavares, "os maiores responsáveis pela carga tributária no Brasil são os membros das classes média e baixa, compostas principalmente pelos trabalhadores. Nada obstante a existência de muitos tributos no Brasil, as suas cargas tributárias são direcionadas, majoritariamente, aos trabalhadores, ao invés de serem direcionados à pequena parcela da sociedade que detém a maior parte do patrimônio brasileiro, e isso justifica a sensação da maior parte da sociedade de que os tributos no Brasil são altos".[40]

Segundo o Professor Ricardo Lodi Ribeiro, "a justiça de um sistema tributário está na adequada distribuição da carga tributária entre os detentores do patrimônio e renda de um lado, e aqueles que nada tem, senão despesas, do outro. Os objetivos de cada sociedade vão presidir tais escolhas que desaguarão na formulação do seu sistema tributário".[41]

Este autor critica pesadamente o modelo brasileiro de tributação centrada na regressiva taxação do consumo. Em suas palavras, "não é difícil perceber que a tributação sobre o consumo, embora dirigida à população por inteiro, atinge mais pesadamente os mais pobres que gastam todos os

---

[38] Para uma breve análise das origens da complexidade do Sistema Tributário Nacional, ver: ROCHA, Sergio André. Reduzir número de tributos não significa, necessariamente, simplificação. Disponível em: https://www.conjur.com.br/2019-ago-16/sergio-rocha-reduzir-numero-tributos-nao-garante-simplificacao#top. Acesso em 09 de abril de 2020.

[39] Sobre o tema, ver: RIBEIRO, Ricardo Lodi. *Desigualdade e Tributação na Era da Austeridade Seletiva.* Rio de Janeiro: Lumen Juris, 2019. p. 211-248. Sobre o tema, ver também: JUNGER, Tatiana. *Reforma Tributária: Desigualdade, Tributação e Desenvolvimento.* Rio de Janeiro: Lumen Juris, 2020.

[40] TAVARES, Nathalia de Andrade Medeiros. *Desigualdades Sociais Patrimoniais: Como a Tributação pode Reduzi-las?* Rio de Janeiro: Lumen Juris, 2017. p. 76.

[41] RIBEIRO, Ricardo Lodi. Piketty e a Reforma Tributária Igualitária no Brasil. In: _____. *Estudos de Direito Tributário: Volume 01 Tributação e Cidadania.* Rio de Janeiro: Editora Multifoco, 2015. p. 21.

seus rendimentos na aquisição de bens e serviços essenciais à sua própria sobrevivência. A estes, não é possível amealhar patrimônio. Já a tributação da renda, em geral dirigida aos extratos que superem o mínimo existencial, atinge em maior grau, em um plano ideal, os rendimentos mais elevados. Por essas razões, a tributação sobre o consumo favorece a acumulação de capital, sendo um meio inferior de promoção da justiça distributiva tendo quase sempre um efeito regressivo, na medida em que os consumidores suportam a carga tributária sobre os bens e serviços cuja aquisição, para os mais pobres, por meio de itens essenciais à própria sobrevivência, esgota inteiramente todos seus recursos".[42]

Tendo em conta os apontamentos acima, o postulado da razoabilidade demanda congruência entre os fins constitucionais do Estado e o meio de seu financiamento, a tributação. Ademais, o princípio da capacidade contributiva impõe que o custo do financiamento público seja distribuído de forma justa entre os contribuintes. Considerando o cenário atual do Sistema Tributário Nacional necessita-se, com urgência, de uma Reforma Tributária Igualitária,[43] que leve a tributação para os detentores de maior capacidade econômica, desonerando ou tributando a alíquotas mais baixas os mais pobres e mesmo os membros da classe média. Uma iniciativa nesta direção geraria uma redistribuição de renda sem a necessidade de qualquer prestação positiva do Estado, apenas permitindo que as classes mais baixas e também parcela da classe média retenha parcela significativa de seus rendimentos, que hoje são tributados.

A despeito das ponderações acima, percebe-se, na sociedade brasileira, uma percepção generalizada de desvio de finalidade dos recursos arrecadados pelo Estado, o que acarreta uma falta de motivação para um cumprimento voluntário das obrigações fiscais por parte dos contribuintes.[44]

---

[42] RIBEIRO, Ricardo Lodi. Piketty e a Reforma Tributária Igualitária no Brasil. In: _____. *Estudos de Direito Tributário: Volume 01 Tributação e Cidadania*. Rio de Janeiro: Editora Multifoco, 2015. p. 22. Sobre o tema, ver: KRIEGER, Aline Frimm. *ICMS e Regressividade Tributária: Alternativas para uma Tributação mais Justa*. Rio de Janeiro: Lumen Juris, 2019; PSCHEIDT, Kristian Rodrigo. *Sistema Tributário Nacional: Justiça Fiscal e a Economia Comportamental*. Rio de Janeiro: Lumen Juris, 2018. p. 131-157.

[43] Sobre o tema, ver: ROCHA, Sergio André. Justiça é um dos pilares da reforma tributária ideal. Disponível em: https://www.conjur.com.br/2019-jul-18/sergio-rocha-justica-entre-pilares-reforma-tributaria-ideal. Acesso em 09 de abril de 2020.

[44] Cf. ROCHA, Sergio André. Processo Fiscal e Justiça Tributária. In: _____. *Estudos de Direito Tributário*. Rio de Janeiro: Lumen Juris, 2015. p. 179-182. Para um estudo mais abrangente sobre psicologia tributária, ver: SOUZA, Danielle Nascimento Nogueira de. *Neurodireito, Psicologia e Economia Comportamental no Combate à Evasão Fiscal*. Rio de Janeiro: Lumen Juris, 2019.

Partindo ainda da realidade nacional, verifica-se que grande parte da população não detém condições econômicas sequer para o custeio de suas necessidades mais fundamentais, quanto mais para contribuir para o erário público – salvo a tributação indireta regressiva que as pessoas pagam sem sentir. Nesse contexto, o encargo do custeio da tributação direta recai principalmente a classe média.

Ocorre que a necessidade dos serviços públicos é inversamente proporcional à condição econômica do sujeito, de forma que aqueles mais ricos, que em princípio teriam melhores condições de contribuir para o financiamento das atividades estatais, são exatamente aqueles que delas menos necessitam.

De fato, quanto maior o poder aquisitivo de determinada pessoa menos dependerá ela do Poder Público para a manutenção de sua saúde e de seus familiares, para a educação de seus filhos, para a defesa de sua propriedade, para assegurar sua aposentadoria etc. Todavia, é essa pessoa, com reduzidas **relações diretas e evidentes** de necessidade com o Estado-Administração, quem, pelo princípio da capacidade contributiva, deve contribuir mais para a Fazenda Pública.

Esse é o dilema que se coloca perante todos nós, **quem necessita das ações estatais não tem como contribuir, enquanto quem tem como contribuir necessita muito pouco (ou não necessita) de intervenções estatais diretas**. Não é por outra razão que se tem buscado muitas vezes fundamentar a tributação em princípios como a **solidariedade**, na medida em que se percebe que o recolhimento dos tributos, em grande parte das vezes, se dá em benefício de terceiros.[45]

---

[45] Veja-se a seguinte passagem de Ricardo Lobo Torres: "O grande problema ético da capacidade contributiva é o do seu fundamento. As explicações positivistas, como adiante veremos, fundavam-se em ideias economicistas como a do sacrifício. Com a virada kantiana procura-se ancorar a capacidade contributiva nas ideias de solidariedade ou fraternidade e benefício. A *solidariedade* entre os cidadãos deve fazer com que a carga tributária recaia sobre os mais ricos, aliviando-se a incidência sobre os mais pobres e dela dispensando os que estão abaixo do nível mínimo de sobrevivência. É um valor moral jurisdicizável que fundamenta a capacidade contributiva e que sinaliza para a necessidade da correlação entre direitos e deveres fiscais" (TORRES, Ricardo Lobo. Ética e Justiça Tributária. In: SCHOUERI, Luís Eduardo; ZILVETI, Fernando Aurélio (Org.). *Estudos em Homenagem a Brandão Machado*. São Paulo: Dialética, 1998. p. 186). Ver também: TORRES, Ricardo Lobo. *Tratado de Direito Constitucional Financeiro e Tributário*: Valores e Princípios Constitucionais Tributários. Rio de Janeiro: Renovar, 2005. v. II. p. 181; RIBEIRO, Ricardo Lodi. *Justiça, Interpretação e Elisão Tributária*. Rio de Janeiro: Lumen Juris, 2003. p. 65-66; NABAIS, José Casalta. Solidariedade Social, Cidadania e Direito Fiscal. In: GRECO, Marco Aurélio Greco; GODOI, Marciano Seabra de (Orgs.). *Solidariedade Social e Tributação*. São Paulo: Dialética, 2005. p. 128- 129; GODOI, Marciano Seabra de. Tributo e

Sobre essa questão é interessante a seguinte passagem de Jean-Marie Guèhenno:

"O próprio enriquecimento de nossas sociedades torna, assim, problemática a definição de 'serviço mínimo' esperado do Estado. A partir do momento em que a segurança e a saúde deixam de ser apresentadas como expressão de solidariedade nacional, igual para todos, e passam a ser consideradas serviços adquiríveis no mercado, a desigualdade de condições é re-introduzida em domínios de onde parecia ter sido afastada. E a articulação entre o mínimo assegurado pelo Estado e o facultativo proveniente do mercado levanta grandes dificuldades políticas: se o financiamento privado do facultativo vai cobrir igualmente o necessário, os que têm meios para esta cobertura privada tornam-se cada vez menos dispostos a financiar, pelo imposto, o mínimo daqueles que não têm os mesmos recursos. O imposto muda de natureza: enquanto, ainda outro dia, era ao mesmo tempo uma contribuição para se obterem serviços que se pensava precisar um dia e um ato de solidariedade, tornou-se apenas um gesto de solidariedade. Não surpreende que habitantes de bairros exclusivos, protegidos por segurança privada, protestem por ter que pagar impostos para financiar a polícia do Estado. Contrariamente, os que têm necessidade desse mínimo ficam preocupados com a flexibilidade que permite a privatização do facultativo: a oposição de inúmeros sindicatos franceses às disposições excessivamente favoráveis aos fundos de pensão privados se explica pelo temor que o crescimento deles ameace o consenso sobre os descontos obrigatórios que financiam as aposentadorias dos que só têm o necessário. [...]."[46]

Esta situação é particularmente grave no grupo que sente mais pesadamente a carga tributária: a classe média.

Para as classes mais pobres, por mais que os serviços públicos não raro deixem a desejar em termos de qualidade, elas ao menos sentem a presença do Estado em suas vidas. A saúde a quem têm direito, boa ou ruim, é estatal. A educação é estatal. E assim por diante.

Solidariedade Social. In: GRECO, Marco Aurélio Greco; GODOI, Marciano Seabra de (Orgs.). *Solidariedade Social e Tributação*. São Paulo: Dialética, 2005. p. 141-167; GRECO, Marco Aurélio. Solidariedade Social e Tributação. In: GRECO, Marco Aurélio Greco; GODOI, Marciano Seabra de (Orgs.). *Solidariedade Social e Tributação*. São Paulo: Dialética, 2005. p. 168-189.

[46] GUÉHENNO, Jean-Marie. *O Futuro da Liberdade*: A Democracia no Mundo Globalizado. Tradução Rejane Janowitzer. Rio de Janeiro: Bertrand Brasil, 2003. p. 51-52.

A classe média em regra não usufrui de prestações estatais diretas, mas sente pesadamente a incidência fiscal sobre a sua renda. Não é por nada que não raro se ouve desse grupo declarações de não recebem nada do Estado.

Além de muitos contribuintes não utilizarem grande parte dos serviços fundamentais prestados pelo Estado, outra circunstância que mina o interesse em contribuir reside na **complexidade** do mundo atual e do papel desempenhado pelo Poder Público, de forma que no dia a dia de nossas vidas temos a falsa impressão de que não aproveitamos nada do Estado e da organização estatal e que, portanto, não devemos contribuir para sua manutenção. Esse ponto de vista foi ressaltado por Sven Steinmo, como se infere da passagem abaixo transcrita:

> "Em um influente artigo intitulado 'Por que o Governo é tão Pequeno em uma Democracia' (1960), Anthony Downs apresentou o que acredito ser um dos dilemas centrais enfrentados em uma democracia moderna: Eleitores são muito desinformados, mas racionalmente egoístas. Primeiramente, tendo em vista que os benefícios são muitas vezes difusos, os cidadãos são incessíveis ou ignoram uma grande parte dos benefícios que eles recebem. Porque os tributos são diretos, os cidadãos estão penosamente conscientes dos custos do governo. Porque são racionais, eles se oporão a pagar por benefícios que não percebem. Considerando a complexidade do governo moderno e o escopo e alcance das atividades desempenhadas pelo mesmo, é difícil para os cidadãos avaliar com precisão os custos versus os benefícios: os cidadãos sentem os custos do governo em forma de tributos diretos, enquanto benefícios como ar puro, boas estradas, mão-de-obra capacitada, defesa nacional e redução da pobreza são sentidos de forma muito menos precisa ou são pressupostos."[47]

Não é demais destacar que o trabalho de Steinmo teve por base a análise dos sistemas tributários da Suécia, dos Estados Unidos e da Inglaterra, países cuja realidade socioeconômica é bem diferente da brasileira.

Todavia, se nem sempre se pode dizer que, no Brasil, viajamos por estradas bem conservadas, temos uma mão-de-obra capacitada fomentada pelo Estado, uma defesa competente da soberania nacional e conseguimos vislumbrar a redução da pobreza em nosso país, é verdade, por outro lado, que também aqui é possível verificar que nossa capacidade de identificar as atividades

---

[47] STEINMO, Sven. *Taxation & Democracy*: Swedish, British and American Approaches to Financing the Modern State. New Haven: Yale University Press, 1993. p. 193.

estatais em nosso proveito e em proveito da coletividade é pequena, sendo inverídico afirmar que o Poder Público nada faz em benefício daqueles que contribuem aos cofres públicos, mesmo que estes não sintam tais efeitos diretamente.

Como já apontamos, o pagamento de tributos há de ser sempre entendido como um dever jurídico constitucional decorrente da vida em sociedade,[48] não dependendo, na maioria dos casos, de uma comutatividade entre o decréscimo patrimonial experimentado pelo contribuinte e qualquer benefício concedido pelo Estado.

A percepção negativa a respeito da carga tributária e a premissa de que a má-gestão e a corrupção são o destino dos valores arrecadados dos contribuintes erodem o interesse no pagamento de tributos, pondo em risco o financiamento do Estado Fiscal.

6. Sistema Tributário Global e a Crise dos Sistemas Nacionais

Uma nota característica do estudo da tributação no século XXI é o fato de que a mesma deixou de ser um tema estritamente nacional. A premissa de que os países possuem uma irrestrita soberania tributária, entendida como o poder absoluto de desenhar suas regras fiscais, relativizou-se de forma significativa em uma economia globalizada, marcada pela incrível e inédita mobilidade das pessoas, bens, mercadorias, intangíveis e serviços. Como já deixamos registrado em outro estudo, "um efeito colateral da globalização é que a tributação doméstica de cada país, antes uma questão de interesse nacional, passou a ter relevância além das fronteiras de cada Estado".[49]

Esta questão foi bem exposta por Tsilly Dagan, para quem "o conceito de Estados no discurso tradicional sobre política fiscal é de soberanos poderosos funcionando em uma economia fechada que manejam um

---

[48] Cf. TORRES, Ricardo Lobo. *Curso de Direito Financeiro e Tributário*. 10. ed. Rio de Janeiro: Renovar, 2003, p. 336; PIRES, Adilson Rodrigues. O Processo de Inclusão Social sob a Ótica do Direito Tributário. In: PIRES, Adilson Rodrigues; TÔRRES, Heleno Taveira (Org.). *Princípios de Direito Financeiro e Tributário*: Estudos em Homenagem ao Professor Ricardo Lobo Torres. Rio de Janeiro: Renovar, 2006. p. 80-82; TÔRRES, Heleno. *Direito Tributário e Direito Privado*. São Paulo: Revista dos Tribunais, 2003. p. 16.

[49] ROCHA, Sergio André. *Troca Internacional de Informações para Fins Fiscais*. São Paulo: Quartier Latin, 2015. p. 25. Sobre os efeitos da globalização sobre os sistemas fiscais e a tributação em geral, ver: TANZI, Vito. *Taxation in an Integrating World*. Washington: The Brookings Institution, 1995. p. 133-140; DERZI, Misabel Abreu Machado. Concorrência Tributária e seus Efeitos nos Conceitos de Renda e Consumo. In: ROCHA, Valdir de Oliveira (Coord.). *Grandes Questões Atuais de Direito Tributário: Volume 17*. São Paulo: Dialética, 2013. p. 209-215.

poder exclusivo para fazer e aplicar regras mandatórias, estabelecer e impor tributos, e equilibrar os diversos fins da tributação. Em condições de competição global, entretanto, a relação entre o Estado e seus constituintes mudou de um regime compulsório, onde o Estado impõe tributos sobre seus súditos, para um cada vez mais mercado eletivo, onde os Estados são comumente forçados a oferecer negócios competitivos sobre bens e serviços públicos".[50]

Verifica-se, portanto, uma crise dos Estados Fiscais decorrente do enfraquecimento da soberania no campo tributário e da concorrência por receitas. Como observa Rita Calçada Pires, "no mundo globalizado não é fácil para o Estado manter a sua soberania fiscal e, mesmo na parcela que mantém, afigura-se extremamente difícil não a ver esvaziar-se com a influência e a pressão dos fatores que a envolvem e a limitam: todos os compromissos internacionais e nacionais, toda a interação necessária entre os vários sistemas fiscais resultantes das economias abertas e globalizadas, e todos os níveis de poder que surgem dentro, paralelamente e acima do Estado".[51]

Foi neste contexto que ganhou especial atenção a obra de Thomas Piketty. Um dos pilares da pesquisa do economista francês é exatamente a constatação de que a concorrência fiscal internacional prejudicial (*harmful tax competition*) levou à concessão de tratamentos mais favoráveis à renda do capital, em detrimento à renda do trabalho, iniciando uma crise da progressividade do Imposto de Renda e da sua capacidade de distribuir de forma justa a carga tributária.[52] Em suas palavras:

> "[...] Ao mesmo tempo, o aumento da concorrência fiscal ao longo das últimas décadas, num contexto de livre circulação do capital, levou a um desenvolvimento sem precedentes de regimes derrogatórios em relação à renda do capital, que em quase todo o mundo escapa por ora do cálculo da progressividade do imposto sobre a renda. Isso é particularmente válido para a Europa, dividida entre Estados de pequeno porte que, até o momento, se mostram incapazes de desenvolver um mínimo de coordenação em matéria fiscal. O resultado é uma disputa sem fim para reduzir especialmente o imposto sobre os lucros das empresas e para

---

[50] DAGAN, Tsilly. *International Tax Policy: Between Competition and Cooperation*. New York: Cambridge University Press, 2018. p. 23.

[51] PIRES, Rita Calçada. *Manual de Direito Internacional Fiscal*. Coimbra: Almedina, 2018. P. 23-24.

[52] Ver: AVI-YONAH, Reuven. Globalização e Concorrência fiscal: Implicações nos Países em Desenvolvimento. Tradução Celso Cláudio de Hildebrand e Grisi Filho. *Revista de Direito Tributário Internacional*, São Paulo, n. 6, 2007, p. 186-191.

isentar os juros, dividendos e outras rendas financeiras do regime normal de tributação ao qual são submetidas as rendas do trabalho."[53]

Nota-se, assim, que os debates sobre política tributária no século XXI não podem se centrar exclusivamente em uma perspectiva nacional. Junto com a globalização da economia veio uma globalização da tributação. O conceito central que deve ser levado em consideração é o de mobilidade. Esta leva à concorrência fiscal entre os países e é responsável pelo desenho dos sistemas tributários nacionais e à crise pela qual passa o financiamento dos Estados Fiscais.

7. Direito Financeiro e Tributário, Superação de uma Dicotomia: A Relação Entre Tributação e Aplicação dos Recursos Arrecadados

No início do estudo científico dos Direitos Financeiro e Tributário, este era parte daquele. Como observava Aliomar Baleeiro, o "Direito Financeiro abrange todas as normas jurídicas pertinentes à atividade exercida pelas pessoas de Direito Público – inclusive, hoje, até as de ordem internacional, – para obtenção e emprego dos recursos necessários ao desempenho de suas atribuições. Por força de compreensão, abarca o imenso campo dos tributos, mas também o das rendas não tributárias, o dos empréstimos, o das despesas públicas, o do orçamento e, a meu ver, o da criação da moeda fiduciária". E prossegue Balleiro, "em consequência, o Direito Tributário representa uma parte apenas do Direito Financeiro – aquela relativa às receitas coativas, que representam os tributos, as penas pecuniárias, os empréstimos forçados, com exclusão das demais".[54]

---

[53] PIKETTY, Thomas. *O Capital no Século XXI*. Tradução de Monica Baumgarten de Bolle. Rio de Janeiro: Intrínseca, 2014. p. 483. RIBEIRO, Ricardo Lodi. Piketty e a Reforma Tributária Igualitária no Brasil. In: _____. *Estudos de Direito Tributário: Volume 01 Tributação e Cidadania*. Rio de Janeiro: Editora Multifoco, 2015. p. 37-43.

[54] BALEEIRO, Aliomar. *Direito Tributário Brasileiro*. 12 ed. Rio de Janeiro: Forense, 2013. p. XXXVI. Segundo Hugo de Brito Machado: "A atividade financeira do Estado é regulada pelo Direito Financeiro. Essa atividade inclui a tributação, que em virtude da sua importância emprestou destaque às regras jurídicas que a disciplinam, surgindo um novo ramo do Direito, o Tributário, que se destacou do Financeiro.

Com efeito, o fenômeno da tributação a cada dia cresce em importância, sobre tudo porque o Estado já não a utiliza apenas como meio para obter recursos financeiros, mas também para interferir de múltiplas formas na economia privada, estimulando setores, incentivando o desenvolvimento econômico de regiões, promovendo a redistribuição da renda e protegendo a indústria nacional. Daí a complexidade crescente e rapidez com que se modificam as leis de tributação.

DIREITOS FUNDAMENTAIS DOS CONTRIBUINTES

Contudo, com o passar o tempo o Direito Tributário se tornou independente do Financeiro, a ponto de este último ter perdido espaço inclusive nas grades nas universidades, as quais muitas vezes não o oferecem como disciplina obrigatória para os alunos de graduação em direito.

Há algumas razões que acentuaram a separação entre o Direito Financeiro e o Direito Tributário.

Em primeiro lugar, podemos apontar a superação da justificação da tributação na expectativa de uma contrapartida estatal direta (**teoria do benefício**) para a cobrança tributária com base no **princípio da capacidade contributiva**. Como aponta Tsilly Dagan, "no passado, a tributação era percebida implicitamente como o custo que as pessoas pagam pelos bens públicos que elas consomem e o racional da tributação baseada nos benefícios era amplamente suportada. Nos tempos modernos, contudo, tem sido comumente reconhecido que os tributos devem ser desvinculados dos benefícios que a pessoa recebe do Estado. Do contrário, a maioria dos analistas atualmente concordam que a tributação e o direito aos bens públicos devem ser baseados em alguma função de justiça social".[55]

Este tema foi analisado por Paul Kirchhof, para quem "a ideia de tributação conforme a capacidade contributiva individual pertence ao acervo tradicional do pensamento do direito tributário e ganhou importância prática nas origens do direito tributário como negação do princípio da equivalência. Enquanto o tributo for considerado como uma remuneração por prestações estatais, em especial em virtude da proteção da vida e do patrimônio individuais, ele deve ser dimensionado em função da segurança garantida. O objeto do tributo é a pessoa protegida e o patrimônio assegurado. Por outro lado, quando a tributação pretende capacitar o Estado para a ação econômico-financeira em face de todos, sua mensuração deve ser dissociada de prestações estatais. O contribuinte paga não em função de prestações individualmente recebidas, mas, antes, em função de tarefas estatais que beneficiarão tanto o contribuinte como o não contribuinte. A prestação tributária provê o Estado com verdadeira liberdade de decisão, não compensa deveres estatais de

---

O Direito Financeiro, desfalcado dessa parte de seu objeto, disciplina todo restante da atividade financeira do Estado. Regula todas as receitas não tributárias, o orçamento, o crédito público e a despesa pública" (MACHADO, Hugo de Brito. Curso de Direito Tributário. 29 ed. São Paulo: Malheiros, 2008. p. 52-53). Ver: PISCITELLI, Tathiane. *Direito Financeiro*. 6 ed. São Paulo: Método, 2018. p. 23-24.

[55] DAGAN, Tsilly. *International Tax Policy: Between Competition and Cooperation*. New York: Cambridge University Press, 2018. p. 17-18.

prestação em face do contribuinte. No lugar de uma relação de prestações recíprocas surge uma relação obrigacional tributária".[56]

Veja-se que se o ponto de partida do Direito Tributário contemporâneo é que a obrigação de pagar é independente de um gasto do Estado diretamente relacionado ao contribuinte, a regulamentação da relação entre este e o contribuinte cujo objeto é o pagamento de tributos se autonomiza do gasto público. Dessa forma, o conjunto de regras sobre arrecadação começa a se distanciar do conjunto de regras que regula a gestão, a aplicação e o controle dos recursos arrecadados.

Não deixa de ser curioso observar como historicamente as restrições ao poder de tributar surgiram com a exigência de autorização anual dos tributos a serem arrecadados, no que se convencionou chamar de princípio da anualidade, a qual, por sua vez, destaca o caráter instrumental da tributação e a sua relação intrínseca com os gastos a serem efetuados. Como noticiava Victor Uckmar, "da primitiva necessidade de o Soberano obter consentimento dos corpos representativos para cada exigência de auxílios e contribuições deriva a limitação da validade das leis fiscais a um ano, ou a necessidade de o Governo ser especificamente autorizado, a cada ano, a proceder à arrecadação dos tributos, como disposto em quase todas as Constituições do século passado e muitas daquelas em vigor".[57]

No Brasil, desde a Constituição de 1988 não há mais o princípio da anualidade. Conforme observa Ricardo Lodi Ribeiro, "com a promulgação da Constituição de 1988, a despeito da previsão do princípio da anualidade orçamentária, não se consagrou a Anualidade tributária, uma vez que o art. 165 da CF/88 que preconiza o primeiro é norma referente à gestão de recursos pelo Estado e à despesa pública, mantendo-se distante da relação jurídica fisco-contribuinte".[58]

Outra questão, apontada por Tathiane Piscitelli, é a complexidade que envolve os Direitos Financeiro e Tributário, que acaba levando a uma especialização temática que afasta esses dois campos do estudo jurídico. Segundo a Piscitelli:

---

[56] KIRCHHOF, Paul. *Tributação no Estado Constitucional*. Tradução Pedro Adamy. São Paulo: Quartier Latin, 2016. p. 27.
[57] UCKMAR, Victor. *Princípios Comuns de Direito Constitucional Tributário*. 2 ed. Tradução Marco Aurélio Greco. São Paulo: Malheiros, 1999. p. 52-53.
[58] RIBEIRO, Ricardo Lodi. *Limitações Constitucionais ao Poder de Tributar*. Rio de Janeiro: Lumen Juris, 2010. p. 121.

"A sofisticação normativa experimentada pelo direito financeiro colaborou ainda mais no distanciamento em relação ao direito tributário. A complexidade do sistema tributário atualmente em vigor também reforça e em certa medida justifica as análises recortadas das incidências tributárias acentuando ainda mais o estranhamento das disciplinas.

O que se tem hoje, então, é uma evidente separação conceitual, que contribui para debates menos ricos em termos analíticos e interpretativos." [...].[59]

Há claramente, também, uma questão de mercado profissional a influenciar a secção entre o Direito Financeiro e o Direito Tributário. Enquanto este último se tornou um campo bastante rentável de atuação profissional, com número razoável de oportunidades de trabalho nos setores público e privado, o Direito Financeiro tornou-se campo de pesquisa acadêmica, reservado a alguns profissionais, normalmente no setor público. Este fato está por trás do desinteresse generalizado pelo Direito Financeiro nas cadeiras das universidades.

Nada obstante, é importantíssimo que se reaproxime o estudo do Direito Financeiro e do Direito Tributário. Deve-se recuperar a percepção de que a tributação é meramente instrumental, ela se presta para que sejam alcançados determinados objetivos públicos que geram despesas.

Esta intercessão entre arrecadação e gasto público é essencial para que se busque o desenvolvimento de um sentimento de cidadania fiscal. A arrecadação não pode ser percebida como um fim em si mesma. Tornam-se relevantes, neste contexto, iniciativas de **educação fiscal**, a qual, segundo Marcus Abraham "deve ser compreendida como uma abordagem didático-pedagógica capaz de interpretar as vertentes financeiras da arrecadação e dos gastos públicos, estimulando o cidadão a compreender o seu dever de contribuir solidariamente em benefício da sociedade e, por outro lado, estar consciente da importância de sua participação no acompanhamento da aplicação dos recursos arrecadados, com justiça, transparência, honestidade e eficiência, minimizando o conflito entre o cidadão contribuinte e o Estado arrecadador".[60]

---

[59] PISCITELLI, Tathiane. *Direito Financeiro*. 6 ed. São Paulo: Método, 2018. p. 28.
[60] ABRAHAM, Marcus. *Curso de Direito Financeiro Brasileiro*. 3 ed. Rio de Janeiro: Forense, 2015. p. 57.

8. Direitos dos Contribuintes e Tributação: Uma Relação Bipolar

Como nos lembra o saudoso Professor Ricardo Lobo Torres, "o relacionamento entre liberdade e tributo é *dramático*, por se afirmar sob o signo da *bipolaridade*: o tributo é garantia da liberdade e, ao mesmo tempo, possui a extraordinária aptidão para destruí-la; a liberdade se autolimita para se assumir como fiscalidade e se revolta, rompendo os laços da legalidade, quando oprimida pelo tributo ilegítimo. **Quem não percebe a bipolaridade da liberdade acaba por recusar a legitimidade ao próprio tributo**".[61] (Destaque em negrito nosso)

Ao descrevermos a importância dos tributos em um Estado Fiscal e a caracterização do dever tributário como um dever que tem base constitucional, em nenhum momento perdemos de vistas a extraordinária capacidade dos tributos de aniquilarem a liberdade.

O fenômeno tributário só pode ser bem compreendido no nesse contexto ambivalente, bipolar, nessa tensão entre o dever de contribuinte e o direito a uma tributação justa. Como apontado por Regina Helena Costa, há uma "tensão, de caráter permanente, observada entre a imposição de tributos e o exercício de direitos fundamentais. Se, de um lado, a exigência daqueles pode, inadequadamente, dificultar ou mesmo inviabilizar o exercício destes, de outro, parece evidente que vários dos direitos assegurados no ordenamento jurídico dependem, para sua proteção, dos recursos advindos da receita tributária".[62]

O tributo, fonte principal de obtenção de receita pelo poder público, tem feição de dever constitucional daqueles que têm capacidade econômica para contribuir. Ao mesmo tempo, somente pode ser exigido com a mais estrita atenção aos direitos fundamentais dos contribuintes. Qualquer bandeira pró ou contra a tributação que não leve em consideração o seu caráter ambivalente apresentará uma visão parcial desse fenômeno.

Zygmunt Bauman classifica a ambivalência como a "possibilidade de conferir a um objeto ou evento mais de uma categoria".[63] É exatamente

---

[61] TORRES, Ricardo Lobo. *Planejamento Tributário*. Rio de Janeiro: Elsevier, 2012. p. 10. Ver, também: TORRES, Ricardo Lobo. *A Ideia de Liberdade no Estado Patrimonial e no Estado Fiscal*. Rio de Janeiro: Renovar, 1991. p. 2-3; TORRES, Ricardo Lobo. *Tratado de Direito Constitucional Financeiro e Tributário: Os Direitos Humanos e a Tributação, Imunidades e Isonomia*. Rio de Janeiro: Renovar, 1999. v. III. p. 1-6.

[62] COSTA, Regina Helena. *Curso de Direito Tributário*. 4 ed. São Paulo: Saraiva, 2014. p. 28.

[63] BAUMAN, Zygmunt. *Modernidade e Ambivalência*. Tradução Marcus Penchel. Rio de Janeiro: Jorge Zahar Editor, 1999. p. 9.

como deve ser estudada a tributação. Trata-se de um instrumento essencial para a realização das funções do Estado e, ao mesmo tempo, pode destruir alguns dos mais fundamentais direitos conquistados pelos contribuintes.

9. O Contribuinte Vítima de Si Próprio

O Direito Tributário Brasileiro tem como uma das características mais marcantes um tipo específico de **formalismo** que, ao longo dos anos, reduziu as discussões tributárias a debates que orbitavam em torno da **regra da legalidade** e do dito **princípio da tipicidade cerrada**,[64] o qual demandaria, nas palavras de Roque Antônio Carrazza, que o tipo tributário seja "um conceito fechado, seguro, exato, rígido, preciso e reforçador da segurança jurídica".[65]

Durante anos boa parte das controvérsias envolvendo o Direito Tributário circunscreveram-se:

- a debater se o instrumento formal exigido pela Constituição Federal para a introdução da norma tributária havia sido devidamente utilizado – o que, por um longo tempo, passou pelas discussões a respeito da necessidade ou não de lei complementar para a instituição de certos tributos, notadamente as contribuições; ou
- a questionar se o fato tributável, conforme a lei infraconstitucional, estava ou não contido no conceito utilizado pela Constituição Federal para a outorga de competência para os entes federativos – nesse sentido, são inúmeros os exemplos, os quais passam pela discussão da tributação da locação de bens móveis pelo ISS, pela controvérsia envolvendo os conceitos de faturamento e receita bruta na legislação do PIS e da COFINS, entre tantos outros casos.

Essa abordagem essencialmente formal em relação ao Direito Tributário foi suficiente para os contribuintes defenderem suas posições durante algum tempo e fez sentido em determinado período histórico, como o

---

[64] Já nos manifestamos pela inexistência de tal princípio no ordenamento jurídico brasileiro. Ver: ROCHA, Sergio André. *Estudos de Direito Tributário*. Rio de Janeiro: Lumen Juris, 2015. p. 97-111. Ver, também, RIBEIRO, Ricardo Lodi. *Limitações Constitucionais ao Poder de Tributar*. Rio de Janeiro: Lumen Juris, 2010. p. 35-49.

[65] CARRAZZA, Roque Antonio. O Princípio da Legalidade e a Faculdade Regulamentar no Direito Tributário. In: TÔRRES, Heleno Taveira (Coord.). *Tratado de Direito Constitucional Tributário*. São Paulo: Saraiva, 2005. p. 522.

hiato democrático vivido durante a ditadura militar.[66] Contudo, parece-nos evidente que o debate de questões tributárias complexas, típicas da sociedade de risco,[67] a partir de categorias essencialmente formais e conceituais, esgotou-se,[68] sem que muitos operadores do Direito Tributário tivessem notado.

Ao pararmos para pensar por um instante, perceberemos rapidamente que a resposta dos contribuintes – ou melhor, de seus supostos defensores – para praticamente todos os problemas tributários que nos desafiam nos dias de hoje passa pelos referidos princípios da legalidade estrita e da tipicidade cerrada, como se os argumentos estritamente conceituais fossem sempre suficientes.

Se aprendemos algo nos últimos dez anos durante os quais vimos travando esses e outros debates com fundamento em argumentos estritamente formais é que **os mesmos não possuem a mesma força persuasiva de outrora**.

Com efeito, em pleno século XXI e com a consolidação do Estado Democrático Fiscal, posições absolutas baseadas em uma desconfiança perpétua em relação ao Estado e seus representantes ficaram datadas.

Ou seja, é imperioso reconhecermos que os debates tributários ocorrem em um ambiente de ambivalência e complexidade, que exigem dos operadores do Direito Tributário uma nova forma de interpretar a legislação e de compreender o papel da tributação em um Estado Democrático Fiscal.

Cremos que o posicionamento binário – constitucional/inconstitucional – no que se refere a temas complexos e ambivalentes tem gerado uma **depreciação das garantias dos contribuintes** ao invés de aumentá-las.

É tempo de os contribuintes despertarem. É imprescindível que deixemos o conforto ilusório de fábulas jurídicas que assimilamos ao longo dos anos para lidarmos com os problemas da maneira como são. Há que se reconhecer que

---

[66] Este tema foi explorado por Marco Aurélio Greco. Ver: GRECO, Marco Aurélio. Crise do Formalismo no Direito Tributário Brasileiro. In:RODRIGUEZ, José Rodrigo et. al. (Coords.). *Nas Fronteiras do Formalismo*. São Paulo: Saraiva, 2010. p. 227-233.

[67] A sociedade de risco é uma categoria estudada pela sociologia e que tem importantes reflexos jurídicos. Sobre a matéria, são importantes os estudos de Ulrich Beck, Anthony Giddens e Zygmunt Bauman. Sobre o tema da sociedade de risco, ver: ROCHA, Sergio André. A Tributação na Sociedade de Risco. In: *Tributação Internacional*. São Paulo: Quartier Latin, 2013. p. 16-51; RIBEIRO, Ricardo Lodi. *Temas de Direito Constitucional Tributário*. Rio de Janeiro: Lumen Juris, 2009. p. 43-67.

[68] O esgotamento dos argumentos essencialmente formais há muito era pronunciado por Marco Aurélio Greco (Cf. GRECO, Marco Aurélio. *Planejamento Tributário*. 3 ed. São Paulo: Dialética, 2011. p. 64-66).

segurança jurídica absoluta é um mito. Que a ambivalência, a complexidade e a insegurança são traços típicos da sociedade contemporânea. Vejam que não as estou defendendo, como se preferisse um ambiente de insegurança a um de segurança absoluta. Estou apenas refletindo a vida como ela é e não como gostaríamos que fosse. Esse é um passo difícil, porém essencial, para que possamos construir um verdadeiro sistema de proteção dos direitos dos contribuintes no contexto atual.

Ao leitor deste livro pedimos que tenha uma cabeça aberta. Ao estudarmos o Direito Tributário devemos sempre buscar o equilíbrio entre dois interesses sociais relevantes: a arrecadação dos recursos que são essenciais para o funcionamento do Estado e o custeio de suas atividades e a proteção dos direitos fundamentais dos contribuintes, garantindo-se que a tributação jamais extrapole os limites e limitações estabelecidos pela Constituição Federal. Trata-se de um fenômeno ambivalente, não binário. Não é este ou aquele, pró-Estado ou pró-contribuinte, zero ou um. Deve-se, então, encontrar o **equilíbrio** entre a proteção da liberdade dos contribuintes e o financiamento do Estado.

10. Síntese Conclusiva

Considerando os comentários apresentados anteriormente, podemos sumariar os temas centrais deste estudo da seguinte maneira:

- Os Estados ocidentais, entre os quais o Brasil, apresentam-se como Estados Fiscais, que dependem da arrecadação tributária para o financiamento de suas despesas. Esta afirmação não significa, logicamente, que os tributos sejam a única forma de financiamento estatal, mas apenas que eles são o principal instrumento para o acesso aos recursos financeiros necessários para o custeio da máquina pública.
- Além dos gastos necessários para a sua manutenção e a realização de todas as suas atividades, é evidente que todos os direitos fundamentais requerem recursos públicos para serem garantidos. Mais uma vez, esta afirmação não pode ser interpretada, de maneira alguma, como uma alegação no sentido do monopólio público das iniciativas de realização dos direitos e garantias previstos na Constituição Federal. Contudo, se não há um monopólio, é certamente inegável que em grande medida tais direitos e garantias dependem de atuações estatais para serem materializados.

- O dever de pagar tributos é visto, então, como um dever constitucional decorrente da inserção do contribuinte em uma sociedade. O fundamento da tributação passa a ser a cidadania fiscal, que requer de todos a contribuição para o financiamento público pautada pela sua capacidade econômica e demais limites e limitações constitucionalmente previstos.
- A despeito de sua relevância, o Estado Fiscal está em crise. A resistência do contribuinte à tributação e a concorrência fiscal prejudicial entre os entes tributantes deprimem a arrecadação e colocam em risco atividades públicas essenciais, como as relacionadas à saúde e à educação.
- O desenvolvimento de uma cidadania fiscal positiva passa, então, pela aproximação do Direito Tributário com o Direito Financeiro, da arrecadação com o gasto público. Iniciativas de educação fiscal, de controle e transparência dos gastos públicos e de desenvolvimento de novos paradigmas para a relação entre Fisco e contribuintes são imprescindíveis para que se consiga alterar a situação atual.
- É nesse ambiente que se travam os debates sobre a proteção dos direitos dos contribuintes. Trata-se de um tema não binário, que deve fugir do conforto superficial das posições pró-fisco ou pró-contribuinte.
- Infelizmente, parece que os contribuintes ainda não se deram conta do estágio atual do fenômeno tributário. Argumentam em 2020 com base em um instrumental teórico da década de sessenta do século passado. Ou mudam, ou direitos que foram alcançados ao longo de muitos anos podem se perder ao serem testados com base em argumentos binários apresentados de forma "tudo ou nada".

18. Autonomia Universitária em Tempos de Guerra Cultural

RICARDO LODI RIBEIRO

Introdução

Nos últimos anos, temos vivido a explosão do irracionalismo e do anti-intelectualismo que, saindo das mídias digitais onde ganharam maior visibilidade, conquistam importante espaço político e travam uma verdadeira guerra cultural contra a universidade e seus professores e alunos. Nesse cenário, três episódios recentes em nosso país trazem à pauta o tema da autonomia das universidades públicas, abrindo caminho para a reflexão sobre a importância, a atualidade e a efetividade do tema. O primeiro episódio se deu ao longo dos anos de 2016 e 2017 em que, diante da grave crise financeira do Estado do Rio de Janeiro, o Governo do Estado deixou de repassar os recursos previstos em orçamento para a universidades estaduais, deixando-as vários meses sem o pagamento das suas despesas de custeio, folha de salários e sem qualquer investimento. Esse quadro, em sua fase mais aguda, levou ao fechamento da Universidade do Estado do Rio de Janeiro – UERJ por vários meses, com prejuízo não só para toda a comunidade acadêmica, mas também para o desenvolvimento das pesquisas realizadas pela Universidade e o atendimento à população em suas unidades de saúde.[1] Naquele momento, ficou parente que a crise financeira tinha uma faceta mais aguda nas universidades estaduais do que nos outros setores da administração estadual,

[1] Sobre o quadro financeiro na UERJ naquele período, vide o nosso: RIBEIRO, Ricardo Lodi. *É inconstitucional centralizar recursos da Uerj no Caixa Único do Tesouro fluminense*. Revista Consultor Jurídico, 27 mar. 2017.
<https://www.conjur.com.br/2017-mar-27/inconstitucional-centralizarrecursos-uerj-tesouro-fluminense>.

com a subversão da pauta de prioridades estabelecida constitucionalmente, o que levou à aprovação, em dezembro de 2017, de emenda à Constituição do Estado instituindo a obrigatoriedade do pagamento mensal às universidades dos duodécimos orçamentários.

O segundo episódio ocorreu em outubro de 2018, às vésperas do segundo turno das eleições gerais no Brasil, quando diversas universidades públicas foram alvo de operações por parte da fiscalização da justiça eleitoral e das autoridades policiais, a fim de reprimir manifestações estudantis antifascistas, sob o argumento de coibir propaganda eleitoral[2], em violação à liberdade de expressão e à autonomia universitária.

Essa situação desaguou no histórico julgado do Supremo Tribunal Federal, relatado pela Ministra Cármen Lúcia, na ADPF nº 548, em que o Tribunal, por unanimidade, em decisão com efeitos vinculantes e eficácia contra todos, proibiu a entrada de agentes públicos nas universidades, o recolhimento de documentos, a interrupção de aulas, debates e manifestações docentes e discentes e qualquer turbação à livre manifestação de ideias e a divulgação do pensamento nos ambientes universitários.[3]

Por fim, o terceiro episódio ainda se encontra em pleno curso, quando, a partir de abril de 2019, o governo federal, que já manifestara o descompromisso com as eleições universitárias para reitores das universidades federais, anunciou, no âmbito de intensa campanha contra professores e universidades públicas, a disposição de coibir o uso de recursos públicos para os cursos universitários de filosofia e sociologia, e o corte de despesas previstas em orçamento, na ordem de 30% para as universidades que, segundo palavras do ministro da educação promovessem "balbúrdia" nos campus universitários, com eventos políticos e festas estudantis inadequadas.[4] Poucas horas depois, a medida foi estendida a todas as universidades federais[5], com

---

[2] Jornal Estado de São Paulo: https://politica.estadao.com.br/noticias/eleicoes,universidades-sao-alvo-operacoes-por-suposta-propaganda-eleitoral,70002564640. Acesso em: 25 out. 2018.
[3] STF, ADPF 548, Rel. Min. Cármen Lúcia, in:
<http://stf.jus.br/portal/diarioJustica/verDiarioProcesso.asp?numDj=245&dataPublicacaoDj=20/11/2018&incidente=5576608&codCapitulo=2&numMateria=33&codMateria=3
[4] Jornal O Globo:< https://g1.globo.com/df/distrito-federal/noticia/2019/04/30/unb-tem-r-38-milhoes-bloqueados-mec-fala-em-corte-de-verba-por-balburdia-entenda.ghtml>. Acesso em 30 abr. 2019.
[5] Jornal Correio Braziliense:
<https://www.correiobraziliense.com.br/app/noticia/politica/2019/05/01/interna_politica,752508/corte-geral-de-30-nos-orcamentos-das-universidades-federais.shtml>. Acesso em: 01 mai. 2019.

cortes de despesas orçadas que superam o patamar de 40%[6], o que, de acordo com as primeiras notícias, levará à inviabilidade da continuidade das atividades universitárias. Contra essas medias já são ajuizadas as primeiras ações judiciais, dado o flagrante desvio de finalidade e violação das regras constitucionais financeiras que regem as universidades.[7]

E, pelo andar da carruagem, outros episódios virão, em tempo de guerra cultural contra a universidade pública, professores e estudantes, embalados pelo movimento *Escola Sem Partido*, que, por traz do discurso da neutralidade ideológica, parece querer impor sua cosmovisão a alunos e professores.[8]

Nesse cenário, é fundamental destacar a importância da autonomia universitária para o desenvolvimento cultural, econômico e social do país, dando os seus contornos didático-pedagógicos, administrativos e financeiros--patrimoniais, a fim de que o futuro do país não seja inviabilizado pelo comprometimento de nossas gerações futuras a partir do desmantelamento do sistema de educação, pesquisa e extensão universitárias.

1. A Importância das Universidades Públicas e da sua Autonomia para o Brasil

Desde a sua origem medieval, a Universidade já nasceu autônoma em relação ao Estado, à Igreja e ao mercado. Modernamente, essa posição de relativa independência em relação ao aparelho do Estado, bem como à sua não subordinação aos recursos captados no mercado, conferem à Universidade um papel singular no desenvolvimento do ensino, da pesquisa e da extensão, a partir de uma perspectiva pluralista, democrática e emancipatória, em favor dos interesses permanentes da sociedade em suas várias manifestações e matizes.

Em todo o mundo, não há exemplo de modelo de desenvolvimento econômico e social sem grandes investimentos em ciência e tecnologia e em educação. Como salienta François Borguignon (2015, p. 34), que foi consultor da OCDE, FMI e Banco Mundial, os fatores que permitiram o crescimento econômico dos países, embora sejam variados de acordo com as características

---

[6] A UFRJ, em nota oficial, informou que o Governo Federal bloqueou 41% das verbas destinadas à manutenção da instituição: <https://ufrj.br/noticia/2019/05/03/nota-sobre-bloqueio-de-orcamento-da-ufrj>. Acesso em 03/05/2019.

[7] Jornal Estado de São Paulo:
<https://www.em.com.br/app/noticia/nacional/2019/05/03/interna_nacional,1050943/rede-entra-com-acao-no-stf-contra-cortes-em-universidades-federais.shtml>. Acesso em 03/05/2019.

[8] Sobre o tema, vide: SOUZA (2016).

DIREITOS FUNDAMENTAIS DOS CONTRIBUINTES

de cada um, guardam alguns aspectos comuns que estão associados às inovações organizacionais e tecnológicas, e, por outro lado, à acumulação dos fatores de produção, tanto materiais, como equipamentos e infraestrutura, quanto imateriais, como educação, formação profissional e *know-how* científico e tecnológico. Esses fatores fizeram os países desenvolvidos se descolarem dos demais e os países emergentes acabaram por seguir esses exemplos.

De maneira geral, as instituições que canalizam as ações e o investimento em ciência, tecnologia e inovação são as universidades. A despeito da variedade de modelos encontrados na sua estruturação e ao seu financiamento, em todo o mundo desenvolvido, o financiamento estatal tem uma importância decisiva. Tomemos, por exemplo, a questão quanto ao pagamento do ensino superior, em que se destacam a gratuidade adotada pelos países nórdicos e pela Alemanha, a modicidade da tarifa anual, como na França e Portugal, e a cobrança de valores mais elevados, do que os Estados Unidos são o melhor exemplo. Em todo os casos, há maciços investimentos estatais nas univeridades. No caso norte-americanos, eles são francamente majoritários.[9]

A opção dos países desenvolvidos pelo investimento público nas universidades parte da compreensão do importante papel do Estado, como salientado por Joseph Stiglitz (2011, p. 180), prêmio nobel de Economia em 2001, não só na proteção social, mas também nos investimentos em infraestrutura, tecnologia, educação e saúde, sem o que a economia será frágil e crescerá mais vagarosamente.

No Brasil, as universidades públicas são responsáveis por 95% da pesquisa científica no Brasil, de acordo com a Academia Brasileira de Ciências (ABC), a partir de dados publicados pela *Clarivade Analytics*, a pedido da CAPES, com fundamento nos números colhidos na base de dados *Web of Science*, em todas as áreas de conhecimento, entre 2011-2016. Segundo o presidente da ABC, Luiz Davidovich, essas publicações estão associadas à pesquisas que muito contribuem para a população brasileira e para o desenvolvimento nacional, como na área do petróleo explorado no pré-sal, que hoje chega à metade da produção nacional, do agronegócio, com o incremento da produtividade da agricultura brasileira, no combate às epidemias, como o vírus da Zika, na concepção de novos remédios, fontes energéticas alternativas, novos materiais e no avanço tecnológico da indústria brasileira em áreas como a dos cosméticos, compressores e equipamentos elétricos, fazendo com que

---

[9] Direto da Ciência: <http://www.diretodaciencia.com/2018/01/27/de-onde-vem-o-dinheiro-para-pesquisa-das-universidades-dos-eua/>. Acesso em: 04 mai. 2019.

as nossas empresas passem a ter um destaque maior no cenário econômico nacional.[10]

Nesse contexto, a relevância do papel das pesquisas nas ciências humanas não é menor, pois é por meio delas que a sociedade atinge o grau de compreensão de sua realidade, necessária para assegurar governança e coesão social, pressupostos para o desenvolvimento social e econômico nacional.

Mas não é só na pesquisa que as universidades públicas prestam relevante serviço ao desenvolvimento nacional. No ensino nos níveis de graduação, especialização, mestrado e doutorado as universidades públicas se apresentam como uma aposta no futuro dos jovens, a partir da qualificação em nível de excelência e na inclusão social. Se no século XX as vagas nas universidades eram majoritariamente preenchidas por egressos da rede particular de ensino, hoje é realidade bastante diversa com a implementação da política de cotas raciais e sociais. Atualmente, apenas 12,2% dos alunos que estão matriculados na rede pública possuem renda familiar superior a três salários mínimos (NIEROTKA; TREVISOL, 2016, p. 22-32).Não há mais dúvida de que o investimento intensivo que os países hoje desenvolvidos fizeram em educação, a partir do financiamento público, foi um dos principais fatores de sua equalização social e desenvolvimento econômico (MEADE, 2012, p. 33).

A falta de acesso da população à educação superior acaba também comprometendo a própria eficiência econômica, pois como adverte Branko Milanovic (2012, p. 24-27):

> Se o acesso dos jovens a uma boa educação depende fortemente da riqueza dos seus pais, isto equivale a privar a sociedade das qualificações e conhecimentos de um segmento grande dos seus membros (os pobres) [...]. Em qualquer caso, a sociedade decide que as competências de um determinado grupo de pessoas não serão utilizadas. Economicamente, é pouco provável que tais sociedades tenham sucesso.

Por outro lado, para permitir que as pessoas saiam da pobreza a partir dos seus próprios esforços é necessário promover investimentos estatais, por meio da educação superior, se não queremos ser um país mero exportador de matérias-primas, e reduzir o caráter elitista do acesso das pessoas pobres

---

[10] ABC: <http://www.abc.org.br/2019/04/15/universidades-publicas-respondem-por-mais-de-95-da-producao-cientifica-do-brasil/>. Acesso em: 30 abr. 2019.

ao topo da pirâmide (CHANG, 2015, p. 311). Deste modo, o papel dos investimentos em educação como fundamento do desenvolvimento econômico é destacado por Angus Deaton (2013, p. 164), vencedor do Prêmio Nobel de Economia, em 2015, para quem, nos países onde o poder é concentrado em poucas mãos, os ricos se opõem à emancipação da maioria e a educação é restrita à elite.

No Brasil, a excelência das universidades públicas é atestada pelo MEC, por meio do Índice Geral de Cursos (IGC),[11] indicador de qualidade que avalia as instituições de educação superior, em seus cursos de graduação, mestrado e doutorado. Nesse ranking, considerando o triênio 2014-2016, dentre as 50 universidades melhor avaliadas, 48 são públicas, sendo as outras duas instituições privadas sem fins lucrativos. Entre as 20 primeiras, apenas uma não é pública. Entre as 10 primeiras, todas são públicas.[12]

Por outro lado, as universidades prestam relevantes serviços à população mais carente em suas diversas áreas de atuação como a da saúde, da assistência psicológica e jurídica, e em uma série de outras iniciativas relacionadas aos seus projetos de extensão, em que o diálogo entre as universidades e a comunidade se intensifica conferindo uma outra dimensão em iniciativas que nem sempre conseguem ser atendidas pelo Estado.

A associação entre o desenvolvimento científico e a autonomia das universidades é encontrada desde as origens medievais destas, a partir da necessidade de libertar a ciência dos limites impostos pelo Estado e pela Igreja. Hoje, os desafios da ciência não são muito diferentes, diante da apropriação de importantes espaços políticos pelo fundamentalismo religioso. Por essa perspectiva, consensos científicos são questionados a partir de ensinamentos bíblicos, como a teoria da evolução, por exemplo, e visões religiosas buscam disputar a escola com a ciência.[13] A subordinação das universidades aos investimentos do setor privado na área de pesquisa, em um ambiente de compressão dos recursos públicos para a sua a manutenção, leva ao direcionamento das pesquisas aos interesses imediatos das empresas, em detrimento dos interesses da sociedade, como tem ocorrido nos EUA, de

---

[11] Sobre a metodologia do IGC, vide o portal do INPE/MEC: <http://inep.gov.br/indice-geral-de-cursos-igc->. Acesso em: 04 mai. 2019.

[12] REVISTA Exame: <https://exame.abril.com.br/carreira/as-melhores-faculdades-e-universidades-do-brasil-segundo-o-mec-2/>. Acesso em: 18 dez. 2018.

[13] Educação Uol: <https://educacao.uol.com.br/noticias/2019/01/09/damares-igreja-teoria-da-evolucao-escolas.htm>. Acesso em: 09 jan. 2019.

acordo com o relato de Carl Elliot[14], professor de bioética na Universidade de Minnesota, na relação entre a indústria farmacêutica e as pesquisas sobre medicamentos.

Se em um cenário de fomento governamental e respeito às instituições universitárias, essas situações parecem excepcionais, vivemos dias em que a preservação da autonomia é fundamental para o exercício da liberdade de expressão e para o desenvolvimento científico, cultural, social e econômico do Brasil. Como garantia do cumprimento desse papel atribuído às universidades, a Constituição de 1988 consagrou a sua autonomia, no artigo 207[15], desdobrando-a em três facetas indissolúveis: (i) didático-científica; (ii) administrativa; e (iii) de gestão financeira e patrimonial.

Deste modo, não se pode conceber na existência de uma autonomia sem as duas outras. A primeira delas tem o conteúdo material, sendo o objetivo almejado pelo constituinte a fim de garantir o atingimento das missões constitucionais da Universidade. As duas últimas constituem salvaguardas da primeira, uma vez que, de acordo com o dispositivo constitucional, a autonomia didático-científica não pode ser alcançada sem a autonomia administrativa e a autonomia de gestão financeira e patrimonial. A penúltima destas assegura que as providências administrativas necessárias à autonomia didático-pedagógica sejam adotadas sem as amarras e imposições político-ideológicas do aparelho burocrático central do Estado. A última autonomia, por sua vez, garante que os recursos destinados pela lei de orçamento à educação superior e à ciência, tecnologia e inovação sejam empregados nessas finalidades constitucionais, e responsavelmente geridos pela Universidade.

2. A Autonomia Didático-Pedagógica e a Liberdade de Expressão

Como vimos, a autonomia didático-científica é o cerne da autonomia universitária e pressuposto do cumprimento por estas instituições do seu papel institucional. De acordo com Nina Ranieri (2013, p. 147), a autonomia didática confere competência à universidade para definir a relevância do conhecimento a ser transmitido, bem como sua forma de transmissão. Daí decorre a sua capacidade de organizar o ensino, a pesquisa e a extensão,

---

[14] UFSC: Entrevista: Indústria farmacêutica tem controle total sobre pesquisas. In: <http://cep.ufsc.br/2010/11/05/entrevista-industria-farmaceutica-tem-controle-total-sobre-pesquisas/>. Acesso em: 24 out. 2010.

[15] Art. 207. As universidades gozam de autonomia didático-científica, administrativa e de gestão financeira e patrimonial, e obedecerão ao princípio de indissociabilidade entre ensino, pesquisa e extensão.

com a criação, modificação e extinção de cursos; a definição dos currículos e seus conteúdos, sem qualquer restrição de natureza filosófica, política ou ideológica, observadas as normas diretivo-basilares vigentes (Lei de Diretrizes e Bases da Educação, Lei nº 9.394/96); estabelecimento de critérios de avaliação e seleção e estudantes, a determinação de oferta de vagas em seus cursos; outorga de títulos correspondentes aos graus acadêmicos; a possibilidade de experimentar novos currículos e fazer experiências pedagógicas.

A autonomia científica se relaciona com a liberdade de pesquisar como garantia do processo de conhecimento e da transmissão do saber, assegurada pela liberdade de cátedra, com o direito do professor universitário, nas palavras de Nina Ranieri (2013, p. 160-161), de pesquisar e ensinar o que crê que seja verdade, com vistas ao bem público e ao progresso da ciência, voltando-se preponderantemente para a solução dos problemas brasileiros e para o desenvolvimento do sistema produtivo nacional e regional.

De acordo com essa configuração constitucional, não tem qualquer validade a intenção anunciada pelo governo federal de restringir os recursos para os cursos de filosofia e de sociologia, uma vez que cabe inteiramente a cada universidade decidir quais cursos serão oferecidos pelo seu corpo docente. Neste contexto normativo, afiguram-se como inconstitucionais as iniciativas intentadas pelo movimento *Escola Sem Partido*, que, no afã de tentar afastar uma suposta inclinação ideológica dos professores e alunos das universidades públicas, pretende impor uma censura à liberdade de ensinar e pesquisar, o que já encontrou a oposição do STF, com a concessão pelo Ministro Luís Roberto Barroso, da medida cautelar na ADI nº 5.537/AL[16], em que restou reconhecida a inconstitucionalidade de lei estadual que, em nome da neutralidade ideológica, viola a liberdade de ensinar e pesquisar.

Também não há espaço, em um ambiente constitucional que consagra a liberdade didático-científica, as restrições à liberdade de expressão de docentes, discentes e servidores no ambiente universitário, com o objetivo de fazer censura ideológica, religiosa ou política. É muito encontradiça nas práticas judiciais e administrativas a tentativa de caracterizar qualquer discussão política como atividade político-partidária, com o objetivo de vedá-la. Porém, a liberdade de expressão no ambiente universitário não se coaduna com a restrição à manifestações desta natureza, desde que os mesmos direitos sejam franqueados a todos as matizes do pensamento político.

---

[16] STF, Pleno, ADI 5.537/AL – MC, Rel. Min. Roberto Barroso, DJe 30/11/2018.

É verdade que, em período eleitoral, é vedada a realização de propaganda eleitoral. Contudo, a restrição à liberdade de expressão é limitada à atividade de pedir voto para candidato, coligação ou partido[17]. Todas as outras manifestações de pensamento são livres, mesmo em períodos eleitorais, sendo vedado o ingresso de agentes públicos que venham a restringir essa liberdade, conforme decidido pelo STF, na citada ADPF nº 5.548.[18]

Deve-se deixar bem claro que no ambiente universitário, a liberdade de expressão para a realização de cursos, palestras e eventos é a regra, sujeita aos princípios da impessoalidade, do pluralismo de ideias e da igualdade de oportunidades a todos. Nesse sentido, tais objetivos não devem ser perseguidos por qualquer controle administrativo quanto ao conteúdo dos eventos, ainda que este pretenda se justificar pela preocupação de se estabelecer um contraditório de ideias em cada uma das atividades desenvolvidas. Ao contrário, o pluralismo é bem melhor atingido pela liberdade para docentes e grupos de discentes realizarem os seus eventos, expondo os seus pontos de vista sobre os mais variados assuntos de interesse da comunidade acadêmica.

3. A Autonomia Administrativa e a Gestão Democrática

Como já visto acima, os objetivos constitucionais relacionados com a autonomia didático-científica não podem ser efetivados sem a autonomia administrativa das universidades, igualmente assegurada pela Constituição. Para Nina Ranieri (2013, p. 162-164), a autonomia administrativa consiste no direito de elaborar suas próprias normas de organização interna, seja em matéria didático-científica, seja na administração de seus recursos humanos e materiais, seja na escolha dos seus dirigentes, dentro dos limites que a Constituição estabelece. Assim, decorrendo a autonomia administrativa da própria Constituição, as normas universitárias integram o ordenamento jurídico como preceitos de valor jurídico idêntico ao da lei em sentido

---

[17] No site do TSE, existe a definição do que é propaganda eleitoral: "É a propaganda em que partidos políticos e candidatos divulgam, por meio de mensagens dirigidas aos eleitores, suas candidaturas e propostas políticas, a fim de se mostrarem os mais aptos a assumir os cargos eletivos que disputam, conquistando, assim, o voto dos eleitores." Acesso em:<http://www.tse. jus.br/o-tse/escola-judiciaria-eleitoral/publicacoes/revistas-da-eje/artigos/propaganda-politico-eleitoral>.

[18] STF, ADPF 548, Rel. Min. Cármen Lúcia, in: <http://stf.jus.br/portal/diarioJustica/verDiario Processo.asp?numDj=245&dataPublicacaoDj= 20/11/2018&incidente=5576608&cod Capitul o=2&numMateria=33&codMateria=3>.

formal, afastando a incidência de normas exógenas que não tenham natureza diretivo-basilar.

Como bem assinala Nina Ranieri (2013, p. 205), não se trata de ser autônomo em relação ao Estado, imune a qualquer controle, mas em ser autônomo dentro dos limites fixados pelo ordenamento constitucional. Desta maneira, não há relação de subordinação entre as universidades e os ministérios e secretarias aos quais aquelas estão vinculadas. No entanto, estão as universidades submetidas ao controle interno dessas pastas e ao controle externo do tribunal de contas. Vale dizer que, como já estabelecido pelo STF[19], tais controles são feitos *a posteriori*, não sendo lícito exigir autorização prévia da administração direta para que a universidade possa realizar suas despesas ordinariamente previstas no orçamento.

Nesse contexto, no que tange às matérias constitucionalmente reservadas às leis em sentido formal, são dos órgãos universitários a iniciativa de leis que tratem dos cargos e salários dos seus servidores docentes e não docentes, observadas as respectivas dotações orçamentárias, bem como as referentes a concursos, admissão demissão, promoção, transferência, sempre observadas as regras constitucionais vigentes. Decorre ainda dessa moldura constitucional garantidora da autonomia administrativa, a fixação de regras pelas universidades públicas na definição da forma de escolha dos seus dirigentes, observadas as normas constitucionais aplicáveis, que determinam a gestão democrática da educação. Nina Ranieri (2013, p. 166) destaca a importância fundamental deste aspecto da escolha dos dirigentes universitários para a autonomia universitária administrativa:

> Este é outro ponto de relevância da autonomia administrativa porque reflete o grau de independência e a forma de relacionamento da universidade com os interesses de grupos político-partidários, econômicos, religiosos e outros alheios à sua natureza específica, e também porque revela o caráter democrático ou autoritário do governo da universidade.

Determinado na Constituição Federal, a gestão democrática nas entidades de educação, o artigo 56 da Lei de Diretrizes e Bases da Educação (Lei nº 9.394/96) estabelece o princípio da gestão democrática, assegurada a existência de órgãos colegiados deliberativos, com a participação de segmentos da comunidade institucional, local e regional. Nesses órgãos

---

[19] STF, 1ª Turma, Ag. Reg. em RE nº 613.818-PR, Rel. Min. Roberto Barroso, DJe 09/08/2018.

colegiados, os docentes ocuparão pelo menos 70% das vagas. Não trata a Lei de Diretrizes e Bases da Educação sobre a forma específica pela qual as universidades escolherão seus dirigentes, uma vez que a matéria não tem a natureza diretiva-basilar, cabendo a cada entidade federativa, por meio das regras reguladoras do sistema de ensino, definir tal escolha.

A União Federal estabeleceu, para as suas universidades, por meio da Lei nº 9.192/96, que deu nova redação ao artigo 16 da Lei nº 5.540/68, a escolha dos reitores e vice-reitores pelo presidente da república, a partir de lista tríplice organizada pelo órgão colegiado superior da universidade, ou órgão criado para esta finalidade, que tenha a composição de pelo menos 70% de docentes. Tais conselhos podem ser informados por consulta à comunidade acadêmica, em que o peso dos docentes também deve ser de 70%.

Se esta regulação pareceu atender aos contornos constitucionais da autonomia universitária em um ambiente democrático, introduzido após a promulgação da Constituição de 1988, onde praticamente todas as escolhas recaíram sobre o candidato mais votado pelas comunidades acadêmicas, excetuando-se pequenas exceções no início da consolidação desse processo, hoje a situação é bem diversa. Em um cenário, como o atual, em que há a concreta ameaça de que as escolhas comunitárias só serão respeitadas se estiverem ideologicamente alinhadas com o atual governo federal[20], fica evidenciado que o modelo federal está muito aquém da autonomia administrativa prevista constitucionalmente, devendo tais dispositivos serem interpretados conforme a Constituição Federal, de modo a garantir a gestão democrática e o direito das universidades federais escolherem os seus próprios dirigentes.

No âmbito das universidades estaduais, o regramento federal para escolha dos reitores não tem qualquer aplicação. Isso se dá não só por essas regras tratarem exclusivamente das instituições federais, como também por não ser da competência da União dispor sobre o grau de autonomia na relação da administração direta estadual com as suas autarquias e fundações, matéria que extrapola o conteúdo das diretrizes e bases da educação. Como vimos, a LDB não trata do tema. Nem mesmo no parágrafo único do seu artigo 56 que reserva aos docentes 70% dos assentos dos órgãos colegiados, inclusive os destinados à escolha de dirigentes, uma vez que essa referência se aplica

---

[20] Correio Brasiliense. "Equipe de Bolsonaro mapeia universidades para tentar influir na escolha de reitores", in: http://blogs.correiobraziliense.com.br/denise/bolsonaro-escolha-reitores-universidades/. Acesso em 30/10/2018.

especificamente à disciplina, já comentada, que a Lei nº 9.192/95 dá aos órgãos colegiados das universidades federais que elaborarão lista tríplice a partir de consulta feita à comunidade acadêmica. Adotando os Estados modelo que se afaste de escolha por órgão superior colegiado, não há base fática para a disciplina. Ademais, como vimos, não pode a União invadir a competência estadual para regular a forma pela qual os Estados irão disciplinar a relação de autonomia entre a administração direta e a indireta.

Deste modo, estão livres os Estados, no âmbito do experimentalismo federativo, para disciplinar a autonomia administrativa das universidades estaduais, bem como a escolha de seus dirigentes de modo a dar uma maior efetividade à disposição constitucional que garante a autonomia universitária administrativa. Exemplo bem-sucedido de cumprimento da autonomia administrativa estabelecida pela Constituição Federal é dado pelo Estado do Rio de Janeiro, onde a Constituição Estadual, no seu artigo 310, estabelece eleição direta e secreta, com a participação da comunidade universitária nos termos dos seus estatutos, para a escolha dos reitores das universidades públicas, comando que vem sido cumprido desde a promulgação da carta estadual.

4. A Autonomia Financeira e Patrimonial e os Duodécimos Orçamentários

Para conferir viabilidade às autonomias didático-científica e administrativa são necessários recursos financeiros. Por isso, como instrumento assecuratório dessas facetas da autonomia universitária, a Constituição Federal estabelece a autonomia de gestão financeira e patrimonial, assim entendida como a possibilidade de as universidades proporem seus próprios orçamentos, efetivar os seus pagamentos e gerir o seu próprio patrimônio. Tal ideia encontra como um dos seus núcleos essenciais a garantia de recebimento dos recursos previstos na lei de orçamento, e a execução deste, a partir da gestão financeira desses valores. Evidentemente que a autonomia orçamentária das universidades públicas, longe de se traduzir em afastamento dos deveres de submissão a todos os princípios que regem a administração fiscal responsável, confere a essas entidades, em momentos de escassez de recursos, a decisão sobre a eleição das suas prioridades.

A Constituição Federal garante, como vimos, a autonomia financeira e patrimonial das universidades públicas. Para atingir tal objetivo, a transferência das dotações orçamentárias por meio dos duodécimos mensais é o instrumento mais adequado. Aliás, não se conhece outro mecanismo no direito positivo brasileiro para que se dê execução à aludida determinação constitucional. Senão vejamos. A Constituição confere autonomia financeira a cinco entidades ou órgãos públicos:

a) poder legislativo – art. 51, IV (Câmara dos Deputados) e art. 52, IV (Senado Federal);
b) poder judiciário – artigo 99, CF;
c) ministério público – artigo 127, §§ 2º e 3º, CF;
d) defensoria pública – artigo 134, §2º;
e) universidade pública – artigo 207.

Com o exame comparativo da redação dos cinco grupos de dispositivos constitucionais, se verifica que, do ponto de vista da literalidade do texto, são autônomos financeiramente o poder judiciário e a universidade. O ministério público e a defensoria pública têm, de acordo com o texto constitucional, assegurados um dos principais aspectos da autonomia financeira, que é a iniciativa da sua proposta orçamentária, nos termos da lei de diretrizes orçamentárias. À Câmara dos Deputados e ao Senado Federal é conferida a autonomia para disporem sobre suas próprias organização, funcionamento, polícia, criação, transformação ou extinção dos cargos, empregos e funções de seus serviços, e a iniciativa de lei para fixação da respectiva remuneração, observados os parâmetros estabelecidos na lei de diretrizes orçamentárias.

Na redação de todos esses dispositivos constitucionais é encontrada a autonomia administrativa, que está associada à auto-organização do órgão ou entidade, com a criação de regras que disciplinem o seu regular funcionamento. Porém, no que se refere aos aspectos financeiros dessa autonomia, por vezes a Constituição faz referência ao gênero *autonomia financeira*, como no caso do poder judiciário e da universidade pública. Em outras faz menção apenas um ou mais dos elementos constitutivos dessa autonomia financeira. Quanto ao ministério público e à defensoria pública, a Constituição garante a iniciativa da elaboração da proposta orçamentária. No caso da Câmara dos Deputados e do Senado Federal, assegura a iniciativa da lei para a fixação da remuneração dos seus agentes, bem como a criação, transformação ou extinção dos cargos, empregos e funções de seus serviços.

Deve-se destacar que a autonomia orçamentária é uma das manifestações, talvez a mais importante, da autonomia financeira. É determinação constitucional que vai além da mera iniciativa de propor seu próprio orçamento, englobando também todas as etapas da sua execução do orçamento, incluindo a efetiva realização despesa, com o empenho, a liquidação e o pagamento. No caso do poder judiciário, a autonomia orçamentária é garantida pela própria previsão constitucional da autonomia financeira, não necessitando de dispositivo constitucional autônomo. Porém, no caso da Câmara dos Deputados, do Senado Federal, do ministério público e da defensoria pública, instituições em que a Constituição só previu alguns dos elementos da autonomia orçamentária, como a iniciativa da proposta, a efetividade da gestão financeira autônoma depende de outros mecanismos constitucionais.

Porém, qualquer que seja a sua configuração, não há que se cogitar em autonomia financeira sem o repasse regular de recursos orçamentários para o ente autônomo. Nesse sentido, a Constituição confere efetividade à autonomia financeira, e, como uma das suas principais manifestações, a autonomia orçamentária, por meio de um mecanismo contido no artigo 168: a transferência dos montantes referentes às rubricas orçamentárias destinadas às entidades financeiramente autônomas por meio dos duodécimos orçamentários, em dispositivo que inclui os poderes legislativo e judiciário, o ministério público e a defensoria pública.

Assim, o instrumento que o direito positivo concebeu para conferir efetividade à autonomia financeira foi a transferência dos recursos previstos no orçamento por meio dos duodécimos mensais. Com tal previsão, essas instituições podem fazer frente aos seus relevantes misteres constitucionais, independentemente da discricionariedade exercida pelo poder executivo na execução do orçamento. Deste modo, em nosso direito positivo, a autonomia orçamentária e a transferência dos duodécimos mensais orçamentários são duas realidades indissolúveis. É claro que o legislador poderia prever outros mecanismos diversos para efetivar a autonomia orçamentária, mas na ausência de uma sistemática específica para cada situação, a aplicação analógica dos duodécimos é remédio bem mais adequado do que a inexistência de efetividade da autonomia conferida pela Constituição.

Estando a autonomia financeira umbilicalmente ligada ao pagamento dos duodécimos mensais, a ponto de entidades como o ministério público e a defensoria serem dotadas da primeira com base na previsão constitucional que lhes garante a segunda, resta evidenciado que as universidades públicas têm direito aos duodécimos independentemente do comando do art. 168, CF, já que este é elemento integrante da autonomia financeira que lhes é expressamente assegurada pelo art. 207, CF.

Por outro lado, a autonomia financeira não significa que os órgãos e entidades que a detêm estejam imunes às crises financeiras. Ao contrário, em caso de frustração da arrecadação, há necessidade de limitação de empenho e movimentação financeira, o chamado contingenciamento orçamentário, que deve ser feito quando, os balancetes bimestrais de acompanhamento da evolução da receita verificam que esta não foi realizada em montante capaz de suportar o cumprimento da meta primária fixada pela Lei de Diretrizes Orçamentárias (LDO), nos termos do artigo 9º da Lei de Responsabilidade Fiscal (Lei Complementar nº 101/2000).

No entanto, não pode o poder executivo promover diretamente o contingenciamento das despesas dos órgãos e entidades dotados de autonomia financeira. Deverá, de acordo com o referido dispositivo legal, instar que a instituição autônoma promova, por ato próprio, o contingenciamento, a partir do indicativo por ele apresentado. Apenas diante da inexistência de contingenciamento pela entidade autônoma, quando instada a fazê-lo pelo poder executivo, é que poderia este último promover a limitação de empenho e movimentação financeira, nos termos que eram autorizados pelo § 3º do art. 9º da LRF. No entanto, o referido parágrafo teve a sua vigência suspensa por decisão do Supremo Tribunal Federal na ADI nº 2.238-5 MC/DF[21], que preserva a competência exclusiva dos entes autônomos para promover o contingenciamento dessas próprias despesas.

A necessidade do contingenciamento promovido pelo próprio ente autônomo não é apenas uma decorrência formal da autonomia financeira. É mecanismo que preserva a sua própria essência quando esta se faz mais necessária. Nos momentos de crise financeira e de frustração de arrecadação, as instituições financeiramente autônomas preservam a possibilidade de eleger as suas próprias prioridades, cortando aquilo que pode ser cortado e preservando aquilo que lhe é essencial, em juízo que, por ser exclusivo da entidade autônoma, não pode exercido pelos órgãos do poder executivo, por se traduzir em decisão que reside no núcleo essencial da autonomia orçamentária.

Por outro lado, quando se refere às entidades dotadas de autonomia orçamentária, a discricionariedade empregada no exercício do contingenciamento é limitada, só podendo ser efetivada diante da frustração de arrecadação, em procedimento previsto pelo § 2º do art. 9º da LRF, que estabelece parâmetros formais e materiais ao seu exercício. De acordo com essas regras, o contingenciamento, seja exercido pelo poder executivo, seja pela própria entidade autônoma, encontra como limitação formal a sua

---

[21] STF, Pleno, ADI 2.238 MC/DF, Rel. Min. Ilmar Galvão, DJe 12/09/2008.

DIREITOS FUNDAMENTAIS DOS CONTRIBUINTES

adequação aos critérios fixados pela lei de diretrizes orçamentárias. Do ponto de vista material, o contingenciamento não poderá atingir as despesas obrigatórias, assim entendida as que são as previstas na Constituição e nas leis. Em relação às entidades orçamentariamente autônomas, como as universidades públicas, o contingenciamento encontra ainda como limite quantitativo máximo o percentual de frustração da arrecadação indicado nos balancetes bimestrais de acompanhamento da evolução da receita. Contingenciar em patamares superiores ao da frustração de arrecadação devidamente comprovada se traduz em discricionariedade violadora da autonomia financeira das universidades públicas.

Dessa maneira, as universidades públicas, por gozarem de autonomia financeira conferida pelo art. 207, CF, têm direito a receber as receitas previstas nas dotações que lhes são atribuídas pela lei orçamentária anual. Apenas em caso de não obtenção da meta primária prevista na lei de diretrizes orçamentárias, poderá haver contingenciamento, por ato próprio da universidade, de suas de despesas discricionárias, de acordo com os parâmetros previstos na própria lei de diretrizes orçamentárias e observado como limite máximo o percentual de frustração da arrecadação revelado pelos balancetes bimestrais de acompanhamento da evolução da receita, a fim de que sejam mantidos os recursos necessários para o cumprimento dos objetivos constitucionais da universidade como a preservação do ensino público gratuito nos estabelecimentos oficiais de ensino, assegurado pelo art. 206, IV, CF.

A preservação do ensino superior gratuito depende do pagamento da remuneração de seus servidores, bem como para o pagamento das demais despesas correntes, que são indispensáveis ao funcionamento das universidades. Dentro desse critério, podem ser contingenciadas por ato da própria universidade, de acordo com as suas prioridades e com os limites apresentados pelos órgãos de administração financeira do Estado, as despesas discricionárias, notadamente de investimentos, inversões financeiras e as transferências de capital, de acordo com a categorização apresentada pela Lei nº 4.320/64, que estabelece normas gerais de direito financeiro.

A continuidade do serviço público de educação superior, assegurado o seu caráter gratuito, depende da garantia do pagamento da remuneração dos servidores da universidade, bem como das suas demais despesas correntes, como as relativas à manutenção dos prédios afetados às suas atividades. A preservação desses recursos, a partir da gestão do contingenciamento pela própria universidade, constitui o conteúdo mínimo da autonomia universitária que não pode deixar de ser tutelada.

Deste modo, as universidades públicas, independentemente de disposição expressa como a estabelecida pela Constituição do Estado do Rio de Janeiro[22], têm, em decorrência da sua autonomia financeira, direito ao pagamento dos valores correspondentes às suas despesas previstas no orçamento, por meio da transferência dos duodécimos mensais. Em caso de frustração da arrecadação, o poder executivo instará todos os órgãos financeiramente autônomos, inclusive as universidades públicas, a promover, por ato próprio, o contingenciamento de despesas discricionárias, limitado ao percentual de frustração da arrecadação, sendo preservadas as despesas correntes, incluindo o pagamento de seus servidores e a sua manutenção, uma vez que são indispensáveis à manutenção do ensino público e gratuito a que estão constitucionalmente obrigadas a fornecer, respeitados os parâmetros definidos na lei de diretrizes orçamentárias.

Por essas razões, não tem validade os contingenciamentos efetivados recentemente pelo governo central nas receitas destinadas às universidades e institutos de pesquisa federais (i) por não se basearem em qualquer demonstrativo de frustração de arrecadação, elaborados com base no artigo 9º, §2º, da LRF ; (ii) por não terem sido efetivados pelas próprias universidades; (iii) por envolverem despesas obrigatórias. Na verdade, a violação à Constituição ainda fica mais flagrante quando tais violações à autonomia financeira das universidades públicas vêm acompanhada de uma discricionariedade baseada em critérios político-ideológicas que não chegam sequer a serem disfarçados pelas autoridades federais, o que revela que, por de trás da violação à autonomia financeira, exsurge o objetivo de desrespeitar a autonomia didático-científica.

Conclusões

Vivemos em nosso país, um período histórico marcado pelo irracionalismo anti-intelectual que procura negar o valor do saber científico em nome de ideias preconceituosas de cunho religioso e de tendências políticas radicais. Nesse cenário, alguns setores do mundo político se lançam ruidosamente em uma guerra cultural contra as universidades públicas, seus professores e alunos.

---

[22] Em dezembro de 2017, foi promulgada a Emenda Constitucional nº 71/2017 à Constituição do Estado do Rio de Janeiro determinando que as dotações orçamentárias destinadas às universidades estaduais sejam repassadas por meio de duodécimos mensais.

Demonstrada a importância das universidades públicas para o ensino, a pesquisa e a extensão, e a conexão dessas atividades à consolidação da democracia, à liberdade de expressão e ao desenvolvimento científico, cultural, social e econômico do país, é imperioso ressaltar a necessidade de preservar a autonomia universitária consagrada constitucionalmente em suas três facetas: didático-científica, administrativa e de gestão financeira e patrimonial.

A autonomia didático-científica garante a liberdade de cátedra, de ensinar, aprender e pesquisar, protegendo o ambiente universitário, marcado pelo pluralismo de ideias, de restrição à liberdade de expressão. Com isso, são fadadas ao fracasso as ameaças aos cursos de ciências humanas, bem como à intimidação aos professores por movimentos como o Escola Sem Partido, que, avesso, ao pluralismo de ideias, sob o pretexto da neutralidade ideológica, se arvora em impor sua própria cosmovisão sobre todos. Também restam rechaçadas as intervenções de agentes estatais sobre o pretexto de coibir a atividade político-partidária, acabam por se imiscuir no conteúdo de aulas, palestras e cursos.

No campo administrativo, a autonomia universitária é ameaçada pela perspectiva de abandono das eleições acadêmicas para escolha dos dirigentes, como medida destinada a inserir reitores alinhados com os objetivos políticos do governo federal. Aqui, a manutenção do modelo democrático das eleições diretas e secretas é a maior salvaguarda da autonomia universitária definida constitucionalmente.

Na seara da gestão financeira e patrimonial, a ausência de repasse de recursos orçamentários tem provocado gravíssimo embaraço ao desenvolvimento das atividades universitárias, sendo imperiosa a adoção do modelo dos duodécimos orçamentários, que irão coibir o desvio de finalidade na execução do orçamento. Em passado recente, tivemos o caso do Estado do Rio de Janeiro, que ficou vários meses sem repassar qualquer recurso para as suas universidades, condenando-as à paralização. Na esfera federal, o atual quadro de contingenciamento arbitrário e com fins políticos para atingir universidades que não adiram às concepções ideológicas do governo constituem a principal ameaça às universidades públicas. Caberá, no âmbito de ações judiciais que já estão sendo ajuizadas, ao Poder Judiciário garantir a autonomia orçamentária das universidades públicas, por meio da adoção dos duodécimos orçamentários, a exemplo do que o legislador fluminense efetivou em passado recente.

Não se constrói o futuro de um país próspero sem investimento na educação e na ciência, tecnologia e inovação, searas em que o papel da universidade pública e seus professores, servidores e alunos é central. Assim, embora as universidades não sejam agentes de governo, mas do Estado, não tem o direito de se condenar ao isolamento, uma vez que os governos e as universidades públicas têm o compromisso com o futuro do nosso país, devendo ser aliados na busca pelo desenvolvimento científico, cultural, econômico e social. Melhor agem os governos que mantêm com as universidades uma relação de parceria institucional capaz de gerar projetos científicos, nos vários campos do conhecimento, que permitam à nossa sociedade trilhar o caminho do desenvolvimento nacional e regional. E melhor agem as universidades quando se abrem a essa parceria institucional. Dessa forma, é hora de superar a guerra cultural e, respeitando a autonomia universitária e a soberania popular que elegeu os nossos governantes, construir pontes entre a ciência e a política para tirar o nosso país da crise em que se encontra.

Referências

BORGUIGNON, François. *The Globalization of Inequality*. Trad. Thomas Scott-Railton. New Jersey: Princeton University Press, 2015.

CHANG, Ha-Joon. *Economia*: Modo de Usar – Um Guia Básico dos Principais Conceitos Econômicos. Trad. Isa Mara Lando e Rogério Galindo. São Paulo: Schwarcz, 2015.

DEATON, Angus. *The Great Escape*: Health, Wealth, and the Origins of Inequality. New Jersey: Princeton University Press, 2013.

NIEROTKA, *Rosileia Lucia;* TREVISOL, *Joviles Vitório*. "Os jovens das camadas populares na universidade pública: acesso e permanência". *R. Katál.*, Florianópolis, v. 19, n. 1, p. 22-32, jan./jun. 2016.

MEADE, James E. *Efficiency, Equality and The Ownership Property*. New York: Routledge, 2012.

MILANOVIC, Branko. *Ter ou Não Ter* – Uma Breve História da Desigualdade. Trad. Francisco Liz. Lisboa: Bertrand, 2012.

RANIERI, Nina. *A Autonomia Universitária* – As Universidades Públicas e a Constituição Federal de 1988. São Paulo: Imprensa Oficial, 2013.

SOUZA, Ana Lúcia (org.). *A Ideologia do Movimento Escola Sem Partido*. São Paulo: Ação Afirmativa, 2016.

STIGLITZ, Joseph. E. "Of the 1%, by the 1%, for the 1%". *Vanity Fair News*. May 2011. Disponível em: <http://www.vanityfair.com/news/2011/05/top-one-percent-201105>.

19. Segurança Jurídica em Matéria Tributária Produzida pelo STF

KIYOSHI HARADA[1]

Introdução

O sistema tributário é um dos elementos mais importante do conceito moderno de Estado. É o mecanismos de obtenção de receitas financeiras para que o Estado possa financiar os investimentos públicos em benefício do bem comum e, com isso, manter o desenvolvimento das coletividades, razão própria da existência do Estado enquanto povo, território e soberania e do contrato social firmado entre os seres humanos e o Estado.

A opção por um modelo de vida organizado implicou obrigatoriamente a transferência de parte da capacidade econômica individual para instituir uma capacidade econômica amplificada que abarca toda a coletividade social. Neste cenário, o povo delegou aos administradores do Estado o poder de tributar, que espera seja baseado na harmonização ética entre o poder-dever de tributar e o retorno dos ingressos à sociedade.

Este poder-dever de tributar atribuído ao Estado depende do consentimento da população, plasmado na forma de lei, norteada pelos princípios constitucionais. Porém, não é suficiente a existência de previsão legal, é preciso que exista a maior certeza possível a respeito de seu funcionamento.

---

[1] Mestre em Processo Civil pela UNIP e Especialista em Direito Tributário e Ciência das Finanças pela USP.
Presidente do Instituto Brasileiro de Estudos de Direito Administrativo, Financeiro e Tributário – IBEDAFT. Autor de 33 obras jurídicas. Ex Procurador-Chefe da Consultoria Jurídica do Município de São Paulo.

No entanto, como afirmamos em outra passagem, o que se verifica no Brasil é um sistema tributário complexo e ineficiente em todos os aspectos, quer seja em relação às leis, à gestão, à fiscalização ou à responsabilização, situação que acaba gerando insegurança e afetando diretamente o crescimento socioeconômico do país. Destaca-se, contudo, que esta insegurança jurídica não decorre do Sistema Tributário Nacional em si, estruturado de forma completa e segura pelo legislador constituinte originário, no Capítulo I, do Título VI da Constituição Federal de 1988[2], mas da legislação ordinária que nem sempre respeita as regras e os princípios constitucionais.

A segurança jurídica é um dos princípios fundamentais de todo ordenamento constitucional democrático, devido à necessidade dos cidadãos de saber como devem se comportar em suas relações com o Estado e com os demais particulares, de conhecer e entender quais são as regras a serem aplicadas e as consequências legais de suas ações.

Este estudo trata da segurança jurídica em matéria tributária produzida pelo Supremo Tribunal Federal – STF, a quem compete, precipuamente, a guarda da Constituição (artigo 102, *caput*, da Constituição Federal de 1988). O objetivo geral é apresentar o princípio da segurança jurídica como pressuposto do direito tributário e examinar como o Supremo Tribunal Federal tem se posicionado para garantir eficácia ao princípio da segurança jurídica na tutela da confiança legítima do contribuinte perante o sistema tributário nacional.

1. Princípio da Segurança Jurídica no Direito Constitucional Tributário

São muitas as teorias que, ao longo da história, apresentam seus entendimentos sobre segurança jurídica. Uma das mais incidentes discute sua natureza, se de caráter valorativo ou principiológico.

Para o jurista equatoriano Jorge Zavala Egas[3], os valores refletem características principais de determinada sociedade, sobre o que é bom ou ruim a partir do entendimento do senso comum e, por isso, estão acima das normas (princípios e regras[4]), incluídos numa dimensão diferente

---

[2] *O Sistema Tributário Nacional e o princípio da segurança jurídica. In:* Justiça & Cidadania, de 06 de maio de 2019.

[3] EGAS, Jorge Zavala. *Teoría de la seguridad jurídica. In: Iuris Dictio*, Revista del Colegio de Jurisprudencia, de la Universidad San Francisco de Quito, año 12, vol. 14, p. 217-229. Equador, enero 2012. p. 228.

[4] Entende-se por "normas" o conceito geral que abarca princípios e regras. Os princípios são "normas jurídicas impositivas de uma otimização, compatíveis com vários graus de concretização,

daquela dos princípios gerais do direito; carecem de uma virtualidade normativa. Já os princípios possuem clara função normativa, tendo em vista seu tipo informativo da ordem jurídica, na qual é capaz de suprir a insuficiência de outras normas. A partir desse ponto de vista é possível inserir a segurança jurídica no conceito de princípio, pois, além de fonte de direito, tem a função de suprir eventuais lacunas normativas concretas.

O direito surge para atender uma demanda inevitável de segurança e certeza na vida social; corresponde a uma necessidade humana. A segurança jurídica é, então, um bem fundamental, na medida em que é necessária para satisfazer uma necessidade vital do ser humano, que sente terror diante da insegurança de sua existência, dada a imprevisibilidade e a incerteza a que está sujeito. Por isso, é uma das necessidades humanas básicas que a lei tenta satisfazer por meio da dimensão legal da segurança.

Para José Luis Mezquita Del Cacho[5], a segurança é certamente um desejo de cada indivíduo, enraizado em seu instinto de sobrevivência e, portanto, suscitado em suas origens, especialmente como uma necessidade sobre a qual a própria organização social repousa. Portanto, sendo a lei seu instrumento, é lógico apontá-la entre seus propósitos. Mas é um fim que, pelo menos em certa medida, é realizado intrinsecamente a partir do estabelecimento da própria lei e como uma sequência da ordem que ela implica.

Conforme José Afonso da Silva[6], a segurança é um dos valores que instruem o direito positivo, explicando que a positividade do direito consiste numa necessidade dos valores da ordem, da segurança e da certeza jurídicas.

---

consoante os condicionamentos fáticos e jurídicos" e as regras são "normas que prescrevem imperativamente uma exigência (impõem, permitem ou proíbem) que é ou não cumprida (CANOTILHO, José Joaquim Gomes. *Direito constitucional e teoria da Constituição*. 7. ed. Coimbra: Almedina, 2003. p. 1038, 1161 e ss.).

[5] *"La seguridad es ciertamente un afán de cada hombre enraizado en su instinto de supervivencia, y planteado por tanto, sobre todo inicialmente como una necesidad en la que se apoya la propia organización social; por lo que siendo el derecho el instrumento de ésta, resulta lógica señalarla entre los fines del mismo. Pero se trata de un fin que, al menos en una cierta medida, se realiza intrínsecamente desde el propio establecimiento del derecho y como secuela del orden que el mismo comporta; por lo que asimismo es lógico que se califique de inmediato como efecto objetivo"* (José Luis Mezquita Del Cacho apud EGAS, Jorge Zavala. *Op. cit.*, p. 219). (Tradução livre).

[6] SILVA, José Afonso da. *Constituição e segurança jurídica*. *In*: ROCHA, Carmen Lúcia Antunes (coord.). *Constituição e segurança jurídica*. 2. ed. Belo Horizonte: Fórum, 2005. p. 15.

Nas acepções de José Joaquim Gomes Canotilho[7], "consideram-se princípios jurídicos os princípios historicamente objetivados e progressivamente introduzidos na consciência jurídica e que encontram uma recepção expressa ou implícita no texto constitucional".

Portanto, a segurança jurídica é um princípio de direito, universalmente aceito e compreendido como bem fundamental, que se aperfeiçoa com a certeza da lei, que representa a garantia dada ao indivíduo de que sua pessoa, sua propriedade e seus direitos não estarão sujeitos a ataques violentos ou que, se eventualmente vierem a ser produzidos, serão segurados, protegidos e reparados pela sociedade.

A expressão segurança jurídica se traduz no princípio de certeza de que as normas serão cumpridas. Os países onde as normas são respeitadas e cumpridas, ou seja, que garantem a segurança jurídica são mais propensos a investimentos seguros (especialmente a longo prazo) e empreendimentos comerciais produtivos capazes de gerar riquezas e empregos em larga escala. Nos países nos quais essa garantia não está disponível, ao contrário, é mais comum que as regras sejam modificadas ou burladas continuamente, que os investimentos sejam de curto prazo ou com risco excessivo e que os empreendimentos comerciais sejam escassos e não consigam gerar riquezas em larga escala.

O Estado, como expoente máximo do poder público e regulador das relações na sociedade, não apenas deve estabelecer as disposições legais a serem seguidas, mas também tem a obrigação de criar um escopo geral de segurança jurídica ao exercer seus poderes. O objetivo final do Estado é garantir os meios para que as pessoas que habitam ou entidades que operam em seu território desfrutem da estabilidade e da segurança de que suas faculdades, posses e pessoas, não venham a ser violadas, exceto por procedimentos regular, estabelecido dentro de um sistema de leis vigentes, gerais e equitativas.

As imposições do Estado em questões tributárias estão sujeitas às regras relativas ao estabelecimento de direitos, deveres e limites a serem seguidos em uma legalidade que garante totalmente que tal afetação seja ajustada à lei e com base nos princípios constitucionais que governam a sociedade brasileira.

É preciso enfatizar que apenas as leis elaboradas pelos legítimos representantes do povo, conformadas com os textos constitucionais e aplicadas no mundo dos fatos, têm o condão de conferir segurança jurídica. Portanto,

---

[7] CANOTILHO, José Joaquim Gomes. *Op. cit.*, p. 1038.

o conceito de segurança jurídica está intimamente ligado ao princípio da estrita legalidade, na forma do inciso I, do artigo 150 da Constituição Federal de 1988[8], não comportando nenhum tipo de flexibilização, porque é justamente o princípio da estrita legalidade que permite a previsibilidade do que o Poder Político do Estado pode ou não fazer, conforme escrevemos[9].

Segundo Luciano Amaro[10], o princípio da legalidade em matéria tributária é "informado pelos ideais de justiça e de segurança jurídica, valores que poderiam ser solapados se à administração pública fosse permitido, livremente, decidir quando, como e de quem cobrar tributos".

Na ordem jurídica brasileira, o princípio da segurança jurídica está aportado no próprio conceito de Estado Democrático de Direito, instituído pela Constituição Federal de 1988, destinado a assegurar o exercício dos direitos sociais e individuais, dentre eles a segurança física e jurídica. Neste cenário, o princípio da segurança jurídica "assume a feição de um verdadeiro pressuposto do direito, caracterizado pela existência de um sistema jurídico regular do ponto de vista estrutural e funcional, consoante afirmamos"[11]. Os dispositivos constitucionais normalmente citados para ancorar o princípio da segurança jurídica são: o Preâmbulo[12], o artigo 1º[13] e o *caput* do artigo 5º[14].

---

[8] "Artigo 150: sem prejuízo de outras garantias asseguradas ao contribuinte, é vedado à União, aos Estados, ao Distrito Federal e aos Municípios: I – exigir ou aumentar tributo sem lei que o estabeleça; [...]" (Constituição Federal de 1988).

[9] HARADA, Kiyoshi. *Op. cit.*, p. 01.

[10] AMARO, Luciano. *Direito tributário brasileiro.* São Paulo: Saraiva, 1997. p. 109.

[11] HARADA, Kiyoshi. *Op. cit.*, p. 01.

[12] "Nós, representantes do povo brasileiro, reunidos em Assembleia Nacional Constituinte para instituir um Estado Democrático, destinado a assegurar o exercício dos direitos sociais e individuais, a liberdade, a segurança, o bem-estar, o desenvolvimento, a igualdade e a justiça como valores supremos de uma sociedade fraterna, pluralista e sem preconceitos, fundada na harmonia social e comprometida, na ordem interna e internacional, com a solução pacífica das controvérsias, promulgamos, sob a proteção de Deus, a seguinte Constituição da República Federativa do Brasil" (BRASIL, Constituição (1988). *Constituição Federal de 1988.* Constituição da República Federativa do Brasil, de 05 de outubro de 1988.

[13] "Artigo 1º: a República Federativa do Brasil, formada pela união indissolúvel dos Estados e Municípios e do Distrito Federal, constitui-se em Estado Democrático de Direito e tem como fundamentos: I – a soberania; II – a cidadania; III – a dignidade da pessoa humana; IV – os valores sociais do trabalho e da livre iniciativa; V – o pluralismo político. Parágrafo único: todo o poder emana do povo, que o exerce por meio de representantes eleitos ou diretamente, nos termos desta Constituição" (Constituição Federal de 1988).

[14] "Artigo 5º: todos são iguais perante a lei, sem distinção de qualquer natureza, garantindo-se aos brasileiros e aos estrangeiros residentes no País a inviolabilidade do direito à vida, à liberdade, à igualdade, à segurança e à propriedade, nos termos seguintes: [...]" (Constituição Federal de 1988).

Essa acepção de que a segurança jurídica é elemento conceitual do Estado Democrático de Direito ressoa nas palavras de Hans Kelsen[15], para quem a expressão "Estado de Direito" é "efetivamente utilizada para designar um tipo especial de Estado, a saber, aquele que satisfaz aos requisitos da democracia e da segurança jurídica". O Supremo Tribunal Federal também reconhece o Estado Democrático de Direito como Estado de Segurança Jurídica: "Ementa: [...]. Este aspecto temporal diz intimamente com o princípio da segurança jurídica, projeção objetiva do princípio da dignidade da pessoa humana e elemento conceitual do Estado de Direito. [...][16].

O contribuinte tem o direito de que as expectativas de confiança legítima na criação e aplicação de normas legais sejam efetivas e que a segurança jurídica, a estabilidade do sistema e o exercício dos direitos e liberdades fundamentais não sejam declarações dogmáticas, mas que adquiram plenos direitos e efetividade concreta no Estado de Direito Constitucional.

Embora o conteúdo e as dimensões da noção de segurança jurídica permaneçam em aberto para poderem se adaptar à ordem jurídica onde é inserida, a doutrina tem proposto algumas dimensões fundamentais, como: a) dimensão estática: o conhecimento do direito, a coerência e a clareza; b) dimensão dinâmica: a previsibilidade (confiabilidade no passado e a calculabilidade das mudanças do futuro) e a estabilidade; c) dimensão objetiva: a busca da estabilidade do direito; e d) dimensão subjetiva: expectativas individuais quanto a essa estabilidade[17].

Na definição de José Joaquim Gomes Canotilho[18], o princípio do Estado de Direito é "densificado pela segurança jurídica e pela confiança jurídica", o que reforça a "coexistência de dois elementos: um objetivo da ordem jurídica, relacionada à sua durabilidade, paz jurídico-social; outro garantístico e subjetivo, de proteção à confiança de permanência das situações jurídicas".

Com o passar do tempo e o amadurecimento democrático, a dimensão subjetiva do conceito de segurança jurídica foi se destacando na resolução de

---

[15] KELSEN, Hans. *Teoria pura do direito*. 6. ed. Tradução de João Baptista Machado. São Paulo: Martins Fontes, 1999. p. 218.

[16] STF, Supremo Tribunal Federal. *Mandado de Segurança nº 24.448/DF*. Tribunal Pleno. Relator Carlos Britto. Julgado em 27 de setembro de 2007. Publicado no *DJ* de 14 de novembro de 2007.

[17] QUINTILIANO, Leonardo David. *Princípio da proteção da confiança*: fundamentos para limitação dos poderes constituídos na modificação de direitos sociais em tempo de crise. *In: Revista da Faculdade de Direito*, Universidade de São Paulo, vol. 112, p. 133-162. São Paulo: USP, jan./dez. 2017. p. 139-140.

[18] CANOTILHO, José Joaquim Gomes. *Op. cit.*, p. 259.

casos concretos, recebendo da doutrina e da jurisprudência a denominação de princípio da proteção da confiança que, na percepção atual, alcança todas as formas de atuação do Estado que afetem as expectativas das pessoas. Para Jorge Miranda e Rui Medeiros[19] visualizada a partir do viés subjetivo, a segurança jurídica reconduz-se à proteção da confiança:

> Os cidadãos têm direito à proteção da confiança (da confiança que podem por nos atos do poder político que contendam com as suas esferas jurídicas). E o Estado fica vinculado a um dever de boa fé (ou seja, de cumprimento substantivo, e não meramente formal, das normas e de lealdade e respeito pelos particulares). Não é apenas a Administração Pública que lhe está sujeita [...]; é o Estado e são quaisquer entidades públicas, em todas as suas atuações. Não faria sentido que, ao agir, como legislador, como decisor político, ou como Tribunal, o Estado pudesse deixar de o acatar.

Na visão de José Joaquim Gomes Canotilho[20], os princípios da segurança jurídica e da proteção da confiança "andam estreitamente associados a ponto de alguns autores considerarem o princípio da proteção de confiança como um subprincípio ou como uma dimensão específica da segurança jurídica". No seu pensar:

> [...] a segurança jurídica está conexionada com elementos objetivos da ordem jurídica – garantia de estabilidade jurídica, segurança de orientação e realização do direito – enquanto a proteção da confiança se prende mais com as componentes subjetivas da segurança, designadamente a calculabilidade e previsibilidade dos indivíduos em relação aos efeitos jurídicos dos atos dos poderes públicos. A segurança e a proteção da confiança exigem, no fundo: 1) fiabilidade, clareza, racionalidade e transparência dos atos do poder; 2) de forma que em relação a eles o cidadão veja garantida a segurança nas suas disposições pessoais e nos efeitos jurídicos dos seus próprios atos. Deduz-se já que os postulados da segurança jurídica e da proteção da confiança são exigíveis perante "qualquer ato" de "qualquer poder" – Legislativo, Executivo e Judicial[21].

A doutrina apresenta grande dissenso acerca do conteúdo e do uso do princípio da proteção da confiança, grande parte em decorrência de sua

---

[19] MEDEIROS, Rui; MIRANDA, Jorge. *Constituição portuguesa anotada*. 2. ed., Tomo I. Coimbra: Coimbra Editora, 2005. p. 102-103.

[20] CANOTILHO, José Joaquim Gomes. *Op. cit.*, p. 257.

[21] *Idem, ibidem*, p. 257.

construção essencialmente jurisprudencial, sem previsão normativa. Os traços comuns são: a identificação de sua raiz no princípio do Estado de Direito e o fato de determinar que o Estado não pode contrariar ou afetar as expectativas legítimas dos indivíduos, salvo se existir um interesse maior que justifique tal ingerência[22].

No Brasil, a aplicação desse princípio é recente e ainda bastante tímida, no entanto já existem julgados reconhecendo a dimensão subjetiva da segurança jurídica, que se traduz na proteção da confiança, inclusive no Supremo Tribunal Federal, a exemplo dos argumentos apresentados pelo Relator Ministro Cesar Peluso em seu voto no Mandado de Segurança nº 26.782/DF[23]: "tais ascensões funcionais são, pois, atos perfeitos, que já não podem ser alcançados pela revisão do Tribunal de Contas após o quinquênio legal [...] por força da decadência, nem ademais, sem ofensa aos subprincípios da confiança e da segurança jurídicas".

No Agravo Regimental em Mandado de Segurança nº 26.271 AgR/DF[24], o Relator Ministro Celso de Mello, citando uma decisão do Ministro Gilmar Mendes, entendeu que:

> O que se revela incontroverso, nesse contexto, é que, os postulados da segurança jurídica, da boa-fé objetiva e da proteção da confiança, enquanto expressões do Estado Democrático de Direito, mostram-se impregnados de elevado conteúdo ético, social e jurídico, projetando-se sobre as relações jurídicas, mesmo as de direito público ([Mandado de Segurança nº 24.268/MG] RTJ nº 191/922, Relator p/ o Acórdão Ministro Gilmar Mendes), em ordem a viabilizar a incidência desses mesmos princípios sobre comportamentos de qualquer dos Poderes ou órgãos do Estado [...].

Em seu voto, no Mandado de Segurança nº 24.268/MG, o Relator para o Acórdão Ministro Gilmar Mendes[25], discorreu sobre a aplicação do princípio

---

[22] MIRANDA, Jorge; MEDEIROS, Rui. *Op. cit.*, p. 102-103.

[23] STF, Supremo Tribunal Federal. *Mandado de Segurança – MS nº 26.782/DF*. Tribunal Pleno. Relator Ministro Cezar Peluso, julgado em 17 de dezembro de 2007. Publicado no *DJe*-031 de 21 de fevereiro de 2008.

[24] STF, Supremo Tribunal Federal. *Agravo Regimental em Mandado de Segurança nº 26.271 AgR/DF*. Segunda Turma. Relator Ministro Celso de Mello. Julgado em 04 de dezembro de 2012. Publicado no *DJe*-051 de 15 de março de 2013.

[25] STF, Supremo Tribunal Federal. *Mandado de Segurança nº 24.268/MG*. Tribunal Pleno. Relatora Ministra Ellen Gracie. Relator para o Acórdão Ministro Gilmar Mendes. Julgado em 05 de fevereiro de 2004. Publicado na *RTJ*, vol. 191, nº 03, p. 922 e ss.

da segurança jurídica, enquanto subprincípio do Estado de Direito, sob a forma de proteção à confiança. Para fundamentar seu ponto de vista, cita o jurista e filósofo alemão Karl Larenz, nos seguintes termos:

> É o que destaca Karl Larenz, que tem na consecução da paz jurídica um elemento nuclear do Estado de Direito material e também vê como aspecto do princípio da segurança o da confiança: "O ordenamento jurídico protege a confiança suscitada pelo comportamento do outro e não tem mais remédio que protegê-la, porque poder confiar (...) é condição fundamental para uma pacífica vida coletiva e uma conduta de cooperação entre os homens e, portanto, da paz jurídica" (Derecho Justo – Fundamentos de Ética Jurídica. Madri. Civitas, 1985, p. 91). O autor tedesco prossegue afirmando que o princípio da confiança tem um componente de ética jurídica, que se expressa no princípio da boa-fé. Diz: "Dito princípio consagra que uma confiança despertada de um modo imputável deve ser mantida quando efetivamente se creu nela. A suscitação da confiança é imputável, quando o que a suscita sabia ou tinha que saber que o outro ia confiar. Nesta medida é idêntico ao princípio da confiança. (...) Segundo a opinião atual, [este princípio da boa fé] se aplica nas relações jurídicas de direito público" (Derecho Justo – Fundamentos de Ética Jurídica. Madri. Civitas, 1985, p. 95 e 96[26].

Na interpretação de Gilmar Mendes[27], o princípio da confiança tem, no Brasil de hoje, "assento constitucional (princípio do Estado de Direito) e está disciplinado, parcialmente, no plano federal, na Lei nº 9.784, de 29 de janeiro de 1999, artigo 2º", concluindo que "como se vê, em verdade, a segurança jurídica, como subprincípio do Estado de Direito, assume valor ímpar no sistema jurídico, cabendo-lhe papel diferenciado na realização da própria ideia de justiça material".

Na ementa do Agravo Regimental em Mandado de Segurança nº 27.006[28], consta expressamente a adoção do princípio da confiança, nos seguintes termos:

---

[26] Gilmar Mendes *in* STF, Supremo Tribunal Federal. *Mandado de Segurança nº 24.268/MG. Op. cit.*, p. 935

[27] Gilmar Mendes *in* STF, Supremo Tribunal Federal. *Mandado de Segurança nº 24.268/MG. Op. cit.*, p. 936.

[28] STF, Supremo Tribunal Federal. *Agravo Regimental em Mandado de Segurança nº 27.006 AgR/DF*. Segunda Turma. Relator Ministro Celso de Mello. Julgado em 15 de março de 2016. Publicado no *DJe*-065 de 07 de abril de 2016.

Ementa: Mandado de Segurança. Apreciação, pelo Tribunal de Contas da União, da legalidade de atos de concessão inicial de aposentadoria. [...]. Existência, ainda, de outro fundamento constitucionalmente relevante: o princípio da segurança jurídica. A boa-fé e a proteção da confiança como projeções específicas do postulado da segurança jurídica. Situação de fato já consolidada no tempo que deve ser mantida em respeito à boa-fé e à confiança do administrado, inclusive do servidor público. Necessidade de preservação, em tal contexto, das situações constituídas no âmbito da administração pública. Caráter essencialmente alimentar do estipêndio funcional. Precedentes. Parecer da Procuradoria-Geral da República pelo não provimento do recurso. Recurso de agravo improvido.

A segurança jurídica e a proteção da confiança são princípios inseparáveis. O princípio da segurança jurídica que decorre da lei estável (princípio da legalidade), "sem o respeito ao princípio da proteção da confiança, cairá no vazio. Será um princípio inútil", conforme afirmamos[29]. Esta proteção da confiança significa a vinculação do Estado a um dever de boa-fé, de lealdade e de respeito aos particulares[30].

O conceito de segurança jurídica tem antecedentes nos princípios da estrita legalidade da confiança legítima e da boa-fé objetiva. O primeiro refere-se a questões que exigem constitucionalmente a intervenção do Poder Legislativo. O segundo, com a justificada expectativa de assumir apenas as obrigações contempladas no ordenamento jurídico, é protegido pela invocação da boa-fé. O princípio da boa-fé objetiva, enquanto conduta que o indivíduo teria numa determinada situação, impondo-lhe um comportamento de respeito para com o outro, é originário das relações privadas, mas irradia sua influência para o campo das relações jurídico-públicas.

A boa-fé no sentido objetivo institui "um dever das partes de, dentro de uma relação jurídica, se comportar tomando por fundamento a confiança que deve existir, de maneira correta e leal". Caracteriza-se, especificamente, como "retidão e honradez dos sujeitos de direito que participam de uma relação jurídica, pressupondo o fiel cumprimento do estabelecido"[31].

---

[29] HARADA, Kiyoshi. *Op. cit.*, p. 01.

[30] MIRANDA, Jorge. *Manual de direito constitucional*: direitos fundamentais. 5. ed., Tomo IV. Coimbra: Coimbra Editora, 2012. p. 312.

[31] MARTINS, Flávio Alves. *Boa-fé e sua formalização no direito das obrigações brasileiro.* Rio de Janeiro: Lumen Júris, 2000. p. 73.

A efetivação do princípio da estrita legalidade tributária depende da imbricação dos princípios da boa fé objetiva, da proteção da confiança e o da segurança jurídica. Esses elementos são essenciais para cumprir os princípios gerais de equidade e eficiência que norteiam o sistema tributário.

O princípio da segurança jurídica assume papel essencial no âmbito da Administração Pública, tanto que a Lei do Processo Administrativo Federal tratou de positivá-lo textualmente, como diretriz de observância obrigatória em seu artigo 2º que assim prescreve: " a Administração Pública obedecerá, dentre outros, aos princípios da legalidade, finalidade, motivação, razoabilidade, proporcionalidade, moralidade, ampla defesa, contraditório, segurança jurídica, interesse público e eficiência"[32].

Aliás, é difícil encontrar "uma ordem jurídico-normativa que não ostente o princípio da segurança". E considerando o direito tributário como setor especulativo "praticamente todos os países do mundo ocidental, ao reconhecerem aqueles vetores que se articulam axiologicamente, proclamam, na sua implicitude", a diretriz suprema da segurança jurídica[33].

Em matéria tributária, o princípio da segurança jurídica pode ser definido como a presunção de que todo contribuinte conhece seus deveres e prerrogativas em suas interações com a Administração Pública Tributária, uma vez que são precisamente predeterminados. A existência de um sistema jurídico constitui em si mesmo uma garantia dos princípios de segurança jurídica para o contribuinte, apesar do fato de que a legislação tributária brasileira é complexa, ambígua e sofre constantes modificações.

O princípio da segurança jurídica é universalmente reconhecido como representante da certeza do direito, da garantia de que estes não serão violados e da responsabilização no caso de ataques. O Estado, como máximo expoente do poder público e regulador das relações sociais, além de estabelecer as disposições legais, também tem a obrigação de criar âmbito geral de segurança jurídica, ao exercer os poderes Político, Jurídico e Legislativo. A finalidade última do Estado é assegurar os meios para que todos que operem em seu território gozem da estabilidade e da segurança para que seus direitos e garantias não sejam indevidamente violados.

---

[32] BRASIL, Legislação. *Lei nº 9.784, de 29 de janeiro de 1999.* Regula o processo administrativo no âmbito da Administração Pública Federal.

[33] CARVALHO, Paulo de Barros. *O princípio da segurança jurídica em matéria tributária. In: Revista Diálogo Jurídico*, nº 16. Salvador, mai./jun./jul./ago., 2007.

No domínio da tributação, a segurança jurídica implica para os cidadãos a possibilidade de conhecer antecipadamente os tributos que devem pagar e as isenções a que têm direito. Da mesma forma, a segurança jurídica implica para o Estado a certeza sobre o valor dos recursos que pode captar, o que lhe permite elaborar um orçamento de receitas e despesas e direcionar suas ações para a consecução de objetivos de longo ou curto prazo. Somente quando há certeza sobre os encargos tributários é possível alocar livre e adequadamente recursos na produção ou no consumo para obter o maior benefício. Em geral, a instabilidade do regime tributário, a falta de clareza das regras e a ineficiência da lei aumentam os custos não só do contribuinte, mas também da administração tributária, e levam à ineficiência e desigualdade.

É preciso enfatizar, contudo, que o princípio da segurança jurídica não se opõe radicalmente à dinâmica legislativa, vale dizer, às mudanças que precisam ser implementadas na lei de acordo com as necessidades sociais. O que se impõe, a partir da segurança jurídica, é a relativa estabilidade do sistema tributário e sua modificação de acordo com regras previamente definidas. Nesse sentido:

> Na atual sociedade de risco cresce a necessidade de atos provisórios e de atos precários a fim de a Administração Pública poder reagir à alteração das situações fáticas e reorientar a persecução do interesse público segundo os novos conhecimentos técnicos e científicos. Isto tem de articular-se com salvaguarda de outros princípios constitucionais, entre os quais se conta a proteção da confiança, a segurança jurídica, a boa-fé dos administrados e os direitos fundamentais[34].

Sem prejuízo das modificações que ocasionalmente devem ser efetuadas no regime tributário, as sucessivas mudanças de legislação constituem um fator de insegurança jurídica, na medida em que dificultam a compreensão das normas e impedem antecipar, dentro de um prazo razoável, o efeito tributário das decisões econômicas[35].

A segurança jurídica, na órbita do direito tributário, "encontra-se agasalhada e reflete-se através de outros princípios tributários, a exemplo da anterioridade e da irretroatividade das leis tributárias"[36]. Compreende

---

[34] CANOTILHO, José Joaquim Gomes. *Op. cit.*, p. 266.

[35] BERNAL, Juan José Fuentes. *Reflexiones sobre la seguridad jurídica en materia tributaria. In: Revista Impuestos*, nº 170. Colombia, mar./abr., 2012.

[36] TEODOROVICZ, Jeferson. *Segurança jurídica no direito tributário e modulação dos efeitos em decisões de inconstitucionalidade. In: Revista Tributária de Finanças Públicas*, vol. 131. São Paulo: RTRIB, nov./dez., 2016. p. 12.

tanto a irretroatividade como a estabilidade relativa dos tributos, levando-se em conta que a mera irretroatividade nem sempre é suficiente. Ademais, não se refere apenas às normas que conformam o sistema tributário, mas também as interpretações que as autoridades administrativas e judiciais fazem de ditas normas. Uma alteração abrupta na interpretação da lei vulnera a segurança jurídica especialmente se a nova interpretação for mais gravosa para os contribuintes e se pretende aplicá-la de modo retroativo, para atingir direitos ou atos ocorridos na vigência da interpretação anterior[37].

Esse princípio pressupõe a existência de um Poder Judiciário para fazer cumprir com celeridade e de forma contínua as normas jurídicas que estão em conformidade com os textos constitucionais e refutar, em tempo razoável, as normas não conformadas com os princípios tributários. São os aspectos, objetivo e subjetivo da segurança jurídica, conforme assinalamos[38].

A despeito, das cada vez mais constantes, referências à garantia da segurança jurídica pelo Supremo Tribunal Federal, para Leonardo David Quintiliano[39] "há mais um emprego retórico que técnico em sua jurisprudência. Contraditoriamente, o emprego da segurança jurídica pelo Supremo Tribunal Federal tem gerado insegurança jurídica". É justamente sobre a garantia da segurança jurídico-tributária pelo Supremo Tribunal Federal que trata o próximo tópico.

2. A Garantia da Segurança Jurídico-Tributária pelo Supremo Tribunal Federal

No âmbito da jurisprudência, a defesa da segurança jurídica depende da natureza das decisões judiciais.

Por um lado, existem as sentenças de nulidade e restauração do direito que visam aplicar a lei a casos específicos. Aqui são desenvolvidos critérios que permitem antecipar, em certa medida, o significado das disposições, como é o caso da chamada "doutrina do precedente", segundo a qual as sentenças podem se tornar uma regra para casos futuros análogos a seus fatos.

Essa doutrina faz parte da tendência que defende o valor da jurisprudência como fonte formal do direito, superando o antigo paradigma que a considera simplesmente como critério auxiliar de interpretação da lei. Neste sentido, afirma-se que uma posição repetida dos Tribunais no escopo das normas

---

[37] BERNAL, Juan José Fuentes. *Op. cit.*, p. 01.
[38] HARADA, Kiyoshi. *Op. cit.*, p. 01.
[39] QUINTILIANO, Leonardo David. *Op. cit.*, p. 150.

contra a mesma situação de fato adquire o valor de doutrina jurídica, ou seja, se torna norma para a solução de problemas que não são expressamente contemplados no sistema jurídico.

Por outro lado, existem as falhas da nulidade e da inaplicabilidade simples por meio das quais se estabelece que as normas não estão em conformidade com a lei ou a Constituição Política. Nesse caso, existe a teoria das "situações jurídicas consolidadas", que estabelece que os direitos adquiridos ao amparo de uma norma declarada nula ou inconstitucional não podem ser violados e, que a boa fé e a confiança daqueles que agiram sob a sua proteção devem ser protegidas na presunção de legalidade e constitucionalidade das disposições.

Cabe à jurisprudência a função de direcionar o sentido das respostas dadas a casos semelhantes e garantir a segurança jurídica, inclusive mecanismos constitucionalmente previstos de uniformização da jurisprudência do Supremo Tribunal Federal, que são as súmulas vinculantes. Conforme Teresa Arruda Alvim Wambier[40], "a jurisprudência consolidada garante a certeza e a previsibilidade; garante a igualdade entre os jurisdicionados; evidencia a submissão moral de respeito à sabedoria acumulada pela experiência e constrói uma presunção em *prol* do acerto do precedente". Resta saber quais são as consequências das eventuais mudanças na interpretação jurisprudencial em matéria tributária, especialmente à luz da dimensão subjetiva do princípio da segurança jurídica.

O problema ocorre quando o Supremo Tribunal Federal muda sua orientação, o que pode, eventualmente, agravar a situação da segurança jurídica, ao invés de garanti-la. Misabel Abreu Machado Derzi[41], quando trata das modificações jurisprudenciais faz uma comparação analógica entre decisões judiciais e lei, para incidência da irretroatividade, entendimento que, no seu pensar, vem sendo fortalecido com a percepção da possibilidade de invocação da proteção da confiança e da boa-fé para garantir a segurança jurídica.

Qualquer decisão do Supremo Tribunal Federal, tomada em caráter definitivo pelo Plenário, que deu resposta geral a uma questão jurídica geral, é uma jurisprudência consolidada e estável, independentemente do número de vezes que a questão foi apreciada. Quando o Supremo Tribunal Federal

[40] WAMBIER, Teresa Arruda Alvim. *Súmula vinculante*: figura do *common law*?. In: *Revista de Doutrina da 4ª Região*, nº 44. Porto Alegre, out. 2011.

[41] DERZI, Misabel Abreu Machado. *Limitações ao poder de tributar*. In: MARTINS, Ives Gandra da Silva; MENDES, Gilmar Ferreira. NASCIMENTO, Carlos Valder do (Coords.). *Tratado de direito constitucional*. 2. ed., vol. 02. São Paulo: Saraiva, 2012.

encontra outra resposta para essa pergunta geral consolidada anteriormente, ocorre uma reviravolta, uma alteração, ou seja, a modificação da jurisprudência. As mudanças jurisprudenciais são possíveis e necessárias, porém, precisam atender a alguns critérios para não provocarem insegurança jurídica, especialmente quanto ao momento da incidência da nova tese. Segundo Misabel Abreu Machado Derzi[42], o marco "decisivo para a identificação dos atos e fatos pretéritos continuará sendo a data da vigência da sentença modificadora". Nas suas palavras:

> O momento da vigência da jurisprudência inovadora que altera a jurisprudência anterior deverá ser o marco decisivo. Todos aqueles atos-fatos pretéritos (porque ocorridos antes do início da vigência da nova jurisprudência), sob a vigência do precedente superado, deverão ser protegidos. Resulta daí que nem os fatos, propriamente ditos, nem os efeitos que deles decorrem poderão ser atingidos pela mudança de orientação, pela jurisprudência inovadora. A modulação dos efeitos da decisão nova deveria ser a regra, tal a força do princípio da irretroatividade entre nós[43].

Prossegue argumentando que "não tem cabimento pretender saber se, antes do termo inicial da vigência da norma judicial inovadora, o contribuinte teria depositado confiança legítima na jurisprudência superada, e em que grau". E conclui: "assim como a confiança é pressuposta em relação às leis, o mesmo raciocínio, mais objetivo, deverá comandar a aplicação do princípio da irretroatividade às modificações jurisprudenciais".

Como exemplo ilustrativo de análise, tem-se, em matéria tributária, a questão da base de cálculo do Imposto sobre Operações relativas à Circulação de Mercadorias e Prestação de Serviços de Transporte Interestadual e Intermunicipal e de Comunicação – ICMS e a cumulatividade.

Na decisão do Recurso Extraordinário nº 161.031/MG, do dia 24 de março de 1997, consta que a redução na base de cálculo do ICMS não caracteriza isenção parcial, mas incidência reduzida, não autorizando, destarte, a proibição da compensação do valor recolhido na operação anterior[44].

---

[42] DERZI, Misabel Abreu Machado. *Op. cit.*
[43] DERZI, Misabel Abreu Machado. *Op. cit.*
[44] PEREIRA, Fabiana Augusta de Araújo. *Sobreprincípio da segurança jurídica em matéria tributária. In: Revista Jus Navigandi*, ISSN 1518-4862, ano 17, nº 3452. Teresina, 13 dez. 2012.

Ementa: ICMS. Princípio da não cumulatividade. Mercadoria usada. Base de incidência menor. Proibição de crédito. Inconstitucionalidade. Conflita com o princípio da não cumulatividade norma vedadora da compensação do valor recolhido na operação anterior. O fato de ter-se a diminuição valorativa da base de incidência não autoriza, sob o ângulo constitucional, tal proibição. Os preceitos das alíneas "a" e "b", do inciso II, do parágrafo 2º, do artigo 155, da Constituição Federal de 1988, somente têm pertinência em caso de isenção ou não incidência, no que voltadas à totalidade do tributo, institutos inconfundíveis com o benefício fiscal em questão[45].

Tempos depois, agora em 2005, o Supremo Tribunal Federal mudou seu entendimento, decidindo que a redução da base de cálculo do ICMS é, sim, hipótese de isenção fiscal parcial, motivo pelo qual é possível que o crédito seja aproveitado pelo contribuinte:

Ementa: Tributo. Imposto sobre Circulação de Mercadorias. ICMS. Créditos relativos à entrada de insumos usados em industrialização de produtos cujas saídas foram realizadas com redução da base de cálculo. Caso de isenção fiscal parcial. Previsão de estorno proporcional. Artigo 41, inciso IV, da Lei Estadual nº 6.374 de 1989, e artigo 32, inciso II, do Convênio ICMS nº 66 de 1988. Constitucionalidade reconhecida. Segurança denegada. Improvimento ao recurso. Aplicação do artigo 155, parágrafo 2º, inciso II, letra "b", da Constituição Federal de 1988. Voto vencido. São constitucionais o artigo 41, inciso IV, da Lei nº 6.374 de 1989, do Estado de São Paulo, e o artigo 32, incisos I e II, do Convênio ICMS nº 66/1988[46].

Em novembro de 2013 o Supremo Tribunal Federal[47] reconheceu a repercussão geral no Recurso Extraordinário nº 781.926 RG/GO que discutia

---

[45] STF, Supremo Tribunal Federal. *Recurso Extraordinário nº 161.031/MG*. Tribunal Pleno. Relator Ministro Marco Aurélio. Julgado em 24 de março de 1997. Publicado no *DJ* de 06 de junho de 1997, p. 24881.

[46] STF, Supremo Tribunal Federal. *Recurso Extraordinário nº 174.478/SP*. Tribunal Pleno. Relator Ministro Marco Aurélio. Relator para o Acórdão Ministro Cezar Peluso. Julgado em 17 de março de 2005. Publicado no *DJ* de 30 de setembro de 2005, p. 05.

[47] "Ementa: Recurso Extraordinário com Agravo. Tributário. Imposto sobre Circulação de Mercadorias e Serviços – ICMS. Aquisição de mercadoria com diferimento. Direito a creditamento do tributo. Vedação. Hipótese de substituição tributária para trás. Alegada violação ao princípio da não cumulatividade. ADI nº 4.171. Repercussão geral reconhecida. Decisão: O Tribunal, por unanimidade, reputou constitucional a questão. O Tribunal, por unanimidade, reconheceu a existência de repercussão geral da questão constitucional suscitada" (STF, Supremo Tribunal

sobre a interpretação do artigo 155, parágrafo 2º, da Constituição Federal de 1988[48]. O Relator, Ministro Luiz Fux considerou necessário o enfrentamento pelo Plenário do tema de fundo, "com o fim de se estabelecer, com segurança jurídica desejada, o alcance da norma constitucional"[49]. Este recurso segue em tramitação, concluso ao relator desde 23 de agosto de 2019.

Mais tarde o tema voltou à pauta do Supremo Tribunal Federal, no Recurso Extraordinário nº 635.688/RS, com repercussão geral reconhecida, julgado em 16 de outubro de 2014 em conjunto com o Recurso Extraordinário nº 477.323/RS[50], que havia sido admitido em momento anterior à exigência de repercussão geral no Supremo Tribunal Federal:

> Ementa: Recurso Extraordinário. 2. Direito Tributário. ICMS. 3. Não cumulatividade. Interpretação do disposto artigo 155, parágrafo 2º, inciso II, da Constituição Federal de 1988. Redução de base de cálculo. Isenção parcial. Anulação proporcional dos créditos relativos às operações anteriores, salvo determinação legal em contrário na legislação estadual. 4. Previsão em convênio (CONFAZ). Natureza autorizativa. Ausência de determinação legal estadual para manutenção integral dos créditos. Anulação proporcional do crédito relativo às operações anteriores. 5. Repercussão geral. 6. Recurso extraordinário não provido[51].

Federal. *Repercussão Geral no Recurso Extraordinário nº 781.926 RG/GO*. Tribunal Pleno. Relator Ministro Luiz Fux. Julgado em 23 de novembro de 2013. Publicado no *DJe*-044 de 05 de março de 2014.

[48] "Artigo 155: compete aos Estados e ao Distrito Federal instituir impostos sobre: [...]; II – operações relativas à circulação de mercadorias e sobre prestações de serviços de transporte interestadual e intermunicipal e de comunicação, ainda que as operações e as prestações se iniciem no exterior; [...]. Parágrafo 2º: O imposto previsto no inciso II atenderá ao seguinte: [...]; II – a isenção ou não incidência, salvo determinação em contrário da legislação: a) não implicará crédito para compensação com o montante devido nas operações ou prestações seguintes; b) acarretará a anulação do crédito relativo às operações anteriores; [...]" (Constituição Federal de 1988).

[49] STF, Supremo Tribunal Federal. *STF julgará direito a crédito de ICMS requerido por distribuidora de combustíveis. In: Notícias do STF*, de 09 de janeiro de 2014.

[50] "Ementa: Imposto sobre Circulação de Mercadorias e Serviços. Base de incidência reduzida. Sistema opcional. Sendo opcional o sistema a envolver base do tributo reduzida, não se tem violência ao princípio da não cumulatividade no que considerado o crédito de forma proporcional" (STF, Supremo Tribunal Federal. *Recurso Extraordinário nº 477.323/RS*. Tribunal Pleno. Relator Ministro Marco Aurélio. Julgado em 16 de outubro de 2014. Publicado no *DJe*-027 de 09 de fevereiro de 2015.

[51] STF, Supremo Tribunal Federal. *Recurso Extraordinário nº 635.688/RS*. Tribunal Pleno. Relator Ministro Gilmar Mendes. Julgado em 16 de outubro de 2014. Publicado no *DJe*-030 de 12 de fevereiro de 2015.

O Plenário reafirmou sua posição de que para fins de utilização de créditos do ICMS a redução da base de cálculo equivale a uma isenção parcial. Em seu voto, o Relator Ministro Gilmar Mendes citou como precedente o Recurso Extraordinário n⁰ 174.478/SP de 2005, que rejeitou o pedido do contribuinte sob o argumento de que a redução da base de cálculo do ICMS equivale a uma isenção parcial[52].

O voto do Ministro Gilmar Mendes foi acompanhado pela maioria dos ministros, vencido o Ministro Marco Aurélio, que foi relator do Recurso Extraordinário n⁰ 161.031/MG, do dia 24 de março de 1997, que na época levou o Supremo Tribunal Federal a acolher entendimento diverso, afastando a aplicação do artigo 155, parágrafo 2⁰, "a" e "b", da Constituição Federal de 1988 em relação aos casos de redução da base de cálculo. O Recurso Extraordinário n⁰ 635.688/RS segue em tramitação no Supremo Tribunal Federal.

Já o Recurso Extraordinário n⁰ 477.323/RS[53], relatado pelo Ministro Gilmar Mendes, no qual o Tribunal de origem declarara que a Administração Tributária Estadual não pode negar o direito de o contribuinte fazer uso de créditos do ICMS, na sua integralidade, mesmo na hipótese de operações de saídas tributadas sob o regime de base de cálculo reduzida, ou seja, a tese de que é preciso garantir ao contribuinte o creditamento do ICMS na integralidade[54], transitou em julgado em fevereiro de 2015, com a seguinte ementa:

> Ementa: Imposto sobre Circulação de Mercadorias e Serviços. Base de incidência reduzida. Sistema opcional. Sendo opcional o sistema a envolver base do tributo reduzida, não se tem violência ao princípio da não cumulatividade no que considerado o crédito de forma proporcional[55].

O Supremo Tribunal Federal firmou jurisprudência no sentido de que:

> [...] a redução da base de cálculo de ICMS equivale à hipótese de isenção parcial, a acarretar a anulação proporcional de crédito desse mesmo imposto, relativo às operações anteriores, salvo disposição em lei estadual em sentido contrário.

---

[52] RCJ, Revista Consultor Jurídico. *Isenção parcial*: base de cálculo menor pode reduzir crédito de ICMS, define Plenário do STF. *In: Revista Consultor Jurídico*, 17 de outubro de 2014.

[53] STF, Supremo Tribunal Federal. *Recurso Extraordinário n⁰ 477.323/RS. Op. cit.*

[54] STF, Supremo Tribunal Federal. *Informativo n⁰ 763*. Brasília, a 13 de 17 de outubro 2014.

[55] STF, Supremo Tribunal Federal. *Recurso Extraordinário n⁰ 477.323/RS. Op. cit.*

Assim, reduzida a base de cálculo, tem-se impossibilitado o creditamento integral, sem que se possa falar em ofensa ao princípio da não cumulatividade (Constituição Federal de 1988, artigo 155, parágrafo 2º, inciso II, alínea "b")[56].

Foi essa a conclusão do Plenário do Supremo Tribunal Federal ao julgar conjuntamente os dois recursos extraordinários que discutiam a possibilidade de estorno proporcional de crédito de ICMS quando as operações subsequentes estivessem sujeitas à redução de base de cálculo. O Supremo Tribunal Federal manteve o posicionamento adotado no Recurso Extraordinário nº 174.478/SP de 2005, assentado na tese de que a redução de base de cálculo deve ser tomada para efeito do que dispõe o artigo 155, parágrafo 2º, da Constituição Federal de 1988, como forma de isenção parcial.

Também tem a questão do ICMS na base de cálculo do PIS/Cofins, que foi discutida no Recurso Extraordinário com Repercussão Geral nº 574.706 RG/PR, de 2017[57]:

> Ementa: Recurso Extraordinário com Repercussão Geral. Exclusão do ICMS na base de cálculo do PIS e Cofins. Definição de faturamento. Apuração escritural do ICMS e regime de não cumulatividade. Recurso provido. 1. Inviável a apuração do ICMS tomando-se cada mercadoria ou serviço e a correspondente cadeia, adota-se o sistema de apuração contábil. O montante de ICMS a recolher é apurado mês a mês, considerando-se o total de créditos decorrentes de aquisições e o total de débitos gerados nas saídas de mercadorias ou serviços: análise contábil ou escritural do ICMS. 2. A análise jurídica do princípio da não cumulatividade aplicado ao ICMS há de atentar ao disposto no artigo 155, parágrafo 2º, inciso I, da Constituição Federal de 1988, cumprindo-se o princípio da não cumulatividade a cada operação. 3. O regime da não cumulatividade impõe concluir, conquanto se tenha a escrituração da parcela ainda a se compensar do ICMS, não se incluir todo ele na definição de faturamento aproveitado por este Supremo Tribunal Federal. O ICMS não compõe a base de cálculo para incidência do PIS e da COFINS. 3. Se o artigo 3º, parágrafo 2º, inciso I, *in fine*, da Lei nº 9.718, de 1998 excluiu da base de cálculo daquelas contribuições

---

[56] STF, Supremo Tribunal Federal. *Informativo nº 763. Op. cit.* p. 01.
[57] STF, Supremo Tribunal Federal. *Recurso Extraordinário com Repercussão Geral nº 574.706 RG/PR.* Tribunal Pleno. Relatora Ministra Cármen Lúcia. Julgado em 15 de março de 2017. Publicado no *DJe*-223 de 29 de setembro de 2017.

sociais o ICMS transferido integralmente para os Estados, deve ser enfatizado que não há como se excluir a transferência parcial decorrente do regime de não cumulatividade em determinado momento da dinâmica das operações. 4. Recurso provido para excluir o ICMS da base de cálculo da contribuição ao PIS e da COFINS.

Apesar das decisões, em alguns casos ainda estão pendentes de julgamento os embargos de declaração que podem levar à modulação dos efeitos da decisão. Enquanto a situação permanecer indefinida, é possível nova reinterpretação tanto pela Administração Tributária, quanto pelos contribuintes. O célere julgamento dos embargos é imperioso à garantia da segurança jurídica. A demora na prestação judicial pelo Supremo Tribunal Federal pode obstruir a sua função de pacificação social.

Em relação ao ISS, o STF firmou o entendimento de que o conceito de serviços é aquele previsto no direito civil, expressando uma obrigação de fazer, conforme decidido no RE nº 116.121/SP:

> [...] A douta orientação da ilustrada Turma Julgadora, enfrenta "data vênia", obstáculo na caracterização de locação de coisa como serviço. De fato, configura obrigação de dar, consistente na entrega do bem locado e não de fazer, esta última, própria da locação de serviços. As duas espécies revelam-se distintas, não sendo possível atribuir-lhes idêntico regime jurídico tributário[58].

Passados mais de três lustros o Colendo STF, partindo da premissa de que o art. 110 do CTN não veicula regra de interpretação constitucional, alterou seu entendimento sustentando a autonomia conceitual de serviço, conforme decisão proferida no RE nº 651.703/PR:

> [...] O art. 156, III, da CRFB/88, ao referir-se a serviços de qualquer natureza não os adstringiu às típicas obrigações de fazer, já que raciocínio adverso conduziria à afirmação de que haveria serviço apenas nas prestações de fazer, nos termos do que define o Direito Privado, o que contrasta com a maior amplitude semântica do termo adotado pela Constituição, a qual inevitavelmente leva à ampliação da competência tributária na incidência do ISSQN[59].

---

[58] STF, Supremo Tribunal Federal. *Recurso Extraordinário nº 116.121/SP*. Tribunal Pleno. Relator Ministro Octavio Gallotti. Relator para Acórdão Ministro Marco Aurélio, *DJ* 25-5-2001.
[59] STF, Supremo Tribunal Federal. *Recurso Extraordinário nº 651.703/PR*. Tribunal Pleno. Relator Ministro Luiz Fux, *DJe* 26-4-2017.

Existem muitas outras pautas tributárias do Supremo Tribunal Federal que ainda não foram resolvidas e acabam gerando insegurança, a exemplo da mutação jurisprudencial que ocorreu da decisão do Recurso Extraordinário nº 350.446/PR, de 2003 para a tese do Recurso Extraordinário nº 370.682-9/SC, de 2007, no caso da presunção de crédito de IPI em relação às operações sujeitas à alíquota zero:

> Ementa: constitucional. Tributário. IPI. Creditamento. Insumos isentos, sujeitos à alíquota zero. Se o contribuinte do IPI pode creditar o valor dos insumos adquiridos sob o regime de isenção, inexiste razão para deixar de reconhecer-lhe o mesmo direito na aquisição de insumos favorecidos pela alíquota zero, pois nada extrema, na prática, as referidas figuras desonerativas, notadamente quando se trata de aplicar o princípio da não cumulatividade. A isenção e a alíquota zero em um dos elos da cadeia produtiva desapareceriam quando da operação subsequente, se não admitido o crédito. Recurso não conhecido[60].

Esse entendimento foi alterado em 2007 pelo julgamento do Recurso Extraordinário – RE nº 370.682/SC, em que se negou ao contribuinte o direito de creditar o IPI nas operações tributadas à alíquota zero:

> Ementa: Recurso Extraordinário. Tributário. 2. IPI. Crédito Presumido. Insumos sujeitos à alíquota zero ou não tributados. Inexistência. 3. Os princípios da não cumulatividade e da seletividade não ensejam direito de crédito presumido de IPI para o contribuinte adquirente de insumos não tributados ou sujeitos à alíquota zero. 4. Recurso extraordinário provido[61].

De acordo com o parágrafo 3º, do artigo 927, do Código de Processo Civil[62], "na hipótese de alteração de jurisprudência dominante do Supremo Tribunal Federal e dos tribunais superiores ou daquela oriunda de julgamento de casos repetitivos, pode haver modulação dos efeitos da alteração no interesse social

---

[60] STF, Supremo Tribunal Federal. *Recurso Extraordinário nº 350.446/PR*. Tribunal Pleno. Relator Ministro Nelson Jobim. Julgado em 18 de dezembro de 2002. Publicado no *DJ* de 06 de junho de 2003.

[61] STF, Supremo Tribunal Federal. *Recurso Extraordinário nº 370.682/SC*. Tribunal Pleno. Relator Ministro Ilmar Galvão. Relator para o Acórdão Ministro Gilmar Mendes. Julgado em 25 de junho de 2007. Publicado no *DJe*-165 de 18 de dezembro de 2007.

[62] BRASIL, Legislação. *Lei nº 13.105, de 16 de março de 2015. Código de Processo Civil.*

e no da segurança jurídica"[63]. De fato, os efeitos das decisões proferidas pelo Supremo Tribunal Federal precisam ser modulados para que a segurança jurídica resulte garantida. Ao se referir ao instituto da modulação dos efeitos das decisões do Supremo Tribunal Federal, Arnaldo Esteves Lima pontua que se trata de uma:

> Disposição sábia, medular, respeitosa aos princípios da boa-fé objetiva, da confiança legítima, além da estabilidade jurídica, como prescrito, pois o jurisdicionado que se conduziu, em sua vida pessoal ou empresarial, em consonância com decisão do Poder Judiciário, que lhe fora favorável, evidente que a superveniência de julgamento diverso, da mesma norma, pelo Supremo Tribunal Federal, não deve lhe trazer verdadeiro transtorno e instabilidade, que poderia desorganizar no plano material, o seu planejamento, a regularidade de suas atividades pessoais e negociais, tendo, eventualmente, de arcar com ônus financeiros com os quais não contava, pois sua conduta fora consentânea com anterior e favorável decisão do referido Poder [...][64].

A própria Lei de Introdução às Normas do Direito Brasileiro – LINDB, em seu artigo 3º, dispõe que "as autoridades públicas devem atuar para aumentar a segurança jurídica na aplicação das normas, inclusive por meio de regulamentos, súmulas administrativas e respostas a consultas"[65], eis que:

> [...] a eventual inconstitucionalidade ou desconformidade interpretativa, por ele declarada, haverá de merecer, de sua parte, a necessária mitigação, modulação, de modo a preservar, em respeito à boa fé, a estabilidade, enfim, a confiabilidade institucional, a situação daqueles que agiram em consonância com decisões judiciais regularmente obtidas, cujos fundamentos jurídicos, no entanto, vieram a ser infirmados pela Excelsa Corte, em juízo de constitucionalidade[66].

Outro tema constantemente questionado e que tem causado insegurança jurídica diz respeito à incidência de ICMS sobre serviços acessórios aos

---

[63] Vide, também, artigo 525, parágrafo 13 e artigo 535, parágrafo 6º, ambos do Código de Processo Civil.

[64] LIMA, Arnaldo Esteves. *Comentários sobre relativização da coisa julgada e ação rescisória. In: Opinião*, 04 de setembro de 2019.

[65] BRASIL, Legislação. *Decreto-Lei nº 4.657, de 4 de setembro de 1942. Lei de Introdução às Normas do Direito Brasileiro.*

[66] LIMA, Arnaldo Esteves. *Op. cit.*, p. 01.

de comunicação (*softwares*). O julgamento do Recurso Extraordinário nº 176.626-3/SP em 1998 não conseguiu pacificar o tema, ao contrário, acabou gerando divergências interpretativas em todas as esferas da Federação brasileira, inclusive dando ensejo à impetração de várias Ações Diretas de Inconstitucionalidade abordando o tema:

> Ementa: I. Recurso extraordinário. [...]. II. questão constitucional: âmbito de incidência possível dos impostos previstos na Constituição: ICMS e mercadoria. Sendo a mercadoria o objeto material da norma de competência dos Estados para tributar-lhe a circulação, a controvérsia sobre se determinado bem constitui mercadoria é questão constitucional em que se pode fundar o recurso extraordinário. III. Programa de computador (*software*): tratamento tributário: distinção necessária. Não tendo por objeto uma mercadoria, mas um bem incorpóreo, sobre as operações de "licenciamento ou cessão do direito de uso de programas de computador" "matéria exclusiva da lide", efetivamente não podem os Estados instituir ICMS: dessa impossibilidade, entretanto, não resulta que, de logo, se esteja também a subtrair do campo constitucional de incidência do ICMS a circulação de cópias ou exemplares dos programas de computador produzidos em série e comercializados no varejo – como a do chamado *software* de prateleira (*off the shelf*) – os quais, materializando o *corpus mechanicum* da criação intelectual do programa, constituem mercadorias postas no comércio[67].

Por exemplo, está esperando por julgamento pelo Supremo Tribunal Federal a ação direta de inconstitucionalidade – ADI nº 1.945/MT, impetrada em 1999, tratando da questão da incidência ou não do ICMS sobre softwares adquiridos por meio de transferência eletrônica de dados. A liminar só veio a ser julgada (e indeferida), no dia 26 de maio de 2010. Inclusive por se tratar de um nicho econômico muito dinâmico, o Supremo Tribunal Federal deve ser muito mais rápido e eficiente nas decisões. Como existem muitas ações judiciais sobre o tema[68], o julgamento conjunto também poderia devolver um pouco da segurança jurídica necessária, evitando divergências

---

[67] STF, Supremo Tribunal Federal. *Recurso Extraordinário nº 176.626/SP*. Primeira Turma. Relator Ministro Sepúlveda Pertence. Julgado em 10 de novembro de 1998. Publicado no *DJ* de 11 de dezembro de 1998.

[68] Por exemplo: a Ação Direta de Inconstitucionalidade – ADI nº 4.413/DF, em tramitação desde 2010, a Ação Direta de Inconstitucionalidade – ADI nº 5.659/MG, em tramitação desde 2017, dentre outras.

de entendimentos ou mesmo revisitações que geram ainda mais confusões e inseguranças.

Matéria que também causa insegurança jurídica em razão das decisões do Supremo Tribunal Federal diz respeito à coisa julgada em matéria tributária. Como exemplo tem-se a Repercussão Geral no Recurso Extraordinário nº 955.227 RG/SC, de 2016, e o Recurso Extraordinário nº 949.297/CE, de 2010.

O primeiro trata da verificação dos efeitos das decisões do Supremo Tribunal Federal sobre a coisa julgada formada nas relações tributárias de trato continuado em tribunais e juízes inferiores, ou seja, "naquelas que se sucedem no tempo, possuindo semelhantes elementos formadores e dando ensejo a consecutivas incidências da norma tributária"[69]:

> Ementa: Direito constitucional e direito tributário. Sentença que declara existência ou inexistência de relação jurídica tributária. Eficácia das decisões do Supremo Tribunal Federal em controle difuso. Coisa julgada. Efeitos futuros. Relações de trato continuado. Presença de repercussão geral. 1. Constitui questão constitucional saber se e como as decisões do Supremo Tribunal Federal em sede de controle difuso fazem cessar os efeitos futuros da coisa julgada em matéria tributária, quando a sentença tiver se baseado na constitucionalidade ou inconstitucionalidade do tributo. 2. Repercussão geral reconhecida[70].

Já o Recurso Extraordinário nº 949.297/CE discute:

> Decisão: [...] o limite da coisa julgada em âmbito tributário, na hipótese de o contribuinte ter em seu favor decisão judicial transitada em julgado que declare a inexistência de relação jurídico-tributária, ao fundamento de inconstitucionalidade incidental de tributo, por sua vez declarado constitucional, em momento posterior, na via do controle concentrado e abstrato de constitucionalidade exercido pelo Supremo Tribunal Federal – STF[71].

---

[69] Roberto Barroso *in* STF, Supremo Tribunal Federal. *Repercussão Geral no Recurso Extraordinário nº 955.227 RG/SC.* Tribunal Pleno. Relator Ministro Roberto Barroso. Julgado em 31 de março de 2016. Publicado no *DJe*-081 de 26 de abril de 2016.

[70] STF, Supremo Tribunal Federal. *Repercussão Geral no Recurso Extraordinário nº 955.227 RG/SC. Op. cit.*

[71] STF, Supremo Tribunal Federal. *Recurso Extraordinário nº 949.297/CE.* Decisão Monocrática. Relator Ministro Edson Fachin. Julgado em 17 de fevereiro de 2020. Publicado no *DJe*-038 de 20 de fevereiro de 2020.

A falta de posicionamento claro também sobre a coisa julgada em matéria tributária, inclusive sobre o alcance, ou não, da ação rescisória, fomenta a insegurança jurídica.

Apesar das dificuldades e dos problemas apontados, o Supremo Tribunal Federal tem se empenhado em ações que garantam a segurança jurídica, como a apresentação da pauta de julgamento com antecedência e a prática da modulação dos efeitos de suas decisões.

A atual gestão do Supremo Tribunal Federal passou a pauta de julgamentos com seis meses de antecedência. Em se tratando de matéria tributária, tal medida é ainda mais importante, já que as discussões normalmente envolvem somas significativas e representam temas de influência direta nos negócios e na vida das pessoas em geral. A divulgação do prazo "permite que a sociedade civil possa se programar para promover discussões das matérias a serem julgadas, amadurecendo as posições e propiciando ao Tribunal uma base sólida de argumentos e impactos para tomada de decisão"[72].

O Supremo Tribunal Federal, seguindo o entendimento majoritário da doutrina e as decisões da ação direta de inconstitucionalidade – ADI nº 4.481/PR, de 2015 e da ação direta de inconstitucionalidade – ADI nº 3.796/PR, de 2017, tem se preocupado em modular os efeitos de suas decisões:

> Ementa: I. Tributário. Lei Estadual que institui benefícios fiscais relativos ao ICMS. Ausência de convênio interestadual prévio. Ofensa ao artigo 155, parágrafo 2º, inciso XII, alínea "g", da Constituição Federal de 1988. Controle de constitucionalidade. Modulação dos efeitos temporais. 1. A instituição de benefícios fiscais relativos ao ICMS só pode ser realizada com base em convênio interestadual, na forma do artigo 155, parágrafo 2º, inciso XII, alínea "g", da Constituição Federal de 1988 e da Lei Complementar nº 24, de 1975. 2. De acordo com a jurisprudência do STF, o mero diferimento do pagamento de débitos relativos ao ICMS, sem a concessão de qualquer redução do valor devido, não configura benefício fiscal, de modo que pode ser estabelecido sem convênio prévio. 3. A modulação dos efeitos temporais da decisão que declara a inconstitucionalidade decorre da ponderação entre a disposição constitucional tida por violada e os princípios da boa-fé e da segurança jurídica, uma vez que a

---

[72] SANTI, Eurico Marcos Diniz de. CYPRIANO, Gabriel Franchito; ALHO NETO, João; COOKE, Lina Santin; CAMPEDELLI, Laura Romano. *Pautas tributárias no Supremo e a questão da segurança jurídica. In: Consultor Jurídico*, Opinião, de 08 de maio de 2019.

norma vigorou por oito anos sem que fosse suspensa pelo STF. A supremacia da Constituição é um pressuposto do sistema de controle de constitucionalidade, sendo insuscetível de ponderação por impossibilidade lógica. 4. Procedência parcial do pedido. Modulação para que a decisão produza efeitos a contatar da data da sessão de julgamento[73].

A ação direta de inconstitucionalidade – ADI nº 3.796/PR[74], de 2017, sob a relatoria do Ministro Gilmar Mendes, declarou a inconstitucionalidade das leis paranaenses que instituíram benefícios fiscais de ICMS sem a prévia aprovação do Confaz:

> Ementa: Ação Direta de Inconstitucionalidade. 2. Lei nº 15.054, de 2006 do Estado do Paraná que restabelece benefícios fiscais no âmbito dos programas Bom Emprego, Paraná Mais Emprego e Desenvolvimento Econômico, Tecnológico e Social do Paraná – PRODEPAR. 3. Vício de iniciativa. Matéria tributária. Inexistência de iniciativa exclusiva do Chefe do Executivo. Precedentes. 4. Violação do artigo 14 da Lei de Responsabilidade Fiscal. Afronta ao artigo 163, inciso I, da Constituição Federal de 1988. Impossibilidade de adoção de dispositivos infraconstitucionais como parâmetro de controle. Precedentes. 5. Inexistência de violação à isonomia. 6. Causa de pedir aberta. Ofensa à alínea "g" do inciso XII do parágrafo 2º do artigo 155 da Constituição Federal de 1988 ("guerra fiscal".) Concessão unilateral de benefício fiscal no âmbito do ICMS. Inconstitucionalidade. Precedentes. 7. Ação direta de inconstitucionalidade julgada procedente[75].

A orientação do Supremo Tribunal Federal sempre foi no sentido contrário à modulação de efeitos em matéria tributária, especialmente no tema da guerra fiscal. No entanto, diante do exposto, verifica-se que existem razões de segurança jurídica e de interesse social que justificam a mudança

---

[73] STF, Supremo Tribunal Federal. *Ação Direta de Inconstitucionalidade – ADI nº 4.481/PR*. Tribunal Pleno. Relator Ministro Roberto Barroso. Julgado em 11 de março de 2015. Publicado no *DJe*-092 de 18 de maio de 2015.

[74] STF, Supremo Tribunal Federal. *Ação Direta de Inconstitucionalidade – ADI nº 3.796/PR*. Tribunal Pleno. Relator Ministro Gilmar Mendes. Julgado em 08 de março de 2017. Publicado no *DJe*-168 de 32 de julho de 2017.

[75] STF, Supremo Tribunal Federal. *Ação Direta de Inconstitucionalidade – ADI nº 3.796/PR*. Tribunal Pleno. Relator Ministro Gilmar Mendes. Julgado em 08 de março de 2017. Publicado no *DJe*-168 de 32 de julho de 2017.

de entendimento agora favorável à modulação dos efeitos das decisões do Supremo Tribunal Federal em matéria tributária.

Existem movimentos importantes no sentido da fiel observância do princípio da segurança jurídica das decisões emitidas pelo Supremo Tribunal Federal em matéria tributária, e a consequente busca pela padronização das inteligências discordantes, vem sendo gradualmente consideradas por meio da instituição de diversas estruturas de uniformização jurisprudencial, contudo é importante que sejam realizadas vigilâncias, reavaliações e adaptações constantes desses instrumentos à dinâmica e à complexização da vida e da sociedade.

Conclusões: Principais Causas da Insegurança Jurídica em Matéria Tributária no Brasil

As atuais exigências das administrações fiscais em todo o mundo relativizam o princípio da segurança jurídica. Isso se observa fundamentalmente nos países onde a sensibilidade jurídica, a existência de regras de jogo claras e o saber são os valores cada vez mais depreciados, aparecendo como o denominador comum da relação entre o Estado e os contribuintes.

A garantia da segurança jurídico-tributária depende da elaboração de normas estáveis, claras, objetivas e conformadas com os textos constitucionais. Quando o Estado altera constantemente as leis tributárias, especialmente para atingir o passado, pode afetar o princípio da proteção da confiança que, a exemplo do princípio da segurança jurídica, também decorre do já citado artigo 1º da Constituição Federal de 1988, inserido como elemento conceitual do Estado de Direito.

O desenvolvimento jurídico e doutrinário do princípio da segurança jurídica no campo da tributação busca garantir certeza em relação ao regime aplicável, especialmente quando novas disposições são incorporadas ou modificadas. A salvaguarda da segurança jurídica também é necessária quando as regras são abolidas por meio de revogação, anulação e inaplicabilidade, ou simplesmente quando surgem novas interpretações da lei.

Algumas dessas mudanças devem-se à adoção de políticas baseadas na conjuntura econômica. Outras, no entanto, frequentemente decorrem da complexidade das disposições e de sua proliferação, se não da existência de lacunas legais e da falta de unidade de julgamento na prática da hermenêutica. Esses fatores, que se referem ao trabalho de legisladores, juízes e funcionários públicos violam a confiança no sistema e aumentam o custo dos tributos.

Em geral, a segurança jurídica é ameaçada pela mudança frequente das regras, pelo excesso de provisões, pela falta de clareza e publicidade dos preceitos tributários, pela duração indeterminada dos procedimentos e pela aplicação de critérios variáveis ou fora de contexto ao definir o escopo da lei.

Muitas são as denúncias de que a complexidade da regulamentação tributária, o aumento do número de procedimentos que os contribuintes devem executar e decisões divergentes emitidas pelos tribunais, criam insegurança e aumentam os custos tributários tanto para os contribuintes, quanto para a Administração Tributária[76].

O contribuinte tem o direito a que as expectativas de confiança legítima na criação e aplicação das normas jurídicas sejam efetivas, e que a certeza jurídica, a estabilidade do ordenamento e o exercício dos direitos e liberdades fundamentais não sejam meras declarações dogmáticas, mas que adquiram a eficácia concreta no Estado Constitucional de Direito. Todo contribuinte tem o direito de saber, de antemão, o que esperar, pois é uma obrigação inevitável do Estado agir com lealdade e franqueza. Não haverá respeito ao princípio da segurança jurídica "quando as diretrizes que o realizem venham a ser concretamente desrespeitadas e tais situações infringentes se perpetuem no tempo, consolidando-se"[77]. Ademais, conforme assinalamos "a burocracia infernal a que são submetidos diuturnamente os contribuintes constitui matéria prima para a expansão da corrupção no âmbito da Administração Tributária"[78].

Quando busca amparo junto ao Poder Judiciário, o contribuinte se depara com uma justiça lenta, burocratizada, inacessível e pouco transparente ao cidadão comum. A segurança jurídica e a pacificação social depende da "correta e célere aplicação da lei pelo Poder Judiciário, que detém o monopólio estatal da Jurisdição". Mas isso não vem acontecendo, e uma das causas é a morosidade decorrente da massificação de processos envolvendo questões tributárias, que "representam sessenta por cento dos processos em curso nos tribunais", situação que se agrava com o "dinamismo caótico da legislação que confunde os julgadores, abrindo caminho para crescente jurisprudência defensiva". Ademais, nos últimos anos tem acontecido um constante e progressivo desvalimento do princípio da colegialidade,

---

[76] NOVOA, César García. *El principio de seguridad jurídica em matéria tributaria.* Madrid: Marcial Pons, Ediciones Jurídicas y Sociales S.A., 2000. p. 29.

[77] CARVALHO, Paulo de Barros. *Op. cit.,* p. 20.

[78] HARADA, Kiyoshi. *Op. cit.,* p. 01.

segundo o qual a competência atribuída a órgão colegiado não pode ser exercida individualmente pelos seus membros. Está cada vez mais latente a percepção de que os julgadores acabam decidindo de conformidade com suas convicções pessoais, formadas a partir de vivências extrajurídicas, como as questões da moralidade, religiosidade, sua própria noção de justiça, ou mesmo a escassez de recursos financeiros do Estado. Porém, "não cabe ao juiz substituir-se no critério de justiça adotado pelo legislador, sob pena de gerar total instabilidade na jurisprudência com consequente insegurança jurídica", consoante escrevemos[79].

A preservação da segurança jurídica das decisões do Supremo Tribunal Federal produz, como resultado, significativos desdobramentos, aberturas e possibilidades para os contribuintes, tanto na questão do planejamento fiscal, quanto na salvaguarda de situações já solidificadas diante da Fazenda Pública, ou mesmo em relação ao exercício do direito de ser informado sobre sua situação tributária e outras eventuais circunstâncias que contribuam com o desenvolvimento normal de seu comportamento diante de suas obrigações tributárias.

Acontece que a segurança jurídica das decisões dos Tribunais brasileiros em geral e, no caso específico, do Supremo Tribunal Federal, está constantemente ameaçada, especialmente por causa das frequentes alterações de posicionamentos consolidados sobre matérias já apreciadas e julgadas, sem que se perceba qualquer alteração normativa que justifique a adoção de novo entendimento, ao revés, motivadas por argumentos baseados em fatores socioeconômicos ou meramente financeiros. O resultado é o sabotamento da garantia da segurança jurídica, que fora pautada na previsibilidade decorrente do posicionamento definitivo que havia sido estabilizado pelo Supremo Tribunal Federal.

Nesse particular, é preciso buscar incansavelmente salvaguardar a aplicação do princípio da segurança jurídica das decisões jurisprudenciais, como modo de aferir tanto o respeito e a confiança ao ordenamento jurídico e a credibilidade ao Poder Judiciário, quanto garantir que o contribuinte conheça previamente seus direitos e deveres para tomar as melhores decisões possíveis quando o assunto for obrigação tributária.

Enquanto não forem devidamente enfrentadas e amenizadas as questões enfocadas neste estudo, especialmente quanto ao dinamismo caótico da legislação tributária, o respeito ao princípio da proteção da confiança e a

---

[79] *Idem, ibidem*, p. 01.

estabilidade da jurisprudência do Supremo Tribunal Federal, nenhuma pretensa Reforma Tributária produzirá efeitos positivos. A complexidade e o alto custo operacional do Sistema Tributário Nacional, que têm produzido insegurança jurídica em matéria tributária, não estão na Constituição Federal de 1988, mas na legislação infraconstitucional e na aplicação concreta do ordenamento jurídico pelos órgãos competentes, inclusive o Supremo Tribunal Federal que tem se empenhado pouco na questão da produção de segurança jurídica em matéria tributária.

Referências

AMARO, Luciano. *Direito tributário brasileiro*. São Paulo: Saraiva, 1997.

BERNAL, Juan José Fuentes. *Reflexiones sobre la seguridad jurídica en materia tributaria. In: Revista Impuestos*, nº 170. Colombia, mar./abr., 2012.

BRASIL, Constituição (1988). *Constituição Federal de 1988*. Constituição da República Federativa do Brasil, de 05 de outubro de 1988.

BRASIL, Legislação. *Decreto-Lei nº 4.657, de 4 de setembro de 1942. Lei de Introdução às Normas do Direito Brasileiro*

BRASIL, Legislação. *Lei nº 13.105, de 16 de março de 2015. Código de Processo Civil.*

BRASIL, Legislação. *Lei nº 9.784, de 29 de janeiro de 1999*. Regula o processo administrativo no âmbito da Administração Pública Federal.

CANOTILHO, José Joaquim Gomes. *Direito constitucional e teoria da Constituição*. 7. ed. Coimbra: Almedina, 2003.

CARVALHO, Paulo de Barros. *O princípio da segurança jurídica em matéria tributária. In: Revista Diálogo Jurídico*, nº 16. Salvador, mai./jun./jul./ago., 2007.

DERZI, Misabel Abreu Machado. *Limitações ao poder de tributar. In:* MARTINS, Ives Gandra da Silva; MENDES, Gilmar Ferreira. NASCIMENTO, Carlos Valder do (Coords.). *Tratado de direito constitucional*. 2. ed., vol. 02. São Paulo: Saraiva, 2012.

EGAS, Jorge Zavala. *Teoría de la seguridad jurídica. In: Iuris Dictio*, Revista del Colegio de Jurisprudencia, de la Universidad San Francisco de Quito, año 12, vol. 14, p. 217-229. Equador, enero 2012.

HARADA, Kiyoshi. *O Sistema Tributário Nacional e o princípio da segurança jurídica. In: Justiça & Cidadania*, de 06 de maio de 2019.

KELSEN, Hans. *Teoria pura do direito*. 6. ed. Tradução de João Baptista Machado. São Paulo: Martins Fontes, 1999.

LIMA, Arnaldo Esteves. *Comentários sobre relativização da coisa julgada e ação rescisória. In: Opinião*, 04 de setembro de 2019.

MARTINS, Flávio Alves. Boa-fé e sua formalização no direito das obrigações brasileiro. Rio de Janeiro: Lumen Júris, 2000.

MIRANDA, Jorge. *Manual de direito constitucional*: direitos fundamentais. 5. ed., Tomo IV. Coimbra: Coimbra Editora, 2012.

MEDEIROS, Rui; MIRANDA, Jorge. *Constituição portuguesa anotada*. 2. ed., Tomo I. Coimbra: Coimbra Editora, 2005.

NOVOA, César García. *El principio de seguridad jurídica em matéria tributaria*. Madrid: Marcial Pons, Ediciones Jurídicas y Sociales S.A., 2000.

PEREIRA, Fabiana Augusta de Araújo. *Sobreprincípio da segurança jurídica em matéria tributária*. In: *Revista Jus Navigandi*, ISSN 1518-4862, ano 17, nº 3452. Teresina, 13 dez. 2012.

QUINTILIANO, Leonardo David. *Princípio da proteção da confiança*: fundamentos para limitação dos poderes constituídos na modificação de direitos sociais em tempo de crise. In: *Revista da Faculdade de Direito*, Universidade de São Paulo, vol. 112, p. 133-162. São Paulo: USP, jan./dez. 2017.

RCJ, Revista Consultor Jurídico. *Isenção parcial: base de cálculo menor pode reduzir crédito de ICMS, define Plenário do STF*. In: *Revista Consultor Jurídico*, 17 de outubro de 2014.

SANTI, Eurico Marcos Diniz de. CYPRIANO, Gabriel Franchito; ALHO NETO, João; COOKE, Lina Santin; CAMPEDELLI, Laura Romano. *Pautas tributárias no Supremo e a questão da segurança jurídica*. In: *Consultor Jurídico*, Opinião, de 08 de maio de 2019.

SILVA, José Afonso da. *Constituição e segurança jurídica*. In: ROCHA, Carmen Lúcia Antunes (coord.). *Constituição e segurança jurídica*. 2. ed. Belo Horizonte: Fórum, 2005.

STF, Supremo Tribunal Federal. *Ação Direta de Inconstitucionalidade – ADI nº 4.481/PR*. Tribunal Pleno. Relator Ministro Roberto Barroso. Julgado em 11 de março de 2015. Publicado no DJe-092 de 18 de maio de 2015

STF, Supremo Tribunal Federal. *Ação Direta de Inconstitucionalidade – ADI nº 3.796/PR*. Tribunal Pleno. Relator Ministro Gilmar Mendes. Julgado em 08 de março de 2017. Publicado no DJe-168 de 32 de julho de 2017.

STF, Supremo Tribunal Federal. *Ação Direta de Inconstitucionalidade – ADI nº 3.796/PR*. Tribunal Pleno. Relator Ministro Gilmar Mendes. Julgado em 08 de março de 2017. Publicado no DJe-168 de 32 de julho de 2017.

STF, Supremo Tribunal Federal. *Agravo Regimental em Mandado de Segurança nº 26.271 AgR/DF*. Segunda Turma. Relator Ministro Celso de Mello. Julgado em 04 de dezembro de 2012. Publicado no DJe-051 de 15 de março de 2013.

STF, Supremo Tribunal Federal. *Agravo Regimental em Mandado de Segurança nº 27.006 AgR/DF*. Segunda Turma. Relator Ministro Celso de Mello. Julgado em 15 de março de 2016. Publicado no DJe-065 de 07 de abril de 2016.

STF, Supremo Tribunal Federal. *Informativo nº 763*. Brasília, a 13 de 17 de outubro 2014. STF, Supremo Tribunal Federal. *Mandado de Segurança nº 24.448/DF*. Tribunal Pleno. Relator Carlos Britto. Julgado em 27 de setembro de 2007. Publicado no *DJ* de 14 de novembro de 2007.

STF, Supremo Tribunal Federal. *Mandado de Segurança nº 26.782/DF*. Tribunal Pleno. Relator Ministro Cezar Peluso, julgado em 17 de dezembro de 2007. Publicado no *DJe*-031 de 21 de fevereiro de 2008.

STF, Supremo Tribunal Federal. *Mandado de Segurança nº 24.268/MG*. Tribunal Pleno. Relatora Ministra Ellen Gracie. Relator para o Acórdão Ministro Gilmar Mendes. Julgado em 05 de fevereiro de 2004. Publicado na *RTJ*, vol. 191, nº 03, p. 922 e ss., jan./mar. 2005.

STF, Supremo Tribunal Federal. *Recurso Extraordinário nº 161.031/MG*. Tribunal Pleno. Relator Ministro Marco Aurélio. Julgado em 24 de março de 1997. Publicado no DJ de 06 de junho de 1997, p. 24881.

STF, Supremo Tribunal Federal. *Recurso Extraordinário nº 174.478/SP*. Tribunal Pleno. Relator Ministro Marco Aurélio. Relator para o Acórdão Ministro Cezar Peluso. Julgado em 17 de março de 2005. Publicado no *DJ* de 30 de setembro de 2005, p. 05.

STF, Supremo Tribunal Federal. *Recurso Extraordinário nº 176.626/SP*. Primeira Turma. Relator Ministro Sepúlveda Pertence. Julgado em 10 de novembro de 1998. Publicado no *DJ* de 11 de dezembro de 1998.

STF, Supremo Tribunal Federal. *Recurso Extraordinário nº 350.446/PR*. Tribunal Pleno. Relator Ministro Nelson Jobim. Julgado em 18 de dezembro de 2002. Publicado no DJ de 06 de junho de 2003.

STF, Supremo Tribunal Federal. *Recurso Extraordinário nº 370.682/SC*. Tribunal Pleno. Relator Ministro Ilmar Galvão. Relator para o Acórdão Ministro Gilmar Mendes. Julgado em 25 de junho de 2007. Publicado no DJe-165 de 18 de dezembro de 2007.

STF, Supremo Tribunal Federal. *Recurso Extraordinário nº 477.323/RS*. Tribunal Pleno. Relator Ministro Marco Aurélio. Julgado em 16 de outubro de 2014. Publicado no *DJe*-027 de 09 de fevereiro de 2015.

STF, Supremo Tribunal Federal. *Recurso Extraordinário nº 635.688/RS*. Tribunal Pleno. Relator Ministro Gilmar Mendes. Julgado em 16 de outubro de 2014. Publicado no *DJe*-030 de 12 de fevereiro de 2015.

STF, Supremo Tribunal Federal. *Recurso Extraordinário nº 949.297/CE*. Decisão Monocrática. Relator Ministro Edson Fachin. Julgado em 17 de fevereiro de 2020. Publicado no *DJe*-038 de 20 de fevereiro de 2020.

STF, Supremo Tribunal Federal. *Recurso Extraordinário com Repercussão Geral nº 574.706 RG/PR*. Tribunal Pleno. Relatora Ministra Cármen Lúcia. Julgado em 15 de março de 2017. Publicado no *DJe*-223 de 29 de setembro de 2017.

STF, Supremo Tribunal Federal. *Repercussão Geral no Recurso Extraordinário nº 781.926 RG/GO*. Tribunal Pleno. Relator Ministro Luiz Fux. Julgado em 23 de novembro de 2013. Publicado no *DJe*-044 de 05 de março de 2014.

STF, Supremo Tribunal Federal. *Repercussão Geral no Recurso Extraordinário nº 955.227 RG/SC*. Tribunal Pleno. Relator Ministro Roberto Barroso. Julgado em 31 de março de 2016. Publicado no *DJe*-081 de 26 de abril de 2016.

STF, Supremo Tribunal Federal. *STF julgará direito a crédito de ICMS requerido por distribuidora de combustíveis. In: Notícias do STF*, de 09 de janeiro de 2014.

TEODOROVICZ, Jeferson. *Segurança jurídica no direito tributário e modulação dos efeitos em decisões de inconstitucionalidade. In: Revista Tributária de Finanças Públicas*, vol. 131. São Paulo: RTRIB, nov./dez., 2016.

WAMBIER, Teresa Arruda Alvim. *Súmula vinculante*: figura do *common law*?. *In: Revista de Doutrina da 4ª Região*, nº 44. Porto Alegre, out. 2011.

20. O Dever de Colaboração do Contribuinte e os Direitos de Petição e à Autocomposição

Paulo Roberto Coimbra Silva

1. O Sistema Tributário Colaborativo e a Autocompensação

Com grande satisfação foi recebido o honroso convite para participar dessa obra em homenagem ao Jurista Exmo. Sr. Min. Gilmar Mendes, tendo, a um só tempo, por eixo temático e intento a consolidação das garantias e direitos fundamentais dos contribuintes, tema de extremos auspício e relevância para os tempos hodiernos.

Nessa oportunidade, traz-se a lume o instituto da autocompensação, alinhado à proposta colaborativa albergada pelo Sistema Tributário Brasileiro, que aponta no sentido de maior consensualismo e transparência na relação entre Fisco e contribuintes. Inobstante, na contramão das ações cooperativas, vem à tona o descortinamento de um insólito movimento, aparentemente orquestrado, de algumas autoridades fiscais federais que, intimoratas, parecem pretender inibir o exercício do direito potestativo de autocompensação inerente ao lançamento por homologação e que, nesse particular, se imiscui, de forma indissociável, ao direito de petição.

De forma direta, resistindo à tentação de se adentrar em inúmeras disceptações, tão comuns na academia, há de se denunciar e arrostar o (mau) hábito da pródiga imposição de multas qualificadas, que lamentavelmente tem se espraiado de forma rápida em meio a fiscalizações da Receita Federal do Brasil (RFB)[1]. Por certo, a banalização da aplicação de multas escorchantes

[1] Tamanha tem sido a sanha arrecadatória mediante imposição indevida de multas agravadas, tendentes a culminar com o endereçamento de representações criminais em face dos sujeitos passivos, que, em resposta, a Lei de Abuso de Autoridade busca refrear essa nefasta inciativa. A propósito, vide o art. 27 da Lei nº 13.869/19.

não passa desapercebida aos observadores mais atentos, tampouco aos contribuintes que, atônitos, recebem com surpresa autos de infração inflados com multas de 150% pelo simples fato de terem se aproveitado de créditos não judicializados.

Ora, no que pertine às contribuições previdenciárias, em particular, a única previsão legal para imposição de multa de 150%, nos termos do art. 89, § 10, da Lei nº 8.212/1991, exige a consideração da compensação de contribuições como indevida, e deve ser pautada em declarações comprovadamente falsas.[2] Ainda que exista previsão legal, trata-se de cobrança desproporcional que impõe pena excessiva ao contribuinte e, por esse motivo, sua aplicação deveria ser precedida de rigoroso e restritivo escrúpulo na identificação da presença de seus pressupostos fáticos.

Há outras multas punitivas empecendo a utilização da autocompensação pelo contribuinte, *v. g.*, nos casos de multas pela não homologação de compensações de tributos administrados pela Secretaria da RFB (art. 74, § 17, da Lei 9.430/96) e de contribuições apuradas pelo eSocial (art. 26-A, da Lei 11.457/2007), em que se aplica multa de 50% do débito objeto da declaração. Por outro lado, ressalvadas as hipóteses de comprovada má-fé do sujeito passivo (que, frise-se, jamais pode ser presumida), com fundamento nos princípios da proporcionalidade, da boa-fé objetiva, na garantia do inafastável direito de petição (que jamais pode ser equiparado a um ato ilícito pressuposto à aplicação de sanções punitivas) e na proibição do *bis in idem*, somente poderia ser exigido, se tanto, o valor referente à multa dita moratória (20%), sob pena de se impor cobrança desarrazoada e confiscatória, capaz de obstar o acesso do contribuinte ao instituto da compensação. Neste caso, é indeclinável o afastamento da referida penalidade pelos Tribunais Superiores.

Em face aos desvios e à desproporcionalidade na aplicação de multas punitivas, os contribuintes são levados a uma corrida aos tribunais:

> A questão, por certo, merece maiores aprofundamentos e outras considerações, na medida em que, em verdade, é discutível a possibilidade de aplicação de qualquer multa nesses casos. As multas punitivas que forem aplicadas, porém, de duvidosa juridicidade, encontram o apoio das orientações usuais do Fisco, razão

---

[2] SILVA, Paulo Roberto Coimbra *et al. Autocompensação de tributos federais*. Belo Horizonte: D'Plácido, 2019. p. 97, v. 6, Coleção Paulo Coimbra.

pela qual vale a pena deixar registrado o alerta. Entretanto, as possibilidades de seu afastamento no Judiciário são consideráveis.

No que diz respeito à aplicação das multas de 50% ou de 75%, a RFB fica com os valores em debate, da data do pagamento do tributo autolançado até o dia em que se efetua a autocompensação que, posteriormente, pode ser contestada (não-homologada) pelo Fisco. A aplicação de uma multa de 50% (ou de 75%), como se pode verificar, apresenta **"matizes de multa moratória"** e é, portanto, absolutamente desarrazoada, sobretudo porque afasta o direito de o contribuinte peticionar (**direito de petição**) e pretende, tão somente, inibir o exercício de um direito subjetivo de autocompensação (**sanção política**).[3]

Dessarte, o presente artigo pretende discorrer sobre o instituto da autocompensação e a garantia dos direitos fundamentais do contribuinte, como o direito de petição (art. 5º, inciso XXXIV, a, da CRFB/88) e o direito ao contraditório e à ampla defesa (art. 5º, LV, da CRFB/88). Cabe evidenciar a importância de que a presente discussão seja regida com vistas a efetivação de direitos fundamentais e dos princípios do não confisco e da proporcionalidade.

2. A Autocompensação: necessária contraface inerente ao autolançamento

Ab initio, recorde-se que o instituto da compensação, oriundo do Direito Privado, consiste em forma expedita de extinção de obrigações recíprocas mediante simples encontro de contas. A legislação brasileira, a exemplo do ocorrido em diversos outros países, adotou um modelo colaborativo, no qual o contribuinte é convocado a participar ativamente nas atividades inerentes à arrecadação tributária. Com efeito, no lançamento por homologação, aplicável à avassaladora maioria dos tributos pátrios, é imposto ao contribuinte o dever por alguns intitulado de autolançamento, que carrega, consigo, de forma inerente e indissociável, a autocompensação.

Recorde-se que, via de regra, tem o sujeito passivo a obrigação de apurar, *sponte propria* e por sua conta e risco, os valores que entende devidos a título de tributo, nos termos da lei, declará-los (obrigação acessória) e recolhê-los (obrigação principal) no prazo legal, sem qualquer iniciativa, participação ou sequer anuência prévia do Fisco, a quem incumbe fiscalizar se a conduta

---

[3] SILVA, Paulo Roberto Coimbra *et al. Autocompensação de tributos federais*. Belo Horizonte: D'Plácido, 2019. p. 94, v. 6, Coleção Paulo Coimbra.

do sujeito passivo foi escorreita e, caso contrário, exigir tributos não pagos ou recolhidos a menor, bem como propor a aplicação das sanções aplicáveis à espécie mediante a lavratura de auto de infração. Assim, nesse modelo cooperativo, cabe ao contribuinte (ou responsável) apurar e declarar o que entende devido, e à fiscalização conferir e exigir obrigações eventualmente descumpridas, com os correlatos consectários legais.

Nesse contexto, repita-se, a autocompensação é sistemática que subjaz inerente ao autolançamento, mediante a qual o sujeito passivo, ao invés de realizar o pagamento antecipado do tributo, registra em sua escrita fiscal o crédito oponível ao Fisco, recolhendo apenas eventual saldo devedor e se sujeitando, de forma inexorável, às conferências a cargo da fiscalização durante o prazo decadencial de 5 (cinco) anos.

Uma correta análise do tema não prescinde de uma compreensão clara das diferentes modalidades de compensação previstas na legislação, que podem e devem ser sistematizadas em três: (i) aquela **requerida pelo contribuinte ao Fisco**, a ser por este apreciada (deferida ou não) mediante provocação específica, em despacho ou decisão individual, apta (caso favorável) a extinguir definitiva e incondicionalmente o crédito tributário (nos termos do art. 156, II do CTN); (ii) aquela **realizada de ofício** pelo Fisco, unilateralmente, de acordo com os critérios estabelecidos no art. 163 do CTN, também com os efeitos de extinção incondicional do crédito tributário; e (iii) aquela **realizada pelo próprio contribuinte (autocompensação)**, dentro da sistemática do lançamento por homologação (**autolançamento**), que tem por efeito a extinção do crédito tributário condicionada à sua ulterior homologação, expressa ou tácita (nos termos do inc. VII, do art. 156, do CTN). O reconhecimento do direito subjetivo à autocompensação, como algo inerente ao autolançamento, já é antigo, remansoso e pacífico em consolidada jurisprudência do Superior Tribunal de Justiça (STJ), ao reconhecer que:

> tributos, cujo crédito se constitui através do lançamento por homologação (...) são apurados em registros do contribuinte, devendo ser considerados líquidos e certos para efeito de compensação a se concretizar independentemente de prévia comunicação a autoridade fazendária, cabendo a essa a fiscalização do procedimento.[4]

---

[4] EREsp 89.038/BA, Rel. Min. ADHEMAR MACIEL, 1ª Seção, julgado em 23/04/1997.

A autocompensação há de ser resgatada como importante direito subjetivo dos particulares, cada vez mais achacados diante das potestades punitivas confiadas à RFB, cujas recentes autuações fiscais buscam infirmar e inibir a aplicação do instituto mediante, *primus*, a imposição de multa qualificada e, *secundus*, a consequente (e igualmente indevida) ameaça de reflexos criminais. Repise-se que:

> a jurisprudência da 1ª seção do STJ ficou pacificada no sentido de que a compensação no âmbito do lançamento por homologação não necessita de prévio reconhecimento da autoridade fazendária ou de decisão judicial transitada em julgado, para a configuração da certeza e liquidez dos créditos.[5]

Esse é o entendimento pacificado há décadas na jurisprudência do STJ, que tem sido acintosamente afrontado por diversas recentes autuações com propositura de multa qualificada, e seus indesejáveis desdobramentos criminais, única e exclusivamente por não haver o contribuinte judicializado o crédito que entende ser seu.

De se ver que, nesse particular, a legislação não mudou. Pode-se extrair do texto expresso da redação vigente do art. 74 da Lei 9.430/96 a possibilidade da autocompensação independentemente de prévia medida judicial. A jurisprudência, acima transcrita, em idêntico diapasão, não mudou. Então, o que mudou? Mudou a coragem de alguns auditores fiscais para imputar, *venia rogata*, leviana, intimorata e, porque não dizer, caluniosa falsidade aos contribuintes que promovam autocompensação sem prévia judicialização dos seus créditos.

3. A Fictícia Exigência de Decisão Passada em Julgado

Os auditores sequazes desse movimento se amparam no entendimento (de todo equivocado!) de que os contribuintes somente poderiam promover a autocompensação de créditos já reconhecidos em decisão judicial transitada em julgado, porquanto os demais careceriam de liquidez e certeza. Em tal descaminho, diante da (enganosa) premissa de que somente podem ser autocompensados créditos reconhecidos judicialmente, ao identificarem autocompensação de créditos não precedidos de judicialização, erroneamente **presumem haver o contribuinte declarado falsamente** a existência de prévia decisão judicial favorável transitada em julgado, mesmo nas hipóteses

---

[5] REsp 129.627/PR, Rel. Min. PEÇANHA MARTINS, julgado em 02/09/1999.

em que **sequer havia campo para apor qualquer declaração nesse sentido** (*v. g.*, na declaração via SEFIP, antes do eSocial), ou mesmo quando, havendo campo para tanto (pós eSocial), o **contribuinte expressamente informa não haver decisão judicial favorável**.

Ora, debalde sua conveniência aos interesses arrecadatórios, porquanto (i) tende fortemente a inibir a autocompensação e, assim, "defender" os influxos de receitas ao erário, (ii) agiganta os valores das autuações, (iii) torna mais cômodo o múnus fiscalizatório, na medida em que aprioristicamente se glosam os créditos sem análise de seu mérito e procedência, e (iv) pende a coibir os sujeitos passivos, receosos dos possíveis reflexos penais decorrentes da multa aumentada (em genuína sanção moral ou política), tal movimento se lastreia em premissas flagrantemente equivocadas, contrárias não apenas à letra da lei, mas também ao preclaro entendimento consolidado, há décadas (e contra isso, servidores de tamanha capacidade e especialização não podem invocar ignorância) do intérprete maior da legislação federal[6].

Confira-se e repita-se: o artigo 74 da Lei 9.430/96 expressamente contempla a possibilidade de compensação de créditos não judicializados e judicializados (nessa última hipótese somente após o seu trânsito em julgado). Com efeito, no rol exaustivo das hipóteses em que a declaração de compensação será considerada, por questionável e duvidosa ficção jurídica, "não declarada", (§ 12, do art. 74) não consta crédito não judicializado. Assim, o contribuinte titular de crédito perante o fisco e sujeito ao lançamento por homologação tem duas opções legalmente previstas em lei, a saber, (i) caso tenha dúvidas quanto a procedência ou reconhecimento de seu crédito, poderá (conservadoramente) provocar a tutela jurisdicional para tanto, hipótese na qual deverá aguardar o trânsito em julgado para dele se utilizar, ou, (ii) caso tenha convicção da procedência de seus créditos, poderá promover a autocompensação, no âmbito do autolançamento, por sua conta e risco, sujeitando-se à conferência por parte da fiscalização pelo prazo de 5 anos. Nessas hipóteses, como já visto, a jurisprudência do STJ, antiga e remansosa, já repudia, há décadas, o argumento da ausência de liquidez e certeza oposto à autocompensação. A bem da verdade, com ou sem decisão judicial (exceto nos casos de liquidação judicial, que sabidamente não ocorre na maioria absoluta das ações judiciais nas quais se busca o reconhecimento

---

[6] Vide, a título ilustrativo, as decisões proferidas nos já citados EREsp 89.038/BA, Rel. ADHEMAR MACIEL, 1ª Seção, julgado em 23/04/1997 e REsp 129.627/PR, Rel. Min. PEÇANHA MARTINS, julgado em 02/09/1999.

do direto a créditos de natureza tributária, até mesmo porque descabida na estreita via do mandado de segurança), cabe à fiscalização conferir os valores compensados, e, para tanto, dispõe do prazo decadencial de 5 anos. Cumpre, pois, ao Fisco, desincumbir-se de seu múnus fiscalizatório. Cabe aos auditores fazerem o seu trabalho de conferência, verificando o mérito da procedência ou não das informações apresentadas e dos créditos nela apostos, e não comodamente pressupor, leviana e aprioristicamente, serem falsas sob o argumento de ausência de liquidez e certeza, por não terem sido previamente judicializados[7].

De se ver que o inconformismo de algumas autoridades fiscais à autocompensação de créditos não judicializados parece, de maneira indisfarçável, engendrar sua estratégia para que se possa, ao elevado custo de abusiva banalização da aplicação de multas qualificadas e correlata imputação de prática criminosa, defender o influxo de receitas públicas e permitir à Fazenda Pública se esquivar do seu dever de restituir indébitos tributários, aproveitando-se da notória lentidão do judiciário brasileiro, para a qual é uma das principais causadoras (recorde-se, como cediço, que gigantesca parte dos processos que abarrotam as sobrecarregadas vias judiciais tem a Fazenda Pública como litigante).

Cumpre, pois, desnudar e trazer à luz do dia a estratégia arquitetada por uma ala que, se pode dizer, mais radical do Fisco, sustentada em dois momentos e em dois pilares, a saber: *primus*, busca-se infirmar e inibir o direito a autocompensação, erigindo, à margem da lei e contrariando jurisprudência antiga e pacífica do STJ, decisão judicial prévia ao reconhecimento do direito à autocompensação, sob pena de qualificação de multas e endereçamento de representação para fins penais; *secundus*, caso prevaleça tal entendimento, *ad argumentandum*, sendo sempre exigível do sujeito passivo decisão judicial (passada em julgado) como condição indesviável à autocompensação, o coroamento da protelação superlativa à devolução dos valores indevidamente pagos pelos sujeitos passivos se dá com o próximo passo já delineado na recente Solução de Consulta Cosit nº 239/2019[8], segundo a qual *"decisões judiciais*

---

[7] O cômodo indeferimento centrado no equivocado fundamento da necessidade de prévia judicialização para se poder exercer o direito de petição (pelo qual se viabiliza a autocompensação), a par de contrariar antiga e conhecida jurisprudência do STJ, contribui para uma ainda maior litigiosidade fiscal no Brasil, cuja superação não prescinde de uma administração pública dialógica, mais propensa ao diálogo e à busca do consensualismo.

[8] Solução de Consulta COSIT nº 239, de 19/08/2019, publicada no DOU de 27/08/2019, seção 1, página 625.

que reconheçam indébito tributário não podem ser objeto de pedido administrativo de restituição, sob pena de ofensa ao art. 100 da Constituição Federal".

4. Do Sistema Colaborativo à Litigiosidade Exacerbada

Portanto, com base na práxis de se exigir (insista-se, ao arrepio da lei) decisão judicial (transitada em julgado) como requisito para a autocompensação, estarão os contribuintes titulares de indébito tributário forçados a abarrotar as vias judiciais, já excessivamente demandadas, e confinados a submeter sua pretensão previamente ao Poder Judiciário para, mesmo após longo contencioso judicial, não lhe ser permitida sequer (caso, *ad absurdum*, prevaleça o entendimento do Fisco consolidado na já mencionada SC Cosit 239/2019) apresentação de Pedido administrativo de Restituição, devendo, ao final, submeter à via do *solve et repete* via precatório.

Imperioso recordar, num contexto tão ameaçador, que a lida em matéria tributária, que demanda administração em massa e exige dever de colaboração dos particulares, especialmente no Brasil, já é marcada por intensa, custosa e ineficiente litigiosidade entre Fisco e administrados (contribuintes e responsáveis). Em uma conjuntura de notória complexidade, demasiada burocracia, excessivos deveres instrumentais e beligerância extrema, exsurge a compensação como valioso instrumento posto à disposição das partes (de ambas as partes) para término de procedimentos de cobrança longos, dispendiosos e pouco ou nada efetivos.

Nesse sentido, de se ver que o instituto da compensação vem densificar e realizar o princípio da praticidade em matéria tributária, que determina a busca por tornar a atividade de arrecadação de tributos mais simples, ágil e menos custosa. O princípio da praticidade, velado e implícito nas entrelinhas da CRFB/88, nada mais é do que o primado da eficiência, previsto de forma genérica no art. 37, *caput*, da vigente *Lex Mater*, aplicado na seara da administração fazendária, em matéria de arrecadação de tributos.

Com efeito, do lado do Fisco, em defesa dos interesses do erário, a despeito do recrudescimento das garantias e privilégios do crédito tributário observado nas últimas décadas, a Procuradoria da Fazenda Nacional se esmera para recuperar uma dívida ativa trilhardária, inflada com créditos inscritos de baixa qualidade, decorrente, em boa parte, lamente-se, da supressão do processo administrativo em grande parte dos tributos sujeitos ao lançamento por homologação. D'outra margem, os credores da Fazenda Pública se veem compelidos à tormentosa, desanimadora e longa (para alguns, interminável, porquanto, não raro, alcançam a morte antes da satisfação de seus direitos reconhecidos judicialmente) via dos precatórios, que acabam por comprometer a eficácia das decisões judiciais condenatórias contra a Fazenda Pública, após longo embate processual, postergando o seu cumprimento para gestões futuras, quiçá, gerações futuras. Tamanha postergação, que beira as raias da irresponsabilidade da Administração Pública, culmina no inexorável encarecimento dos bens e serviços a serem fornecidos aos entes públicos, cujos provedores são compelidos a incluir o (alto) risco da inadimplência e seus retardos. Trata-se, pois, de um ciclo vicioso: quanto maior o custo/preço de aquisição, maior tende a ser a inadimplência; quanto maior o inadimplemento, maior o número de ações e maior o acúmulo de precatórios; quanto maior o estoque de processos e de precatórios pendentes, mais lento é o pagamento efetivo; quanto mais lento o pagamento, maiores os custos de aquisição pela Administração Pública (pela inclusão da taxa de risco pelos fornecedores menos incautos) que, vendo-se obrigada a honrar precatórios oriundos de dívidas contraídas por gestões anteriores, acaba por inadimplir às suas próprias, empurrando-as para gestões futuras e assim sucessivamente.

A compensação é uma via de escape alternativa ao ciclo vicioso acima descrito.

5. A Aviltante Tentativa de Imputar, Apriorística e Genericamente, Falsidade na Autocompensação. Recrudescimento da Beligerância pela Supressão do Diálogo. Menos Rancor e Mais Amor

Ao pressupor, insista-se, equivocada e convenientemente (*contra legem* e contra jurisprudência remansosa do STJ) que somente podem ser autocompensados créditos reconhecidos por decisão judicial (passada em julgado), auditores adeptos desse movimento, ao identificarem a autocompensação de créditos não judicializados, acabam por imputar (também equivocadamente) falsidade ao contribuinte, mediante presunção (igualmente equivocada) de que teria o fiscalizado declarado falsamente ter em seu favor decisão judicial favorável, mesmo nos casos em que, pasme-se(!), sequer havia campo para tal informação na declaração por ele entregue (*v. g.*, antes do eSocial), ou mesmo quando expressamente informou, em campo próprio (pós eSocial), não haver decisão judicial favorável.

Ora, se as informações prestadas pelo contribuinte são verdadeiras, não há como se falar em fraude ou falsidade.

O cômodo e indevido argumento da necessidade de prévia judicialização para se poder exercer o direito de petição, pelo qual se materializa a autocompensação, além de acintosa e abertamente violar a jurisprudência remansosa e conhecida jurisprudência do STJ, milita no sentido diametralmente oposto à tendência de se reduzirem os altíssimos índices de litigiosidade fiscal no Brasil, cuja superação não pode prescindir de uma **Administração Pública dialógica**, com servidores mais abertos ao diálogo, provendo mais respostas e menos sanções (sobretudo aumentadas!).

Em tal descaminho, acaba-se por imputar falsamente a falsidade, pressuposta à qualificação da multa e, *ipso iure*, geradora de desconfortável procedimento criminal, o que, ao menos em tese, parece poder atrair a incidência do artigo 27 da Lei 13.869/19 (dita Lei de Abuso de Autoridade), que tipifica a conduta do agente público que requisita a instauração de procedimento investigatório de infração penal à falta de qualquer indício da prática de crime.

As autoridades fiscais, que levianamente presumem a presença de falsidade e dolo pressupostos à aplicação duplicada de multa, nos termos dos artigos 89, § 10, da Lei 8.212/91 e 44, § 1º, da Lei 9.430/96, e assim intentam inibir abusivamente o direito à autocompensação mediante indevidas (i) aplicação de multas qualificadas e consequente (ii) representação para fins penais, assumem o risco de enfrentarem o mesmo desconforto que provocaram, podendo, ao menos em tese, serem indiciadas por abuso de autoridade e terem contra si procedimentos criminais de todo indesejáveis, que tanto assustam o homem médio e os cidadãos de bem.

Lamentável esse jogo extremado, que recrudesce desconfianças e ressentimentos, estimula beligerância e litigiosidade na relação entre Fisco e particulares, verdadeira sandice totalmente dissociada da tendência do direito administrativo contemporâneo, que navega em direção a uma Administração Pública dialógica em busca do consensualismo na relação entre Administração e administrados.

Como se tem propugnado: é preciso mais amor (e também maior serenidade, confiança e racionalidade) e menos rancor permeando, ainda que subliminarmente, as relações entre Fisco e particulares!

6. O Papel das Instituições na Garantia dos Direitos de Petição e à Autocompensação

Há de se destacar e reconhecer o relevante papel exercido pelo **CARF – Conselho Administrativo de Recursos Fiscais**, órgão de julgamento responsável pelo controle interno da legalidade de exigências fiscais no âmbito federal, cuja altíssima qualidade dos integrantes (de ambos os lados) que a ele prestaram e prestam sua inteligência, engrandece fortemente a qualidade do debate em torno de relevantes questões tributárias. Não raro, mesmo sem se descurar dos interesses e necessidades do erário, as decisões do Sodalício administrativo têm contribuído sensivelmente à justiça fiscal, evitando a prevalência de arroubos e excessos que muitas vezes deixam pechas em certas autuações, especialmente no campo da imposição de penalidades.

Com efeito, há muito a jurisprudência do CARF promove correições na aplicação de sanções qualificadas ou agravadas, não admitindo sua imputação lastreada em presunções, exigindo para tanto a "**necessária comprovação do evidente intuito de fraude do sujeito passivo**" (súmula CARF n º 14). Em idêntico diapasão, sua Súmula 25 consolida entendimento e orientação no sentido de que: "**a presunção legal de omissão de receita ou de rendimento, por si só, não autoriza a qualificação da multa de ofício, sendo necessária a comprovação de uma das hipóteses dos arts. 71, 72 e 73 da Lei 4.502/64**".

Impecável o posicionamento do CARF, porquanto a ilicitude e as gravosas circunstâncias pressupostas à aplicação de sanções, especialmente qualificadas ou agravadas, jamais poderão ser presumidas. Com efeito, para a imposição de penalidades com fins repressivos, deve-se examinar e valorar as condutas que servem de premissas às presunções legais, analisando-se o caso concreto e não se contentado com as conclusões apriorística e genericamente presumidas pela fiscalização.

Confia-se, pois, que o Conselho dedique o seu apurado sentido de justiça, corrigindo a rota ora desnudada e dirimindo as divergências dela decorrentes com sua habitual profundidade e acurácia.

Na esteira da discussão em torno das multas punitivas aplicadas na hipótese de não homologação de compensações, digno de nota haver o **Supremo Tribunal Federal** sido instado, por meio do RE 796.939, reconhecido em sede de repercussão geral no **Tema 736**, para discutir a "constitucionalidade da multa prevista no art. 74, §§ 15 e 17, da Lei 9.430/1996 para os casos de indeferimento dos pedidos de ressarcimento e de não homologação das declarações de compensação de créditos perante a Receita Federal.". O Tema em lume teve julgamento iniciado em 27/04/2020, sessão que contou com o irreprochável voto do Exmo. Sr. Min. Relator Edson Fachin e, após, foi interrompido em decorrência de pedido de vista do Exmo. Sr. Min. Gilmar Mendes. Na lide, assim manifestou-se o Ministério Público Federal pela improcedência do RE:

A penalidade em análise não se revela, portanto, (i) a mais adequada à promoção da celeridade do procedimento administrativo fiscal; (ii) necessária, já que há outras medidas viáveis e menos lesivas aos contribuintes para a obtenção da finalidade almejada; e (iii) proporcional em sentido estrito, uma vez que impõe um grave ônus aos contribuintes ao desestimular a proposição de pedidos de ressarcimento de crédito tributário e de declaração de compensação.

Por fim, destaque-se que a Constituição Federal veda a utilização de tributos com efeito de confisco, estendendo-se tal proibição às multas fiscais. Na hipótese, a incidência da multa aos pedidos de compensação não homologados acarreta efeitos confiscatórios em razão justamente da desproporcionalidade evidenciada.[9]

Cabe destacar, do voto já proferido pelo Relator manifestando-se pela improcedência do Recurso, a proposta de fixação de tese no sentido de ser **"inconstitucional a multa isolada prevista em lei para incidir diante da mera negativa de homologação de compensação tributária por não consistir em ato ilícito com aptidão para propiciar automática penalidade pecuniária"**. O Relator ressaltou a importância de se efetivar o direito de petição aos contribuintes:

> Emerge nítida falta de correlação entre a multa tributária e o pedido administrativo de compensação tributária, ainda que não homologado pela Administração Tributária, uma vez que este se traduz em legítimo exercício do direito de petição do contribuinte[10].

De igual maneira, aguarda-se a confirmação da tese apresentada pelo Relator para o deslinde do RE, uniformizando o entendimento em torno da multa punitiva para oportunizar a consolidação do instituto da autocompensação[11]. Nesse contexto, se o exercício do direito à autocompensação, materializado mediante direito de petição, não pode genericamente ensejar aplicação de pena de 50%, com muito mais razão se revela despropositada a aplicação, também genérica e apriorística, da multa de 150%. Flagrante o despautério a ser fortemente corrigido pelos tribunais, administrativo e judiciais.

---

[9] RE 796939/RS, Manifestação PGR, datada de 24/02/2016.

[10] RE 796939 /RS, Rel. EDSON FACHIN, Tribunal Pleno, j. 27/04/2020.

[11] Segundo notícia publicada hoje no sítio do STF, sua Excelência Min. Gilmar Mendes, alvo da merecidíssima homenagem feita na presente obra coletiva, como esperado, proferiu seu voto no mesmo sentido. Confira-se: http://portal.stf.jus.br/processos/detalhe.asp?incidente=4357242, acessado em 08 de maio de 2020, às 11:01 am.

Falsidade, dolo, simulação, e outras condutas reprováveis, que são necessariamente pressupostas à imposição de penalidades (especialmente as mais gravosas), jamais podem ser presumidas! Há de se "**separar o joio do trigo**"!

Conclusões

Almeja-se, pois, contribuir para que seja alcançado um equilíbrio mais ameno entre fiscalização e particulares, com a prevalência do bom senso e da confiança, firmando-se uma equalização mais harmônica que compatibilize a existência das prerrogativas públicas, indispensáveis à manutenção e atuação estatal, com o respeito aos direitos subjetivos dos contribuintes legalmente previstos.

Acredita-se, com inabalável convicção que, no Direito Tributário, a compensação deita raízes e vem atender aos reclamos dos princípios, *primus*, da **praticidade** e **eficiência**, na medida em que proporciona uma solução muito mais célere e barata para a satisfação das pretensões de ambas as partes, *secundus*, da **economicidade**, porquanto dispensa a necessidade de longos e dispendiosos processos de defesa e de cobrança, *tertius*, da **proporcionalidade**, seja pela patente **adequação** entre os meios que provê e os fins que a inspiram, seja pela **necessidade**, ao minimizar o nível de interferência na esfera de direitos e expectativas de ambas as partes, tonando o litígio dispensável, *quartus*, da **duração razoável do processo**, ao evita-lo(s), seja prevenindo ou viabilizando a composição do litígio, e, *quintus*, da **moralidade** administrativa, sendo abertamente imoral recusar o encontro de contas para postergar indesejável efeito no influxo de receitas públicas, cobrando o tributo devido e relegando o crédito do credor-devedor à tortuosa via do *solve et repete*.

Portanto, sempre que um pedido de compensação é recusado pelo Fisco, por ele indeferido, ou não homologado, por qualquer razão distinta da inexistência do direito à restituição, restam, a um só golpe, violados os primados da praticidade e eficiência, economicidade, proporcionalidade, da duração razoável do processo e da moralidade.

21. Planejamento Tributário: A Relação entre Legalidade, Solidariedade, Moralidade e Capacidade Contributiva

FABIANA CARSONI FERNANDES
RAMON TOMAZELA SANTOS

Introdução

Planejar é idealizar, projetar ou elaborar[1]. As ações, de um modo geral, são arquitetadas, isto é, são estruturadas de modo a satisfazer aos desejos dos indivíduos. O planejamento, nesse contexto, é ato diuturno dos indivíduos, seja em sua vida pessoal, seja em sua atividade profissional.

O planejamento, enquanto expressão da liberdade, da livre iniciativa e da autonomia privada, é autorizado pelo ordenamento jurídico. A qualquer um é dado se organizar, é dizer, organizar seus interesses e seu patrimônio, desde que o faça nos limites aceitos pelo ordenamento jurídico. Trata-se de um retrato da autonomia privada de qualquer indivíduo, que lhe garante o direito de autodeterminação para criar, modificar ou extinguir relações jurídicas, embora com certas limitações[2].

No plano tributário, os indivíduos também podem planejar. Podem planejar para afastar, diminuir ou retardar a tributação[3]. O planejamento tributário é autorizado pelo direito à liberdade, à propriedade e à autonomia privada, além de decorrer do princípio da legalidade, já que o tributo só é devido se o indivíduo praticar o ato descrito em lei como necessário e suficiente

---

[1] AULETE, Caldas. **Novíssimo Aulete dicionário contemporâneo da língua portuguesa**. GEIGER, Paulo (Org.). Rio de Janeiro: Lexikon, 2011, p. 1073.
[2] BOZZA, Fábio Piovesan. **Planejamento tributário e autonomia privada**. Série doutrina tributária vol. XV. São Paulo: Quartier Latin, 2015, p. 144.
[3] MCCAFFERY, Edward J. **Income Tax Law**. New York: Oxford University Press, 2011, p. 27.

para dar ensejo ao nascimento da obrigação tributária (art. 114 do CTN). Para as pessoas jurídicas, o planejamento tributário encontra fundamento, também, no dever de diligência, na medida em que o administrador deve empregar, no exercício de suas funções, o cuidado e diligência que todo homem ativo e probo costuma empregar na administração dos seus próprios negócios (art. 153 da Lei n. 6.404, de 15.12.1976, e art. 1011 do Código Civil), cabendo-lhe gerir a empresa da forma mais eficiente, inclusive do ponto de vista fiscal.

Em que pese o ordenamento jurídico forneça uma série de fundamentos para autorizar o planejamento fiscal, muito se discute sobre os limites para sua feitura. Para qualificá-lo, isto é, para distinguir a economia tributária válida da inválida, são variadas as palavras e expressões empregadas pela doutrina e, também, variados os seus significados. Não nos alongaremos sobre este debate teórico, para o que desde já estabelecemos que, neste estudo, adotaremos duas expressões, a saber: elisão fiscal e evasão fiscal. A elisão fiscal é o planejamento lícito, praticado sem artifícios, de maneira precedente à ocorrência do fato gerador. Contrapõe-se à elisão fiscal, a evasão. A evasão é a economia ilícita de tributos[4].

A elisão, porque lícita, é aceita pelo ordenamento e não deve – ou ao menos não deveria – gerar controvérsias. A evasão, sendo ilícita, deve ser combatida pela aplicação da lei.

Ocorre que, nos últimos anos, tendo sido vistos excessos e exageros na planificação voltada a economizar tributos, o combate ao planejamento tomou novos rumos, não mais ficando circunscrito às discussões em torno do cumprimento da lei. As autoridades, os estudiosos e até mesmo organismos internacionais, como é o caso da OCDE, passaram a cunhar expressões como

---

[4] Para Gerd Willi Rothmann, evasão fiscal constitui economia ilícita de tributos, decorrente de (i) um ilícito civil, também chamada de elusão fiscal (simulação, fraude à lei ou abuso do direito); (ii) ilícito tributário, oriundo de infração fiscal culposa; e (iii) ilícito penal, classificado como crime contra a ordem tributária, de caráter doloso (ROTHMANN, Gerd Willi. "Afinal, o Planejamento Tributário pode ser criminoso?" In: PRETO, Raquel Elita Alves. **Tributação Brasileira em Evolução**: Estudos em Homenagem ao Professor Alcides Jorge Costa, São Paulo: IASP, 2015, p. 680). Mas a elusão fiscal, para muitos doutrinadores, seria uma categoria intermediária entre elisão e evasão fiscal (Cf. TÔRRES, Heleno. **Direito Tributário e Direito Privado**. São Paulo: Revista dos Tribunais, 2003, p. 187-189), é dizer, seria o mesmo que constatar que, "entre os dias ensolarados e os dias chuvosos, há dias nublados" (cf. CARVALHO, João Rafael L. Gândara de. **Forma e substância no direito tributário**: legalidade, capacidade contributiva e planejamento fiscal. São Paulo: Almedina, 2016, p. 265). Tratar-se-ia, a elusão fiscal, de uma economia lícita de tributos, mas abusiva.

PLANEJAMENTO TRIBUTÁRIO

"planejamento fiscal abusivo[5]" e "planejamento fiscal agressivo" na tentativa de combater certas condutas dos sujeitos passivos praticadas, não à margem da lei, mas com aproveitamento de lacunas, imprecisões, tecnicidades ou disparidades da lei, de modo a criar vantagens não estabelecidas pelo legislador, e com excesso ("agressivo") ou sem qualquer justificação econômica ("abusivo"), a não ser a fiscal[6-7]. Os planejamentos dessa natureza não têm sido analisados na perspectiva de sua licitude, ou ilicitude, já que não se verifica transgressão à lei, mas, sim, na perspectiva de sua legitimidade, ou ilegitimidade, à luz de critérios outros, que não a legalidade.

Realmente, os debates em torno do planejamento fiscal, nesse contexto, foram muito além da legalidade: a solidariedade, a cidadania fiscal, a justiça social, o dever fundamental de pagar tributos, a capacidade contributiva, a moralidade fiscal e o propósito extrafiscal passaram a circundar aqueles debates, demonstrando que a liberdade de gestão conferida aos contribuintes é cada vez mais sujeita a escrutínios de valor[8].

A seguir, pretende-se demonstrar que, embora interaja com esses juízos de valor, a legalidade, no Brasil, é que orienta e limita o planejamento tributário.

---

[5] O termo "abuso", nessa passagem, é empregado em sentido amplo, sem alusão ao conceito legal de abuso de direito, contido no art. 187 do Código Civil.

[6] CALDAS, Marta. **O conceito de planeamento fiscal agressivo: novos limites ao planeamento fiscal?** Cadernos IDEFF, n. 18. Coimbra: Almedina, 2015, p. 160-161.

[7] Ana Paula Dourado afirmou que a expressão "planejamento tributário agressivo", adotada pela OCDE e pela Comissão Europeia, da União Europeia, constitui um conceito "guarda-chuva" que alcança todo e qualquer ato ou negócio praticado com o propósito de utilização de brechas legais ou de divergências de qualificação verificadas em transações internacionais, e das quais resulte o afastamento ou a diminuição da tributação. Não é um conceito legal capaz de autorizar a requalificação de atos ou negócios jurídicos, ou de permitir a aplicação de normas gerais ou especiais antiabuso. Trata-se, na verdade, de um conceito geral, que existe para que diversos países atuem de forma global e coordenada no sentido de aprimorar a legislação internacional e doméstica, de modo a combater o uso de espaços e descompassos legais (DOURADO, Ana Paula. "Aggressive tax planning in EU Law and in the light of BEPS: The EC Recommendation on aggressive tax planning and BEPS Actions 2 and 6". In: **INTERTAX**, vol. 43, Issue I. Netherlands: Kluwer Law International BV, 2015, p. 48-49; e DOURADO, Ana Paula. **Governação Fiscal Global**. 2ª Edição. Coimbra: Almedina, 2018, p. 57). Esse foi o objetivo traçado, por exemplo, na ação n. 12 do Projeto BEPS ("Base Erosion and Profit Shifting"), desenvolvido pela OCDE, denominada "Mandatory disclosure rules", a qual dispôs sobre a criação de deveres acessórios de informação, contendo dados acerca de operações que possam implicar economia fiscal (OECD (2015). **Mandatory Disclosure Rules, Action 12**. Paris: OECD Publishing, Final Report, p. 1-100. Disponível em: http://dx.doi.org/10.1787/9789264241442-en. Acesso em 15.07.2020).

[8] CALDAS, Marta. **O conceito de planeamento fiscal agressivo: novos limites ao planeamento fiscal?** Cadernos IDEFF, n. 18. Coimbra: Almedina, 2015, p. 148.

É oportuno tratar do tema nessa obra, seja por sua atualidade e relevância, seja porque seu exame perpassa pelo estudo de direitos fundamentais – estudo ao qual o homenageado, Ministro Gilmar Ferreira Mendes, tem dedicado atenção com contribuições valiosas no campo doutrinário, em sua atividade docente e em seus judiciosos votos proferidos no Supremo Tribunal Federal, contribuições essas em que o homenageado revela sua incessante defesa dos direitos fundamentais e dos valores de nossa Constituição.

1. Legalidade

A inviolabilidade do direito à vida, à liberdade, à igualdade, à segurança e à propriedade dá-se, dentre outros meios, pela garantia de que ninguém será obrigado a fazer ou deixar de fazer alguma coisa senão em virtude de lei (art. 5, inciso II, da Constituição Federal). Essa proteção alcança, também, a tributação, pois é vedado à União, aos Estados, ao Distrito Federal e aos Municípios exigir ou aumentar tributo sem lei que o estabeleça (art. 150, inciso I, da Constituição Federal). Tanto num, como noutro caso, vê-se que a legalidade figura, a um só tempo, como uma garantia de liberdade dos indivíduos e também como um freio à atuação estatal.

No plano privado, a legalidade confere liberdade, na medida em que atribui foros de validade aos atos daqueles que agem em conformidade com o disposto na norma legal, ou que agem sem contrariar norma cogente. Ou seja, do ponto de vista teórico, qualquer indivíduo é livre para agir – ou mesmo para se omitir – desde que o faça orientado, guiado, por uma disposição normativa, ou desde que o faça sem ofender norma imperativa.

No plano tributário, a legalidade também confere liberdade – a liberdade de os indivíduos disporem de sua propriedade – e a segurança jurídica necessária à preservação dessa liberdade[9], já que a tributação requer lei que a autorize. Trata-se, nos dizeres de Ricardo Mariz de Oliveira, de "uma das características essenciais da obrigação tributária – a liberdade de praticar ou não os fatos geradores – que a distingue de outras passagens forçadas do patrimônio particular para o patrimônio coletivo"[10]. Como ensina o autor, o contribuinte que, fazendo uso desta liberdade, não pratica atos e negócios

---

[9] NABAIS, José Casalta. **O dever fundamental de pagar impostos**: contributo para a compreensão constitucional do estado fiscal contemporâneo. Coimbra: Almedina, 2015, p. 321.

[10] OLIVEIRA, Ricardo Mariz de. "Elisão e evasão fiscal". *In*: MARTINS, Ives Gandra da Silva (Coord.). **Caderno de Pesquisas Tributárias – Elisão e evasão Fiscal**. Vol. 13. São Paulo: Coedição Centro de Extensão Universitária – CEU e Resenha Tributária, 1988, p. 149.

que constituam fato gerador de tributo, assegura o direito de não se sujeitar à tributação e, pois, assegura a "intocabilidade de seu patrimônio"[11].

A legalidade tributária, se de um lado confere liberdade ao sujeito passivo, de outro, limita a atuação do sujeito ativo, porquanto ela veda a imposição ou majoração de tributo, senão em virtude lei. A legalidade, neste contexto, constitui mecanismo pelo qual a segurança jurídica se materializa, permitindo que a arrecadação tributária se desenvolva não só no interesse do Estado, mas, sobretudo, da sociedade, sem implicar excessos aos sujeitos passivos[12]. A legalidade, segundo o Ministro Gilmar Mendes, constitui um dos pilares em que se estrutura o Sistema Tributário Nacional, conferindo os contornos essenciais e limitando a competência tributária[13].

O CTN, recepcionado com eficácia de lei complementar responsável por regulamentar as limitações constitucionais ao poder de tributar, nos termos do art. 146, inciso II, da Constituição Federal, estabeleceu, em seu art. 97, que cabe à lei criar, reduzir ou extinguir tributo, como também definir os aspectos de sua hipótese de incidência tributária, inclusive alíquota e base de cálculo, enquanto facetas quantitativas da materialidade do tributo. A missão dada à lei, que se inicia com o ato de instituir o tributo, passando por sua majoração ou redução, até sua eventual extinção, busca promover a segurança, o equilíbrio, a igualdade e a uniformidade na tributação[14].

Mas a legalidade, em matéria fiscal, não é absoluta. Ela é mitigada em determinadas circunstâncias. Estas circunstâncias – que podem ser consideradas excepcionalíssimas – constam do próprio texto constitucional[15].

---

[11] OLIVEIRA, Ricardo Mariz de. "Elisão e evasão fiscal". *In*: MARTINS, Ives Gandra da Silva (Coord.). **Caderno de Pesquisas Tributárias – Elisão e evasão Fiscal**. Vol. 13. São Paulo: Coedição Centro de Extensão Universitária – CEU e Resenha Tributária, 1988, p. 149.

[12] SILVA, Fabiana Carsoni Alves Fernandes da *et al*. "Segurança Jurídica em Matéria Tributária". In: MARTINS, Ives Gandra da Silva (Coord.). **Segurança Jurídica em Matéria Tributária**. Pesquisas Tributárias. 4ª edição. Porto Alegre: Coedição Centro de Extensão Universitária – CEU, IICS e LexMagister, 2016, p. 366.

[13] MENDES, Gilmar Ferreira. "Tributação, finanças públicas e controle da atividade financeira na Constituição Federal de 1988". In: MENDES, Gilmar Ferreira; BRANCO, Paulo Gustavo Gonet. **Curso de Direito Constitucional**. 15ª edição. São Paulo: Saraiva Educação, 2020, p. 1578.

[14] SILVA, Fabiana Carsoni Alves Fernandes da *et al*. "Segurança Jurídica em Matéria Tributária". In: MARTINS, Ives Gandra da Silva (Coord.). **Segurança Jurídica em Matéria Tributária**. Pesquisas Tributárias. 4ª edição. Porto Alegre: Coedição Centro de Extensão Universitária – CEU, IICS e LexMagister, 2016, p. 366.

[15] São exemplo disso: o art. 153, parágrafo 1º, o qual autoriza que o Poder Executivo altere as alíquotas do Imposto de Importação (II), do Imposto de Exportação (IE), do Imposto sobre Produtos Industrializados (IPI) e do Imposto sobre as operações de crédito, câmbio e seguro,

As hipóteses de mitigação da legalidade tributária constam da própria Constituição, porque, por imperativo da segurança jurídica e também do direito à liberdade, o interesse na arrecadação não pode se sobrepor à proteção da confiança e da previsibilidade dos sujeitos passivos. Como observa Luís Eduardo Schoueri, "o interesse público de arrecadar não é superior ao interesse público de ver a legalidade prestigiada"[16].

Assim, no âmbito tributário, como aponta Misabel Derzi, a segurança jurídica e a proteção da confiança se materializam, dentre outros, na legalidade formal e material, consagradas nos art. 5º e 150, inciso I, da Constituição, e reforçadas pela exclusividade da lei que concede subsídio, isenção ou outro benefício fiscal (art. 150, parágrafo 6º, da Constituição); legalidade esta minuciosamente explicitada pelo art. 97 do CTN; e confirmada e reconfirmada pela proibição de analogia (art. 108, parágrafo 1º, do CTN)[17].

Sobre a analogia, trata-se de construção normativa, fundada na igualdade, que estende a norma existente a situações não contempladas em sua hipótese[18]. Em matéria fiscal, o uso da analogia é vedado, se dele acarretar a exigência de tributo não previsto em lei, nos termos do art. 108, parágrafo 1º, do CTN. Não fosse assim, estaria admitida a criação de norma jurídica não expressamente formulada no ordenamento, convertendo-se a Administração Tributária em "criadora do Direito", em âmbito reservado à lei e sujeito ao princípio da legalidade[19]. A vedação à analogia, nestas condições, é imposição do princípio da legalidade. Quer dizer, na presença de lacuna, não se admite integração normativa, mediante emprego da analogia, por força

---

ou relativas a títulos ou valores mobiliários (IOF). Além disto, em relação à CIDE Combustível, o art. 177, parágrafo 4º, alínea "b", admite que suas alíquotas sejam reduzidas e restabelecidas por ato do Poder Executivo, o mesmo tendo sido previsto para a CPMF, nos art. 74, parágrafo 1º, e 75, parágrafo 1º, do Ato das Disposições Constitucionais Transitórias.

[16] SCHOUERI, Luís Eduardo. "Planejamento tributário: limites à norma antiabuso". **Revista Direito Tributário Atual**. Vol. 24. São Paulo: Dialética, 2010, p. 348.

[17] DERZI, Misabel Machado. "Mutações, complexidade, tipo e conceito, sob o signo da segurança e da proteção da confiança". *In*: TORRES, Heleno Taveira (org.). **Tratado de Direito Constitucional e Tributário: Estudos em Homenagem a Paulo de Barros Carvalho**. São Paulo: Saraiva, 2005, p. 275.

[18] SCHOUERI, Luís Eduardo. **Direito Tributário**. 8ª edição. São Paulo: Saraiva, 2018, p. 776; e LARENZ, Karl. **Metodologia da Ciência do Direito**. 6ª Edição. Tradução de José Lamengo. Lisboa: Fundação Calouste Gulbenkian, 2012, p. 570.

[19] NOVOA, César GARCÍA. **La cláusula antielusiva en la nueva ley general tributaria**. Madrid: Marcial Pons, 2004, p. 85.

da legalidade, tendo em vista que o tributo só é devido se sua hipótese de incidência estiver descrita em lei[20].

Na Alemanha, Klaus Tipke e Joachim Lang defenderam que a analogia gravosa em matéria tributária não contraria a legalidade, na medida em que cumpre a vontade do legislador, além de realizar mais igualdade[21]. O emprego da analogia concretizaria o princípio da democracia, ao realizar "a vontade expressa, verbalmente incompleta, do legislador democrático"[22]. O aplicador da lei, nesses casos, agiria aperfeiçoando a lei incompleta, retocando-a para se conformar à intenção do legislador[23]. É o que se conhece por "analogia juris", entendida como a identificação de princípios gerais que se ajustam tanto às hipóteses reguladas, como às não reguladas na lei, e que não se confunde com a "analogia legis", entendida como a aplicação analógica de norma legal particular a situação de fato não regulada por ela[24].

A analogia gravosa não teria lugar, segundo Tipke e Lang, somente quando constatado "espaço livre do direito", ou "lacunas conscientes", porque queridas ou desejadas pelo legislador. Nessas situações, não haveria incompletude a ser integrada, mas, sim, "espaço que conscientemente não

---

[20] Analogia não se confunde com interpretação compreensiva da norma. No primeiro caso, há lacuna, o que torna o uso da analogia uma criação legal, surgida mediante integração. Já no segundo caso, não há qualquer criação, pois o direito existe, embora sua identificação requeira interpretação que revele o sentido e o alcance da norma. Como explica Luís Eduardo Schoueri, o processo de construção das normas pressupõe sua compreensão, isto é, sua interpretação e concretização, o que não pode ser confundido com analogia, já que, nesta, o intérprete e aplicador dá um segundo passo, construindo outra norma, diferente da existente (SCHOUERI, Luís Eduardo. **Direito Tributário**. 8ª edição. São Paulo: Saraiva, 2018, p. 776). Outras considerações sobre o tema foram tecidas por Humberto Ávila, quem destacou que, se a chamada "correção de elementos marginais" da norma for além da simples concretização da lei, implicando ampliação de seu conteúdo, a atividade do intérprete e aplicador estará vedada, no Direito Tributário, se dela resultar exigência de tributo, por violar a legalidade e a separação de poderes (ÁVILA, Humberto. **Sistema constitucional tributário**. 5ª edição. São Paulo: Saraiva, 2012, p. 519-522).

[21] Advirta-se que, mesmo na Alemanha, a aceitação da analogia em matéria tributária não é pacífica. Considerações sobre o tema foram tecidas por Luís Eduardo Schoueri (SCHOUERI, Luís Eduardo. **Direito Tributário**. 8ª edição. São Paulo: Saraiva, 2018, p. 777-780).

[22] TIPKE, Klaus; LANG, Joachim. **Direito Tributário (Steuerrecht)**. Volume I. Tradução da 18ª edição alemã, totalmente refeita, de Luiz Doria Furquim. Porto Alegre: Sergio Antonio Fabris Editor, 2008, p. 313.

[23] TIPKE, Klaus; LANG, Joachim. **Direito Tributário (Steuerrecht)**. Volume I. Tradução da 18ª edição alemã, totalmente refeita, de Luiz Doria Furquim. Porto Alegre: Sergio Antonio Fabris Editor, 2008, p. 314.

[24] LARENZ, Karl. **Metodologia da ciência do Direito**. 6ª edição. Tradução de José Lamego. Lisboa: Fundação Calouste Gulbenkian, 2012, p. 544.

é apanhado pelo legislador (exemplos: os gatos não estão sujeitos ao tributo canino; limitação de favorecimentos fiscais a determinados investimentos)"[25].

Parece-nos que, na tentativa de concretizar a igualdade, os autores alemães acabaram permitindo que o intérprete produza a norma, por meio de integração, em espaço reservado, apenas, ao legislador, a quem cabe, inclusive, a edição de novas normas que corrijam as falhas ou incompletudes de suas antecessoras. Recorde-se, também, que a 'mens legis' não se confunde com a 'intentio legislatoris', quer dizer, a lei vale pelo que diz, e não por aquilo que seus criadores tenham querido dizer, donde a lei deve ser interpretada ou construída segundo seu objetivo, e não conforme a manifestação volitiva de alguém, ou as ideias de seus proponentes[26], mais um motivo pelo qual não se admite, para fins de exigência de tributo, que o intérprete atue positivamente, suprindo lacunas deixadas pelo legislador, mesmo que contrariamente à sua vontade – manifestada ao tempo da edição da lei.

A proposição dos autores alemães, como se viu acima, não foi adotada pelo nosso ordenamento, tendo em vista a vedação contida no art. 108, parágrafo 1º, do CTN. Outra não poderia ter sido a solução do legislador, porque, do contrário, o contribuinte ficaria sujeito à livre criação do Direito por parte das autoridades fiscais, em afronta não apenas à legalidade, mas à segurança jurídica, à proteção da confiança e à previsibilidade.

No campo do planejamento tributário, essas anotações sobre a legalidade e sobre a vedação à analogia exercem papel determinante. Isso porque, de um lado, a legalidade assegura que os atos tendentes a propiciar economia fiscal não tenham aptidão necessária e suficiente para gerar incidência tributária caso não descritos em lei, enquanto a vedação à analogia – decorrente da legalidade – obsta a que o fisco cobre tributo escorando-se em fato não ocorrido, isto é, escorando-se em fato distinto daquele descrito em lei.

O direito de auto-organização é compatível com o Direito Tributário, porque, antes de nascer, este ramo reconhece a autonomia privada, limitando-se a aguardar os resultados da referida autonomia para tributá-los, ou não, conforme o caso. Assim, o cidadão de boa-fé não excede os limites de seu direito ou de sua liberdade quando, ao gerir seus interesses, tem em

---

[25] TIPKE, Klaus; LANG, Joachim. **Direito Tributário (Steuerrecht)**. Volume I. Tradução da 18ª edição alemã, totalmente refeita, de Luiz Doria Furquim. Porto Alegre: Sergio Antonio Fabris Editor, 2008, p. 312.

[26] PEREIRA, Caio Mário da Silva. **Instituições de Direito Civil**: Introdução ao Direito Civil e Teoria Geral de Direito Civil. Volume I. 20ª edição. Rio de Janeiro: Forense, 2004, p. 195.

conta os custos fiscais, inserindo-os como mais um fator nos seus planos de vida ou na gestão da sua empresa[27].

Note-se que o sujeito passivo que planejar seus negócios, atividades e patrimônio com o objetivo de obter economia fiscal, e que o fizer sem ofensa à lei, exercerá seu direito à liberdade de escolha fiscal. Como observam Diogo Leite de Campos e João Costa Andrade, o Direito deixa à pessoa um leque de opções com a faculdade de escolher, isto é, com a faculdade de preencher ou não o tipo legal tributário. A escolha de um ou mais dos instrumentos jurídicos postos à disposição do contribuinte é um "percurso de liberdade e de um resultado 'secundum legem'"[28].

Esse percurso é possível, porque a legalidade confere liberdade para o indivíduo agir e gerir seus negócios e seu patrimônio, desde que o faça escorado em lei, ou sem esbarrar em qualquer proibição legal, bem como limita a atuação estatal voltada à cobrança de tributos, inclusive na órbita do planejamento fiscal. A legalidade, ainda, instrumentaliza o direito fundamental à igualdade, na medida em que assegura que todos aqueles que estejam diante da mesma situação de fato devem ser submetidos a idênticas consequências jurídicas[29].

Daí ser possível afirmar que a legalidade e todos os princípios, regras e sobreprincípios que lhe dão suporte ou que dela se originam, como a segurança jurídica, a proteção da confiança, a previsibilidade e a vedação à analogia, constituem os principais pilares do planejamento fiscal[30].

---

[27] CAMPOS, Diogo Leite de; ANDRADE, João Costa. **Autonomia contratual e Direito Tributário**: (a norma geral anti-elisão). Coimbra: Almedina, 2008, p. 52-53.

[28] CAMPOS, Diogo Leite de; ANDRADE, João Costa. **Autonomia contratual e Direito Tributário**: (a norma geral anti-elisão). Coimbra: Almedina, 2008, p. 56-57.

[29] LEÃO, Martha Toribio. **O direito fundamental de economizar tributos**: entre legalidade, liberdade e solidariedade. São Paulo: Malheiros, 2018, p. 145.

[30] Sem prejuízo, há diversos outros fundamentos que apoiam o direito de planejar fiscalmente, como apontado na introdução. Segundo Ricardo Mariz de Oliveira, a busca da economia é anseio legítimo do ser humano, é obrigação do administrador de qualquer patrimônio, especialmente dos empresariais, tendo em vista o disposto nos art. 153 e 154 da Lei n. 6404 e art. 1011 do Código Civil, e "tem assento constitucional na liberdade dos indivíduos para organização e reorganização de seus patrimônios e negócios, no direito de propriedade privada e de proteção do mesmo contra qualquer subtração que não seja constitucionalmente válida, especialmente e inclusive por meio de tributos com efeitos de confisco, além de outros direitos e garantias individuais" (OLIVEIRA, Ricardo Mariz *et al.* "Responsabilidade tributária". In: MARTINS, Ives Gandra da Silva. **Responsabilidade tributária**. São Paulo: Revista dos Tribunais e Centro de Extensão Universitária, 2011, p. 376).

2. Solidariedade e Moralidade Fiscal

Como dito no início deste trabalho, a compreensão do planejamento tributário como mecanismo válido para economizar tributos, assentado que está no direito à liberdade, à propriedade, à autonomia privada e, sobretudo, na legalidade, que não admite que a tributação recaia sobre fatos não subsumidos à hipótese legal, passou a sofrer críticas formuladas por teorias radicadas em princípios e valores e, pois, contrárias ao apego excessivo à lei.

José Casalta Nabais critica o que chama de "excesso de positivismo" que tem subjacente uma concepção de homem soberano isolado (num contexto de um estado inimigo das liberdades) e de um contribuinte interessado em pagar o menos possível de tributos, como se lhe assistisse o que chama de um "direito fundamental de não pagar impostos". O autor português prossegue afirmando que o ideal positivista acarreta tributação dissociada da ética, da justiça e da igualdade, bem como dissociada da capacidade contributiva, a qual, para o autor, teria inegável natureza preceptiva, não podendo ser sacrificada em nome de preconceitos obsoletos, como a legalidade fiscal propugnada pela escola positivista[31-32].

Assim, segundo Nabais, no Estado Social, o homem é solidário (num quadro de estado amigo e promotor das liberdades), e o contribuinte é o destinatário de um "dever fundamental de pagar impostos", interessado que está em uma tributação conforme à igualdade. É por isto que o autor português propõe o que podemos chamar de uma "releitura do princípio da legalidade", ao afirmar que os tributos hão de ser estabelecidos nos "termos da constituição", e não somente "nos termos da lei", o que tem como uma das principais consequências a admissibilidade da analogia em matéria tributária, por força da aplicação de princípios e valores constitucionais[33], notadamente da igualdade[34], o que o autor admite na hipótese de haver autorização do legislador infraconstitucional e de inexistir proibição constitucional.

---

[31] NABAIS, José Casalta. **O dever fundamental de pagar impostos**: contributo para a compreensão constitucional do estado fiscal contemporâneo. Coimbra: Almedina, 2015, p. 386.

[32] Para uma síntese do pensamento do professor português sobre o dever fundamental de pagar impostos, vide: ROCHA, Sergio André. "O dever fundamental de pagar impostos: direito fundamental a uma tributação justa". In: GODOI, Marciano Seabra de; ROCHA, Sergio André (orgs.). **Dever Fundamental de Pagar Impostos: O que realmente significa e como vem influenciando nossa jurisprudência?** Belo Horizonte: Editora D'Plácido, 2017, p. 15-40.

[33] NABAIS, José Casalta. **Direito fiscal**. 8ª edição. Coimbra: Almedina, 2015, p. 386-387.

[34] Apesar dessas considerações sobre o "dever fundamental de pagar impostos", Nabais não nega o direito do sujeito passivo de planejar seus negócios da forma menos onerosa do ponto de vista

PLANEJAMENTO TRIBUTÁRIO

A concepção solidária da tributação, além de implicar uma releitura do princípio da legalidade e, de conseguinte, autorização para o uso da analogia gravosa em determinadas situações, traz à tona discussões sobre a existência de uma "moralidade fiscal" ("tax morality"). Marta Caldas, com apoio em considerações de James Alm e Benno Torgler, defendeu a existência de uma "ética do contribuinte", da qual refletem normas de comportamento entre contribuintes e fisco, baseadas em princípios e valores morais que o indivíduo tem sobre o pagamento dos impostos. Para a autora, a moralidade fiscal atende a princípios de justiça e igualdade, requerendo que cada um contribua com sua justa quota-parte ("tax fair share"), de tal sorte que o financiamento do Estado seja realizado com apoio na solidariedade e na cidadania fiscal[35].

Marta Caldas destaca que essas considerações sobre moralidade fiscal se revelaram importantes para a definição do que considera como "novos limites do planejamento fiscal". Segundo a autora, a evasão fiscal, na medida em que legalmente censurável, sempre pôde ser combatida, unicamente, no campo na legalidade. Já os planejamentos "agressivos" ou "abusivos", em que pese praticados sem ofensa à lei, passaram a ser combatidos no plano dos valores e princípios, simplesmente porque se mostram reprováveis do ponto de vista da moralidade fiscal. Isto, segundo a autora, está em linha com as funções do Direito Tributário de redistribuição da riqueza e de arrecadação de receitas, funções que devem ser buscadas sem se descurar da justiça, da igualdade, da legalidade e da capacidade contributiva[36].

Zoë Prebble e John Prebble afirmam que os juízes das cortes norte-americanas estão corretos quando dizem que existe falta de "similaridade legal" entre a evasão fiscal ("tax evasion") e o planejamento tributário abusivo ("tax avoidance"), já que aquela é ilícita, enquanto este é lícito. Há, por outro lado, "similaridade factual" entre um e outro, especialmente na seara moral, de modo que, na perspectiva da moralidade, os dois fenômenos

---

fiscal. De fato, referindo-se às pessoas jurídicas, o autor português afirmou que, em uma gestão econômica correta, as empresas não podem olvidar o critério do aforro fiscal, optando, assim, pelos negócios que impliquem menores custos fiscais (NABAIS, José Casalta. **Direito fiscal.** 8ª edição. Coimbra: Almedina, 2015, p. 212).

[35] CALDAS, Marta. **O conceito de planeamento fiscal agressivo: novos limites ao planeamento fiscal?** Cadernos IDEFF, n. 18. Coimbra: Almedina, 2015, p. 146-147.

[36] CALDAS, Marta. **O conceito de planeamento fiscal agressivo: novos limites ao planeamento fiscal?** Cadernos IDEFF, n. 18. Coimbra: Almedina, 2015, p. 148-149.

deveriam ser vistos como um só. Os autores ainda destacam, com esteio em estudos, que a opinião pública partilha desse entendimento[37].

O Instituto Britânico de Ética Empresarial ("Institute of Business Ethics"), em pesquisa realizada em 2012, demonstrou que a economia fiscal lícita, mas abusiva, representava a segunda questão ética de maior relevo para os britânicos. Segundo Philippa Foster Back, diretora do referido instituto à época, eximir-se do tributo equivaleria a eximir-se de uma obrigação social. Este fato poderia, inclusive, tornar uma companhia vulnerável a acusações de avareza e egoísmo, comprometendo sua reputação e a confiança nela depositada pelo público. Foi o que, por um tempo, ocorreu, por exemplo, com as empresas "Starbucks" e "Amazon", as quais acabaram boicotadas em decorrência de seus arranjos fiscais voltados ao não pagamento de tributos[38-39].

Casalta Nabais afirma que, em um Estado Social, em que deve imperar a solidariedade, inclusive em matéria tributária, deve-se buscar cidadania fiscal, ou patriotismo fiscal, por meio de um sistema fiscal que seja capaz de

---

[37] PREBBLE, Zoë M.; PREBBLE QC, John. **The Morality of Tax Avoidance**. Creighton Law Review, vol. 43, n. 3, p. 693-745, 2010; Victoria University of Wellington Legal Research; Papern. 9/2012. Disponível em: https://ssrn.com/abstract=1650363. Acesso em 15.07.2020.

[38] BACK, Philippa Foster. **Avoiding tax may be legal, but can it ever be ethical?** *In*: https://www.theguardian.com/sustainable-business/ avoiding-tax-legal-but-ever-ethical. 2013. Acesso em 15.07.2020.

[39] Há casos recentes e emblemáticos, que suscitaram intensos debates em torno da legitimidade de planejamentos tributários que, embora lícitos, revelaram-se abusivos. Foi o que aconteceu com os arranjos levados a efeito pelas multinacionais "Amazon", "Apple", "Google" e "Starbucks" (sobre o tema, e também sobre seus reflexos na aplicação do artigo 7 (lucros) dos tratados internacionais, confira-se: BIANCO, João Francisco; SANTOS, Ramon Tomazela. "A Change of Paradigm in International Tax Law: Article 7 of Tax Treaties and the Need to Resolve the Source versus Residence Dichotomy". In: **Bulletin for International Taxation**, 2016 (volume 70), n. 3). Não é objeto deste estudo minudenciar os eventos ocorridos em cada caso, bastando dizer que, aproveitando-se da insuficiência, para a economia digital e para operações envolvendo intangíveis, dos critérios geralmente utilizados para definir competência tributária no plano internacional – como o "local de presença física" (fonte), o "local de constituição da entidade" (residência) e o "local de sua administração" (residência) –, algumas multinacionais têm se engajado em operações que culminam em dupla não tributação da renda. Não à toa, a ação n. 1 do BEPS, proposta pela OCDE, sugere a identificação das dificuldades da economia digital na aplicação das normas fiscais internacionais, apontando-se diagnósticos e meios para contorná-las, em um claro reconhecimento de que as normas internacionais não foram concebidas para negócios como aqueles praticados na economia digital (cf. BRAUNER, Yariv. "What the BEPS". *In*: **Florida Tax Review**, 2014 (volume 16), n. 2, p. 70) e, mais, em um claro reconhecimento de que os abusos, causando repulsa e espécie, devem ser combatidos.

responder à crescente falta de civismo do que designa por "fugitivos fiscais" e parasitas ("free riders") que, sem contribuírem para os serviços públicos, deles se beneficiam. O autor português ainda afirma que a capacidade de ser parasita fiscal varia na razão direta da capacidade econômica do indivíduo ou entidade, gerando o que chama de "solidariedade invertida da classe média ou mesmo dos 'remediados' para os mais ricos"[40].

Essas considerações evidenciam que a ética e a moralidade têm circundado os debates em torno do planejamento tributário. Esses debates, nessas condições, não mais se fincam, apenas e tão somente, na análise entre o lícito e ilícito.

No Brasil, os defensores da visão solidária da tributação afirmam que a Constituição Federal de 1988 estabeleceu como um de seus objetivos fundamentais a construção de uma sociedade livre, justa e solidária (art. 3º, inciso I), a demonstrar que a liberdade deve ser ponderada à luz dos valores consagrados pelo constituinte, em especial pelos ideais de justiça, igualdade e cooperação. Em matéria fiscal, isto quer dizer, segundo Marco Aurélio Greco, que a interpretação das leis requer "não apenas a existência de competência específica que autorize a emanação de determinado preceito, mas *principalmente o sentido prático do dispositivo e os efeitos que apresenta em relação à hipótese de cooperação social* que esteja presente no caso concreto"[41] (destaque do original).

O mesmo autor entende que o Estado Social brasileiro resgatou o princípio da capacidade contributiva, ao prevê-lo no art. 145, parágrafo 1º, da Constituição de 1988. Tal princípio havia sido suprimido na Constituição de 1946, quando da edição da Emenda Constitucional n. 18, de 1965, a revelar que o indivíduo e os valores sociais, àquela época, estavam em segundo plano[42]. Com a Constituição de 1988, além do resgate do referido princípio, a tributação deixou de ser mera técnica de arrecadação e de proteção

---

[40] Nabais, José Casalta. "Entrevista do professor Sergio André Rocha com o professor José Casalta Nabais, realizada em setembro de 2017". In: GODOI, Marciano Seabra de; ROCHA, Sergio André (orgs.). **Dever Fundamental de Pagar Impostos: O que realmente significa e como vem influenciando nossa jurisprudência?** Belo Horizonte: Editora D'Plácido, 2017, p. 273.

[41] GRECO, Marco Aurélio. "Solidariedade social e tributação". In: GRECO, Marco Aurélio Greco; GODOI, Marciano Seabra de (coord.). **Solidariedade social e tributação**. São Paulo: Dialética, 2005, p. 177-178.

[42] Para o Ministro Gilmar Mendes, não obstante a supressão à capacidade econômica, feita pela Emenda Constitucional n. 18, o princípio da capacidade contributiva não foi eliminado, passando a figurar como norma implícita na Constituição (MENDES, Gilmar Ferreira. "Tributação, finanças públicas e controle da atividade financeira na Constituição Federal de 1988". In: MENDES,

patrimonial, constituindo mecanismo capaz de viabilizar a dimensão social do ser humano[43].

Ricardo Lobo Torres também é defensor dessa linha de pensamento. Para contextualizar seu posicionamento, o autor explicou que há três correntes de interpretação no Direito Tributário, a saber: a) interpretação conceptualista, também conhecida como "jurisprudência dos conceitos", a qual está baseada em conceitos e categorias jurídicas que traduzem a realidade social e econômica subjacente (primado do Direito Civil sobre o Tributário); b) interpretação econômica, baseada na autonomia do Direito Tributário sobre o Privado, possibilidade de analogia e prevalência da capacidade contributiva; e c) interpretação valorativa, também conhecida como "jurisprudência dos valores", baseada em valores como cidadania, autonomia da vontade, dignidade da pessoa humana e pluralismo e em princípios como a capacidade contributiva e a transparência fiscal[44].

Segundo o autor, no plano da elisão fiscal, a visão conceptualista, defendida, por exemplo, por Sampaio Dória, admite o planejamento tributário com base na autonomia da vontade, e desde que os instrumentos jurídicos adotados sejam válidos. Já na perspectiva da jurisprudência dos valores, defendida, por exemplo, por Klaus Tipke, Klaus Vogel, Tulio Rosenbuj, Marco Aurélio Greco e Hermes Marcelo Huck, o planejamento é válido somente se não houver abuso de direito[45].

É nesse contexto de discussão em torno da validade de planejamentos fiscais que, segundo o autor, surgem as normas antiabuso. No Brasil, o parágrafo único do art. 116 do CTN[46] – que autorizou a edição de uma

---

Gilmar Ferreira; BRANCO, Paulo Gustavo Gonet. **Curso de Direito Constitucional**. 15ª edição. São Paulo: Saraiva Educação, 2020, p. 1580).

[43] GRECO, Marco Aurélio. "Solidariedade social e tributação". In: GRECO, Marco Aurélio Greco; GODOI, Marciano Seabra de (coord.). **Solidariedade social e tributação**. São Paulo: Dialética, 2005, p. 180.

[44] TORRES, Ricardo Lobo. "A chamada 'interpretação econômica do Direito Tributário', a Lei Complementar n. 104 e os limites atuais do planejamento tributário". In: ROCHA, Valdir de Oliveira (coord.). **O planejamento tributário e a Lei Complementar 104**. São Paulo: Dialética, 2001, p. 235-239.

[45] TORRES, Ricardo Lobo. "A chamada 'interpretação econômica do Direito Tributário', a Lei Complementar n. 104 e os limites atuais do planejamento tributário". In: ROCHA, Valdir de Oliveira (coord.). **O planejamento tributário e a Lei Complementar 104**. São Paulo: Dialética, 2001, p. 239-240.

[46] "Art. 116. Salvo disposição de lei em contrário, considera-se ocorrido o fato gerador e existentes os seus efeitos: (...) Parágrafo único. A autoridade administrativa poderá desconsiderar atos ou negócios jurídicos praticados com a finalidade de dissimular a ocorrência do fato gerador

cláusula antiabuso, mas que carece de regulamentação na esfera federal até os dias atuais – teria influência no modelo francês, o qual autoriza a requalificação dos fatos na hipótese de dissimulação. Para o autor, o parágrafo único do art. 116 do CTN teria criado uma exceção ao art. 108, parágrafo 1º, do CTN, ao admitir a analogia, devendo ser aplicado mediante ponderação entre capacidade contributiva e legalidade, a demonstrar que, segundo ele, a jurisprudência dos valores seria a mais adequada na avaliação dos planejamentos fiscais[47].

Como se pode notar, na visão solidária do planejamento fiscal, o debate em torno do tema centra-se em análises de cunho valorativo, relacionadas à justiça, moralidade e cidadania, além de deitar raízes, também, na aplicação da capacidade contributiva. A discussão, assim, não se fixa, apenas, na legalidade, baseando-se em valores e princípios, que, para alguns autores, seriam suficientes até mesmo para autorizar o emprego da analogia gravosa.

Antes de voltarmos ao tema da analogia, vejamos como a capacidade contributiva se apresenta na visão solidária e, pois, como ela interfere na análise do planejamento tributário na perspectiva dos autores que defendem tal visão.

3. Capacidade Contributiva

Pela capacidade contributiva, segundo Fernando Aurelio Zilveti, cada cidadão deve contribuir para despesas públicas na exata proporção de sua capacidade econômica[48]. Trata-se, segundo o autor, de desdobramento do princípio da igualdade, por meio do qual a justiça fiscal é realizada, tratando-se os desiguais de forma desigual e separando-se a porção necessária à sobrevivência do cidadão (mínimo existencial) da porção sujeita ao custeio das despesas púbicas[49].

O Ministro Gilmar Mendes acrescenta que a capacidade contributiva constitui um dos pilares do Sistema Tributário Nacional, servindo de base

---

do tributo ou a natureza dos elementos constitutivos da obrigação tributária, observados os procedimentos a serem estabelecidos em lei ordinária".

[47] TORRES, Ricardo Lobo. "A chamada 'interpretação econômica do Direito Tributário', a Lei Complementar n. 104 e os limites atuais do planejamento tributário". *In*: ROCHA, Valdir de Oliveira (coord.). **O planejamento tributário e a Lei Complomentar 104**. São Paulo: Dialética, 2001, p. 242-244.

[48] ZILVETI, Fernando Aurelio. **Princípios de direito tributário e capacidade contributiva**. São Paulo: Quartier Latin, 2004, p. 134.

[49] ZILVETI, Fernando Aurelio. **Princípios de direito tributário e capacidade contributiva**. São Paulo: Quartier Latin, 2004, p. 134.

para o estabelecimento, no Brasil, do dever fundamental de pagar impostos, além de determinar que (i) somente os fatos que denotem riqueza podem compor o aspecto material da hipótese de incidência tributária e que (ii) o potencial econômico dos contribuintes deve funcionar como critério de graduação dos tributos[50].

Muitas são as leituras do princípio da capacidade contributiva. Marco Aurélio Greco, citando cinco destas diferentes leituras do princípio[51], diz que:

a) a capacidade contributiva seria equivalente à disponibilidade financeira, exigindo que o contribuinte tenha condições materiais ou financeiras de pagar o tributo. Contudo, para o autor, essa visão deve ser rechaçada, pois há aptidão para o pagamento, mesmo sem liquidez imediata, como pode ocorrer com a viúva que herda imenso palacete, mas não dispõe de recursos para pagar o IPTU;

b) a capacidade contributiva é individual e deve ser aferida em cada caso, conforme as características do patrimônio e da renda de cada indivíduo. O critério não condiz com a praticabilidade, na medida em que exige, segundo o autor, que exista uma lei para cada pessoa;

c) a capacidade contributiva seria presumida pela lei, não podendo considerar o perfil patrimonial de cada indivíduo, cabendo ao legislador escolher as manifestações de riqueza e dimensioná-las. O problema dessa definição está em que a capacidade contributiva seria determinada conforme conveniências de política fiscal, possivelmente não sujeitas a um crivo material de constitucionalidade;

d) a capacidade contributiva como pressuposto de fato do tributo, isto é, como um pressuposto objetivo, indicativo da manifestação de riqueza. Por esse critério, afastam-se indagações e análises de ordem casuística e subjetiva, centrando-se a avaliação em dados da realidade econômica ou jurídica (renda como acréscimo patrimonial; propriedade enquanto fato, etc.). Esta, segundo o autor, até poucos anos, seria a mais consistente formulação sobre o tema; e

---

[50] MENDES, Gilmar Ferreira. "Tributação, finanças públicas e controle da atividade financeira na Constituição Federal de 1988". In: MENDES, Gilmar Ferreira; BRANCO, Paulo Gustavo Gonet. **Curso de Direito Constitucional**. 15ª edição. São Paulo: Saraiva Educação, 2020, p. 1580.

[51] GRECO, Marco Aurélio. **Planejamento tributário**. 4ª edição. São Paulo: Quartier Latin, 2019, p. 336-342.

e) a capacidade contributiva derivada da atuação no mercado está centrada na ideia de que a tributação pode recair sobre o contribuinte pelo simples fato de ele existir e poder atuar no mercado como entidade econômica, sendo titular do poder de disposição para alocar os recursos obtidos em sua atividade.

O autor defende que a capacidade contributiva deve ser aferida e ponderada à luz das definições apresentadas nos itens "d" e "e" acima. E, assim, ao analisar seu alcance, o autor afirma que a capacidade contributiva é dirigida ao legislador, na formulação das leis, e também ao aplicador da lei, servindo de critério iluminador do alcance concreto que a lei apresenta[52]. A última afirmação é importantíssima, porque dela decorre uma outra constatação de Greco sobre o princípio em tela: a capacidade contributiva teria eficácia positiva, em que pese tratar-se de norma programática. Segundo Greco, isto não quer dizer que a capacidade contributiva possa ser aplicada sem lei, ou fora do tipo legal. Na verdade, "o princípio ilumina o tipo previsto em lei; que esta será irrigada pela interpretação com os olhos da capacidade contributiva, mas sem que isto signifique atropelar a lei ou o tipo nela previsto"[53]. Ou seja, a capacidade contributiva informa positivamente a legislação, na medida em que "a aplicação do ordenamento deve levar à oneração das respectivas manifestações que a lei, efetivamente, quer alcançar"[54-55].

Sob essa perspectiva, a capacidade contributiva seria um comando positivo e imperativo, suficiente para autorizar a tributação nas hipóteses de fato não subsumidas à norma legal, mas queridas e desejadas pelo legislador. Resolve-se, a partir desta interpretação, e independentemente de lei específica, o problema relacionado aos planejamentos fiscais lícitos, mas reputados "abusivos" ou "agressivos".

---

[52] GRECO, Marco Aurélio. **Planejamento tributário**. 4ª edição. São Paulo: Quartier Latin, 2019, p. 341-342.

[53] GRECO, Marco Aurélio. **Planejamento tributário**. 4ª edição. São Paulo: Quartier Latin, 2019, p. 350.

[54] GRECO, Marco Aurélio. **Planejamento tributário**. 4ª edição. São Paulo: Quartier Latin, 2019, p. 359.

[55] Também pela eficácia positiva da capacidade contributiva, vide: NABAIS, José Casalta. "Entrevista do professor Sergio André Rocha com o professor José Casalta Nabais, realizada em setembro de 2017". In: GODOI, Marciano Seabra de; ROCHA, Sergio André (orgs.). **Dever Fundamental de Pagar Impostos: O que realmente significa e como vem influenciando nossa jurisprudência?** Belo Horizonte: Editora D'Plácido, 2017, p. 278-279.

Contudo, não nos parece que a capacidade contributiva realmente possua essa dimensão positiva. Adiante, veremos o motivo disso.

4. A Legalidade Cede Frente à Solidariedade, à Moralidade Fiscal e à Capacidade Contributiva?

Como visto linhas atrás, a legalidade, além de um direito individual de todos, constitui uma limitação ao poder de tributar, cuja observância é mandatória na instituição e aumento de tributos, salvo situações excepcionais estabelecidas no texto constitucional. A exigência de lei assegura confiança e previsibilidade, permitindo, segundo Humberto Ávila, a inteligibilidade do ordenamento jurídico, já que o contribuinte pode acessar e compreender as normas a que deve obediência; a confiabilidade do ordenamento jurídico, porque a lei somente pode ser alterada por outra lei – o que contribui para a estabilidade; a calculabilidade do ordenamento, porque o contribuinte pode prever suas obrigações tributárias[56], o que lhe permite planejar.

A legalidade constitui o principal fundamento do direito do contribuinte de se organizar com o objetivo de reduzir, afastar ou diferir a tributação. É que a legalidade geral admite a auto-organização, desde que não esbarre em norma de ordem pública; e a legalidade tributária assegura que o contribuinte não arque com o tributo se não praticar a situação necessária e suficiente ao nascimento da obrigação tributária.

Como demonstrado acima, os defensores da visão solidária da tributação, entendem que as constatações feitas no parágrafo anterior sobre a legalidade devem ceder na hipótese de planejamento fiscal abusivo ou agressivo. E eles o fazem, calcados na ideia de que o Estado Democrático de Direito é também Social, a impor uma compreensão solidária, justa e moral da tributação.

O primeiro erro dessa proposição meramente valorativa do planejamento tributário decorre da inobservância dos reais objetivos da tributação. Fernando Aurelio Zilveti explica que a tributação persegue três objetivos, a saber: (i) prover recursos para as atividades do Estado; (ii) influenciar conjunturas econômicas; e (iii) tributar atividades econômicas dos indivíduos em sociedade. Escorado em Paul Kirchhof, Zilveti aponta que, por meio da consecução dos referidos objetivos, o Estado visa garantir a liberdade do cidadão[57]. E o autor prossegue destacando que "A tributação a qualquer

---

[56] ÁVILA, Humberto. **Teoria da segurança jurídica**. 4ª edição. São Paulo: Malheiros, 2016, p. 253.
[57] ZILVETI, Fernando Aurelio. "A tributação sobre o comércio eletrônico – o caso *Amazon*". **Revista Direito Tributário Atual**. Vol. 26. São Paulo: Dialética, 2011, p. 231.

preço afeta a justiça e a igualdade na tributação. Afeta justamente a liberdade do contribuinte"[58].

A autorização para que a tributação ocorra com base em princípios e valores de grande abstração fere a confiança e a previsibilidade que a legalidade assegura. Fere, pois, a segurança jurídica, sujeitando o contribuinte à livre interpretação e criação do direito por parte das autoridades administrativas, não obstante a vedação à analogia gravosa, de que trata o art. 108, parágrafo 1º, do CTN. A referida autorização fere também a liberdade do cidadão, que o Estado visa garantir ao perseguir os objetivos da tributação, submetendo o contribuinte a arbítrios e surpresas.

Não foi esse o propósito do constituinte ao criar um Estado Social e Democrático de Direito e ao estabelecer como objetivos fundamentais da República Federativa brasileira a construção de uma sociedade livre, justa e solidária (art. 3º, inciso I). Não haverá sociedade justa e solidária se não houver liberdade. A legalidade constitui o parâmetro necessário para equilibrar liberdade e igualdade no campo tributário. Sem a legalidade, pode haver espaço para boas intenções, mas também haverá espaço para arbítrios[59].

O segundo erro da proposição meramente valorativa do planejamento tributário é querer atribuir eficácia positiva, independentemente de lei, a valores e princípios que, embora não dotados daquela eficácia, foram prestigiados pelo constituinte no desenho do Sistema Tributário Nacional. De fato, a tributação obedece a regras de competência concebidas pelo constituinte em conformidade com valores e princípios como a igualdade, a justiça e a solidariedade, o que é confirmado, dentre outros, pelos seguintes dispositivos constitucionais:

– art. 145, parágrafo 1º, o qual, ao consagrar o princípio da capacidade contributiva, determina que os impostos terão caráter pessoal e serão graduados segundo a capacidade econômica do contribuinte, facultado à administração tributária, especialmente para conferir efetividade a esses objetivos, identificar, respeitados os direitos individuais e nos termos da lei, o patrimônio, os rendimentos e as atividades econômicas

---

[58] ZILVETI, Fernando Aurelio. "A tributação sobre o comércio eletrônico – o caso *Amazon*". **Revista Direito Tributário Atual**. Vol. 26. São Paulo: Dialética, 2011, p. 231.

[59] CARVALHO, João Rafael L. Gândara de. **Forma e substância no direito tributário**: legalidade, capacidade contributiva e planejamento fiscal. São Paulo: Almedina, 2016, p. 203.

DIREITOS FUNDAMENTAIS DOS CONTRIBUINTES

do contribuinte, a revelar que a tributação deve promover a igualdade, a justiça e a solidariedade, tributando em maior escala aqueles que manifestem maior riqueza;

- o art. 150, inciso II, dispõe sobre a igualdade tributária, a qual veda a instituição de tratamento desigual entre contribuintes que se encontrem em situação equivalente, proibida qualquer distinção em razão de ocupação profissional ou função por eles exercida, independentemente da denominação jurídica dos rendimentos, títulos ou direitos; trata-se de um desdobramento da igualdade geral contemplada no art. 5º da Constituição, o qual assegura equivalência de tratamento fiscal, uma vez constatada equivalência de situação[60];

- o art. 153, parágrafo 2º, inciso I, estabelece que o imposto sobre a renda e proventos de qualquer natureza é informado, dentre outros, pelo critério da progressividade. A tributação progressiva, originalmente, foi compreendida como um mecanismo capaz de efetivar igualdade e capacidade contributiva, ao onerar mais aqueles que revelassem maior capacidade econômica. No entanto, mais do que atender à igualdade e à capacidade contributiva, a tributação progressiva conforma-se aos ideais de justiça distributiva e solidariedade social, na medida em que busca promover redistribuição de riqueza e, pois, bem-estar social, por meio da transferência de recursos dos ricos para os pobres[61];

- o art. 153, parágrafo 3º, inciso I, estabelece que o imposto sobre produtos industrializados será seletivo, em função da essencialidade do produto. O art. 155, parágrafo 2º, inciso III, determina que o imposto sobre a circulação de mercadorias e sobre prestações de serviços de transporte interestadual e intermunicipal e de comunicação poderá ser seletivo, em função da essencialidade da mercadoria ou do serviço. A seletividade em função da essencialidade é uma forma de tributar o consumo de acordo com os ideais de justiça e dignidade humana, na medida em que a tributação deve ser nula, ou mais branda, em relação aos bens e serviços indispensáveis ao sustento dos indivíduos, assegurando-se, dessa forma, que os bens essenciais à existência civilizada sejam tratados fiscalmente de forma mais suave,

---

[60] GRECO, Marco Aurelio. **Contribuições**: uma figura "sui generis". São Paulo: Dialética, 2000, p. 200.

[61] POLIZELLI, Victor Borges. "Progressividade: Distribuição de Renda e Indução". **Revista Direito Tributário Atual**. Vol. 21. São Paulo: Dialética, 2007, p. 367.

ao passo que as maiores alíquotas fiquem reservadas aos produtos de consumo restrito, isto é, aos supérfluos das classes de maior poder aquisitivo[62];

- o art. 153, parágrafo 4º, inciso I, estabelece que o imposto sobre a propriedade territorial rural será progressivo e terá suas alíquotas fixadas de forma a desestimular a manutenção de propriedades improdutivas, a revelar que a tributação é orientada pela exigência constitucional de que a propriedade atenda à sua função social (art. 5º, inciso XXIII)[63], orientando-se, igualmente, pelos propósitos de justiça e solidariedade, em benefício da coletividade; e

- o art. 195 estabelece que as contribuições para o financiamento de seguridade social são informadas pela solidariedade, já que toda a sociedade deve contribuir para prover recursos destinados a assegurar os direitos relativos à saúde, à previdência e à assistência social[64-65].

Como se pode notar, o Sistema Tributário Nacional é informado pelos ideais de justiça, solidariedade e igualdade. Logo, invocar estes ideais para justificar a tributação, ao arrepio da legalidade, é conferir uma autorização em branco ao fisco, sem notar que o Sistema Tributário Nacional é orientado por todos os valores e princípios de cunho social, erigidos como pilares da República Federativa brasileira.

Portanto, nem a solidariedade, nem a capacidade contributiva ou a igualdade, muito menos a moralidade ou a ética, podem funcionar como

---

[62] BALEEIRO, Aliomar. **Direito Tributário Brasileiro**. 13ª edição. Atualizada por Misabel Abreu Machado Derzi. Rio de Janeiro: Forense, 2015, p. 495.

[63] Recorde-se que o art. 184 da Constituição estabelece que o descumprimento da função social enseja a desapropriação do imóvel rural, para fins de reforma agrária. O art. 185, inciso II, acrescenta que a propriedade, se produtiva, é insuscetível de desapropriação para fins de reforma agrária.

[64] Há diversas decisões do Supremo Tribunal Federal, em matéria previdenciária, invocando a solidariedade como um princípio que inspira todo o financiamento da seguridade social. É o caso, a título ilustrativo, do RE 500121 AgR/MG, de 20.3.2012, da 2ª Turma, e do RE 598085/RJ, de 6.11.2014, do Tribunal Pleno.

[65] Sobre a necessidade de se buscar recursos, via tributação, para custear as ações demandadas pela Constituição, inclusive e especialmente aquelas destinadas à seguridade social, vide: MENDES, Gilmar Ferreira. "O STF e a exclusão do ICMS da base de cálculo da COFINS". In: LEMBO, Claudio; CAGGIANO, Monica Herman; ALMEIDA NETO, Manoel Carlos de. **Juiz constitucional**: Estado e poder no século XXI – homenagem ao Ministro Enrique Ricardo Lewandowski. São Paulo: Revista dos Tribunais, 2015, p. 205-224.

corretivos para que o intérprete, na aplicação e compreensão da lei, tente promover a maior arrecadação tributária possível[66].

Mas, afinal, como se dá a materialização desses ideais no plano fiscal? Por lei. Lei cuja elaboração deve ser orientada por todos os valores, princípios e regras acima enunciados[67].

Esse dado é importante, por revelar que o contribuinte que não infringir normas legais, e que não incidir na situação descrita em lei como necessária e suficiente para o nascimento da obrigação tributária – descrição legal cuja formulação deve obedecer aos princípios, regras e valores ora mencionados –, não poderá ter seu planejamento tributário desconstituído, sob a alegação de desobediência à justiça, à solidariedade, à moralidade e à capacidade contributiva.

O contribuinte que planeja seus negócios e organiza seu patrimônio de modo a diminuir a carga tributária não ofende os ideais de justiça, igualdade e solidariedade. É que a tributação somente alcança a manifestação de capacidade contributiva efetivamente revelada, e o fato gerador apenas ocorre se a hipótese fática se subsumir ao desenho normativo do tributo. Exigir que o contribuinte arque com tributo cuja hipótese de incidência não se verificou é atentar contra a liberdade e contra a confiança e a previsibilidade asseguradas pela legalidade.

E quanto à capacidade contributiva? Ela teria um caráter positivo, como defendido por Marco Aurélio Greco, suficiente para autorizar a tributação, mesmo que desconforme à legalidade? Não. O princípio da capacidade contributiva não tem caráter positivo, constituindo, na verdade, uma orientação dirigida ao legislador em sua atividade de elaboração de leis[68]. Trata-se de norma programática. Nem por isto, ela não opera efeitos. Eventuais

---

[66] LEÃO, Martha Toribio. **O direito fundamental de economizar tributos**: entre legalidade, liberdade e solidariedade. São Paulo: Malheiros, 2018, p. 133.

[67] Não poderia ser de outro modo, já que a lei, como ensina o Ministro Gilmar Mendes, deve fixar limites ao exercício de direitos fundamentais como a liberdade e a propriedade, desde que o faça com observância das normas constitucionais que autorizam a imposição de limitações ou restrições (MENDES, Gilmar Ferreira. **Direitos fundamentais e controle de constitucionalidade**: estudos de direito constitucional (Séria EDB). 4ª edição. São Paulo: Saraiva, 2012, p. 119).

[68] Nas palavras de Fernando Aurelio Zilveti, o princípio da capacidade contributiva "foi positivado pelo constituinte, deliberadamente, para orientar o legislador fiscal a graduar os impostos segundo a capacidade e quem deve pagar o imposto, além de dar à administração tributária a faculdade de aferir essa graduação, respeitando os direitos individuais, pesquisando o patrimônio, renda e atividades econômicas do cidadão" (ZILVETI, Fernando Aurelio. **Princípios de direito tributário e capacidade contributiva**. São Paulo: Quartier Latin, 2004, p. 141).

excessos do legislador podem e devem ser controlados pelo intérprete e aplicador da lei, a quem caberá verificar se a tributação instituída por lei obedece à capacidade econômica do contribuinte.

No entanto, a capacidade contributiva não autoriza a tributação da riqueza porventura manifestada, mas não capturada pela lei. Como observa Luís Eduardo Schoueri, o caráter positivo do princípio não se sustenta, porque o constituinte não exigiu que toda manifestação de capacidade contributiva se sujeitasse ao imposto; na verdade, a própria repartição de competências tributárias demonstra que o constituinte deixou uma série de situações de lado, tanto que criou a chamada "competência residual"[69].

A moralidade fiscal também não tem eficácia positiva suficiente para legitimar a desconsideração de planejamentos fiscais lícitos. O fator ético, como já explicava Sampaio Dória, não pode se sobrepujar ao plano jurídico, "sob pena de se instalar o arbítrio resultante da apreciação subjetiva de dados pré-jurídicos, onde deve reinar a segurança e a certeza, estabilizadas na norma objetiva de direito que já selecionou e cristalizou certos valores impostos ao intérprete e aplicador da lei"[70].

Como anotou Ricardo Mariz de Oliveira, cabe ao legislador, em estágio pré-legislativo, procurar os valores que dominam a sociedade ao tempo da edição da norma, contribuindo, desse modo, para o bem comum que o direito deve prover. No entanto, arremata o autor, "nada mais pode ser retirado da moral para definir e garantir a estabilidade das relações jurídicas"[71].

Assim, a moral, porque abstrata e imprecisa, só pode autorizar eventual desconsideração de negócios lícitos se seus contornos e limites estiverem positivados. Realmente, como os juízos de imoralidade por si só não têm força bastante para criar comandos jurídicos imperativos[72], seus limites devem ser estabelecidos no plano legislativo, mediante a correção de imprecisões ou imperfeições da norma fiscal, bem como mediante a edição de normas

---

[69] SCHOUERI, Luís Eduardo. "Planejamento tributário: limites à norma antiabuso". **Revista Direito Tributário Atual**. Vol. 24. São Paulo: Dialética, 2010, p. 363.

[70] DÓRIA, Antônio Roberto Sampaio. **Elisão e evasão fiscal**. 2ª edição. São Paulo: Bushatsky, 1977, p. 49.

[71] OLIVEIRA, Ricardo Mariz de. "Formalismo e substantivismo tributário. Dever moral e obrigação jurídica. E a segurança jurídica?" PRETO, Raquel Elita Alves (Coord.). **Tributação Brasileira em Evolução**: estudos em homenagem ao Professor Alcides Jorge Costa. São Paulo: IASP, 2015, p. 508.

[72] CALDAS, Marta. **O conceito de planeamento fiscal agressivo: novos limites ao planeamento fiscal?** Cadernos IDEFF, n. 18. Coimbra: Almedina, 2015, p. 154.

gerais ou especiais antiabuso[73] e de normas de transparência e cooperação entre fisco e contribuinte ("disclosure initiatives")[74]. A moralidade, em si mesma, não tem densidade jurídica para autorizar ações do fisco voltadas ao combate do planejamento abusivo ou agressivo. No entanto, ela ilumina e inspira o legislador a efetuar correções na norma existente e a editar normas fundadas nos ideais de justiça, solidariedade e equidade, conferindo, assim, estabilidade, objetividade e previsibilidade, em atenção à segurança jurídica e à boa-fé dos contribuintes.

Dessa forma, como acertadamente observou José Eduardo Soares de Melo, não se pode cogitar do uso de aspectos subjetivos pertinentes à moral, ou à 'mens legislatoris', porque, imperando o cânone da legalidade, "irrelevante adentrar-se no espírito, na alma ou nos sentimentos dos seus aplicadores – numa autêntica psicanalização – para avaliar a natureza intrínseca dos atos ou dos seus praticantes"[75].

A vedação à analogia gravosa também não pode ser afastada em juízos meramente valorativos do planejamento fiscal. Primeiro, porque a lei complementar responsável por regular as limitações constitucionais ao poder de tributar e por fixar as normas gerais em matéria tributária, na forma do art. 146, incisos II e III, da Constituição, não admite o uso da analogia se dela resultar a cobrança de tributo não previsto em lei (art. 108, parágrafo 1º, do CTN). E não poderia ser diferente, de vez que a legalidade, no ordenamento

---

[73] Cf. acórdão proferido pela 2ª Turma do Tribunal Regional Federal da 4ª Região Fiscal no processo n. 5009900-93.2017.4.04.7107, em 10.12.2019, no qual se afirmou que "a desconsideração de 'planejamentos tributários' pela administração pública somente se legitima quando as operações empregadas forem ilícitas (dolosas, fraudulentas ou simuladas), cabendo ao legislador a edição de normas específicas que impeçam ou neutralizem eventual economia tributária quando o planejamento envolver atos lícitos". Vide, no mesmo sentido, a decisão proferida pelo Superior Tribunal de Justiça ("STJ") no julgamento do Recurso Especial n. 1.119.405/RS, de 18.3.2010.

[74] A Medida Provisória n. 685, de 21.7.2015, ao ensejo das propostas do BEPS, especialmente da ação n. 12 ("Mandatory disclosure rules"), tentou introduzir, no Brasil, o dever de informação do contribuinte de operações que implicassem economia fiscal. Contudo, como apontou Gerd Willi Rothmann, a medida provisória utilizou "uma série de conceitos indeterminados, tais como 'razões extraordinárias relevantes', 'forma não usual', 'cláusula que desnature os efeitos de um contrato típico'. Estes conceitos carecem de base legal e abrem espaço para interpretações subjetivas das autoridades tributárias, afetando, seriamente, a segurança jurídica" (ROTHMANN, Gerd Willi. "Prefácio". In: ANDRADE, Leonardo Aguirra de. **Planejamento tributário**. São Paulo: Quartier Latin, 2016, p. 15).

[75] MELO, José Eduardo Soares de. O princípio da moralidade no Direito Tributário. In: MARTINS, Ives Gandra da Silva (coord.). **O princípio da moralidade no Direito Tributário**. Pesquisas Tributárias – Nova Série, 2, São Paulo: Revista dos Tribunais, 1996, p. 118.

brasileiro, se reveste de maior rigor que seus pares estrangeiros: por aqui, não basta que o legislador autorize a tributação; ele deve prever todas as circunstâncias para o surgimento da obrigação tributária[76]. Segundo, porque o uso da "analogia legis" em matéria tributária afronta a legalidade e a segurança jurídica, enquanto o emprego da "analogia juris", fundada em princípios ou valores como o da capacidade contributiva, igualdade e justiça tributária, mais do que implicar insegurança e contrariedade à legalidade, pode implicar também, em determinadas situações, o uso de interpretação ou consideração econômica dos fatos, não admita no ordenamento jurídico brasileiro, além de conferir poderes excessivos às autoridades fiscais, situando-as no lugar do legislador[77].

Anote-se também que o art. 108 do CTN não foi alterado, muito menos derrogado, pela Lei Complementar n. 104, que introduziu o art. 116, parágrafo único, do CTN, para autorizar que a autoridade administrativa desconsidere atos ou negócios jurídicos praticados com a finalidade de dissimular a ocorrência do fato gerador do tributo ou a natureza dos elementos constitutivos da obrigação tributária. Não há, em nenhum desses dispositivos, qualquer respaldo normativo que autorize o agente fiscal a se valer de analogia para definir o fato gerador do tributo.

Conforme apontado pela Ministra Cármen Lúcia em seu voto proferido na Ação Direta de Inconstitucionalidade n. 2.446, e acompanhado pelos Ministros Marco Aurélio, Edson Fachin, Alexandre de Moraes e Gilmar Ferreira Mendes[78], o art. 116, parágrafo único, do CTN não proíbe o contribuinte de buscar, pelas vias legítimas e com base em comportamento coerente com a ordem jurídica, a economia tributária, sendo-lhe permitido organizar suas atividades da forma menos onerosa, deixando de pagar tributos quando não configurado o fato gerador cuja ocorrência tenha sido licitamente evitada.

Baseada nessas premissas, a Ministra Cármen Lúcia conclui que o art. 116, parágrafo único, do CTN não constitui uma norma geral antielisão, cuidando apenas do combate à evasão fiscal, isto é, de norma de combate "aos atos ou negócios jurídicos praticados com intenção de dissimulação ou

---

[76] SCHOUERI, Luís Eduardo. "Planejamento tributário: limites à norma antiabuso". **Revista Direito Tributário Atual**. Vol. 24. São Paulo: Dialética, 2010, p. 366-367.

[77] NOVOA, César GARCÍA. **La cláusula antielusiva en la nueva ley general tributaria**. Madrid: Marcial Pons, 2004, p. 255 e 258.

[78] Iniciado em 12.6.2020, o julgamento foi interrompido em 19.6.2020 por pedido de vista do Ministro Ricardo Lewandowski.

ocultação" do fato gerador da obrigação tributária, pelo que não padece de inconstitucionalidade.

A Ministra, como se nota, não entrevê no art. 116, parágrafo único, do CTN, uma norma de combate a abusos, imoralidades ou atitudes que atentem contra a ética ou a justiça fiscal. A Ministra destaca, apenas, que o **sujeito passivo pode planejar**, mas que **seu planejamento deve ser combatido quando houver evasão**, isto é, quando houver, por exemplo, fraude, simulação ou sonegação.

Para nós, há espaço para o combate, não só da evasão, mas de abusos e, quiçá, de imoralidades ou de atitudes que atentem contra a ética ou a justiça fiscal. Mas esse espaço deve ser preenchido por lei que imponha limites à liberdade do sujeito passivo e que estabeleça critérios para a atuação do fisco no ato de fiscalizar e de desconsiderar negócios dos quais resulte economia tributária.

À luz das considerações precedentes, pode-se afirmar que, no plano da economia tributária lícita, a lei deve estabelecer limites à sua fiscalização, de tal sorte a evitar arbítrios e abusos da Administração Pública e garantir a segurança jurídica. Assim, os ideais de justiça, igualdade, solidariedade e moralidade, que inspiram nosso ordenamento jurídico, e que orientam o Sistema Tributário Nacional, não autorizam a desconsideração de atos e negócios lícitos. Aqueles princípios ou valores somente podem nortear a avaliação de planejamentos tributários quando consubstanciados em lei, é dizer, quando normatizados, por exemplo, mediante normas gerais ou especiais antiabuso, ou normas de cooperação mútua, pois só assim prestigiam-se a boa-fé, a segurança, a proteção da confiança e a previsibilidade dos contribuintes[79].

---

[79] Allison Christians, em estudo sobre evasão fiscal, planejamento tributário abusivo e moralidade, afirmou ser necessário traçar uma linha divisória entre a economia fiscal ilícita (evasão fiscal) e a economia lícita, porém abusiva. A legislação tributária, segundo a autora, tem falhado nesta diferenciação, deixando de estabelecer mecanismos para combater a última. Como corretamente apontou a autora, a resposta a esta falha não é afastar-se da lei, articulando um padrão de comportamento não-jurídico baseado na moralidade. O combate a atos desta natureza deve ocorrer mediante lei. Os debates em torno da moral, a despeito de atenderem a reclamos sociais de busca por justiça fiscal, acabam conduzindo a um caminho de insegurança por estarem assentados em critérios ou padrões não-jurídicos (CHRISTIANS, Allison. "Avoidance, Evasion, and Taxpayer morality". *In*: **Washington University Journal of Law & Policy**, 44, 2014, p. 39-59. Disponível em: http://openscholarship.wustl.edu/cgi/viewcontent.cgi?article=1831&context=law_journal_law_policy. Acesso em: 15.07.2020).

Não havendo, no plano federal, normas gerais antiabuso, o planejamento tributário só pode ser combatido ou pela aplicação de normas especiais antiabuso (normas de controle de preços de transferência e de subcapitalização, por exemplo), ou pelo uso de instrumentos legais existentes à disposição do intérprete e aplicador da lei, voltados à identificação da ilicitude do arranjo. São exemplos de instrumentos que atingem este desiderato de combate à ilicitude: a sonegação, a fraude e o conluio, tipificados, respectivamente, nos art. 71 a 73 da Lei n. 4.502, de 30.11.1964[80]; as inexatidões, as omissões, as falsidades, o dolo, a fraude e a simulação, referidos no art. 149, incisos IV, V e VII, do CTN, os quais autorizam a autoridade administrativa a proceder ao lançamento tributário, bem como à sua revisão; a simulação, a fraude à lei e o abuso de direito[81], disciplinados, respectivamente, nos art. 167, 166,

---

[80] A constatação da presença de sonegação, fraude ou conluio autoriza, na órbita federal, a qualificação da multa de ofício, de 75% para 150%, nos termos do art. 44, parágrafo 1º, da Lei n. 9430, de 27.12.1996, sem prejuízo de sanções administrativas e criminais.

[81] Há grande debate doutrinário sobre a aplicação de certas figuras do Direito Civil, como a fraude à lei e o abuso de direito, em matéria tributária. Paulo Ayres Barreto, por exemplo, entende que o abuso de direito somente pode ser investigado, na esfera fiscal, como mais um elemento indiciário da ocorrência da simulação e da dissimulação, quer porque aquele instituto não foi referido de modo expresso pela legislação tributária, diferentemente do que se deu, por exemplo, com a simulação e a dissimulação, quer porque sua vagueza é incompatível com o Direito Tributário, o qual busca evitar incertezas, fugindo, por exemplo, de tipos abertos e conceitos indeterminados (BARRETO, Paulo Ayres. **Planejamento tributário**: limites normativos. São Paulo: Noeses, 2016, p. 199-207). Luís Eduardo Schoueri também entende que o abuso de direito não pode ser utilizado no combate ao planejamento tributário, escorado no argumento de que a lei tributária não tratou dos efeitos tributários do instituto. O autor ainda acrescenta que a fraude à lei também não pode reger a matéria, porque não há lei tributária imperativa – que poderia ser fraudada – obrigando alguém a incorrer no fato jurídico tributário (SCHOUERI, Luís Eduardo. "Planejamento tributário e garantias dos contribuintes: entre a norma geral antielisão portuguesa e seus paralelos brasileiros". In: Daniel Freire e Almeida; Fabio Luiz Gomes; João Ricardo Catarino (Org.). **Garantias dos contribuintes no sistema tributário**. São Paulo: Saraiva, 2012, p. 412-426). Leonardo Aguirra de Andrade, após situar a controvérsia doutrinária em torno do tema, afirma que o abuso de direito e a fraude à lei, em matéria tributária, permitem que o intérprete reconheça e qualifique os atos e fatos passíveis de tributação, não se aplicando à relação jurídico-tributária estabelecida entre fisco e sujeito passivo (ANDRADE, Leonardo Aguirra de. **Planejamento tributário**. São Paulo: Quartier Latin, 2016, p. 238). Para nós, tem razão Ricardo Mariz de Oliveira quando afirma que não há norma legal que obrigue a pessoa a incorrer no fato gerador e, pois, não há fraude à lei neste sentido, "mas pode haver fraude em outras situações, como, por exemplo, fraude à norma que estabeleça uma regra geral impeditiva de determinada dedução fiscal, mas, em exceção, a permita apenas se cumpridas condições específicas (OLIVEIRA, Ricardo Mariz. "Planejamento tributário, este incompreendido". SANTOS, Ramon Tomazela (Coord.). **Estudos de Direito Tributário**: 40 anos de Mariz de Oliveira e Siqueira

inciso VI, e 187 do Código Civil. Não há espaço, pois, para juízos de valor desapegados da legalidade[82].

Conclusões

O direito de o contribuinte organizar e planejar sua vida, seus negócios e seu patrimônio assenta-se, fundamentalmente, na legalidade. A legalidade assegura que o contribuinte faça escolhas, no âmbito do Direito Privado, definindo os instrumentos ou negócios jurídicos que pretende utilizar. Estas escolhas terão reflexos na seara fiscal, podendo ou não haver incidência tributária, a depender da subsunção do fato à norma fiscal. A legalidade, assim, a um só tempo, viabiliza o exercício da autonomia privada e garante que aquele que não praticou o fato descrito em lei como ensejador do nascimento da obrigação tributária não seja compelido a arcar com o tributo.

A planificação fiscal, quando ilícita, deve ser combatida. Quer dizer, constatado que o arranjo foi exercido com desobediência à lei, ou constatada a presença de patologias, como a fraude à lei, a simulação e o abuso de direito, o planejamento não poderá ser tolerado.

Se, por outro lado, o planejamento for lícito, sua desconsideração não poderá ser aceita, nem mesmo sob a alegação de que princípios e valores como a igualdade, a capacidade contributiva, a justiça e a solidariedade legitimariam a atuação estatal voltada a rechaçar os planejamentos considerados abusivos ou agressivos. É que, na quadra atual do nosso sistema jurídico, não há espaço para correções baseadas em conceitos vagos e abstratos, sem densidade jurídica. Eventuais abusos podem e devem ser combatidos, mas somente no plano legal.

Por aí se vê que, para assegurar a segurança jurídica e proteger aqueles que agiram de boa-fé, cabe ao legislador, inspirado naqueles princípios e valores que norteiam o Estado Social e Democrático de Direito, e que também embasam o Sistema Tributário Nacional, corrigir imperfeições do texto legal e estabelecer normas antiabuso e normas que privilegiem a transparência e cooperação entre fisco e contribuinte. Apenas a lei pode autorizar o combate

---

Campos Advogados. São Paulo: Mariz de Oliveira e Siqueira Campos Advogados, 2018, p. 36), pois, neste caso, há lei imperativa de natureza tributária.

[82] Pelas mesmas razões, pode-se afirmar que, na quadra atual da legislação tributária, não há espaço para a investigação das razões ou dos motivos que conduziram o sujeito passivo a planejar. Não há lugar, pois, no estágio atual da legislação, para a alegação de que atos legítimos no âmbito do Direito Privado seriam inoponíveis ao fisco em razão da ausência de propósito negocial distinto do exclusivamente fiscal.

a planejamentos abusivos ou agressivos. Admitir o contrário é admitir que o fisco se arvore na condição de criador do Direito, tributando por analogia ou mediante considerações subjetivas e econômicas, ao arrepio da legalidade, da boa-fé, da proteção da confiança, da previsibilidade e, pois, da segurança jurídica.

Referências

ANDRADE, Leonardo Aguirra de. **Planejamento tributário**. São Paulo: Quartier Latin, 2016.

AULETE, Caldas. **Novíssimo Aulete dicionário contemporâneo da língua portuguesa**. GEIGER, Paulo (Org.). Rio de Janeiro: Lexikon, 2011.

ÁVILA, Humberto. **Sistema constitucional tributário**. 5ª edição. São Paulo: Saraiva, 2012.

__. **Teoria da segurança jurídica**. 4ª edição. São Paulo: Malheiros, 2016.

BACK, Philippa Foster. **Avoiding tax may be legal, but can it ever be ethical?** *In*: https://www.theguardian.com/sustainable-business/avoiding-tax-legal-but-ever-ethical. 2013. Acesso em 15.07.2020.

BARRETO, Paulo Ayres. **Planejamento tributário**: limites normativos. São Paulo: Noeses, 2016.

BALEEIRO, Aliomar. **Direito Tributário Brasileiro**. 13ª edição. Atualizada por Misabel Abreu Machado Derzi. Rio de Janeiro: Forense, 2015.

BIANCO, João Francisco; SANTOS, Ramon Tomazela. "A Change of Paradigm in International Tax Law: Article 7 of Tax Treaties and the Need To Resolve the Source versus Residence Dichotomy". *In*: **Bulletin for International Taxation**, 2016 (volume 70), n. 3.

BOZZA, Fábio Piovesan. **Planejamento tributário e autonomia privada**. Série doutrina tributária vol. XV. São Paulo: Quartier Latin, 2015.

BRAUNER, Yariv. "What the BEPS". *In*: **Florida Tax Review**, 2014 (volume 16), n. 2.

CAMPOS, Diogo Leite de; ANDRADE, João Costa. **Autonomia contratual e Direito Tributário**: (a norma geral anti-elisão). Coimbra: Almedina, 2008.

CALDAS, Marta. **O conceito de planeamento fiscal agressivo: novos limites ao planeamento fiscal?** Cadernos IDEFF, n. 18. Coimbra: Almedina, 2015, p. 154.

CARVALHO, João Rafael L. Gândara de. **Forma e substância no direito tributário**: legalidade, capacidade contributiva e planejamento fiscal. São Paulo: Almedina, 2016.

CHRISTIANS, Allison. "Avoidance, Evasion, and Taxpayer morality". *In*: **Washington University Journal of Law & Policy**, 44, 2014, p. 39-59. Disponível em: http://

openscholarship.wustl.edu/cgi/viewcontent.cgi?article=1831&context=law_journal_law_policy. Acesso em: 15.07.2020.

DERZI, Misabel Machado. "Mutações, complexidade, tipo e conceito, sob o signo da segurança e da proteção da confiança". *In*: TORRES, Heleno Taveira (org.). **Tratado de Direito Constitucional e Tributário: Estudos em Homenagem a Paulo de Barros Carvalho**. São Paulo: Saraiva, 2005, p. 245-284.

DÓRIA, Antônio Roberto Sampaio. **Elisão e evasão fiscal**. 2ª edição. São Paulo: Bushatsky, 1977.

DOURADO, Ana Paula. "Aggressive tax planning in EU Law and in the light of BEPS: The EC Recommendation on aggressive tax planning and BEPS Actions 2 and 6". In: **INTERTAX**, vol. 43, Issue I. Netherlands: Kluwer Law International BV, 2015, p. 42-57.

___. **Governação Fiscal Global**. 2ª Edição. Coimbra: Almedina, 2018.

GRECO, Marco Aurélio. **Contribuições**: (uma figura "sui generis"). São Paulo: Dialética, 200, p. 200.

___. **Planejamento tributário**. 4ª edição. São Paulo: Quartier Latin, 2019.

___. "Solidariedade social e tributação". In: GRECO, Marco Aurélio Greco; GODOI, Marciano Seabra de (coord.). **Solidariedade social e tributação**. São Paulo: Dialética, 2005, p. 168-189.

LARENZ, Karl. **Metodologia da ciência do Direito**. 6ª edição. Tradução de José Lamego. Lisboa: Fundação Calouste Gulbenkian, 2012.

LEÃO, Martha Toribio. **O direito fundamental de economizar tributos**: entre legalidade, liberdade e solidariedade. São Paulo: Malheiros, 2018.

MCCAFFERY, Edward J. **Income Tax Law**. New York: Oxford University Press, 2011.

MELO, José Eduardo Soares de. O princípio da moralidade no Direito Tributário. In: MARTINS, Ives Gandra da Silva (coord.). **O princípio da moralidade no Direito Tributário**. Pesquisas Tributárias – Nova Série, 2, São Paulo: Revista dos Tribunais, 1996, p. 103-119.

MENDES, Gilmar Ferreira. **Direitos fundamentais e controle de constitucionalidade**: estudos de direito constitucional (Séria EDB). 4ª edição. São Paulo: Saraiva, 2012,

___. "O STF e a exclusão do ICMS da base de cálculo da COFINS". In: LEMBO, Claudio; CAGGIANO, Monica Herman; ALMEIDA NETO, Manoel Carlos de. **Juiz constitucional**: Estado e poder no século XXI – homenagem ao Ministro Enrique Ricardo Lewandowski. São Paulo: Revista dos Tribunais, 2015, p. 205-224.

___. "Tributação, finanças públicas e controle da atividade financeira na Constituição Federal de 1988". In: MENDES, Gilmar Ferreira; BRANCO, Paulo Gustavo Gonet. **Curso de Direito Constitucional**. 15ª edição. São Paulo: Saraiva Educação, 2020.

NABAIS, José Casalta. "Entrevista do professor Sergio André Rocha com o professor José Casalta Nabais, realizada em setembro de 2017". In: GODOI, Marciano Seabra de; ROCHA, Sergio André (orgs.). **Dever Fundamental de Pagar Impostos: O que realmente significa e como vem influenciando nossa jurisprudência?** Belo Horizonte: Editora D'Plácido, 2017, p. 265-279.

__. **O dever fundamental de pagar impostos**: contributo para a compreensão constitucional do estado fiscal contemporâneo. Coimbra: Almedina, 2015.

NOVOA, César GARCÍA. **La cláusula antielusiva en la nueva ley general tributaria**. Madrid: Marcial Pons, 2004.

OECD (2015). **Mandatory Disclosure Rules, Action 12**. Paris: OECD Publishing, Final Report, p. 1-100. Disponível em: http://dx.doi.org/10.1787/9789264241442-en. Acesso em 15.07.2020.

OLIVEIRA, Ricardo Mariz de. "Elisão e evasão fiscal". In: MARTINS, Ives Gandra da Silva (Coord.). **Elisão e evasão Fiscal**. Caderno de Pesquisas Tributárias. Vol. 13. São Paulo: Coedição Centro de Extensão Universitária – CEU e Resenha Tributária, 1988, p. 147-192.

__. "Formalismo e substantivismo tributário. Dever moral e obrigação jurídica. E a segurança jurídica?" PRETO, Raquel Elita Alves (Coord.). **Tributação Brasileira em Evolução**: estudos em homenagem ao Professor Alcides Jorge Costa. São Paulo: IASP, 2015.

__. "Planejamento tributário, este incompreendido". SANTOS, Ramon Tomazela (Coord.). **Estudos de Direito Tributário**: 40 anos de Mariz de Oliveira e Siqueira Campos Advogados. São Paulo: Mariz de Oliveira e Siqueira Campos Advogados, 2018, p. 27-38.

OLIVEIRA, Ricardo Mariz *et al.* "Responsabilidade tributária". In: MARTINS, Ives Gandra da Silva. **Responsabilidade tributária**. São Paulo: Revista dos Tribunais e Centro de Extensão Universitária, 2011, p. 331-383.

PEREIRA, Caio Mário da Silva. **Instituições de Direito Civil**: Introdução ao Direito Civil e Teoria Geral de Direito Civil. Volume I. 20ª edição. Rio de Janeiro: Forense, 2004.

POLIZELLI, Victor Borges. "Progressividade: Distribuição de Renda e Indução. São Paulo: Dialética, **Revista Direito Tributário Atual**, 21, 2007, p. 361--382.

PREBBLE, Zoë M.; PREBBLE QC, John. **The Morality of Tax Avoidance**. Creighton Law Review, vol. 43, n. 3, p. 693-745, 2010; Victoria University of Wellington Legal Research; Papern. 9/2012. Disponível em: https://ssrn.com/abstract=1650363. Acesso em 15.07.2020.

ROCHA, Sergio André. "O dever fundamental de pagar impostos: direito fundamental a uma tributação justa". In: GODOI, Marciano Seabra de; ROCHA, Sergio André (orgs.). **Dever Fundamental de Pagar Impostos: O que realmente significa e como vem influenciando nossa jurisprudência?** Belo Horizonte: Editora D'Plácido, 2017, p. 15-40.

ROTHMANN, Gerd Willi. "Afinal, o Planejamento Tributário pode ser criminoso?". *In*: PRETO, Raquel Elita Alves. **Tributação Brasileira em Evolução**: Estudos em Homenagem ao Professor Alcides Jorge Costa, São Paulo: IASP, 2015, p. 675-698.

___. Prefácio. In: ANDRADE, Leonardo Aguirra de. **Planejamento tributário**. São Paulo: Quartier Latin, 2016.

TIPKE, Klaus; LANG, Joachim. **Direito Tributário (Steuerrecht)**. Volume I. Tradução da 18ª edição alemã, totalmente refeita, de Luiz Doria Furquim. Porto Alegre: Sergio Antonio Fabris Editor, 2008.

TÔRRES, Heleno. **Direito Tributário e Direito Privado**. São Paulo: Revista dos Tribunais, 2003.

TORRES, Ricardo Lobo. "A chamada 'interpretação econômica do Direito Tributário', a Lei Complementar n. 104 e os limites atuais do planejamento tributário". *In*: ROCHA, Valdir de Oliveira (coord.). **O planejamento tributário e a Lei Complomentar 104**. São Paulo: Dialética, 2001, p. 233-244.

SCHOUERI, Luís Eduardo. **Direito Tributário**. 8ª edição. São Paulo: Saraiva, 2018.

___. "Planejamento tributário: limites à norma antiabuso". São Paulo: Dialética, **Revista Direito Tributário Atual**, 24, 2010, p. 345-370.

___. "Planejamento tributário e garantias dos contribuintes: entre a norma geral antielisão portuguesa e seus paralelos brasileiros". In: Daniel Freire e Almeida; Fabio Luiz Gomes; João Ricardo Catarino (Org.). **Garantias dos contribuintes no sistema tributário**. São Paulo: Saraiva, 2012, p. 412-426.

SILVA, Fabiana Carsoni Alves Fernandes da *et al*. "Segurança Jurídica em Matéria Tributária". *In*: MARTINS, Ives Gandra da Silva (Coord.). **Segurança Jurídica em Matéria Tributária**. Pesquisas Tributárias. 4ª edição. Porto Alegre: Coedição Centro de Extensão Universitária – CEU, IICS e LexMagister, 2016, p. 327-382.

ZILVETI, Fernando Aurelio. "A tributação sobre o comércio eletrônico – o caso *Amazon*". São Paulo: Dialética, **Revista Direito Tributário Atual**, 26, 2011, p. 231-245.

___. **Princípios de direito tributário e capacidade contributiva**. São Paulo: Quartier Latin, 2004.

22. Caso Volvo: Haverá uma Interpretação Definitiva do Supremo Tribunal Federal sobre o art. 98 do CTN?

TARSILA RIBEIRO MARQUES FERNANDES

Introdução

O conhecimento da evolução da jurisprudência do Supremo Tribunal Federal (STF) é essencial para entender a própria evolução do direito, sobretudo diante do crescente diálogo institucional entre os três poderes da república. Em matéria tributária, essa relação é ainda mais marcante, tendo em vista o alto grau de litigiosidade fiscal e o extenso rol de normas constitucionais tributárias, atraindo para a Suprema Corte a palavra final sobre o assunto.

As discussões tributárias revelam uma intrínseca tensão, de um lado, entre a garantia imediata dos direitos fundamentais dos contribuintes pleiteados em juízo e, de outro, a necessidade de preservar os meios necessários para o financiamento das políticas públicas e, dessa forma, garantir os direitos fundamentais previstos na Constituição Federal.

Essa tensão se mostra ainda mais presente quando não se sabe sequer qual a norma a ser aplicada no caso concreto, se uma lei puramente doméstica ou um tratado internacional celebrado pelo Brasil. A problemática em torno da correta interpretação do art. 98 do Código Tributário Nacional (CTN), que dispõe que *"[o]s tratados e as convenções internacionais revogam ou modificam a legislação tributária interna, e serão observados pela que lhes sobrevenha"* não é nova. Entretanto, depois de algumas idas e vindas interpretativas, o enquadramento do tratado em matéria tributária no ordenamento jurídico brasileiro ainda pende de decisão definitiva por parte da Suprema Corte Brasileira.

Nesse ponto, merece destaque o julgamento iniciado nos autos do Recurso Extraordinário 460.320, e ainda pendente de conclusão, que discute se a incidência de imposto de renda sobre lucros e dividendos distribuídos pela empresa Volvo a sócios residentes e domiciliados no exterior viola o tratado entre Brasil e Suécia, que, em seu art. 24, adotou o princípio da não discriminação com base na nacionalidade. Para além da problemática do caso concreto, esse recurso extraordinário tende a ser um divisor de águas no que se refere à correta interpretação a ser conferida ao art. 98 do CTN. Esse processo, conhecido como Caso Volvo, trata-se de um dos julgamentos mais importantes em matéria de tributação internacional.

A correta interpretação do art. 98 do CTN é essencial para o deslinde de inúmeras questões relacionadas à tributação internacional. Afinal, nas palavras de Holmes,[1] os tratados contra dupla tributação funcionam mais como um escudo do que como uma espada, vez que as disposições previstas em normas contratuais serão geralmente mais benéficas do que aquelas previstas na legislação puramente doméstica.

O presente artigo está dividido da seguinte maneira: a) Breve considerações sobre os tratados contra dupla tributação; b) Da interpretação dos tratados internacionais; c) Da relação entre direito interno e tratado internacional no direito brasileiro; d) O Recurso Extraordinário 460.320 – Caso Volvo; e) Conclusão.

1. Breve Considerações sobre os Tratados Contra Dupla Tributação

Tendo em vista que a dupla tributação sobre a mesma capacidade contributiva é prejudicial ao desenvolvimento das atividades econômicas no contexto internacional, tornou-se necessário produzir mecanismos para mitigar este fenômeno. Esse é o contexto em que os tratados contra dupla tributação foram desenvolvidos. Afinal, embora seja possível aos países criarem medidas unilaterais com o objetivo de evitar a dupla tributação internacional, o instrumento mais eficaz é a conclusão de um tratado bilateral entre eles.[2] Uma prova do sucesso dos tratados bilaterais é o fato de existirem atualmente mais de 3000 tratados em matéria tributária em vigor em todo o mundo.[3]

Inicialmente, o objetivo de um tratado tributário era sobretudo a prevenção da dupla tributação jurídica e, portanto, a repartição do poder de tributação entre os países que assinaram o acordo. No entanto, com o passar dos anos,

---

[1] K. Holmes, *International tax policy and double tax treaties: an introduction to principles and application*, 2nd ed. (Amsterdam: IBFD, 2014), 91.

[2] K. Vogel, 'Double Tax Treaties and Their Interpretation', *International Tax & Business Lawyer*, vol. 4.1 (1986): 9-10.

[3] OCDE, "Developing a Multilateral Instrument to Modify Bilateral Tax Treaties, Action 15 – 2015 Final Report" (Paris: OCDE, 2015), 15.

um elemento importante que se tornou essencial para o objetivo desse tipo de tratado foi o combate à evasão fiscal. Assim, a prevenção da evasão fiscal só se tornou uma preocupação relevante da comunidade fiscal internacional após o desenvolvimento de um ambiente empresarial internacional que resolveu, em certa medida, a questão da dupla tributação internacional.[4]

Como reconhecido pela OCDE, *"[o principal propósito de convenções de dupla tributação é promover, por meio da eliminação da dupla tributação internacional, trocas de bens e serviços e a movimentação de capital e pessoas. Ademais, as convenções tributárias têm por objetivo prevenir evasão e elisão fiscais."*[5] Assim, hoje em dia, um tratado contra dupla tributação tem um duplo objetivo, a saber, a eliminação da dupla tributação e a prevenção da evasão e elisão fiscais.

Deve-se ressaltar que um tratado contra dupla tributação funciona como uma autolimitação do direito que um país tem de tributar determinadas riquezas. Portanto, ao celebrar um acordo com outro Estado, um país consente em não tributar, ou a tributar de forma limitada, situações nas quais as regras distributivas do tratado concedam direitos de tributação ao outro Estado. Tendo em vista que a imposição de tributos sempre depende da legislação nacional, um tratado fiscal funciona como uma limitação à autoridade fiscal de um Estado de cobrar impostos em determinadas condições, não criando ou alargando quaisquer direitos de tributação do Estado contratante.[6]

Nesse sentido, a primeira regra fundamental defendida por Van Raad na aplicação dos tratados internacionais em matéria tributária é a de que o tratado restringe a aplicação do direito doméstico.[7] Em sendo assim, deve-se iniciar a análise da aplicação de um tratado internacional pelo direito interno, a fim de investigar se a legislação puramente doméstica determina a imposição de algum tributo, para só então analisar se o tratado restringe a tributação pelo Estado contratante. Essa é a razão pela qual comumente se afirma que um tratado fiscal serve como escudo e não como espada.[8]

---

[4] T. Rixen, 'From double tax avoidance to tax competition: Explaining the institutional trajectory of international tax governance', *Review of International Political Economy* 18, nr. 2, (2011): 199-200.

[5] OCDE, "Modelo de Convenção Tributária sobre o Rendimento e o Capital: Versão condensada 2010" (Tradução: International Tax Institute, 2011), 64.

[6] V. Uckmar, 'Double Tax Conventions', em *International Tax Law*, ed. A. Amatucci (Alphen aan den Rijn: Kluwer Law International, 2006), 153.

[7] K. Van Raad. 'Five Fundamental Rules in Applying Tax Treaties', em *Liber Amicorum luc Hinneken*, (Bruxelas: Bruylant, 2002), 587-588.

[8] K. Holmes, *International tax policy and double tax treaties: an introduction to principles and application*, 2 ed. (Amsterdam: IBFD, 2014), 91.

Neste contexto, um tratado contra dupla tributação pode ser conceitualizado como *"um compromisso entre os interesses econômicos e fiscais dos Estados contratantes através da atribuição de direitos fiscais, por um lado, e da partilha do ônus das medidas de desagravamento fiscal, por outro".*[9] Ademais, um tratado contra dupla tributação serve também como mecanismo de combate às práticas de evasão fiscal, além de criar instrumentos que aproximam as administrações fiscais dos Estados contratantes.

2. Da Interpretação dos Tratados Internacionais

Uma questão-chave para a correta e coerente aplicação de qualquer tratado internacional diz respeito à forma como os Estados Contratantes irão interpretar as regras e disposições estabelecidas no acordo. Como documento que precisa ser implementado por ambos os países, é necessário ter uma compreensão comum sobre o que foi estabelecido nele. Cientes de que cada acordo internacional pode estabelecer regras especiais relativas à interpretação de certas disposições, existem regras gerais de interpretação que orientam a aplicação dos tratados internacionais.

A Convenção de Viena sobre o Direito dos Tratados, como documento geral que se aplica às convenções internacionais celebradas entre países, deve ser o ponto de partida de qualquer interpretação de tratados internacionais. Embora a Convenção de Viena preveja apenas regras gerais de interpretação, que podem não ser muito úteis na abordagem de questões relacionadas a tratados fiscais, uma vez que os problemas fiscais são geralmente específicos e pontuais, é importante conhecer suas diretrizes.[10]

As regras de interpretação dos tratados estão estabelecidas na Seção 3, artigos 31 a 33, da Convenção de Viena. O artigo 31 é o mais importante e diz o seguinte:

> "Artigo 31º.
> Regra geral de interpretação
> 1. Um tratado deve ser interpretado de boa fé segundo o sentido comum atribuível aos termos do tratado em seu contexto e à luz de seu objetivo e finalidade.

---

[9] C. Roenne, 'The very beginning – The first tax treaties' em *History of Tax Treaties – The relevance of the OECD Documents for the Interpretation of Tax Treaties*, vol. 69 de *Series On International Tax Law*, ed. M. Lang, T. Ecker & G. Ressler (Viena: Linde, 2011), 21. Tradução livre.

[10] K. Vogel & A. Rust, 'Introduction', em *Klaus Vogel on Double Taxation Conventions*, ed. E. Reimer & A. Rust, 4 ed. (Alphen aan den Rijn: Kluwer Law International, 2015), 37.

2. Para os fins de interpretação de um tratado, o contexto compreenderá, além do texto, seu preâmbulo e anexos:

a) qualquer acordo relativo ao tratado e feito entre todas as partes em conexão com a conclusão do tratado;

b) qualquer instrumento estabelecido por uma ou várias partes em conexão com a conclusão do tratado e aceito pelas outras partes como instrumento relativo ao tratado.

3. Serão levados em consideração, juntamente com o contexto:

a) qualquer acordo posterior entre as partes relativo à interpretação do tratado ou à aplicação de suas disposições;

b) qualquer prática seguida posteriormente na aplicação do tratado, pela qual se estabeleça o acordo das partes relativo à sua interpretação;

c) quaisquer regras pertinentes de Direito Internacional aplicáveis às relações entre as partes.

4. Um termo será entendido em sentido especial se estiver estabelecido que essa era a intenção das partes."

Da leitura deste artigo, é possível perceber que o princípio da boa-fé é de grande relevância na interpretação dos tratados fiscais. Na verdade, o princípio da boa-fé é a base de qualquer acordo internacional e deve ser aplicado mesmo antes da celebração do tratado, durante a sua discussão e após a conclusão do tratado. Esta é a razão pela qual o artigo 26 da Convenção de Viena, ao tratar do conceito de *pacta sunt servanda,* declara que *"[t]odo tratado em vigor obriga as partes e deve ser cumprido por elas de boa-fé.".* Portanto, se alguém precisa atuar de boa-fé ao aplicar o tratado, esse mesmo tratado precisa ser interpretado também de boa-fé. Afinal de contas, a interpretação de um acordo é o primeiro passo para a sua aplicação.[11]

Além do princípio da boa-fé, a ideia por trás do artigo 31 da Convenção de Viena é encontrar o significado de um termo de acordo com sua conotação habitual, levando em consideração as circunstâncias em que tal termo foi usado no acordo e tendo em mente o objetivo do tratado e a área em discussão. Assim, para ajudar a identificar o seu significado, deve-se levar em conta – além do texto do acordo – o preâmbulo, anexos, tratados adicionais ou outros documentos concluídos entre as mesmas partes, além de outras práticas e regras relevantes. Também é possível que os Estados contratantes

---

[11] F. Engelen, *Interpretation of Tax Treaties under International Law,* Vol. 7 de *Doctoral Series* (Amsterdam: IBFD, 2004), 130.

estabeleçam no acordo uma conotação diferente do significado habitual de um termo, ou seja, um significado especial, mas que deve ser estabelecido explicitamente.

Ademais, o art. 27 da mesma Convenção esclarece que *"[u]ma parte não pode invocar as disposições de seu direito interno para justificar o inadimplemento de um tratado."*

Feitas essas breves considerações sobre como funcionam, para que servem e como devem ser interpretados os tratados internacionais contra dupla tributação, faz-se agora necessário compreender como o direito interno do Estado contratante lida com a relação entre os referidos tratados e normas puramente domésticas.

3. Da Relação entre Direito Interno e Tratado Internacional no Direito Brasileiro

3.1. Noções Gerais

Inicialmente, deve ser esclarecido que o Brasil ratificou e incorporou à ordem interna a Convenção de Viena, que estabelece regras gerais sobre como os tratados devem ser interpretados. Além disso, um acordo internacional geralmente impõe uma autolimitação à soberania dos Estados em relação ao seu tema. No entanto, é a ordem doméstica que explica de que forma um acordo internacional é incorporado no sistema doméstico e, depois disso, como lidar com essa relação.

A ideia deste artigo não é entrar na discussão clássica sobre qual teoria o sistema brasileiro está afiliado, se monismo ou dualismo, pois não é de grande relevância para o resolver a problemática em torno do art. 98 do CTN. Na verdade, o objetivo é apresentar um ponto de vista mais pragmático, no sentido de analisar a jurisprudência dos tribunais superiores sobre a matéria, em especial o RE 460.320, da relatoria do Ministro Gilmar Mendes.

Nesta linha de raciocínio, a legislação brasileira prevê um sistema complexo para conclusão e ratificação dos tratados. A participação do Presidente da República e do Parlamento são necessárias para a entrada em vigor de um acordo internacional. Além disso, o tratado só ingressa efetivamente no ordenamento jurídico brasileiro após ser promulgado pelo Presidente da República e publicado no Diário Oficial da União.

Contudo, a relevância deste tópico para o presente estudo começa a partir do momento em que o tratado é ratificado e incorporado à ordem interna. Assim, uma vez concluído um tratado e incorporado ao direito interno, deve-se analisar que tratamento essa disposição receberá do sistema jurídico brasileiro. Em outras palavras, qual é a hierarquia da disposição internacional ratificada em relação a uma norma puramente doméstica?

A relação entre um tratado e uma norma puramente doméstica deve ser considerada em relação a duas situações diferentes. A primeira, quando a disposição internacional convertida em regra doméstica contrasta com uma norma estabelecida na Constituição Federal. A outra situação diz respeito a uma norma internacional ratificada que colide com uma disposição que pertence à legislação ordinária brasileira.

Além disso, o conteúdo do tratado também influencia como ele deve ser interpretado no ordenamento jurídico brasileiro. Por esse motivo, é necessário investigar se o acordo internacional trata de questões tributárias ou de outro assunto. Dito isto, a resposta à pergunta sobre a hierarquia de uma regra internacional ratificada depende, em primeiro lugar, de saber quais tipos de regras estão em disputa e, em segundo lugar, do seu conteúdo.

Nesta linha de pensamento, o conflito entre um tratado incorporado na legislação interna em comparação com uma lei puramente doméstica pode ser melhor tratado sob os seguintes ângulos:

a) Se a disposição ratificada contrasta ou não com uma regra que está estabelecida na Constituição;
b) Se o conteúdo da disposição ratificada está ou não relacionado com questões tributárias.

3.2. Direito Internacional em Conflito com uma Disposição Constitucional

Caso um tratado esteja em conflito com uma disposição constitucional, a Constituição brasileira fornece a solução: há controle de constitucionalidade sobre os tratados internacionais, conforme previsto no parágrafo *b*, inciso III do artigo 102 da Constituição Federal. Assim, como o texto original da Constituição Federal consagrou que os tratados estão sujeitos à revisão judicial, pode-se inferir que os tratados internacionais ratificados pelo Brasil estão em um nível inferior de hierarquia em comparação com a Constituição brasileira. Na verdade, esse foi o entendimento que prevaleceu largamente ao longo dos anos, inclusive no STF.[12]

---

[12] Supremo Tribunal Federal, Recurso Extraordinário 80.004, Plenário, Relator Min. Cunha Peixoto, Diário Oficial de 29/12/77; Supremo Tribunal Federal, *Habeas Corpus* 72.131, Plenário, Relator Min. Moreira Alves, Diário Oficial de 1º/8/03.

Na Ação Direta de Inconstitucionalidade 1.480, o STF reafirmou que a solução para a resposta sobre a incorporação de acordos internacionais ao sistema nacional deve ser buscada na Constituição, e não na controvérsia doutrinária que antagoniza os pontos de vista monistas e dualistas. Assim, a Corte esclareceu que os tratados internacionais estão em um nível inferior em relação à Constituição Federal, razão pela qual eles não poderiam ser aplicados quando transgredissem a Constituição. Além disso, seria competência do Poder Judiciário investigar se um determinado acordo internacional incorporado ao direito interno seria compatível com a Constituição Federal. Portanto, o Tribunal concluiu que esses tratados internacionais, após serem incorporados à ordem interna, deveriam receber o mesmo tratamento de uma legislação ordinária. Por esse motivo, deveria ser aplicado o critério cronológico (*lex posterior derogat priori*) ou, quando apropriado, o critério de especialidade (*lex specialis derogat generalis*) em relação a outras leis domésticas.[13]

Nesse mesmo acórdão, o Supremo Tribunal Federal também afirmou que o princípio do *pacta sunt servanda* não poderia ser oposto à supremacia da Constituição. Por esse motivo, o Tribunal declarou que o exercício do poder de celebrar tratados é limitado pelas normas constitucionais brasileiras, independentemente do disposto no artigo 46 da Convenção de Viena.[14]

Hoje, este é o entendimento dominante que se aplica à maioria dos tratados internacionais celebrados pelo Brasil: a Constituição Federal prevalecerá sobre eles. No entanto, vale mencionar a existência de uma antiga[15] discussão doutrinária e judicial sobre a posição dos tratados internacionais de direitos humanos na hierarquia das normas. Para resolver este debate, a Constituição brasileira foi alterada pela Emenda Constitucional 45/2004, tendo sido acrescentado o §3º ao art. 5º com a seguinte redação: *"Os tratados e convenções internacionais sobre direitos humanos que forem aprovados, em cada*

---

[13] Supremo Tribunal Federal, Ação Direta de Inconstitucionalidade 1.480, Plenário, Relator Min. Celso de Mello, Diário Oficial 18/05/01.

[14] Art. 46 Disposições do Direito Interno sobre Competência para Concluir Tratados 1. Um Estado não pode invocar o fato de que seu consentimento em obrigar-se por um tratado foi expresso em violação de uma disposição de seu direito interno sobre competência para concluir tratados, a não ser que essa violação fosse manifesta e dissesse respeito a uma norma de seu direito interno de importância fundamental.

2. Uma violação é manifesta se for objetivamente evidente para qualquer Estado que proceda, na matéria, de conformidade com a prática normal e de boa fé.

[15] Para uma melhor compreensão desta discussão, veja como o Ministro Gilmar Mendes votou no Recurso Extraordinário 466.343.

Casa do Congresso Nacional, em dois turnos, por três quintos dos votos dos respectivos membros, serão equivalentes às emendas constitucionais." Portanto, a partir de 2004, o status constitucional desses tratados internacionais está expresso na Constituição Brasileira.

Neste contexto, se um tratado internacional celebrado pelo Brasil trata de direitos humanos, e caso tenha sido observado o mais rigoroso rito de aprovação, o tratado internacional será considerado equivalente a uma norma constitucional. Por sua vez, no que diz respeito aos tratados que tratam de outros assuntos, como tributação, a regra geral é que a Constituição Federal prevalecerá sobre eles.

3.3. Direito Internacional em Conflito com Legislação Ordinária

Em caso de conflito entre tratados internacionais ratificados e a legislação ordinária brasileira, não há previsão constitucional que explique a hierarquia de qualquer uma dessas regras. Assim, ao contrário de outros países que conferem superioridade à disposição do tratado, como a França, a Constituição brasileira não esclarece este assunto. Por essa razão, é fundamental analisar qual é a posição do Supremo Tribunal Federal. Neste ponto, é de se notar que a jurisprudência não se manteve uniforme ao longo dos anos.

Historicamente, até a década de 1970, o Supremo Tribunal Federal[16] tinha a compreensão de que os tratados prevaleciam sobre o direito interno. Como consequência desta posição, tratados que foram incorporados à legislação interna só poderiam ser revogados por legislação posterior se esta legislação previsse expressamente tal revogação, ou no caso de o Brasil ter denunciado o acordo.

Entretanto, a partir do julgamento do Recurso Extraordinário 80.004, em 1977,[17] houve uma mudança no entendimento do Supremo Tribunal Federal, que passou a considerar que o direito nacional posterior prevaleceria sobre os tratados internacionais. A ideia deste julgamento era aplicar o critério cronológico, isto é, uma regra posterior exclui a aplicabilidade de uma regra anterior que é incompatível com a posterior.

A posição atual do Supremo Tribunal Federal brasileiro é a de que, como regra geral, a lei posterior revoga a anterior, independentemente de a norma

---

[16] Supremo Tribunal Federal, Apelação Cível 9.587, Relator Min. Lafayette de Andrada, Diário Oficial 18/10/51.

[17] Supremo Tribunal Federal, Recurso Extraordinário 80.004, Plenário, Relator Min. Cunha Peixoto, Diário Oficial 29/12/77.

ter origem em um tratado internacional ou no direito interno. Além disso, deve-se conferir primazia à Constituição Federal.

Atenção especial, no entanto, deve ser dada caso o tratado lide com matéria tributária. Afinal, o CTN, no artigo 98, consagra que *"[os] tratados e as convenções internacionais revogam ou modificam a legislação tributária interna, e serão observados pela que lhes sobrevenha"*.

Como se pode observar, o CTN estabelece expressamente a prevalência dos tratados tributários internacionais sobre a legislação nacional. Entretanto, apesar da clareza do artigo 98 do CTN, há uma substancial discussão doutrinária e jurisprudencial sobre essa disposição.[18]

De início, deve-se registrar que esse artigo não foi escrito de forma adequada. Afinal, um acordo internacional não revoga uma lei doméstica;[19] ele apenas impede a aplicação da legislação nacional no que diz respeito aos pontos conflitantes. Assim, a legislação interna ainda pode ser aplicada a outras situações não cobertas pelo tratado. É exatamente o que Vogel denomina como um estêncil que se sobrepõe à lei doméstica, limitando a aplicação das regras domésticas apenas em relação às situações cobertas pelo tratado.[20] Além disso, se o tratado perder a sua eficácia, a legislação interna será novamente aplicada.

Há ainda uma corrente doutrinária que defende a inconstitucionalidade e a inutilidade[21] do artigo 98 do CTN, trazendo como principal argumento o de que somente a Constituição Federal poderia regular sobre hierarquia de normas.

Neste contexto, o artigo 146 da Constituição Federal estabelece quais são as funções da lei complementar, *in verbis*:

> "Art. 146. Cabe à lei complementar:
> I – dispor sobre conflitos de competência, em matéria tributária, entre a União, os Estados, o Distrito Federal e os Municípios;

---

[18] Confira-se: S. Rocha, *Interpretação dos Tratados para Evitar a Bitributação da Renda*, 2 ed. (São Paulo: Quartier Latin, 2013), 63-74; L. Amaro, *Direito Tributário Brasileiro*, 20 ed. (São Paulo: Saraiva, 2014), 206; A. Xavier, *Direito Tributário Internacional do Brasil*, 8 ed. (Rio de Janeiro: Forense, 2015), 116-124; Superior Tribunal de Justiça, Recurso Especial 58.736, Terceira Turma, Relator Min. Eduardo Ribeiro, Diário Oficial 29/04/96.

[19] L. Amaro, *Direito Tributário Brasileiro*, 20 ed. (São Paulo: Saraiva, 2014), 203-204.

[20] K. Vogel, 'Double Tax Treaties and Their Interpretation', *International Tax & Business Lawyer*, vol. 4.1 (1986): 26.

[21] L. Amaro, *Direito Tributário Brasileiro*, 20 ed. (São Paulo: Saraiva, 2014), 206; S. Rocha, *Interpretação dos Tratados para Evitar a Bitributação da Renda*, 2nd ed. (São Paulo: Quartier Latin, 2013), 66.

II – regular as limitações constitucionais ao poder de tributar;

III – estabelecer normas gerais em matéria de legislação tributária, especialmente sobre:

a) definição de tributos e de suas espécies, bem como, em relação aos impostos discriminados nesta Constituição, a dos respectivos fatos geradores, bases de cálculo e contribuintes;

b) obrigação, lançamento, crédito, prescrição e decadência tributários;

c) adequado tratamento tributário ao ato cooperativo praticado pelas sociedades cooperativas.

d) definição de tratamento diferenciado e favorecido para as microempresas e para as empresas de pequeno porte, inclusive regimes especiais ou simplificados no caso do imposto previsto no art. 155, II, das contribuições previstas no art. 195, I e §§ 12 e 13, e da contribuição a que se refere o art. 239. (Incluído pela Emenda Constitucional nº 42, de 19.12.2003)"

Da leitura desta disposição, penso que o poder de estabelecer normas gerais em matéria de legislação tributária abrange o poder de esclarecer qual a regra que deve prevalecer em caso de conflito entre um tratado tributário ratificado e uma norma puramente doméstica.[22] O artigo 96 do CTN expressamente prevê que os tratados e as convenções internacionais estão abrangidos pelo conceito de "legislação tributária". Ademais, o CTN é um tipo de lei complementar, razão pela qual considero que está dentro de suas atribuições elucidar qual ordem jurídica tem um nível superior de hierarquia em caso de divergência, desde que a Constituição Federal tenha sido observada. No presente caso, o quadro constitucional, especialmente o artigo 146 da Constituição Federal, atribui expressamente essa competência à lei complementar, razão pela qual não compartilho do entendimento que considera inconstitucional o artigo 98 do CTN.

Xavier[23] argumenta que o artigo 98 do CTN é uma espécie de regulamentação sobre as limitações constitucionais ao poder de tributar.

---

[22] No mesmo sentido: V. Mazzuoli, 'Eficácia e aplicabilidade dos tratados em matéria tributária no Direito brasileiro', *Revista de Informação Legislativa* 44, nr. 175 (2007), 159; F. Rezek, *Direito Internacional Público – Curso Elementar*, 13 ed. (São Paulo: Saraiva 2011), 131; R. Silveira, *Aplicação de Tratados Internacionais contra a Bitributação: Qualificação de Partnership Joint Ventures*, (São Paulo: Quartier Latin, 2006), 97; S. Coêlho, 'Tratados Internacionais em Matéria Tributária perante a Constituição Federal de 1988', *Revista de Direito Tributário* 59 (1993), 184-186.

[23] A. Xavier, *Direito Tributário Internacional do Brasil*, 8 ed. (Rio de Janeiro: Forense, 2015), 105.

Deve-se notar, no entanto, que esse autor entende que a Constituição Federal adotou a primazia dos tratados internacionais como regra geral. Por esse motivo, defende a aplicação do artigo 98 do CTN à todas as matérias, e não apenas às questões tributárias.[24]

Nesta linha de pensamento, outro ponto de discussão é exatamente se o artigo 98 do CTN é de aplicação restrita aos tratados tributários ou se esta disposição é uma regra geral que se aplica a todos os tratados internacionais. Estudiosos como Borges[25] afirmam que o referido dispositivo tem um conteúdo meramente declaratório, levando em consideração que a consequência que ele proporciona é o resultado natural que advém de todo acordo internacional. De acordo com Borges, a consequência normal de um acordo internacional que foi incorporado no direito interno é a suspensão de todas as regras nacionais que entram em conflito com tal tratado, devido à sua especialidade.

No entanto, na minha opinião, esta teoria não explica completamente a razão pela qual as regras brasileiras consagram expressamente as situações em que os tratados internacionais devem prevalecer sobre o direito nacional. Isto é, se a ordem jurídica brasileira adotou apenas uma solução para todas as situações relativas à relação entre direito internacional e direito interno, esta solução deveria estar expressa na Constituição Federal ou, pelo menos, deveria ser possível interpretá-la a partir da leitura da ordem jurídica brasileira. Pelo contrário, o sistema brasileiro estabelece claramente em que circunstâncias o direito internacional deve prevalecer sobre uma regra puramente doméstica: questões tributárias e de direitos humanos.

Na verdade, penso que os acordos internacionais deveriam prevalecer sobre a legislação nacional, no intuito de manter a integridade do sistema e o respeito às relações internacionais. No entanto, o fato é que esse entendimento (ainda) não é adotado pelo sistema brasileiro de forma indiscriminada, nomeadamente pelos tribunais superiores. Na realidade, mesmo em matéria tributária, em que há regra expressa prevendo a superioridade dos tratados internacionais, essa questão não está pacificada na jurisprudência pátria, conforme se verá em mais detalhes no próximo tópico. A rigor, a posição do Supremo Tribunal Federal ainda é a que aplica o critério cronológico diante

---

[24] *Ibid.*, 94-96.

[25] J.S. Borges, 'Isenções em tratados Internacionais de Impostos dos Estados-Membros e Municípios', em *Direito Tributário: Estudos em Homenagem a Geraldo Ataliba*, vol. 1, ed. C. Mello (São Paulo: Malheiros, 1997), 174.

do conflito entre uma lei puramente doméstica e um tratado celebrado pelo Brasil, a qual poderá ser modificada justamente em função de um processo de relatoria do Ministro Gilmar Mendes, o RE 460.320.

4. O Recurso Extraordinário 460.320 – Caso Volvo
4.1. Da Importância do Caso
Pende de decisão final do Supremo Tribunal Federal um recurso extraordinário que provavelmente será um divisor de águas no que se refere a correta interpretação a ser conferida ao art. 98 do CTN. Trata-se do Recurso Extraordinário 460.320, de relatoria do Ministro Gilmar Mendes, o qual discute a recepção do art. 98 do CTN pela Constituição Federal de 1988.

O julgamento do referido recurso teve início na data de 31 de agosto de 2011, com um voto muito elucidado do relator, tendo o julgamento sido interrompido devido a um pedido de vista do Ministro Dias Toffoli.

O caso concreto discutia se a incidência de imposto de renda sobre lucros e dividendos distribuídos pela empresa Volvo a sócios residentes e domiciliados no exterior violaria o tratado entre Brasil e Suécia, que, em seu art. 24, adotou o princípio da não discriminação com base na nacionalidade.

Antes de analisar o voto do relator, é interessante registrar que a manifestação da União foi no sentido da não aplicação do art. 98 do CTN, uma vez que isso representaria uma limitação ao Poder Legislativo, a qual só poderia estar expressa na Constituição Federal, e não em lei complementar.

O voto no Ministro Gilmar Mendes é de uma importância doutrinária excepcional, e provavelmente será historicamente lembrado como um marco evolutivo da jurisprudência do STF sobre a matéria.

Deve-se reconhecer que as ideias iniciais do Ministro Gilmar Mendes sobre a questão da interação entre direito interno e tratado internacional foram lançadas quando do julgamento do RE 466.343, que tratava da prisão civil do depositário infiel. Naquele julgamento, o Ministro Gilmar Mendes já pontuava no sentido de que:

> "Em outros termos, solucionando a questão para o futuro – em que os tratados de direitos humanos, para ingressarem no ordenamento jurídico na qualidade de emendas constitucionais, terão que ser aprovados em quórum especial nas duas Casas do Congresso Nacional –, a mudança constitucional ao menos acena para a insuficiência da tese da legalidade ordinária dos tratados e convenções internacionais já ratificados pelo Brasil, a qual tem sido preconizada pela jurisprudência do Supremo Tribunal Federal desde o remoto julgamento

do RE nº 80.004/SE, de relatoria do Ministro Xavier de Albuquerque (julgado em 1º.6.1977; DJ 29.12.1977) e encontra respaldo em um largo repertório de casos julgados após o advento da Constituição de 1988.

(...)

É preciso ponderar, no entanto, se, no contexto atual, em que se pode observar a abertura cada vez maior do Estado constitucional a ordens jurídicas supranacionais de proteção de direitos humanos, essa jurisprudência não teria se tornado completamente defasada.

Não se pode perder de vista que, hoje, vivemos em um "Estado Constitucional Cooperativo", identificado pelo Professor Peter Haberle como aquele que não mais se apresenta como um Estado Constitucional voltado para si mesmo, mas que se disponibiliza como referência para os outros Estados Constitucionais membros de uma comunidade, e no qual ganha relevo o papel dos direitos humanos e fundamentais.

(...)

Tudo indica, portanto, que a jurisprudência do Supremo Tribunal Federal, sem sombra de dúvidas, tem de ser revisitada criticamente.

(...)

Importante deixar claro, também, que a tese da legalidade ordinária, na medida em que permite ao Estado brasileiro, ao fim e ao cabo, o descumprimento unilateral de um acordo internacional, vai de encontro aos princípios internacionais fixados pela Convenção de Viena sobre o Direito dos Tratados, de 1969, a qual, em seu art. 27, determina que nenhum Estado pactuante "pode invocar as disposições de seu direito interno para justificar o inadimplemento de um tratado".[26] (realce no original)

Apesar de a conclusão do RE 466.343 ter sido focada nos tratados que dispunham sobre direitos humanos, os comentários e preocupações do Ministro Gilmar Mendes sobre a relação entre direito interno e tratado internacional pavimentaram o caminho para o julgamento do RE 460.320. Conforme reconhecido por Alberto Xavier:

"Esse voto doutrinário do Ministro GILMAR MENDES deve ser considerado como um marco histórico na jurisprudência do Supremo Tribunal Federal sobre a matéria, não só porque denuncia o anacronismo da tese da paridade normativa,

[26] Supremo Tribunal Federal, Recurso Extraordinário 466.343, Plenário, Relator Min. Cezar Peluzo, DJe 05/06/09

ainda hoje prevalecente, mas ainda porque revelou os vícios teóricos que lhe estão subjacentes e, finalmente, porque ao reconhecer, por enquanto apenas para certa categoria de tratados especiais, uma posição hierárquica infraconstitucional, mas supralegislativa, acabou por viabilizar que a evolução da jurisprudência da casa venha a proceder à 'revisitação crítica' da sua jurisprudência, de modo a consagrar a mesma orientação quanto aos tratados em geral, que é, aliás, a que melhor se coaduna com a Convenção de Viena."[27]

Esclarecida a importância da matéria objeto de julgamento do RE 460.320 e cientes do contexto em que o voto do Ministro Gilmar Mendes foi proferido, cabe agora analisar os argumentos utilizados pelo relator para defender a superação da tese da legalidade ordinária na relação entre direito internacional e interno, quando se lida com matéria tributária.

4.2. Do Julgamento do RE 460.320
Prosseguindo com a análise do RE 460.320, o Ministro Gilmar Mendes inicia o seu voto a partir de um apanhado histórico sobre os entendimentos do Supremo Tribunal Federal a respeito da relação entre direito interno e tratado internacional ratificado pelo Brasil. Em resumo, o histórico pode ser assim esquematizado:

Constituição de 1891 – Prevalência dos tratados internacionais em todas as matérias;

Constituição de 1937 – Precedente específico sobre a prevalência dos tratados sobre matéria tributária;

Constituição de 1946 – Confirmação da prevalência dos tratados sobre matéria tributária;

Constituição de 1967 – Precedente específico sobre a prevalência dos tratados sobre matéria tributária. Edição da Súmula 575/STF, com a seguinte redação: "À mercadoria importada de país signatário do GATT, ou membro da ALALC, estende-se a isenção do imposto sobre circulação de mercadorias concedida a similar nacional";

RE 80.004, julgado em 1977 – Alteração de entendimento para considerar que os tratados internacionais e a legislação interna infraconstitucional possuem paridade normativa, com a consequente aplicação do critério cronológico e da especialidade. Expressa referência à classificação entre tratados lei e tratados contratos.

---

[27] Xavier, Alberto. Direito Tributário Internacional do Brasil. Rio de Janeiro: Forense, 2015, p. 123.

Diante desse contexto histórico, é interessante perceber que o art. 98 do CTN foi editado no momento em que o STF havia entendimento pacífico no sentido da prevalência do tratado que versasse sobre matéria tributária em relação ao direito puramente doméstico.

É relevante notar ainda que esse julgamento histórico de 1977 é o que ainda vem sendo utilizado como regra geral (com exceções em relação à matéria referente aos direitos humanos), sendo o entendimento ali exposto aplicado até os dias atuais.

Em matéria tributária, criou-se ainda a classificação em tratados contratos e tratados lei a fim de superar a dificuldade da não aplicação do art. 98 do CTN indistintamente. Utilizou-se, assim, o critério da especialidade, defendendo que determinados tratados em matéria tributária prevaleceriam sobre o direito interno, não em razão pura e simples do art. 98 do CTN, mas em função do caráter especial do tratado.

De acordo com esta teoria, a principal diferença entre um tratado contrato e um tratado lei residiria no fato de o primeiro estabelecer obrigações específicas e recíprocas entre os seus signatários, enquanto o segundo seria mais abstrato, não estabelecendo deveres particulares para as partes contratantes.[28] Por esse motivo, tanto o STF[29] quanto o Superior Tribunal de Justiça (STJ)[30] costumavam entender que o artigo 98 do CTN deveria ser interpretado no sentido de proteger apenas um tratado contrato da modificação pela legislação interna posterior. Por sua vez, um tratado lei não teria sido protegido por uma alteração posterior da legislação nacional.

O principal problema com essa jurisprudência é que a ordem jurídica brasileira não faz tal divisão dos acordos internacionais em nenhum momento. Não é possível encontrar na legislação brasileira uma classificação dos tratados entre as categorias tratado contrato e tratado lei, e muito menos para conferir diferentes consequências jurídicas a tais espécies. Ademais, trata-se de regra de difícil e confusa aplicação prática. De maneira mais

---

[28] R. Silveira, *Aplicação de Tratados Internacionais contra a Bitributação: Qualificação de Partnership Joint Ventures* (São Paulo: Quartier Latin, 2006), 76.

[29] Supremo Tribunal Federal, Recurso Extraordinário 80.004, Plenário, Relator Min. Cunha Peixoto, Diário Oficial 29/12/77; Supremo Tribunal Federal, Recurso Extraordinário 100.105-4, Segunda Turma, Rel. Ministro Moreira Alves, Diário Oficial 27/04/84.

[30] Superior Tribunal de Justiça, Recurso Especial 196.560, Primeira Turma, Relator Min. Demócrito Reinaldo, Diário Oficial 10/05/99; Superior Tribunal de Justiça, Recurso Especial 228.324, Segunda Turma, Relator Min. João Otávio de Noronha, Diário Oficial 1º/07/05.

específica, o artigo 98 do CTN não faz distinção entre a natureza do tratado, a fim de protegê-lo de uma alteração pela legislação interna.[31]

Deve ser salientado, no entanto, que essa jurisprudência se encontra praticamente superada atualmente. Tal como foi salientado por Grupenmacher,[32] a distinção entre tratado contrato e tratado lei é inútil hoje em dia, tendo em conta que não existe nenhum tratado que possa ser considerado exclusivamente como um contrato ou como uma lei. De fato, não é possível encontrar tal divisão em decisões mais recentes do STJ e do STF.

Voltando à análise do RE 460.320, o relator, Ministro Gilmar Mendes, esclarece que, apesar das diversas oportunidades que o STF teve para declarar expressamente a recepção do art. 98 do CTN pela Constituição Federal de 1967 ou pela de 1988, isso nunca foi feito de forma definitiva. Destarte, em alguns julgados, o STF simplesmente aplicava o art. 98 do CTN e afastava pontualmente o entendimento exposto no RE 80.004, mas sem declarar claramente a constitucionalidade do art. 98 do CTN e sem realizar um *overruling*.

O *overruling* em relação ao RE 80.004 tende a acontecer, caso prevaleça o voto do ministro relator, justamente no julgamento do RE 460.320.

Exposta a importância e o histórico da matéria, o Ministro Gilmar Mendes explica que, especialmente quando se trata de questões tributárias, prevalece o princípio *pacta sunt servanda*. Afinal, os acordos fiscais internacionais lidam com direitos fundamentais dos contribuintes, para além de serem celebrados num ambiente muito complexo. São esclarecedoras as palavras do ministro em seu voto:

> "Em regra, os Estados concordam em limitar o exercício de sua competência originária de tributar, ao disporem e coordenarem sobre seu poder de impor tributos por meio de tratados internacionais. Isto é, em geral, os Estados abrem mão, ao menos inicialmente, de receita tributária para atingir determinados fins, como o desenvolvimento das atividades transnacionais.
>
> (...)
>
> Assim, tais acordos internacionais demandam um extenso e cuidadoso processo de negociação, com participação não só de diplomatas, mas de

---

[31] A. Xavier, *Direito Tributário Internacional do Brasil*, 8 ed. (Rio de Janeiro: Forense, 2015), 106-107.

[32] B. Grupenmacher, 'Tratados Internacionais em Matéria Tributária e a Ordem Jurídica Interna', em *Sistema Constitucional Tributário: dos fundamentos teóricos aos hard cases tributários – estudos em homenagem ao Ministro Luis Fux*, ed. M. Gomes & A. Velloso (Porto Alegre: Livraria do Advogado, 2014), 508.

funcionários das respectivas administrações tributárias, de modo a conciliar interesses e a concluir instrumento que atinja os objetivos de cada Estado, com o menor custo possível para sua respectiva receita tributária.

Essa complexa cooperação internacional é garantida essencialmente pelo pacta sunt servanda.

No atual contexto cooperativo, o professor Mosche Hirsch, empregando a célebre Teoria dos Jogos (Game Theory) e o modelo da Decisão Racional (Rational Choice), destaca que a crescente intensificação (i) das relações internacionais; (ii) da interdependência entre as nações; (iii) das alternativas de retaliação; (iv) da celeridade e do acesso a informações confiáveis, inclusive sobre o cumprimento dos termos dos tratados; e (v) do retorno dos efeitos negativos (rebounded externalities) aumenta o impacto do desrespeito aos tratados e privilegia o devido cumprimento de suas disposições (HIRSCH, Moshe. "Compliance with International Norms" in The Impact of International Law on International Cooperation. Cambridge: Cambridge University Press, 2004. p. 184-188).

Tanto quanto possível, o Estado Constitucional Cooperativo demanda a manutenção da boa-fé e da segurança dos compromissos internacionais, ainda que em face da legislação infraconstitucional, principalmente quanto ao direito tributário, que envolve garantias fundamentais dos contribuintes e cujo descumprimento coloca em risco os benefícios de cooperação cuidadosamente articulada no cenário internacional."[33]

O Ministro ressalta ainda que a interpretação que confere paridade entre o tratado tributário e o direito interno viola o art. 27 da Convenção de Viena, a qual, conforme já esclarecido, fora ratificada pelo Brasil.

Em sendo assim, o relator argumenta que a possibilidade de *treaty override* por meio de simples edição de lei ordinária posterior configuraria ofensa à noção de cooperação internacional entre Estados, ao princípio da boa-fé e à segurança jurídica, razão pela qual o STF deveria repelir interpretação nesse sentido.

O relator vai ainda mais além ao retomar o que fora dito quando do julgamento do RE 466.343, para se filiar à teoria monista e defender que a Constituição Federal de 1988 não tratou da incorporação do tratado no

---

[33] Supremo Tribunal Federal, Recurso Extraordinário 460.320, Plenário, Relator Min. Gilmar Mendes, disponível em <http://www.stf.jus.br/arquivo/cms/noticiaNoticiaStf/anexo/RE460320GM.pdf>, acesso em 12/05/2020.

direito interno, e sim na criação de normas internacionais. Nesse diapasão, defende que *"o tratado internacional não necessita ser aplicado na estrutura de lei ordinária ou lei complementar, nem ter status paritário com qualquer deles, pois tem assento próprio na Carta Magna, com requisitos materiais e formais peculiares."*[34] Dessa forma, concluiu que o tratado, uma vez ratificado, não deve ser enquadrado em uma das espécies normativas existentes no direito brasileiro (por exemplo, como lei ordinária), mas sim como uma norma internacional.

Após voltar à análise ao caso concreto, o relator entendeu que o tratado entre Brasil e Suécia, em seu art. 24, estabeleceu como critério de não discriminação a nacionalidade, enquanto que a legislação questionada (artigos 75 e 77 da Lei nº 8.383/91) utilizou como elemento de conexão a residência, razão pela qual não teria havido uma violação ao tratado.

Finalmente, o Ministro Gilmar Mendes termina o seu voto concluindo expressamente que o art. 98 do CTN foi recepcionado pela Constituição Federal de 1988.

Conclusões

O RE 460.320, de relatoria do Ministro Gilmar Mendes e conhecido como Caso Volvo, tende a ser um marco histórico no direito tributário internacional. Isso porque, mesmo depois de mais de 50 anos da edição do art. 98 do CTN, a jurisprudência e a administração tributária são vacilantes quanto a sua aplicação no ordenamento jurídico brasileiro.

Pode-se afirmar que o atual, pois ainda não expressamente superado entendimento do STF, é no sentido da paridade normativa ou legalidade ordinária entre o direito puramente doméstico e um tratado internacional que lide com matéria tributária ratificado pelo Brasil. Esse entendimento tem sido alvo de grandes críticas.[35] Os motivos para crítica podem ser resumidos em basicamente dois: O artigo 27 da Convenção de Viena e o princípio *pacta sunt servanda* (também estabelecido no artigo 26 da mesma Convenção).

De acordo com o artigo 27 da Convenção de Viena, *"[u]ma parte não pode invocar as disposições de seu direito interno para justificar o inadimplemento de um tratado".* O objetivo deste artigo, claramente, é proporcionar segurança jurídica às relações internacionais. Afinal, não se pode esquecer que os

---

[34] Ibidem.

[35] A. Xavier, *Direito Tributário Internacional do Brasil*, 8th ed. (Rio de Janeiro: Forense, 2015), 116-124; R. Silveira, *Aplicação de Tratados Internacionais contra a Bitributação: Qualificação de Partnership Joint Ventures*, (São Paulo: Quartier Latin, 2006), 91-97.

acordos internacionais são celebrados num contexto muito diferente dos contratos domésticos, devido à existência de dois países soberanos. Assim, se um Estado contratante pudesse usar a sua legislação interna como pretexto para não executar o acordo, isso poderia levar a um colapso nas relações internacionais.

Por sua vez, o princípio *pacta sunt servanda* também é expresso na da Convenção de Viena, como segue " *[t]odo tratado em vigor obriga as partes e deve ser cumprido por elas de boa fé*".[36] A ideia desta regra é proteger a boa-fé das partes contratantes. Afinal, se fosse possível que um Estado contratante não cumprisse o que foi acordado, isso levaria a uma violação unilateral da convenção bilateral.

Na minha opinião, estes dois artigos complementam-se mutuamente e ambos são uma consequência natural do princípio da boa-fé. Nesta linha de pensamento, parece ilógico que um país se engaje na arena internacional, ratifique o que foi acordado em um procedimento complexo e, posteriormente, edite uma legislação que vá de encontro ao acordado. O que causa ainda mais perplexidade é consentir na construção jurídica que defende que essa lei posterior irá afetar o acordo. Mais uma vez, deve ser enfatizado que as relações internacionais são realizadas em um contexto completamente diferente em comparação com os assuntos domésticos. Além disso, o Brasil ratificou, sem reservas, o artigo 26 e o artigo 27 da Convenção de Viena, o que significa que uma modificação unilateral do tratado não deveria ser permitida pela ordem jurídica brasileira.

Apesar de o Ministro Gilmar Mendes ter proferido o seu voto no sentido de reconhecer expressamente a recepção do art. 98 do CTN pela Constituição Federal de 1988, o RE 460.320 encontra-se pendente de julgamento, diante de um pedido de vista do Ministro Dias Toffoli. Este ministro já registrou no sistema do STF a devolução do pedido de vista, tendo o processo sido incluído em pauta de julgamento algumas vezes, mas em todas fora posteriormente excluído do calendário de julgamento.

Em sendo assim, o acórdão do Recurso Extraordinário 460.320 ainda não foi proferido – e ainda pode levar alguns anos para sê-lo –, razão pela qual não é possível afirmar que a posição do Supremo Tribunal Federal brasileiro tenha realmente mudado.

---

[36] Artigo 26 da Convenção de Viena.

Referências

A. Xavier, Direito Tributário Internacional do Brasil, 8 ed. (Rio de Janeiro: Forense, 2015).

B. Grupenmacher, 'Tratados Internacionais em Matéria Tributária e a Ordem Jurídica Interna', em Sistema Constitucional Tributário: dos fundamentos teóricos aos hard cases tributários – estudos em homenagem ao Ministro Luiz Fux, ed. M. Gomes & A. Velloso (Porto Alegre: Livraria do Advogado, 2014).

C. Roenne, 'The very beginning – The first tax treaties' em History of Tax Treaties – The relevance of the OECD Documents for the Interpretation of Tax Treaties, vol. 69 de Series On International Tax Law, ed. M. Lang, T. Ecker & G. Ressler (Viena: Linde, 2011).

F. Engelen, Interpretation of Tax Treaties under International Law, Vol. 7 de Doctoral Series (Amsterdam: IBFD, 2004).

F. Rezek, Direito Internacional Público – Curso Elementar, 13 ed. (São Paulo: Saraiva, 2011).

J.S. Borges, 'Isenções em tratados Internacionais de Impostos dos Estados-Membros e Municípios', em Direito Tributário: Estudos em Homenagem a Geraldo Ataliba, vol. 1, ed. C. Mello (São Paulo: Malheiros, 1997).

K. Holmes, International tax policy and double tax treaties: an introduction to principles and application, 2nd ed. (Amsterdam: IBFD, 2014).

K. Van Raad. 'Five Fundamental Rules in Applying Tax Treaties', em Liber Amicorum luc Hinneken, (Bruxelas: Bruylant, 2002).

K. Vogel & A. Rust, 'Introduction', em Klaus Vogel on Double Taxation Conventions, ed. E. Reimer & A. Rust, 4 ed. (Alphen aan den Rijn: Kluwer Law International, 2015).

K. Vogel, 'Double Tax Treaties and Their Interpretation', International Tax & Business Lawyer, vol. 4.1 (1986).

L. Amaro, Direito Tributário Brasileiro, 20 ed. (São Paulo: Saraiva, 2014).

OCDE, "Developing a Multilateral Instrument to Modify Bilateral Tax Treaties, Action 15 – 2015 Final Report" (Paris: OCDE, 2015).

OCDE, "Modelo de Convenção Tributária sobre o Rendimento e o Capital: Versão condensada 2010" (Tradução: International Tax Institute, 2011).

R. Silveira, Aplicação de Tratados Internacionais contra a Bitributação: Qualificação de Partnership Joint Ventures (São Paulo: Quartier Latin, 2006).

S. Coêlho, 'Tratados Internacionais em Matéria Tributária perante a Constituição Federal de 1988', Revista de Direito Tributário 59 (1993).

S. Rocha, Interpretação dos Tratados para Evitar a Bitributação da Renda, 2 ed. (São Paulo: Quartier Latin, 2013).

Superior Tribunal de Justiça, Recurso Especial 58.736, Terceira Turma, Relator Min. Eduardo Ribeiro, Diário Oficial 29/04/96.

Superior Tribunal de Justiça, Recurso Especial 196.560, Primeira Turma, Relator Min. Demócrito Reinaldo, Diário Oficial 10/05/99.

Superior Tribunal de Justiça, Recurso Especial 228.324, Segunda Turma, Relator Min. João Otávio de Noronha, Diário Oficial 1º/07/05.

Supremo Tribunal Federal, Apelação Cível 9.587, Relator Min. Lafayette de Andrada, Diário Oficial 18/10/51.

Supremo Tribunal Federal, Recurso Extraordinário 80.004, Plenário, Relator Min. Cunha Peixoto, Diário Oficial 29/12/77.

Supremo Tribunal Federal, Recurso Extraordinário 100.105-4, Segunda Turma, Rel. Ministro Moreira Alves, Diário Oficial 27/04/84.

Supremo Tribunal Federal, Ação Direta de Inconstitucionalidade 1.480, Plenário, Relator Min. Celso de Mello, Diário Oficial 18/05/01.

Supremo Tribunal Federal, Habeas Corpus 72.131, Plenário, Relator Min. Moreira Alves, Diário Oficial de 1º/8/03.

Supremo Tribunal Federal, Recurso Extraordinário 466.343, Plenário, Relator Min. Cezar Peluzo, DJe 05/06/09

Supremo Tribunal Federal, Recurso Extraordinário 460.320, Plenário, Relator Min. Gilmar Mendes, disponível em <http://www.stf.jus.br/arquivo/cms/noticiaNoticiaStf/anexo/RE460320GM.pdf>, acesso em 12/05/2020.

T. Rixen, 'From double tax avoidance to tax competition: Explaining the institutional trajectory of international tax governance', Review of International Political Economy 18, nr. 2, (2011).

V. Mazzuoli, 'Eficácia e aplicabilidade dos tratados em matéria tributária no Direito brasileiro', Revista de Informação Legislativa 44, nr. 175 (2007).

V. Uckmar, 'Double Tax Conventions', em International Tax Law, ed. A. Amatucci (Alphen aan den Rijn: Kluwer Law International, 2006).

23. Limitações Constitucionais ao Poder de Tributar e sua Relação com a Proteção da Confiança Legítima, a Boa-Fé e a Resistência à Tributação

RAPHAEL SILVA RODRIGUES
GUSTAVO LANNA MURICI

> De fato, entre nós, a força tributante estatal não atua livremente, mas dentro dos limites do direito positivo. (...) Cada uma das pessoas políticas não possui, em nosso país, poder tributário (manifestação do *ius imperium* do Estado), mas competência tributária (manifestação da autonomia da pessoa política e, assim, sujeita ao ordenamento jurídico-constitucional). A competência tributária é determinada pelas normas constitucionais, que, como é pacífico, são de grau superior às de nível legal, que-estas sim-, preveem as concretas obrigações tributárias.
>
> (CARRAZZA, Roque Antonio. *Curso de direito constitucional tributário*. 24. ed. São Paulo: Malheiros, 2008, p. 489).

Introdução

Em homenagem ao eminente jurista Professor Doutor GILMAR FERREIRA MENDES, tendo como tema da obra coletiva "Direitos Fundamentais dos Contribuintes", dedicamos este breve texto para demonstrar uma visão geral sobre as *limitações constitucionais ao poder de tributar*, de modo que agradecemos desde já ao(s) organizador(es) pelo honroso convite para participar desta merecida homenagem.

Inicialmente, cumpre destacar que o Direito é um SISTEMA DE LIMITES, fruto e instrumento da racionalidade humana.

Se Direito é LIMITE, a **limitação** ao Poder de Tributar começa na própria Constituição. Foi somente com a Emenda Constitucional 18/1965 (vigente a Carta Política de 1946), inspirada nos estudos de Aliomar BALEEIRO, que os Textos Constitucionais brasileiros passaram a contar com todo um capítulo dedicado às limitações ao Poder de Tributar. E por dois caminhos a Constituição brasileira limita o exercício do poder de tributar: *a)* o caminho dos princípios e *b)* o caminho das imunidades. Princípios e imunidades cumprem o mesmo propósito: limitar o poder de tributar. Todavia, não se confundem (seja no plano conceitual, seja no plano procedimental). Princípios são mandamentos nucleares e estruturantes do sistema, dirigidos precipuamente ao legislador, dotados de eficácia normativa. Imunidade, por sua vez, é a **supressão parcial da competência tributária**.

E Direito é SISTEMA porque possui um conjunto de elementos racionalmente organizados e interligados por normas (regras e princípios) que, no caso da ciência jurídica, retirarão seu fundamento de validade da Constituição. Consoante Paulo de Barros CARVALHO, o sistema aparece como "objeto formado de porções que se vinculam debaixo de um princípio unitário ou como a composição de partes orientadas por um vetor comum", para em seguida a sua descrição concluir que "onde houver um conjunto de elementos relacionados entre si e aglutinados perante uma referência determinada, teremos a noção fundamental de sistema"[1].

É o próprio Aliomar BALEEIRO que nos apresenta a origem da ideia de *imunidade* (um dos instrumentos limitadores do poder de tributar) presente na jurisprudência norte-americana:

> Em nenhum dispositivo da Constituição dos Estados Unidos ou de suas emendas se contém expressamente o princípio da 'reciprocal immunity of Federal and State Instrumentalities'. Ela é consequência remota e indireta da teoria dos 'poderes implícitos', inseparável do nome de Hamilton, que, desde a Convenção de Filadélfia, defendeu a necessidade de expansão da competência federal, em detrimento da ciumenta autonomia dos Estados.
>
> Dessa política, surgiu, em 1791, a ideia da criação de um Banco nacional, como instrumento do Governo para regular o comércio e a moeda. O Estado de Maryland tributou uma filial desse Banco, dando ensejo ao 'leading case'

---

[1] CARVALHO, Paulo de Barros. *Direito Tributário. Fundamentos Jurídicos da Incidência*. 3. ed. São Paulo: Saraiva, 2004, p.43-4.

de 1819, que celebrizou o Acórdão da Corte Suprema redigido por Marshall, onde, pela primeira vez, se afirmou a tese da imunidade dos meios de ação do Governo Federal em frente às pretensões do fisco dos Estados, pois 'the power to tax involves the power to destroy' e, então, ficariam à mercê de um governo todos os serviços e instrumentos de outro.

Rui Barbosa, que traçou desse julgado Mc. Culloch vs. Maryland uma síntese fulgurante, lembra que, naquele País o reputam a mais notável das sentenças daquele famoso magistrado, que durante 30 anos presidiu a Corte Suprema e contribuiu poderosamente para o fortalecimento da União através da construção judiciária.

Nessa primeira fase, durante meio século, a jurisprudência da Suprema Corte protege a União, ainda tenra e franzina, contra o fisco de Estados hostis e extramente ciosos de sua autonomia. Mas não admite, como consequência lógica, a reciprocidade de tratamento fiscal em favor dos Estados. Estes, diz Marshall naquele ruidoso acórdão, não podem tributar a União, porque seria o mesmo que submeter todos os cidadãos dos Estados Unidos a impostos votados sem representação deles e para restrito interesse local. Faltaria o consentimento que existe, entretanto, no imposto federal, pelo fato de ser votado pelos representantes de todos os Estados. Essa tese, em suas linhas gerais, atravessa um século e ainda em 1938 foi confirmada no caso Helvering vs. Gerhardt[2].

E foi assim que a Suprema Corte norte-americana concluiu que o Estado não poderia tributar a União. Dessa forma, estabeleceu os alicerces da primeira imunidade tributária conhecida no mundo ocidental: a imunidade intergovernamental recíproca. Não há competência para as Pessoas Políticas da Federação tributarem umas às outras. Essa competência é suprimida, cedendo lugar a um valor maior: a forma federativa de Estado. E ficou tracejada, para sempre, a lógica das imunidades: a competência tributária cede diante de um valor maior.

Para que não haja dúvida a respeito de qual dos valores deve prevalecer em caso de possível embate, é desejável que essa definição conste expressamente do ordenamento jurídico. Tendo em vista que, no Brasil, somente a Constituição atribui competências tributárias (arts. 153 a 156), é lógico deduzir, outrossim, que somente a Constituição poderá estabelecer supressões parciais dessa mesma competência – em relação a certos fatos, entidades, pessoas e situações.

---

[2] BALEEIRO, Aliomar. *Limitações Constitucionais ao Poder de Tributar*. 7. ed. Atualizadora: Misabel Abreu Machado Derzi. Rio de Janeiro: Forense, 2006, p.235-6

A imunidade é, pois, norma de **denegação de competência**, razão pela qual ela só faz sentido após a existência da norma de outorga de competência.

Em termos lógicos: somente a regra constitucional outorga competências tributárias. Somente a regra constitucional suprime competências tributárias. Não faria sentido algum a competência tributária, outorgada pela Constituição, ser decepada por diplomas infraconstitucionais. Daí a advertência: no Brasil, o instituto da Imunidade Tributária somente será encontrado na Constituição. Jamais em diplomas infraconstitucionais.

Esse é um dos aspectos da Emenda 18. Por seu intermédio se fez a outorga de competências tributárias federais, estaduais e municipais, bem como a supressão parcial dessa competência diante de valores que a sociedade pretende que sejam preservados.

É imensa a importância da Emenda 18, pois, a partir dela, a Constituição brasileira passou a contar com todo um capítulo que veio a ser denominado Sistema Tributário Nacional. E esse capítulo diferencia o Texto Constitucional brasileiro de todas as demais Constituições do mundo moderno, que não atribuíram à matéria tributária tal estatura. Ao contrário, os demais Textos Constitucionais fazem alguma referência aos tributos, mas nenhum deles organiza a relação jurídico-tributária de forma sistêmica, como fez o constituinte brasileiro. Isso porque a maioria das Constituições da civilização ocidental é de natureza sintética, abordando tão-somente as vigas-mestras da estrutura de Estado. Já a Constituição brasileira é analítica, tratando de maneira abrangente os desdobramentos dessa estrutura. E um desses desdobramentos é o tributo – a grande fonte de receitas públicas derivadas.

Nessa ordem de ideias, a Constituição da República brasileira, desde 1965, vem desenvolvendo o instituto da *imunidade*, que consiste, pois, na supressão parcial de competências tributárias, com o fim de proteger os maiores valores da sociedade. E, quando se fala nos "maiores valores da sociedade", já estamos falando, indubitavelmente, de direitos humanos.

> No momento em que a fruição dos bens soberanos é assegurada por lei, emergem Direitos Subjetivos especiais, que são proclamados DIREITOS HUMANOS ou DIREITOS DO HOMEM.
>
> É evidente que todos os Direitos Subjetivos são direitos humanos. São direitos do ser humano. Mas as expressões consagradas de Direitos Humanos e Direitos do Homem foram reservadas para designar, especificamente, aqueles Direitos Subjetivos que se definem nos seguintes termos: PERMISSÕES JURÍDICAS PARA A FRUIÇÃO DE BENS SOBERANOS.

(...)

O que há sempre – com lei, sem lei ou contra a lei – é a aspiração do ser humano à liberdade, à igualdade, à justiça, à segurança; enfim, ao respeito devido ao que Locke e Kant chamaram de 'dignidade' imanente do homem enquanto homem. O que há sempre é o IDEAL dos Direitos Humanos, os IDEAIS permanentes desses Direitos[3].

O primeiro desses valores, constitucionalmente protegido no Sistema Tributário brasileiro, é, assim como no caso *Mc. Culloch vs. Maryland*, a própria forma federativa de Estado. Dispõe a Constituição Federal de 1988, em seu art. 150, inciso VI, alínea *a*, que é vedado à União, Estados, Distrito Federal e Municípios, instituir impostos sobre patrimônio, renda ou serviços, uns dos outros. Aí está a proteção da Federação – que denominamos imunidade intergovernamental recíproca.

Além da imunidade, a Constituição brasileira opera também com princípios, estabelecendo comandos imperativos às Pessoas Políticas da Federação, no momento da instituição do tributo. Assim, o mesmo dispositivo constitucional (art. 150), no inciso I, estabelece que é vedado à União, Estados e Municípios, exigir ou aumentar tributo sem lei que o estabeleça. Eis o princípio da legalidade. É por seu intermédio que a sociedade participa da elaboração da regra jurídica. Aí está, portanto, a proteção da Democracia.

Em seguida, o inciso II do art. 150 estabelece que é vedado *"instituir tratamento desigual entre contribuintes que se encontrem em situação equivalente, proibida qualquer distinção em razão de ocupação profissional ou função por eles exercida, independentemente da denominação jurídica dos rendimentos, títulos ou direitos"*. Trata-se, pois, da proteção da igualdade: princípio da isonomia tributária. E que é a igualdade senão o maior valor plantado em nossa Constituição, identificado por muitos com a própria Justiça?[4]

Adiante, o inciso IV do art. 150 proíbe a utilização do tributo com efeito de confisco. Aí está a proteção da propriedade privada.

Grande valor protegido pelo Sistema Tributário brasileiro, sob múltiplas facetas, é a liberdade. O inciso V, do mesmo art. 150, dispõe que é vedado estabelecer limitações ao tráfego de pessoas ou bens, por meio de tributos. Aí está proteção da liberdade de ir e vir.

---

[3] TELLES JÚNIOR, Goffredo. *Iniciação na Ciência do Direito*. 2. ed. São Paulo: Saraiva, 2002, p.344-5
[4] Cf. BERLIRI, Luigi Vittorio. *El Impuesto Justo*. Trad. Fernando Vicente-Arche Domingo. Madrid: Instituto de Estudios Fiscales, 1986.

No mesmo art. 150, o inciso VI, alínea *b*, estabelece a imunidade dos templos, dispondo que é vedado às Pessoas Políticas instituir impostos sobre templos de qualquer culto. Aí está a liberdade de culto. Se alguém detém a liberdade de frequentar o templo de sua crença, deve agradecer ao Sistema Tributário. Não fosse a imunidade tributária dos templos, não haveria essa liberdade.

Em seguida, a alínea *c* imuniza os partidos políticos. Aí está a proteção da liberdade de pensamento político. Seria muito fácil aos governos eliminar partidos (especialmente os adversários) por meio do tributo.

A mesma alínea *c* também imuniza as instituições educacionais sem finalidade lucrativa. Aí está a proteção da cultura e do ensino privado. Se o cidadão brasileiro detém a liberdade e possibilidade de estudar em instituições privadas de ensino, o Sistema Tributário tem aí grande papel.

E, na mesma alínea *c*, está a imunidade das instituições de assistência social sem finalidade lucrativa. Aí está a proteção da benemerência e assistência social – que, aliás, o Estado não consegue desenvolver com a mesma eficiência. Na mesma alínea *c*, o constituinte incluiu a imunidade dos sindicatos de trabalhadores, e, com ela, a defesa do trabalho.

A alínea *d*, por sua vez, imuniza os livros, jornais, periódicos e o papel destinado à sua impressão. Aí está a proteção da cultura e da liberdade de expressão. Se temos a liberdade de ler livros sobre qualquer assunto, inclusive livros que criticam os governos, isso se deve à imunidade tributária. Também seria fácil inviabilizar tais publicações, por meio do tributo.

Por fim, o inciso III, do mesmo art. 150, estabelece os princípios da não-surpresa e da irretroatividade tributária, por meio dos quais se estabelece razoável período entre o momento da vigência (publicação) e momento da eficácia da lei tributária (produção de seus efeitos). É assim que se perfaz a proteção do Planejamento da Atividade Econômica.

Enfim, seja por meio de princípios (comandos constitucionais dirigidos ao legislador tributário), seja por meio de imunidades (supressões parciais das competências tributárias), a Constituição brasileira protege grandes valores de sua sociedade. Mas não se pode perder de vista que todo esse sistema de garantias, tão desenvolvido na Constituição do Brasil, teve origem no famoso caso Mc. Culloch *vs.* Maryland – 1.819. Daí a imensa gratidão brasileira ao célebre Juiz Marshall, bem como à Suprema Corte que ele, por três décadas, presidiu.

1. A Proteção da Confiança Legítima, o Princípio Constitucional da Boa-Fé e a Resistência à Tributação

Vivemos hoje, no Estado Fiscal[5]. Em todo o mundo, justifica-se a tributação pela necessidade de se manter os serviços públicos essenciais, de redistribuir renda etc, como assevera, *v.g.*, Richard A. POSNER: *"Taxation is sometimes intended to change the allocation of resources (...) or the distribution of wealth, but mainly* **it is used to pay for public services**, *though invariably with both allocative and distributive consequences..."* (grifou-se)[6].

Essa imposição esteve presente em todos os tempos da humanidade. Régis Fernandes de OLIVEIRA, *v.g.*, mostra o fenômeno tributário na Bíblia, na Grécia antiga, no Império Romano, no Império Macedônico, no governo visigodo e na Idade Média[7].

Há necessidades públicas a satisfazer. Conforme o mesmo OLIVEIRA: "Amplamente, pois, pode-se falar que tudo aquilo que incumbe ao Estado prover, em decorrência de uma decisão política, inserida em norma jurídica, é necessidade pública"[8]. Para alcançar esse desiderato, o Estado precisa de recursos – que são obtidos, basicamente, de dois modos:

---

[5] Começa, hoje em dia, a ser trivial afirmar que o actual Estado é, na generalidade dos países contemporâneos, e mormente nos desenvolvidos, um Estado fiscal. Contudo, é de referir que, nem a realidade que lhe está subjacente, nem o conceito que tal expressão procura traduzir, constituem uma novidade nos tempos que correm. Pois, sendo o Estado fiscal o Estado cujas necessidades são essencialmente cobertas por impostos, facilmente se compreende que ele tem sido (e é) a regra do Estado moderno. Todavia, se é certo que este, pela própria natureza da realidade económica moderna, é necessariamente um Estado financeiro – um Estado cujas necessidades são cobertas através de meios de pagamento, ou seja, de dinheiro que ele obtém, administra e aplica, e não, salvo em casos muito excepcionais e limitados, através de prestações naturais (prestações em espécie ou de *facere*) exigidas aos seus cidadãos – , não é menos certo que ele nem sempre se tem apresentado como um Estado fiscal, havendo Estados que claramente configuraram (ou configuram) verdadeiros Estados proprietários, produtores ou empresariais. (NABAIS, José Casalta. *O Dever Fundamental de Pagar Impostos*. Coimbra: Almedina, 1998, p.191-2).

[6] POSNER, Richard A. *Economic Analysis of Law*. 6. ed. New York: Aspen Publishers, 2003, p. 489.

[7] Cf. OLIVEIRA, Régis Fernandes de. *Curso de Direito Financeiro*. São Paulo: Revista dos Tribunais, 2006.

[8] E prossegue: "Cabe ao Estado prestar serviços públicos (art. 21 – União; art. 30, V – Municípios; e art. 25, § 2º – Estados-membros), regular a atividade econômica (art. 174), prestar serviços públicos, mediante permissão ou concessão (art. 175), explorar a atividade econômica (art. 173), inclusive em regime de monopólio (art. 177), exercer poder de polícia (arts. 192, 182 e outros) e documentar a vida política, econômica e pessoal da nação etc". (cf. *op.cit.* p.59)

a) sob a forma de **receitas originárias**: advindas da própria atividade estatal, mormente quando o Estado atua no domínio econômico – art. 173 da Constituição da República;

b) sob a forma de **receitas derivadas**: aquelas que o Estado busca no patrimônio do particular. Aqui surgem os tributos.

A finalidade ordinária da tributação é a obtenção de recursos. O tributo é o preço que pagamos por viver numa sociedade organizada sob a forma estatal. Já a finalidade do Direito Tributário, como visto linhas atrás, é limitar o poder tributante do Estado.

1.1. Proteção da Confiança Legítima

Para que haja reciprocidade na relação jurídico-tributária faz-se necessário o clima de **segurança**.

Nesse campo, para além da ideia genérica de *segurança jurídica*, é preciso conceituar algumas figuras específicas e distintas como: proteção da confiança legítima; boa-fé objetiva e *nemo potest venire contra factum proprium*. Aliás, já se disse que *teoria* nada mais é senão o conjunto de conceitos que nos serve para conhecer determinado domínio da realidade. Daí a importância da conceituação (e consequente distinção) dessas noções que, embora correlatas, não se confundem.

Heleno Taveira TÔRRES, em conferência proferida no X Congresso da Associação Brasileira de Direito Tributário – ABRADT, começa por advertir que, embora comumente apresentados na doutrina como expressões sinônimas ou meras decorrências um do outro, ou, ainda, aspectos diversos de uma mesma ideia, trata-se aqui de institutos diferenciados. E salienta que não podem jamais ser utilizados como panaceia para qualquer situação, quando, por exemplo, não se encontra argumento específico para discutir o caso concreto (observa TÔRRES que tal prática é comum no Poder Judiciário, seja em pedidos, seja em decisões, servindo a *boa-fé* a qualquer dificuldade). Esses excessos estariam, na verdade a prejudicar a utilidade e importância desses institutos no âmbito do Direito Positivo e, especialmente, no Direito Tributário.

Nessa ordem de ideias, percebe-se que há grande controvérsia na doutrina sobre se *proteção da confiança legítima* e *boa-fé objetiva* seriam, por um lado, realidades distintas e estanques ou, por outro, componentes de um mesmo tópico da teoria jurídica. Ferrenhas discussões são travadas a esse propósito (ao nosso sentir, desnecessária e inutilmente). Preferimos vislumbrar tais temas como fenômenos conceitualmente distintos (como ensina TÔRRES), porém correlacionados entre si (como são, aliás, os diversos institutos do Direito – que, embora pertencentes a ramificações diferenciadas, jamais se apartam da unidade geral do sistema, conferindo-se lhes a ideia de harmonização e implicação recíproca). Em ciência, é necessário que cada realidade autônoma tenha designação própria, a fim de que haja precisão técnica da linguagem, bem como dos respectivos conceitos. Mas isso não significa, de forma alguma, que tais realidades sejam incomunicáveis. É com esse espírito que traçaremos, a seguir, algumas reflexões em derredor das lições de TÔRRES e DERZI.

De início, como adverte TÔRRES, é preciso afastar qualquer hipótese de vinculação desses conceitos a situações ilícitas, bem como afastá-los da ideia de *segurança jurídica* genérica (aquela *segurança* de proteção do sistema integral), e, ainda, dos casos que já estão regulados pelo Direito Positivo. Tais conceitos são nitidamente inspiradores de diversas regras legais já constantes de nosso sistema tributário[9]. Nessas hipóteses, o problema já é naturalmente solucionado pelo critério da regra positiva. Por isso mesmo, não é para esses casos que eles se aplicam (mas, ao revés, para aquilo que não se encontra legislado).

Em que sentido se pode falar em *segurança jurídica*? A expressão comporta mais de uma noção. Alfredo Augusto BECKER sempre lembrava: o jurista nada mais é que o semântico da linguagem do Direito. A cada momento que pensamos numa expressão jurídica, numa palavra jurídica, o que nos vem à mente é o campo de irradiação semântica desse termo.

Para melhor compreensão, partamos da bipartição do princípio da *segurança jurídica*, tantas vezes ensinada, em aulas e conferências, por Paulo de Barros CARVALHO. Noutras palavras: *segurança jurídica* tem dupla conotação, ou bi direcionamento. Ela se volta para o passado e se arma para o futuro. Volta-se para o passado quanto protege aquelas situações já

---

[9] Como exemplo, temos, no Código Tributário Nacional: art. 146 (ao tratar das mudanças de orientação no que tange ao lançamento): *"A modificação introduzida, de ofício ou em conseqüência de decisão administrativa ou judicial, nos critérios jurídicos adotados pela autoridade administrativa no exercício do lançamento somente pode ser efetivada, em relação a um mesmo sujeito passivo, quanto a fato gerador ocorrido posteriormente à sua introdução"*; art. 149, parágrafo único (limites para efetuação e revisão do lançamento): *"A revisão do lançamento só pode ser iniciada enquanto não extinto o direito da Fazenda Pública"*; art. 156, incisos IX e X (ao estabelecer que extinguem o crédito tributário: a decisão administrativa irreformável, assim entendida a definitiva na órbita administrativa, que não mais possa ser objeto de ação anulatória, bem como a decisão judicial passada em julgado).

definitivamente consolidadas no pretérito: coisa julgada, ato jurídico perfeito, direito adquirido, garantia de irretroatividade do direito etc. Arma-se para o futuro quanto garante o administrado contra as mudanças que ocorrerão (ou poderão ocorrer), permitindo-lhe que se prepare; é a previsibilidade da atuação estatal – que no direito positivo se manifesta nos princípios da não-surpresa, da anterioridade tributária, da espera nonagesimal etc. Até aqui se trata da segurança jurídica em seu sentido genérico.

Porém, o princípio da **proteção da confiança legítima** é um aspecto bem mais sutil desse contexto. Direciona-se para o futuro (previsibilidade, imutabilidade das situações etc.), mas não para aqueles casos já garantidos pela estrita legalidade. Relaciona-se com o *ambiente de direito seguro*. Aqui se passa a falar no *"estado de confiança"* – que não mais se restringe à legalidade. O cidadão confia nos comportamentos do Estado e não pode ser prejudicado em razão da confiança que nele depositou. Acredita deter o direito legitimamente, até porque tal direito lhe fora concedido pelo próprio Estado. Enfim, nesses casos, o panorama fático no qual se encontra o indivíduo é gerado pela própria atuação estatal[10].

---

[10] Na conferência mencionada, Heleno Taveira TÔRRES fixa a data de nascimento do princípio da confiança legítima: 14-11-1956, numa decisão do Tribunal Administrativo de Berlim, acerca de certa senhora que entendia fazer jus a pensão da Alemanha Ocidental. Posteriormente, já em pleno gozo desse benefício, a Administração Pública passa a entender que a pensão era irregular, resolvendo revogar o ato administrativo de concessão. A decisão final manteve a benesse, com amparo no *princípio da confiança legítima*.
Esse episódio, aliás, já foi mencionado pelo Supremo Tribunal Federal, tendo como Relator o Ministro Gilmar Mendes, no MS 24268/MG, como consta do Informativo n. 343 daquela Corte (12 a 16 de abril de 2004). Destaca-se a seguinte passagem:
Na Alemanha, contribuiu decisivamente para a superação da regra da livre revogação dos atos administrativos ilícitos uma decisão do Tribunal Administrativo de Berlim, proferida em 14.11.1956, posteriormente confirmada pelo Tribunal Administrativo Federal. Cuidava-se de ação proposta por viúva de funcionário público que vivia na Alemanha Oriental. Informada pelo responsável pela Administração de Berlim de que teria direito a uma pensão, desde que tivesse o seu domicílio fixado em Berlim ocidental, a interessada mudou-se para a cidade. A pensão foi-lhe concedida. Tempos após, constatou-se que ela não preenchia os requisitos legais para a percepção do benefício, tendo a Administração determinado a suspensão de seu pagamento e solicitado a devolução do que teria sido pago indevidamente. Hoje a matéria integra a complexa regulação contida no § 48 da Lei sobre processo administrativo federal e estadual, em vigor desde 1977 (Cf. Erichsen, Hans-Uwe, in: Erichsen, Hans-Uwe/Martens, Wolfgang, Allgemeines Verwaltungsrecht, 9ª edição, Berlim/Nova York, 1992, p. 289).
Considera-se, hodiernamente, que o tema tem, entre nós, assento constitucional (princípio do Estado de Direito) e está disciplinado, parcialmente, no plano federal, na Lei nº 9.784, de 29 de janeiro de 1999, (*v.g.* art. 2º).

Como exemplo da quebra do *princípio da proteção da confiança legítima*, TÔRRES menciona o caso da CIDE-combustíveis: o contribuinte suporta uma carga tributária específica, na expectativa legítima de que tais recursos sejam aplicados diretamente na construção ou recuperação de rodovias, em projetos ambientais ligados ao setor etc. E, no fim das contas, o Estado mantém retidos, em fundo próprio, esses recursos e não os transfere para a devida destinação.

Outro exemplo concreto:

SUPREMO TRIBUNAL FEDERAL
RELATOR: MINISTRO EROS ROBERTO GRAU
AGRAVANTE: EMPRESA BRASILEIRA DE INFRA-ESTRUTURA AEROPORTUÁRIA – INFRAERO
AGRAVANTE: MINISTÉRIO PÚBLICO FEDERAL
AGRAVADO: JOÃO FRANCISCO MOTA RAMALHETE
EMENTA: AGRAVO REGIMENTAL EM RECURSO EXTRAORDINÁRIO – ESTABILIDADE DAS RELAÇÕES JURÍDICAS CONSTITUÍDAS. 1. Observância ao princípio da segurança jurídica. Estabilidade das situações criadas administrativamente. Princípio da confiança como elemento do princípio da segurança jurídica. 2.Concurso público. Princípio da consumação dos atos administrativos. A existência de controvérsia, à época das contratações, quanto à exigência de concurso público no âmbito das empresas públicas e sociedades de economia mista, questão dirimida somente após a concretização dos contratos, não tem o condão de afastar a legitimidade dos provimentos, realizados em conformidade com a legislação então vigente. 3. Precedente do Pleno do Supremo Tribunal Federal. Agravos regimentais não providos.
(Supremo Tribunal Federal. Primeira Turma. AgR no Recurso Extraordinário 348.364-1 /Rio de Janeiro-RJ, Relator: Min. Eros Roberto Grau. Julgamento: 14-12-2004. D.J. 11-3-2005)

O caso concreto tratava de admissões realizadas na INFRAERO, por processo seletivo, sem concurso público, validadas por decisão administrativa e acórdão do Tribunal de Contas da União. Os servidores permaneceram na Administração por mais de dez anos. Posteriormente, a Administração vem a entender que aquelas admissões foram irregulares. E decide anulá-las. O STF reconheceu, aqui, cabível o princípio da *proteção da confiança legítima* que os servidores depositavam na licitude de seu ingresso.

Consta do corpo do Acórdão: "... a prevalência do princípio da legalidade sobre o da proteção da confiança só se dá quando a vantagem é obtida pelo destinatário por meios ilícitos por ele utilizados, com culpa sua, ou resulta de procedimento que gera sua responsabilidade. Nesses casos não se pode falar em proteção à confiança do favorecido (...)".

A Corte se ampara, ainda, na doutrina de Miguel REALE (*In*: Revogação e Anulamento do Ato Administrativo), citando a seguinte passagem: "... o tempo transcorrido pode gerar situações de fato equiparáveis a situações jurídicas, não obstante a nulidade que obrigatoriamente as comprometia (...). Não é admissível, por exemplo, que, nomeado irregularmente um servidor público, visto carecer, na época, de um dos requisitos complementares exigidos por lei, possa a Administração anular seu ato, anos e anos volvidos, quando já constituía uma situação merecedora de amparo e, mais que isso, quando a prática e a experiência podem ter compensado a lacuna originária. Não me refiro, é claro, a requisitos essenciais, que o tempo não logra por si só convalescer, – como seria, por exemplo, a falta de diploma para ocupar cargo reservado a médico, – mas a exigências outras que, tomadas no seu rigorismo formal, determinariam a nulidade do ato".

Nessa ordem de ideias, TÔRRES argumenta que, hoje, a legalidade deve vir acompanhada do *estado de confiança*, sendo certo que, no caso concreto citado, os servidores não concorreram para a

DIREITOS FUNDAMENTAIS DOS CONTRIBUINTES

Instala-se esse *estado de confiança*, no âmbito do Poder Judiciário, *verbi gratia*, quando o Tribunal decide reiteradamente em certo sentido, levando o jurisdicionado a crer que continuará a adotar a mesma orientação no que tange aos casos idênticos futuros. Essa justa expectativa, por vezes, se frustra. Pode-se mencionar como exemplo desse fenômeno a sequência de julgamentos proferidos pelo Supremo Tribunal Federal, na qual a Corte rejeita a aplicação de sua antiga Súmula 584[11] (aprovada em Sessão Plenária de 15-12-1976), por considerá-la ofensiva ao princípio da irretroatividade tributária, mormente após o advento da Constituição da República de 1988. Embora a Súmula não tenha jamais sido cancelada, houve a justa expectativa de que o Tribunal não mais a aplicasse. Expectativa esta que se quebrou com a recente "ressurreição" da Súmula 584 – e, com ela, ambiente de imprevisibilidade e insegurança jurídica[12].

ilegalidade da admissão. Aqui haveria duas consequências possíveis: *a)* proteção da permanência e continuidade do ato, embora inválido; *b)* invalidação do ato, ensejando, porém, justa indenização aos prejudicados. Dessa forma, as Súmulas 346 e 473 do Supremo Tribunal Federal comportam, hoje, uma releitura: cabe à Administração Pública anular seus próprios atos inválidos, salvo comprovada boa-fé e nos limites da *proteção da confiança legítima*.
(*A proteção da confiança legitimamente criada no Direito Tributário. Boa-fé subjetiva ou objetiva. Nulli conceditur venire contra factum proprium. A teoria dos atos contraditórios*. Conferência proferida no X Congresso Internacional da ABRADT – Associação Brasileira de Direito Tributário. Agosto de 2006. Belo Horizonte-MG. In: *Revista Internacional de Direito Tributário da ABRADT*. Vol. VI. Belo Horizonte: Del Rey, 2007, p.23-32).
[11] Dispõe a Súmula 584 do Supremo Tribunal Federal: "Ao Imposto de Renda calculado sobre os rendimentos do ano-base, aplica-se a lei vigente no exercício em que deve ser apresentada a declaração".
[12] Misabel DERZI faz referência expressa ao problema da Súmula 584/STF:
"... à luz da Constituição de 1988, o Superior Tribunal de Justiça, nas suas duas Turmas e na Seção, consolidou o entendimento de que a súmula havia caído, não poderia ser aplicada – porque era retroativa. O STF, da mesma forma, no pleno, em decisões unânimes – sendo relator o Ministro Moreira Alves, e, em outras oportunidades, o Ministro Carlos Mário da Silva Velloso – também derrubou a própria súmula. Recentemente volta tudo: de repente, o STF passa a entender que essa súmula não é mais inconstitucional. E como ele examina casos antigos que estão em juízo, a tendência é aplicar sempre a sua jurisprudência a casos que já estão em juízo há 2, 3 ou 4 anos. É isso que nós chamamos de decisões retroativas, de modo que o contribuinte não sabe para que lado vai, pois a oscilação em nosso país é inconcebível. (...) com isso o grau de litigiosidade prossegue de forma insuportável...". (*Litigiosidade, Evasão e Soluções Contemporâneas*. Conferência proferida no X Congresso da Associação Brasileira de Direito Tributário – ABRADT. *In*: Revista Internacional de Direito Tributário. Vol. VI. Belo Horizonte: Del Rey, 2007, p.16-7).
E, mais recentemente, outro em artigo:
"Quando os contribuintes já consideravam encerrada a polêmica, com a pacificação do entendimento de que a lei aplicável ao imposto sobre a renda seria a lei em vigor no primeiro dia

Daí a lição de Misabel DERZI, com apoio em Niklas LUHMANN:

(...) o juiz, diferentemente do legislador, está vinculado às suas decisões e às premissas que as fundamentaram, sendo mais estreito o seu espaço de liberdade (...). Ou seja, o princípio da igualdade impõe que a sentença seja obrigatoriamente fundamentada, sob pena de nulidade (art. 93, IX, da Constituição). E a mesma fundamentação deverá nortear idênticas decisões futuras, em casos idênticos. Permitir a alteração do juízo, sem a demonstração das diferenças em um novo caso concreto posterior, seria consentir no arbítrio e no querer qualquer judicial, afrontoso à isonomia.

E, após examinar as ideias de LUHMANN acerca do fechamento operacional do sistema, ressaltando que no Direito Tributário esse fechamento é expresso e mais rígido, DERZI conclui: "Interpretações imprevisíveis instalam a arbitrariedade, que desiguala injustamente os contribuintes e projetam insegurança. A segurança é condição da igualdade e não sua contradição, traço formal limitativo do sistema, que necessariamente o separa do ambiente restante"[13].

do ano-base e não aquela em vigor no primeiro dia do ano da declaração (que necessariamente é posterior à data do encerramento do balanço), o Supremo Tribunal Federal passou a rever o seu entendimento em diversos julgados".
E faz referência aos seguintes:
a) RE 194612-1/SC, 1ª T, Rel. Min. SIDNEY SANCHES, unânime, pub. 08-5-1998;
b) AI 180776 AgR-ED/MG, 2a T., Rel. Min. GILMAR MENDES, pub. 27-8-2004.
De resto, enfatiza: "Nada mais anacrônico, em um mundo globalizado, esforçado em atrair investimentos, em um contexto em que a segurança jurídica é fator decisivo de concorrência, do que ressuscitar a velha e superada Súmula 584 do Supremo Tribunal Federal". (*A imprevisibilidade da jurisprudência e os efeitos das decisões do Supremo Tribunal Federal no Direito Tributário*).
[13] DERZI, Misabel Abreu Machado. *Mutações, Complexidade, Tipo e Conceito sob o signo da segurança e da proteção da confiança. In: Tratado de Direito Constitucional Tributário. Estudos em Homenagem a Paulo de Barros Carvalho*. São Paulo: Saraiva, 2005, p.245-284.
Na obra citada por DERZI destaca-se a seguinte passagem: "O juiz compromete-se com suas decisões e as premissas a ela vinculadas, mas o legislador não. Se esse compromisso assume a forma jurídica ou resulta da compreensão do papel do juiz é secundário, da mesma forma que a questão se o autocomprometimento de um juiz amplia-se ou não aos outros juízes através do ordenamento jurídico. O decisivo é que apenas o juiz se vê confrontado com situações repetidas, tendo que decidir de forma repetidamente igual quando se apresentam premissas idênticas. O juiz submete-se ao princípio da igualdade de forma diferente que o legislador: ele não só tem que tratar igualmente as mesmas condições, mas também decidir da mesma forma os casos iguais. Com cada decisão ele se ata a casos futuros, e ele só pode criar um direito novo na medida em que reconheça e trate novos casos como constituindo casos diferentes". (LUHMANN, Niklas. *Sociologia do Direito*. Vol. II. Rio de Janeiro: Edições Tempo Brasileiro, 1985, p. 34).

Heleno Taveira TÔRRES adverte que o princípio em questão (*proteção da confiança legítima*) não é universal: rejeitado pela França, já é contemplado pelas legislações espanhola e portuguesa. E tem encontrado crescente aceitação no Brasil. Mas não pode ser visto jamais como princípio subjetivo, casuístico ou discricionário. TÔRRES é enfático ao sustentar que este princípio não é uma panaceia. Não é como o "leito de Procrusto" – que serve a qualquer fim[14].

Nesse sentido, tem-se que os requisitos da *proteção da confiança legítima* são: *a)* atuação lícita da Administração Pública (caso contrário, se o ato for ostensivamente ilícito, não haverá dúvida quanto à sua invalidade); *b)* competência do órgão administrativo na matéria (da mesma forma, se o órgão for incompetente, teremos a invalidade natural do ato); *c)* a Administração deve objetivar situação que produza *estado de confiança*, na qual o administrado tenha essa noção; *d)* que o cidadão mantenha-se em boa-fé (não se pode pleitear direito que corresponda à atitude de má-fé, pois a ninguém é dado alegar a própria torpeza)[15].

---

[14] PROCRUSTO, o "esticador", construiu duas camas: uma para os gigantes e outra para os normais. Na cama para os normais, ele colocava os gigantes e lhe cortava as pernas – para que ali coubessem. Já os normais, ele colocava na cama dos gigantes e os esticava, até que estes a ela se adequassem. Inquirido por PALAS ATENA, justificou-se: comecei a refletir sobre a desigualdade dos homens. Ela é injusta. Tal operação aqui procedida torna ambos iguais, pois através dela ambos se tornam aleijados. E se eles morrem em consequência da operação, eles também são iguais entre si, pois a morte torna todos iguais. Àqueles que torturava, PROCRUSTO sempre esclarecia que o fazia em nome da justiça. Assim, a localidade de Coridalos tornou-se um inferno, repleta dos gritos dos martirizados, que podiam ser ouvidos em toda a Grécia. Os deuses, embaraçados, tapavam os ouvidos com as mãos. Isso fez com que eles não mais interviessem na história. Diante disso, gigantes e normais amaldiçoavam PROCRUSTO – o que por ele não era compreendido, pois se considerava um benfeitor. Para ele, a justiça consistia em tornar todos iguais.

[15] Por fim, são pertinentes os seguintes dispositivos da Lei Geral do Processo Administrativo Federal (Lei n. 9.784, de 29-1-1999), a propósito dos limites para a invalidação de atos dessa natureza (especialmente prazo):

CAPÍTULO XIV
DA ANULAÇÃO, REVOGAÇÃO E CONVALIDAÇÃO
Art. 53. A Administração deve anular seus próprios atos, quando eivados de vício de legalidade, e pode revogá-los por motivo de conveniência ou oportunidade, respeitados os direitos adquiridos.
Art. 54. O direito da Administração de anular os atos administrativos de que decorram efeitos favoráveis para os destinatários decai em cinco anos, contados da data em que foram praticados, salvo comprovada má-fé.
§ 1º No caso de efeitos patrimoniais contínuos, o prazo de decadência contar-se-á da percepção do primeiro pagamento.
§ 2º Considera-se exercício do direito de anular qualquer medida de autoridade administrativa que importe impugnação à validade do ato.

1.2. Boa-Fé Objetiva

Noção distinta da *proteção da confiança legítima*, segundo Heleno Taveira TÔRRES, está na **boa-fé objetiva**. Novamente, cumpre fazer distinções (*boa-fé subjetiva* e *boa-fé objetiva* – diferenciação que não tem aceitação unânime na doutrina).

Boa-fé subjetiva é o estado psicológico da consciência individual no sentido do atuar em ambiente de lealdade, com intenção cordata e legítima.

Já a *boa-fé objetiva* apresenta cunho social, a depender sempre da situação concreta na qual essa condição possa ser avaliada. Seu requisito fundamental é a *alteridade* – a compreensão do outro. Misabel DERZI esclarece este tópico:

> Se o princípio da "boa-fé é dever de consideração para com o *alter*", realçam os juristas do Direito Privado as funções mais importantes da boa-fé na formação e execução das obrigações: **a)** como fonte criadora de deveres especiais nos contratos, a saber, de informar, de colaborar, de avisar, de cuidar "do outro"; **b)** como limitação ao exercício dos direitos subjetivos, coibindo-se o abuso e a não razoabilidade da conduta de cada uma das partes; **c)** como fonte de concreção das relações e de interpretação e reinterpretação dos contratos"[16].

Para DERZI, a boa-fé objetiva se desenvolve na proibição do *venire contra factum proprium*, nos institutos da *supressio* e da *surrectio*, ou, ainda, no instituto processual anglo-saxão do *stoppel*, ressaltando que "no Direito Privado e, com mais razão, no Direito Público, a proteção da confiança das expectativas criadas e o respeito à lealdade transformam-se em importantes equivalentes funcionais ou em acopladores estruturantes e estabilizadores do sistema"[17].

A propósito do axioma ***nemo potest venire contra factum proprium***, Judith MARTINS-COSTA (que também insere esse instituto no âmbito do *princípio da boa-fé objetiva*) anota que incorre nessa proibição "quem exerce posição jurídica em contradição com o comportamento exercido anteriormente, verificando-se a ocorrência de dois comportamentos de uma mesma pessoa, diferidos no tempo, sendo o primeiro (o *factum proprium*) contrariado

---

Art. 55. Em decisão na qual se evidencie não acarretarem lesão ao interesse público nem prejuízo a terceiros, os atos que apresentarem defeitos sanáveis poderão ser convalidados pela própria Administração.

[16] DERZI, Misabel Abreu Machado. *Mutações, Complexidade, Tipo e Conceito sob o signo da segurança e da proteção da confiança. In: Tratado de Direito Constitucional Tributário. Estudos em Homenagem a Paulo de Barros Carvalho*. São Paulo: Saraiva, 2005, p.245-284.

[17] Cf. *op.cit.*

DIREITOS FUNDAMENTAIS DOS CONTRIBUINTES

pelo segundo". E esclarece que "o verdadeiro desenvolvimento do *venire contra factum proprium*, na Alemanha, ocorreu por volta da década de 70 do Século XX, com as construções que lograram associá-lo ao princípio da boa-fé objetiva". Demonstra, nesse passo, a incompatibilidade entre a contradição própria e a responsabilidade jurídica:

> Daí estabelecer-se a relação entre o *venire* e boa-fé objetiva, isto é, a boa-fé ética ou "regra de conduta leal", que prescinde da atenção aos aspectos psicológicos, não pressupondo, necessariamente, a errônea crença, nem a má-fé ou a negligência culpável como elementos da expectativa criada na contraparte. (...) Nessa perspectiva, não consubstancia uma específica proibição da má-fé e da mentira, mas, verdadeiramente, uma aplicação do princípio da confiança no tráfico jurídico[18].

Fala-se, aqui, pois, no *dever de coerência*. Em Direito Administrativo, essa orientação obriga a Administração Pública a se conformar com as regras que ela própria instituiu. Exemplo concreto nos foi trazido por TÔRRES, na conferência mencionada[19].

---

[18] MARTINS-COSTA, Judith. *A ilicitude derivada do exercício contraditório de um direito: o renascer do* venire contra factum proprium. In: Experiências do Direito (Coordenação: Miguel REALE et alii). Campinas/SP: Millennium Editora, 2004, p.24 e 33.

[19] Trata-se do seguinte Acórdão:
EMENTA: MANDADO DE SEGURANÇA – DESISTÊNCIA REQUERIDA PELO IMPETRANTE PARA VIABILIZAR A ADESÃO AO REFIS – HOMOLOGAÇÃO. PRECEDENTES.
1. A homologação da desistência do mandado de segurança não implica qualquer juízo sobre o direito da impetrante de aderir ao Programa de Recuperação Fiscal – REFIS, matéria que, de resto, nem é objeto do mandado de segurança.
2. Mandado de Segurança: desistência que independe da anuência do impetrado ou da pessoa jurídica de Direito Público, de que haja emanado o ato coator sem distinção, na jurisprudência do STF, entre a hipótese de impetração de competência originária e aquela pendente do julgamento de recurso.
(Supremo Tribunal Federal. Primeira Turma. Ag.Reg. no Recurso Extraordinário 233.095-4, Minas Gerais. Relator Min. Sepúlveda Pertence. D.J. 30-6-2006).
Neste tópico, TÔRRES comenta a exigência, contida na Lei do REFIS, de o contribuinte desistir das ações judiciais para ter acesso ao programa. Posteriormente, a Administração (Procuradoria da Fazenda) comparece no mesmo processo e diz que tem interesse em continuar com a demanda. Fundamentou o Relator: "A jurisprudência do STF já pacificou o entendimento de que, no mandado de segurança, a desistência não depende de aquiescência do impetrado". Desse modo, o impetrado não poderia limitar a faculdade processual (desistência) que a lei concede ao impetrante. Haveria aqui a adequada aplicação do princípio *nemo potest venire contra factum proprium*.

Sobre os termos *supressio, surrectio, stoppel, tu quoque* e o próprio *venire contra factum proprium*, Judith MARTINS-COSTA enfatiza: "O que todas estas expressões refletem, em suma, é que a ninguém é lícito fazer valer um direito em contradição com a sua anterior conduta interpretada objetivamente segundo a lei, segundo os bons costumes e a boa-fé, ou quando o exercício posterior se choque com a lei, os bons costumes e a boa-fé"[20].

Os vocábulos **supressio** e **surrrectio** não oferecem maiores dificuldades: tratam como os próprios nomes sugerem, da insegurança gerada pela abrupta supressão de práticas reiteradamente adotadas (e cuja repetição se espera) ou pela repentina ressurreição de práticas já abolidas e esquecidas (de cujo exercício já nem mais se cogita). Numa ou noutra hipótese, o efeito é o mesmo: a indesejável surpresa.

Já o **stoppel** é conceituado por Judith MARTINS-COSTA como uma "barreira ou freio erigido às pretensões de quem reclama algo em contradição com o que anteriormente havia aceitado". Adverte que essa figura admite diversas configurações, mas assevera que, de modo geral, por meio dela se "impede, em virtude de uma presunção *iuris et de iure*, uma pessoa de afirmar ou negar a existência de um fato determinado se antes exercitara um ato, fizera uma afirmação ou formulara uma negativa em sentido precisamente oposto". Exemplifica com o CASO SIÃO, ocorrido em 1908, no campo do Direito Internacional[21].

Por fim, sobre o **tu quoque**, que tem origem na lendária expressão *"até tu Brutus?"* explica Judith MARTINS-COSTA: "A má-fé de quem alega o prejuízo afasta, evidentemente, a sua incidência [*do venire*], pois do contrário a torpeza estaria tutelada. Aliás, nesse caso, pode haver a conjugação entre o *venire* e a figura nomeada por Menezes Cordeiro como '*tu quoque*', que significa imputar a alguém – requerendo a proteção do direito – determinada conduta que já se praticou naquela mesma situação jurídica". O exemplo, oriundo dos Tribunais argentinos, é curioso: "(...) foi censurada a conduta de quem abandonou a esposa, passou a conviver com outra pessoa e, mais

---

[20] *Op. cit.* p. 26.

[21] "Tratava-se de litígio entre Tailândia e Sião sobre fronteiras que estariam registradas em mapa de conhecimento de ambos os países. A Corte Internacional de Justiça decidiu que, ainda existente dúvida sobre a aceitação pelo Sião, em 1908, do mapa, e, por conseqüência, da fronteira nele indicada, tendo conta acontecimentos posteriores, a Tailândia, em razão de sua conduta, não podia afirmar que não aceitara o mapa, porque durante 50 anos desfrutara, quanto ao menos, das vantagens de uma fronteira estável, e tanto a França quanto o Camboja confiaram nessa aceitação". (Op.cit. p.31)

tarde, veio alegar em juízo 'injúria' por parte da esposa que se mostrava em público com outro homem"[22].

1.2.1. Boa-fé como Princípio Constitucional: A Implicitude como Parte Constitutiva do Texto

Paulo de Barros CARVALHO traça a distinção entre princípios constitucionais expressos e implícitos, salientando que ambas as categorias operam com a mesma força no sistema:

> Inspirando esse conjunto, que forma o sistema constitucional tributário nacional, temos uma série de princípios: expressos e inexpressos (implícitos). A implicitude é parte constitutiva do texto. O texto é formado pelo plano da expressão e pelo plano do conteúdo. O plano do conteúdo não aparece; há de ser construído. Mas esse plano construído é constitutivo do texto. Noutras palavras, essa implicitude faz parte do texto, tanto como as normas explícitas.
>
> Figure-se exemplo bem característico dessa afirmação: o direito administrativo brasileiro se firma em dois fundamentos básicos: **princípio da supremacia do interesse público ao do particular** e **princípio da indisponibilidade dos interesses públicos**. Onde estão gravados esses princípios no texto constitucional (ou em outras leis de inferior hierarquia)? Não encontraremos. E vem a pergunta: como posso evocá-los? Esses princípios são implícitos, mas decisivos para a compreensão do fenômeno jurídico administrativo no Brasil.
>
> Outro exemplo: onde está o **princípio da isonomia das pessoas políticas de direito constitucional interno** (União, Estados, Distrito Federal e Municípios)? Encontraremos suportes normativos para esse princípio (mas não o princípio expressamente referido). Vislumbra-se, nessa ordem de idéias, a existência de princípios expressos e princípios implícitos.
>
> O **princípio da Justiça**, para alguns, é o princípio soberano, o princípio maior de todo o ordenamento jurídico. Onde está gravado no nosso texto constitucional? E que dizer do **princípio da segurança jurídica**? E o **princípio da certeza do Direito?**
>
> E, assim por diante, é grande o número de princípios implícitos, que serão construídos a partir do plano da expressão do texto constitucional brasileiro. Lendo o texto, passamos a construir, a partir dele, esses princípios, que são proclamados e reconhecidos por todos. Então, há princípios expressos e princípios implícitos.

---

[22] *Idem.* p.46-7.

Entre os princípios expressos e os princípios implícitos, há aqueles que dizem respeito a toda a ordem jurídico-positiva (princípios gerais – que valem para todo o direito positivo), e, já que valem para todo o direito posto, valerão para o subsistema constitucional tributário também. São princípios que se aplicam a todos os subsistemas do sistema geral.

Estes princípios são enunciados prescritivos. Todo enunciado que está no Direito tem a força de enunciado prescritivo. Ainda que a forma seja descritiva (*v.g.*: "O Brasil é uma república federativa"), a função é prescritiva, porque toda a linguagem do Direito está a cumprir essa função prescritiva de condutas. Ela se projeta sobre o contexto social para disciplinar as condutas intersubjetivas, canalizando-as em direção a certos valores, que a sociedade quer ver realizados. Desse modo, tudo que estiver no texto, ainda que sob forma descritiva, tem função prescritiva. E esses princípios todos valem para o direito posto (para o Direito como um todo) e, por isso mesmo, valerão para o subsistema constitucional tributário.

Repito: os princípios são expressos e são implícitos. Os implícitos com a mesma força dos expressos[23].

(Grifou-se)

No mesmo sentido ensinou Geraldo ATALIBA, citando, por sua vez, Celso Antônio BANDEIRA DE MELLO: "Entende-se por princípio a disposição, **expressa ou implícita**, de natureza categorial em um sistema, que conforma o sentido das normas implantadas em uma dada ordenação jurídico-positiva" (grifou-se)[24].

Por vezes, a grande força do princípio constitucional reside exatamente na sua implicitude. Ao migrar, do plano inexpresso para o texto expresso, corre o risco de ser esvaziado em seu conteúdo e tornar-se letra morta. Helenilson Cunha PONTES, *v.g.*, conhecido por todos como aguerrido defensor do princípio da *proporcionalidade* (especialmente no que tange a *sanções fiscais*), declara abertamente preferir que este princípio continue a residir no plano inexpresso. Pois, se migrasse para o texto constitucional expresso, poderia, um dia, dele ser retirado (via Emenda à Constituição). Em

---

[23] CARVALHO, Paulo de Barros. *Princípios Constitucionais da Igualdade, Segurança Jurídica e Capacidade Contributiva – Valores, Princípios e Normas.* Conferência proferida no VICongresso Brasileiro de Direito Tributário da ABRADT – Associação Brasileira de Direito Tributário. Agosto de 2002. Belo Horizonte-MG).

[24] *República e Constituição.* 2. ed. 2ª tiragem. Atualizada por FOLGOSI, Rosolea Miranda. São Paulo: Malheiros, 2001, p.34.

seguida, poder-se-ia argumentar que, a partir dessa supressão, tal princípio teria deixado de existir na ordem jurídica brasileira. Ou seja: a positivação do princípio poderia ser o primeiro passo da estratégia que resultaria na sua própria extinção[25]. Outro exemplo claro desse fenômeno é dado por Paulo de Barros CARVALHO:

> Até a Constituição da República de 1988, nunca existira, no Brasil, imperativo constitucional expresso que estabelecesse a progressividade do imposto sobre a renda da pessoa física. E esse imposto era progressivo. As alíquotas aumentavam, à medida que aumentassem as bases de cálculo, a ponto de vigorar tabela com nove faixas de incidência, além da de isenção. O imposto era, pois, progressivo. Não havia nenhum mandamento constitucional expresso nesse sentido. Com a promulgação da Constituição de 1988, firmou-se a linha mediante a qual o imposto sobre a renda deveria respeitar o princípio da generalidade, universalidade e da progressividade (inciso I do § 2º do artigo 153). Foi o que bastou para essa tributação (imposto sobre a renda da pessoa física) deixar de ser progressiva. Hoje há apenas duas faixas de alíquotas, que não resolvem nada em termos de progressividade. Essa expectativa de que, havendo o princípio da progressividade expressamente colocado na Constituição, o imposto seria efetivamente progressivo, frustrou-se[26].

Essa introdução se faz necessária para sustentarmos: **boa-fé** é princípio constitucional – da categoria dos implícitos.

Trata-se de princípio subjacente ao sistema constitucional brasileiro – e que emerge do texto expresso, imperativamente. Melhor dizendo, o princípio da boa-fé decorre diretamente de um dos PRINCÍPIOS FUNDAMENTAIS assentados logo no primeiro artigo da Carta Maior. Isso porque a República Federativa do Brasil tem, como um de seus fundamentos, a **dignidade da pessoa humana** – art. 1º, inciso III. Como anotou Celso Ribeiro BASTOS, "é um dos fins do Estado propiciar as condições para que as pessoas se tornem dignas"[27]. E nenhuma pessoa alcança o patamar da *dignidade humana* se sua

---

[25] Cf. PONTES, Helenilson Cunha. *O Princípio da Praticidade no Direito Tributário (substituição tributária, plantas de valores, retenções de fonte, presunções e ficções etc): sua necessidade e seus limites.* Conferência proferida no VIII Congresso Brasileiro de Direito Tributário da ABRADT – Associação Brasileira de Direito Tributário. Junho de 2004. Belo Horizonte-MG.

[26] *Op.cit.*

[27] BASTOS, Celso Ribeiro *et* MARTINS, Ives Gandra da Silva. *Comentários à Constituição do Brasil.* Vol. I. São Paulo: Saraiva, 1988, p.425.

boa-fé não é respeitada ou se, em torno de suas atitudes, o Estado faz operar presunção de má-fé. *Dignidade humana* é valor incompatível com tratamento de desconfiança, gratuito e implausível, por parte do Estado para com seus administrados. Em suma: não é desconfiando de seus súditos que o Estado realizará o princípio da dignidade humana, mas, ao revés, fazendo prevalecer a presunção de boa-fé. Daí constituir a boa-fé princípio constitucional – da categoria dos inexpressos, mas com a mesma força e imperatividade dos princípios expressos.

Observa, a propósito, Aroldo Plínio GONÇALVES:

> A dignidade humana é valor que não se negocia, como realmente sempre o foi, por isso nasce a ânsia de promovê-la já. Compreende-se, então, o apelo para que o Direito seja o elemento transformador da sociedade. Mas não se pode esquecer que a sociedade contemporânea não tem a pureza das primitivas, e já não aceita profetas com suas tábuas de leis. Quer fazer o seu destino e quer ser agente da sua história[28].

No campo do Direito Tributário, Ivan Tauil RODRIGUES, após asseverar que "o positivismo parece ter dado mostras de esgotamento enquanto paradigma único para estruturação dos sistemas jurídicos" e advertir que "parece apresentarem-se como anacrônicos os discursos que insistem em cânones formalistas absolutos", nos traz oportuna lição:

> A análise do princípio da boa-fé revela novos parâmetros dos quais a relação, antes fundada determinantemente no princípio da autonomia da vontade, deve ser enquadrada no sistema jurídico. Esses novos parâmetros que, no caso específico da boa-fé, sinalizam para o dever de cooperação entre as partes vinculadas por uma relação obrigacional, para o dever, enfim, de consideração pelos interesses alheios à luz do escopo econômico-social da relação em questão, poderiam ser resumidos através do imperativo ético de solidariedade e responsabilidade na prática de atos ou celebração de negócios. A preocupação ética com o enquadramento social dos atos e negócios individuais, e sua conseqüente responsabilidade social, atua, desde a Primeira Grande Guerra, na ampliação do princípio da boa-fé, na integração da teoria da vontade através do princípio da proteção da confiança, no esforço direcionado à justiça material, na limitação do uso da propriedade através da ênfase em sua vinculação social. O imperativo da

---

[28] *Técnica Processual e Teoria do Processo*. Rio de Janeiro: Ed. Aide, 1992, p.11.

boa-fé fornece precioso instrumento de moralização do Direito e sua ressonância lhe garante uma simpatia geral.

Essa moralização, ou "eticização" do Direito, contudo, exige do intérprete argumentos de natureza axiológica e não mais simplesmente de natureza lógico-formal, já que o fim perseguido será doravante a concretização de princípios e valores estabelecidos no Texto Maior. (...) O princípio da boa-fé se materializa, igualmente, no respeito recíproco, principalmente no seio daquelas relações jurídicas que requerem uma extensa colaboração. É efetivamente, no conceito de extensa colaboração que se pode descrever a relação que vincula os obrigados à satisfação das prestações derivadas dos tributos com a Administração Tributária. A multiplicidade e a complexidade dos atos jurídicos, derivados da existência de diversas obrigações tributárias que surgem ao longo da vida, criam uma prolongada relação entre os administrados e a Administração tributária, sendo de relevo ressaltar que, **se a tensão entre o interesse privado e o público não se resolve em uma projeção dos valores que encarnam a boa-fé, vêem-se ameaçadas a paz e a segurança jurídica** (grifou-se).

E conclui, em absoluta consonância com o pensamento que até aqui se expôs:

> A idéia da boa-fé está unida ao contexto da relação tributária, tal como a clareza, certeza, previsibilidade e estabilidade, sendo todas elas condições do exercício leal de um direito ou do cumprimento leal de uma obrigação.
>
> (...)
>
> No que tange ao Fisco, há que se esperar igual lealdade e colaboração, sendo certo que a motivação dos atos administrativos é, também, sinal materializador da boa-fé do Administrador, podendo-se sem dúvida afirmar que o princípio da boa-fé sugere-obriga à motivação de qualquer atividade administrativa (grifou-se)[29].

Dessa forma, cumpre destacar que no Direito brasileiro a **boa-fé** é princípio constitucional e axiológico – reitera-se: da categoria dos implícitos.

---

[29] *O princípio jurídico da boa-fé e o planejamento tributário. O pilar hermenêutico para a compreensão de negócios estruturados para obter economia tributária. In* Revista Dialética de Direito Tributário n. 93. São Paulo: Dialética, 2003, p.37-38.

1.2.2. Reciprocidade na Relação Jurídico-Tributária

Não há, em nenhum país, sintonia perfeita e absoluta entre Estado arrecadador e o administrado que se vê compelido ao pagamento de tributos. Em certa medida, é natural a aversão do indivíduo à cobrança tributária, da mesma forma como é instintiva e imediata a reação do proprietário contra o invasor de seu território.

Não obstante, é sabido que, em muitos Estados estrangeiros, alcançou-se elevado nível de confiança recíproca entre Fazenda Pública e cidadão. Nesses países, tributos são instituídos democraticamente e o administrado percebe facilmente a contraprestação do Estado – que se traduz em serviços públicos de qualidade e na garantia de bem estar a todos. Em tais condições, a aceitação da carga tributária pela sociedade se dá de forma relativamente pacífica. As razões são claras: o contribuinte tende a se conformar com o encargo fiscal ao constatar que a receita é empregada com eficiência e probidade.

Para que esse ambiente de confiança seja formado, a ideia da **cooperação** é desenvolvida. A boa convivência é necessária. Para tanto, a atitude do Estado é de fundamental importância. O contribuinte deve ser visto como aliado (e não como o "adversário inevitável"); deve ser participante desse processo (e não mero espectador passivo); deve ser tratado com confiança (ao invés de ser tido, aprioristicamente, como infrator). Não deve o Estado descartar a garantia do **contraditório**, sob a premissa (por vezes infundadas) da desonestidade. A noção de parceria precisa se concretizar. O Fisco deve se interessar em resolver conflitos e eliminar discussões inúteis em juízo; deve cativar o contribuinte, tratá-lo bem, ouvi-lo mais, procurar se entender com ele. A *declaração* deve ser vista como atitude de cidadania do contribuinte (que, por sua vez, precisa sentir segurança ao prestar suas informações). Deve o administrado contar com sistema de proteção contra os erros que cometeu (aperfeiçoando-se, nessa toada, institutos como o da *retificação*). Outros institutos processuais, como o da *confissão* (que nem sempre se traduz em "verdade final") e o da supremacia do interesse público (que, por sua vez, não pode se converter em abuso) precisam ser mais bem compreendidos. A defesa do contribuinte há, pois, de ser erigida em *interesse público*.

Não se deve perder de vista que o prolongamento excessivo do contencioso fiscal, motivado pelo cerceio, por parte do Estado, às garantias constitucionais do direito ao acertamento, é até mesmo prejudicial aos interesses arrecadatórios, na medida em que se constitui em fator de demora ao recebimento dos créditos tributários. Se se desse maior atenção ao procedimento administrativo, com observância de todas as suas etapas, o contencioso não seria tão necessário. Muitas controvérsias judiciais poderiam ser eliminadas. O procedimento é, necessariamente, corretivo. Quanto mais ele se aperfeiçoa, mais se afasta o autoritarismo. A eliminação de conflitos deveria ser interesse do próprio Fisco.

1.2.3. Identidade Constitucional: A Boa Despesa como Fator de Confiança e a Importância do Bom Exemplo

A experiência dos países desenvolvidos revela que o bom gasto, efetivado com honestidade e eficiência, e traduzido em retorno à sociedade, provoca satisfação no contribuinte, desenvolvendo ambiente mais amistoso entre Fazenda Pública e cidadão. Cabe ao Estado ser bom Fisco e bom provedor.

Klaus TIPKE, em capítulo denominado LA CONEXIÓN ENTRE MORAL TRIBUTARIA DEL ESTADO Y DEL CONTRIBUYENTE, é um dos autores partidários da tese de que o exemplo deve partir do Estado. Primeiramente, adverte: *"No se trata aquí de analizar si una incorrecta moral tributaria del Estado puede justificar una incorrecta moral del contribuyente. Lo que intenta dilucidarse es si la mala actuación del Estado influye de hecho de forma negativa sobre la moral del contribuyente"*. Em seguida, chama atenção para o tópico da reciprocidade: *"Puede leerse con frecuencia que el ciudadano **sólo queda obligado frente al Estado a condición de reciprocidad**, que el Estado solo puede esperar que el contribuyente obre con rectitud si ha recibido el buen ejemplo moral del Estado en cuanto a la tributación y al gasto se refiere"*[30] (grifou-se).

E por que o exemplo deve partir do Estado?

Por que ele é o "grande pai", ou, noutras palavras, o responsável pela formação da "identidade constitucional" (cf. Michel ROSENFELD e Paula Derzi BOTELHO).

O pai que aconselha seu filho a não fumar será ouvido?

Depende. Se o pai nunca fumou, é provável que o conselho seja seguido. Se, no entanto, o mesmo conselho é solenemente pronunciado, tendo o pai um cigarro entre os dedos, tais palavras serão quase inúteis, pois o exemplo será muito mais forte que o discurso: o filho, provavelmente, se tornará fumante – pois essa é sua referência.

Assim é a relação do Estado com seus súditos.

O Estado diz: "– Cidadão: pague seus tributos". Antes de atender a esse comando, o administrado se perguntará: "O Estado é bom pagador? Quita seus

---

[30] TIPKE, Klaus. *Moral Tributaria del Estado y de los Contribuyentes*. Madrid: Marcial Pons, 2002, p.121.

débitos para com o particular espontaneamente? Ou o obriga a submeter-se a longas pendengas judiciais e às intermináveis filas dos precatórios?". Que atitude terá, *v.g.*, aquele funcionário público, que, após longos anos de batalha processual, buscando receber seus créditos de natureza alimentícia, ainda espera *ad aeternum* pelo cumprimento do precatório? Quitará suas obrigações tributárias com presteza? Ou resistirá?

Não hesitamos em afirmar: a semente da resistência é plantada no cidadão pelo próprio Estado. Esse é o exemplo recebido pelo administrado. Essa é a sua referência.

1.3. Os Motivos da Resistência no Brasil: As Diversas Formas de Abuso na Tributação

No Brasil, tem sido notada, de há muito, grande tensão entre a prerrogativa do Estado de arrecadar tributos e a resistência do contribuinte. É de se questionar por que razões ainda não atingimos aquele desejado patamar de confiança que se vislumbra noutras paragens.

Em primeiro lugar, conquanto a tributação seja inevitável em qualquer sociedade organizada sob a forma de Estado[31], ela configura, antes de tudo, uma das modalidades de limitação da esfera patrimonial do indivíduo.

Por três formas o Estado expropria bens dos administrados, diminuindo o patrimônio destes:

a) **desapropriação** – acompanhada da indenização respectiva;

b) **tributação** – por meio da qual se absorve parte dos bens ou rendimentos do administrado, sob o pressuposto de que todos estão obrigados a contribuir, na proporção de seus haveres, para o enfrentamento das despesas do Estado – que, por sua vez, dará sua contraprestação aos indivíduos (sob a forma de prestação de serviços essenciais: segurança, saúde, urbanização, educação etc.);

---

[31] O escocês Adam SMITH (1.723-1.790), grande representante da ESCOLA LIBERAL, já justificava a necessidade da tributação, nos seguintes termos: "Os súditos de todos os Estados devem contribuir para a manutenção do governo, tanto quanto possível, em proporção das respectivas capacidades, isto é, em proporção ao rédito que respectivamente usufruem sob a proteção do Estado. A despesa do governo para os indivíduos de uma grande nação é semelhante à despesa de administração para os coarrendatários de uma grande herdade, obrigados a contribuir na proporção dos seus respectivos lucros na herdade. Na observância ou não dessa máxima consiste o que se chama a igualdade ou desigualdade de tributação". (*Riqueza das Nações*. Vol. II. Lisboa: Fundação Calouste Gulbenkian, 1981, p.485-6).

c) **confisco** – apropria-se o Estado de bens do administrado, arbitrariamente, sem lhe ofertar qualquer contraprestação (seja na forma de indenização, seja por serviços públicos).

Nas duas primeiras modalidades, a expropriação ocorre, tratando-se de Estado de Direito, no âmbito da relação jurídica: por força da lei, na medida e com os parâmetros estabelecidos pela lei – garantindo-se ao particular alguma retribuição (ainda que sob a forma de serviços gerais – não direcionados especificamente ao contribuinte). Já o confisco é puramente ato de força, praticado ao arrepio do Direito. Essa é a noção corrente.

Autores afirmam que os tributos não vinculados (impostos), especialmente os diretos, apresentariam, eles próprios, em certa medida, caráter confiscatório. Pagamos pesadamente, *v.g.*, o imposto de renda, o IPTU e o IPVA. Mas sofremos com a precariedade dos serviços públicos de saúde e segurança, percorremos estradas esburacadas que estouram nossos pneus e temos que pagar pelo ensino fundamental privado, haja vista que as escolas públicas já se deterioraram.

Por essa ótica, na desapropriação, haveria o respectivo ressarcimento. Mas não nos impostos. O Estado não retribuiria, àquele mesmo administrado, em proporção equivalente. Haveria, pois, confisco, ainda que parcial. A primeira reação seria contra esse caráter "confiscatório" (ou, no mínimo, expropriatório – redutor de patrimônio) que apresenta o tributo[32].

---

[32] Nesse ponto, cabe ligeira digressão, para tratar de outro importante instrumento de realização do bem comum, que é a tributação. É com o produto da arrecadação dos tributos que o Estado custeia os serviços públicos, de modo geral. Teoricamente, cada cidadão, ao pagar tributos, estaria, apenas, remunerando por serviços que recebe. Na realidade, porém, isso não ocorre exatamente. No Brasil, o sistema tributário previsto no direito positivo conhece três espécies de tributo, a saber: imposto, taxa e contribuição de melhoria. Os impostos não têm finalidade contraprestacional, isto é, nem sempre quem paga é quem recebe o benefício, ou então não o recebe na mesma proporção em que pagou. As taxas, somente as de serviço, embora se destinem ao custeio de serviço público específico e divisível – divisibilidade que pressupõe sua natureza contraprestacional – também estão sujeitas a princípios de extrafiscalidade, como o da capacidade contributiva: deve pagar mais quem pode mais. E não se deve esquecer de que os tributos, nos Estados modernos, tornaram-se, cada vez mais, instrumentos de distribuição mais equitativa da riqueza entre pessoas ou regiões. É forçoso concluir, assim, que a tributação, pelo menos em parte, representa perda ou prejuízo real.

Comparem-se a desapropriação e a tributação, ambas instrumentos de realização do bem comum. Admita-se que todos os recursos tributários se convertam em serviços públicos. Conceda-se que cada um contribua na exata medida de suas possibilidades, isto é, que a tributação seja **justa.** Aceite-se que a consciência cívica de cada cidadão seja suficientemente desenvolvida, a ponto

Outros autores discordarão dessa ideia, argumentando que não é própria da tributação a retribuição individual e específica, tanto por tanto, a cada contribuinte. Sustentarão que o Direito é, em última análise, um sistema de limites e a propriedade já é entregue ao indivíduo com uma série de restrições jurídicas. Como instrumento de redistribuição de riqueza na sociedade, seria inerente à tributação essa contraprestação desigual: maior para uns, menor para outros. Para estes estudiosos, a noção de justiça fiscal somente poderia ser vislumbrada através da macro visão.

De uma forma ou de outra, a própria expropriação em si – a redução de patrimônio – é o primeiro fator de resistência.

O segundo tópico que, nesse campo, provoca descontentamento na sociedade e leva ao agravamento da tensão entre Estado e administrado é o *abuso* na tributação.

De modo geral, a sociedade, embora reconhecendo a natureza ontologicamente expropriatória da tributação, admite sua necessidade e inevitabilidade. Mas revolta-se contra a forma abusiva com que, por vezes, ela é praticada. Por essa razão, morreram pessoas e se fizeram revoluções[33].

---

de inexistir sonegação fiscal: todos pagariam ao Fisco o devido por lei... Mesmo assim, não se poderia negar uma evidência: o tributo é prestação pecuniária compulsória e seu pagamento significa redução no patrimônio do contribuinte. Cada centavo pago representa perda patrimonial idêntica! Ocorreria o mesmo na desapropriação? Evidentemente, não. Por disposição constitucional expressa, a desapropriação sujeita-se a prévia e **justa** indenização. A expropriação é instrumento jurídico de transferência compulsória de determinado bem para o Estado... Mas o expropriando não sofre nenhuma redução em seu patrimônio! O que ocorre é substituição do bem por seu valor em dinheiro. Mesmo assim, a expropriação é considerada medida violenta. E o cidadão--contribuinte é muito mais conformado que o cidadão-expropriando... Haveria justificativa para isso? Será mesmo preferível **dar** dinheiro, ao invés de **trocar** um bem por outro? Poder-se-ia até acreditar que os povos civilizados se acostumaram à tributação, por sua constância, e, pela razão inversa, isto é, por sua ocasionalidade, sempre resistiram à desapropriação... Isso é possível. Mas na realidade, acontece outra coisa: o homem é mais apegado a **sua propriedade**, especialmente quando constituída de bens de raiz, do que ao dinheiro que paga como tributo, quase sempre mediante descontos realizados em seu salário, recolhidos por terceiros, ou mediante acréscimo no valor das mercadorias que adquire. O dinheiro também é seu, faz parte de seu patrimônio, é **sua propriedade.** Mas sua finalidade é circular – enquanto os bens de raiz só se transferem de quando em vez, ou permanecem com o mesmo dono durante toda a sua vida. Além dessas existem outras explicações para a resistência à desapropriação". (MENDES, Vicente de Paula. *A Indenização na Desapropriação*. Belo Horizonte: Del Rey Editora, 1993, p.20-1).

[33] Em capítulo intitulado O EXCESSO TRIBUTÁRIO COMO FONTE DE GUERRAS E REVOLTAS, observa OLIVEIRA: "O materialismo histórico marxista é excelente enfoque para que se analise a cobrança excessiva de tributos. A espoliação sobre os povos leva à resistência. A história serve para que analisemos o passado e evitemos erros futuros. O Estado deve buscar

Não é diferente em nossos dias. A tributação em si mesma não é ofensiva ao direito de propriedade. O abuso dela é que constitui a ofensa.

A doutrina frequentemente se refere a diversas revoluções, no Brasil e no mundo, motivadas, ao menos em parte, pelo abuso na tributação[34]. Entre nós, é emblemático o episódio da Inconfidência Mineira[35]. Alcides Jorge

apenas o montante necessário para o atingimento de suas finalidades. Havendo o suficiente para sua estruturação e o atendimento de suas necessidades materiais, não deve sufocar a sociedade com tributação excessiva. Sempre que isso ocorre há resistência que, conseqüentemente, leva à desqualificação do governante. Daí as guerras e confrontos. A ambição desmedida por petróleo, minas, riquezas minerais de forma geral e o controle de riquezas leva o mais forte a impor-se ao mais fraco. Desde os gregos e romanos havia a pilhagem, daí passando-se à empírica tributação. A sujeição à arrecadação advinha da conquista. ARDANT relata diversas revoltas fiscais em decorrência da pressão fiscal. O mesmo autor indaga se tais numerosas rebeliões não seriam decorrência da luta de classes. Suponho que o problema seja o mesmo, isto é, ao falar-se em luta de classes, fala-se no direito de não pagar tributos e no esmagamento das classes produtoras e laborais. Ao final, conclui que tudo se deve ao peso da carga tributária. Em verdade, não só as guerras de libertação decorreram dos pesados ônus que recaíam sobre os povos dominados, o que bem se vê pela independência dos Estados Unidos, do México e do Brasil. Sempre e sempre as resistências destinam-se à liberação dos encargos de pagamento que devem os povos submetidos aos outros. No fundo, tudo fica sendo uma questão financeira. (OLIVEIRA, Régis Fernandes de. *Curso de Direito Financeiro*. São Paulo: Ed. Revista dos Tribunais, 2006, p.66-7).

[34] (...) o povo contribuinte, para não suportar surpresas e excessos, impôs ao soberano que a tributação fosse realizada com o consentimento dos próprios contribuintes, por meio de representação e previsão orçamentária, como é exemplo o caso que na Inglaterra resultou na histórica Magna Carta, até hoje documento fundamental das instituições políticas inglesas e expressão da supremacia constitucional em contraposição à vontade do rei e base do parlamentarismo. Podemos lembrar outro episódio como o da Revolução Francesa. Outro movimento de rebeldia, por causas várias, entre as quais também estão os excessos e arbítrios da tributação, foi o que provocou a independência das colônias norte-americanas. No Brasil tivemos a chamada "derrama" como um dos pródromos da inconfidência mineira. (NOGUEIRA, Ruy Barbosa, *Curso de Direito Tributário*. 14. ed. São Paulo: Saraiva, 1995, p.5).

[35] A derrama era um tributo que recaía sobre toda a população e, assim, podia ser usada por estes interesses – os interesses daqueles que, durante tantos anos, tinham sido, eles próprios, os arrecadadores e agentes da autoridade real (os opressores, portanto) – dando-lhes uma fachada respeitável e a possibilidade de atrair o apoio popular para sua causa. O quinto real era o único tributo administrado diretamente pela coroa e mandado para Lisboa. Ao insistir na rígida observância da lei da quota de ouro de 1750, Melo e Castro deu aos magnatas mineiros a mais adequada das armas para usarem contra Portugal. No início de 1789, uma formidável conspiração tinha sido organizada em Minas Gerais, apoiada por alguns dos mais ricos e mais importantes homens da capitania e contando com apoio significativo da tropa regular aquartelada na região. Se tudo ocorresse conforme os planos, e a derrama fosse imposta em fevereiro de 1789, como esperava, teria sido desencadeada uma ação que poderia, em última instância, desfechar um golpe arrasador no domínio português sobre o Brasil. (MAXWELL, Kenneth. *A Devassa da Devassa. A Inconfidência Mineira: Brasil e Portugal. 1750-1808*. 5. ed. São Paulo: Paz e Terra, 2001, p.156).

COSTA, em memorável conferência, ilustra a arbitrariedade da tributação sobre o ouro nessa época, que devia ser levado – todo ele – às casas de fundição para a dedução do **quinto**, tendo sido fixada a quota mínima de cem arrobas por ano. A cifra que ultrapassasse esse limite era computada como "crédito do contribuinte". Mas se a arrecadação não atingisse as cem arrobas, instalava-se a derrama, por meio da qual a diferença era cobrada à força (uma espécie de "executivo fiscal em massa"). A medida era aflitiva para aqueles que deveriam suportar essa diferença, haja vista que a produção de ouro, como era de se esperar, começou a decair. Assim, a partir de 1760, as derramas se tornaram cada vez mais frequentes, o que resultou na revolução. Na observação de Carlos Fernando Mathias de SOUZA, esse foi, portanto, um capítulo da "história da resistência tributária" (como tantos outros no mundo inteiro). A impopularidade dos quintos era tamanha que daí surgiu a expressão "quintos do inferno".[36]

Sempre foi claro, no entanto, que o maior fator de revolta era o **destino da receita**:

> Levado para além-mar, o ouro de Minas permitia a D. João V reinar numa luxuosa ostentação, a ponto de se tornar conhecido como o Roi-Soleil português. O mais perturbador é que o "fulvo metal" nem sequer servia para enriquecer a Metrópole: era apenas o ouro "que Portugal distribuía tão liberalmente para a Europa", como observou o viajante inglês Henry Fielding. Nada mais natural, portanto, que a jovem sociedade mineira – tão diferenciada da elite rural e latifundiária do Nordeste – alimentasse um profundo estado de indignação e revolta. E essa revolta não demoraria muito para eclodir[37].

O abuso da tributação ocorre sob diversas formas, como, *v.g.*:

- pelo excesso na tributação – abuso com relação ao *quantum* cobrado (carga tributária);
- pela desigualdade de tratamento entre contribuintes;

[36] Naquela época, como hoje, pode-se dizer que, se existem "paraísos fiscais" (ou zonas de baixa pressão), é porque também existem, em oposição, os "infernos fiscais" (ou zonas de alta pressão), nos quais a tributação chega a níveis insuportáveis (cf. COÊLHO, Sacha Calmon Navarro. *Norma fiscal antielisiva e sigilo bancário*. Conferência proferida no V Congresso Brasileiro de Direito Tributário da ABRADT – Associação Brasileira de Direito Tributário. Agosto de 2001. Belo Horizonte-MG).
[37] BUENO, Eduardo. *Brasil: Uma História. A incrível saga de um país*. São Paulo: Editora Ática, 2003, p.126.

- pela desigualdade de tratamento na órbita da própria relação jurídica de direito público (a relação entre Estado e administrado);
- pela falta de contraprestação do Estado – hipótese em que o administrado, embora esmagado pelas exações, não vislumbra retribuição equivalente;
- pela má destinação dos recursos obtidos junto ao contribuinte[38];
- pela adoção de procedimentos administrativos arrecadatórios arbitrários[39] – que não dão ao administrado oportunidade satisfatória de se explicar e se defender etc.

[38] É pertinente a observação de Paula Derzi BOTELHO: "Percebe-se, assim, que o descontentamento para pagar impostos não decorre somente da grande quantidade e do alto valor dos tributos (muitos deles, no Brasil, instituídos por medidas provisórias), mas também, e principalmente, da constatação de que os recursos não são aplicados pela Administração para resolver os anseios populares mais evidentes (saneamento básico, saúde, educação e assistência social), resultando em fome, miséria, ignorância (e para quem não crê que a elite se preocupe com os desprivilegiados: falta de mão-de-obra qualificada e aumento da criminalidade)". (BOTELHO, Paula de Abreu Machado Derzi. *Sonegação Fiscal e Identidade Constitucional*. Belo Horizonte: Del Rey, 2005, p.3).

[39] Ainda no período do Brasil Colônia, episódio ilustrativo nos foi trazido por James MARINS: "O fenômeno tributário, em suas mais variadas possibilidades de investigação, sempre nos traz notícias históricas bastante curiosas. E, de uma certa forma ou de outra, todos nós sabemos que a História, mais cedo ou mais tarde, se repete. **É muito importante que nós tenhamos condições de aprender com os fatos históricos, e aprender com os erros históricos, para que eles não se repitam**. É muito conhecida da história de Minas Gerais uma figura chamada José Antônio de Meireles Freire. Ele foi o sétimo intendente dos diamantes do Tijuco – hoje conhecido como Diamantina. Mas, na verdade, ele não era conhecido como Meireles Freire, mas como CABEÇA DE FERRO. E isso por duas razões: primeiramente porque, na condição de intendente, e, portanto, fiscal do Rei (nas coisas que diziam respeito às recentemente descobertas minas de diamantes – maravilhosos do nosso país), agia com muito rigor com relação aos garimpeiros. Os garimpeiros eram aqueles que, impedidos, pela legislação, de garimpar, o faziam na ilegalidade. Portanto, aqueles que, dissimulados de lavradores, eram, na verdade, exploradores de diamantes. Na ocasião, com a finalidade de coibir a atuação dos garimpeiros, criou-se uma espécie de legislação punitiva, que foi chamada de LIVRO DA CAPA VERDE. Era uma espécie de punição, geral, irrestrita, para aqueles que dissimulavam sua atividade de garimpo. Era, nos padrões da época, uma espécie de **norma geral antielisiva** do garimpo. CABEÇA DE FERRO tinha esse nome porque era muito rude na aplicação dessa legislação. Levava aos extremos a função que lhe havia sido confiada. E, além de tudo, também era extremamente teimoso. Não percebia, na ocasião – isto faz parte da História deste grande Estado – que os sacrifícios que se impunham à população, por conta dos rigores daquela legislação eram, e muito, danosos à própria atividade do garimpo, já que a atividade legal do garimpo acabava se agregando um sem-número de indigentes – garimpeiros perseguidos pela sua atividade de subsistência. Como nós todos sabemos, em épocas de grandes dificuldades econômicas, a criatividade dos governos tende a crescer. No nosso país, não se pode reclamar da eficácia fiscal (do ponto de vista da arrecadação). Mas temos

São essas, pois, as duas principais razões da resistência do administrado:

a) o caráter "confiscatório" (ainda que parcial) dos tributos;
b) o abuso na tributação.

Conclusões

Ao tratar da segurança do contribuinte equivale a dispor de sua proteção contra o exercício arbitrário ou excessivo do poder de tributar pelo próprio Estado. Ou seja, é a Constituição protegendo o indivíduo de eventuais abusos praticados pelos entes tributantes. Essas são as limitações constitucionais ao poder de tributar, inscritas nos artigos de 150 a 152 da Constituição.

As limitações ao poder de tributar constituem verdadeiros direitos fundamentais das pessoas, o que faz de tais normas cláusulas pétreas. Assim, as exceções às limitações ao poder de tributar somente podem ser aquelas já construídas pelo legislador constituinte originário, não podendo o legislador constitucional derivado criar outras exceções que tenham por objeto diminuir as garantias já existentes.

---

que ter uma preocupação muito grande com os mecanismos que estão sendo utilizados para essa finalidade. Nos Estados de Direito legitimamente constituídos, sob a égide de uma Constituição Democrática, consagrada pelo seu povo, acima de tudo o que conta não são as finalidades, mas sim os meios para se atingir a estabilidade econômica e o crescimento social. Nesse aspecto, as questões tributárias se apresentam como aquelas que mais assolam de problemas uma nação. Num país como o nosso, em que, em menos de oito anos, passamos de uma carga tributária, que estava em torno de 26% do PIB, para uma carga tributária hoje conhecida de 33% do PIB, e projetada para 2000, em 37% do PIB, as questões tributárias se afiguram como aquelas mais importantes do nosso país. É uma pena que não se esteja debatendo mais intensamente todas as implicações desse sistema. Esse LIVRO DA CAPA VERDE, que era utilizado por CABEÇA DE FERRO, quando da independência do Brasil, em 1822, foi queimado numa grande fogueira, em praça pública. Nós temos que esperar que diversas iniciativas legislativas que nós estamos assistindo vir à luz em matéria tributária não sejam autênticos LIVROS DE CAPA VERDE, ou que, pelo menos, se as leis vierem, que os aplicadores da legislação não sejam os nossos CABEÇAS DE FERRO. (grifou-se. In: *Regulamentação do parágrafo único do artigo 116 do Código Tributário Nacional.* Conferência proferida no VI Congresso Brasileiro de Direito Tributário da ABRADT – Associação Brasileira de Direito Tributário. Agosto de 2002. Belo Horizonte-MG).

Referências

ATALIBA, Geraldo. *República e Constituição*. 2. ed. 2a tiragem. Atualizada por FOLGOSI, Rosolea Miranda. São Paulo: Malheiros, 2001.

BALEEIRO, Aliomar. *Limitações Constitucionais ao Poder de Tributar*. 7. ed. Atualizadora: Misabel Abreu Machado Derzi. Rio de Janeiro: Forense, 2006.

BERLIRI, Luigi Vittorio. *El Impuesto Justo*. Trad. Fernando Vicente-Arche Domingo. Madrid: Instituto de Estudios Fiscales, 1986.

CARVALHO, Paulo de Barros. *Direito Tributário. Fundamentos Jurídicos da Incidência.* 3. ed. São Paulo: Saraiva, 2004.

CARVALHO, Paulo de Barros. Princípios Constitucionais da Igualdade, Segurança Jurídica e Capacidade Contributiva – Valores, Princípios e Normas. *Conferência proferida no VICongresso Brasileiro de Direito Tributário da ABRADT – Associação Brasileira de Direito Tributário*. Agosto de 2002. Belo Horizonte-MG.

COÊLHO, Sacha Calmon Navarro. Norma fiscal antielisiva e sigilo bancário. *Conferência proferida no V Congresso Brasileiro de Direito Tributário da ABRADT – Associação Brasileira de Direito Tributário*. Agosto de 2001. Belo Horizonte-MG.

DERZI, Misabel Abreu Machado. Litigiosidade, Evasão e Soluções Contemporâneas. Conferência proferida no X Congresso da Associação Brasileira de Direito Tributário – ABRADT. *In: Revista Internacional de Direito Tributário*. Vol. VI. Belo Horizonte: Del Rey, 2007.

DERZI, Misabel Abreu Machado. Mutações, Complexidade, Tipo e Conceito sob o signo da segurança e da proteção da confiança. *In: Tratado de Direito Constitucional Tributário. Estudos em Homenagem a Paulo de Barros Carvalho*. São Paulo: Saraiva, 2005, p.245-284.

GONÇALVES, Aroldo Plínio. *Técnica Processual e Teoria do Processo*. Rio de Janeiro: Ed. Aide, 1992.

LUHMANN, Niklas. *Sociologia do Direito*. Vol. II. Rio de Janeiro: Edições Tempo Brasileiro, 1985.

MARTINS, Ives Gandra da Silva. *Comentários à Constituição do Brasil*. Vol. I. São Paulo: Saraiva, 1988.

MARTINS-COSTA, Judith. A ilicitude derivada do exercício contraditório de um direito: o renascer do venire contra factum proprium. *In: Experiências do Direito* (Coordenação: Miguel REALE et alii). Campinas/SP: Millennium Editora, 2004, p.24-33.

MAXWELL, Kenneth. *A Devassa da Devassa. A Inconfidência Mineira: Brasil e Portugal. 1750-1808*. 5. ed. São Paulo: Paz e Terra, 2001.

MENDES, Vicente de Paula. *A Indenização na Desapropriação*. Belo Horizonte: Del Rey Editora, 1993.

NABAIS, José Casalta. *O Dever Fundamental de Pagar Impostos*. Coimbra: Almedina, 1998.

NOGUEIRA, Ruy Barbosa, *Curso de Direito Tributário*. 14. ed. São Paulo: Saraiva, 1995.

OLIVEIRA, Régis Fernandes de. *Curso de Direito Financeiro*. São Paulo: Revista dos Tribunais, 2006.

PONTES, Helenilson Cunha. O Princípio da Praticidade no Direito Tributário (substituição tributária, plantas de valores, retenções de fonte, presunções e ficções etc): *sua necessidade e seus limites. Conferência proferida no VIII Congresso Brasileiro de Direito Tributário da ABRADT – Associação Brasileira de Direito Tributário.* Junho de 2004. Belo Horizonte-MG.

POSNER, Richard A. *Economic Analysis of Law*. 6. ed. New York: Aspen Publishers, 2003.

RODRIGUES, Ivan Tauil. O princípio jurídico da boa-fé e o planejamento tributário. O pilar hermenêutico para a compreensão de negócios estruturados para obter economia tributária. *In: Revista Dialética de Direito Tributário* n. 93. São Paulo: Dialética, 2003.

SMITH, Adam. *Riqueza das Nações*. Vol. II. Lisboa: Fundação Calouste Gulbenkian, 1981.

TELLES JÚNIOR, Goffredo. *Iniciação na Ciência do Direito*. 2. ed. São Paulo: Saraiva, 2002.

TIPKE, Klaus. *Moral Tributaria del Estado y de los Contribuyentes*. Madrid: Marcial Pons, 2002.

TÔRRES, Heleno Taveira. A proteção da confiança legitimamente criada no Direito Tributário. Boa-fé subjetiva ou objetiva. Nulli conceditur venire contra factum proprium. A teoria dos atos contraditórios. *Conferência proferida no X Congresso Internacional da ABRADT – Associação Brasileira de Direito Tributário.* Agosto de 2006. Belo Horizonte-MG.

24. Novos Pontos de Equilíbrio nas Relações Fisco-Contribuinte

José Luis Ribeiro Brazuna

Introdução

Segundo dados do Tesouro Nacional[1], a carga tributária bruta no Brasil manteve-se na faixa de 33% do PIB ao final de 2019. Foram exatos 33,17%, representando um pequeno aumento de 0,02% comparado ao percentual do ano anterior. Em números absolutos, pouco mais de R$ 2,4 trilhões de arrecadação.

Infelizmente, a elevação desse percentual parece ser inevitável: o aumento relativo virá do encolhimento da economia; o absoluto, do incremento dos gastos públicos com o combate à pandemia da COVID-19, agravado pelas limitações ao corte das despesas públicas[2].

---

[1] *Estimativa da Carga Tributária Bruta no Brasil – 2019.* https://sisweb.tesouro.gov.br/apex/f?p=2501:9::::: 9:P9_ID_PUBLICACAO:32076 (acesso em 30.6.2020).

[2] *"... o déficit primário saltou de R$ 13 bilhões em maio de 2019 para R$ 131,4 bilhões um ano depois... Houve aumento de gastos para o combate à pandemia e para ajuda a empresas e trabalhadores. Além disso, a arrecadação de tributos foi prejudicada pela redução da atividade, muito sensível a partir de abril... a receita líquida, de R$ 54 bilhões, foi 41,6% menor do que a de um ano antes, descontada a inflação. Pelo mesmo critério, a despesa total, de R$ 180,6 bilhões, foi 68% maior que a de maio de 2019... o buraco nas contas do governo central, no fim do ano, será muito diferente dos R$ 124,1 bilhões estimados até o começo de 2020. Provavelmente ultrapassará R$ 600 bilhões, segundo as novas projeções do Tesouro... o déficit primário do setor público atingiu R$ 131,4 bilhões em maio, R$ 214 bilhões no ano e R$ 282,2 bilhões em 12 meses. Somados os juros, chega-se ao chamado déficit nominal, um rombo de R$ 140,4 bilhões no mês, R$ 366,1 bilhões no ano e R$ 638,6 bilhões em 12 meses (8,8% do PIB). (...) Em maio a dívida bruta do governo geral (três níveis, mais INSS) chegou a R$ 5,9 trilhões, soma equivalente a 81,9% do PIB. Em abril a relação era de 79,8%, ligeiramente inferior ao limite (80%) fixado pelo governo em seu plano para o ano. As novas estimativas indicam resultados entre 95% e 100% no fim de 2020, se nada mais grave ocorrer. A porcentagem*

Orçamento de guerra, como se reconheceu na promulgação da Emenda Constitucional nº 106/2020, e um porvir de provável recrudescimento das relações Fisco-contribuinte, quiçá acompanhados de novas imposições tributárias em discussão no Congresso Nacional, incluindo a instituição do dormente imposto sobre grandes fortunas[3] e a revogação da isenção do imposto de renda sobre a distribuição de lucros e dividendos pela pessoa jurídica[4].

Tudo isso leva a crer que novos pontos de equilíbrio deverão ser encontrados entre as garantias dos contribuintes e o interesse da arrecadação pública, conciliando-se os poderes da fiscalização e as preferências do crédito tributário, de um lado, com um maior rigor na responsabilização da administração tributária e dos agentes em casos de abuso.

É o que enfrentamos a seguir, buscando contribuir para a futura reflexão que, possivelmente, será demandada do Supremo Tribunal Federal e do homenageado nesta obra, o Exmo. Min. Gilmar Mendes, quando esses novos litígios alcançarem aquela mais alta Corte.

1. Poderes da Fiscalização

Ocorrido o fato gerador previsto na norma de incidência tributária, surgirá entre os sujeitos passivo e ativo uma relação obrigacional, segundo a qual aquele deve pagar uma prestação pecuniária a este. E este, por sua vez, tem o direito de exigir o cumprimento dessa obrigação e o pagamento da respectiva prestação.

A obrigação tributária deve ser traduzida em um crédito tributário constituído mediante o lançamento, momento em que será apurada a ocorrência daquele fato gerador, determinada a matéria tributária, calculado o montante do tributo devido, identificado o sujeito passivo e, sendo o caso, proposta a aplicação de uma penalidade cabível.

---

ficará uns 30 pontos acima daquela estimada pelo Fundo Monetário Internacional (FMI) para a média dos países emergentes e em desenvolvimento." (*Um rombo como herança*. O Estado de São Paulo. Notas & Informações, 1 de julho de 2020, pág. A3).

[3] Vide o projeto de lei ordinária (PL) nº 924/2020 (Dep. Assis Carvalho – PT/PI), além dos projetos de lei complementar (PLP) nºs 183/2019 (Sen. Plínio Valério – PSDB/AM), 227/2008 (Dep. Luciana Genro – PSOL/RS), 38/2020 (Sen. Reguffe – PODEMOS/DF), 50/2020 (Sen. Eliziane Gama – CIDADANIA/MA) e 315/2015 (Sen. Paulo Paim – PT/RS).

[4] Dentre eles, vale mencionar os PLs nºs 2015/2019 (Sen. Otto Alencar – PSD/BA), 1952/2019 (Sen. Eduardo Braga – MDB/AM) e 3061/2019 (Sen. Flávio Arns – REDE/PR).

Para esse mister, ainda que quase a totalidade dos atos inerentes possa ser confiada ao sujeito passivo – no caso dos tributos sujeitos a lançamento por homologação –, de nenhuma forma a atividade de fiscalização e arrecadação tributária, exercida pelo Poder Público, perde a sua importância. Pelo contrário. A Constituição Federal lhe dá atenção especial: **(i)** nomeando-a como atividade essencial ao funcionamento do Estado, **(ii)** reservando-a a "servidores de carreiras específicas"; e **(iii)** determinando que as administrações federal, estaduais, distrital e municipais lhe destinem recursos prioritários e atuem de forma integrada, compartilhando cadastros e informações fiscais, na forma da lei ou de convênios que venham a firmar (inciso XXII, artigo 37).

O mesmo artigo 37, no seu inciso XVIII, afirma ainda que **(iv)** a administração fazendária e seus servidores fiscais, dentro de suas áreas de competência e jurisdição, têm "precedência" sobre os demais setores administrativos.

Tamanho prestígio no texto constitucional talvez tenha por origem a cartilha de poderes de que dispõe a fiscalização para realizar o seu mister, constante do próprio Código Tributário Nacional, nos seus artigos 194 a 200.

Cada ente tributante tem competência para, na sua própria legislação e desde que respeitados os limites do Código (e da Constituição), estabelecer procedimentos relativos à fiscalização dos seus tributos, sendo que, conforme artigo 144, § 1º, novos critérios e procedimentos para a fiscalização do tributo poderão ser aplicados inclusive retroativamente, para a verificação da ocorrência do fato gerador e a realização do lançamento de ofício, sem que isso configure ofensa ao princípio da anterioridade tributária.

O poder para cada ente tributante legislar sobre esse tipo de matéria, segundo o artigo 194, do Código Tributário Nacional, guarda coerência com a regra do seu artigo 113, § 2º, que permite que cada sujeito ativo também legisle a respeito das obrigações tributárias acessórias que, a seu ver, façam sentido em prol do interesse da arrecadação ou da fiscalização dos tributos de sua competência.

Para que tais obrigações acessórias surtam o seu efeito esperado e a fim de que a fiscalização tributária também possa realizar o seu mister, o artigo 194, parágrafo único, afirma que tanto as obrigações acessórias quanto a atividade fiscalizadora alcançam todas as pessoas naturais ou jurídicas, contribuintes ou não, inclusive as que gozem de imunidade tributária ou de isenção de caráter pessoal.

DIREITOS FUNDAMENTAIS DOS CONTRIBUINTES

Em reforço a essa ideia, o artigo 175, parágrafo único, ao tratar das hipóteses de exclusão do crédito tributário (isenção e anistia), afirma que nenhuma delas dispensa o sujeito passivo do cumprimento das suas obrigações acessórias.

Ainda assim, o poder de fiscalização somente pode ser exercido dentro dos limites territoriais de alcance da legislação do ente tributante. Desse modo, enquanto as obrigações e a fiscalização federais são cogentes em todo o território nacional, as fiscalizações de Estados, Distrito Federal e Municípios alcançam somente a área dos seus respectivos territórios, as projeções aéreas e marítima de sua área continental, inclusive as partes da plataforma continental, do mar territorial e da zona econômica exclusiva, conforme já decidido pelo Supremo Tribunal Federal[5].

Para que o poder de fiscalizar possa ser exercido além desses limites, faz-se necessária a celebração de convênios entre as autoridades envolvidas, conforme artigo 199, do Código Tributário Nacional. No âmbito internacional, por conta da soberania que caracteriza a aplicação da lei nos limites territoriais de cada país, o poder de fiscalização poderá ser exercido mediante cooperação e troca de informações entre os países envolvidos, previstas em acordos firmados para esse fim.

O artigo 195, ainda a respeito do tema, prescreve que não são oponíveis à fiscalização tributária quaisquer disposições legais que pretendam excluir ou limitar o direito das autoridades fazendárias de examinar mercadorias, livros, arquivos, documentos, papéis e efeitos comerciais ou fiscais.

Portanto, poderão ser exigidos a apresentar esclarecimentos e informações de que sejam conhecedores, em relação ao sujeito passivo investigado: (i) os tabeliães, escrivães e demais serventuários de ofício; (ii) os bancos, casas bancárias, Caixas Econômicas e demais instituições financeiras; (iii) as empresas de administração de bens; (iv) os corretores, leiloeiros e despachantes oficiais; (v) os inventariantes; (vi) os síndicos, comissários e liquidatários; e (vii) quaisquer outras entidades ou pessoas que a lei designe, em razão de seu cargo, ofício, função, ministério, atividade ou profissão.

Entretanto, o artigo 197, parágrafo único, faz a correta e equilibrada ressalva no sentido de não estarem alcançados por essas obrigações, nem serem forçados a apresentar informações sobre o sujeito passivo, todos aqueles que, em relação a essas informações ou a esse sujeito, forem legalmente

---

[5] Medida Cautelar em Ação Direta de Inconstitucionalidade nº 2.080-RJ, Pleno, Rel. Min. Sydney Sanches, j. em 6.2.2002.

obrigados a manter segredo em razão de cargo, ofício, função, ministério, atividade ou profissão.

Do confronto entre as normas dos artigos 195 e 197, sempre se percebeu a necessidade de balancear o poder de fiscalização com as garantias fundamentais previstas na Constituição, notadamente: (i) a inviolabilidade da intimidade, da vida privada, da honra e da imagem (artigo 5º, inc. X); (ii) a inviolabilidade da residência do indivíduo (inc. XI); (iii) o sigilo da correspondência, das comunicações telegráficas, de dados e das comunicações telefônicas (inc. XII); além (iv) do segredo necessariamente envolvido no exercício de determinadas profissões, como é o caso do advogado[6], do médico[7], do padre da Igreja Católica Apostólica Romana[8], dentre outros.

Esse equilíbrio foi objeto de profundos debates por ocasião da análise da validade do artigo 38, da Lei nº 4.595/64, onde se exigia que as instituições financeiras conservassem em segredo as suas operações ativas e passivas e os serviços por elas prestados. Os seus §§ 5º e 6º dispunham, ainda, que os agentes fiscais somente poderiam examinar documentos, livros e registros de contas de depósitos, quando houvesse "processo" instaurado a respeito e o exame desses documentos fosse considerado indispensável.

No entender do Superior Tribunal de Justiça, a Lei nº 4.595/64 teria sido recepcionada com lei complementar em 1988, na medida em que estruturaria e regulamentaria o sistema financeiro nacional, matéria essa que, por força do artigo 192, da Constituição Federal, deveria ser tratada por aquela modalidade legislativa.

Quando a Lei nº 8.021/90 passou a prever, no seu artigo 8º, que a autoridade fiscal poderia solicitar diretamente às instituições financeiras as informações sobre operações realizadas pelo contribuinte, consolidou-se na jurisprudência daquela Corte que, de acordo com a Lei nº 4.595/64, esse tipo de solicitação demandaria processo judicial movido por parte do fisco e, pelo qual lograsse obter autorização do Poder Judiciário para superar o sigilo daquele artigo 38[9].

---

[6] Artigos 7º, incs. II e XIX, e 34, inc. VII, da Lei nº 8.906/94.

[7] Capítulo I, inc. XI, do Código de Ética Médica, aprovado pela Resolução CFM nº 1.931/09.

[8] Cânon 1388, do Código de Direito Canônico.

[9] Recursos Especiais nºs 114.741-DF, 1ª Turma, Rel. Min. Milton Luiz Pereira, j. em 13.10.1998; 115.063-DF, 1ª Turma, Rel. Min. Garcia Vieira, j. em 17.4.1998; 152.455-SP, 2ª Turma, Rel. Min. Hélio Mosiman, j. em 20.11.1997; 37.566-5-RS, 1ª Turma, Rel. Min. Demócrito Reinaldo, j. em 2.2.1994; e Recurso Ordinário em Mandado de Segurança nº 13.908-SC, 1ª Turma, Rel. Min. Francisco Falcão, j. em 4.3.2004.

Do ponto de vista formal, a flexibilização pretendida pela lei ordinária de 1990 não podia superar a maior proteção ao sigilo bancário que, no entender do Superior Tribunal de Justiça, se encontrava presente na lei materialmente complementar de 1964.

Diante dessa premissa, em 2001, o artigo 38, da Lei nº 4.595/64, foi revogado pela Lei Complementar nº 105, de cujo artigo 6º passou a constar que as autoridades e os agentes fiscais tributários, da União, dos Estados, do Distrito Federal e dos Municípios, poderiam examinar documentos, livros e registros de instituições financeiras, inclusive os referentes a contas de depósitos e aplicações financeiras, quando houvesse "procedimento administrativo" instaurado ou "procedimento fiscal em curso", e sempre que tais exames fossem considerados indispensáveis pela autoridade administrativa competente. Ficava assegurado, ainda, o sigilo do resultado desses exames, dessas informações e desses documentos.

Superada a questão formal, o tema chegou ao Plenário do Supremo Tribunal Federal, que, no Recurso Extraordinário nº 601.314-SP (Rel. Min. Edson Fachin, j. em 24.2.2016), firmou duas teses em regime de repercussão geral (tema nº 225):

– a primeira, com relação à substância do artigo 6º, da Lei Complementar nº 105/2001, afirmando que ele "não ofende o direito ao sigilo bancário, pois realiza a igualdade em relação aos cidadãos, por meio do princípio da capacidade contributiva, bem como estabelece requisitos objetivos e o translado do dever de sigilo da esfera bancária para a fiscal"; e
– a segunda, ponderando que a aplicação desse regramento em relação a fatos geradores pretéritos "não atrai a aplicação do princípio da irretroatividade das leis tributárias, tendo em vista o caráter instrumental da norma, nos termos do artigo 144, §1º, do CTN".

Na esteira dessa segunda tese, o Superior Tribunal de Justiça também aprovou entendimento vinculante[10], no sentido de que (tese nº 275) "as leis tributárias procedimentais ou formais, conducentes à constituição do crédito tributário não alcançado pela decadência, são aplicáveis a fatos pretéritos, razão pela qual a Lei 8.021/90 e a Lei Complementar 105/2001, por envergarem essa natureza, legitimam a atuação fiscalizatória/investigativa

---

[10] No julgamento do seu Recurso Especial nº 1.134.665-SP (1ª Seção, Rel. Min. Luiz Fux, j. em 25.11.2009.

da Administração Tributária, ainda que os fatos imponíveis a serem apurados lhes sejam anteriores".

Interessante observar que, apesar de a Lei Complementar nº 105/2001 ser aplicável não apenas às autoridades fiscais federais, mas também aos agentes fiscais de Estados, Distrito Federal e Municípios, o Supremo Tribunal Federal demonstrou nítida preocupação com essa abrangência e, ao tratar do exercício desse poder por esses outros entes federados, consignou que:

– tal como no caso da União, que editou regulamento para tratar da quebra do sigilo bancário (Decreto nº 3.724/2001) o mesmo precisaria ser feito por Estados, Distrito Federal e Municípios, para poderem aplicar o artigo 6º, da Lei Complementar nº 105/2001;
– o acesso de Estados, Distrito Federal e Municípios às informações bancárias do fiscalizado ficaria condicionado a uma relação de "pertinência temática", sendo preciso que o dado bancário tenha alguma relevância para o tributo que se pretende cobrar; e
– o decreto regulamentador estadual, distrital ou municipal, deve seguir os moldes do regulamento federal, definindo: **(i)** a sujeição do pedido de quebra do sigilo ao delegado ou à chefia do órgão de fiscalização, de modo a garantir uma segunda análise sobre a necessidade da informação bancária; **(ii)** a existência de sistemas adequados de segurança; **(iii)** o controle dos registros de acesso (para que se possa responsabilizar quem pediu e quem acessou a informação bancária, no caso de eventual manipulação indevida); **(iv)** que haja a previsão de punições adequadas para quem viole o sigilo ou use abusivamente esse poder; e **(v)** que se assegurem ao contribuinte as mesmas garantias processuais preconizadas pela Lei Federal nº 9.784/99, que cuida, de maneira geral, do processo administrativo no âmbito da Administração Pública Federal.

Não esqueçamos, ainda, do poder outorgado aos agentes das administrações tributárias de, conforme o artigo 200, do Código Tributário Nacional, requisitarem o auxílio de força policial, quando vítimas de embaraço ou desacato no exercício de suas funções, ou quando necessário à efetivação de medida prevista na legislação pertinente.

Por fim, uma vez constituído, o crédito tributário passa a ser plenamente exigível do sujeito passivo, que, se não efetuar voluntariamente o seu pagamento, poderá ser forçado judicialmente a fazê-lo.

Para tanto, o sujeito ativo deverá inscrever o débito na dívida ativa (artigos 201 e 202, do Código Tributário Nacional) e emitir a respectiva certidão de dívida ativa (CDA), que valerá como título executivo extrajudicial que fundamentará o ajuizamento da ação própria para a sua cobrança (execução fiscal).

Além das garantias atribuídas pelo Código Tributário Nacional, por fim, o crédito tributário pode ser objeto de privilégios adicionais, previstos em legislação específica, como é o caso da do protesto da CDA, autorizado pelo artigo 1º, parágrafo único, da Lei nº 9.492/97, além da inscrição do sujeito passivo no cadastro informativo de créditos não quitados com o setor público (Cadin), instituído no âmbito federal pela Lei nº 10.522/2002. Vale mencionar, ainda, a decretação do arrolamento de bens do sujeito passivo, previsto para os tributos federais nos artigos 64 a 65, da Lei nº 9.532/97, e o procedimento cautelar fiscal, instituído na Lei nº 8.397/92.

2. Novos Pontos de Equilíbrio
2.1. Licitude e Moralidade das Provas Usadas pelo Fisco
Na mesma sessão em que julgou o Recurso Extraordinário nº 601.314-SP, o Supremo Tribunal decidiu as Ações Diretas de Inconstitucionalidade nos 2.386-DF, 2.390-DF, 2.397-DF e 2.859-DF, de relatoria do Ministro Dias Toffoli, todas elas ajuizadas contra a Lei Complementar nº 105/2001.

Nesses julgamentos, destacou a importância dos compromissos internacionais que vêm sendo assinados pelo Brasil no que diz respeito à transparência de informações e ao rigor no combate à manipulação internacional de lucros tributáveis (*Base Erosion and Profit Shifting* – BEPS), à prática de crimes não apenas contra a ordem tributária, mas também de ilícitos ligados à lavagem de dinheiro, à atuação de organizações criminosas e terroristas nacionais e internacionais.

Nesse contexto, o destaque deve ser dado à Convenção Multilateral sobre Assistência Mútua Administrativa em Matéria Tributária, celebrada no âmbito da Organização para a Cooperação e o Desenvolvimento Econômico (OCDE), e promulgada por meio do Decreto nº 8.842/2016, autorizando: **(i)** a troca de informações e a realização de fiscalizações tributárias simultâneas; **(ii)** a participação em fiscalizações tributárias realizadas em outros países; **(iii)** e possibilizando, a depender do caso, a prestação de assistência mútua para a recuperação de créditos tributários e multas administrativas, além da assistência à notificação de sujeitos passivos fiscalizados.

A aplicação dessa Convenção, conforme o referido decreto, se limita ao Imposto sobre a Renda, à Contribuição Social sobre o Lucro Líquido, à contribuição ao PIS e ao PASEP, ao IPI e a qualquer outro tributo administrado pela Secretaria da Receita Federal do Brasil, com exceção de direitos aduaneiros, que eventualmente tenham como fatos geradores sucessões ou doações, propriedade imobiliária, consumo em geral, determinados bens e serviços (*excise taxes*), utilização ou propriedade de veículos a motor, utilização ou propriedade de bens móveis, e quaisquer outros tributos.

Como derivação prática, a Secretaria da Receita Federal do Brasil já instituiu a obrigatoriedade de adoção: **(i)** pelas pessoas jurídicas sujeitas à apresentação da e-Financeira (Instrução Normativa nº 1.571/2015), do Padrão de Declaração Comum (*Common Reporting Standard – CRS*) de identificação das suas contas financeiras, cujos dados poderão ser objeto de troca automática de informações com as fiscalizações tributárias de outros países (Instrução Normativa nº 1.680/2016); e **(ii)** da chamada Declaração País-a-País (*Country-by-country Report*) por parte de pessoas jurídicas integrantes de grupos multinacionais, para fins de identificação dos rendimentos auferidos em cada jurisdição, dos tributos devidos e recolhidos e do detalhamento da sua estrutura operacional (Instrução Normativa nº 1.681/2016).

Destaque-se, ainda, a participação do Brasil – na condição de integrante do G20, mesmo não sendo um membro efetivo da OCDE – no projeto BEPS, por meio do qual se busca adotar medidas harmônicas, no âmbito internacional, para o combate à evasão e à elisão fiscal, mediante a transferência artificial de lucros para países com baixa ou nenhuma tributação.

Como resultado do BEPS, a Secretaria da Receita Federal do Brasil também implementou, por meio da sua Instrução Normativa nº 1.689/2017, procedimento de consulta específico sobre a intepretação e a aplicação da legislação tributária relativa a dois temas de alta relevância em termos de tributação internacional da renda: preços de transferência e estabelecimento permanente.

Segundo tal procedimento, a resposta à consulta do interessado será compartilhada com as administrações tributárias dos países com os quais o Brasil tenha acordo para troca de informações, e nos quais esteja domiciliado o controlador direto ou final da pessoa jurídica que a formulou, onde residam as partes relacionadas que transacionaram com o contribuinte consulente ou, ainda, onde estejam situados a matriz e/ou o estabelecimento permanente a que se refere a consulta.

Também são dignos de menção os acordos bilaterais para troca de informações, dentre eles o celebrado com os Estados Unidos da América, para implementação do chamado FATCA (*Foreign Account Tax Compliance Act*), promulgado pelo Decreto nº 8.506/2015, prevendo o intercâmbio de informações sobre contas bancárias mantidas por residentes de um país em instituições financeiras de outro.

Nesta temática, além da atenção às garantias fundamentais previstas na Constituição, relacionadas especialmente ao devido processo legal, haverá de se ter grande zelo para o novo ponto de equilíbrio a ser alcançado quando tais trocas de informações, não obstante atendam ao interesse da arrecadação, tragam às mãos dos agentes fiscais brasileiros provas geradas de modo ilícito ou moralmente questionável.

Informações vazadas ilicitamente em outras jurisdições, obtidas de modo criminoso ou até mesmo imoral, jamais poderão ser utilizadas pela administração tributária brasileira, cujos agentes, além de sujeitos ao princípio da moralidade administrativa (artigo 37, *caput*, da Constituição Federal), estão legalmente impedidos: **(i)** pela lei de abuso de autoridade (artigo 25, da Lei nº 13.869/2019), de obter prova por meio manifestamente ilícito; e **(ii)** pelo Código Penal (artigo 150), de receber, ainda que em proveito da arrecadação tributária aquilo que sabe ser produto de crime. Ademais, seja no processo civil (artigo 369, do Código de Processo Civil), seja no penal (artigo 7º, do Código Penal), a prova obtida por meio moralmente ilegítimo não pode ser admitida, o que igualmente deverá afastar o uso de informações geradas de modo desleal contra o sujeito passivo da obrigação tributária.

2.2. Respeito ao Sigilo Fiscal

No uso do arsenal de poderes que lhes são atribuídos por lei, os agentes envolvidos na fiscalização tributária estão obrigados a respeitar o sigilo fiscal do contribuinte, o que é regulado pelo artigo 198, do Código Tributário Nacional, o qual proíbe a divulgação de informações obtidas pela Fazenda Pública e seus servidores a respeito da situação econômica ou financeira do sujeito passivo ou de terceiros fiscalizados, assim como sobre o estado e a natureza dos seus negócios ou atividades.

Além da responsabilidade funcional e da possibilidade de ser acionado por perdas e danos na esfera civil, o agente público que violar essa prescrição poderá incorrer no crime previsto no artigo 325, do Código Penal, que tipifica a conduta de violação de sigilo funcional, prevendo detenção de seis meses a dois anos ou multa.

Estão fora da zona da ilegalidade, em princípio: **(i)** o fornecimento de informações no âmbito de convênios ou acordos internos ou internacionais de troca de informações para a fiscalização da arrecadação dos tributos, previstos no já referido artigo 199, do Código Tributário Nacional; **(ii)** além do fornecimento de informações mediante requisição de autoridade judiciária ou de autoridade administrativa, no interesse da administração pública, desde que comprovada a instauração regular de processo administrativo para tanto.

Essa troca de informações no âmbito da administração pública, no entanto, deve ser feita mediante a entrega pessoal dos dados à autoridade solicitante, que deve emitir recibo, para formalizar a transferência e assegurar a preservação do sigilo.

O sigilo fiscal não alcança, ainda, a divulgação ao público de informações sobre: **(i)** representações fiscais para fins penais; **(ii)** inscrições na Dívida Ativa; e **(iii)** parcelamento ou moratória (artigo 198, § 3º, do Código Tributário Nacional).

Evidentemente, esse tipo de divulgação coloca pressão sobre o sujeito passivo considerado devedor, criando constrangimentos que poderão gerar contra ele prejuízos e danos dos mais variados.

Em um cenário de recrudescimento das relações Fisco-contribuinte, tal como se imagina que poderá vir a ocorrer, todo o cuidado deverá ser pouco para que não se permita que a faculdade do artigo 198, § 3º, acabe sendo utilizada de modo abusivo.

Afinal, conforme artigo 316, § 1º, do Código Penal, configura crime de excesso de exação não apenas a exigência de tributo ou contribuição social que o agente público sabe ou deveria saber indevido, mas também o emprego, na sua cobrança, de meio vexatório ou gravoso que a lei não autoriza.

Desse modo, é questionável a licitude da divulgação ao público da existência de representações fiscais para fins penais, não obstante a aparente autorização do artigo 198, § 3º, inc. I, quando o suposto débito fiscal que dá sustento à representação ainda se encontrar em revisão na esfera administrativa ou com a sua exigibilidade suspensa, em especial mediante decisão judicial que ponha em dúvida a sua higidez.

O mesmo em relação à publicidade da existência de representação fiscal para fins penais, quando o débito se encontrar suspenso em razão de parcelamento formulado pelo sujeito passivo e concedido pela autoridade fiscal. Aliás, se ocorrer tal hipótese, que se divulgue informação a respeito da existência do parcelamento em vigor (artigo 198, § 3º, inc. III), mas não sobre a representação para fins penais, na medida em que o parcelamento

DIREITOS FUNDAMENTAIS DOS CONTRIBUINTES

impediria a própria representação, conforme reconhece, no âmbito dos tributos federais, o artigo 83, da Lei nº 9.430/96.

2.3. Sanções Políticas e Proteção Ao Contribuinte

A jurisprudência do Supremo Tribunal Federal é bem consolidada no sentido de que, ressalvadas raríssimas exceções, as sanções políticas não podem ser utilizadas como forma de coagir o sujeito passivo ao pagamento do tributo.

Afinal, como regra, o Poder Público deve lançar mão dos mecanismos próprios para exigir o pagamento do crédito tributário, notadamente a sua inscrição em dívida ativa, a sua cobrança judicial mediante execução fiscal e, se ainda quiser, o protesto da certidão de dívida ativa, conforme autorizado no artigo 1º, parágrafo único, da Lei nº 9.492/97.

Como exemplo de sanções rechaçadas por nossa Corte Constitucional, podem ser mencionadas: (i) a retenção de mercadorias[11], a não ser quando necessário à própria verificação da correção do pagamento do tributo[12]; (ii) a não concessão de autorização para emissão de documento fiscal[13] ou o seu condicionamento à prestação de algum tipo de garantia[14]; (iii) a interdição de estabelecimento[15]; (iv) a proibição de aquisição de estampilhas, despacho aduaneiro de mercadorias e exercício de atividades profissionais[16]; (v) a exigência de certidão negativa de débitos fiscais para o registro de atos societários perante junta comercial ou registro civil das pessoas jurídicas[17]; e, ainda, (vi) a exigência de certidão negativa para a lavratura de atos registrais relativos a transações imobiliárias[18].

De outro lado, chama a atenção a excepcional autorização para a interdição de estabelecimentos fabricantes de cigarros[19], entendendo-se como legítima

---

[11] Súmula nº 323/STF e Agravo Regimental no Recurso Extraordinário nº 633.239-RS, 2ª Turma, Rel. Min. Joaquim Barbosa, j. em 22.3.2011.

[12] Ação Direta de Inconstitucionalidade nº 395-SP, Pleno, Rel. Min. Cármen Lúcia, j. em 17.5.2007.

[13] Recurso Extraordinário nº 413.782-SC, Pleno, Rel. Min. Marco Aurélio, j. em 17.3.2005; e Agravo Regimental no Recurso Extraordinário nº 917.191-SP, 1ª Turma, Rel. Min. Roberto Barroso, j. em 28.6.2016.

[14] Recurso Extraordinário nº 565.048-RS, Pleno, Rel. Min. Marco Aurélio, j. em 29.5.2015.

[15] Súmula nº 70/STF.

[16] Súmula nº 547/STF.

[17] Agravo Regimental no Recurso Extraordinário nº 709.744-SP, 1ª Turma, Rel. Min. Luiz Fux, j. em 19.5.2017.

[18] Agravo Regimental no Recurso Extraordinário nº 1.014.148-SC, 1ª Turma, Rel. Min. Luiz Fux, j. em 12.5.2017.

[19] Recurso Extraordinário nº 550.769-RJ, Pleno, Rel. Min. Joaquim Barbosa, j. em 22.5.2013.

a previsão constante do Decreto-Lei nº 1.593/77, sob o argumento de que não se caracterizaria a sanção política quando: **(i)** o valor dos créditos tributários em aberto for relevante; **(ii)** houver razoável e proporcional respeito ao devido processo legal no controle da aplicação da penalidade; e **(iii)** houver razoável e proporcional respeito ao devido processo legal no controle de validade do lançamento dos créditos tributários cujo não pagamento puder resultar na cassação do registro especial do fabricante.

Também é digno de registro o próprio protesto de CDA, mencionado anteriormente e que foi considerado constitucionalmente válido mesmo antes da alteração da Lei nº 9.492/97, pela Lei nº 12.767/2012[20].

A jurisprudência do Supremo Tribunal Federal não vê inconstitucionalidade, ainda, na fiscalização mais rigorosa de contribuintes com histórico de descumprimento contumaz de suas obrigações tributárias, o que não violaria os princípios da isonomia, do livre exercício de atividade profissional, da livre iniciativa e da livre concorrência, nem obstaria o desempenho da livre atividade econômica[21].

Por fim, vale mencionar a possibilidade de inscrição do nome do sujeito passivo devedor no Cadin, conforme regulamentado pela Lei 10.522/2002, o que tem por efeitos práticos impossibilitar: **(i)** a realização de operações de crédito que envolvam a utilização de recursos públicos; **(ii)** a concessão de incentivos fiscais e financeiros; e **(iii)** a celebração de convênios, acordos, ajustes ou contratos que envolvam desembolso, a qualquer título, de recursos públicos, e respectivos aditamentos, segundo o regime federal previsto na Lei nº 10.522/2002.

Sobre essa temática, no entanto, os Tribunais Superiores alertam para os seguintes parâmetros no uso do Cadin: **(i)** necessidade de notificação prévia ao devedor antes da sua inclusão no Cadin, nos termos do artigo 7º, da Lei nº 10.522/2002[22]; **(ii)** dispensa dessa notificação, no caso de reativação da inscrição[23]; **(iii)** possibilidade de inscrição no Cadin, mesmo quando o sujeito passivo ajuíza medida cautelar de antecipação de garantia de execução fiscal,

---

[20] Ação Direta de Inconstitucionalidade nº 5.135-DF, Pleno, Rel. Min. Roberto Barroso, j. em 9.11.2016.

[21] Agravo Regimental no Recurso Extraordinário nº 837.436-RS, 2ª Turma, Rel. Min. Dias Toffoli, j. em 15.3.2016.

[22] Recurso Especial nº 1.470.539-PR, 2ª Turma, Rel. Min. Mauro Campbell Marques, j. em 11.11.2014.

[23] Recurso Especial nº 1.238.650/MG, 1ª Turma, Rel. Min. Benedito Gonçalves, DJe de 29.6.2012.

DIREITOS FUNDAMENTAIS DOS CONTRIBUINTES

salvo no caso de depósito em dinheiro[24]; **(iv)** possibilidade ou não de suspensão da inscrição no Cadin, apenas em razão da existência de discussão judicial a respeito do débito pendente[25]; **(v)** impossibilidade de suspensão da inscrição no Cadin, em razão da suspensão da execução fiscal, para possibilitar a aferição da exatidão do pagamento do tributo alegado pelo sujeito passivo[26]; e **(vi)** necessidade de suspensão da inscrição no Cadin, se houver incerteza quanto à liquidez e à certeza do débito inscrito em dívida ativa[27].

Atualmente, na grande maioria dos casos, se verifica uma tendência da jurisprudência em prestigiar o Fisco, em detrimento do contribuinte. Aqui, muito provavelmente e apesar do interesse público que justifica a cobrança dos tributos, deverá ser encontrado um novo ponto de equilíbrio na hipótese de aumento de atritos entre Fisco e Contribuintes, de modo que a interpretação e a aplicação da lei considerem a posição do contribuinte, exigindo-se maior rigor em relação ao dever de reparação de danos causados ao particular, inclusive na esfera moral, se a inscrição no Cadin ocorrer fora dos parâmetros legais e jurisprudenciais acima.

Com relação a esse dever de reparação, ele já é aplicado em algumas situações, como, por exemplo, a inscrição no Cadin sem a prévia notificação ao sujeito passivo[28], situação na qual se reconhece a ocorrência de danos morais presumidos, conforme entendimento da quase totalidade Tribunais de segundo grau de jurisdição[29] e pelo próprio Superior Tribunal de

---

[24] Recursos Especiais nºs 1.307.961-MT, 2ª Turma, Rel. Min. Mauro Campbell Marques, j. em 4.9.2012; 1.232.447-SC, 2ª Turma, Rel. Min. Mauro Campbell Marques, j. em 22.2.2011; 633.805-RS, 1ª Turma. Rel. Min. Denise Arruda, j. em 3.2.2005; e Embargos de Divergência no Recurso Especial nº 1.002.798-SP, 1ª Seção, Rel. Min. Eliana Calmon, j. em 12.8.2009.

[25] Recurso Especial nº 853.441-PE, 2ª Turma, Rel. Min. Humberto Martins, j. em 21.5.2009; Medida Cautelar na Ação Cautelar nº 1.620-SP, Pleno, Rel. Min. Joaquim Barbosa, j. em 25.6.2008; Medida Cautelar na Ação Cautelar nº 259, Pleno, Rel. Min. Marco Aurélio, DJ de 3.12.2004; Questão de Ordem na Ação Cautelar nº 266, Pleno, Rel. Min. Celso de Mello, DJ de 28.10.2004; e Agravo Regimental na Questão de Ordem na Ação Cautelar nº 1.033, Pleno, Rel. Min. Celso de Mello, DJ de 16.6.2006.

[26] Recurso Especial nº 980.732-SP, 1ª Turma. Rel. Min. Luiz Fux, j. em 2.12.2008.

[27] Recursos Especiais nºs 979.617-SP, 2ª Turma. Rel. Min. Eliana Calmon, j. em 12.8.2008; e 1.049.941-SP, 2ª Turma. Rel. Min. Carlos Fernando Mathias, j. em 3.6.2008.

[28] Recurso Especial nº 1.238.650/MG, 1ª Turma, Rel. Min. Benedito Gonçalves, DJe de 29.6.2012.

[29] Tribunal Regional Federal da 3ª Região, Apelação Cível nº 0007286-52.2014.4.03.6100, 3ª Turma, Rel. Des. Fed. Marian Maia, DJe de 25.9.2019; Tribunal Regional Federal da 3ª Região, Apelação Cível nº 0000351-73.2013.4.03.6312, Rel. Des. Fed. Marcelo Saraiva, j. em 19.7.2019; Tibunal Regional Federal da 3ª Região, Apelação Cível nº 0024452-29.2016.4.03.6100, Rel. Des. Fed. Valdeci dos Santos, j. em 26.3.2020; e Tribunal Regional Federal da 2ª Região, Apelação Cível nº 50009648-70.2015.4.04.7201, Rel. Des. Fed. Vivian Josete Pantaleão Caminha, j. em 10.2.2020.

Justiça[30], embora, em muitos casos, a indenização ainda seja fixada em valor tímido e desproporcional ao dano sofrido.

O mesmo deveria ocorrer nas hipóteses, não raras, de: **(i)** inscrição no Cadin que contraria decisão transitada em julgado[31] ou que inclui pessoas físicas responsabilizadas por débitos de terceiros, em razão do simples inadimplemento ou quando o débito se referir a período estranho à sua gestão e sem qualquer tipo de redirecionamento formal da cobrança; **(ii)** cobranças indevidas de encargos-legais[32] sobre a dívida fiscal, acrescidos unilateralmente após o sujeito passivo já haver ofertado garantia ao débito dele exigido. Em situações como essas, infelizmente, ainda se vê timidez no reconhecimento do dever de indenizar derivado do ilícito cometido pelo agente público responsável pelo malfeito[33].

Outro ponto de equilíbrio que se poderá esperar é que o Poder Legislativo retome os seus projetos[34] que propõem a instituição de um estatuto nacional de defesa dos contribuintes.

Na linha do que é feito em outros países, a exemplo da Espanha[35], as propostas pendentes no Congresso Nacional justificam-se como medidas para fortalecer a cidadania fiscal[36], protegendo os contribuintes que, diante da complexidade do sistema, estão condenados a errar, mesmo que involuntariamente, no cumprimento das suas obrigações tributárias principais e acessórias[37], para remediar a posição de fragilidade que naturalmente tem o contribuinte em face do Fisco[38], reconhecendo que o Estado tem, na

---

[30] Recurso Especial nº 1.696.393-RS, 2ª Turma, Rel. Min. Herman Benjamin, j. em 21.11.2017.

[31] Superior Tribunal de Justiça, Recurso Especial nº 1.104.900-ES, 1ª Seção, Rel. Min. Denise Arruda, j. em 25.3.2009.

[32] Admitindo-se, aqui, a sobrevivência dos encargos previstos no Decreto-Lei nº 1.025/69 à nova disciplina do artigo 85, § 3º, do Código de Processo Civil, o que não nos parece correto à luz das normas da Lei de Introdução as Normas do Direito Brasileiro.

[33] Por exemplo, vide o que também se decidiu na já referida Apelação Cível nº 0024452-20.2016.4.03.6100, Tribunal Regional Federal da 3ª Região, mencionado acima.

[34] Projetos de Lei do Senado (PLS) nºs 646/99 (Sen. Jorge Bornhausen – PFL/SC), 319/2011 (Sen. Vital do Rêgo Filho – MDB/PB) e 298/2011 (Sen. Kátia Abreu – DEM/TO); PLPs nºs 194/2001 (Dep. Chico da Princesa – PSDB/PR), 70/2003 (Dep. Davi Alcolumbre – PDT/AP), 231/2005 (Dep. Gerson Gabrielli – PFL/BA), 38/2007 (Dep. Sandro Mabel – PR/GO), 443/2014 (Dep. Fed. Laercio Oliveira – SD/SE), 546/2018 (Dep. Heuler Cruvinel – PP/GO) e 139/2019 (Dep. Paula Belmonte – CIDADANIA/DF); e PLs nºs 6439/2005 (Dep. Francisco Dornelles – PP/RJ), 27/2007 (Dep. Sandro Mabel – PR/GO).

[35] Seções 3 e 4, da *Ley General Tributaria* nº 58/2003.

[36] PLS nº 646/99 (Sen. Jorge Bornhausen – PFL/SC).

[37] PLP nº 194/2001 (Dep. Chico da Princesa – PSDB/PR).

[38] PLP nº 231/2005 (Dep. Gerson Gabrielli – PFL/BA).

coleta dos impostos, um dos seus traços de construção, mas que esse poder é exercido sobre cidadãos, cujos direitos têm que ser respeitados e protegidos[39], e, finalmente, para que se torne substantivo e eficaz o catálogo de direitos e obrigações que mutuamente devem vincular contribuinte e Fisco[40].

Nesses projetos, é possível encontrar sugestões muito salutares ao amadurecimento dessa relação, tais como: **(i)** no PLS nº 646/99, a ideia de obrigar que, sem prejuízo da sucumbência, o contribuinte seja reembolsado do custo das finanças e outras garantias de instância judicial, para a suspensão do crédito tributário, quando este for julgado improcedente (artigo 25), medida que também aparece nos PLPs nºs 27/2007 e 139/2019; **(ii)** no PLP nº 231/2005, no seu artigo 11, que decisões transitadas em julgado, em controle difuso ou em ação direta, proclamando a inconstitucionalidade de lei ou ato normativo federal, estadual, municipal ou do Distrito Federal, em matéria tributária, não impliquem a exigência de complementação, no âmbito administrativo ou judicial, do valor do crédito tributário extinto anteriormente à vigência dessas decisões, o que também consta do PLP nº 27/2007; **(iii)** no PL nº 6.439/2005, a proposição de que, em caso de crime de excesso de exação, o poder tributante ressarcirá o sujeito passivo com valor equivalente ao tributo e à multa indevidamente exigidos, e moverá ação regressiva contra o servidor responsável; **(iv)** no PLP nº 27/2007, a instituição da obrigatoriedade da composição paritária dos órgãos de julgamento, em segunda instância, de processos administrativos tributários, o que também é encontrado no PLS nº 298/2011 e no PLP nº 443/2014, além da criação de normas limitadoras de custas judiciais e despesas cartoriais proporcionais ao valor das demandas tributárias formuladas perante o Poder Judiciário; **(v)** no PLS nº 298/2011, a determinação de que leis, regulamentos e demais normas jurídicas que modifiquem matéria tributária indiquem, expressamente, as que estejam sendo revogadas ou alteradas, identificando, com clareza, o assunto, a alteração e o seu objetivo; e, finalmente, **(vi)** no PLP nº 546/2018, a adoção de medidas estruturantes de um sistema tributário mais transparente, simplificado, eficaz e de baixo custo operacional, demandando a unificação de declarações e obrigações acessórias, além de um maior espaçamento no tempo entre as apresentações desses documentos pelos contribuintes.

Já é possível encontrar exemplos bem-sucedidos desse tipo de legislação em outras esferas da Federação, como ocorre no Estado de São Paulo,

---

[39] PLS nº 298/2011 (Sen. Kátia Abreu – DEM/TO).
[40] PLP nº 70/2003 (Dep. Davi Alcolumbre – PDT/AP).

onde a Lei Complementar Estadual nº 939/2003 instituiu um código de direitos, garantias e obrigações do contribuinte, firmando como objetivos: **(i)** promover o bom relacionamento entre o fisco e o contribuinte, baseado na cooperação, no respeito mútuo e na parceria, visando a fornecer ao Estado os recursos necessários ao cumprimento de suas atribuições; **(ii)** proteger o contribuinte contra o exercício abusivo do poder de fiscalizar, de lançar e de cobrar tributo instituído em lei; **(iii)** assegurar a ampla defesa dos direitos do contribuinte no âmbito do processo administrativo-fiscal em que tiver legítimo interesse; **(iv)** prevenir e reparar os danos decorrentes de abuso de poder por parte do Estado na fiscalização, no lançamento e na cobrança de tributos de sua competência; **(v)** assegurar a adequada e eficaz prestação de serviços gratuitos de orientação aos contribuintes; **(vi)** assegurar uma forma lícita de apuração, declaração e recolhimento de tributos previstos em lei, bem como a manutenção e apresentação de bens, mercadorias, livros, documentos, impressos, papéis, programas de computador ou arquivos eletrônicos a eles relativos; e **(vii)** assegurar o regular exercício da fiscalização.

A legislação paulista criou, inclusive, o Conselho Estadual de Defesa do Contribuinte – CODECON, órgão de composição paritária, integrado por representantes do Poder Público e de entidades empresariais e de classe, cujas atribuições incluem: **(i)** planejar, elaborar, propor, receber, coordenar e executar a política estadual de proteção ao contribuinte; **(ii)** analisar e dar seguimento a reclamações encaminhadas por contribuinte; **(iii)** receber, analisar e responder consultas ou sugestões encaminhadas por contribuinte; **(iv)** prestar orientação permanente ao contribuinte sobre os seus direitos e garantias; **(v)** informar, conscientizar e motivar o contribuinte, através dos meios de comunicação; e **(vi)** orientar sobre procedimentos para apuração de faltas contra o contribuinte.

Minas Gerais também fez algo parecido, na sua Lei nº 13.515/2000, com o objetivo de: **(i)** promover o bom relacionamento entre o fisco e o contribuinte, baseado na cooperação, no respeito mútuo e na parceria, visando fornecer ao Estado recursos necessários ao cumprimento de suas atribuições; **(ii)** proteger o contribuinte contra o exercício abusivo do poder de fiscalizar, de lançar e de cobrar tributo instituído em lei; **(iii)** assegurar a ampla defesa dos direitos do contribuinte no âmbito dos processos administrativos; **(iv)** prevenir e reparar os danos patrimoniais e morais decorrentes de abuso de poder por parte do Estado na fiscalização, no lançamento e na cobrança de tributos de sua competência; e **(v)** assegurar a adequada e eficaz prestação de serviços gratuitos de orientação aos contribuintes. Para tanto, estruturou um Sistema Estadual de Defesa do Contribuinte – SISDECON, composto pela Câmara de Defesa do Contribuinte – CADECON e pelos Serviços de Proteção dos Direitos do Contribuinte – DECON.

Igualmente o Estado do Espírito Santo, na gestão do Governador Paulo Hartung, aprovou o seu Código de Direitos, Garantias e Obrigações do Contribuinte, por meio da Lei Complementar nº 884/2018, com objetivos praticamente idênticos, mas mirando também a desburocratização das relações tributárias, abraçando, no âmbito do processo administrativo tributário estadual, os princípios do formalismo moderado, da oficialidade, da celeridade, da transparência e da segurança jurídica.

No nível municipal, é possível encontrar estatutos de defesa dos contribuintes já em vigor na capital do Estado de São Paulo (Lei nº 17.262/2020), em Pelotas – RS (Lei nº 6.442/2017) e na capital do Estado de Goiás (Lei nº 9.750/2016).

2.4. Programas de Conformidade Fiscal e Cadastros Positivos de Contribuintes

Vem se popularizando a criação de programas de conformidade fiscal – conjugados ou não com políticas de implementação de cadastros positivos de contribuintes – por meio dos quais são instituídos benefícios e regras especiais para pagadores de tributos que registrem um bom histórico de comportamento.

Nesse sentido, vale a referência[41] à Lei Complementar nº 1.320/2018, do Estado de São Paulo, que institui o Programa de Estímulo à Conformidade Tributária – "Nos Conformes", tendo por objetivo a "construção contínua e crescente de um ambiente de confiança recíproca entre os contribuintes e a Administração Tributária", mediante a implementação de medidas concretas inspiradas nos princípios da simplificação do sistema tributário estadual, da boa-fé e da previsibilidade de condutas, da segurança jurídica pela objetividade e coerência na aplicação da legislação tributária, da publicidade e da transparência na divulgação de dados e informações, e da concorrência leal entre os agentes econômicos.

Por meio desse programa, os contribuintes são classificados em categorias de A+ até E, além da categoria NC ("não classificado"), a depender dos seus débitos em aberto relativos ao ICMS, do seu nível de aderência no

---

[41] É possível citar também o programa "Contribuinte Pai d'Égua", instituído no Estado do Ceará pela Lei nº 17.087/2019, mas ainda pendente de regulamentação pelo Poder Executivo.

cumprimento de obrigações acessórias e da classificação dos seus principais fornecedores no próprio programa. Dada a sua classificação, o contribuinte poderá, então, ter acesso às seguintes vantagens na aplicação da legislação tributária estadual:

Categoria	Benefícios
A+	• Acesso ao procedimento de Análise Fiscal Prévia (AFP), que consiste na realização de trabalhos analíticos ou de campo por Agente Fiscal de Rendas, sem objetivo de lavratura de auto de infração e imposição de multa; • Autorização para apropriação de crédito acumulado, observando procedimentos simplificados; • Restituição de ICMS pago por substituição tributária, mediante procedimentos simplificados; • Autorização para pagamento do ICMS relativo à substituição tributária de mercadoria oriunda de outra Unidade Federada, cujo valor do imposto não tenha sido anteriormente retido, mediante compensação em conta gráfica, ou recolhimento por guia especial até o dia 15 do mês subsequente; • Autorização para pagamento do ICMS relativo à importação de mercadoria oriunda do exterior, mediante compensação em conta gráfica; • Simplificação na renovação de regimes especiais; • Inscrição de novos estabelecimentos do mesmo titular no cadastro de contribuintes, de modo mais ágil; e • Transferência de crédito acumulado para empresa não interdependente, mediante procedimentos simplificados.
A	• Acesso ao procedimento de Análise Fiscal Prévia (AFP); • Autorização para apropriação de crédito acumulado, observando procedimentos simplificados; • Restituição de ICMS pago por substituição tributária, mediante procedimentos simplificados; • Autorização para pagamento do ICMS relativo à substituição tributária de mercadoria oriunda de outra Unidade Federada, cujo valor do imposto não tenha sido anteriormente retido, mediante compensação em conta gráfica, ou recolhimento por guia especial até o dia 15 do mês subsequente; • Autorização para pagamento do ICMS relativo à importação de mercadoria oriunda do exterior, mediante compensação em conta gráfica; • Simplificação na renovação de regimes especiais; e • Inscrição de novos estabelecimentos do mesmo titular no cadastro de contribuintes, de modo mais ágil.

B	• Autorização para apropriação de crédito acumulado, observando-se procedimentos simplificados, até o limite de 50% do saldo acumulado; • Autorização para pagamento do ICMS relativo à importação de mercadoria oriunda do exterior, mediante compensação em conta gráfica; e • Inscrição de novos estabelecimentos do mesmo titular no cadastro de contribuintes, de modo mais ágil.
C	• Inscrição de novos estabelecimentos do mesmo titular no cadastro de contribuintes, de modo mais ágil.

De outro lado, os contribuintes que vierem a ser classificados como "devedores contumazes", poderão acabar sujeitos a procedimentos especiais e mais rigorosos de fiscalização, incluindo: **(i)** a obrigatoriedade de fornecimento periódico de informações ao Fisco; **(ii)** a alteração do período de apuração, do prazo e da forma de recolhimento do ICMS; **(iii)** o plantão permanente de agente fiscal para auditar a sua operação; e **(iv)** a centralização de apuração do imposto; dentre outras.

Esse tipo de métrica será cada vez mais relevante, em um cenário de maior pressão por arrecadação, deverá ser aplicada com ponderação e observância do princípio da proporcionalidade, na medida em que, embora não haja qualquer restrição à aplicação de sanções positivas em favor do bom pagador de tributos, os benefícios concedidos em tais programas de conformidade não podem chegar ao extremo de, eles próprios, frustrarem a livre concorrência, conforme impediria o artigo 146-A, da Constituição Federal[42].

2.5. Equilíbrio na Aplicação da Lei Penal para os Dois Polos da Relação
Finalmente, a maior tensão nas relações entre Fisco e contribuintes deverá nos manter atentos aos excessos que, cometidos por ambos os polos interessados, possam e devam ser punidos pela lei no âmbito penal, impondo sanções restritivas de liberdade ou direitos.

---

[42] Em trabalho sobre o assunto, concluímos que: *"Se, em seu aspecto positivo, a autorização do artigo 146-A para o suo de normas tributárias indutoras para prevenir desequilíbrios da concorrência pode ser vista como realizadora do princípio da neutralidade tributária, não se pode deixar de reconhecer que, em seu aspecto negativo, o artigo 146-A apresenta, de maneira explícita, a neutralidade tributária como princípio limitador ao poder de tributar, não se admitindo que a ação arrecadadora do Estado provoque, ela própria, desequilíbrios na concorrência."* (*Defesa da Concorrência e Tributação – à luz do Artigo 146-A da Constituição*. São Paulo: Quartier Latin e IBDT, 2009, pág. 144).

Do lado do sujeito passivo da obrigação tributária, esses ilícitos são encontrados nas Leis nºs 4.729/65 e 8.137/90, assim como nos artigos 168-A, 334 e 337-A, do Código Penal, os quais condenam criminalmente:

- a prática de sonegação fiscal, tipificada no artigo 1º, da Lei nº 4.729/65, como: **(i)** prestar declaração falsa ou omitir, total ou parcialmente, informação que deva ser produzida a agentes das pessoas jurídicas de direito público interno, com a intenção de eximir-se, total ou parcialmente, do pagamento de tributos, taxas e quaisquer adicionais devidos por lei; **(ii)** inserir elementos inexatos ou omitir, rendimentos ou operações de qualquer natureza em documentos ou livros exigidos pelas leis fiscais, com a intenção de exonerar-se do pagamento de tributos devidos à Fazenda Pública; **(iii)** alterar faturas e quaisquer documentos relativos a operações mercantis com o propósito de fraudar a Fazenda Pública; **(iv)** fornecer ou emitir documentos graciosos ou alterar despesas, majorando-as, com o objetivo de obter dedução de tributos devidos à Fazenda Pública, sem prejuízo das sanções administrativas cabíveis; ou **(v)** exigir, pagar ou receber, para si ou para o contribuinte beneficiário da paga, qualquer percentagem sobre a parcela dedutível ou deduzida do imposto sobre a renda como incentivo fiscal;
- igualmente como sonegação fiscal, conforme artigo 1º, da Lei nº 8.137/90, a supressão ou redução de tributo mediante as seguintes condutas: **(i)** omitir informação, ou prestar declaração falsa às autoridades fazendárias; **(ii)** fraudar a fiscalização tributária, inserindo elementos inexatos, ou omitindo operação de qualquer natureza, em documento ou livro exigido pela lei fiscal; **(iii)** falsificar ou alterar nota fiscal, fatura, duplicata, nota de venda, ou qualquer outro documento relativo à operação tributável; **(iv)** elaborar, distribuir, fornecer, emitir ou utilizar documento que saiba ou deva saber falso ou inexato; ou **(v)** negar ou deixar de fornecer, quando obrigatório, nota fiscal ou documento equivalente, relativo à venda de mercadoria ou à prestação de serviço, efetivamente realizada, ou fornecê-lo em desacordo com a legislação;
- também como crime contra a ordem tributária, segundo o artigo 2º, da Lei nº 8.137/90: **(i)** fazer declaração falsa ou omitir declaração sobre rendas, bens ou fatos, ou empregar outra fraude, para eximir-se, total ou parcialmente, de pagamento de tributo; **(ii)** deixar de recolher, no prazo legal, valor de tributo ou de contribuição social, descontado ou cobrado, na qualidade de sujeito passivo de obrigação e que deveria

recolher aos cofres públicos[43]; **(iii)** exigir, pagar ou receber, para si ou para o contribuinte beneficiário, qualquer percentagem sobre a parcela dedutível ou deduzida de imposto ou de contribuição como incentivo fiscal; **(iv)** deixar de aplicar, ou aplicar em desacordo com o estatuído, incentivo fiscal ou parcelas de imposto liberadas por órgão ou entidade de desenvolvimento; ou **(v)** utilizar ou divulgar programa de processamento de dados que permita ao sujeito passivo da obrigação tributária possuir informação contábil diversa daquela que é, por lei, fornecida à Fazenda Pública;

– a apropriação indébita previdenciária, tipificada no artigo 168-A, do Código Penal, como a conduta de deixar de repassar à previdência social as contribuições recolhidas dos contribuintes, no prazo e forma legal ou convencional, incorrendo no mesmo crime que deixar de: **(i)** recolher, no prazo legal, contribuição ou outra importância destinada à previdência social que tenha sido descontada de pagamento efetuado a segurados, a terceiros ou arrecadada do público; **(ii)** recolher contribuições devidas à previdência social que tenham integrado despesas contábeis ou custos relativos à venda de produtos ou à prestação de serviços; ou **(iii)** pagar benefício devido a segurado, quando as respectivas cotas ou valores já tiverem sido reembolsados à empresa pela previdência social; e

– finalmente, a sonegação de contribuição previdenciária, descrita no artigo 337-A, do Código Penal, como supressão ou redução de contribuição social previdenciária ou acessório a pagar, mediante a prática de: **(i)** omissão de folha de pagamento da empresa ou de documento de informações previsto pela legislação previdenciária segurados empregado, empresário, trabalhador avulso ou trabalhador autônomo ou a este equiparado que lhe prestem serviços; **(ii)** falta de lançamento mensal nos títulos próprios da contabilidade da empresa as quantias descontadas dos segurados ou as devidas pelo empregador ou pelo tomador de serviços; ou **(iii)** omissão, total ou parcialmente, receitas ou lucros auferidos, remunerações pagas ou creditadas e demais fatos geradores de contribuições sociais previdenciárias.

---

[43] Em relação a esse tipo penal, o Supremo Tribunal Federal fixou a tese, no Recurso Ordinário em Habeas Corpus no 163.334-SC, no sentido de que *"o contribuinte que, de forma contumaz e com dolo de apropriação, deixa de recolher o ICMS cobrado do adquirente da mercadoria ou serviço incide no tipo penal do art. 2º, II, da Lei nº 8.137/1990".*

Do lado da administração tributária, no entanto, não se pode perder de vista que também os agentes públicos encarregados da fiscalização e da arrecadação podem, no caso de condutas consideradas reprováveis pelo legislador, incorrer em tipos punidos criminalmente.

Caso contribua para a prática dos crimes de sonegação vistos acima, o agente público não apenas incorrerá no mesmo tipo penal, como sofrerá pena agravada: **(i)** de um terço até a metade, no caso de cometer os crimes dos artigos 1º e 2º, da Lei nº 8.137/90, no exercício de suas funções; **(ii)** de um sexto da pena total, se cometer os crimes do artigo 1º, da Lei nº 4.729/65, valendo-se para tanto do cargo público que exerce; ou **(iii)** de uma terça parte da pena, se o agente que concorre para a prática da sonegação for funcionário público especificamente com atribuições de verificação, lançamento ou fiscalização de tributos (artigo 1º, § 3º, da Lei nº 4.729/65).

O agente público também poderá e deverá ser punido, com penas de reclusão e multa, se, nos termos do artigo 3º, da Lei nº 8.137/90: **(i)** extraviar livro oficial, processo fiscal ou qualquer documento, de que tenha a guarda em razão da função, sonegá-lo, ou inutilizá-lo, total ou parcialmente, acarretando pagamento indevido ou inexato de tributo ou contribuição social; **(ii)** exigir, solicitar ou receber, para si ou para outrem, direta ou indiretamente, ainda que fora da função ou antes de iniciar seu exercício, mas em razão dela, vantagem indevida, ou aceitar promessa de tal vantagem, para deixar de lançar ou cobrar tributo ou contribuição social, ou cobrá-los parcialmente[44]; ou, finalmente, **(iii)** patrocinar, direta ou indiretamente, interesse privado perante a administração fazendária, valendo-se da qualidade de funcionário público.

Outro crime relevante em matéria tributária, como já nos referidos acima, é a violação do sigilo funcional, punível com detenção de seis meses a dois anos ou multa, conforme artigo 325, do Código Penal. O artigo 198, do Código Tributário Nacional, proíbe a divulgação de informações obtidas pela Fazenda Pública e seus servidores a respeito da situação econômica ou financeira do sujeito passivo ou de terceiros fiscalizados, assim como sobre o estado e a natureza dos seus negócios ou atividades.

---

[44] Note-se a similitude dessa conduta com aquela descrita no crime de prevaricação, previsto no artigo 319, do Código Penal, que trata como ilícito o ato de retardar ou deixar de praticar, indevidamente, ato de ofício, ou praticá-lo contra disposição expressa de lei, para satisfazer interesse ou sentimento pessoal.

Além da responsabilidade funcional e da possibilidade de ser acionado por perdas e danos na esfera civil, portanto, o agente público que violar essa prescrição poderá incorrer no crime previsto no artigo 325 e deverá ser assim sancionado.

Finalmente, o artigo 316, § 1º, do Código Penal, tipifica como crime de excesso de exação não apenas **(i)** a exigência de tributo ou contribuição social que o agente público sabe ou deveria saber indevido, como também **(ii)** o emprego, na sua cobrança, de meio vexatório ou gravoso que a lei não autoriza.

Nesse sentido, registre-se ser questionável a licitude da já referida divulgação ao público da existência de representações fiscais para fins penais, não obstante a aparente autorização do artigo 198, § 3º, inc. I, quando o suposto débito fiscal que dá sustento à representação ainda se encontrar em revisão na esfera administrativa ou com a sua exigibilidade suspensa, em especial mediante decisão judicial que ponha em dúvida a sua higidez. Igualmente criminosa parece ser a publicidade dada às representações fiscais para fins penais, quando o próprio débito se encontrar suspenso em razão de parcelamento formulado pelo sujeito passivo e concedido pela autoridade fiscal.

O crime de excesso de exação também compreende a conduta de exigir tributo ou contribuição social que o funcionário público "sabe ou deveria saber indevido", o que descreve um dolo específico de difícil demonstração[45], mas que deve ser examinado cada vez com maior rigor, haja vista a ampliação das hipóteses de vinculação dos agentes fazendários à observância dos precedentes vinculantes emanados dos Tribunais Superiores, a exemplo do que dispõem os artigos 19 a 19-E, da Lei nº 10.522/2002.

Ademais, conforme pretendem regular os já referidos projetos de criação de um estatuto nacional de direitos dos contribuintes, parece configurar excesso de exação a conduta de exigir o tributo que "sabe ou deveria saber indevido", quando a esse respeito houver decisão transitada em julgado em favor do sujeito passivo da obrigação tributária.

Não se olvide, ainda, que na modalidade de "emprego, na sua cobrança, de meio vexatório ou gravoso que a lei não autoriza", o artigo 316, § 1º, do Código Penal, parece também alcançar, como admite o Superior Tribunal

---

[45] Supremo Tribunal Federal, Recurso Ordinário em Habeas Corpus nº 81.747-5-RS, 2ª Turma, Rel. Min. Maurício Corrêa, j. em 16.4.2002.

de Justiça[46], a aplicação das já referidas sanções políticas, naquelas hipóteses consagradamente rejeitadas pela jurisprudência.

Conclusões

Do que se viu aqui, é de se concluir que, em um cenário futuro de aumento de tensão nas relações entre administração tributária e contribuintes, alguns novos pontos de equilíbrio talvez devam ser debatidos e implementados, seja pelos aplicadores do Direito, seja pelo próprio legislador.

O primeiro ponto diz respeito à licitude e à moralidade na obtenção e no uso de provas, pela administração fazendária contra o contribuinte, especialmente à luz dos inúmeros acordos internacionais de cooperação e de troca de informações firmados pelo Brasil. Não se poderá admitir que esse meio de obtenção de evidências ofusque eventuais ilicitudes que contaminem a origem a obtenção da prova, cabendo respeitar os preceitos do nosso ordenamento quanto à moralidade da atuação da administração pública, à moralidade na produção probatória nos processos civil e penal e, ainda com mais rigor, à criminalização da receptação de produtos de crime e do abuso de autoridade na obtenção de provas ilícitas.

A divulgação de informações sobre dívidas fiscais do contribuinte, como forma de pressioná-lo ao pagamento do que está em aberto, não poderá ser admitida quando realizada de modo exacerbado e fora dos estritos parâmetros legais, que apenas autorizam a publicidade de dados sobre representações fiscais para fins penais, inscrições em dívida ativa e parcelamentos ou moratórias. Havendo causas legítimas para a suspensão da cobrança, a abertura desse tipo de informação ao público não poderá resultar em excesso de exação, crime esse que alcança não apenas a exigência de tributo que o agente público sabe ou deveria saber indevido, mas também o emprego de meios de cobrança vexatórios e gravosos que a lei não autorizar.

A proteção do contribuinte contra o uso de sanções políticas para a cobrança de tributos também deverá observar se não há excesso de exação no caso concreto, hipótese em que deverá haver responsabilização penal do agente público responsável pelo abuso, além da recomposição dos danos patrimoniais e morais causados na esfera civil. Casos envolvendo o uso abusivo da inscrição de débitos no Cadin, por exemplo, deverão ser apreciados com esse maior rigor.

---

[46] Habeas Corpus nº 201.562-RR, 5ª Turma, Rel. Min. Gilson Dipp, j. em 27.9.2011.

Oxalá o Legislativo Federal aprove, na esteira do que vem ocorrendo em alguns Estados e Municípios, um necessário código de defesa dos contribuintes, dando maior suporte ao pagador de tributos, o qual dificilmente não comete erros no cumprimento das obrigações tributárias que lhe são impostas pelo sistema tributário mais complexo do mundo.

Caminhando nessa mesma direção, serão bem vindos os programas de conformidade criados nos diferentes níveis da Federação, estimulando o contribuinte de bom comportamento e tornando mais difícil a vida do devedor contumaz. Não obstante, a extensão e a aplicação desses programas deverão ser medidas sob a régua da proporcionalidade, evitando-se que não extravasem os seus objetivos originais e acabem se transformando, eles próprios, em fatores de desequilíbrio na livre concorrência entre os agentes econômicos.

Finalmente, que o mesmo rigor seja observado na aplicação da lei penal em matéria fiscal, a qual deve alcançar não só os desvios de comportamento do contribuinte, mas também os da administração fazendária, quando os seus agentes cometem excessos ou, de modo ainda mais grave, colaboram para a prática de crimes contra a ordem tributária.

25. Os Direitos Fundamentais do Contribuinte no Supremo Tribunal Federal Brasileiro[1]

Julio Homem de Siqueira

Introdução

Os direitos fundamentais, inclusive os do contribuinte, apresentam-se como restrições ou limitações ao exercício do poder público pelas funções estatais. Há, inclusive, outros institutos jurídicos, constitucionalizados, que se prestam a idêntico papel, como deveres, garantias e remédios fundamentais, procedimentos para alterar e revogar textos legais e constitucionais e formas de controle da atuação de poderes. Esses institutos atuam como verdadeiros instrumentos de proteção contra a prática de ilícitos pelo Estado, ou melhor, pelos ocupantes de posições de poder que o representam.

O presente capítulo propõe a leitura da Constituição da República Federativa do Brasil de 1988 (doravante CRFB/1988 ou texto constitucional) a partir dos julgados do Supremo Tribunal Federal (agora Supremo ou STF), com o escopo de estabelecer o conteúdo dos *direitos fundamentais do contribuinte*. O método utilizado é o descritivo, sem juízos de valor sobre os acertos ou os equívocos do Supremo, de modo que todos os julgados foram colhidos de seu *website* e podem ser gratuitamente acessados pelo leitor interessado em aprofundar a compreensão ou os estudos. Em decorrência do método escolhido, optou-se por uma escrita que sistematizasse os entendimentos linearmente, sem longas citações e de maneira concatenada, o que resultou,

---

[1] Agradeço o convite para publicar o presente capítulo ao Professor Oswaldo Othon Pontes de Saraiva Filho. Embora ele não se refira especificamente ao homenageado, entendo que, a partir do momento que ele é membro do Supremo Tribunal Federal, ao homenagear a Corte, também os seus membros assumem o papel de homenageados. Como usual, o aviso de isenção se aplica.

por vezes, em parágrafos extensos, tendo, quando possível, sido feita sua cisão. Além disso, para manter a fidelidade à proposta, abriu-se mão da pesquisa doutrinária, para que se possa entender o texto constitucional e a sua interpretação pelo órgão constitucionalmente competente.

As seções são divididas conforme o tipo de limitação ao poder de tributar, as quais, ao fim, confirmam o conteúdo dos direitos fundamentais do contribuinte: limitações quanto à competência tributária dos entes federados (seção 2), limitações relacionadas à cobrança (exigência) e aumento de tributos (seção 3) e limitações que visam coibir discriminações odiosas e promover o tratamento igualitário (seção 4). Por fim, arremata-se com uma sistematização dessas limitações e uma proposta de delimitação do conteúdo dos direitos fundamentais dos contribuintes (seção 5).

1. Limitações de Competência

O primeiro grupo de direitos fundamentais do contribuinte a serem analisados abrange a distribuição de competências tributárias entre os entes políticos. No texto constitucional, a repartição do poder de tributar é concorrente (arts. 24, I e 30, II), devendo-se observar as normas gerais (ou melhor, nacionais) editadas pela União e a legislação decorrente, ou seja, específica da pessoa tributante (art. 24, §§ 1º ao 4º). O Código Tributário Nacional (daqui por diante CTN) consolida essa ideia em seu artigo 6º, *caput*, no sentido de que, observadas as regras nele gravadas, a competência tributária compreende a competência legislativa plena, ressalvadas as limitações contidas nos textos constitucionais nacional e subnacionais.

É importante ressaltar que "a competência tributária é indelegável, salvo atribuição das funções de arrecadar ou fiscalizar tributos, ou de executar leis, serviços, atos ou decisões administrativas em matéria tributária, conferida por uma pessoa jurídica de direito público a outra" (art. 7º, *caput*, do CTN). Isso significa que existe diferença entre competência tributária (poder de instituir tributos) e capacidade tributária ativa (atribuição de arrecadar e fiscalizar os tributos e de praticar atos para executar comandos legais), uma vez que esta, ao contrário daquela, pode ser delegada, o que geralmente ocorre por meio de ato normativo ou convênio e recebe a denominação de parafiscalidade, permitindo que se comuniquem os privilégios e garantias processuais do titular. Além disso, o CTN também permite a delegação da atribuição arrecadatória a pessoas jurídicas privadas (art. 7º, § 3º). Como se pode vislumbrar, a delegação dessas atribuições (arrecadatória, fiscalizatória e executória) contribui para o melhor desempenho da administração tributária

OS DIREITOS FUNDAMENTAIS DO CONTRIBUINTE...

e, com isso, para uma mais adequada percepção da *capacidade econômica do contribuinte*, atendendo o § 1º do artigo 145 da CRFB/1988.

O precitado parágrafo dispõe que os impostos, sempre que possível, devem ter caráter pessoal e ser graduados segundo a capacidade econômica do contribuinte, cabendo à administração pública, especialmente para dar efetividade a esses objetivos, a faculdade de identificar o patrimônio, rendimentos e atividades do contribuinte, respeitados os seus direitos e observada a lei. É desse dispositivo que se extrai o principal alicerce dos direitos fundamentais do contribuinte, a *capacidade contributiva*, porque é com fundamento nela que são estabelecidos os outros dois tipos de restrição ao poder de tributar, isto é, as limitações formais e as limitações materiais, que nada mais são que especificações das limitações de competência.

O STF firmou, em várias oportunidades, a sujeição de todos os impostos ao denominado princípio da capacidade contributiva, independentemente de sua classificação. Isso não significa, no entanto, que a classificação seja irrelevante, até porque o princípio em tela nem sempre terá relação com impostos pessoais, isto é, com impostos cuja base de cálculo tributável se refira a condutas, estados ou negócios jurídicos, podendo se relacionar com impostos reais, ou seja, aqueles cuja base de cálculo tributável toma como referência o valor de um bem. Assim, o STF firmou, a inconstitucionalidade de leis que estabeleçam alíquotas progressivas para o ITBI com base no valor venal do imóvel,[2] uma vez, no caso, o imposto é pessoal, pois decorrente de negócio jurídico. Diferentes os casos do IPTU[3] e do ITCD,[4] em que o Supremo registrou, que a fixação de alíquotas progressivas é constitucional, visto que, nesses casos, os impostos são reais, sendo que, no caso do IPTU, a progressividade é uma

---

[2] Súmula 656/STF: "É inconstitucional a lei que estabelece alíquotas progressivas para o imposto de transmissão *inter vivos* de bens imóveis – ITBI com base no valor venal do imóvel".

[3] Súmula 668/STF: "É inconstitucional a lei municipal que tenha estabelecido, antes da EC 29/2000, alíquotas progressivas para o IPTU, salvo se destinada a assegurar o cumprimento da função social da propriedade urbana"; STF, RE 586693, Rel. Min. Marco Aurélio, Plenário, j. 25/05/2011, DJe 22/06/2011 – Tema 94: "É constitucional a Emenda Constitucional nº 29, de 2000, no que estabeleceu a possibilidade de previsão legal de alíquotas progressivas para o IPTU de acordo com o valor do imóvel"; STF, RE 601234, Rel. Min. Ellen Gracie, j. 27/08/2009, DJe 10/09/2009 – Tema 155: "É inconstitucional a lei municipal que tenha estabelecido, antes da Emenda Constitucional 29/2000, alíquotas progressivas para o IPTU, salvo se destinada a assegurar o cumprimento da função social da propriedade urbana".

[4] STF, RE 562045, Rel. p/ Ac. Min. Cármen Lúcia, Plenário, j. 06/02/2013, DJe 27/11/2013 – Tema 21: "É constitucional a fixação de alíquota progressiva para o Imposto sobre Transmissão Causa Mortis e Doação – ITCD".

DIREITOS FUNDAMENTAIS DOS CONTRIBUINTES

sanção pelo inadequado aproveitamento da propriedade.[5] Aliás, como o ITCD é imposto real, o STF já firmou que é impossível fixar como parâmetro para a progressividade o grau de parentesco.[6]

Entretanto, não apenas os impostos se sujeitam ao princípio da capacidade contributiva, também todos os outros tipos de tributos, "ao menos em relação a um de seus três aspectos (objetivo, subjetivo e proporcional), independentemente de classificação extraída de critérios puramente econômicos".[7] O STF já decidiu, por exemplo, que a progressividade da alíquota da COSIP, resultante do rateio do custo da iluminação pública entre todos os consumidores de energia elétrica, não afronta o referido princípio.[8] Em relação às taxas, o Plenário do Supremo já chancelou que, como a base de cálculo toma como parâmetro o custo do serviço, a alíquota pode utilizar a metragem da área construída do imóvel.[9] E não só aos tributos como também às multas moratórias.[10]

O princípio da capacidade contributiva deve ser observado, então, como um critério para a promoção dos direitos fundamentais do contribuinte, o que explica a visão do STF de que a isenção é uma decorrência desse princípio,[11] revelando o seu papel de limitador do poder de tributar e, conseguintemente, do exercício da competência tributária. Além disso, a apuração da capacidade econômica de contribuir é tão importante que, quando se verifica que a pessoa política responsável por fiscalizar e arrecadar, mormente União e Estados, não tem condições técnicas, uma vez que o custo-benefício não compensa, de administrar o imposto, transfere parte de suas receitas ao ente subnacional que tem melhor condição de fazê-lo, como deflui dos artigos 157 a 162 da CRFB/1988, ou seja, sempre vai existir algum ente público

---

[5] STF, RE 238671, Rel. Min. Maurício Corrêa, 2ª Turma, j. 30/10/2001, DJ 15/02/2002; STF, RE 153771, Rel. Min. Moreira Alves, Plenário, j. 20/11/1996, DJ 05/09/1997.

[6] STF, RE 854869 AgR, Rel. Min. Cármen Lúcia, 2ª Turma, j. 25/08/2015, DJe 04/09/2015; STF, RE 557367 AgR, Rel. Min. Alexandre de Moraes, 1ª Turma, j. 20/02/2018, DJe 06/03/2018.

[7] STF, RE 406955 AgR, Rel. Min. Joaquim Barbosa, 2ª Turma, j. 04/10/2011, DJe 21/10/2011.

[8] STF, RE 573675, Rel. Min. Ricardo Lewandowski, Plenário, j. 25/03/2009, DJe 22/05/2009.

[9] STF, RE 232393, Rel. Min. Carlos Velloso, Plenário, j. 12/08/1999, DJ 05/04/2002; STF, RE 596945 AgR, Rel. Min. Dias Toffoli, 1ª Turma, j. 14/02/2012, DJe 29/03/2012. STF, RE 232577 EDv, Rel. Min. Cezar Peluso, Plenário, j. 17/02/2010, DJe 09/04/2010; STF, RE 336782 AgR, Rel. Min. Cármen Lúcia, 1ª Turma, j. 26/05/2009, DJe 01/07/2009.

[10] STF, RE 239964, Rel. Min. Ellen Gracie, 1ª Turma, j. 15/04/2003, DJ 09/05/2003; STF, AI 755741 AgR, Rel. Min. Cezar Peluso, 2ª Turma, j. 29/09/2009, DJe 29/10/2009.

[11] STF, RE 238671, Rel. Min. Maurício Corrêa, 2ª Turma, j. 30/10/2001, DJ 15/02/2002.

responsável por gerenciar a arrecadação, salvo no caso de não-exercício da competência tributária (art. 8º do CTN).

A força desse princípio também se encontra na parte final do § 1º do artigo 145 do texto constitucional, da qual se extrai que a administração tributária, no escopo de lhe conferir efetividade, identificará o patrimônio, rendimentos e atividades econômicas exercidas pelo contribuinte, desde que respeite os seus direitos e as determinações legais. No texto constitucional, há três grupos de dispositivos que operacionalizam essa determinação: as limitações formais (seção 3), materiais (seção 4) e de competência, que são tratadas na presente seção.

O *caput* do artigo 145, para iniciar essa demonstração, abre o capítulo *Do Sistema Tributário Nacional* com a previsão de quais tributos poderão ser instituídos por todos os entes políticos. A princípio, a leitura isolada do dispositivo, encaminha o leitor à falsa impressão de que o constituinte adotou a classificação tricotômica, já que os incisos listam apenas impostos, taxas e contribuição de melhoria. Todavia, efetivamente, como já firmou o STF, a classificação quíntupla é a que se adota.[12] A técnica legislativa utilizada, no dispositivo, é a adequada – embora não seja a melhor –, porque esses são os únicos tributos que, de acordo com o constituinte, podem ser instituídos por todos os entes subnacionais; os demais são exclusivos da União, como os empréstimos compulsórios (art. 148) e as contribuições (art. 149), à exceção das contribuições previdenciárias dos Estados, Distrito Federal e Municípios (art. 149, § 1º) e da contribuição para o custeio do serviço de iluminação pública (art. 149-A). O entendimento sobre cada uma das espécies ajuda a compreender melhor o escopo das limitações de competência.

Os *impostos*, conforme delineado pela legislação de regência, são tributos vinculados a atividades, a situações da vida ou ao patrimônio das pessoas, independendo, portanto, de atividades estatais específicas para sua arrecadação (art. 16 do CTN), de maneira que, uma vez pagos, são irrestituíveis, salvo na hipótese de indébito (arts. 165 a 169 do CTN), e, além disso, o produto da arrecadação não tem destinação específica, salvo exceção constitucional (art. 167, IV). A propósito, o STF já decidiu que "a receita de impostos compõe a reserva necessária para fazer frente a toda e qualquer despesa *uti universi*",[13] o que significa que a vinculação dessas receitas, deve

---

[12] STF, ADI, Rel. Min. Octavio Gallotti, Plenário, j. 05/06/1991, DJ 05/03/1993, voto do Min. Carlos Velloso.

[13] STF, RE 800282 AgR, Rel. Min. Roberto Barroso, 1ª Turma, j. 10/02/2015, DJe 06/03/2015.

DIREITOS FUNDAMENTAIS DOS CONTRIBUINTES

vir expressa na Constituição, senão é ilegítima, "porquanto cerceia o poder de gestão financeira do chefe do Poder Executivo e obsta o custeio das despesas urgentes, imprevistas ou extraordinárias, que se façam necessárias aos longo do exercício financeiro".[14] As especificações constitucionais sobre os impostos estão entre os artigos 153 e 156, que as discriminam conforme a competência tributária de cada ente político.

Os artigos 153 e 154 do texto constitucional cuidam dos *impostos federais*, nominados (art. 153), indeterminados ou residuais (art. 154, I) e extraordinários de guerra (art. 154, II). O constituinte nominou sete impostos federais, que incidem sobre: importação de produtos (II), exportação de produtos nacionais ou nacionalizados (IE), renda e proventos de qualquer natureza (IR), produtos industrializados (IPI), operações de crédito, câmbio e seguro, ou relativas a títulos ou valores mobiliários (IOF), propriedade territorial rural (ITR) e grandes fortunas (IGF). É importante, em razão da previsão contida no artigo 154, I, entender qual o fato gerador ou a base de cálculo de cada um desses sete tipos, a fim de que se possa identificar, na prática, a legitimidade de eventuais impostos residuais, como, por exemplo, o adicional de indenização do trabalhador portuário avulso,[15] uma vez que não podem ser idênticos aos inominados. Além disso, só haverá legitimidade se forem instituídos mediante lei complementar[16] e forem não cumulativos (incidirem sobre o valor agregado entre uma operação e outra).

Os dois primeiros impostos listados pelo constituinte são classificados como aduaneiros, tendo como marco para a fixação de sua base de cálculo a entrada ou a saída do território aduaneiro nacional de bens de valor econômico. No caso do II, o fato gerador é a entrada de bens de procedência

---

[14] STF, ADI 5897, Rel. Min. Luiz Fux, Plenário, j. 24/04/2019, DJe 02/08/2019; STF, ADI 1759, Rel. Min. Gilmar Mendes, Plenário, j. 14/04/2010, DJe 20/08/2010; STF, ADI 2529, Rel. Min. Gilmar Mendes, Plenário, j. 14/06/2007, DJ 06/09/2007; STF, ADI 820, Rel. Min. Eros Grau, Plenário, j. 15/03/2007, DJe 29/02/2008; STF, ADI 584, Rel. Min. Dias Toffoli, Plenário, j. 19/03/2014, DJe 09/04/2014; STF, ADI 3576, Rel. Min. Ellen Gracie, Plenário, j. 22/11/2006, DJe 02/02/2007; STF, ADI 2722, Rel. Min. Gilmar Mendes, Plenário, j. 15/09/2005, DJ 19/12/2006; STF, ADI 1689, Rel. Min. Sydney Sanches, Plenário, j. 12/03/2003, DJ 02/05/2003; STF, RE 585535, Rel. Min. Ellen Gracie, Plenário, j. 01/02/2010, DJe 21/05/2010 – Tema 92: "Não viola o art. 167, IV, da Constituição Federal lei estadual que, ao prever o aumento da alíquota do Imposto sobre Circulação de Mercadorias e Serviços – ICMS, impõe ao Chefe do Executivo a divulgação da aplicação dos recursos provenientes desse aumento".

[15] STF, RE 351322 AgR, Rel. Min. Joaquim Barbosa, 2ª Turma, j. 20/04/2010, DJe 28/05/2010.

[16] STF, AI 333820 AgR, Rel. Min. Nelson Jobim, 2ª Turma, j. 18/06/2002, DJ 23/08/2002; STF, RE 351322 AgR, Rel. Min. Joaquim Barbosa, 2ª Turma, j. 20/04/2010, DJe 28/05/2010.

estrangeira, ao passo que no caso do IE, é a saída, na verdade, as operações com mercadorias nacionais ou nacionalizadas destinadas ao exterior.

O terceiro imposto elencado é sobre a renda e proventos de qualquer natureza, cujo fato gerador são os acréscimos patrimoniais, como o produto do capital, do trabalho ou da composição de ambos. O constituinte determina que o IR seja "informado pelos critérios da generalidade, da universalidade e da progressividade, na forma da lei" (art. 153, § 2º, I). Trata-se, à evidência, de uma decorrência do princípio da capacidade contributiva.

O quarto imposto relacionado é sobre produtos industrializados, o qual apresente, a partir do texto constitucional, três características (art. 153, § 3º, I, II e IV), que defluem, claramente, do princípio da capacidade contributiva. A primeira é ser seletivo em função da essencialidade da operação ou do produto, ou seja, quanto mais essencial o produto industrializado, menor o IPI, o que não significa a existência de imunidade.[17] Aliás, é com base nessa regra que o STF justifica a isenção do imposto quanto aos contribuintes situados na área de atuação da SUDENE e da SUDAM e a autorização para redução de alíquota para os contribuintes situados nos Estados do Espírito Santo e Rio de Janeiro.[18] A essencialidade, cabe destacar, deve ser apurada com base no produto ou na operação, e não na finalidade, razão pela qual o STF firmou que o IPI incide na importação de bens para uso próprio, sendo neutro o fato de o contribuinte ser consumidor final.[19]

A segunda característica é ser não-cumulativo, de modo que se pode notar que o próprio inciso significa o critério da não-cumulatividade como a compensação do que for devido em cada operação com o montante cobrado nas anteriores, ou, como destaca o STF, "uma vez adquirido o insumo mediante incidência do tributo com certa alíquota, o creditamento faz-se ante o que realmente recolhido", isto é, "a saída final do produto gera novo

---

[17] STF, RE 429306, Rel. Min. Joaquim Barbosa, 2ª Turma, j. 01/02/2011, DJe 16/03/2011.

[18] STF, RE 592145, Rel. Min. Marco Aurélio, Plenário, j. 05/04/2017, DJe 01/02/2018 – Tema 80: "Surge constitucional, sob o ângulo do caráter seletivo, em função da essencialidade do produto e do tratamento isonômico, o artigo 2º da Lei nº 8.393/1991, a revelar alíquota máxima de Imposto sobre Produtos Industrializados – IPI de 18%, assegurada isenção, quanto aos contribuintes situados na área de atuação da Superintendência de Desenvolvimento do Nordeste – SUDENE e da Superintendência de Desenvolvimento da Amazônia – SUDAM, e autorização para redução de até 50% da alíquota, presentes contribuintes situados nos Estados do Espírito Santo e do Rio de Janeiro".

[19] STF, RE 723651, Rel. Min. Marco Aurélio, Plenário, j. 04/02/2016, DJe 05/08/2016 – Tema 643: "Incide o imposto de produtos industrializados na importação de veículo automotor por pessoa natural, ainda que não desempenhe atividade empresarial e o faça para uso próprio".

cálculo e, então, como já ocorreu o creditamento quanto ao que recolhido na aquisição do insumo, a incidência da alíquota dá-se sobre o preço, o valor total", podendo-se afirmar que "não se comunicam as operações a serem realizadas, deixando-se de individualizar insumos e produtos".[20] Em regra, segundo firmado pelo Supremo, os princípios da seletividade e da não cumulatividade não asseguram direito de crédito presumido de IPI para o contribuinte adquirente de insumos não tributados, isentos ou sujeitos à alíquota zero,[21] nem àqueles optantes pelo Simples.[22] Todavia, há ao menos uma exceção, estabelecida pelo Tema 322/STF: "há direito ao creditamento de IPI na entrada de insumos, matéria-prima e material de embalagem adquiridos junto à Zona Franca de Manaus sob o regime de isenção, considerada a previsão de incentivos regionais constante do art. 43, § 2º, III, da Constituição Federal, combinada com o comando do art. 40 do ADCT".[23]

A terceira e última característica é a redução do impacto do IPI sobre a aquisição de bens de capital pelo contribuinte, na forma da lei. Na interpretação conjunta com a não cumulatividade, "a jurisprudência do STF firmou-se no sentido de não reconhecer, ao contribuinte, o direito de creditar-se do valor do IPI, quando pago em razão de operações de aquisição de bens destinados ao uso e/ou à integração no ativo fixo do seu próprio estabelecimento".[24]

O quinto imposto arrolado é sobre operações financeiras diversas, cujos fatos geradores são as operações: de crédito, que não se restringem àquelas praticadas por instituições financeiras;[25] de câmbio;[26] de seguros, como a

---

[20] STF, RE 566819, voto do Rel. Min. Marco Aurélio, Plenário, j. 29/09/2010, DJe 10/02/2011; STF, RE 562980 ED, Rel. Min. Marco Aurélio, Plenário, j. 12/06/2013, DJe 01/08/2013; STF, RE 475551, Rel. p/ Ac. Min. Cármen Lúcia, Plenário, j. 06/05/2009, DJe 13/11/2009.

[21] STF, RE 398365, Rel. Min. Gilmar Mendes, Plenário, j. 27/08/2015, DJe 22/09/2015 – Tema 844: "O princípio da não cumulatividade não assegura direito de crédito presumido de IPI para o contribuinte adquirente de insumos não tributados, isentos ou sujeitos à alíquota zero".

[22] STF, RE 523416 AgR, Rel. Min. Joaquim Barbosa, 2ª Turma, j. 18/10/2011, DJe 04/11/2011; STF, AI 764201 AgR, Rel. Min. Cármen Lúcia, 1ª Turma, j. 27/03/2012, DJe 23/04/2012.

[23] STF, RE 592891, Rel. Min. Rosa Weber, Plenário, j. 25/04/2019, DJe 20/09/2019.

[24] STF, RE 593772 ED, Rel. Min. Celso de Mello, 2ª Turma, j. 24/03/2009, DJe 30/04/2009; STF, ARE 903348 AgR, Rel. Min. Roberto Barroso, 1ª Turma, j. 25/08/2015, DJe 23/09/2015.

[25] STF, ADI 1763 MC, Rel. Min. Sepúlveda Pertence, Plenário, j. 20/08/1998, DJ 26/09/2003; STF, RE 347781 AgR, Rel. Min. Dias Toffoli, 2ª Turma, j. 18/05/2017, DJe 31/05/2017.

[26] STF, RE 190363, Rel. Min. Carlos Velloso, Plenário, j. 13/05/1998, DJ 12/06/1998; STF, RE 181849 AgR, Rel. Min. Dias Toffoli, 1ª Turma, j. 08/05/2012, DJe 28/05/2012.

alienação de salvados;[27] ou relativas a títulos ou valores imobiliários, como no caso do *factoring* que não contenha operação de crédito,[28] dos negócios jurídicos cujo objeto sejam ações de companhias abertas e suas respectivas bonificações.[29] Assim, não se inclui como fato gerador desse imposto o saque efetuado na caderneta de poupança.[30]

O sexto imposto catalogado é sobre propriedade territorial rural, o qual, segundo firma o constituinte, deve ser progressivo e ter suas alíquotas fixadas com o escopo de inibir a manutenção de propriedades improdutivas (art. 153, § 4º, I), de modo que quanto maior for o território rural e menor o seu aproveitamento, maior será a alíquota de ITR.[31] Além disso, o texto constitucional registra que a fiscalização e a arrecadação do imposto pode ser feita pelos Municípios que assim optarem, desde que observados os critérios fixados na lei e desde que essa delegação não implique na redução do imposto ou em qualquer outra forma de renúncia fiscal (art. 153, § 4º, III).

O sétimo e último imposto federal previsto é sobre grandes fortunas, o qual é o único que deve ser instituído por lei complementar e, também, é o único que ainda não foi criado, o que confirma que, ao menos em nível federal, é possível o não exercício de uma competência tributária.

O artigo 155 da CRFB/1988 cuida dos *impostos estaduais*, os quais são de competência não só dos Estados, mas também do Distrito Federal, em razão de sua natureza peculiar dentro do contexto constitucional brasileiro, e também da União, no caso da existência de Território Federal (art. 147). O constituinte nominou três impostos, que incidem sobre: a transmissão *causa mortis* e a doação, de quaisquer bens ou direitos (ITCMD, ITCM ou ITCD); as operações relativas à circulação de mercadorias e sobre prestações de

---

[27] STF, ADI 1648, Rel. Min. Gilmar Mendes, Plenário, j. 16/02/2011, DJe 09/12/2011; STF, RE 588149, Rel. Min. Gilmar Mendes, Plenário, j. 16/02/2011, DJe 06/06/2011.

[28] STF, ADI 1763 MC, Rel. Min. Sepúlveda Pertence, Plenário, j. 20/08/1998, DJ 26/09/2003; STF, RE 347781 AgR, Rel. Min. Dias Toffoli, 2ª Turma, j. 18/05/2017, DJe 31/05/2017.

[29] STF, RE 583712, Rel. Min. Edson Fachin, Plenário, j. 04/02/2016, DJe 02/03/2016 – Tema 102: "É constitucional o art. 1º, IV, da Lei 8.033/1990, uma vez que a incidência de IOF sobre o negócio jurídico de transmissão de títulos e valores mobiliários, tais como ações de companhias abertas e respectivas bonificações, encontra respaldo no art. 153, V, da Constituição Federal, sem ofender os princípios tributários da anterioridade e da irretroatividade, nem demandar a reserva de lei complementar".

[30] Súmula 664/STF: "É inconstitucional o inciso V do art. 1º da Lei 8.033/1990, que instituiu a incidência do imposto nas operações de crédito, câmbio e seguros (IOF) sobre saques efetuados em caderneta de poupança".

[31] STF, RE 1038357 AgR, Rel. Min. Dias Toffoli, 2ª Turma, j. 06/02/2018, DJe 26/02/2018.

serviços de transporte interestadual e intermunicipal e comunicação, ainda que as operações e prestações se iniciem no exterior (ICMS); e a propriedade de veículos automotores (IPVA). Como se pode notar, os incisos do *caput* estabelecem, com certa clareza, a exemplo do que ocorre com os artigos 153, 154 e 156, os fatos geradores dos impostos.

O ITCMD é o imposto que, conforme explicitado, incide sobre transmissões de bens e de direitos advindas da morte de alguém (princípio de *saisine*), inclusive no caso de morte presumida,[32] ou de doações *inter vivos*. As características constitucionais do ITCMD estão firmadas no artigo 155, § 1º, pelo qual, o tributo: (i) compete ao local da situação do bem, no caso de bens imóveis e seus respectivos direitos; (ii) compete ao local onde se processar o inventário ou arrolamento, ou tiver domicílio o doador, no caso de bens móveis, títulos e créditos, sendo que, no caso da transferência *causa mortis* de ações, o tributo é devido ao Estado em que tem sede a companhia;[33] (iii) se o doador tiver domicílio ou residência no exterior ou se o falecido possuída bens, era residente ou domiciliado ou teve o seu inventário processado no exterior, a instituição do tributo deve ser feita por lei complementar; e (iv) terá suas alíquotas máximas fixadas pelo Senado, cabendo aos Estados e Distrito Federal, observada a resolução senatorial, a definição da alíquota interna exigível, mediante lei específica,[34] devendo sempre observar a alíquota vigente ao tempo da abertura da sucessão,[35] a qual deve incidir sobre o valor dos bens na data da avaliação,[36] não se podendo exigir o tributo antes de homologado o cálculo.[37]

O ICMS incide tanto sobre as operações de circulação de mercadorias quanto sobre a prestação de serviços, limitada a incidência, nesse último caso, aos serviços de transporte entre estados e entre municípios e aos serviços de comunicação, independentemente de as operações e as prestações iniciarem no exterior. O entendimento a respeito dos fatos geradores do tributo em

---

[32] Súmula 331/STF: "É legítima a incidência do Imposto de Transmissão *Causa Mortis* no inventário por morte presumida".

[33] Súmula 435/STF: "O imposto de transmissão *causa mortis* pela transferência de ações é devido ao Estado em que tem sede a companhia".

[34] STF, RE 224786 AgR, Rel. Min. Maurício Corrêa, 2ª Turma, j. 24/08/1999, DJ 04/02/2000.

[35] Súmula 112/STF: "O imposto de transmissão *causa mortis* é devido pela alíquota vigente ao tempo da abertura da sucessão".

[36] Súmula 113/STF: "O imposto de transmissão *causa mortis* é calculado sobre o valor dos bens na data da avaliação".

[37] Súmula 114/STF: "O imposto de transmissão *causa mortis* não é exigível antes da homologação do cálculo".

questão é de alta importância porque determina a sua distinção quanto às hipóteses de incidência do ISS.

Nesse sentido, segundo o STF, pode-se afirmar, por um lado, ser *ilegítima* a incidência de ICMS sobre a alienação de salvados de sinistro pelas seguradoras;[38] a saída física de máquinas, utensílios e implementos a título de comodato;[39] a confecção de rótulos e etiquetas sob encomenda;[40] operações em que fique descaracterizada atividade mercantil-comercial;[41] o arrendamento mercantil internacional sem antecipação da opção de compra, porque há mera posse;[42] o fornecimento de água potável pelas concessionárias;[43] os serviços preparatórios para assegurar ao usuário o uso do serviço de comunicação, como a habilitação do serviço de telefonia e a instalação de serviços de comunicação;[44] o serviço de água encanada;[45] o mero deslocamento da mercadoria entre estabelecimentos diferentes da mesma empresa, sem a transferência da propriedade;[46] a transferência de bens nos casos de incorporação de uma sociedade por outra;[47] a importação de bens por pessoa física ou jurídica que não seja contribuinte do imposto;[48] "sobre operações que destinem mercadorias para o exterior, nem sobre serviços prestados a destinatários no exterior, assegurada a manutenção e o aproveitamento do montante do imposto cobrado nas operações e prestações

---

[38] Súmula Vinculante 32: "O ICMS não incide sobre alienação de salvados de sinistro pelas seguradoras"; STF, ADI 1648, Rel. Min. Gilmar Mendes, Plenário, j. 16/02/2011, DJe 09/12/2011.

[39] Súmula 573/STF: "Não constitui fato gerador do imposto de circulação de mercadorias a saída física de máquinas, utensílios e implementos a título de comodato".

[40] STF, AI 533202 AgR, Rel. Min. Gilmar Mendes, 2ª Turma, j. 30/09/2008, DJe 21/11/2008.

[41] STF, ADI 4565 MC, Rel. Min. Joaquim Barbosa, Plenário, j. 07/04/2011, DJe 27/06/2011.

[42] STF, RE 540829, Rel. p/ Ac. Min. Luiz Fux, Plenário, j. 11/09/2014, DJe 18/11/2014 – Tema 297: "Não incide o ICMS na operação de arrendamento mercantil internacional, salvo na hipótese de antecipação da opção de compra, quando configurada a transferência da titularidade do bem".

[43] STF, RE 607056, Rel. Min. Dias Toffoli, Plenário, j. 10/04/2013, DJe 16/05/2013 – Tema 326: "O ICMS não incide sobre o fornecimento de água tratada por concessionária de serviço público, dado que esse serviço não caracteriza uma operação de circulação de mercadoria".

[44] STF, RE 572020, Rel. p/ Ac. Min. Luiz Fux, Plenário, j. 06/02/2014, DJe 13/10/2014.

[45] STF, AI 682565 AgR, Rel. Min. Eros Grau, 2ª Turma, j. 23/06/2009, DJe 07/08/2009; STF, RE 552948 AgR, Rel. Min. Ricardo Lewandowski, 1ª Turma, j. 01/06/2010, DJe 06/08/2010.

[46] STF, RE 596983 AgR, Rel. Min. Eros Grau, 2ª Turma, j. 12/05/2009, DJe 29/05/2009.

[47] STF, RE 208932 ED-AgR, Rel. Min. Cezar Peluso, 1ª Turma, j. 17/03/2009; DJe 17/04/2009.

[48] Súmula 660/STF: "Não incide ICMS na importação de bens por pessoa física ou jurídica que não seja contribuinte do imposto"; STF, AI 674396 AgR, Rel. Min. Ellen Gracie, 2ª Turma, j. 29/03/2011, DJe 27/04/2011; STF, RE 331444 AgR, Rel. Min. Dias Toffoli, 1ª turma, j. 07/02/2012, DJe 15/03/2012.

anteriores (art. 155, § 2º, X, a, da CRFB/1988);[49] "sobre operações que destinem a outros Estados petróleo, inclusive lubrificantes, combustíveis líquidos e gasosos dele derivados, e energia elétrica" (art. 155, § 2º, X, b, da CRFB/1988), como na não caracterização da operação de tancagem como operação de destinação,[50] de modo que a não incidência restringe-se apenas ao Estado de origem, não abrangendo o de destino da mercadoria;[51] sobre o ouro, quando definido em lei como ativo financeiro ou instrumento cambial (art. 155, § 2º, X, c, da CRFB/1988); "nas prestações de serviço de comunicação nas modalidades de radiodifusão sonora e de sons e imagens de recepção livre e gratuita" (art. 155, § 2º, X, d, da CRFB/1988).

Por outro lado, o Supremo exemplifica algumas situações em que é *legítima* a incidência do ICMS, como na comercialização de exemplares de obras cinematográficas, gravadas em mídias reproduzíveis;[52] na prestação de serviço de transporte terrestre;[53] na operação de industrialização por encomenda de embalagens para utilização direta ou integração em processo subsequente de industrialização ou de circulação de mercadoria;[54] na aquisição de *software* por meio de transferência eletrônica de dados;[55] sobre a tarifa de assinatura básica mensal cobrada por prestadoras de serviço de telefonia, independentemente da franquia de minutos concedida ou não ao usuário;[56] nas operações de arrendamento mercantil com antecipação da opção de compra, porque configurada a transferência da titularidade do bem;[57] sobre operações de importação efetuadas por pessoa, física ou jurídica, que não

---

[49] STF, RE 606107, Rel. Min. Rosa Weber, Plenário, j. 22/05/2013, DJe 25/11/2013.

[50] STF, RE 358956, Rel. p/ Ac. Min. Gilmar Mendes, 2ª Turma, j. 20/09/2005, DJe 27/06/2008.

[51] STF, RE 190992 AgR, Rel. Min. Ilmar Galvão, 1ª Turma, j. 12/11/2002, DJ 19/12/2002; STF, RE 338681 AgR-ED, Rel. Min. Carlos Velloso, 2ª Turma, j. 06/12/2005, DJ 03/02/2006.

[52] Súmula 662/STF: "É legítima a incidência do ICMS na comercialização de exemplares de obras cinematográficas, gravados em fitas de videocassete".

[53] STF, ADI 2669, Rel. p/ Ac. Min. Marco Aurélio, Plenário, j. 05/2/2014, DJe 06/08/2014.

[54] STF, ADI 4389 MC, Rel. Min. Joaquim Barbosa, Plenário, j. 13/04/2011, DJe 25/05/2011.

[55] STF, ADI 1945 MC, Rel. p/ Ac. Min. Gilmar Mendes, Plenário, j. 26/05/2010, DJe 14/03/2011.

[56] STF, RE 912888, Rel. Min. Teori Zavascki, Plenário, j. 13/10/2016, DJe 10/05/2017 – Tema 827: "O Imposto sobre Circulação de Mercadorias e Serviços (ICMS) incide sobre a tarifa de assinatura básica mensal cobrada pelas prestadoras de serviços de telefonia, independentemente da franquia de minutos concedida ou não ao usuário".

[57] STF, RE 540829, Rel. p/ Ac. Min. Luiz Fux, Plenário, j. 11/09/2014, DJe 18/11/2014 – Tema 297: "Não incide o ICMS na operação de arrendamento mercantil internacional, salvo na hipótese de antecipação da opção de compra, quando configurada a transferência da titularidade do bem".

se dedica habitualmente ao comércio ou à prestação de serviços;[58] sobre a entrada de mercadoria importada do exterior;[59] sobre operações relativas à energia elétrica;[60] "sobre o valor total da operação, quando mercadorias forem fornecidas com serviços não compreendidos na competência tributária dos Municípios" (art. 155, § 2º, IX, b, da CRFB/1988).

O texto constitucional é profícuo quanto à caracterização do ICMS, o que se explica por se tratar de um imposto que, se não for bem delimitado, pode resultar numa guerra fiscal entre os entes federados, optando, por isso, o constituinte por regras que visem preservar o equilíbrio horizontal do pacto federativo na tributação.[61] Nesse sentido, o artigo 155, § 2º, firma algumas características delineadoras do imposto, a seguir analisadas.

A primeira característica é a de que o ICMS dever não cumulativo, "compensando-se o que for devido em cada operação relativa à circulação de mercadorias ou prestação de serviços com o montante cobrado nas anteriores pelo mesmo ou outro Estado ou pelo Distrito Federal" (inciso I). Em sua interpretação a esse dispositivo, o STF firmou que o princípio da não cumulatividade "é uma garantia do emprego da técnica escritural que evite a sobreposição de incidências",[62] de maneira que o montante de ICMS a recolher deve ser apurado mês a mês, pelo sistema de apuração contábil, isto é, "considerando-se o total de créditos decorrentes de aquisições e o total de débitos gerados nas saídas de mercadorias ou serviços", de maneira que, "conquanto se tenha a escrituração da parcela ainda a se compensar do ICMS, não se incluir todo ele na definição de faturamento", razão pela qual, "o ICMS não compõe a base de cálculo para a incidência do PIS e da COFINS".[63] Cumpre sublinhar que a parcela a compensar é aquela que ainda

---

[58] STF, RE 439796, Rel. Min. Luiz Fux, Plenário, j. 06/11/2013, DJe 17/03/2014 – Tema 171: "Após a Emenda Constitucional 33/2001, é constitucional a incidência de ICMS sobre operações de importação efetuadas por pessoa, física ou jurídica, que não se dedica habitualmente ao comércio ou à prestação de serviços".

[59] Súmula 661/STF: "Na entrada de mercadoria importada do exterior, é legítima a cobrança do ICMS por ocasião do desembaraço aduaneiro"; STF, RE 206069, Rel. Min. Ellen Gracie, Plenário, j. 01/09/2005, DJ 01/09/2006.

[60] STF, AC 457 MC, Rel. Min. Ayres Britto, 1ª Turma, j. 26/10/2004, DJ 11/02/2005.

[61] STF, ADI 2663, Rel. Min. Luiz Fux, Plenário, j. 08/03/2017, DJe 29/05/2017.

[62] STF, RE 689001 AgR, Rel. Min. Dias Toffoli, 2ª Turma, j. 06/02/2018, DJe 26/02/2018; STF, RE 447470 AgR, Rel. Min. Joaquim Barbosa, 2ª Turma, j. 14/09/2010, DJe 08/10/2010; STF, RE 325623 AgR, Rel. Min. Ellen Gracie, 2ª Turma, j. 14/03/2006, DJ 07/12/2006; STF, RE 572925 AgR, Rel. Min. Cármen Lúcia, 1ª Turma, j. 15/02/2011, DJe 25/03/2011.

[63] STF, RE 574706, Rel. Min. Cármen Lúcia, Plenário, j. 15/03/2017, DJe 02/10/2017 – Tema 69: "O ICMS não compõe a base de cálculo para a incidência do PIS e da COFINS".

não venceu, o que difere da venda a prazo,[64] na qual a parcela venceu, mas ainda não foi paga. Também nesse sentido, o Supremo registrou ser possível a apropriação de créditos de ICMS na aquisição de mercadorias, porque isso evita que a sua incidência em cascata onere em demasia a atividade econômica e gere distorções concorrenciais, daí o Tema 283/STF, pelo qual "é inconstitucional a incidência da contribuição ao PIS e da COFINS não cumulativas sobre os valores recebidos por empresa exportadora em razão da transferência a terceiros de créditos de ICMS".[65] Isso tudo significa que é necessário que o creditamento de ICMS na operação seguinte corresponda ao montante efetivamente recolhido na operação anterior,[66] de maneira que, havendo cobrança indevida, é cabível a repetição, desde que reconhecido, por decisão, que o contribuinte de direito não recuperou do contribuinte de fato a quantia indébita.[67] Ainda quanto à não cumulatividade aplicada ao ICMS, o artigo 155, § 2º, II, estabelece que, salvo legislação em sentido contrário,[68] a isenção ou a não incidência não dão direito a crédito nas operações posteriores e anulam aquele acumulado nas anteriores.[69] Embora não haja uma previsão específica a esse ponto para o IPI, pode-se afirmar, com base no entendimento do STF para o imposto federal, que o constituinte firmou, para ambos os impostos indiretos, uma espécie de anulação de créditos,[70] no caso de saídas desoneradas pela redução da base de cálculo.[71]

---

[64] STF, AI 559807 AgR, Rel. Min. Ayres Britto, 2ª Turma, j. 13/12/2011, DJe 17/02/2012; STF, AI 848549 AgR, Rel. Min. Rosa Weber, 1ª Turma, j. 18/06/2013, DJe 01/08/2013.

[65] STF, RE 606107, Rel. Min. Rosa Weber, Plenário, j. 22/05/2013, DJe 25/11/2013.

[66] STF, RE 491653 AgR, Rel. Min. Ricardo Lewandowski, 2ª Turma, j. 08/05/2012, DJe 21/05/2012.

[67] Súmula 546/STF: "Cabe a restituição do tributo pago indevidamente, quando reconhecido por decisão, que o contribuinte *de jure* não recuperou do contribuinte de facto o *quantum* respectivo"; STF, AI 487396 AgR, Rel. Min. Eros Grau, 1ª Turma, j. 16/12/2004, DJ 08/04/2005; STF, AI 497511 AgR, Rel. Min. Ayres Britto, 1ª Turma, j. 15/09/2009, DJe 29/10/2009.

[68] STF, AI 468900 ED, Rel. Min. Gilmar Mendes, 2ª Turma, j. 30/09/2008, DJe 21/11/2008.

[69] O STF distingue a isenção da não incidência: "a não incidência do tributo equivale a todas as situações de fato não contempladas pela regra jurídica da tributação e decorre da abrangência ditada pela própria norma", ao passo que "a isenção é a dispensa do pagamento de um tributo devido em face da ocorrência de seu fato gerador", constituindo-se como "exceção instituída por lei à regra jurídica da tributação" (STF, ADI 286, Rel. Min. Maurício Corrêa, Plenário, j. 22/05/2002, DJ 30/08/2002).

[70] STF, RE 635688, Rel. Min. Gilmar Mendes, Plenário, j. 16/10/2014, DJe 13/02/2015 – Tema 299: "A redução da base de cálculo de ICMS equivale à isenção parcial, o que acarreta a anulação proporcional de crédito relativo às operações anteriores, salvo disposição em lei estadual em sentido contrário".

[71] STF, RE 586980 AgR, Rel. Min. Dias Toffoli, 1ª Turma, j. 11/12/2012, DJe 08/02/2012.

A segunda característica não é obrigatória, mas facultativa, de modo que o ICMS pode ser seletivo, em função da essencialidade das mercadorias e dos serviços (inciso III). Isso significa que, ao contrário do IPI, o constituinte originário delegou ao legislador a opção pela fixação do critério quantitativo (alíquotas e base de cálculo) da regra matriz do ICMS com base no critério material (fato gerador), ou seja, por escolher se o valor do tributo será maior ou menor conforme a essencialidade das mercadorias envolvidas na operação ou dos serviços prestados. De toda forma, no caso das operações com mercadorias e das prestações de serviços, interestaduais e de exportação, os Estados e o Distrito Federal têm de observar as alíquotas fixadas pela resolução do Senado, de iniciativa do Presidente da República ou de um terço dos Senadores, aprovada pela maioria absoluta dos membros da referida Casa (inciso IV).[72] Isso significa que a seletividade do ICMS não é uma opção em termos absolutos. Aliás, o inciso V prescreve que ao Senado é facultado, em operações internas, fixas as alíquotas mínimas e máximas – no caso destas, para resolver conflitos específicos que envolvam interesses federativos (entre Estados ou entre estes e o Distrito Federal) –, por meio de resolução de iniciativa de um terço e aprovada pela maioria absoluta de seus membros. Sintetizando, como o fez o Supremo, "os Estados têm liberdade de fixar as suas alíquotas internas, observada a alíquota interestadual como piso mínimo, e se decidirem ir aquém disto, terão de fazê-lo, por convênio, através de decisão uniforme", de modo que, "se o Senado Federal exercer as faculdades que lhe estão atribuídas no § 2º, V, *a*, de fixar a máxima e a mínima, os Estados terão de variar internamente".[73] Esse entendimento é consentâneo, inclusive, com o inciso VI, pelo qual, salvo deliberação em contrário dos Estados e do Distrito Federal, as alíquotas internas, nas operações em que há circulação de mercadorias e nas prestações de serviços, não podem ser inferiores às previstas para as operações interestaduais. O fato de que não se pode considerar a seletividade, no próprio texto constitucional, uma faculdade absoluta é também comprovado pelo inciso VII, pelo qual, nas operações e prestações que destinem bens e serviços ao consumidor final, contribuinte ou não do ICMS, situado em outro Estado, será adotada a alíquota interestadual e caberá ao Estado em que estiver localizado o destinatário

---

[72] STF, AI 748777 AgR, Rel. Min. Ayres Britto, 2ª Turma, j. 13/12/2011, DJe 17/02/2012; STF, RE 141312 AgR, Rel. Min. Rosa Weber, 1ª Turma, j. 29/05/2012, DJe 14/06/2012; STF, ACO 541, Rel. Min. Gilmar Mendes, Plenário, j. 19/04/2006, DJ 30/06/2006; STF, RE 145491, Rel. Min. Carlos Velloso, 2ª Turma, j. 01/12/1997, DJ 20/02/1998.

[73] STF, ADI 1601 MC, voto do Rel. p/ Ac. Min. Nelson Jobim, Plenário, j. 11/12/1997, DJ 19/12/2001.

do imposto a diferença entre a alíquota interna do Estado de destino e a alíquota interestadual.[74] O recolhimento do imposto, nesses casos, é feito ao destinatário, se contribuinte, ou ao remetente, se o destinatário não for contribuinte (inciso VIII).

A terceira e última característica presente no texto constitucional é a de que a base de cálculo do ICMS não compreenderá o valor do IPI, quando a operação, realizada entre contribuintes e relativa ao produto destinado à industrialização ou à comercialização, configurar fato gerador de ambos os impostos (inciso XI).[75]

O IPVA, por fim, tem como fato gerador a propriedade de veículos automotores, o que não inclui, como firmado pelo Supremo, as embarcações.[76] O § 6º do artigo 155 do texto constitucional firma que o imposto em questão tem suas alíquotas mínimas fixadas pelo Senado e faculta, embora assim não nomeie, a adoção do princípio da seletividade, com base no que as alíquotas poderão ser diferenciadas em função do tipo do veículo e de sua utilização.

Por fim, o artigo 156 da CRFB/1988 cuida dos *impostos municipais*, cuja competência não é só dos Municípios, mas também do Distrito Federal, devido à sua natureza peculiar dentro do contexto constitucional brasileiro, bem como da União, no caso de o Território Federal não ser dividido em Municípios (art. 147). O constituinte nominou três impostos, que incidem sobre: a propriedade predial e territorial urbana (IPTU); a transmissão *inter vivos*, a qualquer título, por ato oneroso, de bens imóveis, por natureza ou acessão física, e de direitos reais sobre imóveis, exceto os de garantia, bem como cessão de direitos a sua aquisição (ITBI); e os serviços de qualquer natureza (ISS), não compreendidos no artigo 155, II, que trata do ICMS.

O IPTU tem como fato gerador a propriedade predial em território urbano, observando-se os limites intermunicipais.[77] O constituinte, ao caracterizar o imposto, conferiu, aos entes federados competentes,[78] a

---

[74] STF, ADI 4705, Rel. Min. Roberto Barroso, Plenário, j. 03/10/2019, DJe 25/10/2019.

[75] STF, RE 170412, Rel. Min. Carlos Velloso, 2ª Turma, j. 24/09/1996, DJ 13/12/1996; STF, RE 630504 AgR, Rel. Min. Ricardo Lewandowski, 2ª Turma, j. 05/06/2012, DJe 19/06/2012.

[76] STF, RE 379572, Rel. Min. Gilmar Mendes, Plenário, j. 11/04/2007, DJ 01/02/2008.

[77] STF, RE 1171699, Rel. Min. Cármen Lúcia, Plenário, j. 29/11/2019, DJe 18/12/2019 – Tema 400: "A exigência da realização de plebiscito, conforme se determina no § 4º do art. 18 da Constituição da República, não foi afastada pelo art. 96, inserido no Ato das Disposições Constitucionais Transitórias da Constituição da República pela Emenda Constitucional n. 57/2008, sendo ilegítimo o município ocupante para cobrar o Imposto sobre a Propriedade Predial e Territorial Urbana – IPTU nos territórios indevidamente incorporados".

[78] STF, ADC 8 MC, Rel. Min. Celso de Mello, Plenário, j. 13/10/1999, DJ 04/04/2003.

faculdade de torná-lo progressivo, seja em função do valor do imóvel (base de cálculo),[79] seja em função de sua localização e uso (alíquota),[80] o que pode advir, inclusive, de sanção por aproveitamento inadequado do solo urbano (art. 156, § 1º, c/c art. 182, § 4º, II), isto é, por descumprimento da função social da propriedade urbana.

O ITBI tem como fato gerador a transmissão entre vivos, a qualquer título, desde que por ato oneroso, de bens imóveis e de direitos reais sobre eles, salvo os de garantia, bem como cessão de direito à sua aquisição. É de se notar que o ITBI é próximo do ITCMD, o qual, todavia, abrange bens móveis e, em relação aos bens imóveis e seus direitos, a transmissão deve ser necessariamente *causa mortis* (não é entre vivos) ou por motivo de doação (ato não oneroso) e, além disso, compete ao Município de situação do bem (art. 156, § 2º, II, da CRFB/1988). Com isso, pode-se afirmar inexistir sobreposição. Além disso, cabe sublinhar que, embora a sua base de cálculo seja o valor venal do imóvel, ela não se confunde com a base de cálculo do IPTU, uma vez que os cálculos são distintos. Nesse sentido, como o ITBI é devido a partir do registro do contrato definitivo[81] de compra e venda na matrícula do imóvel,[82] deve-se considerar o valor venal do imóvel como sendo o seu valor de venda, não se podendo estabelecer alíquotas progressivas em sua função.[83]

---

[79] STF, AI 468801 AgR, Rel. Min. Eros Grau, 1ª Turma, j. 21/09/2004, DJ 15/10/2004.

[80] Súmula 668/STF: "É inconstitucional a lei municipal que tenha estabelecido, antes da EC 29/2000, alíquotas progressivas para o IPTU, salvo se destinada a assegurar o cumprimento da função social da propriedade urbana"; STF, RE 602347, Rel. Min. Edson Fachin, Plenário, j. 04/11/2015, DJe 12/04/2016 – Tema 226: "Declarada inconstitucional a progressividade de alíquota tributária, é devido o tributo calculado pela alíquota mínima correspondente, de acordo com a destinação do imóvel"; STF, RE 586693, Rel. Min. Marco Aurélio, Plenário, j. 25/05/2011, DJe 22/06/2011 – Tema 94: "É constitucional a Emenda Constitucional nº 29, de 2000, no que estabeleceu a possibilidade de previsão legal de alíquotas progressivas para o IPTU de acordo com o valor do imóvel"; STF, RE 601234, Rel. Min. Ellen Gracie, Plenário, j. 12/03/2009, DJe 08/05/2009 – Tema 155: "É inconstitucional a lei municipal que tenha estabelecido, antes da Emenda Constitucional 29/2000, alíquotas progressivas para o IPTU, salvo se destinada a assegurar o cumprimento da função social da propriedade urbana".

[81] Os contratos de promessa não constituem fato gerador para a incidência do ITBI. Ver: STF, RE 666096 AgR, Rel. Min. Cármen Lúcia, 2ª Turma, j. 30/10/2012, DJe 21/11/2012; STF, AI 782703 AgR, Rel. Min. Dias Toffoli, 1ª Turma, j. 08/10/2013, DJe 25/11/2013.

[82] STF, ARE 759964 AgR, Rel. Min. Edson Fachin, 1ª Turma, j. 15/09/2015, DJe 29/09/2015.

[83] Súmula 656/STF: "É inconstitucional a lei que estabelece alíquotas progressivas para o Imposto de Transmissão *Inter Vivos* de Bens Imóveis (ITBI) com base no valor venal do imóvel".

O ISS tem como fato gerador a prestação de serviços de qualquer natureza, salvo aquela que atraia a incidência do ICMS. Assim, o entendimento a respeito dos fatos geradores do ISS é de alta importância porque determina a sua distinção quanto às hipóteses de incidência do ICMS. O STF traz alguns exemplos, de modo que, por um lado, é *ilegítima* a incidência de ISS sobre operações de locação de bens móveis,[84] dissociada da prestação de serviços;[85] sobre operações de industrialização por encomenda de embalagens, para integração ou utilização direta em processo subsequente de industrialização ou de circulação de mercadoria;[86] sobre o *leasing* operacional, no qual há locação, não prestação de serviço;[87] sobre os serviços de composição gráfica realizados em fichas telefônicas.[88] E, por outro lado, é *legítima* a incidência de ISS sobre serviços de registros públicos, cartorários e notariais;[89] sobre serviços prestados pelas operadoras de planos de saúde;[90] sobre as operações de arrendamento mercantil, tanto no *leasing* financeiro quanto no *lease-back*, sendo irrelevante a opção de compra, uma vez que o financiamento é, por si só, prestação de serviço;[91] sobre a prestação de serviços concomitante à locação de bens móveis;[92] sobre a confecção de rótulos e etiquetas sob encomenda.[93]

---

[84] Súmula Vinculante 31: "É inconstitucional a incidência do Imposto sobre Serviços de Qualquer Natureza – ISS sobre operações de locação de bens móveis".

[85] STF, RE 626706, Rel. Min. Gilmar Mendes, Plenário, j. 08/09/2010, DJe 24/09/2010 – Tema 212: "É inconstitucional a incidência do Imposto sobre Serviços de Qualquer Natureza- ISS sobre operações de locação de bens móveis, dissociada da prestação de serviços"; STF, Rcl 14290 AgR, Rel. Min. Rosa Weber, Plenário, j. 22/05/2014, DJe 20/06/2014.

[86] STF, ADI 4389 MC, Rel. Min. Joaquim Barbosa, Plenário, j. 13/04/2011, DJe 25/05/2011.

[87] STF, RE 592905, Rel. Min. Eros Grau, Plenário, j. 02/12/2009, DJe 05/03/2010 – Tema 125: "É constitucional a incidência do Imposto sobre Serviços de Qualquer Natureza – ISS sobre as operações de arrendamento mercantil (leasing financeiro)".

[88] STF, RE 592752 AgR, Rel. Min. Roberto Barroso, 1ª Turma, j. 18/03/2014, DJe 14/04/2014.

[89] STF, ADI 3089, Rel. p/ Ac. Min. Joaquim Barbosa, Plenário, j. 13/02/2008, DJe 01/08/2008; STF, RE 756915, Rel. Min. Gilmar Mendes, Plenário, j. 17/10/2013, DJe 12/11/2013 – Tema 688: "É constitucional a incidência do ISS sobre a prestação de serviços de registros públicos, cartorários e notariais, devidamente previstos em legislação tributária municipal".

[90] STF, RE 651703 ED-segundos, Rel. Min. Luiz Fux, Plenário, j. 28/02/2019, DJe 07/05/2019 – Tema 581: "As operadoras de planos de saúde realizam prestação de serviço sujeita ao Imposto sobre Serviços de Qualquer Natureza – ISSQN, previsto no art. 156, III, da CRFB/88".

[91] STF, RE 592905, Rel. Min. Eros Grau, Plenário, j. 02/12/2009, DJe 05/03/2010 – Tema 125: "É constitucional a incidência do Imposto sobre Serviços de Qualquer Natureza – ISS sobre as operações de arrendamento mercantil (leasing financeiro)".

[92] STF, ARE 656709 AgR, Rel. Min. Joaquim Barbosa, 2ª Turma, j. 14/02/2012, DJe 08/03/2012.

[93] STF, AI 533202 AgR, Rel. Min. Gilmar Mendes, 2ª Turma, j. 30/09/2008, DJe 21/11/2008.

Releva anotar que os serviços de qualquer natureza, abrangidos pelo ISS, devem constar, necessariamente, de previsão em lei complementar (art. 156, III, da CRFB/1988), cujo rol é exaustivo.[94] O artigo 156, § 3º, estabelece, também, que a lei complementar deverá fixar as suas alíquotas máximas e mínimas; excluir da sua incidência exportações de serviços para o exterior; e regular a forma e as condições como as isenções, os incentivos e os benefícios fiscais serão concedidos e revogados.

As *taxas*, por sua vez, são tributos vinculados a uma prestação estatal específica e cuja receita arrecadada se destina à manutenção dessa prestação, não podendo ser resgatada, salvo, como firmado pelo STF, se não houver razoável equivalência entre o valor exigido a título de taxa e o custo da atividade estatal,[95] observando-se que a correspondência não é com a efetiva atividade do poder público, mas com a estimativa ou presunção de um ônus à Administração Pública.[96] Essa espécie tributária, em razão da sua vinculação, é admitida, por decorrência do próprio texto constitucional (art. 145, II), em apenas dois casos, genéricos: pelo exercício regular do poder de polícia ou poder de fiscalização (art. 78 do CTN), desde que haja órgão de controle e fiscalização em funcionamento, ainda que não haja vistoria efetiva, isto é, *in loco*;[97] ou pela utilização, efetiva ou potencial, de serviço público, específico e divisível, prestado ao sujeito passivo ou posto à sua disposição (art. 79 do CTN).

Com base nessas regras, o Supremo firmou a classificação dos serviços públicos em três categorias: a) *serviços públicos propriamente estatais*, indelegáveis, remunerados por taxa e de utilização passível de escolha pelo particular; b) *serviços públicos essenciais ao interesse público*, remunerados por taxa, independentemente da escolha pelo particular; e c) *serviços públicos não essenciais*, delegáveis e remunerados mediante preço público.[98] Essa distinção

---

[94] STF, RE 450342 AgR, Rel. Min. Celso de Mello, 2ª Turma, j. 05/09/2006, DJ 03/08/2007; STF, RE 601493 ED-segundos, Rel. Min. Ricardo Lewandowski, 2ª Turma, j. 20/03/2012, DJe 02/04/2012; STF, RE 361829, Rel. Min. Carlos Velloso, 2ª Turma, j. 13/12/2005, DJ 24/02/2006; STF, AR 2105 AgR-segundo, Rel. Min. Ricardo Lewandowski, Plenário, j. 19/09/2013, DJe 16/10/2013.

[95] STF, ADI 2551 MC-QO, Rel. Min. Celso de Mello, Plenário, j. 02/04/2003, DJ 20/04/2006; STF, ARE 990914, Rel. Min. Dias Toffoli, 2ª Turma, j. 20/06/2017, DJe 19/09/2017; STF, RE 856185 AgR, Rel. Min. Roberto Barroso, 1ª Turma, j. 04/08/2015, DJe 24/09/2015.

[96] STF, RE 554951, Rel. Min. Dias Toffoli, 1ª Turma, j. 15/10/2013, DJe 19/11/2013.

[97] STF, RE 416601, Rel. Min. Carlos Velloso, Plenário, j. 10/08/2005, DJ 30/09/2005; STF, RE 603513 AgR, Rel. Min. Dias Toffoli, 1ª Turma, j. 28/08/2012, DJe 12/09/2012.

[98] STF, ADI 447, Rel. Min. Octavio Gallotti, Plenário, j. 05/06/1991, DJ 05/03/1993, voto do Min. Carlos Velloso.

auxilia, inclusive, no entendimento sobre a distinção entre preços públicos e taxas, como resumido pelo STF: taxas são compulsórias, preços de serviços públicos, não.[99]

É, também, fundamental para a distinção entre as atividades estatais remuneráveis por taxa e aquelas que não podem a regra inserta no artigo 145, § 2º, da CRFB/1988: "as taxas não poderão ter base de cálculo própria de impostos". Essa norma significa, como o STF já esclareceu, que não pode haver identidade integral, podendo ser adotados um ou mais elementos da base de cálculo própria de determinado imposto.[100] Com isso, o Supremo já decidiu, por exemplo, que as taxas judiciárias não podem ter como base de cálculo o valor do monte-mor,[101] mas podem ter como parâmetro o valor da causa ou da condenação.[102]

Nesse passo, o Supremo estabelece alguns casos em que é possível remunerar ou não serviços públicos mediante taxas. Por um lado, não podem ser remuneradas por meio de taxas as seguintes atividades estatais: serviço de iluminação pública;[103] segurança pública,[104] inclusive a prevenção e combate a incêndios;[105] porte de remessa e retorno, porque se trata de serviço postal, remunerado por preço público;[106] emissão ou remessa de

---

[99] Súmula 545/STF: "Preços de serviços públicos e taxas não se confundem, porque estas, diferentemente daqueles, são compulsórias e têm sua cobrança condicionada à prévia autorização orçamentária, em relação à lei que as instituiu". O condicionamento da cobrança não se aplica, uma vez que a CRFB/1988 não traz a previsão do princípio da anualidade tributária.

[100] Súmula Vinculante 29: "é constitucional a adoção, no cálculo do valor de taxa, de um ou mais elementos da base de cálculo própria de determinado imposto, desde que não haja integral identidade entre uma base e outra".

[101] STF ADI 2040 MC, Rel. Min. Maurício Corrêa, Plenário, j. 15/12/1999, DJ 25/02/2000.

[102] STF, ADI 1926 MC, Rel. Min. Sepúlveda Pertence, Plenário, j. 19/04/1999, DJ 10/09/1999; STF, ADI 2078, Rel. Min. Gilmar Mendes, Plenário, j. 17/03/2011, DJe 13/04/2011.

[103] Súmula Vinculante 41: "O serviço de iluminação pública não pode ser remunerado mediante taxa".

[104] STF, ADI 1942 MC, Rel. Min. Moreira Alves, Plenário, j. 05/05/1999, DJ 22/10/1999; STF, RE 536639 AgR, Rel. Min. Cezar Peluso, 2ª Turma, j. 07/08/2012, DJe 29/08/2012.

[105] STF, RE 643247, Rel. Min. Marco Aurélio, Plenário, j. 01/08/2017, DJe 19/12/2017 – Tema 16: "A segurança pública, presentes a prevenção e o combate a incêndios, faz-se, no campo da atividade precípua, pela unidade da Federação, e, porque serviço essencial, tem como a viabilizá-la a arrecadação de impostos, não cabendo ao Município a criação de taxa para tal fim".

[106] STF, RE 594116, Rel. Min. Edson Fachin, Plenário, j. 03/12/2015, DJe 05/04/2016 – Tema 135: "Aplica-se o § 1º do art. 511 do Código de Processo Civil para dispensa de porte de remessa e retorno ao exonerar o seu respectivo recolhimento por parte do INSS".

carnês ou guias de recolhimento de tributos;[107] conservação e limpeza de logradouros e bens públicos;[108] conservação de estradas de rodagem, se a base de cálculo for idêntica à do ITR.[109] Por outro lado, podem ser remuneradas por taxas: coleta individual de lixo;[110] fiscalização de mercados de títulos e valores mobiliários;[111] fiscalização e vistoria em estabelecimentos comerciais, inclusive expedição de alvarás de funcionamento e emissão de atestados de idoneidade;[112] anotação de responsabilidade técnica;[113] custas judiciais, taxas judiciárias e emolumentos concernentes a serviços notariais e registrais;[114] renovação de alvará de funcionamento e localização;[115] classificação de

---

[107] STF, RE 789218, Rel. Min. Dias Toffoli, Plenário, j. 17/04/2014, DJe 01/08/2014 – Tema 721: "São inconstitucionais a instituição e a cobrança de taxas por emissão ou remessa de carnês/ guias de recolhimento de tributos".

[108] STF, RE 576321, Rel. Min. Ricardo Lewandowski, Plenário, j. 04/12/2008, DJe 13/02/2009 – Tema 146-II: "A taxa cobrada em razão dos serviços de conservação e limpeza de logradouros e bens públicos ofende o art. 145, II, da Constituição Federal"; STF, RE 293536, Rel. Min. Néri da Silveira, Plenário, j. 07/03/2002, DJ 170/05/2002.

[109] Súmula 595: "É inconstitucional a taxa municipal de conservação de estradas de rodagem cuja base de cálculo seja idêntica à do imposto territorial rural".

[110] Súmula Vinculante 19: "A taxa cobrada exclusivamente em razão dos serviços públicos de coleta, remoção e tratamento ou destinação de lixo ou resíduos provenientes de imóveis não viola o art. 145, II, da CF"; STF, RE 576321, Rel. Min. Ricardo Lewandowski, Plenário, j. 04/12/2008, DJe 13/02/2009 – Tema 146-I: "A taxa cobrada exclusivamente em razão dos serviços públicos de coleta, remoção e tratamento ou destinação de lixo ou resíduos provenientes de imóveis não viola o artigo 145, II, da Constituição Federal".

[111] Súmula 665/STF: "É constitucional a taxa de fiscalização dos mercados de títulos e valores mobiliários instituída pela Lei 7.940/1989". Ver, também: STF, RE 216259 AgR, Rel. Min. Celso de Mello, 2ª Turma, j. 09/05/2000, DJ 19/05/2000.

[112] STF, ADI 3770, Rel. Min. Alexandre de Moraes, Plenário, j. 13/09/2019, DJe 26/09/2019.

[113] STF, ARE 748445, Rel. Min. Ricardo Lewandowski, Plenário, j. 31/10/2013, DJe 12/02/2014 – Tema 692: "A Anotação de Responsabilidade Técnica, instituída pela Lei 6.496/1977, cobrada pelos Conselhos Regionais de Engenharia, Arquitetura e Agronomia, tem natureza jurídica de taxa, sendo, portanto, necessária a observância do princípio da legalidade tributária previsto no art. 150, I, da Constituição Federal".

[114] STF, ADI 1145, Rel. Min. Carlos Velloso, Plenário, j. 03/10/2002, DJ 08/11/2002; STF, ADI 1707 MC, Rel. Min. Moreira Alves, Plenário, j. 01/07/1998, DJ 16/10/1998; STF, ADI 1378 MC, Rel. Min. Celso de Mello, Plenário, j. 30/11/1995, DJ 30/05/1997; STF, ADI 3260, Rel. Min. Eros Grau, Plenário. J. 29/03/2007, DJ 29/06/2007.

[115] STF, RE 588322, Rel. Min. Gilmar Mendes, Plenário, j. 16/06/2010, DJe 03/09/2010 – Tema 217: "É constitucional taxa de renovação de funcionamento e localização municipal, desde que efetivo o exercício do poder de polícia, demonstrado pela existência de órgão e estrutura competentes para o respectivo exercício".

produtos vegetais;[116] fiscalização florestal;[117] combate a sinistros.[118] Há, certamente, vários outros serviços que se inserem em um desses dois grupos, de maneira que os exemplos colhidos no repositório do STF permitem o direcionamento da análise em cada caso concreto.

A *contribuição de melhoria* direciona-se à realização de obras públicas de que decorra valorização imobiliária e cujos valores arrecadados, se não utilizados ao fim específico, podem ser resgatados (arts. 81 e 82 do CTN), de modo que não podem ser empregados para a conservação, a operação e a manutenção dessas obras (art. 14 do Decreto-Lei 195/1967). É importante frisar, na esteira do entendimento do STF, que "a contribuição de melhoria incide sobre o *quantum* da valorização imobiliária",[119] de modo que, "sem valorização imobiliária, decorrente de obra pública, não há contribuição de melhoria, porque a hipótese de incidência desta é a valorização e a sua base é a diferença entre dois momentos: o anterior e o posterior à obra pública".[120] Ademais, prevê o artigo 81 do CTN que a fixação do valor do tributo tem "como limite total a despesa realizada e como limite individual o acréscimo de valor que da obra resultar para cada imóvel beneficiado".

Os *empréstimos compulsórios* compõem espécie tributária cuja competência tributária é exclusiva da União, que, ao exercê-la, deve fazê-lo por meio de lei complementar, *para atender a despesas extraordinárias*, decorrentes de calamidade pública, de guerra externa ou sua iminência, ou *para realizar investimentos públicos*, de caráter urgente e relevante interesse nacional (art. 148, *caput*, da CRFB/1988). Trata-se de tributo não vinculado à realização de atividade estatal típica, cujos recursos arrecadados se vinculam à despesa que fundamentou sua instituição (art. 148, parágrafo único, da CRFB/1988), salvo o caso do artigo 34, § 12, do ADCT/1988.[121] Como todo tributo, importa em transferência coativa de patrimônio ao poder público[122], fator que o diferencia

---

[116] STF, RE 511584 AgR, Rel. Min. Cármen Lúcia, 1ª Turma, j. 08/02/2011, DJe 02/03/2011.

[117] STF, RE 239397, Rel. Min. Ilmar Galvão, 1ª Turma, j. 21/03/2000, DJ 28/04/2000.

[118] STF, AI 552033 AgR, Rel. Min. Sepúlveda Pertence, 1ª Turma, j. 17/10/2006, DJ 10/11/2006; STF, AI 431836 AgR, Rel. Min. Carlos Velloso, 2ª Turma, j. 17/06/2003, DJ 01/08/2003.

[119] STF, AI 694836 AgR, Rel. Min. Ellen Gracie, 2ª Turma, j. 24/11/2009, DJe 18/12/2009.

[120] STF, RE 114069, Rel. Min. Carlos Velloso, 2ª Turma, j. 15/04/1994, DJ 30/09/1994.

[121] "A urgência prevista no art. 148, II, não prejudica a cobrança do empréstimo compulsório instituído, em benefício das Centrais Elétricas Brasileiras S.A. (Eletrobrás), pela Lei nº 4.156, de 28 de novembro de 1962, com as alterações posteriores" (STF, RE 114069, Rel. Min. Ilmar Galvão. 1ª Turma, j. 18/12/1995, DJ 19/04/1996).

[122] STF, ADI 613, Rel. Min. Celso de Mello, Plenário, j. 29/04/1993, DJ 29/06/2001.

do depósito judicial[123] e do empréstimo público, ambos voluntários. Todavia, ao contrário das outras espécies de tributos, o valor arrecadado é restituível (art. 15, parágrafo único, do CTN), na mesma espécie, necessariamente, sob pena de descaracterização.[124]

As *contribuições especiais*, por fim, estão previstas não apenas no capítulo específico do sistema tributário nacional, mas também em dispositivos do texto constitucional relacionados à ordem social. Elas formam conjunto de tributos vinculados diretamente à atividade estatal, nitidamente caracterizada, segundo firmado, inclusive, pelo STF, pela "prévia escolha da destinação específica do produto arrecadado".[125] Essas contribuições são, em regra, são de competência exclusiva da União, admitindo apenas duas exceções, necessariamente previstas no texto constitucional, as contribuições ao RPPS (art. 149, § 1º) e a COSIP (art. 149-A), de modo que "a competência, privativa ou concorrente, para legislar sobre determinada matéria não implica automaticamente a competência para a instituição de tributos".[126] A análise adequada reivindica a divisão, segundo a destinação, em quatro grupos, a seguir delineados.

O primeiro grupo abarca as *contribuições corporativas*, que atendem aos interesses de categorias econômicas (patronais) ou profissionais (trabalhadores). O STF já estabeleceu que as contribuições cobradas pelas autarquias fiscalizadoras do exercício profissional são corporativas e têm natureza parafiscal.[127] O grupo contemplava duas contribuições, mas a contribuição sindical perdeu a sua natureza tributária, por força da Lei 13.467/2017 (Reforma Trabalhista), que alterou o artigo 578 da CLT, pelo qual a contribuição passou a ser facultativa, além dela o artigo 8º, IV, da CRFB/1988, também prevê uma espécie de contribuição sindical, denominada confederativa, que, igualmente, não tem natureza de tributo, porque deve ser paga pelo trabalhador que optar se filiar a sindicato enquanto se mantiver filiado.[128] Com isso, restam apenas as contribuições para ente fiscalizadores,

---

[123] STF, ADI 2214 MC, Rel. Min. Maurício Corrêa, Plenário, j. 06/02/2002, DJ 19/04/2002; STF, ADI 1933, Rel. Min. Eros Grau, Plenário, j. 14/04/2010, DJe 03/09/2010.

[124] STF, RE 121336, Rel. Min. Sepúlveda Pertence, Plenário, j. 11/10/1990, DJ 26/06/1992.

[125] STF, ADI 2556 e ADI 2568, Rel. Min. Joaquim Barbosa, Plenário, j. 13/06/2012, DJe 20/09/2012.

[126] STF, RE 573540, Rel. Min. Gilmar Mendes, Plenário, j. 14/04/2010, DJe 11/06/2010 – Tema 55.

[127] STF, MS 21797, Rel. Min. Carlos Velloso, Plenário, j. 09/03/2001, DJ 18/05/2001; STF, ADI 4697 e ADI 4762, Rel. Min. Edson Fachin, Plenário, j. 06/10/2016, DJe 30/03/2017.

[128] Súmula Vinculante 40: "a contribuição confederativa de que trata o art. 8º, IV, da Constituição Federal, só é exigível dos filiados ao sindicato respectivo"; STF, ADI 5794, Rel. p/ Ac. Min. Luiz Fux, Plenário, j. 29/06/2018, DJe 23/04/2019; STF, ADI 1416, Rel. Min. Gilmar Mendes, Plenário,

DIREITOS FUNDAMENTAIS DOS CONTRIBUINTES

de modo que o STF firmou que "as contribuições cobradas pelas autarquias responsáveis pela fiscalização do exercício profissional são contribuições parafiscais, contribuições corporativas, com caráter tributário".[129] Porém, como "nem todos os ofícios ou profissões podem ser condicionadas ao cumprimento de condições legais para o seu exercício", mas tão somente "quando houver potencial lesivo na atividade",[130] pode-se dizer que não há relação de necessariedade entre a existência de uma atividade profissional e a respectiva contribuição.

O segundo grupo abrange as *contribuições de intervenção no domínio econômico*, de competência exclusiva da União (art. 149, *caput*, da CRFB/1988). Também conhecidas como CIDE, esses tributos têm natureza extrafiscal e, por isso mesmo, deveriam apenas ser excepcionais, ou seja, criados quando necessário ao Estado regular, temporariamente, setores da atividade econômica, na forma do artigo 174 da CRFB/1988: "como agente normativo e regulador da atividade econômica, o Estado exercerá, na forma da lei, as funções de fiscalização, incentivo e planejamento". Todavia, a dispensabilidade de lei complementar para a sua criação, reforçada pelo STF,[131] facilita a proliferação desse tipo de contribuição. Em razão disso, é possível encontrar várias espécies de CIDE, como a contribuição para o Sebrae,[132] a contribuição para o IAA,[133] o adicional de tarifa portuária (ATP),[134] o adicional ao frete para renovação da marinha mercante (AFRMM),[135] o CIDE-Remessas para

---

j. 10/10/2002, DJ 14/11/2002; STF, ARE 1018459, Rel. Min. Gilmar Mendes, Plenário, j. 23/02/2017, DJe 10/03/2017 – Tema 935: "É inconstitucional a instituição, por acordo, convenção coletiva ou sentença normativa, de contribuições que se imponham compulsoriamente a empregados da categoria não sindicalizados".

[129] STF, MS 21797, Rel. Min. Carlos Velloso, Plenário, j. 09/03/2001, DJ 18/05/2001; STF, ADI 4697 e ADI 4762, Rel. Min. Edson Fachin, Plenário, j. 06/10/2016, DJe 30/03/2017.

[130] STF, RE 414426, Rel. Min. Ellen Gracie, Plenário, j. 01/08/2011, DJe 10/10/2011.

[131] STF, AI 739715 AgR, Rel. Min. Eros Grau, 2ª Turma, j. 26/05/2009, DJe 19/06/2009.

[132] STF, RE 635682, Rel. Min. Gilmar Mendes, Plenário, j. 25/04/2013, DJe 24/05/2013 – Tema 227: "A contribuição destinada ao Serviço Brasileiro de Apoio às Micro e Pequenas Empresas – Sebrae possui natureza de contribuição de intervenção no domínio econômico e não necessita de edição de lei complementar para ser instituída".

[133] STF, RE 543997 AgR, Rel. Min. Ellen Gracie, 2ª Turma, j. 22/06/2010, DJe 06/08/2010; STF, RE 214206, Rel. p/ Ac. Min. Nelson Jobim, Plenário, j. 15/10/1997, DJ 29/05/1998; STF, RE 597098 AgR, Rel. Min. Joaquim Barbosa, 2ª Turma, j. 04/10/2011, DJe 17/11/2011.

[134] STF, RE 209365, Rel. Min. Carlos Velloso, Plenário, j. 04/03/1999, DJ 07/12/2000.

[135] STF, RE 177137, Rel. Min. Carlos Velloso, Plenário, j. 24/05/1995, DJ 18/04/1997.

o exterior ou CIDE-*Royalties*,[136] o CIDE-Combustíveis,[137] e a contribuição ao INCRA.[138]

O terceiro grupo contempla a *contribuição para o custeio da prestação do serviço público de iluminação pública*, conhecida como COSIP, que, conforme o artigo 149-A, *caput*, do texto constitucional, firma uma regra de competência tributária exclusiva: "os Municípios e o Distrito Federal poderão instituir contribuição, na forma das respectivas leis, para o custeio do serviço de iluminação pública, observado o disposto no art. 150, I e III". Trata-se, como já definido pelo STF, de um "tributo de caráter *sui generis*, que não se confunde com um imposto, porque sua receita se destina a finalidade específica, nem com uma taxa, por não exigir a contraprestação individualizada de um serviço ao contribuinte", razão pela qual, não sendo possível identificar e tributar todos os beneficiários do serviço, a lei da entidade subnacional pode restringir os contribuintes aos consumidores de energia elétrica.[139] Essa interpretação coaduna-se, a propósito, com a autorização contida no artigo 149-A, parágrafo único, da CRFB/1988, de que a cobrança da COSIP pode ser feita na fatura de consumo de energia elétrica do contribuinte.

Por fim, no quarto grupo estão as *contribuições sociais*, cuja matriz jurídica está no artigo 149 da CRFB/1988.[140] São três os tipos de contribuições contidas nesse conjunto.

O primeiro tipo é o das *contribuições sociais gerais*, que se relacionam a atividades da área social, como é o caso: (i) das contribuições para serviços sociais autônomos, quanto às quais é crucial verificar o escopo do tributo, se destinado a fomentar o desenvolvimento de atividades econômicas, será o caso de contribuição interventiva,[141] mas se direcionado para custear os serviços sociais autônomos do denominado Sistema S, compreendidos na expressão "entidade paraestatal", porém com natureza jurídica privada, qualificando-se como entes de colaboração,[142] é caso de contribuição social

---

[136] STF, RE 928943 RG, Rel. Min. Luiz Fux, Plenário, j. 01/09/2016, DJe 13/09/2016 – Tema 914 (em julgamento).

[137] STF, RE 646966 AgR, Rel. Min. Cármen Lúcia, 2ª Turma, j. 30/10/2012, DJe 22/11/2012.

[138] STF, ARE 663589 AgR, Rel. Min. Luiz Fux, 1ª Turma, j. 05/03/2013, DJe 19/03/2013.

[139] STF, RE 573675, Rel. Min. Ricardo Lewandowski, Plenário, j. 25/03/2009, DJe 22/05/2009 – Tema 44.

[140] STF, ADI 2556 MC, Rel. Min. Moreira Alves, Plenário, j. 09/10/2002, DJ 08/08/2003; STF, AI 744316 AgR, Rel. Min. Dias Toffoli, 1ª Turma, j. 02/12/2010, DJe 22/03/2011.

[141] STF, RE 635682, Rel. Min. Gilmar Mendes, Plenário, j. 25/04/2013, DJe 24/05/2013 – Tema 277.

[142] STF, ACO 1953 AgR, Rel. Min. Ricardo Lewandowski, Plenário, j. 18/12/2013, DJe 19/02/2014.

DIREITOS FUNDAMENTAIS DOS CONTRIBUINTES

geral (art. 240 da CRFB/1988); e (ii) da contribuição social do salário-educação,[143] para financiar o ensino fundamental,[144] na forma do artigo 212, § 5º, da CRFB/1988.

O segundo tipo são as *contribuições da seguridade social*, que se pautam na "obediência aos princípios da solidariedade e do equilíbrio financeiro e atuarial, bem como aos objetivos constitucionais de universalidade, equidade na forma de participação no custeio e diversidade da base de financiamento".[145] A leitura do artigo 195 da CRFB/1988 revela a possibilidade de instituição de contribuições: (i) sobre a importação de produtos e serviços estrangeiros, como o PIS Importação e a COFINS Importação; (ii) sobre os concursos de prognósticos, isto é, loterias de números e apostas autorizadas por lei; (iii) sobre as remunerações dos segurados previdenciários (contribuições previdenciárias); e (iv) devidas pelo empregador, empresa e entidades equiparadas, como a contribuição patronal sobre a folha de pagamentos, as contribuições para o PIS e o PASEP, a CSLL e a COFINS. A partir dessa sistematização, são feitos comentários conforme entendimentos fixados pelo STF, devendo-se observar que não há julgados sobre o artigo 195, IV (as contribuições sobre a importação de produtos e serviços estrangeiros), e que, em relação ao inciso III (contribuições sobre os concursos de prognósticos), as manifestações do STF se restringem a firmar que o dispositivo não se refere à exploração de jogos de azar feita por particular.[146]

As contribuições previdenciárias incidem sobre a remuneração, incluindo as parcelas incorporáveis a ela,[147] de todos que se enquadrem no conceito de segurado. É dizer, mesmo quem já é aposentado, se voltar ao mercado de trabalho, mesmo não se admitindo a desaposentação ou a reaposentação,[148]

---

[143] Súmula 732/STF: "É constitucional a cobrança da contribuição do salário-educação, seja sob a Carta de 1969, seja sob a CF de 1988, e no regime da Lei 9.424/1996".

[144] STF, ADC 3, Rel. Min. Nelson Jobim, Plenário, j.01/12/1999, DJ 09/05/2003; STF, RE 660933, Rel. Min. Joaquim Barbosa, Plenário, j. 02/02/2012, DJe 23/02/2012 – Tema 518: "Nos termos da Súmula 732 do STF, é constitucional a cobrança da contribuição do salário-educação".

[145] STF, ADI 3105, Rel. p/ Ac. Min. Cezar Peluso, Plenário, j. 18/08/2004, DJ 18/02/2005; STF, RE 598085, Rel. Min. Luiz Fux, Plenário, j. 06/11/2014, DJe 10/02/2015; STF, RE 599362, Rel. Min. Dias Toffoli, Plenário, j. 06/11/2014, DJe 10/02/2015.

[146] STF, RE 502271 AgR, Rel. Min. Ellen Gracie, 2ª Turma, j. 10/06/2008, DJ 27/06/2008.

[147] STF, RE 589441 AgR, Rel. Min. Eros Grau, 2ª Turma, j. 09/12/2008, DJe 06/02/2009.

[148] STF, RE 661256, Rel. Min. Roberto Barroso, Plenário, j. 26/10/2016, DJe 28/09/2017 – Tema 503: "No âmbito do Regime Geral de Previdência Social – RGPS, somente lei pode criar benefícios e vantagens previdenciárias, não havendo, por ora, previsão legal do direito à 'desaposentação' ou à 'reaposentação', sendo constitucional a regra do art. 18, § 2º, da Lei nº 8.213/91".

deverá contribuir, com base nos princípios da universalidade do custeio da previdência social[149] e da solidariedade.[150] Nesse ponto, é interessante observar que há uma diferença entre os segurados do RGPS e dos RPPS. Os artigos 40, 149, § 1º, e 195, II, da CRFB/1988, relevam que os servidores aposentados e pensionistas cujo instituidor tenha sido servidor, ao contrário de segurados e pensionistas em geral,[151] são, também, ao lado dos servidores ativos, contribuintes.[152]

No que pertine, ainda, às contribuições previdenciárias, a competência tributária para a sua instituição é exclusiva da União, admitindo o texto constitucional apenas uma única exceção, discriminada no artigo 149, § 1º, pelo qual todos os entes subnacionais podem, por meio de lei, instituir contribuições para custear o regime próprio de previdência social, as quais serão cobradas dos servidores ativos, dos aposentados e dos pensionistas, admitindo-se alíquotas progressivas em função do valor da base de cálculo. É importante sublinhar que a autorização constitucional é para que os entes subnacionais instituam contribuição para o custeio de seu respectivo RPPS, ou seja, não possuem competência para instituir tributos para o custeio de serviços odontológicos, médicos, hospitalares e farmacêuticos prestados a seus servidores.[153]

É interessante observar, por fim, que a EC 103/2019 (Reforma Previdenciária) incluiu três novos parágrafos no artigo 149 (§§ 1º-A, 1º-B e 1º-C), os quais dão conta da possibilidade de a União, e somente ela, instituir contribuição extraordinária, temporária, que cubra insuficiência da contribuição ordinária quanto a eventual déficit atuarial. Trata-se, à

---

[149] STF, RE 437640, Rel. Min. Sepúlveda Pertence, 1ª Turma, j. 05/09/2006, DJ 02/03/2007; STF, RE 372506 AgR, Rel. Min. Gilmar Mendes, 2ª Turma, j. 07/02/2012, DJe 23/02/2012.

[150] STF, ADI 3105, Rel. p/ Ac. Min. Cezar Peluso, Plenário, j. 18/08/2004, DJ 18/02/2005; STF, RE 450855, Rel. Min. Eros Grau, 1ª Turma, j. 23/08/2005, DJ 09/12/2005.

[151] STF, RE 593586 ED, Rel. Min. Joaquim Barbosa, 2ª Turma, j. 06/10/2009, DJe 29/10/2009; STF, RE 585919 AgR, Rel. Min. Luiz Fux, 1ª Turma, j. 22/11/2011, DJe 13/12/2011.

[152] STF, ADI 3105 e ADI 3128, Rel. p/ Ac. Min. Cezar Peluso, Plenário, j. 18/08/2004, DJ 18/02/2005; STF, MS 24777 AgR, Rel. Min. Teori Zavascki, Plenário, j. 19/09/2013, DJe 16/10/2013.

[153] STF, RE 573540, Rel. Min. Gilmar Mendes, Plenário, j. 14/04/2010, DJe 11/06/2010 – Tema 55: "I – Os Estados membros possuem competência apenas para a instituição de contribuição voltada ao custeio do regime de previdência de seus servidores. Falece-lhes, portanto, competência para a criação de contribuição ou qualquer outra espécie tributária destinada ao custeio de serviços médicos, hospitalares, farmacêuticos e odontológicos prestados aos seus servidores; II – Não há óbice constitucional à prestação, pelos Estados, de serviços de saúde a seus servidores, desde que a adesão a esses 'planos' seja facultativa".

DIREITOS FUNDAMENTAIS DOS CONTRIBUINTES

evidência, de ampliação do poder de tributar, que demanda uma maior maturação a respeito de sua eficácia e aplicabilidade.

Por fim, as contribuições devidas pelo empregador, empresa e entidades equiparadas, cuja previsão encontra-se no artigo 195, I, da CRFB/1988. Consoante o STF, a mudança operada no inciso pela EC 20/1998 explicitou a motivação do constituinte originário, de que a interpretação do vocábulo "empregadores" deve ser ampla, porque as contribuições para a seguridade social se assentam na solidariedade geral.[154] O critério para identificar esse tipo de contribuição é a destinação do produto de sua arrecadação à cobertura dos riscos aos quais se sujeita toda a coletividade de trabalhadores.[155]

O Supremo já registrou, assim, a sua interpretação sobre as espécies contributivas encartadas neste dispositivo, do que se destacam: (i) a contribuição patronal sobre a folha de pagamentos e rendimento, cujo contribuinte é a própria empresa[156] e a base de cálculo a remuneração, considerada no momento em que surge a obrigação legal de pagamento,[157] ou o valor bruto da nota fiscal ou da fatura de prestação de serviço;[158] (ii) a contribuição para o PIS/PASEP, que foi recepcionada expressamente pelo artigo 239,[159] e para o financiamento da seguridade social (COFINS) incidem sobre o total da receita auferida com a venda de mercadorias, serviços ou ambos,[160] bem como da soma das receitas oriundas do exercício de outras atividades empresariais,[161] independentemente da denominação ou da classificação contábil,[162] surgindo a obrigação (fato gerador) com o aperfeiçoamento do contrato de compra e venda (entrega do

---

[154] STF, RE 585181 AgR-Segundo, Rel. Min. Joaquim Barbosa, 2ª Turma, j. 31/08/2010, DJe 08/10/2010; STF, AI 736870 AgR, Rel. Min. Marco Aurélio, 1ª Turma, j. 18/06/2013, DJe 01/08/2013.

[155] STF, AI 663176 AgR, Rel. Min. Eros Grau, 2ª Turma, j. 16/10/2007, DJ 14/11/2007; STF, AI 557826 ED-ED, Rel. Min. Dias Toffoli, 1ª Turma, j. 02/12/2010, DJe 22/03/2011.

[156] STF, RE 595838, Rel. Min. Dias Toffoli, Plenário, j. 23/04/2014, DJe 08/10/2014.

[157] STF, RE 419612 AgR, Rel. Min. Joaquim Barbosa, 2ª Turma, j. 01/03/2011, DJe 06/04/2011.

[158] STF, RE 393946, Rel. Min. Carlos Velloso, Plenário, j. 03/11/2004, DJ 01/04/2005; STF, RE 455956 AgR, Rel. Min. Ayres Britto, 2ª Turma, j. 23/11/2010, DJe 21/03/2011.

[159] STF, ADI 1417, Rel. Min. Octavio Gallotti, Plenário, j. 02/08/1999, DJ 23/03/2001; STF, RE 432413 AgR, Rel. Min. Dias Toffoli, 1ª Turma, j. 19/10/2010, DJe 23/03/2011; STF, ACO 546, Rel. Min. Ellen Gracie, Plenário, j. 01/07/2011, DJe 10/11/2011.

[160] STF, RE 890781 AgR, Rel. Min. Gilmar Mendes, 2ª Turma, j. 24/02/2017, DJe 14/03/2017; STF, ARE 1056393 AgR, Rel. Min. Roberto Barroso, 1ª Turma, j. 27/10/2017, DJe 17/11/2017.

[161] STF, RE 444601 ED, Rel. Min. Cezar Peluso, 2ª Turma, j. 07/11/2006, DJ 15/12/2006; STF, AI 843086 AgR, Rel. Min. Luiz Fux, 1ª Turma, j. 22/11/2011, DJe 13/12/2011.

[162] STF, RE 606107, Rel. Min. Rosa Weber, Plenário, j. 22/05/2013, DJe 25/11/2013.

OS DIREITOS FUNDAMENTAIS DO CONTRIBUINTE...

produto/prestação do serviço), não com o recebimento do preço (adimplemento), daí não haver tributação sobre vendas canceladas, mas sim sobre vendas inadimplidas,[163] podendo, inclusive, o custo ser repassado ao usuário de serviços públicos concedidos (telefonia, energia elétrica);[164] (iii) a contribuição sobre o lucro líquido (CSLL), que não pode ter seu valor deduzido com a finalidade de apurar o lucro real, base de cálculo do IRPJ;[165] e (iv) a contribuição para o Seguro de Acidente de Trabalho (SAT), incidente sobre o total das remunerações pagas tanto a empregados quanto a trabalhadores avulsos.[166]

Por fim, o terceiro tipo são as *contribuições residuais para a seguridade social*, que têm previsão no artigo 195, § 4º, da CRFB/1988, assim redigido: "a lei poderá instituir outras fontes destinadas a garantir a manutenção ou expansão da seguridade social, obedecido o disposto no art. 154, I". Isso significa que é necessária a edição de lei complementar, para a criação de nova fonte de custeio.[167] Essa previsão se relaciona com o § 5º imediatamente posterior, segundo o qual "nenhum benefício ou serviço da seguridade social poderá ser criado, majorado ou estendido sem a correspondente fonte de custeio total".

A análise desse conjunto normativo constitucional, associado às anotações advindas da jurisprudência do Supremo, permite concluir que o poder tributário atribuído aos entes federados está sujeito a diversos regramentos, com assento na CRFB/1988, que, se não observados, tendem a gerar restrições indevidas ao exercício de direitos fundamentais não só do contribuinte, mas

---

[163] STF, RE 586482, Rel. Min. Dias Toffoli, Plenário, j. 23/11/2011, DJe 19/06/2012 – Tema 87: "As vendas inadimplidas não podem ser excluídas da base de cálculo da contribuição ao PIS e da COFINS, visto que integram a receita da pessoa jurídica".

[164] STF, RE 1053574, Rel. Min. Gilmar Mendes, Plenário, j. 25/10/2019, DJe 22/11/2019 – Tema 415: "Não há reserva de lei complementar para o repasse do PIS e COFINS ao usuário de serviços públicos concedidos, tais como telefonia e energia elétrica, cobrado nas respectivas faturas"; Súmula 659/STF: "É legítima a cobrança da Cofins, do PIS e do Finsocial sobre as operações relativas a energia elétrica, serviços de telecomunicações, derivados de petróleo, combustíveis e minerais do País"; STF, RE 227832, Rel. Min. Carlos Velloso, Plenário, j. 01/07/1999, DJ 28/06/2002.

[165] STF, RE 582525, Rel. Min. Joaquim Barbosa, Plenário, j. 09/05/2013, DJe 07/02/2014 – Tema 75: "É constitucional a proibição de deduzir-se o valor da Contribuição Social sobre o Lucro Líquido – CSLL do montante apurado como lucro real, que constitui a base de cálculo do Imposto de Renda de Pessoa Jurídica – IRPJ".

[166] STF, AI 742458 AgR, Rel. Min. Eros Grau, 2ª Turma, j. 14/04/2009, DJe 15/05/2009; STF, RE 459099 AgR, Rel. Min. Dias Toffoli, 1ª Turma, j. 13/08/2013, DJe 18/10/2013; STF, AI 736299 AgR, Rel. Min. Gilmar Mendes, 2ª Turma, j. 22/02/2011, DJe 11/03/2011.

[167] STF, ADI 1103, Rel. p/ Ac. Min. Maurício Corrêa, Plenário, j. 18/12/1996, DJ 25/04/1997; STF, RE 595838, Rel. Min. Dias Toffoli, Plenário, j. 23/04/2014, DJe 08/10/2014.

DIREITOS FUNDAMENTAIS DOS CONTRIBUINTES

dos sujeitos passivos tributários em geral. O entendimento sobre quais pessoas políticas têm competência para instituir cada uma das espécies tributárias e até onde é legítima a sua incidência, bem como quais as características que elas devem observar e a quais regras e princípios estão sujeitas, é fundamental para concluir sobre a arbitrariedade ou sobre a legitimidade das decisões estatais no âmbito tributário, o que inclui a circunscrição dos direitos fundamentais e, também, a dos deveres fundamentais. As próximas seções complementam a compreensão dessas limitações.

2. Limitações Formais

As limitações formais ao poder de tributar dizem respeito às questões relacionados com exigência e aumento de tributos. Elas abrangem, de modo geral, os chamados princípios, que, na verdade, são regras, da legalidade, irretroatividade, anterioridade e noventena, as quais se inter-relacionam.

A *legalidade tributária* encontra sua matriz constitucional no artigo 150, I, o qual veda aos entes federados exigir ou aumentar tributo sem lei que o estabeleça. Apesar de haver no dispositivo a previsão de que a instituição de tributos deva ocorrer por meio de lei, o entendimento pacífico é de que se o ato de exigir depende de lei, com maior razão o ato de instituir tributos. Nesse sentido, o Supremo tem acolhido a possibilidade de que os instrumentos normativos com força de lei, como é o caso das medidas provisórias, possam instituir tributos,[168] bem como majorar alíquotas.[169] Todavia, o texto constitucional limita a eficácia dessas medidas provisórias, como deflui do artigo 62, § 2º: "medida provisória que implique instituição ou majoração de impostos, exceto os previstos nos arts. 153, I, II, IV, V, e 154, II, só produzirá efeitos no exercício financeiro seguinte se houver sido convertida em lei até o último dia daquele em que foi editada".

Além disso, o mesmo artigo 62, § 1º, III, impede a edição de medida provisória quanto a matéria tributária estiver reservada à lei complementar. Nesse passo, a teor do que se encontra no texto constitucional, podem ser listadas como matérias com *reserva de lei* complementar,[170] na forma dos artigos

---

[168] STF, ADI 1417 MC, Rel. Min. Octavio Gallotti, Plenário, j. 07/03/1996, DJ 24/05/1996; STF, RE 479134 AgR, Rel. Min. Sepúlveda Pertence, 1ª Turma, j. 26/06/2007, DJ 17/08/2007.

[169] STF, AI 857374 AgR, Rel. Min. Marco Aurélio, 1ª Turma, j. 26/11/2013, DJe 18/12/2013; STF, AI 810740 AgR, Rel. Min. Dias Toffoli, 2ª Turma, j. 28/04/2015, DJe 10/06/2015.

[170] STF, RE 635682, Rel. Min. Gilmar Mendes, Plenário, j. 25/04/2013, DJe 24/05/2013 – Tema 227: "A contribuição destinada ao Serviço Brasileiro de Apoio às Micro e Pequenas Empresas

146, 146-A, 148, 153, VII, 154, I, 155, § 1º, III, e § 2º, XII, 156, III e § 3º, e 195, § 4º, todos da CRFB/1988: (i) as regras sobre conflitos de competência, em matéria tributária, entre os entes federados, a fim de evitar guerras fiscais;[171] (ii) a regulamentação das limitações constitucionais ao poder de tributar, o que "não impede que o constituinte selecione matérias passíveis de alteração de forma menos rígida, permitindo uma adaptação mais fácil do sistema às modificações fáticas e contextuais, com o propósito de velar melhor pelas finalidades constitucionais",[172] ou seja, somente se exige lei complementar para a definição dos limites objetivos (materiais), não para fixar as normas de constituição e funcionamento das entidades imunes (aspectos formais ou subjetivos), que podem ser veiculados por lei ordinária;[173] (iii) as normas gerais, aptas a vincular todos os entes federados e os administrados,[174] em matéria de legislação tributária, especialmente sobre: a definição de tributos e suas espécies; os fatos geradores,[175-176] bases de cálculo[177-178] e

---

– Sebrae possui natureza de contribuição de intervenção no domínio econômico e não necessita de edição de lei complementar para ser instituída".

[171] STF, ADI 1247 MC, Rel. Min. Celso de Mello, Plenário, j. 17/08/1995, DJ 08/09/1995.

[172] STF, ADI 1802, Rel. Min. Dias Toffoli, Plenário, j. 12/04/2018, DJe 03/05/2018; STF, RE 566622, Rel. Min. Marco Aurélio, Plenário, j. 23/02/2017, DJe 01/03/2017 – Tema 32: "A lei complementar é forma exigível para a definição do modo beneficente de atuação das entidades de assistência social contempladas pelo art. 195, § 7º, da CF, especialmente no que se refere à instituição de contrapartidas a serem por elas observadas".

[173] STF, RE 636941, Rel. Min. Luiz Fux, Plenário, j. 13/02/2014, DJe 04/04/2014.

[174] STF, RE 433352 AgR, Rel. Min. Joaquim Barbosa, 2ª Turma, j. 20/04/2010, DJe 28/05/2010. De acordo com o Tribunal, normas gerais não significa normas genéricas, mas, sim, aptas a vincular todos os entes federados e os administrados.

[175] STF, ADI 3141, Rel. Min. Roberto Barroso, Plenário, j. 13/12/2018, DJe 08/2/2019: "A disciplina da retenção de valores pela fonte pagadora não necessita de lei complementar, não se enquadrando no conceito de fato gerador, base de cálculo, contribuinte de tributos (CF, art. 146, a), ou mesmo obrigação, lançamento, crédito, prescrição e decadência tributários (CF, art. 146, b)".

[176] STF, RE 172058, Rel. Min. Marco Aurélio, Plenário, j. 30/06/1995, DJ 13/10/1995; STF, RE 307220-ED, Rel. Min. Gilmar Mendes, 2ª Turma, j. 01/02/2019, DJe 13/02/2019; STF, AI 807699 AgR, Rel. Min. Cármen Lúcia, 1ª Turma, j. 15/02/2011, DJe 18/03/2011.

[177] STF, SS 3679 AgR, Rel. Min. Gilmar Mendes, Plenário, j. 04/02/2010, DJe 26/02/2010.

[178] STF, RE 567935, Rel. Min. Marco Aurélio, Plenário, j. 04/09/2014, DJe 04/11/2014 – Tema 84: "É formalmente inconstitucional, por ofensa ao artigo 146, inciso III, alínea "a", da Constituição Federal, o § 2º do artigo 14 da Lei nº 4.502/1964, com a redação dada pelo artigo 15 da Lei nº 7.798/1989, no ponto em que prevê a inclusão de descontos incondicionais na base de cálculo do Imposto sobre Produtos Industrializados – IPI, em descompasso com a disciplina da matéria no artigo 47, inciso II, alínea "a", do Código Tributário Nacional".

contribuintes[179-180] de impostos discriminados na CRFB/1988; a obrigação, crédito,[181] a constituição do crédito (lançamento), e prescrição e decadência tributários,[182] não tendo o constituinte fixado a reserva para as modalidades de extinção e de suspensão da exigibilidade do crédito tributário, conforme entende o STF;[183] o adequado tratamento tributário ao ato cooperativo praticado por cooperativas, e não, como esclarece o Supremo, os tributos dos quais as cooperativas possam vir a ser contribuintes;[184] e a definição de tratamento diferenciado e favorecido para as ME e as EPP, inclusive regimes especiais ou simplificados, com vistas a fomentar suas atividades, na forma do artigo 170, IX, da CRFB/1988,[185] o que pode ser limitado pelo legislador, que pode estabelecer requisitos para a fruição do regime diferenciado e facultativo;[186] (iv) critérios especiais de tributação, para evitar

[179] STF, RE 940769, Rel. Min. Edson Fachin, Plenário, j. 24/04/2019, DJe 10/05/2019 – Tema 918: "É inconstitucional lei municipal que estabelece impeditivos à submissão de sociedades profissionais de advogados ao regime de tributação fixa em bases anuais na forma estabelecida por lei nacional".

[180] STF, AI 738163 AgR-ED, Rel. Min. Gilmar Mendes, 2ª Turma, j. 15/02/2011, DJe 01/03/2011.

[181] STF, RE 562276, Rel. Min. Ellen Gracie, Plenário, j. 03/11/2010, DJe 10/02/2011 – Tema 13: "É inconstitucional o art. 13 da Lei 8.620/1993, na parte em que estabelece que os sócios de empresas por cotas de responsabilidade limitada respondem solidariamente, com seus bens pessoais, por débitos junto à Seguridade Social".

[182] Súmula Vinculante 8: "São inconstitucionais o parágrafo único do art. 5º do DL 1.569/1977 e os arts. 45 e 46 da Lei 8.212/1991, que tratam de prescrição e decadência de crédito tributário"; STF, ADI 124, Rel. Min. Joaquim Barbosa, Plenário, j. 01/08/2008, DJe 17/04/2009: "Viola o art. 146, III, b, da CF norma que estabelece hipótese de decadência do crédito tributário não prevista em lei complementar federal"; STF, RE 559943, Rel. Min. Cármen Lúcia, Plenário, j. 12/06/2008, DJe 26/09/2008 – Tema 3: "São inconstitucionais o parágrafo único do artigo 5º do Decreto--Lei 1.569/1977 e os artigos 45 e 46 da Lei 8.212/1991, que tratam de prescrição e decadência de crédito tributário"; STF, RE 560626, Rel. Min. Gilmar Mendes, Plenário, j. 12/06/2008, DJe 05/12/2008 – Tema 2: "I – Normas relativas à prescrição e decadência em matéria tributária são reservadas à lei complementar; II – São inconstitucionais o parágrafo único do artigo 5º do Decreto-Lei 1.569/1977 e os artigos 45 e 46 da Lei 8.212/1991".

[183] STF, ADI 2405, Rel. Min. Alexandre de Moraes, Plenário, j. 20/09/2019, DJe 03/10/2019.

[184] STF, RE 599362, Rel. Min. Dias Toffoli, Plenário, j. 06/11/2014, DJe 10/02/2015; STF, RE 598085, Rel. Min. Luiz Fux, Plenário, j. 06/11/2014, DJe 10/02/2015 – Tema 177: "São legítimas as alterações introduzidas pela Medida Provisória 1.858/1999, no que revogou a isenção da COFINS e da contribuição para o PIS concedidas às sociedades cooperativas"; STF, RE 437776 AgR, Rel. Min. Ricardo Lewandowski, 1ª Turma, j. 02/12/2010, DJe 01/02/2011; STF, AI 740269 AgR, Rel. Min. Gilmar Mendes, 2ª Turma, j. 18/09/2012, DJe 03/10/2012.

[185] STF, ADI 4033, Rel. Min. Joaquim Barbosa, Plenário, j. 15/09/2010, DJe 07/02/2011.

[186] STF, RE 627543, Rel. Min. Dias Toffoli, Plenário, j. 30/10/2013, DJe 29/10/2014 – Tema 363: "É constitucional o art. 17, V, da Lei Complementar 123/2006, que veda a adesão ao Simples Nacional à microempresa ou à empresa de pequeno porte que possua débito com o Instituto

desequilíbrios concorrenciais; (v) instituir empréstimos compulsórios; (vi) instituir imposto sobre grandes fortunas; (vii) instituir impostos federais residuais;[187] (viii) regular a competência para instituição de ITCMD se o doador tiver domicílio ou residência no exterior ou se o *de cujus* possuía bens, era residente ou domiciliado ou teve seu inventário processado no exterior; (ix) quanto ao ICMS, mediante lei complementar federal:[188] para definir seus contribuintes; dispor sobre substituição tributária;[189] disciplinar o seu regime de compensação; fixar, para fins de cobrança e definição do estabelecimento responsável, o local das operações e prestações; excluir da incidência, nas exportações para o exterior, serviços e outros produtos; prever casos de manutenção de crédito, relativamente à remessa para outro Estado e exportação, de serviços e de mercadorias; regular a forma como, mediante deliberação dos Estados e Distrito Federal, isenções, incentivos e benefícios fiscais são concedidos e revogados;[190] definir os combustíveis e lubrificantes sobre os quais incidirá uma única vez, qualquer que seja sua finalidade; e fixar a base de cálculo, de modo que o montante do imposto integre, também na importação, mercadoria ou serviço;[191] (x) em relação ao ISS: definir os serviços sujeitos ao tributo; fixar suas alíquotas mínimas

Nacional do Seguro Social – INSS ou com as Fazendas Públicas Federal, Estadual ou Municipal, cuja exigibilidade não esteja suspensa". A facultatividade decorre do parágrafo único do artigo 146 da CRFB/1988, assim redigido: "A lei complementar de que trata o inciso III, d, também poderá instituir um regime único de arrecadação dos impostos e contribuições da União, dos Estados, do Distrito Federal e dos Municípios, observado que: I – será opcional para o contribuinte; II – poderão ser estabelecidas condições de enquadramento diferenciadas por Estado; III – o recolhimento será unificado e centralizado e a distribuição da parcela de recursos pertencentes aos respectivos entes federados será imediata, vedada qualquer retenção ou condicionamento; IV – a arrecadação, a fiscalização e a cobrança poderão ser compartilhadas pelos entes federados, adotado cadastro nacional único de contribuintes".

[187] STF, AI 333820 AgR, Rel. Min. Nelson Jobim, 2ª Turma, j. 18/06/2002, DJ 23/08/2002: é incompatível com o art. 154, I, da CRFB/1988, lei ordinária que institui imposto de competência residual, bem como é ilegal decreto que o faça, uma vez que extrapola o poder regulamentar.

[188] STF, ADI 1945 MC, Rel. p/ Ac. Min. Gilmar Mendes, Plenário, j. 260/5/2010, DJe 14/03/2011.

[189] STF, RE 598606 AgR, Rel. Min. Ricardo Lewandowski, 1ª Turma, j. 28/06/2011, DJe 15/08/2011: "O entendimento desta Corte é no sentido de que, em operações interestaduais, a exigência antecipada do diferencial de alíquotas constitui espécie de substituição tributária e, dessa forma, está sujeita aos requisitos para a adoção desse instituto, entre eles, a previsão em lei".

[190] STF, ADI 2811, Rel. Min. Rosa Weber, Plenário, j. 25/10/2019, DJe 07/11/2019; STF, ADI 2529, Rel. Min. Gilmar Mendes, Plenário, j. 14/06/2007, DJ 06/09/2007.

[191] STF, RE 582461, Rel. Min. Gilmar Mendes, Plenário, j. 18/05/2011, DJe 18/08/2011 – Tema 214: "I – É constitucional a inclusão do valor do Imposto sobre Circulação de Mercadorias e Serviços – ICMS na sua própria base de cálculo; II – É legítima a utilização, por lei, da taxa SELIC

e máximas; excluir da sua incidência exportações de serviços; e regular a forma e as condições como isenções, incentivos e benefícios fiscais serão concedidos e revogados; (xi) instituir contribuições sociais residuais.[192]

Ainda sobre a legalidade tributária, convém sublinhar que o STF tem interpretado a regra com flexibilidade, exigindo apenas a existência de lei tributária com um desenho mínimo do tributo, a fim de evitar o arbítrio.[193] Com isso, permanece, por um lado, a inadmissão de que a redução ou majoração dos valores de taxas judiciárias sejam feitas pelo Tribunal de Justiça;[194] a instituição de nova contribuição compulsória se dê por acordo, convenção coletiva ou sentença normativa;[195] a instituição, por decreto, do regime de recolhimento do ICMS por estimativa;[196] a majoração do IPTU sem a edição de lei formal, bem como a atualização, por ato do Executivo, em percentual superior aos índices oficiais;[197] a majoração, por meio de

---

como índice de atualização de débitos tributários; III- Não é confiscatória a multa moratória no patamar de 20%".

[192] STF, RE 377457, Rel. Min. Gilmar Mendes, Plenário, j. 17/09/2008, DJe 19/12/2008 – Tema 71: "É legítima a revogação da isenção estabelecida no art. 6º, II, da Lei Complementar 70/1991 pelo art. 56 da Lei 9.430/1996, dado que a LC 70/1991 é apenas formalmente complementar, mas materialmente ordinária com relação aos dispositivos concernentes à contribuição social por ela instituída"; STF, ADI 1103, Rel. p/ Ac. Min. Maurício Corrêa, Plenário, j. 18/12/1996, DJ 25/04/1997: "O § 4º do art. 195 da Constituição prevê que a lei complementar pode instituir outras fontes de receita para a seguridade social; desta forma, quando a Lei 8.870/1994 serve-se de outras fontes, criando contribuição nova, além das expressamente previstas, é ela inconstitucional, porque é lei ordinária, insuscetível de veicular tal matéria"; STF, RE 595838, Rel. Min. Dias Toffoli, Plenário, j. 23/04/2014, DJe 08/10/2014 – Tema 166: "É inconstitucional a contribuição previdenciária prevista no art. 22, IV, da Lei 8.212/1991, com redação dada pela Lei 9.876/1999, que incide sobre o valor bruto da nota fiscal ou fatura referente a serviços prestados por cooperados por intermédio de cooperativas de trabalho".

[193] STF, ADI 2304, Rel. Min. Dias Toffoli, Plenário, j. 12/04/2018, DJe 03/05/2018; STF, ARE 957650, Rel. Min. Teori Zavascki, Plenário, j. 05/05/2016, DJe 16/05/2016 – Tema 891: "É inconstitucional o art. 1º da Lei 9.960/2000, que instituiu a Taxa de Serviços Administrativos – TSA, por não definir de forma específica o fato gerador da exação"; STF, RE 188107, Rel. Min. Carlos Velloso, Plenário, j. 20/03/1997, DJ 30/05/1997.

[194] STF, ADI 1709, Rel. Min. Maurício Corrêa, Plenário, j. 10/02/2000, DJ 31/03/2000.

[195] STF, ARE 1018459, Rel. Min. Gilmar Mendes, Plenário, j. 23/02/2017, DJe 10/03/2017 – Tema 935: "É inconstitucional a instituição, por acordo, convenção coletiva ou sentença normativa, de contribuições que se imponham compulsoriamente a empregados da categoria não sindicalizados".

[196] STF, RE 632265, Rel. Min. Marco Aurélio, Plenário, j. 18/06/2015, DJe 05/10/2015 – Tema 830: "Somente lei em sentido formal pode instituir o regime de recolhimento do ICMS por estimativa".

[197] STF, RE 648245, Rel. Min. Gilmar Mendes, Plenário, j. 01/08/2013, DJe 24/02/2014 – Tema 211: "A majoração do valor venal dos imóveis para efeito da cobrança de IPTU não prescinde da

portaria, da base de incidência da contribuição social relativa ao frete;[198] a instituição de taxas por meio de portaria.[199]

Por outro lado, tem-se admitido que atos normativos infralegais fixem o valor de taxa em proporção razoável com os custos da atuação estatal, desde que seja respeitado o teto prescrito por lei;[200] complementem os conceitos utilizados pela lei, desde que esta defina todos os elementos capazes de fazer nascer a obrigação tributária válida;[201] fixem a data do recolhimento de tributo;[202] modifiquem a data de vencimento do tributo;[203] alterem, atendidas as condições e limites estabelecidos em lei, as alíquotas dos impostos sobre a importação,[204] a exportação,[205] os produtos industrializados, e as operações financeiras em geral,[206] na forma do § 1º do artigo 155 do texto constitucional.

A *irretroatividade tributária* encontra previsão no artigo 150, III, a, da CRFB/1988, em que se lê a vedação aos entes federados de cobrar tributos em relação a fatos geradores ocorridos antes do início da vigência da lei que os instituiu ou aumentou. De acordo com o STF, o princípio em questão condiciona a atividade jurídica estatal tão somente nos casos expressamente

edição de lei em sentido formal, exigência que somente se pode afastar quando a atualização não excede os índices inflacionários anuais de correção monetária".

[198] STF, RMS 25476, Rel. p/ Ac. Min. Marco Aurélio, Plenário, j. 22/05/2013, DJe 26/05/2014.

[199] STF, RE 556854, Rel. Min. Cármen Lúcia, Plenário, j. 30/06/2011, DJe 11/10/2011.

[200] STF, RE 838284, Rel. Min. Dias Toffoli, Plenário, j. 19/10/2016, DJe 22/09/2017 – Tema 829: "Não viola a legalidade tributária a lei que, prescrevendo o teto, possibilita o ato normativo infralegal fixar o valor de taxa em proporção razoável com os custos da atuação estatal, valor esse que não pode ser atualizado por ato do próprio conselho de fiscalização em percentual superior aos índices de correção monetária legalmente previstos". No mesmo sentido: STF, RE 704292, Rel. Min. Dias Toffoli, Plenário, j. 19/10/2016, DJe 03/08/2017 – Tema 540: "É inconstitucional, por ofensa ao princípio da legalidade tributária, lei que delega aos conselhos de fiscalização de profissões regulamentadas a competência de fixar ou majorar, sem parâmetro legal, o valor das contribuições de interesse das categorias profissionais e econômicas, usualmente cobradas sob o título de anuidades, vedada, ademais, a atualização desse valor pelos conselhos em percentual superior aos índices legalmente previstos".

[201] STF, RE 343446, Rel. Min. Carlos Velloso, Plenário, j. 20/03/2003, DJ 04/04/2003; STF, AI 736299 AgR, Rel. Min. Gilmar Mendes, 2ª Turma, j. 22/02/2011, DJe 11/03/2011.

[202] STF, AI 339528 AgR, Rel. Min. Ilmar Galvão, 1ª Turma, j. 20/11/2001, DJ 22/02/2002.

[203] STF, RE 182971, Rel. Min. Ilmar Galvão, 1ª Turma, j. 05/08/1997, DJ 31/10/1997.

[204] STF, RE 255602, Rel. Min. Carlos Velloso, Plenário, j. 25/11/1998, DJ 06/04/2001; STF, AI 477722 AgR, Rel. Min. Gilmar Mendes, 2ª Turma, j. 30/09/2008, DJe 21/11/2008.

[205] STF, RE 570680, Rel. Min. Ricardo Lewandowski, Plenário, j. 28/10/2009, DJe 04/12/2009 – Tema 53: "É compatível com a Constituição Federal a norma infraconstitucional que atribui a órgão integrante do Poder Executivo da União a faculdade de alterar as alíquotas do Imposto de Exportação".

[206] STF, RE 800282 AgR, Rel. Min. Roberto Barroso, 1ª Turma, j. 10/02/2015, DJe 06/03/2015.

previstos no texto constitucional, com o escopo de inibir a ação do poder público que configure, eventualmente, restrição gravosa ao *status libertatis* da pessoa (art. 5º, XL), ao *status subjectionis* do contribuinte (art. 150, III, a) e à segurança jurídica no domínio das relações sociais (art. 5º, XXXVI), de modo que se a retroprojeção normativa não produzir os referidos gravames, poderá o Estado editar atos normativos que retroajam, como é o caso das leis interpretativas,[207] e das leis tributárias benéficas (art. 106 do CTN). Do contrário, a novidade somente vale para fatos geradores ocorridos a partir de sua edição, quando, por exemplo, lei nova altera o valor real da base de cálculo de determinado tributo,[208] decreto altera as alíquotas de imposto aduaneiro,[209] ou quando são feitas mudanças na sistemática de apuração do tributo capazes de majorá-lo, se o período de apuração estava encerrado.[210]

O texto constitucional revela a relevância de observar o momento em que o fato gerador da obrigação tributária ocorre,[211] a fim de que se possa aplicar a legislação adequada. Por exemplo, no caso do IR, o STF considera que o fato gerador ocorre quando realizado o seu lançamento.[212] Não se trata de retroação, como, a propósito, confirma o Supremo, que considera "inconstitucional a aplicação retroativa de lei que majora a alíquota incidente sobre o lucro proveniente de operações incentivadas ocorridas no passado, ainda que no mesmo ano-base", uma vez que "o fato gerador se consolida no momento em que ocorre cada operação de exportação, à luz da extrafiscalidade da tributação na espécie".[213] Portanto, a lei que institua tributo ou a legislação que o majore só podem colher fatos geradores posteriores a elas, não os ocorridos antes do início de sua vigência.[214]

---

[207] STF, ADI 605 MC, Rel. Min. Celso de Mello, Plenário, j. 23/10/1991, DJ 05/03/1993.

[208] STF, RE 204133, Rel. Min. Maurício Corrêa, 2ª Turma, j. 16/12/1999, DJ 17/03/2000; STF, ARE 660740 AgR, Rel. Min. Dias Toffoli, 1ª Turma, j. 11/12/2012, DJe 08/02/2012.

[209] STF, RE 225602, Rel. Min. Carlos Velloso, Plenário, j. 25/11/1998, DJ 06/04/2001, STF, AI 533386 AgR, Rel. Min. Celso de Mello, 2ª Turma, j. 02/03/2010, DJe 26/03/2010.

[210] STF, ARE 660173 AgR, Rel. Min. Dias Toffoli, 1ª Turma, j. 05/11/2013, DJe 28/11/2013.

[211] STF, RE 558136 AgR, Rel. Min. Gilmar Mendes, 2ª Turma, j. 07/08/2012, DJe 17/08/2012.

[212] Súmula 584/STF: "Ao imposto de renda calculado sobre os rendimentos do ano-base, aplica-se a lei vigente no exercício financeiro em que deve ser apresentada a declaração".

[213] STF, RE 592396, Rel. Min. Edson Fachin, Plenário, j. 03/12/2015, DJe 28/03/2016 – Tema 168: "É inconstitucional a aplicação retroativa de lei que majora a alíquota incidente sobre o lucro proveniente de operações incentivadas ocorridas no passado, ainda que no mesmo ano-base, tendo em vista que o fato gerador se consolida no momento em que ocorre cada operação de exportação, à luz da extrafiscalidade da tributação na espécie".

[214] STF, RE 146733, Rel. Min. Moreira Alves, Plenário, j. 29/06/1992, DJ 06/11/1992; STF, RE 396129 AgR, Rel. Min. Celso de Mello, 2ª Turma, j. 30/06/2009, DJe 14/08/2009.

O § 7º do artigo 150 do texto constitucional confirma isso ao autorizar que lei presuma a ocorrência de fato gerador futuro relativo a imposto ou contribuição, atribuindo, assim, ao sujeito passivo de obrigação tributária a qualidade de responsável por seu pagamento, assegurada a restituição imediata e preferencial do valor pago. O instituto reconhecido e aperfeiçoado pelo constituinte derivado é conhecido como substituição tributária para frente ou progressiva,[215] devendo o legislador observar as limitações constitucionalmente fixadas.[216] Embora o dispositivo pareça reconhecer o direito à restituição tão somente se, pago o tributo, o fato gerador presumido não ocorrer, o STF já decidiu que a devolução cabe, também, se o tributo for eventualmente pago a maior,[217] o que se dá, por exemplo, quando a base de cálculo efetiva é inferior à presumida.[218]

A *anterioridade tributária* é a última limitação formal presente expressamente no texto constitucional (art. 150, III, b e c). Na verdade, ela abrange duas regras complementares, embora em determinados casos uma ou outra não se apliquem. Trata-se da *anterioridade de exercício*, também denominada ânua, anual ou geral, e da *noventena*, também referida como *anterioridade nonagesimal*. Observadas em conjunto, elas firmam um prazo para a vigência da lei que instituiu ou aumento determinado tributo. É o caso, por exemplo, do aumento indireto de ICMS por meio da revogação de benefício fiscal, que só passa a valer no exercício financeiro seguinte e após decorridos 90 dias da extinção,[219] mas não da extinção de desconto para o pagamento de

---

[215] STF, ADI 2044, Rel. Min. Cármen Lúcia, Plenário, j. 20/11/2019, DJe 09/12/2019; STF, Rcl 5639, Rel. Min. Dias Toffoli, 1ª Turma, j. 30/09/2014, DJe 14/11/2014; STF, RE 453125 AgR-segundo, Rel. Min. Joaquim Barbosa, 2ª Turma, j. 04/10/2011, DJe 21/10/2011; STF, ADI 1851, Rel. Min. Ilmar Galvão, Plenário, j. 08/05/2002, DJ 22/11/2002.

[216] STF, RE 603191, Rel. Min. Ellen Gracie, Plenário, j. 01/08/2011, DJe 05/09/2011.

[217] STF, ADI 2435 MC, Rel. Min. Ellen Gracie, Plenário, j. 13/03/2002, DJ 31/10/2003; STF, RE 603191, Rel. Min. Ellen Gracie, Plenário, j. 01/08/2011, DJe 05/09/2011.

[218] STF, RE 593849, Rel. Min. Edson Fachin, Plenário, j. 19/10/2016, DJe 05/04/2017 – Tema 201: "É devida a restituição da diferença do Imposto sobre Circulação de Mercadorias e Serviços (ICMS) pago a mais no regime de substituição tributária para a frente se a base de cálculo efetiva da operação for inferior à presumida"; STF, ADI 2777, Rel. p/ Ac. Min. Ricardo Lewandowski, Plenário, j. 19/10/2016, DJe 30/06/2017.

[219] STF, RE 564225 AgR, Rel. Min. Marco Aurélio, 1ª Turma, j. 02/09/2014, DJe 18/11/2014; STF, RE 1099076 AgR-AgR-segundo, Rel. Min. Dias Toffoli, 2ª Turma, j. 09/04/2018, DJe 27/04/2018. Em sentido contrário: STF, RE 617389 AgR, Rel. Min. Ricardo Lewandowski, 2ª Turma, j. 08/50/2012, DJe 22/05/2012: "A revisão ou revogação de benefício fiscal, por se tratar de questão vinculada à política econômica que pode ser revista pelo Estado a qualquer momento, não está adstrita à observância das regras de anterioridade tributária previstas na Constituição".

tributo quando as condições legais passam a não ser mais atendidas pelo beneficiário.[220]

Na verdade, a maioria dos tributos, quando majorados, sujeita-se a ambas as regras, o que significa a existência de quatro grupos, na forma do artigo 150, § 1º: (i) o dos tributos que devem aguardar o exercício seguinte e a noventena; (ii) o dos tributos com eficácia imediata, como os empréstimos compulsórios para atender despesas extraordinárias, os impostos sobre a importação e a exportação, o IOF[221] e o imposto federal residual; (iii) o dos tributos que aguardam o exercício seguinte, como o IR e a fixação das bases de cálculo do IPTU e do IPVA; e (iv) o dos tributos que aguardam apenas os 90 dias, hipótese das contribuições sociais,[222] do IPI (art. 153, IV) e do restabelecimento das alíquotas do CIDE Combustíveis e do ICMS Combustíveis.

A anterioridade de exercício é a *anterioridade tributária* propriamente dita. Consoante se extrai do artigo 150, III, b, da CRFB/1988, aos entes federados é proibido cobrar tributo no mesmo exercício financeiro em que publicada a lei que o instituiu ou aumentou.[223] O STF, a propósito, firmou que "lei regedora de tributo há de ser editada em certo exercício, para observância no subsequente",[224] salvo nos casos em que não ficar caracterizada a majoração do tributo,[225] ou em que for revogado benefício, como a isenção, incidente sobre tributo já existente.[226] Ademais, firmou o Supremo, na Súmula 239, que a "decisão que declara indevida a cobrança do imposto em determinado exercício não faz coisa julgada em relação aos posteriores".

A *noventena tributária* é regra que proíbe os entes federados de cobrar tributos antes de decorrido 90 dias da data em que haja sido publicada a lei que os instituiu ou aumentou, observada a regra da anterioridade de exercício. No caso de haver insistência pelo ente tributante, é cabível, segundo decidido

---

[220] STF, ADI 4016 MC, Rel. Min. Gilmar Mendes, Plenário, j. 01/08/2008, DJe 24/04/2009.

[221] STF, RE 583712, Rel. Min. Edson Fachin, Plenário, j. 04/02/2016, DJe 02/03/2016 – Tema 102: "É constitucional o art. 1º, IV, da Lei 8.033/1990, uma vez que a incidência de IOF sobre o negócio jurídico de transmissão de títulos e valores mobiliários, tais como ações de companhias abertas e respectivas bonificações, encontra respaldo no art. 153, V, da Constituição Federal, sem ofender os princípios tributários da anterioridade e da irretroatividade, nem demandar a reserva de lei complementar".

[222] STF, AI 174540 AgR, Rel. Min. Maurício Corrêa, 2ª Turma, j. 13/02/1996, DJ 26/04/1996.

[223] STF, ADI 5733, Rel. Min. Alexandre de Moraes, Plenário, j. 20/09/2019, DJe 03/10/2019.

[224] STF, RE 188083, Rel. Min. Marco Aurélio, Plenário, j. 05/08/2015, DJe 20/10/2015.

[225] STF, RE 268003, Rel. Min. Moreira Alves, 1ª Turma, j. 23/05/2000, DJ 10/08/2000.

[226] STF, RE 204062, Rel. Min. Carlos Velloso, 2ª Turma, j. 27/09/1996, DJ 19/12/1996.

pelo STF, pedido de concessão de medida cautelar para afastar a exigibilidade da majoração do tributo, antes de decorrida a noventena.[227] É importante sublinhar que a noventena, assim como a anterioridade e a irretroatividade, não se aplicam aos casos em que não há instituição nem majoração do tributo, como nos casos de postergação do direito do contribuinte de ICMS de usufruir de novas hipóteses de creditamento,[228] e de mera prorrogação de alíquota já aplicada anteriormente.[229]

A leitura e a interpretação dessas quatro regras, usualmente referidas como princípios, revelam como a competência tributária (poder de tributar) deve ser validamente exercida, segundo critérios objetivos. Conjugando a análise de todo o conjunto normativo até aqui explorado, associado às anotações jurisprudenciais produzidas pelo STF, pode-se dizer que os entes federados, ao instituir, cobrar e majorar cada espécie tributária de que detém competência, deve observar, salvo exceções expressamente previstas na CRFB/1988, a necessidade de edição de lei anterior ao fato gerador da obrigação tributária, uma vez que fatos geradores passados não podem ser atingidos, sob pena tanto de violar a segurança jurídica das relações entre administrado e administração pública, quanto de surpreender o contribuinte. Portanto, compreender as limitações formais ao lado das limitações sobre a competência tributária é fundamental para identificar situações de arbitrariedade e/ou de legitimidade das decisões estatais no âmbito tributário, permitindo um entendimento mais adequado sobre o conteúdo dos direitos fundamentais do contribuinte e o alcance de seus deveres fundamentais. A próxima seção complementa essa percepção a partir das limitações materiais.

4. Limitações Materiais

As limitações materiais têm sua melhor tradução na *igualdade tributária* e como foco o sujeito tributário e seu patrimônio tributável (bens, serviços, rendas),

---

[227] STF, ADI 4661 MC, Rel. Min. Marco Aurélio, Plenário, j. 20/10/2011, DJe 23/03/2012; STF, RE 671927, Rel. Min. Ayres Britto, dec. mono., j. 15/03/2012, DJe 03/04/2012.

[228] STF, RE 603917, Rel. Min. Rosa Weber, Plenário, j. 25/10/2019, DJe 18/11/2019 – Tema 382: "A postergação do direito do contribuinte do ICMS de usufruir de novas hipóteses de creditamento, por não representar aumento do tributo, não se sujeita à anterioridade nonagesimal prevista no art. 150, III, c, da Constituição".

[229] STF, RE 584100, Rel. Min. Ellen Gracie, Plenário, j. 25/11/2009, DJe 05/02/2010 – Tema 91: "O prazo nonagesimal previsto no art. 150, III, c, da Constituição Federal somente deve ser utilizado nos casos de criação ou majoração de tributos, não nas situações, como a prevista na Lei paulista 11.813/04, de simples prorrogação de alíquota já aplicada anteriormente".

referindo-se, então, à maneira como os tributos são utilizados para as suas respectivas finalidades, o que revela uma necessária pré-compreensão sobre cada uma das espécies tributárias.[230] Assim, todas as limitações materiais guardam uma dupla função em prol da promoção do tratamento igualitário: inibir discriminações e minorar fatores discriminatórios existentes, o que, por vezes, significa aplicar a regra da equidade, isto é, impor tratamento desigual em casos específicos no benefício da realização da igualdade.[231] No texto constitucional brasileiro, a partir desse entendimento, pode-se encontrar dois grupos que firmam limitações sob o aspecto material: as *proibições* – que incluem as vedações ao tratamento discriminatório entre contribuintes, ao uso do tributo com efeito de confisco, ao tráfego de pessoas ou de bens, à não uniformidade geográfica, à tributação mais gravosa dos rendimentos dos servidores públicos não federais, à tributação mais gravosa da renda dos títulos da dívida pública emitidos por entes subnacionais, às isenções heterônomas e à discriminação de procedência ou destinação de bens e serviços – e os *benefícios fiscais*, de que são espécies as imunidades, as isenções e outros incentivos.

A primeira limitação material ao poder de tributar encontra-se no artigo 150, II, do texto constitucional, que, embora seja referido como a matriz da igualdade tributária, é, mais adequadamente, a sede da *vedação de tratamento discriminatório entre contribuintes*, como se pode extrair do referido dispositivo: é proibido aos entes federados a instituição de tratamento desigual entre contribuintes em situação equivalente, proibidas distinções em razão de ocupação profissional ou função por eles exercida, independentemente da denominação jurídica dos rendimentos, títulos ou direitos. Essa vedação é, geralmente, analisada sob o viés dos benefícios fiscais. O STF, nesse sentido, tem entendido que, quando a discriminação ocorre com fim extrafiscal, para fomentar comportamentos que estimulem, por exemplo, a economia, não há violação ao preceito constitucional, porque admitido pelo constituinte (art. 174).[232] Se não houver essa finalidade, a discriminação em função da

---

[230] Conferir, nesse sentido, a seção 2.

[231] STF, RE 640905, Rel. Min. Luiz Fux, Plenário, j. 15/12/2016, DJe 01/02/2018

[232] STF, RE 402748 AgR e RE 418994 AgR, Rel. Min. Eros Grau, 2ª Turma, j. 22/04/2008, DJe 16/05/2008; STF, RE 405579, Rel. Min. Joaquim Barbosa, Plenário, j. 01/12/2010, DJe 04/08/2011; STF, AC 1109 MC, Rel. p/ Ac. Min. Ayres Britto, Plenário, j. 31/05/2007, DJ 19/10/2007; STF, AI 360461 AgR, Rel. Min. Celso de Mello, 2ª Turma, j. 06/12/2005, DJe 28/03/2008; STF, ADI 1276, Rel. Min. Ellen Gracie, Plenário, j. 28/08/2002, DJ 29/11/2002.

ocupação profissional ou da função exercida é inconstitucional,[233] bem como em razão de ser servidor federal ou dos entes subnacionais.[234] Diferentes os casos em que o contribuinte opta por usufruir de regimes diferenciados de tributação, como a escolha por ser tributado com base no lucro presumido, submetendo-se ao regime cumulativo,[235] ou pelo Simples.[236]

A segunda limitação material encontra-se no artigo 150, IV, da CRFB/1988, que se pode invocar como a sede da *vedação do uso do tributo com efeito de confisco*. Para o Supremo, a proibição em questão representa a interdição constitucional "de qualquer pretensão governamental que possa conduzir, no campo da fiscalidade, à injusta apropriação estatal, no todo ou em parte, do patrimônio ou dos rendimentos dos contribuintes", de maneira a comprometer, "pela insuportabilidade da carga tributária, o exercício do direito a uma existência digna, ou a prática de atividade profissional lícita ou, ainda, a regular satisfação de suas necessidades vitais básicas".[237] Por exemplo, já se decidiu que não é confiscatória a multa moratória, cujo objetivo é sancionar o contribuinte pelo não cumprimento de suas obrigações tributárias, se atingir o patamar de 30%;[238] nem a multa punitiva, cuja função é coibir a prática de ilícitos tributários, arbitrada em até 100% o valor do tributo;[239] ou a perda de bens.[240] No entanto, a grande questão que envolve essa proibição é definir quando haverá efeito de confisco. Segundo o próprio STF, a previsão constitucional encerra uma cláusula aberta, reclamando que o Poder Judiciário avalie os excessos estatais eventualmente praticados caso

---

[233] STF, ADI 4276, Rel. Min. Luiz Fux, Plenário, j. 20/08/2014, DJe 18/09/2014; STF, ADI 3260, Rel. Min. Eros Grau, Plenário; STF, ADJ 3334, Rel. Min. Ricardo Lewandowski, Plenário, j. 17/03/2011, DJe 05/04/2011; STF, AI 157871 AgR, Rel. Min. Octavio Gallotti, 1ª Turma, j. 15/09/1995, DJ 09/02/1996.

[234] STF, ADI 3105, Rel. Min. Cezar Peluso, Plenário, j. 18/08/2004, DJ 18/02/2005; STF, ADI 3188, Rel. Min. Ayres Britto, Plenário, j. 18/10/2006, DJ 17/11/2006.

[235] STF, RE 559937, Rel. p/ Ac. Min. Dias Toffoli, Plenário, j. 20/03/2013, DJe 17/10/2013.

[236] STF, RE 476106 AgR, Rel. Min. Gilmar Mendes, 2ª Turma, j. 01/04/2008, DJe 25/04/2008.

[237] STF, ADI 1075 MC, Rel. Min. Celso de Mello, Plenário, j. 17/06/1998, DJ 24/11/2006; STF, AI 482281 AgR, Rel. Min. Ricardo Lewandowski, 1ª Turma, j. 30/06/2009, DJe 21/08/2009.

[238] STF, RE 582461, Rel. Min. Gilmar Mendes, Plenário, j. 18/05/2011, DJe 18/08/2011 – Tema 214: "(...) III – Não é confiscatória a multa moratória no patamar de 20%"; STF, RE 523471 AgR, Rel. Min. Joaquim Barbosa, 2ª Turma, j. 06/04/2010, DJe 23/04/2010; STF, ARE 637717 AgR, Rel. Min. Luiz Fux,1ª Turma, j. 13/03/2012, DJe 30/03/2012.

[239] STF, AI 851038 AgR, Rel. Min. Roberto Barroso, 1ª Turma, j. 10/02/2015, DJe 12/03/2015; STF, RE 602686 AgR-segundo, Rel. Min. Roberto Barroso, 1ª Turma, j. 09/12/2014, DJe 05/02/2015; STF, RE 241087 AgR, Rel. Min. Eros Grau, 2ª Turma, j. 08/09/2009, DJe 25/09/2009.

[240] STF, AI 173689 AgR, Rel. Min. Marco Aurélio, 2ª Turma, j. 12/03/1996, DJ 26/04/1996.

DIREITOS FUNDAMENTAIS DOS CONTRIBUINTES

a caso,[241] "tomando-se em conta custos, carga tributária global, margens de lucro e condições pontuais do mercado e de conjuntura social e econômica", sendo insuficiente o isolado aumento da alíquota do tributo.[242] Com base nisso, a Corte entende que leis estaduais podem estipular margens mínima e máxima de tributos (emolumentos, custas e taxas judiciárias), bem como a progressividade das alíquotas.[243] De todo modo, assim como no caso da limitação anterior, o Supremo entende que se, em situação que normalmente configuraria o caso de vedação, houver opção do contribuinte, inexistirá confisco, como no caso do depósito judicial de débito tributário.[244]

A terceira limitação é a *vedação à limitação ao tráfego de pessoas ou de bens*, prevista no artigo 150, V, do texto constitucional, nestes termos: é proibido aos entes federados fixar "limitações ao tráfego de pessoas ou bens, por meio de tributos interestaduais ou intermunicipais, ressalvada a cobrança de pedágio pela utilização de vias conservadas pelo Poder Público". O dispositivo estabelece duas regras. A primeira é de que tributos não podem limitar a circulação de pessoas e de bens entre Estados e Municípios, isso, à evidência, deve ser entendido em consonância com os tributos previstos na CRFB/1988, uma vez que o ICMS, por exemplo, onera essa circulação. A intenção do constituinte foi, portanto, vedar a instituição de novos tributos que limitem ou dificultem esse tráfego, que é uma decorrência da liberdade de locomoção (art. 5º, XV). A segunda regra é decorrência disso, porque exclui da vedação o pedágio, que, como firmado pelo STF, não é tributo,[245] ou seja, é possível que, além dos tributos já previstos no texto constitucional, institutos sem natureza tributária limitem a circulação de pessoas e bens, desde que, obviamente, observado o direito de livre locomoção pelo território nacional.

As três primeiras limitações apresentadas são gerais, isto é, valem para todos os entes subnacionais. As cinco próximas, não. As quatro seguintes referem-se apenas à União, de modo que o seu âmbito de aplicação é, como firmou o STF, o das relações das entidades federadas entre si, ou seja, não tem validade nas relações jurídicas com outros países.[246] A última refere-se aos outros três entes subnacionais.

---

[241] STF, ARE 712285 AgR, Rel. Min. Celso de Mello, 2ª Turma, j. 23/04/2013, DJe 28/06/2013.

[242] STF, RE 448432 AgR, Rel. Min. Joaquim Barbosa, 2ª Turma, j. 20/04/2010, DJe 28/05/2010.

[243] STF, ADI 2078, Rel. Min. Gilmar Mendes, Plenário, j. 17/03/2011, DJe 13/04/2011.

[244] STF, ADI 2214 MC, Rel. Min. Maurício Corrêa, Plenário, j. 06/02/2002, DJ 19/04/2002.

[245] STF, ADI 800, Rel. Min. Teori Zavascki, Plenário, j. 11/06/2014, DJe 01/07/2014.

[246] STF, ADI 1600, Rel. Min. Sydney Sanches, Plenário, j. 26/11/2001, DJ 20/06/2003; STF, RE 543943 AgR, Rel. Min. Celso de Mello, 2ª Turma, j. 30/11/2010, DJe 15/02/2011.

A quarta limitação é a *vedação à inexistência de uniformidade geográfica*, cuja previsão se encontra no artigo 151, I, da CRFB/1988: é proibido à União "instituir tributo que não seja uniforme em todo o território nacional ou que implique distinção ou preferência em relação a Estado, ao Distrito Federal ou a Município, em detrimento de outro". Essa regra é excepcionada no próprio inciso, o qual admite a concessão de incentivos fiscais para a promoção do equilíbrio do desenvolvimento socioeconômico entre as diferentes regiões do Brasil. Ainda que não houvesse essa ressalva, a interpretação sistemática do próprio texto constitucional revelaria a possibilidade, diante do objetivo fundamental de reduzir as desigualdades regionais (art. 3º, III), que ganha contornos em dispositivos relacionados com a organização do Estado (art. 43, § 2º) e com a ordem econômica (art. 170, VII). É com fundamento no artigo 151, I, que o STF reconhece a constitucionalidade de isenções concedidas a contribuintes situados na área de atuação da SUDENE e da SUDAM;[247] os incentivos fiscais direcionados para a ZFM, bem como o creditamento de IPI na aquisição direta de insumos dela provenientes;[248] a aplicação de alíquotas diferenciadas sobre certas mercadorias, quando produzidas por estabelecimentos industriais localizados em Estados específicos.[249] Essa diferença de tratamento, que revela uma constitucional ausência de

---

[247] STF, RE 592145, Rel. p/ Ac. Min. Marco Aurélio, Plenário, j. 05/04/2017, DJe 01/02/2018 – Tema 80: "Surge constitucional, sob o ângulo do caráter seletivo, em função da essencialidade do produto e do tratamento isonômico, o artigo 2º da Lei nº 8.393/1991, a revelar alíquota máxima de Imposto sobre Produtos Industrializados – IPI de 18%, assegurada isenção, quanto aos contribuintes situados na área de atuação da Superintendência de Desenvolvimento do Nordeste – SUDENE e da Superintendência de Desenvolvimento da Amazônia – SUDAM, e autorização para redução de até 50% da alíquota, presentes contribuintes situados nos Estados do Espírito Santo e do Rio de Janeiro".

[248] STF, RE 592891, Rel. Min. Rosa Weber, Plenário, j. 25/04/2019, DJe 20/09/2019 – Tema 322: "Há direito ao creditamento de IPI na entrada de insumos, matéria-prima e material de embalagem adquiridos junto à Zona Franca de Manaus sob o regime de isenção, considerada a previsão de incentivos regionais constante do art. 43, § 2º, III, da Constituição Federal, combinada com o comando do art. 40 do ADCT".

[249] STF, RE 592145, Rel. p/ Ac. Min. Marco Aurélio, Plenário, j. 05/04/2017, DJe 01/02/2018 – Tema 80: "Surge constitucional, sob o ângulo do caráter seletivo, em função da essencialidade do produto e do tratamento isonômico, o artigo 2º da Lei nº 8.393/1991, a revelar alíquota máxima de Imposto sobre Produtos Industrializados – IPI de 18%, assegurada isenção, quanto aos contribuintes situados na área de atuação da Superintendência de Desenvolvimento do Nordeste – SUDENE e da Superintendência de Desenvolvimento da Amazônia – SUDAM, e autorização para redução de até 50% da alíquota, presentes contribuintes situados nos Estados do Espírito Santo e do Rio de Janeiro"; STF, AI 630997 AgR, Rel. Min. Eros Grau, 2ª Turma, j. 24/04/2007, DJ 18/05/2007.

uniformidade geográfica de tributos federais, embora vincule o seu motivo ao objetivo de debelar desigualdades regionais, revela uma concessão discricionária de benesses fiscais, não cabendo ao Poder Judiciário, como firmado pelo STF, estendê-las, ao argumento da isonomia, a contribuintes não contemplados pela lei.[250]

A quinta limitação é a *vedação à tributação mais gravosa dos rendimentos de servidores estaduais e municipais*, na forma do artigo 151, II, *in fine*, da CRFB/1988. Essa proibição fundamenta-se na vedação ao tratamento discriminatório entre contribuintes (art. 150, II), revelando-se verdadeira especificação dela. O propósito do constituinte foi o de vetar que houvesse distinção na aplicação dos tributos incidentes sobre a renda e os proventos dos servidores públicos, sejam eles federais, estaduais, distritais ou municipais. Portanto, não há alíquotas nem bases de cálculo diferenciadas, assim como não podem ser concedidos benefícios fiscais sobre a renda e proventos de servidores públicos.

A sexta limitação é a *vedação à tributação mais gravosa da renda dos títulos de dívida pública emitidos por entes subnacionais*, na forma da parte inicial do artigo 151, II, do texto constitucional: é proibido à União "tributar a renda das obrigações da dívida pública dos Estados, do Distrito Federal e dos Municípios (...) em níveis superiores aos que fixar para suas obrigações".

A sétima limitação é a *vedação às isenções heterônomas*, conforme disposto no artigo 150, III, da CRFB/1988: é proibido à União "instituir isenções de tributos da competência dos Estados, do Distrito Federal ou dos Municípios", à exceção, obviamente, de isenções sobre impostos estaduais e municipais pertencentes a Territórios Federais, na forma do artigo 147. Além dessa exceção, constante do texto constitucional, o STF entende que não há violação ao preceito no caso das isenções firmadas pela República Federativa do Brasil em sede de tratados e convenções internacionais;[251] da lista de serviços sujeitos ao ISS prevista em lei complementar federal.[252] Por fim, sublinhe-se que a vedação tolhe tão somente as isenções estabelecidas pelo legislador infraconstitucional, ou seja, os casos de imunidade e mesmo os

---

[250] STF, RE 344331, Rel. Min. Ellen Gracie, 1ª Turma, j. 11/02/2003, DJ 14/03/2003.

[251] STF, RE 543943 AgR, Rel. Min. Celso de Mello, 2ª Turma, j. 30/11/2010, DJe 15/02/2011; STF, RE 229096, Rel. p/ Ac. Min. Cármen Lúcia, Plenário, j. 16/08/2007, DJe 11/04/2008; STF, AI 235708 AgR, Rel. Min. Gilmar Mendes, 2ª Turma, j. 24/08/2010, DJe 17/09/2010.

[252] STF, RE 361829, Rel. Min. Carlos Velloso, 2ª Turma, j. 13/12/2005, DJ 24/02/2006; STF, AR 2105 AgR-segundo, Rel. Min. Ricardo Lewandowski, Plenário, j. 19/09/2013, DJe 16/10/2013.

de não-incidência e isenção firmados no texto constitucional não estão abrangidos pela proibição.[253]

A oitava, e última, limitação é a *vedação à discriminação em função da procedência ou destino de bens e serviços*, como previsto no artigo 152 da CRFB/1988: "é vedado aos Estados, ao Distrito Federal e aos Municípios estabelecer diferença tributária entre bens e serviços, de qualquer natureza, em razão de sua procedência ou destino". Isso quer dizer que o constituinte não só proibiu as distinções em razão do local em que localizado o estabelecimento do contribuinte, como também daquele onde produzida a mercadoria.[254] A aludida vedação exclui, segundo entende o STF, a possibilidade de "fixação de reserva de mercado a prestadores domiciliados em determinado Estado--membro como requisito para a fruição de regime tributário favorecido e de acesso a investimentos públicos", uma vez que é injustificável "a discriminação em razão da origem ou do destino com base na redução das desigualdades regionais, porquanto arrosta o mercado único e indiferenciado do ponto de vista tributário, reflexo da própria soberania nacional e da unidade política e econômica da República".[255]

As oito vedações confirmam a proposta geral da *igualdade tributária*: inibir a existência de tratamento diferenciado injustificável. Como visto, em determinados casos autoriza-se a discriminação. Essas hipóteses de discriminação positiva encartam-se sob o gênero dos benefícios fiscais, dos quais são espécies as imunidades, isenções e outros incentivos.

O primeiro benefício é formado pelo grupo das *imunidades tributárias*, embora a sua matriz seja geralmente apontada como o artigo 150, VI, do texto constitucional, existem na CRFB/1988 outras previsões. É importante ressaltar que tão somente o constituinte nacional pode reconhecer esse tipo de benefício fiscal, de maneira que, reconhecida uma imunidade, o legislador complementar deverá regular os aspectos materiais, podendo o legislador ordinário regular tão somente os aspectos procedimentais necessários para a verificação do atendimento das finalidades constitucionais da regra imunizante.[256] Nesse sentido, as imunidades são formas qualificadas de não-incidência, ou seja, existem tanto a competência tributária quanto o tributo, mas, embora aquela possa ser exercida, este não pode incidir.

---

[253] STF, RE 170412, Rel. Min. Carlos Velloso, 2ª Turma, j. 24/09/1996, DJ 13/12/1996.
[254] STF, ADI 3984, Rel. Min. Luiz Fux, Plenário, j. 30/08/2019, DJe 23/09/2019.
[255] STF, ADI 5472, Rel. Min. Edson Fachin, Plenário, j. 01/08/2018, DJe 14/08/2018.
[256] STF, ADI 1802, Rel. Min. Dias Toffoli, Plenário, j. 12/04/2018, DJe 03/05/2018.

Elas se distinguem da isenção e da alíquota zero, que também são tipos de benefícios fiscais, ambos de matriz infraconstitucional e que não se qualificam como hipóteses de não-incidência, porque a isenção implica na exclusão do crédito tributário (dispensa do pagamento) e a alíquota zero implica na inexistência de valor a ser cobrado, porque qualquer número multiplicado por zero resulta nulo. Com esses esclarecimentos, pode-se tratar de cada uma das imunidades previstas no texto constitucional.

O primeiro grupo de imunidades é o daquelas que inibem a incidência de *impostos* nas hipóteses descritas no artigo 150, VI, da CRFB/1988. A propósito, o STF firmou que, no caso desse dispositivo, todas as imunidades se referem apenas aos impostos, não podendo ser invocadas na hipótese de outras espécies tributárias.[257] Esse grupo é formado por cinco imunidades distintas, que podem ser separadas em dois conjuntos. No primeiro conjunto, estão as imunidades quanto a impostos sobre patrimônio, renda ou serviços das entidades listadas nas alíneas "a", "b" e "c", que podem ser classificadas, embora o nome não seja o melhor, como imunidades subjetivas. No segundo conjunto, estão as duas imunidades culturais previstas nas letras "d" e "e".

As imunidades subjetivas apresentam quatro aspectos em comum. O primeiro é o de que o benefício somente se aplica a imposto incidente sobre patrimônio, renda ou serviço das entidades listadas pelo constituinte, ou seja, elas devem ser contribuintes de direito desses impostos, porque a imunidade não atinge os contribuintes de fato,[258] sendo irrelevante a repercussão econômica do tributo envolvido.[259] O segundo aspecto é o de que existe para as entidades arroladas nos dispositivos a presunção constitucional de que o seu patrimônio está afetado a destinação compatível com seus objetivos e finalidades institucionais, de modo que a imunidade somente pode ser afastada se a administração tributária produzir prova em contrário.[260]

---

[257] STF, ADI 2024, Rel. Min. Sepúlveda Pertence, Plenário, j. 03/05/2007, DJ 22/06/2007; STF, RE 831381 AgR-AgR, Rel. Min. Roberto Barroso, 1ª Turma, j. 09/03/2018, DJe 21/03/2018.

[258] STF, AI 671412 AgR, Rel. Min. Eros Grau, 2ª Turma, j. 01/04/2008, DJe 25/04/2008; STF, AI 736607 AgR, Rel. Min. Ayres Britto, 2ª Turma, j. 16/08/2011, DJe 19/10/2011; STF, RE 491574 AgR, Rel. Min. Marco Aurélio, 1ª Turma, j. 21/08/2012, DJe 06/09/2012.

[259] STF, RE 608872, Rel. Min. Dias Toffoli, Plenário, j. 23/02/2017, DJe 27/09/2017 – Tema 342: "A imunidade tributária subjetiva aplica-se a seus beneficiários na posição de contribuinte de direito, mas não na de simples contribuinte de fato, sendo irrelevante para a verificação da existência do beneplácito constitucional a repercussão econômica do tributo envolvido".

[260] STF, AI 746263 AgR-ED, Rel. Min. Dias Toffoli, 1ª Turma, j. 12/11/2013, DJe 16/12/2013; STF, RE 470520, Rel. Min. Dias Toffoli, 1ª Turma, j. 17/09/2013, DJe 21/11/2013; STF, AI 579096 AgR, Rel. Min. Joaquim Barbosa, 2ª Turma, j. 17/05/2011, DJe 03/06/2011; STF, RE 635012,

O terceiro é o de que a imunidade é intransferível, de modo que se uma das entidades imunes transfere imóvel seu a não-beneficiário, este não se tornará imune;[261] como, aliás, reconhece o constituinte na parte final do § 3º do artigo 150. O quarto e último aspecto é o de que a imunidade é originária, ou seja, se uma pessoa imune suceder outra não imune, não incidirá a imunidade quanto às obrigações tributárias que se refiram a fatos geradores ocorridos antes da sucessão.[262] Estabelecido isso, cumpre passar à análise das três imunidades desse conjunto.

A primeira é a *imunidade recíproca*, a qual consiste na vedação aos entes federados de "instituir impostos sobre patrimônio, renda ou serviços, uns dos outros" (art. 150, VI, a). Trata-se de imunidade cujo esteio é a garantia da Federação,[263] sendo necessário observar que ela incide tão somente nos impostos sobre patrimônio, renda ou serviços de pessoas específicas e desde que vinculados a suas finalidades essenciais ou às delas decorrentes, isto é, no caso de os entes federados cederem[264] ou arrendarem[265] seus bens a pessoas jurídicas de direito privado que explorem atividade econômica com fins lucrativos, não haverá imunidade. Mas, a teor do texto constitucional e da interpretação do Supremo não são apenas os entes federados que usufruem desse tipo de imunidade.

A CRFB/1988 (art. 150, §§ 2º e 4º) inclui, ainda, como beneficiárias da imunidade as fundações instituídas e mantidas pelo Poder Público, as

---

Rel. Min. Dias Toffoli, dec. mono., j. 07/02/2013, DJe 14/02/2013; STF, RE 475268 AgR, Rel. Min. Ellen Gracie, 2ª Turma, j. 22/02/2011, DJe 15/03/2011; STF, ARE 800395 AgR, Rel. Min. Roberto Barroso, 1ª Turma, j. 28/10/2014, DJe 14/11/2014.

[261] Súmula 583/STF: "Promitente comprador de imóvel residencial transcrito em nome de autarquia é contribuinte do IPTU".

[262] STF, RE 599176, Rel. Min. Joaquim Barbosa, Plenário, j. 05/06/2014, DJe 30/10/2014 – Tema 224: "A imunidade tributária recíproca não exonera o sucessor das obrigações tributárias relativas aos fatos jurídicos tributários ocorridos antes da sucessão"; STF, RE 202987, Rel. Min. Joaquim Barbosa, 2ª Turma, j. 30/06/2009, DJe 25/09/2009; STF, RE 446530 AgR, Rel. Min. Ricardo Lewandowski, 2ª Turma, j. 29/05/2012, DJe 13/06/2012.

[263] STF, ADI 939, Rel. Min. Sydney Sanches, Plenário, j. 15/12/1993, DJ 18/03/1994.

[264] STF, RE 601720, Rel. p/ Ac. Min. Marco Aurélio, Plenário, j. 19/04/2017, DJe 05/09/2017 – Tema 437: "Incide o IPTU, considerado imóvel de pessoa jurídica de direito público cedido a pessoa jurídica de direito privado, devedora do tributo".

[265] STF, RE 594015, Rel. Min. Marco Aurélio, Plenário, j. 06/04/2017, DJe 25/08/2017 – Tema 385: "A imunidade recíproca, prevista no art. 150, VI, a, da Constituição não se estende a empresa privada arrendatária de imóvel público, quando seja ela exploradora de atividade econômica com fins lucrativos. Nessa hipótese é constitucional a cobrança do IPTU pelo Município".

DIREITOS FUNDAMENTAIS DOS CONTRIBUINTES

autarquias, como o Incra,[266] as entidades autárquicas,[267] e também empresas públicas prestadoras de inequívoco serviço público, desde que não distribuam, direta ou indiretamente, lucros ou resultados para os particulares, ou tenham por objetivo principal conceder acréscimo patrimonial ao Poder Público e não desempenhem atividade econômica, entre outros requisitos constitucionais e legais.[268] Com base nesses dispositivos, o Supremo considera, também, no rol os bens e os direitos que integram o patrimônio de fundos e de pessoas jurídicas, sujeitas a regime jurídico privado, que satisfaçam os objetivos institucionais imanentes ao ente federado, cuja tributação colocaria em risco a respectiva autonomia política, atuando como instrumentalidade estatal, em observância aos princípios da livre concorrência e do exercício de atividade profissional ou econômica lícita, devendo haver a indicação precisa se a atividade satisfaz primordialmente a interesse público primário.[269] Assim, pode-se afirmar que a imunidade recíproca abrange, também, o patrimônio de fundos ligados a programas do governo;[270] das Caixas de Assistência dos Advogados;[271] da Casa da Moeda do Brasil;[272] da Infraero;[273] dos Correios, mesmo quando não explorado o serviço postal;[274] de sociedades de economia

[266] STF, RE 242827, Rel. Min. Menezes Direito, 1ª Turma, j. 02/09/2008, DJe 24/10/2008; STF, RE 248824 AgR, Rel. Min. Cármen Lúcia, 1ª Turma, j. 13/10/2009, DJe 13/11/2009.

[267] STF, AI 495774 AgR, Rel. Min. Sepúlveda Pertence, 1ª Turma, j. 29/06/2004, DJ 13/08/2004; STF, RE 475268 AgR, Rel. Min. Ellen Gracie, 2ª Turma, j. 22/02/2001, DJe 15/03/2011.

[268] STF, RE 399307 AgR, Rel. Min. Joaquim Barbosa, 2ª Turma, j. 16/03/2010, DJe 30/04/2010; STF, RE 672187 AgR, Rel. Min. Cézar Peluso, 2ª Turma, j. 27/03/2012, DJe 23/04/2012.

[269] STF, RE 253472, Rel. p/ Ac. Min. Joaquim Barbosa, Plenário, j. 25/08/2010, DJe 01/02/2011; STF, RE 458164 AgR, Rel. Min. Celso de Mello, 2ª Turma, j. 21/06/2011, DJe 23/08/2011.

[270] STF, RE 928902, Rel. Min. Alexandre de Moraes, Plenário, j. 17/10/2018, DJe 12/09/2019 – Tema 884: "Os bens e direitos que integram o patrimônio do fundo vinculado ao Programa de Arrendamento Residencial – PAR, criado pela Lei 10.188/2001, beneficiam-se da imunidade tributária prevista no art. 150, VI, a, da Constituição Federal".

[271] STF, RE 405267, Rel. Min. Edson Fachin, Plenário, j. 06/09/2018, DJe 18/10/2018.

[272] STF, RE 610517 AgR, Rel. Min. Celso de Mello, 2ª Turma, j. 03/06/2014, DJe 23/06/2014.

[273] STF, ARE 638315, Rel. Min. Cezar Peluso, Plenário, j. 09/06/2011, DJe 31/08/2011 – Tema 412: "A Empresa Brasileira de Infraestrutura Aeroportuária – INFRAERO, empresa pública prestadora de serviço público, faz jus à imunidade recíproca prevista no art. 150, VI, a, da Constituição Federal".

[274] STF, RE 627051, Rel. Min. Dias Toffoli, Plenário, j. 12/11/2014, DJe 11/02/2015 – Tema 402: "Não incide o ICMS sobre o serviço de transporte de encomendas realizado pela Empresa Brasileira de Correios e Telégrafos – ECT, tendo em vista a imunidade recíproca prevista no art. 150, VI, a, da Constituição Federal"; STF, RE 601392, Rel. p/ Ac. Min. Gilmar Mendes, Plenário, j. 28/02/2013, DJe 05/06/2013 – Tema 235: "Os serviços prestados pela Empresa Brasileira de Correios e Telégrafos – ECT, inclusive aqueles em que a empresa não age em regime de

mista prestadoras de serviços públicos de saúde, cujo capital social majoritário seja estatal,[275] bem como daquelas que prestem serviços públicos de água e esgoto;[276] da OAB, porque desempenha atividade própria de Estado;[277] e de pessoas jurídicas delegatárias de serviços portuários.[278]

A segunda *imunidade* consiste na vedação de os entes federados instituírem impostos sobre o patrimônio, a renda e os serviços, relacionados com as finalidades essenciais *dos templos de qualquer culto* (art. 150, VI, b e § 4º). Trata-se de imunidade que se relaciona com a liberdade religiosa, de modo que o Supremo reconheceu a necessidade de que se interprete a expressão "templos de qualquer culto" para abranger somente locais em que se professe religião, o que não inclui as lojas maçônicas,[279] mas inclui todos os prédios destinados, de alguma forma, ao culto, como os cemitérios.[280] Ademais, o STF firmou o entendimento de que também são imunes as rendas decorrentes do aluguel de imóveis de propriedade dessas entidades,[281] desde que aplicadas em suas finalidades institucionais.

A terceira e última *imunidade* desse conjunto abrange os impostos de competência dos entes federados que poderiam incidir sobre *patrimônio, renda ou serviços,* desde que relacionados com os fins essenciais das seguintes entidades: os *partidos políticos e suas fundações,* os *sindicatos de trabalhadores,* as *instituições de educação* e as *instituições de assistência social* (art. 150, VI, c e § 4º). Ao final da alínea *c,* há duas limitações, uma de que as entidades sejam sem fins lucrativos, outra de que sejam observados os requisitos legais. O adequado entendimento a respeito desse benefício divide-se em dois

---

monopólio, estão abrangidos pela imunidade tributária recíproca (CF, art. 150, VI, a e §§ 2º e 3º)"; STF, RE 773992, Rel. Min. Dias Toffoli, Plenário, j. 15/10/2014, DJe 19/02/2015 – Tema 644: "A imunidade tributária recíproca reconhecida à Empresa Brasileira de Correios e Telégrafos – ECT alcança o IPTU incidente sobre imóveis de sua propriedade e por ela utilizados, não se podendo estabelecer, a priori, nenhuma distinção entre os imóveis afetados ao serviço postal e aqueles afetados à atividade econômica".

[275] STF, RE 580264, Rel. p/ Ac. Min. Ayres Britto, Plenário, j. 16/12/2010, DJe 06/10/2011.

[276] STF, RE 631309 AgR, Rel. Min. Ayres Britto, 2ª Turma, j. 27/03/2012, DJe 26/04/2016.

[277] STF, RE 259976 AgR, Rel. Min. Joaquim Barbosa, 2ª Turma, j. 23/03/2010, DJe 30/04/2010.

[278] STF, RE 253394, Rel. Min. Ilmar Galvão, 1ª Turma, j. 26/11/2002, DJ 11/04/2003; STF, RE 457643 AgR, Rel. Min. Ricardo Lewandowski, 1ª Turma, j. 09/11/2010, DJe 30/11/2010.

[279] STF, RE 562351, Rel. Min. Ricardo Lewandowski, 1ª Turma, j. 04/09/2012, DJe 14/12/2012.

[280] STF, RE 578562, Rel. Min. Eros Grau, Plenário, j. 21/05/2008, DJe 12/09/2008.

[281] STF, RE 325822, Rel. p/ Ac. Min. Gilmar Mendes, Plenário, j. 18/12/2002, DJ 14/05/2004; STF, ARE 658080 AgR, Rel. Min. Luiz Fux, 1ª Turma, j. 13/12/2011, DJe 15/02/2012; STF, AI 690712 AgR, Rel. Min. Ricardo Lewandowski, 1ª Turma, j. 23/06/2009, DJe 14/08/2009; STF, AI 651138 AgR, Rel. Min. Eros Grau, 2ª Turma, j. 26/06/2007, DJ 17/08/2007.

aspectos. O primeiro é saber se há reserva de lei complementar para estabelecer quais os requisitos legais a serem cumpridos. O STF entende que os aspectos procedimentais (certificação, fiscalização, controle administrativo) podem ser dispostos por lei ordinária, mas não os aspectos materiais (modo de atuação, existência de contrapartidas), os quais dependem de lei complementar.[282]

O segundo aspecto esclarece o significado e a quais entidades se aplica a expressão "sem fins lucrativos". Conforme o Supremo, a locução determina que todo o patrimônio dessas entidades está imune, tanto os bens imóveis ociosos temporariamente,[283] quanto os valores obtidos pela exploração econômica do patrimônio (aluguel de imóveis, aplicação financeira etc.), desde que, neste caso, sejam aplicados nas atividades para as quais as entidades foram constituídas.[284] Nesse sentido, as operações, realizadas por entidade de assistência social, para a aquisição de mercadorias utilizadas na prestação de seus serviços específicos estão imunes ao ICMS, seja por importação,[285] seja em compras no mercado interno.[286] O STF lista alguns casos em que não há direito à imunidade, como o caso das entidades fechadas de previdência social privada que contam com a contribuição dos beneficiários,[287] devido à ausência da universalidade e da generalidade da prestação, que caracterizam os órgãos de assistência social;[288] das colônias de férias mantidas por sindicatos;[289] das vendas de bens fabricados por entidades de assistência

---

[282] STF, ADI 1802, Rel. Min. Dias Toffoli, Plenário, j. 12/04/2018, DJe 03/05/2018.

[283] STF, RE 767332, Rel. Min. Gilmar Mendes, Plenário, j. 31/10/2013, DJe 22/11/2013 – Tema 693: "A imunidade tributária prevista no art. 150, VI, c, da CF/88 aplica-se aos bens imóveis, temporariamente ociosos, de propriedade das instituições de educação e de assistência social sem fins lucrativos que atendam os requisitos legais"; STF, RE 470520, Rel. Min. Dias Toffoli, 1ª Turma, j. 17/09/2013, DJe 21/11/2013.

[284] Súmula Vinculante 52: "Ainda quando alugado a terceiros, permanece imune ao IPTU o imóvel pertencente a qualquer das entidades referidas pelo art. 150, VI, c, da CF, desde que o valor dos aluguéis seja aplicado nas atividades para as quais tais entidades foram constituídas"; STF, RE 241090, Rel. Min. Moreira Alves, 1ª Turma, j. 26/02/2002, DJ 26/04/2002; STF, RE 454753 AgR, Rel. Min. Joaquim Barbosa, 2ª Turma, j. 20/04/2010, DJe 28/05/2010.

[285] STF, AI 669257 AgR, Rel. Min. Ricardo Lewandowski, 1ª Turma, j. 17/03/2009, DJe 17/04/2009; STF, AI 621506 AgR, Rel. Min. Dias Toffoli, 1ª Turma, j. 07/02/2012, DJe 15/03/2012.

[286] STF, AI 535922 AgR, Rel. Min. Ellen Gracie, 2ª Turma, j. 30/09/2008, DJe 14/11/2008.

[287] Súmula 730/STF: "A imunidade tributária conferida a instituições de assistência social sem fins lucrativos pelo art. 150, VI, c, da Constituição, somente alcança as entidades fechadas de previdência social privada se não houver contribuição dos beneficiários".

[288] STF, RE 202700, Rel. Min. Maurício Corrêa, Plenário, j. 08/11/2001, DJ 01/03/2002; STF, RE 127584 EDv, Rel. Min. Joaquim Barbosa, Plenário, j. 15/10/2008, DJe 14/11/2008.

[289] STF, RE 245093 AgR, Rel. Min. Sepúlveda Pertence, 1ª Turma, j. 14/11/2006, DJ 07/12/2006.

social, no caso de ICMS, uma vez que esse tributo repercute diretamente no consumidor, não no contribuinte de direito, de modo que não atinge o seu patrimônio, não desfalca suas rendas, nem reduz a eficácia dos serviços desse tipo de entidade.[290]

As *imunidades culturais*, também chamadas objetivas, porque não alcançam impostos de natureza pessoal,[291] abrangem os casos em que essa espécie tributária incide sobre os fonogramas e os videogramas musicais produzidos no Brasil e sobre os livros, jornais, periódicos e o papel destinado à sua impressão. Para a primeira imunidade cultural (alínea *e* do art. 150), porquanto o STF não tenha ainda interpretado a alínea, convém esclarecer que o constituinte derivado fez duas limitações: a primeira é a de que o conteúdo tem de ser, necessariamente, de obras musicais ou literomusicais de autores brasileiros e/ou obras em geral de intérpretes brasileiros; e a segunda é a de que a imunidade recais sobre os suportes materiais e/ou os arquivos digitais que contenham essas obras, mas não sobre a replicação industrial (isto é, a gravação) dessas obras em mídias reproduzíveis. No que se refere à segunda imunidade cultural (alínea *d* do art. 150), o STF firmou seus contornos, de modo que estão abrangidos "filmes e papéis fotográficos necessários à publicação de jornais e periódicos";[292] "componentes eletrônicos destinados, exclusivamente, a integrar unidade didática com fascículos" periódicos impressos;[293] livros eletrônicos (*e-books*) e os suportes exclusivamente utilizados para fixá-los;[294] álbuns de figurinhas;[295] materiais assimiláveis a papel, como filmes para a produção de capas de livros;[296] apostilas;[297]

---

[290] STF, RE 191067, Rel. Min. Moreira Alves, 1ª Turma, j. 26/10/1999, DJ 03/12/1999.

[291] STF, RE 628122, Rel. Min. Gilmar Mendes, Plenário, j. 19/06/2013, DJe 30/09/2013 – Tema 209: "

[292] Súmula 657/STF: "A imunidade prevista no art. 150, VI, *d*, da CF abrange os filmes e papéis fotográficos necessários à publicação de jornais e periódicos".

[293] STF, RE 595676, Rel. Min. Marco Aurélio, Plenário, j. 08/03/2017, DJe 18/12/2017 – Tema 259: "A imunidade da alínea d do inciso VI do artigo 150 da Constituição Federal alcança componentes eletrônicos destinados, exclusivamente, a integrar unidade didática com fascículos".

[294] STF, RE 330817, Rel. Min. Dias Toffoli, Plenário, j. 08/03/2017, DJe 31/08/2017 – Tema 593: "A imunidade tributária constante do art. 150, VI, d, da CF/88 aplica-se ao livro eletrônico (e-book), inclusive aos suportes exclusivamente utilizados para fixá-lo".

[295] STF, RE 221239, Rel. Min. Ellen Gracie, 2ª Turma, j. 25/05/2004, DJ 06/08/2004; STF, RE 179893, Rel. Min. Menezes Direito, 1ª Turma, j. 15/04/2008, DJe 30/05/2008.

[296] STF, RE 392221, Rel. Min. Carlos Velloso, 2ª Turma, j. 18/05/2004, DJ 11/06/2004; STF, AI 597746 AgR, Rel. Min. Sepúlveda Pertence, 1ª Turma, j. 14/11/2006, DJ 07/12/2006.

[297] STF, RE 183403, Rel. Min. Marco Aurélio, 2ª Turma, j. 07/11/2000, DJ 04/05/2001.

listas telefônicas, ainda que veiculem, também, anúncios de publicidade.[298] Todavia, cumpre dizer que, para o STF, essas regras imunizantes devem ser interpretadas restritamente, inexistindo, por isso, imunidade relativa a impostos sobre a importação de tintas e chapas de gravação destinadas à publicação de jornais, revistas e periódicos;[299] a prestação de serviços por empresas que distribuem, transportam ou entregam livros, jornais, periódicos e o papel destinado à sua impressão;[300] a prestação de serviços de composição gráfica necessários à composição do produto final;[301] encartes de propaganda.[302]

O segundo grupo de imunidades abrange aquelas que se encontram espalhadas no texto constitucional, que se referem a variadas espécies tributárias e que se caracterizam por se referirem a situações específicas. Assim, são imunes ao pagamento de: (i) *taxas*, o direito de petição aos Poderes públicos, em defesa de direitos ou contra ilegalidade ou abuso de poder (art. 5º, XXXIV, *a*), inclusive nos casos de reclamação,[303] de acordo com as normas processuais infraconstitucionais regentes;[304] (ii) *taxas*, a obtenção de certidões em repartições públicas, para defesa de direitos e também para o esclarecimento de situações de interesse pessoal (art. 5º, XXXIV, *b*), não abrangendo informações que envolvam terceiros, sob pena de expô-los a riscos previsíveis e ferir a sua privacidade,[305] ressalvado o pedido que abrange uma coletividade, como no caso dos direitos individuais homogêneos;[306] (iii) *contribuições sociais* e *contribuições interventivas* sobre as receitas decorrentes

---

[298] STF, RE 199183, Rel. Min. Marco Aurélio, 2ª turma, j. 17/04/1998, J 12/06/1998; STF, AI 663747 AgR, Rel. Min. Joaquim Barbosa, 2ª Turma, j. 06/04/2010, DJe 30/04/2010.

[299] STF, AI 735816 AgR, Rel. Min. Alexandre de Moraes, 1ª Turma, j. 23/03/2018, DJe 11/04/2018.

[300] STF, RE 530121 AgR, Rel. Min. Ricardo Lewandowski, 1ª Turma, j. 09/11/2010, DJe 29/03/2011; STF, RE 630462 AgR, Rel. Min. Ayres Britto, 2ª Turma, j. 07/02/2012, DJe 07/03/2012.

[301] STF, RE 230782, Rel. Min. Ilmar Galvão, 1ª Turma, j. 13/06/2000, DJ 10/11/2000; STF, RE 434826 AgR, Rel. p/ Ac. Min. Celso de Mello, 2ª Turma, j. 19/11/2013, DJe 12/12/2013.

[302] STF, RE 213094, Rel. Min. Ilmar Galvão, 1ª Turma, j. 03/08/1999, DJ 15/10/1999.

[303] STF, ADI 2212, Rel. Min. Ellen Gracie, Plenário, j. 02/10/2003, DJ 14/11/2003; STF, RE 405031, Rel. Min. Marco Aurélio, Plenário, j. 15/10/2008, DJe 17/04/2009.

[304] STF, AI 258910 AgR, Rel. Min. Octavio Gallotti, 1ª Turma, j. 06/06/2000, DJ 18/08/2000; STF, AI 258867 AgR, Rel. Min. Celso de Mello, 2ª Turma, j. 26/09/2000, DJ 02/02/2001; STF, RE 233582, Rel. p/ Ac. Min. Joaquim Barbosa, Plenário, j. 16/08/2007, DJe 16/05/2008; STF, RE 469600 AgR, Rel. Min. Cármen Lúcia, 1ª Turma, j. 08/02/2011, DJe 03/03/2011.

[305] STF, AI 739338 AgR, Rel. Min. Roberto Barroso, 1ª Turma, j. 16/03/2018, DJe 06/04/2018.

[306] STF, RE 472489 AgR, Rel. Min. Celso de Mello, 2ª Turma, j. 29/04/2008, DJe 29/08/2008; STF, 167118 AgR, Rel. Min. Joaquim Barbosa, 2ª Turma, j. 20/04/2010, DJe 28/05/2010.

de exportação (art. 149, § 2º, I),[307] como a contribuição para o PIS e a COFINS,[308] não alcançando a CSLL;[309] (iv) *imposto sobre produtos industrializados* destinados ao exterior (art. 153, § 3º, III); (v) *ITR* sobre as pequenas glebas rurais, conforme definição em lei, quando as explore o proprietário que não possua outro imóvel (art. 153, § 4º, II); (vi) *todos os outros tributos*,[310] à exceção do IOF, quando o ouro for definido em lei como ativo financeiro ou como instrumento cambial (arts. 153, § 5º, e 155, § 2º, X, *c*); (vii) *ICMS* sobre todas as operações que contribuíram para a exportação, independentemente da natureza da moeda empregada, de mercadoriaspara o exterior,[311] à exceção de produtos semielaborados,[312] bem como sobre os serviços prestados para destinatários no exterior (art. 155, § 2º, X, *a*), podendo lei complementar excluir também outros serviços e produtos destinados ao exterior (art. 155, § 2º, XII, *e*); (viii) *ICMS*, pelos Estados de origem,[313] sobre operações que destinem a outros Estados petróleo, lubrificantes, combustíveis líquidos e gasosos dele derivados, e energia elétrica (art. 155, § 2º, X, *b*), não abrangendo as operações de bombeamento e tancagem;[314] (ix) *ICMS* sobre as prestações de serviços de comunicação nas modalidades de radiodifusão sonora e de sons e imagens de recepção livre e gratuita (art. 155, § 2º, X, *d*); (x) *todos os outros impostos*,[315] à exceção de ICMS, II e IE, sobre as operações relativas a energia elétrica, serviços de telecomunicações, derivados de petróleo, combustíveis e minerais do País (art. 155, § 3º), de modo que outras espécies

---

[307] STF, RE 566259, Rel. Min. Ricardo Lewandowski, Plenário, j. 12/08/2010, DJe 24/09/2010 – Tema 52: "A imunidade tributária prevista no art. 149, § 2º, I, da Constituição Federal é restrita às contribuições sociais e de intervenção no domínio econômico incidentes sobre as receitas decorrentes de exportação. Não contempla, assim, a CPMF, cuja hipótese de incidência – movimentações financeiras – não se confunde com receitas".

[308] STF, RE 627815, Rel. Min. Rosa Weber, Plenário, j. 23/05/2013, DJe 01/10/2013 – Tema 329: "É inconstitucional a incidência da contribuição ao PIS e da COFINS sobre a receita decorrente da variação cambial positiva obtida nas operações de exportação de produtos".

[309] STF, RE 564413, Rel. Min. Marco Aurélio, Plenário, j. 12/08/2010, DJe 06/12/2010 – Tema 8: "A Contribuição Social sobre o Lucro Líquido – CSLL incide sobre o lucro decorrente das exportações. A imunidade prevista no artigo 149, § 2º, inciso I, da Constituição Federal, com a redação dada pela Emenda Constitucional nº 33/2001, não o alcança".

[310] STF, RE 190363, Rel. Min. Carlos Velloso, Plenário, j. 13/05/1998, DJ 12/06/1998; STF, RE 181849 AgR, Rel. Min. Dias Toffoli, 1ª Turma, j. 08/05/2012, DJe 28/05/2012.

[311] STF, RE 248499, Rel. Min. Cezar Peluso, 2ª Turma, j. 27/10/2009, DJe 20/11/2009.

[312] STF, RE 205634, Rel. Min. Maurício Corrêa, Plenário, j. 07/08/1997, DJ 15/12/2000.

[313] STF, RE 190992 AgR, Rel. Min. Ilmar Galvão, 1ª Turma, j. 12/11/2002, DJ 19/12/2002; STF, RE 338681 AgR-ED, Rel. Min. Carlos Velloso, 2ª Turma, j. 06/12/2005, DJ 03/02/2006.

[314] STF, RE 358956, Rel. p/ Ac. Min. Gilmar Mendes, 2ª Turma, j. 20/09/2005, DJe 27/06/2008.

[315] STF, RE 170784, Rel. Min. Nelson Jobim, 2ª Turma, j. 14/03/2006, DJ 04/08/2006.

tributárias podem incidir, como a COFINS, a contribuição para o PIS e o Finsocial;[316] (xi) *ITBI* sobre a transmissão de bens ou direitos incorporados ao patrimônio de pessoa jurídica em realização de capital (art. 156, § 2º, I, 1ª parte); (xii) *ITBI* sobre a transmissão de bens ou direitos decorrente de fusão, incorporação, cisão ou extinção de pessoa jurídica, salvo se a atividade preponderante do adquirente for a compra e venda desses bens ou direitos, a locação de bens imóveis ou o arrendamento mercantil (art. 156, § 2º, I, 2ª parte); (xiii) *ISS* sobre as exportações de serviços para o exterior (art. 156, § 3º, II); (xiv) *todos os impostos*, as operações relativas aos títulos da dívida agrária, alcançando tão somente as operações de transferência dos imóveis desapropriados para fins de reforma agrária, mas não o terceiro adquirente desses títulos;[317] (xv) *contribuições previdenciárias* sobre aposentadoria e pensão concedidas pelo RGPS (art. 195, II, parte final),[318] o que, portanto, não abrange os beneficiários dos RPPS (cf. art. 40); e (xvi) *contribuições para a seguridade social*, como a contribuição para o PIS[319] e a COFINS,[320] devidas pelos entes beneficentes de assistência social, desde que atendidas as exigências materiais fixadas em lei complementar (art. 195, § 7º),[321] e as exigências procedimentais estabelecidas em lei ordinária, ainda que tenha sido obtido o respectivo certificado,[322] o que não necessariamente significa que essas entidades não possam ter finalidade lucrativa.[323]

O segundo grupo de benefícios fiscais que contribui para o entendimento a respeito das limitações materiais ao poder de tributar, não o exercício da

---

[316] Súmula 659/STF: "É legítima a cobrança da Cofins, do PIS e do Finsocial sobre as operações relativas a energia elétrica, serviços de telecomunicações, derivados de petróleo, combustíveis e minerais do País"; STF, RE 227832, Rel. Min. Carlos Velloso, Plenário, j. 01/07/1999, DJ 28/06/2002; STF, RE 144971, Rel. Min. Carlos Velloso, 2ª Turma, j. 13/05/1996, DJ 27/09/1996.

[317] STF, RE 168110, Rel. Min. Moreira Alves, 1ª Turma, j. 04/04/2000, DJ 19/05/2000.

[318] STF, RE 593586 ED, Rel. Min. Joaquim Barbosa, 2ª Turma, j. 06/10/2009, DJe 29/10/2009; STF, RE 585919 AgR, Rel. Min. Luiz Fux, 1ª Turma, j. 22/11/2011, DJe 13/12/2011.

[319] STF, RE 636941, Rel. Min. Luiz Fux, Plenário, j. 13/02/2014, DJe 04/04/2014 – Tema 432: "A lei complementar é forma exigível para a definição do modo beneficente de atuação das entidades de assistência social contempladas pelo art. 195, § 7º, da CF, especialmente no que se refere à instituição de contrapartidas a serem por elas observadas".

[320] STF, ARE 741918 AgR, Rel. Min. Marco Aurélio, 1ª Turma, j. 18/03/2014, DJe 02/04/2014.

[321] STF, RE 566622, Rel. Min. Marco Aurélio, Plenário, j. 23/02/2017, DJe 01/03/2017 – Tema 32: "A lei complementar é forma exigível para a definição do modo beneficente de atuação das entidades de assistência social contempladas pelo art. 195, § 7º, da CF, especialmente no que se refere à instituição de contrapartidas a serem por elas observadas".

[322] STF, RE 994739 AgR, Rel. Min. Ricardo Lewandowski, 2ª Turma, j. 29/06/2018, DJe 06/08/2018.

[323] STF, ADI 2028, Rel. p/ Ac. Min. Rosa Weber, Plenário, j. 02/03/2017, DJe 08/05/2017.

competência tributária dos entes federados. Ao contrário, os demais benefícios não contam com essa força, porque não são hipóteses de não-incidência. Eles compõem um grupo amplo que abrange, entre outros, subsídios, isenções, reduções de base de cálculo, concessões de crédito presumido, anistias, remissões, diferimento temporário de tributos federais, alíquota zero e incentivos inominados, tendo como consequência, de um modo ou de outro, o não pagamento ou a redução do pagamento do tributo.

Os benefícios fiscais desse grupo devem ser concedidos, em geral e necessariamente, por meio de lei específica, mesmo que o benefício advenha de convênio – indispensável no caso do ICMS –,[324] hipótese em que a lei deverá internalizá-lo.[325] As exceções relacionam-se, normalmente, com a alteração de alíquotas pelo Poder Executivo – casos de impostos aduaneiros, IPI e IOF (art. 153, §1º) e das contribuições interventivas (art. 177, § 4º, I, *b*) –, pelo Senado Federal – caso dos três impostos estaduais (art. 155, § 1º, IV, § 2º, IV e V, e § 6º, I) – e por convênio entre os Estados e Distrito Federal – caso do ICMS (art. 155, § 4º, IV). No caso do ICMS e do ISS, as previsões constitucionais não revelam exceções atreladas à lei complementar,[326] o que se extrai dos dispositivos (arts. 155, § 2º, XII, *g*, e 156, § 3º, III) é que a espécie normativa é exigida apenas para regular como os benefícios fiscais serão concedidos e revogados. A existência, quando necessária, de lei específica não é, todavia, suficiente para que o benefício fiscal não seja inconstitucional. Conforme se extrai do texto constitucional (arts. 43, § 2º, III, 150, § 6º, 151, III, 155, § 2º, II, 156, § 3º, III e 165, § 6º), a lei deverá ser editada pelos respectivos entes subnacionais, conforme suas competências,[327]

---

[324] STF, ADI 1601, Rel. Min. Cármen Lúcia, Plenário, j. 13/09/2019, DJe 27/09/2019; STF, ADI 3794 ED, Rel. Min. Roberto Barroso, Plenário, j. 18/12/2014, DJe 25/02/2015; STF, ADI 4276, Rel. Min. Luiz Fux, Plenário, j. 20/08/2014, DJe 18/09/2014; STF, RE 861756 AgR, Rel. Min. Cármen Lúcia, 2ª Turma, j. 17/03/2015, DJe 07/04/2015; STF, ADI 3702, Rel. Min. Dias Toffoli, Plenário, j. 01/06/2011, DJe 30/08/2011; STF, ADI 2376, Rel. Min. Marco Aurélio, Plenário, j. 01/06/2011, DJe 01/07/2011; STF, ADI 3809, Rel. Min. Eros Grau, Plenário, j. 14/06/2007, DJ 14/09/2007; STF, ADI 2529, Rel. Min. Gilmar Mendes, Plenário, j. 14/06/2007, DJ 06/09/2007; STF, ACO 541, Rel. Min. Gilmar Mendes, Plenário, j. 19/04/2006, DJ 30/06/2006.

[325] STF, RE 630705 AgR, Rel. Min. Dias Toffoli, 1ª Turma, j. 11/12/2012, DJe 13/02/2012.

[326] STF, RE 539130, Rel. Min. Ellen Gracie, 2ª Turma, j. 06/10/2009, DJe 05/02/2010.

[327] STF, RE 591033, Rel. Min. Ellen Gracie, Plenário, j. 17/11/2010, DJe 25/02/2011 – Tema 109: "Lei estadual autorizadora da não inscrição em dívida ativa e do não ajuizamento de débitos de pequeno valor é insuscetível de aplicação a Município e, consequentemente, não serve de fundamento para a extinção das execuções fiscais que promova, sob pena de violação à sua competência tributária".

bem como regular exclusivamente o benefício ou o correspondente tributo.[328]

A compreensão de todas as normas que compõem as limitações materiais, o que inclui as oito vedações, as vinte e uma imunidades e os vários outros benefícios fiscais, permite afirmar que a proposta do constituinte, interpretada pelo Supremo, é uma e única: inibir que o exercício do poder de tributar enseje o tratamento diferenciado injustificável entre contribuintes na mesma condição e entre situações semelhantes. Como delineado, parte delas tem força suficiente para impedir o exercício desse poder, como as imunidades, ao passo que as outras contribuem para o controle desse exercício, como as vedações e, de certa forma, os demais benefícios fiscais.

Conclusões

A divisão das limitações ao poder de tributar nos três grupos aqui propostos tem como escopo o entendimento didático sobre como o projeto constitucional brasileiro reconhece os direitos fundamentais do contribuinte. O tratamento individualizado às limitações de competência, formais e materiais não significa que elas atuem isoladamente. Na verdade, elas se complementam e permitem, a partir de sua sistematização, elaborar uma proposta de delimitação do conteúdo dos direitos fundamentais do contribuinte, a partir tanto do texto constitucional, quanto da interpretação dele pelo Supremo.

O resumo bem apertado do que significam cada uma dessas limitações em termos gerais permite dizer que: as limitações de competência estabelecem as regras sobre o exercício do poder de tributar em cada uma das esferas federadas; as limitações formais têm a ver com os critérios procedimentais desse exercício; e as limitações materiais dizem respeito à persecução da igualdade tributária a partir desse exercício.

A partir disso, é possível afirmar que, no projeto constitucional brasileiro, os direitos fundamentais dos contribuintes circunscrevem o seu conteúdo ao entendimento de que os entes federados, ao instituir, cobrar e majorar cada espécie tributária de que detêm poder ou competência para criar, devem observar, ressalvadas as exceções constitucionalmente previstas, a necessidade de editar instrumento normativo com força de lei, anterior ao

---

[328] STF, ADI 1376 MC, Rel. Min. Ilmar Galvão, Plenário, j. 11/12/1995, DJ 31/08/2001; STF, RE 562980 ED, Rel. Min. Marco Aurélio, Plenário, j. 12/06/2013, DJe 01/08/2013; STF, RE 475551, Rel. p/ Ac. Min. Cármen Lúcia, Plenário, j. 06/05/2009, DJe 13/11/2009.

fato gerador da obrigação tributária, sem que isso surpreenda o contribuinte negativamente, bem como que esse veículo introdutor de normas não firme distinções odiosas, capazes de afastar o Estado de um de seus objetivos mais caros, inibir discriminações e promover a igualdade entre os contribuintes e as situações às quais eles, suas rendas e patrimônio se submetam.

26. Duração Razoável do Processo Administrativo Tributário Federal

Maria das Graças Patrocínio Oliveira

Justiça atrasada não é justiça, senão injustiça qualificada e manifesta.

Rui Barbosa[1]

Introdução

O presente estudo tem como objeto a análise da duração razoável do processo no âmbito do contencioso administrativo tributário federal.

A Emenda Constitucional nº 45, de 31 de dezembro de 2004, introduziu expressamente a garantia da razoável duração do processo judicial e administrativo no art. 5º, LXXVIII, da Constituição Federal (CF/88), obrigando a administração Tributária a sua observância em todos os processos administrativos tributários.

Dada a relevância de tal princípio, convém apresentar entendimentos doutrinários e jurisprudenciais, para se entender o seu alcance e consolidação na prática jurídica nacional.

---

[1] Eis as palavras do citado autor em seu discurso como paraninfo dos formandos de 1920 da Faculdade de Direito do Largo de São Francisco: "Mas justiça atrasada não é justiça, senão injustiça qualificada e manifesta. Porque a dilação ilegal nas mãos do julgador contraria o direito das partes e assim as lesa no patrimônio, honra e liberdade. Os juízes tardinheiros são culpados, que a lassidão comum vai tolerando. Mas sua culpa tresdobra com a terrível agravante de que o lesado não tem meio de reagir contra o delinqüente poderoso, em cujas mãos jaz a sorte do litígio pendente. Não sejais, pois, desses magistrados, nas mãos de quem os autos penam como almas do purgatório, ou arrastam esquecidos como as preguiças do mato." BARBOSA, Rui. *Oração aos moços*. 2. ed. São Paulo: Russel Editores, 2005.

1. A Duração Razoável do Processo Administrativo: Contextualização

A Emenda Constitucional n. 45, de 2004, trouxe significativas mudanças no Poder Judiciário. Uma das inovações foi a introdução do inciso LXXVIII no art. 5º da CF/88 segundo o qual "a todos, no âmbito judicial e administrativo, são assegurados a razoável duração do processo e os meios que garantam a celeridade de sua tramitação".

O denominado princípio da duração razoável do processo visa assegurar a eficiência e a efetividade do processo, tanto na via judicial como administrativa.

A introdução do prazo razoável na prestação jurisdicional como princípio constitucional traz um compromisso do Estado para com o cidadão, a fim de dar maior efetividade ao processo e garantir o direito fundamental de acesso à Justiça.

Conforme José Afonso da Silva, os deveres que decorrem dos incisos do art. 5º, "têm como destinatários mais o Poder Público e seus agentes em qualquer nível do que os indivíduos em particular. A inviolabilidade dos direitos assegurados impõe deveres a todos, mas especialmente às autoridades e detentores do poder".[2]

A vinculação brasileira ao processo célere data de 1992 e decorre da Convenção Americana de Direitos Humanos (aprovada no Brasil pelo Decreto Legislativo nº 27, de 25 de setembro de 1992, e promulgada pelo Decreto 678, de 6 de novembro de 1992), mais conhecida como Pacto de San José da Costa Rica, de 22 de novembro de 1969.

Seu art. 8.1 assim dispõe:

> Toda pessoa tem direito a ser ouvida, com as devidas garantias e dentro de um prazo razoável, por um juiz ou um tribunal competente, independente e imparcial, estabelecido anteriormente por lei, na apuração de qualquer acusação penal formulada contra ela, ou para que se determinem seus direitos ou obrigações de natureza civil, trabalhista, fiscal ou de qualquer natureza.

A preocupação com a morosidade processual já foi objeto de dispositivo constitucional, encontrando previsão na Constituição da República de 1934, cujo art. 113, item 35, determinava que "a lei assegurará o rápido andamento dos processos nas repartições públicas, a comunicação aos interessados dos despachos proferidos, assim como das informações a que estes se refiram [...]".

---

[2] SILVA, José Afonso da. *Curso de direito constitucional positivo*. 23 ed. São Paulo: Malheiros, 2004. p 195.

Embora as Constituições que se sucederam não incorporaram de forma expressa tal previsão, a qual somente a partir de 2004 foi explicitamente retomada, pode-se inferir que o direito à razoável duração do processo administrativo já estava presente no ordenamento jurídico brasileiro, seja no art..37 da CF/88, quando estabelece que a eficiência é um dos princípios da Administração Pública, seja no art. 5º, inciso LIV, na cláusula do devido processo legal, também princípio, o qual estatui que "ninguém será privado da liberdade ou de seus bens sem o devido processo legal". A duração razoável do processo é corolário do princípio do devido processo legal.

Nesse sentido, de que já havia no ordenamento jurídico pátrio a previsão, não expressa, dos institutos da razoável duração do processo, é a lição de Alexandre de Moraes, ao afirmar que

> essas previsões – razoável duração do processo e celeridade processual –, em nosso entender, já estavam contempladas no texto constitucional, seja na consagração do princípio do devido processo legal, seja na previsão do princípio da eficiência aplicável à Administração Pública (CF, art. 37, *caput*)[3].

Na mesma esteira se manifesta o Prof. José Afonso da Silva:

> O termo "processo" deve ser tomado no sentido abrangente de todo e qualquer procedimento judicial e administrativo; isto também já está assegurado no art. 37, pois quando aí se estatui que a eficiência é um dos princípios da Administração Pública, por certo que nisso se inclui a presteza na solução dos interesses pleiteados.[4]

O devido processo legal é um dos pilares da CF/88, projetando-se dentro do campo tributário. Este princípio abrange todos os direitos fundamentais atinentes ao processo, inclusive o direito à razoável duração do processo, como elucida o Ministro Celso de Mello:

> O exame da garantia constitucional do "due process of law" permite nela identificar, em seu conteúdo material, alguns elementos essenciais à sua própria configuração, dentre os quais avultam, por sua inquestionável importância, as

---

[3] MORAES, Alexandre de. *Constituição do Brasil interpretada*. 6. ed. São Paulo: Atlas, 2006. p. 456.
[4] SILVA, José Afonso da. *Comentário contextual à Constituição*. 6 ed. São Paulo: Malheiros, 2009. p. 176.

seguintes prerrogativas; (a) direito ao processo (garantia de acesso ao Poder Judiciário); (b) direito à citação e ao conhecimento prévio do teor da acusação; **(c) direito a um julgamento público e célere, sem dilações indevidas;** (d) direito ao contraditório e à plenitude de defesa (direito à autodefesa e à defesa técnica); (e) direito de não ser processado e julgado com base em leis "ex post facto"; (f) direito à igualdade entre as partes; (g) direito de não ser processado com fundamentos em provas revestidas de ilicitude; (h) direito ao benefício da gratuidade; (i) direito à observância do princípio do juiz natural; (j) direito ao silêncio (privilégio contra a auto-incriminação); e (l) direito à prova. (Supremo Tribunal Federal, Mandado de Segurança 26358 MC/DF, relator Ministro Celso de Mello, publicado em 2/03/2007. (grifou-se).

Assim, o direito a um processo com duração razoável, ou seja, um processo justo, sem dilações indevidas, decorre diretamente da cláusula do devido processo legal, previsto no art. 5º, LIV, da Carta Constitucional de 1988. Não há devido processo legal sem a duração razoável do processo.

O princípio da eficiência, por sua vez, traz ínsita a ideia de efetividade e celeridade, sem procrastinações, sem descumprimento de prazos, e outros meios que possam impedir que o processo cumpra sua finalidade, consubstanciada na prática do ato decisório final.

Alguns autores defendem que o princípio da duração razoável do processo é corolário da dignidade da pessoa humana. Nesse sentido, é o entendimento de Gilmar Mendes e Paulo Gustavo Branco:

> A duração indefinida ou ilimitada do processo judicial afeta não apenas e de forma direta a ideia de proteção judicial efetiva, como compromete de modo decisivo a proteção da dignidade da pessoa humana, na medida em que permite a transformação do ser humano em objeto dos processos estatais.[5]

De nada adianta a obtenção do bem jurídico buscado se tal providência for conferida à parte quando não mais lhe seja útil.

A Lei n. 9.784, de 29 de janeiro de 1999 (Lei do Processo Administrativo Federal), reproduziu em seu art. 2º o princípio da eficiência como sendo um dos que regem o processo administrativo.

---

[5] MENDES, Gilmar Ferreira Mendes; BRANCO, Paulo Gustavo Gonet. *Curso de Direito Constitucional.* São Paulo: Saraiva, 2011. p. 444.

2. Duração Razoável do Processo: Direito Fundamental?

O direito à razoável duração do processo está inserido expressamente entre os direitos fundamentais no art. 5º, inciso LXXVIII da CF/88, razão pela qual alguns autores sustentam que a duração razoável do processo seria um direito fundamental.

Segundo Ferrajoli, os direitos fundamentais são:

> Todos aquellos derechos subjetivos que corresponden universalmente a 'todos' los seres humanos em cuanto dotados del status de personas. Entendiendo por derecho subjetivo cualquier expectativa positiva (de prestaciones) o negativa (de no sufrir lesiones) adscrita a un sujeto por una norma jurídica.[6]

A duração razoável do processo é um princípio que prescreve um direito fundamental. O contribuinte tem o direito à razoável duração do processo administrativo tributário.

A característica essencial dos direitos fundamentais é a sua aplicabilidade imediata, com o que se vincula a atuação dos órgãos do Estado (art. 5º, § 1º, da CF/88). Dessa forma, embora a concretização do direito fundamental à duração razoável do processo prescinda da edição de novos diplomas legislativos, especificamente no que tange aos processos administrativos federais, foram editadas leis estabelecendo prazo para proferimento de decisão administrativa.

A tutela administrativa deve ser efetiva, tempestiva e adequada, sendo o desafio do Estado alcançar este desiderato, ante o modelo de um processo que se constitui não apenas em um aparelhamento formal e técnico a serviço da jurisdição, mas em um instrumento eficaz para o exercício da cidadania.

3. Abrangência do Termo "Duração Razoável do Processo"

A expressão "duração razoável do processo" constitui conceito jurídico indeterminado e, por conseguinte, tem caráter plurissignificativo, daí a dificuldade na exata determinação do momento em que a existência do processo, por si só, ultrapassa os limites da razoabilidade e, consequentemente, atenta contra o direito individual de se obter a tutela jurisdicional em um prazo tolerável. Tal determinação depende da análise de critérios tais como a complexidade do assunto, a situação do contribuinte, a atuação dos órgãos estatais e condições materiais.

---

[6] FERRAJOLI, Luigi. *Derechos e garantías – La ley del más débio*. Madrid: Trotta, 1999. p. 37-38.

A verificação, portanto, de cada processo submetido à Administração Tributária, não pode prescindir de uma análise específica do caso concreto e de suas peculiaridades.

A Corte Europeia de Direitos Humanos, com sede em Estrasburgo, por meio da sua jurisprudência, estabeleceu alguns critérios para se aferir a razoabilidade da duração do processo, quais sejam: a) a complexidade do caso; b) comportamento das partes; c) o comportamento dos juízes, dos auxiliares e da jurisdição interna de cada país, para verificação em cada caso concreto da violação do direito à duração razoável do processo. Tais critérios servem de norte na apreciação da razoável duração do processo na esfera administrativa.

Na lição de Roberto Caldas,

> Desse modo, o grande ponto de intersecção entre os primados da eficiência, celeridade de tramitação processual e sua razoável duração, em si, reside em se aferir concretamente a acertada eleição de critérios racionais, coerentes na busca do ato processual fim em tempo aceitável para uma resposta processual ágil, necessária, adequada e na medida certa à questão posta em julgamento, o que significa dizer que saber-se o que é razoável duração do processo e sua tramitação célere dentro de uma concepção de eficiência, dá-se apenas com a observância de seus requisitos quando de sua aplicação a um caso concreto, com auxílio da doutrina e jurisprudência.[7]

Com essa preocupação é que foram editados vários atos legais e infralegais estabelecendo prioridade no julgamento de processos em que estejam presentes determinadas circunstâncias, como aquelas em que figure como parte interveniente pessoa com mais de sessenta anos, pessoa portadora de deficiência, física ou mental, portadora de moléstia grave e idoso.

Já se uma determinada questão envolve, por exemplo, a apuração de crimes contra a ordem tributária, a prova pericial a ser produzida poderá demandar muitas diligências que justificarão duração mais prolongada do processo.

Segundo Sérgio André Rocha, em princípio, um processo com duração razoável

---

[7] CALDAS, Roberto Correia da Silva Gomes; LASCANE NETO, Felipe. A razoável duração do processo administrativo-tributário e sua eficiência: morosidade x decadência, prescrição intercorrente ou perempção. *Revista Jurídica*, v. 1, n. 46, Curitiba, p. 216.

é aquele em que há a justa ponderação entre o tempo necessário para o desenvolvimento de um procedimento contraditório onde as partes possam exercer as posições ativas necessárias para garantir seu direito (ampla defesa), e o tempo dentro do qual foi apresentada a decisão pelo julgador.[8]

A demora injustificada nos julgamentos de questões administrativo-tributárias provoca prejuízos ao planejamento tributário dos contribuintes, comprometendo a segurança jurídica. Outro efeito negativo a ser notado é o aumento do valor do crédito tributário a ser cobrado, tendo em vista que, durante o período em que estiver suspensa a exigibilidade do crédito tributário, aos valores originários do débito são acrescidos de juros Selic, o que, de certa forma, implica na economia financeira do contribuinte. Também acarreta consequências negativas para o próprio Fisco em razão da prescrição, do custo administrativo e, ainda, da ausência de arrecadação porque, como visto, na vigência do processo administrativo há suspensão da exigibilidade tributária, não podendo aqueles se valerem dos meios coercitivos para recebimento de eventual crédito tributário.

O número excessivo de processos existentes nas repartições, a sobrecarga de trabalho, nenhum desses fatores justificam a dilação processual indevida, pois incumbe ao Estado prover adequadamente a estrutura física e pessoal de seus órgãos de julgamento. Pode eximir o julgador de responsabilidade, mas não a Administração.

Não se pode confundir duração razoável do processo com celeridade processual. A razoável duração não prescinde do fato de que outros direitos de semelhante envergadura constitucional devam também ser preservados nas relações processuais judiciais e administrativas, ainda que isso signifique estender a solução do processo. A razoável duração do processo deve obedecer a um tempo regular, não se confundindo com uma velocidade excessiva, nem com delongas demasiadas, em desrespeito a outros valores constitucional-processuais caros ao Estado Democrático de Direito.

No âmbito do processo administrativo tributário, a Lei n. 11.457, de 16 de março de 2007, estabeleceu um prazo máximo de 360 dias para proferimento de decisão administrativa da administração tributária:

---

[8] ROCHA, Sérgio André. Duração razoável do processo administrativo fiscal. *Revista dialética de direito tributário*, n. 142, p. 76.

Art. 24. É obrigatório que seja proferida decisão administrativa no prazo máximo de 360 (trezentos e sessenta) dias a contar do protocolo de petições, defesas ou recursos administrativos do contribuinte.

A fixação do prazo para a conclusão do processo veio conferir estabilidade e previsibilidade à relação jurídico-tributária, contudo, este prazo é impróprio, não produzindo o seu descumprimento nenhuma consequência para a Administração, o que pode ensejar muitas vezes abuso por parte das autoridades que têm o dever-poder de impulsionar o processo administrativo tributário, por força do princípio da oficialidade.

A Lei n. 9.784/99, também prescreve, em seu art. 49, prazo para que as autoridades administrativas profiram as decisões que lhe competem.[9]

O não cumprimento do prazo estipulado no art. 24 da Lei n. 11.457, de 2007, tem feito com que contribuintes recorram ao Poder Judiciário, para ver seus direitos respeitados.

Nesse sentido, o Superior Tribunal de Justiça, inclusive, já havia fixado tese, em sede de julgamento de recurso especial sob o rito do art. 543-C do CPC/73, abordando a necessidade de o processo administrativo tributário federal, com pedido de restituição, ter trâmite com duração razoável, conforme se nota do acórdão relatado pelo ministro Luiz Fux, no REsp 1138206/RS, julgado pela 1ª Seção, em 9/8/2010:

> TRIBUTÁRIO. CONSTITUCIONAL. RECURSO ESPECIAL REPRESENTATIVO DE CONTROVÉRSIA. ART. 543-C, DO CPC. DURAÇÃO RAZOÁVEL DO PROCESSO. PROCESSO ADMINISTRATIVO FISCAL FEDERAL. PEDIDO ADMINISTRATIVO DE RESTITUIÇÃO. PRAZO PARA DECISÃO DA ADMINISTRAÇÃO PÚBLICA. APLICAÇÃO DA LEI 9.784/99. IMPOSSIBILIDADE. NORMA GERAL. LEI DO PROCESSO ADMINISTRATIVO FISCAL. DECRETO 70.235/72. ART. 24 DA LEI 11.457/07. NORMA DE NATUREZA PROCESSUAL. APLICAÇÃO IMEDIATA. VIOLAÇÃO DO ART. 535 DO CPC NÃO CONFIGURADA. 1. A duração razoável dos processos foi erigida como cláusula pétrea e direito fundamental pela Emenda Constitucional 45, de 2004, que acresceu ao art. 5º, o inciso LXXVIII, in verbis: "a todos, no âmbito judicial e administrativo, são assegurados a razoável

---

[9] Este artigo dispõe que "concluída a instrução do processo administrativo, a Administração tem o prazo de até 30 (trinta) dias para decidir, salvo prorrogação por igual período expressamente motivada."

duração do processo e os meios que garantam a celeridade de sua tramitação." 2. A conclusão de processo administrativo em prazo razoável é corolário dos princípios da eficiência, da moralidade e da razoabilidade. (Precedentes: MS 13.584/DF, Rel. Ministro JORGE MUSSI, TERCEIRA SEÇÃO, julgado em 13/05/2009, DJe 26/06/2009; REsp 1091042/SC, Rel. Ministra ELIANA CALMON, SEGUNDA TURMA, julgado em 06/08/2009, DJe 21/08/2009; MS 13.545/DF, Rel. Ministra MARIA THEREZA DE ASSIS MOURA, TERCEIRA SEÇÃO, julgado em 29/10/2008, DJe 07/11/2008; REsp 690.819/RS, Rel. Ministro JOSÉ DELGADO, PRIMEIRA TURMA, julgado em 22/02/2005, DJ 19/12/2005). 3. O processo administrativo tributário encontra-se regulado pelo Decreto 70.235/72 – Lei do Processo Administrativo Fiscal –, o que afasta a aplicação da Lei 9.784/99, ainda que ausente, na lei específica, mandamento legal relativo à fixação de prazo razoável para a análise e decisão das petições, defesas e recursos administrativos do contribuinte. 4. Ad argumentandum tantum, dadas as peculiaridades da seara fiscal, quiçá fosse possível a aplicação analógica em matéria tributária, caberia incidir à espécie o próprio Decreto 70.235/72, cujo art. 7º, § 2º, mais se aproxima do thema judicandum, in verbis: "Art. 7º O procedimento fiscal tem início com: (Vide Decreto nº 3.724, de 2001). I – o primeiro ato de ofício, escrito, praticado por servidor competente, cientificado o sujeito passivo da obrigação tributária ou seu preposto; II – a apreensão de mercadorias, documentos ou livros; III – o começo de despacho aduaneiro de mercadoria importada. § 1º O início do procedimento exclui a espontaneidade do sujeito passivo em relação aos atos anteriores e, independentemente de intimação a dos demais envolvidos nas infrações verificadas. § 2º Para os efeitos do disposto no § 1º, os atos referidos nos incisos I e II valerão pelo prazo de sessenta dias, prorrogável, sucessivamente, por igual período, com qualquer outro ato escrito que indique o prosseguimento dos trabalhos." 5. A Lei nº 11.457/07, com o escopo de suprir a lacuna legislativa existente, em seu art. 24, preceituou a obrigatoriedade de ser proferida decisão administrativa no prazo máximo de 360 (trezentos e sessenta) dias a contar do protocolo dos pedidos, litteris: "Art. 24. É obrigatório que seja proferida decisão administrativa no prazo máximo de 360 (trezentos e sessenta) dias a contar do protocolo de petições, defesas ou recursos administrativos do contribuinte." 6. Deveras, ostentando o referido dispositivo legal natureza processual fiscal, há de ser aplicado imediatamente aos pedidos, defesas ou recursos administrativos pendentes. 7. Destarte, tanto para os requerimentos efetuados anteriormente à vigência da Lei 11.457/07, quanto aos pedidos protocolados após o advento do referido diploma legislativo, o prazo aplicável é de 360 dias a partir do protocolo dos pedidos (art. 24 da

Lei 11.457/07). 8. O art. 535 do CPC resta incólume se o Tribunal de origem, embora sucintamente, pronuncia-se de forma clara e suficiente sobre a questão posta nos autos. Ademais, o magistrado não está obrigado a rebater, um a um, os argumentos trazidos pela parte, desde que os fundamentos utilizados tenham sido suficientes para embasar a decisão. 9. Recurso especial parcialmente provido, para determinar a obediência ao prazo de 360 dias para conclusão do procedimento sub judice. Acórdão submetido ao regime do art. 543-C do CPC e da Resolução STJ 08/2008".

A morosidade na solução dos processos administrativos tributários afronta princípios basilares do direito constitucional, como o devido processo legal, o direito à razoável duração do processo, da eficiência e da razoabilidade e outros declarados como garantias fundamentais. As demandas submetidas à apreciação da Administração Tributária Federal, ao prolongarem-se por longo período, podem causar para as partes danos materiais irreparáveis, além de imputarem elevados custos tanto para o contribuinte quanto para a sociedade.

4. O Processo Administrativo Tributário Federal

A formação do processo administrativo tributário é uma faculdade legal concedida ao contribuinte, o qual, se desejar, poderá questionar a exigência fiscal diretamente junto ao Poder Judiciário[10]. Essa faculdade decorre do princípio da unidade de jurisdição, que preconiza que a função jurisdicional é monopólio do Poder Judiciário sendo que, de sua apreciação, não pode ser excluída qualquer lesão ou ameaça a direito (art. 5º, inciso XXXV, da CF).

A legitimidade da atuação dos tribunais administrativos origina-se da própria CF/88. O art. 5º, inciso LV, da CF/88, atribui *status* constitucional ao processo administrativo tributário ao estabelecer:

> LV- aos litigantes, em processo judicial ou administrativo, e aos acusados em geral são assegurados o contraditório e ampla defesa, com os meios e recursos a ela inerentes;

O texto constitucional, ao empregar as expressões "litigantes" e "processo administrativo", e nele garantir o exercício dos direitos ao "contraditório" e

---

[10] Para os efeitos deste estudo, a definição de contribuinte é dada em uma acepção ampla, abrangendo o sujeito passivo da obrigação tributária.

à "ampla defesa", deixa assente que a jurisdição estatal é composta de duas esferas, a esfera administrativa e a esfera judicial, sendo que em ambas é assegurado aos litigantes o contraditório e a ampla defesa; explicita a existência de "lide administrativa" e confere competência ao processo administrativo para prevenção de conflitos de interesses que envolvam a Administração Pública[11].

Embora no modelo brasileiro, o acesso às instâncias administrativas seja uma faculdade, a opção pelo contencioso administrativo traz vantagens tanto para o contribuinte – como a suspensão da exigibilidade do crédito tributário enquanto perdurar o processo administrativo, prevista no art. 151, III, do Código Tributário Nacional (CTN)[12], a gratuidade dos atos praticados, a desnecessidade de se fazer representar por advogado, a especialização dos órgãos julgadores –, quanto para a Administração, que tem a oportunidade de praticar o controle de legalidade dos atos administrativos. Ademais, constitui um filtro, reduzindo demandas ao Poder Judiciário.

As atividades de julgamento exercidas pelas Delegacias da Receita Federal do Brasil de Julgamento (DRJ) e pelo Conselho Administrativo de Recursos Fiscais (CARF) revelam a prática, pelo Poder Executivo, de atividade judicante, em atendimento ao princípio da autotutela a que está sujeita a Administração Pública, evitando que atos ilegais da própria Administração se perpetuem.

No âmbito da Secretaria da Receita Federal do Brasil (RFB), o processo administrativo tributário compreende várias espécies de processos, tais como: de determinação e exigência de créditos tributários; de consulta; de vistoria aduaneira; de restituição, ressarcimento ou compensação; de reconhecimento de isenção; de perdimento de mercadorias etc, a maioria delas reguladas pelo Decreto n. 70.235, de 6 de março de 1972 . A Lei n. 9.784/99 tem aplicação subsidiária ao processo administrativo tributário federal, conforme expressa seu art. 69.[13]

A positivação do direito à duração razoável do processo no âmbito administrativo, por si só, não é capaz de assegurar a efetividade desse direito.

---

[11] OLIVEIRA, Maria das Graças Patrocínio. *Sanções tributárias e os princípios da proporcionalidade e da razoabilidade*. São Paulo: Almedina, 2020. p. 136.

[12] Lei nº 5172/66. Art. 151. Suspendem a exigibilidade do crédito tributário: [...]
III – as reclamações e os recursos, nos termos das leis reguladoras do processo tributário administrativo;"

[13] Art. 69. Os processos administrativos específicos continuarão a reger-se por lei própria, aplicando-se-lhes apenas subsidiariamente os preceitos desta Lei.

Faz-se necessário a instituição de instrumentos capazes de conferir real eficácia ao texto constitucional, sob pena dessa garantia se tornar letra morta.

O grau de litígio em matéria tributária no Brasil é um dos mais elevados do mundo. Uma das razões é a complexidade do sistema tributário e da legislação, o que leva a várias interpretações, fazendo com que um grande número de contribuintes impugne a exigência tributária. Desde a Constituição Federal foram editadas milhares de normas tributárias. Essas mudanças frequentes na legislação tributária geram insegurança jurídica.

A concretização da razoável duração do processo administrativo tributário, para que não fique relegada a um direito fundamental ao qual não se dedique a devida atenção, demanda providências a cargo dos três poderes da República. Compete ao Legislativo a edição de leis fixando a temporalidade da tramitação processual. Ao Executivo, cabe a edição de normas complementares às leis, a provisão adequada de estrutura física e de pessoal de seus órgãos de julgamento e a marcha do processo, fazendo com que a relação processual, uma vez iniciada, se desenvolva e se encerre em um razoável tempo. Ao Judiciário, por sua vez, cabe, diante do caso concreto, ponderar os bens jurídicos em disputa, garantindo às partes um processo efetivo.

5. Medidas para a Redução do Contencioso Administrativo Tributário

Nos últimos anos foram adotadas algumas medidas administrativas visando evitar o contencioso federal, como a Autorregularização Fiscal, que é a possibilidade concedida pelo Fisco aos contribuintes para que corrijam voluntariamente eventuais inconsistências em suas declarações, estimulando o pagamento espontâneo de tributos. Prevista no art. 138 do CTN, consiste a denúncia espontânea no ato pelo qual o contribuinte, sabendo que incorreu em infração tributária, confessa o cometimento da infração tributária e efetua o pagamento do débito, excluindo, assim, as penalidades decorrentes. Tal se dá, por exemplo, no caso de contribuinte pessoa física que, não tendo recebido a restituição apurada na declaração, ao consultar a Receita Federal, constata que o Fisco dispõe de informações não declaradas que podem resultar em imposto apurado a maior ou em imposto a restituir a menor.

Foram editados atos normativos com o objetivo de reduzir o prazo de tramitação dos processos e, em consequência, conferir maior efetividade ao processo administrativo tributário federal. Entre essas mudanças, destacam-se a criação do processo eletrônico (Lei n 11.197, de 2005), a supressão de alguns recursos (Lei n. 11.941, de 2009), tais como o recurso voluntário à turma da Câmara Superior de Recursos Fiscais contra acórdão que desse provimento a recurso de ofício e o recurso especial privativo da Procuradoria da Fazenda Nacional, perante a turma da CSRF, contra decisão não-unânime contrária à lei ou à evidência de prova, a criação de turmas extraordinárias no CARF com competência para apreciar recursos voluntários relativos a exigência de crédito tributário ou de reconhecimento de direito creditório, até o valor em litígio de 60 (sessenta) salários mínimos, bem como os processos de menor complexidade, nos termos da Portaria MF nº 329, de 2017, a criação da súmula vinculante e a reunião de processos em caso de conexão, estes últimos previstos no Regimento Interno do Conselho Administrativo de Recursos Fiscais (CARF), aprovado pela Portaria 343, de 2015).

Contudo, o processo administrativo tributário continua moroso. Entende-se que o grande número de instâncias contribui para essa morosidade. Na via administrativa, uma vez instaurado o contencioso com a impugnação do contribuinte, inicia-se o processo nas unidades de julgamento da RFB, que são as Delegacias da Receita Federal do Brasil de Julgamento (DRJ), órgãos colegiados de primeira instância, e termina no CARF, ou seja, pelo rito processual do Decreto n. 70.235, de 1972, pode ocorrer até três instâncias de julgamento colegiado, sendo duas instâncias ordinárias e uma especial[14].

Em que pesem as vantagens proporcionadas pela escolha da via administrativa, a demora na prolação da decisão administrativa termina por afetar a legitimidade da formação do crédito tributário, além de configurar ofensa aos princípios da duração razoável do processo administrativo, da segurança jurídica e da eficiência da administração pública.

Aponta-se algumas medidas para a redução do contencioso administrativo tributário. Uma dessas medidas é o fortalecimento do instituto da consulta como meio de prevenção de conflito. Instituto que se dá no âmbito da administração pública, a consulta fiscal, prevista no Decreto n. 70.235, de 1972, e na Lei n. 9.430, de 27 de dezembro de 1996, é entendida como o processo pelo qual o contribuinte questiona a Fazenda Pública sobre determinado fato ou hipótese em que há dúvida acerca da legislação tributária, cuja resposta deverá ditar o entendimento da administração sobre a conduta a ser tomada pelo contribuinte, vinculando a administração e o contribuinte.

---

[14] Ressalte-se que, em face da dissociação entre o processo administrativo e o processo judicial, após ter ingressado na instância administrativa, o contribuinte pode, a qualquer momento, optar por questionar na primeira instância judiciária, e, assim, iniciar um novo ciclo, cujo desfecho pode ocorrer tão somente no Supremo Tribunal Federal, levando anos para a solução do litígio.

Por meio da consulta o contribuinte busca conhecer a interpretação da Fazenda Pública a fim de evitar o descumprimento da legislação e, por consequência, futuras sanções. O processo de consulta decorre do art. 5º, XXXIV, "a", da CF/88, que dispõe sobre o direito de petição aos Poderes Públicos em defesa de direitos ou contra ilegalidades ou abuso de poder.

Outra medida que irá contribuir para uma tramitação mais célere do processo é o contencioso administrativo fiscal de pequeno valor, assim considerado aquele cujo lançamento fiscal ou controvérsia não supere 60 (sessenta) salários mínimos, cujo julgamento será realizado em instância única, no âmbito da DRJ, e a adoção de métodos alternativos de solução de litígio, inclusive transação, envolvendo processos de pequeno valor, ambos previstos no art. 23 da Lei nº 13.988, de 14 de abril de 2020.

Conclusões

A duração razoável do processo, prevista na Emenda Constitucional 45, de 2004, é um direito fundamental, dotado de aplicabilidade imediata, aplicável também ao processo administrativo tributário.

O princípio da razoável duração do processo deve ser aplicado com observação do princípio da razoabilidade, assegurando que o processo não se estenda além do prazo razoável e tampouco venha a comprometer o contraditório e a ampla defesa.

A despeito de algumas medidas terem sido adotadas no plano gerencial e normativo nos últimos anos, para dar mais efetividade a este processo, a conclusão a que se chega é que tais medidas ainda não são suficientes para cumprir o desiderato constitucional. A expectativa é que, com a regulamentação Lei nº 13.988, de 2020, venha a dar um impulso na redução do estoque e na tramitação dos processos.

Referências

CALDAS, Roberto Correia da Silva Gomes; LASCANE NETO, Felipe. A razoável duração do processo administrativo-tributário e sua eficiência: morosidade x decadência, prescrição intercorrente ou perempção. *Revista Jurídica*, v. 1, n. 46, Curitiba, p. 204-234.

FERRAJOLI, Luigi. *Derechos e garantías – La ley del más debio*. Madrid: Trotta, 1999.

MENDES, Gilmar Ferreira Mendes; BRANCO, Paulo Gustavo Gonet. *Curso de Direito Constitucional*. São Paulo: Saraiva, 2011.

MORAES, Alexandre de. *Constituição do Brasil interpretada*. 6. ed. São Paulo: Atlas, 2006. p. 456.

OLIVEIRA, Maria das Graças Patrocínio. *Sanções tributárias e os princípios da proporcionalidade e da razoabilidade*. São Paulo: Almedina, 2020.

ROCHA, Sérgio André. Duração razoável do processo administrativo fiscal. *Revista dialética de direito tributário*, n. 142. São Paulo, Dialética, julho de 2007.

SILVA, José Afonso da. *Comentário contextual à Constituição*. 6 ed. São Paulo: Malheiros, 2009.

___. *Curso de direito constitucional positivo*. 23 ed. São Paulo: Malheiros, 2004.

27. Os Direitos Fundamentais do Contribuinte e o Contencioso Administrativo Fiscal Brasileiro

REGINA MARIA FERNANDES BARROSO

Introdução

A relação fisco-contribuinte, além da imposição legal para pagamentos de tributos, engloba a observância de direitos básicos do cidadão, cuja matriz se encontra na Constituição Federal de 1988, no título "Dos Direitos e Garantias Fundamentais", capítulo "Dos Direitos e Deveres Individuais e Coletivos", cabendo citar, entre esses direitos, o do contraditório e da ampla defesa[1], que concede ao administrado o direito à defesa de seus interesses nas lides fiscais, disciplinado no art. 5º, inciso LV, da seguinte forma:

> LV – aos litigantes, em processo judicial ou administrativo, e aos acusados em geral são assegurados o contraditório e ampla defesa, com os meios e recursos a ela inerentes;

Do teor do inciso, verifica-se que o princípio constitucional da ampla defesa se traduz na liberdade dada ao contribuinte, por meio do processo administrativo fiscal, para produzir provas no seu interesse. Não se trata aí de um favor concedido pelo Estado ao administrado, mas, sim, de um interesse público que objetiva fortalecer a relação entre o administrador e o administrado.

---

[1] BRASIL. Constituição (1988). **Constituição da República Federativa do Brasil de 1988**. Promulgada em 5 de outubro de 1988. Disponível em <http://www.planalto.gov.br/ccivil_03/Constituicao/ Constituicao.htm>. Acesso em 17/02/2020.

Vale observar que, a ampla defesa é um instrumento de proteção ao administrado que decorre diretamente do princípio do contraditório. E isto não poderia ser diferente, uma vez que, sem o contraditório, o processo e as provas, o administrado não poderia exercer a ampla defesa.

Como o ordenamento jurídico brasileiro adota o princípio da jurisdição una[2], que confere ao Poder Judiciário o monopólio da jurisdição, não se concede às decisões administrativas a característica de definitividade dos julgados.

Não obstante, de acordo com a Súmula nº 473[3], por meio do poder-dever de autotutela do Estado, a Administração é capaz, por provocação ou de ofício, de rever seus próprios atos quando eivados de vícios de legalidade ou por motivo de conveniência e oportunidade.

Assim, o contencioso administrativo fiscal é considerado instrumento legítimo para o exercício do controle da legalidade do lançamento e para a pacificação dos conflitos de natureza tributária.

1. Contencioso Administrativo Fiscal Brasileiro

Em 1972 o Poder Executivo editou o Decreto nº 70.235[4], com a finalidade de regular o processo administrativo relativo à determinação e à exigência de créditos tributários federais, de empréstimos compulsórios e de consulta, também denominado de Processo Administrativo Fiscal – PAF.

O mérito da edição desse Decreto foi a unificação da legislação processual tributária da União, com previsão de duas instâncias ordinárias: (i) a primeira instância de julgamento, cuja competência era dos Delegados da Receita Federal, titulares das repartições de lançamento, e das autoridades mencionadas na legislação de cada tributo, passou, atualmente, para as

---

[2] BRASIL. Constituição (1988). **Constituição da República Federativa do Brasil de 1988**. Promulgada em 5 de outubro de 1988. Artigo 5º, inciso XXXV: "a lei não excluirá da apreciação do Poder Judiciário lesão ou ameaça a direito". Disponível em <http://www.planalto.gov.br/ccivil_03/ Constituicao/Constituicao.htm>. Acesso em 17/02/2020.

[3] BRASIL. Supremo Tribunal Federal. **Súmula nº 473**: "A administração pode anular seus próprios atos, quando eivados de vícios que os tornam ilegais, porque deles não se originam direitos; ou revogá-los, por motivo de conveniência ou oportunidade, respeitados os direitos adquiridos, e ressalvada, em todos os casos, a apreciação judicial". Disponível em <http://www. stf.jus.br/portal/cms/ verTexto.asp?servico=jurisprudenciaSumula&pagina=sumula_401_500>. Acesso em 17/02/2020.

[4] BRASIL. **Decreto nº 70.235, de 6 de março de 1972**. Dispõe sobre o processo administrativo fiscal, e dá outras providências. Disponível em <http://www.planalto.gov.br/ccivil_03/decreto/ D70235 cons.htm>. Acesso em 17/02/2020.

Delegacias de Julgamento da Receita Federal do Brasil, que foram criadas em 1993 pela Lei nº 8.748[5], de 1993; e (ii) a segunda instância, cuja competência era dos Conselhos de Contribuintes do Ministério da Fazenda, atualmente foram transformados no Conselho Administrativo de Recursos Fiscais do Ministério da Economia – CARF, em 2008, pela Medida Provisória nº 449, convertida na Lei nº 11.941[6], de 2009.

Com a edição da Lei nº 9.784[7], de 1999, que regula o processo administrativo no âmbito federal, visando à proteção dos direitos dos administrados e ao melhor cumprimento dos fins da Administração Pública, introduziu-se normas gerais para o processo administrativo, de aplicação subsidiária nos procedimentos do PAF, bem como aos Poderes Legislativo e Judiciário da União no desempenho da função administrativa.

2. Princípios Aplicáveis ao Contencioso Administrativo Fiscal Brasileiro

A Constituição de 1988 trouxe uma série de princípios que visam regular todo o sistema jurisdicional brasileiro.

Segundo nos ensina Canotilho[8], os princípios constitucionais, não se configuram meras recomendações de caráter moral ou ético, e, sim, consubstanciam regras jurídicas de caráter prescritivo, hierarquicamente superiores às demais e positivamente vinculantes, sendo dotados de eficácia, cuja materialização, quando necessário, pode ser cobrada por via judicial.

Carraza[9] esclarece que os princípios fundamentam todo o sistema jurídico ao irradiar seus efeitos sobre os outros de aplicação mais restrita, que acabam condicionando novos princípios mais particularizados e, deste modo, vão se escalonando até as normas específicas, numa vasta cadeia.

---

[5] BRASIL. **Lei nº 8.748, de 9 de dezembro de 1993**. Conversão da MPV nº 367, de 1993. Disponível em <http://www.planalto.gov.br/ccivil_03/LEIS/L8748.htm#art9>. Acesso em 17/02/2020.

[6] BRASIL. **Lei nº 11.941, de 27 de maio de 2009**. Conversão da *MPV nº 449, de 2008*. Disponível em <http://www.planalto.gov.br/ccivil_03/_Ato2007-2010/2009/Lei/L11941.htm#art25>. Acesso em 17/02/2020.

[7] BRASIL. **Lei nº 9.784, de 29 de janeiro de 1999**. Regula o processo administrativo no âmbito da Administração Pública Federal. Disponível em <http://www.planalto.gov.br/ccivil_03/Leis/L9784.htm>. Acesso em 03/08/2011.

[8] CANOTILHO. José Joaquim Gomes. **Direito Constitucional**. 5ª ed. Coimbra: Almedina, 1992, p. 352.

[9] CARRAZA, Roque Antonio. **Curso de Direito Constitucional Tributário**. 8ª ed. São Paulo: Malheiros, 1995, p. 34.

Ávila[10] define os princípios como normas imediatamente finalísticas, primariamente prospectivas e com a pretensão de complementaridade e de parcialidade, explicando que sua aplicação demanda uma avaliação da correlação entre o estado de coisas a ser promovido e os efeitos decorrentes da conduta havida como necessária à sua promoção.

De acordo com Mello[11] princípio é o mandamento nuclear de um sistema, verdadeiro alicerce dele, disposição fundamental que se irradia sobre diferentes normas, para compor o espírito e servir de critério para a sua compreensão e inteligência. Segundo ele o conhecimento dos princípios preside a intelecção das diferentes partes componentes do todo unitário que se denomina sistema jurídico positivo.

Assim, segundo os ensinamentos de renomados doutrinadores, para a real compreensão dos dispositivos legais do Processo Administrativo Fiscal, que se fundamentam em normas constitucionais e infraconstitucionais, é necessária a observância e interpretação dos princípios insculpidos na Constituição Federal que interferem no campo do processo fiscal.

Desta forma, destacamos alguns dos princípios, mais especificamente relacionados à matéria processual, que orientam a interpretação e a aplicação do contencioso administrativo fiscal.

2.1. Princípio do Devido Processo Legal

O texto constitucional, no art. 5º, inciso LIV[12], disciplina que ninguém será privado da liberdade ou de seus bens sem o devido processo legal.

Segundo Rocha[13], tal princípio alcança um conjunto de elementos jurídicos que garante os direitos fundamentais quando ameaçados, lesados ou simplesmente questionados, tais como o direito à ampla defesa, ao contraditório, ao juízo objetivo e devidamente motivado, atuando como instrumento legitimador da ação administrativa.

---

[10] ÁVILA, Humberto. **Sistema Constitucional Tributário.** 4ª ed. São Paulo: Saraiva, 2010, p. 38-39.

[11] MELLO, Celso Antônio Bandeira. **Elementos de Direito Administrativo.** São Paulo: Revista dos Tribunais, 1981. p. 230.

[12] BRASIL. Constituição (1988). **Constituição da República Federativa do Brasil de 1988.** Promulgada em 5 de outubro de 1988. Artigo 5º, inciso LIV: "ninguém será privado da liberdade ou de seus bens sem o devido processo legal; ". Disponível em <http://www.planalto.gov.br/ccivil_03/ Constituicao/Constituicao.htm>. Acesso em 19/02/2020.

[13] ROCHA, Cármen L. Antunes. **Revista de Informação Legislativa,** out./dez., 1997, Brás. ano 34, nº 136, p. 15.

Para o professor Martins[14] esse princípio deve ser entendido como um conjunto de direitos e garantias, que ensejam: a) direito de todos os litigantes; b) direito que deve ser exercido nos processos administrativos e judiciais; c) garantia de quem for alvo de acusação de qualquer natureza; d) como consequência, o contraditório e a ampla defesa nos litígios administrativos e judiciais; e) assegurar todos os recursos e meios inerentes a seu exercício pela Constituição.

Carvalho Filho[15] conceitua o processo administrativo como o instrumento que formaliza a sequência ordenada de atos e de atividades do Estado e dos particulares, a fim de ser produzida uma vontade final da Administração. Essa vontade final, no campo do contencioso administrativo fiscal, deve ser lograda, pois, a partir do devido processo legal.

Em face do que nos ensina os doutrinadores, há que se concluir que o devido processo legal deve ser entendido como pressuposto do direito de ser ouvido; do oferecimento e produção de provas; da determinação da competência; do procedimento contraditório; da plena igualdade entre acusação e defesa; dos recursos para sua defesa; do direito a uma decisão fundamentada que possa colocar fim ao processo.

Assim, para o atendimento do devido processo legal, as decisões, os atos administrativos necessitam observar as formalidades legais, os critérios de razoabilidade e de proporcionalidade em seu conteúdo, abrangendo, a forma e o conteúdo das decisões administrativas e demandando a edição de ato único, como no âmbito federal, tem-se o Decreto nº 70.235, de 1972, que disciplina o rito processual para o contencioso administrativo fiscal. Esta norma trata dos prazos, julgados, âmbito de competência, garante o contraditório, a ampla defesa e o Devido Processo Legal na sua mais ampla vertente: a busca da Verdade Material.

2.2. Princípio da Unidade de Jurisdição

A jurisdição una ou de controle judicial, tem sua origem inglesa, e é o sistema no qual todos os litígios, administrativos ou privados, devem ser resolvidos no Judiciário.

---

[14] MARTINS, Ives Gandra da Silva. **Processo Administrativo Fiscal**. Vol. 4. São Paulo: Dialética, 1999. p. 91-92.

[15] CARVALHO FILHO, José dos Santos. **Manual de Direito Administrativo**. 20ª ed. São Paulo: Editora Atlas, 2007. p..834-835.

Esse princípio, disposto no inciso XXXV do art. 5º da Constituição da República[16], concede ao Poder Judiciário o denominado monopólio da jurisdição ao determinar que a lei não excluirá da apreciação do Poder Judiciário lesão ou ameaça a direito.

Assim, conforme determinado pelo inciso XXXV do art. 5º da Carta Magna, o Brasil adota o modelo da unidade de jurisdição, consagrando o princípio da inafastabilidade do controle pelo judiciário qualquer lesão ou ameaça de lesão a direito.

É o que nos ensina Araújo[17]: o exercício do poder jurisdicional serve para determinar o direito das partes ao dirimir os conflitos ou controvérsias de relevância jurídica, por meio de decisões com autoridade de coisa julgada, eventualmente seguidas de execução, buscando os limites objetivos e subjetivos da coisa julgada, a satisfação do interesse dos litigantes.

Essa norma, conforme visto, implica numa limitação da eficácia do processo administrativo fiscal, haja vista que as decisões administrativas não são dotadas de definitividade, pois não têm o mesmo alcance da coisa julgada judicial, podendo sempre ser objeto de impugnações em busca da pertinente tutela jurisdicional.

2.3. Princípio do Contraditório e da Ampla Defesa

O princípio do contraditório e da ampla defesa, como já afirmado, decorre do art. 5º, inciso LV, da Constituição Federal, que determina que "aos litigantes, em processo judicial ou administrativo, e aos acusados em geral são assegurados o contraditório e ampla defesa, com os meios e recursos a ela inerentes". Também Lei nº 9.784, de 1999, em seu art. 2º[18], busca esse princípio como um dos reguladores do Processo Administrativo no âmbito Federal.

---

[16] Art. 5º Todos são iguais perante a lei, sem distinção de qualquer natureza, garantindo-se aos brasileiros e aos estrangeiros residentes no País a inviolabilidade do direito à vida, à liberdade, à igualdade, à segurança e à propriedade, nos termos seguintes:
(...)
XXXV – a lei não excluirá da apreciação do Poder Judiciário lesão ou ameaça a direito;
(...)
[17] ARAÚJO, Edmir Netto de. **Curso de Direito Administrativo**. 5ª ed. rev. e atual, São Paulo, Saraiva, 2010. p. 1277.
[18] Art. 2º A Administração Pública obedecerá, dentre outros, aos princípios da legalidade, finalidade, motivação, razoabilidade, proporcionalidade, moralidade, ampla defesa, contraditório, segurança jurídica, interesse público e eficiência.

Segundo nos ensina Greco Filho[19]:

> O contraditório se efetiva assegurando-se os seguintes elementos: a) o conhecimento da demanda por meio de ato formal de citação; b) a oportunidade, em prazo razoável, de se contrariar o pedido inicial; c) a oportunidade de produzir prova e se manifestar sobre a prova produzida pelo adversário; d) a oportunidade de estar presente a todos os atos processuais orais, fazendo consignar as observações que desejar; e) a oportunidade de recorrer da decisão desfavorável.

E, segundo Di Pietro[20]:

> O princípio do contraditório, que é inerente ao direito de defesa, é decorrente da bilateralidade do processo: quando uma das partes alega alguma coisa, há de ser ouvida também a outra, dando-se-lhe oportunidade de resposta. Ele supõe o conhecimento dos atos processuais pelo acusado e o seu direito de resposta ou de reação. Exige: 1 – notificação dos atos processuais à parte interessada; 2 – possibilidade de exame das provas constantes do processo; 3 – direito de assistir à inquirição de testemunhas; 4 – direito de apresentar defesa escrita.

Observa-se, portanto, que o princípio do contraditório versa sobre a imparcialidade do juiz que, se ouvir uma parte, deve ouvir a outra, para que possa permitir que ambos tenham a oportunidade de expor suas razões, defesas e apresentar provas.

Quanto ao Princípio da Ampla Defesa, Medauar[21] assim nos ensina:

> A Constituição Federal alude, não ao simples direito de defesa, mas sim, à ampla defesa. O preceito da ampla defesa reflete a evolução que reforça o princípio e denota a elaboração acurada para melhor assegurar a observância. Significa, então, que a possibilidade de rebater acusações, alegações, argumentos, interpretações de fatos, interpretações jurídicas, para evitar sanções ou prejuízos, não pode ser restrita, no contexto em que se realiza. Daí a expressão final do inciso LV, "com os meios e recursos a ela inerentes".

---

[19] GRECO FILHO, Vicente. **Direito Processual Civil Brasileiro**, 2º Volume. 11ª ed. atualizada. São Paulo: Editora Saraiva, 1996. p. 90.

[20] DI PIETRO, Maria Sylvia Zanella. **Direito Administrativo**. 20ª ed., São Paulo: Atlas, 2007, p. 367.

[21] MEDAUAR, Odete, **Processualidade no Direito Administrativo**. São Paulo: Revista dos Tribunais, 1993, p. 105-107

O princípio da ampla defesa se constitui, portanto, na garantia para destinatário certo, qual seja, o acusado. Sendo que a defesa pode ser subdividida em: a), auto defesa, a exercida diretamente pelo acusado; e b) defesa técnica, a exercida por profissional habilitado. O Processo Administrativo não exige a defesa técnica, podendo ser exercida unicamente via auto defesa do contribuinte.

Do exposto, o que se constata é que o princípio da Ampla Defesa está interligado ao Princípio do Contraditório, sendo que um depende do outro em qualquer tipo de ação.

O Princípio do Contraditório e da Ampla Defesa se traduz, assim, no conjunto de garantias que possibilitam ao contribuinte conhecimento dos atos processuais, exame de provas, apresentação de defesa escrita, dedução de argumentações, interposição de recursos e produção de provas antes da decisão final.

2.4. Princípio da Legalidade

Esse princípio é também denominado de legalidade objetiva e implica que o processo administrativo fiscal deve obedecer aos ditames legais, sendo assim, os atos devem ser praticados nos estritos termos da legislação tributária, com fundamento no art. 37[22] da Constituição.

Referido princípio tem também previsão nos incisos I e II do parágrafo único do art. 2º da Lei nº 9.784, de 1999[23].

Conforme nos ensina Meirelles[24], por este princípio, exige-se que o procedimento administrativo seja instaurado com base na lei e para a preservação desta. E, ao mesmo tempo em que ampara o particular, serve também ao interesse público, na defesa da norma jurídica objetiva,

---

[22] Art. 37. A administração pública direta e indireta de qualquer dos Poderes da União, dos Estados, do Distrito Federal e dos Municípios obedecerá aos princípios de legalidade, impessoalidade, moralidade, publicidade e eficiência e, também, ao seguinte: (Redação dada pela Emenda Constitucional nº 19, de 1998)

(...)

[23] Art. 2º (...)

Parágrafo único. Nos processos administrativos serão observados, entre outros, os critérios de:

I – atuação conforme a lei e o Direito;

II – atendimento a fins de interesse geral, vedada a renúncia total ou parcial de poderes ou competências, salvo autorização em lei;

(...)

[24] MEIRELLES, Hely Lopes. **Direito Administrativo Brasileiro.** 35ª ed. São Paulo: Malheiros, 2009, p. 694.

visando a manter o império da legalidade e da justiça no funcionamento da Administração Pública. O embasamento, portanto, deverá ser numa norma legal específica para apresentar-se com legalidade objetiva, sob pena de invalidade.

É cediço, portanto, que cabe à Administração atuar nos limites e para os fins contidos na lei, assim é que a atividade administrativa, diferentemente do que ocorre com a atividade dos particulares, deve ocorrer segundo os ditames previstos e autorizados pela lei.

Nesse contexto, considerando que o princípio da legalidade se manifesta como elemento para verificação da observância do contido na norma legal, ao ser aplicado ao processo administrativo, deve ter dupla incidência: a) obriga que sejam respeitadas as normas que regem o processo e que são aplicáveis ao ato que se busca praticar; e b) impõe que o administrador só utilize do processo para a prática de atos que se justifiquem legalmente.

Desta forma, conclui-se que o processo administrativo fiscal deve obediência à legalidade e serve como meio para concretização do princípio da legalidade.

2.5. Princípio da Publicidade

O art. 37, **caput,** da Constituição consagra a publicidade entre os princípios gerais que necessitam ser observados pela Administração Pública de qualquer dos Poderes da União, dos Estados, do Distrito Federal e dos Municípios.

Além de ser um princípio constitucional aplicável para toda a Administração Pública, a publicidade é decorrência do contraditório e da ampla defesa, cabendo, portanto, ao processo administrativo fiscal, em razão da natureza pública da atividade da Administração, estar acessível aos interessados.

Prelecionam Neder e Martinez López[25] que, segundo esse princípio, os atos processuais hão de ser públicos, o que significa que o particular, mesmo não sendo parte interessada diretamente, deve possuir meios para ter conhecimento do que está acontecendo com os processos administrativos fiscais em curso.

De acordo com Carvalho Filho[26], a publicidade dos atos administrativos é exigência constitucional, sendo excepcionadas as situações da necessidade de preservar o sigilo em face da segurança da sociedade e do Estado e da

---

[25] NEDER, Marcos Vinícius; MARTINEZ LOPES, Maria Teresa. **Processo Administrativo Fiscal Federal Comentado.** 2ª ed. São Paulo: Dialética, 2002, p. 50.

[26] CARVALHO FILHO, José dos Santos. *Op. Cit.*, p. 21.

intimidade e privacidade das pessoas. Como regra, exige-se a transparência e visibilidade da atuação administrativa, a ponto de possibilitar o controle da legalidade e legitimidade da conduta dos agentes públicos e o próprio grau de eficiência de que se revestem.

É por isso que a publicidade dos atos do Processo Administrativo Fiscal precisa estar em consonância com o direito ao sigilo fiscal, previsto no **caput** do art. 198 do Código Tributário Nacional – CTN[27] (Lei nº 5.172, de 25 de outubro de 1966), que proíbe a divulgação pela Administração de informação obtida em razão do ofício sobre a situação econômica ou financeira do sujeito passivo ou de terceiros e sobre a natureza e o estado de seus negócios ou atividades, ressalvadas as hipóteses de requisição de autoridade judiciária no interesse da Justiça.

Assim é que, quando é apurado débito do contribuinte, por consequência, é apurado crédito da Fazenda Pública, revestindo-se o lançamento em natureza pública no respectivo processo, dado que aí tem-se o próprio interesse coletivo envolvido.

Desta forma, a publicidade do processo administrativo fiscal se constata com o seu julgamento público, embora, em processos que correm em segredo, o acesso ao seu julgamento é permitido somente às partes interessadas.

2.6. Princípio da Motivação

O Princípio da Motivação possui lastro constitucional no art. 93, inciso IX[28], bem como no *caput* e no inciso VII do parágrafo único do art. 2º da Lei nº 9.784, de 1999[29], e disciplina que a autoridade administrativa deve

---

[27] BRASIL. Lei nº 5.172, de 25 de outubro de 1966. **Código Tributário Nacional – CTN**. Art. 198. "Sem prejuízo do disposto na legislação criminal, é vedada a divulgação, por parte da Fazenda Pública ou de seus servidores, de informação obtida em razão do ofício sobre a situação econômica ou financeira do sujeito passivo ou de terceiros e sobre a natureza e o estado de seus negócios ou atividades". (Redação dada pela Lcp nº 104, de 2001)
Disponível em <http://www.planalto.gov.br>. Acesso em 30/03/2020.

[28] Art. 93. Lei complementar, de iniciativa do Supremo Tribunal Federal, disporá sobre o Estatuto da Magistratura, observados os seguintes princípios:
IX todos os julgamentos dos órgãos do Poder Judiciário serão públicos, e fundamentadas todas as decisões, sob pena de nulidade, podendo a lei limitar a presença, em determinados atos, às próprias partes e a seus advogados, ou somente a estes, em casos nos quais a preservação do direito à intimidade do interessado no sigilo não prejudique o interesse público à informação; (Redação dada pela Emenda Constitucional nº 45, de 2004).

[29] Art. 2º A Administração Pública obedecerá, dentre outros, aos princípios da legalidade, finalidade, motivação, razoabilidade, proporcionalidade, moralidade, ampla defesa, contraditório, segurança jurídica, interesse público e eficiência.

apresentar as razões que a levaram a tomar uma decisão, fundamentando seus atos, com a obrigatória indicação dos pressupostos de fato e de direito, sob pena de invalidade.

O art. 50 da Lei nº 9.784, de 1999[30], determina que a motivação deve ser explícita e clara, indicando os fatos e os fundamentos jurídicos nos diversos tipos de atos administrativos, tais como os que neguem, limitem ou afetem direitos ou interesses; os que imponham ou agravem deveres, encargos ou sanções; os que decidam recursos administrativos; ou os que importem anulação, revogação, suspensão ou convalidação.

Na lição de Cretella Jr.[31], a motivação é a justificativa do pronunciamento tomado.

Segundo Carvalho Filho[32], a motivação não significa a ausência de justificativa, mas a falta desta dentro do texto do ato, ou seja, representa os fundamentos que conduzirão a prática do ato.

Para Mello[33], referido princípio decorre de um projeto constitucional assecuratório de transparência do Poder Público, permitindo ao administrado

---

Parágrafo único. Nos processos administrativos serão observados, entre outros, os critérios de:
(...)
VII – indicação dos pressupostos de fato e de direito que determinarem a decisão;
(...)

[30] Art. 50. Os atos administrativos deverão ser motivados, com indicação dos fatos e dos fundamentos jurídicos, quando:
I – neguem, limitem ou afetem direitos ou interesses;
II – imponham ou agravem deveres, encargos ou sanções;
III – decidam processos administrativos de concurso ou seleção pública;
IV – dispensem ou declarem a inexigibilidade de processo licitatório;
V – decidam recursos administrativos;
VI – decorram de reexame de ofício;
VII – deixem de aplicar jurisprudência firmada sobre a questão ou discrepem de pareceres, laudos, propostas e relatórios oficiais;
VIII – importem anulação, revogação, suspensão ou convalidação de ato administrativo.
§ 1º A motivação deve ser explícita, clara e congruente, podendo consistir em declaração de concordância com fundamentos de anteriores pareceres, informações, decisões ou propostas, que, neste caso, serão parte integrante do ato.
§ 2º Na solução de vários assuntos da mesma natureza, pode ser utilizado meio mecânico que reproduza os fundamentos das decisões, desde que não prejudique direito ou garantia dos interessados.
§ 3º A motivação das decisões de órgãos colegiados e comissões ou de decisões orais constará da respectiva ata ou de termo escrito.

[31] *Apud* CARVALHO FILHO, José dos Santos. *Op. Cit.*, p. 108.
[32] CARVALHO FILHO, José dos Santos. *Op. Cit.*, p. 108-109.
[33] MELLO, Celso Antônio Bandeira de. *Op. Cit.*, p. 452.

DIREITOS FUNDAMENTAIS DOS CONTRIBUINTES

saber não apenas o direito de saber o que a Administração faz, como também porque faz.

A motivação é, pois, uma exigência do Estado de Direito, ao qual é inerente, entre outros direitos dos administrados, o direito a uma decisão fundamentada, motivada, com explicitação dos motivos, a fim de possibilitar a avaliação exata do que foi decidido.

Sendo assim, a motivação é princípio indispensável para possibilitar o exercício das garantias constitucionais do contraditório e da ampla defesa, e, por esta razão, que o inciso II do art. 59 do PAF[34] considera nulos os atos, despachos e decisões proferidos com preterição do direito de defesa.

2.7. Princípio da Moralidade

A Carta Magna, em seu art. 37, bem como no art. 5º, inciso LXXIII,[35] estabelece o princípio da moralidade administrativa como sendo um princípio fundamental a ser respeitado pela Administração Pública.

Assim é que o art. 50, inciso VIII, da Lei nº 9.784, de 1999, exige a motivação para os atos de anulação de ato administrativo, com indicação dos fatos e fundamentos jurídicos que tenham sido praticados sob o vício da imoralidade

Nesse sentido, Meirelles[36] considera que "o agente administrativo, como ser humano dotado de capacidade de atuar, deve, necessariamente, distinguir o Bem do Mal, o Honesto do Desonesto. E ao atuar, não poderá desprezar o elemento ético da sua conduta. Assim, não terá que decidir somente entre o legal e o ilegal, o justo do injusto, o conveniente e o inconveniente, o oportuno e o inoportuno, mas também entre o honesto e o desonesto".

O princípio da moralidade pública contempla, portanto, determinação jurídica da observância de preceitos éticos produzidos pela sociedade, sendo que, para tanto, é necessário que a conduta do administrador seja pautada na

---

[34] Art. 59. São nulos:

(...)

II – os despachos e decisões proferidos por autoridade incompetente ou com preterição do direito de defesa.

(...)

[35] Art. 5º (...)

LXXIII – qualquer cidadão é parte legítima para propor ação popular que vise a anular ato lesivo ao patrimônio público ou de entidade de que o Estado participe, à moralidade administrativa, ao meio ambiente e ao patrimônio histórico e cultural, ficando o autor, salvo comprovada má-fé, isento de custas judiciais e do ônus da sucumbência;

[36] MEIRELLES, Hely Lopes. *Op. Cit.*, p. 90.

moral administrativa e orientada pelos valores e princípios do direito público, cabendo ao administrador agir com lealdade, transparência e honestidade.

E é exatamente no processo administrativo fiscal, pela extrema amplitude de investigação que nele se permite, chegando mesmo ao mérito do ato ou da decisão, ao questionamento de sua oportunidade e conveniência, onde é possível zelar pela moralidade administrativa, por meio da correta utilização dos instrumentos para isso existentes na ordem jurídica.

2.8. Princípio da Verdade Material

A busca da verdade material tem como comando os arts. 29 e 32 do Decreto nº 70.235, de 1972, a saber:

> Art. 29. Na apreciação da prova, a autoridade julgadora formará livremente sua convicção, podendo determinar as diligências que entender necessárias.

> Art. 32. As inexatidões materiais devidas a lapso manifesto e os erros de escrita ou de cálculos existentes na decisão poderão ser corrigidos de ofício ou a requerimento do sujeito passivo.

Segundo Mello[37], o princípio da verdade material consiste em que a Administração deve perseguir o que realmente é verdadeiro, independentemente do que os interessados tenham alegado ou provado nos autos do processo administrativo, não se limitando ao que foi demonstrado no procedimento. No dever de realizar o interesse público, a Administração necessita buscar a verdade substancial.

Meirelles[38] explica que esse princípio autoriza a Administração se valer de qualquer prova lícita que tenha conhecimento e em contraste com a verdade formal. Enquanto nos processos judiciais o juiz deve limitar-se às provas indicadas pelas partes no devido tempo, no processo administrativo a autoridade processante ou julgadora pode conhecer de novos elementos de prova até a decisão final que comprovem as alegações em tela.

Ainda sobre esse princípio, vale a pena destacar os ensinamentos de Ribas[39]:

---

[37] MELLO, Celso Antônio Bandeira de. *Op. Cit.*, p. 449.
[38] MEIRELLES, Hely Lopes. *Op. Cit.*, p. 695-696.
[39] RIBAS, Lídia Maria Lopes Rodrigues. **Processo Administrativo Tributário**. 2ª ed. Malheiros, 2003, p. 46.

no processo administrativo tributário, além de levar aos autos novas provas após a inicial, é dever da autoridade administrativa levar em conta todas as provas e fatos que tenha conhecimento e até mesmo determinar a produção de provas, trazendo-as aos autos, quando elas forem capazes de influenciar na decisão.

Assim, a Administração pode valer-se de qualquer prova que a autoridade julgadora ou processante tiver conhecimento, devendo trazê-la aos autos, com o objetivo de aproximar a materialidade do fato imponível e sua formalização por meio do lançamento tributário.

Importante lembrar que, se determinado contribuinte prova por meio lícito que o lançamento se deu de maneira equivocada, não cabe à autoridade julgadora ignorar essa informação no momento do julgamento, sob pena de estar ferindo esse princípio.

Verifica-se, portanto, que a Administração Pública não fica obrigada a restringir seu exame ao que foi alegado, trazido ou provado pelas partes, como ocorre na via judicial, tendo o dever de buscar a verdade material no âmbito de suas decisões em processos administrativos fiscais, ainda que para isso tenha que se valer de outros elementos, como a realização de diligências, além daqueles trazidos aos autos pelos interessados, objetivando formar sua livre convicção.

2.9. Princípio da Proporcionalidade e Razoabilidade

Os princípios da proporcionalidade e da razoabilidade encontram-se implícitos na Constituição Federal e estão previstos no art. 2º da Lei nº 9.784, de 1999, sendo considerados como preceitos que devem direcionar a aplicação do ordenamento jurídico para que se possa atender de forma adequada e proporcional a situação concreta.

O princípio da razoabilidade é uma diretriz de senso comum, de bom-senso, a ser aplicada ao Direito. Esse bom-senso jurídico se faz necessário uma vez que as exigências formais decorrem do princípio da legalidade, devendo, assim, reforçar o texto das normas, a palavra da lei.

Aplicando esse princípio a Administração deve, portanto, atuar no exercício de discrição, atendendo a critérios racionais, em sintonia com o senso comum exigido para pessoas equilibradas e respeitosas das suas funções e da outorga da competência exercida.

Já o princípio da proporcionalidade tem como objetivo coibir excessos quando da análise da compatibilidade entre os meios e os fins da atuação do administrador, que deve agir evitando restrições e sanções desnecessárias ou abusivas ao atendimento do interesse público.

Assim, por força deste princípio, não cabe à Administração Pública valer-se de medidas restritivas ou formular exigências aos particulares além daquilo que for necessário para a realização da função pública.

Segundo Tácito[40], como limite à discricionariedade, o conceito de legalidade pressupõe que os motivos, para serem determinantes, devem ser razoáveis e, o objeto deve ser proporcional à finalidade declarada ou implícita na norma de competência.

Assim é que, os princípios da proporcionalidade e razoabilidade devem assegurar a coerência entre a aplicação e a finalidade do direito, garantindo a sua utilização justa. Por esse motivo, esses princípios também são conhecidos como princípio da proibição do excesso.

2.10. Princípio da Segurança Jurídica

O princípio da segurança jurídica, também conhecido como princípio da confiança legítima (proteção da confiança) faz parte do sistema constitucional como um todo e, portanto, trata-se de um dos mais importantes princípios gerais do Direito, estando também previsto no **caput** do art. 2º da Lei nº 9.784, de 1999, bem como no inciso XIII, do parágrafo único, do mesmo artigo, que determina que a Administração Pública deve obedecer ao critério da "interpretação da norma administrativa da forma que melhor garanta o atendimento do fim público a que se dirige, vedada aplicação retroativa de nova interpretação".

Esse princípio encontra guarida também no art. 54 da Lei nº 9.784, de 1999, que disciplina que o "direito da Administração de anular os atos administrativos de que decorram efeitos favoráveis para os destinatários decai em cinco anos, contados da data em que foram praticados, salvo comprovada má-fé". Esse dispositivo tem por escopo evitar que a Administração, por meio do exercício da autotutela, anule atos administrativos após cinco anos contados da data em que foram realizados, excepcionando os casos de comprovada má-fé.

O princípio da segurança jurídica informa, portanto, a manutenção dos atos administrativos geradores de direito, postulando a estabilidade das

---

[40] TÁCITO, Caio. O Princípio da Legalidade: Ponto e Contraponto. **Revista de Direito Administrativo**, nº 206. São Paulo: FGV, outubro/dezembro de 1996, p. 2.

DIREITOS FUNDAMENTAIS DOS CONTRIBUINTES

relações jurídicas, calcada na observância dos comandos constitucionais e legais.

É o que nos esclarece Mello[41]:

> (...) é sabido e ressabido que a ordem jurídica corresponde a um quadro normativo proposto precisamente para que as pessoas possam se orientar, sabendo, pois, de antemão, o que devem ou o que podem fazer, tendo em vista as ulteriores conseqüências imputáveis a seus atos. O Direito propõe-se a ensejar uma certa estabilidade, um mínimo de certeza na regência da vida social. Daí o chamado princípio da "segurança jurídica", o qual, bem por isto, se não é o mais importante dentro todos os princípios gerais de Direito, é, indisputavelmente, um dos mais importantes entre eles.

Esse princípio assegura, assim, que a decisão administrativa favorável ao contribuinte, no caso de decisão final na esfera administrativa, não pode ser questionada judicialmente pelos representantes do Estado. Desta forma, o contribuinte, ao obter decisão favorável administrativa, com consequente extinção do crédito tributário, não pode permanecer com a insegurança de o fisco tentar anular decisão proferida por seus representantes.

Trata-se, assim, de um princípio que protege o direito adquirido, o ato jurídico perfeito e a coisa julgada, sendo também fundamento da prescrição e da decadência.

3. Processo Administrativo Fiscal – PAF

O Decreto nº 70.235, de 1972, instrumentaliza o Processo Administrativo Fiscal – PAF da União, colocando à disposição do contribuinte, objetivando a defesa dos seus interesses, os recursos administrativos, assim entendidos como os meios hábeis a propiciar o reexame de decisão interna pela própria Administração, por razões de legalidade ou de mérito administrativo[42].

Segundo ensinamentos de Rosa Junior[43], o PAF é um processo de discussão do lançamento e, por meio dele, far-se-á o controle da legalidade da obrigação tributária principal ou acessória.

---

[41] MELLO, Celso Antônio Bandeira. **Curso de Direito Administrativo**. 18. ed. São Paulo: Malheiros Editores, 2005, p. 113.

[42] MEIRELLES, Hely Lopes. *Op. Cit.*, p. 679.

[43] ROSA JUNIOR. Luiz Emygdio F. da. **Manual de Direito Financeiro e Tributário**. 19ª ed. Rio de Janeiro: Renovar, 2006, p. 624.

Já a Lei nº 9.784, de 1999, positiva conceitos e princípios amplamente reconhecidos na doutrina e jurisprudência, regula o processo administrativo no âmbito federal, estabelecendo normas gerais que abrangem todos os Poderes da União, aplicando-se subsidiariamente aos processos disciplinados por normas específicas, como o PAF, e contém normas sobre princípios da Administração Pública, direitos e deveres do administrado, competência, suspeição, impedimento, forma, tempo e lugar dos atos processuais, comunicação, instrução, anulação, motivação, revogação, convalidação, prazos e recursos administrativos.

Sendo, portanto, a Lei nº 9.784, de 1999, uma norma legal que fixa parâmetros gerais aplicáveis a todo e qualquer instrumento prévio a uma decisão da Administração, sedimentando as garantias processuais do administrado do devido processo legal, do contraditório e da ampla defesa, da motivação, do direito de petição e sua extensão, do direito de resposta ao direito de petição e do direito de certidão, traz, como meios de impugnação das decisões administrativas, o recurso hierárquico, a reclamação, a revisão e o pedido de reconsideração.

Tem-se, assim, no âmbito federal, dois procedimentos disponíveis ao administrado para a garantia da defesa dos seus interesses.

O PAF é a norma que estabelece o procedimento para os litígios tributários, contemplando duas instâncias ordinárias de julgamento administrativo: a primeira, representada pelas Delegacias da Receita Federal de Julgamento (DRJ) localizadas em diversas cidades do País, é composta por órgãos de deliberação interna e de natureza colegiada da Receita Federal do Brasil – RFB; e a segunda, representada pelo Conselho Administrativo de Recursos Fiscais – CARF, dividido em seções especializadas por matéria e pela Câmara Superior de Recursos Fiscais – CSRF, composto por órgãos colegiados, paritários, integrantes da estrutura do Ministério da Fazenda.

Além da impugnação e do recurso hierárquico, o administrado tem a sua disposição, como mais uma espécie de recurso administrativo, o recurso especial para a Câmara Superior de Recursos Fiscais do CARF.

É por meio do PAF que o contribuinte encontra, por exemplo, a previsão do conteúdo dos atos e termos processuais; a forma de contagem dos prazos; a definição do início do procedimento fiscal para fins de caracterização da espontaneidade, os atos processuais que são nulos; os elementos obrigatórios do auto de infração e da notificação de lançamento, os atos representativos do lançamento tributário; bem como as situações de nulidade dos atos.

Machado[44] esclarece que o processo de determinação e exigência do crédito tributário, ou simplesmente o lançamento tributário, possui duas fases: unilateral ou não contenciosa; e bilateral, contenciosa ou litigiosa. Segundo o autor:

(i) a primeira fase, a qual tem recebido a denominação de ação fiscal, começa com o termo de início de fiscalização ou com a apreensão de mercadorias, livros ou documentos, tem como característica a exclusão da espontaneidade, terminando com o termo de encerramento e a lavratura do auto de infração, se configurada infração à legislação tributária; e

(ii) a segunda fase, conhecida como a litigiosa do procedimento, é instaurada com a apresentação tempestiva e válida da impugnação da exigência (art. 14), instruindo seu conteúdo (art. 16), incumbindo o Auditor-Fiscal da RFB de realizar as diligências e perícias necessárias ao exame de mérito (art. 20).

Segundo o art. 23 do PAF, as intimações são efetuadas pessoalmente, por via postal ou meio eletrônico com prova de recebimento, havendo, em caso de insucesso, a previsão de edital publicado no endereço de internet da Administração, no órgão encarregado da intimação ou na imprensa oficial.

O art. 24 do PAF disciplina as atribuições, cabendo à autoridade local do órgão encarregado da administração do tributo o preparo do processo.

O art. 25 trata das competências, definindo que compete, em primeira instância, à DRJ o julgamento dos processos de exigência de créditos tributários e, em segunda instância, ao CARF a atribuição de julgar recursos de ofício e voluntários de decisão de primeira instância, bem como recursos de natureza especial (art. 25).

O art. 26 disciplina que compete ao Ministro da Fazenda, em instância especial, julgar recursos de decisões do CARF, interpostos pelos Procuradores Representantes da Fazenda, e decidir sobre as propostas de aplicação de equidade apresentadas pelo CARF. Sendo que o art. 26-A proíbe aos órgãos de julgamento afastar a aplicação ou deixar de observar tratado, acordo internacional, lei ou decreto, sob fundamento de inconstitucionalidade, salvo no caso de já ter sido declarado inconstitucional por decisão definitiva

---

[44] MACHADO, Hugo de Brito. **Curso de Direito Tributário.** 22ª ed. São Paulo: Malheiros, 2003, p. 411-413.

plenária do Supremo Tribunal Federal ou se trate de crédito tributário objeto de dispensa legal de constituição ou de ato declaratório do Procurador-Geral da Fazenda Nacional, de súmula ou parecer do Advogado-Geral da União na forma da lei.

O art. 27 determina prioridade no julgamento de primeira instância para os processos que estiverem presentes as circunstâncias de crime contra a ordem tributária ou de elevado valor, do qual, segundo o art. 36, não cabe pedido de reconsideração.

Segundo o art. 29, a autoridade julgadora tem a prerrogativa de formar livremente sua convicção na apreciação dos elementos de prova, podendo determinar as diligências que entender necessárias, devendo a decisão conter relatório resumido do processo, fundamentos legais, conclusão e ordem de intimação, além de dever referir-se, expressamente, a todos os autos de infração e notificações de lançamento objeto do processo, bem como as razões de defesa suscitadas pelo impugnante contra todas as exigências, conforme previsto no art. 31.

De acordo com o art. 34, a DRJ tem o dever de recorrer de ofício, interposto mediante declaração na própria decisão, sempre que esta exonerar o sujeito passivo do pagamento de tributo, e multas de valor total acima de R$ 2.500.000,00 (Portaria MF nº 63[45], de 9 de fevereiro de 2017); ou deixar de aplicar pena de perdimento de bens cominada à infração denunciada na formalização da exigência.

Já os julgamentos de segunda instância, segundo o art. 37, são regidos pelo regimento interno do CARF. Da decisão de primeira instância cabe recurso hierárquico no prazo de 30 dias da ciência do interessado, também competindo recurso especial, em 15 dias da ciência do interessado, à Câmara Superior de Recursos Fiscais de decisão que conceder à lei tributária interpretação divergente daquela dada por outra Câmara, turma de Câmara, turma especial ou pela própria Câmara Superior de Recursos Fiscais.

Conforme os arts. 39 e 40, da competência exclusiva do Ministro da Fazenda há, ainda, o julgamento em instância especial de propostas de aplicação de equidade apresentadas pelo CARF restritas à dispensa total

---

[45] BRASIL. Ministério da Economia. **Portaria MF nº 63, de 9 de fevereiro de 2017**. Estabelece limite para interposição de recurso de ofício pelas Turmas de Julgamento das Delegacias da Receita Federal do Brasil de Julgamento. Disponível em <http://www.receita.fazenda.gov.br/Legislacao/Portarias/ 2017/ MinisteriodaFazenda/portmf003.htm>. Acesso em 30/03/2020.

ou parcial de penalidade pecuniária quando não houver reincidência nem sonegação, fraude ou conluio, do qual não cabe pedido de reconsideração.

Em relação à eficácia e à execução das decisões administrativas, o art. 42 Decreto estabelece como definitivas as decisões de que não caiba recurso ou, se cabível, quando decorrido o prazo sem sua interposição e as de instância especial.

Rosa Júnior[46] relembra que estas decisões são definitivas e irretratáveis na esfera administrativa, subordinando tão-somente a Administração, porque não possuem força de coisa julgada, permitindo ainda ao sujeito passivo recorrer ao Poder Judiciário em caso inconformidade do julgamento administrativo. Porém, se a decisão administrativa for contrária ao Fisco, a Administração não poderá se socorrer do Judiciário para rever sua própria decisão.

Portanto, segundo nos ensina Meirelles[47], a denominada "coisa julgada administrativa" é, na verdade, somente uma preclusão de efeitos internos, não tendo o alcance da coisa julgada judicial, porque o ato jurisdicional da Administração é apenas um ato administrativo decisório, sem a força conclusiva do ato jurisdicional do Poder Judiciário. Falta à decisão administrativa o que os publicistas norte-americanos chamam de *the final enforcing power*, traduzido livremente como poder conclusivo da Justiça Comum, que é privativo das decisões judiciais nos sistemas que não adotam o contencioso administrativo.

Assim, ainda que o objetivo primordial do PAF seja o de controle dos atos administrativos, não se pode esquecer que a busca da justiça, via o judiciário, não é incompatível com essa finalidade precípua de controle, tendo contornos mais amplos com a Constituição de 1988, que exige a observância dos princípios por ela consagrados.

Assim, pode-se afirmar que no âmbito dos Julgamentos no Contencioso Administrativo Fiscal Federal tem se buscado a adoção do respeito aos princípios constitucionais, principalmente o princípio do devido processo legal, possibilitando que os autuados tenham direito ao contraditório e à ampla defesa.

Exemplificando, cabe citar o julgamento no CARF do acórdão nº 3201003.211[48], publicado em 24/11/2017, que decidiu anular o acordão

---

[46] ROSA JUNIOR. Luiz Emygdio F. da. *Op. Cit.*, p. 633.
[47] MEIRELLES, Hely Lopes. *Op. Cit.*, p. 687-688.
[48] BRASIL. Ministério da Economia. **Decisão_1600400443200785.PDF.** Disponível em <http://www.carf.fazenda.gov.br/2017/ . Acesso em 30/03/2020.

proferido pela DRJ de Ribeirão Preto/SP com base no cerceamento do contraditório e ampla defesa, cuja ementa é a seguinte:

> Assunto: Processo Administrativo Fiscal
> Ano-calendário: 2002, 2003, 2004, 2005
> NULIDADE. DECISÃO ADMINISTRARTIVA. ENFRENTAMENTO DE MATÉRIA SUSCITADA. PRINCÍPIOS DO CONTRADITÓRIO E DA AMPLA DEFESA.
> Configura-se o cerceamento ao direito de defesa, com prejuízo ao contraditório e à ampla defesa a decisão administrativa que deixa de analisar matéria suscitada na peça de defesa. Nulidade nos termos do art. 59, II do PAF. Recurso Voluntário Provido em Parte.

Quando do julgamento pela DRJ em Ribeirão Preto/SP não foi enfrentada a questão levantada pelo Contribuinte do crédito presumido da agroindústria e critérios de cálculos, que insurgiu contra o método do cálculo do crédito presumido na aquisição de cana de açúcar e a exclusão do direito nas aquisições de pessoa jurídica.

Desta forma o contribuinte apresentou Recurso Voluntário perante o CARF para dirimir a controvérsia.

Assim, o CARF, ao analisar o caso, verificou que o contribuinte havia contestado a matéria. O Relator, portanto, em seu voto verificou a questão da metodologia de cálculo do crédito presumido na parte em que o contribuinte rebate a arguição de nulidade do auto de infração em decorrência da utilização de critério de rateio adotado pela fiscalização na alocação dos custos da cana de açúcar, e observou que a DRJ, no mérito, não enfrentou a matéria trazida à lide.

Considerando a ausência de manifestação da primeira instância de matéria questionada pelo contribuinte em sede de impugnação, observou o Relator que ocorreu o cerceamento do direito ao contraditório e à ampla defesa, que, por serem princípios inalienáveis ao processo, caracteriza-se como fundamento para a nulidade da decisão que o preferiu, nos termos do inciso II, do art. 59 do Decreto nº 70.235, de 1972[49].

---

[49] Art. 59. São nulos:

(...)

II – os despachos e decisões proferidos por autoridade incompetente ou com preterição do direito de defesa.

O relator argumentou também a determinação do art. 2º da Lei nº 9.784, de 1999, no sentido de que cabe à Administração Pública obediência aos princípios da ampla defesa e do contraditório, lembrando que o parágrafo único desse artigo estabelece que nos processos administrativos devem atender, dentre outros, os critérios de observância das formalidades essenciais à garantia dos direitos dos administrados e a atuação conforme a lei e o Direito.

Conclusões

O Contencioso Administrativo Fiscal deve ser interpretado e aplicado por meio da melhor técnica jurídica, de acordo com as necessidades dos contribuintes e valores da coletividade, estando à disposição da verdade.

A Administração não possui entre suas atribuições constitucionalmente outorgadas a competência de exercer funções judiciais por natureza e tampouco as suas decisões possuem força e definitividade próprias dos julgamentos judiciários.

Sendo o contencioso um instrumento que se utiliza para dirimir os conflitos, procurando resolver o inconformismo do contribuinte diante de um lançamento tributário, cabe na fase litigiosa ao julgador verificar se o ato praticado obedeceu aos princípios constitucionais existentes e se o mesmo está pautado pela legalidade.

Assim é que, dentre as normas que regem a conduta do Contencioso Administrativo Fiscal, a Lei Maior: a Constituição Federal, ocupa lugar de destaque por declarar direitos e garantias aos cidadãos, mormente o devido processo legal, acompanhado pelo exercício do contraditório e da ampla defesa.

O presente artigo procurou abordar, como forma de estimular a reflexão, aspectos relevantes acerca da sistemática formal de interpretação da legislação tributária por parte da Administração Federal, a partir de noções gerais sobre princípios fundamentais que devem nortear o contencioso tributário administrativo, e da própria atuação da administração pública.

Buscou-se, desta forma, fornecer um panorama dos veículos utilizados atualmente pelo contencioso para manifestar a sua interpretação da legislação tributária, com vistas à observância dos princípios constitucionais.

Neste âmbito, analisando a norma que rege o Processo Administrativo Fiscal Federal, conclui-se que resta assegurado ao contribuinte a obediência aos princípios constitucionais que movem os processos, e, naquilo em que o

PAF (Decreto nº 70.235, de 1972) não é explícito, como por exemplo no caso da vista dos autos na repartição, a Lei nº 9.784, de 1999, deve ser aplicada de forma subsidiária, para fazer valer as garantias constitucionais da ampla defesa e do contraditório.

Referências

ARAÚJO, Edmir Netto de. **Curso de Direito Administrativo**. 5ª ed. rev. e atual, São Paulo, Saraiva, 2010.

ÁVILA, Humberto. **Sistema Constitucional Tributário**. 4ª ed. São Paulo: Saraiva, 2010.

BRASIL. Constituição (1988). **Constituição da República Federativa do Brasil de 1988**. Promulgada em 5 de outubro de 1988. Disponível em <http://www.planalto.gov.br/ccivil_03/Constituicao/Constituicao.htm>. Acesso em 17/02/2020.

___. **Decreto nº 70.235, de 6 de março de 1972**, Dispõe sobre o processo administrativo fiscal, e dá outras providências. Disponível em <http://www.planalto.gov.br/ccivil_03/decreto/D70235cons.htm>. Acesso em 17/02/2020.

___. **Lei nº 8.748, de 9 de dezembro de 1993**. Conversão da MPV nº 367, de 1993. Disponível em <http://www.planalto.gov.br/ccivil_03/LEIS/L8748.htm#art9>. Acesso em 17/02/2020.

___. **Lei nº 9.784, de 29 de janeiro de 1999**. Regula o processo administrativo no âmbito da Administração Pública Federal. Disponível em <http://www.planalto.gov.br/ccivil_03/Leis/L9784.htm>. Acesso em 17/02/2020.

___. **Lei nº 11.941, de 27 de maio de 2009**. Conversão da MPV nº 449, de 2008. Disponível em <http://www.planalto.gov.br/ccivil_03/_Ato2007-2010/2009/Lei/L11941.htm#art25>. Acesso em 17/02/2020.

___. Ministério da Economia. **Portaria MF nº 63, de 9 de fevereiro de 2017**. Estabelece limite para interposição de recurso de ofício pelas Turmas de Julgamento das Delegacias da Receita Federal do Brasil de Julgamento. Disponível em <http://www.receita.fazenda.gov.br/Legislacao/Portarias/ 2017/ MinisteriodaFazenda/portmf003.htm>. Acesso em 30/03/2020.

___. Ministério da Economia. **Decisão_1600400043200785.PDF**. Disponível em <http://www.carf.fazenda.gov.br/2017/ . Acesso em 30/03/2020.

___. Supremo Tribunal Federal. **Súmula nº 473**. Disponível em <http://www.stf.jus.br/portal/cms/verTexto.asp?servico=jurisprudenciaSumula&pagina=sumula_401_500>. Acesso em 17/02/2020.

CANOTILHO. José Joaquim Gomes. **Direito Constitucional**. 5ª ed. Coimbra: Almedina, 1992.

CARRAZA, Roque Antonio. **Curso de Direito Constitucional Tributário**. 8ª ed. São Paulo: Malheiros, 1995.

CARVALHO FILHO, José dos Santos. **Manual de Direito Administrativo**. 20ª ed. São Paulo: Editora Atlas, 2007.

DI PIETRO, Maria Sylvia Zanella. **Direito Administrativo**. 20ª ed., São Paulo: Atlas, 2007.

GRECO FILHO, Vicente. **Direito Processual Civil Brasileiro**, 2º Volume. 11ª ed. atualizada. São Paulo: Editora Saraiva, 1996.

MACHADO, Hugo de Brito. **Curso de Direito Tributário**. 22ª ed. São Paulo: Malheiros, 2003.

MARTINS, Ives Gandra da Silva. **Processo Administrativo Fiscal**. Vol. 4. São Paulo: Dialética. 1999.

MEDAUAR, Odete, **Processualidade no Direito Administrativo**. São Paulo: Revista dos Tribunais, 1993.

MEIRELLES, Hely Lopes. **Direito Administrativo Brasileiro**. 35ª ed. São Paulo: Malheiros, 2009.

MELLO, Celso Antônio Bandeira. **Curso de Direito Administrativo**. 18. ed. São Paulo: Malheiros Editores, 2005.

___. **Elementos de Direito Administrativo**. São Paulo: Revista dos Tribunais, 1981.

NEDER, Marcos Vinícius; MARTINEZ LOPES, Maria Teresa. **Processo Administrativo Fiscal Federal Comentado**. 2ª ed. São Paulo: Dialética, 2002.

RIBAS, Lídia Maria Lopes Rodrigues. **Processo Administrativo Tributário**. 2ª ed. Malheiros, 2003.

ROCHA, Cármen L. Antunes. **Revista de Informação Legislativa**, out./dez., 1997, Brás. ano 34, nº 136.

ROSA JUNIOR. Luiz Emygdio F. da. **Manual de Direito Financeiro e Tributário**. 19ª ed. Rio de Janeiro: Renovar, 2006.

TÁCITO, Caio. O Princípio da Legalidade: Ponto e Contraponto. **Revista de Direito Administrativo**, nº 206. São Paulo: FGV, outubro/dezembro de 1996.

28. O Rei Charles I, da Inglaterra, e o Caso dos Cinco Cavaleiros (ou Caso Darnel – 1627)

CHRISTIANO MENDES WOLNEY VALENTE

Introdução

O ano era 1627. Na Inglaterra governada pelo rei Charles I, os cavaleiros Sir Thomas Darnel, Sir John Corbet, Sir Walter Earl, Sir John Heveningham e Sir Edmund Hampden ingressaram com um pedido de *habeas corpus* perante o Tribunal Real (Court of King's Bench). O caso é que haviam sido presos em março do mesmo ano pelo Diretor da Frota (Warden of the Fleet), a mando do Conselho Privado (Privy Conuncil)[1] que seguia "ordem especial do Rei" (his Majesty's special commandment), sem haver nesta ordem qualquer acusação formal. A prisão era, portanto, arbitrária. Cabia então ao Tribunal Real julgar se o rei tinha ou não a prerrogativa de decretar prisões desse tipo. O episódio ficou historicamente conhecido como "O caso dos cinco cavaleiros" (The Five Knights Case) ou "Caso Darnel" que culminou com a formulação da Petição de Direitos de 1628 (Petition of Right) enviada conjuntamente pela Câmara dos Lordes e Câmara dos Comuns (full Parliament) ao rei Charles I e que também marcou a história da doutrina e legislação do *habeas corpus* (Habeas corpus Act of 1640 and 1679). O presente texto é sobre o caso, seu contexto e suas lições.

---

[1] O conselho privado da era Stuart era um corpo formalmente constituído pelos principais oficiais e conselheiros do monarca com suas origens nas reformas administrativas do início do século XVI encarregado de aconselhar o monarca, emitir e executar ordens em seu nome. Sua autoridade derivava da autoridade do próprio rei, permitindo que ele atuasse em questões de estado, interesse público e casos jurídicos particulares (FRITZE, Ronald H.; ROBISON, William B.; SUTTON, Walter. Historical Dictionary of Stuart England, 1603-1689. Westport: Greenwood Press, 1996, pp. 428-429).

Parte-se do pressuposto de que somente é possível compreender adequadamente a dimensão do ocorrido se revelado por inteiro o seu ambiente histórico. Desse modo, inicialmente será descrito e analisado o contexto em que se deu a ascensão do rei Charles I ao trono inglês (aspectos políticos, religiosos e pessoais), sua relação com o Parlamento, bem como a posição institucional dos tribunais da época. Na sequência, adentrar-se-á ao "Caso dos Cinco Cavaleiros" ou "Caso Darnel" através da análise de alguns dos documentos ali produzidos quando de seu exame pelo Tribunal Real. Por fim, em sede de conclusão, serão feitos alguns apontamentos a respeito das consequências jurídicas do evento em questão e o desenrolar histórico dos acontecimentos posteriores.

1. O Contexto da Ascensão de Charles I ao Trono Inglês
1.1. Considerações Gerais
Charles I, com apenas vinte e quatro anos de idade, ascende ao trono da Inglaterra em março de 1625 com a morte de seu pai o rei James I (também James VI da Escócia), que iniciou a dinastia Stuart ao suceder sua prima de terceiro grau a rainha Elisabeth I (1558 a 1603), última monarca da dinastia Tudor e filha do rei Henrique VIII (1509-1547) com Ana Bolena, a rainha decapitada. Assim como James I, Charles I recebe um reino com dificuldades financeiras e políticas históricas decorrentes das várias guerras e confrontos religiosos promovidos pelos seus antecessores e que acabaram por reforçar a posição do Parlamento inglês que detinha o controle do orçamento, já que as leis em geral e os impostos precisavam de sua aprovação.[2]

Isto significava que, para quaisquer empreitadas bélicas, a Coroa era obrigada a pedir fundos ao Parlamento, posto que não havia desenvolvido fontes alternativas de renda suficientes. Veja-se que a exploração de minerais não preciosos e do carvão havia sido limitada no julgamento do "Caso das Minas" de 1568, pois ali foi destinado ao rei (no caso, a rainha Elizabeth I)

---

[2] Narra o historiador Lawrence Stone que, ao final da guerra externa contra a França de 1543 a 1551, onde o Rei Henrique VIII tomou apenas a cidade portuária de Bolonha, para financiar a guerra *"a Coroa havia praticamente vendido ou cedido a maior parte das propriedades monásticas e conventuais, a classe governante estava rachada entre dois fanatismos (religiosos) rivais, e as tropas mercenárias, necessárias à consolidação do absolutismo régio, despedidas por falta de fundos. O Parlamento estava reivindicando sempre mais a própria autonomia, agora solidamente fundada no controle do orçamento e na necessidade de sua assistência legislativa para se chegar a um arranjo em matéria religiosa"* (STONE, Lawrence. Causas da Revolução Inglesa: 1529-1642. 2. ed. Bauru: Edusc, 2000, p. 118).

somente a prerrogativa da exploração do ouro e da prata em solo inglês, metais praticamente inexistentes.[3] Também uma outra fonte de recursos comum da época, a venda de cargos na administração pública, foi obstada quando do julgamento do caso Cavendish (1587), onde os juízes do Tribunal Real decidiram, com base em interpretação da Magna Carta, que o ofício na administração pública (incluindo a justiça) deveria ser considerado como de propriedade hereditária, sendo que a criação de novos cargos no Tribunal dos Comuns (Court of Common Pleas) pela rainha privaria os juízes atuais de parte de sua propriedade, já que reduziria parte dos lucros do gabinete do protonotário (notário chefe ou principal) com as custas cobradas pelo acesso à justiça.[4] Assim, a compra e venda de cargos jurídicos era feita sem benefício algum para a Coroa. Outrossim, o desgaste político gerado pela necessidade de sempre pedir autorização ao Parlamento para quaisquer assuntos tributários acabou por gerar um comportamento de não confronto por parte da rainha Elizabeth I, que resultou na defasagem dos valores arrecadados com a tributação.[5]

A este respeito, ainda sob o aspecto político, no governo elisabetano a soberania residia no conceito da "Rainha no Parlamento". Segundo essa teoria,

---

[3] Rainha vs. Conde de Northumberland (Case of Mines) foi decidido em 1568 pelo Tribunal do Tesouro (Exchequer), um tribunal de *common law*, adotando por razão de decidir que a rainha Elizabeth tinha a prerrogativa de minerar o ouro e a prata no território inglês porque o ouro e a prata são o que há de mais excelente no solo do reino e, de todas as pessoas no reino, o rei é aos olhos da lei a mais excelente delas. Entendeu-se que o *common law* atribui a propriedade às pessoas a quem melhor ela se adequa: as coisas comuns e triviais para as pessoas comuns, as coisas de maior valor para as pessoas de classe superior e as coisas mais excelentes para aquelas pessoas que superam todas as outras, no caso, a rainha. Desse modo, a vitória da rainha em poder explorar o ouro e a prata eventualmente descobertos nas terras do Conde de Northumberland representou uma derrota parcial pois se formou um precedente que, a *contrario sensu*, afastava a prerrogativa real para os metais não preciosos e o carvão, materiais abundantes na ilha e que poderiam gerar receitas com sua exploração. Ver Lawrence Stone (STONE, op. cit. p. 120) e David Williams [WILLIAMS, David. (2003). Gold, The Case of Mines (1568) and the Waitangi Tribunal. Australian Journal of Legal History. 7 (2): 157.].

[4] PECK, Linda Levy. Court Patronage and Corruption in Early Stuart England. Londres: Routledge, 2003. p. 7. Ver também MACMILLAN, Catharine et al. Challenges to Authority and the Recognition of Rights: From Magna Carta to Modernity. Cambridge: Cambridge University Press, 2018. pp. 32-33.

[5] Segundo Lawrence Stone, o Livro das Tarifas (Book of rates), no qual se declarava o valor das mercadorias para a alfândega, só foi alterado uma única vez em oitenta anos, apesar do contínuo aumento dos preços de importação, ao mesmo tempo que os ingressos decorrentes das "tutelas" (wardship) diminuíram e os tributos aprovados pelo Parlamento não modificaram (STONE, op. cit. p. 121).

a autoridade última ou soberania reside no monarca, mas é delegada para representantes eleitos ou por ele indicados. A rainha formava o Parlamento e também era parte dele. Essa concepção freava quaisquer aspirações absolutistas na medida em que a atuação da Coroa (braço executivo) e do Parlamento (braço legislativo) se dava de forma complementar. Além disso, a rainha tinha por costume consultar, além de seu próprio Conselho, o Parlamento para a tomada de decisões e necessitava do consentimento deste para as questões legislativas.

Ocorre que, em contraste com o período elisabetano, Charles I havia sido educado desde a infância na doutrina do "Direito Divino dos Reis", linha que já vinha sendo a adotada por seu pai James I.[6] Desta forma, como soberano e quebrando as expectativas de Lordes e Comuns de um convívio harmônico entre rei e Parlamento, ele estava convencido de que sequer poderia abrir mão de sua autoridade real.[7]

Sob o aspecto religioso, Charles I casou-se no dia 11 de maio de 1625, por procuração, logo após subir ao trono, com a francesa Henriqueta Maria, católica devota educada por freiras carmelitas, sendo filha do rei Henrique IV de França (Casa de Bourbon). A cerimônia de casamento ocorreu em 13 de junho de 1625 na Igreja de Santo Agostinho em Canterbury (Cantuária), mas, por ser católica, a rainha não pôde ser coroada juntamente com o marido em uma cerimônia anglicana.[8] Veja-se que os católicos ainda eram executados na Inglaterra por traição na década de 1620 e a rainha demonstrava

---

[6] Assim como Charles I teria, James I teve vários embates com o Parlamento a respeito dos limites de sua prerrogativa real. Sua crença na doutrina do "Direito Divino dos Reis" fica evidenciada no discurso dirigido ao Parlamento em 1610: "*the state of monarchy is the supremest thing upon earth.* ***For kings are not only God's lieutenants upon earth, and sit upon God's throne, but even by God himself they are called gods.*** *There be three principal similitudes that illustrates the state of monarchy. One taken out of the word of God, and the two other out of the grounds of policy and philosophy. **In the Scriptures kings are called gods, and so their power after a certain relation compared to the divine power***" [WOTTON, David (Ed.). Divine Right and Democracy: An Anthology of Political Writing in Stuart England. Indianapolis/Cambridge: Hackett Publishing, 2003, p. 107].

[7] O símbolo de sua posição irredutível nesse sentido foi a resposta às dezenove proposições feitas pelas duas Casas do Parlamento em 1642 onde afirmou que: "*We call to God to witness that, as for our subjects' sake **these rights are vested in us**, so for their sakes, as well as for our own, **we are resolved not to quit them**, nor to subvert (though in a parliamentary way) the ancient, equal, happy, well-poised, and never enough commended Constitution of the Government of this Kingdom; nor to make ourself of a king of England, a duke of Venice; and this of a kingdom, a republic*" (WOTTON, op. cit. p. 171).

[8] WHITE, Michelle A. Henrietta Maria and the English Civil Wars. Aldershot: Ashgate Publishing, 2006, p. 21.

abertamente a sua fé e seu desapreço por esta situação, passando a manejar politicamente em defesa da fé católica. Desse modo, a religião de sua esposa aqui sem dúvida era um revés que não foi superado por Charles I, já que desde o início de seu governo afetou a popularidade do casal e seu relacionamento com a Igreja oficial.[9]

No campo dos relacionamentos pessoais de Charles I entra uma outra peça fundamental: o Duque de Buckingham, seu principal conselheiro. George Villiers, o 1º Duque de Buckingham, era uma figura bastante controvertida e *persona non grata* pelo Parlamento inglês desde o reinado anterior de James I. O Duque era o preferido de James I, tendo em seu governo obtido ascensão, sendo que alguns historiadores apontam até mesmo que mantinham relações amorosas.[10] Com a morte de James I, a influência do Duque permaneceu sobre seu filho, Charles I, que com ele convivia desde a infância e nutria forte amizade. Ao Duque, o Parlamento e o povo inglês creditavam vários fracassos e péssimas decisões em política externa, além da derrota na expedição de Cádis em outubro de 1625 e, posteriormente, na Ilha de Saint-Martin-de-Ré em 1627 a contrastar com a grande vitória da Rainha Elizabeth I contra a Invencível Armada espanhola em 1588, no Canal da Mancha.

No péssimo currículo do duque também estavam as suas tentativas de organizar o casamento do Príncipe Charles. Em 1623, Buckingham juntamente com Charles (então Príncipe de Gales) viajaram secretamente para a Espanha a fim de negociar o casamento deste com a infanta católica Maria Ana da Espanha, que era o desejo do rei James I, como forma de evitar uma guerra com a Espanha. As negociações malconduzidas por Buckingham frustraram o matrimônio e, quando a comissão retornou à Inglaterra, Charles e Buckingham envidaram esforços para que o rei James I declarasse guerra contra a Espanha, guerra esta que foi herdada por Charles e que posteriormente se tornou indesejável ao Parlamento. Em outra empreitada matrimonial, Buckingham foi à França tratar do casamento de Charles com a princesa Henriqueta Maria (filha de Henrique IV) que, como já visto, efetivamente veio a se tornar sua esposa. Contudo, durante a viagem, cortejou a rainha da França, Ana da Áustria, tendo criado um

---

[9] Ainda durante o reinado de James I, a Câmara dos Comuns exigia que Charles (então Príncipe de Gales) se casasse com uma protestante, sendo que o rei pretendia casá-lo com a infanta católica Maria Ana da Espanha, a fim de pacificar a Europa. O projeto não foi adiante.

[10] Para exemplo, BERGERON, David M.. Royal Family, Royal Lovers: King James of England and Scotland. Columbia: University of Missouri Press, 1991, *passim*.

outro incidente internacional ao ser expulso do país com o repúdio do rei Luís XIII e do seu ministro, o Cardeal Richelieu.[11]

Com efeito, muito embora se saiba que a guerra contra a Espanha tenha tido relação muito mais estreita com os desdobramentos dos revezes sofridos por Frederico V[12] (protestante) em 1620 com sua expulsão da Boêmia e invasão da Renânia (sua terra natal) por tropas de uma Espanha católica que apoiava o também católico Fernando II de Habsburgo, o fato é que, na opinião pública da época, a participação e influência política do duque nas relações internacionais teria colocado a Inglaterra em uma situação bastante delicada. Assim, a ele se creditou o início da guerra contra a rica Espanha e o acirramento de ânimos com a França, o que se confirmou em momento posterior com já mencionado ocorrido na Ilha de Saint-Martin-de-Ré em 1627, onde o duque comandou um ataque frustrado para defender a retirada dos huguenotes (protestantes) franceses em La Rochelle que se rebelaram contra o rei católico da França Luís XIII.[13]

Esse era o contexto em que Charles I chegou ao trono da Inglaterra em março de 1625. O novo rei herda juntamente com o trono: o conflito com a Espanha na Guerra dos Trinta Anos, uma outra relação instável com a França (que viria a se tornar uma guerra em 1627) e, no âmbito interno, a aversão do povo e da Igreja Anglicana a sua esposa, a rejeição do povo e do Parlamento ao Duque de Buckingham, seu principal conselheiro, as sérias dificuldades financeiras do reino a depender da boa vontade de um Parlamento que estava em busca de autoafirmação – contrastando com sua crença (do rei) na doutrina do "Direito Divino dos Reis" – e, por fim, as comparações feitas com as conquistas internas e externas obtidas durante o reinado de Elizabeth I as quais jamais foram igualadas quer por Charles I, quer por James I, seu pai. Tudo isso culminou nos eventos que se seguiram.

---

[11] As especulações sobre essa passagem histórica serviram como pano de fundo para o famoso romance "Os três mosqueteiros" escrito por Alexandre Dumas (ver DUMAS, Alexandre. Os três mosqueteiros. Rio de Janeiro: Zahar, 2010. Tradução e notas, André Telles e Rodrigo Lacerda, *passim*).

[12] Frederico V era casado com Elizabeth Stuart e, portanto, genro de James I e cunhado de Charles I.

[13] Diz-se que tal ataque se deu inclusive contrariando um acordo secretamente firmado por Charles I com o rei Luís XIII de França afim de obter a mão em casamento da princesa Henriqueta Maria, pelo qual uma força naval inglesa seria colocada sob comando francês justamente para suprimir os protestantes huguenote em La Rochelle e não para favorecê-los.

1.2. A relação com o Parlamento

No primeiro Parlamento de Charles I (de 18 de junho a 11 de julho e de 1º a 12 de agosto de 1625) as principais questões demandadas pelos Comuns eram a definição do modo de guerra contra a Espanha (o Parlamento acreditava que uma guerra naval atacando os navios espanhóis em suas colônias nas Américas seria menos custosa e daria maior retorno financeiro com os saques das cargas de ouro que transportavam), e a movimentação para um processo de *impeachment* do Duque de Buckingham (que já era primeiro ministro desde James I). Já Charles, em descompasso, objetivava apenas obter recursos financeiros para a guerra através da aprovação dos impostos aduaneiros por volume (em toneis – *tonnage*) e peso (em libra – *poundage*), além dos subsídios reais.[14] Outrossim, como seu pai, insistia silenciosamente em uma campanha bélica que objetivasse recuperar as terras e prestígio de seu cunhado e irmã, além de proteger incansavelmente seu amigo o duque.

A sessão foi aberta por Charles já requerendo os recursos financeiros para promover a guerra a seu modo. A Câmara dos Comuns, sentindo-se afrontada com a iniciativa real, vislumbrando uma oportunidade de tentar exercer maior controle sobre o rei e usando como argumento o fato de que o requerimento dos recursos financeiros ao início da sessão era contrário aos precedentes, aprovou para Charles I apenas dois subsídios e um ano de direitos aduaneiros (quando o costume era a concessão dos direitos aduaneiros de forma vitalícia para os reis). A intenção dos Comuns claramente era a de forçar o rei a negociar todos os anos uma nova aprovação dos direitos aduaneiros, retirando-lhe parte de sua autonomia para governar o que ia de encontro à crença de Charles em seu "direito divino". Contudo, o duque de Buckingham conseguiu com que a Câmara dos Lordes bloqueasse o projeto, ficando o rei sem a aprovação de recurso algum. Mesmo sem autorização

---

[14] Na Inglaterra do séc. XVII, os impostos diretos mais comuns eram os subsídios e os décimos quintos (pagos pelos Condados) e décimos (pagos pelas Cidades). O subsídio era um tributo de 4 xelins por propriedade imóvel e 2 xelins por bens em geral, chegando a 70.000 libras somadas a outras 20.000 libras cobradas dos clérigos, totalizando 90.000 libras. O Parlamento aprovava um ou mais subsídios por vez. Os décimos quintos e décimos chegavam a 29.000 libras. Havia também a cobrança dos direitos aduaneiros de 5% da tonelagem (volume do barril de vinho importado) e da libra (peso das mercadorias importadas ou exportadas) que eram concedidos ao rei costumeiramente por toda a sua vida em seu Parlamento inaugural. No Parlamento de 1624 (James I) foram aprovados três subsídios e três décimos quintos e décimos, sendo que os direitos aduaneiros já os tinha aprovados de forma vitalícia. No Parlamento de 1625 (o inaugural de Charles I) foram aprovados apenas dois subsídios e um ano de direitos aduaneiros (FRITZE, Ronald H., op. cit. pp. 509-510).

Charles continuou com a cobrança dos direitos aduaneiros invocando sua prerrogativa real. Assim, os esforços da Câmara dos Comuns se voltaram para o *impeachment* do duque, o que levou Charles a dissolver o Parlamento.

Na sequência, ainda como Parlamento dissolvido, ocorreu a infeliz expedição comandada pelo Duque de Buckingham ao porto de Cádis em outubro de 1625. O objetivo frustrado era, através dos saques à marinha da Espanha, reavivar as glórias do reinado da rainha Elizabeth I a fim de obter o apoio do Parlamento a ser convocado para a aprovação dos subsídios e direitos aduaneiros. A derrota para a Espanha apenas acirrou os ânimos contra o duque no Parlamento seguinte, inclusive a desaprovação entre os Lordes.[15] Ciente deste fato, Charles habilmente tornou inelegíveis para a Câmara dos Comuns vários de seus inimigos com o artifício de nomeá-los xerifes de condado ("pricked for sheriffs").[16] Tal não foi suficiente.

O segundo Parlamento se reuniu de fevereiro a junho de 1626 com a Câmara dos Comuns focada no *impeachment* do Duque de Buckingham. As doze acusações ali elaboradas diziam respeito ao cometimento de "erros grosseiros na administração das questões públicas".[17] Oito acusações foram apresentadas à Câmara dos Lordes em 10 de maio de 1626, na presença do próprio duque que ria e zombava das mesmas. No dia seguinte Charles, como forma de intimidação, determinou a prisão na Torre de Londres dos dois membros da Câmara dos Comuns, Sir Dudley Digges e Sir John Eliot (líder da oposição ao rei), que haviam feito a leitura das acusações.

Diante de tal afronta, no dia 11 de maio de 1626, a Câmara dos Comuns recusou-se a reiniciar os trabalhos até que seus membros fossem libertados. Afirmavam que a prerrogativa do rei não abrangia a possibilidade de prisão por atos cometidos dentro do Parlamento. Sustentavam ter havido uma

---

[15] Narra Sheldon Hanft que os Lordes também estavam aborrecidos com a venda indiscriminada de títulos feita pela Coroa e com a promoção grosseira do Duque de Buckingham e de seus familiares e amigos pelo rei (ver FRITZE, Ronald H., op. cit. p. 195).

[16] O segundo Parlamento de 1625 foi "filtrado" para que os opositores mais ferrenhos ao rei e ao duque não entrassem. Na antiga Inglaterra, quando a lista anual de pessoas nomeadas para o cargo de xerife era submetida ao soberano, ele pegava um alfinete e, para garantir a imparcialidade, deixava a ponta cair em um dos três nomes indicados para cada condado, apontando o xerife para o ano seguinte. O artifício usado foi nomear como xerifes aqueles que o rei não desejava no Parlamento. Dentre os opositores nomeados como xerifes estava Sir Edward Coke.

[17] Segundo Faith Thompson, as acusações incluíam: *"plurality of offices, selling titles and places of judicature, and misuse of public funds; imperfectly guarding the narrow seas so that shipping was ruined, and mercantile interests injured"* (THOMPSON, Faith. A short history of Parliament: 1295-1642. Minneapolis: University of Minnesota Press, 1953, p. 244).

violação da liberdade Parlamentar. Em 17 de maio o Chanceler do Tesouro sustentou que a prisão dos dois membros teria se dado por ofensas feitas ao duque fora do Parlamento, mas os questionamentos feitos no dia seguinte a John Eliot afastaram essa possibilidade. A ordem de Charles I para a soltura dos dois prisioneiros veio no dia 19 de maio e no dia 20 do mesmo mês Sir John Eliot estava de volta ao Parlamento para dar continuidade às acusações ao duque. Juntamente com a liberdade concedida aos aprisionados, Charles demandou ao Parlamento que aprovasse logo os subsídios e direitos aduaneiros e deixasse de lado o processo contra o duque. Com a recusa do Parlamento, houve nova dissolução em junho de 1626 para salvar o Buckingham.

Essa nova dissolução do Parlamento deixou o rei Charles I com o problema de levantar fundos para manter a guerra contra a Espanha e para o funcionamento do governo que estava praticamente quebrado. Em setembro de 1626 o rei instituiu um empréstimo forçado que seria cobrado de cada contribuinte a totalizar um valor correspondente à arrecadação de cinco subsídios.[18]

Muito embora a arrecadação tenha tido sucesso em algumas áreas, houve resistência em vários lugares e camadas sociais: alta nobreza, comissários, pequena nobreza e classes mais baixas. Muitos se recusavam a pagar alegando questões outras como a pobreza, dificuldades financeiras e grandes famílias para sustentar. Espíritos mais ousados apontavam motivos jurídicos como a inconstitucionalidade diante da falta de aprovação da exação pelo Parlamento. Mesmo os juízes efetuavam o pagamento de suas cotas, mas se recusavam a declarar a legalidade do "empréstimo".

Diante da inadimplência, vários cavaleiros foram intimados a comparecer perante o Conselho Privado, sendo que 76 (setenta e seis), incluindo 15 (quinze) pares, foram presos e enviados a lugares distantes de suas casas. Já as pessoas de camadas mais pobres eram forçadas a ingressar no serviço militar. Veja-se que essas prisões não se davam em razão de condenação em processo onde apurada a inadimplência ao tributo, mas apenas por comando especial real. E aqui retorna-se para "O caso dos cinco cavaleiros" (The Five Knights Case), que foi julgado pelo Tribunal Real (Court of King's Bench), não sem antes fazer uma pequena digressão a respeito dos tribunais ingleses da época.

---

[18] O total correspondia a 300.000 libras, mas foram arrecadadas no ano 243.750 libras (FRITZE, Ronald H. op. cit. p. 510).

1.3. Os tribunais

Segundo Roger B. Manning, todos os tribunais ingleses da época tinham sua autoridade derivada do que se chamava "prerrogativa judicial do rei".[19] Isto significava que exerciam, por especialização e delegação, uma parcela da jurisdição que era toda ela da Coroa, já que esta era a titular da soberania, como comum em Estados absolutistas. Outra característica era a de que as posições ocupadas dentro das cortes eram consideradas propriedade hereditária dos seus ocupantes (assim o decidido no Caso Cavendish, em 1587), já que lhes geravam prestígio e riqueza através do rateio na arrecadação das custas judiciais. Como as custas judiciais eram a fonte de receita dessas cortes e todas elas exerciam uma atribuição derivada do poder real em campos que não estavam totalmente definidos, não raro ocorriam conflitos entre elas em busca de aumentar sua esfera de competências e, por consequência, a sua influência política e arrecadação em custas.[20]

Havia mais de uma dezena de tribunais que seguiam duas linhas de atuação bem distintas: o *common law* (direito comum ou direito consuetudinário) e a *equity* (equidade). As diferenças diziam respeito aos instrumentos, aos procedimentos, às formas de decidir, às matérias abrangidas e aos componentes dos tribunais. Grosso modo, os tribunais de equidade foram criados pela Coroa para fazer frente aos tribunais de direito comum nem sempre alinhados com os interesses do rei e mais próximos aos do Parlamento. Daí o apelido pejorativo que as cortes de equidade receberam de "cortes de prerrogativas". Assim a lição de Lawrence Stone ao comentar sobre os tribunais de equidade criados na dinastia Tudor (STONE, op. cit. p. 122):

---

[19] FRITZE, Ronald, op. cit. pp. 414 et seq.

[20] A história é cheia de artifícios criados pelos tribunais para alcançar as competências uns dos outros. Um exemplo de conflito entre o Tribunal Real e os Tribunais dos Comuns e da Chancelaria pode ser encontrado no procedimento denominado "Bill of Middlesex" utilizado pelo Tribunal Real para artificialmente ganhar jurisdição sobre casos tradicionalmente remetidos aos demais tribunais. O Tribunal Real, com base em sua jurisdição criminal sobre o condado de Middlesex, emitia uma ordem (writ) de prisão para um acusado e, uma vez preso sob custódia do tribunal, o processava (bill) também por outras matérias originalmente fora de sua competência, já que os custodiados podiam ser sujeitos de tais procedimentos (transformou uma exceção em regra para invadir a competência dos demais tribunais). Em outro caso, Louis A. Knafla narra o conflito que se deu nos anos de 1612 a 1616 entre o Tribunal de Chancelaria (Chancery Court) e o Tribunal Real (King's Bench) quando o presidente deste último, Sir Edward Coke, usou decisões em *habeas corpus* para libertar réus condenados pela Chancelaria por vencer causas com base em dolo e fraude. A questão somente foi resolvida em 1616 pelo Conselho Privado (Privy Council), um órgão executivo, em favor do Tribunal de Chancelaria, tornando este tribunal supremo em matéria de equidade (FRITZE, Ronald, op. cit. p. 115).

Para reforçar sua própria autoridade judiciária, a Coroa instituiu uma série de novos tribunais que exerciam poderes judiciários e administrativos sobre determinadas regiões geográficas (Gales, Norte e Oeste), sobre determinadas pessoas (Wards, Exchequer [Tutelas, Tesouro]) e para determinadas categorias de delitos (Star Chamber, Requests, Admiralty [Câmara Estrelada, Recursos, Almirantado]). **Estes tribunais estavam submetidos a um controle régio maior do que o exercido sobre os tribunais de direito consuetudinário, utilizavam procedimentos mais rápidos e baratos e dispunham de funcionários mais preocupados com a administração rigorosa da justiça do que com a preservação de arcaísmos legais obsoletos.**

Em geral recorriam aos tribunais de equidade os súditos que temiam sofrer alguma injustiça em razão do abuso de regras processuais (extremamente rígidas no common law) ou intimidação de juízes e júri nos julgamentos pelas cortes de direito comum. Assim, a equidade era vista como uma forma alternativa de "correção" do direito comum pelas classes dominantes locais. O julgamento nas cortes de equidade se dava com base na prerrogativa real objetivando, através de um julgamento mais célere e informal, a fixação da verdade real dos fatos ocorridos fazendo uso de petições escritas, contestações, interrogatórios depoimentos. O foco principal eram as circunstâncias dos casos individuais (direito subjetivo) e não regras gerais e precedentes (direito objetivo). O procedimento se iniciava via *bill* (e não *writ*), sendo adotadas as normas do direito romano (nos tribunais eclesiásticos adotava-se o direito canônico) e o uso do vernáculo. O Tribunal da Chancelaria, para exemplo, ouvia causas tanto em Westminster quanto no campo, através de comissões com poderes para tal, e o Chanceller (ou seu enviado) fazia os papeis de juiz e júri. Assim eram cortes mais acessíveis ao povo que as de *common law*, no entanto eram altamente criticadas pelos defensores do direito comum em razão de sua excessiva dependência e alinhamento ao poder real. De todo modo, alguns desses procedimentos foram posteriormente adotados pelas cortes de *common law* ao final do séc. XVII em razão das vantagens que apresentavam.

Os tribunais de equidade mais conhecidos foram os seguintes: Tribunal do Alto Comissariado da Cantuária (High Commission – Court of Ecclesiastical Commission of the province of Canterbury); Câmara Estrelada (Star Chamber); Tribunal da Chancelaria (Court of Chancery – Lord Chancellor); Tribunal de Recursos (Court of Requests); Câmara do Tesouro (Exchequer Chamber); Tribunal do Ducado de Lancaster (Duchy of Lancaster Chamber);

Tribunal de Tutelas (Wards Chamber); Tribunal do Almirantado (Admiralty Chamber); Conselhos de Gales (Councils of the Marches and Principality of Wales and in the North Parts), entre outros.[21]

Já os tribunais do direito consuetudinário (common law) tinham por característica principal decidir com base em antigos precedentes e direito objetivo, se valendo de antigos documentos e procedimentos sendo, por isso, mais suscetíveis às posições e interesses dos membros da Câmara dos Comuns do Parlamento Inglês que adotava a mesma razão de agir através da reinterpretação desses documentos e precedentes. Esses tribunais eram em três: Tribunal dos Comuns (Court of Common Pleas); Tribunal Real (Court of King's Bench) e Tribunal do Tesouro (Exchequer of Pleas).[22] O Tribunal dos Comuns julgava causas que tinham os súditos como partes, isto é, causas em que o rei não tinha interesse. Não por acaso cresceu bastante em importância com o aumento das atividades comerciais entre a metade do séc. XVI e a metade do séc. XVII. O Tribunal Real, o maior deles, tinha a competência estratégica de julgar as causas que envolviam os súditos e os interesses do rei. Já o Tribunal do Tesouro julgava as causas em que havia interesse do rei relativo às receitas da Coroa.[23]

2. O Caso dos Cinco Cavaleiros (Darnel's Case, 1627)

Voltando aos empréstimos forçados e ao Caso dos Cinco Cavaleiros, tem-se que haviam sido presos em março de 1627 pelo Diretor da Frota (Warden of the Fleet), a mando do Conselho Privado (Privy Council). Nessa condição, solicitaram ao Tribunal Real (Court of King's Bench) um writ de *habeas corpus*.[24] O Tribunal Real determinou a apresentação dos prisioneiros até o dia 8 de novembro de 1627.

A estratégia dos presos (dois dos detidos e dois dos advogados de defesa já faziam oposição ao rei na Câmara dos Comuns do Parlamento dissolvido – Sir John Corbet e Sir Walter Earl; William Noy e John Selden, respectivamente)

---

[21] FRITZE, Ronald, op. cit. pp. 414 et seq.

[22] Não confundir com a Câmara do Tesouro (Exchequer Chamber), que era um tribunal de equidade que estava acima do Tribunal do Tesouro (Exchequer of Pleas).

[23] Essa repartição de competências aos poucos foi sendo mitigada à medida em que os tribunais iam criando artifícios para avançar uns sobre as competências dos outros a fim de angariar recursos (custas) e poder. Segundo Louis A. Knafla, ao final do séc. XVII todos os três tribunais do *common law* comportavam competências e procedimentos comuns, muito embora concentrassem um núcleo central de atividades diferenciadas (FRITZE, Ronald. op. cit. p. 115).

[24] Sir John Heveningham, cuja defesa foi feita por John Bramston (Sergeant Bramston) também advogado de Sir Thomas Darnel, requereu a fiança.

O REI CHARLES I, DA INGLATERRA, E O CASO DOS CINCO CAVALEIROS

era a de forçar a Coroa a admitir que estavam sendo detidos por resistência aos impostos arbitrários. A partir daí iriam contestar perante o Tribunal Real (uma corte de *common law* e por isso mais distante do rei e com alguma proximidade ao Parlamento) a legalidade do próprio empréstimo forçado, seu objetivo principal, já que o Parlamento estava dissolvido não podendo, portanto, se opor ao rei na questão dos empréstimos. Contudo, a tática foi percebida pelo Conselho Privado que adotou a linha de não relacionar o motivo da prisão com os empréstimos, mas sim apenas com a prerrogativa do rei de prender quaisquer súditos, ainda que de forma arbitrária e sem motivação e acusação formal. A causa, portanto, deixou de ser uma questão legalidade tributária para se tornar uma questão de prerrogativa real, uma questão essencialmente de Estado. A carta do Conselho Privado datada de 7 de novembro de 1627 em orientação ao o Diretor da Frota, no que diz respeito à prisão de Sir Walter Earl, bem representou essa linha, como segue:

> [Letter from the Council to the Warden of the Fleet, on a writ of habeas corpus from King's Bench]
> Whereas Sir Walter Earl, Knight, was heretofore committed to your custody, these are to will and require you still to detain him, letting you know that **both his first commitment and this direction for the continuance of him in prison were and are by his Majesty's special commandment.**
> From Whitehall, 7 November 1627.
> To the Guardian of the Fleet or his deputy.[25]

Diante de tal resposta prestada em informação ao tribunal nenhum dos prisioneiros foi apresentado já que não se conseguiu identificar qual o motivo da prisão. Na sequência, no dia 9 de novembro de 1627, Sir Randolph Crewe (então presidente do Tribunal Real) foi removido por Charles I por haver se recusado a declarar a legalidade dos empréstimos forçados. Foi então substituído por Lord Nicholas Hyde que havia sido o defensor do Duque de Buckingham no processo de *impeachment* que teve início na Câmara dos Comuns dissolvida no ano anterior.

---

[25] Em tradução livre: "*[Carta do Conselho Privado ao Diretor da Frota a respeito da ordem de habeas corpus proveniente do Tribunal Real] Porquanto Sir Walter Earl, Cavaleiro, esteve e está em sua custódia, esta carta é para determinar e exigir que seja mantido preso com o seu conhecimento de que **tanto a prisão quanto esta determinação para a sua continuidade foram e são em razão de ordem especial de Sua Majestade**" (KENYON, John Philipps. The Stuart Constitution 1603 – 1688: Documents and commentary. 2. ed. Cambridge: Cambridge University Press, 1999, p. 95).

DIREITOS FUNDAMENTAIS DOS CONTRIBUINTES

O julgamento teve início no dia 15 de novembro de 1627 com os advogados dos cavaleiros presos se esforçando em interpretar a expressão *"law of the land"* (lei da terra), contida no art. 39 da Magna Carta,[26] a fim de a ampliar para "devido processo legal" e dela excluir a "ordem especial do Rei" (his Majesty's special commandment – *per speciale mandatum domini regis*), tornando a prisão ilegal. Assim, em 22 de novembro, a manifestação de John Selden, ex integrante da Câmara dos Comuns que havia sido dissolvida por Charles I e que advogava por Sir Edmund Hampden (cavaleiro que veio a falecer em consequência da prisão):

> [John Selden, 22 November]
> . . . Now, my Lord, l will speak a word or two to the matter of the return; and that is touching the imprisonment *per speciale mandatum domini regis*, by the Lords of the Council, without any cause expressed . . .
> The statute of Magna Carta, cap. 39, that statute [which] if it were fully executed as it ought to be, every man would enjoy his liberty better than he doth . . . out of the very body of this act of parliament, besides the explanation of other statutes, it appears, *nullus liber homo capiatur vel imprisonetur nisi per legem terrae*. My Lords, I **know these words,** *legem terrae,* **do leave the question where it was, if the interpretation of the statute were not. But I think, under your Lordships' favour, there it must be intended, by 'due course of law', to be either by presentment or by indictment.**
> My Lords, if the meaning of these words *per legem terrae* were but, as we use to say, 'according to the law', which leaves the matter very uncertain; and **[if] per** *speciale mandatum,* **be within the meaning of these words 'according to law', then this act had done nothing.**[27]

---

[26] Da Magna Carta: "39 – **Nenhum homem livre será detido ou aprisionado,** *ou privado de seus direitos ou bens, ou declarado fora da lei, ou exilado, ou despojado, de algum modo, de sua condição; nem procederemos com força contra ele, ou mandaremos outros fazê-lo,* **a não ser mediante o legítimo julgamento de seus iguais e de acordo com a lei da terra***" (COMPARATO, Fábio Konder. A Afirmação Histórica dos Direitos Humanos. São Paulo, Ed. Saraiva, 1999).

[27] Em tradução livre: *"...Agora, meu Senhor, falarei uma palavra ou duas a respeito da informação; e no tocante ao aprisionamento por ordem especial do rei, pelos Senhores do Conselho e sem qualquer causa expressa... O estatuto da Magna Carta, cap. 39, que se fosse totalmente cumprido como deveria ser, todo homem desfrutaria de sua liberdade melhor do que desfruta... do próprio corpo deste ato [Magna Carta] do parlamento, além da explanação de outros estatutos, se apresenta nula a captura ou prisão de um homem livre senão pela lei da terra. Meus Senhores,* **eu sei que essas palavras, lei da terra, deixam a questão onde estava, se não houver interpretação do estatuto. Mas penso, sob o favor de seus Senhores, que ela deve ser compreendida por 'devido processo legal', por apresentação ou por indiciamento**

Já o Advogado-Geral Robert Heat, defendendo a legalidade da prisão e a impossibilidade de fiança para o caso, afirmava que as questões de "ordem especial do Rei" não foram abordadas na Magna Carta, de modo que não havia qualquer proibição ali para o exercício dessa prerrogativa real que derivava de uma sabedoria divina e de um poder absoluto que havia sido concedido ao soberano. Defendeu também que a prerrogativa real abrangia a necessidade de se manter silêncio e segredo em questões de Estado ou em tempos de perigo para a Nação, tratando-se de questão de segurança nacional a afastar a necessidade de um devido processo legal. Invocou precedentes referentes ao reinado da rainha Elizabeth I. Segue:

> And now, my Lord, we are where we were, to find out the true meaning of Magna Carta, for there is the foundation of our case; all this that hath been said concerneth other things, and is nothing to the thing in question. **There is not a word either of the commitment of the king, or commandment of the Council, in all the statutes and records . . . [and] they on the other side cannot cite one book, statute or other thing to prove that they have been committed *per speciale mandatum* are bailable . . .**
>
> My Lords, there be *arcana Dei, et arcana imperii* . . . There shall be as much prejudice come to the kingdom, if God direct not the heart of the king, which is in the hand of God, as the rivers of waters; I say there may as much hazard come to the commonwealth in many other things with which the king is trusted, as in this particular there can accrue to the subject . . . It may be divers men do suffer wrongfully in prison, but therefore shall all prisoners be delivered? That were a great mischief. **No doubt but the king's power is absolutely over his coins; if then he shall command his coin shall be turned to brass or leather . . . can your Lordship hinder it, as being an inconvenience?** . . . The king may pardon all traitors and felons; and if he should do it, may not the subjects say, If the king do this, the bad will overcome the good? **But shall any say, The king cannot do this? No, we may only say, he will not do this.**[28]

---

também. Meus Senhores, se o significado dessas palavras 'pela lei da terra' for, como dissemos, 'de acordo com o direito', o que deixa a questão bastante incerta; e [se] 'por ordem especial' estiver dentro do significado dessas palavras 'de acordo com o direito', então este ato [Magna Carta] não fez nada" (KENYON, John Philipps. op. cit. p. 96).

[28] Em tradução livre: *"E agora, meu Senhor, nós estamos onde estávamos, para descobrir o verdadeiro significado da Magna Carta, pois é o fundamento de nosso caso; tudo isso que tem sido dito diz respeito a outras coisas, e não se relaciona com o que está em questão. **Não há palavra sobre a ordem do rei ou o***

A discussão, portanto, se dava entre uma interpretação ampliativa da Magna Carta (especificamente a visão que a Câmara dos Comuns tentava construir dela) e uma interpretação literal e restritiva do documento. Por trás do julgamento, o que realmente estava em jogo era o conflito entre o rei e o Parlamento agora tornado judicial sob a forma da discussão da possibilidade de imposição de limites à doutrina do "Direito Divino dos Reis" por parte de um tribunal que, ao mesmo tempo e de forma até contraditória com o que dele solicitado, era uma manifestação do poder real por tradição. Isso foi apontado pela decisão proferida pelo Presidente do Tribunal, Nicholas Hyde, em 28 de novembro de 1627, no que foi acompanhado pelos juízes John Doddridge, Jones, and James Whitelocke:

> ... I am sure you expect justice from hence, and God forbid we should sit here but to do justice to all men according to our best skill and knowledge, for it is our oaths and duties so to do, and I am sure there is nothing else expected of us. **We are sworn to maintain all prerogatives of the king, that is one branch of our oath; and we are likewise sworn to administer justice equally to all people.**
>
> **... That which is now to be judged by us is this: whether one that is committed by the king's authority, and no cause declared of his commitment, according as here it is upon this return, whether we ought to deliver him by bail, or to remand him back again?** Wherein you must know this, which your counsel will tell you, we can take notice only of this return; and when the case appears to come to us no otherwise than by the return we are not bound to examine the truth of the return, but the sufliciency of it, for there is a great difference between the sufficiency and the truth.

*comando do Conselho, em todos os estatutos e registros... [e] eles por outro lado não podem citar um livro, estatuto ou outra coisa para provar que aqueles que foram presos por ordem especial são afiançáveis... Meus Senhores, há mistérios de Deus e mistérios do império... Haverá maior prejuízo ao reino, se Deus não dirigir o coração do rei, que está nas mãos de Deus, como os rios as águas; eu digo que pode haver muito mais perigo para a comunidade em várias outras coisas nas quais se confia no rei, que nesse particular pode resultar do assunto em questão... Vários homens podem sofrer de forma equivocada na prisão, mas por isso todos os prisioneiros devem ser soltos? Isso foi uma grande ofensa. **Sem dúvida, mas o poder do rei é absoluto sobre suas moedas; se ele comandar sua moeda será transformada em latão ou couro... pode sua senhoria impedir isso por ser inconveniente?** ... O rei poderia perdoar todos os traidores e criminosos; e se ele o fizesse, não poderiam os súditos dizer, se o rei fizer isso, o mal vencerá o bem? Mas poderia alguém dizer, o rei não pode fazer isso? Não, nós poderíamos apenas dizer, ele não fará isso"* (KENYON, John Philipps. op. cit. pp. 96-97).

O REI CHARLES I, DA INGLATERRA, E O CASO DOS CINCO CAVALEIROS

We cannot judge upon rumours nor reports, but upon that which is before us on record, and therefore the return is examinable by us, where it be sufficient or not...

The cause of the detention is sufficiently answered, ... and therefore we resolve that the form of this return is good. The next thing is the main point in law, whether the substance or matter of the return be good or no, wherein the substance is this, he [the warder] doth certify that they are detained in prison by the special command of the king; and whether this be good in law or no, that is the question...

[He then examined in detail all the cases and statutes cited by counsel, and dismissed them.]

...Then the precedents are all against you, every one of them, and what shall guide our judgments, since there is nothing alleged in this case but precedents? **[We find] that if no cause of the commitment be expressed it is to be presumed to be for matters of state, which we cannot take notice of.** You see we find none, no not one, that hath been delivered by bail in the like cases, but by the hand of the king or his direction...

[He then examined in detail a number of cases in favour of the Crown, ending with a declaration by the judges in 1592, with which the Attorney-General had made great play.]

...You see what hath been the practice in all the kings' times heretofore, and your own records, and this resolution of the judges teacheth us; and what can we do but walk in the steps of our forefathers? ...**If in justice we ought to deliver you, we would do it. But upon these grounds, and these records, and the precedents and resolutions, we cannot deliver you, but you must be remanded...** [29]

---

[29] Em tradução livre: *"(...) Tenho certeza de que você espera justiça daqui, e Deus não permita que devemos sentar aqui, senão para fazer justiça a todos os homens de acordo com nossa melhor habilidade e conhecimento, pois são nossos juramentos e deveres fazer, e tenho certeza de que não há nada mais esperado de nós. **Juramos manter todas as prerrogativas do rei, que é um ramo de nosso juramento; e também juramos administrar justiça igualmente a todas as pessoas.** ... O que agora deve ser julgado por nós é o seguinte: se alguém que é preso pela autoridade do rei, e sem causa declarada de sua prisão, de acordo com o que está aqui nestas informações, se devemos entregá-lo sob fiança, ou mandá-lo de volta novamente à prisão? E aqui vocês devem saber, o que o seu advogado lhes dirá, que podemos tomar conhecimento apenas dessa informação; e quando o caso parece chegar até nós, a não ser pela informação, não somos obrigados a examinar a verdade da informação, mas a suficiência dela, pois há uma grande diferença entre a suficiência e a verdade. **Não podemos emitir juízo sobre rumores ou relatórios, mas sobre o que está diante de nós registrado e, portanto, a informação é examinável por nós, se é suficiente ou não ... A causa da detenção está suficientemente respondida ... e, portanto, resolvemos que a***

Veja-se que o Presidente do Tribunal, Nicholas Hyde, claramente se reportou ao juramento de manter todas as prerrogativas do rei, o que estabelecia um limite à atuação do tribunal. A discussão sobre o fato de a prisão se dar como forma de coação ao pagamento de tributos (empréstimos forçados) foi tratada como estranha aos autos, como mero rumor, e os juízes se debruçaram apenas sobre o aspecto formal da suficiência das informações a respeito das prisões, isto é, se havia uma causa indicada nas informações (não a veracidade ou falsidade dessa causa) e se essa mesma causa indicada permitia a continuidade das prisões, afastando a possibilidade de fiança – aspecto material do litígio.

Assim, sob o aspecto formal, decidiu-se que as informações eram suficientes pois apontavam uma causa definida para as prisões: o comando especial do rei. Já sob o aspecto material, entendeu-se que as prisões deveriam continuar pois a causa indicada gerava a presunção de que a prisão teria se dado por questões de Estado, excluindo a jurisdição do tribunal que não podia adentrar a tais questões já que pertencentes ao campo da prerrogativa real. Os cavaleiros então não foram soltos pelo Tribunal Real.

Com efeito, sob o ponto de vista histórico o tribunal estava correto. O Tribunal Real ainda operava sobre o princípio de que toda a justiça era proveniente do rei, e a função da corte era a de dispensar essa justiça. O argumento apresentado pelos advogados dos cinco cavaleiros implicava que o judiciário na Inglaterra fosse independente do executivo e que os súditos do rei tivessem o direito de ser protegidos em seus direitos e privilégios pelo rei, mas ali a corte deveria os proteger do próprio rei, quando ele ou seus agentes agissem de forma contrária à lei, só que a prerrogativa real fazia

forma dessa informação é boa. A próxima coisa é o ponto principal do direito, se a substância ou a matéria da informação é boa ou não, onde a substância é essa, ele [o guarda] faz certificar que eles estão detidos na prisão por comando especial do rei; e se isso é admitido pelo direito ou não, eis a questão ... [Ele então examinou detalhadamente todos os casos e estatutos citados por um advogado e os dispensou.] ... Então os precedentes são todos contra vocês, cada um deles, e o que guiará nossos julgamentos, já que não há nada alegado neste caso senão precedentes? [Descobrimos] que, se nenhuma causa da prisão for expressa, presume-se que seja para questões de Estado, das quais não podemos tomar conhecimento. Vejam vocês que não encontramos ninguém que tenha sido libertado sob fiança nos casos semelhantes, mas apenas pelas mãos do rei ou por sua direção ... [Ele então examinou detalhadamente uma série de casos a favor da Coroa, terminando com uma declaração dos juízes em 1592, com a qual o Advogado-Geral fez uma grande jogada.] (...) Vocês veem o que tem sido a prática em todos os tempos dos reis até agora, e o que seus próprios registros, e esta resolução dos juízes nos ensina; e o que podemos fazer senão andar nos degraus de nossos antepassados? ... Se em justiça devêssemos libertá-los, faríamos isso. Porém, com base nesses argumentos, e nesses registros e os precedentes e resoluções, não podemos libertá-los, mas vocês devem ser reencarcerados" (KENYON, John Philipps. op. cit. pp. 97-98).

parte da lei. As cortes inglesas em geral, e o Tribunal Real em particular, não eram independentes do executivo em 1627.[30] A causa colocada pelos cinco cavaleiros perante o Tribunal Real exigia, para ter sucesso, uma nova relação entre Rei, Parlamento e órgãos jurisdicionais que ainda estava em gestação.

Conclusões

Após o julgamento, todos aqueles 76 (setenta e seis) que se recusaram a pagar os empréstimos forçados foram libertados pelo rei em 2 de janeiro de 1628 como parte da negociação para a construção de um novo parlamento onde o rei esperava ver aprovados os subsídios e impostos aduaneiros. Os mandados para a eleição do novo Parlamento foram emitidos por Charles I em 30 de janeiro de 1628. Lord Hyde, o presidente do Tribunal Real, foi ele mesmo nomeado cavaleiro por Charles I em razão da condução do julgamento.

Já a política de empréstimos forçados fez com que Charles I perdesse a confiança e o apoio das classes proprietárias e mercantis, o que se refletiu na formação e falta de apoio no Parlamento subsequente onde também teve que enfrentar a oposição da Câmara dos Lordes, sendo que 27 (vinte e sete) ex-prisioneiros ingressaram no Parlamento, dentre eles o cavaleiro Sir John Heveningham (um dos cinco cavaleiros) que capitaneou forte oposição ao rei. Outrossim, todos os líderes ativos e opoentes ao Duque de Buckingham foram eleitos, inclusive Sir Edward Coke.

Mesmo após a soltura dos cavaleiros, o caso continuou a ser debatido no Parlamento que foi convocado três meses depois em abril de 1628, agora contaminado por forte indignação. Reuniões realizadas na biblioteca de Sir Robert Bruce Cotton definiram a estratégia dos integrantes da Câmara dos Comuns de enfrentar diretamente o rei e não mais apenas o Duque de Buckingham. O Parlamento passou a buscar a reparação pelas violações aos direitos seus e dos súditos, surgindo daí dois dos quatro objetos principais que foram posteriormente tratados pela da Petição de Direitos: 1º) os empréstimos forçados (tributação sem prévia aprovação do Parlamento); 2º) a prisão arbitrária; 3º) o alojamento forçado de soldados; e 4º) a decretação de lei marcial.[31]

Desse modo, a concordância de Charles I em não mais prender súditos que se recusassem a pagar os empréstimos forçados não aplacou a posição da Casa dos Comuns que continuou a tentar impor ao monarca a sua

---

[30] FRITZE, Ronald H., op. cit. p. 196.
[31] THOMPSON, Faith. op. cit. p. 248.

própria interpretação da Carta Magna. A interpretação do *habeas corpus* e as questões levantadas durante os debates feitos no julgamento do caso Darnel influenciaram Sir Edward Coke na elaboração da Petição de Direitos de 1628, que reverteu os efeitos da decisão do Tribunal Real, impedindo prisões arbitrárias pelo rei e a tributação não sancionada pelo Parlamento. Mais adiante, em 1640, a Lei do *Habeas Corpus* (*Habeas Corpus* Act 1640) declarou que qualquer pessoa presa por ordem do rei ou seu conselho privado poderia ingressar com um pedido de *habeas corpus*, passando a exigir que as informações dadas em resposta ao tribunal certificassem a "verdadeira causa" do encarceramento, e que o Tribunal dos Comuns (Court of Common Pleas) também era competente para emitir o mandado (writ) em tais casos.

Referências

BERGERON, David M.. Royal Family, Royal Lovers: King James of England and Scotland. Columbia: University of Missouri Press, 1991.

COMPARATO, Fábio Konder. A Afirmação Histórica dos Direitos Humanos. São Paulo, Ed. Saraiva, 1999.

DUMAS, Alexandre. Os três mosqueteiros. Rio de Janeiro: Zahar, 2010. Tradução e notas, André Telles e Rodrigo Lacerda.

FRITZE, Ronald H.; ROBISON, William B.; SUTTON, Walter. Historical Dictionary of Stuart England, 1603-1689. Westport: Greenwood Press, 1996.

KENYON, John Philipps. The Stuart Constitution 1603 – 1688: Documents and commentary. 2. ed. Cambridge: Cambridge University Press, 1999.

MACMILLAN, Catharine. et al. Challenges to Authority and the Recognition of Rights: From Magna Carta to Modernity. Cambridge: Cambridge University Press, 2018.

PECK, Linda Levy. Court Patronage and Corruption in Early Stuart England. Londres: Routledge, 2003.

STONE, Lawrence. Causas da Revolução Inglesa: 1529-1642. 2. ed. Bauru: Edusc, 2000.

THOMPSON, Faith. A short history of Parliament: 1295-1642. Minneapolis: University of Minnesota Press, 1953.

WHITE, Michelle A. Henrietta Maria and the English Civil Wars. Aldershot: Ashgate Publishing, 2006.

WILLIAMS, David. (2003). Gold, The Case of Mines (1568) and the Waitangi Tribunal. Australian Journal of Legal History. 7 (2): 157. Disponível em: http://www.austlii.edu.au/au/journals/AJLH/2003/11.html#fn9 . Acesso em: 13.12.2019.

WOTTON, David (Ed.). Divine Right and Democracy: An Anthology of Political Writing in Stuart England. Indianapolis/cambridge: Hackett Publishing, 2003.

29. Análise sobre a (In)Constitucionalidade da Inclusão da TUST e da TUSD na Base de Cálculo do ICMS: Sopesamento entre o Princípio da Segurança Jurídica e o da Legalidade e o Princípio da Livre Iniciativa

Júlia Machado Aguiar

> Sem outras considerações, que não vêm para aqui, a interpretação é uma atividade cognoscitiva que visa a precisar o significado e o alcance das normas jurídicas, possibilitando-lhes uma correta aplicação. Esta tarefa, voltada, precipuamente, à descoberta *mens legis* (da vontade do Estado contida na norma jurídica), exige a constante invocação dos grandes princípios, mormente em face das disposições incertas e das palavras equívocas ou polissêmicas que costumam recamar nossos textos legislativos. Afinal, a procura pela verdade científica não pode terminar na simples leitura de um texto legislativo (ainda mais quando ele briga com texto legislativo hierarquicamente superior)[1].
>
> ***Roque Antonio Carrazza***

A incidência de ICMS sobre a Tarifa de Uso do Sistema de Distribuição ("TUSD") e a Tarifa de Uso de Transmissão ("TUST") de energia elétrica é assunto em debate pelo Superior Tribunal de Justiça ("STJ"), sendo

---

[1] CARRAZZA, Roque Antonio. *Curso de Direito Constitucional Tributário*. 19. ed. rev. amp. atual. São Paulo: Malheiros Editores, 2019.

tema afetado para julgamento em procedimento de demanda repetitiva, nº 986, tendo como questão a "inclusão da Tarifa de Uso do Sistema de Transmissão de Energia Elétrica (TUST) e da Tarifa de Uso do Sistema de Distribuição de Energia Elétrica (TUSD) na base de cálculo do ICMS". Ressalta-se que o Tema ainda foi pautado para julgamento (visto em 30.07.2020).

A TUSD é prevista, na Resolução Normativa da Agência Nacional de Energia Elétrica ("ANEEL") nº 479/2012, como sendo o valor monetário unitário, em R\$/MWh ou em R\$/kW, utilizado para efetuar o faturamento mensal de usuários do sistema de distribuição de energia elétrica pelo uso do sistema (art. 1º, inciso LXXV, "b", da Resolução Normativa da ANEEL). Já a TUST, segundo a ANEEL, é a tarifa cobrada pelo uso do sistema de transmissão de energia elétrica, regulamentada pela Resolução Normativa da ANEEL nº 205/2005 e calculada nos termos da Resolução Normativa da ANEEL nº 559/2013.

Quanto ao Imposto sobre Operações Relativas à Circulação de Mercadorias e sobre Prestação de Serviços de Transporte Interestadual e Intermunicipal e de Comunicação ("ICMS"), sua disposição está no art. 155, inciso II e § 2º, da CRFB/1988[2], a qual determina, expressamente, que sua incidência se dá sobre operações relativas à circulação de mercadorias e sobre prestações de serviços de transporte interestadual e intermunicipal e de comunicação (art. 155, inciso II, da CRFB/1988), além de estar regulamentado na Lei Complementar nº 87/1996 ("Lei Kandir").

Nessa linha, considerando que energia elétrica é pacificamente entendida como mercadoria para efeito de incidência de ICMS, não há contradição com seu fato gerador disposto pela Constituição Federal. No entanto, em relação à TUST e a à TUSD, por ser discutível sua natureza como atividade-meio ou final, ainda é perturbável sua inclusão na base de cálculo do ICMS.

Salienta-se que o assunto foi levado ao Supremo Tribunal Federal ("STF"), em 2017, pelo Recurso Extraordinário nº 1.041.816/SP, de relatoria do Ministro Edson Fachin, todavia, não se reconheceu existência de repercussão geral da questão. Segundo a maioria dos ministros do STF,

---

[2] Art. 155, *caput*, inciso II e § 2º, da CRFB/1988: Art. 155. Compete aos Estados e ao Distrito Federal instituir impostos sobre: II – operações relativas à circulação de mercadorias e sobre prestações de serviços de transporte interestadual e intermunicipal e de comunicação, ainda que as operações e as prestações se iniciem no exterior; [...] § 2º O imposto previsto no inciso II atenderá ao seguinte.

não se trata de matéria constitucional, pois a discussão paira no âmbito infraconstitucional, notadamente no Código Tributário Nacional ("CTN"), nas Lei Complementares nº 87/1996 e nº 95/2005 e suas alterações, bem como em Resoluções Normativas da ANEEL (Recurso Extraordinário 1.041.816/ SP, STF, Rel. Min. EDSON FACHIN, 2017).

Em voto vencido, o Ministro Marco Aurélio deixou claro sua posição no sentido de que se trata de matéria constitucional, uma vez que a matéria tem assento na Constituição Federal, por ser base normativa do ICMS: "Pronuncio-me no sentido de haver controvérsia constitucional, de mostrar-se configurada a repercussão geral e, afim, de se ter tema passível de reproduzir-se em todas as unidades da Federação, a reclamar o crivo do Plenário do Supremo, guarda maior da Constituição Federal" (Recurso Extraordinário 1.041.816/SP, STF, Rel. Min. EDSON FACHIN, 2017).

Nessa linha, como será exposto a seguir, não há consenso, entre os ministros do STJ, em relação ao tema. No julgamento do Recurso Especial nº 1.163.020/RS, deixou-se nítido a existência de conflito entre princípios constitucionais, sendo, de um lado, os princípios da legalidade (art. 5º, inciso II, da CRFB/1988)[3] e da segurança jurídica (art. 5º, inciso XXXVI, da CRFB/1988)[4], e, de outro, os princípios da livre iniciativa (art. 1º, inciso IV, da CRFB/1988)[5] e da livre concorrência (art. 170, inciso IV, da CRFB/1988)[6].

Dessa forma, esse estudo fará um breve relato sobre a discussão do assunto no âmbito do STJ e discorrerá sobre a necessidade de uma visão constitucional, uma vez que trata de confronto entre princípios dispostos

---

[3] Art. 5º, *caput* e inciso II, da CRFB/1988: Art. 5º Todos são iguais perante a lei, sem distinção de qualquer natureza, garantindo-se aos brasileiros e aos estrangeiros residentes no País a inviolabilidade do direito à vida, à liberdade, à igualdade, à segurança e à propriedade, nos termos seguintes: II – ninguém será obrigado a fazer ou deixar de fazer alguma coisa senão em virtude de lei.

[4] Art. 5º, inciso XXVI, da CRFB/1988: XXXVI – a lei não prejudicará o direito adquirido, o ato jurídico perfeito e a coisa julgada.

[5] Art. 1º, *caput* e inciso IV, da CRFB/1988: Art. 1º A República Federativa do Brasil, formada pela união indissolúvel dos Estados e Municípios e do Distrito Federal, constitui-se em Estado Democrático de Direito e tem como fundamentos: IV – os valores sociais do trabalho e da livre iniciativa.

[6] Art. 170, *caput* e inciso IV, da CRFB/1988: Art. 170. A ordem econômica, fundada na valorização do trabalho humano e na livre iniciativa, tem por fim assegurar a todos existência digna, conforme os ditames da justiça social, observados os seguintes princípios: IV – livre concorrência.

na Constituição Federal, adentrando, principalmente, em como se dá a comercialização e fornecimento de energia elétrica, relacionado o debate à base de cálculo do ICMS a partir de seu fato gerador.

Análise Constitucional do Posicionamento do Superior Tribunal de Justiça sobre o Assunto: Tema Nº 986/STJ

O Ministro Olindo Menezes, em 01.02.2016, em decisão monocrática, deu provimento ao Recurso Especial nº 1.163.020/RS, interposto sob o argumento de que o ICMS incidente sobre energia elétrica não deve incidir sobre tarifas relativas à TUST e à TUSD, restringindo-se apenas ao valor da energia consumida.

Como fundamento, o Ministro afirmou que o STJ firmou entendimento de que o ICMS sobre energia elétrica tem como fato gerador a circulação de mercadoria, logo, não fazem parte da base de cálculo do imposto a TUST e a TUSD. Assim, decidir o contrário é ir de encontro ao posicionamento do próprio STJ (Decisão monocrática em Recurso Especial nº 1.163.020/RS, STJ, Rel. Min. OLINDO MENEZES, 2016)

A decisão foi agravada sob alegações de que a comercialização de energia elétrica compreende as etapas de geração, transmissão e distribuição, que ocorrem simultaneamente, e, por isso, não podem ser vistas de forma separada. Diante disso, afirmou-se que essas fases são indissociáveis e essenciais, integrando o custo da mercadoria comercializada. Segundo o agravo, a base de cálculo para a incidência do ICMS deve ser o custo total da operação (AgRg no Recurso Especial nº 1.163.020/RS, STJ, 1ª Turma, Rel. Min. GURGEL DE FARIA, 2016).

Na decisão colegiada do Recurso Especial nº 1.163.020/RS, o Relator Ministro Gurgel de Faria seguiu a linha de que a geração, a transmissão e a distribuição formam um conjunto de elementos essenciais que compõem o fato gerador do ICMS e, por esse motivo, não podem ser excluídos quando da incidência. Assim, segundo o autor, não são meras atividades-meio, mas sim, atividades inerentes ao fornecimento de energia elétrica, portanto, indissociáveis (AgRg no Recurso Especial nº 1.163.020/RS, STJ, 1ª Turma, Rel. Min. GURGEL DE FARIA, 2016).

O Relator também faz uma diferenciação importante que deve ser levada em consideração: existem dois tipos de mercado de energia, o "mercado cativo" e o "mercado livre". Entende-se "mercado cativo" como pequenos e médios consumidores, que não podem escolher livremente os seus fornecedores de energia elétrica, e "mercado livre" como grandes consumidores, aos quais

ANÁLISE SOBRE A (IN)CONSTITUCIONALIDADE DA INCLUSÃO DA TUST E DA TUSD...

a legislação faculta escolherem seus fornecedores, de acordo com critérios empresariais[7] (Voto do Relator na decisão colegiada do Recurso Especial nº 1.163.020/RS, STJ, 1ª Turma, Rel. Min. GURGEL DE FARIA, 2017).

Quando se trata de mercado cativo, os consumidores arcam, atualmente, pela remuneração das distribuidoras por meio de "tarifas de energia" e "tarifas de fio", já em relação ao mercado livre, os consumidores apenas arcam com as "tarifas de fio"[8], cobradas pela utilização das infraestruturas de transmissão e distribuição, quando se incluem a TUST e a TUSD (Voto do Relator na decisão colegiada do Recurso Especial nº 1.163.020/RS, STJ, 1ª Turma, Rel. Min. GURGEL DE FARIA, 2017).

O mercado livre é permitido pela Lei nº 9.074/1995, no *caput* do art. 15[9], quando dispõe que grandes consumidores de energia elétrica (consumidores com carga igual ou maior que 10.000 kW, atendidos em tensão igual ou superior a 69 kV) podem escolher livremente a empresa geradora e/ou comercializadora de energia elétrica, sem qualquer vínculo às condições estabelecidas pela concessionária distribuidora local:

> a atual legislação de regência do setor elétrico brasileiro permite que grandes consumidores de energia elétrica possam escolher livremente a empresa geradora e/ou comercializadora que lhes apresenta oferta mais vantajosa, não estando mais vinculados às condições de fornecimento de energia elétrica estabelecidas para o público em geral pela concessionária distribuidora local (Voto do Relator na decisão colegiada do Recurso Especial nº 1.163.020/RS, STJ, 1ª Turma, Rel. Min. GURGEL DE FARIA, 2017).

---

[7] O Ministro Benedito Gonçalves, em seu voto, aponta também a diferenciação como "contratação livre" ("ACL"), vista no "mercado livre" e "contratação regulada" ("ACR"), no "mercado cativo" (Voto da Ministro Benedito Gonçalves na decisão colegiada do Recurso Especial nº 1.163.020/RS, STJ, 1ª Turma, Rel. Min. GURGEL DE FARIA, 2017).

[8] Ressalta-se que a previsão da cobrança de "tarifas de fio" é encontrada no § 6º, do art. 15, da Lei nº 9.074/1995, quando se menciona que o acesso aos sistemas de distribuição e transmissão é possível mediante ressarcimento do custo de transporte envolvido. Cite-se: "É assegurado aos fornecedores e respectivos consumidores livre acesso aos sistemas de distribuição e transmissão de concessionário e permissionário de serviço público, mediante ressarcimento do custo de transporte envolvido, calculado com base em critérios fixados pelo poder concedente".

[9] Art. 15, da Lei nº 9.074/1995: Respeitados os contratos de fornecimento vigentes, a prorrogação das atuais e as novas concessões serão feitas sem exclusividade de fornecimento de energia elétrica a consumidores com carga igual ou maior que 10.000 kW, atendidos em tensão igual ou superior a 69 kV, que podem optar por contratar seu fornecimento, no todo ou em parte, com produtor independente de energia elétrica.

Assim, Gurgel de Faria defendeu que retirar a TUST e a TUSD da base de cálculo do ICMS, no mercado livre, representa uma vantagem muito grande em relação às empresas menores, pois são vinculadas ao transporte e à distribuição utilizados pela concessionária local.

Segundo o autor, haveria uma violação à livre concorrência e ao princípio tributário da capacidade contributiva (art. 145, § 1º, da CRFB/1988)[10], uma vez que o ICMS recolhido pelas empresas menores possuiriam a TUST e a TUSD em sua base de cálculo e as maiores não (Voto do Relator na decisão colegiada do Recurso Especial nº 1.163.020/RS, STJ, 1ª Turma, Rel. Min. GURGEL DE FARIA, 2017).

Em caminho oposto, a Ministra Regina Helena Costa apresentou seu voto no sentido de dar provimento ao Recurso Especial nº 1.163.020/RS, fundamentando-se na necessidade de haver transferência da propriedade do bem para incidência de ICMS, não se tratando de mera circulação física (Voto da Ministra Regina Helena Costa na decisão colegiada do Recurso Especial nº 1.163.020/RS, STJ, 1ª Turma, Rel. Min. GURGEL DE FARIA, 2017).

Como já mencionado pelo Ministro Olindo Menezes, na decisão monocrática posteriormente revogada no mesmo Recurso Especial, esse pensamento é defendido pelo próprio STJ, na Súmula nº 166, "Não constitui fato gerador do ICMS o simples deslocamento de mercadoria de um para outro estabelecimento do mesmo contribuinte", e caminhar em sentido contrário é ferir a segurança jurídica.

Vale lembrar que a segurança jurídica é fundamental para a certeza, a estabilidade, a confiabilidade e a efetividade nas situações jurídicas. Conforme afirmam Ingo Wolfgang Sarlet, Luiz Guilherme Marinoni e Daniel Mitidiero, a segurança jurídica, junto à igualdade e à necessidade de coerência da ordem jurídica, impõe respeito aos precedentes judiciais (SARLET; MARINONI; MITIDIERO, 2019, ponto 5.11.2). Diante disso, o Judiciário deve obediência às suas próprias decisões, de forma a garantir estabilidade e coerência nas relações jurídicas. Assim, o STJ não pode ser contrário à sua própria Súmula (nº 166). Cita-se menção dos autores:

---

[10] Segundo Leandro Paulsen, a capacidade contributiva orienta toda a tributação, inspirando o legislador e orientando os aplicadores das normas tributárias. De acordo com o autor, do princípio decorre que o Estado deve exigir das pessoas que contribuam para que as despesas públicas na medida da sua capacidade econômica (PAULSEN, 2020, ponto 27).

ANÁLISE SOBRE A (IN)CONSTITUCIONALIDADE DA INCLUSÃO DA TUST E DA TUSD...

A *segurança jurídica*, a *igualdade* e a necessidade de *coerência* da ordem jurídica impõem respeito aos precedentes judicias. Vale dizer: a constituição impõe respeito aos precedentes. A tarefa do legislador infraconstitucional, portanto, não está em determinar a vinculação aos precedentes judiciais, já que essa vinculação advém da própria Constituição, mas sim em prever técnicas processuais idôneas para reconhecimento e aplicação dos precedentes judiciais em juízo. A obrigação do Poder Judiciário de seguir precedentes é oriunda da natureza interpretativa do direito e da própria Constituição. O CPC de 2015 apenas explicita a existência do dever de seguir precedentes. Trata-se de imposição do Estado Constitucional (SARLET; MARINONI; MITIDIERO, 2019, ponto 5.11.2).

Do ponto de vista tributário, Leandro Paulsen afirma que o Estado de Direito constitui, por si só, uma referência de segurança. Nessa linha, todo o conteúdo normativo do princípio da segurança jurídica se projeta na matéria tributária. O direito vigente deve ser aplicável aos casos, orientando as pessoas em suas condutas conforme os efeitos jurídicos estabelecidos, a fim de determinado resultado jurídico, evitando consequências indesejáveis (PAULSEN, 2020, ponto 29).

Regina Helena Costa, em seu voto, também conclui que o deslocamento da energia elétrica pelo sistema de transmissão e distribuição são atividades-meio do fato gerador do ICMS, que apenas se efetiva com o consumo da energia elétrica, uma vez que, somente nesse momento, há sua circulação jurídica com a transferência do domínio do bem (Voto da Ministra Regina Helena Costa na decisão colegiada do Recurso Especial nº 1.163.020/RS, STJ, 1ª Turma, Rel. Min. GURGEL DE FARIA, 2017).

Além disso, a autora se reportou quanto às alíneas "a" e "b", do inciso II, do § 1º, do art. 13, da Lei Complementar nº 87/1996[11], as quais dispõem que integram a base de cálculo do devido imposto o valor correspondente a (alínea "a") seguros, juros e demais importâncias pagas, recebidas ou debitadas, bem como descontos concedidos sob condição e (alínea "b") frete, caso o transporte seja efetuado pelo próprio remetente ou por sua conta e ordem e seja cobrado em separado. De acordo com a autora, a referida lei não permite que encargos tarifários integrem a base de cálculo do ICMS.

---

[11] Alíneas "a" e "b", do inciso II, do § 1º, do art. 13, da Lei Complementar nº 87/1996: § 1º Integra a base de cálculo do imposto, inclusive na hipótese do inciso V do **caput** deste artigo: a) seguros, juros e demais importâncias pagas, recebidas ou debitadas, bem como descontos concedidos sob condição; b) frete, caso o transporte seja efetuado pelo próprio remetente ou por sua conta e ordem e seja cobrado em separado.

Esse dispositivo deve ser analisado com cautela e limitação, respeitando a sistemática constitucional e infraconstitucional. Quando a Fazenda Pública se baseia nas seguintes alíneas, a TUST e a TUSD são consideradas como importâncias pagas ou debitadas (alínea "a") ou como um pagamento referente a uma espécie de frete de transporte de produto (alínea "b").

Note que, em ambos os casos, o remetente quem arca com as importâncias ou as ordena. Caso se aplique a alínea "a", a TUST e a TUSD seriam consideradas importâncias pagas ou debitadas, todavia, não se faz jus, pois é o próprio contribuinte quem as satisfaz. Essa visão leva o intérprete, caso se pondere uma das duas alíneas, a considerar a alínea "b".

Contudo, a norma deixa claro que o frete será incluído na base cálculo do ICMS apenas se o transporte for efetuado pelo próprio remetente ou por sua conta e ordem e seja cobrado em separado. No caso do mercado livre, os valores da TUST e da TUSD são arcados pelo próprio contribuinte, logo, não é pelo remetente e nem é por sua conta e ordem (CALIENDO, 2017). Portanto, caso esse entendimento for estendido será prejudicial ao contribuinte e violará o princípio da legalidade.

Já se tratando do marcado cativo, o exame da alínea "b" poderá ser diferente. Quando a norma diz "seja efetuado (...) por sua conta e ordem e seja cobrado em separado", pode-se forçar que, nesse comércio, a TUST e a TUSD são compensadas, compulsoriamente, como espécie de ordem, pelo consumidor/contribuinte, que, em sua conta de energia elétrica, tem os valores das devidas tarifas cobradas em separado.

Não obstante, para essa interpretação, é necessário considerar que, primeiramente, elas foram satisfeitas pelas fornecedoras e, posteriormente, cobradas dos consumidores, compensando seus valores, pois é disposto que é efetuado por sua conta e, em seguida, cobrado em separado. Essa perspectiva, a título de opinião, não é vista como insensata, porém deve ser analisada a fundo e violaria o princípio da justa concorrência, uma vez que só poderia ser aplicada ao comércio cativo, colocando-o em posição ainda mais inferior no mercado. Nesse cenário, tem-se, de um lado, o princípio da justa concorrência e, do outro, o princípio da legalidade.

Ainda quanto à positivação, Gurgel de Faria também apontou que o art. 34, § 9º, do Ato das Disposições Constitucionais Transitórias ("ADCT")[12],

---

[12] Art. 34, § 9º, do ADCT: § 9º Até que lei complementar disponha sobre a matéria, as empresas distribuidoras de energia elétrica, na condição de contribuintes ou de substitutos tributários, serão as responsáveis, por ocasião da saída do produto de seus estabelecimentos, ainda que destinado a

ratificado pelo art. 9º, § 1º, inciso II[13], da Lei Complementar nº 87/1996, bem como a Lei nº 9.074/1995 e a Lei nº 10.848/2004[14], preveem que todas as etapas do processo de fornecimento de energia elétrica devem ser consideradas na composição do preço final da mercadoria (AgRg no Recurso Especial nº 1.163.020/RS, STJ, 1ª Turma, Rel. Min. GURGEL DE FARIA, 2016).

No entanto, é importante notar que o inciso II, do § 1º, da Lei Complementar nº 87/1996, determina que a responsabilidade pelo pagamento do referido imposto poderá ser atribuída às empresas geradoras ou distribuidoras de energia, nas operações internas e interestaduais, na condição de contribuinte ou de substituto tributário, sendo seu cálculo efetuado sobre o preço praticado na operação final. Dessa forma, levando em consideração que a base de cálculo é o preço da operação final, apenas o valor do produto final deveria ser levado em conta para incidência do ICMS (CALIENDO, 2017).

Assim, mesmo que se considere que todas as etapas do processo de fornecimento de energia elétrica componham o preço final da mercadoria, conforme afirmou Gurgel de Faria, em uma interpretação literal, tanto de sua fala quanto do dispositivo, não deveria haver incidência de ICMS sobre tarifas cobradas pelo uso de sistemas de distribuição e transmissão, mas

---

outra unidade da Federação, pelo pagamento do imposto sobre operações relativas à circulação de mercadorias incidente sobre energia elétrica, desde a produção ou importação até a última operação, calculado o imposto sobre o preço então praticado na operação final e assegurado seu recolhimento ao Estado ou ao Distrito Federal, conforme o local onde deva ocorrer essa operação.

[13] Art. 9º, § 1º, inciso II, da Lei Complementar nº 87/1996: Art. 9º A adoção do regime de substituição tributária em operações interestaduais dependerá de acordo específico celebrado pelos Estados interessados. § 1º A responsabilidade a que se refere o art. 6º poderá ser atribuída: [...] II – às empresas geradoras ou distribuidoras de energia elétrica, nas operações internas e interestaduais, na condição de contribuinte ou de substituto tributário, pelo pagamento do imposto, desde a produção ou importação até a última operação, sendo seu cálculo efetuado sobre o preço praticado na operação final, assegurado seu recolhimento ao Estado onde deva ocorrer essa operação.

[14] Art. 1º, *caput* e § 3º, da Lei nº 10.848/2004: A comercialização de energia elétrica entre concessionários, permissionários e autorizados de serviços e instalações de energia elétrica, bem como destes com seus consumidores, no Sistema Interligado Nacional – SIN, dar-se-á mediante contratação regulada ou livre, nos termos desta Lei e do seu regulamento, o qual, observadas as diretrizes estabelecidas nos parágrafos deste artigo, deverá dispor sobre [...] § 3º A contratação livre dar-se-á nos termos do art. 10 da Lei nº 9.648, de 27 de maio de 1998, mediante operações de compra e venda de energia elétrica envolvendo os agentes concessionários e autorizados de geração, comercializadores e importadores de energia elétrica e os consumidores que atendam às condições previstas nos arts. 15 e 16 da Lei nº 9.074, de 7 de julho de 1995, com a redação dada por esta Lei.

somente pelo preço final da energia elétrica. Reafirma-se, estender sua base de cálculo é ferir o princípio da legalidade.

Ainda considerando o pensamento de Gurgel de Faria, se não houvesse a separação das etapas para o fornecimento de energia elétrica, quais sejam geração, transmissão e distribuição, ou seja, se apenas uma empresa fosse responsável por todas as fases, seria compreensível que o custo pela produção fosse agregado ao preço final da mercadoria e assim, a TUST e a TUSD entrariam nas etapas de fornecimento que compõem o preço final da mercadoria, como custos de quem vende o produto.

Contudo, a distribuição e a transmissão, apesar de serem essenciais e indissociáveis para o fornecimento de energia elétrica, não são suportadas pelas empresas fornecedoras. São os contribuintes quem arcam com seus valores, logo, não há como acrescentá-las ao preço final da mercadoria. Dessa forma, se não podem ser incluídas ao seu preço final, por não serem despesas de custo pagas pela empresa fornecedora, não deveriam compor a base de cálculo do ICMS.

Novamente é preciso retomar a ideia da existência de dois mercados de energia elétrica. Analisando o mercado cativo, os contribuintes, consumidores de energia elétrica, não possuem a liberdade de escolher por quais empresas de transmissão e distribuição serão atendidos, apenas aceitando o preço repassado pela concessionária local. Diante disso, a transmissão e a distribuição são processos necessários e seus custos são exigidos aos consumidores, sem qualquer escolha, para que possam ter acesso a um produto essencial à dignidade humana.

Entendendo que a distribuição e a transmissão são processos que fazem parte da comercialização da energia elétrica, o mais compreensível seria incorporar esse custo de fornecimento no preço da mercadoria, como é feito na venda de outros produtos. Com isso, corretamente e respeitando a legalidade, a incidência do ICMS teria como base de cálculo apenas o valor do produto e não o valor do produto e o valor de sua produção.

Nesse ponto, vale a reflexão sobre qual seria o fato gerador na incidência de ICMS sobre a TUST e a TUSD. Cogitar a inclusão dessas tarifas na base de cálculo do devido imposto é ponderar que há uma circulação de mercadoria nesse processo que resulta em uma transferência de titularidade. Considerando que essa mercadoria é a energia elétrica, não é absurdo concluir que há dupla incidência de ICMS sobre o mesmo fato gerador, quando a base de cálculo é o valor das tarifas e quando é o valor da energia elétrica que chega ao consumidor.

ANÁLISE SOBRE A (IN)CONSTITUCIONALIDADE DA INCLUSÃO DA TUST E DA TUSD...

Isto posto, caso se enxergue o produto final como a energia sendo recebida pelo consumidor e se interprete que sua transmissão e sua distribuição são atividades-meio essenciais, quando há incidência de ICMS sobre os valores da TUST e da TUSD, observa-se a incidência do imposto também sobre o valor do custo da produção do produto.

Com isso, apesar do contribuinte já arcar com a tributação incidente sobre o valor do produto como um todo, injustamente, ele tem que arcar também com o incidente sobre o valor do custo de sua produção. Benedito Gonçalves bem afirma: "O consumidor não tem opção pela contratação do uso do sistema de distribuição, haja vista que sem ele não é possível o fornecimento de energia elétrica"(Voto da Ministro Benedito Gonçalves na decisão colegiada do Recurso Especial nº 1.163.020/RS, STJ, 1ª Turma, Rel. Min. GURGEL DE FARIA, 2017).

Diante do exposto, conclui-se que para incidência do ICMS é preciso analisar seu fato gerador conforme a legislação e a Jurisprudência, sob pena de violar a legalidade e a segurança jurídica. Eduardo Sabbag afirma que o fato gerador do ICMS é "a circulação de mercadoria ou prestação de serviços interestadual ou intermunicipal de transporte e de comunicação, ainda que iniciada no exterior", assim como expresso no inciso II do art. 155, da CRFB/1988. Nessa linha, seu fato gerador consiste (1) na circulação de mercadorias, (2) na prestação de serviços de transporte interestadual e intermunicipal e (3) na prestação de serviços de comunicação (SABBAG, 2016, cap. 31, ponto 1.3).

Constitucionalmente, é possível incidir ICMS sobre energia elétrica (art. 155, § 3º, da CRFB/1988), que é, pacificamente, considerada como mercadoria para efeitos tributários. Dessa forma, quando se fala de ICMS sobre energia elétrica, entende-se que o ato ou negócio jurídico implica sua circulação, portanto, a mudança de titularidade jurídica do bem e não sua mera movimentação física, nos termos da Súmula nº 166 do STJ (SABBAG, 2016, cap. 31, ponto 1.3.1).

A mercadoria é a energia elétrica e o fato gerador é sua transferência de titularidade[15], logo, o ICMS deveria incidir apenas sobre seu valor, não existindo previsão legal ou constitucional expressa de que há incidência de

---

[15] Tércio Chiavassa, Andréa Mascitto e Leonardo Battilana afirmam, "A exigência do referido imposto depende da existência de uma mercadoria e da transferência de sua propriedade em caráter negocial, nos termos do artigo 155, inciso II, da Constituição Federal" (CHIAVASSA; MASCITTO; BATTILANA, 2017).

ICMS sobre as devidas tarifas ou que estas são algum tipo de mercadoria, como é considerada a energia elétrica em si.

À vista disso, indo ao encontro do pensamento defendido por Regina Helena Costa, do ponto de vista legal, as tarifas cobradas pelo uso de procedimentos necessários para a comercialização da energia elétrica não deveriam compor a base de cálculo de ICMS por não constituírem o preço da mercadoria em si, mas sim, valores cobrados por serem atividades-meio de produção.

Quanto ao mercado livre de energia elétrica, os consumidores precisam celebrar Contrato de Compra e Venda de Energia Elétrica, Contrato de Uso do Sistema de Distribuição (CUSD), Contrato de Uso de Sistema de Transmissão (CUST) e Contrato de Conexão, cabendo à ANEEL regular as tarifas e estabelecer as condições gerais de contratação do acesso e uso dos sistemas de transmissão e distribuição de energia elétrica, nos termos do art. 9º, *caput* e parágrafo único, da Lei nº 9.648/1998[16] (Voto da Ministro Benedito Gonçalves na decisão colegiada do Recurso Especial nº 1.163.020/ RS, STJ, 1ª Turma, Rel. Min. GURGEL DE FARIA, 2017).

No caso desses consumidores, existem relações jurídicas contratuais distintas, com empresas separadas. Contudo, como apresentado nos votos dos ministros no julgamento do Recurso Especial nº 1.163.020/RS, a contratação apartada do uso dos sistemas de transmissão e distribuição não descaracteriza esses procedimentos como indissociáveis e indispensáveis ao fornecimento de energia elétrica.

O fato da transmissão e da distribuição constituírem relações jurídicas com partes distintas não deve ser visto como uma comercialização dissociada. Na compra de energia elétrica, não há a comercialização de dois produtos, mas apenas de um. Por conseguinte, mesmo no mercado livre, a incidência de ICMS deveria ocorrer apenas uma vez, sobre o produto em si, a energia elétrica.

Como mencionado, em remota hipótese, no mercado cativo, o preço da TUST e da TUSD poderia ser cobrado junto ao preço da energia elétrica, formando apenas uma base de cálculo, adequando o caso ao princípio da

---

[16] Art. 9º, *caput* e parágrafo único, da Lei nº Lei nº 9.648/1998: Art. 9º Para todos os efeitos legais, a compra e venda de energia elétrica entre concessionários ou autorizados, deve ser contratada separadamente do acesso e uso dos sistemas de transmissão e distribuição. Parágrafo único. Cabe à ANEEL regular as tarifas e estabelecer as condições gerais de contratação do acesso e uso dos sistemas de transmissão e de distribuição de energia elétrica por concessionário, permissionário e autorizado, bem como pelos consumidores de que tratam os arts. 15 e 16 da Lei no 9.074, de 1995.

ANÁLISE SOBRE A (IN)CONSTITUCIONALIDADE DA INCLUSÃO DA TUST E DA TUSD...

legalidade quanto à incidência do fato gerador, mas quebrando o princípio da livre iniciativa e da concorrência, pois o mesmo não poderia ocorrer no mercado livre. Todavia, não é obrigatório que, no mercado cativo, as empresas incluam as tarifas no preço da energia elétrica em si, podendo manter sua cobrança em separado, respeitando o princípio da transparência e da igualdade.

Tércio Chiavassa, Andréa Mascitto e Leonardo Battilana reiteram que os Estados têm incluído a TUST e a TUSD na base de cálculo do imposto com fundamento nos Convênios ICMS nºs 117/2004[17] e 95/2005[18]. Não obstante, apesar das normas determinarem que o consumidor é o responsável pelo pagamento do ICMS devido na transmissão e a distribuição dos serviços de fornecimento de energia elétrica, a cobrança não possui amparo legal ou constitucional (CHIAVASSA; MASCITTO; BATTILANA, 2017):

> A TUST e a TUSD são tarifas pagas na compra da energia elétrica para remunerar o uso do sistema de transmissão e distribuição. Muito embora essas tarifas não se confundam com a energia elétrica em si, esta sim a mercadoria para fins de tributação do ICMS, os Estados as têm incluído na base de cálculo do imposto com fundamento nos Convênios ICMS nºs 117/2004 e 95/2005 (e posteriores alterações).
>
> Referidas normas determinam que o consumidor é o responsável pelo pagamento do ICMS devido na transmissão e distribuição dos serviços de fornecimento de energia elétrica. Entretanto, referida cobrança não tem amparo legal ou constitucional (CHIAVASSA; MASCITTO; BATTILANA, 2017).

Vale ressaltar que, independentemente de convênios firmados, a interpretação de qualquer norma deve ser conforme a Constituição Federal.

---

[17] Cláusula primeira do Convênio ICMS nº 117/2004: Fica atribuída ao consumidor livre conectado à rede básica a responsabilidade pelo pagamento do imposto devido pela conexão e uso dos sistemas de transmissão de energia elétrica.

[18] Inciso I, parágrafo único e *caput* da Cláusula primeira do Convênio ICMS nº 95/2005: Cláusula primeira – Sem prejuízo do cumprimento das obrigações principal e acessórias, previstas na legislação tributária de regência do ICMS, a empresa distribuidora de energia elétrica deverá emitir mensalmente Nota Fiscal, modelo 6, a cada consumidor livre ou autoprodutor que estiver conectado ao seu sistema de distribuição, para recebimento de energia comercializada por meio de contratos a serem liquidados no âmbito da Câmara de Comercialização de Energia Elétrica, ainda que adquirida de terceiros. Parágrafo único – A Nota Fiscal prevista no caput deverá conter: I – como base de cálculo, o valor total dos encargos de uso relativos ao respectivo sistema de distribuição, ao qual deve ser integrado o montante do próprio imposto.

Como afirmou Luís Roberto Barroso, para preservação de sua validade, deve-se atribuir sentido às normas infraconstitucionais de forma que melhor realizem os mandamentos constitucionais. De acordo com o autor, o respeito ao princípio da interpretação conforme à Constituição abrange uma técnica de interpretação e um mecanismo de constitucionalidade. Portanto, pode-se concluir que interpretar convênios de forma não sistemática seria inconstitucional (BARROSO, 2010, p. 302).

Chiavassa, Mascitto e Battilana também acentuam que os negócios jurídicos alheios e os custos relativos ao fornecimento da energia elétrica não podem compor a base de cálculo do ICMS, pois não integram o conceito de mercadoria e nem podem ser equiparados. Segundo os autores, a transmissão e a distribuição são etapas na cadeia de fornecimento da mercadoria em si, mas não se confundem, não caracterizando fato gerador de ICMS por ausência de previsão legal:

> A energia elétrica foi considerada mercadoria para fins de incidência do ICMS pela Constituição Federal e, nos termos da Lei Complementar nº 87/96, a incidência ocorre na efetiva transferência de sua titularidade com a respectiva entrega definitiva ao seu destinatário. Contudo, os negócios alheios e os custos relativos ao fornecimento da energia elétrica não podem compor a base de cálculo do tributo porque não integram o conceito de mercadoria nem lhe podem ser equiparados. A transmissão e distribuição da energia são etapas na cadeia de fornecimento da mercadoria que é a energia elétrica em si (e com ela não se confundem). Ainda que se entenda que são serviços acessórios e essenciais ao fornecimento de mercadoria, não se trata de serviço caracterizador do fato gerador do imposto estadual por absoluta falta de previsão legal (CHIAVASSA; MASCITTO; BATTILANA, 2017).

O art. 150, inciso I, da CRFB/1988[19], proíbe que se exija tributo sem que lei estabeleça. Ricardo Alexandre assim afirma, "o tributo só pode ser criado por lei, seja ordinária, casos em que pode haver a utilização de Medida Provisória, ou complementar", sob pena de violar o princípio da reserva legal, decorrente do princípio da legalidade (ALEXANDRE, 2016, ponto 2.5.1). Portanto, deduzir uma base de cálculo diversa da disposta em lei é ferir a Constituição.

---

[19] Art. 150, inciso I, da CRFB/1988: Sem prejuízo de outras garantias asseguradas ao contribuinte, é vedado à União, aos Estados, ao Distrito Federal e aos Municípios: I – exigir ou aumentar tributo sem lei que o estabeleça.

Como afirmou Regina Helena, um indício da não existência de previsão legal para inclusão da TUST e da TUSD na base de cálculo do ICMS foi a apresentação, em 2004, da Proposta de Emenda à Constituição nº 285/2004, prejudicada pela Proposta de Emenda à Constituição nº 58/2007, que previa a devida incidência (Voto da Ministra Regina Helena Costa na decisão colegiada do Recurso Especial nº 1.163.020/RS, STJ, 1ª Turma, Rel. Min. GURGEL DE FARIA, 2017).

Diante do dilema principiológico, a Primeira Turma do STJ negou provimento ao Recurso Especial nº 1.163.020/RS, preservado a livre iniciativa e a concorrência em detrimento da segurança jurídica e da legalidade (Certidão de julgamento colegiado do Recurso Especial nº 1.163.020/RS, STJ, 1ª Turma, Rel. Min. GURGEL DE FARIA, 2017). Posteriormente, em 15.12.2017, o recurso foi afetado ao rito do julgamento de demandas repetitivas, previsto pelo art. 1.036, do Código de Processo Civil.

Vale ressaltar que o STJ, antes do julgamento do Recurso Especial nº 1.163.020/RS, possuía entendimento sobre a ilegalidade da inclusão dessas tarifas na base de cálculo do ICMS, como no caso do Recurso Especial nº 1.408.485/SC, de relatoria do Ministro Humberto Martins, julgado em 2015[20]:

PROCESSO CIVIL E TRIBUTÁRIO. VIOLAÇÃO DO ART. 535 DO CPC. NÃO OCORRÊNCIA. ICMS SOBRE "TUST" E "TUSD". NÃO INCIDÊNCIA. AUSÊNCIA DE CIRCULAÇÃO JURÍDICA DA MERCADORIA. PRECEDENTES.

1. Recurso especial em que se discute a incidência de Imposto sobre Circulação de Mercadorias e Serviços sobre a Taxa de Uso do Sistema de Distribuição (TUSD).

---

[20] Vale mencionar que Sérgio Farina Filho, Andréa Mascitto e Fernanda Santos Moura, em seu artigo, ratificaram que o STJ, antes da decisão no Recurso Especial nº 1.163.020/RS, possuía entendimento consolidado sobre a ilegalidade da inclusão da TUST e da TUSD na base de cálculo do ICMS: "Muito embora essas tarifas não se confundam com a mercadoria circulada (energia elétrica) para fins de tributação do ICMS, os Estados têm incluído a TUST e a TUSD na base de cálculo do imposto estadual. Como não existe previsão legal e constitucional para tanto, o entendimento do Superior Tribunal de Justiça (STJ) ao longo dos últimos anos se consolidou no sentido de que é ilegal a inclusão dessas tarifas na base de cálculo do referido imposto estadual. Contudo, apesar do entendimento favorável aos contribuintes até então, a Primeira Turma do STJ proferiu decisão que, por maioria, considerou legal referida inclusão" (FARINHA FILHO; MASCITTO; MOURA, 2017).

2. Inexiste a alegada violação do art. 535 do CPC, pois a prestação jurisdicional foi dada na medida da pretensão deduzida, conforme se depreende da análise do acórdão recorrido.

3. Esta Corte firmou orientação, sob o rito dos recursos repetitivos (REsp 1.299.303-SC, DJe 14/8/2012), de que o consumidor final de energia elétrica tem legitimidade ativa para propor ação declaratória cumulada com repetição de indébito que tenha por escopo afastar a incidência de ICMS sobre a demanda contratada e não utilizada de energia elétrica.

4. É pacífico o entendimento de que "a Súmula 166/STJ reconhece que 'não constitui fato gerador do ICMS o simples deslocamento de mercadoria de um para outro estabelecimento do mesmo contribuinte'. Assim, por evidente, não fazem parte da base de cálculo do ICMS a TUST (Taxa de Uso do Sistema de Transmissão de Energia Elétrica) e a TUSD (Taxa de Uso do Sistema de Distribuição de Energia Elétrica)". Nesse sentido: AgRg no REsp 1.359.399/MG, Rel. Ministro HUMBERTO MARTINS, SEGUNDA TURMA, julgado em 11/06/2013, DJe 19/06/2013; AgRg no REsp 1.075.223/MG, Rel. Ministra ELIANA CALMON, SEGUNDA TURMA, julgado em 04/06/2013, Dje 11/06/2013; AgRg no REsp 1278024/MG, Rel. Ministro BENEDITO GONÇALVES, PRIMEIRA TURMA, julgado em 07/02/2013, Dje 14/02/2013.

Agravo regimental improvido.

(AgRg no Recurso Especial nº 1408485/SC, 2ª Turma, Rel. Min. HUMBERTO MARTINS, 2015) **[grifos acrescidos]**

Seguindo entendimento anterior, o Tribunal Superior, em 05.05.2017, após o julgamento do Recurso Especial nº 1.163.020/RS, proferiu decisão divergente. A Segunda Turma, por unanimidade, no Recurso Especial nº 1.649.658/MT, negou provimento ao recurso, considerando ilegal a inclusão da TUST e da TUSD na base de cálculo do ICMS, em respeito aos princípios da segurança jurídica, da proteção da confiança e da isonomia, nos termos no voto do Relator Ministro Herman Benjamin:

> Sucede que, uma vez preservado o arcabouço normativo sobre a qual se consolidou a jurisprudência do STJ e ausente significativa mudança no contexto fático que deu origem aos precedentes, não parece recomendável essa guinada, em atenção aos princípios da segurança jurídica, da proteção da confiança e da isonomia (art. 927, § 4º, do CPC/2015).

Diante do exposto, **nego provimento ao Recurso Especial.**

É como **voto**.

(Recurso Especial nº 1.649.658/MT, 2ª Turma, Rel. Min. HERMAN BENJAMIN, 2017).

O Relator afirmou que o STJ possui entendimento consolidado de que a TUSD não integra a base de cálculo do ICMS sobre a energia elétrica, pois o fato gerador ocorre apenas no momento em que a energia sai do estabelecimento fornecedor e é efetivamente consumida. Sendo assim, a tarifa cobrada em fase anterior não compõe o valor da operação de saída da mercadoria entregue ao consumidor[21].

Observa-se, portanto, que não há consenso no STJ sobre o assunto e que a divergência se oriunda em um sopesamento de princípios, sejam eles, o princípio da segurança jurídica, da isonomia, da legalidade, da livre iniciativa e da concorrência, sendo, claramente, um debate constitucional, que seria enriquecido caso fosse explorado no âmbito do Supremo Tribunal Federal.

Conclusões

Como Sérgio Farina Filho, Andréa Mascitto e Fernanda Santos Moura afirmam, o princípio da supremacia do interesse público sobre o privado é inerente a qualquer sociedade organizada e qualquer decisão tomada em favor do contribuinte tem potencial de lesar a economia pública (FARINHA FILHO; MASCITTO, MOURA, 2017). Apesar disso, esse temor em reduzir o recolhimento de tributos não pode ser justificativa para adotar posições que nadam em sentido contrário à Constituição Federal.

Caso o Tema nº 986 seja definido pela exclusão da TUST e da TUSD da base de cálculo do ICMS apenas no mercado livre, a concorrência será afetada e o princípio da livre iniciativa será violado, prejudicando pequenos e médios empresários, que já possuem muitas dificuldades no mercado. Por outro lado, caso se determine que é constitucional a inclusão da TUST e da TUSD na base de cálculos do referido imposto, a legalidade será ferida,

---

[21] Nas palavras de Herman Benjamin: "O STJ possui entendimento consolidado de que a Tarifa de Utilização do Sistema de Distribuição – TUSD não integra a base de cálculo do ICMS sobre o consumo de energia elétrica, uma vez que o fato gerador ocorre apenas no momento em que a energia sai do estabelecimento fornecedor e é efetivamente consumida. Assim, tarifa cobrada na fase anterior do sistema de distribuição não compõe o valor da operação de saída da mercadoria entregue ao consumidor" (Recurso Especial nº 1.163.020/RS, 2ª Turma, Rel. Min. HERMAN BENJAMIN, 2017).

bem como a segurança jurídica, uma vez que o fato gerador do ICMS será ampliado pelas vias não adequadas.

Estabelecer um tratamento tributário diferenciado aumentaria a desigualdade entre as empresas pequenas e médias e as grandes, causando maior impacto sobre aquelas que não possuem a mesma liberdade. No entanto, como solução, o STJ, ao estabelecer o Tema nº 986, não possui a obrigação de delimitar a exclusão apenas para o mercado livre[22], podendo estabelecer a não inclusão da TUSD e da TUST na base de cálculo do ICMS também para o mercado cativo, deixando clara a necessidade da separação na conta de energia elétrica, preservando a transparência.

Referências

ALEXANDRE, Ricardo. *Direito Tributário Esquematizado*. 10. ed. rev. atual. e ampl. Rio de Janeiro: Forense; São Paulo: Método, 2016 (versão digital).

AgRg no Recurso Especial nº 1.163.020/RS, STJ, Rel. Min. GURGEL DE FARIA, 2016. *In*: BRASIL. Superior Tribunal de Justiça. Agravo Regimental em Recurso Especial nº 1.163.020/RS. Agravante: Estado do Rio Grande do Sul. Agravado: Randon S/A Implementos e Participações. Relator: Ministro Gurgel de Faria, 18.05.2016. Disponível em:<https://ww2.stj.jus.br/processo/revista/documento/mediado/?componente=MON&sequencial=60502367&tipo_documento=documento&num_registro=200902055254&data=20160518&formato=PDF>. Acesso em: 30 jul. 2020.

AgRg no Recurso Especial nº 1.408.485/SC, STJ, Rel. Min. HUMBERTO MARTINS, 2015. *In*: BRASIL. Superior Tribunal de Justiça. Agravo Regimental em Recurso Especial nº 1.408.485/SC. Agravante: Estado de Santa Catarina. Agravado: Condomínio do Shopping Center Iguatemi Florianópolis. Relator: Ministro Humberto Martins, 19.05.2015. Disponível em: <https://ww2.stj.jus.br/processo/pesquisa/?tipoPesquisa=tipoPesquisaNumeroRegistro&termo=201303302627&totalRegistrosPorPagina=40&aplicacao=processos.ea>. Acesso em 25 jul. 2020.

BARROSO, Luís Roberto. *Curso de Direito Constitucional Contemporâneo*: os conceitos fundamentais e a construção do novo modelo. 2. ed. São Paulo: Saraiva, 2010 (versão digital).

CALIENDO, Paulo. *ICMS sobre TUSD e TUST nas operações para consumidores cativos*:

---

[22] Conforme Chiavassa, Mascitto e Battilana afirmam, uma decisão proferida por uma das Turmas do STJ em um processo individual, como ocorrido no Recurso Especial nº 1.163.020/RS, com efeitos *inter partes*, não vincula o posicionamento final do STJ ao julgar o Tema (CHIAVASSA; MASCITTO; BATTILANA, 2017).

a não-inclusão da TUSD e TUST na base de cálculo da incidência do ICMS sobre energia elétrica, 2017. *In*: JOTA. Disponível em: <https://www.jota.info/opiniao-e-analise/artigos/icms-sobre-tusdtust-operacoes-para-consumidores-cativos-27112017>. Acesso em: 23 jul. 2020.

CARRAZZA, Roque Antonio. *Curso de Direito Constitucional Tributário*. 19. ed. rev. amp. atual. São Paulo: Malheiros Editores, 2019.

Certidão de julgamento do Recurso Especial nº 1.163.020/RS, STJ, Rel. Min. GURGEL DE FARIA, 2017. *In*: BRASIL. Superior Tribunal de Justiça. Recurso Especial nº 1.163.020/RS. Recorrente: Randon S/A Implementos e Participações. Recorrido: Estado do Rio Grande do Sul. Relator: Ministro Gurgel de Faria, 27.03.2017. Disponível em: <https://ww2.stj.jus.br/processo/revista/documento/mediado/?componente=ATC&sequencial=70667633&num_registro=2009020 55254&data=20170327&tipo=41&formato=PDF>. Acesso em: 30 de jul. 2020.

CHIAVASSA, Tércio; MASCITTO, Andréa; BATTILANA, Leonardo. *A ilegalidade da TUST e TUSD na base de cálculo do ICMS*: em recente decisão, o STJ coloca ilegalidade da tributação à prova, 2017. *In*: JOTA. Disponível em: < https://www.jota.info/opiniao-e-analise/artigos/a-ilegal-inclusao-da-tust-e-tusd-na-base-do-icms-30032017>. Acesso em: 24 jul. 2020.

Decisão Monocrática no Recurso Especial nº 1.163.020/RS, STJ, Rel. Min. OLINDO MENEZES, 2016. *In*: BRASIL. Superior Tribunal de Justiça. Recurso Especial nº 1.163.020/RS. Recorrente: Randon S/A Implementos e Participações. Recorrido: Estado do Rio Grande do Sul. Relator: Ministro Olindo Menezes, 05.02.2016. Disponível em: <https://ww2.stj.jus.br/processo/revista/documento/mediado/?componente=MON&sequencial=57054545&tipo_documento=documento&num_registro=200902055254&data=20160205&tipo=0&formato=PDF>. Acesso em 30 jul. 2020.

FARINHA FILHO, Sérgio; MASCITTO, Andréa; MOURA, Fernanda Santos. *Suspensão da segurança: uma "arma pública"*: a "paridade de armas" à disposição do Fisco e dos contribuintes nas disputas tributárias, 2017. *In*: JOTA. Disponível em: < https://www.jota.info/opiniao-e-analise/artigos/suspensao-da-seguranca-uma-arma-publica-03072017>. Acesso em: 25 jul. 2020.

PAULSEN, Leandro. *Curso de direito tributário completo*. 11. ed. São Paulo: Saraiva Educação, 2020 (versão digital).

Recurso Extraordinário 1.041.816/SP, STF, Rel. Min. EDSON FACHIN, 2017. *In*: BRASIL. Supremo Tribunal Federal. Recurso Extraordinário 1.041.816/SP. Recorrente: Estado de São Paulo. Recorrido: Oscar da Silva. Relator: Ministro Edson Fachin, 17.08.2017. Disponível em: <http://redir.stf.jus.br/paginadorpub/paginador.jsp? docTP=TP&docID=13376842>. Acesso em: 22 jul. 2020.

Recurso Especial 1.649.658/MT, STJ, Rel. Min. HERMAN BENJAMIN, 2017. *In*: BRASIL. Superior Tribunal de Justiça. Recurso Especial 1.649.658/M. Recorrente:

Estado de Mato Grosso do Sul. Recorrido: Mato Campo LTDA. Relator: Ministro Herman Benjamin, 05.05.2017. Disponível em: <https://ww2.stj.jus.br/processo/revista/documento/mediado/?componente=ATC&sequencial=71437058&num_registro=201700139103&data=20170505&tipo=51&formato=PDF>. Acesso em 10.09.2020.

SABBAG, Eduardo. *Manual de direito tributário*. 8. ed. São Paulo: Saraiva, 2016 (versão digital).

SARLET; Ingo Wolfgang; MARINONI, Luiz Guilherme; MITIDIERO, Daniel. *Curso de Direito Constitucional*. 8. ed. São Paulo: Saraiva Educação, 2019 (versão digital).

Voto da Ministra Regina Helena Costa na decisão colegiada do Recurso Especial nº 1.163.020/RS, STJ, Rel. Min. GURGEL DE FARIA, 2017. *In*: BRASIL. Superior Tribunal de Justiça. Recurso Especial nº 1.163.020/RS. Recorrente: Randon S/A Implementos e Participações. Recorrido: Estado do Rio Grande do Sul. Relator: Ministro Gurgel de Faria, 27.03.2017. Disponível em: < https://ww2.stj.jus.br/processo/revista/documento/mediado/?componente=ATC&sequencial=66916 528&num_registro=200902055254&data=20170327&tipo=3&formato=PDF>. Acesso em: 30 de jul. 2020.

Voto do Ministro Benedito Gonçalves na decisão colegiada do Recurso Especial nº 1.163.020/RS, STJ, Rel. Min. GURGEL DE FARIA, 2017. *In*: BRASIL. Superior Tribunal de Justiça. Recurso Especial nº 1.163.020/RS. Recorrente: Randon S/A Implementos e Participações. Recorrido: Estado do Rio Grande do Sul. Relator: Ministro Gurgel de Faria, 27.03.2017. Disponível em: < https://ww2.stj.jus.br/processo/revista/documento/mediado/?componente=ATC&sequencial=70025 769&num_registro=200902055254&data=20170327&tipo=3&formato=PDF>. Acesso em: 30 de jul. 2020.

Voto do Relator na decisão colegiada do Recurso Especial nº 1.163.020/RS, STJ, Rel. Min. GURGEL DE FARIA, 2017. *In*: BRASIL. Superior Tribunal de Justiça. Recurso Especial nº 1.163.020/RS. Recorrente: Randon S/A Implementos e Participações. Recorrido: Estado do Rio Grande do Sul. Relator: Ministro Gurgel de Faria, 27.03.2017. Disponível em: <https://ww2.stj.jus.br/processo/revista/documento/mediado/?componente=ATC&sequencial=63602478&num_regis tro=200902055254&data=20170327&tipo=51&formato=PDF>. Acesso em: 30 de jul. 2020.